Erschienen im Jubiläumsjahr 1987
bei Klett-Cotta

Europa 1500

Integrationsprozesse im Widerstreit: Staaten, Regionen, Personenverbände, Christenheit

Herausgegeben von
Ferdinand Seibt und
Winfried Eberhard

Klett-Cotta

Redaktion: Heinz-Dieter Heimann

Das Symposion, aus dem dieser Band hervorging,
wurde gefördert von der Stiftung Volkswagenwerk.

Als Motiv des Schutzumschlages wurde gewählt
Nikolaus Klaudians Karte von Böhmen (1518)
Die Abbildung erfolgt mit freundlicher Genehmigung
des Staatsarchivs von Leitmeritz.

CIP-Kurztitelaufnahme der Deutschen Bibliothek

[Europa fünfzehnhundert]
Europa 1500: Integrationsprozesse im Widerstreit:
Staaten, Regionen, Personenverb., Christenheit /
hrsg. von Ferdinand Seibt u. Winfried Eberhard.
1. Aufl. – Stuttgart: Klett-Cotta, 1987
ISBN 3-608-91440-4
NE: Seibt, Ferdinand [Hrsg.]

1. Auflage 1987
Verlagsgemeinschaft Ernst Klett Verlag – J. G. Cotta'sche Buchhandlung

Umschlag: Klett-Cotta-Design
Satz: Alwin Maisch, Gerlingen
Druck: Verlagsdruck Gerlingen

Inhalt

Vorwort 8

Einleitung

Ferdinand Seibt Europa 1500 – Integration im Widerstreit 9

I. Staaten

Jean-Marie Cauchies Die burgundischen Niederlande unter Erzherzog Philipp dem Schönen (1494–1506): ein doppelter Integrationsprozeß 27

Philippe Contamine Die französische Monarchie im Spiegel eines ungedruckten politischen Traktats aus den Jahren 1492–1493 53

Ludwig Vones Finanzsystem und Herrschaftskrise: Die Kronen Kastilien und Aragón in der zweiten Hälfte des 15. Jahrhunderts 62

Bernhard Schimmelpfennig Der Papst als Territorialherr im 15. Jahrhundert 84

Heinrich Koller Probleme der Schriftlichkeit und Verwaltung unter Kaiser Friedrich III. 96

Eberhard Isenmann Integrations- und Konsolidierungsprobleme der Reichsordnung in der zweiten Hälfte des 15. Jahrhunderts 115

Werner Rösener Landesherrliche Integration und innere Konsolidierung im württembergischen Territorialstaat des ausgehenden Mittelalters 150

Wilhelm Störmer Die innere Konsolidierung der wittelsbachischen Territorialstaaten in Bayern im 15. Jahrhundert 175

Ludger Tewes Ständische Mitsprache und Modernisierung in der kurkölnischen Zentralverwaltung während des 15. Jahrhunderts .. 195

II. Regionen

Wim P. Blockmans Stadt, Region und Staat: ein Dreiecksverhältnis – Der Kasus der Niederlande im 15. Jahrhundert 211

Helmut G. Walther Basel: Reichsbewußtsein und Reichsferne am Oberrhein in der 2. Hälfte des 15. Jahrhunderts 227

Christa Köppel Wirtschaftliche Reorganisation in einer geistlichen Grundherrschaft als Prozeß regionaler Integration am Beispiel des Fraumünsters in Zürich (1418–1525) 247

Rolf Kießling Die „Nachbarschaft" und die „Regionalisierung" der Politik: Städte, Klöster und Adel in Ostschwaben um 1500 262

Achatz Frhr. von Müller Überregionale Identität und rituelle Integration im Florentiner Quattrocento 279

Josef Válka Die Stellung Mährens in Wandel des böhmischen Lehensstaates 292

III. Personenverbände

Neithard Bulst Die französischen General- und Provinzialstände im 15. Jahrhundert. – Zum Problem nationaler Integration und Desintegration 313

Winfried Eberhard Interessengegensätze und Landesgemeinde: Die böhmischen Stände im nachrevolutionären Stabilisierungskonflikt 330

Gerhard Fouquet Verwandschaft, Freundschaft, Landsmannschaft, Patronage um 1500: Das Speyerer Domkapitel als Instrument politischer und sozialer Integration 349

Bob Scribner Antiklerikalismus in Deutschland um 1500 368

Knut Schulz Gesellen- und Handwerkervereinigungen an der Wende vom 15. zum 16. Jahrhundert 383

IV. Christenheit

Hilde de Ridder-Symoens Internationalismus versus Nationalismus an Universitäten um 1500 nach zumeist südniederländischen Quellen 397

Gert Melville Troja: Die integrative Wiege europäischer Mächte im ausgehenden Mittelalter 415

Krzysztof Baczkowski Der jagiellonische Versuch einer ostmitteleuropäischen Großreichsbildung um 1500 und die türkische Bedrohung 433

Volker Schmidtchen Aspekte des Strukturwandels im europäischen Kriegswesen des späten Mittelalters und seine Ursachen 445

Klaus Schreiner Volkssprache als Element gesellschaftlicher Integration und Ursache sozialer Konflikte. Formen und Funktionen volkssprachlicher Wissensverbreitung um 1500 468

Harry Kühnel Integrative Aspekte der Pilgerfahrten 496

Dieter Harmening „aufsecz" und „zuosatz": Der Fall der Hexen 506

Zusammenfassung

Heinz-Dieter Heimann Europa 1500: „Ordnung schaffen" und „Sich-Einordnenlassen" als Koordinaten eines Strukturprofils 526

Sachregister 565

Vorwort

Dieser Band bildet den Abschluß eines Symposien-Projektes, das die krisenhafte Neustruktuierung unserer Kultur im europäischen Spätmittelalter untersuchte. Ein erstes Symposion hatte mit anerkanntem Erfolg versucht, den europäischen Forschungsstand zur Krise des Spätmittelalters in den Lebensbereichen Wirtschaft, Gesellschaft und Geistigkeit zu summieren und zu deuten (Europa 1400. Die Krise des Spätmittelalters, Stuttgart 1984). Die Diskusssion hatte vor allem zwei Postulate erbracht: Zum einen die Frage nach dem Zusammenhang von gesellschaftlichen und politischen Umbrüchen auf der einen und geistigen Veränderungen auf der anderen Seite. An diesen Aspekt knüpft nun ein neues Forschungsprojekt zur Untersuchung der populären Krisenängste und Bedrohungsvorstellungen an. Zum anderen zeigte sich im Überblick der Krisenerscheinungen, daß bereits innerhalb der Gegenläufigkeiten der Krisenepoche selbst ökonomische, gesellschaftliche, politische und geistige Neuformierungen einsetzten, die möglicherweise integrative Lösungen als Wege aus der Krise anboten. Dieser Aspekt überwindet die Vorstellung – vor allem in der älteren deutschen Historiographie – von der Krise als allgemein spätmittelalterlichem Niedergang.

Hier setzte nun das zweite Symposion an. Um jene sich teils schon um 1400 abzeichnenden Wege als tragfähig zu erkennen, war als Untersuchungszeitraum die zweite Hälfte des 15. bis Anfang des 16. Jahrhunderts zu wählen; dies meint der plakative Titel „Europa 1500“. Bereits in einer Vordiskussion mit niederländischen Kollegen wurde klar, daß Integrationen sich nicht einlinig vollzogen, sondern in Konkurrenz verschiedener Bestrebungen, und daß daher auch nach den „Opfern“ der Integration zu fragen war, oder zumindest nach dem Widerstreit verschiedener Integrationsebenen. In der Diskussion des zweiten Symposions wurde schließlich zurecht betont, daß Integrationen auch neue Abgrenzungen schufen, ja von ihnen lebten, und damit nicht einfach eine – womöglich gar wiedergewonnene – Normalität zeitigten, sondern neue Konkurrenzen und Probleme. – In dieser breiten Perspektive war diesmal freilich kein umfassender Überblick anzustreben – schmerzliche Lücken deutet die Einleitung an –, womit sich auch eine Gesamtbibliographie wie im vorhergehenden Band nicht als sinnvoll erwies. Vielmehr bilden die einzelnen Themen stichprobenartige Sonden, deren interessante Prüfergebnisse jedoch die Fragestellung weiter voranzutreiben und zu präzisieren vermögen.

Die Herausgeber danken allen Referenten für ihre Beiträge und ihre lebhafte, kollegiale Diskussion. Sie danken der VW-Stiftung für die Finanzierung der Symposien sowie dem Verlag für die Aufnahme der beiden Bände in sein Programm und für deren sorgfältige Gestaltung. Unser Dank gilt besonders Herrn Dr. Heinz-Dieter Heimann für seine Mitarbeit und die Redaktion, schließlich Herrn Alexander Ganse für die Erstellung des Registers.

Winfried Eberhard, Bochum

Einleitung

Ferdinand Seibt

Europa 1500 — Integration im Widerstreit

I.

1982 waren einundzwanzig Kollegen aus sieben europäischen Ländern der Einladung gefolgt, auf einem Symposion drei Tage lang eine Umschau über die große Krise des Spätmittelalters zu erstellen. Deren Veröffentlichung erschien dann – ergänzt durch einen Beitrag aus Polen und einen aus der Tschechoslowakei, deren Autoren leider nicht hatten teilnehmen können – im Jahre 1984 im Verlag Klett-Cotta unter dem Titel EUROPA 1400. *Unser Anliegen war eine Bestandsaufnahme.* Die Krise des Spätmittelalters, seit einhundert Jahren unter wechselnden Gesichtspunkten diskutiert, fand nicht nur unterschiedliche Ausprägung nach Eigenart und Umfang, sondern sie fand in den einzelnen historischen Regionen unseres Kulturkreises auch unterschiedliche Einschätzung. Weil aber diese Regionen seit tausend Jahren mehr oder minder mit den Räumen der gegenwärtigen Staatsordnung in Europa übereinstimmen, und weil zudem im Zug der Entwicklung moderner Geschichtswissenschaft die nationalstaatliche Organisation prägend geblieben ist bis heute, haben wir (Lehrstuhl für mittelalterliche Geschichte II an der Ruhr-Universität Bochum) diese Umschau zur Krise des Spätmittelalters nach dem traditionellen Raster der Nationalhistoriographie gegliedert von Spanien bis Polen.

Diese Bestandsaufnahme war zudem sachlich unterteilt nach wirtschaftlichen, gesellschaftlichen und ideellen Entwicklungen. Aber damit ist das Anliegen dieses Unternehmens noch nicht erschöpft. Es sollte beweisen, nicht nur durch die Divergenz, sondern auch durch die Eigenart des Befundes, daß jedenfalls der herkömmliche Begriff von der Krise des Spätmittelalters als Depression der faßbaren historischen Wirklichkeit nicht genügt. Eine solche Depression stützt sich zwar auf eindringliche Erkenntnisse, wie sie besonders die deutsche Forschung seit Wilhelm Abel für die Entwicklung der Getreideproduktion kennt und seit Friedrich Lütge im Zusammenhang mit der etwas später einsetzenden gewaltigen demographischen Veränderung durch die Pest; aber nicht unwidersprochen. Beide Forscher und ihre Nachfolger, Kritiker und Korrektoren haben zweifellos viel im umfassendsten Sinn zur Erhellung der spätmittelalterlichen Gesellschaft beigetragen, die man seit mehr als hundert Jahren mit unterschiedlichem Ernst von einer crise monétaire betroffen wähnte und vom sichtbaren Verfall der Kaiserherrlichkeit. Als „Herbst des Mittelalters" sprichwörtlich bis zur Schulbuchliteratur, vermittelte eine Reihe zum Teil eindringlicher Analysen den Eindruck eines umfassenden Niedergangs der gesellschaftlichen Energie im 14. und 15. Jahrhundert. Allein schon diesem Modell galt es durch eine ganz andere Ansicht von den Zusammenhängen zu begegnen. Denn die Stimmen, die seit Jahrzehnten Huizingas inzwischen klassischem „Herbst des Mittelalters" auch einen Frühling entgegen zu stellen suchten, setzten schließlich nur eine Einseitigkeit gegen die andere [1].

Ich habe zur Vermittlung beider Aspekte einen anderen Krisenbegriff vorgeschlagen [2]. Er stützt sich auf die Überlegung, daß alles gesellschaftliche Leben nach Ausgleich und gesicherten Perspektiven strebt, nach Voraussetzungen, die zumindest vom überwiegenden Teil der jeweils Mitbestimmenden mehr oder minder nachdrücklich vertreten werden. Unter diesen Gesichtspunkten ließe sich auch, sehr einfach gesprochen, eine jede Gesellschaft in jeder Entwicklungsphase nach einem Parameter definieren, der sich aus Ordnung, Planung und Hoffnung zusammensetzt. Natürlich sind solche Parameter untereinander niemals im Gleichgewicht, und dementsprechend hat jede Entwicklung Asymmetrien. Aber gerade im Hinblick auf diese Einsicht erscheint mir die vieldiskutierte Krise des Spätmittelalters doch als eine Phase der Unsicherheit, des Auseinanderstrebens der gesellschaftlichen Kräfte zu einer möglichen Neuorientierung, und namentlich im gesellschaftspolitischen Rahmen tatsächlich als eine Epoche grundlegender Alternativen für langfristige künftige Entwicklungen. Daß dabei wirtschaftsgeschichtliche wie demographische Verläufe in ein mehr oder minder demonstrables Kausalgefüge verknüpft sind, hängt im besonderen Maß mit der voraufgehenden gesellschaftlichen Entwicklung in Europa zusammen: Die große „agrarische Revolution" des Hochmittelalters schuf allgemein einen „Mittelstand" mit begrenzter wirtschaftlicher und, wenn auch eingeschränkter, politischer Verfügungsgewalt [3]. Es entstand, in sich strukturiert, ein eigenständiger Entwicklungsraum wirtschaftlichen Lebens. Diese Voraussetzungen schufen auch eine beson-

[1] *Huizinga*, Jan: Der Herbst des Mittelalters. ⁸1961. – *Vasold*, Manfred: Frühling im Mittelalter. John Wycliff und sein Jahrhundert. München 1984.

[2] Diesen Krisenbegriff habe ich seit 1970, The Religious Problems. In: Barraclough, Geoffrey (Hrg.): Eastern and Western Europe in the Middle Ages. London 1970, in verschiedenen Darstellungen skizziert, am deutlichsten in meiner vergleichenden Darstellung Revolution in Europa. 1984, und in der Einleitung zu dem genannten Band Europa 1400.

[3] Darüber die weitgespannte Übersicht bei *Bosl*, Karl: Europa im Aufbruch. München 1980.

dere Rückwirkung, so daß zum Beispiel die bekannte Agrarkrise des 14. Jahrhunderts bestimmte, bis dahin erreichte gesellschaftliche Konstellationen veränderte und soweit indirekt fortwirkte, als sich die gesellschaftlichen Strukturen zuvor im Zusammenhang mit der Agrarproduktion differenziert hatten. Es ist hinlänglich bekannt, daß die weltliche wie auch zum großen Teil die geistliche Grundherrschaft im Hochmittelalter zurückgetreten war von unmittelbarer Gutswirtschaft und daß die Entwicklung des gesamten Wirtschaftslebens in Stadt und Land schließlich eben in die Hände jenes ökonomisch fundierten „neuen" Mittelstandes geraten war. Jede Wirtschaftskrise mußte sich aber unter den Bedingungen dieser besonderen Gesellschaftsdifferenzierung auch auf das politische Gefüge auswirken, weil das die Zwischenstellung gesellschaftlicher Gruppen in einem solchen Zusammenhang nun eben einmal natürlicherweise mit sich bringt [4].

So entstand ein Krisenbild aus Disfunktionalität und Disperspektivität. Das heißt: Die gesellschaftlichen Funktionen erscheinen, im europäischen Überblick, im 14. Jahrhundert „aus den Fugen", freilich unter einer gehörigen, aber nicht gleichmäßigen Zeitverschiebung vom alten karolingischen Zentralraum an die später entwickelte Peripherie [5]. Mit Gegenwirkungen im politischen wie im wirtschaftlichen Bereich: namentlich zur Lebenszeit Kaiser Karls IV., der das östliche Mitteleuropa mit voller Gleichwertigkeit der politischen Bühne Europas zuführte und selbst gemeinsam mit einer ganzen Generation von „großen" Herrschern in Ungarn, Polen, Preußen, Dänemark und Serbien Zeugnis gab für die Entwicklungsfähigkeit des östlichen Abendlandes. Aber nach dem Ende dieser Generation der „Großen" im östlichen Mitteleuropa, zusammen mit dem Schisma auf dem päpstlichen Thron 1378 bis 1417, läßt sich eine deutliche Disfunktionalität auch hier auf allen möglichen Lebensgebieten beobachten. Nicht, daß es Gesellschaft und Wirtschaft an Vitalität fehlte; nur, daß sich diese Vitalität so ziemlich im ganzen Abendland auf vorher unbekannte Rivalitäten richtete durch Bauern- und Städteaufstände, innerstädtische Auseinandersetzungen, langwierige Expansionskämpfe und kurzfristige Revolten. Von révolutions populaires sprachen Mollat und Wolff 1970 [6]; nicht ganz zu Recht, weil sich ohne Ideologie keine Revolution formieren läßt. Aber die innere Erschütterung des lateinischen Abendlands tritt mehr als zuvor in krassen Konturen zutage.

Eine gesellschaftliche Krise erscheint mir letztlich als ein Bewußtseinsphänomen. Die Ordnung der Gegenwart und die Perspektiven der Zukunft stehen zwar zu allen Zeiten in Frage, aber soweit meine Orientierungsmöglichkeit

[4] Zur Entwicklung allgemein *Hamann*, Robert: Revolution und Evolution. Zur Bedeutung einer historisch akzentuierten Soziologie. Köln 1981.

[5] Zu den Umschreibungen von Zentrum und Peripherie vgl. *Pounds*, Norman J. G.: An Historical Geography of Medieval Europe 450 B. C.–A. D. 1330. 1973. – Zum Ausgleich beider im 14. Jahrhundert meine Biographie Karls IV., mit Karte in den Aufl. 1.–4., 1978–82.

[6] *Mollat*, Michel/*Wolff*, Philippe: Ongles bleus, Jacques et ciompi. 1970.

reicht, nahm diese Frage etwa eine Generation vor 1400 und eine danach besondere Ausmaße an. Ich habe dieses zweite Charakteristikum meines Krisenbegriffes als Disperspektivität bezeichnet und es gemeinsam mit der Disfunktionalität zur Diskussion gestellt. Damit sollte angesichts gesteigerter ungewöhnlicher Zukunftsängste wie gleichzeitiger Zukunftshoffnungen, pessimistischer Erwartungen des Weltendes ebenso wie großer Aktivität der Reformbewegungen in Kirche und Staat nach der vollen Breite und Widersprüchlichkeit einer nicht ausschließlich depressiven Entwicklungsphase unserer Gesellschaft gefragt werden.

Die wirtschaftlichen, der Politik oft fernen und nach ihren Planungen weitgehend selbständigen Unternehmungen der Zeit um 1400 fügen sich in eine solche Ambivalenz. Niedergang durch Konsumwandel oder Ortsverlagerungen auf der einen Seite stellt sich neben Aufschwung durch Neugründungen und kühne Spekulationen, sei es in der Seiden-, Schafwoll- und Baumwollmanufaktur, sei es im Eisengewerbe. Wolfgang von Stromer hat nachgewiesen, daß um diese Zeit wegen des süddeutschen Baumwollgewerbes geradewegs das Straßennetz im östlichen Mitteleuropa verdichtet wurde[7]. Untersuchungen zu den Folgen der Pestepidemien, besonders von J. van Klaveren, haben deutlich gemacht, daß selbst dieser unerhörte Abfall der Bevölkerungszunahme über Kapitalanhäufungen und -umschichtungen dem Wirtschaftsleben neue Impulse gab. Die große Menge der Bevölkerung war aber in solchen Zusammenhängen nicht aktiv. In bäuerlichen Lebensumständen, hielt sie sich eher passiv, wie die Mehrheit der Stadtbevölkerung. Nur einzelne Bauern oder Handwerker ersahen besondere Chancen und wußten sie zu nützen, sei es zur räumlichen Mobilität oder zu Spezialisierungen im Anbau, im Handwerk oder im Verlagswesen.

Am Ende mußte die Frage nach dem entscheidenden Faktor des Krisenbewußtseins die hypothetische Erwägung noch weitertreiben: Nicht jeder materielle Notstand führt zu Krisen. Ohne einem gewiß verfehlten Primat des Politischen anzuhängen, weisen viele Beobachtungen doch darauf hin, daß krisenhaftes Bewußtsein womöglich am meisten von krisenhaften Ordnungen beeinflußt wird, und das im kollektivistischen spätmittelalterlichen Ordnungssystem womöglich weit empfindlicher, als wir bisher beobachten konnten. Weist sich in den Kämpfen zwischen Städten und Fürsten, im Republikanismus der mächtigeren Stadtstaaten, in innerstädtischen Aufstandsbewegungen wie schließlich in ständischer Opposition gegen die Monarchie, mit der konziliaren Parallele in den ersten Jahrzehnten des 15. Jahrhunderts, eine gebündelte Alternative von Mitspracheforderungen abgestuften Maßes zum monarchischen Prinzip in Kirche und Welt als besonderes Anliegen aus, so erhält auch die Krise des Spätmittelalters, da, wo sie wirkte, den Charakter eines europäischen Aufbruchs.

[7] Dazu besonders *v. Stromer,* Wolfgang: Die Gründung der Baumwollindustrie in Mitteleuropa. Stuttgart 1978.

Unser „Krisenband“ fand inzwischen in Rezensionen gute Aufnahme. Dabei erwies sich, wie weit in der Spätmittelalterforschung ein Krisenverständnis bereits reichte, das dem Arbeitsansatz von „Europa 1400“ entsprach und das bisherige Verständnis von „Krise aus Defizienz“ für unbrauchbar ansah.

Einzelheiten aus jenen Diskussionen verdienten gewiß besondere Erörterung. Es zeigte sich dabei beispielsweise, daß der Aussagesinn des kunsthistorischen Beitrags in EUROPA 1400 nicht hinlänglich gewürdigt wurde. Im Rahmen der kunsthistorischen Forschung lag ihm daran, mit der Demonstration eines neuen Raumverständnisses nicht nur die Bedeutung der sogenannten Parler-Gotik für die weitere Entwicklung zu demonstrieren, sondern die Eigenart eines neuen Körperempfindens als künstlerische Ausdrucksfähigkeit in den gesamten Beobachtungshorizont der Abkehr vom Herkömmlichen und des Zugangs zu einem neuen Weltverständnis einzufügen. Dankbar muß man die Ergänzung von rechtshistorischer Sicht aufnehmen, daß sich in diesem in unserem Sammelband leider unberücksichtigten Forschungsbereich sehr ähnlich „um 1400“ die Abkehr von Rechtstraditionalismen und die Konstruktion eines neuen Rechtsverständnisses beobachten lasse. Von großer Bedeutung wäre wohl – aber hier fehlen leider ganz allgemein nicht nur die Kontakte, sondern auch schon die gehörigen Einsichten in Wechselwirkungen überhaupt – auch noch eine exemplarische Beobachtung gewesen, die uns im Bereich der Musikgeschichte den Übergang zur Polyphonie während des 14. Jahrhunderts als eine besondere, für die weitere Entwicklung grundlegende und wohl auch für das Gegenwartsempfinden bedeutungsvolle Veränderung vor Augen geführt hätte.

Es gab natürlich auch verständnislose Kritik. Sie führte bis zum kuriosen Vorwurf von Monokausalität, ein Begriff, der im Hinblick auf die neuere sozialwissenschaftliche Diskussion eigentlich dem geschichtstheoretischen Selbstverständnis des 19. Jahrhunderts nicht mehr entlehnt werden sollte. Im wesentlichen ist das Unverständnis für den Versuch, einen neuen Krisenbegriff zu finden, sehr leicht erklärt: Es ging jeweils um die Unfähigkeit, die Aussagen eines Krisenbegriffes aus Disfunktionalität und Disperspektivität überhaupt zu begreifen. Gerade die Ergebnisse der meisten Beiträge in EUROPA 1400 belegen ja doch mit aller Eindringlichkeit, daß mit dem alten Verständnis von Krise als Defizienz, Depression oder Stagnation nicht gearbeitet werden kann. Sie zeigen aber auch, daß keineswegs ein einziger sprunghafter Entwicklungsverlauf aus welchen Gründen auch immer zum gemeinsamen Nenner einer Vielzahl von widersprüchlichen Lebenserscheinungen erhoben wurde. Gerade diese Einsicht vermittelte auch die Zusammenfassung von Winfried Eberhard am Ende des vorgelegten Bandes.

Um es noch einmal deutlich zu sagen:

1. Gesamtzusammenhang oder Einheit „der“ Krise sind nicht in ihren Ursachen zu suchen, die – in Demographie, Wirtschaft, gesellschaftlicher Mobilität, politischen Herrschaftsbildungen und geistigen sowie religiösen Orien-

tierungen – ja bislang gerade die Disparität von krisenhaften Erscheinungen erkennen ließen. Mit der Chance, zu sinnvollen Ergebnissen zu kommen, wird künftig ein Gesamtzusammenhang der Krisenerscheinungen eher in deren Folgen vor allem im Bewußtsein, in der Krisenmentalität zu suchen sein, im Spätmittelalter ebenso wie in unserer Gegenwart. Dabei dürften dann freilich „Ursachen" und „Folgen" zueinander in Wechselwirkung stehen.

2. Die große Krise des Mittelalters bilden diese krisenhaften Erscheinungen gewiß nur relativ zu anderen mittelalterlichen Umstrukturierungsprozessen, und zwar nach geographischem Umfang, gesellschaftlicher Intensität und geistigen Gegensätzen. Neu war freilich – und das macht das Gewicht der spätmittelalterlichen Krise aus – daß die abendländischen Gesellschaften sich nicht mehr wie etwa im 12. Jahrhundert in allgemeinem Aufschwung und in Expansion umstrukturierten, sondern daß sie seit 1300/1350 ihre bisherigen Entwicklungsmöglichkeiten als erschöpft erlebten.

II.

Ebenso bestimmt eine solche Einsicht aber auch die Umschau nach den Mitteln und Wegen, die den gesamten krisenhaften Entwicklungen zu geringeren Amplituden verhalfen, um sie schließlich zu „normalisieren". Eine solche Umschau wurde zum Ansatzpunkt für ein zweites Symposion, das im Dezember 1985 nun dreißig Teilnehmer vereinte und dessen Ergebnisse hier unter dem Titel EUROPA 1500 vorliegen. Betrachtet man, mit hoffentlich entschuldbarer didaktischer Anschaulichkeit, eine krisenhafte Gesellschaft als „aus den Fugen geraten", dann müßte ein Weg aus der Krise zu neuer Integration führen. Die spezifische Pluralität gesellschaftlicher Bedingungen in Europa läßt dabei allerdings von vornherein auch nach entsprechend vielfältigen Integrationsprozessen suchen. Sie entfalteten sich, nach dieser Hypothese, voraussichtlich auf unterschiedlichen Ebenen, deshalb für das gröbere Zusehen nicht leicht zu unterscheiden, aber in ihren Konsequenzen dennoch im Widerstreit. Die Fundamente der europäischen Konsolidierung um die Jahrtausendwende waren auch durch die Krise des Spätmittelalters nicht zu erschüttern: Insofern blieb den großen und kleinen Monarchien vorbehalten, sich neu zu festigen, mit Parvenüs wie den Burgundern, den Schweizern, den Portugiesen auseinanderzusetzen und mit der vollen Kraft ihrer reorganisierten, nun deutlicher als zuvor auch zentralisierten Verwaltung ebenso wie mit wiederbelebten ideellen Ansprüchen der monarchischen Legitimität ihren Herrschaftsbereich zu integrieren. Man spricht, besonders im Rückblick auf das „klassische" Jahrhundert staatlichen Souveränitätsdenkens, das vorige, seit langem das spätere 15. und frühe 16. Jahrhundert in diesem Sinne an, und manchmal ist noch heute in der Historiographie die Rede von den Fürsten als den „eigentlichen Siegern" der Entwicklung, so undifferenziert, wie man auch die Krisenphase noch immer für bloße Depression ansieht.

Um 1400 war das lateinische Europa in seinen Lebensverhältnissen, von seiner politischen Struktur bis zu seiner künstlerischen Entwicklung, ganz ohne Zweifel regional sehr deutlich unterschieden. Dennoch hatte es, vergleicht man den Entwicklungsverlauf seit der Konsolidierungsepoche um die Jahrtausendwende, einen bis dahin unbekannten Grad an zivilisatorischer Ähnlichkeit erreicht. Man spricht von der „Weltwirtschaft des Spätmittelalters" und meint damit durchaus auch etwas Richtiges, man spricht von der „Vormauer der Christenheit" in Polen oder in Ungarn; man sucht jetzt zum ersten Mal die Mitte Europas nördlich der Alpen zu situieren, nicht im ewigen Rom aus antikem Traditionalismus, sondern zum Beispiel im Elsaß[8]. Alle diese Positionen bezeugen ein gewisses Selbst- und Gemeinsamkeitsbewußtsein, und die Überlegungen zum kulturellen Austausch in Literatur und Kunst, in Wissenschaft, Wirtschaft und Diplomatie bestätigen ein solches Selbstbewußtsein. Selbst die Krise mag noch dazu beigetragen haben, die schrecklichen Pestwellen ebenso wie die bisher unerhört dichte und auch tatsächlich einigermaßen die lateinische Christenheit umspannende konziliare Bewegung mit ihren bekannten nationalen Definitionsversuchen, wonach sie die Delegiertenversammlung aus der ganzen Christenheit nach vier, fünf oder sechs Gruppen[9] organisierte. Es läßt sich im Rückblick konstatieren, daß das lateinische Europa für lange Zeit danach eine vergleichbare Ähnlichkeit in der Struktur und in den Erscheinungsformen seiner Zivilisation verlor. Die „Entdeckung des Atlantiks" im Westen, die Konfessionalisierung in der Mitte und die „zweite Leibeigenschaft" im östlichen Bereich des lateinischen Europa sorgten besonders für die innere Entfremdung. Erst die Aufklärung, als eine allen gemeinsame geistige Bewegung, und die Industrialisierung als gemeinsame Wirtschaftsevolution, wenn auch mit weiten Zeitunterschieden, verhalfen seit zweihundert Jahren zu einer neuen, wachsenden Einheit. Man sollte auch diesen weiten Entwicklungsbogen vor Augen haben, wenn man über die

[8] Schon Fritz Rörig hatte bekanntlich im Hinblick auf eine gewisse Allgemeinbeteiligung und Nivellierung von einer „Weltwirtschaft des Spätmittelalters" gesprochen und kürzlich sagte, von ganz anderer Seite, der bekannte politische Historiker Janusz Tazbir: „Tatsächlich unterlagen in den ersten fünfhundert Jahren des Bestehens unseres Staates die Unterschiede, die Polen von Frankreich, England oder Italien trennten, einer allmählichen Verringerung. Der Herbst des polnischen Mittelalters sowie das Aufblühen der Renaissance stellten einen Zeitabschnitt dar, in dem diese Disproportionen wohl am geringsten und am wenigsten von Bedeutung waren. Erst die Mitte des 17. Jahrhunderts wendet das gegenseitige Verhältnis aufs neue zu unseren Ungunsten." *Tazbir Janusz:* Die polnische Kultur des 16. Jahrhunderts. In: Rudolf Olesch – Hans Rothe (Hgg.) 1980, 379.

[9] *Black*, Antony: Council and Commune: the conciliar Movement and the Council of Basle. 1979.

spätmittelalterliche Krise und die unterschiedlichen Wege zu ihrer Überwindung nachdenkt, nämlich über die hier verfolgten Integrationsprozesse im Widerstreit.

III.

Wie ist die große Krise überwunden worden? Mir liegt an der Überlegung des ursächlichen Zusammenhangs. Nicht ein neuer Faktor, keine Veränderung im Entwicklungsverlauf, sondern gleichsam ein Ausleben der alten Rivalitäten bereitete auch ihren Ausgleich vor. Die „Welt aus den Fugen" formierte sich neu in einer *Anzahl von Integrationsprozessen;* solche Prozesse entwickeln sich unmittelbar aus dem Krisenphänomen und sind in ihm bereits angelegt, auf verschiedenen Ebenen, konkurrierend, einander überlagernd oder auch ergänzend. Sucht man diese Vorgänge einigermaßen zu ordnen, dann bietet es sich an, von der *Integration von Staaten* zu sprechen, im Sinne der Nationalmonarchien und im großen und ganzen in vorgegebenen Grenzen, abgesehen von den genannten Parvenüs. Man kann aber auch, das ist bisher weit weniger beobachtet worden, von *Integrationsversuchen innerhalb der Christenheit,* nicht zuletzt wegen der türkischen Bedrohung sprechen. Man kann Integrationsverläufe im Hinblick auf bestimmte *Regionen* konstatieren. Hier handelt es sich meist um wirtschaftliche, um evolutionäre Verläufe, aber nicht ausschließlich und nicht ohne die zugehörige Bewußtseinsbildung. Bewußtseinsbildung steht dagegen in erster Linie hinter den Zusammenschlüssen von *Personenverbänden* innerhalb der gesamten Gesellschaft, mit dem Anspruch von Führungsqualitäten oder Notwendigkeiten für das Ganze und mit manchmal recht scharfsichtigem Einblick in gesellschaftliche Mechanismen.

Solche *Personenverbände* sind natürlich die Ständegemeinden. Besonders im Hinblick auf die seit Otto Brunner geläufigen Definitionen von Landesgemeinden mit unterschiedlichem Personenbestand, ist uns die Vorstellung vertraut, daß namentlich adelige Körperschaften im definitorischen Zusammenhang eines bestimmten Territoriums, des Landes, des Königreichs, als die gemeinsam das Land besitzende und wechselweise die Position von ihresgleichen garantierende Gemeinschaft sich der krisenhaften Desintegration auf alle Weise entgegenstellen. Um den Abschluß der eigenen Gemeinschaft bemüht, suchen solche ständischen Gemeinschaften darüber hinaus auch bestimmte Beziehungen im gemeinsamen Interesse zu wahren. Sie stellen sich gegen Landesteilungen, wie in zahlreichen deutschen Erbfällen, sie entscheiden mit ihrem Verhalten oder gar mit ihrem Beschluß über Vereinigungen, wie die von Polen-Litauen oder die skandinavische Union.

Ebenfalls aus ständischem Interesse, aber weniger der großen, mehr der regionalen Politik zugedacht, entstehen Bündnisse, meist im niederen Adel. Ritterbünde, die namentlich in Süd- und Mitteldeutschland zur standesbindenden Verpflichtung werden, oder aktuelle „Ligen“ und „Unionen“, die unter bestimmten politischen Voraussetzungen Fronten schaffen und innere Machtverhältnisse bestimmen: die Bündnisse im hussitischen Böhmen etwa, die weit über das aktuelle Ereignis der Revolution hinaus die folgenden 200 Jahre böhmischer und mährischer Ständepolitik erfüllen, oder der preußische Eidechsenbund oder die Bündnisse von der weißen und der roten Rose, die im weiteren Zusammenhang mit Familienverbänden kriegerische Auseinandersetzungen in England für Jahre beherrschen und zur Existenzfrage zumindesten des Hochadels werden.

Es gibt keine Bürgerbünde. Aber es gibt Städtebündnisse zwischen dem 14. und dem 16. Jahrhundert in ganz Europa von entscheidender Bedeutung. Manchmal steht uns das nicht deutlich genug vor Augen: die Schweizer Eidgenossenschaft hat wichtige Phasen ihrer Entstehung als Städtebund unter Berner Führung erfahren, und die hussitische Revolution in Böhmen konstituiert sich aus den beiden miteinander rivalisierenden Städtebündnissen von Tabor und Prag. Nicht nur die oberitalienischen, sondern auch die flämischen Städte gewannen mit ihren Bünden entscheidende Bedeutung für die Machtverteilung im Lande, und die kastilischen Comuneros stellten die Vereinigung Spaniens in Frage.

Personenverbände als Einungen im zeitgenössischen Sprachgebrauch wurden zur Wiege weitreichender Aufstandsbewegungen. Vielleicht tritt dieses Phänomen mit der Jacquerie von 1358 bereits in Erscheinung, aber jedenfalls wirkt es langfristig im Verlauf des 15. Jahrhunderts in heimlichen Verbindungen, wie den englischen Lollarden, die sich nach dem mißglückten Aufstand von 1413 zum Handwerkerverbündnis wandeln, oder im Armen Konrad der deutschen Bauern. Auch die ungarischen „Kreuzfahrer“ von 1515 haben in einem solchen Verbündnis ihren Ursprung, geradeso wie die „Bruderschaft vom gelben Kreuz“, mit welcher nach einer freilich fiktiven Planung der Oberrheinische Revolutionär die Welt erlösen möchte. Manchmal sind diese geheimen Verbündnisse noch in einer direkten Beziehung zum monarchischen Herrschaftsbild zu sehen. Sie erwarten einen heimlichen Kaiser, wie die Reformatio Sigismundi den „Priesterkönig Friedrich“, einen „kleinen Geweihten“. Aber die „Bruderschaft vom gelben Kreuz“ des unbekannten oberrheinischen Revolutionärs bedarf um 1500 keines Monarchen mehr. Getragen vom gemeinen Mann, soll die Zusammenfassung aller Kräfte von ihr allein ausgehen.

Wenn solcherart eine bündnisstiftende Mobilität bis zu den untersten gesellschaftlichen Gruppen gedrungen ist, parallel zu zünftischen Vereinigungen der Gesellen, so treten dem auch adelige Eliten mit dem Anspruch der Welterneuerung gegenüber. Die Ordensgemeinschaften vom Goldenen Vlies, vom Hosenband oder die 1408 von Sigismund gestiftete „Gesellschaft zum Drachen“ sind solche Versuche personeller Reorganisation unter Führung, aber ausdrücklich nicht in Beschränkung auf, monarchische Souveränität. Vom unteritalienischen Georgsorden 1318 bis zum französischen Michaelsorden 1469 ging eine Welle von solchen Ordensgründungen durch Europa, mit beschränkter Mitgliederzahl und deutlichem dynastischem Bezug.

Unbegrenzt waren dagegen, im Sinne der Allgemeinverbindlichkeit des Christentums, die Bruderschaftsbildungen innerhalb der *Christenheit*. Zusammenschlüsse von Laien und Klerikern, meist konkreteren Zwecken zugedacht als der Auszeichnung edler Lebensführung und adeliger Herkunft, gewannen sie in der Rosenkranzbruderschaft, zunächst im flämischen Raum, 1475 für das Reich und sozusagen von Kaiser und Reich in Köln gegründet, bald mehr als 100 000 Mitglieder. Ihr Anliegen galt dem Gebet füreinander, für das Reich und gegen die Türken. IhrBezug zum zeitgenössischen „Ordnungsstreben" ist damit unverkennbar. Orden und Bruderschaften waren Heiligen, bestimmten Tugenden, mehr oder minder damit verbundenen Absichten zugeschrieben. Die Bindung an den Stifter und Kommandanten einer Ordensgemeinschaft, der die Aufnahme „verleihen" konnte, markierte nur die Vielfalt in der Einheit des Christentums. Auch die Bruderschaften waren, häufig lokal bestimmt, noch auf die christliche Universalität gerichtet.

Was taugte eigentlich noch die Christenheit insgesamt zur Integration? Die Konzilien von Pisa, Konstanz, Siena, Basel und Ferrara-Florenz, fünf in 40 Jahren, die fehlgeschlagenen eingerechnet, belegen den christlichen Integrationswillen durch den Zusammentritt repräsentativer Delegationen, namentlich in Basel mit sichtbarem Fundamentalcharakter [10]. Die konziliare Idee fand unterschiedliche Trägergruppen bei Prälaten und Kanonisten, und ihr Echo in der Christenheit noch weit über die Jahrhundertmitte hinaus ist unbestritten. Von da an ging der Führungsanspruch doch wieder deutlich an das Papsttum über. Reform- und Kreuzzugspolitik stand unter seiner Ägide, für eine Zeitlang auch in dem Zusammenwirken zwischen Pius II. und Nikolaus von Kues verkörpert. Die Ablehnung der Basler Kompaktaten und die Betonung des päpstlichen Primats für die böhmischen Länder wirkt wie ein Vorspiel zur Gegenreformation. Die exemplarische Bedeutung der päpstlichen Supremats-Theorien für die Begründung vergleichbarer Ansprüche unter den weltlichen Monarchien ist bekannt. Aber auf politischer Ebene gab es Gegenbewegungen: das Fürstenbund-Projekt des „Hussitenkönigs" Georg von Podiebrad 1464, die Konterkarierung päpstlicher Kreuzzugspolitik durch die venezianische und die französische Diplomatie, die Gravamina nationis Germanicae und das bekannte Streben kleiner und großer Obrigkeiten nach dem Kirchenregiment wirkten dabei jeweils auf ihre Weise.

Das interessanteste und auf seine Weise auch besonders zukunftsträchtige Ge-

[10] *Meuthen,* Erich: Das Basler Konzil als Forschungsproblem der europäischen Geschichte. 1985.

genbild zur päpstlich regierten und geführten Kirche haben in diesem Zusammenhang wohl die *Humanisten* entworfen. Vielleicht läßt es sich begrifflich andeuten: der ecclesia stellten sie die christianitas gegenüber. Aus diesem Zusammenhang war das Fürstenbundsprojekt von 1464 am böhmischen Hof gereift, aus der Feder und nach der Beredtsamkeit des Humanisten Martin Mair, Dr. juris, der zuvor in deutschen Diensten stand. Eine solche Christenheit wurde auch immer wieder zur Adresse besorgter Humanisten, die damit etwas vordergründige und oberflächliche Verbindungen zu ihrem Humanitätsideal suchten. Andererseits wurde dieselbe Christenheit seit dem Fall von Konstantinopel im Bewußtsein der Zeitgenossen hinlänglich bedroht und insofern zur Einheit aufgerufen. Wir ignorieren heute vielfach die Türkenangst in jenen Jahrzehnten. War doch eines der frühesten Erzeugnisse der neuen Druckerkunst schon 1454, ein Jahr nach dem Fall Konstantinopels, ein deutscher Türkenkalender an alle Stände; und vor allem war die Wirkung einer für viele freilich fernen Gefahr mindestens im mittleren und südöstlicheren Europa virulent [11].

Im Rahmen dieser Christenheit lag freilich die Integrationskraft der *Dynastie* näher. Als personaler Kern wirkten die Fürsten und ihre Familie in den von ihnen geführten politischen Gemeinschaften, jetzt schon mit humanistischen Vergleichen aus der antiken Mythologie bedacht, von der aus sie noch jahrhundertelang in einem unklaren Heroenkult ein Dasein neben dem christlichen Heiligenhimmel finden sollten [12]. Vielleicht ist diese personale Funktion für den Zusammenschluß politischer Gemeinschaften noch viel zu wenig erfaßt, der Kult der Vorbildlichkeit im Sinne des gemeinen Nutzens, den man um diese Zeit allmählich von den Kommunen auf die Fürsten übertrug, dazu die zwielichtige Heroisierung, deren Paraphrase dennoch wirksam wurde. Das beharrliche Gefühl der Auserwählung, das einige Fürstenfiguren in jenen Jahrzehnten kennzeichnet, und nicht immer die erfolgreichsten, muß hier im zeitgenössischen Rahmen gesehen werden. Die Ruhmredigkeit des „letzten Ritters“, die schon bei seinem Taufnamen begann, oder des Königs Franz von Frankreich, war nicht nur persönlicher Ausdruck, sondern auch Gegenwartstrend. Dieser Trend wurde unterstützt durch die Intensivierung der Kommunikationsmittel, durch eine wachsende und sich vertiefende „Öffentlichkeit“. Der steigende Münzumlauf zählt bereits dazu, mit Fürstenbildern und -devisen, die lebendige Kultur der Residenzstädte, mit Umzügen und Festen, die kulturelle Aktivität des Höfischen und Kleindrucke, Chroniken und Ruhmesblätter. Besondere Kraft erreichte dieses dynastische Bild in Verbindung mit bestimmten Bevölkerungsgruppen: die „angestammte Dynastie“ vermittelte das gehörige Gruppenbewußtsein.

Damit ist aber auch der gesamte Entwicklungsbereich des *Nationalbewußtseins* angesprochen. Oft wird er als ein Phänomen für sich selber betrachtet.

[11] Bayer. Staatsbibliothek, Katalog Cimelien, Nr. 66.

[12] Dazu *Brunner,* Otto: Adeliges Landleben und europäischer Geist. 1949.

Aber ich glaube, daß dieser Gedankenkomplex nur im weiteren Zusammenhang von Dynastie und Landrecht aufgefaßt und in seiner Entwicklung auch einigermaßen kritikfest eingeschätzt werden kann. Das Thema ist alt, bruchstückhaft immer wieder herangezogen, mitunter zur Diskussion von Nationalcharakteren und damit mindestens zu einer Verwechslung von Ursachen und Folgen übersteigert [13]. Das Phänomen läßt sich besser abschätzen, wenn man erwägt, daß sich seit der Konsolidierung der großen Monarchien in Europa um die Jahrtausendwende in der politischen Grobgliederung wenig verändert hat. So konnten sich über lange Zeiträume hin aus den bekannten Ursachen mehr oder minder faßbare Spracheinheiten in diesen Räumen ausbilden. Das 15. Jahrhundert bringt offensichtlich eine Verbreitung von Volkskultur in den Nationalsprachen, verhältnismäßig allgemein bei jener relativen Annäherung des Zivilisationsstandards im gesamten lateinischen Abendland, von der ich gesprochen habe, von England bis Polen. Die scharfen Unterscheidungen zwischen Landes- und Sprachzugehörigkeit stammen natürlich aus Mischgebieten wie dem Elsaß oder den böhmischen Ländern. Die hussitische Revolution vermittelte, nicht allgemein, wie man früher behauptete, sondern eben auf ihrem „rechten" Flügel, einen interessanten Begriffsapparat, um die „böhmische Zunge", das linguagium bohemicum der tschechischen Landesbewohner, von der deutschen Minderheit im Lande abzuheben, und hatte dabei den Spielraum bis zur gemeinsamen Untertanenschaft unter die Luxemburgische Dynastie beinahe ausgeschöpft. Die Verbindung mit dem religiösen Aufbruch schuf einen neuen Akzent: ein „wahrer Böhme" ist, im Selbstbewußtsein der Hussiten, immer ein besonders treuer Christ. Eine entsprechende Identifikation von Tschechen und Häretikern entwickelte sich auf der Gegenseite [14].

So trat zur angestammten luxemburgischen Dynastie aus übernationalem Horizont von französischer, deutscher und böhmischer Kultur für den verus Bohemus das neue Element des Religiösen. Erst damit war der emotionale Bereich voll angesprochen und überdies eine transzendente Rechtfertigung für die nationale Abgrenzung gefunden, welche die Identifikation mit der Dynastie allein nicht liefern konnte. Vergleichbares hat sich später in Deutschland entwickelt, als das „heilige römische Reich deutscher Nation" in die Reformation geriet [15]. Zur selben Zeit wie die böhmischen Hussiten in den größeren Städten und im Adel, die ihre „Zunge" besonders mit dem Kelch verbanden und, anders als die kleinstädtischen Taboriten, deutsche Hussiten nur ungern sahen, ergab sich offenbar aus den himmlischen Befehlen der Jeanne d'Arc eine ähnliche

[13] Ein deutlicher Fortschritt unserer Kenntnisse schlug sich nieder in dem von H. Beumann und W. Schröder herausgegebenen Sammelbänden: Nationes. Bde. 1–4. 1975–1983.

[14] *Šmahel*, František, The Idea of Nation in Hussite Bohemia. In: Historica 16 (1966).

[15] Darüber zuletzt *Thomas*, Heinz: Die deutsche Nation und Martin Luther. In: Historisches Jahrbuch 105 (1985) als ein Beispiel für den Entwicklungsgang.

Verbindung mit dem Nationalbewußtsein der von den Engländern und dem langen Krieg überhaupt geplagten Franzosen [16]. Insofern ist der Häresieprozeß gegen die tapfere Jungfrau nicht ganz ohne innere Logik: ihre Religiosität wurde bezweifelt, um ihre himmlischen Befehle an die französische Nation zu verketzern [17]. Die Monarchen erschienen aber unter diesen Umständen schließlich und endlich, mit jener Unklarheit, die dergleichen Rastern die allgemeine Verbreitung ermöglicht, als die natürlichen Hüter von Sprachgemeinschaften: die spanischen, die französischen, die englischen, die skandinavischen und die deutschen. Der polnisch-litauische, der tschechisch-deutsche, der ungarisch-südslavische Herrschaftsbereich blieb dagegen am ständischen und am monarchischen Integrationsprinzip orientiert, an Land und Dynastie.

Der letzte Bereich der Verfestigung alter und Schaffung neuer Relationen in den alltäglichen kleinen wie in den großräumig ordnenden und orientierenden Beziehungen der Gesellschaft trifft die Integrationsprozesse um *Region* und *Staat*. Die letzteren hat man früher allein beobachtet, um die Entwicklung im 15. und 16. Jahrhundert zu zeigen, und entsprechende Ausformungen des Verwaltungsapparates mit dem Anspruch auf Ordnung unter den Gesichtspunkten der suprema potestas sind gewiß zum Phänomen der Bewußtseinsbildung geradeso hinzuzuzählen wie zur Entwicklung der faktischen Machtverhältnisse [18]. Dennoch ist die Geschichte der großräumigen politischen Organisation seit dem späteren 15. Jahrhundert nicht einfach Staatengeschichte. Dynastisches und sprachnationales Bewußtsein sind schon in ihrer unterstützenden Funktion angesprochen worden, übergreifende Christlichkeit und differenzierende Personenverbände als Hemmnisse. Auch der Regionalismus hat sich augenscheinlich in einer Zeit wachsender wirtschaftlicher Verflechtungen als eine eigenständige und für die staatliche Integration nicht ohne weiteres förderliche Formierungskraft auszuweisen. Die Sonderentwicklungen auf den britischen Inseln, die Unterschiedlichkeiten in Frankreich und Spanien nicht nur nach der Historizität einzelner Räume, sondern auch nach ihrem wirtschaftlichen Eigenleben, der besondere Charakter der Provinzen der Niederlande nach ihrem inneren Schwergewicht, werden in politischen Entwicklungen des 15./16. Jahrhunderts immer wieder deutlich. Die Überlegenheit und die Durchschlagskraft obrigkeitlicher Administrative um 1500 in Frankreich wie im Kirchenstaat, in England wie in Spanien, ja selbst im „Doppelstockwerksbau" des Reiches konnte trotz zentralisierender Reformpolitik nicht in jedem Fall mit den evolutionären regionalen

[16] Die bekannte Trennung von Langue d'oc und Langue d'oil spielte auf den Ständeversammlungen seit 1484 keine Rolle mehr, vgl. *Folz*, Robert: Frankreich von der Mitte des 11. Jahrhunderts bis Ende des 15. Jahrhunderts. In: Schieder, Theodor, Handbuch der europäischen Geschichte. Bd. 2. Hrg. v. F. Seibt. Stuttgart 1987.

[17] *Duby*, Georges: Jeanne d'Arc. Paris 1985.

[18] *Schnur*, Roman (Hrg.): Die Rolle der Juristen bei der Entstehung des modernen Staates. Berlin 1986.

Kräften wirtschaftlicher Zusammenhänge konkurrieren [19]. Die deutsche „Landeshoheit" bildete hier allerdings einen bemerkenswerten Vorteil für die Entwicklung von Staatlichkeit, den man unter dem Verdikt der „Kleinstaaterei" noch in unserem Jahrhundert unterschätzte. Der Anspruch auf dieselbe „Souveränität" in unverhältnismäßig kleinerem Raum als in den meisten anderen Monarchien schuf jetzt und noch für lange Zeit ein besonders intensives Verhältnis zur Staatlichkeit. Verbunden mit der Kirchenherrschaft, in reformierter wie in gegenreformatorischer Form bekanntlich im ganzen Raum der lateinischen Christenheit stärker „verstaatlicht" als zu Zeiten des kaiserlich-päpstlichen Dualismus, erreichte der Anspruch auf Herrschaftsmonopol in Mitteleuropa tiefgreifende Wirkung, und in der Kleinräumigkeit der deutschen Fürstenlandschaft konnte er regionalen Interessen eingehender folgen. Hier intensivierte sich oft, aber nicht immer, staatliche Effizienz; Staatsbewußtsein wuchs auf jeden Fall in besonderem Maß. Man muß sogar fragen, ob nicht die Hartnäckigkeit und Zählebigkeit der Hexenprozesse seit dem 15. Jahrhundert bis ins 18. in dieser oder jener Konfession mit beigetragen habe, unter staatlicher, nicht mehr unter kirchlicher Kontrolle und Gerichtsbarkeit ein gesellschaftliches Feindbild am Leben zu halten und ob sie deshalb nicht auch so schauderhaft kultiviert wurden [20].

IV.

Anders als im Band „Europa 1400" war diesmal eine flächendeckende Bestandsaufnahme weder gefragt noch möglich. Wir haben uns auf einzelne Beispiele hier und dort beschränkt, sie gruppiert, sie der Handhabung und dem Sachverstand einzelner Referenten in der erfreulich kooperativen und kundigen Diskussion überlassen. Die Lücken, die bei dieser Umschau offen blieben, wird der Leser rasch selbst finden, auch im Vergleich zu den möglichen Untersuchungsfeldern und Integrationsphänomenen, wie sie in dieser Einführung skizziert worden sind. Es ging dabei leider mehrfach auch um die Lücken zwischen dem, was man plant und dem, was sich durchführen läßt. Es fällt auf, daß staatliche Entwicklungen in den einzelnen Beobachtungsgängen ein Schwergewicht tragen. Das entspricht der Forschungslage, und die ihrerseits hängt zweifellos von der schließlich und endlich alle anderen Integrationsphänomene über-

[19] *Ritter*, Gerhard A. und *Vierhaus*, Rudolf (Hgg.): Aspekte der historischen Forschung in Frankreich und Deutschland, Schwerpunkte und Methoden. Göttingen 1979. – Faber, Karl: Geschichtslandschaft – region historique – section in history. In: Saeculum 30 (1979).

[20] Es ist immerhin auffällig, daß Hexenprozesse in den Räumen mit weniger intensiver Entwicklung von Staatlichkeit wie in Polen oder in den böhmischen Ländern gar nicht oder erst spät um sich greifen.

ragenden Effizienz der staatlichen Entwicklung ab. Aber gerade dieser Umstand macht die Fragen nach anderen Integrationsverläufen, gescheiterten oder unterhalb wie neben der staatlichen Ebene wirksamen, nicht überflüssig. Im Gegenteil: Die einzelnen Integrationsphänomene bestimmten ja zu ihrer Zeit den Verständnis- und Beobachtungshorizont der Zeitgenossen, so daß die alleinige Beobachtung der Staatswerdung geradewegs zu einem unhistorischen Rückschluß verleitet. Unter diesen Voraussetzungen erscheinen besonders Perspektiven der christlichen Zusammengehörigkeit noch zu wenig verfolgt, selbst noch im Zeitalter des Konfessionalismus.

Dieser Entwicklungsbereich, von den böhmischen Hussiten im 15. Jahrhundert eingeleitet und in diesem Land mit manchen Erscheinungen ständischen Widerstands und gegenreformatorischer Kirchlichkeit auch schon in diesem 15. Jahrhundert vorweggenommen, schuf zu den gegenläufigen Integrationsprozessen eine neue Konkurrenz, mit übergreifenden und trennenden Effekten. Diese Vorwegnahme soll noch einmal daran erinnern, daß weder Krisen noch Integrationen mit starren Definitionsschemata zu handhaben sind, sondern jeweils Trends in lebendigen Prozessen markieren sollen. Das mag vielleicht manchmal als eine allzu unverbindliche Einsicht erscheinen. Hat man dabei aber vor Augen, was sich von gesellschaftlichen Bewegungen überhaupt nur aussagen läßt, sogar auch auf dem festeren Boden institutioneller oder ideeller Entwicklungen, wird man vielleicht eine solche Trendbeschreibung eher begrüßen als untaugliche Schemata. Ein solches untaugliches Schema erscheint seit langem die „Epochenschwelle" zwischen Mittelalter und Neuzeit, die sich wohl durch Entwicklungsverläufe mit räumlichen und zeitlichen Verschiebungen weit wirklichkeitsnäher benennen läßt als mit dem ominösen Jahr 1500. Gerade deshalb haben wir diesen Band mit dieser Jahreszahl bedacht. Nicht eine chronologische Marke im eigentlichen Sinn, sondern langfristige Veränderungen sollten damit kategorischen Zahlenangaben gegenübergestellt werden.

I. Staaten

Jean-Marie Cauchies

Die burgundischen Niederlande unter Erzherzog Philipp dem Schönen (1494–1506): ein doppelter Integrationsprozeß

In seiner vor nun schon fast dreißig Jahren veröffentlichten Studie über die ersten Habsburger in den Niederlanden widmet Franz Petri von insgesamt 35 Seiten nur knapp eine speziell dem Erzherzog Philipp dem Schönen. Er schreibt: „Über Philipp den Schönen muß ich mich im Rahmen dieses Vortrags kurz fassen." Es folgen dann einige Worte über den wohlwollenden Empfang, der diesem Fürsten bei seinem Regierungsantritt zuteil wurde, über den Namen, den ihm ein zeitgenössischer Chronist verlieh, über seine den Wünschen und Interessen seiner Untertanen entsprechende Friedenspolitik und über den Antritt der „spanischen Erbschaft" – alles Elemente, die bei der Analyse des hier in bezug auf die Niederlande untersuchten „Integrations"-phänomens berücksichtigt werden müssen. Und F. Petri fährt fort: „Seine Behandlung in der modernen Geschichtsschreibung ist merkwürdig unausgeglichen und unbefriedigend" [1]. Selbst in seinem eigenen Herkunftsland stößt unser Fürst nicht auf große Wertschätzung: In zwei Beiträgen zu einem jüngst erschienenen Katalog wird Philipp der Schöne, obwohl es doch um die schon unter seiner Herrschaft bestehenden und gefestigten Beziehungen zwischen zwei europäischen Regionen geht, entweder vollständig ignoriert – wie seine Frau, die Mutter Karls V., die lediglich als „Wahnsinnige" bezeichnet und gar nicht mehr anders genannt wird – oder aber nur in zehn Zeilen erwähnt [2]. Dies ist bedauerlich: Heute wie gestern bleibt das Interesse, das die Historiographie der Herrschaft Philipps des Schönen entgegenbringt, begrenzt [3].

[1] *Petri,* Franz: Die früheren Habsburger in der niederländischen Geschichte. In: Verslag van de algemene vergadering van het Historisch Genootschap gehouden te Utrecht of 2 november 1957 verenigd met Bijdragen en mededelingen van het Historisch Genootschap 72 (1958) 11*–45*, hier 20* f.

[2] Splendeurs d'Espagne et les villes belges 1500–1700. Bd. I. 1985, 51 u. 71 (*Voet,* Leo: Le cadre géographique et institutionnel des Pays-Bas espagnols), 73 (*Lottin,* Alain: Espagne et „Provinces belgiques": deux siècles d'histoire commune).

[3] *Hugenholtz,* F. W. N.: Filips de Schone en Maximiliaans tweede regenschap 1493

Trug Erzherzog Philipp von Habsburg denn also an der Last, Sohn allzu berühmter Eltern – nämlich des römischen Königs und späteren (1493) Kaisers Maximilian von Österreich und der Herzogin Maria von Burgund († 1482) – und Vater eines allzu bekannten Sohnes – Karl V. – zu sein? War seine tatsächliche Herrschaft zu kurz? Konnte er nur ein Übergangsfürst sein [4]?

Mit Sicherheit nimmt seine Regierungszeit eine Schlüsselstellung ein, besonders in Anbetracht eines doppelten Integrationsphänomens: der Integration jener in den Niederlanden – seinem mütterlichen Erbteil – selbst wirkenden Kräfte, die zu der Frage veranlassen, ob sie zur Errichtung eines „modernen Staates" beitrugen; und der Integration der österreichisch-burgundischen Niederlande in Europa als Folge dynastischer Allianzen (Burgund – Österreich – Spanien) und der bewußten Ausarbeitung einer internationalen Politik (gegenüber Frankreich, dem Reich, England und dem Herzogtum Geldern).

Weiter werden die Person des Fürsten, die von ihm regierten Territorien, seine auf Institutionen und Gesetzgebung beruhenden innenpolitischen und seine außenpolitischen Aktivitäten nacheinander zu beobachten sein. Sicher ließe sich unsere Frage nun auch noch im Hinblick auf ökonomische, soziale und kulturelle Aspekte betrachten – was die Reaktionen, Verhaltensweisen und die Integration sozialer Gruppen, die Verbreitung kultureller Modelle, literarischer und künstlerischer Geschmacksrichtungen angeht – diese Aspekte werden hier allerdings nicht berücksichtigt.

1. Der Fürst

Der vorzeitige Unfalltod der jungen Herzogin Maria von Burgund (27. März 1482) macht ihren Sohn Philipp mit 23 Jahren und 8 Monaten zum eigentlichen Fürsten in den Niederlanden, während Maximilian von Österreich als Witwer

–1515. In: Algemene geschiedenis der Nederlanden. Bd. 4. 1952, 27–50, hier 37: "De regering van Filips de Schone heeft zich nooit erg in de belangstelling der historici mogen verheugen."

[4] Bis heute ist er kein Thema einer umfassenden, auch nicht populären Studie. Wir planen über ihn eine wissenschaftliche Biographie. Zur Grundinformation die noch gültige, doch veraltete Notiz von *de Ridder*, Alfred: Philippe d'Autriche. In: Biographie nationale (de Belgique) 17 (1903) 178–200; ebenso das gut dokumentierte Werk von *Walther*, Andreas: Die Anfänge Karls V. 1911 (I.: „Vorgeschichte") und die Beiträge zu den unter Anm. 3, 15, 31 und 63 aufgeführten Sammelbänden. Es steht überdies ein reichhaltiges, kommentiertes Quellenverzeichnis zur Verfügung, das wir einem Autor verdanken, der eine „Geschichte Philipps des Schönen" geplant hatte: *von Höfler*, Constantin R.: Kritische Untersuchungen über die Quellen der Geschichte Philipps des Schönen, Erzherzogs von Österreich, Herzogs von Burgund, Königs von Castilien. In: Sitzungsberichte der Philosophisch-Historischen Classe der Kaiserlichen Akademie der Wissenschaften (Wien) 104 (1883), 169–256.

der Verstorbenen und Vater des Erben zugleich mit der Regentschaft betraut wird. Damit beginnt ein schwieriger Zeitabschnit in den Beziehungen zwischen Herrscher und Regierten: Maximilian, oft ungeschickt, bleibt unverstanden [5]; Aufstände schwelen und brechen aus, vor allem unter dem Schutz der großen flandrischen Stadt Gent; zu den Streitigkeiten im Innern des Landes gesellt sich der äußere Krieg gegen Frankreich, der schon die Herrschaft Marias betroffen hatte und noch immer andauert.

Der 1493 in die Nachfolge seines am 19. August verstorbenen Vaters Friedrichs III. berufene Maximilian, bereits seit dem 9. April 1486 römischer König, sieht sich veranlaßt, am Ende eines sehr unruhigen Jahrzehnts sich der Herrschaft der Niederlande zu entledigen, und trifft eine neue politische Verfügung [6]. Sein Sohn Philipp wird für mündig erklärt, und von September bis Dezember 1494 durchzieht er seine Staaten und läßt sich dort feierlich bestätigen, wo es das Gewohnheitsrecht verlangt. Seine „persönliche Herrschaft" beginnt, jener hier behandelte Zeitabschnitt, dem im September 1506 der unerwartete Tod Philipps im Alter von 28 Jahren ein Ende bereitet.

Es ist bereits zu vermuten, daß sich die Umstände bei seinem Regierungsantritt als problematisch erwiesen. Wie wurde er also *aufgenommen* und wie schließlich *beurteilt*?

a) Der „seigneur naturel"

„Seigneur *naturel*", „prince et seigneur *naturel*", „nostre souverain et *naturel* seigneur" ... so begrüßen ihn diplomatische und literarische Quellen. Beispielsweise beklagt Maximilian in einem Brief an die Gemeindebehörden von Brügge (März 1503), daß die Generalstände der Niederlande ihm eine Finanzhilfe versagten, unter dem Vorwand eventueller Bedürfnisse von „nostredit filz, leur seigneur *naturel*" [7]. Der offizielle Geschichtsschreiber Jean Molinet hält seinerseits fest, daß der junge Erzherzog als Herzog von Brabant und *„seigneur naturel"* in Löwen empfangen wird [8].

[5] *Walther,* Andreas: Die Burgundischen Zentralbehörden unter Maximilian I und Karl V. 1909, 3: „Er [Maximilian] sprach, wie er dachte, und gab sich, wie ihm zumute war; er hatte nicht den Takt besessen, das altererbte Selbstgefühl der reichen und stolzen Landschaften, das junge burgundische Nationalbewußtsein zu schonen."

[6] Zu Maximilians Verhalten in den Niederlanden siehe die ersten Bände des monumentalen und bemerkenswert dokumentierten Werkes von *Wiesflecker,* Hermann: Kaiser Maximilian I. Das Reich, Österreich und Europa an der Wende zur Neuzeit. Bd. 1 (1459–1493) – 2 (1493–1500) – 3 (1500–1508). 1971, 1975, 1977. Er berichtet die Ereignisse mit großer Sorgfalt.

[7] *Gachard,* Louis-Prosper: Lettres inédites de Maximilien, duc d'Autriche, roi des Romains et empereur, sur les affaires des Pays-Bas, de 1478 à 1508. Deuxième partie (1489–1508). In: Bulletin de la Commission royale d'histoire II 3 (1852) 193–328, hier 301.

[8] *Chroniques de Jean Molinet* (1474–1506). Hg. v. G. Doutrepont/O. Jodogne. Bd. 2. 1935, 395.

Mit dieser Bezeichnung stellt man Philipp seinem Vater, dem Ausländer, dem Österreicher gegenüber. Den „natürlichen" Charakter erhält er über seine Mutter vom Haus Burgund. In einem an seinen Sohn gerichteten Brief unterstreicht Maximilian 1497, daß die Häuser von Österreich und Burgund, zwei der bedeutendsten der Christenheit, künftig ein einziges Geschlecht, ein einziges Blut, „une mesme chose" bilden werden [9]. Doch schon im Jahre 1484 hebt eine Denkschrift des in Flandern sitzenden und Maximilian feindlich gesonnenen Regentschaftsrates hervor, wie es danach noch wiederholte Male geschehen sollte, daß Maximilian in keiner Weise das Recht besitze, sich „seigneur" der Länder seiner Frau zu nennen, weder durch Erbschaft noch durch Wittum oder durch Nießbrauch, alles komme allein Philipp zu [10]. Etliche Jahre später wird der Kaiser in einem Brief vom Januar 1499 an die Generalstände indessen ganz anders argumentieren: Er habe die Niederlande unter Aufwendung großer politischer und militärischer Anstrengungen vor dem äußeren Feind, den Franzosen, gerettet; er hätte somit legitimerweise lebenslänglich die Herrschaft als Nutznießer in seiner Hand behalten können; wenn er sie seinem Sohn abgetreten habe, sei dies nur aus Verbeugung vor den Interessen Philipps, der Länder und *des Hauses Burgund* (in das er seinen Erben einbezieht) geschehen [11].

Der junge Erzherzog verfügte schon als Jüngling tatsächlich über unbestreitbare Trümpfe: einerseits die Popularität und das tragische Ende seiner Mutter, Gegenstand zahlreicher Klagen, und andererseits die durch seinen autoritären und ungeschickten Vater hervorgerufene Unzufriedenheit. Zum ersten Mal seit dem Regierungsantritt Johanns ohne Furcht (1404), des Urgroßvaters Philipps des Schönen, übernimmt ein Fürst die Regierung in den Niederlanden unter friedlichen Vorzeichen. Dieses friedliche Klima ist, wie man betonen muß, großenteils ein Erfolg von Maximilians Wirken (zu nennen wären etwa der Friede von Kadzand vom 29. Juli 1492, der den letzten großen Aufstand der Genter beendet, und der mit dem französischen König Karl VIII. am 23. Mai 1493 ge-

[9] *Gachard* 1852, 278–279.

[10] *Blockmans,* Wim P.: Autocratie ou polyarchie? La lutte pour le pouvoir politique en Flandre de 1482 à 1492, d'après des documents inédits. In: Bulletin de la Commission royale d'histoire 140 (1974) 257–368, hier 345 f.

[11] *Gachard* 1852, 281, 283, 286. – In einem Brief an seinen Sohn vom 13. August 1502 beklagt es der Kaiser noch, den französischen König „tenir et occupper les pays, terres et seigneuries, *appartenans a la maison de Bourgoingne*" zu sehen: *Chmel,* Josef: Urkunden, Briefe und Actenstücke zur Geschichte Maximilians I. und seiner Zeit. 1845, 222. Am 15. März 1503 schreibt Maximilian an die Gemeindeverwaltung von Namur: Er sei vor allem damit beschäftigt „faire service a nostredit filz, en delaissant, pour ce faire, tous noz granz affaires du saint empire et de nostre maison d'Austrice. *Gachard,* Louis-Prosper: Analectes belgiques, ou recueil de pièces inédites, mémoires, notices, faits et anecdotes concernant l'histoire des Pays-Bas. Bd. 1. 1830, 261–262.

schlossene Vertrag von Senlis [12], dem gegenüber die burgundischen Untertanen zweifellos eine gewisse Undankbarkeit an den Tag legen.

War Philipp nun imstande, aus solchen Umständen Nutzen zu ziehen?

b) Der Fürst „Croit conseil"

Ohne Zweifel wurde die Geschichtsschreibung stark von der Anerkennung geprägt, die ein wohlinformierter, zeitgenössischer Autor und Höfling, Olivier de la Marche, dem jungen Erzherzog zollte, dem er im übrigen auch seine „Mémoires" gewidmet hat. Über zweckmäßige Beinamen für die Herrscher des Hauses Burgund nachsinnend, nennt La Marche seinen Herrscher „Philippe Croit conseil" und rechtfertigt seine Namensgebung so: Philipp sei jung und unter der Macht der Umstände zur Regierungsgewalt gekommen und in den Händen der Genter gewesen, bevor er daraus durch Maximilian befreit worden sei, so habe er guter Ratschläge und Einflüsse bedurft [13]. Man braucht in dieser Namensverleihung also nicht unbedingt eine Kritik oder wenigstens die Feststellung einer gewissen Unschlüssigkeit, ja Unfähigkeit zu persönlichen Entscheidungen bei dem jungen Herrscher zu sehen [14]. Es handelt sich eher um eine doppelte Empfehlung: explizit nämlich, die unheilvolle Spur der rebellischen Genter auszumerzen, und implizit, Philipp müsse die Fehler seines Großvaters Karl vermeiden, den man wegen seines Mangels an Besonnenheit und seiner maßlosen Halsstarrigkeit den Kühnen oder den Wagemutigen nannte. Wir stimmen mit dem englischen Historiker Armstrong überein, der die Glaubhaftigkeit dieser abwertenden Interpretation des Beinamens begründet mit dem späteren Erfolg des Modells des autoritären, allein entscheidenden Monarchen [15]. Die Zeitgenossen brauchten es jedoch gar nicht so zu sehen. „Croit Conseil" war kein törichter Mensch.

In der Einleitung seiner an Philipp den Schönen adressierten „Mémoires" fordert Olivier de la Marche den Fürsten um 1493/94 dazu auf, die Autorität zwar nicht den Untertanen zu überlassen, sie aber unbeschadet seiner legitimen Macht in seinen Angelegenheiten um Rat und Hilfe zu befragen – hier handelt

[12] Vgl. zu diesen Ereignissen zuletzt *van Uytven,* Raymond: Crisis als cesuur (1482–1494). In: Algemene geschiedenis der Nederlanden. Neuauflage Bd. 5. 1980, 420–435, hier 430 f.

[13] *Mémoires d'Olivier de la Marche,* maître d'hôtel et capitaine des gardes de Charles le Téméraire. Hg. v. H. Beaune/J. d'Arbaumont. Bd. 3. 1885, 315–317. – Vgl. *Huizinga,* Johan: Uit de voorgeschiedenis van ons nationaal besef. In: Verzamelde werken. Bd. 2. 1948, 97–160, hier 136 f.

[14] Trotz des politischen Humors nicht entbehrenden Augenzwinkerns, mit dem La Marche, der den Beinamen zweimal zitiert, seinen Lesern begegnet, wenn er beim ersten Mal nicht „Croit Conseil", sondern „Croy conseil" schreibt, – Croy ist der Geschlechtername des Herrn von Chièvres, einer der wichtigsten „Minister" des jungen Erzherzogs.

[15] *Armstrong,* C. A. J.: The Burgundian Netherlands 1477–1521. In: The New Cambridge Modern History. Bd. 1. 1957, 224–258, hier 245.

es sich um ein sehr feudales Vokabular [16]. Überdies kündet der Chronist gegen Ende seines Werkes an, er werde die Taten Philipps des Schönen berichten – ein Vorhaben, das durch seinen eigenen Tod unterbrochen wurde – und zeigen, „comment, *par croire conseil*, il se ressourdit [releva] et porta le temps *saigement*" [17]. Offensichtlich also eine Bestätigung der positiven Bedeutung des Beinamens.

Andere Schriftsteller der Zeit liefern uns in dieser Hinsicht kaum anderes als platte Klischees. So bezeichnet der bereits zitierte Molinet Philipp als „fort doct et de grant entendement" und widmet ihm zwei klangvolle, schwülstige Lobreden: Bis auf die Unsterblichkeit habe er alle Gaben erhalten, seine Länder seien ein irdisches Paradies ... Nichts als Zugeständnisse an das Genre [18]!

Was lehren uns nun die Fakten gegenüber dem oft wiederholten Urteil eines Gebildeten und Kenners der politischen Angelegenheiten? Sie zeigen, daß Philipp – wie es seine Außenpolitik noch weiter demonstrieren wird – seinem Vater gegenüber einen wirklichen Emanzipationswillen an den Tag legt, der den Absichten Maximilians entgegensteht. Und sie lehren uns, daß sich seine politischen Ansichten früh behaupten. Sollte er sich doch von seinem Herrschaftsantritt (1494) an weigern, jene Konzessionen anzuerkennen, die seine Untertanen nach der Niederlage von 1477, die seinen Großvater Karl von Burgund vor Nancy das Leben kostete, errungen hatten – nur um dann dafür selbst aus freiem Willen, vor allem in den Grafschaften Holland und Seeland, wieder einige nicht allzu nachteilige Zugeständnisse zu machen [19]. Zwar bewog ihn dazu sein Vater, aber man findet darin doch auch ein Zeichen seines persönlichen Willens. Überdies bestätigt Philipp die Privilegien und Gewohnheitsrechte, die die gleichen Untertanen vor 1477 besaßen. Und die Regierten beugen sich, was zweifellos die Erschöpfung der zentrifugalen Kräfte, insbesondere des Widerstandes der Städte, zumal der flandrischen, zeigt, aber auch das Vertrauen in den „seigneur naturel", den Garanten eines heiß ersehnten Friedens.

In dieser Hinsicht zeigt der Ablauf der weiteren Ereignisse, daß Philipp dauerhaft einen Frieden festigte, der kurz vor seinem Herrschaftsantritt teuer erworben worden war. Und diese Festigung sollte über seine kurze Regierungszeit hinaus andauern, die vor dem Jahre 1505 von keinem Feldzug betroffen wurde und eine nicht zu leugnende Wiederherstellung der politischen, institutionellen und monetären Ordnung erlebte. Die Herrschaft des jungen Habsburgers wirft nun kurz und klar die zentrale Frage auf, wie denn Philipps tatsächlicher Anteil am Ablauf der Ereignisse aussah. Dieser Anteil bleibt im Augenblick noch schwer zu bestimmen. Wir haben vor, diesem Thema eine breit

[16] *Mémoires* d'Olivier de la Marche I, 163.
[17] Ebda., Bd. 3, 318.
[18] *Chroniques* de Jean Molinet II, 391, 566–568, 586–587.
[19] *Hugenholtz* 1952, 28–29.

angelegte biographische Studie zu widmen, die auf der Grundlage belgischer, niederländischer, spanischer und österreichischer Quellen eine Antwort zu formulieren versucht. War Philipp der Schöne der „Spielball" von Ratgebern, die aus den Niederlanden stammten, auf seine Erziehung einwirkten und aus seinem blinden und passiven Vertrauen Nutzen zogen? Oder geschah es etwa freiwillig, daß er diesen Männern die Hauptaufgaben übertrug? Eine wichtige Untersuchung wird darin bestehen, die Nennungen „de conseil" und „de service" innerhalb und unterhalb der zum größten Teil noch nicht gesichteten und edierten fürstlichen Urkunden zu prüfen [20].

2. Das Territorium

Die von Philipp dem Schönen regierten Staaten, die von heutigen Historikern in Erinnerung an die Territoriensammler des 15. Jahrhunderts gewöhnlich „Burgundische Staaten" genannt werden, bilden in Wirklichkeit ein namenloses Land [21]. Es sind *Länder* eher denn ein *Land*. Der juristische Status ist der einer Personalunion von Herzogtümern, Grafschaften und Lehensherrschaften, die von einem Fürsten je einzeln regiert werden, ohne Gesamttitel.

a) Die fürstliche Titulatur

Sie liefert eine präzise Beschreibung der dem Erzherzog unterstehenden Territorien. Mit Ausnahme seiner heute in Frankreich, Deutschland und Österreich liegenden Besitzungen umfassen sie für die Niederlande die Herzogtümer Brabant, Limburg, Luxemburg und das umstrittene Geldern, die Grafschaften Flandern, Artois, Hennegau, Holland, Seeland, Namur und das an Geldern angeschlossene Zutphen, die sogenannte Reichsmarkgrafschaft Antwerpen, die Herrschaften Friesland und Mecheln [22]. Es gibt keine rechtmäßige Hauptstadt, jedes Fürstentum besitzt seine einzige oder mehrere „chef(s) ville(s)", die sozusagen Hauptstädte sind. Aus institutionellen Gründen galt es jedoch, eine Stadt besonders hervorzuheben, nämlich die den großen Fürstentümern fremde Stadt Mecheln, die sich – weder flämisch, noch brabantisch, noch holländisch – in den Niederlanden in einer ziemlich zentralen Lage befand, was sie zum Sitz von Regie-

[20] Zu den „Erwähnungen des Dienstes", ihren Formen und ihrer Bedeutung ganz speziell *Cauchies*, Jean-Marie: La législation princière pour le comté de Hainaut. Ducs de Bourgogne et premiers Habsbourg (1427–1506). 1982, 151–156; zu den „Erwähnungen des Rates" 106–113. Die einen wie die anderen bezeichnen mehr oder weniger explizit die Mitarbeiter des Fürsten, die an einer Entscheidung beteiligt oder sogar deren Initiatoren sind.

[21] Vgl. noch für das 16. Jahrhundert *Splendeurs d'Espagne* 1985. Bd. 1, 36.

[22] Vgl. die beigefügte Karte.

rungs- und Verwaltungsorganen bestimmte und später unter der Regentin Margarethe, der Schwester Philipps und Tante Karls V., sogar eines richtigen Hofes.

b) Die zeitgenössischen Quellen

Wie nennen die zeitgenössischen Quellen, Autoren und offiziellen Dokumente diese Länder, für die der gemeinsame Fürst das einzige Bindeglied zu bilden scheint? Humanisten des 15. Jahrhunderts greifen auf antike Bezeichnungen zurück: „*Gallia belgica*" für das Territorium und „*Belgae*" für die Bewohner – Reminiszenzen an Julius Cäsar und die spätrömische Verwaltung. Olivier de la Marche setzt die „Gaule belgique" mit dem alten burgundischen Königreich gleich, das sich von der Nordsee bis zum Rhein und zum Jura erstreckte. Hier handelt es sich um die Erinnerung an einen schemenhaften und viel ausgedehnteren Staat, als es der politischen Realität der Zeit entsprach [23].

Unter der Regentschaft Maximilians wird der Begriff „Pays-Bas" oder eher „Pays d'embas" im Gegensatz zu den Erbländern Habsburgs oder der „Haute-Allemagne" gebraucht. Der Sinn dieser Bezeichnung bleibt hier also noch relativ und vage [24].

„Bourgogne" ist dagegen vor allem als literarischer Begriff lebendig. Noch heute benutzen ihn Historiker – insbesondere deutschsprachige wie A. Walther [25] und der Maximilian-Biograph H. Wiesflecker – der Einfachheit halber, um die Niederlande zu benennen. Man darf nun auch nicht vergessen, daß sich die Wortbedeutung über die dynastische Kontinuität verlagerte. Seit 1477 war das Herzogtum Burgund wieder der französischen Krone angegliedert und definitiv für die Fürsten verloren, die nichtsdestoweniger die Erinnerung daran in ihrer Titulatur bewahrten. Zu erwähnen bleibt noch, daß „Bourgogne" ganz offensichtlich manches Mal – besonders in der Korrespondenz der Fürsten – dazu diente, die Franche-Comté oder Grafschaft Burgund zu bezeichnen, das Reichslehen, das sich noch immer in der Hand der Habsburger befand.

Schließlich ist es üblich, von den „pays *de par deça*", „nos sujets *de par deça*", „ceux *de par deça*" zu sprechen: neben anderen kann Molinet auch ganz einfach „par decha" schreiben, wenn er die Erbschaft der Maria von Burgund erwähnt [26]. Es handelt sich hier um eine ganz unbestimmte Bezeichnung, denn „par decha" bedeutet „dort, wo wir sind", während „par dela" meint „dort, wo wir

[23] *Bonenfant*, Paul: Du „Belgium" de César à la Belgique de 1830. Essai sur une évolution sémantique. In: Annales de la Société royale d'archéologie de Bruxelles 50 (1961) 31–58, hier 49–52.

[24] So z. B. in einem Brief Maximilians von 1502 (wie Anm. 11) und in einem weiteren Brief gleichen Datums: „voz pays d'embas". *Chmel* 1845, 223 u. 225.

[25] *Walther* 1911, 1 f. „Vorgeschichte: Burgund".

[26] *Chroniques* de Jean Molinet II, 393, 424, 431, 437, 517, 542, 585.

nicht sind". In einem Schreiben, das Maximilian von Innsbruck aus im August 1493 an die Generalstände der Niederlande sendet, teilt er seine Absicht mit, zu „noz pays *de par dela*" aufzubrechen; doch in einer anderen Botschaft an seine Tochter Margarethe aus dem Jahre 1499 steht „pays de par dela" für Spanien, wo die Herzogin sich aufhält, seitdem sie Witwe ist [27].

Die großen diplomatischen Texte drücken manchmal wenig, manchmal sehr viel aus hinsichtlich der Zusammengehörigkeit der Staaten Philipps des Schönen, verleihen diesen jedoch nie einen gemeinsamen Namen. Ein Handelsvertrag vom 18. Mai 1499 spricht einfach von den „terrae et dominia" oder „patriae, loca domini archiducis" [28]. Die auch mit England abgeschlossenen „entrecours"-Verträge von 1496 und 1506 (*Intercursus magnus* und *Intercursus malus* genannt) zählen wenigstens teilweise die belgisch-niederländischen Fürstentümer auf: „terrae et patriae Brabantiae, Flandriae, Hannoniae, Hollandiae" usw. [29]. Gegebenenfalls findet man im Französischen *„és pays* monseigneur l'archiduc", während die wichtigen franko-burgundischen Verträge (Vertrag von Senlis, 23. Mai 1493; Vertrag von Paris, 2. August 1498) nur die Fürsten erwähnen, nicht aber deren Staaten [30].

c) Der Status der Niederlande

Während die Grafschaften Flandern (bis auf ein begrenztes Territorium auf dem rechten Ufer der Schelde, das sog. kaiserliche Flandern) und Artois der französischen Krone unterstehen, sind die übrigen Fürstentümer allesamt Lehen des Reiches.

Der Vertrag von Senlis legte fest, daß Erzherzog Philipp im Alter von zwanzig Jahren, also nach dem 22. Juni 1498, zur Huldigung gegenüber dem französischen König verpflichtet sei, dessen Souveränität über Flandern und Artois damals hervorgehoben wurde. Bis zu diesem Zeitpunkt sollte keinerlei Zwang gegenüber dem jungen Vassallen ausgeübt werden, so präzisierte es der Vertrag. Und tatsächlich mußte Philipp im Juli 1499 in Arras zu Händen des französischen Kanzlers die so geforderte Huldigung leisten [31]. Von seiner Würde

[27] *Gachard* 1852, 268–269, 294–295. – Vgl. *Cockshaw,* Pierre: A propos des Pays de par deça et des Pays de par delà. In: Revue belge de philologie et d'histoire 52 (1974) 386–388.

[28] *Rymer,* Th.: Foedera, conventiones, literae, et cujuscunque generis acta publica... Bd. 12. ²1727, 716–718.

[29] Ebda., 581 f. („terrae", „patriae", „dominia", „regna"); Bd. 13. ²1727, 134 f.: „terrae", „patriae", „dominia", „portus", „villae", „oppida", „civitates", „districtus", „jurisdictiones", „obedientiae".

[30] Vgl. *du Mont,* J.: Corps universel diplomatique du droit des gens... Bd. 3, 2. 1726, 303 f., 396–397.

[31] *Wiesflecker* II 1975, 146 nach *Mayer,* Rita Maria: Die politischen Beziehungen König Maximilians I. zu Philipp dem Schönen und den Niederlanden 1493–1506. Diss.

als erster französischer Pair sah Philip nicht ab, denn unter diesem Titel nahm er 1501 im Verlauf seiner Spanienreise an einer Sitzung des Pariser Parlaments teil [32].

Vergebens erklärt Maximilian in einem Brief vom Januar 1499 an die Generalstände, er erwarte als Preis für seine eigene Hingebung gegenüber der Sache der Niederlande und den ihnen geleisteten Schutz „l'obéissance et amour que fils doit à père, *comme roi des Romains, son souverain*" [33]. Philipp wird jedoch für die meisten seiner „burgundischen" Lehen seinem Vater keine Huldigung leisten. Keine formelle Lehensabgabe ist bekannt, mit Ausnahme zweier Territorien, wo sie im April 1505 unter allerdings ganz besonderen Umständen geleistet wird. Philipp sollte damals im Namen seines fünfjährigen Sohnes Karl Luxemburg, das Herzogtum Geldern und die Grafschaft Zutphen vom Kaiser erhalten; er sollte damit belehnt werden, sobald die Habsburger sich mittels Waffengewalt gegenüber ihrem Konkurrenten Karl von Egmont durchgesetzt hätten [34]. Hier kamen teils dynastische, teils militärische Zwänge ins Spiel.

Das Bemühen um die Integration der zum Reich gehörigen Fürstentümer in die Zuständigkeit des Reichskammergerichts – bis auf Brabant, Limburg und die Markgrafschaft Antwerpen, die exempt waren – zeigte keinerlei Wirkung. Das Scheitern wurde bald offenkundig, und unter Karl V. sollte die Einrichtung des burgundischen Kreises die seit dem 15. Jahrhundert und noch früher errungene Unabhängigkeit der niederländischen Fürstentümer rechtlich sanktionieren [35].

3. Die Institutionen

Aufgrund ihrer föderativen Struktur sind die Niederlande deutlich mit Institutionen auf zwei Ebenen ausgestattet: besondere für jedes Fürstentum einerseits, gemeinsame für das Ganze andererseits. Die Frage nach den Beziehungen zwischen diesen beiden Ebenen war schon in der Zeit der burgundischen Her-

masch. 1969. – *Hugenholtz* 1952, 30 und nach ihm *Blockmans*, Wim P./*van Herwaarden*, Jan: De Nederlanden van 1493 tot 1555: binnenlandse en buitenlandse politiek. In: Algemene geschiedenis der Nederlanden. Neuauflage Bd. 5 1980, 443–491, hier 447 verlegen irrtümlich diese Eidleistung in die Zeit der Liga von Venedig (31. März 1495).

32 *Gachard*, Louis-Prosper: Collection des voyages des souverains des Pays-Bas. Bd. 1. 1876, 132.

33 *Gachard* 1852, 289.

34 *Chroniques* de Jean Molinet II, 551.

35 *de Schepper*, Hugo: De burgerlijke overheden en hun permanente kaders 1480–1579. In: Algemene geschiedenis der Nederlanden. Neuauflage Bd. 5. 1980, 312–349, hier 313. – *Blockmans*/*van Herwaarden* 1980, 482–484. – Vgl. *Nève*, Paul L.: Het Rijkskamergerecht en de Nederlanden. Competentie, territoir, archieven. 1972.

zöge einer der juristischen Kampfplätze [36]. Wegen der Breite des Themas wird man sich an dieser Stelle nun auf die Beschreibung der übergeordneten Ebene beschränken, auf die der sogenannten allgemeinen oder zentralen Institutionen.

Drei Hauptbereiche sind hier zu unterscheiden. Nichts ist dabei von Grund auf neu. Mangels wirklicher Innovationen verleiht die Herrschaft Philipps des Schönen dem Räderwerk der fürstlichen Staaten nur eine stärkere Stabilität [37].

a) Die politischen und finanziellen Strukturen

Das Gesamtschema ist wohlbekannt. Ein unter den burgundischen Herzögen in Gang gebrachter Prozeß findet seine Vollendung: Ausgehend von einer relativ informellen Gruppe von Ratgebern wechselnder Zusammensetzung bilden sich innerhalb der Gruppe spezialisierte Kommisionen, aus denen in der Folge vollkommen autonome Organe hervorgehen [38]. Seit den ersten burgundischen Herzögen (Ende des 14. bis Anfang des 15. Jahrhunderts) war die Anfangsgruppe der Ratgeber der Hof- und Regierungsrat gewesen [39]. Neben dem Kanzler, der rechten Hand des Herzogs, und dem Ratsvorsitzenden, der den Kanzler in Abwesenheit vertrat, sieht man in unterschiedlicher Zahl Ratgeber tagen, Adlige oder Juristen verschiedener geographischer Herkunft. Als Galionsfigur verkörpert der Kanzler, der auch dem Justizrat (s. u.) vorsteht, eine festverankerte burgundische Tradition. Der Niedergang des Amtes macht sich indessen in der zweiten Hälfte des 15. Jahrhunderts bemerkbar, als eine Spezialisierung eintritt, in deren Zuge die verschiedenen Körperschaften der herzoglichen, dann erzherzoglichen Institutionen eigene Vorsitzende erhalten. Unter Philipp dem Schönen verkörpert der Kanzler, so er sich behauptet, nicht mehr den herausragenden „ersten Minister" wie seine Vorgänger – insbesondere unter Philipp dem Guten und Karl dem Kühnen. Der u. a. ganz einfach als „conseil" bezeichnete Hofrat, der dem Fürsten in der allgemeinen Politik zur Seite steht, gliedert drei weitere Räte aus („Conseil d'Etat", „Conseil privé", „Conseil des finances"), deren faktisch ältere Existenz bei der großen dauerhaften Reform von 1531 von Karl V. bestätigt wird.

[36] Vgl. zu diesem Thema: *Cauchies,* Jean-Marie: Centralisation judiciaire et particularismes: les procédures de recours en Hainaut au début des temps modernes. In: Hommages à la Wallonie. Mélanges ... offerts à Maurice A. Arnould et Pierre Ruelle. Hg. v. H. Hasquin 1981, 45–64. – *Ders.:* Justice bicéphale et recours au prince en Hainaut à la fin du moyen âge. In: Tijdschrift voor Rechtsgeschiedenis 54 (1986) 113–126.

[37] Eine Untersuchung dazu findet sich zuletzt bei *de Schepper* 1980, 328 f.: „De staatsinstellingen".

[38] *Walther* 1909. – *Baelde,* Michel: De Collaterale Raden onder Karel V en Filips II (1531–1578). Bijdrage tot de geschiedenis van de centrale instellingen in de zestiende eeuw 1965, 4–13.

[39] *Lameere,* Eugène: Le Grand Conseil des ducs de Bourgogne de la Maison de Valois. 1900. – *van Rompaey,* Jan: De Grote Raad van de hertogen van Boergondië en het Parlement van Mechelen. 1973, 3–28, 73–102, 128–131.

Jene spezialisierten Ausschüsse, die sich eher allmählich als plötzlich aus dem Hofrat heraus bilden, stammen ebenfalls aus der Zeit der burgundischen Herzöge. Sie decken drei weite Bereiche ab, die Justiz, die Finanzen und die hohe Politik. Von der Rechtsprechung wird später noch die Rede sein.

Seitdem sie in der Mitte des 15. Jahrhunderts unter der Bezeichnung „commis(saires) sur le fait des finances“ [40] aufgetaucht war, machte die Gruppe der Finanzräte mehrere Wandlungen durch und nahm mehrere Formen an, ehe Maximilian von Österreich sie durch eine Ordonnanz vom 26. Dezember 1487 zu einer autonomen Beratungskommission machte. 1493 sollte der Regent sie dann durch einen einzigen großen Amtsträger, den „surintendant et chef de toutes les finances“ ersetzen. In diesem Zustand – konzentriert auf eine einzige Person mit entscheidenden Kompetenzen – befand sich also jene spezielle Institution beim Regierungsantritt Philipps des Schönen. Am 1. Mai 1497 gab ihr der junge Fürst eine neue Kommission zur Seite, ersetzte diese dann jedoch, dem väterlichen Vorbild folgend, schon am 3. Dezember 1499 durch einen einzigen Amtsträger, den „trésorier général“, während der „chef des finances“ seinerseits in Funktion blieb [41]. Unter der Herrschaft Karls V. sollten dann noch andere Veränderungen eintreten, ehe der Kaiser, wie schon erwähnt, 1531 offiziell drei Nebenräte einsetzte, darunter auch einen „Conseil des Finances“, der zweieinhalb Jahrhunderte lang bestehen bleiben sollte.

Schon die burgundischen Herzöge hatten schließlich die Gewohnheit angenommen, einer begrenzten Gruppe von Mitarbeitern die Prüfung der wichtigsten politischen Angelegenheiten anzuvertrauen. So entstand und wuchs mehr umständehalber als durch Gesetz jenes Organ, das im „Conseil privé“ (geheimer Rat), dem tatsächlichen Machtträger nach 1506, seine Fortführung finden sollte.

b) Die Gerichtsstrukturen

Entgegen der traditionellen Meinung, die im „Grand Conseil (de Justice)“ den für alles kompetenten Hofrat sehen wollte, von dem nur eine Abteilung mit rechtlichen Fragen befaßt gewesen sei, wollte J. van Rompaey die ursprüngliche Besonderheit dieser in den zeitgenössischen Quellen so genannten Institutionen aufzeigen. Demnach hätte der „Grand Conseil“, der sich allmählich aus einer Justizkommission innerhalb des Hofrats herausbildete (1430/40), in der Mitte des 15. Jahrhunderts seine Unabhängigkeit erlangt, bevor er sich dann zum „Parlement de Malines“ mit festem Sitz wandelte (Ordonnanz von Thionville vom Dezember 1473) [42].

Kraft des „Grand Privilège“ von 1477 wurde der „Grand Conseil de ju-

[40] *Ebda.*, 110 f. – *Arnould*, Maurice A.: Les sources financières à l'époque moderne. In: Sources de l'histoire des institutions de la Belgique ... Hg. v. H. de Schepper 1977, 282–286.

[41] *Walther* 1909, 53–59, 61–62 (Text von 1487: 193–197).

[42] *van Rompaey* 1973.

stice" sowohl unter seinem alten Namen als auch in seinem nicht seßhaften Charakter neu errichtet, und dann durch eine Ordonnanz Philipps des Schönen vom 22. Januar 1504 abermals und nun endgültig in Mecheln angesiedelt. Viel eher als in einer Aufteilung eines zentralen Rates in politische und gerichtliche Sektionen – wie zahlreiche Historiker und insbesondere J. Frederichs, A. Walther und M. Baelde meinten [43] – dürfte die Einrichtung des „Grand Conseil de Malines" demnach also nur in einer neuen Reform eines seit langem unter diesem Titel autonomen *Gerichts*rates bestanden haben. Obwohl er bis zum Ende des 18. Jahrhunderts das oberste Organ der fürstlichen Justiz in den Niederlanden darstellte, war der „Grand Conseil de Malines" dessenungeachtet allerdings später, und vor allem nach 1531, der Konkurrenz des „Conseil privé" ausgesetzt, der ebenfalls gerichtliche Kompetenzen innehatte, wie es H. de Schepper schlüssig gezeigt hat [44].

c) Die Ständeversammlungen

Die Tradition der Repräsentativversammlungen oder „assemblées d'Etats" war in manchen Fürstentümern der Niederlande fast zweihundert Jahre alt oder sogar wie in Flandern noch älter. Auf die Initiative des burgundischen Herzogs Philipps des Guten hin fanden die ersten Versammlungen der „Generalstände" statt, die gleichzeitig die Vertreter mehrerer Fürstentümer umfaßten. Welches Anfangsdatum [45] man hier auch in Betracht zieht – je nach Autor 1427, 1437 oder 1464 – es handelt sich dabei, wie W. Blockmans hervorhebt, nicht so sehr um die Gründung einer neuen Struktur als um die eines festen Moments innerhalb eines Entwicklungsprozesses, dem die Herrscher wohlgesonnen waren, weil sie in jenen Ständeversammlungen einen Pfeiler ihrer zentralen Institutionen sahen [46].

In der Geschichte der belgisch-niederländischen Repräsentativinstitutionen wird der Kontrast sowohl in den „provinzialen" als auch den „nationalen" Institutionen sichtbar. Vor allem das sehr einflußreiche Flandern erlebte 1477–1492 eine Krisenzeit, von 1494–1506 und danach dagegen eine Periode des

[43] *Walther* 1909, 20–24 („Grand Conseil" = Gesamtrat). *Frederichs,* Jules: Le grand conseil ambulatoire des ducs de Bourgogne et des archiducs d'Autriche (1446–1504). Contribution à l'étude du droit public des Pays-Bas au XVe siècle. In: Bulletin de la Commission royale d'histoire IV 17 (1890) 423–499, hier 466 f. – *Baelde* 1965, 8.

[44] *de Schepper,* Hugo: De grote Raad van Mechelen, hoogste rechtscollege in de Nederlanden. In: Bijdragen en mededelingen betreffende de geschiedenis der Nederlanden 93 (1978) 389–411.

[45] Vgl. vor allem *Wellens,* Robert: Les Etats généraux des Pays-Bas des origines à la fin du règne de Philippe le Beau 1464–1506. 1974, 94–101; zuletzt *Blockmans,* Wim P.: De volksvertegenwoordiging in Vlaanderen in de overgang van Middeleeuwen naar Nieuwe Tijden 1384–1506. 1978, 183–185.

[46] *Blockmans,* Wim P.: De Bourgondische Nederlanden: de weg naar een moderne staatsvorm? In: Handelingen van de Koninklijke Kring voor Oudheidkunde, Letteren en Kunst van Mechelen 77/2 (1973) 7–26, hier 7 f.

Gleichgewichts. Latente Spannungen, die durch eine allgemeine Unzufriedenheit mit dem autoritären Auftreten Karls des Kühnen (1467–1477) hervorgerufen wurden, „explodierten" (wie einige Autoren sagen), oder wie wir eher meinen „verdichteten sich" beim Tode des Herzogs. Auf die von den Versammlungen erhobenen Forderungen und die Maria von Burgund abgezwungenen Konzessionen hin führten die flämischen, im wesentlichen die Genter Delegierten der „Trois Membres (Drie Leden)" eine politische, institutionelle und militärische Opposition gegen Maximilian an – um nicht zu sagen eine wirkliche „fronde" [47], die sich während der Unruhen von 1487 bis 1492 auf Brabant und Holland ausbreitete.

Nach der Wiederherstellung des Friedens bemerkt man unter Philipp dem Schönen in Flandern nun eine beträchtlich abnehmende Häufigkeit dieser Versammlungen, längere und zahlreichere Unterbrechungen als einst, insbesondere aufgrund der Reisen des Fürsten nach Frankreich, Spanien und ins Reich. Man stellt zugleich aber auch eine intensivere Teilnahme des Herrschers an den Versammlungen fest, also eine bessere Kontrolle, und auch eine größere Repräsentativität; denn die kleinen flandrischen Städte und Gerichtsbezirke, die einst den drei großen Städten oder „Membres (Leden)" unterworfen waren, melden sich nun zu Wort und spielen eine wirkliche Rolle innerhalb der Stände der Grafschaft [48]. Zugleich zeigt sich auf der oberen Ebene der Generalstände, daß die Sorgen Philipps und seiner Untertanen übereinstimmen: Die erste Sorge liegt in der Erlangung des Friedens, den dann der Vertrag von Paris vom August 1498 garantiert. Er erntet allgemeine Zustimmung, trotz seines Preises, d. h. des Verzichts auf jeden Anspruch auf Burgund und Geldern; denn seit einem Vierteljahrhundert hatten die Kriege zu viele Verwüstungen mit sich gebracht und dem Land zu viele Ausgaben auferlegt. Die Lage der Dinge verändert sich zum Positiven, ebenso die Stimmung in den Versammlungen [49].

Eine dafür symptomatische Initiative: Kaum ist in den Niederlanden im Herbst 1506 der Tod des Erzherzogs Philipp bekannt geworden, senden die Generalstände sofort eine Botschaft an Maximilian, in der sie ihm die Regentschaft des Landes und die Vormundschaft über seine Enkelkinder vorschlagen. Daraus resultiert dann die Ernennung der Margarethe von Österreich, der Schwester des Verstorbenen, zur „gouvernante", die darauf von den selben Generalständen gebilligt wird.

Aber die Generalstände bleiben, wie es ihr spezieller Historiker R. Wellens betont, eine Vermittlungsebene zwischen dem Fürsten, der sie einberuft und den Provinzialständen, die dorthin ihre Repräsentanten entsenden [50]. Und gerade

[47] *Blockmans* 1974. – *Ders.:* 1978, 137–143, 365–371.

[48] *Ebda.*, 194–220 mit Tabellen und Graphiken.

[49] *Wellens* 1974, 235–279.

[50] *Ebda.*, 416–419 („une assemblée de délégations provinciales sans pouvoir supérieur", „une structure élevée des Etats provinciaux").

auf der Ebene der Provinzen, mit anderen Worten auf der Ebene der Fürstentümer unter individueller Perspektive werden nun die wesentlichen Interessen diskutiert und treten daher die Machtbeziehungen hervor.

4. Die Gesetzgebung

Dies ist gewiß ein lange vernachlässigter Bereich, obwohl er besonders geeignet ist, Ziele und Mittel der politischen und rechtlichen Zentralisierung der burgundischen Staaten zu beobachten.

Unbestreitbar ist die Kontinuität zwischen der Ära der burgundischen Herzöge und jener der ersten Habsburger. Ein unter den einen in Gang gebrachter Prozeß intensiviert sich ganz folgerichtig unter den anderen: Unbeschadet der Existenz spezieller Ordonnanzen, die es auch in der Vergangenheit gegeben hatte, wenngleich in geringerer Zahl, und die sich auf diesen oder jenen Bereich beziehen, werden die für die Gesamtheit der Niederlande geltenden Gesetzestexte von allgemeinem Belang zahlreicher und vielschichtiger. Auf sie konzentriert sich an dieser Stelle unsere Aufmerksamkeit [51].

Im Rahmen unserer Arbeit ‚la législation princière pour le comté de Hainaut' und einer daran anknüpfenden jüngeren Publikation [52], haben wir eine Aufstellung angefertigt, die infolge der beschränkten Quellenlage zwar nicht komplett ist, doch wenigstens hinreichend aussagekräftig in Bezug auf die sogenannten allgemeinen Ordonnanzen. Die Auswertung ergibt für die persönliche Herrschaft Philipps des Schönen insgesamt 61 Texte, die folgendermaßen aufgeteilt sind:

	1495	1496	1497	1498	1499	1500	1501	1502	1503	1504	1505	1506	total pro Bereich
Ökonomie	4	1	4	5	1		5	1		3	2	2	28
Münzsystem	2	2		3	7	2			1	1			18
Rechtsprechung		1	1			3				2			7
öffentliche Sicherheit						1	1			2			4
Almosen und Ablässe							1	1	1				3
Außenpolitik										1			1
total pro Jahr	6	4	5	8	8	6	7	2	2	9	2	2	61

[51] *Cauchies* 1982.

[52] *Cauchies,* Jean-Marie: Liste chronologique des ordonnances de Charles le Hardi, Marie de Bourgogne, Maximilien d'Autriche et Philippe le Beau pour le comté de

Es ist festzustellen, daß im Verhältnis zu zwei bis neun Texten pro Jahr die wichtigste homogene Gruppe bei weitem die der Münzedikte ist. Tatsächlich hatten die Herzöge Philipp der Gute und Karl der Kühne seit 1433/34 gerade für diesen Bereich ihre bedeutendsten allgemeinen Texte erlassen [53]. Unter den 28 die ökonomischen Fragen betreffenden Ordonnanzen beziehen sich 10 auf den Getreide-, 4 auf den Pferde- und 4 auf den Tuchhandel. Die anderen sind stark voneinander unterschieden, es handelt sich um Handels-, Markt- und Stapelrechte, um Steuern auf die Importe aus dem Lütticher Land und um die Schulden der Brügger. Ebenso fallen die „affaires de justice" durch ihre Vielfältigkeit auf, wobei es jedoch ein Hauptproblem gibt, nämlich das Eingreifen der römischen Kurie in die Belange der erzherzoglichen Staaten [54].

Die öffentliche Sicherheit bringt hier die Bekämpfung des Straßenraubes und den Lehensdienst ins Spiel. Gleichfalls hängt von der Gewährleistung der öffentlichen Ordnung die heikle Frage der Almosen und Ablässe ab. Schließlich bezieht sich der unter der Bezeichnung „Außenpolitik" eingeordnete Text auf den am Ende der Herrschaft Philipps gegen den Herzog von Geldern geführten Krieg [55].

Welche allgemeinen Merkmale lassen sich nun aus einer Prüfung und Gegenüberstellung der Elemente dieses Corpus' ableiten? Man gewinnt den Gesamteindruck der Mäßigung eines Gesetzgebers, der darauf bedacht ist, seine Untertanen nicht zu brüskieren oder sich anderen Herrschern nicht zu entfremden. Sind dies etwa Lehren aus dem Scheitern des Großvaters Karl, der allzu autoritär auftrat und den die Zeit drängte? So legt Philipp der Schöne etwa mit jenen Ordonnanzen, die das päpstliche Eingreifen zur Durchsetzung von Pfründen und Gerichtsvorladungen in den Niederlanden begrenzen und kontrollieren, aber jeden Bruch mit der bereits erzürnten römischen Macht vermeiden, die Grundlagen zu einem Konkordatssystem, das auf der erforderlichen Genehmigung des Fürsten beruht (*placet*).

Der Erzherzog unternimmt überdies unleugbare Anstrengungen, um diver-

Hainaut (1467–1506). In: Bulletin de la Commission royale pour la publication des anciennes lois et ordonnances de Belgique 31 (1986) 1–125.

[53] *Cauchies* 1982, 241 f., besonders 311–315. – *Pusch,* Gottfried: Staatliche Münz- und Geldpolitik in den Niederlanden unter den burgundischen und habsburgischen Herrschern, besonders unter Kaiser Karl V. 1932 (begrenzt und enttäuschend). – *Enno van Gelder,* H.: De muntpolitiek van Philips de Schone 1482–1496. In: Jaarboek van het Koninklijk Nederlandsch Genootschap voor Munt- en Penningkunde 38 (1951) 42–54. – *Spufford,* Peter: Monetary problems and policies in the Burgundian Netherlands 1433–1496. 1970.

[54] *Cauchies,* Jean-Marie: Eglise et droit public dans les Pays-Bas au seuil des temps modernes: la Curie romaine et les premiers Habsbourg 1484–1500 (im Druck).

[55] Die Analysen und Verweise all dieser Texte finden sich in *Cauchies,* Liste 1986 mit Sachwörterverzeichnis.

[56] *Cauchies* 1982, 379 f.

gierende Interessen auszugleichen, vor allem in seiner Getreidepolitik zur Kontrolle der Märkte und Exporte [56], oder mit den alternativen Maßnahmen der Verbannung oder der Duldung englischen Tuchs in den Niederlanden, je nachdem, welche der strittigen Interessen zu begünstigen sind, etwa die der protektionistischen flandrischen Tuchhersteller oder aber die der jedem Handel gegenüber aufgeschlossenen Holländer [57].

Die Bedeutung des Münzsektors in den Texten zeugt nun ganz besonders davon, wie sehr man den Hauptproblemen der Zeit Rechnung trägt. Mit seinen Edikten von 1495/96 eröffnet Philipp der Schöne eine lange Periode der Währungsstabilität; deren Grundlagen bestehen in einem neuen System und in der Übereinstimmung von Kurs und Realwert der im Umlauf befindlichen Münzen. Die Münzen schlechter Qualität werden als Faktoren der Unordnung des Geldmarktes unbarmherzig verbannt. Der Erzherzog bereitet jenen Notbehelfen ein Ende, die die Politik des geldbedürftigen Maximilian charakterisiert hatten, und hält seine Länder aus der damals im Reich herrschenden Währungsverwirrung heraus [58].

Eine für die Gesamtheit der erzherzoglichen Länder geltende Gesetzgebung nahm also in den Bereichen einen großen Aufschwung, in denen ein wirkliches Bedürfnis danach bestand, d. h. im „öffentlichen Recht" – man verzeihe den begrifflichen Anachronismus; im „Privatrecht" dagegen sollten noch lange die Gewohnheitsrechte herrschen, die bald offiziell aufgezeichnet, ja teilweise rechtlich anerkant wurden. Dieser Aufschwung erwies sich gewiß als einer der denkbar mächtigsten Integrationsfaktoren, zumal – und das ist das Wesentliche – man den Beweis hat, daß die Texte tatsächlich Anwendung fanden [59].

5. Die Außenpolitik

Die Frage der „Integration" der Niederlande um 1500 ist zum Teil auch diejenige nach der Position der burgundischen Staaten in Europa oder im Abendland. Eine bekannte große Streitfrage in der Historiographie über die Burgunderherzöge – die bis heute im übrigen noch nicht entschieden ist und über die sich die besten Spezialisten wie Pirenne, Huizinga, Bonenfant und Vaughan uneins sind – läßt sich nun bekanntlich folgendermaßen formulieren: Gab es auf Seiten des Hauses Burgund-Valois den entschiedenen Willen und das Bewußtsein, einen neuen Staat zu gründen? Oder wollten sich ganz im Gegenteil seine Mitglieder nur deshalb so sehr auf ihre ererbten Territorien stützen, um die erste Rolle in Frankreich zu spielen? Verfolgten und realisierten sie ein

[57] *Ebda.*, 411 f., besonders 421–423.
[58] Wie Anm. 53.
[59] Zahlreiche Beispiele bei *Cauchies* 1982.

großes, wohlkalkuliertes Ziel oder stand ihnen nur das Glück beiseite? Und geht man schließlich von der Hypothese einer neuen Staatsgründung aus, wie haben sie diese dann verstanden (man denke insbesondere an die „lothringischen" Träume und „imperialen" Ambitionen Karls des Kühnen)? Hat sich im übrigen von Philipp dem Kühnen bis zu seinem Urenkel Karl die herzogliche Politik nicht ganz beträchtlich gewandelt und umorientiert [60]?

Philipp der Schöne hat also schwierig zu bestimmende politische Pläne geerbt. Was ihn betrifft, so haben sich die Umstände zwar verändert; denn das Herzogtum Burgund, die königliche Apanage, die der Dynastie seiner Mutter den Namen gab, ist verloren, und der Erzherzog hat diesen Verlust noch im Jahre 1498 diplomatisch zu bestätigen. Aber entwickeln sich seine ererbten *Staaten* „d'en bas" nicht tatsächlich wenigstens rechtlich über immer mehr gemeinsame Gesetze, Institutionen und Strukturen zu *einem* kompakten und kohärenten Staat? Insbesondere nach den Aussagen der verfügbaren umfangreichen Dokumentation über die Ständeversammlungen [61] scheint es überdies, daß hier bei der Bevölkerung ein Nationalgefühl keimt oder vielleicht sogar schon blüht – unbeschadet ihres Festhaltens an regionalen Gewohnheitsrechten und Privilegien und an den „Teilnationen" der Fürstentümer. Die Bevölkerung der Niederlande (mangels eines kollektiven Namens) will sie selbst bleiben [62], – sie weigert sich, Frankreich im Zuge der Eroberung untertan zu werden, ebensowenig dem Reich unter dem Vorwand des Schutzes, ja im Namen einer Rechtshoheit, an die wie erwähnt Maximilian bei Gelegenheit erinnerte.

Sicher trifft hier das Wollen von zweien zusammen, das der Untertanen und das des Fürsten, zumindest bevor der *Zufall* in Form gänzlich unvorhersehbarer und überraschender dynastischer Umstände Philipp den Schönen in den teilweisen Besitz des Erbes der „katholischen Könige" bringt. Zwei große, klar unterschiedene Phasen, in denen die politischen Bedingungen die Veränderung der Positionen gegenüber den Nachbarfürsten bestimmen, zerteilen die Herrschaft des Erzherzogs. Das Jahr 1500, in dem dieser über seine Gemahlin zum Miterben der spanischen Königreiche wird, bildet dabei das Scharnier.

a) Die Zeit der nationalen Interessen (1495–1500)

„Nationale" oder „niederländische" Interessen, – das kommt auf das Gleiche heraus. Die Strategie der fürstlichen Politik hieß zunächst Neutralität, unter ausdrücklicher Vernachlässigung der dynastischen Interessen der Habsburger.

[60] Die jüngste Untersuchung dieses Themas findet sich in dem großartigen Werk von *Prevenier,* Walter/*Blockmans,* Wim: Les Pays-Bas bourguignons. 1983.

[61] Vgl. Abschnitt 3 c.

[62] Wir glauben in dieser Hinsicht, daß *Walther* 1911, 32–33 mit dem Argument der angeblichen dynastischen, feudalen und sozio-kulturellen Bindungen offenbar übertreibt, was er „die Hinneigung der konservativen Elemente Burgunds (= fast der ganze hohe Adel) zu Frankreich" nennt (vgl. IX).

Was im übrigen auch immer Philipps Anteil an der Ausrichtung der politischen Linie war – er muß, wie wir gesehen haben, noch näher definiert werden – so haben ihr doch unzweifelhaft die „seigneurs belges“, wie sie H. Pirenne nennt, die aus den Niederlanden stammenden und dort ihre Ämter ausübenden Ratgeber ihren Stempel aufgedrückt [63]. Einiges hat sich verändert, seit Maximilian die Regierung der Niederlande während seiner Abwesenheit den deutschen Fürsten Albrecht von Sachsen (1488) und Engelbert von Nassau (1493) [64] anvertraute. Die Epoche der großen Verbündeten ist vorbei – selbst wenn der Nassauer, wohl verwurzelt in Brabant, eine Galionsfigur bleibt, als „Chef“ des „Conseil privé“ und 1501 erneut als Regent mit dem Titel eines „lieutenant général“. Jetzt kommt die Zeit der aus den Ländern hervorgegangenen Mitarbeiter: etwa Jean de Berghes aus Brabant als erster erzherzoglicher Kammerherr; der künftige Prälat François de Busleyden (Philipps Erzieher), schließlich vor allem der Hennegauer Guillaume de Croy, Herr von Chièvres, als Großbailli des Hennegau, dann souveräner Bailli von Namur, „Chef“ der Finanzen und 1505 „lieutenant général“ [65].

Philipp verweigert den Beitritt zur anti-französischen von seinem Vater ins Leben gerufene Liga von Venedig (31. März 1495). Der am 2. August 1498 mit Ludwig XII. von Frankreich geschlossene Vertrag von Paris, der den Vertrag von Senlis von 1493 bestätigt, hebt jeden Anspruch auf die Bourgogne und Geldern auf: Der aufgebrachte Maximilian zeigt seine Unzufriedenheit vor allem in einem Brief an die Generalstände der Niederlande, und der Chronist Molinet rechtfertigt sehr diplomatisch diesen Zorn, „il [der Vertrag] n'estoit fait solennelement par les princes du sang de l'empire“ [66]. Entgegen den väterlichen Wünschen weigert sich der junge Erzherzog beharrlich, aus den Verlegenheiten des französischen Königs in den unentwirrbaren italienischen Kriegen Nutzen zu ziehen: Zuerst der Friede und sei es zu einem hohen Preis.

Gegenüber dem Reich wahrt Philipp Distanz, trotz der kaum bekannten („Geheimverhandlungen“) und wenig fruchtbaren Zusammenkunft von Imst (bei Innsbruck, 2. August 1496) [67] zwischen Vater und Sohn. Wie bereits er-

[63] *Pirenne,* Henri: Histoire de Belgique. Bd. 2 (illustrierte Auflage). o. J., 45–46. – *Fueter,* Ed.: Geschichte des europäischen Staatensystems von 1492–1559. 1919, 110–111.

[64] *Blockmans,* Wim P.: Albrecht III, hertog van Saksen. In: Nationaal biografisch woordenboek (van België) 5 (1972) 14–22. – *de Borchgrave,* Emile: Engelbert, comte de Nassau. In: Biographie nationale (de Belgique) 15 (1899) 473–480. Erwähnt seien noch aus einem Regentschafstrat der Niederlande von 1493 Graf Adolf von Nassau und Markgraf Christoph von Baden.

[65] *Walther* 1911, 20–26. – *Dansaert,* Georges: Guillaume de Croy-Chièvres, dit le Sage 1458–1521. 1942.

[66] Der Text des Vertrages in *du Mont* III/2, 396–397. – *Gachard* 1852, 287–288. – *Chroniques* de Jean Molinet II, 447.

[67] *Wiesflecker* II 1975, 88.

wähnt, erwartete Maximilian zweifellos vergebens den Lehnseid für die östlich der Schelde gelegenen Fürstentümer.

In das Jahr 1496 fällt auch der Abschluß eines „Intercursus magnus" genannten Vertrages (24. Februar) mit dem englischen König Heinrich VII., der mit Maximilian kaum auf gutem Fuße stand. Dieser Vertrag erneuerte eine weitgehende Handelsfreiheit, aus Sorge um die ökonomischen Interessen der Niederlande [68].

Und schließlich ist Philipp noch nicht damit zufrieden, sich jeder Anpassung zugunsten Maximilians gegen den Herzog von Geldern, Karl von Egmont, zu enthalten, sondern schließt mit diesem einen Waffenstillstand und gewährt ferner den französischen Truppen, die Egmont gegen die kaiserliche Armee zu Hilfe eilen, freien Durchzug (1497/99)! Mit den Nachbarn in Eintracht leben, das ist sicher das bevorzugte Ziel der Untertanen, die wenig Neigung verspüren – wie es die Generalstände im Februar 1499 verlauten lassen – noch weitere schwere Kriegslasten zu tragen. Und was könnten die Niederlande schließlich dabei gewinnen, wenn sie sich weiterhin in die Auseinandersetzungen dieses nördlichen Herzogtums einmischten?

b) Die Zeit der dynastischen Interessen (1500–1506)

Nun zu den „dynastischen" oder „europäischen" Interessen. Als er 1495 die Infantin Johanna, die Tochter der „katholischen Könige" Ferdinand von Aragón und Isabella von Kastilien heiratete, stellte Philipp nach dem Willen seines Vaters eine neue Schachfigur der wohlbekannten habsburgischen Heiratspolitik dar; diese Ehe besiegelte zugleich eine anti-französische Annäherung zwischen Spanien und dem Reich, an der Maximilian im übrigen seinen Sohn zu beteiligen gedachte. Niemand konnte voraussehen, daß eine Reihe von Todesfällen Johanna und ihren Ehemann fünf Jahre später zu Erben der spanischen Kronen machen würde.

Von da an ändert sich die Strategie der erzherzoglichen Politik; denn es geht für Philipp nunmehr darum, in Spanien „freie Hand" zu erhalten und sich zu sichern – selbst wenn der Preis dafür die Niederlande abwertet. Wie reagieren nun seine „belgischen Minister"? Nicht so negativ, wie man zweifellos hätte meinen können; denn auch ihnen konnten die spanischen Länder an der Seite ihres Fürsten, dessen Ansehen größer war denn je, Macht und Nutzen verschaffen. Überdies kann Philipp hoffen, von der wenigsten teilweisen und interessengeleiteten Unterstützung eines sehr intriganten kastilischen Adels zu profitieren.

[68] Der Text in *Rymer* XII, 578–591. – Vgl. auch *Schanz,* Georg: Englische Handelspolitik gegen Ende des Mittelalters ... Bd. 1. 1881, 18–21. – *Munro,* John H.: Bruges and the abortive staple in English cloth: an incident in the shift of commerce from Bruges to Antwerp in the late fifteenth century. In: Revue belge de philologie et d'histoire 44 (1966) 1137–1159, hier 1153 – jedoch mit falschem Datum 1497.

Dieser stand nämlich dem Aragonesen Ferdinand feindlich gegenüber und hegte die Hoffnung, seinen Einfluß über eine geschickte Balance-Politik zwischen zwei Königen steigern zu können [69]. Denn beim Tod Isabellas am 26. November 1504 wurden Johanna und Philipp, die schon von 1501 bis 1503 eine Reise in ihre zukünftigen Staaten unternommen hatten, ja berufen, die kastilische Krone aufzusetzen.

Gegenüber Frankreich wird die Friedenspolitik weiter betrieben; es geht darum, jedes Risiko von Seiten dieses großen Nachbarn auszuschalten, der sich geographisch zwischen den zwei Interessenpolen Philipps erstreckt. Diesem gelingt es nach zahlreichen Schwierigkeiten sogar, mit seinem Vater wieder übereinzukommen, woraus die Dreiecksvereinbarungen von 1504/1505 resultieren (die Verträge von Blois, September 1504, und von Hagenau im darauffolgenden April) [70].

In derselben Perspektive familiärer Annäherung beginnt der Erzherzog, eng mit dem Reich zusammenzuarbeiten [71]. Winkt ihm etwa nicht – neben den Niederlanden und den Gebieten jenseits der Pyrenäen und des Atlantiks – die römische Königskrone? Philipp leistet nun die Huldigung für zwei Lehen [72], und Maximilian soll sogar beabsichtigt haben, ihm Tirol oder Böhmen abzutreten.

Eine offenkundige, erzwungene Wende zum Nachteil der Niederlande: Um nämlich auch dort jeden „Dolchstoß" zu verhindern, handelt der Erzherzog mit Heinrich VII. von England einen neuen Handelsvertrag aus, der diesmal sehr ungünstig für Philipps Untertanen ausfällt und spöttisch „*Intercursus malus*" (30. April 1506) [73] genannt wird.

Schließlich entscheidet sich Philipp Geldern gegenüber zu einer kriegerischen Politik. Er unternimmt die erfolgreiche Eroberung Gelderns, nachdem Maximilian ihn 1505 mit dem Herzogtum belehnt und der französische König als neuer Verbündeter Habsburgs für den Abbruch aller Hilfeleistungen an Herzog Karl von Egmont gesorgt hatte. Dies ist die einzige militärische Kampagne einer Herrschaft, die, ohne daß der Erzherzog es ahnte, bereits ihrem Ende entgegengeht.

Schon Huizinga schrieb: „Het Bourgondische staatsbeginsel werd ondergeschickt aan het Spaansche" [74]. Später stellte der schon erwähnte Petri dann klar

[69] *Walther* 1911, 43–50, 57–58, 63–65. – *Wiesflecker* III 1977, 297–298. – *Lynch,* J.: Spain under the Habsburgs. Bd. 1. ²1981, 34–35.

[70] *Wiesflecker* III 1977, 127–144.

[71] *Ebda.*, 265 f.: „Maximilian versuchte, das enge burgundische Sonderstaatsdenken des Sohnes zu überwinden und ihm die universalen Ideen des habsburgischen Hauses näherzubringen".

[72] Vgl. Abschnitt 2 c.

[73] Text in *Rymer* XIII, 132–141. – Vgl. *Schanz* 1881, 29–34.

[74] *Huizinga* 1948, 157.

die für uns zentrale Frage: „War, was hier nur als Zickzackkurs und letztlich ziemlich unglückliche Mischung von wohlverstandener *niederländischer Realpolitik* und ungezügeltem *dynastischen Universalismus* à la Habsburg erscheint, es in gleichem Maße auch für die Zeitgenossen" [75]?

Gewiß darf man nun nicht die Tatsache übersehen, daß neben dem Fürsten noch andere ein mehr oder weniger kurzfristiges, an unmittelbaren Ergebnissen orientiertes Interesse an der niederländisch-burgundischen Expansionspolitik gefunden haben. So z. B. die hohen Adeligen der Niederlande, die nun imstande waren, Vertraute und Verwandte auf Bischofsstühle oder in wichtige Positionen in Spanien zu bringen [76]. Diese vorgeblich „hyper-nationale" Hocharistokratie muß das Phänomen der Integration der Niederlande in einen größeren Länderkomplex mehr begrüßt und gefördert haben, als man zunächst meinen möchte. Neben materiellem Profit muß man da wohl auch die Erinnerung an die Größe Burgunds in Betracht ziehen, den Wunsch nämlich, von neuem mit den Mächten der Zeit und vor allem mit Frankreich rivalisieren zu können [77]. Schließlich wird man auch ernsthafte Hoffnungen in Betracht ziehen müssen, den „prince naturel" der Niederlande eines Tages die väterliche Kaiserkrone tragen zu sehen. Diese Hoffnungen werden allerdings plötzlich durch den Tod Philipps des Schönen während seines Spanienaufenthalts am 25. September 1506 in Burgos [78] zunichte gemacht, nehmen unter Philipps Sohn Karl V. jedoch wieder Gestalt an.

Bestand der Irrtum des Herrschers und seiner Ratgeber insgesamt nun nicht darin, daß sie glaubten, die „Restauration" des Hauses Burgund verlaufe notwendigerweise über den Universalismus? Diese Perspektive sollte sich für die sogenannten „spanischen" Niederlande in ihrer weiteren Geschichte, die sie von den wirklichen Entscheidungszentren zuerst zugunsten von Madrid und später im 18. Jahrhundert von Wien fernhielt, nicht als unvorteilhaft erweisen. Klio's Rendez-vous sind manchmal trügerisch.

[75] *Petri* 1958, 21*.

[76] So wird ein junger Neffe des Herren von Chièvres, Guillaume de Croy, von Karl V. auf den erzbischöflichen Stuhl von Toledo erhoben; Chièvres selbst wird zum castador mayor (Generalschatzmeister) ernannt. *Dansaert* 1942, 163–164.

[77] Diese Behauptung erfordert indes noch eine vertiefte Prüfung der Quellen und Fakten.

[78] *Wiesflecker*, Hermann: König Philipps I. Tod in Burgos (1506). Eine Krise der habsburgisch-spanischen Weltreichsbildung. In: Römische historische Mitteilungen 18 (1976) 87–94.

Schlußfolgerungen

Es ist nun an der Zeit, die gestellte Frage zu beantworten: In welchem Maße haben die hier angesprochenen verschiedenen Faktoren dazu beigetragen, in den Niederlanden in der Zeit um 1500 eine tatsächliche Integration zu verwirklichen?

1) Die Staaten Philipps des Schönen sind und bleiben eine „*Personalunion*". Das immer deutlichere Vorhandensein von gemeinsamen Texten und Institutionen beendet keineswegs die Funktion regionaler Körperschaften oder die Anwendung besonderer Normen, für deren Erhaltung sich unter Philipps Großvater mütterlicherseits und Philipps Vater die Untertanen tapfer geschlagen hatten.

2) Ohne ein Einheitsstaat geworden zu sein, beweisen die Niederlande doch gegenüber äußeren Gefahren und im Rahmen der erzherzoglichen Ordnungs- und Friedenspolitik ein wirkliches *Bewußtsein gemeinsamer Interessen.* Dessen Bindemittel wie auch die herausragende Ebene, auf der es zum Ausdruck kam, ist die sehr wechselnde Versammlung der Generalstände. Einberufen wird sie vom Fürsten selbst, der in ihr mehr eine notwendige Stütze als ein seiner Regierung schädliches Hemmnis sieht [79]. Die Generalstände bilden eine wichtige Schachfigur auf dem Weg der Niederlande zur tatsächlichen Einheit, im Prozeß ihrer inneren Integration.

3) Es geht um die Ära der Zentralisierung. Unter Philipp dem Schönen ebenso wie unter seinen Vorgängern wird unter der Perspektive der Zentralisierung reformiert, angeglichen und reglementiert. Dennoch ist die Regierung des Erzherzogs von einem wirklichen Respekt gegenüber den bestehenden Institutionen, die die Länder verwalten, geprägt. Um das bereits von seinem Vater vor 1493 begonnene Werk der Machtwiederherstellung fortzuführen, bemüht sich der Fürst soweit als möglich, seine Untertanen, die an ihren verfassungsmäßigen Traditionen hängen, zufriedenzustellen [80]. Er zieht diesen Weg jenem des autoritären Auftretens, ja der Rücksichtslosigkeit und der Mißachtung der bestehenden Körperschaften und Freiheiten vor, die Herzog Karl den Kühnen und auch den Erzherzog und späteren römischen König Maximilian teuer zu stehen gekommen waren. Das hindert ihn allerdings nicht daran, unermüdlich die Verwirklichung der politischen Ziele Burgunds zu verfolgen, die sich auf mehrere Eckpfeiler stützen, so etwa auf den obersten Gerichtshof und die allgemeine Ständeversammlung [81]. Pirenne sprach daher mit gutem Recht von einer Herr-

[79] *Blockmans/van Herwaarden* 1980, 446 beschreiben anschaulich das auf der Ebene dieser Institution erreichte Gleichgewicht: Sie ist ein „Forum" des „Partikularismus" der Fürstentümer, doch halten die guten Beziehungen zum Erzherzog andererseits alle zentrifugalen Tendenzen klein.

[80] *Hugenholtz* 1952, 30.

[81] *Blockmans* 1973.

schaft „de *compromis* entre les droits du prince ... et les droits garantis aux provinces par leurs constitutions territoriales" [82].

In dieser Hinsicht darf man wohl annehmen, daß die Integration der Länder und ihrer Bewohner in ein kohärentes, ungehindert funktionierendes politisches System geglückt ist, in dem die harmonischen Beziehungen zwischen Regierenden und Regierten in den regionalen und „nationalen" Versammlungen sich deutlich von den Konflikten des vorausgegangenen Jahrzehnts (1482–1492) unterscheiden. Es mangelt indessen noch an Informationen, um bestimmte politische Beziehungen unter Philipp dem Schönen und unter Maximilian vor und nach dem Herbst 1494 hinreichend gründlich vergleichen zu können. Wie war es etwa mit der Unterordnung der niederländischen Räte unter den österreichischen Hofrat· Welche Rolle spielte letztlich der einflußreiche Albrecht von Sachsen, der der Vetter des römischen Königs war, quasi-souveräner „lieutenant général" und wichtigster „dynastischer Agent" der Habsburger.

4) Die *Persönlichkeit* Philipps des Schönen ragt hinreichend aus der Mitte seiner Ratgeber – Staatsmänner unleugbarer Bedeutung – heraus, um vor der Geschichte die Verantwortung für die großen Linien seiner eigenen Politik zu übernehmen.

Im Innern wird die Integration der sozio-politischen Komponenten deutlich, besonders der großen Städte, deren Hegemonie über ihre Regionen nun endgültig gebrochen ist. Hier handelt es sich um einen Prozeß, der schon lange vor Philipp dem Schönen einsetzte und in dessen Verlauf die burgundischen Herzöge und Maximilian die niedergeschlagenen Revolten ausnutzten, um den hochmütigen, vor allem flandrischen Städten restriktive Bedingungen aufzuerlegen. In diesem Prozeß haben die Fürsten – entsprechend dem „Königsmechanismus" (N. Elias), der von W. Blockmanns am Beispiel der Niederlande illustriert worden ist – gegen die mächtigsten Komponenten in ihren Staaten die schwächeren, damit weniger zu fürchtenden und besser zu kontrollierenden begünstigt, nämlich die kleinen Städte und Landgemeinden [83]. Was nun die anderen traditionellen Kräfte, Adel und Klerus angeht, so erscheinen diese seit der Zeit der burgundischen Herzöge nicht mehr als „standen" hinsichtlich ihrer Rolle im öffentlichen Leben. Gewiß haben Adelige und Kleriker noch Gewicht bei politischen Entscheidungen, dies jedoch individuell, infolge ihres Fürstendienstes, der am meisten dazu beiträgt, sie in die Machtpläne zu integrieren [84].

In der Außenpolitik ist eine Integration der burgundischen Erbländer in das Europa der beginnenden Neuzeit erkennbar, als Folge diplomatischer Entscheidungen, die in Abhängigkeit von den Ereignissen getroffen werden und von den dynastischen Schicksalen und der spanischen Erbschaft bedingt sind.

[82] *Pirenne* (o. J.), 44.

[83] Vgl. *Elias,* Norbert: The civilizing process. Bd. 2: State formation and civilization. 1982 (englische Übersetzung), besonders 170–171. – *Blockmans* 1978, 376, 560–561.

[84] Vgl. *Blockmans* 1973, 14–15.

5) Wir teilen weder die Sicht des niederländischen Historikers Hugenholtz, für den die Regierung Philipps des Schönen in den Niederlanden „weinig belangwekkend“ war und per Saldo eine durchgehend negative Bilanz aufwies [85], noch den Enthusiasmus des deutschen Historikers Walther [86], der die Vorbilder nicht berücksichtigt, die Philipp der Schöne bei seinen Vorgängern finden konnte, und ihm die Idee von Neuerungen zuzuerkennen scheint – während der Erzherzog doch oft nur Anregungen aus der Zeit vor seiner Herrschaft in einem günstigeren Klima und unter günstigeren Umständen, die er u. a. seiner Popularität und seiner Friedenspolitik verdankte, weiterentwickelte. Die ersten Habsburger haben von einer unleugbaren dynastischen Kontinuität profitiert – tragen Philipp der Schöne und Karl V. doch Vornamen, die an Burgund und seine Herzöge erinnern und nicht an die kaiserlichen Großväter Friedrich oder Maximilian. Sie haben so in ihren Territorien einen wirklichen *Legitimismus* aufrechterhalten können [87] und es im übrigen verstanden, aus den Divergenzen ihrer Gegner Nutzen zu ziehen. Hatte nicht Maximilian selbst zur Zeit der großen flandrischen Revolten im allgemeinen von der Unterstützung der anderen Fürstentümer und sogar eines Teils der Grafschaft Flandern profitiert? Ist der Erzherzog Philipp der Schöne – als Philipp I. von Kastilien ephemer und vergessen – nicht trotz seiner letztlich spanischen Option viel mehr Philipp III. von Burgund?

Chronologie der Herrschaft Erzherzogs Philipps des Schönen in den Niederlanden (1494–1506)

Geburt: 22. 6. 1478
Beginn der Regentschaft: 27. 3. 1482 (Tod Marias von Burgund)

1494		Herrschaftsantritt Brabant am 9. 9.; Seeland kurz vor dem 20. November; Hennegau am 3. 12.; Holland am 12. 12.; Flandern am 26. 12.
1495	20. 1.	„Vorvertrag“ zur burgundisch-spanischen Doppelhochzeit
	5. 11.	Abschluß der Heiratsverträge „per procuram“
1496	24. 2.	Handelsvertrag („intercursus magnus“) mit Heinrich VII. von England

[85] *Hugenholtz* 1952, 38: Nämlich durch den minderjährigen Erben, die andauernde französische Bedrohung, die immer noch ungeklärte Geldern-Frage und eine durch den unglücklichen Vertrag mit England ernsthaft bedrohte Wirtschaft.

[86] *Walther* 1909, 61: „Es gibt zu denken, daß, während keine Schöpfung der *geniale Organisatoren* Karls des Kühnen und Maximilians Bestand gehabt hat, die wenigen unruhigen Regierungsjahre Philipps auch hier eine organische Fortentwicklung brachten, wie auf dem Gebiet der *Justice* die Einrichtung des Grand Conseil de Malines 1504, so auf dem der *Finances* die Vereinigung der geschäftlichen Leitung in einer Hand.“

[87] *Blockmans*, Wim P.: La position du comté de Flandre dans le royaume à la fin du XVe siècle. In: La France de la fin du XVe siècle – Renouveau et apogée. 1985, 87.

	2. 8.	Zusammenkunft Maximilians und Philipps bei Innsbruck
	20. 10.	Heirat Philipps und der Johanna von Kastilien (in Lierre/Niederlande)
1497	3. 4.	Heirat des Don Juan und der Margarethe von Österreich in Burgos
1498	2. 8.	Vertrag von Paris mit Ludwig XII. von Frankreich
1499	29. 12.	Vertrag von Orléans (Waffenstillstand mit Herzog Karl von Geldern)
1500	24. 2.	Geburt Karls V.
1501	November	Abreise zum ersten Spanienaufenthalt
1502	22. 5.	Anerkennung Philipps und Johannas als Erben der kastilischen Königreiche
1503	November	Rückkehr von der ersten Spanienreise
1504	22. 1.	Einrichtung des „Grand Conseil" in Mecheln
	22. 9.	Verträge von Blois (zwischen Maximilian, Ludwig XII. und Philipp)
	26. 11.	kastilischer König (Tod Isabellas der Katholischen)
1505	4. 4.	Vertrag von Hagenau zwischen Maximilian, Ludwig XII. und Philipp
	28. 7.	zweijähriger Waffenstillstand mit Herzog Karl von Geldern
1506	10. 1.	Abreise zum zweiten Spanienaufenthalt
	30. 4.	Handelsvertrag („intercursus malus") mit Heinrich VII. von England
	25. 9.	Tod Philipps in Burgos

Philippe Contamine

Die französische Monarchie im Spiegel eines ungedruckten politischen Traktats aus den Jahren 1492—1493

I.

Die französische Monarchie, die siegreich aus dem Hundertjährigen Krieg hervorgegangen war und die sich dann mehrere Jahrzehnte lang eines ununterbrochenen demographischen Aufschwungs und einer kräftigen Wiederaufrichtung des Produktionsapparates überall im Lande erfreute, fand schnell, fast von selbst, zur früheren Vorherrschaft in Europa zurück. Zwar störten mehrere politische, militärische oder wirtschaftliche Rückschläge zeitweilig den regelmäßigen Prozeß der „Gesundung" der französischen Gesellschaft. Man denke zum Beispiel an den Krieg der „öffentlichen Wohlfahrt" (Bien public) 1465, an die erbitterten Kämpfe zwischen Ludwig XI. und Karl dem Kühnen von 1470 bis 1475, an die Hungersnot aus den Jahren 1480–1482, an die bald schwelende, bald heftig ausbrechende politische Krise in den ersten Jahren der Regierungszeit Karls VIII., an die Unsicherheiten im Zusammenhang mit den einzelnen Episoden der italienische Kriege. Schließlich war aber die Bilanz eindeutig positiv: die Gefahren wurden abgegrenzt, überwunden, beseitigt, so daß die Monarchie nicht nur fähig war, die Zahl, die Größe und die tatsächliche Selbständigkeit der großen Lehen und der Apanagen zu verringern und die Dauphiné enger mit Frankreich zu verbinden, sondern auch noch einen Teil der burgundischen Gebiete (Picardie, Nivernais, Burgund selbst) zurückzugewinnen, das Herzogtum Bretagne, das während des 15. Jahrhunderts nahe daran schien, seine volle Souveränität zu erlangen, politisch an sich zu binden und die Grafschaft Provence anzugliedern. Eine Zeitlang konnte man sogar glauben, daß Frankreich Roussillon und Cerdagne, das Herzogtum Bar und die Freigrafschaft endgültig in Besitz nehmen werde [1].

[1] Siehe zuletzt: *La France de la fin du XVe siècle,* renouveau et apogée. Économies, pouvoirs, arts, culture et conscience nationales. Colloque international du Centre national de la Recherche scientifique, Tours, Centre d'études supérieures de la Renaissance, 3–6 octobre 1983. Hg. v. Bernard *Chevalier*/Philippe *Contamine*. Paris 1985.

Parallel dazu entstand, oder vielmehr verfestigte sich und erblühte ein Regierungsmodell, das der großen Tradition entsprach, die spätestens Philipp IV. der Schöne eingeführt hatte und von seinen Nachfolgern in verschiedenen Formen und mit unterschiedlichem Erfolg fortgesetzt worden war, ein Modell, das sich in der wohlbekannten Formel zusammenfassen läßt: ein König, ein Gesetz, ein Glauben [2].

Ein König, der gesalbt worden ist, wird durch alle Komponenten der „königlichen Religion" verherrlicht und durch eine Anzahl in die gleiche Richtung weisender himmlischer Zeichen begünstigt [3]. Eine gallikanische Kirche, die bei allen Abstufungen und zeitweiligen Vorbehalten die Interventionen, die Schiedssprüche und die Impulse des Königs duldet oder erwartet. Ein König, der ein Richter ist und mit dem Parlament, später mit den Parlamenten über anerkannte Gerichte verfügt. Ein staatliches Steuerwesen, das bei all seinem sehr unausgeglichenem Charakter (hinsichtlich der einzelnen Personen wie der Territorien) von recht gutem Ertrag ist und das zumal, außer wenn es zu Exzessen kommt, von den Steuerpflichtigen nicht angefochten wird. Eine ganze Reihe hoher Herren und einfacher Edelleute, für die der König die höchste Referenz ist, derjenige, von dem jede Huld und Gunst ausgeht, und für die der Hof, jener Schmelztiegel und Hort der aristokratischen Kultur, der bevorzugte Ort der Vergnügungen, der Macht und des Reichtums ist. Dem Monarchen steht viel Geld zur Verfügung, und das bedeutet einen prunkvollen Lebensrahmen und prunkvolle Lebensverhältnisse, eine eindrucksvolle Leibwache, ein ansehnliches stehendes Heer, eine rege auswärtige Politik, eine bereitwillige Verteilung von Pensionen im Inland und im Ausland. Eine öffentliche Meinung, die sich eigentlich für eine starke, stabile Monarchie ausspricht, auch wenn sie einen gnädigen, patriarchalischen Herrschaftsstil und die Erhaltung der Freiheiten, erworbenen Rechte, Privilegien und partikularistischen Eigenarten von ihr verlangt.

Unter den schriftlichen Zeugnissen, die die Macht und das Ansehen der französischen Monarchie hervorheben, sind die „Relazione" des Venezianers Zaccaria Contarini (1492) [4] und auch der „Bericht über die Verhältnisse in Frankreich" von Machiavelli (1510) [5] zu erwähnen. In dieser Schrift betont der Florentiner unter anderem, daß das ausschließlich männliche Thronfolgerecht des Erstgeborenen (sagen wir: der Grundartikel der französischen „Verfassung")

[2] Aber woher stammt diese Formel?

[3] Über diese königliche Religion zuletzt *Beaune,* Colette: Naissance de la nation France. Paris 1985. – *Contamine,* Philippe: À propos du légendaire de la monarchie française à la fin du Moyen Âge: le prologue de la traduction par Raoul de Presles de „La Cité de Dieu" et son iconographie. In: Texte et image. Actes du colloque international de Chantilly (13 au 15 octobre 1982). Paris 1984, 201–214.

[4] *Albèri,* Eugenio: Relazioni degli ambasciatori veneti al Senato durante il secolo sesto. Teil I/IV. Florenz 1860, 11–26.

[5] *Machiavelli,* Niccolò: Ritratto delle cose di Francia. In: Opere. Hg. v. Mario *Bonfantini.* Mailand–Neapel 1954, 471–486.

die Angliederung mehrerer großer Lehen an die königliche Domäne ermöglicht hat und immer noch ermöglicht und ermöglichen wird. So geschah es jüngst mit dem Herzogtum Anjou und wird es bald – da Ludwig XII. keinen Sohn hat – mit den Herzogtümern Orléans und Mailand geschehen. Deswegen besitzt der König persönlich den größeren Teil der reichsten Gebiete des Königreichs. Denn die Überlegung Machiavellis befaßt sich zum Teil mit der Problematik des Verhältnisses von königlicher Domäne und Königreich. Im gleichen Zusammenhang bemerkt er, daß es mit den feudalen Kriegen wie solchen, die die Herzöge von Guyenne und von Bourbon (meint er die „öffentliche Wohlfahrt"?) früher gegen den König geführt hatten, zu Ende ist. Für letzteren ein zweifacher Vorteil: erstens hat er im Inneren nichts mehr zu fürchten (hier macht sich Machiavelli gewisse Illusionen), und zweitens sind die Nachbarländer nun außerstande, in Frankreich noch Mithelfer zu finden. Jene Zeit ist vorbei, als der Herzog von Bretagne und der Graf von Flandern dem englischen König Vorschub leisteten und ihm als Sprungbrett dienten. „Da jetzt Bretagne, Guyenne, Bourbonnais und der größere Teil Burgunds fest in Frankreichs Gewalt stehen, haben die feindlichen Herrscher nicht nur diese Möglichkeit verloren, im Königreich Unruhe zu stiften, sondern sie finden auch noch diese hohen Herren als Feinde vor sich" [6]. Trotz einiger Vorbehalte – zum Beispiel hinsichtlich des Charakters der Franzosen [7] – macht Machiavelli kein Hehl aus seiner Bewunderung. Der Ton bleibt scheinbar unparteiisch, aber seine Schilderung ist ein neunzigprozentiges Lob.

Es verhält sich anders mit anderen Autoren. Thomas Basin, der unversöhnliche Feind Ludwigs XI. entwirft aus seinem Exil nicht nur ein durchaus kritisches – wenn auch nicht unbedingt unwahres – Bild dieses Königs, sondern, wenn man die Gesamtheit seines Werkes betrachtet, gewinnt man auch den Eindruck, daß er nicht weit davon entfernt ist zu denken, die französische Monarchie habe, wenigstens seit der Mitte des 15. Jahrhunderts, einen gefährlichen Weg eingeschlagen, so daß sie unausweichlich in die Nähe des tyrannischen Regimes rückt [8]. Was aber Sir John Fortescue betrifft, so dient ihm die französische Monarchie, der Prototyp des *dominium regale*, als ein Schreckbild mit ihrem despotischen Herrscher, der die elende Masse seiner gedemütigten, furchtsamen Untertanen seinen Launen unterwirft [9].

[6] „Ora essendo la Brettagna, la Ghienna, il Borbonese e la maggiore parte di Borgogna, suddita e ossequentissima a Francia, non solo mancano a tali principi questi mezzi di potere infestare el reame di Francia, ma li hanno oggi inimici". Ebd. 472.

[7] Siehe Machiavellis kurzer Traktat „De natura Gallorum".

[8] *Basin:* Thomas: Apologie ou plaidoyer pour moi-même. Hg. u. übers. v. Charles *Samaran* und Georgette *de Groër*. Paris 1974. – *Ders.:* Histoire de Louis XI. Hg. u. übers. v. Charles *Samaran*/Monique-Cécile *Garand*. 3 Bde. Paris 1962–1972.

[9] *Fortescue*, Sir John: The governance of England. Hg. v. Charles *Plummer*. Oxford 1885.

Philippe de Commynes seinerseits, der bei weitem nicht so schroff ist, gibt zwar zu, daß die Kunst des Herrschens die allerschwierigste Kunst ist, und erkennt in jedem politischen System der Klugheit und der Weisheit jedes einzelnen Herrschers eine entscheidende Rolle zu; aber er weist trotzdem auf eine Form des politischen Handelns hin, die ziemlich verschieden von derjenigen ist, an der er beteiligt war, bevor er sich zurückzog: Angesichts der unverbrüchlichen Treue seiner Untertanen, habe der französische König durchaus ein Interesse daran, sie zu Rate zu ziehen und mit ihnen einen vertrauensvollen, ruhigen Dialog zu führen, und zwar durch Organe wie die Ständeversammlung (États généraux"). Es ist nicht auszuschließen, daß seine Sympathie dem letzten Plan Karls VIII. gilt, wie er ihn in seinen *Memoiren* schildert, jener rührenden umfassenden Reform der Kirche, der Justiz und des Königs selbst nämlich. Sie sollte zum Teil darin bestehen, zu dem 1484 von den Ständen bewilligten Betrag der Steuern zurückzukehren; überdies sollte den Untertanen aufmerksames Gehör geschenkt werden, die sich über die Überforderungen und „Plündereien" der königlichen Beamten beklagten – kurz, das Modell des „heiligen Ludwig" [10].

Einige Jahre später (1515) definiert Claude de Seyssel, ein Mann von umfangreicher juristischer, theologischer und sogar humanistischer Kultur, für Franz I. ein Modell der gemäßigten Monarchie, die gleich weit entfernt von Anarchie und von Tyrannei sein soll. Schon vor ihm stellten die politischen Denker gern „absolute Macht" und „geregelte Macht" in Gegensatz zueinander [11]. Seyssel bezieht sich eben auf diese Unterscheidung, wenn er erklärt – was sowohl ein Wunsch als auch eine reine Feststellung ist –, daß die Überlegenheit der französischen Könige darin besteht, sich zu weigern, „absolute Macht zu gebrauchen" [12]. Denn ihre Autorität, die irgendwie von aristokratischer Natur ist, ist „durch gute Gesetze und Verordnungen geregelt und gezügelt" [13]. Drei Zügel, drei „Hemmnisse" [14] wirken zur Begrenzung der königlichen Willkür: die Religion, die Justiz (Parlamente) und das, was er „Police" nennt, mit anderen Worten das hergebrachte Corpus der Gesetze, Erlässe und Verordnungen, die den Wohlstand und die Größe des Königreichs gesichert haben und die, wie Seyssel behauptet, der König durch seinen Krönungseid aufrechtzuerhalten sich verpflichtet hat. Gewiß ist man hier weit entfernt von den Worten, mit denen Franz I. sich Karl V. gegenüber des „unangetasteten Gehorsams" seiner

[10] *Commynes,* Philippe de: Mémoires. Hg. v. Joseph *Calmette*/Georges *Durville.* 3 Bde. Paris 1924–1925.

[11] „Puissance absolue", „puissance reglee". Verteidigungsrede vor dem Parlament von Paris, 1473: *Lettres et négociations de Philippe de Commines.* Hg. v. Kervyn de Lettenhove. Bd. 1. Bruxelles 1867. S. 101.

[12] „La puissance absolue des rois de France". *Seyssel,* Claude de: La Monarchie de France et deux autres fragments politiques. Hg. v. Jacques *Poujol.* Paris 1961. S. 115.

[13] Ebda., 119.

[14] „Freins".

Untertanen [15] rühmte, von denen er als „König und (...) absoluter und unbedingter Herr der öffentlichen Dinge und Ämter und der königlichen Rechte, aber auch der persönlichen Güter und Privatpersonen" alles verlangen könne [16].

II.

Im französischen Raum ist die politische Literatur in der Zeit um 1500 nicht so reich, daß man sich erlauben kann, eine kurze handschriftliche Abhandlung, die in der Pariser Bibliothèque nationale aufbewahrt ist, unbeachtet zu lassen, wie man es anscheinend bis jetzt getan hat. Ihr Titel lautet: „Es folgt hier, was ein Prinz tun soll und welche Ordnung er in seinem Land herrschen lassen soll, wenn er die Herrschaft antritt, sowie etliche Mahnungen, die ihm nützlich und nötig sind" [17].

Diese anonyme Schrift, die dreißig Blätter umfaßt und in ungefähr hundert Absätze sich gliedert, ist zweifellos an den französischen König gerichtet. Und da der Inhalt die Jahre 1492–1493 als Entstehungszeit vermuten läßt, wäre sie also für Karl VIII. bestimmt, als er, von der Vormundschaft seiner Schwester Anne und seines Schwagers Pierre de Beaujeu befreit, seine sogenannte persönliche Regierung antrat. Den Verfasser kann man sich als einen älteren Militär vorstellen, der sich im Funktionieren der wesentlichen Organe der französischen Monarchie und in den Eigenschaften, die von jemandem verlangt werden, der dem Staat gut dienen will, einigermaßen auskennt. Er spart nicht mit Kritik – aber so will es eben diese Gattung – und schont weder die Räte noch die Höflinge, die Gerichtspersonen und die Finanzleute. Am schärfsten greift er aber die Geistlichen an, die er schlimmerer Sitten als die Kriegsleute zeiht. Den Mechanismus der königlichen Finanzen kennt er ziemlich schlecht, und er begnügt sich auf diesem Gebiet mit offensichtlichen Trivialitäten. Das Gerichtswesen hingegen gibt ihm Anlaß zu Bemerkungen, die verhältnismäßig präzise, fast technisch sind. Im Bereich der Armee ist er jedoch am ausführlichsten und am besten informiert und macht auch die treffendsten Bemerkungen. Keine Spur findet sich übrigens bei ihm von eigentlicher Gelehrsamkeit. Kurz, er ist ein Mann der Praxis, der – ohne daß man das geringste von seinen persönlichen

[15] „Inviolee obedience". *Hauser,* Henri: Le traité de Madrid et la cession de la Bourgogne à Charles Quint. Dijon 1912, 96.

[16] „Roy et seigneur des publicques choses et dignitez et du droict royaulx, mais aussy des biens privez et personnes particulieres, absolu et plenaire." Ebda.

[17] „S'ensuit ce que ung prince doit faire et l'ordre qu'il fault qu'il mecte en son pays quant il vient premierement en sa seigneurie, et aucuns advertissemens que luy sont approuffictables et neccessaires." *Contamine,* Philippe: Un traité politique inédit de la fin du XVe siècle. Annuaire-bulletin de la Société de l'histoire de France (1983 bis 1984). Paris 1986, 147.

Ambitionen weiß – die Umstände benutzt hat, um seine „politische Philosophie" schriftlich festzuhalten und den Herrscher auf eine Anzahl Gefahren aufmerksam zu machen, sowie auf eine Anzahl von Mitteln, um Abhilfe zu schaffen. Zum Teil wegen des Kopisten wirkt der Ausdruck unbeholfen, manchmal dunkel, ja unverständlich. Doch hier und da finden sich einige gut gelungene Formeln, schön gewählte Bilder, markige Sprüche:

„Die kleinen Leute vermögen es nicht, die großen Übel oder Aufstände anzustiften" [18].

Für den Herrscher: „Seine Soldaten sind seine Sicherheit und seine Kraft, und man pflegt zu sagen, daß die Kraft die Wiesen sättigt und den Herrscher in Sicherheit leben läßt und ihm Gehorsam verschafft" [19].

„Der schönste Schatz, den ein Herrscher besitzt, das sind seine guten, wohlberittenen und wohlbewaffneten Soldaten" [20].

„Für ein gutes Stück wird das Fasten wohl gebrochen" [21].

„Es herrscht heute kein Krieg, er kann morgen herrschen, denn, als Mons. d'Orlians in Paris ermordet wurde, herrschte so großer Frieden im ganzen Königreich Frankreich, daß man das Gold in der Hand hätte tragen können" [22].

Fügen wir noch hinzu, daß verschiedene Gründe, die hier nicht aufgezählt zu werden brauchen, dazu führten, diese Schrift Robert de Balsac zuzuschreiben, einen aus der Auvergne stammenden Edelmann, der unter Ludwig XI., Karl VIII. und Ludwig XII. Ordonnanzhauptmann und Seneschall des Agenais war, nachdem er zuerst unter Karl VII. Waffendienst geleistet hatte. Dieser Robert de Balsac verfaßte unter anderen Schriften auch eine Abhandlung über Militärkunde, die nach Umfang, Struktur und Schreibart irgendwie an die hier besprochene Abhandlung erinnert [23].

[18] „Les petites gens ne peuvent pas faire les grans maulx ne rebellions." Ebda. 148.

[19] „Ses gensdarmes c'est sa seureté et sa force et l'on dit que la force paist le pré et fait vivre le prince en seureté et le fait obeyr." Ebda., 163.

[20] „Le plus beau tresour que le prince aye sont ses gensdarmes bons, bien montés et armés." Ebda., 166.

[21] „Les voisins aucunes foiz pour ung bon morceau rompent bien leur jeune." Ebda., 161.

[22] „Il n'y a point aujourduy de guerre, elle peust estre demain car quant Mons. d'Orlians fut tué a Paris il estoit si grand paix par tout le royaume de France que l'on eust peu porter l'or en la main." Ebda., 162.

[23] *Contamine*, Philippe: „The War Literature of the Late Middle Ages: the Treatises of Robert de Balsac and Béraud Stuart, Lord of Aubigny. In: La France aux XIVe et XVe siècles, Hommes, mentalités, guerre et paix. London 1981. – *Ders.:* s. v. Balsac. In: Lexikon des Mittelalters. Bd. 1. München 1980, 1389. – Ein anderes Anzeichen für die Identifizierung des Verfassers mit Robert de Balsac: In dem Traktat wird erwähnt „Mons. de Castres qui fut duc de Nemours"; Herr von Castres war einer der Beschützer von Robert de Balsac als Jüngling. *Dépêches des ambassadeurs milanais* en France sous Louis XI et François Sforza. Hg. v. Bernard de *Mandrot*. Bd. 2 (1464). Paris 1919, 175.

Gemäß einem gewissen geistigen und sittlichen Konformismus legt der Verfasser dem Herrscher selbstverständlich nahe, seine Untertanen zu schonen, sein Wort zu halten, für gute Sitten und für Reinheit des Glaubens Sorge zu tragen, so zu handeln, wie Gott, sein Gewissen und seine Vernunft es befehlen, ein gutes Beispiel für alle zu sein. Viel interessanter ist seine kühl realistische Sicht der Dinge. Wenn ein Prinz die Herrschaft antritt, soll er sich zuerst über das politische Personal informieren, das seinem Vorgänger diente. Nicht etwa um diese Leute systematisch zu entlassen, im Gegenteil: Denn der Vorgänger konnte ja berechtigten Grund haben, sie zu verwenden. Danach wird er sich einen ausführlichen Bericht über den Zustand des Landes erstatten lassen. Er muß wissen, über welche Geldmittel er verfügt und ob ein „Schatz" vorhanden ist. Und dann wird er sich vor allem beeilen, seine Armee und seine Justiz zu kontrollieren. Denn Soldaten und Richter, „das sind die Leute, die er ganz besonders braucht, denn ohne sie könnte er nichts unternehmen, nicht herrschen und nicht regieren" [24].

Die Funktion des Rates, oder vielmehr der Räte – denn außer dem allgemeinen Rat soll es auch einen engeren Rat und sogar einen Kriegsrat geben – wird deutlich betont: Häufigkeit der Sitzungen, Zuständigkeit, Pünktlichkeit des Herrschers, die Listen, die er anwenden wird, um die Absichten seiner Berater zu durchschauen. Eine große Reform der Justiz ist unbedingt nötig, sowohl der obersten Gerichtshöfe als auch der gewöhnlichen Gerichte („bailliages" und „sénéchaussées"). Diese Reform, die bewirken soll, daß die Käuflichkeit der Gerichtsämter nach Möglichkeit abgeschafft wird, die Prozesse beschleunigt werden, die Existenz von Parteien, von „Klüngeln" [25] unter den Richtern unterbunden wird, die Zahl der Begnadigungen und Straferlässe drastisch gesenkt wird – denn eine laxe Justiz ermuntert zur Kriminalität –, kann nicht von den Richtern selbst ausgehen. Die Justiz ist eine große Korporation, die wie die Kirche unfähig ist, sich selbst zu reformieren. Es bedarf eines äußeren Antriebs: eines Ausschusses, einer vom Herrscher berufenen Versammlung. Übrigens mag der Verfasser die Behörden nicht, deren Autorität entlehnt ist. Die Richter mögen sich erinnern, daß sie ihre Befugnisse vom Herrscher erlangt haben, der „seine Autorität als Haupt und Herr" [26] behalten soll.

Desgleichen soll der Herrscher die Reform der Kirche und der Geistlichkeit unternehmen. Denn diese Kirche, die bis zu einem Drittel aller Güter des Landes sich angeeignet hat, ist offensichtlich ihrem doch eindeutigen Amt untreu: „Die Geistlichen sind für zwei Aufgaben bestellt: die eine ist, Gott zu dienen

[24] „Ce sont les principaux gens qu'il fault qu'il aye car sans ceux la il ne pourroit riens faire, dominer ne regner." *Contamine* 1986, 149.

[25] „Bandes", ebda., 157.

[26] Ebda., 158.

und für die Laien und Verstorbenen zu beten, und die andere, allen Laien und Weltmenschen ein Beispiel des sittlichen Verhaltens zu sein" [27].

Was die militärischen Reformen betrifft, so sind sie zwar am zahlreichsten, doch nicht am unerfüllbarsten, handelt es sich doch fast ausschließlich um eine Rückkehr zu den Bestimmungen, die unter Karl VII. (nach 1445) und Ludwig XI. in Kraft gewesen waren.

Die politischen Analysen des Robert de Balsac – wenn es sich wirklich um diesen handelt – sind knapp, bündig, fast summarisch. Für ihn ist es klar, daß die Macht des Herrschers keine religiöse Grundlage hat; jedenfalls betrachtet er sie hier nicht von diesem Standpunkt aus. Der Herrscher darf nicht auf die natürliche Zuneigung seiner Untertanen rechnen. Man wird ihm in dem Maße gehorchen, wie man ihn fürchtet. Das bedeutet nicht, daß Gerechtigkeit, ja Barmherzigkeit ihm fremd bleiben sollen. Der Herrscher soll stets hellsichtig sein, auch gastlich, freigebig, höflich, gewiß, aber mit Wohlbedacht, und auch weil das seine Funktion ist. Die Gefahr für einen Herrscher ist der äußere Feind, aber auch der innere Feind: der hohe Adel, die vornehmsten Städte. Deshalb ist es nicht angebracht, die Versammlung der Stände („États généraux") einzuberufen; denn wie die Konzilien gegenüber dem Papst so sind sie dazu da, um den Herrscher zu reformieren und zu korrigieren, das heißt um seine Autorität zu zügeln und zu untergraben. Gewiß wird der Herrscher nach seiner Thronbesteigung die „hochgestellten Personen", die „vornehmsten Städte" empfangen, wird ihnen große Versprechungen machen, schöne Worte sagen, wird sie aber so bald wie möglich verabschieden. Und vor allem wird er sie getrennt und nicht zusammen empfangen. Desgleichen wird ein Herrscher seinen nahen Verwandten eher Geld als ein militärisches Kommando geben; jedoch mit einer Ausnahme für seinen Stellvertreter im Krieg, der aus Gründen des Ansehens von hohem Rang sein soll oder sein kann.

Hier ist das Modell die Monarchie nach dem Beispiel Karls VII. und Ludwigs XI., aber jenes Ludwigs XI. ohne seine Exzesse, da ein grausamer, tyrannischer Herrscher nur schwächer wird. Vom Herrscher hängt alles ab. Dafür sollen seine Untertanen ihm dienen, jeder dort, wo er ist; denn „niemand kann in einem Land wohnen, der nicht so oder so da, wo er ist, dem Herrscher und dem Land dient" [28].

Summarisch wie es seine Art ist, drückt unser Autor wahrscheinlich die Ideen eines großen Teils jenes Personals aus, das von Ludwig XI. eingesetzt worden war, darauf aber in den ersten Jahren der Regierungszeit Karls VIII. übel be-

[27] „Les gens d'Esglise sont ordonnez pour deux chouses, une pour servir Dieu et prier pour les secculliers et trespassées et l'autre pour estre excemple de bien vivre a tous les secculliers et mondains." Ebda., 161.

[28] „Honme ne peut demeurer a ung pays que ne face quelque service et au pays la ou il est." Ebda., 170.

handelt und kaltgestellt worden war. Für dieses Personal ist der Herrscher – das heißt der französische König – nicht zu mächtig, bedenkt man die unermeßlichen Aufgaben und Gefahren. Der Antrieb soll von oben kommen. Die höchste Pflicht des Herrschers ist, daß er das Heft fest in der Hand hat und sich der eigentlichen Grundlage seiner Herrschaft deutlich bewußt wird. Ein gutes Heer, eine gute Justiz, Ordnung am Hofe und im Hause des Königs, eine fähige Geistlichkeit, gesunde Finanzen, sichere äußere Bündnisse, Beamte, die anständig besoldet und rechtmäßig belohnt werden und auch vor den Kritiken ihrer Opfer so hochgestellt diese auch sein mögen, geschützt werden. Mühelos ließe sich verfolgen, wie dieses Modell von Ludwig XI., wenn nicht Karl VII., bis zu Richelieu und Colbert ausgearbeitet, weitergetragen und weiterentwickelt wurde. Man sieht also, daß die Abhandlung, von der hier die Rede ist, nur eine Etappe ist. Man sieht auch, daß sie sich leicht in einen Zusammenhang politischer Überlegungen und Praktiken einordnen läßt, um die herum sich jedenfalls der französische Staat des Ancien Régime gebildet hat.

Mein besonderer Dank gilt dem Übersetzer, Jean-Marie Moeglin, CNRS, Paris.

Ludwig Vones

Finanzsystem und Herrschaftskrise: Die Kronen Kastilien und Aragón in der zweiten Hälfte des 15. Jahrhunderts

Es ist nun schon 55 Jahre her, daß Clemens Bauer in einer vielbeachteten Studie die Frage nach der „Struktur der innerhalb mittelalterlicher Staaten vorhandenen Finanzorganisation" aufwarf [1] und als charakteristische Merkmale für dieselbe ihre Traditionalität, ihre Unübersichtlichkeit und ihre Uneinheitlichkeit herausstellte [2]. Dabei galt ihm vor allem die Ämterkäuflichkeit als deutliches Symptom für ein stetig wachsendes Kreditbedürfnis während des Spätmittelalters, das durch dynamische Entwicklungen auf dem ökonomischen Sektor und durch die zunehmend geldaufwendigeren Aufgaben der einzelnen Staaten bedingt war, aber durch die herkömmlichen administrativen und finanzorganisatorischen Maßnahmen nicht mehr gedeckt werden konnte. Damit hatte Bauer, dem „die staatliche Kreditgeschichte des Mittelalters ... ein Kernstück der mittelalterlichen Staatsfinanzgeschichte überhaupt" war [3], mit Nachdruck das Augenmerk auf das komplizierte Gebiet der staatlichen Finanzwirtschaft mit allen ihr innewohnenden, aber erst in einem langwierigen Prozeß ins Bewußtsein tretenden Möglichkeiten der Herrschaftsausübung durch eine gezielte Münzpolitik als Forschungsproblem gelenkt.

Allerdings existierten zu diesem Problemkreis und dem damit zusammenhängenden umfangreichen Fragenkomplex vorerst nur wenige Vorarbeiten [4], und es sollte noch geraume Zeit in Anspruch nehmen, bevor sich dieser Umstand besserte und tragfähige Grundlagen für eine vorsichtig vergleichende Betrachtungsweise gelegt waren. Zwar setzte seit den 30er Jahren in starkem Maße eine intensive Beschäftigung mit den Hintergründen des Phänomens Geld/Gold im Mittelalter ein – und Namen wie M. M. Postan, Earl J. Hamilton, Marc Bloch

[1] *Bauer*, Clemens: Mittelalterliche Staatsfinanz und internationale Hochfinanz. In: Historisches Jahrbuch 50 (1930) 19–46. ND in, *ders.*: Gesammelte Aufsätze zur Wirtschafts- und Sozialgeschichte. Freiburg-Basel-Wien 1965, 88–111, 89.

[2] *Bauer* 1965 (1930), 100–102.

[3] *Bauer* 1965 (1930), 103.

[4] Vgl. dazu die bei *Bauer* 1965 (1930) zitierte (spärliche) Literatur.

und Pierre Vilar sind hier in der ersten Reihe zu nennen [5] –, doch interessierten vorwiegend die eigentlich ökonomischen Zusammenhänge, der Übergang von der feudalen Naturalwirtschaft zur Geldwirtschaft, das Verhältnis zwischen Preisen und Löhnen, die Wechselwirkung zwischen Geldumlauf bzw. Geldwertschwankungen und Handelsvolumen, weniger der die Erschließung umfangreicher Quellenbestände voraussetzende Blick auf den administrativ-organisatorischen Aspekt staatlicher Finanzverwaltung und Münzpolitik, obwohl gerade in diesem Bereich die Vorbereitung und Durchsetzung langfristiger Herrschaftprogramme, aber auch die Gründe für ihr Scheitern am schärfsten hervortreten mußten.

So konnte Raymond Cazelles am Beispiel der Finanzpolitik der französischen Krone während der ersten Hälfte des 14. Jahrhunderts, für die die Auswertung der finanzwirtschaftlichen Quellen weit fortgeschritten ist, die gesteigerten Geldbedürfnisse des Staates als Hauptgrund für die zu beobachtenden Geldwertveränderungen ausweisen und aufzeigen, daß die Abwertungen dem Königtum eine Einkunftsquelle erschlossen, die von der Zustimmung der Stände unabhängig war [6]. Die enormen Kriegsausgaben sind für ihn ebenso wie für Bauer der Anlaß für die Währungsschwäche, doch in überzeugendem Umkehrschluß stellt sich für Cazelles dann der Krieg als ein Mittel dar, das dem Königtum zur Verfügung steht, um über Geldabwertung und Steuererhebungen die eigene Machtposition im Inneren gegenüber den Ständen zu konsolidieren: „ouvrir un conflit c'était pour eux (les rois) faire de l'argent" [7]. Damit wurden Währungsschwäche und Stärkung der Königsherrschaft in einem ursächlichen Zusammenhang miteinander gesehen und die Geldwertveränderung zur „démagogie des rois du quartorzième siècle" erklärt [8]. Berücksichtigt man die fortgeschrittenen theoretischen Anschauungen, die bereits in Nicolas Oresmes berühmtem Traktat

[5] Z. B. *Postan,* M. M.: The rise of a money economy. In: Economic History Review 14 (1944). ND in, *ders.:* Essays on Medieval Agriculture and General Problems of the Medieval Economy. Cambridge 1973, 28–40. – *Hamilton,* Earl J.: Money, Prices, and Wages in Valencia, Aragon, and Navarre, 1351–1500. Cambridge/Mass. 1936. – *Bloch,* Marc: Le problème de l'or au Moyen Âge. In: Annales d'histoire économique et sociale. Nr. 19 (1933) 1–34, ND in, *ders.:* Mélanges Historiques. Tome II. Paris 1963, 839 bis 867. – *Ders.:* Esquisse d'une histoire monétaire de l'Europe. Paris 1954. – *Vilar,* Pierre: Problems of the Formation of Capitalism. In: Past & Present 10 (1956) 15 bis 38. – *Ders.:* Or et monnaie dans l'histoire (1450–1920). Paris 1974.

[6] *Cazelles,* Raymond: Quelques réflexions à propos des mutations de la monnaie royale française (1295–1360). In: Le Moyen Âge 72 (1966) 272. – Zur Finanzpolitik der französischen Krone im 14. Jahrhundert *Henneman,* John Bell: Royal Taxation in Fourteenth Century France. The Development of War Financing (1322–1356). Princeton, N. J. 1971. – *Ders.:* Royal Taxation in Fourteenth Century France. The Captivity and Ransom of John II (1356–1370). Philadelphia 1976.

[7] *Cazelles* 1966, 276.

[8] *Cazelles* 1966, 277.

„De moneta“ zu finden sind [9], aber auch die Aussagen anderer zeitgenössischer Autoren zum Finanzgebaren einzelner Herrscher [10], dann kann man eine solch hohe Stufe der Reflektion über Fragen der Geldpolitik nicht in Abrede stellen.

Hatte Cazelles seine Schlußfolgerungen anhand der heftigen Veränderungen auf dem Finanzsektor während der ersten Phase des Hundertjährigen Krieges gezogen, so führte eine neue Untersuchung von Harry A. Miskimin über Geld und Macht im Frankreich des 15. Jahrhunderts aufgrund der Finanzverhältnisse in der Endphase dieses tiefe Spuren hinterlassenden Konflikts zu noch eindringlicheren Erkenntnissen [11]. Geldverschlechterung und Goldmangel sollen unter der Regierung Ludwigs XI. die Macht des Königtums in politischer und wirtschaftlicher Hinsicht geradezu entscheidend gestärkt haben, da die gesellschaftlich relevanten Kräfte in einem Eingreifen von der staatlichen Spitze aus das geeignete Mittel zur Behebung ökonomischer Engpässe sahen und nach herrschender Auffassung in der Stärke der monarchischen Stellung die einzige Garantie für eine längerfristige Stabilisierung der monetären Verhältnisse und damit der gesamten Wirtschaft liegen konnte. Deshalb war die Krone zu dieser Zeit imstande, die Reformforderungen der Stände abzuwehren und gleichzeitig die Fundamente für den Aufbau eines Staatswesens absolutistischer Prägung zu legen. Eine in den ‚Annales‘ veröffentlichte Zusammenfassung der Überlegungen Miskimins endet denn auch mit der Feststellung: „il semble que le prix le plus élevé de la guerre ait été la création d'une pénurie de métaux précieux qui contribuera à promouvoir l'idée d'absolutisme et à réduire les libertés des Français pendant les siècles suivants“ [12].

Es ist kaum zu bezweifeln, daß das finanzpolitische Denken des französischen Herrschers und seiner Ratgeber im 15. Jahrhundert eine solch hohe Reflektionsstufe erreicht hatte, zumal die Wirksamkeit des Nicolas Oresme als Mentor Karls V. nicht ohne Echo geblieben sein dürfte. Für die Allgemeingültigkeit der These Miskimins ist indes die Frage von Bedeutung, inwieweit die Entwicklung in Frankreich, die ein durchgegliedertes Finanzsystem mit voller Wahrung der königlichen Münzhoheit voraussetzt, einen Sonderfall darstellt. Als Feld für eine vergleichende Betrachtung bietet sich vor allem die Iberische Halbinsel an, denn eben zu jener Zeit, als Ludwig XI. die ständischen Forderungen nach einer durchgreifenden Reform der politischen, rechtlichen und fiskalischen Gegeben-

[9] *Johnson,* Charles (ed.): The ‚De Moneta‘ of Nicholas Oresme and English Mint Documents. London 1956. – Zu den Anschauungen des Ratgebers König Karls V. und späteren Bischofs von Lisieux (1377–1382) über Wirtschaftsfragen vgl. *Bridrey,* E.: La théorie de la monnaie au XIVe siècle. Nicole Oresme. Paris 1906.

[10] *Bridrey* 1906. – *Cazelles* 1966, 85 ff.

[11] *Miskimin,* Harry A.: Money and Power in Fifteenth-Century France. New Haven-London 1984.

[12] *Miskimin,* Harry A.: L'or, l'argent, la guerre dans la France médiévale. In: Annales E. S. C. 40 (1985) 182.

heiten abwehren und letztlich in seinem Sinne nutzen konnte, wurde dort durch die Vereinigung der Kronen Kastilien und Aragón in Personalunion unter den Katholischen Königen der Prozeß eingeleitet, der ebenfalls zur Ausbildung frühabsolutistischer Herrschaftsformen führte [13]. Ähnlich wie Frankreich durch die Auseinandersetzung mit England und Burgund waren auch diese Reiche durch langwährende, bürgerkriegsähnliche Wirren, in denen der Antagonismus zwischen Adel bzw. Ständen und Königtum ausgetragen wurde, in ihren Grundfesten erschüttert worden, wobei Handel und Wirtschaft zeitweilig in die Nähe des drohenden Zusammenbruchs geraten waren [14]. Darüber hinaus sollte nicht übersehen werden, daß die Reiche auf der Iberischen Halbinsel durch den engen Kontakt mit den arabischen Herrschaften früher als die meisten abendländischen Mächte mit den Einflüssen einer hochentwickelten finanzwirtschaftlichen Kultur konfrontiert worden waren. Durch die von den arabischen Taifenreichen seit dem 11. Jahrhundert an die christlichen Reiche geleisteten Tributzahlungen (parias) und zusätzlich durch die im Zuge der Reconquista gemachte reiche Beute wurden maurisches Gold und das maurische Münzsystem Bestandteile der inneren Wirtschaftsordnung auch im christlichen Norden der Halbinsel [15]. So spricht Jean Gautier-Dalché für das 12. Jahrhundert vom „triomphe du morabeti" und kann darauf verweisen, daß Kastilien unter König Alfons VIII. offiziell das maurische Münzsystem übernahm [16]. Welch gravierende Auswirkungen andererseits Veränderungen der Geldwertstabilität auf der Iberischen Halbinsel auf das übrige Abendland haben konnten, zeigte Hilda Grassotti, als sie die Erbeutung eines riesigen Benimerines-Schatzes durch Alfons XI. von Kastilien in der Schlacht von Salado in direkten Zusammenhang

[13] *Suárez Fernández,* Luis: Fundamentos del régimen unitário de los Reyes Católicos. In: Cuadernos Hispano-Americanos 238–240 (1969) 176–196.

[14] Vgl. *Vones,* Ludwig: Zur Diskussion um die wirtschaftlichen und gesellschaftlichen Auswirkungen der sog. „Krise des Spätmittelalters" in den Ländern der Krone Aragón. In: *Seibt,* Ferdinand/*Eberhard,* Winfried (Hg.): Europa 1400. Die Krise des Spätmittelalters. Stuttgart 1984, 267–283 und die dort aufgeführte Literatur.

[15] *Vilar* 1974. – *Bonnassie,* Pierre: La Catalogne du milieu du Xe à la fin du XIe siècle. Croissance et mutations d'une société. 2 Bde. Toulouse 1975–1976. – *Grassotti,* Hilda: Para la historia del botín y de las parias. La baja del oro en Europa. In: *Grassotti,* Hilda: Miscelánea de estudios sobre instituciones castellano-leonesas. Bilbao 1978, 133–221. – *Lacarra,* José-María: Aspectos económicos de la sumisión de los reinos de Taifas (1010–1102). In: *Lacarra,* José-María: Colonización, parias, repoblación y otros estudios. Zaragoza 1981, 41–76 (zuerst in: Homenaje a Jaime Vicens Vives. I. Barcelona 1965, 255–277). – *Gautier-Dalché,* Jean: Économie et société dans les pays de la Couronne de Castille. London 1982, Nr. XI: L'histoire monétaire de l'Espagne septentrionale et centrale du IXe au XIIe siècles: quelques réflexions sur divers problèmes = Anuario de Estudios Medievales 6 (1969) 43–95; Nr. XIII: Remarques sur les premières mutations monétaires d'Alphonse X de Castille = Mélanges en l'honneur d'Étienne Fournial. Saint Étienne 1978, 147–156).

[16] *Gautier-Dalché* 1982, Nr. XI, 64 f.

mit der von Marc Bloch zu 1342 festgestellten Baisse des Goldpreises brachte [17] – angesichts des steigenden Goldhungers im 14. und 15. Jahrhundert gewiß nur ein vorübergehendes, aber nichtsdestoweniger signifikantes Phänomen [18].

Auf dem Boden des späteren Königreichs Kastilien-León wurden zwar erst seit der Regierung Sanchos III. ‚el Mayor' von Navarra in der ersten Hälfte des 11. Jahrhunderts eigene Münzen geschlagen, doch wurde hier das Münzrecht schon bald als politisches Instrument erkannt. Dies spiegelt sich nicht zuletzt darin wider, daß eine partielle Veräußerung desselben von königlicher Seite betrieben wurde, ohne die curia regis zurate zu ziehen [19]. Hervorragende Bedeutung erlangten finanzpolitische Erwägungen allerdings nicht vor dem 13. Jahrhundert, als die moneda zuerst 1202 im Königreich León als Münzsteuer eingeführt wurde [20]. Diese Steuer, die bald auch in Kastilien erhoben wurde, mußte als Gegenleistung für das Versprechen des Königs entrichtet werden, in einem Zeitraum von sieben Jahren keine Geldwertveränderungen vorzunehmen [21]. In Anbetracht des finanzwirtschaftlichen Nutzens kann es nicht verwundern, daß das kastilische Königtum sich das Recht der moneda streng vorbehielt und auch mit der Erteilung von Exemtionen äußerst sparsam umging [22]. Fast gleichzeitig mit dem Herrschaftsantritt Alfons' X. von Kastilien läßt der spanische Historiker Miguel Angel Ladero Quesada mit Blick auf den forcierten Ausbau eines Finanzsystems „una era nueva en la historia de la Hacienda

[17] *Grassotti* 1978, 220 f. – *Bloch* 1963 (1933).

[18] Vgl. dazu *Day*, John: The Great Bullion Famine of the Fifteenth Century. In: Past & Present 79 (1978) 3–54.

[19] *Sánchez-Albornoz*, Claudio: Viejos y nuevos estudios sobre las instituciones medievales españolas. II, Madrid 1976, 885–928. – *Ders.:* Moneda de cambio y moneda de cuenta en el reino asturleonés. In: Ebenda II 1976, 853–883. – *Procter*, Evelyn S.: Curia and Cortes in León and Castile (1072–1295). Cambridge 1980, 26 f. – *Gautier-Dalché* 1982, Nr. XI.

[20] Durch Alfons IX. von León auf der „curia plena" von Benavente am 11. März 1202. *González*, Julio: Alfonso IX. II. Madrid 1944, 236–237, Nr. 167. – Vgl. *Procter* 1980, 54–56.

[21] *Procter* 1980, 54–56, 82–84, 186–190, 261–263. – *Ladero Quesada*, Miguel Angel: El siglo XV en Castilla. Fuentes de renta y política fiscal. Barcelona 1982 a, 18. – *Ders.:* Las transformaciones de la fiscalidad regia castellano-leonesa en la segunda mitad del siglo XIII. In: Historia de la Hacienda Española (Épocas antigua y medieval). Madrid 1982 b, 319–406, hier 329 ff. – Vgl. auch *O'Callaghan*, Joseph F.: The beginnings of the cortes of León-Castile. In: AHR 74 (1969) 1503–1537. – *Ders.:* Paths to Ruin: The Economic and Financial Policies of Alfonso the Learned. In: *Burns*, Robert I. (ed.), The Worlds of Alfonso the Learned and James the Conqueror. Princeton, N. J. 1985, 41–67. – *Sánchez-Albornoz*, Claudio: ¿Devaluación monetaria en León y Castilla al filo del 1200? In: *Sánchez-Albornoz*, Claudio: Investigaciones y documentos sobre las instituciones hispanas. Santiago de Chile 1970, 483–494, zuerst in: Homenaje a Jaime Vicens Vives. I. Barcelona 1965, 607–617. – *González*, Julio: Reinado y diplomas de Fernando III. I. Estudio. Córdoba 1980, 496 f.

[22] *Procter* 1980, 82 f., 186–188. – *O'Callaghan* 1985, 56 f.

real castellana“ beginnen, die bis zum Ende des ‚Alten Regimes‘ andauern sollte [23]. Ein symptomatisches Anzeichen dafür bildete der Wandel der moneda zur moneda forera, zu einer gewohnheitsmäßig zu entrichtenden Steuer (pecho), die dem Königtum nicht entfremdet werden konnte, aber keineswegs mehr an ein Versprechen zur Geldwertstabilität gebunden war und folglich auch unregelmäßig, d. h. in kürzeren Abständen eingezogen wurde [24]. Aller sich regender Widerstand gegen die neue Finanzpolitik Alfons' X., die ihre Entsprechung in der Propagierung von Herrschaftsideen zumindest rudimentär frühabsolutistischer Prägung fand [25], blieb indes erfolglos [26], da das kastilische Königtum schon längst erkannt hatte, daß die Erhaltung der königlichen Kontrolle über das Finanzsystem für die Monarchie lebensnotwendig war [27]. Im Gegenteil, hatte noch Alfons X. gegen Ende seiner Regierung im Streit um die Nachfolgeregelung die Grenzen seiner Stellung aufgezeigt bekommen [28], so sollte unter der

[23] *Ladero Quesada* 1982 a, 14. Wörtlich wiederholt 1982 b, 323. – Zum Finanzwesen der Krone Kastilien im Mittelalter vgl. jetzt auch die im Kern systematisch angelegte und mehr auf die Neuzeit zielende Darstellung von *Garzón Pareja*, Manuel: Historia de la Hacienda en España. I. Madrid 1984.

[24] *Procter* 1980, 189. – *Ladero Quesada* 1982 a, 18 f. – *Ders.* 1982 b, 330 ff., der gleichzeitig die immer mehr zunehmende Bedeutung der ‚Servicios extraordinarios‘ betont, da diese Einkünfte öfter eingezogen werden konnten. *O'Callaghan*, James F.: The Cortes and royal taxation during the reign of Alfonso X. In: Traditio 27 (1971) 379–398. – *Ders.* 1985.

[25] Zum politischen Denken Alfons' X., das seinen klarsten Niederschlag im ‚Libro del Fuero‘/‚Espéculo‘/‚Libro del Fuero de las Leyes‘ bzw. in dem erst am Hof Ferdinands IV. (1295–1312) redigierten ‚Libro de las Leyes‘ = ‚Siete Partidas‘ gefunden hat, vgl. *Maravall*, José Antonio: Estudios de Historia del Pensamiento Español. I. Madrid 1983, 97–145 (= Del régimen feudal al régimen corporativo en el pensamiento de Alfonso X.). Eine gekürzte dt. Fassung findet sich in: Der Staat 4 (1965) 307–340. – *MacDonald*, Robert A.: Problemas políticos y Derecho Alfonsino considerados desde tres puntos de vista. In: AHDE 53 (1983) 25–53. – Zur Entwicklung des Gedankenguts, das den frühmodernen Staat prägen sollte, bereits im Spätmittelalter *Wyduckel*, Dieter: Princeps Legibus Solutus. Eine Untersuchung zur frühmodernen Rechts- und Staatslehre. Berlin 1979. – Zu den Redaktionen der unter Alfons X. verfaßten Gesetzeswerke vgl. *García Gallo*, Alfonso, in: AHDE 21–22 (1951/52) 345–528; 26 (1956) 387–446; 46 (1976) 609–670; 54 (1984) 97–161. – *Kleffens*, E. N. van: Hispanic Law until the End of the Middle Ages. Edinburgh 1968, 178 ff. – *Iglesias Ferreirós*, Aquilino: Fuero Real y Espéculo. In: AHDE 52 (1982) 111–191. – Zur Rezeptionsgeschichte *Iglesias Ferreirós*, Aquilino: Alfonso X, su labor legislativa y los historiadores. In: Historia. Instituciones. Documentos 9 (1982) 9–112.

[26] So bildeten die Städte von León und Kastilien im Juli 1282 eine allgemeine Hermandad (Einung), um die Aufrechterhaltung des Zusammenhangs zwischen der Steuer und der Geldwertstabilität gewährleistet zu sehen. Doch auch unter Alfons' Nachfolger Sancho IV. (1284–1295) wurde die moneda weiterhin als „moneda forera de siete en siete annos“ gesehen. *Procter* 1980, 190.

[27] *Ladero Quesada* 1982 a, 13 ff. – *Ders.*: 1982 b.

[28] Zur Problematik der Nachfolgeregelungen in den spanischen Königreichen allg. vgl. *Pietschmann*, Horst: Reichseinheit und Erbfolge in den spanischen Königreichen.

Herrschaft seines Urenkels Alfons' XI. (1312–1350) die entscheidende Ausbaustufe erreicht werden, um die innere Struktur des Staatswesens auf den monarchischen Machtanspruch hin auszurichten. Unter Alfons XI. erfolgte ab 1338 eine zukunftsweisende Umgestaltung der Finanzverwaltung, die auch in der Schaffung neuer fiskalischer Einnahmequellen ihren Ausdruck fand, wobei vor allem an die Einführung der Alcabala, einer Verkaufssteuer auf alle Verbrauchsgüter, und des königlichen Salzmonopols zu denken ist [29]. Andererseits wurde durch die Einführung des auf königstreue Amtsträger verteilten Regimiento für die Concejos abiertos, die bisher weitgehend unabhängigen Stadträte, die politische Macht der Städte gebrochen [30]. Die Königsgewalt verfestigte sich zu dieser Zeit derart, daß die auf die legislativen Initiativen Alfons' X. zurückgehenden ‚Siete Partidas' 1348 auf den Cortes von Alcalá allgemeingültige Gesetzeskraft erlangen konnten [31]. Der von Alfons XI. geschaffene, auf einem rigorosen Fiskalismus der Krone beruhende Unterbau der Königsherrschaft sollte sich als so tragfähig erweisen, daß Kastilien es verkraften konnte, Schauplatz eines Bürgerkriegs und Nebenschauplatz des Hundertjährigen Kriegs zu werden, ohne entscheidend an Machtsubstanz zu verlieren. Selbst das Verschwinden der alten Adelsschicht trug eher zur Stärkung der Herrschaftsverhältnisse bei, denn die nun an die Macht gekommene Trastámara-Dynastie fand gerade im fiskalischen Bereich die Möglichkeit vor, aufstrebende Adelsfamilien durch die Ausübung offizieller Funktionen an sich zu binden und so das sich mehr und mehr vervollkommnende Finanzsystem zu einem „instrumento de la monarquía castellana" zu machen [32]. Diese These findet ihre Be-

In: *Kunisch*, Johannes/*Neuhaus*, Helmut (Hg.), Der dynastische Fürstenstaat. Berlin 1982, 199–246.

[29] *Ladero* Queseda 1982 a, 41–52. – *Ders.*: 1982 b, der auch die übrigen Einkunftsquellen des Königtums (Zollrechte, Weide- und Viehkopfsteuer = servicio y montazgo, alte Gewohnheitsrechte = pechos y derechos tradicionales, Tercias und Servicios extraordinarios, darunter auch die moneda forera, etc.) und ihre Entwicklung darstellt. – Zur Einführung der Alcabala im Jahre 1342, die sich im 15. Jahrhundert als ergiebigste Einkunftsquelle erweisen sollte und durchaus mit der französischen Taille verglichen werden kann, so *MacKay* 1981, 13, vgl. *Moxó*, Salvador de: Los orígenes de la percepción de alcabalas por particulares. In: Hispania 28 (1958) 307–339. – *Ders.*: La alcabala. Sus orígenes, concepto y naturaleza. Madrid 1963. – *Ders.*: Los Cuadernos de Alcabalas. Orígenes de la legislación tributaria castellana. In: AHDE 39 (1969) 317–450. – *Ladero Quesada*, Miguel Angel: Les finances royales de Castille à la veille des temps modernes. In: Annales E. S. C. 25 (1970) 775–788. – *Ladero Quesada*, Miguel Angel: La Hacienda Real de Castilla en el siglo XV. La Laguna 1973, 61 ff. – *Ders.* 1982 a, 65 ff. – Zum königlichen Salzmonopol, das 1338 endgültig festgeschrieben wurde, *Ladero Quesada* 1973, 169 ff.

[30] *Ladero Quesada* 1982 a, 54.

[31] Zu den Verwaltungsreformen Alfons' XI. und speziell den Maßnahmen des Jahres 1348, in dem als krönender Abschluß der Ordenamiento de Alcalá erlassen wurde, *Hillgarth*, J. N.: The Spanish Kingdoms. I. Oxford 1976, 345 f.

[32] *Ladero Quesada* 1982 a, 60. – Zum Wandel des Adels vgl. die großangelegte Stu-

stätigung in einer Untersuchung der Münzpolitik Heinrichs II. von Kastilien (1369–1379), in der Julio Valdeón Baruque feststellte, daß der erste Trastámara-Herrscher auf dem kastilischen Thron bewußt Geldwertveränderungen herbeiführte, um die öffentlichen Schulden abzubauen und die politische Konsolidierung voranzutreiben, bevor er durch eine gezielte Stärkung des Münzwertes 1373 das Vertrauen auf die neue Dynastie wirksam förderte[33]. Gleichzeitig sollte eine vielleicht schon seit Alfons XI. bestehende Einrichtung, die nach der Mitte des 14. Jahrhunderts erstmals quellenmäßig erschließbare Contaduría Mayor de Hacienda – der Oberste Finanzverwaltungshof unter der Leitung von zwei Contadores Mayores – in dem Maße an Bedeutung gewinnen, wie die bisherigen Spitzen der Finanzverwaltung, der Mayordomo Mayor und der Almojarife Mayor, entweder auf den eigentlichen Hofbereich beschränkt oder gänzlich verdrängt wurden[34]. Diese Entwicklung, die der Vereinigung zu vieler Funktionen der Finanzverwaltung in einer Hand einen Riegel vorschob und mit der Ausbildung einer Contaduría Mayor de Cuentas, eines als Kontrollinstanz fungierenden Finanzrechnungshofes, zu Beginn des 15. Jahrhunderts ihren vorläufigen Abschluß fand[35], trug natürlich zu einer neuerlichen Stärkung der königlichen Finanzhoheit bei.

In einer aussagekräftigen Untersuchung über die Beziehungen zwischen Geld, Preisen und politischer Handlungsweise im Kastilien des 15. Jahrhunderts konnte dann Angus MacKay wichtige Aufschlüsse über die königliche Münzpolitik für eine Zeit gewinnen, während der die Iberische Halbinsel als Dreh-

die von *Moxó,* Salvador de: De la nobleza vieja a la nobleza nueva. La transformación nobiliaria castellana en la Baja Edad Media. In: Cuadernos de Historia 3 (1969) 1–210. *Ders.:* La nobleza castellana del siglo XIV. In: Anuario de Estudios Medievales 7 (1970–1971) 493–511. – *Mitre Fernández,* Emilio: Evolución de la nobleza en Castilla bajo Enrique III (1396–1406). Valladolid 1968.

[33] *Valdeón Baruque,* Julio: Las reformas monetárias de Enrique II de Castilla. In: Homenaje Emilio Alarcos García. II. Valladolid 1965–1967, 829–845. – *Ders.:* Enrique II de Castilla y la consolidación del régimen (1366–1371). Valladolid 1966 a, 341–348. – Weiterhin *MacKay* 1981, 93 f., der eine entlarvende Stelle aus der ‚Crónica de Enrique II de Castilla' (ed. BAE LXVIII, 1953, S. 3) des Pero López de Ayala anführt. – Vgl. auch *Martín,* José Luis: El cuaderno de monedas de 1377. In: Historia. Instituciones. Documentos 4 (1977) 355–380. – *Menjot,* Denis: Fiscalidad y sociedad. Murcia 1986, bes. 205 ff., 343 ff.

[34] *Valdeón Baruque,* Julio: Un Cuaderno de cuentas de Enrique II. In: Hispania 26 (1966) 99–134. – *Ladero Quesada* 1973, 17–21. – *Ders.:* 1982 a, 75–78. – *Torres Sanz,* David: La administración central castellana en la Baja Edad Media. Valladolid 1982, 214 ff., 222 ff. – *Valdeavellano,* Luis García de: Curso de Historia de las Instituciones españolas. Madrid ^{4}1975, 592 f.

[35] *Ladero Quesada* 1973, 32–36. – *Ders.:* 1982 a, 79–81. – *Pérez-Bustamante,* Rogelio: Del Sistema de Contadurías al Consejo de Hacienda (1433–1525). In: Historia de la Hacienda Española (Épocas antigua y medieval). Madrid 1982, 681–738. – *Torres Sanz,* 1982, 225 ff.

scheibe des internationalen Goldhandels im Gegensatz zum übrigen Abendland relativ gut mit Edelmetallen versorgt wurde [36]. Eine minutiöse Übersicht über die Geldwertverschlechterungen im Laufe des 15. Jahrhunderts – genauer gesagt von 1429/30 bis 1465/70 – und die damit einhergehenden sporadischen Versuche einer Münzreform in den Jahren 1442, 1462, 1465, 1469, 1471 sowie 1473 läßt deutlich zutage treten, wie leicht die politischen Ereignisse mit finanziellen Bewegungen in Einklang zu bringen sind, aber auch in welch frappierender Weise einem nur geringen Verantwortungsbewußtsein der Krone auf diesem Gebiet meist der Druck des oppositionellen Adels gegenüberstand, um monetäre Reformmaßnahmen zu erzwingen [37]. Dies gilt mit Einschränkungen für die Kriegsperioden des 14. Jahrhunderts zwischen 1350 und 1390, als nach der Niederlage von Aljubarrota und dem Vertrag von Bayonne der Expansionismus der Trastámara-Dynastie seine Grenzen gefunden hatte und der Monarchie mit der Schaffung des Consejo Real, der Audiencia und der Hermandad ein institutionalisierter Herrschaftsrahmen auferlegt worden war [38], aber in besonderem Maße für die Herrschaftskrisen unter Johann II. und Heinrich IV. von Kastilien zwischen 1420 und 1476, in denen Günstlingswirtschaft, Adelsoppositionen und Nachfolgeansprüche fast zum inneren Zusammenbruch der Krone geführt hätten [39]. „The coins to be minted from the metals became the agents of royal plans" führt MacKay aus [40] und kann in der Folge seine Aussage damit illustrieren, daß Geldabwertungen zwar die adligen Renten trafen, die

[36] *MacKay* 1981. Seine Kritik an *Day* 1978 ebda., 25 f., 39–41, wobei MacKay allerdings für 1429 eine Silber- und für 1464–1469 eine Goldknappheit zugesteht. Eine kurze Zusammenfassung seiner Thesen *MacKay*, Angus: Las alteraciones monetarias en la Castilla del siglo XV: la moneda de cuenta y la historia política. In: En la España Medieval. I. Madrid 1980, 237–248. – Mit Blick auf den Goldhandel zwischen Westafrika und der Iberischen Halbinsel kann Jacques Heers aus der Sicht der italienischen Kaufleute Sevilla und Cádiz im 15. Jh. als „capitales de l'or" bezeichnen. *Heers*, Jacques: Les hommes d'affaires italiens en Espagne au Moyen Âge: le marché monétaire. In: *Kellenbenz*, Hermann (Hg.), Fremde Kaufleute auf der Iberischen Halbinsel. Köln-Wien 1970, 74–83, hier 82.

[37] *MacKay* 1981, 52–86, 91 ff. – *Olivera Santos*, César: Las Cortes de Castilla y León y la crisis del Reino (1445–1474). El Registro de Cortes. Burgos 1986, bes. 137, 332 f., 351 ff.

[38] *Suárez Fernández*, Luis: Historia del reinado de Juan I de Castilla. I. Madrid 1977, 333 ff. Zur Bedeutung der Hermandades vgl. aber auch *Valdeavellano* 1975, 420 f. – *Dios*, Salustiano de: El Consejo Real de Castilla (1385–1522). Madrid 1982, 69 ff. – *Torres Sanz* 1982, 154 ff., 186 ff. – *Sánchez-Arcilla Bernal*, José: La administración de justicia real en Castilla y León en la Baja Edad Media (1252–1504). Madrid 1980, 429 ff., 531 ff. – Charakteristischerweise wurde 1387 auch eine Münzreform vorgenommen und ein neuer dinero sowie ein neuer maravedí in Umlauf gebracht. *MacKay* 1981, 52.

[39] *Hillgarth* 1976, 300 ff. – *Phillips, Jr.*, William D.: Enrique IV and the Crisis of Fifteenth-Century Castile (1425–1480). Cambridge, Mass. 1978.

[40] *MacKay* 1981, 41.

aus den Mercedes flossen – jenen seit Heinrich II. reichlich verteilten Gunsterweisen des Königtums gegenüber dem ihm dienenden Adel in Form der Übertragung von Stadtherrschaften und Señoríos –, aber nicht die königlichen Einkünfte schmälerten [41]. Damit boten sich Geldwertveränderungen als Herrschaftsmittel für das Königtum an und wurden unter Johann II. und Heinrich IV. auch häufig angewandt, während sich die wiederholten Aufstände des Adels als Versuche darstellen, gegenüber der Abwertungspolitik der Krone finanzwirtschaftlich stabile Verhältnisse herzustellen und so die Erträge aus den eigenen Gütern und Herrschaften zu sichern [42]. Aus dieser Perspektive verdient auch die im Grundtenor negative Beurteilung der Regierung Heinrichs IV. durch Ladero Quesada als „la constitución de un estado aristocrático, aunque con cabeza monárquica“ [43] eine Modifizierung. Zwar hatte er unmittelbar nach der Regierungsübernahme damit begonnen, die Kontrolle über die Einkünfte der königlichen Hacienda aus den adligen Señoríos durch die Einführung eines neuen Steuereinzugssystems aus der Hand zu geben und gleichermaßen die mercedes-Politik seiner Vorgänger über jedes vernünftige Maß hinaus ausgebaut, doch war er spätestens mit der von ihm angeordneten Abwertung des ‚blanca‘ im Jahre 1461 zur traditionell herrschaftssichernden Politik der Krone zurückgekehrt [44]. Die Bürgerkriegsphase von 1464 bis 1480 ist auch als eine Folge dieser neuen Ausrichtung der kastilischen Politik anzusehen, die von einer Verwaltungsreform begleitet werden sollte [45] und den hohen Adel aus wichtigen Machtpositionen verdrängt hätte. Eine Reformordonnanz von 1462, gefolgt von

[41] Zur ‚mercedes-Politik' des kastilischen Königtums seit Heinrich II. *Valdeón Baruque* 1966 a, 117–126, 274–305. – *Valdeón Baruque,* Julio: Notas sobre las mercedes de Enrique II de Castilla. In: Hispania 28 (1968) 38–55. – *Val Valdivieso,* María Isabel del: Resistencia al dominio señorial durante los últimos años del reinado de Enrique IV. In: Hispania 34 (1974) 53–104.

[42] Vgl. *MacKay* 1981, 99, und die dort zitierte Stelle aus der Ordenanza Johanns II. vom 29. Januar 1442: „Otrosi veyendo que a mi era cargo de conçiençia que los logares pradosos e villas e castillos fronteros e todos los otros de mis regnos et señorios e de fuera dellos que han tenido e tienen de mi grandes contias de mrs de merçedes de juro de heredad e de por vida e en tierras e mantenimientos e raçiones e en otras muchas maneras, lo qual les fue puesto e asignado por diuersos respectos e causas por los reyes donde yo vengo de esclareçida memoria, e despues por mi, e queriendo e deseando ante de los acreçentar e onrrar en merçedes e graçias por que sean mas onrrados e ricos que non los amenguar, e considerando que aun segunt la ley de la moneda que yo asi mande labrar a cada uno viene de baxa de lo que asi de mi tiene e ha de aver la seysma parte, fue e es mi voluntad, plasiendo a nuestro señor dios, de lo restituyr e torrnar en aquel mesmo estado en que el Rey mi señor e mi padre que dios aya lo dexo, e segunt e por la mesma manera e forma e en aquel estado que estaua antes que yo mandase labrar la dicha moneda en mis regnos en la manera e forma que adelante dira“ (ed. *MacKay* 1981, 115–119, Nr. 3; das Zitat auf S. 116).

[43] *Ladero Quesada* 1982 a, 72.

[44] *Ladero Quesada* 1982 a, 72. – *MacKay* 1981, 66 ff.

[45] *Phillips Jr.* 1978.

einer erneuten Phase durch königliche Initiative bewirkter Abwertung, und schließlich die bekannte Sentencia von Medina del Campo vom 16. Januar 1465 stellten die letzten Versuche eines Ausgleichs zwischen König und Adel dar, die im Endeffekt vor allem daran scheiterten, daß Heinrich IV. die von der Krone ausgeübte Steuer- und Finanzhoheit nicht zugunsten der Cortes beschneiden lassen wollte [46]. Als die Katholischen Könige dann die Herrschaft übernahmen, konnten sie folglich nicht nur im institutionellen Bereich bei ihren Bemühungen zur Machtfestigung auf Grundlagen zurückgreifen, die bereits unter ihrem unmittelbaren Vorgänger gelegt worden waren [47]. Und es ist bezeichnend, daß ein gezielter Abbau der Mercedes begleitet wurde von einer Politik der Geldabwertung, der Erschließung neuer Geldquellen (vor allem der 1495 eingeführte ‚encabezamiento') und der Forcierung des Kampfes gegen Granada [48], wodurch während der Regierungszeit Isabellas der Katholischen die Einkünfte der Krone um 100 % gesteigert werden konnten, andererseits die Ausgaben des Hofes zwischen 1480 und 1504 um mehr als das Vierfache stiegen [49]. Auf diese Weise wurden dem unzuverlässigen Adel die Finanzkraft zur Machtentfaltung entzogen und die zu größeren Expeditionen erforderlichen Mittel einzig auf die Krone konzentriert. Die Stellung des hohen, grundbesitzenden Adels war damit an der Wurzel angegriffen und wurde letztlich von der Wahrung seines Einflusses am Hof durch direkte Präsenz und Amtsausübung im Sinne des Königtums abhängig. Begleitet und in entscheidender Weise gestützt wurde diese Entwicklung durch eine grundlegende Reform des kastilischen Münzwesens, die 1488 durch zwei königliche Ordonnanzen angekurbelt worden war und schließlich durch die umfassende Pragmática von Medina del Campo vom 13. Juni 1497 ihren Abschluß fand. Sieht man von zahlreichen Einzelbestimmungen ab, so wurden im Kern eine Stabilisierung des Münzwertes, des Wechselkurses, des Feingehaltes und der Größe präfiguriert, die Münzvielfalt soweit möglich beseitigt sowie gleichzeitig eine Abwertung eingeleitet [50].

[46] *MacKay* 1981, 66 ff., 73 ff. – *Phillips Jr.* 1978, 75 ff. – Die Bedeutung finanzpolitischer Erwägungen ist auch daran abzulesen, daß der Thronprätendent Alfons (XII.) sofort damit begann, eigene alfonsíes und reales schlagen zu lassen. *MacKay* 1981, 73.

[47] *Phillips Jr.* 1978, passim.

[48] Vgl. dazu *Ladero Quesada* 1982 a, 69, 73. – *Valdeavellano* 1975, 597 (zum ‚encabezamiento'). – *Ladero Quesada,* Miguel Angel: Milicia y economía en la guerra de Granada: el cerco de Baza. Valladolid 1964. – *Ders.:* Castilla y la conquista del reino de Granada. Valladolid 1967. – *Ders.*: Granada. Historia de un país islámico (1232–1571). Madrid ²1979, 180 ff. zu den Kosten des Krieges mit Granada.

[49] Dazu *Ladero Quesada* 1970, bes. 782 ff. – *Ders.:* La Hacienda castellana de los Reyes Católicos (1493–1504). In: Moneda y Crédito 103 (1967) 81–112. – *Ders.*: La Hacienda Real de Castilla en 1504. Rentas y gastos de la corona al morir Isabel I. In: Historia. Instituciones. Documentos 3 (1976) 309–346.

[50] Zu den Ordonnanzen von 1488 (im April in Valencia und im Oktober in Valladolid promulgiert) und zur Pragmática von Medina del Campo sowie den mit ihnen

Die venezianische Golddukatenwährung wurde in Gestalt des nun geschlagenen ‚Excelente de la Granada' übernommen, die noch von Alfons X. eingeführte Golddublone abgewertet, Silber- und Kupfermünzen ebenfalls dem neuen System angepaßt, die Münzstätten reorganisiert und unter scharfer Überwachung auf sieben beschränkt [51]. Obwohl der Umlauf des ‚Excelente' erst für 1502 gesichert ist [52], war damit der Grundstein des frühmodernen, an den europäischen Standard angepaßten Finanzsystems gelegt und dem Königtum als Instrument endgültig zur Verfügung gestellt.

Zwar wird man mit Bezug auf die kastilische Krone gegen Ende des 15. Jahrhunderts kaum schon als von einem absoluten Staat im vollentwickelten Sinne sprechen können [53], doch befand man sich zumindest, was den Ausbau des Finanzsystems und die politische Anwendung dieses Machtmittels angeht, auf dem Weg dorthin.

In den Ländern der Krone Aragón gewann die Geldwertpolitik seit Beginn des 13. Jahrhunderts ebenfalls ständig an Bedeutung. Für das Königreich Aragón wurde zum ersten Mal 1205 ein Monedaje durch Peter II. ausgehandelt, für das Königreich Valencia eine entsprechende Übereinkunft im Jahr 1266, während im altkatalanischen Siedlungsraum der Einzug dieser Steuer nicht nachweisbar ist und für Grenzgebiete mit aragonesischer Währung sogar be-

verbundenen Reformmaßnahmen vgl. v. a. *Basas Fernández*, M.: La estabilización monetária bajo los Reyes Católicos. In: Boletín de Estudios Económicos Deusto (Bilbao) 47 (1959) 121–139, der auch die ältere Literatur bespricht. *Menaca*, Marie de: Or et code moral dans les Pragmáticas des Rois Catholiques. In: Senefiance 12 (L'or au Moyen Âge). Nice 1983, 273–292. Als Geld im Umlauf werden 1488 genannt: „Castellanos, Ducados, Cruzados, Doblas, Florines, Salutes, Coronas, Aguilas y Excelentes", was den Anteil von italienischen, französischen, portugiesischen und aragonesischen Münzen deutlich macht. Doch existierten weiterhin der englische Noble und der brabantische Moto bzw. Molton. Zur Münzvielfalt im Spanien des Spätmittelalters *Sobrequés i Vidal*, Santiago, in: *Vicens Vives*, Jaime (Hg.), Historia de España y América, social y económica. II. Barcelona 1979, 80 ff., 379 ff.

[51] Nach 1497 sind in Kastilien nur noch sieben königliche ‚Casas de la Moneda' aufzufinden: Burgos und Segovia für Altkastilien, Toledo und Cuenca für Neukastilien, La Coruña für Galicien sowie Sevilla und Granada für Andalucía. *Basas Fernández* 1959, 131 ff. – *Menaca* 1983, 288.

[52] Dies geht aus der Pragmática von Granada (1499 Okt. 12) und der Pragmática von Sevilla (1502 Feb. 22) hervor. *Basas Fernández* 1959, 137–139.

[53] *Morales Moya*, Antonio: El Estado absoluto de los Reyes Católicos. In: Hispania 35 (1975) 75–120, spricht zwar vom ‚Estado absoluto de los Reyes Católicos', doch vgl. die eingehende Diskussion der einschlägigen Thesen bei *Pietschmann* 1982, 199 ff. – Zu den Herrschaftsgrundlagen der Katholischen Könige *Suárez Fernández*, Luis: Fundamentos del régimen unitário de los Reyes Católicos. In: Cuadernos Hispano-Americanos 238–240 (1969) 176–196. – *Ladero Quesada*, Miguel Angel: Historia de América Latina I: España en 1492. Madrid 1978, 105 ff.

sondere Vereinbarungen getroffen werden mußten [54]. Stattdessen wurde in Katalonien eine andere außerordentliche Steuer eingezogen – der bovatge auf jedes Joch Ochsen –, die wahrscheinlich schon 1118 unter der Herrschaft Graf Raimund Berengars III. durch den Adel gegen das Versprechen, den Geldwert nicht zu verändern, gewährt worden war und Eingang in die Usatges von Barcelona gefunden hatte [55]. Dieser Umstand sollte bereits 1225 zu einer Verquickung von Monedatge und Bovatge führen, die im Laufe des Spätmittelalters nicht mehr gelöst wurde [56]. Im Gegensatz zu Kastilien und León sollte die Gewährung des Monedaje immer das Ergebnis von ernstgemeinten Verhandlungen zwischen dem König und den Cortes bleiben, wobei häufig der Stimme der Städte besonderes Gewicht beigemessen werden mußte, da dieselben über die größte Finanzkraft verfügten [57]. Es darf nicht übersehen werden, daß die Münze von Barcelona zumeist die beste Geldquelle für das Königtum darstellte, während sonst der Adel und die Templer bei der Einziehung der Einkünfte zwischengeschaltet waren [58]. Aber selbst gegenüber den Corts von Valencia erneuerten die

[54] Zum Monedaje (katalan. Monedatge, in Valencia Morabetí, ‚monetaticum') vgl. *Procter* 1980, 260 f. – *Russell,* J. C.: The Medieval Monedatge of Aragon and Valencia. In: Proceedings of the American Philosophical Society 106 (1962) 483–504. – *Mateu y Llopis,* Felipe: La regalía monetaria en la Corona de Aragón y en especial en el reino de Valencia hasta Ferdinando el Católico. In: J. Zurita. Cuadernos de Historia 4–5 (1953; ersch. 1956) 55–79. – *Ders.*: „Super Monetatico" o „Morabetino". In: Mélanges offerts à René Crozet. II. Poitiers 1966, 1115–1120. – *Ders.*: Para el estudio del monedadge en Aragón, Tortosa y Lérida en el siglo XIV. In: Martínez Ferrando, Archivero. Miscelánea de estudios dedicados a su memoria. Barcelona 1968, 313–322. – *Bisson,* Thomas N.: Sur les origines du monedatge: quelques textes inédits. In: Annales du Midi 85 (1973) 91–104. – *Ders.*: Conservation of Coinage. Monetary Exploitation and its Restraint in France, Catalonia, and Aragon. Oxford 1979, bes. 87 ff., 91 ff., 112 ff., 194 ff. – *Utrilla Utrilla,* J. F.: El monedaje de Huesca de 1284. In: Aragón en la Edad Media 1 (1977) 1–50. – *Mateu y Llopis,* Felipe: Territorializaciones monetarias y áreas lingüísticas en la Corona de Aragón en el siglo XIII. In: Cuadernos Hispano-Americanos 238–240 (1969) 413–458 grenzt die unterschiedlichen Münzzonen innerhalb der Krone Aragón voneinander ab.

[55] *Soldevila,* Ferran: A propòsit del servei del bovatge. In: Anuario de Estudios Medievales 1 (1964) 573–587. – *Bisson* 1973, 91–98. – *Ders.*: 1979, 59 ff., 88 ff. – Das Privileg ‚Cunctis pateat' nun ed. in: *Valls Taberner,* Fernando: Los Usatges de Barcelona. Barcelona 1984, 130–132, Nr. 172.

[56] Vgl. *Bisson,* Thomas N.: Las finanzas del joven Jaime I (1213–1228). In: X Congreso de Historia de la Corona de Aragón. Jaime I y su época. Comunicaciones. 1, 2. Zaragoza 1980, 168 f. – *Ders.:* 1979, 88 ff., 94 ff. – *Guilleré,* Christian: Les finances royales à la fin du règne d'Alfonso IV el Benigno (1335–1336). In: Mélanges de la Casa Velázquez 18 (1982) 46 f. – *Mateu y Llopis* 1968. – *Aragó,* Antoni M.: La collecta del bovatge del 1327. In: Estudis d'Historia Medieval 3 (1970) 39–51.

[57] *Procter* 1980, 262 f.

[58] Dazu *Bisson* 1980, 185. – *Forey,* A. J.: The Templars in the Corona de Aragón. Oxford 1973, 113 ff., 121 ff., 127 ff. Zur Rolle der Templer beim Einzug der Steuern und zur Frage ihrer Exemtion *Vilar Bonet,* María: Actividades financieras de la

Könige von Aragón immer wieder (1336, 1393, 1402, 1415, 1479) das 1266 durch Jakob I. beschworene Monedaje-Privileg [59].

Im Kern war das königliche Finanzsystem in der Krone Aragón dadurch gekennzeichnet, daß die absehbaren Ausgaben durch die Aufnahme von Krediten vorfinanziert und bei dieser Vermengung von persönlichem Kreditsystem und direkter Finanzverwaltung die eigentlichen königlichen Geldquellen der Ausschöpfung durch den Adel preisgegeben wurden, somit die Wirtschaftskraft dem Königtum nicht voll zugute kam und José Luis Martín gar von einer ‚völligen Armut der Herrscher' sprechen kann [60]. Der größte Mangel des aragonesischen Finanzsystems im 13. Jahrhundert, das Fehlen eines zentralen Thesaurariats, wurde unter der Regierung Alfons' III. behoben, als um 1285 wohl nach sizilianischem Vorbild ein Mestre Racional an die Spitze der Finanzverwaltung trat und eine allgemeine Aufsichtsfunktion über das in drei Batllías eingeteilte Reich sowie den königlichen Thesaurar ausübte [61]. Zusammen mit dem Thesaurar und dem für den königlichen Haushalt zuständigen Escrivà de Racio gehörte er im 14. Jahrhundert zu den entscheidenden Amtsträgern der Reichsverwaltung, als die Zentralisierung eine neue Stufe der Vervollkommnung erreicht hatte und Peter IV. von Aragón 1344 nach der Inkorporation des Königreichs Mallorca daranging, durch den Erlaß einer Reihe von Ordinacions nach dem Vorbild der durch Jakob III. von Mallorca in Kraft gesetzten Leges Palatinae die innere Verwaltungsorganisation weiter zu straffen [62].

Orden del Temple en la Corona de Aragón. In: VII Congreso de Historia de la Corona de Aragón. 2. Barcelona 1964, 577–585.

[59] *Mateu y Llopis* 1953, 63 f., 69, 71, 73. – *Ders.*: „De mutatione monetae" en el reino de Valencia. In: Studi in onore di Amintore Fanfani. III. Milano 1962, 183–216. – *Hamilton* 1936, 8 f. – *Botet y Sisó*, Joaquín: Les Monedes Catalanes. 3 Vols. Barcelona 1908–1911, hier II, 48–49, III, 259–262. – Vgl. jetzt auch *Crusafont i Sabater*, Miquel: Numismática de la Corona catalano-aragonesa medieval (785–1516). Madrid 1982.

[60] *Martín*, José Luis: Economía y sociedad en los reinos hispánicos de la Baja Edad Media. I. Barcelona 1983, 142: „La primera impresión que se tiene al estudiar la Hacienda real es la de una total indigencia de los monarcas, . . . "

[61] *Masiá de Ros*, Angeles: El Maestre Racional en la Corona de Aragón. Una pragmática de Juan II sobre dicho cargo. In: Hispania 10 (1950) 25–60, der die Einsetzung des ersten Mestre Racional Arnau ça Bastida allerdings auf die ersten Regierungsjahre Jakobs II. – also 1292/93 – datiert. – *Valdeavellano* 1975, 594 f. – *Guilleré* 1982, 38 ff. – *Mateu y Llopis*, Felipe: „Maestre Racional" y „Tresorer General". In: Studi storici in onore di Antonio Era. Padova 1963, 241–254. – *Montagut Estragués*, Tomás de: La administración financiera en la Corona de Aragón. In: Historia de la Hacienda Española (Épocas antigua y medieval). Madrid 1982, 483–504, bes. 500 ff. – Zur Verwaltungsreform unter Alfons III. noch immer *Klüpfel*, Ludwig: Verwaltungsgeschichte des Königreichs Aragon zu Ende des 13. Jahrhunderts. Berlin 1915.

[62] *Lalinde Abadía*, Jesús: Las instituciones de la Corona de Aragón en el siglo XIV. In: VIII Congreso de Historia de la Corona de Aragón. II/2. Valencia 1970, 13–15. – *Montagut Estragués* 1982, 496 ff. – *Guilleré* 1982, 38–40. – *Hillgarth* 1976, 353 f. –

In seinem Versuch einer „pesée globale“ der königlichen Finanzen zum Ende der Regierung Alfons' IV. von Aragón, des Vorgängers Peters IV., hatte bereits Christian Guilleré auf den Zentralismus der Finanzverwaltung und die damit gegebenen Eingriffsmöglichkeiten des Königs hingewiesen [63]. Der Erfolg aller in diese Richtung weisenden Maßnahmen wird greifbar, wenn man sich vor Augen führt, daß der Wertbestand der Gesamteinnahmen der Krone Aragón im Jahr 1335 umgerechnet rund 4,665 Tonnen Gold und damit fast den Einkünften der Krone Kastilien gegen Ende des 15. Jahrhunderts entsprach! [64] Dennoch reichten die regulären Einkünfte nicht aus, um die Ausgaben der Krone zu decken; dazu waren angesichts der schwachen Eigeneinkünfte des Königs außerordentliche Einnahmen erforderlich wie z. B. die 1329 von den Corts in Valencia erstmalig zugestandenen imposicions auf Nahrungsmittel, Industrieprodukte und Handelswaren [65]. Auf diese Weise verstärkte sich in den Ländern der Krone Aragón eine Entwicklung, die das Zustimmungsrecht der Stände bei der Verabschiedung außerordentlicher Steuern zu einer Zeit wahrte, als in Kastilien das Königtum die Macht der Städte und ihrer Ständevertreter weitgehend paralysierte. So kann es kaum verwundern, daß unter der Regierung Peters IV. trotz des programmatischen Finanzzentralismus, der mit der Einführung des Goldflorins in Aragón und einer ‚Säuberung‘ der Verwaltung verbunden war [66], und trotz aller Erfolge seiner gewiß auch ökonomisch motivierten Expansionspolitik [67] die aragonesischen Stände ihr in den Furs verankertes Recht auf Mit-

Schena, Olivetta: Le leggi palatine di Pietro IV d'Aragona. Cagliari 1983, ist es nun gelungen, die originäre katalanische Übersetzung der ‚Leges palatinae‘ von 1337 aufzufinden (Madrid. BN, Mss. 959) und durch einen Vergleich mit den Fassungen unter Peter IV. herauszuarbeiten, daß die Unterschiede eindeutig im Verwaltungsbereich, v. a. auf dem Gebiet der Kanzlei, liegen.

[63] *Guilleré* 1982. – Vgl. schon *Mateu y Llopis,* Felipe: La política monetaria de Alfonso IV de Aragón (1327–1336) y su repercusión en Cerdeña. In: Anuario de Estudios Medievales 7 (1970–1971) 337–350, der herausstellt, daß bereits Jakob II. – er zog z. B. 1315 das seit dem 9. Jh. bestehende Münzrecht des Bischofs von Vich endgültig an sich – die Konsolidierung der Finanzverhältnisse eingeleitet hatte.

[64] *Guilleré* 1982, 59 f.

[65] *Guilleré* 1982, 46 f.

[66] Vgl. *Hamilton* 1936, 12 f., 15 ff., 86 f. – *Mateu y Llopis,* Felipe: El flori d'or d'Aragó de 1347 a 1393. In: Numisma 7 (1957) 39–51. – *Ders.:* Notas y documentos para el estudio de la política monetaria de Juan I de Aragón y en especial en el reino de Valencia (1387–1396). In: VIII Congreso de Historia de la Corona de Aragón. II/2. Valencia 1970, 163–198, bes. 164 f. und die dort angegebene Literatur. – *Crusafont i Sabater* 1982, 92 ff. – *Küchler,* Winfried: La influencia de la peste negra sobre la Hacienda Real. In: VIII Congreso de Historia de la Corona de Aragón. II/1. Valencia 1969, 65–70.

Erwähnenswert sind auch die zum Teil auf Gegenseitigkeit beruhenden Versuche der Herrscher, durch Nachahmung bzw. -prägung fremder Münze die durch die Stände auferlegten Beschränkungen zu umgehen.

[67] *Cateura Bennàsser,* Pau: Política y Finanzas del Reino de Mallorca bajo Pedro IV de Aragón. Palma de Mallorca 1982.

sprache in Finanzdingen, auch wenn sie den Ausgleich der Bilanzen des Königs betrafen, durch die Einrichtung der Diputaciones del General fest verankern und sich gleichzeitig durch die Einführung der Generalidades-Steuer auf den Außenhandel selbst eine unabhängige Finanzbasis verschaffen konnten [68]. Damit war ein finanzpolitischer Dualismus zwischen Königtum und Ständen vorgegeben und institutional abgesichert, der die weitere Ausbildung einer monolithisch auf den König zugeschnittenen Finanzverwaltung unmöglich machte. Im Gegenteil: nach dem auf den Cortes Generales von Monzón 1363/64 gefaßten Beschluß, Diputaciones in den einzelnen Ländern der Krone einzurichten, und der Ausführung der damit verbundenen administrativen Maßnahmen [69] ist in der von einer wirtschaftlichen Talfahrt geprägten Folgezeit [70] eine zunehmend selbstbewußtere Überwachung des königlichen Finanzgebarens durch die Stände- und insbesondere die Städtevertreter festzustellen [71]. Selbst der dem Königtum vorbehaltene Goldflorin, von Peter IV. als Grundlage für eine unabhängige Münzpolitik gedacht, durfte nur geschlagen werden, wenn er nicht städti-

[68] Zur Entstehung und Entwicklung der Diputaciones del General *Sesma Muñoz,* José Angel: Las generalidades del reino de Aragón. Su organización a mediados del siglo XV. In: AHDE 46 (1976) 393–467. – *Ders.*: La Diputación del Reino de Aragón en la época de Fernando II (1479–1516). Zaragoza 1977. – *Ders.:* Trayectoria económica de la hacienda del Reino de Aragón en el siglo XV. In: Aragón en la Edad Media 2 (1979) 171–201. – *Udina Abelló,* Antonio María: Los organismos representativos catalanes en el siglo XIV. Las Cortes y la Diputación del General. In: Cuadernos de Historia 8 (1977) 171–187. – Zum politischen und verfassungsrechtlichen Hintergrund der Cortes/Corts, der hier nicht im einzelnen ausgebreitet werden kann, *González Antón,* Luis: Las Cortes de Aragón. Zaragoza 1978. – *Sarasa Sánchez,* Esteban: Las Cortes de Aragón en la Edad Media. Zaragoza 1979.

[69] *Sesma Muñoz* 1977, 33 ff.

[70] Vgl. *Vones* 1984. – *Salrach,* Josep M. – *Duran,* Eulàlia: Història dels països catalans (coordinada per A. Baucells). Dels orígens a 1714. II. Barcelona ²1982, 723 ff., 890 ff., 904 ff., 909 ff., 913 ff.

[71] Zu den Versuchen des Nachfolgers Peters IV., Johanns I. von Aragón (1387–1396), durch Münzprägungen und Abwertungen sowie durch Verschleuderung des Patrimoni reial seine politische Situation zu stabilisieren, zu den heftigen Reaktionen gegen Ende seiner Regierung vor allem in der Stadt Barcelona, wo Johann die durch Peter IV. eingeleiteten Ansätze zur Reform des Consell rückgängig gemacht hatte, zu den Rekuperationsversuchen unter Martin I. (1396–1410) und Ferdinand de Antequera (1412–1416) *Mateu y Llopis* 1970. – *Ferrer i Mallol,* Maria Teresa: El patrimoni reial i la recuperació dels senyorius jurisdiccionals en els estats catalano-aragonesos a la fi del segle XIV. In: Anuario de Estudios Medievales 7 (1970–1971) 351–491. – *Batlle Gallart,* Carmen: La crisis social y económica de Barcelona a mediados del siglo XV. I. Barcelona 1973, 80 ff., 101 ff. – *Vendrell Gallostra,* Francisco (Ed.): Rentas reales de Aragón de la época de Fernando I (1412–1416). Barcelona 1977. – *Ledesma Rubio,* María Luisa: El Patrimonio Real en Aragón a fines del siglo XIV: los dominios y rentas de Violante de Bar. In: Aragón en la Edad Media 2 (1979) 135–169. – *Sarasa Sánchez,* Esteban: La Hacienda Real de Aragón en el siglo XV. In: Historia de la Hacienda Española (Épocas antigua y medieval). Madrid 1982, 823–844.

sche Monedaje-Privilegien beeinträchtigte, und die Tendenz ging eindeutig in die Richtung, königliche Geldprägungen nur dann zuzulassen, wenn sie nicht Contrafuero waren, d. h. nicht gegen die in den Furs festgelegten, dem Landrecht entsprechenden Normen verstießen [72]. Das königliche Münzregal an sich wurde auf diese Weise nicht angetastet, jede Geldwertveränderung indes an die Zustimmung der Stände und auch der großen Städte gebunden [73]. Demgegenüber suchte sich die Finanzverwaltung der Krone durch eine Aufsplitterung den neuen Gegebenheiten anzupassen, so daß im Laufe des 15. Jahrhunderts entsprechend der Tendenz zur landrechtlich fundierten Kontrolle durch die Landstände weitere Mestres Racionals in Aragón, Valencia, Mallorca und Sardinien auftauchen [74].

[72] Vgl. dazu *Mateu y Llopis* 1953, 66–71, der S. 67 folgende Klage der Corts von Valencia aus dem Jahr 1374 anführt: „Item com lo dit senyor Rey en gran dan e prejudici de la cosa publica del dit regne e dels habitants en aquell e en lesió e derogació de privilegis e de provisions reals faça e permeta fer e batre en la dita ciutat moneda dor que no es de la ley del dit regne e jatsia los habitants en aquell no sien ne puixen esser astrets a pendre si nos volen la dita moneda empero encara lo batiment daquella moneda torna en lur gran e importable dan e prejudici per dues rahons la primera car *la dita moneda es de molt menys valor que comunament se met* e la segona car *no es de la ley del regne e per conseguent se bat contra expressa prohibició de privilegis* perco suppliquen ut supra que sia merce de vos senyor manar de fer cessar de tot en tot lo batimen e factio de la dita moneda e provehir perpetualment que aquella o altra contra disposició de privilegis no sia batuda o feta en lo dit regne ... Respon lo senyor Duch que li plau que tot lo que sera fet *contra furs e privilegis* statuits sobre les dites coses en lo dit capitol contengudes, sia haut per cas e nulle *e que daqui avant contra los dits furs e privilegis res no sia feyt.*" – Zur landrechtlichen Gesetzgebung in den Ländern der Krone Aragón *Wolf*, Armin: Die Gesetzgebung der entstehenden Territorialstaaten. In: Helmut *Coing* (Hg.), Handbuch der Quellen und Literatur der neueren europäischen Privatrechtsgeschichte. I. München 1973, 681 ff., 687 ff., 691 ff. – *Lalinde Abadía,* Jesús: Los Fueros de Aragón. Zaragoza ^{3}1979, der das Kapitel über das Spätmittelalter mit „La nacionalización de los Fueros de Aragón bajo el signo del Pactismo" überschreibt und S. 69 von der „naturaleza pacticia de los ‚Fueros de Aragón' " spricht.

Ursprünglich hatte Peter IV. das Mitspracherecht der Ständeversammlungen umgangen, indem er für den aragonesischen Florin als Königsgeld in Perpignan (Roussillon), der Hauptstadt der Krone Mallorca, eine eigene Münzstätte hatte einrichten lassen (7. 8. 1346), doch war es ihm durch geschicktes Taktieren 1369 in zähen Verhandlungen gelungen, auch in Barcelona, Zaragoza und Valencia Münzen zu privilegieren. *Hamilton* 1936, 15 ff., 87.

[73] *Mateu y Llopis* 1953, 75 faßt dies so zusammen: „En la Corona de Aragón, la regalía monetaria, aunque indiscutible, tenía como limitaciones los privilegios de las ciudades cabeza de reino, que al tener moneda propia y pagar por ella el monedaje ... podían oponerse a los planos propios del príncipe si éstos perjudicaban el estado monetario de aquellas ciudades."

[74] Dazu *Montagut Estragués* 1982, 491 f. – *Sarasa Sánchez* 1982, 835 f. – *Masiá de Ros* 1950, 35. – *Putzulu,* Evandro: L'ufficio di Maestro razionale nel regno di Sardegna. In: Martínez Ferrando, Archivero. Miscelánea de estudios dedicados a su memoria. Barcelona 1968, 409–430.

In einer großen, noch von Clemens Bauer und Johannes Vincke angeregten, aber erst vor kurzem veröffentlichten Untersuchung über die Finanzen der Krone Aragón unter den Königen Alfons V. und Johann II. hat nun auch Winfried Küchler die zunehmende Dezentralisation und Unübersichtlichkeit des Kassenwesens als Grund für die Zerrüttung der Kronfinanzen im 15. Jahrhundert herausgestellt [75]. In einer weiteren Studie wertete er die in der zweiten Hälfte des Jahrhunderts zu beobachtende offizielle Zulassung der Ämterkäuflichkeit als Symptom für die Fiskalschwäche des Staates, da nur auf diese Weise der aufkommenden Zinspflichtigkeit der amparaments, jener dem König durch die jeweiligen Amtsträger zur Kassendeckung gewährten Darlehen, begegnet werden konnte [76]. In klarer Einschätzung der Verhältnisse hatte Küchler erkannt, daß vor allem die zum Teil rigoros durchgesetzte Beachtung des Landrechts als entscheidendes Hemmnis für die dringend erforderliche Anpassung der Finanzverwaltung an die veränderten wirtschaftlichen Bedürfnisse gelten muß und daß der aufkommende Antagonismus zwischen Kronfinanz und Ständefinanz dem reibungslosen Funktionieren einer alle Länder erfassenden Steuerverfassung im Wege stand [77]. Da die Landstände naturgemäß gegen alle Neuerungen sowohl im Steuersystem als auch im Verwaltungsapparat waren, konnten neue Steuern nur als drets del general und somit einzig mit Zustimmung der Ständevertreter verabschiedet werden. Da unter dieser Voraussetzung eine Ausgabendeckung nur unvollkommen und mit gehöriger Verzögerung möglich war, war das Königtum gezwungen, verstärkt auf das Mittel des Kredits zurückzugreifen und flankierend dazu durch die Einrichtung von Nebenkassen, deren Kontrolle dem königlichen Thesaurariat schon bald entglitt, den fälligen Schuldendienst direkt aus den Einkünften am Ort zu leisten [78]. Die Mestres Racionals, zuerst mit der Überwachung der entstehenden Sonderkassen betraut, entwickelten sich in diesem System fast zwangsläufig zu verlängerten Armen der Cortes, da die Kontrolle der königlichen Finanzbehörden im Sinne des Landrechts war, das die eingrenzenden Normen setzte. Eine ähnliche Entwicklung ist auf dem personellen Gebiet der Kronverwaltung zu beobachten, wo die Stände eine Anpassung der Gehälter der Amtsinhaber blockierten, so daß das Königtum hier nur durch die großzügige Vergabe von gracies eine Kompensation schaffen konnte, was jedoch andererseits die Ausgabenpolitik vollends ruinierte und dem

[75] *Küchler,* Winfried: Die Finanzen der Krone Aragon während des 15. Jahrhunderts (Alfons V. und Johann II.). Münster 1983.

[76] *Küchler,* Winfried: Ämterkäuflichkeit in den Ländern der Krone Aragons. In: SFGG. GAKGS 27 (1973) 311–336. Zu diesem Problemkreis vgl. auch für Spanien *Malettke,* Klaus (Hg.): Ämterkäuflichkeit. Aspekte sozialer Mobilität im europäischen Vergleich. Berlin 1980. *Mieck,* Ilja (Hg.): Ämterhandel im Spätmittelalter und im 16. Jahrhundert. Berlin 1984.

[77] *Küchler* 1983, 2.

[78] Vgl. *Küchler* 1983, 4–7.

Phänomen der Ämterkäuflichkeit Vorschub leistete [79]. Zaghafte Ansätze zu einer Reform unter Johann II. – wie die Einsetzung eines „Maestro Racional General de la Curia Regia" im Krisenjahr 1462 und der schnell wieder rückgängig gemachte Versuch einer „reducció de salaris" für die Amtsträger der Krone im Jahre 1466 [80] – blieben ohne Durchschlagskraft.

Angesichts der beträchtlichen Schwierigkeiten für die königliche Finanzverwaltung im Laufe des 15. Jahrhunderts muß allerdings noch ein weiterer Punkt berücksichtigt werden. Als im Jahr 1410 mit dem Tod König Martins I. die aragonesische Herrscherdynastie im Mannesstamm ausgestorben war, hatten die Vertreter der Cortes nach langwierigen, bis 1412 andauernden Verhandlungen aus einer Mehrzahl von Bewerbern durch den Kompromiß von Caspe mehrheitlich den kastilischen Prätendenten Ferdinand von Antequera, Sohn Johanns I. von Kastilien und Abkömmling von Peter IV. von Aragón über die weibliche Linie, auf den Thron erhoben [81]. Dabei waren die Interessen großer Teile vor allem der katalanischen Adels- und Patriziatsoligarchien übergangen worden, so daß der Antagonismus Krone – Diputaciones auch im Politischen unausweichlich vorprogrammiert war – um so mehr, als Ferdinands Nachfolger Alfons V. und Johann II. das zentralistisch-monokratische Regierungssystem Peters IV. in Einklang mit der trastámarischen Herrschaftsideologie wiederaufleben lassen wollten. Diese Absicht mußte sie zwangsläufig in Konflikt mit der in Katalonien am tiefsten verwurzelten Doktrin des Paktismus bringen, jenem Denken, das die Stellung des Monarchen durch die bei der Krönung beschworene Bindung an die Gesetze entscheidend eingeschränkt sah und ein Widerstandsrecht für den Fall einräumte, daß gesellschaftliche Zustände durch die Schwächung angestammter Herrschaftspositionen verändert werden sollten [82].

[79] Ebda., 10–12.

[80] Zum ‚Maestro Racional de la Curia Regia' vgl. *Montagut Estragués* 1982, 492 mit Anm. 16, der dort die Einsetzung des Pedro de Besalú in dieses Amt durch Johann II. belegt: „Idcirco motu nostro proprio et scienter huiuscemodi generalis magistri racionalis curie nostre officium vobis eidem Petro tanquam benemerito et condigno donec vixeritis committimus et fiducialiter comendamus ...". Bereits 1459 hatte Johann II. über eine Verwaltungsreform, die auch das Amt des Mestre Racional betraf, den Versuch unternommen, den wirtschaftlichen Redreç der Krone Aragón einzuleiten. Vgl. dazu *Masiá de Ros* 1950 und die ebda., 47–60 edierte ‚Pragmatica Domini Regis super officio Magistri Racionalis et aliorum officialium'. – Zur reducció de salaris vgl. *Küchler* 1983, 21 mit Anm. 63.

[81] Es ist hinzuzufügen, daß Peter IV. (1379), Johann I. (1387) und Martin I. (1407) in ihren testamentarischen Willensverfügungen ausdrücklich die Abkömmlinge der weiblichen Linien von der Thronfolge ausgeschlossen hatten. Zum Thronfolgerecht in der Krone Aragón s. *García Gallo*, Alfonso: La sucesión del trono en la Corona de Aragón. In: AHDE 36 (1966) 5–189.

[82] Zum Paktismus *Hillgarth*, J. N.: The Spanish Kingdoms. II. Oxford 1978, 247 f. – *Martín* 1983, I, 237–254. – *Lalinde Abadía* 1979 zu den rechtlichen Grundlagen. – Neuerdings allg. *Sobrequés i Callicó*, Jaume: El pactisme a Catalunya. Barcelona 1982.

Hüter dieses Denkens waren natürlich die Diputaciones del General, die auf der einen Seite Mitte des Jahrhunderts ihr Finanzsystem reformierten, auf der anderen Seite kaum dazu beitrugen, dem durch eine expansive Eroberungspolitik stetig steigenden Geldbedarf der Krone eine sicherere Finanzgrundlage zu geben [83]. Als sich 1462 dieses Spannungsverhältnis in einem Bürgerkrieg entlud, wurde der Widerstand in Katalonien hauptsächlich von der Stadt Barcelona und von der Diputació finanziert [84], während Johann II. Münzverschlechterungen als politisches Mittel einsetzte und bewußt gegen die Furs verstieß [85]. Zwar konnte der aragonesische König diesen zehnjährigen Konflikt vordergründig als Sieger beenden, doch war er klug beraten, in der Capitulación von Pedralbes alle althergebrachten katalanischen Rechte und die Machtstellung der Diputació zu bestätigen [86], denn einzig das Fortbestehen Kataloniens als unabhängiger Bestandteil der katalanisch-aragonesischen Konförderation erlaubte den angestrebten Redreç der Wirtschaft und damit der königlichen Finanzen [87]. Und nur dieses vorsichtige Taktieren Johanns II. schuf die Grundlagen dafür, daß Ferdinand der Katholische, der noch 1479 das Monedaje-Privileg Jakobs I. von 1266 beschworen hatte, 1493 die Diputació del General de Catalunya durch die Einführung der Kugelwahl dem königlichen Einfluß öffnen konnte [88]. Die Diputación del Reino de Aragón wurde parallel dazu mit Hilfe des Infan-

[83] Vgl. *Sesma Muñoz* 1976. – *Hillgarth* 1978, 246 f.

[84] *Hillgarth* 1978, 287 f. – *Sobrequés i Vidal,* Santiago/*Sobrequés i Callicó,* Jaume: La guerra civil catalana del segle XV. 2 Vols. Barcelona 1973. – Zum Vorgehen der Diputació in Ampurias vgl. *Sobrequés i Callico,* Jaume: Aspectes de la política fiscal de la Diputació del General al segle XV. In: Annals de l'Institut d'Estudis Gironins 25 (1979–1980) 407–446.

[85] Gegenüber Valencia äußerte Johann II. offen: „Y nos bata moneda contra los furs del Regne". Vgl. dazu *Mateu y Llopis,* Felipe: Los recursos económicos de Juan II en Lérida y Tárrega, durante las turbaciones del Principado en 1465. In: Hispania 2 (1942) 407–437. – *Ders.:* 1953, 73 und die dort in Anm. 61 verzeichnete Literatur.

[86] Zur Capitulación von Pedralbes vom 16. 10. 1472 vgl. *Sobrequés i Vidal / Sobrequés i Callicó* 1973, II, 333 ff. – *Hillgarth* 1978, 296 f. – *Salrach/Duran* 1982, II, 953 ff.

[87] Vgl. zur Wirtschaftspolitik Johanns II. *Peláez,* Manuel J.: Catalunya després de la guerra civil del segle XV. Institucions, formes de govern i relacions socials i econòmiques (1472–1479). Barcelona 1981.

[88] *Peláez* 1981, 112 f., der von einer „dràstica reforma del rei Catòlic" spricht. *Vicens Vives,* Jaime: La transformació de la Generalitat medieval (1479–1493). In: Estudis Universitaris Catalans 22 (1936) 87–107. – *Ders.:* Ferran II i la ciutat de Barcelona, 1479–1516. Vol. I. Barcelona 1936, 175 ff. – *Ders.:* Política del Rey Católico en Cataluña. Barcelona 1940, 141–177. – Zur Eidesleistung Ferdinands *Mateu y Llopis* 1953, 73 f. – Ein Zeichen dafür, wie entschlossen Ferdinand das alleinige Münzrecht an sich zog, ist die Tatsache, daß er schon 1493 eine neue Goldmünze, den Principat – einen Golddukaten –, in Barcelona und Perpignan schlagen und in Umlauf setzen konnte und daß er bereits 1479 und 1483 Befehl gegeben hatte, in Valencia ebenfalls einen Golddukaten, den „excellent" bzw. „ducat", zu schlagen. *Hamilton* 1936, 34 f. – *Mateu y Llopis* 1953, 76 f. – *Basas Fernández* 1959, 124 f. – *Crusafont i Sabater* 1982, 137.

ten Alonso de Aragón, Erzbischof von Zaragoza, allmählich derart umgestaltet, daß Sesma Muñoz in seiner großen Untersuchung über diese Institution zurecht feststellen darf: „se convierte en un instrumento de la política real“ [89]. Allerdings war zu dieser Zeit der finanz- und verwaltungspolitische Vorsprung der Krone Kastilien längst festgeschrieben, so daß nur noch eine Angleichung an die dortigen Zustände und Normen erfolgen konnte.

Kommen wir zum Abschluß unserer Betrachtung nochmals auf die anfangs gestellte Frage zurück, inwieweit sich im Spätmittelalter den regierenden Königsdynastien durch die fortschreitende Entwicklung der Staatsfinanz Möglichkeiten erschlossen, Geldwertveränderungen als politisches Mittel der Herrschaftssicherung einzusetzen, so hat gerade der Blick auf die unterschiedlichen Verhältnisse innerhalb der Kronen Kastilien und Aragón gezeigt, daß gewisse Voraussetzungen unabdingbar scheinen. Es sind dies neben der fast selbstverständlich erscheinenden Wahrung der Finanz- und Münzhoheit als Regal vor allem die Fähigkeit des Königtums, sich aus der Umklammerung durch ständische Ansprüche zu lösen, und – eng damit zusammenhängend – die Transformation gewohnheitsrechtlicher Normen in einen neuen, auf die gesetzgeberische Vollmacht des Königs zugeschnittenen Rechtszustand. Dies ist in der Krone Kastilien auf lange Sicht und gegen zeitweise heftigste Adelsopposition [90] gelungen, wobei dem gewaltsamen Dynastiewechsel und dem damit verbundenen, tiefgreifenden Wandel der Adelsstruktur entscheidende Bedeutung zukam. In den Ländern der Krone Aragón waren alle Versuche, eine gleichartige Entwicklung einzuleiten, zum Scheitern verurteilt, da hier trotz aller gesetzgeberischer Versuche des 13. Jahrhunderts zumindest in den Königreichen Aragón und Valencia das landrechtlich-gewohnheitsrechtliche Moment zu stark war und der König stets auf die Normen der Furs verpflichtet wurde [91]. So setzte sich gerade bei den diesen Normen zuwiderlaufenden Versuchen König Peters IV. der Repräsentationscharakter der Stände als verfassungstragendes Element durch. Die ständische Autonomie fand ihren klarsten Ausdruck indes in der Institutionalisierung der Diputaciones und der Schaffung einer unabhängigen Finanzverwaltung. Damit war in der Krone Aragón ein Dualismus zwischen Königtum und Ständen entstanden, der seinen Höhepunkt in der Nachfolge-

[89] *Sesma Muñoz* 1977, 247.

[90] Zur Adelspolitik in der Zeit des Übergangs unter der Regierung Ferdinands IV. (1295–1312) und der Minderjährigkeit Alfons' XI. *González Minguez*, Cesar: Fernando IV de Castilla (1295–1312). Valladolid 1976. – *Moxó*, Salvador de: La sociedad política castellana en la época de Alfonso XI. In: Cuadernos de Historia 6 (1975) 187–326.

[91] Zum Konstitutionalismus in den Ländern der Krone Aragón *Giesey*, Ralph E.: Nuevos puntos de vista sobre el juramento „Nos que valemos tanto como vos“. In: BRAH 160 (1967) 209–221. – *Ders.:* If not, not. The Oath of the Aragonese and the Legendary Laws of Sobrarbe. Princeton, N. J. 1968. – *MacKay*, Angus: Spain in the Middle Ages. London 1977, 104 ff.

entscheidung von Caspe fand und sich zum Konstitutionalismus auswuchs. Letztlich konnte er nur von außen durchbrochen werden, als Ferdinand der Katholische, gestärkt durch die Teilhabe an der kastilischen Macht, imstande war, der Handlungsfreiheit der Stände weitgehend die finanzielle Grundlage zu entziehen, ohne jedoch die Grundlagen des Staatsaufbaus anzutasten.

Vergleichen wir dies aber mit den Zuständen im spätmittelalterlichen Frankreich, so sehen wir auch hier das Königtum hin und wieder gezwungen – wie 1302 und 1308 erstmals geschehen –, die Generalstände bei wichtigen Entscheidungen in Finanzfragen hinzuzuziehen. Allerdings wurden die Generalstände vornehmlich als Herrschaftsmittel des Königtums eingesetzt [92]. Sie erlangten niemals eine dauerhafte Institutionalisierung auf einer Art landrechtlicher Basis, geschweige denn eine eigenständige Finanzverwaltung. Damit stand der französischen Krone ebenso wie der Krone Kastilien die Geldwertpolitik als Machtmittel zur Verfügung und wurde, wie Miskimin zu zeigen versucht, voll genutzt. Daß sich beide Reiche auf dem Weg zum frühabsolutistischen Staat befanden, kann kaum dem historischen Zufall angelastet werden. Offensichtlich führt auch das Gebiet der Finanzpolitik hin zu der Erkenntnis, daß die Möglichkeit frühmoderner Herrschaftsausübung in engem Zusammenhang mit verfassungsrechtlichen Prozessen stehen muß, deren Grundlagen spätestens schon an der Wende vom 12. zum 13. Jahrhundert ausgebildet waren [93].

[92] *Bulst,* Neithard: Repräsentativversammlungen als Mittel der Zentralverwaltung in Frankreich (15. Jahrhundert). In: *Paravicini,* Werner / *Werner,* Karl Ferdinand (Hg.), Histoire comparée de l'administration (IVe–XVIIIe siècles). Francia Beiheft 9. München 1980, 254–263.

[93] Zu der Möglichkeit, hier eine Epochengrenze zu setzen, vgl. *Kunisch,* Johannes: Über den Epochencharakter der frühen Neuzeit. In: *Jäckel,* Eberhard/*Weymar,* Ernst (Hg.): Die Funktion der Geschichte in unserer Zeit. Stuttgart 1975, 150–161.

Bernhard Schimmelpfennig

Der Papst als Territorialherr im 15. Jahrhundert

„Ich werde von dieser Stunde an treu und gehorsam sein dem heiligen Petrus und der heiligen Römischen Kirche und meinem Herrn, dem Herrn Papst Urban VI. . . .; ich werde weder mit Tat noch mit Rat oder Zustimmung helfen, daß er Leben oder Glieder verliert noch daß er durch schlechte Tat gefangen wird. . . . Das römische Papsttum und die Regalien des heiligen Petrus und alle Rechte der Römischen Kirche, die sie überall und speziell in der Stadt Orte besitzt, werde ich mit allen Kräften aufrechterhalten und verteidigen. . . .“ Soweit Auszüge [1] aus einem in die kurialen Kammerakten eingetragenen Amtseid vom Februar 1389. Gut zwei Jahrhunderte später, 1595, notierte der venezianische Gesandte Paolo Paruta [2]: „Der Papst befiehlt über den gesamten Kirchenstaat mit höchster Autorität sowie mit voller und absoluter Befehlsgewalt, in dem das Ganze von seinem Willen abhängt. Demzufolge kann man wahrlich sagen, das sei eine königliche Regierung, und in ihrer Art frei und entzogen von anderen Verpflichtungen und Bindungen durch Gesetze und einzelne Ordnungen, während dieser Bedingtheit andere Königreiche weitgehend unterworfen sind infolge der großen Autorität, die dort die Räte, Parlamente, Barone oder Völker besitzen, gemäß den Gewohnheiten und Privilegien verschiedener Provinzen. Hingegen ordnet und regelt der Papst alle Dinge mit höchster und absolutester *(assolutissima)* Autorität, ohne den Rat anderer zu gebrauchen, sofern es ihm nicht selbst gefällt, und ohne ihn behindernde Konstitutionen.“

[1] Archivio Segreto Vaticano, Div. Cam. 1, 42 v–43 r (eingetragen zwischen zwei Texten vom 10. und 24. 2. 1389): „Ego [Lücke von ca. 20 Buchstaben] ab hac ora inantea fidelis et obediens ero beato Petro sancteque Romane ecclesie et domino meo domino Urbano pape sexto eiusque successoribus canonice intrantibus; non ero in facto, consilio vel consensu, quod vitam perdat aut membra vel capiatur mala captione. . . . Papatum Romanum et regalia sancti Petri et omnia iura Romane ecclesie, que habet ubique et specialiter in civitate Ortana manutenebo totis viribus et defendam. . . . “ Die Formel „non ero . . .“ gab es allerdings schon in Diensteiden des späten 12. Jahrhunderts im „Liber censuum“ des Cencius Camerarius. Vgl. *Fabre,* Paul – *Duchesne,* Louis (Hg.): Le Liber censuum de l'Eglise Romaine Bd. 1. Paris 1910, 285 Nr. 44 a und 45, 287 Nr. 53 b, 288 Nr. 55, 313 Nr. 58, 341 f. Nr. 67, 428 Nr. 173.

[2] Übersetzt nach dem italienischen Text bei *Prodi,* Paolo: Il sovrano pontefice. Un corpo e due anime: la monarchia papale nella prima età moderna. Bologna 1982, 81.

Beleuchtet der erste Text die Krise während des Großen Schismas, als selbst das Leben des Papstes gefährdet, eine halbwegs effektive Regierung des Kirchenstaates nur selten – am ehesten unter Bonifaz IX. (1389–1404) [3] – möglich war, so schildert der Vertreter Venedigs die Regierung des Kirchenstaates als hoch entwickelten Absolutismus. Nimmt man Parutas Ausführungen ernst – und vieles spricht für sie –, so wird verständlich, warum Historiker wie Reinhard [4] und Prodi [5] kritisieren, daß der Kirchenstaat bei der Untersuchung der Genese des modernen Staates gewöhnlich nicht berücksichtigt wird.

Die Frage, wann der Trend hin zum Absolutismus im Kirchenstaat einsetzte, wird von heutigen Historikern unterschiedlich beantwortet. Während zum Beispiel Delumeau [6] und Prodi [7] sich für den Pontifikat Nikolaus' V. (1447–55) entschieden, glaubte Caravale [8], daß sich bis zu Gregor XIII. (1572–85) die traditionelle, relativ lockere Regierungsform nicht verändert, der Absolutismus also erst 1585 mit Sixtus V. begonnen habe. Ohne die unterschiedlichen Positionen genauer analysieren zu wollen, möchte ich doch auf einen Unterschied hinweisen: Die Vertreter der ersten Richtung sind als Historiker der frühen Neuzeit gute Kenner vor allem des späten 16. und des 17. Jahrhunderts. Caravale hingegen breitet auch für das 15. Jahrhundert viele konkrete Details aus, übersieht dabei aber häufig die Bedeutung von Veränderungen. Im Hinblick auf den für das Symposion gewählten Zeitabschnitt werde ich mich im Folgenden vor allem auf die Epoche von Nikolaus V. bis hin zu Clemens VII. (1523–34) konzentrieren [9]: 1454 war durch den Frieden von Lodi ein – wenn auch manchmal prekäres – Gleichgewicht zwischen den fünf sogenannten „Großmächten" Italiens hergestellt worden (Mailand, Venedig, Florenz, Kirchenstaat, Neapel); 1527 hatte der Sacco di Roma einen Kollaps der päpstlichen Regierung herbeigeführt. Doch sei schon jetzt eine wichtige Zäsur genannt: das Jahr 1494, denn seit dem damals durchgeführten Eroberungszug Karls VIII. nach Neapel waren die italienischen Mächte stärker als zuvor von den Machtinteressen der Valois und Habsburger abhängig.

[3] *Esch,* Arnold: Bonifaz IX. und der Kirchenstaat. Tübingen 1969.

[4] *Reinhard,* Wolfgang: Reformpapsttum zwischen Renaissance und Barock. In: Festgabe Erwin Iserloh. Münster 1980, 779–796, hier: 779.

[5] *Prodi* 1982, 15, 22, 167.

[6] *Delumeau,* Jean: Les progrès de la centralisation dans l'Etat pontifical au XVIe siècle. In: Revue Historique 226 (1961) 399–410.

[7] *Prodi* 1982, 91 ff. u. ö.

[8] *Caravale,* Mario: Lo Stato pontificio da Martino V a Gregorio XIII. In: Caravale, Mario/Caracciolo, Alberto: Lo Stato pontificio da Martino V a Pio IX. Turin 1978, 352 ff.

[9] Ebd. 65–235. – *Schimmelpfennig,* Bernhard: Das Papsttum. Grundzüge seiner Geschichte von der Antike bis zur Renaissance. Darmstadt 1984, 266–290.

I.

Wenn ich vom Kirchenstaat spreche, so klammere ich vier Gebiete aus, weil sie häufig andere Probleme aufwiesen als das Kerngebiet: die beiden im Königreich Neapel gelegenen Exklaven Pontecorvo und Benevent sowie in der Provence Avignon mit der angrenzenden Grafschaft Venaissin. Auch ohne diese Teile bleibt die geopolitische Gliederung des Kirchenstaates verwirrend genug. Weil sich die Aufteilung in Verwaltungsprovinzen während des 15. und 16. Jahrhunderts mehrmals änderte[10], beschränke ich mich auf folgende Grobeinteilung: südlich und östlich des Tibers Latium mit der Sabina, zwischen Rom und der Republik Siena das Patrimonium S. Petri in Tuscia, östlich davon Umbrien mit Perugia und die ehemalige Markgrafschaft Spoleto, schließlich die Marken mit Ancona und Urbino, die Romagna mit Rimini und Ravenna sowie die Emilia mit Bologna.

Der Anspruch auf Herrschaft über diese Gebiete basierte auf den allseits bekannten Privilegien oder Verträgen. Die sogenannte „Konstantinische Schenkung" blieb weitgehend anerkannt[11], und kuriale Humanisten, die Lorenzo Vallas Kritik des Textes übernahmen, hatten dennoch keine Probleme mit der Legitimierung, denn sie beriefen sich nun verstärkt auf die Schenkungen der karolingischen und späteren Kaiser[12]. Hingegen ist zumindest mir unklar, inwieweit auch die Mathildische Schenkung und die Abtretungen der nördlichen Gebiete durch Rudolf von Habsburg als historische Belege dienten. Hinzu kam ein Argument, das auch noch im 19. Jahrhundert gegen das Risorgimento verwandt wurde: die für die Freiheit der Kirche notwendige politische Selbständigkeit des Papsttums in der Welt. Gut und zutreffend hat es zum Beispiel Enea Silvio Piccolomini am Ende eines fiktiven Dialogs in seiner Geschichte des Basler Konzils formuliert[13]: „Nun aber habe ich es gelernt, weil nun einmal Tugend ohne Macht lächerlich ist; und der römische Bischof ist ohne das Patrimonium der Kirche nichts anderes als der Knecht *(servus)* der Könige und Fürsten." Die hier angedeutete Interdependenz von Kirchenstaat und Universalkirche wird uns noch häufiger begegnen.

Theoretisch war die weltliche Herrschaft des Papstes umfassender als die jedes anderen Fürsten seiner Zeit, wenn wir von Amadeus VIII. von Savoyen, dem Basler Papst Felix V., absehen. Zwar mußte auch der Papst als weltlicher Herrscher die Privilegien des Klerus beachten, konnte sie jedoch als kirchliches Oberhaupt umgehen – sei es in Fragen der Besteuerung, sei es in der Gerichtsbarkeit.

[10] *Caravale* 1978, 4–15.
[11] *Valla,* Lorenzo: De falso credita et ementita Constantini donatione, ed. Wolfram Setz, Weimar 1975 (mit Literatur).
[12] *Prodi* 1982, 33 ff.
[13] Übersetzt nach dem lateinischen Text bei *Prodi* 1982, 37.

Schließlich ließen sich auch Interdikt und Exkommunikation weiterhin trefflich als politische Mittel einsetzen [14]. Und glauben wir Piccolomini [15], so durften sich auch die Laien glücklich preisen, unter der Herrschaft des Papstes zu leben, denn als Seelenhirt wäre der Papst natürlich viel mehr um das Heil der Untertanen besorgt als ein weltlicher Herrscher.

Doch schienen noch nicht alle Bewohner des Kirchenstaates ihr Glück erkannt zu haben, wie der Widerstand gegen die direkte Herrschaft des Papstes zeigt. Nach den Rekuperationen unter Martin V. (1417–31) und Eugen IV. (1431–47) – also zu Beginn unseres Zeitabschnitts – galt wieder die seit dem 13. Jahrhundert traditionelle Unterscheidung der Herrschaftsgebiete in *terre mediate* und *terre immediate subiecte* [16]. Zur ersten Gruppe werden gewöhnlich vor allem die Gebiete gezählt, die einem Signore unterstanden, etwa Urbino unter den Montefeltre, Camerino unter den Varano, die meisten Adriastädte unter den Sforza oder Malatesta. Die Vorteile des Systems kamen beiden Seiten zugute. Die Anerkennung der Alleinherrschaft eines Signore durch den Papst, der vorerst gar nicht anders konnte, stärkte und legitimierte die Autorität des Signore nach innen und außen. Der Papst hingegen sah sich als Oberherr bestätigt und erhielt, wenn er Glück hatte, einen oft erheblichen Anerkennungszins. Ein Problem dabei war nur, daß in immediaten Kommunen wie Orvieto, Perugia oder Bologna Familien die Alleinherrschaft anstrebten und gerade im 15. Jahrhundert wirtschaftlich prosperierende Kommunen wie Ancona auch ihre politische Autonomie ausweiten wollten; beide Tendenzen hätten natürlich die immediaten Herrschaftsgebiete eingeschränkt.

Zu diesen gehörten außer den schon genannten Kommunen nebst deren *contadi* Teile der Marken, insbesondere aber die historisch ältesten Herrschaftsgebiete: Rom, Latium und das Patrimonium. „Regiert" wurden sie nominell von päpstlichen Beauftragten: Rom vom *governatore*, die anderen von – oft laikalen – Rektoren oder von klerikalen Legaten; sie sollten jeweils auch als Oberrichter fungieren. Für die Finanzen waren päpstliche Thesaurare zuständig. Allerdings mußten sich die päpstlichen Vertreter anfangs damit zufriedengeben, die innere Autonomie der Kommunen in Bereichen der Gerichtsbarkeit, der Verwaltung und der Finanzen weitgehend anzuerkennen, so daß häufig selbst die Position als Appellationsrichter gefährdet und der finanzielle Ertrag eingeschränkt waren. Die Herrschaft des Papstes über die Barone in Latium und im Patrimonium war noch mehr umstritten. Um nur ein Beispiel zu nennen [17]: Noch um 1510 ließ sich Guglielmo Caetani, Herr von Sermoneta, von einem römischen

[14] Zum letzteren vgl. *Prodi* 1982, 242 ff.
[15] Ebd. 13. – Vgl. auch die Arenga Sixtus' IV.: *Theiner*, Augustin (Hg.): Codex diplomaticus temporalis S. Sedis, 3. Bd. Rom 1862, 494–497, Nr. 417 (30. 5. 1478).
[16] *Caravale* 1978, 29, 43 ff. u. ö. – Zum Folg. vgl. auch ebd. 4 ff.
[17] Ebd. 187.

Juristen ein Gutachten zur Frage ausstellen, ob er hinsichtlich seiner Herrschaft in Reskripten Klauseln verwenden dürfe, die dem Papst und Kaiser reserviert seien. Positive Antwort des – wohl gut bezahlten – Spezialisten: die Macht des Herrn von Sermoneta sei ursprünglich und unabhängig und in allem der der höchsten Universalgewalten gleich – und das zur Zeit des starken Julius II.!

Doch damit nicht genug! Barone wie Signori oder Kommunen tendierten oft zu einer Kriegs- oder Bündnispolitik, die der des jeweiligen Papstes entgegengesetzt war. Dem entsprachen Interessen der anderen italienischen Mächte, die aus politischen, aber auch ökonomischen Gründen päpstliche Gebiete zu kontrollieren oder gar sich einzuverleiben suchten. Vor allem der Norden war häufig gefährdet. Florenz schielte bei seiner Expansion besonders auf Bologna oder Perugia, später auch auf Ancona, das allmählich zum wichtigsten Hafen für den Levantehandel der Arnostadt wurde [18]. Das lange zum Machtbereich der Malatesta gehörende Cervia versorgte das Herzogtum Mailand mit Salz und war daher ein Dorn im Auge der auf das Salzmonopol in Oberitalien erpichten Venezianer [19]. Außerdem darf nicht übersehen werden, daß seit der Mitte des 15. Jahrhunderts gerade Signori und städtische Oligarchien in der Romagna und Emilia durch noch heute erkennbare Bonifizierung die Agrarproduktion steigerten und damit den päpstlichen Oberherrn wie dessen politische Konkurrenten ungewollt anlockten [20]. Im Gegensatz dazu retardierte die Landwirtschaft in Latium und im Patrimonium, denn die meisten der dortigen baronalen und kirchlichen Grundherren zogen seit der gleichen Zeit zwecks leichteren Profits die Ausdehnung der Weidewirtschaft der intensiveren Landbebauung vor [21] und gefährdeten damit die Lebensmittelversorgung der wachsenden römischen Bevölkerung.

Es dürfte verständlich geworden sein, warum die Päpste nach dem Ende des Basler Schismas die Einschränkung ihrer gesamtkirchlichen Möglichkeiten durch die verschiedenen Konkordate mehr als Festschreibung des Status quo denn als Anreiz für neue Initiativen in der Universalkirche ansahen, deren Reform lieber anderen überließen und sich – abgesehen vom Türkenkreuzzug – auf den Kirchenstaat konzentrierten [22]. Dennoch war die Gesamtkirche für diesen nicht unwichtig: unter Martin V. und Sixtus IV. waren die Einnahmen aus der Gesamtkirche mindestens ebenso hoch wie die aus dem Kirchenstaat und konnten auch für diesen mitverwendet werden; erst im späten 16. Jahrhundert überwogen die Einnahmen aus dem Kirchenstaat und mußten nun der gesamtkirchlichen Politik dienen [23].

[18] Ebd. 227 f.

[19] *Hocquet,* Jean-Claude: Le sel et la fortune de Venise. Production et monopole, 2 Bde. Lille ²1982 (Bd. 1), 1979 (Bd. 2), Bd. 2, 182, 187 ff. u. ö.

[20] *Caravale* 1978, 46 ff. u. ö.

[21] Ebd. 48 f. u. ö.

[22] Ebd. 66 u. ö. – *Prodi* 1982, 47 ff.

[23] *Caravale* 1978, 40, 117. – *Prodi* 1982, 121 u. ö.

II.

Entsprach die reale Situation in vielem der vergangener Jahrhunderte, so wurden auch zu ihrer Bewältigung oft traditionelle Mittel angewandt – allerdings mit auf die Dauer wichtigen Veränderungen. Hatte schon Johannes XXII. im frühen 14. Jahrhundert durchschnittlich etwa 63 Prozent des Budgets für Kriegszüge – gerade auch in Italien – ausgegeben [24], so nutzten die Päpste unseres Zeitraums gleichfalls häufig den Krieg als Fortsetzung oder auch Basis ihrer Politik, doch mit zwei Unterschieden: die Truppen besaßen jetzt – wie auch anderswo üblich – Artillerie [25]; und seit Nikolaus V. versuchten einzelne Päpste, ein stehendes Heer aufzustellen [26] – zeitgleich mit Frankreich.

Für die Kriege, aber auch für die Herrschaftssicherung war ein anderes Mittel äußerst wichtig, das immer noch unterschätzt wird: der Nepotismus [27]. Einem Wahlmonarchen wie dem Papst bot er oft die einzige Möglichkeit, wichtige Positionen mit Vertrauten zu besetzen. Und beschränken wir den Begriff nicht nur auf die leibliche Verwandtschaft, so gehörte auch die Beiziehung von Landsleuten oder Angehörigen des eigenen Ordens zum Nepotismus. Seit dem 8. Jahrhundert war der Nepotismus im engeren oder weiteren Sinn eine Konstante des Papsttums. Und wie in den früheren Jahrhunderten konnte er auch in unserem Zeitraum dazu dienen, Papstdynastien zu begründen. Was jetzt aber hinzukam, waren Versuche, größere Herrschaftsgebiete Nepoten zu reservieren. Die Nachteile des Nepotismus sind bekannt: Günstlingswirtschaft und häufig Säuberungsaktionen nach dem Tode des jeweiligen päpstlichen Patrons.

Gerade Nepoten, Landsleute oder vertraute Ordensangehörige waren es häufig auch, die als Kardinäle oder höhere Kuriale zusammen mit dem Papst die kuriale Verwaltung zu kontrollieren und umzuwandeln suchten. Eine systematische Trennung von Kirchenstaat und Universalkirche gab es wie im Mittelalter so auch in unserem Zeitraum nicht [28]. Der Kämmerer und seine Mitarbeiter führten nicht nur die Oberaufsicht über den Kirchenstaat, sondern auch insgesamt über die kirchlichen Finanzen; außerdem ging die politische Korrespondenz durch die Kammer. Verständlich, daß beim Finanzgebaren keine strenge Trennung existierte. Weil sich die Kammer vor allem auf die oberste Buchführung und das Ausstellen von Zahlungsanweisungen beschränkte, während die realen Einnah-

[24] *Schäfer,* Karl Heinrich (Hg.): Die Ausgaben der Apostolischen Kammer unter Johann XXII. Paderborn 1911, 36*.

[25] *Prodi* 1982, 111 ff.

[26] *Caravale* 1978, 71 f.

[27] *Reinhard,* Wolfgang: Nepotismus. Der Funktionswandel einer papstgeschichtlichen Konstante. In: Zeitschrift für Kirchengeschichte 86 (1975) 145–185. – *Caravale* 1978, 104 ff. u. ö. – *Prodi* 1982, 189 ff.

[28] *Caravale* 1978, 39 ff.

men und Ausgaben von den Hofbankiers, den Depositaren, verwaltet wurden, war es technisch leicht, bestimmten Zwecken – etwa den Türkenkriegen – dienende Einnahmen anderweitig zu verwenden. Allerdings sind die Finanzen des Renaissancepapsttums trotz verschiedener Studien [29] noch längst nicht so gut erforscht wie die der Avignoneser Epoche. Neu in unserer Zeit war die Nutzung des Ämterhandels zugunsten des Papsttums und damit auch des Kirchenstaats. Ohne an dieser Stelle näher darauf eingehen zu können [30], möchte ich doch auf zwei wichtige Folgen hinweisen: Zum einen bot der offizielle Ämterverkauf dem Papst die Möglichkeit, sich das Besetzungsrecht zu sichern; zum anderen erhielt der Papst durch Schaffung neuer Kollegien an der Kurie und in der Stadt größere Summen in kurzer Zeit. Und weil vor allem einige Kardinäle bei derartigen Gelegenheiten große „Portionen" erwarben, bot sich mit derartigen Kolleggründungen dem Papst die Chance, die beträchtliche und insoweit evtl. gefährliche Kapitalbildung bei Kardinälen zu bannen und vielleicht so auch deren politischen Einfluß zu beschränken. (Das Verhältnis zwischen Papst und Kardinalkolleg sowie dessen Mitwirkungsmöglichkeiten bei der Regierung des Kirchenstaats sind noch nicht hinreichend erforscht.) Als diese Karte erst einmal ausgereizt war, wurde seit 1526 mit der Schaffung von *monti*, also staatlichen Pfandbriefanstalten [31], ein neuer Weg mit Erfolg beschritten.

Inwieweit auch Ämter des Kirchenstaats käuflich waren, kann bisher nicht beantwortet werden. Hingegen ist bekannt [32], daß Einkünfte verpachtet wurden und verschiedentlich Funktionsträger vor Amtsantritt eine erhebliche Kaution zahlen mußten. Weil teilweise auch mit den Staatsfinanzen zusammenhängend, seien schließlich noch gezielte Wirtschaftsmaßnahmen erwähnt, die Päpste oder Nepoten im Gegensatz zu früheren Pontifikaten ergriffen. Darauf werde ich noch eingehen.

[29] Vgl. die bibliographischen Angaben bei *Caravale* 1978, 360 f.

[30] Vgl. *Schwarz*, Brigide: Die Entstehung der Ämterkäuflichkeit an der Römischen Kurie. In: Mieck, Ilja (Hg.): Ämterhandel im Spätmittelalter und im 16. Jahrhundert. Berlin 1984, 61–65. – *Schimmelpfennig*, Bernhard: Der Ämterhandel an der römischen Kurie von Pius II. bis zum Sacco di Roma (1458–1527). In: ebd., 3–41.

[31] *Monaco,* Michele: Il primo debito pubblico pontificio. Il Monte della Fede (1526). In: Studi Romani 8 (1960) 553–569. – *Delumeau,* Jean: Vie économique et sociale de Rome dans la seconde moitié du XVIe siècle. 2 Bde. Paris 1957/59, 783 ff.

[32] *Schimmelpfennig* 1984 Ämterhandel, 5, 8, 13 f.

III.

Erfolge erzielten die Päpste vornehmlich in Rom[33]. Bedenken wir, daß seit dem Investiturstreit die römische Luft für die meisten Päpste recht ungesund gewesen war, so war es schon ein großer Erfolg, daß Martin V. und – nach den Unruhen unter Eugen IV. – alle Päpste seit Nikolaus V. Rom als relativ sichere Residenzstadt ansehen konnten. Allerdings ist der Begriff „Rom" genauer zu bestimmen: Martin V. residierte wirklich in Rom, nämlich im Schutzbereich seiner Familie, der Colonna, und deren Klientel bei SS. Apostoli; daher kümmerte er sich auch – als für lange Zeit letzter Papst – um die Bischofskirche, den Lateran, und wurde dort bestattet[34]. Nikolaus V. hingegen residierte wie die römischen Schismapäpste in der Leostadt, die damals noch nicht zur Stadt Rom gehörte. Mit ihm begann der Ausbau des Vatikanpalastes zur Hauptresidenz, zu deren Sicherung die Mauer Leos IV. und das Hadriansmausoleum als Fluchtburg verstärkt wurden. Neue Straßenzüge entstanden anläßlich der Heiligen Jahre von 1475 und 1500; ebenso zentrierten sich die wichtigeren kurialen Behörden immer mehr in der Leostadt.

Die Bevorzugung des rechten Tiberufers ist verständlich, denn noch Eugen IV. hatte vor den Römern fliehen müssen. Und auch Nikolaus V. hatte die Unsicherheit 1453 erfahren, als Stefano Porcaro nebst Anhängern ihn gefangennehmen wollte. Allerdings zeigten die Ablehnung des Vorhabens durch die meisten Römer und Porcaros Absicht, den Papst wenn mit Ketten, dann doch mit goldenen, zu fesseln[35], wie stark der Geist der römischen Unabhängigkeit schon geschwunden war. Der Autonomie vollends den Garaus zu machen, war eines der Hauptziele der Päpste seit Pius II., vor allem von Sixtus IV. und Julius II. Die Befugnisse der traditionellen Leiter der Kommune – Senatoren und Konservatoren – wurden auf sekundäre richterliche und Verwaltungsfunktionen reduziert. Statt ihrer Wahl durch die Bürger wurde seit Sixtus IV. allmählich ihre Ernennung durch den Papst durchgesetzt. Noch deutlicher war die Veränderung beim *governatore*. Dieser hatte unter Eugen IV. die Funktionen des Stadtpräfekten übernommen, wobei aber anfangs der Papst seine Ernen-

[33] Zu Rom vgl. *Caravale* 1978, 8 ff., 36 f., 72 ff., 96 ff., 110 ff., 125, 132, 180 ff., 196 ff., 214. – *Prodi* 1982, 102 ff., 108 ff., 311. – *Westfall*, Carroll William: In This Most Perfect Paradise. University Park/London 1974. – *Partner*, Peter: Renaissance Rome 1500–1559. A Portrait of a Society. Berkeley 1976. – Vgl. auch die Beiträge von James A. *Ackerman*, Charles *Burrough*, Egmont *Lee* in: *Ramsey*, P. A. (Hg.): Rome in the Renaissance. The City and the Mythos. Binghamton, N. Y. 1982.

[34] *Esch*, Arnold u. Doris: Die Grabplatte Martins V. und andere Importstücke in den römischen Zollregistern der Frührenaissance. In: Römisches Jahrbuch für Kunstgeschichte 17 (1978) 209–217.

[35] *Pastor*, Ludwig Frhr. v.: Geschichte der Päpste, 1. Bd. Freiburg/Br. 5-7 1925, 571–592 u. ö.

nung lediglich bestätigen durfte. Sixtus IV. hingegen setzte durch, daß fortan der jeweilige kuriale Vizekämmerer zugleich *governatore* war. Damit hatte er die städtische Regierung der päpstlichen Kammer integriert. Zwar konnte die Kommune unter Innozenz VIII., in der Spätzeit Julius' II. und zu Beginn des Pontifikats Leos X. wieder Rechte zurückgewinnen, doch am Ende unseres Zeitraums war ihre Autonomie endgültig Vergangenheit.

Diese Wandlung zeigte sich auch auf verschiedene Art in der Praxis. Kommunale Ämter wurden ebenso wie neugeschaffene städtische Kollegien von der Kammer verkauft [36]. Schon Pius II., dann wieder Sixtus IV. erließen Kleider- und Luxusordnungen für die Stadt [37]; die bei Verstößen zu zahlenden Strafgebühren sollten unter Sixtus dem Bau der neuen Tiberbrücke, dem Ponte Sisto, zugutekommen. Wie schon an diesem Beispiel wird auch an anderen deutlich, daß gerade die Urbanistik die Durchsetzung des Papsttums in Rom widerspiegelt. In einem auch für die praktischen Folgen des Humanismus interessanten Erlaß [38] verbot Pius II. den Abriß antiker Gebäude. Allerdings wurde dieser Erlaß bald Makulatur, denn gerade die Baumeister der „Wiedergeburt", der Renaissance, zerstörten antike Bauwerke [39]. Eine aktive Wohnungspolitik gab es seit Sixtus IV., der „pro instauratione dicte Urbis" in Rom wohnende Kleriker für den Fall vom päpstlichen Spolienrecht befreite, daß sie oder ihre Erben sich zum Bau neuer Häuser verpflichteten [40]. Sixtus begann auch mit der Anlage neuer Straßenzüge. Außerdem schloß er mit einem Unternehmer einen Vertrag, damit der Tiber gereinigt und vertieft und somit besser schiffbar werde [41].

Seit der gleichen Zeit zeigte sich im Stadtbild auch verstärkt der soziale Wandel in der städtischen Bevölkerung. Noch zahlreicher als unter Nikolaus V. und Pius II. strömten Toskaner und Norditaliener nach Rom, von den Päpsten gegenüber der römischen Bevölkerung privilegiert. Während Genuesen als Schiffsunternehmer vor allem in Trastevere beim Hafen (Ripa grande) siedelten, zogen die toskanischen Bankiers, Künstler und Handwerker die Viertel in der Nähe der Engelsbrücke vor. Von der Piazza Navona bis zum Ponte Sisto ließen sich Kuriale und Handwerker anderer Nationen – Deutsche, Franzosen, Aragonesen, Kastilier – nieder, meist in der Nähe der entsprechenden „Nationalkirchen". Zwischen dem Hauptzugang zur Stadt, der Porta del Popolo, und der Engelsbrücke zentrierten sich viele Spitäler und Hotels; 1526/27 gab es 236 *alberghi, osterie* oder *taverne* in Rom, die meisten von ihnen in den eben

[36] *Schimmelpfennig* 1984 Ämterhandel 5, 16 f.
[37] *Theiner* 1862, 475–478 Nr. 405 (16. 8. 1473).
[38] Ebd. 422 f. Nr. 369 (28. 4. 1462).
[39] Vgl. z. B. *Lanciani*, Rodolfo: La destruction de Rome antique. Lille etc. o. J., 142 ff.
[40] *Theiner* 1862, 480 f. Nr. 407 (1. 1. 1475).
[41] Ebd. 497 f. Nr. 419 (3. 3. 1479).

genannten Rioni oder im Borgo von St. Peter gelegen[42]. Zeigte sich schon an den neuen Siedlern der nunmehr päpstliche Charakter Roms, so wird dies auch an den neuen Kirchenbauten oder Kardinalspalästen deutlich. Einige von diesen blockierten sogar Straßen (Palazzo Capranica 1457) oder erzwangen deren Verlegung (Palazzo Venezia seit 1455, „Cancelleria" seit 1483). Zwar war Julius II. mit einer völlig neuen Stadtplanung am Widerstand der römischen Führungsschicht gescheitert, doch mußte sich auch das Zentrum der Kommune, das Kapitol, bald dem päpstlichen Stadtherrn beugen. Schon Sixtus IV. hatte dort ein Antikenmuseum gegründet[43]; dem vermeintlichen Freund der Kommune, Leo X., wurden erstmals Ehrenstatuen errichtet[44]. Und der erste Papst der folgenden Epoche, Paul III. (1534–49) errichtete sich dort seine Villa als dominierenden Point de vue und begann mit der neuen, nun päpstlichen Anlage des Platzes.

Rom war jedoch nicht nur vom Papsttum beherrscht und geprägt, sondern auch ökonomisch abhängig. Eines der Hauptprobleme bildete die Lebensmittelversorgung[45]. Wie schon angedeutet, schränkten gerade in dieser Zeit die Grundherrn der Campagna den Ackerbau immer mehr zugunsten der Weidewirtschaft ein. Diese verringerte die Lohnkosten, führte aber auch zum Preisdiktat der Grundherren bei Lebensmitteln sowie zur Landflucht oder zum sozialen Abstieg vieler Bauern. Daher gebot schon Sixtus IV. die Enteignung eines Drittels der ungenutzten Ländereien zugunsten landloser Bauern[46]. Julius II. und Clemens VII. eiferten ihm nach. Leo X. versuchte sogar schon eine Urbarmachung von Sümpfen in Latium. Zugleich förderte er – wie auch andere Päpste – den Landankauf durch toskanische Familien in der Campagna[47]. Um so mehr aber wuchs der Widerstand der Barone, vor allem der Colonna.

Die päpstliche Agrarpolitik war nur einer der Anlässe für die immer neuen Kämpfe in der Campagna. Ein anderer Anlaß resultierte gleichfalls aus dem wirtschaftlichen Wandel. Unter Pius II. waren bei Tolfa reiche Alaunvorkommen entdeckt worden, die bald zum päpstlichen Alaunmonopol in Europa führten[48]. Sixtus IV. erteilte Bergbaulizenzen für Blei, Silber etc. im Patrimonium[49]. Eine Konsequenz war der Schutz der Pachtunternehmer durch meist

[42] *Delumeau* 1957/59, 141.

[43] *Heckscher*, W. S.: Sixtus IIII aeneas insignes statuas Romano populo restituendas censuit. s-Gravenhage 1955. – *Buddensieg*, Tilman: Die Statuenstiftung Sixtus' IV. im Jahre 1471. In: Römisches Jahrbuch für Kunstgeschichte 20 (1983) 33–73.

[44] *Butzek*, Monika: Die kommunalen Repräsentationsstatuen der Päpste des 16. Jahrhunderts in Bologna, Perugia und Rom. Bad Honnef 1978, 204–235.

[45] *Caravale* 1978, 48 f., 107 ff., 178 ff., 215 ff.

[46] *Theiner* 1862, 491 f. Nr. 414 (1. 3. 1477).

[47] *Caravale* 1978, 200 f.

[48] *Delumeau*, Jean: L'alun de Rome XVe–XIXe siècles. Paris 1962.

[49] *Theiner* 1862, 499–501 Nr. 420 (10. 3. 1479).

gewaltsame Aneignung der umliegenden Grundherrschaften; dies führte natürlich ebenfalls zu Konflikten mit Baronen.

Schon bei deren Bezwingung war die Kriegsführung gewöhnlich Nepoten als Heerführern oder auch päpstlichen Vikaren anvertraut, erst recht galt dies beim Kampf in den nördlichen Regionen [50]. Und nur selten diente der Nepotismus in erster Linie der Versorgung von Verwandten, wie bei Pius' II. Neffen Antonio Piccolomini oder bei Innozenz' VIII. Söhnchen Franceschetto. Abgesehen vom geharnischten Julius II., seit Ranke oft übertrieben als Gründer des neuzeitlichen Kirchenstaates dargestellt [51], ist vor allem der Pontifikat Alexanders VI. in Erinnerung geblieben: denken wir nur an den Brudermord im eigenen Hause, an den leutselig-tückischen Cesare, an seine heroinenhafte Gegnerin Caterina Sforza oder an seine lieblich-tödliche Schwester Lucrezia – nicht zu vergessen Alexanders letzte Favoritin, die schöne Giulia Farnese, die es schließlich ihrem Bruder, dem späteren Papst Paul III., erst ermöglichte, Kardinal zu werden. Doch war Alexanders Politik nicht nur pikant, sondern auch erfolgreich. Wie schon Sixtus IV. mit den Nepoten Giovanni della Rovere und Girolamo Riario, nur wegen der französischen und spanischen Ambitionen unter erschwerten Umständen, gelang es Alexander, die meisten Signorien und Kommunen an der Adria und an der Nordgrenze unter die direkte, wenn auch brutale, Kontrolle päpstlicher Vikare zu bringen. Die schon erwähnte Bonifizierung im Norden wurde unter beiden Päpsten weiterhin gefördert [52]. Trotz der Kämpfe und Rückschritte unter Julius II. blieb fortan die Zugehörigkeit der früher oft umstrittenen Gebiete zum Kirchenstaat bestehen. Die Medici-Päpste Leo X. und Clemens VII. expandierten sogar noch, indem sie Modena, Reggio und Piacenza einnahmen und zu halten versuchten. Zwar scheiterte dieser Versuch zum größeren Teil an den Este und an Karl V., doch führte er zur Anerkennung der päpstlichen Oberhoheit durch die Herzöge von Ferrara ab 1530 und seit Paul III. zum Dukat der Farnese im mittleren Po-Gebiet.

Politik und Kriegszüge Karls V. verhinderten ein weiteres Ausgreifen des Kirchenstaats, sorgten jedoch für die Anerkennung von dessen damaligen Grenzen. Die Päpste geboten fortan nur über ein mittelgroßes Territorium, konnten es aber nun nach innen sichern und zum „frühmodernen Staat" ausbauen.

Dies verdankten sie ihren Vorgängern seit Martin V. bzw. Nikolaus V. Rom war seit etwa 1500 nicht nur ihre gesicherte Residenzstadt, sondern auch die kulturelle Metropole Italiens; die Barone der Campagna waren trotz der Erfolge der Colonna unter Clemens VII. schon weitgehend bezwungen, die anderen Signori zur stärkeren Anerkennung der päpstlichen Oberherrschaft gebracht. Und schon Sixtus IV. hatte durch die Ausweitung der Konstitutionen

[50] *Caravale* 1978, 76 ff., 81 ff., 88 ff., 99 ff., 124, 146 ff., 148–159, 166 ff., 199 ff.

[51] Ebd. 172.

[52] Ebd. 100 ff., 151 ff.

des Kardinals Gil Albornoz auf alle immediaten Gebiete dafür gesorgt, daß der Kirchenstaat eine – wenn auch rudimentäre – einheitliche Verfassung besaß [53]. Zwar gab es immer noch Widerstand – und den durch Machtkämpfe und Unterdrückung motivierten *banditismo* [54] –, doch die Landesherrschaft war weitaus intensiver als jemals vor Martin V., das Fundament für den von Paruta idealisierten Absolutismus war gelegt.

[53] *Theiner* 1862, 494–497 Nr. 417 (30. 5. 1478). – *Colliva*, Paolo: Il cardinale Albornoz, lo Stato della Chiesa, le „Constitutiones Aegidianae" (1353–1357). Bologna 1977, 496 ff. – *Caravale* 1978, 115 ff.

[54] *Caravale* 1978, 16.

Heinrich Koller

Probleme der Schriftlichkeit und Verwaltung unter Kaiser Friedrich III.

In der Gegenwart ist das überreiche Schrifttum des staatlichen Verwaltungsapparates nicht nur zur Selbstverständlichkeit, sondern sogar zum Charakteristikum moderner Gesellschaftsordnung geworden. Um so mehr überrascht es, daß die Anfänge dieser Entwicklung durch lange Zeit nur schlecht erforscht wurden. Denn wenn wir von Darstellungen des 19. Jahrhunderts absehen, die mehr Hypothesen als fundierte Einsichten brachten, dann hat sich erst Ernst Pitz gründlicher mit diesen Problemen auseinandergesetzt [1]. So wird es begreiflich, daß eine Verwaltungsgeschichte für das ausgehende Mittelalter, die der modernen Wissenschaft genügen kann, auch erst vor wenigen Jahren verfaßt wurde [2]. Zur Entschuldigung der Historiker muß allerdings eingestanden werden, daß es zunächst aussichtslos schien, die Quellenmassen des 15. Jahrhunderts überblicken und erfassen zu können, und daß wichtige, inzwischen allgemein angewandte moderne technische Hilfsmittel, ohne die gediegene Forschungen kaum möglich erscheinen, auch erst seit Jahrzehnten zur Verfügung stehen.

Die jüngsten Arbeiten haben jedoch gezeigt, daß die entscheidenden Fortschritte nicht, wie ursprünglich vermutet wurde, in den Höfen der höchsten Machthaber, sondern eher im urbanen Bereich glückten. Doch dürfen wir deshalb die Reichsoberhäupter nicht aus den Augen verlieren und so müssen wir uns nach wie vor mit dem Ausbau der kaiserlichen „Bürokratie" im Zeitalter des letzten Luxemburgers und der ersten Habsburger befassen. Einsetzen können unsere Beobachtungen mit dem Tiefpunkt in dieser Entwicklung, als 1410 Ruprecht von der Pfalz gescheitert war und Sigmund als römisch-deutscher König zunächst durch Jahre in Ungarn und Oberitalien blieb, um nach einem nicht allzu ausgedehnten Aufenthalt in Konstanz bis 1417 nach Westeuropa auf Reisen zu gehen. Von kurzen Unterbrechungen abgesehen, gab es daher nach

[1] *Pitz,* Ernst: Schriften- und Aktenwesen der städtischen Verwaltung im Spätmittelalter, Köln, Nürnberg, Lübeck. Köln 1959.

[2] *Moraw,* Peter; Willoweit, Dietmar; Reinhard, Wolfgang; Droege, Georg. In: Deutsche Verwaltungsgeschichte. Hg. v. K. G. A. Jeserich/H. Pohl/G.-Ch. von Unruh, Bd. 1. Stuttgart 1983.

1400 und vor 1417 kein Reichsoberhaupt, das das Imperium hätte ungestört und allgemein anerkannt regieren oder verwalten können. Es gab durch Jahrzehnte keine gediegene Regierungstätigkeit und es lohnt zu fragen, in welcher Form dann Sigmund nach 1417 bei seiner Machtausübung Schwerpunkte setzte? [3]

Wichtigstes Anliegen war ihm zweifellos die Gerichtsreform, deren Bedeutung inzwischen längst erkannt ist [4]. Weniger wird beachtet, daß nach dem Zeugnis des damals neu angelegten wichtigsten Kanzleibuches, des Reichsachtbuches, offensichtlich in erster Linie eine Stärkung des königlichen Ansehens durch die verschärfte Anwendung der Reichsacht angestrebt wurde [5]. Das überrascht uns, da bekanntlich der Kirchenbann, die analoge Vorgangsweise im kirchlichen Bereich, zu dieser Zeit mit allen seinen Nachteilen lebhaft diskutiert wurde und im Zentrum der Kritik stand. Eine entsprechende Einstellung gegenüber der königlichen Acht vermissen wir jedoch, obwohl bekannt gewesen sein muß, daß jede Ächtung den Feinden des Geächteten die Möglichkeit einräumte, zur Selbsthilfe zu greifen und mit Gewalt gegen den Widersacher vorzugehen. Zahlreiche Fehden waren demnach nur Folgen von allzu harten und vorschnell gefällten Urteilen [6]. Dennoch wurde die königliche Acht allgemein begrüßt.

Gefördert wurde diese unheilvolle Entwicklung, als König Sigmund 1415 Herzog Friedrich IV. von Österreich, der am Konstanzer Konzil Papst Johannes (XXIII.) unterstützt hatte, ohne ein längeres Verfahren und ohne überzeugende Argumente mit Erfolg ächtete. Die Eidgenossen konnten damals die

[3] *Angermeier*, Heinz, Die Reichsreorm 1410–1555. München 1984, 55 ff.

[4] *Moraw*, Peter, Organisation und Funktion von Verwaltung im ausgehenden Mittelalter (ca. 1350–1500). In: Jeserich 1983, S. 46 ff. – *Diestelkamp*, Bernhard: Bericht über den Stand der Arbeiten „Höchste Gerichtsbarkeit im Alten Reich". In: Höchste Gerichtsbarkeit im Spätmittelalter und der frühen Neuzeit. Hg. v. H. de Schepper. 1985, 135 ff.

[5] *Lechner*, Johann: Reichshofgericht und königliches Kammergericht im 15. Jahrhundert. In: Mitteilungen des Instituts für österreichische Geschichtsforschung. Ergbd. 7. 1907, 53 ff. – *Battenberg*, Friedrich: Das Reichsachtbuch der Könige Sigmund und Friedrich III. als rechts- und sozialgeschichtliche Quelle. In: Schepper 1985, 19 ff.

[6] Die überreiche Literatur ist gesichtet von *Rösener*, Werner: Zur Problematik des spätmittelalterlichen Raubrittertums. In: Festschrift für Berent Schwineköper. Sigmaringen 1982, 469 ff. Eine Übersicht über die von vielen Gerichten im Namen des Königs ausgesprochenen Ächtungen gibt es derzeit noch gar nicht, daher wird auch der Mißbrauch der Ächtungen bis jetzt viel zu wenig beachtet. Diese Tatsache wurde erst deutlich, als die Neubearbeitung der Regesten Kaiser Friedrichs III. aufgenommen wurden. Regesten Kaiser Friedrichs III. Hg. v. H. Koller, Heft 1–4. Wien-Köln-Graz, 1982–1986. Bis jetzt war nur das in die Reichsregisterbücher aufgenommene Material bekannt, das einen unzulänglichen Eindruck vermittelt, da die Mehrzahl der Urteile nicht registriert wurden. Siehe dazu unten S. 109 f.

habsburgische Macht am Oberrhein in kurzer Zeit zerschlagen [7]. Es war nach diesen Erfahrungen nicht unbegreiflich, daß der Luxemburger die Acht im zunehmenden Maße anwandte. Weniger ist es zu entschuldigen, daß er sich auch später nicht bemühte, die Verfahren zu verbessern und etwas sorgfältiger durchführen zu lassen.

Nun sind wir über die Masse der Prozesse zwar nur unzulänglich informiert, doch dürfen wir aus den Eintragungen im Achtbuch schließen, das in der Mehrzahl der Fälle unsere einzige Quelle ist und das nur den Namen des Klägers, den Beklagten und den Zeitpunkt der Ächtung enthält – daneben gibt es allenfalls noch den Vermerk, daß die Acht wieder aufgehoben wurde –, daß auch diese Urteile vorschnell und pauschal gefällt wurden. Es kamen stets relativ große Gruppen gleichzeitig in die Acht [8]. Das alles zwingt zur Annahme, daß ordentliche schriftliche Verfahren, entsprechende Ladungen und ausführlichere Protokolle oder Urteile, von Ausnahmen abgesehen, noch nicht üblich waren. Es dürften vielmehr auf Gerichtstagen die mündlichen Klagen entgegengenommen, dann dürften die Ladungen einfach verlesen worden sein und endlich wurden, wenn die Beklagten nicht erschienen, die Ächtungen ausgesprochen. Es erging demnach der Masse der Geächteten vorerst keineswegs besser als dem Herzog von Österreich.

Wir dürfen zwar nicht ausschließen, daß schriftliche Ladungen ausgefertigt wurden, sofern der Kläger dafür die Kosten trug, doch wurde diesem das Schriftstück einfach übergeben. Es war seine Sache, das Dokument zuzustellen [9]. Auch wurden die Achtbriefe selbst wohl nur geschrieben, sofern der Kläger dafür bezahlte. Die Schriftlichkeit nützte folglich, sofern sie überhaupt angestrebt wurde, einseitig dem Kläger und dessen Interessen. Eine Objektivität wurde damit nicht erreicht.

Wie traditionsverbunden man war, beweist endlich die Tatsache, daß die Anlage des Achtbuches von 1417 den Vorschriften entsprach, die Kaiser Friedrich

[7] *Schuler-Alder*, Heidi: Reichsprivilegien und Reichsdienste der eidgenössischen Orte unter König Sigmund (1410–1437). Bern 1985, 8 ff. – *Riedmann*, Josef: Das Mittelalter. In: Fontana, Josef/Haider, Peter W./Leitner, Walter (Hg.): Geschichte des Landes Tirol. Bd. 1. Bozen 1985, 444 ff.

[8] Siehe Anm. 4, 5. – *Koller*, Heinrich, Der Ausbau königlicher Macht im Reich des 15. Jahrhunderts. In: Das spätmittelalterliche Königtum im europäischen Vergleich. Hg. v. R. Schneider. Sigmaringen 1986, 417 ff.

[9] Die Vorgangsweisen sind zwar für das späte 15. Jahrhundert gut erforscht. *Sellert*, W., Ladung. In: Handwörterbuch zur deutschen Rechtsgeschichte. Hg. v. Erler/Kaufmann Bd. 2. Berlin 1978, 1344 ff. Ebensowenig wie die des 13. Jahrhunderts konnten diese Bestimmungen im frühen 15. Jahrhundert verwirklicht werden. Wie die Wirklichkeit aussah zeigt Regesten Kaiser Friedrichs III. (1440–1493), Heft 4, Die Urkunden und Briefe aus dem Stadtarchiv Frankfurt (Main). Bearb. v. P.-J. Heinig, Wien-Köln-Graz 1986. Hier gibt es zahlreiche Belege, die beweisen, wie schwer es war, eine Ladung zuzustellen. Unter diesen Bedingungen war es selbstverständlich, daß die ersten Prozeßkosten der Kläger trug, der diese Ausgaben dann später auf den Beklagten abwälzte.

II. 1235 im Mainzer Landfrieden verfügt hatte[10]. Nun wissen wir aus verschiedenen Quellen, daß die Reformer des 15. Jahrhunderts die Stauferzeit verherrlicht und die Rückkehr zu deren Richtlinien gefordert hatten[11]. Es ist auch längst aufgefallen, daß im Urkundenwesen gleichfalls hochmittelalterliche Vorbilder immer wieder gesucht worden waren[12]. Dabei berührt es aber doch merkwürdig, daß bei der Reform des Gerichtswesens und bei der Wiederbelebung der Reichsacht im Jahre 1417 Grundsätze befolgt wurden, die fast 200 Jahre zurücklagen. Modernisierungen der „Bürokratie" wurden offensichtlich demnach nicht nur für unnötig befunden, sie wurden von vielen sogar als schädlich abgetan. Gestützt wurde diese Haltung wohl auch durch die hohen Kosten, die das Schrifttum verursachte. Doch mit den Papierpreisen allein können wir diese Haltung nicht erklären. Wir müssen folglich, um einen besseren Überblick zu gewinnen, doch noch einen kurzen Blick auf das restliche Schrifttum des Reichsoberhauptes vor allem aber auf dessen bereits kurz gestreiftes Urkundenwesen werfen.

Dafür sind abermals die am kaiserlichen Hofe geführten Bücher kennzeichnend. Hier gab es nämlich neben dem Reichsachtbuch nur noch die Reichsregisterbücher, deren Führung ebenfalls im Jahre 1417 von Johannes Kirchen reorganisiert worden war. Dabei hatte man aber auch keine Verbesserungen eingeführt, sondern lediglich die unter Kaiser Karl IV. üblichen Regeln erneuert. Es gab demnach auch nach 1417 nur Privilegienregister, aber keine Briefbücher oder andere Unterlagen, von Formelbüchern abgesehen, die wir aber übergehen dürfen[13]. Schon aus dieser Registerführung müssen wir den Schluß ziehen, daß Sigmund auch hinsichtlich der Urkunden bestrebt war wie ein Kaiser des Hochmittelalters zu regieren und sich nach Möglichkeit nur auf jene Aktionen beschränkte, die wir neuerdings als Privilegienpolitik bezeichnen[14].

[10] Die Zusammenhänge hat bereits *Lechner* 1907, 54 erkannt, aber wegen der Aussagen der Quellen des späten 15. Jahrhunderts angenommen, daß unter Siegmund die Schriftlichkeit schon selbstverständlich war. Da aber die Kanzleibeamten unter Kaiser Siegmund fast nur von den Gebühren leben mußten, die sie von den Parteien erhielten, war eine unabhängige Prozeßführung zunächst nicht möglich. Zu den Verhältnissen der Zeit Siegmunds *Koller,* Heinrich: Dietrich Ebbracht, Kanoniker und Scholaster zu Aschaffenburg. In: Aschaffener Jahrbuch 8 (1984) 172 ff.

[11] Reformation Kaiser Siegmunds. MGH Staatsschriften 6, 60 ff.

[12] *Bresslau,* Harry, Handbuch der Urkundenlehre für Deutschland und Italien. Bd. 1². Leipzig 1912 (ND Berlin 1958), 541 ff.

[13] Die Unzulänglichkeit der Registerführung kritisiert *Koller,* Heinrich, Registerführung und Kanzleireform im 15. Jahrhundert. In: Acta Universitatis Carolinae, Philosophica et historica 3–4. 1971, 161 ff.

[14] Aus der überreichen Literatur *Hödl,* Günther: Albrecht II., Königtum, Reichsregierung und Reichsreform 1438–1439, Wien-Köln-Graz 1978, 37 ff. – *Isenmann,* Eberhard, Reichsfinanzen und Reichssteuern im 15. Jahrhundert. In: Zeitschrift für historische Forschung 7 (1980) 40 ff. *Heinig,* Paul-Joachim, Reichsstädte, Freie Städte und Königtum 1389–1450. Wiesbaden 1983, 267 ff.

Doch müssen wir beachten, daß diese Diplome nach 1417 sorgfältiger ausgestellt wurden. Dem Vorbild der päpstlichen Kanzlei folgend wurde die Mehrzahl der Stücke nunmehr sehr überlegt konzipiert und nach umständlichen Verhandlungen in aufwendiger Weise fabriziert. Eigene Fachleute berechneten den Schriftspiegel und zeichneten die Zeilen vor, die seit Karl IV. übliche Urkundenminuskel – wir könnten auch von einer Kanzleischrift sprechen – wurde mit peinlicher Sorgfalt beibehalten und sehr sauber angewandt. Der individuellen Eigenart der Schreiber wurde wenig Spielraum gelassen. Für die Initialen wurden zusätzlich Fachleute eingesetzt und zuletzt wurde jedes Stück auch noch genau nach Vorschrift gefaltet [15]. Die vielen Flüchtigkeiten, die gegen Ende des 14. Jahrhunderts eingerissen wurden – bekanntlich wurden Wenzel schwere Unzulänglichkeiten in der Kanzlei vorgeworfen [16] – wurden ausgemerzt.

Eine Modernisierung wurde jedoch im Bereich des Urkundenwesens nicht angestrebt. Dennoch wäre es verfehlt, Sigmund und seinen Beratern das Fehlen von Reformeifer vorzuwerfen [17]. Man hatte zweifellos gehofft, durch diese Korrekturen, durch diese Rückkehr zu alten Vorschriften das Vertrauen der Untertanen gewinnen zu können und auf diese Weise deren Kontakte zum Reichsoberhaupt zu intensivieren. Es war ja vorgesehen, daß die Angehörigen des Reichs alle ihre Rechte, Lehen und Regalien grundsätzlich neu bestätigt bekommen und darüber hinaus auch noch weitere Privilegien erhalten sollten. Allein schon mit diesen Bestätigungen, die seit 1417 grundsätzlich auch schriftlich erteilt werden sollten, – und das war doch schon ein Fortschritt – wäre das Lehenswesen zu erneuern und zu festigen gewesen [18]. Doch fand in Deutschland der Grundsatz der schriftlichen Bestätigung wenig Widerhall. Die Reichsangehörigen fanden vielmehr, daß die schönen Privilegien wegen ihres nunmehrigen Aufwandes zu teuer waren und so wurde nicht zu Unrecht vermutet, wie E. Isenmann jüngst wieder betonte [19], daß diese Neuerungen in erster Linie den Zweck verfolgen sollten, den Kanzleibeamten höhere Einnahmen zu verschaffen.

Dieser Verdacht wurde durch die Tatsache bestärkt, daß der restliche Schriftverkehr des Königs, die diplomatische Korrespondenz, seine Mandate und

[15] *Koller* 1984 174 ff. Zu den Abgaben, die für Privilegien entrichtet wurden. *Isenmann* 1980, 45 ff.

[16] Deutsche Reichstagsakten Bd. 3. Göttingen 1877, 256. Zum Vorwurf *Hlaváček,* Ivan: Das Urkunden- und Kanzleiwesen des böhmischen und römischen Königs Wenzel (I.) 1376–1419. Stuttgart 1970, 265 ff.

[17] Zu Sigmund *Mályusz,* Elemér, Zsigmond király uralma Magyarországon. Gondolat 1984. – *Koller,* Heinrich: Sigismund (1410–1437). In: Kaisergestalten des Mittelalters. Hg. v. H. Beumann. München 1985, 277 ff.

[18] Vgl. Anm. 14, 15.

[19] *Isenmann* 1980, 47 ff.

Briefe, die Verfügungen und Rundschreiben, kaum gefördert wurde. Dafür fehlten die Mittel, die sich der Luxemburger allerdings auch nicht beschaffte. Dabei stand dem König und späteren Kaiser mit dem Kämmerer Konrad von Weinsberg ein Mann zur Verfügung, der sich durchaus für Neuerungen einsetzte, doch wurde dieser Fachmann von Sigmund in seinem Eifer immer wieder gehemmt [20]. Weinsberg wollte vor allem die königlichen Einnahmen erhöhen, die auch eine Modernisierung der Verwaltung ermöglicht hätten. Doch alle diese Reformmaßnahmen brachten nicht allzu viel ein [21]. Nun sind wir über die damals gehegten Pläne und die Möglichkeiten für deren Verwirklichung nicht allzu gut informiert. Wohl aber wissen wir, daß unter Sigmund der gesamte Schriftverkehr des königlichen Finanzwesens über die Kanzlei abgewickelt werden mußte – eine Eigenständigkeit und geringe Selbständigkeit in dieser Richtung wurde allenfalls dem Hofgericht zugebilligt – und daß die Kanzleibeamten an Geldgeschäften fast mehr interessiert waren als der Kämmerer. Sie traten bekanntlich wiederholt sogar als Geldgeber des Kaisers auf [22]. Eine Entfaltung der königlichen Kammer haben die Protonotare und Notare demnach kaum gefördert. Es leuchtet ein, daß unter diesen Gegebenheiten eine Reorganisation des Finanzwesens schon an bürokratischen Hindernissen scheitern mußte.

So knapp und oberflächlich diese unsere Darstellung auch ist, so macht sie doch schon deutlich, daß der Luxemburger Reformen durchaus aufgeschlossen gegenüberstand, daß er diese aber eher als Wiederbelebung bewährter und alter Vorgangsweisen verstand und Modernisierung eher hemmte als förderte. Die Vorstellung, der König könne auf die suspekte Geldwirtschaft gänzlich verzichten, war in Deutschland nach wie vor weitverbreitet [23], und da auch die vielzitierten Anschläge, die wegen der Hussitenkriege notwendig geworden waren, nur zeitlich begrenzte Maßnahmen darstellten [24], war man letzten Endes eher bemüht, an den Zuständen selbst nicht allzu viel zu ändern. Mängel sollten ausgemerzt werden, Modernisierungen wurden dagegen nicht angestrebt.

Obwohl der Nachfolger im Reich und Schwiegersohn Kaiser Sigmunds, der Habsburger Albrecht II., durchaus gesonnen war, die Richtlinien seines Vorgängers zu befolgen [25], verriet er doch die Tendenz zu Neuerungen. Wichtig war zunächst das uneingeschränkte Vertrauen, das er Konrad von Weinsberg

[20] *Karasek,* Dieter, Konrad von Weinsberg, Studien zur Reichspolitik im Zeitalter Sigismunds. Erlangen 1968.

[21] *Schubert,* Ernst. König und Reich, Studien zur spätmittelalterlichen deutschen Verfassungsgeschichte. Göttingen 1979, 147 ff. – *Isenmann* 1980, 154 ff., *Moraw* 1983, 42 ff., 57 ff., sowie *Angermeier* 1984, 55 ff.

[22] *Moraw* 1983, 42 ff.

[23] *Koller* 1986, 434 ff.

[24] *Isenmann* 1980, 158 ff.

[25] *Hödl* 1978, 10 ff.

entgegenbrachte [26]. Der Kämmerer verschaffte sich folglich für seinen Bereich Unterlagen, sammelte diese in entsprechenden Büchern und war wohl auch bestrebt, sich einen eigenen, von der Reichskanzlei unabhängigen Beamtenapparat mit einem eigenen Schriftwesen, einer selbstständigen „Kanzlei", aufzubauen. Der überraschend frühe Tod des Habsburgers hat jedoch die Verwirklichung dieser Pläne unterbunden [27].

Der Weinsberger ist aber auch für den Ausbau einer umfangreichen politischen Korrespondenz verantwortlich, die notwendig geworden war, da Albrecht II. entgegen seinen Absichten nicht in das Reich kommen konnte, sondern 1439 wegen der Türkenkriege sogar in Ungarn gebunden war [28]. Die Abwesenheit des Habsburgers hatte aber – ganz im Gegensatz zu den Zuständen unter Sigmund – keine Beeinträchtigung der Regierungsgeschäfte des Reichsoberhauptes zur Folge. Der junge Monarch kam vielmehr seinen Verpflichtungen als römisch-deutscher König auch im Südosten Europas gewissenhaft und erfolgreich nach. Er lernte damals, Aufgaben zu delegieren, und ließ seinen Mitarbeitern freie Hand. Das war nur möglich, da, wie schon angedeutet, der schriftliche Kontakt zu den Gesandten reger gehalten worden war [29]. Im Gegensatz zu Sigmund hatte Albrecht offenbar wenig Sorgen wegen der durch das gesteigerte Schriftwesen anfallenden Kosten. Er machte bekanntlich als König unbekümmert Schulden, die dann seinem Nachfolger erhebliche Schwierigkeiten bereiten sollten. Die Angst, eine leistungsfähigere Bürokratie werde nicht zu bezahlen sein, war nach 1438 jedenfalls schon überwunden [30].

Dafür gibt es auch Anzeichen auf anderen Gebieten: So wurde der Protonotar Dietrich Ebbracht, der schon unter Sigmund für schwierige Prozesse eingesetzt war, der aber nie richtig Anerkennung gefunden hatte, schon im Sommer 1438 mit wichtigen Aufgaben betraut [31]. Es ist auch nicht zu übersehen, daß Albrecht II., sofern wir recht informiert sind, die Acht nicht mehr in jener leichtfertigen Art handhabte, wie sie für seinen Vorgänger typisch geworden war. Die wenigen Angaben, die wir aus dieser Zeit besitzen, zeigen deutlich,

[26] *Welck,* Hartmut: Konrad von Weinsberg als Protektor des Basler Konzils. Sigmaringen 1973. – *Hödl* 1978, 82 ff.

[27] Albrecht II. (1438–1439) Bearb. v. G. Hödl = J. F. Böhmer, Regesta Imperii 12, Wien-Köln-Graz 1975, Nr. 1178 a. – Auf die Unterlagen, die sich Konrad von Weinsberg anlegte, ist verwiesen von *Koller* 1971, 171. – *Moraw* 1983, 42.

[28] *Werner,* Ernst, Die Geburt einer Großmacht – Die Osmanen. Wien-Köln-Graz [4]1985, 252 f., 387 f.

[29] Regesta Imperii 12, Nr. 936 ff.

[30] Zur Finanzierung des Kriegszugs von 1439. *Koller,* Heinrich, Aspekte der Politik des Hauses Österreich zur Zeit des Regierungsantrittes Friedrichs III. In: Österreich in Geschichte und Literatur 29 (1985) 142 ff. – *Baum,* Wilhelm, Die Anfänge der Tiroler Adelsopposition gegen König Friedrich III. In: Der Schlern 59 (1985) 579 ff.

[31] *Koller* 1984, 221 ff.

daß die Prozesse vor dem Gericht des Königs nunmehr sorgfältiger geführt wurden.

Die Kanzlei selbst dürfte dagegen Modernisierungen eher ablehnend gegenübergestanden sein. Ungeachtet mancher Einsprüche blieb Kanzler Schlick im Amt und sorgte dafür, daß in seinem Bereich nichts verändert wurde [32]. Der Habsburger war dem gewiegten Diplomaten allerdings zu Dank verpflichtet. Schlick hatte zunächst Schwierigkeiten in Böhmen beseitigen können und er erwies sich auch später als unentbehrlich [33]. Daher wurde darüber hinweggesehen, daß der Kanzler seine eigenen Vorteile mit beachtlichem Erfolg zu wahren wußte und nicht ganz zu Unrecht in den Verdacht geriet, für sich selbst fast noch mehr als für seinen Herrn erreichen zu wollen [34]. Doch Albrecht hätte, sofern ihm ein längeres Leben beschieden gewesen wäre, gewiß auch in der Kanzlei Neuerungen einführen müssen. Die zögernde Haltung, die Sigmund gegenüber Modernisierungen eingenommen hatte, war gegen die Mitte des 15. Jahrhunderts untragbar geworden. Ein neuer Regierungsstil drängte sich auf.

Vor diese Aufgabe sah sich Friedrich III. gestellt, der relativ unerwartet 1440 Reichsoberhaupt geworden war. Es überrascht uns nun, daß der neue Herrscher ungeachtet seiner kurzfristigen Vorbereitungszeit sofort bereit und in der Lage war, mit der Tradition zu brechen [35]. Lange Zeit wurde angenommen, er hätte dabei einfach auf österreichische Vorbilder zurückgegriffen [36]. Inzwischen wissen wir, daß er einen völlig neuen Stil anwandte, dessen Herkunft derzeit noch unbekannt ist [37]. Kennzeichnend für Friedrich ist es, daß er aber-

[32] *Ringel*, Ingrid: Studien zum Personal der Kanzlei des Mainzer Erzbischofs Dietrich von Erbach (1434–1459). Mainz 1980, 242 ff. – *Heinig*, Paul-Joachim, Zur Kanzleipraxis unter Kaiser Friedrich III. (1440–1493). In: Archiv für Diplomatik 31 (1985) 399 f.

[33] *Hödl* 1978, 126 ff.

[34] *Zechel*, Artur, Studien über Kaspar Schlick. Anfänge, erstes Kanzleramt, Fälschungsfragen. Prag 1939, versuchte den Vorwurf, Schlick habe sich Unregelmäßigkeiten zuschulden kommen lassen, zu entkräften. Es muß Zechel zwar zugestimmt werden, daß die ältere Forschung allzuviel beanstandete, doch ist die Tatsache nicht aus der Welt zu schaffen, daß wichtige Stücke aus der Epoche Albrechts II. nicht den Kanzleiregeln entsprechend ausgestellt wurden. Dazu: Das Reichsregister König Albrechts II. Bearb. v. H. Koller. In: Mittelungen des Österreichischen Staatsarchivs. Ergbd. 4. Wien 1955, 217 ff., 412 ff. Auch inhaltlich sind diese Stücke nicht glaubwürdig, doch könnten die auf diese Weise erhobenen finanziellen Forderungen mit Recht gestellt worden sein.

[35] *Koller*, Heinrich: Beiträge zum Kaisertum Friedrichs III. In: Festschrift für Heinz Löwe. Köln-Wien 1978, 585 ff.

[36] *Koller*, Gerda: Das Kaisertum Friedrichs III. In: Österreich in Geschichte und Literatur 9 (1965) 523 ff.

[37] *Lipburger*, Peter Michael: Über Kaiser Friedrich III. (1440–1493) und die „Regesta Friderici III." In: Jahrbuch der Universität Salzburg 1979–1981, 1982, 127 ff. – *Koller*, Heinrich, Neuere Forschungen zur Epoche Kaiser Friedrichs III. In: Veröffentlichungen des Verbandes Österreichischer Geschichtsvereine 23 (1984) 42 ff. – *Schmidt*, Roderich: Friedrich III. (1440–1493) In: Beumann 1985, 301 ff.

mals der Gerichtsreform Vorrang einräumte, wie die 1442 zu Frankfurt erlassene sogenannte Reformatio Friderici beweist. Der König hat dieses wichtige Reichsgesetz nicht nur in bis dahin unüblichen Formen verbreiten lassen, – es war 1442 geplant, daß bereits alle wichtigen Gerichte ein verläßliches Exemplar dieser Satzungen bekamen [38] – er hat sich auch später immer zäh und beharrlich bemüht, diesen seinen Verfügungen Geltung zu verschaffen [39].

Dieses Reichsgesetz, das ansonsten auf weite Strecken Vorlagen ausschreibt, die in erster Linie im frühen 15. Jahrhundert geschaffen worden waren, betonte jedoch im Gegensatz zu diesen Gesetzen auch die Schriftlichkeit. Zwar wurden nach wie vor mündliche Vereinbarungen anerkannt, aus dem Wortlaut des Gesetzes geht aber eindeutig hervor, daß nach 1442 in erster Linie für den Ablauf der Prozesse nunmehr „briefe" entscheidend sein sollten [40]. Das gleichzeitig stark anschwellende Quellenmaterial läßt keinen Zweifel, daß diese Pläne auch verwirklicht wurden. Die primitive Vorgangsweise, einfach nach einer mündlichen Klage die Acht zu verkünden, ohne einen längeren Prozeß zu führen und dabei schriftliche Unterlagen zu verwenden, wird unter Friedrich III. jedenfalls bald aufgegeben. Das Achtbuch wird zwar noch einige wenige Jahre in alter Manier geführt [41], – und das läßt vermuten, daß die Änderungen nicht schlagartig durchgeführt wurden – sehr bald setzten sich jedoch moderne Methoden durch. Bereits im Jahre 1442 werden schriftliche Weisungen des Habsburgers, die im Rahmen von Verfahren ausgestellt werden, sichtlich häufiger. Wenige Jahre später – noch vor 1450 – werden schriftliche Ladungen allgemein üblich [42]. Zu dieser Zeit wird auch die Problematik erkannt, wie denn diese Schriftstücke dem Beklagten zugestellt werden müssen. Dazu waren vorerst umständliche Prozeduren notwendig, zumal das Botenwesen Friedrichs III. vorerst noch nicht entwickelt war und erst im letzten Viertel des 15. Jahrhun-

[38] *Koller,* Heinrich: Die Reformen im Reich und ihre Bedeutung für die Erfindung des Buchdrucks. In: Gutenberg-Jahrbuch 59 (1984) 122 ff.

[39] Regesten Friedrichs III., Heft 4, Nr. 41 ff. In dieser Quellenpublikation sind die späteren Hinweise auf das Gesetz von 1442 immer ausgewiesen.

[40] Deutsche Reichstagsakten Bd. 16. Göttingen 1928, 402. Es ist bezeichnend, daß das Gebot der Schriftlichkeit im 13. Jahrhundert relativ oft nachzuweisen ist. In den unmittelbaren Vorlagen für das Gesetz von 1442, in den Landfrieden des frühen 15. Jahrhunderts, dagegen fehlt es. Offenbar waren damals diese Bestimmungen nicht zu verwirklichen.

[41] *Lechner* 1907, 54 f. – *Battenberg* 1985 23 ff.

[42] Exakte Angaben, wann das Formular für schriftliche Ladungen entwickelt wurde, können derzeit noch nicht gemacht werden, da die Mehrzahl der Ladungen nicht aufbewahrt wurden und folglich verloren sind. Das Archivieren dieser Schriftstücke wurde erst üblich, als ein entsprechender Empfangsvermerk auf der Ladung eingetragen wurde, der dann für die Prozeßführung wichtig wurde. Wir können zwar schon erkennen, daß das alles erst unter Friedrich III. aufkam, können aber die Einzelheiten dieser Entwicklung noch nicht aufzeigen. Vgl. Regesten Friedrichs III., Heft 1, Nr. 30, 43, 44, 52, 86 etc., Heft 2, Nr. 52, 77, 83, 84 etc., Heft 3, Nr. 25, 36, 43, 44 etc.

derts im Reich ausgebaut wurde [43]. Dennoch wird es schon früher Brauch, das Eintreffen der Ladung auf dieser zu vermerken und erst mit diesem Datum der Zustellung die Ladungsfrist laufen zu lassen [44].

Entscheidend war ferner, daß um die Mitte des 15. Jahrhunderts die Prozesse auch vor dem kaiserlichen Gericht häufiger und ausführlicher protokolliert wurden. Um 1448/49 setzen die umfangreichen schriftlichen Urteile ein, die den Prozeßverlauf genau schildern und auch schon ausführlich die Zeugenaussagen wiedergeben, obwohl diese zum größten Teil banal und unergiebig waren [45]. Die auf diese Weise zustandegekommenen Urteile sind daher oft schon so umfangreich, daß sie nicht mehr auf einem Pergamentblatt Platz finden und in Libellen, die aus mehreren Folien bestehen, festgehalten werden müssen. Sofern ich recht sehe, ist die Ausweitung dieses Schrifttums allerdings vorerst nicht am kaiserlichen Hofe selbst vorgenommen, sondern eher von Kommissaren angestrebt worden, die im Namen des Kaisers entschieden und die offensichtlich größtes Interesse hatten, daß der von ihnen geführte Prozeß auch gut dokumentiert wurde. Daneben könnte es – wir haben leider noch keinen hinreichenden Überblick – auch noch regionale Unterschiede gegeben haben, das heißt, in manchen Räumen schritt diese Entwicklung vielleicht rascher als in anderen Gegenden voran.

Eben um einen besseren Prozeßverlauf zu garantieren, wird es seit 1444 mehr und mehr üblich, einen Kommissar zu ernennen. Oft ist es ein Kirchenfürst oder angesehener Adeliger, der das Vertrauen des Kaisers besitzt und der mit den lokalen Gegebenheiten besser vertraut ist. Für diese Ermächtigungen setzt sich bald ein Formular durch, das dem Kommissar grundsätzlich gestattet, alle Mittel anzuwenden, um gewichtige Aussagen zu bekommen [46]. Doch wurde bis jetzt kein Prozeß bekannt, in dem radikal vorgegangen worden wäre. Ein naiver Glaube, daß die Zeugen grundsätzlich bereit seien, die Wahrheit zu sprechen, dominierte im 15. Jahrhundert noch lange. Es ist nicht unverständlich, daß unter diesen Bedingungen die Aussagen, wie schon betont, eher

[43] *Moraw* 1983, 27. Boten gab es in allen Jahrhunderten, doch wurde es erst unter Friedrich III. üblich, bei Rundschreiben möglichst viele Exemplare auszufertigen, an eine möglichst große Anzahl von Institutionen und Personen direkt zu richten und diese Briefe durch einen ständigen Botendienst zustellen zu lassen. Der Kaiser erwähnt relativ spät diesen besser organisierten Botendienst. Vgl. Regesten Friedrichs III. Heft 4, Nr. 310 (1460), 452 (1467). Die Botenbücher des Kaisers, im Tiroler Landesarchiv zu Innsbruck verwahrt, sind noch nicht bearbeitet.

[44] Der bis jetzt bekannte früheste Vermerk dieser Art ist aus dem Jahre 1448. Vgl. Regesten Friedrichs III. Heft 1, Nr. 28. Wichtige Belege zur Praxis der Ladungen enthält Heft 4, aufschlußreich sind hier die Nr. 426, 427.

[45] Regesten Friedrichs III. Heft 1, Nr. 54, 79, 96 etc.

[46] Ebda., Nr. 21. Der Ansicht von *Lechner* 1907, 112, daß die Ernennung von Kommissaren als Anzeichen des Verfalls des Kammergerichtes zu werten sind, möchte ich widersprechen. Vgl. *Moraw* 1983, 52, Anm. 54.

banal waren. Diesen Mangel versucht man offenbar durch Wortreichtum und Weitschweifigkeit des Protokolls auszugleichen. Neben der Absicht, die Prozesse sorgfältiger abzuwickeln und auch über größere Entfernungen hin ordentlich bewältigen zu können, gab es demnach eine Reihe weiterer Gründe, die das Schrifttum in diesem Bereich rasch anschwellen ließen.

Die Prozesse waren aber auch der Anlaß, daß nunmehr in weit größerem Maße um die schriftlichen Bestätigungen der Rechte und Lehen, der Regalien und anderer Privilegien angesucht wurde. Bis dahin hatten diese Dokumente wenig Wert. In den aber seit der Mitte des 15. Jahrhunderts zunehmenden langwierigen Prozessen konnten die Anwälte, die immer mehr mit schriftlichen Unterlagen arbeiten mußten, selbst aus nebensächlichen Randbemerkungen einer Kaiserurkunde für ihre Partei Vorteile gewinnen. Dank dieser Änderungen nimmt auch die Zahl der in traditioneller Manier ausgefertigten Privilegien unter Kaiser Friedrich III. zu. Er kann sogar Gruppen, wie die bayerischen Klöster erfassen [47], die durch Jahrhunderte kaum Kontakte zum Reichsoberhaupt unterhalten hatten. Dieses Interesse der Untertanen wurde aber auch geweckt, da der Habsburger im Gegenteil zu seinen Vorgängern sehr freigiebig neue Rechte verteilte. Er vergab Straßen- und Zollprivilegien, er erteilte großzügig Wappenbriefe und Standeserhebungen, er gab die Erlaubnis, nach Salzquellen zu graben, und anderes mehr [48].

Dazu kamen die zahlreichen persönlichen Anliegen, für die sich Friedrich III. weit mehr als seine Vorgänger zuständig fühlte. Die Luxemburger hatten zum Beispiel bei Pfründenbesetzungen nur selten eingegriffen und diese ihre Rechte allenfalls für den kleinen Kreis ihrer Diener und Beamten geltend gemacht. Nach dem Wiener Konkordat (1448) wurde es dagegen allgemein üblich, vom Kaiser für ein Kirchenlehen Hilfe zu erbitten. Daher werden die einschlägigen kaiserlichen Schreiben, die Präsentationen und Reservierungen, Erste Bitten und Interventionen, zahlreicher. Zwar ergaben erste Überprüfungen, daß diesen kaiserlichen Aktivitäten nur selten Erfolg beschieden war. Doch der Ausbau eines kaiserlichen Zentralismus, wie er ja auch von der Kurie zu dieser Zeit intensiviert wurde, wird unter Friedrich III. auf dem Gebiet der Pfründenvergabe energisch vorangetrieben [49].

[47] Regesten Kaiser Friedrichs III. Heft 2, Urkunden und Briefe aus Klosterarchiven im Bayerischen Hauptstadtarchiv (München). Bearb. v. Ch. E. Janotta. Wien-Köln-Graz 1983, 5 ff.

[48] Regesten Friedrich III. Heft 1, Nr. 24, 26, 78, 108 etc. Die technikgeschichtlich interessante Urkunde zu den Salzquellen bringt Heft 3, Nr. 159.

[49] *Koller* 1984, 182 ff. Die Aktivität Friedrichs III. in Personalsachen, die bis dahin von den Reichsoberhäuptern eher gemieden wurden, ist schon durch alte Quellenpublikationen erwiesen. *Chmel,* Joseph (Hg.): Regesta chronologico-diplomatica Friderici IV. Romanorum regis, Wien 1838, Nr. 67, 71 ff., 79 etc. Wie aus den neueren Regesten Friedrichs III. zu erkennen ist, war aber J. Chmel nur ein Bruchteil der kaiserlichen Maßnahmen bekannt.

Es versteht sich von selbst, daß auch wegen dieser Gegebenheiten das Schrifttum zunahmen. Der Habsburger ließ folglich für diesen Bereich weitaus mehr Briefe als seine Vorgänger schreiben und wenn auch diese Dokumente oft wirkungslos blieben, für den Ausbau der Bürokratie wurden sie doch wichtig. Und endlich hat der Kaiser relativ oft eigenhändig seine schriftlichen Befehle erteilt. Darüber ist bis jetzt nicht allzu viel bekannt geworden. Es gibt von diesen Briefen zwar einige Faksimile, doch erschien dazu nie ein Kommentar [50]. Immerhin können wir schon jetzt sagen, daß der Herrscher selbst hauptsächlich in finanziellen Angelegenheiten zur Feder griff.

Um so mehr überrascht es uns, daß Friedrich III., der den Wert des Geldes durchaus zu schätzen wußte, nicht nur auf die Hilfe Konrads von Weinsberg weitgehend verzichtete, sondern auch dessen Anregungen nicht aufgriff. Es wird unter dem Habsburger zunächst nicht mehr daran gedacht, der Hofkammer eine Eigenständigkeit zuzubilligen und ihr einen von der Kanzlei unabhängigen Schriftverkehr zu gestatten, ja nicht einmal bessere Unterlagen wurden angelegt. Der Kaiser kümmerte sich zwar persönlich um seine Einnahmen im Reich, hat aber darüber wohl nicht Buch geführt [51]. Es gibt zwar einige Belege, die einen Fortschritt vermuten lassen könnten: So sind etwa recht genaue Reiserechnungen Herzog Albrechts VI., des Bruders des Kaisers, seit dem Jahre 1442 erhalten [52], doch wissen wir noch nicht, ob hier eine Ausnahme vorliegt oder ob solche Bücher schon früher geführt worden waren, mittlerweile aber verloren gegangen sind. Doch wenn auch eher anzunehmen ist, daß hier Unterlagen einer echten Neuerung vorliegen, dann war diese aber doch nur für Österreich eingeführt worden, war demnach eine Modernisierung der fürstlichen und nicht der kaiserlichen Finanzgebarung. Für das Reich dürften jedenfalls nicht viele Behelfe geschaffen worden sein, zumal wir noch beachten müssen, welche Einstellung der Kaiser zum Finanzwesen hatte, wie er durch den eigenhändig geschriebenen Satz bekundete „Wan ein furst gelt pedarf, so mag er seinen abmtluwten schiken von ain zum andern und hais im ein jeden leichen gelt nach seinem vermugen und das sich dan ein jeder von dem ambt zal, das er inhat“ [53]. Der Kaiser machte sich demnach die Sache leicht. Er dachte gar nicht

[50] Kaiserurkunden in Abbildungen. Hg. v. H. Sybel/Th. von Sickel. Berlin 1880–1891, Lieferung XI, Taf. 6 b, 22 b (1 u. 2). Die Stücke wurden zwar als eigenhändige Briefe erkannt, aber nicht weiter kommentiert. Ich hoffe, in absehbarer Zeit dazu Erklärungen bringen zu können.

[51] *Moraw* 1983, 45 f. Einen knappen Einblick vermittelt das sogenannte Notizbuch. Vgl. Anm. 53.

[52] Innsbruck, Tiroler Landesarchiv, Hss. 156, 157, 158. Zum Forschungsstand *Stolz,* Otto: Geschichte und Bestände des staatlichen Archives zu Innsbruck. Wien 1938, 116 ff.

[53] *Lhotsky,* Alphons: Die sogenannte Devise Kaiser Friedrichs III. und sein Notizbuch cod. Vind. Palat. n. 2674. In: Jahrbuch der Kunsthistorischen Sammlungen in Wien, NF. 13 (1944) 106. Die zahlreichen Arbeiten zur Devise „a-e-i-o-v“ sind zusammengefaßt von Schmidt 1985.

daran, das Finanzwesen zu modernisieren und die Finanzverwaltung zu verschriftlichen Er blieb bei dem alten Herkommen. Er machte einfach Schulden bei seinen „Amtleuten" und gab ihnen dann die Vollmacht, sich an den kaiserlichen oder landesfürstlichen Einnahmen schadlos zu halten. Er war lediglich bemüht, die ihm zustehenden Mittel energischer zu beanspruchen und härter einzutreiben.

Ein Blick auf die Stadtsteuern des Reichs zeigt, daß der Habsburger diese seine Ansichten auch als Reichsoberhaupt durchsetzen konnte. Wer die Quellen überblickt, gewinnt zwar zunächst den Eindruck, daß unter Friedrich Verbesserungen glückten. Die kaiserlichen Einnahmen waren nämlich bis dahin fast durchweg verpfändet gewesen. Dieser Zustand wurde beseitigt, und, wie die große Zahl der Quittungen uns belehrt, wurde die Entrichtung dieser Abgaben mit Nachdruck und Erfolg geordert [54]. So hat es tatsächlich den Anschein, als ob nach 1440 die kaiserliche „Kammer" ordentlich zu funktionieren begann. Doch die Belege trügen. Es wurde nämlich vor kurzem erkannt, daß unter dem Habsburger in ganz unscheinbaren Randnotizen dieser Quittungen die Namen von Personen angeführt sind, die uns als Gläubiger des Kaisers bekannt sind und an die offensichtlich die jeweiligen Beträge direkt entrichtet wurden [55]. Die Stadtsteuern waren demnach zwar nicht mehr verpfändet, kamen aber nach wie vor nur selten an den Hof des Habsburgers, sondern gingen in Wirklichkeit meistens direkt an die Gläubiger des Reichsoberhauptes, das nur den Makel vermied, seine Einnahmen verpfändet zu haben. In Wirklichkeit wurden demnach die Vorgangsweisen nicht geändert, es wurde Geld aufgenommen und dann wurden als Abgeltung einfach die kaiserlichen Einnahmen abgetreten. Friedrich hat zwar ein beträchtliches Vermögen gesammelt, doch hat er sich dieses kaum durch moderne Finanzgebarung oder Steuerpolitik beschafft.

Und doch gibt es Bereiche, in denen sich neue Vorgangsweisen unter Friedrich III. generell durchsetzen konnten. Abgesehen vom Gerichtswesen, das grundlegend reorganisiert worden war, wird der Schriftverkehr allgemein verändert. Vom Grundsatz des frühen 15. Jahrhunderts, ein kaiserliches Schreiben müsse schon durch seine äußeren Merkmale aus dem restlichen Schrifttum herausgehoben sein, wird schon bald nach 1440 abgewichen. Nur mehr wenige in der Zahl beschränkte Stücke wurden nach wie vor äußerst aufwendig gestaltet. Die Initialien wurden in diesen Fällen sogar noch auffallender gezeichnet, als es bis dahin üblich gewesen war. Ein sehr eindrucksvolles Monogramm wurde

[54] Regesten Friedrichs III. Heft 1, Nr. 1, 17, 22, 27, 39 etc. Vgl. *Isenmann* 1980, 19 ff. – *Kramml*, Peter F.: Kaiser Friedrich III. und die Reichsstadt Konstanz (1440–1493). Sigmaringen 1985, 47 ff. – *Niederstätter*, Alois, Kaiser Friedrich III. und Lindau. Sigmaringen 1986, 14 ff.

[55] Regesten Friedrichs III. Heft 1, 22.

entworfen [56]. Zeugenreihen wurden neuerlich eingeführt und natürlich durften dann auch die Goldbullen nicht fehlen [57]. Es bleibt uns leider nicht die Zeit, eine Spezialdiplomatik des Habsburgers zu bringen und alle Einzelheiten anzuführen [58]. Doch das alles ist außergewöhnlich und bleibt Ausnahme.

Die Masse der Schriftlichkeit wurde hingegen wesentlich vereinfacht. Nicht nur die Mehrzahl der Privilegien, die durch das Eingangswort „Bekennen“ charakterisiert wurden, wurde flüchtiger mundiert, die stark zunehmenden Briefe und Anordnungen, die durchweg auf Papier geschrieben waren, wurden schmucklos, oft sogar schon betont einfach, bisweilen auch flüchtig und wenig sorgfältig ausgestellt. Dem entsprachen auch die vom Kaiser eigenhändig geschriebenen Stücke, die nur mit dem Sekretsiegel versehen wurden und die in einfacher Gebrauchsschrift und nicht mit der schönen Kanzleischrift ergingen. Der Kaiser selbst legte offensichtlich keinen Wert darauf, seine „Handschreiben“ in dekorativer Art auszufertigen [59].

Zuletzt sei noch ein Blick auf die Unterlagen geworfen, die von der Kanzlei angelegt oder zurückbehalten worden waren. Für diesen Bereich wurden zunächst nach 1440 die alten Bräuche beibehalten. Die Konzepte der Privilegien wurden, wie es schon unter Sigmund üblich gewesen war [60], sofern die Stücke registriert werden sollten, mit dem Original verglichen und dem Registrator übergeben, der die vorgesehene Eintragung, oft mit reichlicher Verspätung, vornahm und dann das Konzept vernichtete. Gelegentlich dürften zwar nach 1440 einige dieser Konzepte zur Information an Interessenten weitergegeben worden sein; doch das geschah nur ausnahmsweise. Somit wurden auch um 1450 die alten Grundsätze der Registerführung beibehalten und nur die Privilegien registriert, von Briefen wurde dagegen keine Kopie in der Kanzlei zurückbehalten. Die Registerbücher selbst wurden allerdings unter Friedrich III. nicht mehr mit der bis dahin üblichen Sorgfalt geschrieben und so ist bis zur Gegenwart umstritten, ob nicht wegen allgemeiner Flüchtigkeit einige dieser Bände verloren gingen, wie meistens vermutet wird [61], ober ob nicht überhaupt größere Mißstände einrissen und die Registerführung durch längere Zeit unterblieb, obwohl sie den Parteien versprochen worden war [62].

Es gibt zwar Anzeichen, daß der Habsburger bald nach seinem Regierungsantritt eine Neuordnung auch in dieser Sparte anstrebte. Allerdings harrt das

[56] *Sutter*, Berthold: Die deutschen Herrschermonogramme nach dem Interregnum, in: Festschrift für Julius Franz Schütz. Graz 1954, 246 ff.

[57] Die Siegel der deutschen Kaiser und Könige von 751 bis 1913, Hg. v. O. Posse. Bd. 5. Dresden 1913, 51. – *Kittel*, Erich: Siegel, Braunschweig 1970, 164 f.

[58] Regesten Friedrichs III. Heft 1, 13 ff. – *Heinig* 1985, 383 ff.

[59] Regesten Friedrichs III. Heft 1, 14 ff.

[60] Reichsregister Albrechts II. 13 ff. – *Moraw* 1983, 41.

[61] So *Heinig* 1985, 383 ff.

[62] So Regesten Friedrichs III. Heft 1, 30 ff.

wichtigste Exemplar, ein Register, das inhaltlich von 1440 bis 1442 reicht, der sorgfältigen und gründlichen Bearbeitung. Es bringt in erster Linie Stücke für österreichische Empfänger, kann aber dennoch nicht ohne weiteres als landesfürstliches Kanzleibuch abgetan werden [63]. Schon dieser Behelf läßt uns wieder fragen, wie sich denn der Habsburger nach 1440 das Verhältnis von Reich und Herzogtum Österreich vorstellte – und darauf wissen wir noch immer keine ganz zufriedenstellende Antwort [64]. Aber auch für die folgenden Jahre geben die Reichsregister Rätsel auf, die noch keineswegs gelöst sind [65]. Vieles wird klarer werden, wenn wir eine bessere Übersicht über die auf den Originalen anzutreffenden Registraturvermerke in hinreichendem Maße gesammelt haben, was noch aussteht [66].

Das bis jetzt gesammelte Material läßt nur vermuten, daß wegen der doch recht bemerkenswerten Aktivität Friedrichs nach seiner Wahl im Jahre 1440 dessen Bemühungen um Reformen beachtlich gewesen sein könnten und daß somit auch die Verwaltung und nicht zuletzt die Registerführung verbessert werden sollte. Doch dürften die Rückschläge des Jahres 1442 diese Versuche um Modernisierung erheblich beeinträchtigt haben [67]. Wir können ferner erkennen, daß die Registerführung ganz allgemein mit dem raschen Anschwellen des Schrifttums gegen 1450 nicht Schritt hielt. Die stark anwachsende politische Korrespondenz wurde zu dieser Zeit ebensowenig registriert wie die zahlreichen Dokumente, die im Verlauf der Prozesse ausgestellt worden waren. Uns überrascht, daß man zunächst sicherlich nicht daran dachte, die Verfahren wenigstens knapp für das kaiserliche Archiv zu protokollieren – alle oben beschriebenen Unterlagen wurden zur Gänze den Parteien zugestellt und sind nur in den Empfängerarchiven überliefert – oder aber ein Urteilsbuch oder wenigstens ein Briefbuch zu führen [68].

Diese Unzulänglichkeiten wurden erst im letzten Drittel des 15. Jahrhunderts nicht mehr hingenommen. Kennzeichnend für den Umschwung sind die gegen 1470 einsetzenden Bücher des Kammergerichts [69]. Allgemein begannen damals Kanzleien und Behörden, ihre Registraturen und zurückbehaltenen Unterlagen nach neuen Gesichtspunkten zu sammeln, sich, kurz gesagt, Aktenmaterial anzulegen. Doch ist derzeit bei weitem noch nicht das gesamte Material, das Friedrichs „Behörden" in dessen letzten Regierungsjahrzehnten horte-

[63] *Lechner*, Johann, Ein unbeachtetes Register König Friedrichs IV. (III.). In: Mitteilungen des Instituts für österreichische Geschichtsforschung 20 (1899) 52 ff.

[64] Vgl. Anm. 37.

[65] Vgl. die berechtigte Kritik von *Moraw* 1983, 41.

[66] Regesten Friedrichs III. Heft 4, 16 ff.

[67] Die neuere Forschung kann sehr unterschiedliche Phasen in der Epoche Kaiser Friedrichs III. nachweisen. *Koller* 1984, 47 ff. – Regesten Friedrichs III. Heft 4, 20 ff.

[68] *Moraw* 1983, 38 ff.

[69] *Lechner* 1907, 50 ff.

ten, gesichtet, geschweige denn aufgearbeitet. Dann wird auch zu klären sein, welche Neuerungen von den Kurfürsten, vor allem von Erzbischof Adolf von Mainz eingeführt worden waren, auf dessen Bedeutung schon Johann Lechner aufmerksam wurde [70]. Doch nicht nur von dieser Seite empfing man Anregungen. Wichtig waren auch die Initiativen der großen Reichsstädte, die mit dem Kaiser eng zusammenarbeiteten. Inzwischen wissen wir, wie wichtig für diese Entwicklung die Reichsstadt Frankfurt war [71]. Aber auch Nürnberg werden wir mehr berücksichtigen müssen. Hier weilte Friedrich III. 1487 fast ein Jahr lang und es ist kaum bekannt, was damals alles geschah und neu geregelt wurde. Die enge Bindung des Kaisers an diese Stadt in den letzten Lebensjahren des Habsburgers wird in der Zukunft jedenfalls genauer zu untersuchen sein [72]. Das zu Wien und Innsbruck verwahrte Material verrät jedenfalls, daß gegen 1470 Entwürfe und Konzepte endlich planmäßiger gesammelt und archiviert wurden [73]. Leider wurden diese Bestände im Laufe der Jahrhunderte mehrmals verlagert und immer wieder neu geordnet, so daß wenig Hoffnung besteht, die ursprünglichen Grundsätze der Aufbewahrung rekonstruieren zu können.

Wenn wir nun die Entwicklung unter Friedrich III. zusammenfassend überblicken, dann können wir zunächst eine beachtliche Intensivierung des Schriftverkehrs feststellen, wie schon aus der Stückzahl zu erschließen ist. Unter Sigmund sind mehr als 10 000, aber kaum 20 000 Schreiben von den kaiserlichen „Behörden" ausgestellt worden [74]. Von Friedrich III. sind uns bis jetzt mehr als 20 000 Stück bekannt [75], doch ist damit nur ein Bruchteil erfaßt. Nach vorsichtigen Schätzungen haben unter dem Habsburger wenigstens 50 000 Schriftstücke die Kanzleien verlassen. Wenn wir nun die Regierungsdauer der einzel-

[70] Ebda., 109 ff. – *Heinig* 1985, 437 ff.

[71] Regesten Friedrichs III. Heft 4.

[72] *Chmel* 1838 Nr. 7964–8199. Private engere Bindungen des Kaisers an Nürnberg vermutet *Perger,* Richard: Kaiser Friedrich III. und Katharina Pfinzing – Geheimnis einer Beziehung, in: Mitteilungen des Vereins für Geschichte der Stadt Nürnberg 71 (1984) 87 ff. Auf machtpolitische Beweggründe verweist *Koller,* Heinrich: Kaiser Friedrich III. und die Stadt Linz. In: Historisches Jahrbuch der Stadt Linz 1985 (1986) 277 ff.

[73] Neben den Sigismundiana in Innsbruck – vgl. Anm. 52 – sind vor allem die in Wien verwahrten Fridericiana aufschlußreich. Dazu *Auer,* Leopold: Die undatierten Fridericiana des Haus-, Hof- und Staatsarchivs. In: Mitteilungen des Österreichischen Staatsarchivs 27 (1974) 405 ff.

[74] Die Urkunden K. S. Sigmunds (1410–1437), Verz. v. W. Altmann, Bde. 2 = J. F. Böhmer, Regesta Imperii 11. Innsbruck 1896–1900. Dazu Regesten Friedrichs III. Heft 1, 7 ff.

[75] *Chmel* 1838 verzeichnete mehr als 8000 Stück. In den Regesten Friedrichs III. sind bisher an die 2000 gedruckt. Ebensoviele Dokumente sind bereits bearbeitet und werden in den kommenden Jahren erscheinen. Das in Arbeit befindliche Taxbuch verweist auf etwa 5000 Urkunden und Briefe. An die 3000 Stück sind durch Archivarbeiten erfaßt oder liegen im Druck vor.

nen Herrscher berücksichtigen, dann können wir sagen, – und diese Vermutung darf durchaus schon jetzt gestellt werden, obwohl wir noch lange nicht ein Ende der Sammeltätigkeit absehen können – daß der Schriftverkehr im späten 15. Jahrhundert im Vergleich zu den vorangegangenen Epochen ungefähr verdreifacht worden war. Allein schon die Zunahme der Kontakte zu den Untertanen durch das Schriftwesen ist ein schlagender Beweis für die Verdichtung der Regierungstätigkeit und Konsolidierung von Vorgangsweisen, die die Verfestigung der Herrschaft in Richtung auf den Staat der Neuzeit zur Folge hatte.

Diese Steigerung der Schriftlichkeit war allerdings ungleich verteilt und erklärt sich zunächst aus den Bemühungen, den Personenkreis, der von Urkunden und Briefen, Gesetzen und Erlässen des Reichsoberhauptes angesprochen wurde, nach allen Richtungen hin zu erweitern. Die Versuche, die Fürsten möglichst auszuschalten, sind dabei unter Friedrich III. ebenso bemerkenswert wie die Tendenz, Personalangelegenheiten in möglichst großer Zahl an den kaiserlichen Hof zu ziehen. Nicht zu übersehen ist ein zunehmender Inhaltsreichtum der Schriftstücke. Kaiser Sigmund hat sich im allgemeinen begnügt, die bestehenden Rechte einfach anzuerkennen und möglichst wenig zu verändern. Friedrich III. sah sich dagegen durchaus berechtigt, die Privilegien zu erweitern. Auch diese Auffassung läßt erkennen, daß wenigstens in der Theorie dem Reichsoberhaupt im späteren 15. Jahrhundert mehr Macht zugestanden wurde. Die Steigerung der Aktivität auf dem personellen Sektor ist darüber hinaus als Zunahme allgemeiner zentralistischer Tendenzen anzusehen.

Daneben erteilte Friedrich aber auch weitaus mehr als seine Vorgänger schriftliche Anordnungen und Weisungen. Er regierte bereits in erster Linie mit Hilfe schriftlicher Befehle. Dazu ist er auch genötigt, da er durch viele Jahre kaum reiste und folglich die Reiseherrschaft alten Stils nicht mehr aufrechterhalten konnte [76]. Bekanntlich wurde deshalb dem Habsburger Trägheit und Inaktivität vorgeworfen [77]. Nun sind wir heute nicht mehr bereit, diese Klagen kritiklos hinzunehmen, es ist aber noch immer nicht entschieden, ob der Kaiser mit Absicht eine neue Form des Herrschens einführen wollte, oder ob er durch die unheilvollen Vorgänge in Österreich sich genötigt sah, in seinen Erblanden zu bleiben. Vielleicht war es ihm auch zu umständlich, mit seiner aktiven und unternehmungslustigen Frau und deren Hofstaat ausgedehnte politische Reisen anzutreten. Es gab sicherlich mehrere Gründe, die eine größere Beweglichkeit des Habsburger verhinderten [78].

Doch auch in dieser Zeit ist die diplomatische Korrespondenz – was immer wir darunter verstehen wollen – nicht allzu aufschlußreich und interessant. Der

[76] *Koller* 1984, 49. – *Schmidt* 1985, 314 ff.
[77] *Koller* 1984, 43 ff.
[78] Ebda., 44 ff.

Kaiser begründet zwar seine Anordnungen sehr oft durch längere Berichte, doch sind diese eher banal und entsprechen völlig den jeweiligen offiziellen Darstellungen. Die Lebendigkeit und Lebhaftigkeit, mit der die Humanisten die Vorgänge darstellten und mit der sich Gesandtschaftsberichte bemühten, die Zusammenhänge aufzudecken und das Geschehen besser zu analysieren, suchen wir in der ansonst sehr umfangreichen politischen Korrespondenz des Kaisers vergeblich. Diplomatie im modernen Sinn hat er, wenn überhaupt, nur gelegentlich betrieben. Dem entsprechen auch die persönlichen Briefe Friedrichs. Ganz im Gegenteil dazu wußte sich seine Frau schon modern mitzuteilen [79].

Im Vergleich zu diesen, letzten Endes dann doch bemerkenswerten Neuerungen, überrascht die geringe Beachtung, die das Finanzwesen fand. Diese Einstellung, die auch unter Sigmund nachzuweisen ist, könnte für dessen Regierungstätigkeit mit der allgemein bekannten Vorliebe für das Armutsideal erklärt werden, mit Zielen, die bekanntlich auch im Bereich des Hussitismus nicht unwichtig waren [80]. Ich will nicht entscheiden, ob diese Mentalität unter Friedrich III. noch nachwirkte oder ob vielleicht der Habsburger nur fürchtete, wenig Verständnis bei der Modernisierung der Finanzen zu finden und deshalb darauf verzichtete, das Schriftwesen seiner „Kammer" zu erneuern. Doch gerade zu diesem Bereich ist noch lange nicht das letzte Wort gesprochen, zumal wir über die Wirtschaftspolitik des Herrschers auch in seinen Erblanden nach wie vor nur schlecht informiert sind [81].

Das Schwergewicht der Modernisierung lag jedoch zweifellos im Bereich des Gerichtswesens, das unter Sigmund noch ganz hochmittelalterlichen Vorstellungen unterworfen war, von Friedrich jedoch sehr bald nach 1440 gründlich reformiert wurde. Es ist also nicht nur die Einführung des Kammergerichts, das neue Vorgangsweisen erkennen läßt, sondern ganz allgemein die konsequente Verschriftlichung der Verfahren und Prozesse, die unter dem Habsburger zum Grundsatz wird.

Nachdem schon vor einiger Zeit darauf verwiesen wurde, daß bei diesen Reformen vor allem die Städte eine maßgebliche Rolle spielten, – sie werden unter Friedrich ganz im Gegensatz zu früheren Zeiten als Gerichtsorte anderen Orten (Fürstensitzen und Schlössern) eindeutig vorgezogen [82] – zeigen die derzeit gerade im Druck befindlichen Regesten der Urkunden und Briefe, die im Stadtarchiv Frankfurt verwahrt sind, daß die großen Reichsstädte als Mittler

[79] Zu den Briefen des Kaisers vgl. Anm. 50. Die Briefe der Kaiserin sind noch unbeachtet. *Köfler,* Margarete/*Caramelle,* Silvia: Die beiden Frauen des Erzherzogs Sigmund von Österreich-Tirol. Innsbruck 1982, 92.

[80] *Koller* 1986, 434 ff.

[81] Brauchbar ist nur *Tremel,* Ferdinand: Studien zur Wirtschaftspolitik Friedrichs III. 1435–1453. In: Carinthia 146 (1956) 549 ff.

[82] *Koller,* Heinrich: Aufgaben der Städte in der Reformatio Friderici. In: Historisches Jahrbuch 100 (1980) 198 ff.

der höchsten Gerichtsbarkeit im Reich, als Beförderer des Schrifttums, der Ladungen und Entscheidungen, der Anweisungen und Urteile, unter dem Habsburger eine ausschlaggebende Rolle spielten. Diese Tatsache berechtigt zur These, daß unter Friedrich III. die Verwaltungsreformen – was immer man darunter verstehen kann – vor allem auf die Mitarbeit der Städte orientiert waren. Wenn wir bedenken, welche Bedeutung dann Städte als Mittelpunkte der Verwaltung im 18. und 19. Jahrhundert gewinnen, dürfen wir behaupten, daß der Habsburger bisweilen sehr modern anmutende Maßnahmen ergriff. Doch damit sind so viele neue Probleme angeschnitten, die dann im 16. Jahrhundert wichtig wurden, – das Problem des Niedergangs bürgerlicher Macht, die Konsolidierung adeliger Herrschaft zu Beginn der Neuzeit und anderes mehr, – daß unsere knappe Übersicht abgebrochen werden muß. Doch obwohl vieles noch zu erforschen ist, hat sich schon jetzt gezeigt, daß in vielen Bereichen die entscheidende Wende zur Modernisierung schon in der Mitte des 15. Jahrhunderts erfolgte. Der Ausbau des königlichen Kammergerichts ist demnach kein Einzelfall, sondern entspricht einer allgemeinen Entwicklung, die bis jetzt zu wenig beachtet wurde.

Eberhard Isenmann

Integrations- und Konsolidierungsprobleme der Reichsordnung in der zweiten Hälfte des 15. Jahrhunderts

I.

Wenige Monate nach der Kaiserkrönung Friedrichs III. am 19. März 1452 in Rom nahm der Trierer Erzbischof Jakob von Sierck [1] Bemühungen auf, schrittweise zunächst unter den geistlichen Kurfürsten, daraufhin auch mit den weltlichen Kurfürsten eine Verständigung über eine nationalkirchliche und konziliare Kirchenpolitik sowie über eine umfassende Reform des Reichs herbeizuführen. Die Durchsetzung der kirchen- und reichspolitischen Ziele sollte durch den Abschluß eines neuerlichen Kurvereins gewährleistet werden [2]. Die kurfürstlichen Reichsreformbestrebungen fanden in einer weiteren reichsständischen Öffentlichkeit ihren ersten Niederschlag in der Rede des Trierer Rates Dr. Johannes von Lysura auf dem Regensburger Türkenkriegskongreß von 1454 [3] und vor allem in den Verhandlungen des Tages zu Wiener Neustadt im Jahre

[1] *Miller* 1983: Miller, I.: Jakob von Sierck 1398/99–1456. 1983.

[2] „Abschiedt zwischen Geistlichen Churfürsten, mit waß mittel das Rom. Reich wieder auffzubringen wäre, und wie man im künfftigen Concilio reden solle." *Ranke* VI (1926): Ranke, L. v.: Deutsche Geschichte im Zeitalter der Reformation. 6. Bd. mit ungedruckten Beilagen, hg. von P. Joachimsen. 1926, 14–19. Diese Denkschrift, an deren Ausarbeitung der Trierer Rat Dr. Johannes von Lysura (Lieser) mitgewirkt haben dürfte, wurde Grundlage für ein präzisiertes kurfürstliches Reichsreformprogramm, das in dem vermutlich 1454 zu Frankfurt verfaßten und nachweislich 1455 zu Wiener Neustadt dem Kaiser übergebenen „Ratslag, wie das heilige Riche wider uffgericht, und Fride in dutzschen Landen möge gemacht werden" niedergelegt ist. *Müller* (I) (1713): Müller, J. J.: Des heiligen Römischen Reiches Teutscher Nation Reichstags-Theatrum, wie selbiges unter Kayser Friedrichs V. allerhöchster Regierung 1440–1493 gestanden. 3 Teile. 1713, 512–514.

[3] *RTA* 19,1: RTA: Deutsche Reichstagsakten. Ältere Reihe. Bd. 19,1. 1969, nr. 29,3, S. 243–247. – *Weigel* 1958: Weigel, H.: Kaiser, Kurfürst und Jurist. Friedrich III., Erzbischof Jakob von Trier und Dr. Johannes von Lysura im Vorspiel zum Regensburger Reichstag vom April 1454. In: Aus Reichstagen des 15. und 16. Jahrhunderts. Schriftenreihe der Historischen Kommission bei der Bayer. Akademie der Wiss., 5. 1958, 80–115. – *Miller* 1983, 213 ff.

1455. Die Verweigerung einer für unabweisbar erachteten Reichsreform und die Vernachlässigung der genuinen kaiserlichen Aufgabe der Verteidigung von Glauben und Christenheit in der aktuellen Gestalt des Türkenkrieges, der wiederum durch eine vorgängige Reichsreform überhaupt erst ermöglicht werden sollte, bildeten dann 1456/57 und 1461 die kurfürstlichen Klagepunkte, die eine Entmachtung Friedrichs III. durch die Wahl eines im Reich regierenden römischen Königs vivente imperatore oder seine förmliche Absetzung rechtfertigen sollten. Diese Vorgänge kennzeichnen die reichspolitische und verfassungsgeschichtliche Lage kurz nach der Jahrhundertmitte.

Der Begriff „Reform" kommt in den deutschsprachigen Dokumenten dieser mehrjährigen kurfürstlichen Reformperiode so gut wie nicht vor [4]. Der Reformgedanke wird stattdessen in einem dichten und stabilen Feld vorkonstitutioneller Verfassungsbegriffe [5] entfaltet. Es handelt sich um Begriffe wie „Ordnung", „Bestellung", „Regiment", „Stat/Stand" (status) und „Wesen" (conditio) sowie um die speziellen, den reformerisch-restaurativen Impetus hervorkehrenden Ausdrücke „Aufrückung" und „(Wieder-)Aufrichtung" [6]. Bildungen wie „gute, ehrbare Ordnung", „alte Ordnung" oder auch „bessere Ordnung" meinen das Gefüge der Rechtsordnung, die geordneten Rechtsverhältnisse und den auf dieser Grundlage bewirkten Ordnungszustand, der auch als „ehrbar Stand und Wesen" terminologisch akzentuiert wird. „Bestellung" ist das deutsche Wort für lateinisch „regimen", das als Fremdwort in der Form „Regiment" erscheint. „Bestellung" und „Regiment" [7] beziehen sich nun nicht ausschließlich auf die königliche Herrschaftsgewalt im Sinne einer abgehobenen einseitigen Staatsgewalt, sondern auf sämtliche Herrschaftstatbestände im Reich, die auf die Verwirklichung eines umfassenden und durchgehenden Ordnungszustandes abzielen. In ähnlicher Weise wird im übrigen der Régime-Begriff hinsichtlich des französischen Ancien Régime charakterisiert [8]. „Ordnung" und „Bestellung/Regiment" werden häufig zu einer Paarformel verbunden [9].

[4] Eine Gesamtdarstellung der Reichsreform gibt *Angermeier* 1984. Angermeier, H.: Die Reichsreform 1410–1555. Die Staatsproblematik in Deutschland zwischen Mittelalter und Gegenwart. 1984.

[5] Vgl. dazu „Gegenstand und Begriffe der Verfassungsgeschichtsschreibung". Der Staat, Beiheft 6. 1983.

[6] Siehe Anm. 2, 3. Die begriffsgeschichtlichen Darlegungen beruhen fast durchweg auf den noch ungedruckten Teilen meiner Dissertation. *Isenmann 1975:* Isenmann, E.: Kaiser und Reich. Untersuchungen zur Reichsregierung unter Kaiser Friedrich III. in den Jahren 1452–1486. Diss. masch. Tübingen 1975.

[7] Der Ausdruck „Regierung" wird zunächst noch selten, gegen das Ende des Jahrhunderts hin jedoch häufiger gebraucht.

[8] *Schmitt* 1971: Schmitt, E.: Repraesentatio in toto und repraesentatio singulariter. In: Historische Zeitschrift 213 (1971), 529–576; 530.

[9] Der unbefriedigende Ordnungszustand wird mit den Ausdrücken „Unordnung" und „Unbestellung" bezeichnet.

In umständlich insistierender Formulierung forderte Johannes von Lysura Kaiser und Fürsten 1454 in Regensburg auf, „der dinge aller wieder uffruckunge, ordenunge und bestellung zu tun und das reich und Teutsch gezunge mit seinen gerichten und gerechtigkeiten und aller notdurft in gut fuge, bestellung und ordenung zu stellen, zu ordenen und zu setzen“ [10]. Nach kurfürstlichen Vorstellungen sollte nicht nur die Ordnung im Reich wiederhergestellt werden, sondern es galt, auf dem Wege der Reform darüber hinaus die Führungsrolle von Kaiser und Reich gegenüber den übrigen europäischen Nationen, speziell im Hinblick auf den Türkenkrieg, wiederzuerlangen und die Reichsherrschaft in Italien zu restaurieren.

Der politische Verband, auf den diese Ordnungs- und Reformvorstellungen unmittelbar bezogen sind, ist die „deutsche Nation“ [11], die auch als „unsere Nation“ oder nur als „die Nation“ bezeichnet wird. Synonym, aber seltener wird der Ausdruck „deutsche Zunge“ gebraucht. In der Reihung „das Romische Rych, der keyser, die fürsten und alle dutsche Nacio“ wird unter „Nation“ die Gesamtheit der Reichsstände begriffen [12]. Diese Bedeutung liegt auch die Feststellung der Fürsten auf dem Nürnberger Reichstag von 1480 zugrunde, wonach die Versammlung ihren Beschluß „von der Nation wegen“ – mit Bindungswirkung für alle Reichsstände – gefaßt habe [13]. Der Aspekt des rechtlich-politischen Raums des Nationsbegriffs kommt zum Ausdruck, wenn Friedrich III. sich 1489 an alle „eingesessen des heiligen reichs und Dewtzscher nacion“ wendet [14]. „Nation“ bedeutet schließlich die politische Wertgröße und die Gesamterscheinung des reichgegliederten Herrschafts- und Verfassungsgefüges des engeren Reichs, das auch mit „nostra republica“ [15] wiedergegeben werden kann.

Das räumliche Substrat der „deutschen Nation“, der rechtliche und politische Raum, auf den die Reichsherrschaft konzentriert ist, sind die „deutschen Lande“, ist „Deutschland“ [16]. Die Frankfurter Reichsfriedensordnung von 1442 spricht davon, daß in dem „heiligen Romischen reich und sonderlich in deut-

[10] *RTA* 19, 1, S. 246.

[11] *Schröcker* 1974: Schröcker, A.: Die Deutsche Nation. Beobachtungen zur politischen Propaganda des ausgehenden 15. Jahrhunderts. 1974. – *Nonn* 1982: Nonn, U.: Heiliges Römisches Reich Deutscher Nation. Zum Nationen-Begriff im 15. Jahrhundert. In: Zeitschrift für Historische Forschung 9 (1982), 129–142.

[12] *Ranke* VI (1926), 16. [13] *Müller* (II) 1713, 756.

[14] *Janssen* II 1872: Janssen, J.: Frankfurts Reichscorrespondenz nebst andern verwandten Aktenstücken. 2. Bd. 1872, nr. 660, 516.

[15] *RTA* 19,1, S. 242. Wiedergabe der Reformrede Lysuras von 1454 durch Aeneas Silvius. Frühere Belege bei Müller-Mertens 1970: Müller-Mertens, E.: Regnum Teutonicum. Aufkommen und Verbreitung der deutschen Reichs- und Königsauffassung im frühen Mittelalter. 1970, 236.

[16] *Müller* (I), 1713, 514.

schen landen" sich eine Vielzahl widerrechtlicher Übergriffe ereigneten [17]. Die Ordnung macht vor einer Fehdeeröffnung das Anerbieten eines schiedsgerichtlichen Austrags nach „gleichen, billigen, landläufigen Rechten" obligatorisch. „Landläufig" heißt, einer Erläuterung bayerischer Räte zufolge, daß das Verfahren dem Herkommen und der Gewohnheit entspricht, wie sie „im reich zu deutschen landen" Geltung haben [18]. „Deutsche Lande" und „deutsche Nation" können sinngleich verwendet werden.

„Reich" und „Nation" sind bereits 1474 in dem Gehorsamsrevers des Landgrafen Hermann von Hessen als Verweser des Erzstifts Köln gegenüber Friedrich III. zu einem Titel verbunden. Es wird darin auf alle Sachen abgehoben, „die sich im heilgen Romisschen rych der Duytschen nacioin und im stifft van Colne begeben" [19]. Die Formel „das ganze Römische Reich Teutscher Nation" ist für 1486, „Reich Teutscher Nation" für 1495 und „Heiliges Reich teutscher Nation" für 1497 belegt [20].

Vermittelt wurden der auf die deutsche Nation konzentrierte Reichsbegriff und die imperiale Reichsvorstellung durch ein von der königlichen Kanzlei propagiertes historisches Konstrukt, welches das europäische Nationengefüge bereits zur Voraussetzung hat: Die Deutschen, die deutsche Nation hätten Kaiserwürde und Imperium durch Tapferkeit und mit Blutvergießen, vorab im Kampf gegen die Feinde von Glauben und Kirche, aus der Hand der Franzosen an sich gebracht [21]. Das ganze 15. Jahrhundert hindurch wurde – wie schon früher – dem König von Frankreich immer wieder von verschiedenen Seiten die Absicht unterstellt, sich der Kaiserwürde und des imperialen Anspruchs bemächtigen zu wollen. In Notlagen wie dem Armagnakeneinfall von 1444 und seit den 80er Jahren während der militärischen Auseinandersetzungen mit Ungarn und Frankreich wurde im Zusammenhang mit Reichshilfeersuchen und zu deren rechtsförmiger Anmahnung die Gefahr beschworen, daß die fremden Mächte in die deutsche Nation eindringen, über sie eine Fremdherrschaft errichten und ihr zugleich das Kaisertum entreißen würden. Auf diese Weise wurden Nation und Imperium existentiell miteinander verbunden. Die

[17] *Zeumer* 1913: Zeumer, K.: Quellensammlung zur Geschichte der deutschen Reichsverfassung in Mittelalter und Neuzeit. 1913, nr. 166, 260.

[18] *v. Hasselholdt-Stockheim* 1865: Hasselholdt-Stockheim, G. Frh. v.: Herzog Albrecht IV. von Bayern und seine Zeit. I. Bd. I. Abt.: Kampf der wittelsbachischen und brandenburgischen Politik in den Jahren 1459–1465, 1865, 550 f.

[19] *Chmel* 1854: Chmel, J.: Monumenta Habsburgica. Sammlung von Actenstücken und Briefen des Hauses Habsburg in dem Zeitraum von 1473–1573. Erste Abteilung. Bd. 1. 1854, 391.

[20] *Zeumer* 1910: Zeumer, K.: Heiliges römisches Reich deutscher Nation. 1910, 18 f.

[21] So lautet die ausführlichste, zugleich gefährlich provokante Version, die König Maximilian verbreiten ließ. – *Janssen* II 1872, 788 (1510). Vgl. auch ebda., 150 (1461). Ein Bezug auf Frankreich fehlt früher in der Regel.

innere Misere und Schwäche einer durch die Natur an sich reich begabten Nation, ein Reich, das unfehlbar seinem raschen Untergang entgegensteuert, sofern es nicht zu durchgreifenden Reformen kommt (*Cusanus*), und eine in Bestand und in ihrem Besitz des Kaisertums durch andrängende fremde Nationen gefährdete deutsche Nation bilden den pessimistischen Grundtenor der Reflexionen und Verlautbarungen über Nation und Reich im 15. Jahrhundert, ehe im aufblühenden Humanismus einer optimistischen, auf äußere Machtentfaltung angelegten Reichsideologie Bahn gebrochen wird.

Reichsbegriff und Reichsvorstellung weisen verschiedene Facetten auf und lassen sich in ihrem Gebrauch ihres assoziativen Charakters wegen vielfach nicht auf eine eindeutige Bedeutung festlegen [22]. Die Formel „König (Kaiser) und Reich" [23], die noch immer den Stil der römischen und österreichischen Kanzlei und die Korrespondenz der Stände mit dem König anstelle des einfachen Reichbegriffs beherrscht, setzt die aus nutzbaren Einzelrechten, Befugnissen und Pflichten bestehende und geschlossen gedachte Herrschaftssphäre des Königs in Beziehung zu dem transpersonalen Reich als einer idealen politischen Wertgröße, einer objektiven, gottgegebenen Institution und als eines Inbegriffs allem dem Reich zugeordneten objektiven Rechts (ius) und aller ihm zugehörigen Gerechtigkeiten (iustitiae) [24]. Die Formel beinhaltet reichsrechtlich eine doppelte Pflichtbindung der König und Reich „ohne Mittel" unterworfenen und als Kategorien der Reichsverfassung anerkannten Kurfürsten, Fürsten, Herren und Städte: einmal eine resolutiv bedingte („von des Reichs wegen") gegenüber dem König, zum andern eine unauflösliche, im Kollisionsfalle übergeordnete gegenüber der objektiven Größe Reich. Die Berufung auf das Reich und auf die fortbestehende Pflichtbindung gegenüber dem Reich sollen es der Opposition und dem Widerstand gegen den König ermöglichen, in der Sphäre von Reichsrecht und Legalität zu verbleiben und den König von der rechtmäßigen Inanspruchnahme seiner Befugnisse und von den Machtmitteln des Reichs abzuschneiden.

Im Rahmen der Ordnungs- und Regimentsvorstellung erscheint, wie im kurfürstlichen „Ratschlag" von 1454/55, das „heilige Rich" durch das Zusammenwirken von Kaiser und Kurfürsten bei der Handhabung von Gericht und Recht als eine Ordnungsmacht, die „dann Gehorsam in dutzschen Landen" gewinnt [25].

Vom Rechtsbegriff des Reichs ausgehend wurden zumindest seit der zweiten

[22] *Schubert* 1979: Schubert, E.: König und Reich. Studien zur spätmittelalterlichen deutschen Verfassungsgeschichte. 1979, 245. – *Moraw* 1984: Moraw, P.: Art. ‚Reich'. In: Geschichtliche Grundbegriffe, Bd. 5. 1984, 423–456; 446 ff.

[23] *Schubert* 1979, 254 ff.

[24] Vgl. *Gierke* II (ND 1954): Gierke, O. v.: Das deutsche Genossenschaftsrecht. 1868, 562 ff., 570. Im Kleinen Kaiserrecht heißt es: „alle ding sind des riches".

[25] *Müller* (I) 1713, 513.

Jahrhunderthälfte die von Kaiser und Reich herrührenden Rechte der Stände, insbesondere die Lehen und die aus dem Lehensverhältnis erwachsenen Rechts- und Leistungsansprüche des Reichs unter den Begriff „Reichseigentum“ [26] subsumiert und im Einzelfall (1476) unter diesem Begriff auch prozessual als Anspruch von Reich und Reichskammer vom kaiserlichen Fiskal (-prokurator) geltend gemacht [27].

Als den König wie gleichermaßen die Stände in ihrem politischen Handeln verpflichtende Maximen sind dem „Reich“ die komplementären Vorstellungen von der „Notdurft (necessitas)“ und dem „gemeinen Nutzen (bonum commune, utilitas publica)“ des Reichs zugeordnet. Der Begriff der „Notdurft“ verweist auf die raison d'être des Reichs; zur „Notdurft“ des Reichs gehören alle jene Tatbestände, mit denen die Existenz des Reichs verknüpft ist und die zur Existenzerhaltung des Reichs beachtet werden müssen [28]. Der Begriff des „gemeinen Nutzens“ [29] zielt auf den zu fördernden positiven ‚Staatszweck‘ ab, der im zentralen Wert des Friedens beruht, und soll den Vorrang des jeweils umfassenderen und höheren Verbandes vor dem engeren und der Einzelperson sicherstellen. Der Frieden im Sinne des „gemeinen Nutzens“ ist Voraussetzung für den Zuwachs an materiellen Gütern unbestimmter Art [30] und letztlich für das

[26] *Isenmann* 1975, 288 f.

[27] Kammergerichtsprozeß gegen den Grafen Philipp von Hanau. *Chmel* 1858: Chmel, J.: Monumenta Habsburgica I, 3. 1858, nr. 93, 572 ff.

[28] In dieser Bedeutung ist „necessitas“ noch nicht auf die aktuelle Notlage zugespitzt (*Buisson* 1958: Buisson, L.: Potestas und Caritas. Die päpstliche Gewalt im Spätmittelalter. 1958, 272, 325) noch erscheint sie damit schon als Rechtstitel zur Begründung obrigkeitlicher Eingriffe in bestehende Rechte. *Mayer-Maly* 1976: Mayer-Maly, Th.: Gemeinwohl und Necessitas. In: Festschrift für A. Erler. 1976, 135–145. – *Pichler* 1983: Pichler, J. W.: Necessitas. Ein Element des mittelalterlichen und neuzeitlichen Rechts. Dargestellt am Beispiel österreichischer Rechtsquellen. 1983. – *Stolleis* 1980: Stolleis, M.: Arcana imperii und Ratio status. Bemerkungen zur politischen Theorie des frühen 17. Jahrhunderts. 1980, 31 f.

[29] *Merk* 1934 (ND 1968): Merk, W.: Der Gedanke des gemeinen Besten in der deutschen Staats- und Rechtsentwicklung. 1934. ND 1968. – *Diehl* 1937: Diehl, A.: Gemeiner Nutzen im Mittelalter, nach süddeutschen Quellen. In: Zeitschrift für württembergische Landesgeschichte 1 (1937), 296–315. – *Berges* 1938 (ND 1952): Berges, W.: Die Fürstenspiegel des hohen und späten Mittelalters. 1938. ND 1952, 48, 118 f., 125. – Buisson 1958, passim. – *Darquennes* 1952: Darquennes, A.: Représentation et bien commun. In: Etudes présentées à la Commission internationale pour l'Histoire des Assemblées d'états, XI. 1952. – *Plucknett* 1962: Plucknett, T. F. T.: Legislation of Edward I. 1962, 4 f. – *Post* 1964: Post, G.: Studies in Medieval Thought. Public Law and the State, 1100–1322. 1964, 241–309. – *Scholz* 1973: Scholz, J.-M.: Der brandenburgische Landrechtsentwurf von 1594. 1973, 68 ff. – *Schubert* 1979, 282 ff. – *Eberhard* 1984: Eberhard, W.: „Gemeiner Nutzen“ als oppositionelle Leitvorstellung im Spätmittelalter. In: Festschrift für Ludwig Hödl. 1984. 195–214.

[30] *Dirlmeier* 1966: Dirlmeier, U.: Mittelalterliche Hoheitsträger im wirtschaftlichen Wettbewerb. 1966, 180–228.

Seelenheil des Menschen [31]. Jeder Körperschaft, jedem politischen Verband und jeder Gemeinschaft eignet ein gemeiner Nutzen, der den egozentrischen Lebenskreis transzendierend zugleich harmonisch und widerspruchsfrei in dem gemeinen Nutzen des jeweils umfassenderen und höheren Verbandes, gipfelnd in dem bonum commune der Respublica christiana, aufgehoben gedacht wird [32]. Wenn es dennoch zu Spannungen und Kollisionen kommt, wird mit Berufung auf den gemeinen Nutzen der prätendierte Nutzen des engeren und untergeordneten Verbandes als „privat" relativiert [33]. Dadurch war die Vorstellung von der „utilitas publica" das wichtigste Integrationsmodell, welches das Problem der Eingliederung von Teilverbänden in das umfassendere Ganze – im Kollisionsfall durch Unterordnung – gedanklich löste.

In diesem Zusammenhang wurde vor allem nach dem Schock durch den Fall Konstantinopels (1453) der Türkenkrieg, eine Grundtatsache der deutschen und europäischen Geschichte im ausgehenden Mittelalter und in der frühen

[31] Vgl. etwa Nikolaus von Kues, De concordantia catholica, l. III, cap. VII: „Omnis enim rex et imperator habet officium publicum ad publicam utilitatem. Publica vero utilitas est pax, ad quem ordinantur iustitia et iusta proelia. Principium autem pacis est, ad finem aeternum dirigere subditos [...]". *Kallen* 1963: Kallen, G.: Nicolaus Cusanus: De concordantia catholica libri tres. Ed. atque em. Gerhardus Kallen (Nicolaus Cusanus: Opera omnia Vol. 14). 1963, 359 f.

[32] Vg. die abstrakte Formulierung des Kleinen Kaiserrechts: „wa man gemeinen nutz tut, da dient man dem riche". II. 73 (79). *Endemann* 1846: Endemann, H. E. (Hg.): Das Keyserrecht nach der Handschrift von 1372. 1846, 96. Vgl. auch II 74. Ebd., 113 f.

[33] *Merk* 1934, 42 ff. – *Berges* 1938, 125. – *Steinwenter* 1939: Steinwenter, A.: Utilitas publica – utilitas singulorum. In: Festschrift P. Koschaker. Bd. 1. 1939. 84–102. – *Gaudement* 1951: Gaudement, J.: „Utilitas publica". In: Revue historique de droit français et étranger 29 (1951), 465–499. – *Kirchner* 1949: Kirchner, H.: Beiträge zur Geschichte der Entstehung „öffentlich" und „öffentliches Recht". Diss. iur. Göttingen 1949, 1 ff. – *Post* 1964, 253. – *Mager* 1968: Mager, W.: Zur Entstehung des modernen Staatsbegriffs. Akademie d. Wissenschaften und d. Literatur. Mainz. Abh. d. geistes- u. sozialwiss. Kl., Nr. 9. 1968, 400 ff. – *Honsell* 1978: Honsell, Th.: Gemeinwohl und öffentliches Interesse im klassischen römischen Recht. In: Zeitschrift für Rechtsgeschichte, Rom. Abt. 95 (1978). Regeln für die Abwägung zwischen Privatinteressen und Gemeinwohl: *G. Durantis,* Speculum iuris IV, 3 (de feudis), n. 32: „publica utilitas includens in se privatam praeferenda est privatae". *Aeneas Silvius,* Epistola de ortu et auctoritate imperii Romani (Ausgabe *Kallen* 1939): „maior est utilitas publica quam privata" (74); „minus tamen malum est privatos viros luere quam rem publicam pessumdari" (80); „maius bonum minori preponitur" (78). Vermutlich die Universität Wien empfahl 1461 Friedrich III. in seinen Auseinandersetzungen mit den niederösterreichischen Ständen gutachtlich, es auf kleinere Güter, einige Schlösser und einige tausend Gulden seines Vermögens, was doch für ihn vergleichsweise ein „klein gut" sei, des gemeinen Nutzes wegen nicht ankommen zu lassen, „als dann sein k. g. gemainen nutz vor für aygen nutz zu betrachten schuldig ist von stands vnd ambts wegn, auch aus gemainem rechten alsdann solhs beschehen von Römischen kaisern kunigen und furstn in alltn geschrifften gelesen wirdet, daz in dann vor got vnd der welt vberflussikait guts vnd ern bracht hat". *Chmel* II 1838 (ND 1971): Chmel, J.: Materialien zur österreichischen Geschichte. 2. Bd. 1838. ND 1971, nr. CXCIX, 258 f.

Neuzeit, zum integrativen Surrogat für die angestrebte „unio Christicolarum" [34] angesichts einer in Nationalstaaten und Nationalkirchen auseinanderfallenden Respublica christiana. Indem der Türkenkrieg zur Verteidigung des Glaubens und der Christenheit als „negotium publicum" [35] der Respublica christiana den wichtigsten direkten und konkreten Beitrag der weltlichen Mächte zum bonum commune der Christenheit darstellte, unterlag die Politik der Mächte in diesem Betracht der Prüfung durch den Papst, der sie nach Nutzen oder Schaden für einen Türkenzug beurteilte. Gemessen am „commune bonum tocius Christianitatis" [36] war jede Unternehmung eines Teilverbands, die nicht unter jenes höhere und gemeine Beste subsumiert werden konnte, lediglich als „privat" und zweitrangig anzusehen, was insbesondere auch von Konflikten der Staaten untereinander galt, die als „privatae dissensiones et discordiae" eingestuft wurden [37]. Der Türkenkrieg löste einen prinzipiellen durchgehenden Befriedungszwang in Europa wie in den Einzelstaaten aus, der am deutlichsten an den päpstlichen Friedenslegationen sichtbar wird, die Staatenkonflikte, aber auch Fehden im Reich im Interesse des Türkenkrieges beizulegen versuchten [38]. Jede Kriegshandlung unter Christen stand grundsätzlich unter dem Verdikt, zur Stärkung der Türken beizutragen [39]. Wer eine Fehde begann, hinderte den Gegner am Türkenkrieg [40]. Selbstredend war der Türkenkrieg häufig nur pro-

[34] *Chmel* 1858, nr. II, 7. Friedrich III. an Papst Sixtus IV. am 26. Januar 1479. „Unio Europae" – *Quirin* 1958: Quirin, H.: König Friedrich III. in Siena (1452). In: Aus Reichstagen des 15. und 16. Jahrhunderts. Schriftenreihe der Historischen Kommission bei der Bayer. Akademie der Wiss., 5. 1958, 24–79, 33.

[35] *Chmel* II 1838 (1971): Chmel, J.: Materialien zur österreichischen Geschichte. Bd. 2 1838. ND 1971, nr. III, 73. Bulle des Basler Konzils an Friedrich III. dessen Königswahl betreffend. 9. Februar 1440.

[36] *RTA* 13, 109.

[37] *FRA* II: Fontes rerum Austriacarum. Zweite Abteilung: Diplomataria et acta. 46. Bd.: Urkundliche Nachträge zur österreichisch-deutschen Geschichte im Zeitalter Friedrichs III. Hg. v. A. Bachmann. 1892. Nr. 444, 463. Instruktion Sixtus IV. für seinen Nuntius bezüglich eines Friedens zwischen dem Kaiser und König Matthias von Ungarn (1480). – Vgl. *Chmel* 1858, nr. 70, 464. Sixtus IV. an den Kaiser am 8. September 1481.

[38] Pius II. an Bischof Georg von Bamberg am 1. April 1461. *FRA II.* 44. Bd.: Briefe und Acten zur österreichischen Geschichte im Zeitalter Friedrichs III. Hg. von A. Bachmann. 1885, 80. – Calixt III. an den Bischof Johann von Pavia 1456. *Müller* (I) 1713, 567 f. – Instruktion Friedrichs III. für den Erzbischof Andreas von Krain vom 12. Oktober 1480. *Chmel* 1858, 51. Einen Überblick über europäische „dissensiones" gibt die Commemoratio Friedrichs III. aus den 70er Jahren. Ebda., Nachtrag I, 431 ff.

[39] *Chmel* 1838/40: Chmel, J.: Regesta chronologico-diplomatica Friderici IV. Romanorum Regis (Imperatoris III.) Auszug aus den Reichsregistraturbüchern vom Jahre 1440–1493. 1838/40. ND 1962, Reg. 2184 (1446).

[40] *FRA* II, 2. Bd.: Diplomatorium Habsburgensce. Sekuli XV: Urkunden und Aktenstücke zur Geschichte der habsburgischen Fürsten K. Ladislaus. Posthumus, Erzherzog Albrecht VI. und Herzog Siegmund von Österreich. Aus den Jahren 1443–1473. Hg. von

pagandistisches Schlagwort. Gleichwohl wurden mit dem Türkenkrieg Reichsfrieden begründet. Der Türkenkrieg bereitete den Boden für allgemeine und direkte Reichssteuern und erleichterte die Eingliederung der Freien Städte, die sich zu einer Hilfe gegen gewöhnliche Reichsfeinde nicht verpflichtet fühlten, in die Reichsmatrikel [41].

Friedrich III. setzte während des Reichskrieges gegen Herzog Karl von Burgund 1474/75 in ungewöhnlicher Formulierung den Begriff des gemeinen Nutzens ein, als er säumige Stände unter Strafandrohung mahnte, sich nicht „als vngehorsam des heiligen reichs vnd verhinderer gemeines nuczes sunder als gehorsam fürsten und furdrer des heiligen reichs, ewr selbs vnd Dutscher nacion ere vnd nutz“ zu erzeigen [42]. Da daneben die Reichsfürsten an der Reichsherrschaft in einem umfassenden Sinne teilhatten, so kam es ihnen entsprechend ihrem jeweiligen Rang zu, wie dies Pfalzgraf Friedrich 1462 provokativ gegenüber dem rangminderen Markgrafen Karl von Baden geltend machte, „des heiligen richs sachen, ere und nutze zu furdern“ [43].

Der Begriff „Sachen des Reichs“ hatte sich schon früh von der Formel „König und Reich“ gelöst und konnte für sich stehen. Dem Reich wurden Materien und Handlungsfelder als „Sachen des Reichs“ zugeordnet, die Pflichten der Reichsstände und Reichsstädte begründeten und sich mit Berufung darauf aktualisieren ließen. Aber nur soweit sich der König innerhalb dieses Rahmens bewegte, konnte er für seine Gebote Gehorsam erwarten. Wenn eine Angelegenheit das Reich nicht berührte, verpflichtete sie als eine von den Reichsbelangen getrennte „sunder sach“ die Reichsuntertanen rechtlich nicht. Dadurch erweist sich der Ausdruck „Reichssachen“ als ein unbestimmter, aber konstitutiver Verfassungsbegriff, der nicht selten Gegenstand strittiger Interpretation wurde, und er ist in das weitere Begriffsfeld von „Reich“ und „gemeinem Nutzen“ einzuordnen.

J. Chmel. 1850, nr. 7, 140. – *Chmel* 1854, nr. 73, 233. – *FRA II*, 2, nr. 54, 432 f. Sixtus IV. an Herzog Karl von Burgund am 21. Dezember 1472. – *Priebatsch* II 1897: Priebatsch, F.: Politische Correspondenz des Kurfürsten Albrecht Achilles. Bd. 2. 1897, nr. 677, 625. König Ludwig XI. von Frankreich (1480).

[41] *Isenmann* 1979: Isenmann, E.: Reichsstadt und Reich an der Wende vom späten Mittelalter zur frühen Neuzeit. In: J. Engel (Hg.): Mittel und Wege früher Verfassungspolitik, 1979, 9–223; 24 ff. – Ders. 1980: Isenmann, E.: Reichsfinanzen und Reichssteuern im 15. Jahrhundert. In: Zeitschrift für Historische Forschung 7 (1980), 1–76, 129–218; 154 ff. – Der Erzbischof Hieronymus von Kreta empfahl als päpstlicher Legat 1459 König Georg von Böhmen, seine noch ungefestigte Herrschaft in Böhmen durch ein Unternehmen gegen die Türken zu konsolidieren. *FRA II*, 42. Bd.: Urkunden und Actenstücke zur österreichischen Geschichte im Zeitalter Kaiser Friedrichs III. und König Georgs von Böhmen (1440–1471). nr. 208.

[42] *Chmel* 1854, nr. 149, 428. Vgl. nrr. 147, 151.

[43] *Krieger* IV 1915: Regesten der Markgrafen von Baden und Hachberg 1050–1515. 4. Bd. Bearb. von A. Krieger. 1915, nr. 8856.

Da Reichsherrschaft und Reichsregierung des Königs auf das „Reich“ und die „Reichssachen“ gerichtet waren, ergab sich daraus ein sachlich beschränkter Zuständigkeitsbereich. Eine weitere Beschränkung resultierte aus ihrer rechtlichen Bindung an den gemeinen Nutzen, wie dies auf staatstheoretischer Ebene etwa Ockham dargelegt hatte [44], doch wurde der Amtsführung des Königs zugleich im positiven Sinne eine qualitative Förderung und Erfüllung des gemeinen Nutzens abverlangt. Mit der Figur des „unnützen Königs (rex inutilis)“ [45] avancierte der gemeine Nutzen zum justiziablen Begriff; die Frage, ‚quis iudicabit?‘ wurde schließlich zugunsten der Kurfürsten beantwortet.

Da die Förderung der „Reichssachen“ und des „gemeinen Nutzens“ eine Pflicht der Reichsstände darstellte, nahmen diese, gestützt auf das Korrelat von „Stand, Würde und Amt (status, dignitas, officium)“, für sich in Anspruch, den gemeinen Nutzen im Regelfall selbständig und vom König weitgehend unabhängig zu verwirklichen, im Konflikt mit dem König unter Berufung auf das übergeordnete „Reich“ auch gegen den König. Dies galt ausweislich der Geschichte des Rheinischen Bundes von 1254, der Bündnisse der Bodenseestädte im 14. Jahrhundert und der schwäbischen Städtebünde bis zur Mitte des 15. Jahrhunderts auch für die Reichsstädte [46]. Die Städte gingen verfassungsgeschichtlich zunächst von dem Sachverhalt, daß die Befugnisse der stadtherrlichen Amtsträger beim Tod des Königs erloschen, ferner von der Thronvakanz bis zur Anerkennung und zum faktischen Herrschaftsantritt des neuen Königs, von der strittigen Königswahl, dem Gegenkönigtum und dem alle diese Tatbestände umfassenden Interregnum aus [47], um dann auch unabhängig davon, teilweise aber mit formeller Bestätigung des Bundes durch den König, die Förderung und Mehrung des gemeinen Nutzens zum Bundeszweck zu erheben. Darunter wurden die Wahrung des Landfriedens, die Erhaltung der „bona imperii“, der Freiheiten der Städte, ihrer Reichsunmittelbarkeit und allgemein der Rechte des Reichs verstanden. Daß eine Vielzahl von Freundschafts-, Hilfs-

[44] *Miethke* 1971: Miethke, J.: Repräsentation und Delegation in den politischen Schriften Wilhelms von Ockham. In: Miscellanea Mediaevalia 7 (1971), 163–185; 182.

[45] *Peters* 1970: Peters, E.: The Shadow King. Rex Inutilis in Medieval Law and Literature 751–1327. 1970. – *Schnith* 1971: Schnith, K.: Gedanken zu den Königsabsetzungen im Spätmittelalter. In: Historisches Jahrbuch 91 (1971), 309–326.

[46] *Füchtner* 1970: Füchtner, J.: Die Bündnisse der Bodenseestädte bis zum Jahre 1390. 1970, 154, 159, 274 f. – *Rabe* 1972: Rabe, H.: Stadt und Stadtherrschaft im 14. Jahrhundert. Die schwäbischen Reichsstädte. In: W. Rausch (Hg.): Stadt und Stadtherr im 14. Jahrhundert. 1972, 307. – *Blezinger* 1954: Blezinger, H.: Der Schwäbische Bund in den Jahren 1438–1445. 1954. – *Schildhauer*, 1977: Schildhauer, J.: Der schwäbische Städtebund – Ausdruck der Kraftentfaltung des deutschen Städtebürgertums in der zweiten Hälfte des 14. Jahrhunderts. In: Jahrbuch für Geschichte des Feudalismus 1 (1977), 187–210; 192. – *Isenmann* 1979, 12 ff. – *Eberhard* 1984, 203 ff.

[47] *Schubert* 1977: Schubert, E.: Königswahl und Königtum im spätmittelalterlichen Reich. In: Zeitschrift für Historische Forschung 4 (1977), 257–338; 298 ff.

und Landfriedensbündnissen Hinweise auf deren Reichsdienlichkeit und den gemeinen Nutzen enthielt, dürfte mit daran liegen, daß cap. XV (De conspiratoribus) der Goldenen Bulle von 1356 einen Zwang auslöste, Bündnisse und Verbindungen von Fürsten, Städten und anderen von vornherein als dem Landfrieden und mit dem Frieden dem gemeinen Nutzen dienlich zu deklarieren.

Der König hatte kraft seines königlichen Amtes und dadurch den Reichsständen überlegen für den gemeinen Nutzen des Reichs zu sorgen [48], doch waren ihm in dieser Aufgabe in den Kurfürsten [49] Konkurrenten erwachsen, die sich auf eine nur graduell verschiedene amtsrechtliche Grundlage beriefen. Als „obersten Gliedern des Reichs" obliegt es den Kurfürsten, wie der Trierer Erzbischof Jakob von Sierck im „Abschiedt zwischen Geistlichen Churfürsten" (1452/53) ausführt, ein „besonderes Aufsehen" auf die Angelegenheiten zu haben, welche die Kirche, den Kaiser und den gemeinen Nutzen des Reichs berühren [50]. Nach kurfürstlicher Auffassung handelt es sich dabei nicht um einen politischen Anspruch, sondern um eine unabgeleitete, rechtlich selbständige Amtspflicht, da sie von Gott dazu eingesetzt seien [51].

Die Kurfürsten beriefen sich 1456 in ihrer Ladung Friedrichs III. auf die durch ihren (Wahl-) Eid begründete Pflicht und auf ihr Amt, „domitte wir Got [...], der Cristenheit, dem heiligen Riche und gemeinen Nutze gewand sin, dorczu gedencken, tun und auch bestillen, dardurch das heilige Riche nüczlicher und redelicher gehandilt werde" [52]. Am 1. März 1461 richteten die Kurfürsten von Mainz, Pfalz und Brandenburg ein Schreiben an den Kaiser, in dem sie ihn mit der Bemerkung, das Reich sei „mit gebürlichen Regierungen nit

[48] Merk 1934, 13. – *Fichtenau* 1957: Fichtenau, H.: Arenga – Spätantike und Mittelalter im Spiegel von Urkundenformeln. 1957, 80 f. – Der römische König wird gewählt „propter evidentem tocius reipublicae utilitatem et urgentem sacri imperii necessitatem", *Zeumer* 1913 (Wahldekret für Albrecht I.); als zukünftiger Kaiser „ad [...] communem bonum tocius Christianitatis", *RTA* 13, 109 (Erklärung Albrechts II. 1438). Friedrich III. bekundet, das königliche Amt und dessen Bürde „gote zu lob, dem heiligen reiche zu eern und durch gemeines nuczs willen" auf sich genommen zu haben, *RTA* 16, 402. In seinen Verfügungen geht er davon aus, daß er „allzit sorgueltig einen gemeinen nutz ze furdern und nach dem besten zuuersehen" habe. *Chmel* 1838/40, Reg. 663.

[49] *Schubert* 1975: Schubert, E.: Die Stellung der Kurfürsten in der spätmittelalterlichen Reichsverfassung. In: Jahrbuch für westdeutsche Landesgeschichte 1 (1975), 97–128. – *Ders.:* 1977. – *Moraw* 1980: Moraw, P.: Versuch über die Entstehung des Reichstags. In: Politische Ordnungen und soziale Kräfte im Alten Reich. Hg. von H. Weber. 1980, 1–36; 24 ff. – *Mathies* 1978: Mathies, Ch.: Kurfürstenbund und Königtum in der Zeit der Hussitenkriege. Die kurfürstliche Reichspolitik gegen Sigmund im Kraftzentrum Mittelrhein. 1978.

[50] *Ranke* VI (1926), 14.

[51] *Müller* (I) 1713, 556 (1456). Vgl. – *RTA* 8, nr. 294 (Binger Kurverein 1424).

[52] *Müller* (I) 1713, 559–562; 562.

versehen worden [...] als wol not were", aufforderten, nachdem er fünfzehn Jahre dem Reich ferngeblieben sei, sich am 31. Mai in Frankfurt einzufinden, um mit ihnen und anderen Reichsständen das zu erledigen, „was des Heyligen Reichs und Dewtscher Lande Notthurft und gemeiner Nutz erfordert, und sonderliche damit ein verfenglich und löblicher Schirm vnsers Heiligen Glaubens und Widerstande [gegen die Türken] furgenommen werde" [53].

In bemerkenswerter Weise trägt die Neuformulierung der kurfürstlichen Wahlanzeige von 1438 gegenüber König Albrecht II., das 1440 gegenüber Friedrich III. wörtlich übernommen wurde, der Entwicklung des kurfürstlichen Amtsverständnisses im Sinne einer zwar nachgeordneten, dennoch aber autonomen Fürsorge für das Reich Rechnung. Nicht die Königswahl ist demnach der Ausgangspunkt der steten kurfürstlichen Fürsorge, sondern diese Verpflichtung dem Reich gegenüber ist ursprünglich. Die Königswahl stellt nur einen besonderen, allerdings gewichtigen Akt im Rahmen dieser allgemeineren Verpflichtung dar: „wiewol wir dem heiligen Romischen riche nach Romischen keisern und kunigen mit steter sorgfeildikeit desselben heiligen richs notdorft und bekummerniß zu bedenken und zu furkomen steticlichen gebunden und pflichtig sin, doch wil uns geburen, soliche unsere pflicht folliclicher zu erstrecken in zit, so das genante Romische riche sines naturlichen verwesers mangelt, anig worden und beraubet ist. und wie mochten wir soliche unser geburnisse baß anlegen, dann so wir das [...] riche mit einem bequemlichen und nuczlichen heubte wirdiclichen zieren und kleiden?" [54] Zweimal legen die Kurfürsten bei der Wahl Friedrichs III. den Eid ab, wie er in der Goldenen Bulle vorgeschrieben ist. Zum ersten Mal vor den Beratungen über Angelegenheiten von Kirche und Reich [55], dann erneut vor der Wahl des Königs [56].

Die kurfürstliche Ladung von 1461 und der Konflikt der Kurie mit Erzbischof Diether von Mainz wegen der verweigerten Annatenzahlung und dessen nationalkirchlichen Bestrebungen veranlaßten Friedrich III. [57] und Papst Pius II. gemeinsam ihre Autorität und Superiorität zu erhalten und gemeinsam die Bedrohung ihrer Obrigkeit abzuwehren [58]. Pius II. hatte schon als königlicher Kanzleisekretär in seiner Friedrich III. dedizierten „Epistola de ortu et auctoritate imperii Romani" (1446) die von den Kurfürsten beanspruchte Stellung in der Reichsverfassung, die durchaus mit der konstitutionell-körperschaft-

[53] *Müller* (II) 1713, 17 f. – *Janssen* II 1872, nr. 249, 149 ff.

[54] *RTA* 15, nr. 101, Art. 1, 174 (1440). – Vgl. *RTA* 13, nr. 33, 83 (1438).

[55] *RTA* 15, nr. 101, Art. 2, 175. – Vgl. nr. 91, Art. 5 a.

[56] *RTA* 15, nr. 101, Art. 3, 175. – Vgl. nr. 91, Art. 5 b; nr. 102.

[57] Der Kaiser stellte eine Vernachlässigung seiner Pflichten in Abrede, da er sich im „Regiment [seines] Kaiserlichen Standes und Wesen bißher in alle Weg" gehalten habe, und sah in der Ansetzung des Tages einen Eingriff in seine kaiserliche Gewalt und Obrigkeit. – *Müller* (II) 1713, 19 f.

[58] Friedrich III. an Pius II. am 7. April 1461: Archiv für Kunde österreichischer Geschichtsquellen 11 (1855), 158–160. Pius II. an den Kaiser: *Müller* (II) 1713, 21 (s. d.).

lichen Stellung des Kardinalskollegiums verglichen werden kann, rechtlich abgewertet [59] und als Papst durch die Bulle „Execrabilis“ (1460) mit dem Appellationsverbot auch die periodische konziliare Selbstversammlung gemäß dem Konstanzer Dekret „Frequens“ (1414) außer Kraft gesetzt [60]. Nun mahnte er die Reichsstände vom Besuch des von den Kurfürsten anberaumten Tages ab [61]. Er gestand den Kurfürsten und insbesondere dem Mainzer Erzbischof als dem Reichskanzler und „Dekan“ der Kurfürsten keine eigenständige Befugnis zu, derartige Tage gegen den Willen des Kaisers anzusetzen, auch nicht unter der Maßgabe, „ut nationi et reipublicae Christianae consulat“, da ihm dies nicht zustehe, „nisi quatenus a superioribus mandetur“ [62]. Damit wies Pius II. den kurfürstlichen Anspruch auf eine eigenständig begründete Reichsaufsicht, der verfassungsgeschichtlich aus der kollegialen kurfürstlichen Beratung über den Zustand des Reichs immer wieder korporativ und einungsrechtlich verfestigt worden war, ganz entschieden zurück und rückte die kurfürstliche Fürsorge für Christenheit und Reich in einen Delegationszusammenhang. Demgegenüber rechtfertigte in seiner Defensionsschrift vom 30. September 1461 der vom Papst abgesetzte Diether von Isenburg das kurfürstliche Vorgehen mit der Pflicht, dafür zu sorgen, daß die deutsche Nation „etwas lenger in Macht“ verbleibe und nicht „vnversehunge halber“ untergehe. „Denn als syn Heyligkeit anzühet, daß uns nicht zusteet, der Nation und Gemeynen Nuze der Cristenheit zuversehen, es enwere uns denn von den Obersten geboten wurden etc., weren wir begerig zusehen, daß solichs von yene zu beginnen angefangen und auch vollnbracht wurde“ [63].

Schließlich kamen ganz andere politische Argumente auf. Das Hausmachtkönigtum, dessen Problematik für das Reich vom kaiserlichen Fiskal 1476 in einer Rückschau kritisch thematisiert wurde [64], der pointierte österreichische Hausbegriff [65] und der von Erzbischof Berthold von Henneberg mit bitteren

[59] „Sed appellant quidam rursus ad cesarem adjunctis principibus electoribus, quasi maior sit imperator cum illis quam sine illis. [...] Cumque in cesare summa potestas sit summaque auctoritas plenitudo, nil est, quod adjunctis principibus auctoritatis accedat“. *Kallen* 1939: Kallen, G.: Aeneas Silvius Piccolomini als Publizist in der epistola de ortu et auctoritate imperii Romani. 1939, 90, 92.

[60] Vgl. *Tillinghast* 1976: Tillinghast, P. E.: An aborted reformation: Germans and the papacy in the mid-fifteenth century. In: Journal of Medieval History 2 (1976), 57–79.

[61] *Müller* (II) 1713, 20.

[62] Ebda., 33. Absetzung des Erzbischofs durch Pius II. (21. 8. 1461).

[63] Ebda., 43. – *Oberman* 1968: Oberman, H. A. et al.: Defensorium obedientiae apostolicae et alia documenta. 1968.

[64] *Chmel* 1858, 577.

[65] *Lhotsky* 1957 (ND 1970): Lhotsky, A.: Was heißt „Haus Österreich“? 1957. Zuletzt in: Ders.: Aufsätze und Vorträge. Bd. 1. 1970, 344 ff. – *Zöllner* 1965: Zöllner, E.: Formen und Wandlungen des Österreichbegriffes. In: Historica 1965, 63–89. – *Koller*

Worten kommentierte Sachverhalt, daß das Reich – seit etwa 1481 – permanent und einseitig für die Verteidigung habsburgischer Lande in Anspruch genommen wurde [66], gaben der Frage nach dem gemeinen Nutzen des Reichs eine neue Akzentuierung. Es wurde immer schwieriger, die Interessensphären des Reichs und des Hauses Österreich argumentativ überzeugend ineinander aufgehen zu lassen, so daß schließlich von Maximilian eine Interessenvereinbarung zwischen dem Reich und seinem Haus angeboten wurde.

Die kaiserlichen Gesandten schrieben am 20. April 1477 an Friedrich III., das Eingreifen zur Sicherung Burgunds gegen Frankreich geschehe um „gotz willen zu rettung und merung der cristenheit, grossen aufkomen des heiligen reichs ewig ere und nutz des hauss Oesterrich" [67]. In ihrem Schreiben an Maximilian vom selben Tag ist nur noch von dem Nutzen für das Haus Österreich und der Perspektive die Rede, daß Maximilian durch Burgund der mächtigste Fürst im Hause Österreich werde [68]. Die Reichshilfeersuchen Friedrichs III. gründeten auf der immer noch im Kern rechtsförmigen, d. h. für die Stände und Städte einen rechtlichen Zwang evozierenden Doktrin, daß die exponiert in Randlage des Reichs gelegenen habsburgischen Lande im Südosten wie im Westen einen Schutzschild für das Reich darstellten, aber auch eine Einfallspforte für eine Invasion fremder Mächte in das Reich mit dem schließlichen Ergebnis einer Fremdherrschaft. Noch 1509 benutzte Maximilian diese defensive Doktrin. Er beklagte die mangelnde Hilfswilligkeit der Reichsstände und hob hervor, als Herr Österreichs und Burgunds habe er aus seiner „aigen macht und camergut" über lange Zeit die Last und Bürde der Verteidigung gegen die Franzosen und Türken getragen und sich „beflissen, unser heuser Osterreich und Burgundi zu behalten, zu bestatten zu einem schilt des reichs gegen den bemelten anstossern". Falls die Reichsstände sich nicht zu Hilfe und Beistand bewegen ließen, sei zu befürchten, „das heillig reich mocht dardurch in zertrennung wachsen" [69].

Eine deutliche Wendung erhielt die Frage der Reichsdienlichkeit der königlichen Politik jedoch durch Maximilians Italienpolitik. In Übereinstimmung mit humanistischen Kreisen, welche die Reichsidee als Idee der Herrschaft der

1970: Koller, H.: Zur Bedeutung des Begriffs „Haus Österreich". In: Mitteilungen des Instituts für Österreichische Geschichtsforchung 78 (1970), 338–346.

[66] Der Erzbischof beklagte auf dem Koblenzer Tag von 1492, daß die Reichsstände höchst ungleich ihre Matrikularquoten erfüllten. „Doch sin wir umbe daß unser komen und wurdet nit glich gehalten, das mogen wir nit erlyden. So hat auch die keis. maj. lassen luden: sie sij verdorben, wir mussen auch verderben. Nu hat die keis. maj. sein land widder, so wir aber die unßern verloren und inne verderben gestelt, gewonne unß nymant widder, und weren dan dem heiligen riche und seiner gnaden khein nutz." – *Janssen* II 1872, nr. 709, 563.

[67] *Chmel* 1854, nr. 42, 147. [68] Ebda., nr. 43, 150.

[69] *Janssen* II 1872, nr. 973, 773 f.

deutschen Nation über Italien propagierte [70], fügte Maximilian der stets defensiv und deshalb reichsrechtlich kaum anfechtbaren Doktrin seines Vaters im neuzeitlichen Sinne die entscheidende Komponente äußerer Machtentfaltung hinzu. Dies spricht aus dem Bemühen, die Reichsstände zu einer aktiven Italienpolitik zu veranlassen, die dem Reich und dem Hause Österreich mit seinen Rechtsansprüchen in Italien gleichermaßen zugute kommen sollte. Ein solches Programm fand verkürzt in der fast schon formelhaft gebrauchten Wendung „Hl. Reich und Haus Österreich" [71] seinen Ausdruck. Maximilian sah sich jedoch genötigt, den Verdacht zu zerstreuen, er denke bei dem von ihm geforderten Kriegszug gegen Venedig an den „aygen nutz" seines Hauses, und erklärte sich auf dem Augsburger Reichstag von 1510 dazu bereit, mit den Reichsständen zu entscheiden, welche der eroberten Gebiete dem Reich und welche dem Hause Österreich „von recht und billichait" gehören sollten [72]. In derselben Sache hatten die Reichsstände im Juni 1509 die Befürchtung geäußert, daß das „hailig reich eer und meer in verdieffung und unrat, wann in erhohung und uffnemen dadurch gelaytet oder gefurt werden möcht" [73], und entsprechend die zu dem Kriegszweck von Maximilian ohne Wissen der Reichsstände geschlossenen Verträge und Einungen moniert.

Indem Maximilian von der traditionell defensiven Reichspolitik, welche die imperiale Reichsidee nicht mehr positiv ausgefüllt und nur noch als juristisch-fiskalischen oder ideologischen Anspruch mitgeführt hatte, abwich und die in der offensiven Zielsetzung nun für getrennt erachteten Sphären von Reich und Haus Österreich konstruktiv miteinander verknüpfte, erlangten die Reichsstände die Rolle von Anwälten des Reichs. Die in ihrer politischen Artikulationsmöglichkeit bislang durch die Rechtsförmlichkeit ihrer Pflicht zu Rat und Hilfe immer noch eingeengten Reichsstände konnten in dieser Situation nun auch zu einer freieren, essentiell politischen Beurteilung der königlichen Politik durchstoßen.

Als ein Verfassungsbegriff von weitreichender Bedeutung erweist sich schließlich der Ausdruck „Glieder des Reichs", der auf einer Vorstellung von der Integrität des Reichskörpers und des herrschaftlich gegliederten Reichs beruht. In ihrer Eigenschaft als „merkliche" oder „nicht die geringsten Glieder des Reichs" beanspruchten die Reichsunmittelbaren für sich und ihre Herrschaften den Schutz von König und Reich gegen Schädigung und vor allem Entfremdung vom Reich. Drohte eine „Entgliederung", sei es in der Randlage des Reichs durch fremde Mächte, sei es im Reichsinnern durch Mediatisierung, so

[70] Augsburger Reichstag vom April 1500: „nachdem der teutschen nacion eere an der kon. cron, der dann Italia anhanget, gelegen ist". – *Janssen* II 1872, 641. – Vgl. 640 und öfters. Wiesflecker 1977/81: Wiesflecker, H.: Kaiser Maximilian I. Bde. III, IV. 1977/81.

[71] *Lhotsky* 1957, 172 f. [72] *Janssen* II 1872, nr. 1000, 793.

[73] Ebda., nr. 970, 769. – Vgl. *Fichtenau* 1965, 44.

hatte der König „von amtswegen" den Schutz zu übernehmen; für die dazu aufgebotenen Reichsstände und -städte bestand eine reichsrechtliche Hilfspflicht. Mit dem Hinweis, „Glied des Reichs" zu sein, wurde daneben der Anspruch auf politische Berechtigung in „Reichssachen" geltend gemacht. Erst am Ausgang des 15. Jahrhunderts trat der Ausdruck „Stände des Reichs", der hier als wissenschaftlicher Ordnungsbegriff gebraucht wird, als neuer Quellenterminus hinzu und drängte die ältere Bezeichnung in den Hintergrund.

II.

Kehren wir nach diesen begriffs- und verfassungsgeschichtlichen Bemerkungen zum Ausgangspunkt, der kurfürstlichen Reforminitiative nach der Jahrhundertmitte, zurück. Auf welcher Zustandsbeschreibung und Ursachenanalyse beruht die Forderung nach einer besseren Ordnung? [74]

Ausdrücklich wird als alleinige Hauptursache für den desolaten Zustand der deutschen Nation und für alle Mißstände das seit langem andauernde Darniederliegen der Rechtspflege auf sämtlichen gerichtlichen Ebenen und damit jeglicher Gerechtigkeit herausgestellt. Unmittelbare Folgen davon sind ein genereller Unfriede, überall und täglich neu ausbrechende mutwillige, rechtsgrundlose Fehden, Ungehorsam der Untertanen gegenüber ihren Herren, Raub, Brand, Totschlag. Der durchgehende Zustand von Gewalt und Unsicherheit und der Zwang zu ständiger bewaffneter Verteidigung oder zum Loskauf von Gewaltandrohungen werden als Verlust der Freiheit und des Rechtsfriedens begriffen.

Durch „unnütze" Rüstungsausgaben, Sicherheitsvorkehrungen, Soldzahlungen, Brandschatzungen, Kriegskosten und Kriegsschäden, infolge ihre Finanzierung durch Verpfändungen, Besitzverschleuderungen und Kapitalaufnahme zu wucherischen Zinsbedingungen werden ganze Fürstentümer, weltliche und geistliche Herrschaften in Armut gestürzt und ruiniert.

Kriegswirren und die Unsicherheit der Verkehrswege zu Wasser und zu Land haben die Wertschöpfung durch Handel und Gewerbe stark schrumpfen lassen. Die Güter sind in andere Länder geflossen; die Deutschen haben sich gegenseitig ruiniert. Dadurch sind alle Stände in ihren wirtschaftlichen Grundlagen geschwächt worden.

Deshalb ist der Schlüssel zur Restitution der inneren Ordnung eine reformierte und dadurch funktionsfähige und funktionierende Rechtspflege auf allen gerichtlichen Ebenen. Vor allem soll auch die Vollstreckung der ergangenen Urteile durch den Gerichtsherrn gewährleistet werden. Niemand soll zur Durchsetzung seines Rechtsanspruchs auf außergerichtliche, gewaltsame Wege

[74] Siehe Anm. 2.

angewiesen sein. Bestehende Fehdefälle sollen gemeinsam von Kaiser und Kurfürsten gütlich beigelegt oder rechtlich entschieden werden. Von einem formellen Fehdeverbot ist nicht die Rede. Der optimistische Grundgedanke gründet darauf, daß mit dem Ende der Rechtsnot alle eigenmächtigen Selbsthilfemaßnahmen von alleine aufhören. Die Befriedung des Reichs hat zur Folge, daß sich die gesamte sozialständische Ordnung wieder konsolidiert,die Nutzungserträge aus Renten und Gefällen steigen und Handel und Gewerbe wieder einen Aufschwung nehmen.

Der bemerkenswerte Optimismus, daß sich die konzipierte neue Ordnung auch tatsächlich durchsetzen wird, beruht auf zwei Annahmen: Einmal auf der autoritativen Stellung, die dem Kaiser und den Kurfürsten durch die geforderte enge Zusammenarbeit erwächst, zum andern auf dem Sachverhalt, daß alle Stände unter den gegenwärtigen Verhältnissen leiden und deshalb die neue Ordnung, insbesondere sobald sie ihre segensreichen Wirkungen zu entfalten beginnt, des „eigenen Nutzens" wegen akzeptieren wird.

Der Trierer Erzbischof spricht wie Nikolaus von Kues [75] davon, daß die Existenz der Stände von der Existenz der Ordnungsmacht und Institution „Reich" abhänge. Wenn unserer „vneyndrechtickeyt, swacheyt vnd kranckheyt" nicht rasch abgeholfen wird, „so verlieren wir lychtlich das Rych durch vnsere zweyungen vnd vneyndrechtikeyt, vnd werden wir vnder vns selbst vergane sunder zwyfel". Reich, Kaiser, Fürsten und die ganze Nation werden derzeit von allen Nationen für die geringsten erachtet und von den anderen Nationen an allen Enden angegriffen, geschädigt und niedergehalten, wo doch die Deutschen – wie diese stärkste Formulierung der imperialen Reichsherrschaft lautet – „anderer nacion lande vnd gut zu gebruichen plagen", d. h. über sie unmittelbar herrschaftlich verfügten [76] An sich ist die deutsche Nation, was Bevölkerung, Städte, Befestigungsanlagen und alle anderen Sachen anlangt, „die zu herlichen groissen dingen" gehören, „meyster vber alle andere nacion", sofern sie „in rechter ordenunge vnd regiment ist". Durch das „Reich" steht die deutsche Nation billigerweise über den anderen Nationen [77].

Durch die Wiederherstellung der guten Ordnung wird dem Kaiser – im Verein mit den Kurfürsten – ohne weiteres die imperiale Rolle wieder zufallen, da der im „Reich in deutschen landen" gewonnene Ordnungsstand nach außen wirkt und dort Vertrauen schafft.

[75] De concordantia catholica, l. III, cap. 32. Verschiedene Anleihen hinsichtlich der Gerichts- und Friedensreform sowie der Stellung der Kurfürsten im Reich werden bei der Reformschrift des Magdeburger Domherrn Dr. Heinrich Toke gemacht (1442). *Smend* 1907: Smend, R.: Ein Reichsreformprojekt aus dem Schriftenkreise des Basler Konzils. In: Neues Archiv der Gesellschaft für ältere deutsche Geschichtskunde 32 (1907), 746–749. Vgl. *Bärmann* 1964: Bärmann, J.: Cusanus und die Reichsreform. In: Mitteilungen und Forschungsbeiträge der Cusanus-Gesellschaft 4 (1964), 74–103; 100.

[76] *Ranke* VI (1926), 16.

[77] Ebda., 18. – Vgl. *Müller* (I) 1713, 513. – *Janssen* II 1872, 150 (1461).

Die italienischen Kommunen werden die Herrschaft der Tyrannen, unter der sie in ihrer Mehrheit schwer leiden, abschütteln und sich wieder unter das Reich begeben.

Kaiser und Kurfürsten werden Papst und Kirche besser zu schützen vermögen als dies gegenwärtig durch irgendwelche Söldnerführer und Kapitäne geschieht.

Die anderen Könige der Christenheit werden angesichts der Ordnung im Reich zuversichtlich, so daß sie sich nach dem Willen von Kaiser und Kurfürsten richten und in ihren Nöten zu ihnen Zuflucht nehmen werden.

Der Kaiser wird als ein von Gott gegebener Herr in seinem Widerstand gegen die Ungläubigen aller Art stets leicht Unterstützung erhalten.

Der kurfürstliche „Ratschlag" zeichnet diese Perspektiven zurückhaltender und hebt weniger auf die Kurfürsten ab, mahnt jedoch eindringlich. Ohne Reformen „müssen die Dutzschen dan gehorsam sten den Ihenen, der Herren vnd Obersten sie sin solten". Der Jurist Dr. Martin Mair faßte 1460 die Reformperspektiven unter die Begriffe „reformatio", „reintegratio" und „amplificatio imperii" [78].

Einen wesentlichen politischen Impetus bezog der Trierer Erzbischof aus dem Mißtrauen gegen die Entente zwischen Papst und Kaiser nach der Beendigung der Obedienzkrise, dem Wiener Konkordat (1448) und der Kaiserkrönung. Papst und Kaiser würden bei ihren Verfügungen häufig nicht von der „dutschen nacion noitdurfft" geleitet. Die Kurfürsten sollen deshalb als Sachwalter des gemeinen Nutzens eine dauerhafte, auf vollkommene Übereinstimmung gegründete Einung abschließen. Der gute Rat, die „heylige meinunge" der Kurfürsten sollen Vorrang erhalten vor den Ratschlägen anderer päpstlicher und kaiserlicher Ratgeber, denen „gemeyne sachen nit so vyl zu herczen" gehen. Dies soll im Reich in institutionalisierter, behördlicher Form durch die Einrichtung eines kaiserlich-kurfürstlichen Reichsrats analog dem geheimen päpstlichen Konsistorium, der Versammlung der Kardinäle unter Vorsitz des Papstes, gewährleistet werden. Erst in ihrem Zusammenwirken können Kaiser und Kurfürsten, die Karl IV. in der Goldenen Bulle „pars corporis nostri" nennt (cap. XXIV) [79], ihre volle Autorität entfalten: denn „durch vns [unsertwegen] wirt der keyser geacht, vnd wir durch den keyser" [80].

Einen reichsrechtlichen Anhaltspunkt hat der vorgeschlagene Reichsrat in cap. XII (De congregatione principum) der Goldenen Bulle, wo von den Beratungen der Kurfürsten über die „imperii orbisque salus", Ratschlägen für

[78] *FRA* II, 20. Bd.: Urkundliche Beiträge zur Geschichte Böhmens und seiner Nachbarländer im Zeitalter Georg's von Podiebrad (1450–1471). 1860, nr. 211, 205.

[79] Inst 9, 8, 58 (römische Senatoren). Vgl. hinsichtlich des Kardinalskollegiums *Lecler* 1963: Lecler, J.: Pars corporis Papae. Le Sacré Collège dans l'ecclésiologie médiévale. In: Mélanges offerts à Henri de Lubac, 2. Bd. 1963, 183–198.

[80] *Ranke* VI (1926), 18. Vgl. Dr. Toke – *Smend* 1907, 748.

Reformmaßnahmen, von regelmäßigen jährlichen Zusammenkünften der Kurfürsten und ihrer anschließenden Versammlung (colloquium, curia, congregatio) mit dem Kaiser die Rede ist. Der Reichsrat bedeutete nichts anderes als eine behördliche Verfestigung und Verstetigung dieser Versammlungen zu einem consilium formatum. Der kurfürstliche „Ratschlag" führt dies genauer aus. Jeder Kurfürst soll zusammen mit einer bestimmten Anzahl seiner Räte auf Dauer in den kaiserlichen Rat eintreten. Die Permanenz wird dadurch gewährleistet, daß der Kaiser für die Zeit seiner Abwesenheit mit dem Rat der Kurfürsten einen Präsidenten als Vertreter bestimmt und auch die Kurfürsten sich vertreten lassen können. Der Rat soll in seiner Lokalisierung jeweils den Schwerpunktverlagerungen des Reichsgeschehens folgen, während Sierck noch an eine feste Residenz in der Mitte des Reichs gedacht hatte.

Sieht man von weiteren Einzelheiten der von kurfürstlicher Seite vorgeschlagenen Reichsordnung ab, so ist im Grundsätzlichen hervorzuheben, daß es sich um eine institutionalisierte Ordnung handeln sollte. Der Leitbegriff heißt „Stetigkeit" [81], Ziel ist Effektivität. Versucht man diese Grundgedanken mit modernen Kategorien zu fassen, so kann dies im Sinne der Soziologie Max Webers heißen: An die Stelle einer Gelegenheitsregierung und Gelegenheitsjudikatur sollen Einrichtungen mit „Betriebscharakter" treten, der kontinuierliches Zweckhandeln garantiert [82]. Mit Kategorien der Allgemeinen Staatslehre: Angestrebt werden eine Ständigkeit des staatlichen Seins und eine Stetigkeit staatlichen Wirkens [83]. Institutionelles Denken kommt bei Jakob von Sierck auch dadurch zum Ausdruck, daß er Reformen schematisch in Analogie zu bestehenden Behörden der römischen Kurie und Frankreichs vornehmen will. Der kaiserliche Hof soll reorganisiert werden und eine Reichskanzlei und Reichskammer nach dem Vorbild der Apostolischen Kanzlei und Kammer erhalten. Hinsichtlich eines höchsten Gerichts wird auf das Pariser Parlament, aber auch auf noch anzutreffende Formen des Reichshofgerichts verwiesen. Schließlich soll die neue Reichsordnung subventioniert und in Ermangelung nennenswerter domanialer Einkünfte des Kaisers aus dem Reich durch Reichssteuern finanziert werden [84].

Die entscheidende Auseinandersetzung mit dem Kaiser und der kaiserlichen Umgebung über den kurfürstlichen „Ratschlag" führten der Trierer Erzbischof und kurfürstliche Vertreter, darunter Martin Mair für den Mainzer Erzbischof, 1455 auf dem schlecht besuchten Tag zu Wiener Neustadt in bisweilen gereiz-

[81] *Ranke* VI (1926), 17. – *Müller* 1713, 512.

[82] *Weber* (5. A. 1972): Weber, M.: Wirtschaft und Gesellschaft. Grundriß der verstehenden Soziologie. 5. revidierte Aufl. 1972, 28.

[83] *Krüger* 1966: Krüger, H.: Allgemeine Staatslehre. 2. A. 1966, 125. Krüger bezieht sich unter anderem auf die Integrationslehre Rudolf Smends. *Smend* 1928: Smend, R.: Verfassung und Verfassungsrecht. 1928, 18.

[84] *Isenmann* 1980, 140 ff.

ter Atmosphäre. Hier wurden wenigstens Teile des Reformvorschlags auch den wenigen Gesandten der übrigen Stände und der Städte unterbreitet. Friedrich III. war nicht bereit, sich derzeit persönlich in das Reich zu begeben und versuchte, die Forderung nach einer institutionellen Reform mit dem Angebot eines „ewigen“ Friedens, d. h. eines unbefristeten absoluten Fehdeverbots, zu unterlaufen. Bestehende Fehde und Kriege sollten durch Inhibitionsmandate (Friedegebote) unterbunden und auf den Weg gütlicher oder rechtlicher Streitentscheidung gewiesen werden. Die Stände freilich beharrten auf dem persönlichen Erscheinen des Kaisers im Reich, zogen die gewohnheitsrechtliche Zulässigkeit eines einseitig gebotenen Reichsfriedens sowie den Erfolg von kaiserlichen Inhibitionsmandaten in Zweifel und erklärten zum Vorschlag der Statuierung eines „ewigen“ Friedens gewunden, „die meldung von des ewigen frids wegen hab also vnd nit anders gelautet: ‚wolt Gott das ain ewiger fride in dem reich were‘.“ [85] Der Gedanke eines ewigen Friedens wurde möglicherweise auch durch Nachrichten vom „ewigen Frieden“ von Lodi (1454) inspiriert [86]. Erst 1491/92 wurde den Ständen von Maximilian I. auf den Tagen zu Nürnberg und Koblenz erneut ein ewiger, beständiger Friede angeboten, nachdem 1467, 1471, 1474 und 1486 absolute Fehdeverbote von fünf, vier, sechs und zuletzt zehn Jahren statuiert worden waren. In Worms wurde dann 1495 ein unbefristetes absolutes Fehdeverbot ausgesprochen, ohne daß jedoch die übliche Bezeichnung „ewiger Landfriede“ in der Urkunde vorkommt. Die Stände gaben sich aber 1455 in Wiener Neustadt nicht mit einem bloßen aktuellen Friedenszustand, einer Beilegung „offener Kriege“ zufrieden. Sie verlangten einen institutionalisierten Rechtsfrieden, der das in großem Umfang im Reich als Grundstimmung vorhandene Konfliktpotential – „grosser vnwill vnd misstrew zwischen des reichs vndtertanen“ – durch eine garantierte Friedensordnung entschärfte und Ruhe und Sicherheit gab [87]. Eine Wiederaufnahme der Reformdiskussion konnten die Kurfürsten jedoch auch durch ihre Entmachtungs- und Absetzungsdrohungen nicht erzwingen.

Die kurfürstlichen Vorschläge fundieren die Reichsreform in einer grundsätzlichen und perspektivenreichen Weise, wie sie in der politischen Reformdiskussion des 15. Jahrhunderts kaum wiederkehrt. Trotz ihrer Ablehnung durch Friedrich III. blieben sie nicht ohne jede weitere Wirkung. Das von den Kurfürsten und Fürsten auf dem Nürnberger Tag von 1467 zur Reichsfriedensfrage erstellte erste Gutachten basiert nicht nur in der Substanz und in

[85] *v. Hasselholdt-Stockheim* 1865, Urkunden, nr. I, 13.

[86] Erwähnt wurde der „ewige“ Friede von Lodi 1455 in Wiener Neustadt durch den päpstlichen Legaten. Ebda., 25 f. Auf diesen Frieden hatte bereits Lysura auf dem Regensburger Tag von 1454 hingewiesen. RTA 19, 1, 246. Der Friede war allerdings nicht völlig unbefristet, sondern hatte eine Laufzeit von zwanzig Jahren. Der Terminus bei Toke: *Smend* 1907, 748.

[87] *v. Hasselholdt-Stockheim* 1865, 14 f.

Einzelbestimmungen, sondern auch in Formulierungen auf dem kurfürstlichen „Ratschlag“ von 1454/55, auch wenn es sich nun um ein oberstes Gericht für Landfriedenssachen handelte [88]. Im Grunde sind hier bereits alle Forderungen der Reformpartei von 1486/87 zur Gerichtsreform enthalten [89]. Wichtiger noch als diese Kontinuität erscheint der Sachverhalt, daß die Sammlung, das Studium und die Verwendung reichspolitischer Akten nachweislich zu den Voraussetzungen einer methodisch betriebenen Reichspolitik gehörten und das politische Bewußtsein mitformten. So bekundete Dr. Martin Mair 1460 gegenüber König Georg von Böhmen, daß er alle „avisamenta“, die „publice et privatim“ auf den Tagen zu Regensburg (1454), Frankfurt (1454) und Wiener Neustadt (1455) ausgearbeitet oder vorgelegt wurden, persönlich besitze [90]. Auf dem Nürnberger Tag von 1466 war Mair als bayerischer Rat an den Formulierung des Abschieds beteiligt, an dem folgenden Nürnberger Tag von 1467 nahm er erneut teil. Hier werden mögliche Wege erkennbar, wie Teile des kurfürstlichen „Ratschlags“ über ein Jahrzehnt nach seiner Entstehung Eingang in ein Ständegutachten finden konnten, ohne daß gesagt wäre, daß dies der Weg gewesen sei. Auf demselben Tag von 1467 wurde auch die Strafe des crimen laesae maiestatis für Landfriedensbruch in den Reichsfrieden aufgenommen, der wiederum auf einem Fürstengutachten basiert [91]. Vermutlich Aeneas Silvius hatte dies als einer der kaiserlichen Vertreter auf dem Regensburger Tag von 1454 angeregt. Aber auch Nikolaus von Kues war auf dem Regensburger Tag zeitweise anwesend. Er hatte bereits in seiner Concordantia Catholica (III, cap. 34) mit Bezug auf eben jenen Digestentitel Ad legem Juliam maiestatis ein landfriedensrechtliches Fehdeverbot vorgeschlagen. Den sächsischen Räten wurden für den Frankfurter Tag von 1461, den die Kurfürsten anberaumt und nach dem kaiserlichen Verbot nach Mainz verlegt hatten, zwei streng unter Verschluß zu haltende Bücher mitgegeben, in denen alle bisherigen Handlungen der Kurfürsten in Reichs- und Kirchensachen aufgezeichnet seien [92]. Markgraf Albrecht von Brandenburg-Ansbach führte entsprechend das „Kaiserliche Buch“ mit sich, das reichspolitische Akten enthielt und kontinuierlich fortgesetzt wurde [93].

[88] *Neue Sammlung* I 1747: Neue und vollständige Sammlung der Reichs-Abschiede. Hg. J. J. Schmauß u. a. 1747, 216 ff. Vgl. §§ 7–12, 217 f.

[89] Vgl. *Most* 1956: Most, I.: Der Reichslandfriede vom 20. August 1467. Zur Geschichte des Crimen laesae maiestatis und der Reichsreform unter Kaiser Friedrich III. In: Schriften des Kopernikuskreises. Bd. 1. 1956, 191–233, 224 f.

[90] *FRA II*, 20, 215. [91] *Most* 1956, 220 f.

[92] *FRA II*, 44, nr. 75.

[93] *Höfler* 1850: Höfler, C.: Das kaiserliche Buch des Markgrafen Albrecht Achilles, vorkurfürstliche Periode 1440–1470. Quellensammlung für fränkische Geschichte, II, 1850. – *v. Minutoli* 1850: v. Minutoli, J.: Das Kaiserliche Buch des Markgrafen Albrecht Achilles 1470–1486 (Kurfürstliche Periode). 1850. – *Wagner* 1884: Wagner, F.:

III.

Die Gefahr bürgerkriegsähnlicher Zustände im Reich beschwörend, die ein neuerliches päpstliches Schisma und eine Spaltung der Nation in der Obedienzfrage verursachen würden, war der Erzbischof von Trier zu einer bemerkenswerten Formulierung gelangt: Ein Kirchenschisma schädigt die deutsche Nation erfahrungsgemäß nachhaltiger als andere Nationen, denn „vnser Natio wird gemeynlich vnder vyl herren vnd gehorsamkeyten geteylt, vnd mag nit woil vnder eyner gehoirsamkeyt behalden werden, als andere Naciones, die yre eynige kuninge haint, den yderman in semlichen sachen folgen moiß“ [94]. Der „einige König“ in dieser Formulierung ist der „unus princeps“, der „monarcha“, der durch die Rechtsmacht bestimmt wird, jedermann in allen Angelegenheiten Befehle erteilen und Gehorsam fordern zu können. Der Kaiser, der als „princeps“ des römischen Rechts und als Nachfolger der antiken römischen Kaiser, als „imperator modernus“ figuriert, ist der vom Trierer Erzbischof aufgewiesenen Pluralität der Herrschaftsgewalten im Reich zufolge eben kein „unus princeps“, kein Monarch. Er ist es nicht, obwohl Friedrich III. 1440 in den Wahlansprachen kurfürstlicher Gesandter als „monarcha et patricius orbis“, „princeps“ und „publica persona“ apostrophiert wurde [95], dort auch die wesensnotwendige Einheit und Einheitlichkeit der Herrschafts- und Befehlsgewalt durch theokratische und kosmologische Analogien, ontologisch mit dem Herrschaftsziel von Frieden und Einheit belegt und die Pluralität der Herrschaftsgewalten unter Rekurs auf Aristoteles und Thomas von Aquin abgelehnt wird [96].

Es war auch Aeneas Silvius, der in seiner Geschichte des Regensburger Tages von 1454 [97] und in seinem Brieftraktat an Martin Mair (Germania 1457/58) [98]

Das dritte kaiserliche Buch der Markgrafen von Brandenburg. In: Forschungen zur deutschen Geschichte 24 (1884), 475–564.

[94] *Ranke* VI (1926), 15. Der Berner Rat etwa erscheint seit 1477 in dem Treu- und Gehorsamseid der Berner Untertanen als deren „rechte natürliche herschaft [...], die in allen sachen ganzen und vollen gewalt und macht“ habe. *Rennefahrt* I 1928: Rennefahrt, H.: Grundzüge der bernischen Rechtsgeschichte, Bd. I. 35 f. – *Elsener* 1981: Elsener, F.: Rechtsgeschichtliche Anmerkungen zum Stanser Verkommnis von 1481. In: 500 Jahre Stanser Verkommnis. Hg. vom Historischen Verein Nidwalden und vom Historisch-Antiquarischen Verein Obwalden. 1981, 123–181; 178.

[95] *RTA* 15, nr. 106, 184.

[96] Ebda., 182. Nr. 107. – Vgl. *RTA* 13, nr. 43 (1438). – Zum Prinzip der Einheit *Gierke* 1880: Gierke, O. v.: Johannes Althusius und die Entwicklung der naturrechtlichen Staatstheorien. 1880. ND 5. unveränderte Ausgabe mit Vorwort von J. v. Gierke. 1958, 60 ff.

[97] *Wolkan* III, 1 1918: Der Briefwechsel des Eneas Silvius Piccolomini. III. Abt., 1. Bd. *FRA* II, 68. 1918, nr. 291, 492–563.

[98] *Schmidt* 1962: Enea Silvio Piccolomini: Deutschland. Der Brieftraktat an Martin Mayer. Übersetzt und erläutert von A. Schmidt. Geschichtsschreiber der deutschen Vorzeit, 104. 1962, 121 ff. – Opera omnia. Basel 1555. ND Frankfurt/M. 1961, 1061.

den Ständen vorhielt, daß die Macht, die das Reich auf Grund seiner Bevölkerung, seines militärischen Potentials und seiner natürlichen Ressourcen besitze, durch eine törichte Herrschaftsordnung (regimen) zunichtegemacht werde, da das Reich eine Vielzahl sich autonom gerierender und ihre Freiheit verabsolutierender Herrschaftsgewalten aufweise, obwohl das Prinzip der Vielheit (pluralitas) von den Staatsphilosophen verworfen werde. Er forderte die Fürsten und Städte auf, im Interesse einer Beendigung der „lites immortales" und einer nachhaltigen Befriedung des Reichs die Einheit höher zu achten als die Zersplitterung, dem Kaiser den schuldigen Gehorsam zu erweisen und einen Kaiser zu akzeptieren, der wirklich ein Monarch, ein „unus princeps" war, „qui et iubere possit et cogere" [99]. Dazu hielt er es aber auch für erforderlich, daß Fürsten und Städte auf ihre Eigentumsvorstellung – im Sinne einer willkürlichen und absoluten Sachherrschaft – verzichteten und dem Kaiser Abgaben für einen Reichsschatz (aerarium) leisteten und dem Kaiser eine bewaffnete Macht zu Gebote stand. Auf dem Regensburger Tag hatte angeblich ein fränkischer Ritter beklagt, daß sich niemand für die „Krone (corona)" und die Rechte der Krone einsetze. Der österreichische Kanzler und Vertreter des Kaisers, der Bischof von Gurk, habe diese Äußerung als eine stillschweigende Anklage gegen das Reichsoberhaupt aufgefaßt und dagegen auf das Fehlen eines Fiskus (camera) verwiesen: „ceteri reges [...] cameram habent; hinc iura corone tuentur [100]."

Trotz allem hat Friedrich III. [101] weitgehend im Stile eines Monarchen regiert [102]. Darin wurde er vor allem von seinen Fiskalen unterstützt, die unter

[99] *Wolkan* 1918, 536. – *RTA* 19, 1, 243. – Vgl. dazu *Mochi Onory* 1951: Mochi Onory, S.: Fonti canonistiche dell'idea moderna dello stato (Imperium spirituale – Iurisdictio divisa – Sovranità). Pubblicazioni dell'Universitá Cattolica del Sacro Cuore. X n. s. Vol. 38. 1951, 265, 267.

[100] *Wolkan* 1918, 553. – *RTA* 19, 1, 280. „Camera nostra inops nihil regi nostro prebet."

[101] *Koller* 1978: Koller, H.: Beiträge zum Kaisertum Friedrichs III. In: Festschrift für Heinz Löwe 1978, 585–599. – *Ders.* 1984: Koller, H.: Neuere Forschungen zur Epoche Kaiser Friedrichs III. In: Veröffentlichung des Verbandes Österreichischer Geschichtsvereine, 23 (1984). – *Ders.* 1985: Koller, H.: Aspekte der Politik des Hauses Österreich zur Zeit des Regierungsantrittes Friedrichs III. In: Österreich in Geschichte und Literatur 29 (1985) 142–159. – *Lipburger* 1982: Lipburger, P. M.: Über Kaiser Friedrich III. (1440–1493) und die „Regesta Friderici III." In: Jahrbuch der Universität Salzburg 1979/80. 1982, 127 ff. – *Heinig* 1982: Heinig, P.-J.: Kaiser Friedrich III. und Hessen. In: Hessisches Jahrbuch für Landesgeschichte 32 (1982) 63–101. – *Kramml* 1985: Kramml, P. F.: Kaiser Friedrich III. und die Reichsstadt Konstanz (1440–1493). 1985.

[102] Zum folgenden *Isenmann* 1983: Isenmann, E.: Kaiserliche Obrigkeit, Reichsgewalt und ständischer Untertanenverband. Untersuchungen zu Reichsdienst und Reichspolitik der Stände und Städte in der zweiten Hälfte des 15. Jahrhunderts. Habilitationsschrift masch. Tübingen 1983. – *Moraw* 1980: Moraw, P.: Wesenszüge der ‚Regie-

anderem in Prozessen versuchten, die Stellung des Kaisers als „unus princeps" und seine „absoluta potestas" zur Geltung zu bringen. Die Prozeßgegner, die auf die Linie des römisch-kanonischen Rechts gezwungen wurden, konnten dieser Konzeption nicht mit geeigneten Rechtsargumenten entgegentreten. Juristen im Reich gingen von denselben gemeinrechtlichen Voraussetzungen aus und kamen nicht umhin, dem Kaiser eine dispensierende und derogierende „absoluta potestas" zuzuerkennen [103].

Friedrich III. regierte überwiegend durch Delegation und Gebot. Er ermächtigte Fürsten, Herren und Stadträte zu delegierten und kommissarischen Richtern, bestellte sie zu Exekutoren, befahl ihnen den Schutz und die Verteidigung Dritter und deren Rechte. Er untersagte die Fortsetzung von Fehden und ordnete den gütlichen oder rechtlichen Streitaustrag an. Doch das modern anmutende System von Delegation und Mandat war anachronistisch, weil verfrüht und der älteren Auffassung von der persönlichen Herrschaftsausübung unangemessen. So konnte seine Regierungsweise dem Kaiser den gefährlichen Vorwurf einbringen, er sei ein „unnützer Kaiser", der selber nichts tue, sondern nur Mandate ins Reich schicke und unfähig sei, die Kriege im Reich niederzulegen [104]. Die Reichsferne des Königtums [105], die Bindung des Reichsoberhauptes in seinen Erblanden, ließ immer wieder Bestrebungen aufkommen, für die Herrschaft im Reich einen Reichsvikar oder Gubernator zu bestellen oder nach der Kaiserkrönung einen römischen König hinzuzuwählen, der im Reich die Regierung besorgte.

Die unüberwindliche Schwäche der Reichsregierung per Mandat bestand darin, daß der Kaiser seinen Befehlen lediglich die Ankündigung anhängen konnte, er werde die Ungehorsamen mit Hilfe der Gehorsamen strafen. Doch dieses Prinzip schuf dann sekundäre Ungehorsamsfälle. Gegen Hilfs- und Exekutionsmandate konnten die Befehlsadressaten immerhin von Rechts wegen die Einrede der „impossibilitas" vorbringen. Außerdem erklärten die Stände, daß sie dem Kaiser nur von Reichs wegen verbunden seien und nicht in jedem Falle. Die Vorbehaltsklauseln zugunsten des Kaisers (und des Papstes) in Einungen und Verträgen bezogen sich vielfach ausdrücklich nur auf Sachen des Reichs (und der Kirche). Auf der anderen Seite wurden dem Kaiser der Gebrauch der kaiserlichen Obrigkeit und Gewalt und die Inanspruchnahme der Machtmittel des Reichs in Fällen bestritten, die nicht das Reich berührten. Das hatte

rung' und ‚Verwaltung' des deutschen Königs im Reich (ca. 1350–1450). In: Histoire comparée de l'administration (IVe–XVIIIe siècles). Francia Beiheft 9, 1980, 149–167.

[103] *Isenmann* 1986: Isenmann, E.: Reichsrecht und Reichsverfassung in Konsilien reichsstädtischer Juristen (15.–17. Jahrhundert). In: R. Schnur (Hg.): Die Rolle der Juristen bei der Entstehung des modernen Staates. 1986, 545–628; 563 ff.

[104] *Mone* I 1848: Quellensammlung der badischen Landesgeschichte. Hg. v. F. J. Mone. Bd. 1. 1848, 450. Speyerische Chronik zu 1460/61.

[105] *Moraw* 1980, 18 ff.

zur Folge, daß eine Sphäre der Territorialität gegen das Reich abgegrenzt und in einigen interterritorialen Konflikten eine reichsrechtliche Zuständigkeit des Kaisers in Abrede gestellt wurde. Es wirkte sich verhängnisvoll aus, daß der Kaiser für exekutorische Aufgaben größerer Art neben einigen Reichsstädten, die sich nur widerstrebend dieser Aufgabe unterzogen, lediglich Stände gewinnen konnte, die mit der Reichsaufgabe zugleich eigene territoriale Interessen zu verfolgen trachteten und dadurch den Reichsauftrag diskreditierten. Unter diesen Umständen wurde die zugrundeliegende Rechtsfrage von den Betroffenen in publizistischer Auseinandersetzung mit dem Kaiser und seinen Helfern konsequent politisiert und aufgeweicht, um dem Unternehmen den reichsrechtlich die Stände und Städte zu Hilfe verpflichtenden Charakter einer Reichsexekution zu nehmen. Und schließlich war der Kaiser selbst als österreichischer Landesfürst in komplexe territoriale Konflikte involviert. In diesem Fall wurde er als eine koordinierte fürstliche Gewalt betrachtet, die sich den Regeln zwischenständischen Streitaustrags zu unterwerfen hatte, und insoweit nicht als Obrigkeit anerkannt.

Gegen das Auseinanderfallen von Reich und Territorialität, das auf allodialem Denken beruhte, bemühte die kaiserliche Seite verstärkt das Lehnrecht, die oberlehnsherrliche Pflicht des Kaisers zum Schutz der Reichslehen, das Interventionsrecht des Lehnsherrn auch auf der Grundlage des vom gemeinen Recht formulierten Rechtsvorbehalts zugunsten der superioren Gewalt, das Gebot der Substanzerhaltung der Lehen im Interesse der ungemindert davon zu leistenden Reichsdienste, ferner den Begriff des „Reichseigentums" und die Figur der Integrität des Reichs und seiner Glieder. Der Jurist Dr. Martin Mair stellte gutachtlich heraus, daß durch das Reichsfriedensrecht – er bezog sich auf das absolute Fehdeverbot von 1467 – die zwischenständischen bewaffneten Territorialkonflikte zu einer „Reichs sach" wurden und der Kaiser befugt war, „von ambts wegen" Reichshilfe zum Schutz des gemeinen Friedens und zur Bestrafung des Landfriedensbruchs aufzubieten [106].

IV.

Der noch unabgeschlossene und deshalb besonders konfliktträchtige Prozeß der Territorialisierung, der Konsolidierung und Arrondierung der Territorien, und die sich daraus ergebenden dynastischen Gegensätze stellten hohe Anforderungen an Autorität und Durchsetzungsvermögen des Reichsoberhauptes. Vermutlich Martin Mair hat um 1461 die relativ stabilen gegensätzlichen Parteigruppierungen im Reich um die Häuser Wittelsbach und Hohenzollern im Zusam-

[106] *Lichnowsky* 7, 1843 (ND 1973): Lichnowsky, E. M. Fürst v.: Geschichte des Hauses Habsburg. 7. Teil. 1843. ND 1973, C, nr. II, CCCCLXXIII ff.

menhang mit Bemühungen, dem König von Böhmen die „oberkeit und administration" im Reich zu verschaffen, dem Papst gegenüber analytisch dargestellt [107]. Der Kaiser sei nicht nur unfähig, im Reich Frieden herzustellen, sondern er habe geradezu als Verursacher von Unruhe und Fehden zu gelten. Seine „lasskeit" habe ihm die Grundlage der Reichsregierung, den Gehorsam und die Achtung der Fürsten, entzogen. Mair legt dar, daß ein Antagonismus der im Reich vorherrschenden ständischen Parteiengruppierungen zu einem völligen Stillstand in der Reichspolitik und in den Bemühungen um einen Kriegszug gegen die Türken geführt habe, da sich die politischen Kräfte durch den Parteiengegensatz aufhöben: „keyn teyl gestatt, das ymand an seinen widerteyl dorzu gelassen würd, vnd ob ymand dorzu gelassen würd, so würd doch derselbs nit die volg erlangen als dann notturft der sachen erfordert". Um diesen Stillstand zu überwinden und endlich den Türkenkrieg in Gang zu bringen, sei es erforderlich, daß „ein obergewalt kombt, der macht hat vnd geforcht ist, der erlangt was er will". Daß der im Reich als „aufgerückt", als Parvenü betrachtete und als Ketzerkönig in seiner eigenen Herrschaft in Böhmen gefährdete Georg von Podiebrad diese Obergewalt sein könne, war letztlich illusionär; die verfassungs- und reichsgeschichtliche Lage war jedoch treffend dargelegt. Rational waren an sich auch die Gründe, die für den König von Böhmen ins Feld geführt wurden. Die Lage Böhmens, so lautet das geopolitische Argument, zwischen Ungarn und dem Reich und in Nachbarschaft zu Polen, Herzog Albrecht von Österreich, der österreichischen Landschaft und dem Herrschaftsgebiet Herzog Ludwigs von Bayern-Landshut sei sowohl für die Herstellung des Friedens im Reich als auch für die Durchführung des Türkenkrieges besonders günstig. Ferner wird auf den politischen Umstand verwiesen, daß ein Teil der Kurfürsten (Brandenburg, Sachsen) und Fürsten sowie der mächtigen Reichsstädte dem König durch Erbeinungen, Einungen, Lehensbindungen und Heiratsverbindungen in hohem Maße verpflichtet sei, so daß sie „vff in mer dann keinen anndern fürsten ein vfsehen haben vnd sich auch nach im mer dann nymand anders hallten vnd richten".

Die Reichskriege an Donau und Rhein (1459–1463), die Friedrich III. durch Markgraf Albrecht von Brandenburg-Ansbach, den Grafen Ulrich von Württemberg und den Markgrafen Karl von Baden als kaiserliche „Partei" gegen Herzog Ludwig von Bayern-Landshut, den Bruder des Kaisers Herzog Albrecht VI. von Österreich und Pfalzgraf Friedrich führen ließ, zeigen eine heillose Verquickung von Reichsrecht und territorialen Auseinandersetzungen und legen in eindringlicher Weise die Diskrepanz zwischen der Inanspruchnahme der kaiserlichen Amtsgewalt und dem mangelnden Durchsetzungsvermögen des Kaisers bloß [108]. Dies ließ nach Lösungen suchen.

[107] *v. Hasselholdt-Stockheim* 1865, nr. LV, 301–316.

[108] *Isenmann* 1983. – *Krimm* 1976: Krimm, K.: Baden und Habsburg um die Mitte des 15. Jahrhunderts. Fürstlicher Dienst und Reichsgewalt im späten Mittelalter. 1976.

Und zwei Lösungen der in den Vordergrund gerückten Machtfrage wurden dem Kaiser angetragen.

Markgraf Albrecht schlug dem Kaiser noch während des Krieges vor, als künftige Machtgrundlage eine unwiderstehliche Allianz kaiserlicher Parteigänger zu etablieren, die es übernehmen würde, die ins Reich gesandten kaiserlichen Befehle zu vollziehen. Dies bedeutete im wesentlichen politisch nichts anderes als eine Aufrechterhaltung der bisherigen Kriegskonstellation auch in Friedenszeiten und eine ständige Herausforderung der Wittelsbacher. Der Vorschlag wurde dann in Konkurrenz zu bayerischen Bündnisplänen im schwäbischen Raum, die Fürsten und Städte umfaßten, dahingehend konkretisiert, daß der Kaiser von seinem 1463 verstorbenen Bruder Albrecht „Schwaben", d. h. Vorderösterreich, übernehmen und eine Einung zwischen Baden, Württemberg und den schwäbischen Reichsstädten bewerkstelligen sollte. Gestützt auf diese Einung und auf die Hohenzollern, eventuell noch auf Sachsen, wäre der Kaiser „ein Herr aller Herren" und „mocht wol brechtlich regiern im Reich, es wer ydermann lieb oder laydt" [109].

Umfassender ist ein Projekt angelegt, das während der Prager Friedensverhandlungen 1463 zwischen dem damals als Vermittler und Schiedsrichter fungierenden König Georg von Böhmen, dem kaiserlichen Rat Hans von Rorbach und dem federführenden Dr. Martin Mair als bayerischem Rat verhandelt wurde [110]. Der Grundgedanke ist die förmliche Wiederherstellung der unterbrochenen Loyalitätsbeziehungen und eine Einung der ehemaligen hauptsächlichen Kriegsgegner (Kaiser, Markgraf Albrecht, Herzog Ludwig und Pfalzgraf Friedrich) unter Einbeziehung des Königs von Böhmen, dessen reichspolitische Ambitionen auf diese Weise befriedigt werden sollten. Der Einung, die vorübergehend die Form eines Geheimbündnisses annehmen sollte, war die Aufgabe zugedacht, im einzelnen benannte reichspolitische Konfliktherde, die in Gefahr einer weiteren Ausbreitung standen, zu bereinigen, Reformmaßnahmen durchzusetzen und künftighin den Friedensschutz zu gewährleisten. Zu den Reformen gehörten ein Reichsfrieden, eine Gerichts- und Münzreform sowie die Neufundierung der kaiserlichen Finanzen aus dem Reich auf der Grundlage von Regalitätsrechten und ihre Steigerung durch eine befristete allgemeine Reichssteuer, eine Judensteuer und eine Abgabe vom geistlichen Vermögen [111].

[109] *Höfler* 1850, nr. 38, 102; 20. März 1464.

[110] *FRA* II, 20, nr. 310, 313–319. – *Höfler* 1850, 37 ff. – *Molitor* 1921: Molitor, E.: Die Reichsreformbestrebungen des 15. Jahrhunderts bis zum Tode Kaiser Friedrichs III. 1921. ND 1969, 131 ff. – *Angermeier* 1966: Angermeier, H.: Königtum und Landfriede im deutschen Spätmittelalter. 1966, 485 ff. – *Ders.* 1984, 138 f. – *Watanabe* 1979: Watanabe, M.: Imperial reform in the mid-fifteenth century: Gregor Heimburg an Martin Mair: In: The Journal of Medieval and Renaissance Studies 9 (1979), 209–235. – *Isenmann* 1975, 248 ff.

[111] *Isenmann* 1980, 146 ff.

Die Einungsfürsten sollten die anfallende allgemeine Steuer in ihren Territorien einbehalten dürfen. Von dem Steueraufkommen waren der Unterhalt der ordentlich zu besetzenden Gerichte und der Friedensschutz zu finanzieren. Zwar sollten die Reformen einvernehmlich mit den übrigen Reichsständen auf einer Versammlung zu Eger durchgeführt werden, für den Fall jedoch, daß dies nicht gelänge, sollte der Kaiser die Maßnahmen „von ambtswegen" dekretieren und mit Hilfe der Einung gegen Widerstände, die vor allem von den finanziell am meisten belasteten Reichsstädten erwartet wurden, mit Zwangsmaßnahmen durchsetzen.

Wie andere Vorschläge aus der Feder Dr. Mairs, von dem es damals hieß, er solle römischer Kanzler werden, zeichnet auch dieses Projekt neben intriganten Zügen ein überraschender rationaler Konstruktivismus aus. Hervorstechend ist dabei analytische Art, mit der gegenüber dem Kaiser die unabweisbare Notwendigkeit von Reformen begründet wird. Indem Mair verfassungsgeschichtliche Ansätze und Tendenzen konsequent zuendedenkt, zeigt er die Gefahr auf, daß es bei einem Ausbleiben von kaiserlichen Reformmaßnahmen zu einer völlig autonomen Selbstorganisation des Reichs kommt und die kaiserliche Herrschaftsgewalt dadurch zwangsläufig obsolet wird: Denn Fürsten und Städte werden den Unfrieden im Reich nicht tatenlos hinnehmen und sich untereinander verständigen, Landfrieden und Austragsinstanzen errichten und Landfriedenshauptleute einsetzen, wie sie es gelegentlich schon beabsichtigten. Zwar wird die kaiserliche Obrigkeit in den ständischen Zusammenschlüssen vorbehalten, doch wird die kaiserliche Gerichtsbarkeit angesichts der ständischen Instanzen nicht mehr in Anspruch genommen und praktisch erlöschen. Ob der Kaiser in einem fortgeschrittenen Stadium diese Entwicklung mit Waffengewalt noch aufhalten kann, erscheint zweifelhaft. Von den vorgeschlagenen Reformmaßnahmen wird hingegen behauptet, sie seien dazu geeignet, daß der Kaiser „solich gehorsam vnd vorcht erlanngt, die in langer zeit kain Ro. kaiser ye gehabt hat".

Die Diskussion über das Projekt, in der sich die Wittelsbacher und notgedrungen auch Markgraf Albrecht zu Wort meldeten, ging hauptsächlich um den Kreis der an der Einung zu beteiligenden Fürstenhäuser, um Art und Umfang der finanziellen Belastung des Reichs und der Partizipation der Einungsfürsten an den Einnahmen sowie um Form und Rechtsnatur der Einung. Der Fürstenbund war nach den Vorstellungen der Wittelsbacher [112] so auszugestalten, daß die daneben bestehenden zwischenständischen Einungen nicht beeinträchtigt wurden, diese jedoch auch nicht gegen den Kaiser und die dem Fürstenbund zugrundeliegenden Vereinbarungen gerichtet sein durften. Die Wittelsbacher legten Wert darauf, daß die Fürsten „nicht zu hoch verbunden werden dem Kaiser anders dann von allter herkomen vnd verrer dann zu handhabung des

[112] *FRA* II, 20, nr. 311, 319–321.

fridens vnd der ding dartzu dienen". Der erwählte Erzbischof von Köln, ein Wittelsbacher, und die Kurfürsten von Brandenburg und Sachsen sollten einbezogen werden.

Markgraf Albrecht [113] schlug vor, je zwei Fürsten aus den Häusern Österreich (Kaiser und Herzog Sigmund), Böhmen (König Georg und sein Sohn Herzog Viktorin), Bayern (Herzog Ludwig und Pfalzgraf Friedrich), Sachsen (Kurfürst Friedrich und Herzog Wilhelm) und Brandenburg (Kurfürst Friedrich und Markgraf Albrecht) in den Bund aufzunehmen. Damit waren die Wittelsbacher in der Minderheit. Die beabsichtigte Beherrschung des Reichs durch den Bund der zehn Fürsten gibt der Markgraf mit den Worten wieder: „Wann die all gehen mit dem kayser, auß einem mund redten, bedarf man sich nit besorgen keins widerstands".

Wo es im Zuge einer Oligarchisierung der Reichsherrschaft ausdrücklich darum gehen sollte, die „mächtigsten" Fürsten des Reichs zu vereinigen, spielten die geistlichen Kurfürsten keine Rolle. Sie waren zweitrangige territoriale Mächte; ihr reichspolitisches Ansehen beruhte ganz auf der verfassungsrechtlichen Stellung der Kurfürsten, und ihr politisches Gewicht resultierte aus dem formell gleichen Stimmrecht, das sie in dem nach Mehrheitsprinzip entscheidenden Kurkolleg, in den Kurvereinen und in der kurfürstlichen Kurie des späteren Reichstags besaßen.

Die Verhandlungen über das Fürstenbundprojekt scheiterten wohl an den fürstlich-dynastischen Gegensätzen und nicht zuletzt am Kaiser, von dem bezeichnenderweise keine Stellungnahmen überliefert sind. Falls die Angaben Markgraf Albrechts aus sächsischer Quelle von Anfang 1466 zutreffen [114], löste Bayern das Fürstenbundprojekt auf der Grundlage von fünf Fürstenhäusern vom Kaiser und dessen Haus, indem es die Landgrafen von Hessen an die Stelle der Habsburger treten ließ. Alle bestehenden Einungen und Verträge mit anderen Fürsten sollten aufgekündigt werden; niemand, auch nicht Kaiser und Papst, sollte ausgenommen werden. Die Einung beruht der Konstruktion nach auf einem Defensivbündnis und einer Schiedsinstanz. Der Fürstenbund sollte sich jedoch über die Beilegung interner Streitfälle hinaus generell um die Streitschlichtung im Reich bemühen, indem die Einungsmitglieder jährlich in Nürnberg zusammenkommen und darüber beraten sollten, wie sie „frid vnd sone [Sühne] jm reich wollen machen und behalten". Die Räte sollten in häufigeren Besprechungen die Reichspolitik des Fürstenbundes koordinieren, um „gutte regierung jm reich zu setzen". Das Ziel war damit die Errichtung einer ständisch-oligarchischen Nebenregierung auf dem Felde der Friedenswahrung

[113] *FRA* II, 46, nr. 478, 581 f. – *Höfler* 1850, 101 f.

[114] *FRA* II, 46, nr. 25, 36 f. – *Heimann* 1982: Heimann, H.-D.: Zwischen Böhmen und Burgund. Zum Ost-West-Verhältnis innerhalb des Territorialsystems des deutschen Reiches im 15. Jahrhundert. 1982, 308 ff., 321 ff.

und schiedsgerichtlichen Streitentscheidung in Konkurrenz zu der obrigkeitlichen Reichsgewalt des Kaisers. Die Gefahr einer ständischen Selbstorganisation, die Dr. Mair 1463 beschworen hatte, trat hier, wohl diesmal von Mair als bayerischem Rat aktiv gefördert, deutlich zutage. Herzog Wilhelm von Sachsen gegenüber, der ihn von dem bayerischen Plan unterrichtet hatte, lehnte Markgraf Albrecht einen Beitritt ab und schlug seinerseits vor, ausgehend von der brandenburgisch-sächsischen Erbeinung einen Zusammenschluß mit dem Kaiser, den Grafen von Württemberg, Herzog Ludwig und Pfalzgraf Friedrich herbeizuführen. Dem Grafen Haug von Werdenberg aber legte er nahe, den Kaiser zu veranlassen, daß er den sächsischen Herzögen verbiete, sich ohne Wissen und Zustimmung des Kaisers in Einung mit den Wittelsbachern zu begeben, zugleich jedoch selber für Frieden und Konfliktbereinigung im Reich zu sorgen.

Die bayerische Politik einer landfriedensrechtlichen Selbstorganisation im Sinne Mairs, verbunden jedoch mit dem Ziel einer territorialpolitischen Hegemonie Bayerns im schwäbischen Raum, hatte bereits früher eingesetzt und Abwehrmaßnahmen der kaiserlichen Seite hervorgerufen. Wie im vergangenen Reichskrieg wurde die kaiserliche Reichspolitik immer noch von Markgraf Albrecht mitformuliert. Nachdem am 22. Januar 1465 in Ulm auf die Initiative Herzog Ludwigs hin ein dreijähriger Landfriede zwischen dem Herzog, den Herzögen von Bayern-München, Herzog Sigmund von Österreich, dem Kardinal Peter von Augsburg, Graf Eberhard von Württemberg und den Reichsstädten Augsburg, Ulm, Aalen, Giengen und Memmingen vereinbart worden war [115], verlangte der Kaiser auf einem Tag zu Ulm, zu dem er die Fürsten, Herren, Prälaten, die Ritterschaft und die Städte Schwabens berufen hatte, eine Ausdehnung dieses Landfriedensbündnisses auf das gesamte Schwaben. Dies geschah nach längeren Verhandlungen am 24. April 1465 auf einem erneuten Ulmer Tag [116]. Dadurch entwertete der Kaiser den Landfrieden als Instrument bayerischer Politik. Dazu verkündete er am 18. Juli 1465 die Frankfurter Friedensordnung von 1442 erneut als Reichsgesetz [117].

Der Kaiser ging noch einen Schritt weiter, indem er die Fürsten, Städte, Stifter und freien Ritterbünde zwischen dem Oberrhein und dem Thüringerwald in Sachsen auf den 2. Februar 1466 nach Ulm berief und ihnen einen von Markgraf Albrecht ausgearbeiteten kaiserlichen Landfriedensentwurf für den Süden des Reichs vorlegte, dessen zunächst regionale Beschränkung mit Schwierigkeiten hinsichtlich der Errichtung eines allgemeinen Reichsfriedens und mit einem Kompliment für die Reichstreue der süddeutschen Stände und Städte

[115] *Kluckhohn* 1865: Kluckhohn, A.: Ludwig der Reiche, Herzog von Bayern. 1865, 250.

[116] *Lichnowsky* 7, 1843, Regg. 961, 981. – *Chmel* 1838/40 (1962), Reg. 4146.

[117] *Chmel* 1838/40 (1962), Reg. 4229.

begründet wurde [118]. Nicht geladen waren allein Herzog Ludwig, der Pfalzgraf und der Bischof von Würzburg. In seiner einungsrechtlichen Verfassung weist der Entwurf in manchen Punkten auf den Schwäbischen Bund von 1488 voraus. Dem Kaiser war die Einsetzung von Hauptleuten und Erkorenen als oberste Gerichtsinstanz vorbehalten. Der Kaiser würde den Landfriedensbund bestätigen; Hilfsaktionen und Strafurteile sollten in seinem Namen erfolgen. Den Bundesmitgliedern sollte die Führung des kaiserlichen Banners verliehen werden als einer Vereinigung jener, „die in alle Wege ein Auffsehen haben" auf das Reichsoberhaupt „als den römischen Kaiser und ihren rechten Herrn". Die Wittelsbacher, die ungeladen dennoch Gesandte zu dem Tag geschickt hatten, verlangten die Einbeziehung der nicht geladenen Fürsten in den zu errichtenden Landfrieden, da die wesentlichen Verkehrslinien, die dem kaiserlichen Entwurf entsprechend geschützt werden sollten, durch ihre Territorien verliefen [119]. Es gelang ihnen in der Folgezeit, die Städte gegen die kaiserlichen Vorschläge einzunehmen, so daß der Kaiser den Plan eines von ihm beherrschten regionalen Landfriedens zugunsten eines allgemeinen Reichsfriedens aufgeben mußte. Der 1488 ins Leben gerufene Schwäbische Bund war formell eine regionale, vom Kaiser autoritativ gebotene Landfriedenseinung zur Handhabung des Frankfurter Reichsfriedens von 1486, politisch sollte er ein Widerlager gegen das Haus Bayern bilden, das in den schwäbischen Raum mit seinen Reichsstädten und kleineren Adelsherrschaften vorzudringen versuchte [120].

V.

Eine andere Form des bündischen Zusammenschlusses von Teilen des Reichs oder von dessen Gesamtheit betrifft Hilfbündnisse gegen fremde Mächte. Die Notwendigkeit dazu resultierte aus dem Fehlen einer Kriegsverfassung des Reichs, der Gewohnheit der individuellen fehderechtlichen Absage im Falle einer Reichshilfe [121] und aus dem Verlangen, sich gegen spätere Revancheakte des Gegners zu sichern. Die Absetzung König Georgs von Böhmen durch die Kurie 1466 und der gegen ihn eröffnete Ketzerkrieg veranlaßten Friedrich III. in den Jahren 1467/68, den Abschluß eines Freundschafts- und gegenseitigen

[118] *Müller* (II) 1713, 199–201.

[119] *Kluckhohn* 1865, 252.

[120] *Bock* 1927: Bock, E.: Der Schwäbische Bund und seine Verfassungen. 1488–1534. Ein Beitrag zur Geschichte der Reichsreform. 1927. ND mit Vorrede des Verfassers 1968. – *Hesslinger* 1970: Hesslinger, H.: Die Anfänge des Schwäbischen Bundes. Ein Beitrag zur Geschichte des Einungswesens und der Reichsreform unter Kaiser Friedrich III. 1970.

[121] Vgl. die Bedenken der Kurfürsten auf dem Koblenzer Tag von 1492. – *Janssen* II 1872, 561.

Hilfsbündnisses der Böhmen nächstgesessenen Fürstenhäuser Österreich, Bayern, Sachsen und Brandenburg sowie einer Reihe von Reichsstädten vorzuschlagen [122]. Der Kaiser wollte in seiner Eigenschaft als österreichischer Landesfürst als koordiniertes Mitglied mit gleichen Pflichten beitreten. Vorgesehen war ein abgestufter Hilfsmechanismus auf bündischer und zuletzt reichsrechtlicher Grundlage. Sollte der böhmische Angriff so stark sein, daß die vereinbarte Hilfe nicht ausreichte, sollte sie einmütig oder durch Mehrheitsbeschluß heraufgesetzt werden. Erst wenn die Kräfte der Bundesmitglieder trotzdem nicht genügten, wollte der Kaiser als Reichsoberhaupt den außerhalb des Bundes stehenden Ständen und Städten obrigkeitlich Hilfe und Beistand gebieten. Dieses organisatorische Subsidiaritätsprinzip, wonach sich angegriffene Reichsglieder zunächst mit eigenen Mitteln und durch nachbarschaftliche oder regionale Zusammenschlüsse helfen und erst dann, wenn die Situation auf diese Weise nicht zu bewältigen war, an König und Reich appellieren sollten, galt generell und war, ausgehend von der friedensrechtlichen Nachteile, auch Organisationsprinzip von Land- und Reichsfrieden. Im Falle des böhmischen Königs wollten sich die meisten Fürsten jedoch nicht in eine Konfrontation hineinziehen lassen und versuchten statt dessen, zwischen dem König und der Kurie zu vermitteln, obwohl sie von Papst Paul II. zum Ketzerkrieg aufgefordert worden waren. Im übrigen wurde das Bündnis zusätzlich mit der Notwendigkeit begründet, die Donaustraße im Hinblick auf einen Türkenzug zu sichern.

Der Gedanke einer Verteidigungsallianz gegen fremde Mächte, die jedem einzelnen angegriffenen Reichsstand Schutz gewährte, wurde 1481 auf dem Nürnberger Reichstag im Zusammenhang mit dem Krieg gegen Ungarn und einer möglichen militärischen Auseinandersetzung mit Frankreich auf das gesamte Reich ausgedehnt und – zumindest nach Auffassung Sigmunds von Tirol – förmlich zum Beschluß erhoben [123]. Auf dem Frankfurter Reichstag von 1486 wurde ein auf drei Jahre befristeter Bündnisvertrag zwischen dem Kaiser, König Maximilian und den Reichsständen ausgearbeitet, um damit die Reichshilfe gegen König Matthias abzusichern [124]. Der Vertrag beruhte auf dem Gedanken einer Solidargemeinschaft aller in der Frankfurter Reichsmatrikel geführten Reichsstände und auf dem Gedanken der Integrität des Reichs, die durch den kollektiven Schutz der hilfswilligen Stände gegen Angriffe von seiten des Ungarnkönigs oder auch anderer Nationen gewahrt werden sollte. Der Bündnisfall sollte eintreten, wenn ein Stand oder mehrere Stände trotz eines ordent-

122 *FRA II*, 46, nrr. 46. – Vgl. ebda., nrr. 35, 40, 43, 47 f. – *Höfler* 1850, nrr. 56–88. – *Müller* (II) 1713, 289, 305 ff.

123 *Priebatsch* III 1898, 111, 359. – *Hartung* 1913: Hartung, F.: Die Reichsreform von 1485 bis 1495. Ihr Verlauf und ihr Wesen. In: Historische Vierteljahrschrift 16 (1913) 24–53, 181–209; 26.

124 *Müller* (III) 1713, 9, 12, 19. – *Angermeier* 1966, 524 f.

lichen und redlichen Rechtgebots, d. h. eines Erbietens zu schiedsgerichtlichem Streitaustrag, mit Gewalt überzogen wurden.

Dieser begrenzte Allianzgedanke wurde auf dem Nürnberger Reichstag von 1487 in einem kurfürstlich-fürstlichen Gutachten [125] zu einer Reichsordnung – „ordnung, gesetz (satzung) und constitution" – umgeformt und erweitert. Dies geschah dadurch, daß die Vertragsdauer vom aktuellen Ereignis des Ungarnkrieges gelöst und an den zehnjährigen Frankfurter Reichsfrieden gebunden wurde. Zugleich wurde der die Allianz begründende Schutz gegen äußere Feinde mit der Handhabung des inneren Friedens („einlendiger Friede") im Sinne eines Rechtsfriedens verknüpft, der auf der Jurisdiktion eines reformierten, von kaiserlichen Eingriffen freien Kammergerichts und einer Regelung der friedensrechtlichen Exekution durch eine spezielle „Deklaration" zum Frankfurter Reichsfrieden beruhen sollte. Schließlich wurde der Zweck der Defensivallianz nach außen dahingehend erweitert, daß sie nicht nur dem Schutz der Reichsstände dienen, sondern zugleich Versuche fremder Mächte vereiteln sollte, „des reichs titel, ere, wirde und oberkeit" sowohl den legitimen Herrschern als auch der deutschen Nation zu entziehen. Der Kaiser formte allerdings den Vertrag in ein kaiserliches, mit Rat und Willen der Stände zustandegekommenes Gebot um [126].

Gedanklich wurde der Boden für eine institutionalisierte Reichsordnung, wie sie dann 1495 beschlossen wurde, weiter auf dem Nürnberger Reichstag von 1491 bereitet. Ein Vorschlag König Maximilians [127], mit dem dieser den Reformern um Erzbischof Berthold von Mainz entgegenkam, enthält als neue Elemente eine Verlängerung des Frankfurter Reichsfriedens (1486) aus kaiserlicher und königlicher Machtvollkommenheit „auf ewig zeit"; periodische jährliche Versammlungen des Kaisers oder Königs mit den Ständen, auf denen zur Handhabung von Recht, Frieden und Einigkeit Maßnahmen gegen alle Arten rechtswidriger, unbilliger Gewalt, die sich im Reich ereigneten oder gegen das Reich geübt wurden, einmütig oder mit Mehrheit beschlossen, von Kaiser und König mit Hilfe des Reichs (d. h. der Reichsstände) vollzogen werden sollten; eine Exekutionstruppe für den Friedensschutz, die in sechs zu bildenden Reichskreisen aufzubringen war und jeweils zwei Kreishauptleuten unterstehen sollte. Dieses Kriegsvolk sollte mit Rat der Kurfürsten und Fürsten und nur mit Wissen und Willen von Kaiser und König eingesetzt werden.

Es handelt sich um eine Übereinkunft zwischen König Maximilian und den Kurfürsten und Fürsten vorbehaltlich der kaiserlichen Genehmigung [128]. Auf

[125] *Wagner* 1884, 497 ff.

[126] Ebda., 500 f.

[127] Ebda., 551–554.

[128] *Lichnowsky* 8 1844 (ND 1973), nr. XII, DCCLIX. Kaiserliche Instruktion für den österreichischen Kanzler Dr. Bernhard.

einer nachfolgenden Versammlung königlicher Gesandter mit dem Schwäbischen Bund in Rothenburg ließ König Maximilian eine „ewige erstreckung" des zehnjährigen Frankfurter Reichsfriedens und konsequenterweise daran gekoppelt eine unbefristete Erstreckung der Vertragsdauer des Schwäbischen Bundes sowie eine „gemeine eynung durch das ganze Reich, die die Reichseynigung genannt werden soll", vorschlagen [129]. Der Kaiser lehnte jedoch eine derartige Verlängerung des Schwäbischen Bundes kategorisch ab und sah keine Notwendigkeit, den Frankfurter Reichsfrieden auf ewig zu erstrecken. Er und seine Ratgeber waren vielmehr der Ansicht, daß eine Erstreckung – aus kaiserlicher Machtvollkommenheit – mißachtet würde und durch sie nur die Rechtsgrundlage und Geltung des zehnjährigen Friedens gefährdet würden, „so man solichen frid sunst schuldig sey zuhalten". Ferner hielt er die jährlichen Versammlungen zur Handhabung des Friedens für nutzlos, denn auf Grund eigener Erfahrungen auf dem Nürnberger Tag von 1487 meinte er die Voraussetzung für eine erfolgreiche Handhabung des Friedens, den generellen Friedenswillen der Stände und die durchgehende Erfüllung der Friedensordnung durch die Stände, in Zweifel ziehen zu müssen. Stattdessen warnte er vor einer Gefährdung der kaiserlichen und königlichen Obrigkeit, die von derartigen Versammlungen ausgehen könnten [130].

Auf dem Koblenzer Reichstag von 1492 bot dann Maximilian einen beständigen, ewigen Landfrieden und eine Ordnung des Kammergerichts gegen eine allgemeine Reichssteuer zur Finanzierung des Krieges gegen die Türken und gegen Frankreich an [131]. Die Reichsstände hatten indessen stets eine nachhaltige Befriedung des Reichs durch einen „gemeinen Landfrieden" in Verbindung mit einer gewährleisteten Jurisdiktion des Kammergerichts zur Voraussetzung für militärische Unternehmen des Reichs erklärt.

Am Ausgang des 15. Jahrhunderts bündelten sich somit verschiedene Elemente einer Reichsreform, wie sie seit ihrer Grundlegung in den Jahren 1434 bis 1438 entwickelt worden waren [132].

In der vorliegenden Untersuchung ging es nicht um eine Darstellung der Reformvorschläge in ihren Einzelheiten, sondern um Grundzüge eines auf die

[129] Markgraf Friedrich von Brandenburg an Kurfürst Johann am 20. Juli 1491. *Höfler* 1851, nr. 107, 117 f.

[130] *Lichnowsky* 8 1844 (ND 1973), nr. XII, DCCLX f. Über den Schwäbischen Bund hieß es am Kaiserhof (zu Linz), er „vnderstee sich teglich grosser vnd braytter zu werden", und künftighin würden die Bundesmitglieder „nichts vff die kais. oder ko. M. geben vnd selbs kayser vnd konig sein". Mit diesen Reden mache man dem Kaiser „viel nachgedenken vnd anfechtung". Relation des brandenburgischen Geschäftsträgers Dr. Pfotel an Markgraf Friedrich vom 16. März 1492. *Höfler 1851:* Höfler, C.: Fränkische Studien (IV). In: Archiv für Kunde österreichischer Geschichts-Quellen 7 (1851), nr. 112, 126 f.

[131] *Janssen* II 1872, nr. 709, 563.

[132] *Angermeier* 1984, 70 ff.

Integration und Konsolidierung der Reichsordnung gerichteten Verfassungsdenkens [133]. Die Schwäche der kurfürstlichen Reformvorschläge der 50er Jahre, die in ihrer Genese noch stark von kirchenpolitischen Zielsetzungen mitgeprägt waren, bestand darin, daß sie ganz auf ein Zusammenwirken zwischen dem Kaiser und einem Kurverein abgestellt waren. Die Fürstenbundprojekte seit 1463 hingegen beruhten auf einer Zusammenfassung antagonistischer territorialpolitischer und dynastischer Kräfte und ließen die Kurfürsten als Kategorie der Reichsverfassung in dem Konzept einer Oligarchisierung der Reichsverfassung außer Betracht, so daß die geistlichen Kurfürsten, nicht jedoch Brandenburg und Sachsen – Böhmen nahm politisch durch König Georg ohnehin eine Sonderstellung ein – ausschieden. Ostentativ wurde der Machtgedanke hervorgehoben und vordergründig auf den Kaiser als den Inhaber der regulären Amtsgewalt zugespitzt, obwohl er koordiniertes Einungsmitglied sein sollte. Die Reformbewegung seit 1485/86, die von einer weitgehend neuen Fürstengeneration getragen und vom Erzkanzler Berthold von Henneberg angeführt wurde [134], brachte den Durchbruch zu einer institutionalisierten Reichsordnung und sicherte vorab den Kurfürsten und Fürsten eine institutionelle Teilhabe an der Reichsregierung, ohne jedoch die Herren und Reichsstädte völlig auszuschließen. An die Möglichkeit einer monarchischen Integration und Konsolidierung des Reichs mochte Kurfürst Albrecht von Brandenburg seit längerem nicht mehr glauben; 1481 schrieb er an seinen Sohn Markgraf Johann: „der einiger lebt nit, der sein macht hat, das ganz reich zu layten, wie er will" [135].

[133] Außer Betracht mußte die Formierung des Reichstags seit etwa 1480/81 bleiben, da dieser für die Reichsverfassung zentrale Integrationsvorgang einer eigenen Untersuchung bedurfte. Grundlegend für eine Revision der älteren Auffassung vom mittelalterlichen Reichstag und für eine entwicklungsgeschichtliche Neuorientierung ist *Moraw* 1980.

[134] *Hartung* 1913. – *Bader* 1954: Bader, K. S.: Kaiserliche und ständische Reformgedanken in der Reichsreform des endenden 15. Jahrhunderts. In: Historisches Jahrbuch 73 (1954), 74–94. – *Schröcker* 1970: Schröcker, A.: Unio atque concordia. Reichspolitik Bertholds von Henneberg 1484–1504. Diss., Würzburg 1970. – *Töpfer* 1977: Töpfer, B.: Stände und staatliche Zentralisation in Frankreich und im Reich der zweiten Hälfte des 15. Jahrhunderts. In: Jahrbuch für Geschichte des Feudalismus 1 (1977), 233–272. – *Angermeier* 1984, 145 ff.

[135] *Priebatsch* III 1898, nr. 807, 114.

Werner Rösener

Landesherrliche Integration und innere Konsolidierung im württembergischen Territorialstaat des ausgehenden Mittelalters

I.

Die Festigung und Erstarkung des Territorialstaates war nach weitverbreiteter Auffassung ein Hauptergebnis der krisenhaften Entwicklungstendenzen in Wirtschaft, Gesellschaft und Herrschaft des spätmittelalterlichen deutschen Reiches. Prononciert wurde diese Ansicht von F. Graus vertreten, als er 1975 schrieb: „Als Sieger ging letztlich aus den Krisen des Spätmittelalters (von den Niederlanden abgesehen) nicht das Bürgertum hervor, sondern der Territorialstaat; die staatliche Gewalt zunehmend entpersonalisiert (trotz Beibehaltung der alten Formen) begann, eine immer bedeutendere Rolle zu spielen“ [1]. W. Näf unterstrich besonders die Bedeutung des 15. Jahrhunderts für die Entstehung des frühmodernen Territorialstates: Eine neue Auffassung von der Staatsgewalt und neue Aufgaben, die an die fürstliche Regierung herangetreten seien, hätten damals die ältere mehr patrimoniale Anschauung vom Hausbesitz des Landes zurücktreten lassen. Der Umfang der Staatsangelegenheiten habe sich beträchtlich erweitert: Zur Rechtspflege, zur Verwaltung von Domänen und Regalien, zur Finanzverwaltung seien neue Aufgaben gekommen wie Verkehrsfragen und Probleme der Lebensmittelversorgung. „Im Zusammenhang mit all dem begannen die Fürsten eine behördlich-bürokratische Landesverwaltung aufzubauen, und gegen Ende des 15. Jahrhunderts wurde sie wenigstens in ihren Ansätzen sichtbar. Sie wurde aus der fürstlichen Haus- und Hofverwaltung heraus entwickelt; zögernd und allmählich nur schritten die Fürsten von privater und persönlicher zu sachlicher, staatlicher Denk- und Handlungsweise fort“ [2].

[1] *Graus*, František: Vom „Schwarzen Tod“ zur Reformation. Der krisenhafte Charakter des europäischen Spätmittelalters. In: Revolte und Revolution in Europa. Hg. v. P. Blickle. München 1975, 10–30, hier 27 f.

[2] *Näf*, Werner: Die Epochen der neueren Geschichte 1. München 1970, 197.

Inwieweit besitzt diese Grundannahme vom unaufhaltsamen Aufstieg des Territorialstaates im Laufe des ausgehenden Mittelalters [3] tatsächlich ihre Berechtigung? Ungeachtet der langfristigen Tendenzen zur Festigung der Territorialgewalt gab es im 15. Jahrhundert doch offensichtlich auch zahlreiche Territorien im Reich, die mit großen Schwierigkeiten im Umfeld von dynastischer Kontinuität, landesherrlicher Organisation und politischer Neuorientierung zu kämpfen hatten und die keinesfalls dem Idealbild von krisengesicherten Herrschaftsgebilden entsprachen. An Hand der Grafschaft Württemberg soll im folgenden die Entwicklung eines südwestdeutschen Territoriums exemplarisch untersucht und nach Grundformen von Wandlungsvorgängen im Spätmittelalter befragt werden: In welchem Maße gelingt es den Grafen von Württemberg in der zweiten Hälfte des 15. Jahrhunderts, ihr Territorium nach innen und außen zu festigen und die politischen, finanziellen und wirtschaftlichen Probleme, die sich im Laufe der Zeit in vielfältiger Form angehäuft haben, zu lösen [4]? Welche Krisenmomente und Krisenerscheinungen des 15. Jahrhunderts wirken auch nach 1500 weiter fort und beeinträchtigen die Stabilität des württembergischen Territorialstaates?

II.

Die Entfaltung des württembergischen Territorialstaates muß vor dem Hintergrund seiner Lage im südwestdeutschen Raum gesehen werden, wo die politische Entwicklung seit dem ausgehenden Hochmittelalter zu einer ausgeprägten territorialen Zersplitterung tendierte [5]. An die Stelle des integrativ wirkenden staufischen Herzogs traten zahlreiche kleinere Territorialgewalten, die unablässig miteinander konkurrierten. Im Laufe der Zeit aber verbuchten die Grafen von Württemberg die größten Erfolge bei der Ausdehnung ihres Terri-

[3] Zur Entwicklung des spätmittelalterlichen Territorialstaates: *Patze,* Hans (Hg.): Der deutsche Territorialstaat im 14. Jh. 2 Bde. Sigmaringen 1970/71. – *Näf*, Werner: Frühformen des modernen Staates im Spätmittelalter. In: Historische Zeitschrift 171 (1951) 225–243. – *Brunner,* Otto: Land und Herrschaft. Wien [5]1965. – *Meuthen,* Erich: Das 15. Jahrhundert. München 1980, 27 ff., 134 ff.

[4] Für den bayerischen Nachbarraum konstatierte P. Fried besonders in der zweiten Hälfte des 15. Jh. einen entscheidenden Wandel der fürstlichen Landesherrschaft: *Fried,* Pankraz: „Modernstaatliche“ Entwicklungstendenzen im bayerischen Ständestaat des Spätmittelalters. In: Patze II 1971, 301–341, hier 330 ff.

[5] Grundlegend zur Territorialentwicklung in Südwestdeutschland *Bader,* Karl S.: Der deutsche Südwesten in seiner territorialstaatlichen Entwicklung. Sigmaringen [2]1978. *Schaab,* Meinrad: Grundzüge und Besonderheiten der südwestdeutschen Territorialentwicklung. In: Bausteine zur geschichtlichen Landeskunde von Baden-Württemberg. Stuttgart 1979, 129–155.

toriums[6]; sie zogen aus ihrer Opposition zu den Staufern und dann zu den Habsburgern reichen territorialen Gewinn.

Der politische Aufstieg der Württemberger wurde begünstigt durch die vorteilhafte Lage ihrer Besitzungen im innerschwäbischen Raum, wo sie seit dem 11. Jahrhundert über dem Neckartal bei Stuttgart ihre Stammburg behaupteten[7]. Sie führten seit 1136 den Grafentitel und verfügten über Grafschaftsrechte im nahegelegenen Remstal. Die weitere Expansion ihres Herrschaftsbereiches bestand im Erwerb zahlreicher Kron- und Hausgüter von den Staufern, wodurch die Grafen von Württemberg umfangreiches Reichsgut im Remstal und im mittleren Neckargebiet übernehmen konnten, so vor allem in Waldhausen, Schorndorf, Winterbach, Waiblingen und Cannstatt[8]. Besonders bedeutsam war damals die Belehnung mit Zoll- und Geleitsrechten auf den Reichsstraßen im Raum von Cannstatt; die Württemberger kamen dadurch in den Genuß beständiger Geldmittel aus Zolleinnahmen. Die Lage ihres Herrschaftszentrums an einer Hauptverkehrsader im schwäbischen Raum – an der Fernstraße, die vom Mittelrheingebiet über Cannstatt und Ulm nach Oberitalien führte – verschaffte somit den Grafen von Württemberg eine außergewöhnlich günstige Ausgangssituation für ihren territorialen Aufstieg[9].

Zu größerer Bedeutung im Kreis ihrer schwäbischen Standeskollegen gelangten die Grafen von Württemberg aber erst seit dem Niedergang der Staufer, als sie ihre Opposition zur staufischen Reichsgewalt bedenkenlos zur Ausdehnung ihres eigenen Herrschaftsbereiches nutzten. Graf Ulrich I. (ca. 1240–1265) ist der eigentliche Begründer der württembergischen Machtstellung in der zweiten Hälfte des 13. Jahrhunderts geworden[10]. Neben Erwerbungen im

[6] Allgemein zur Entwicklung des württembergischen Territoriums *Blessing*, Elmar: Die territoriale Entwicklung von Württemberg bis 1796 einschließlich der linksrheinischen Besitzungen. In: Historischer Atlas von Baden-Württemberg. Beiwort zur Karte VI, 2. Stuttgart 1972, 1–4. – *Sattler*, Christian F.: Geschichte des Herzogthums Würtenberg unter der Regierung der Graven 1–3. 1764/67. – *Stälin*, Christoph F.: Wirtembergische Geschichte 1–4. 1841–1873. – *Weller*, Karl/*Weller*, Arnold: Württembergische Geschichte im südwestdeutschen Raum. Stuttgart [6]1971. – *Uhland*, Robert (Hg.): 900 Jahre Haus Württemberg. Stuttgart 1984.

[7] Über die Frühzeit der Grafen von Württemberg *Decker-Hauff*, Hansmartin: Die Anfänge des Hauses Wirtemberg. In: Uhland 1984, 25–81. – Unter den Hauptquellen zur württembergischen Geschichte sind zu nennen: Wirtembergisches Urkundenbuch 1–11. Stuttgart 1849–1913. – *Schneider*, Eugen (Hg.), Ausgewählte Urkunden zur Württembergischen Geschichte. Stuttgart 1911. – Württembergische Regesten 1301–1500. 1917–1940. – *Reyscher*, August L. (Hg.): Vollständige, historisch und kritisch bearbeitete Sammlung der württembergischen Gesetze 1–19. Stuttgart 1829–1851.

[8] *Weller*, Karl: Die Grafschaft Wirtemberg und das Reich bis zum Ende des 14. Jahrhunderts. In: Württembergische Vierteljahrshefte für Landesgeschichte 38 (1932) 117.

[9] *Weller*, Karl: Die Reichsstraßen des Mittelalters im heutigen Württemberg. In: Württembergische Vierteljahrshefte für Landesgeschichte 33 (1927) 1 ff.

[10] *Weller* 1971, 85 f.

Remstal ist besonders der Kauf der Grafschaft Urach von dem in politische und finanzielle Bedrängnis geratenen Grafen von Urach zu erwähnen.

Ulrichs Söhne, Ulrich II. (1265–1271) und Eberhard I. (1265–1325), waren gleichfalls mit Erfolg bemüht, weitere Einzelbesitzungen und zusammenhängende Herrschaftskomplexe für Württemberg zu erwerben [11]. Es erwies sich für die Grafen von Württemberg als besonders vorteilhaft, daß die neuen Besitzungen in der Regel im näheren Umkreis ihres Herrschaftszentrums lagen, so daß sich das württembergische Territorium schon frühzeitig durch eine außergewöhnliche Geschlossenheit auszeichnete. Der Drang zum Oberrhein, der im 14. und 15. Jahrhundert die württembergische Erwerbspolitik zeitweise stark beeinflußte, zeigte sich zwar bereits beim Kauf der Herrschaft Horburg und der Grafschaft Reichenweier im Elsaß um 1324/25, doch erlangten die württembergischen Besitzungen westlich des schwäbischen Kernraums niemals eine ausschlaggebende Bedeutung [12]. Krisenzeiten auf dem Weg zur territorialen Verfestigung blieben auch den Württembergern, ähnlich wie vielen anderen Territorialherren des Spätmittelalters, nicht erspart. Sie stellten sich vor allem in der Zeit des ersten Habsburgerkönigs Rudolf I. ein, als die Grafen mit dem neuen König und seiner Politik der Wiederbelebung der Reichsrechte in einen heftigen Konflikt gerieten, und dann zu Beginn des 14. Jahrhunderts, als Kaiser Heinrich VII. einen Reichskrieg gegen Württemberg unternahm und die Reichsacht über sein Grafengeschlecht verhängte [13].

III.

Die herausragendste Gestalt des württembergischen Herrschergeschlechts war im 14. Jahrhundert zweifellos Graf Eberhard II. (1344–1392), unter dessen Regierung das württembergische Territorium sich durch beachtliche Erwerbungen weiter vergrößerte, aber zeitweise auch Rückschläge und Niederlagen durchstehen mußte [14]. Die Epoche dieses Grafen soll im folgenden eingehender behandelt werden, um ihr dann mit der Regierungszeit des Grafen Eberhard

[11] *Blessing* 1972, 1.

[12] *Bader* 1978, 106 f.

[13] *Häring*, Hermann: Der Reichskrieg gegen Graf Eberhard den Erlauchten von Württemberg in den Jahren 1310–1316 und seine Stellung in der allgemeinen deutschen Geschichte. In: Württembergische Jahrbücher für Statistik und Landeskunde 1910, 43–70. – *Weller*, Karl: Die Grafschaft Wirtemberg und das Reich bis zum Ende des 14. Jh. In: Zeitschrift für Württembergische Landesgeschichte 4 (1940) 32 ff.

[14] Zur Geschichte Württembergs unter Graf Eberhard II. *Weller* 1940, 209 ff. – *Ders.:* 1971, 86 ff. – *Schuler*, Peter-Johannes: Königsnähe – Königsferne. Zum Itinerar der Grafen von Württemberg im 14. Jh. In: Festschrift für Berent Schwineköper. Sigmaringen 1982, 455–468.

im Bart in der zweiten Hälfte des 15. Jahrhunderts ein Kontrastbild gegenüberstellen zu können.

Graf Eberhard II. herrschte bis 1362 gemeinsam mit seinem Bruder Ulrich IV., dessen Wunsch nach einer Landesteilung er erfolgreich zu verhindern wußte. Während dieser gemeinsamen Regierung und in der nachfolgenden Zeit vergrößerte er das württembergische Territorium in beachtlichem Maße und überstand zahlreiche Krisenmomente mit geschickter Anpassung und Ausdauer.

Die „entscheidende Wendung zum spätmittelalterlichen Großterritorium" [15] der Württemberger brachte der trotz mehrerer kritischer Phasen letzten Endes doch zugunsten von Württemberg ausgehende Städtekrieg. Die Auseinandersetzungen Graf Eberhards mit den Reichsstädten sind dabei in vielfältiger Weise mit seinen Beziehungen zur Reichsgewalt verknüpft und berühren prinzipielle Fragen im Verhältnis der aufsteigenden württembergischen Territorialmacht zum Reich [16]. Schon unter König Ludwig dem Bayern hatten die Grafen von Württemberg längere Zeit als Reichslandvögte für Niederschwaben gewirkt, was dann seit 1347 unter Karl IV. fortgesetzt wurde. 1349 traten 25 schwäbische Reichsstädte zusammen und bildeten einen Städtebund, der sich vornehmlich gegen die Grafen von Württemberg richtete. Da Karl IV. aber danach trachtete, aus Herren und Städten zusammengesetzte Landfriedenseinungen aufzurichten und Sonderbündnisse nach Möglichkeit zu verhindern, hob er 1350 den schwäbischen Städtebund auf und verordnete auf einem Reichstag zu Nürnberg eine Landfriedenseinigung für Schwaben [17], die dann mehrmals erneuert wurde. Zwischen den Reichsstädten und den schwäbischen Territorialherren bestanden vor allem in der Pfahlbürgerfrage große Meinungsverschiedenheiten. Die Grafen von Württemberg gerieten in dieser Angelegenheit vor allem mit der Reichsstadt Esslingen in Konflikt, die rings um ihr Stadtgebiet eine intensive Ausbürgerpolitik betrieb. Hatte Karl IV. der Stadt Esslingen noch im Mai 1354 ausdrücklich gestattet, weiterhin neue Bürger aufzunehmen [18], so verbot der Kaiser 1356 auf dem Reichstag in Nürnberg, an dem auch Graf Eberhard von Württemberg teilnahm, in der Goldenen Bulle die weitere Aufnahme von Pfahlbürgern durch die Reichsstädte, ferner

[15] *Bader* 1978, 99.

[16] *Weller* 1940, 211 ff. – *Schneider*, Reinhard: Probleme der Reichspolitik Karls IV. In: Blätter für deutsche Landesgeschichte 114 (1978) 73 ff. – *Maurer*, Helmut: Karl IV. und die Erneuerung des Herzogtums Schwaben. In: Ebda., 645–657. – *Schuler*, Peter-Johannes: Die Rolle der schwäbischen und elsässischen Städtebünde in den Auseinandersetzungen zwischen Ludwig dem Bayern und Karl IV. In: Ebda., 659–694. – *Angermeier*, Heinz: Königtum und Landfriede im deutschen Spätmittelalter. München 1966, 195 ff. – *Füchtner*, Jörg: Die Bündnisse der Bodenseestädte bis zum Jahre 1390. Göttingen 1970, 193 ff.

[17] *Füchtner* 1970, 197 ff.

[18] Urkundenbuch der Stadt Esslingen 1. Bearb. v. A. Diehl. 1899, 513 f. n. 1015.

alle Einungen und Bündnisse, die außerhalb von Landfriedenseinungen zustandekamen [19].

Die Zeit zwischen dem schwäbischen Landfrieden von 1359 und der Neuformierung des schwäbischen Städtebundes im Jahre 1376 war durch wechselvolle Ereignisse und Tendenzen gekennzeichnet. Die Auseinandersetzungen zwischen den Reichsstädten und den Grafen von Württemberg dauerten an, wobei sich die Reichsgewalt unter Kaiser Karl IV. bald den Reichsstädten, bald dem württembergischen Grafen und seinen Anhängern zuwandte. Im Reichskrieg von 1360 verloren die Württemberger ihre Reichslandvogteien, die sie seit Jahrzehnten zu ihrem Vorteil besessen hatten, und mußten auch verschiedene Reichsrechte, die ihnen im Bereich der Reichsstädte verpfändet waren, herausgeben [20]. In dem ein Jahrzehnt später ausgebrochenen Kampf mit den Reichsstädten besiegte Graf Eberhard 1372 zwar die Ulmer Truppen, doch verhinderten Niederlagen an anderen Orten und die Begünstigung der Reichsstädte durch den Kaiser für längere Zeit die Mehrung der württembergischen Macht auf Kosten der Städte [21]. 1376 schlossen sich dann vierzehn Städte Schwabens unter der Führung der mächtigen Reichsstadt Ulm erneut zu einem Bund zusammen [22], um sich gegen ungerechte Schatzung, gegen Verpfändung und nicht zuletzt gegen die Übergriffe der Landesherren zu wehren. Die wachsende Macht dieses Städtebundes – er wurde in den folgenden Jahren durch den Beitritt zahlreicher Städte vergrößert – zeigte sich bereits 1377, als Ulrich, der Sohn Graf Eberhards II., von den Truppen der Reichsstadt Reutlingen geschlagen wurde. Als zehn Jahre später der Krieg zwischen den Städten und den ihnen gegenüberstehenden Territorialherren von neuem entbrannte, wurde auch Württemberg in diesen Kampf hineingezogen. Das Selbstbewußtsein der Reichsstädte war inzwischen durch den glänzenden Sieg der Schweizer Eidgenossen über die Habsburger bei Sempach 1386 gewaltig gestiegen [23] und richtete sich nun mit verstärkter Kraft gegen den Hauptwidersacher, den Grafen Eberhard von Württemberg. Die Reichsstädte zogen jetzt mit vereinter Macht gegen Graf Eberhard zu Feld, der sie aber mit Hilfe der Markgrafen von Baden, des Pfalzgrafen bei Rhein, des Nürnberger Burggrafen, des Würzburger Bischofs und anderer Landesherren 1388 in der Schlacht bei Döffingen überzeugend besiegte [24]. Die jahrzehntelangen Auseinandersetzungen zwischen

[19] Die Goldene Bulle Kaiser Karls IV. vom Jahre 1356. Bearb. von W. D. Fritz. MGH Fontes iuris Germanici antiqui 11. 1972, 71 ff., c. 16: De pfalburgeriis.

[20] *Weller* 1940, 214 f. – *Stälin* III 1856, 268 ff.

[21] *Niethammer,* Hermann: Graf Eberhard der Greiner und sein Sohn Graf Ulrich in den Kämpfen der Jahre 1367–1388. In: Württembergische Vierteljahrshefte für Landesgeschichte 41 (1935) 1–31. – *Weller,* Grafschaft 1940, 217 f.

[22] *Füchtner* 1970, 328. – *Stälin* III. 1856, 316 f.

[23] *Schaufelberger,* Walter: Spätmittelalter. In: Handbuch der Schweizer Geschichte 1. Zürich 1972, 258 ff.

[24] *Weller* 1940, 232. – *Stälin* III. 1856, 344 f.

Städten und Landesherren waren damit im innerschwäbischen Raum zugunsten der Landesherren entschieden: Württemberg und seine Verbündeten hatten den Kampf gewonnen und die Macht des schwäbischen Städtebundes endgültig gebrochen.

Unter Graf Eberhard II. wurden aber nicht nur die Beziehungen Württembergs zu den Städten entschieden, sondern auch im Verhältnis zum niederen Adel wichtige Weichen für die Zukunft gestellt. Graf Eberhard geriet im Zuge seiner energischen Territorialpolitik zunehmend auf den Widerstand von Rittern und adeligen Herren, deren politische und wirtschaftliche Basis durch das Vordringen der Württemberger allzusehr eingeengt und gefährdet wurde [25]. Dieses Konfliktpotential entlud sich 1367 in spektakulärer Form bei dem Überfall des Wolf von Eberstein und seiner ritterlichen Standesgenossen auf Graf Eberhard in Wildbad, wo jener nur mit knapper Not entkam und anschließend in einer längeren Fehde alle seine Kräfte gegen den gefährlichen Ritterbund der Martinsvögel und die mit ihm verbündeten Grafen von Eberstein zusammenfassen mußte [26]. Die Fehde endete schließlich mit einem vollständigen Sieg der Württemberger, die den kriegerischen Konflikt als willkommene Gelegenheit nutzten, um ihren Machtbereich in der nordöstlichen Schwarzwaldregion auf Kosten der kleineren Adelsfamilien auszudehnen [27]. Der Ritterschaft stellte sich Württemberg hier wie an anderen Stellen auch in der nachfolgenden Zeit mit großer Härte entgegen und beraubte sie der Chancen zur selbständigen Herrschaftsbildung. Die württembergischen Landesherren waren dem niederen Adel nicht nur durch ihre stärkeren militärischen und finanziellen Kräfte überlegen, sondern auch durch ihr dichteres Potential an landesherrlichen Rechten. Die südwestdeutsche Ritterschaft, der es an einheitlicher Führung mangelte, verzettelte dagegen ihre Kräfte in zahlreichen örtlichen Fehden gegen Fürsten und Städte, so daß ihre Herrschaften leicht zur Beute der vorwärtsdrängenden Territorialfürsten wurden. Im Unterschied zu den Markgrafen von Baden am Oberrhein und zu den Habsburgern im südschwäbischen Raum gewährten die Württemberger dem niederen Adel in ihrem Territorialbereich fast überhaupt

[25] Zum Verhältnis der Grafen von Württemberg zum niederen Adel *Hofmann,* Wilhelm: Adel und Landesherren im nördlichen Schwarzwald von der Mitte des 14. bis zum Beginn des 16. Jahrhunderts. Stuttgart 1954, 74 ff. – *Weller* 1940, 216 ff. – Zu den Rittergesellschaften im Südwesten: *Ruser,* Konrad: Zur Geschichte der Gesellschaften von Herren, Rittern und Knechten in Süddeutschland während des 14. Jahrhunderts. In: Zeitschrift für Württembergische Landesgeschichte 34/35 (1975/76) 1–100. – *Obenaus,* Herbert: Recht und Verfassung der Gesellschaften mit St. Jörgenschild in Schwaben. Göttingen 1961.

[26] *Hofmann* 1954, 19 f. – *Stälin* III. 1856, 299 ff. – *Rösener,* Werner: Ministerialität, Vasallität und niederadelige Ritterschaft im Herrschaftsbereich der Markgrafen von Baden vom 11. bis zum 14. Jahrhundert. In: Herrschaft und Stand. Hg. von J. Fleckenstein. Göttingen ²1979, 75.

[27] *Hofmann* 1954, 21 ff.

keine Möglichkeiten zur eigenständigen Herrschaftsausübung [28]. Die Kämpfe zwischen dem württembergischen Landesherrn und den Adelsgeschlechtern endeten insgesamt mit einem eindeutigen Sieg des Landesherrn, in dessen Gebiet in Zukunft weder die Reichsritterschaft [29] noch der landsässige Adel ausreichend Raum für nennenswerte Herrschaftsbildung fand.

Die jahrzehntelangen Kämpfe der Grafen von Württemberg mit den Städten in der zweiten Hälfte des 14. Jahrhunderts hatten ihren Grund nicht nur in der intensiven württembergischen Territorialpolitik und in der Rivalität um die politische Führung des Landes, sondern waren auch wesentlich von den schwerwiegenden wirtschaftlichen und sozialen Krisenmomenten dieser Epoche beeinflußt [30]. Die Auseinandersetzungen zwischen Württemberg und den Reichsstädten um das Pfahlbürgerrecht und die Neuaufnahme von Bürgern müssen auf dem Hintergrund der bedrohlichen Abwanderungsbewegung vom Land in die Städte im Gefolge der Pestkatastrophen, Bevölkerungsverluste und Wirtschaftsveränderungen seit der Mitte des 14. Jahrhunderts gesehen werden [31]. Die Landflucht der württembergischen Bevölkerung nahm offenbar besonders in der Zeit um 1380 gravierende Ausmaße an und bedrohte die Grundlagen des württembergischen Territorialstaates, wie sich aus einigen Abwehrmaßnahmen ersehen läßt. In den Jahren 1382 und 1383 nötigte Graf Eberhard der Greiner eine große Zahl von Personen in seinem Herrschaftsbereich zur eidlichen Verpflichtung, das Gebiet der Herrschaft Württemberg nicht unerlaubt zu verlassen [32]. Diese in Schwörbriefen festgehaltenen Masseneide zur Verhinderung der Abwanderung fanden vor allem im Januar 1383 statt, als Graf Eberhard in den sechs Ämtern Böblingen, Leonberg, Brackenheim, Lauf-

[28] *Bader* 1978, 99.

[29] Zur Stellung der Reichsritterschaft im Südwesten *Bader* 1978, 160 ff. – *Kolb,* A. G.: Die Kraichgauer Ritterschaft unter der Regierung des Kurfürsten Philipp von der Pfalz. In: Württembergische Vierteljahrshefte für Landesgeschichte 19 (1910) S. 1 ff. – *Knapp,* Theodor: Der schwäbische Adel und die Reichsritterschaft. In: Württembergische Vierteljahrshefte für Landesgeschichte 31 (1925) 129 ff.

[30] *Rösener,* Werner: Krisen und Konjunkturen der Wirtschaft im spätmittelalterlichen Deutschland. In: Europa 1400. Die Krise des Spätmittelalters. Hg. von F. Seibt u. W. Eberhard. Stuttgart 1984, S. 24 ff. mit weitreichendem Literaturbericht.

[31] Mit den Auswirkungen der Agrarkrise im südwestdeutschen Raum beschäftigen sich besonders *Blickle,* Peter: Agrarkrise und Leibeigenschaft im spätmittelalterlichen deutschen Südwesten. In: Agrarisches Nebengewerbe und Formen der Reagraisierung im Spätmittelalter und 19./20. Jahrhundert. Hg. von H. Kellenbenz. Stuttgart 1975, 39–55. – *Ulbrich,* Claudia: Leibeigenschaft am Oberrhein im Spätmittelalter. Göttingen 1979, 49 ff., 266 ff. – *Rösener,* Werner: Grundherrschaften des Hochadels in Südwestdeutschland im Spätmittelalter. In: Die Grundherrschaft im späten Mittelalter 2. Bd. Hg. v. H. Patze. Sigmaringen 1983, 149 ff.

[32] *Weller* 1940, 226. – *Rösener,* Grundherrschaften 1983, 150. – *Maurer,* Hans-Martin: Masseneide gegen Abwanderung im 14. Jahrhundert. In: Zeitschrift für Württembergische Landesgeschichte 39 (1980) 30–99.

fen, Urach und Münsingen die Einwohner planmäßig zur Ablegung von solchen Eiden veranlaßte. Obwohl uns formelle Schwörbriefe nur aus diesen sechs Ämtern und aus einigen weiteren württembergischen Dörfern und Landstädten überliefert sind, ist davon auszugehen, daß damals in den meisten württembergischen Ämtern Gruppeneide von den Einwohnern abgenommen wurden, die entsprechenden Schriftquellen aber verlorengingen [33]. In den erhaltenen Schwörbriefen [34] verpflichteten sich die Eidleistenden, niemals von Graf Eberhard und der Herrschaft Württemberg wegzuziehen; diese Zusage machten sie zugleich für ihre Ehefrauen und Kinder und schlossen außerdem ihren Besitz mit ein. Der Herrschaft Württemberg und ihren Amtleuten sollte das Recht zustehen, Meineidige zu verfolgen, wieder einzufangen und ihre Güter zu konfiszieren. Über die Eidesleistung hinaus verpflichteten sich viele außerdem zu einer Gesamthaftung: Wenn jemand trotz Eidleistung die Herrschaft verläßt, haften alle anderen im Ort dem Grafen gegenüber für seine Güter [35].

Ähnliche Masseneide gegen die Abwanderung sind uns in der zweiten Hälfte des 14. Jahrhunderts auch aus vielen anderen südwestdeutschen Territorien und Grundherrschaften erhalten [36]. Sie sind in ihrer Gesamtheit deutliche Beweise für die großen Schwierigkeiten, mit denen die meisten südwestdeutschen Grund- und Landesherren im Gefolge der Agrarkrise und der gesteigerten Anziehungskraft der Städte zu kämpfen hatten. Der Drang der ländlichen Bevölkerung, sich durch Wohnsitz- und Herrschaftswechsel bessere Lebensbedingungen zu erschließen, spiegelt sich auch in zahlreichen Verträgen und Einungen dieser Zeit, in denen immer wieder das Problem der Abwanderung in die Städte und die Pfahlbürgerfrage angesprochen werden. In einem am 9. April 1382 zwischen Württemberg, Habsburg, einigen Rittergeschlechtern und mehreren Reichsstädten abgeschlossenen Vertrag verpflichtete man sich z. B. gegenseitig, auf jegliche Aufnahme von Hintersassen anderer zu verzichten, und vereinbarte außerdem, daß die Vertragsparteien entwichene Leute innerhalb Jahresfrist zurückfordern dürften [37]. Bei den württembergischen Schwörbriefen von 1382/83 überrascht vor allem das planmäßige Vorgehen der württembergischen Amtleute sowie das Ausmaß der Durchführung. Dies darf als Hinweis darauf verstanden werden, daß die Grafschaft Württemberg zur damaligen Zeit, als sie in harten Kämpfen mit den Reichsstädten verwickelt war, in besonderem Maße unter der Landflucht zu leiden hatte. Neben den Bevölkerungsverlusten durch Pest und Abwanderung mußte Württemberg damals auch hohe Einkom-

[33] *Maurer* 1980, 31.

[34] *Maurer* 1980, 66–99 hat den Vaihinger Schwörbrief von 1382, den Leonberger Schwörbrief von 1383 und alle Namenslisten der württembergischen Schwörbriefe im Wortlaut ediert.

[35] *Maurer* 1980, 35.

[36] *Blickle* 1975, 39 ff. – *Ulbrich* 1979, 49 ff., 220 f., 265 f. – *Maurer* 1980, 38 ff.

[37] Württembergische Regesten Nr. 5165. – *Stälin* III. 1856, 336.

mensverluste im grundherrschaftlichen Bereich hinnehmen. Ein Vergleich der Urbare des Amtes Leonberg aus den Jahren 1350 und 1381 [38] führt zu aufschlußreichen Ergebnissen: Im Gefolge der Agrarkrise und der Bevölkerungsverluste hat die Zahl der Wüstungen und unbebauten Ackerflächen beachtlich zugenommen, die Einnahmen an Gültkorn sind um 40 % gefallen und die Einkünfte der württembergischen Landesherrschaft aus der regulären Ortssteuer sind insgesamt um 11 % zurückgegangen [39].

Überblicken wir die Entwicklung des württembergischen Territoriums unter Graf Eberhard II. in der Zeit von 1344 bis 1392 als Ganzes, erkennen wir einerseits Tendenzen, die zur Festigung und Stärkung der württembergischen Herrschaftsbasis führten, andererseits aber unverkennbare Symptome von Desintegration und Krisenstimmung. Die Vergrößerung des württembergischen Territoriums wurde durch die Erwerbung von Einzelbesitzungen und geschlossenen Herrschaftskomplexen vorangetrieben, die territorialstaatliche Struktur im Innern durch den Ausbau der Gerichts- und Verwaltungsorganisation gestärkt. Schädliche Landesteilungen konnten in Württemberg im 14. Jahrhundert anders als in den meisten benachbarten Territorien vermieden werden, so daß die württembergische Landeseinheit gewahrt blieb. 1361 wurde die Unteilbarkeit des Landes im „Nürnberger Vertrag" zwischen Graf Eberhard dem Greiner und seinem Bruder Graf Ulrich sogar zu einem württembergischen Hausgesetz erhoben [40]. Kaiser Karl IV. bestätigte diesen Vertrag und genehmigte zugleich die von beiden Grafen ausgehandelte Erbfolgeordnung, wonach der überlebende Mannesstamm jeweils die Reichslehen übernehmen sollte [41]. Nur wenige Monate nach Abschluß dieses Vertrages entschloß sich Graf Ulrich, seinem Bruder Eberhard die Alleinregierung des Landes zu überlassen und sich selbst mit dem Bezug festgesetzter Landeseinkünfte zu begnügen. Der Zusammenhalt des Landes war damit zwar für einige Zeit gesichert, doch verminderten die jahrelangen Auseinandersetzungen mit den Reichsstädten die finanziellen und militärischen Reserven des Landes. Die ökonomischen, demographischen und sozialen Folgeerscheinungen der Pestepidemien, Bevölkerungsverluste und Wirtschaftsveränderungen trugen außerdem wesentlich dazu bei, daß das württembergische Territorium in der zweiten Hälfte des 14. Jahrhunderts noch keineswegs dauerhaft gefestigt war und in manchen Bereichen sogar deutliche Krisensymptome vorherrschten.

[38] *Müller,* Karl Otto: Altwürttembergische Urbare aus der Zeit Graf Eberhards des Greiners (1344–1392). Stuttgart 1934, 50 ff., 207 ff.

[39] *Rösener* 1983, 150.

[40] *Schneider* 1911, 16–24 (Vertrag über die Unteilbarkeit Württembergs vom 3. 12. 1361).

[41] *Stälin* III. 1856. 288.

IV.

Die Entwicklung des württembergischen Territorialstaates in der zweiten Hälfte des 15. Jahrhunderts unter Graf Eberhard V. im Bart (1459–1496) steht in mancherlei Hinsicht in deutlichem Kontrast zur Epoche des 14. Jahrhunderts. Unter Eberhard im Bart erreichte das württembergische Territorium im ausgehenden Mittelalter ein beachtliches Maß an Konsistenz und innerer Geschlossenheit, was 1495 folgerichtig mit seiner Erhebung zum Herzogtum gekrönt wurde. Dieser herausragenden Regierungsperiode unter Graf Eberhard V. ging aber eine Zeit voraus, in der Württemberg einige Rückschläge zu erleiden hatte. Der Enkel Eberhards II., Graf Eberhard III. (1392–1417), bemühte sich durch intensive diplomatische Verhandlungen vor allem um ein gutes Verhältnis zu den benachbarten Fürsten und Herren [42]. 1395 setzte er nach harten Kämpfen die Häupter der Rittergesellschaft der Schlegler in Heimsheim gefangen und erzwang die Auflösung des Ritterbundes [43]. Eberhard III. erwarb während seiner Regierungszeit unter anderem 1403 die Zollernherrschaft Schalksburg mit Balingen, 1408 den Rest von Bietigheim und 1410 die Burg Rechtenstein [44]. Durch seinen Sohn Eberhard IV. (1417–1419), der mit Henriette von Mömpelgard vermählt war, kam die in Burgund gelegene Herrschaft Mömpelgard [45] an Württemberg und blieb trotz ihrer weiten Entfernung jahrhundertelang mit ihm verbunden. Mit diesen Erwerbungen war die Zeit der intensiven Expansion zu Ende; Württemberg hatte einen Gebietsumfang erreicht, bei dem es längere Zeit verharrte. Die Stagnation in der äußeren Entwicklung wurde zudem von Rückschlägen im Innern des württembergischen Territorialstaates begleitet: 1442 kam es im Widerspruch zum „Nürnberger Vertrag“ von 1361 zur Teilung des Landes. Im „Nürtinger Vertrag“ vereinbarte man, daß Graf Ludwig die südwestliche Hälfte des Landes mit Sitz in Urach erhielt, Graf Ulrich V. der Vielgeliebte aber die nordöstliche Hälfte mit Sitz in Stuttgart [46]. Damit erlitt Württemberg dasselbe Schicksal, das viele Territorien im Spätmittelalter schon lange zu ertragen hatten; die Landesteilung lähmte nun für mehrere Jahrzehnte die politische Kraft des württembergischen Territorialstaates.

Im Gegensatz zu Ludwig beteiligte sich Ulrich V. 1449/50 an dem erneut ausgebrochenen Städtekrieg, ohne aber irgendwelche Vorteile für Württemberg

[42] *Weller* 1971, 89.
[43] *Stälin* III. 1856, 362 ff.
[44] *Blessing* 1972, 2.
[45] *Weller* 1971, 89. – *Schneider* 1911, 32–37. – *Gruber*, Walter: 400 Jahre Haus Württemberg in Mömpelgard. In: Uhland 1984, 438 ff.
[46] *Schneider* 1911, 38–46 (Urkunde über die Landesteilung vom 25. 1. 1442).

dabei gewinnen zu können [47]. Schwere militärische und finanzielle Verluste erlitten aber beide Teile Württembergs, als sie im Bündnis mit dem Kaiser und den Markgrafen von Baden gegen die pfälzischen und bayerischen Wittelsbacher zu Felde zogen. Graf Ulrich wurde 1462 in der Schlacht bei Seckenheim zusammen mit seinen Verbündeten vom pfälzischen Kurfürsten Friedrich I. vollständig besiegt, ja sogar gefangengenommen [48]. Durch ein hohes Lösegeld von 100.000 Gulden mußte sich Ulrich freikaufen, wodurch die Verschuldung der Stuttgarter Landeshälfte enorm anstieg und die württembergischen Staatsfinanzen noch lange Zeit belastet wurden.

Graf Eberhard V. im Bart, der 1459 im Alter von vierzehn Jahren für volljährig erklärt wurde und die Regierung im Uracher Landesteil übernahm, entwickelte sich schon nach einigen Jahren zu einem umsichtigen und geschickten Landesherrn [49]. Seine Hauptsorge galt bald der Wiederherstellung der württembergischen Einheit und der Vereinigung der beiden Landeshälften; dabei erhielt er von den württembergischen Landständen hilfreiche Unterstützung. Dieses Ziel wurde durch mühsame Verhandlungen und durch verschiedene Verträge mit der jüngeren Linie des Hauses erreicht. Die Folgen der katastrophalen Niederlage bei Seckenheim gegen die Kurpfalz und die wachsende Schuldenlast im Stuttgarter Landesteil veranlaßten den Grafen Ulrich, sich dem in vielerlei Hinsicht geschickter operierenden Neffen Eberhard im Bart zu nähern. Es entstand allmählich wieder eine engere Verbindung zwischen beiden Landesteilen, wobei die Landschaften beider Hälften den Verständigungsprozeß entscheidend förderten. Ein auf drei Jahre angelegtes Bündnis zwischen Graf Eberhard im Bart und Graf Ulrich leitete 1464 eine neue Phase der Zusammenarbeit zwischen beiden Landesteilen ein [50].

Als Graf Heinrich, der zweite Sohn Ulrichs, 1472 die Mitregierung und eine weitere Aufteilung des Landes forderte, wandte sich Ulrich hilfesuchend an seinen Neffen in Urach. Eberhard im Bart, dem diese Bitte um Unterstützung ganz gelegen kam, betrieb fortan eine offene Wiedervereinigungspolitik. Ein erster Schritt dazu war die Regelung der Erbfolge und die Abfindung des Grafen Heinrich im Uracher Vertrag, der am 12. Juli 1473 zwischen den erb-

[47] *Stälin* III. 1856, 473 ff. – *Schneider* 1911, 47: „Feindsbrief Graf Ulrichs des Vielgeliebten gegen die Stadt Esslingen" (5. 8. 1449).

[48] *Stälin* III. 1856, 509–549. – Zum Pfälzer Krieg aus der Perspektive der Markgrafen von Baden *Krimm*, Konrad: Baden und Habsburg um die Mitte des 15. Jahrhunderts. Stuttgart 1976, 147 ff.

[49] Zur Regierung Eberhards im Bart (1459–1496) allgemein *Ernst*, Fritz: Eberhart im Bart. Stuttgart 1933. – *Stievermann*, Dieter: Herzog Eberhart im Bart (1459–1496). In: Uhland 1984, 82–109.

[50] *Stälin* III. 1856, 551 f.

berechtigten württembergischen Grafenlinien abgeschlossen wurde[51]. Gemäß diesem Vertrag sollte in beiden Landeshälften beim Aussterben des Mannesstammes der jeweils überlebende Teil die Nachfolge antreten. Graf Heinrich erhielt die linksrheinischen Besitzungen, also die Grafschaft Mömpelgard sowie die Herrschaft Horburg, und verzichtete dafür auf seine Ansprüche an den rechtsrheinischen Gütern im württembergischen Kerngebiet. Der Uracher Vertrag verhinderte somit eine weitere Aufteilung des Landes, wozu Eberhard im Bart nicht zuletzt durch sein Versprechen beitrug, zugunsten seines Vetters Heinrich auf seine Ansprüche an den elsässischen und burgundischen Gütern verzichten zu wollen. Der Wille zur württembergischen Einheit und Gemeinsamkeit wurde dadurch sichtbar unterstrichen, daß die Landschaften beider Landesteile sich an der Ausfertigung des Vertrages beteiligten[52].

Der Uracher Vertrag hat den Niedergang der Autorität der Stuttgarter Grafen nicht wie erhofft aufhalten können. Schon nach einigen Jahren sahen sich die Stuttgarter Grafen gezwungen, Graf Eberhard vom Uracher Landesteil erneut um sein Eingreifen zu bitten. Graf Eberhard im Bart berief daraufhin Vertreter der Stuttgarter Landschaft nach Tübingen, wo 1478 eine neue Verfügung für den Stuttgarter Landesteil beschlossen wurde; damit sollten in erster Linie die Verwaltungsstruktur und die Finanzverhältnisse neugeordnet werden. Als auch durch diese Tübinger Beschlüsse keine Besserung eintrat, verzichtete Graf Ulrich 1480 auf die Regierung zugunsten seines Sohnes Eberhard, der nun erneut an seinen Vetter in Urach herantrat. Eberhard im Bart steuerte jetzt mehr denn je auf die Vereinigung beider Landesteile zu und schloß 1481 mit seinem Vetter Eberhard in Stuttgart einen Vertrag, der die Bestimmungen des Uracher Vertrages von 1473 bekräftigte[53]. Die Stände der beiden Landesteile werden in dem neuen Vertrag verpflichtet, demjenigen Grafen, der die Vereinbarungen bricht, den Gehorsam aufzukündigen. Ein Jahr später war dann für Eberhard im Bart endgültig die Gelegenheit gekommen, das Problem der Wiedervereinigung des Landes tatkräftig anzupacken. Auf einem gemeinsam abgehaltenen Landtag in Münsingen schlossen Graf Eberhard im Bart und Graf Eberhard der Jüngere mit Zustimmung der Prälaten, der Ritterschaft und der Landschaften beider Teile am 14. Dezember 1482 einen Vertrag, der nach mehr als vierzig Jahren Teilung die Wiedervereinigung des Landes herbei-

[51] *Reyscher* I. 1828, 476–488. – Württembergische Landtagsakten 1498–1515. Bearb. v. W. Ohr und E. Kober I,1. Stuttgart 1913, XXX ff. – *Adam*, Albert E.: Das Unteilbarkeitsgesetz im württembergischen Fürstenhause nach seiner geschichtlichen Entwicklung. In: Württembergische Vierteljahrshefte für Landesgeschichte 6 (1883) 172. – *Gönner*, Eberhard: Der „Münsinger Vertrag". In: Münsingen. Geschichte, Landschaft, Kultur. Festschrift zum Jubiläum des württembergischen Landeseinigungsvertrages von 1482. Sigmaringen 1982, 13–36, hier 16.

[52] *Grube*, Walter: Der Stuttgarter Landtag 1457–1957. Stuttgart 1957, 33.

[53] Ebda., 35.

führte und für die Zukunft die Unteilbarkeit des württembergischen Territoriums zur Maxime erhob [54]. Die beiden Grafen legen in dem Vertrag das Versprechen ab, „das wir unser baider land und lüte zusammen in ain regiment und wesen tuen, damit wir unser leben lang und nach uns unser erben und die loblich herschaft Wirttemberg zu ewigen zeiten ungetailt als ain wesen ... bey ainander blyben und syen ... mögen" [55]. Eberhard d. J. gesteht seinem Vetter Eberhard im Bart die oberste Regierungsgewalt zu, doch behalten beide Grafen weiterhin Rechte an der Grafschaft Württemberg als Ganzem. Die Vettern wollen in Stuttgart gemeinsam Hof halten, ferner eine gemeinsame Kanzlei einrichten und nur einen einzigen Landhofmeister ernennen, der als oberster Beamte die gesamte Landesverwaltung beaufsichtigt.

Auffallend stark ist die Position, die den Landständen im Münsinger Vertrag eingeräumt wird; sie erhalten sogar ein gewisses Mitspracherecht bei Fragen, die das Wohl der Allgemeinheit berühren. Die wichtigste politische Kraft unter den Ständen ist dabei zweifellos die Landschaft, die das städtische Bürgertum der Ämter vertritt. Die heikle Frage der Erbfolge im württembergischen Grafenhaus wird im Münsinger Vertrag in der Weise geregelt, daß auf Eberhard im Bart sein Vetter Eberhard der Jüngere folgen soll und danach der älteste Herr von Württemberg „von unser ainem geboren und also für uß abstygender lynien nach" [56], womit offenbar die Primogenitur gemeint ist.

Der Münsinger Vertrag von 1482 war eine wichtige Etappe auf dem Weg zur Integration und Stärkung des württembergischen Territorialstaates; dieser Prozeß fand dann 1495 mit der Erhebung zum Herzogtum seinen vorläufigen Abschluß. Die wiedervereinte und straff organisierte Grafschaft Württemberg zählte entsprechend ihrem Umfang und der Zahl ihrer Bevölkerung zu den mittelgroßen Territorien des Deutschen Reiches, so daß die Erhebung zu einem Reichsfürstentum durchaus gerechtfertigt war. Bislang bildeten die verschiedenartigen Grafschaftsrechte, Herrschaftskomplexe, Burgen, Städte und Dörfer, die im Laufe des 13. bis 15. Jahrhunderts im württembergischen Territorium durch die energische Politik seines Grafengeschlechts zusammengefaßt worden waren, keine rechtliche Einheit: Württemberg war noch kein geschlossenes Fürstentum, kein einheitliches Teilgebiet des Reiches, vielmehr ein Konglomerat von Gütern und Einzelherrschaften, von grundherrschaftlichen, gerichtlichen und landesherrlichen Gerechtsamen [57]. Die rechtliche Einheit dieser Herrschaften, Lehen und Allodialgüter wurde nun 1495 geschaffen, als aus diesen ver-

[54] Ebda., 36. – *Ernst* 1933, 33 f. – Abdrucke des Münsinger Vertrages: *Schneider* 1911, 65–72. – Gönner 1982, 22–26.

[55] *Gönner* 1982, 22 f.

[56] *Gönner* 1982, 23.

[57] In einem um 1420 angelegten Verzeichnis werden die zahlreichen Lehen und Eigengüter der Grafen von Württemberg detailliert aufgeführt: *Wintterlin,* Friedrich: Geschichte der Behördenorganisation in Württemberg 1. Stuttgart 1904, 1 Anm. 1.

schiedenartigen Teilen das Herzogtum Württemberg geformt wurde. Die Erhebung zum Herzogtum – sie war gleichzeitig mit der erneuten Verleihung der symbolträchtigen Reichssturmfahne an das Haus Württemberg verbunden [58] – bildet somit einen wichtigen Markstein in der politisch-dynastischen Entwicklung des Landes, da die verschiedenen Einzelrechte und Herrschaftsteile nun zu einem einheitlichen Fürstentum zusammengefaßt wurden [59]. Die Verleihung des Herzogstitels an die württembergische Dynastie bedeutete über den territorialpolitischen Aspekt hinaus auch die reichsrechtliche Anerkennung der württembergischen Vormachtstellung im innerschwäbischen Raum, wie sie faktisch vorhanden war: Im ausgehenden 15. Jahrhundert war der Herzog von Württemberg zweifellos „der erste Fürst des schwäbischen Gebietes" [60].

Die Erhebung Graf Eberhards zum Herzog von Württemberg erfolgte bekanntlich auf dem Wormser Reichstag von 1495, wo wichtige Gesetze zur Reform des Reiches beschlossen wurden. An diesen Reformbemühungen hatte sich Graf Eberhard engagiert beteiligt und sich tatkräftig für eine Einigung zwischen Kaiser Maximilian und den Reichsfürsten eingesetzt; die Verleihung des Herzogtitels war daher auch eine Belohnung für die Verdienste Graf Eberhards um das Wormser Reformwerk [61]. Im Herzogsbrief vom 21. Juli 1495, der auch den Münsinger Vertrag von 1482 erneut ausdrücklich bestätigt, werden die württembergischen Besitzungen in Schwaben zu einem unteilbaren und unveräußerlichen Reichslehen und Herzogtum erklärt [62]. In den erblichen Bestimmungen wird dabei die Primogenitur für das Haus Württemberg verordnet und reichsrechtlich verankert. Den Titel eines Herzogs von Schwaben [63], den Eberhard im Bart möglicherweise für sich erhofft hatte, ließ Kaiser Maximilian aber mit Rücksicht auf die habsburgische Position im südwestdeutschen Raum nicht wieder aufleben.

Einen wesentlichen Anteil an der Integration des württembergischen Territoriums und der Wiedervereinigung des Landes hatten in der zweiten Hälfte des 15. Jahrhunderts die Landstände, wie sich aus den dargelegten Ereignissen deutlich ersehen läßt. In diese Zeit fällt zugleich die eigentliche Formationsphase der württembergischen Landstände, die fortan zu einem bedeutenden Faktor im württembergischen Verfassungsleben werden [64]. Die ersten Ansätze

[58] *Weller*, Karl: Der Vorstreit der Schwaben und die Reichssturmfahne des Hauses Württemberg. In: Württembergische Vierteljahrshefte für Landesgeschichte 15 (1906) 263 ff.

[59] *Bader* 1978, 101 f. – *Ernst* 1933, 43.

[60] *Bader* 1978, 102.

[61] *Ernst* 1933, 231 ff.

[62] Abdruck der Herzogsbriefe (21. Juli 1495) *Schneider*, 1911, 80–87.

[63] Zur Problematik eines Herzogs von Schwaben in nachstaufischer Zeit *Bader* 1978, 68 ff. – *Maurer* 1978, 645 ff.

[64] Zur Entwicklung der württembergischen Landstände: *Grube* 1957. – *Ders.*: Dorf-

landständischer Rechte reichen zwar bis in das beginnende 14. Jahrhundert zurück, doch gewann die Vertretung der nichtadeligen Bevölkerungsschichten, die Landschaft, neben der Ritterschaft erst einen größeren Einfluß, als Württemberg infolge der Landesteilung von 1442 in eine schwere Krise geraten war. Der älteste Landtag, die erste gemeinsame Tagung von Ritterschaft und Landschaft im Stuttgarter Landesteil, fand wahrscheinlich im Juli 1457 in Stuttgart statt; Graf Ulrich V. suchte damals die städtische Ehrbarkeit gegen den Einfluß der adeligen Räte am Uracher Hof zu mobilisieren [65]. Bei diesem Anlaß wird nicht nur der Begriff „Landschaft“ für die Korporationen der nichtadeligen Landesbewohner zum ersten Mal in einem amtlichen Schriftstück der Stuttgarter Kanzlei gebraucht, sondern erstmals auch die Landschaft als Gesamtheit in einer Frage der Landespolitik konsultiert. Eine größere politische Bedeutung hatte aber der Landtag des Uracher Landesteils, den Graf Ulrich noch im gleichen Jahr nach Leonberg einberief, um seine Vormundschaftsrechte am Uracher Hof durchzusetzen. Dies gelang ihm mit Hilfe der Landschaft, die damals Anteil an der Bildung der Ratskollegien und an der Ausübung der Regierungsgewalt gewann: Alle wichtigen Landesangelegenheiten sollten von einem großen Ratskollegium entschieden werden, das sich aus Uracher Räten, Stuttgarter Räten und Angehörigen der Uracher Landschaft zusammensetzte [66].

Die Landstände waren durch diese Anfangserfolge aber noch keineswegs zu festen Bestandteilen der württembergischen Verfassung geworden. Die landständische Bewegung entwickelte sich nur langsam und wurde wesentlich durch die Finanzmisere begünstigt, in die Graf Ulrich im Gefolge des Pfälzer Krieges von 1462 geraten war. Von jetzt an konnte man in Württemberg außerordentliche Leistungen der Landschaft zumeist nur gegen Konzessionen des Landesherrn erreichen. Die Landstände wurden in der zweiten Hälfte des 15. Jahrhunderts außerdem zu allen wichtigen Verträgen herangezogen, wie bereits dargelegt worden ist. Als z. B. 1482 in Münsingen der Vertrag über die Wiedervereinigung des Landes abgeschlossen wurde, waren daran die Landstände beider Landesteile wie selbstverständlich beteiligt [67]. Die Landstände setzten sich damals aus drei Kurien zusammen: aus der Landschaft, der Ritterschaft und den Prälaten der Klöster, über die die Grafen von Württemberg die Schirm-

gemeinde und Amtsversammlung in Altwürttemberg. In: Zeitschrift für Württembergische Landesgeschichte 13 (1954) 194–219. – *Ders.:* Stände in Württemberg. In: P. Blickle u. a., Von der Ständeversammlung zum demokratischen Parlament. Stuttgart 1982, 31–50. – *Wintterlin,* Friedrich: Die Anfänge der landständischen Verfassung in Württemberg. In: Württembergische Vierteljahrshefte für Landesgeschichte 23 (1914) 327–336.

[65] *Grube* 1957, 12 f.

[66] Ebda., 16.

[67] Württembergische Landtagsakten 1913, XXXIII ff. – *Gönner* 1982, 17 f.

vogtei ausübten. Die Ritterschaft beteiligte sich im allgemeinen nur wenig an den Landtagsverhandlungen, da sie sich nicht zu Steuerleistungen verpflichtet fühlte. Die Hauptstütze Graf Eberhards im Bart für die Einheit des Landes war zweifellos die Landschaft, d. h. die Vertreter der Städte und Ämter. Die Landstände wurden so zu wichtigen Garanten für die Einheit des württembergischen Landes und festigten seine innere und äußere Geschlossenheit. Sie haben das Zusammenwachsen des württembergischen Territoriums mit Nachdruck unterstützt und Eberhard im Bart auch in den schwierigen dynastischen Auseinandersetzungen, die nach Abschluß des Münsinger Vertrages im Grafenhaus entstanden, Rückendeckung verschafft [68].

V.

Die Konsolidierung des württembergischen Territorialstaates ist im ausgehenden Mittelalter vor allem in drei Bereichen zu beobachten: in der Verwaltungsorganisation, im Finanz- und Wirtschaftssektor und im landesherrlichen Kirchenwesen. Im Verwaltungsbereich war die württembergische Lokaladministration – ähnlich wie in vielen anderen Territorien – schon seit der zweiten Hälfte des 13. Jahrhunderts zunehmend nach Ämtern geordnet: eine Anzahl von Orten und Besitzungen war in einem Amt zusammengefaßt und unterstand einem Amtmann oder Vogt [69]. Die Größe und Wirtschaftskraft dieser Ämter – sie lehnten sich häufig an frühere Herrschaftsbezirke und ältere Gerichtssprengel an – waren in den einzelnen Landesteilen relativ verschieden. Die planmäßige Einteilung des württembergischen Territoriums in Ämter – sie wird in den Urbaren des 14. Jahrhunderts erstmals deutlich erkennbar [70] – ist offensichtlich bis zum Ende des 15. Jahrhunderts abgeschlossen. In der Mitte des 15. Jahrhunderts steht manchmal noch ein Vogt adliger Abstammung an der Spitze eines Amtes, aber mehr und mehr geht die Leitung der württembergischen Verwaltungsbezirke an Vögte aus der städtischen Ehrbarkeit, an bürgerliche Amtleute, über. Die Verdrängung des Adels aus der Bezirksverwaltung findet vor allem während des 14. und 15. Jahrhunderts statt, so daß am Ende der Regierungsepoche von Eberhard im Bart die adeligen Amtleute zur Minderheit geworden sind. Diese adeligen Vögte, die Obervögte genannt werden, haben im übrigen keine festen Amtsbezirke; sie sind vielmehr auf eine allgemeine Oberaufsicht ausgerichtet und werden in erster Linie bei wichtigen mi-

68 *Grube* 1957, 43 ff.

69 *Grube*, Walter: Vogteien, Ämter, Landkreise in Baden-Württemberg 1. Stuttgart 1975, 10 ff. – *Wintterlin* 1904, 3 ff. *Ernst* 1933, 16 ff.

70 *Müller* 1934.

litärischen Aufgaben in grenznahen Gebieten eingesetzt [71]. Ansonsten finden sie zumeist als Räte, in Hofämtern oder bei diplomatischen Missionen Verwendung.

Der bürgerliche Vogt und Amtmann ist in seinem Bezirk für vielerlei Dinge zuständig: für die Rechtspflege und Verwaltung, für die Instandhaltung von Burgen und Amtsgebäuden, für die Ausbesserung von Straßen und Brücken [72]. Eine Besonderheit der württembergischen Amtsverfassung ist im Spätmittelalter die enge Verzahnung von Amtsbezirk und Amtsstadt: In der Regel ist eine württembergische Landstadt mit einer Anzahl umliegender Dörfer zu einem Amt vereinigt, der Vogt ist Bezirksbeamter und Stadtvorsteher zugleich und hat seinen Sitz in der jeweiligen Amtsstadt [73]. Für ihre relativ beschränkte Autonomie gegenüber der Landesherrschaft werden die württembergischen Amtsstädte größtenteils durch ihre beherrschende Position innerhalb der Ämter entschädigt. Das Stadtgericht ist nicht nur Gerichts- und Verwaltungsbehörde für die Stadt, sondern zugleich Verwaltungsinstanz und Hochgericht für den ganzen Amtsbezirk und die darin gelegenen Dörfer. Herrschaftliche und genossenschaftliche Elemente durchdringen sich sowohl in der Stadt als auch im Amt: Das württembergische Amt des 15. Jahrhunderts ist „nicht allein herrschaftlicher Verwaltungsbezirk, sondern als „Stadt und Amt" zugleich Selbstverwaltungskörperschaft, genossenschaftlicher Verband" [74]. Die „Städte und Ämter" sind die eigentlichen Bauelemente des württembergischen Territoriums und erhalten in der zweiten Hälfte des 15. Jahrhunderts in der Landschaft ein wirkungsvolles Repräsentationsorgan auf den württembergischen Landtagen.

An der Spitze der zu den einzelnen Ämtern gehörigen Dörfer steht ein Schultheiß, unter dessen Vorsitz das Dorfgericht tagt. Ursprünglich werden die Schultheißen in der Regel von der Landesherrschaft ernannt, doch gewinnen viele Dorfgemeinden mit der Zeit einen starken Einfluß auf die Besetzung des Schultheißenamtes [75]. Im 15. Jahrhundert erlangen einzelne Dörfer sogar das Recht, ihre Schultheißen selbst zu wählen. Dörfer und Amtsstadt bilden zusammen nicht nur einen Verwaltungs- und Gerichtssprengel, sondern auch einen Wehrbezirk. Die in einem Amt vereinten Dörfer sind nämlich zusammen mit der Amtsstadt zu Leistungen für die landesherrliche Burg verpflichtet [76], so-

[71] Zur Stellung und Funktion der Vögte *Wintterlin* 1904, 7 und Beilage 4, 118 f. – Zur württembergischen Burgenorganisation *Maurer,* Hans-Martin: Die landesherrliche Burg in Wirtemberg im 15. und 16. Jahrhundert. Stuttgart 1958, 51 ff.

[72] *Wintterlin* 1904, 5.

[73] *Grube* 1954, 194 ff. – *Ders.:* Stadt und Amt in Altwürttemberg. In: E. Maschke u. J. Sydow (Hg.), Stadt und Umland. Stuttgart 1974, 20–28. – *Blessing,* Elmar: Einteilung Württembergs in Ämter um 1525. In: Historischer Atlas von Baden-Württemberg. Beiwort zur Karte VI, 10. Stuttgart 1972.

[74] *Grube* 1957, 6.

[75] *Grube,* 1954, 197.

[76] *Wintterlin* 1904, 6. – *Maurer,* 1958, 36 ff.

fern eine solche im Amt vorhanden ist. Die im württembergischen Amt zusammengefaßten Dörfer werden im Spätmittelalter eindeutig von der Amtsstadt und der in ihr tonangebenden Führungsschicht, der städtischen Ehrbarkeit, beherrscht. Zu dieser Oberschicht der württembergischen Städte gehören die vermögenden Geschlechter und reichen Kaufmannsfamilien, ferner die Inhaber wichtiger herrschaftlicher und kommunaler Ämter in Stadt und Amt [77]. Die Beherrschung der Amtsorte durch die Amtsstädte spiegelt sich in der mangelnden Vertretung der Dörfer auf den Landtagen: die württembergischen Dörfer besitzen im allgemeinen keinen Einfluß auf die Landschaft. Seit dem Auftreten der Landschaft in der zweiten Hälfte des 15. Jahrhunderts sind als Vertreter der „Städte und Ämter" in der Regel nur Angehörige der Amtsstädte auf den Landtagen erschienen, aber keine Abgesandten der Dörfer [78]. Dies sollte beim Aufstand des „Armen Konrad" um 1514 noch eine Bedeutung erlangen, wo die mangelnde Repräsentanz der Dörfer zu den auslösenden Faktoren gehört [79].

Neben der Lokaladministration wurde im 15. Jahrhundert auch die Zentralverwaltung weiter ausgebaut und zu einem Stützpfeiler des württembergischen Territorialstaates verfestigt. In der zweiten Hälfte des 15. Jahrhunderts war der Landhofmeister das Haupt der württembergischen Verwaltung und als solcher auch Stellvertreter des Grafen [80]. Er hatte die Aufsicht über die Amtleute und Vögte im ganzen Land zu führen, Beschwerden der Untertanen entgegenzunehmen und Vorwürfe gegen landesherrliche Beamte auf ihre Stichhaltigkeit zu überprüfen. Ihm zur Seite stand die Kanzlei, die mit der Zunahme der Aufgaben personell ausgebaut und schließlich von einem Hauptschreiber, dem Kanzler, geleitet wurde [81]. Seit 1496 kam das bis dahin von Geistlichen versehene Kanzleramt in die Hand rechtskundiger weltlicher Beamter; der Kanzler erledigt von jetzt an zusammen mit dem Landhofmeister die laufenden Regierungsgeschäfte [82]. Während die Hofbeamten in früherer Zeit den wechselnden Aufenthaltsorten der württembergischen Grafen gefolgt waren, erhält die Landesverwaltung 1482 im Münsinger Vertrag mit Stuttgart, dem Sitz der

[77] *Grube* 1957, 5. – *Seigel*, Rudolf: Die württembergische Stadt am Ausgang des Mittelalters. In: Die Stadt am Ausgang des Mittelalters. Hg. v. W. Rausch. Linz 1974, 177–193, hier 182 ff. – *Decker-Hauff*, Hansmartin: Die Entstehung der altwürttembergischen Ehrbarkeit 1250–1534. Diss. masch. Wien 1946.

[78] *Grube* 1954, 197.

[79] Der Versuch der Aufstandsbewegung des Armen Konrad, durch die in Stuttgart 1514 versammelten Abgesandten der Dörfer eine besondere Landstandschaft der „Ämter" neben der der Städte zu erzwingen, scheiterte: Württembergische Landtagsakten I, 1. 1913, 127 ff. Vgl. auch Anm. 105.

[80] *Wintterlin* 1904, 15.

[81] Zur Kanzlei *Hofacker*, Heidrun: Kanzlei und Regiment in Württemberg im späten Mittelalter. Diss. masch. Tübingen 1984.

[82] Der erste, nicht dem geistlichen Stand angehörige rechtsgelehrte Kanzler war seit 1496 Gregorius Lamparter von Biberach. Seine Bestallungsurkunde ist gedruckt bei *Wintterlin* 1904, Beilage 7, 121 ff.

gemeinsamen Regierung, endgültig einen festen Standort. Die 1495 bald nach der Erhebung zum Herzogtum erlassene allgemeine Landesordnung [83] sollte ein einheitliches Grundgesetz für das ganze Land schaffen und zur weiteren Festigung des württembergischen Fürstentums beitragen.

Die wachsenden Aufgaben und Lasten des Territorialstaates verlangten im 15. Jahrhundert mit Notwendigkeit vermehrte Geldmittel und steigende Steuereinnahmen. Die Erschließung neuer Geldquellen und die Reorganisation des Finanzwesens wurde daher zu einer Hauptaufgabe der württembergischen Landesherrschaft, da sie nur so ihre Verpflichtungen erfüllen konnte [84]. Die steigenden Ausgaben der Grafen von Württemberg im 14. Jahrhundert hatten bereits zu einer wachsenden Zahl von Verpfändungen geführt und drohten die Grundlagen des württembergischen Territoriums zu gefährden. In der ersten Hälfte des 15. Jahrhunderts trat jedoch eine gewisse Entspannung ein: Unter äußerster Anspannung aller finanziellen Kräfte des Landes gelang es, eine Anzahl von Pfändern wieder einzulösen [85].

Die Finanzsituation der württembergischen Grafen konnte im 15. Jahrhundeut vor allem durch vermehrtes Steueraufkommen verbessert werden, weniger aber durch Steigerung von grundherrlichen Abgaben und Erträgen. Die württembergischen Steuern hatten ihren Schwerpunkt in der Bede, einer feststehenden Steuersumme, die die Gemeinden jährlich zu entrichten hatten. Dieser gewöhnlichen Steuer trat dann seit dem 15. Jahrhundert in Württemberg eine spezifische Form der direkten Besteuerung zur Seite, die man in anderen Territorien nicht kannte: der „Landschaden“, der darin bestand, daß eine Anzahl öffentlicher Lasten auf alle Ämter des Landes umgelegt wurde [86]. Zur Feststellung und Umlage des Landschadens innerhalb des einzelnen Amtes berief der Vogt zweimal jährlich kleine Amtsversammlungen ein, die sich aus Mitgliedern des Stadtgerichts und aus einer unterschiedlich großen Zahl von Dorfschultheißen zusammensetzten [87]. Forschungen von Viktor Ernst haben ergeben, daß die ersten Steuererhebungen in Form des „Landschadens“ in den Jahren 1423 bis 1426 entstanden sind und sich von da an zu einer wichtigen Stütze des württembergischen Landesetats entwickelt haben [88].

Den regelmäßigen Steuereinnahmen durch Bede und Landschaden standen Formen von außerordentlichen Steuern gegenüber, die „Hilfen“ und „Schatzun-

[83] *Reyscher* XII., 5–15. – *Sattler* IV. Beilage Nr. 16. – *Stälin* III. 1856, 643.

[84] Allgemein zum württembergischen Finanz- und Steuerwesen im Spätmittelalter *Wintterlin* 1904, 5 ff. – *Ernst*, Viktor: Die direkten Staatssteuern in der Grafschaft Wirtemberg. In: Württembergische Jahrbücher für Statistik und Landeskunde 1904, I, 55–90; 1904, II, 78–119. – *Ernst* 1933, 65 ff.

[85] *Ernst* 1933, 66. – Zur Rolle der Pfandschaften in der südwestdeutschen Territorialentwicklung *Schaab* 1979, 148.

[86] *Ernst* 1904, I, 73 ff.

[87] *Grube* 1954, 199.

[88] *Ernst* 1904, I, 84.

gen"; sie wurden dem Land ganz unregelmäßig, je nach Bedarf und Finanzlage auferlegt [89]. Aufgrund der Niederlage im Pfälzer Krieg und der verschwenderischen Ausgaben der beiden württembergischen Residenzen war die Verschuldung des württembergischen Landes in den Anfangsjahren der Regierung Eberhards im Bart bedrohlich gestiegen. Die Vermehrung der Landeseinnahmen und die Drosselung der Ausgaben wurden daher in den folgenden Jahrzehnten zu vordringlichen Zielen der württembergischen Landespolitik. Graf Eberhard suchte die Lage durch die Erhebung außerordentlicher Steuern zu bessern und ließ nach intensiven Beratungen 1463 eine große außerordentliche Steuer im Land erheben [90]: jeder Einwohner hatte 5 % seines Vermögens als Steuer zu entrichten. Schon sieben Jahre später mußte man erneut zu diesem Mittel der außerordentlichen Besteuerung mit gleichem Steuersatz greifen, um die hohen Ausgaben der Landesherrschaft einigermaßen auszugleichen. Diese Steuerlasten konnten von der württembergischen Bevölkerung zur damaligen Zeit offenbar ohne große Schwierigkeiten bewältigt werden, da die wirtschaftliche Entwicklung im württembergischen Raum in der zweiten Hälfte des 15. Jahrhunderts eine ansteigende Tendenz aufwies [91]. Im Vergleich mit den krisenhaften Phänomenen in Wirtschaft und Gesellschaft des 14. Jahrhunderts hatten sich die wirtschaftlichen Verhältnisse im ausgehenden 15. Jahrhundert merklich stabilisiert und die soziale Lage breiter Kreise der Bevölkerung verbessert [92].

In der lokalen Finanzorganisation nahm Eberhard im Bart dadurch eine wichtige Änderung vor, daß er den Landschaden vom Amtsschaden trennte [93]: Von jetzt an wurde eine bestimmte Gruppe von Lasten nicht mehr vom gesamten Land, sondern nur vom einzelnen Amt getragen; dies führte insbesondere zu einer Stärkung des Amtes als politischer Körperschaft. Da die Verbesserung des Staatsetats durch derartige Verwaltungsreformen und durch die Erschließung neuer Einnahmequellen aber nur beschränkte Erfolge erbrachte [94], war die Kürzung der Ausgaben das einzig wirksame Mittel zur Gesundung der württembergischen Finanzlage. Trotz guter Ansätze ist es Graf Eberhard aber nur in bescheidenem Maße gelungen, den Staatshaushalt zu sanieren und die

[89] *Ernst* 1904, II, 78 ff.

[90] *Ernst* 1933, 72.

[91] Zur wirtschaftlichen Entwicklung im spätmittelalterlichen Württemberg *Weidner,* Karl: Die Anfänge einer staatlichen Wirtschaftspolitik in Württemberg. Stuttgart 1931, 71 ff., 97 ff. – *Boelcke,* Willi A.: Das Haus Württemberg und die Wirtschaftsentwicklung des Landes. In: Uhland 1984, 636 ff.

[92] *Grube* 1957, 79. – *Rösener,* Werner: Zur sozialökonomischen Lage der bäuerlichen Bevölkerung im Spätmittelalter. In: Bäuerliche Sachkultur des Spätmittelalters. Wien 1984, 9–47.

[93] *Ernst* 1904, I, 81 f.

[94] Über die Steuerreformpläne Eberhards im Bart, die wegen seines frühen Todes nicht mehr zur Ausführung gelangten *Ernst* 1933, 76. – *Grube* 1957, 40 f.

Verschuldung des Landes auf einigen Gebieten zu verringern. Unter den Maßnahmen, mit denen Eberhard im Bart die Wirtschaft des Landes zu fördern versuchte, sind vor allem seine Anordnungen zur Verbesserung der Verkehrsverhältnisse zu erwähnen [95].

Die Entwicklung im Bereich der landesherrlichen Kirchenpolitik soll hier zum Schluß nur in einigen Grundzügen skizziert werden [96]. Eberhard im Bart hat in seiner Regierungszeit mit Erfolg versucht, das landesherrliche Regiment über die Kirchen und Klöster auszubauen, um dadurch die Grundlagen der württembergischen Landesherrschaft zu stärken; dies war während der zweiten Hälfte des 15. Jahrhunderts in ähnlicher Form in vielen Territorien üblich. Das Eingreifen der württembergischen Grafen in den kirchlichen Bereich stützte sich in rechtlicher Hinsicht vor allem auf zwei Faktoren: bei den Einzelpfründen und Kirchen auf das Patronatsrecht, bei den Klöstern auf die Vogtei. Die Grafen von Württemberg waren im 15. Jahrhundert in der glücklichen Lage, über ungewöhnlich umfangreiche Patronatsrechte verfügen und dementsprechend häufig Pfründen verleihen zu können: von den Pfarreien des Landes befanden sich etwa ein Drittel in der Hand des Landesherrn [97]. Durch sein Recht auf Besetzung zahlreicher Pfründen konnte Graf Eberhard im Bart daher einen starken Einfluß auf den Klerus des Landes ausüben und ihm geeignet erscheinende Geistliche berufen lassen. Die kirchenpolitische Tätigkeit Eberhards im Bart war insgesamt dadurch charakterisiert, daß er die ihm zustehenden Rechte über die Kirchen und Klöster seines Landes so weit wie möglich ausschöpfte und insbesondere die großen Klöster fast vollständig dem württembergischen Territorium eingliederte, so daß sie bald als landsässig galten [98]. Im Rahmen der landesherrlichen Kirchen- und Bildungspolitik ist auch die Gründung der ersten Landesuniversität zu sehen. Um die Ausbildungsmöglichkeiten für Geistliche, Juristen und andere höhere Berufe zu verbessern und dem Land einen kulturellen Mittelpunkt zu geben, gründete Eberhard im Bart 1477 in Tübingen die erste Landesuniversität und verwandte die Güter des Sindelfinger Chorherrenstifts zu ihrer Dotation [99].

[95] *Ernst* 1933, 99 f.

[96] Allgemein zur landesherrlichen Kirchenpolitik in Württemberg während des 15. Jahrhunderts *Wülk*, Johannes/*Funk*, Hans: Die Kirchenpolitik der Grafen von Württemberg bis zur Erhebung Württembergs zum Herzogtum. Stuttgart 1912. – *Schreiner*, Klaus: Altwürttembergische Klöster im Spannungsfeld landesherrlicher Territorialpolitik. In: Blätter für deutsche Landesgeschichte 109 (1973) 196–245. – *Stievermann*, Dieter: Das Haus Württemberg und die Klöster vor der Reformation. In: Uhland 1984, 459–481.

[97] *Ernst* 1933, 87.

[98] Ebda., 89.

[99] Vgl. *Haller*, Johannes: Die Anfänge der Universität Tübingen 1477–1537. 2 Bde. Stuttgart 1927/29. – *Ernst* 1933, 92. – *Schreiner*, Klaus: Das Haus Württemberg und die Hohen Schulen des Landes. In: Uhland 1984, 593–622.

VI.

Überblickt man abschließend die Entwicklung Württembergs im ausgehenden Mittelalter, gelangt man zweifellos zu der Feststellung, daß sich gerade in der zweiten Hälfte des 15. Jahrhunderts die Basis des württembergischen Territorialstaates stark gefestigt hat und die Integration des Landes durch die tatkräftigen Bemühungen seines Landesherrn weitgehend gelungen ist. Ein Vergleich der württembergischen Verhältnisse in der zweiten Hälfte des 14. Jahrhunderts mit denen im ausgehenden 15. Jahrhundert führt zu der Erkenntnis, daß in Württemberg eine Reihe von politischen, wirtschaftlichen und sozialen Krisenphänomenen, die im 14. Jahrhundert zu beobachten sind, ein Jahrhundert später größtenteils überwunden waren. Nach einer längeren Zeit der Landesteilung konnte die Einheit des württembergischen Territorismus durch die erfolgreiche Politik von Eberhard im Bart wiederhergestellt und die Unteilbarkeit zum Staatsprinzip erhoben werden. Die schweren Auseinandersetzungen der Grafen von Württemberg mit den Reichsstädten, die auf dem Hintergrund der Abwanderungsbewegungen und der Stadt-Land-Gegensätze des Spätmittelalters im südwestdeutschen Raum zu sehen sind, endeten mit einem eindeutigen Sieg des fürstlichen Landesherrn. Die politische Festigung des württembergischen Territorialstaates und der Ausbau der Verwaltungsorganisation gingen einher mit einer Konsolidierung und Verbesserung der ökonomischen Verhältnisse: im ausgehenden 15. Jahrhundert zeigte sich in den wirtschaftlichen Bedingungen eine aufsteigende Tendenz, die auch auf die politischen Verhältnisse positiv einwirkte. Die Erhebung der wiedervereinten und gefestigten Grafschaft Württemberg zum Herzogtum und unteilbaren Reichslehen im Jahre 1495 bildete schließlich den rechtlichen Abschluß einer längeren Periode der inneren und äußeren Konsolidierung des württembergischen Territorialstaates.

Die zu Beginn unserer Untersuchung gestellte Frage, ob der frühmoderne Territorialstaat tatsächlich als Sieger aus den Krisen des Spätmittelalters hervorging, muß demnach im Fall Württemberg bejaht werden – allerdings mit einigen Einschränkungen, die kurz dargelegt werden sollen. In der insgesamt durchaus erfolgreichen Regierungszeit Eberhards im Bart waren einige Probleme und Aufgaben keineswegs vollständig gelöst worden, so daß sie nach Eberhards Tod 1496 als Krisenfaktoren weiterwirkten und die Stabilität des württembergischen Territorialstaates beeinträchtigten. Besondere Schwachstellen Württembergs waren im frühen 16. Jahrhundert die persönliche Unfähigkeit seiner Fürsten, die wachsende Verschuldung des Landes, die damit verbundene Frage der Besteuerung und die Unzufriedenheit der bäuerlichen Bevölkerung. Auf Eberhard im Bart folgte Herzog Eberhard II., dessen Mißregierung und Willkürherrschaft schon nach zwei Jahren zu dem ungewöhnlichen Vorgang seiner Absetzung durch Regimentsrat und Landtag führte [100].

[100] *Weller* 1971, 96. – *Grube* 1957, 58–66.

Damit hatten die Landstände, deren Gewicht gerade in der zweiten Hälfte des 15. Jahrhunderts enorm gestiegen war, das von ihnen beanspruchte Widerstandsrecht gegen ungerechte fürstliche Herrschaftsgewalt erstmals mit Erfolg zum Wohl des Landes praktiziert. Sie erhoben den jungen, zunächst noch minderjährigen Ulrich zum Herzog, der dann während seiner langen Regierungszeit bis 1550 durch seinen sprunghaften, bisweilen grausamen Charakter schwere Erschütterungen über das Land brachte [101]. Die Schulden seiner Vorgänger, die vermehrten Bedürfnisse des Staates und der verschwenderische Lebensstil des Herzogs ließen die Schuldenlast des Landes auf eine bisher nicht gekannte Höhe ansteigen. Als der Versuch, durch eine direkte Zusatzsteuer Abhilfe zu schaffen, mißlang, wandte man das Mittel einer indirekten Besteuerung an: man erhob eine Verbrauchssteuer auf die wichtigsten Lebensmittel [102]. Gegen diese Form der Besteuerung, die vor allem die unteren Schichten in Stadt und Land belastete, entstand vor allem in den Dörfern heftiger Widerstand.

1514 brach dann der Bauernaufstand des „Armen Konrad" aus, der sein Zentrum in den Weinbaudörfern des Remstales hatte [103]. Die Rebellion richtete sich anfänglich zwar in der Hauptsache gegen die neue Steuer und die Mißregierung des jungen Herzogs, eskalierte dann aber zu weitergehenden Forderungen: Man beschwerte sich über die Landesregierung und die drei ersten Räte des Herzogs, klagte über die zu starke Zentralisierung der Verwaltung und wandte sich gegen die überall sichtbare Vorrangstellung der städtischen Ehrbarkeit. Die Hauptstoßrichtung der Dorfbevölkerung richtete sich aber gegen die Beherrschung der Dörfer durch die Ehrbarkeit [104]; damit wurde eine Schwachstelle des württembergischen Territorialstaates, die mangelnde Repräsentanz der Dorfbevölkerung in Amt und Landschaft, offen bloßgelegt. Die rebellierenden Bauern erhoben nun die Forderung, daß zum Landtag aus jedem Amt außer den Städtevertretern noch zwei Abgeordnete der Dörfer berufen werden sollten [105]. Die Niederlage des „Armen Konrad" – der Bauernaufstand konnte vom Herzog im Bündnis mit der Ehrbarkeit nach einiger Zeit gewaltsam unterdrückt werden – hat dann diesen Versuch zur Revision der Landesverfassung scheitern lassen. Der am 8. Juli 1514 zwischen Herzog Ulrich und dem Landtag

[101] *Press,* Volker: Herzog Ulrich (1498–1550). In: Uhland 1984, 110–135.

[102] *Grube* 1957, 79. – *Weller* 1971, 97.

[103] Allgemein zum Bauernaufstand des „Armen Konrad" *Ohr,* Wilhelm: Die Entstehung des Bauernaufruhrs vom armen Konrad 1514. In: Württembergische Vierteljahrshefte für Landesgeschichte 32 (1913) 1–50. – *Öhler,* Heinrich: Der Aufstand des Armen Konrad im Jahr 1514. In: Württembergische Vierteljahrshefte für Landesgeschichte 38 (1932) 401–486. – *Franz,* Günther: Der deutsche Bauernkrieg. Darmstadt [10]1975, 19–30.

[104] *Franz* 1975, 4. – *Grube* 1957, 79.

[105] *Grube* 1957, 81. – Württembergische Landtagsakten I, 1. 1913, 158–161 (Erklärung des „Bauernlandtags" in Stuttgart).

abgeschlossene Tübinger Vertrag verstärkte zwar das Gewicht der Landschaft, zementierte aber zugleich die Macht der amtsstädtischen Ehrbahrkeit[106]. Die katastrophale Politik Herzog Ulrichs, seine Vertreibung durch den Schwäbischen Bund 1519 und der zeitweise Übergang Württembergs an das Haus Habsburg haben insgesamt die strukturellen Grundlagen des württembergischen Staates, die sich im ausgehenden Mittelalter geformt hatten, nicht ernstlich erschüttern können. Württemberg blieb ein geschlossenes, relativ stabiles Territorium, das auch die Wirren des Reformationszeitalters gut überstand und nach der Rückkehr des Herzogs einen vollständigen Sieg des protestantischen Landesfürstentums erlebte.[107]

[106] *Grube* 1957, 83 ff. – Württembergische Landtagsakten I, 1. 1913, 225–240. – *Schneider* 1911, 87–93 (Abdruck des Tübinger Vertrages, 8. 7. 1514).

[107] Nach Abschluß des Manuskripts erschien der Katalog zur Landesausstellung „Württemberg im Spätmittelalter", der einige instruktive Beiträge zur württembergischen Territorialentwicklung enthält: Württemberg im Spätmittelalter. Ausstellung des Hauptstaatsarchivs Stuttgart und der Württembergischen Landesbibliothek. Bearb. v. J. Fischer, P. Amelung u. W. Irtenkauf. Stuttgart 1985.

Wilhelm Störmer

Die innere Konsolidierung der wittelsbachischen Territorialstaaten in Bayern im 15. Jahrhundert

I.

Das Herzogtum Bayern [1] war seit 1180 in der Hand der Wittelsbacher. Meist in aktivem Reichsdienst in Staufernähe, hatten es die ersten Herzöge, besonders Ludwig I. der Kelheimer, Otto II. und Ludwig II., vermocht, ihre Herrschaft über das (Rest-)Stammesherzogtum Bayern in ein mächtiges Territorialfürstentum umzuwandeln, d. h. möglichst viele Herrschaften dieses Herzogsraumes zu mediatisieren oder bei Aussterben der Adelsfamilien mit Hilfe des Heimfallsrechtes dem eigenen Territorium einzugliedern.

Als nach 1253 die Konflikte der herzoglichen Brüder Ludwig II. und Heinrich XIII. sich mehrten, schritten sie 1255 zur Herrschaftsteilung, wobei das gefestigte Herzogtum Bayern – gegen Reichsrecht – erstmals zerschnitten wurde. Ludwig behielt die rheinische Pfalz und das westliche, „obere" Bayern, das vom Oberpfälzer Wald bis zu den Kitzbühler Alpen reichte, Heinrich den Ostteil der herzoglichen Territorialmasse, das „niedere" Bayern. Der Machtausdehnung von diesen Räumen aus entsprachen auch die „außenpolitischen" Interessen der beiden Linien: Oberbayern war stark zum Reich und nach Schwaben hin gerichtet, Niederbayern hegte „Revanchegedanken" gegenüber Österreich.

Nach dem Tode des letzten Staufers Konradin 1268 konnte Ludwig II., der Onkel und Förderer des jungen Staufers, gemeinsam mit seinem Bruder als Universalerbe auftreten. So fiel damals der bedeutendste Gebietskomplex unter allen Erwerbungen des 13. Jahrhunderts an die beiden wittelsbachischen Brüder. Bei

[1] Allgemein *Riezler*, Sigmund: Geschichte Baierns II. Gotha 1880. *Spindler*, Max (Hg.): Handbuch der bayerischen Geschichte II. München 1966, 11–216 (Beiträge v. M. Spindler, H. Angermeier, Th. Straub, A. Kraus). – *Glaser*, Hubert (Hg.): Wittelsbach und Bayern I/1: Die Zeit der frühen Herzöge. München 1980. – *Patze*, Hans: Die Wittelsbacher in der mittelalterlichen Politik Europas. In: Zeitschrift für bayerische Landesgeschichte 44 (1981) 33–79. – *Fried*, Pankraz: „Modernstaatliche" Entwicklungstendenzen im bayerischen Ständestaat des Spätmittelalters. In: *Patze*, Hans (Hg.): Der deutsche Territorialstaat im 14. Jahrhundert. II. Sigmaringen 1971, 301–341.

der Wahl Rudolfs von Habsburg zum König (1273) schieden sich die beiden Brüder erneut; die Folge war, daß die bayerische Kurfürstenwürde letztlich verlorenging, da der Oberbayer als Pfalzgraf bei Rhein sie ohnehin hatte, das Königswahlrecht aber seinem niederbayerischen Bruder nicht gönnte. Mit Recht hat man Ludwig II., den Vater Ludwigs des Bayern, als einen der Mitbegründer der habsburgischen Hausmacht bezeichnet.

In der folgenden Generation führten die Familienkonflikte auch im oberbayerischen Hause zu einer einschneidenden Teilung, die 1329 im Hausvertrag von Pavia die Pfalz und weite Teile des Nordgaus (die sog. Obere Pfalz) von Bayern trennte. Das – wenngleich nicht sehr glückhafte – König- und Kaisertum Ludwigs des Bayern (1314–1347) wurde freilich für das Dynastieverständnis der Wittelsbacher zu einem wesentlichen Eckpfeiler, um den sich seit dem späten 15. Jahrhundert die Reputation des Hauses Wittelsbach immer wieder kristallisierte – bis in das 19. Jahrhundert. 1340 konnte Ludwig der Bayer zudem die Landesteilung zwischen Ober- und Niederbayern in einer Personalunion aufheben. Seine Söhne vermochten nur wenige Jahre 1347–1349 gemeinsam das Herzogtum Bayern zu regieren. Die Hausmachtpolitik des Kaisers und seiner Söhne zeitigte schließlich zentrifugale Wirkungen für das Kernland Bayern und wenige Jahrzehnte nach des Kaisers Tod fiel sein mühsam errichtetes Territorialsystem, das bis Tirol, Holland, Seeland, Friesland, Hennegau und Brandenburg reichte, weitgehend nach Nebenlinien auseinander.

Schon 1353 hatten die niederbayerischen Brüder weiter geteilt, so daß neben dem Territorium Niederbayern-Landshut das Territorium Straubing-Holland entstand, dessen Linie bis 1425 sich erhielt. 1363 kam es zwar zu einer Wiedervereinigung von Niederbayern-Landshut und Oberbayern unter Herzog Stephan II., jedoch erfolgte 1392 mit Hilfe der Landstände eine Dreiteilung: Bayern-Landshut, Bayern-Ingolstadt und Bayern-München.

Eine zeitweise chaotische Auflösung der politischen Einheit der Wittelsbacher nach innen wie nach außen war 1392–1402 die Folge. 1394 und fortgesetzt 1397/98 begann ein regelrechter bayerischer Hauskrieg. Die sogenannte „Vierherzogszeit“ fand ihre krisenhafte Verdichtung in München, wo sich innere Unruhen mit dem ehrgeizigen Ringen der Teilherzöge bis 1403 aufs engste verbanden.[2]

[2] Zu den Details *Böhmer,* Rudolf: Die Vierherzogzeit in Oberbayern-München und ihre Vorgeschichte. München 1937. Noch immer ist diese Zeit um 1400, deren Konfliktlagen offensichtlich mit einer Strukturkrise zusammenhängen, nicht tiefergehend untersucht.

II.

Unter diesen fast chaotischen Vorzeichen begann das 15. Jahrhundert in Bayern.[3] Dynastiepolitisch gesehen gehören die Jahrzehnte zwischen 1392 und 1438 zu den dunkelsten der bayerischen Geschichte. Sie sind gekennzeichnet durch andauernde Rivalitäten der Teilherzogtümer Ingolstadt, München und Landshut, wobei der in mehreren Etappen geführte sog. Bayerische Krieg, in dem Ludwig dem Bärtigen[4], Sohn Herzog Stephans III., eine Hauptrolle zukam, und der Straubinger Erbstreit, der sich nach dem Aussterben der Linie Straubing-Holland[5] entzündete, herausragten. Bezeichnenderweise wurde dieser Erbstreit 1429 durch königlichen Spruch entschieden.

Zu den Merkwürdigkeiten dieser Jahre gehört ferner die innere Situation der Territorien. In Ingolstadt fand der unruhige, herrschaftsbewußte Herzog Ludwig der Bärtige trotz aller Kriege Gelegenheit für einen erstaunlichen Innenausbau seines Territoriums. Aber die Ingolstädter Familientragödie machte die Gesamtlage komplizierter. Als Ludwig der Bärtige zunehmend seinen Lieblingssohn, den Bastard Wieland von Freyberg, mit Geldmitteln und Schätzen favorisierte, setzte sich der eigene Sohn und legitime Erbe Ludwig der Bucklige (1403/1443–1445) zur Wehr, so daß sich der Vater nach Neuburg/Donau zurückziehen mußte. Das Ende des genialen territorialen Innenbaumeisters ist im Grunde tragisch, wenn auch nicht unverschuldet. Der Aufstand des Sohnes schuf nach Th. Straub eine Entwicklung, „die den fast dreißigjährigen Gegensatz zwischen ihm und der Liga verblassen ließ".

Im Rahmen dieser politischen Wirren war allein dem Territorium München eine relative Ruhe gegönnt. Die Herzöge Ernst und Wilhelm III. suchten immer wieder zwischen den Vettern zu vermitteln; der Konflikt traf ja auch die Be-

[3] *Riezler*, Sigmund: Geschichte Baierns III. Gotha 1889. – *Straub*, Theod., *Kraus*, Andreas, in: *Spindler* II 1966, 185 ff., 216–296. „Die eineinhalb Jahrhunderte zwischen dem Tod Kaiser Ludwigs d. B. und der Reformation bleiben auch in den letzten Jahren eine kaum behandelte Epoche ..." *Schmid*, Alois: Altbayern vor 1800. In: Blätter für deutsche Landesgeschichte 118 (1982) 519–591, hier 547.

[4] *Straub*, Theodor: Herzog Ludwig der Bärtige von Bayern-Ingolstadt und seine Beziehungen zu Frankreich in der Zeit von 1391 bis 1415. Kallmünz 1965. – Ders.: Die Bayern in Paris zur Zeit der Königin Isabeau de Bavière. In: Festschrift für Max Spindler zum 75. Geburtstag. München 1969, 239–282.

[5] *Fried*, Pankraz: Straubing als Herzogsstadt und Regierungsmittelpunkt (Vitztumsamt). In: *Bosl*, Karl (Hg.): Straubing – das neue und alte Gesicht einer Stadt im altbayerischen Kernland. Straubing 1968, 89–102. – *Freundorfer*, Wolfgang, Die Behördenorganisation in und um Straubing im Mittelalter und in der frühen Neuzeit. In: ebenda, 73–87. – *Hoheisel*, Reinhard: Verwaltungsstruktur und Verwaltungsintensität Jakobäas von Bayern im Hennegau. masch. Magisterarbeit München 1972. – *Boehm*, Laetitia: Das Haus Wittelsbach in den Niederlanden. In: Zeitschrift für bayerische Landesgeschichte 44 (1981) 93–130.

völkerung ihres Territoriums. Ernst und Wilhelm regierten auch 40 Jahre gemeinsam, eine Ausnahmeerscheinung im Kreis der bayerischen Wittelsbacher. Ernsts Sohn Albrecht III. rief freilich einen bezeichnenden wie gefährlichen Dynastiekonflikt hervor, als er um 1433 die schöne Augsburger Baderstocher Agnes Bernauer heiratete. In diesem – bekannten – Konflikt konnte ein Krieg zwischen Sohn und Vater gerade noch verhindert werden. Die dynastische Räson hatte damit gesiegt.

Als regierender Fürst scheute Albrecht III. (1438–1460) große kriegerische Verwicklungen, wenngleich er im Hussitenkrieg durchaus persönliche Tapferkeit zeigte. Verständigungspolitik mit seinem niederbayerischen Verwandten war sein erklärtes Ziel, das er 1450 auch langfristig erreichte. Im Inneren fand er freilich seine Grenzen an den Landständen. Im Rahmen seiner kirchlichen Innenpolitik konnte er mit Hilfe des Philosophen und Kardinals Nikolaus von Kues [6] vieles durchsetzen.

Nach dem Tode Albrechts III. ist trotz brüderlicher Mitregentschaftskonflikte und Apanagierung für Sigmund [7] Albrecht IV. (1463–1508), der „Weise", zum Baumeister eines „modernen" Oberbayern und schließlich des vereinigten bayerischen Gesamtstaates geworden. Außenpolitisch ähnlich aktiv wie sein niederbayerischer Vetter, hegte er kühne Pläne gegenüber der Reichsstadt Regensburg und dem habsburgischen Land Tirol, ja gegenüber ganz Vorderösterreich.

Im Ringen um die niederbayerische Erbfolge schließlich konnte Albrecht, Schwager König Maximilians, aber gefährlicher Rivale Habsburgs, den römischen König doch für seine Pläne gewinnen und – für einen hohen Preis – im Landshuter Erbfolgekrieg den Sieg für Bayern-München erringen.

Wesentlich kontinuierlicher und konsequenter als bei den bisher betrachteten Teilfürstentümern ist die Entwicklung in Bayern-Landshut [8] während des 15. Jahrhunderts. Sie beginnt mit Herzog Heinrich von Niederbayern (1386/1393–1450), der beim Tode seines Vaters noch unter der Vormundschaft seiner unbeliebten und gegenseitig verfeindeten Oheime Stephan III. von Ingolstadt und Johann II. von München gestanden war. Schon seit dem ersten Jahr seiner selbständigen Regierung 1404 zeigte er Härte und Durchsetzungskraft, sei es

[6] *Meuthen,* Erich: Nikolaus von Kues und die Wittelsbacher. In: *Fried,* Pankraz/*Ziegler,* Walter (Hg.): Festschrift für Andreas Kraus zum 60. Geburtstag. Kallmünz 1982, 95–114.

[7] *Grimm,* Claus: Blutenburg. Beiträge zur Geschichte von Schloß und Hofmark Menzing. München 1983.

[8] *Stahleder,* Erich: Niederbayern als Staat (1255–1505). Katalog zur Ausstellung des Bayer. Staatsarchivs Landshut. Kallmünz 1970. – *Kluckhohn,* A.: Ludwig der Reiche, Herzog von Bayern. Nördlingen 1865. – *Eisenberger,* Maximilian: Herzog Georg der Reiche. Burghausen 1858. – *Stauber,* Reinhard: Herzog Georg der Reiche von Niederbayern und der Schwäbische Bund. Masch. Magisterarbeit München 1985. – *Ziegler,* Walter: Die Bedeutung des Beinamens „reich" der Landshuter Herzöge Heinrich, Ludwig und Georg. In: Fried/Ziegler 1982, 161–182.

gegen seine Residenzstadt Landshut, gegen seinen verhaßten Vetter Ludwig den Bärtigen, im Ringen um das Straubinger Erbe oder um das Ingolstädter Erbe. Der unerbittliche, bis zum Geiz sparsame Herzog hat in seiner langen Regierungszeit sein Territorium entschuldet und die Finanzverwaltung durchschaubar organisiert.

Auf Heinrichs des Reichen Leistung konnten sein Sohn und sein Enkel weiterbauen. Ludwig IX, der Reiche (1450–1479), ein betriebsamer Fürst, konnte sich zwar früh mit Bayern-München verständigen, doch kennzeichnet sein Regiment eine unruhige und kampferfüllte Zeit, in der der Krieg gegen den fränkischen Markgrafen sein Land in die große Koalition gegen den Kaiser brachte und damit einen erneuten Schuldenberg hervorrief. Der Sohn Herzog Georg der Reiche betrieb eine raffiniertere Außenpolitik und griff weit nach Schwaben aus, wobei im Innern wie in der Außenpolitik der Aspekt des finanziellen Nutzens offensichtlich eine zentrale Rolle gespielt hat.[9] Da ihm kein Sohn vergönnt war, mußte die niederbayerische Nachfolgefrage zu einer der schwersten Krisen der bayerischen Geschichte und zu einem Krieg von fast europäischem Ausmaß führen.

III.

Stellt man dem konfliktreichen dynastischen Bild die bayerische Territorienkarte gegenüber [10], so ist gleichwohl festzustellen, daß trotz des Familienstreits das Territorienbild bis in diese Zeit durch Aussterben und Abbau verschiedener Adelsherrschaften im bayerischen Gesamtraum vereinfacht wurde. Der letzte Gewinn im 15. Jahrhundert war für Bayern-München 1486 die Herrschaft Abensberg. In Bayern-Landshut war schon Herzog Heinrich der Reiche, der seit 1393 alle seine Verwandten überlebte, ein beharrlicher Sammler „niederbayerischer Erde“, nicht nur im Rahmen der Erbansprüche. Schlagkräftig und rücksichtslos pflegte er zuzugreifen, wenn eine Möglichkeit des Besitzerwerbs sich bot.

Von einer Ausschaltung der Landstände [11] konnte freilich in keinem der wittelsbachischen Territorien die Rede sein. Im Gegenteil: die Teilungsstreitigkeiten

[9] *Stauber* 1985, 196. – *Ziegler,* Walter: Studien zum Staatshaushalt Bayerns in der zweiten Hälfte des 15. Jahrhunderts. Die regulären Kammereinkünfte des Herzogtums Niederbayern 1450–1500. München 1981, 255 ff.

[10] *Lieberich,* Heinz: Landherren und Landleute. Zur politischen Führungsschicht Baierns im Spätmittelalter. München 1964. – *Spindler,* Max/*Diepolder,* Gertrud: Bayerischer Geschichtsatlas. München 1969, 20, 21.

[11] *Krenner,* Franz v.: Baierische Landtags-Handlungen in den Jahren 1429 bis 1513. 18 Bde. München 1803–1805. – *Bosl,* Karl: Die Geschichte der Repräsentation in Bayern. Landständische Bewegung, landständische Verfassung, Landesausschuß und altständische Gesellschaft. München 1974. – *Volkert,* Wilhelm: Staat und Gesellschaft. In: Spindler 1966, 476–558, hier 502 ff.

der verfeindeten Herzöge hatten deren Macht nur vergrößert. Sie sahen sich als die eigentlichen Wahrer des Landesbewußtseins. Adelsbünde konnten geradezu Bundesgenossen einzelner Herzöge zur Durchsetzung ihrer Interessen gegenüber deren verhaßten Verwandten werden. Der Straubinger Landschaft war es 1429 durch eine Klage bei König Sigismund gelungen, durch Einschaltung des Reiches ein Ende des Straubinger Erbstreits herbeizuführen. So hatte sich allenthalben in den bayerischen Territorien der Wittelsbacher die Landschaft (Stände) als konkurrierendes und überwachendes Herrschaftsgremium etabliert.

Die herzoglichen Landgebote, die zunehmend als Polizeigesetzgebung im 15. Jahrhundert eine Rolle spielen [12], versuchen bereits die Landschaft (Landstände des Adels, der Prälaten, der Städte und Märkte) zurückzudrängen. Ausdrücklich wird dabei freilich stets die Mitwirkung des Rats betont. Die Mitglieder dieses Rats waren de facto auch Vertreter der Stände, so daß die Mitglieder der fürstlichen Ratskollegien bis ins 16. Jahrhundert hinein durchaus auch die Interessen der Landschaft, und zwar vornehmlich des Adelsstandes, vertraten. Noch 1468 wurde in einem Landgebot des niederbayerischen Herzogs nicht nur die Mitwirkung des herzoglichen Rats, sondern auch der Stände betont: „nach rat unserer räte, auch der prälaten, ritterschaft, städten und märkten, so von einer gemeinen landschaft dazu gegeben und geordnet sind". Diese Einheit von Fürst, (Rat) und Landschaft, die hier öffentlich kundgetan wird, macht sie zum Repräsentanten des Gesamtinteresses. War unter Herzog Stephan II. der Rat noch „eine von den Landständen besetzte, von ihnen überwachte und zur Kontrolle der herzoglichen Regierungsmaßnahmen eingesetzte Körperschaft" [13], so änderte sich zunächst in Bayern-München der herzogliche Rat, als der Herzog zusätzlich noch sog. geschworene Räte einsetzte. Auch in Niederbayern wird der Rat noch im 15. Jahrhundert zu einer Behörde im moderneren Sinne mit regelmäßigen Sitzungen. Entscheidender wurde sicherlich die allmähliche Heranziehung der sog. gelehrten Räte. In den Herzogtümern Bayern-Landshut (28), Bayern-München (21), Bayern-Ingolstadt (8), Bayern-Straubing (1) konnten bis zum Jahre 1480 immerhin etwa 57 Kleriker im herzoglichen Rat festgestellt werden. „Da sie fast alle Hochschulbildung besaßen, vertraten diese Geistlichen bis etwa 1480 weitgehend die gelehrte Welt im Rat" [14]. Mit der Gründung der Universität Ingolstadt (1472) kamen zunehmend auch juristisch qualifizierte Laien in den Rat. Ihr Anteil war um 1500 schon so groß, daß die Landschaft dagegen protestierte. Mit der zunehmenden Führung bayerischer „Landtafeln" (Landsassen- und Hofmarksverzeichnisse) gelang es freilich den Herzögen gerade in der Zeit-

[12] *Lieberich*, Heinz: Die Anfänge der Polizeigesetzgebung des Herzogtums Baiern. In: Festschrift für Max Spindler zum 75. Geburtstag. München 1969, 307–378.

[13] *Heydenreuther*, Reinhard: Der Landesherrliche Hofrat unter Herzog und Kurfürst Maximilian I. von Bayern. München 1981, 10.

[14] Ebda., 14.

phase um 1500, die personelle Ausuferung der Landstände einzudämmen. Der Besitz von Hofmarken und Hofmarksrechten wurde zum Ausweis der Landstandschaft; im Laufe des 16. Jahrhunderts konnte der Herzog indes durchsetzen, daß nur der Hofmarkseigentümer, nicht aber seine jüngeren Familienangehörigen auf den Landtagen abstimmen durften.[15] Von daher dürfte in Zukunft die Prosopographie der Hofmarksbesitzer verstärktes Interesse verdienen; vor allem wird wichtig sein zu wissen, ob die jeweiligen Neubesitzer in herzoglichen Diensten als Pfleger oder andersartige Beamte festgestellt werden können. Im Bereich der adeligen Hofmarken läßt sich nämlich meines Erachtens seit dem 16. Jahrhundert am besten die allmähliche Domestizierung des bayerischen Adels durch den Herzog und späteren Kurfürsten ablesen.[16]

Und noch ein weiteres: Zwar konnten die Herzöge die Ausbildung einer eigenen ständischen Steuerverwaltung nicht verhindern, doch behaupteten seit der Mitte des 15. Jahrhunderts die Landshuter wie die Münchener Herzöge das Recht der Einberufung des Landtags. Auffallend ist ferner eine zunehmende Normierung der Landtagsverhandlungen. Man kann insgesamt von einer deutlichen „Einstaatung" der Landstände in Bayern seit der Mitte des 15. Jahrhunderts sprechen, die freilich keineswegs geradlinig verläuft und erst 1565 ihren Höhepunkt hat.

IV.

Trotz der erwähnten Desintegration äußerer Machtverhältnisse durch den mehr oder weniger permanenten Streit der wittelsbachischen Erben in der ersten Hälfte des 15. Jahrhunderts konnten die Herzöge in ihren Teilfürstentümern eine erstaunliche institutionelle Ordnung schaffen, die durchaus eine gewisse Eigengesetzlichkeit entwickelte. Da ist vor allem die zunehmende Verschriftlichung im Rahmen der Landesherrschaft zu nennen. Schon im ausgehenden 14. Jahrhundert wurde zur Führung der Amtsbücher das billigere Papier verwendet, in den Urbarbüchern dagegen weiterhin Pergament. Wichtiger aber sind die Anfänge einer Registerführung in der Kanzlei. Auffallend ist der hohe Stand der einzelnen Kanzleien der getrennten Teilterritorien.[17] Die Herzöge von Bayern-Straubing

[15] *Volkert,* Wilhelm: Die älteren bayerischen Landtafeln. In: Archivalische Zeitschrift 75 (1979) 251–262, hier 252.

[16] *Störmer,* Wilhelm: Auswertungsmöglichkeiten der „Statistik" des Historischen Atlas von Bayern. In: *Kraus,* Andreas (Hg.): Land und Reich, Stamm und Nation I. München 1984, 15–33, hier 25 ff.

[17] *Rall,* Hans: Urkundenwesen, Kanzlei und Rat der Wittelsbacher Pfalzgrafen bei Rhein und Herzoge von Bayern (1180/1214–1436/38). In: Schlögl, Waldemar/Herde, Peter (Hg.): Grundwissenschaften und Geschichte. Kallmünz 1976, 274–294. – *Wild,* Joachim: Die Fürstenkanzlei des Mittelalters. Anfänge weltlicher und geistlicher Zentralverwaltung in Bayern. München 1983.

verfügten in ihrer Grafschaft Holland über ein hochentwickeltes Kanzleiwesen wie auch in ihrer Nebenresidenz Straubing, die von einem Statthalter regiert wurde, wo die Kanzlei bemerkenswerte Amtsbücher, Landschreiber-Rechnungen und ein sorgfältiges Auslaufregister entwickelte. Die Kommunikationszwänge zwischen Straubing und Holland führten zu intensiver Verschriftlichung.

Auch in der Kanzlei des Fürstentums Bayern-München ist eine erstaunliche Weiterentwicklung der Kanzleitechnik unter den Herzögen Ernst (1397–1438) und Wilhelm III. (1397–1435) zu beobachten.[18] Nicht nur das System der Kanzleivermerke wird wesentlich differenzierter gehandhabt, im Rahmen der Kanzleibuchführung entstehen erstmals Vorformen des Aktenwesens. Darüber hinaus ist bedeutsam, daß Briefe und Schreiben bereits mehr als ein Viertel der Gesamtüberlieferung dieser Kanzlei einnehmen. „Unter der Regierung der Herzöge Ernst und Wilhelm III. hat die Amtsführung annähernd die den Verwaltungsaufgaben entsprechende Vielfalt erreicht, die auch für die frühe Neuzeit repräsentativ ist[19].

Unter Albrecht III. scheinen dann zwar die Auslaufregister vernachlässigt worden zu sein, aber der Weg zum Sachakt nahm in der Kanzlei letztlich einen kontinuierlichen Gang. Bayern-München zeigt bereits im 15. Jahrhundert neben dem Urkundenarchiv Ansätze zu einem weiteren Archiv vornehmlich für Akten. Einer der bedeutendsten Kanzler dieses Jahrhunderts war der von Augsburg stammende Oswald Tuchsenhauser, der erst im Dienst Ludwigs des Bärtigen von Bayern-Ingolstadt, seit 1425 aber in der Münchener Kanzlei zunächst als Schreiber, dann als Kanzler auftrat. Tuchsenhauser vermochte schließlich durch günstige Heirat und Erwerb zweier Herrschaften in den landständischen Adel aufzusteigen.

In der hochentwickelten Landshuter Kanzlei der niederbayerischen Herzöge, die im 15. Jahrhundert über sorgfältige Dienerbestallungsbücher verfügten – Zeichen einer stärkeren Bindung des „Beamtenapparats“ an den herzoglichen Dienstherren –, sind zwei Kanzler, Dr. Martin Mair und Wolfgang Kolberger, außerordentlich aktive Diplomaten ihrer Fürsten geworden.

In engstem Zusammenhang mit dem Ausbau der herzoglichen Kanzleien steht vor allem im niederbayerischen Herzogtum der gezielte Ausbau der Rentmeisterämter – verstärkt seit der Integrierung Bayern-Ingolstadts und Bayern-Straubings. Der Rentmeister entwickelte sich seit dem 15. Jahrhundert zu einem der wichtigsten Beamten in den beiden Teilherzogtümern. „In jährlichen Umritten kontrollierte und visitierte er die Ämter seines Rentamts; er nahm die Rechnungen auf und übte eine beschränkte Strafgewalt aus. Mit der Zunahme der

[18] *Andrian-Werburg*, Klaus Frh. v.: Urkundenwesen, Kanzlei, Rat und Regierungssystem der Herzoge Johann II., Ernst und Wilhelm III. von Bayern-München (1392–1438). Kallmünz 1971.

[19] *Wild* 1983, 62. Zum Folgenden 51–85, 150 ff.

Polizeigesetzgebung im 16. Jahrhundert wuchsen dem Rentmeister neue Aufgaben zu. Er überwachte nun die Einhaltung der Polizeiordnungen und Mandate ... In Zeiten, wo ein reibungsloser amtlicher Verkehr zwischen den Unter- und Oberbehörden noch weithin nicht gewährleistet war, erfüllte der Rentmeister die notwendige Vermittler- und Kontrollfunktion“ [20].

Ebenso wichtig erscheint uns das, was sich zwischen 1400 und 1500 in Verwaltung und Herrschaft auf der unteren Ebene abspielt. Zu Beginn des Jahrhunderts sind alle bayerischen Teilherzogtümer übersät von zahlreichen Dorfgerichten [21], die weitgehend in der Hand des Adels und auch der Kirchen waren. Diese spätmittelalterlichen Dorfgerichte des Ministerialenadels waren noch stark vom herzoglichen Pfleger oder Landrichter abhängig.“ Dem Dorfgericht mangelte im 14./15. Jahrhundert grundsätzlich die Befreiung (Exemption) vom Eingriff des landesherrlichen (öffentlichen) Beamten (Pfleger, Richter, Landamtmann, Amtsknecht) in den Dorfgerichtsort, d. h. der Dorfgerichtsort ist kein Immunitätsgebiet ... Die „Hofmark“ besitzt jedoch Immunität“ [22].

Diese Situation erfährt bedingt, aber kennzeichnend einen Umwandlungsprozeß. Ziel der in den Land-Adel aufgestiegenen herzoglichen Ministerialen war es, für ihre Dorfgerichte auch jene Gerichtsbarkeit zu erhalten, die seit alters hochadelige „Hofmarken“ und geistliche Immunitäten innerhalb der wittelsbachischen Landesstaaten hatten. Tatsächlich stiegen im Laufe des 15. Jahrhunderts viele alte Dorfgerichte auf, indem sie das Hofmarksrecht erhielten, das im niedergerichtlichen Bereich über Immunität gegenüber dem Landgericht verfügte. Und dieses Hofmarksrecht wurde wiederum zur Voraussetzung für die Zugehörigkeit zu den Landständen. Freilich: Es kann nicht übersehen werden, daß insgesamt nur relativ wenige Dorfgerichte diesen Aufstieg zur Hofmark schafften. Der Niedergang des Dorfgerichts im 15. Jahrhundert ist in erster Linie als Einfluß der sich intensivierenden staatlichen Verwaltung zu sehen. Ein großer Teil der Kloster- und Adelsgrundholden kam in den bayerischen Territorien unter direkte landesherrliche Gerichtsverwaltung.

Im Rahmen der Hofmarksbildung zeigen sich erhebliche Strukturunterschiede zwischen den Territorien Ober- und Niederbayern [23]. Im adelsstarken Landshuter Teilherzogtum ist bereits im frühen 15. Jahrhundert die Hofmarksbildung

[20] *Heydenreuther* 1981, 50. – *Ziegler* 1981, 256 ff.

[21] *Fried,* Pankraz: Grundherrschaft und Dorfgericht im spätmittelalterlichen Herzogtum Bayern. In: Patze, Hans (Hg.): Die Grundherrschaft im späten Mittelalter II. Sigmaringen 1983, 277–312.

[22] Ebda., 306 f.

[23] *Diepolder,* Gertrud: Ober- und niederbayerische Adelsherrschaften im wittelsbachischen Territorialstaat des 13.–15. Jahrhunderts. In: Zeitschrift für bayerische Landesgeschichte 25 (1962) 33–70. – *Fried,* Pankraz: Herrschaftsgeschichte der altbayerischen Landgerichte Dachau und Kranzberg im Hoch- und Spätmittelalter und in der frühen Neuzeit. München 1962, 7 ff., 40 ff., 60 f. Vgl. ferner die Ergebnisse der einzelnen Arbeiten zum Historischen Atlas von Bayern.

weitgehend abgeschlossen, während dieser Prozeß in Oberbayern erst beginnt. Vorbild für die oberbayerische Hofmarksbildung ist mit Sicherheit Niederbayern, wo das Modell bereits aus den Bestimmungen der Ottonischen Handfeste von 1311 konstruiert und interpretiert werden kann.

In den herzoglich-landgerichtischen Bereichen läßt sich während des 15. Jahrhunderts ein systematischer Ausbau landesherrlicher Macht und Verwaltungsgliederung feststellen. Mögen die Schergenämter als Untergliederung der Land- und Pfleggerichte im einzelnen auch ältere Vorformen haben, so wurden sie doch jetzt erst systematisch ausgebaut. Die Schergen oder Gerichtsamtleute waren die ausführenden Organe der Pfleger oder Landrichter in Verwaltungs- und Gerichtsaufgaben des Schergenbezirks und übten hier auch eine Art Polizeigewalt aus. Zu jedem Amt gehörte eine Gerichtsstätte, in Bayern Schranne genannt.

Um die Mitte des 15. Jahrhunderts wurde aber noch eine weitere wichtige Untergliederung für die landgerichtischen Untertanen geschaffen und offensichtlich an die Stelle vieler Dorfgerichte gestellt, die Haupt- und Obmannschaften, die militärische Aufgaben bei ehafter Not hatten und eine Art Aushebebezirke waren. In Zukunft waren nicht die Dorfgemeinden etwa, sondern die Haupt- und Obmannschaften die kleinsten Verwaltungseinheiten, die militärischen, steuerlichen und Scharwerkszwecken, sicherlich aber auch der agrarischen Planung dienten [24].

Zwar sind in diesem Bereich noch viele Einzeluntersuchungen nötig, doch wird man schon jetzt sagen dürfen, daß die wittelsbachischen Landesherren mit den neuen Institutionen die bäuerliche Mitsprache- und Gemeindeentwicklung erheblich bremsten. Ganz im Gegensatz zu den fränkischen Zenten und zu schwäbischen, salzburgischen oder tirolischen Landgerichten waren die wittelbachischen Landgerichte jener Zeit ganz herrschaftlich konzipiert ohne Einflußmöglichkeit der Bauernschaft. Aus diesem Grunde konnten sich kaum politische Aktivitäten der Bauern in den bayerischen Teilherzogtümern entwickeln, zumal die Landgerichte seit dem 15. Jahrhundert auch immer stärkeren Einfluß auf die Hofmarken ausübten [25]. Bester Beweis für diese Situation der bayerischen Bauern

[24] Diese Sachverhalte lassen sich bislang erst aus den einzelnen Arbeiten zum Historischen Atlas von Bayern rekonstruieren. Im beginnenden 16. Jh. sind jedenfalls diese Institutionen mit dem entsprechenden Kompetenzbereich gegeben. In landesherrlichen Verordnungen des 15. Jhs. wird dieser unterste Organisationsbereich nur vage angesprochen. *Ay*, Karl-Ludwig (Hg.): Altbayern von 1180 bis 1550. München 1977, 525 ff., 535 ff., 628 ff., 679 ff. – *Hiereth*, Sebastian: Die bayerische Gerichts- und Verwaltungsorganisation vom 13. bis 19. Jahrhundert. München 1950, 16–19. – *Beck*, Wilhelm: Heerwesen und Mobilmachung im 15. Jahrhundert. In: Archivalische Zeitschrift NF 18 (1911) 1–232 zeigt Ansatzpunkte zur Entstehung von Hauptmannschaften zwecks Aushebung der bäuerlichen „Landwehr“.

[25] *Störmer*, Wilhelm: Ansatzpunkte politischer Willensbildung der Bauernschaft im spätmittelalterlichen Schwaben, Franken und Bayern. In: Zeitschrift für Agrargeschichte und Agrarsoziologie 23 (1975) 165–180.

scheint uns der Bauernkrieg von 1525 zu sein. Wenn das Herzogtum Bayern von diesem bäuerlichen Aufruhr, der rund um das Territorium brodelte, praktisch nicht ergriffen wurde, so liegt das vornehmlich daran, daß in Bayern fast keine bäuerliche Selbstverwaltung vorhanden war, die eine geplante Zusammenrottung hätte möglich machen können. Es fehlte jedes politische Kommunikationsmittel der herzoglich bayerischen Bauern. Dafür waren aber die herrschaftlichen Ordnungen um so intensiver: herzogliche Landgerichte, Schergenämter, Haupt- und Obmannschaften paralysierten die Selbstverwaltungstendenzen der Bauern.

V.

Besonders stark konnte die Kirche in die wittelsbachische Territorienpolitik integriert werden. Obgleich die einzelnen Teilherzöge dynastiepolitisch weitgehend gegeneinander arbeiteten, haben sie doch in ihrem Verhältnis zur Kirche erstaunlich gleichartige Zielsetzungen verfolgt und auch erreicht. Das zeigt sich zunächst in ihrer Bistumspolitik. Da die bayerischen Bistümer in der Zeit, als die Wittelsbacher als bayerischen Herzöge ihren Territorialstaat auszubauen begannen, bereits seit einem halben Jahrtausend den Raum zunehmend strukturiert hatten, konnten sie zwar im 13. Jahrhundert in ihrer geistlichen Territorialpolitik erheblich zurückgedrängt werden (mit Ausnahme Salzburgs), aber letztlich nicht in den herzoglichen Landesstaat integriert werden [26]. Die unmittelbare Einflußnahme des Herzogs auf die Bistümer schien daher nur noch über die Besetzung der Bischofsstühle möglich. Eine Mediatisierung der bayerischen Bistümer war letztlich nicht mehr vollziehbar.

Zentren des herzoglichen Einflusses waren die Hochstifte Regensburg und Freising. Am stärksten stand das Bistum Freising mit seinem schmalen, handtuchartigen Territorium zwischen dem Landshuter und dem Münchener Raum unter wittelsbachischem Druck. Die Münchener Herzöge hätten es am liebsten zu ihrem Hausbistum gemacht. Um 1370 wurde seitens der Wittelsbacher der erste massive Versuch unternommen, einen Vertreter des „Hauses" auf den freisingischen Bischofsstuhl zu lancieren. Es handelt sich um Johann, den unehelichen Sohn Herzog Stephans III., des Kneißels, der 1372 ein Kanonikat in Freising erhielt und 1379 als electus frisingensis erscheint, sich aber dort als Bischof nicht durchsetzen konnte – ein Zeichen für das Politikum! – und 1384 schließlich Bischof von Regensburg wurde.

Der zweite Versuch gelang nach einer Reihe von Anfangsschwierigkeiten. Jo-

[26] *Fleischer,* B.: Das Verhältnis der geistlichen Stifte Oberbayerns zur entstehenden Landeshoheit. Phil. Diss. Berlin 1934. – *Strzewitzek,* Hubert: Die Sippenbeziehungen der Freisinger Bischöfe im Mittelalter. München 1938. – *Rankl,* Helmut: Das vorreformatorische Kirchenregiment in Bayern (1378–1526) München 1971.

hann Grünwalder (geb. nach 1392), unehelicher Sohn Herzog Johanns II. von Bayern-München, ein agiler und bemerkenswert gewandter Mann, den der Münchener Herzog früh mit wichtigen geistlichen Positionen in München, Isen, Innichen versorgen ließ, wurde 1422 als Kompromißkandidat zum Bischof von Freising gewählt, vom Papst aber nicht anerkannt (vermutlich nach Intervention des niederbayerischen Herzogs). 1424 wurde er zum Freisinger Generalvikar ernannt. Und in diesem Amt nahm der illegitime Wittelsbacher an der Reform der bayerischen Klöster hervorragenden Anteil. 1432 trat er bezeichnenderweise als Gesandter des Bischofs wie des Münchener Herzogs auf dem Konzil zu Basel in Erscheinung. 1443 wurde er – wohl nicht ohne Einfluß der Münchener Herzöge – in Freising einstimmig zum Bischof gewählt. Grünwalder war ein ausgezeichneter Diplomat und Politiker.

In der Folgezeit wurden gleich zwei Söhne Herzog Albrechts III. von Bayern-München, Albrecht und Wolfgang, für Freising ausersehen. Der Tod des herzoglichen Thronfolgers 1463 schuf eine neue Situation: Albrecht IV. entsagte sofort den geistlichen Plänen und ließ sich 1465 als Mitregent in Bayern-München aufstellen. Bald schien der Erfolg für seinen Bruder Wolfgang erreicht zu sein. Der Freisinger Bischof Johann Thulbeck konnte 1473 zugunsten von Wolfgangs Bewerbung zur Resignation bewegt werden. Aber der Einspruch des Domkapitels beim Papst und wohl auch Wolfgangs Unentschlossenheit führten dazu, daß der Papst diesen Plan mißbilligte.

Kurz vor dem Finale des Landshuter Teilherzogtums konnte als Konkurrent Bayern-Münchens der söhnelose Georg der Reiche seinem vermeintlichen Erben noch den Zugriff auf den Freisinger Bischofsstuhl sichern. Schon 1495 hatte das Domkapitel den Pfalzgrafensohn Ruprecht (und Sohn der Margarethe von Bayern-Landshut) für die Bischofswahl postuliert. 1496 erscheint er als päpstlich konfirmierter Administrator des Stiftes Freising. Aber als die Landshuter Nachfolge akut wurde, resignierte er 1498 mit päpstlicher Einwilligung und heiratete 1499 die einzige Tochter Georgs des Reichen von Bayern-Landshut. Der Freisinger Bischofsstuhl mußte nun wieder im Landshuter Interesse besetzt werden. Es gelang noch 1498 Philipp, den Bruder des resignierten Rudolf, der nun Landshuter Herzogserbe sein sollte, zum Administrator von Freising und 1507 zum Freisinger Bischof zu erheben. Nach habsburgischem Vorbild haben die wittelsbachischen Teilfürsten in der zweiten Hälfte des 15. Jahrhunderts nochmals den Versuch unternommen, die bayerischen Hochstifte zu mediatisieren, sie zu Landesbistümern zu degradieren, so seit 1456 Ludwig der Reiche im Falle Regensburg und Eichstätt; 1487 bemühte sich Albrecht IV. von Bayern-München, das Präsentationsrecht auf den Regensburger Bischofsstuhl zu erlangen. Währenddessen suchte Georg der Reiche das Hochstift Passau seiner Landeshoheit zu unterwerfen. Ähnliche Symptome lassen sich in der Steuerpolitik der Herzöge gegenüber den Bistümern feststellen. Vornehmliche Ziele sind Beschränkung des Besteuerungsrechtes der Ordinarien, die Prärogative der Herzöge bei der Reichssteuereinhebung, Besteuerung hochstiftischer Besitzungen in den bayerischen Territorien, schließlich auch die Beschränkung der geistlichen Gerichtsbarkeit zu Gunsten der Herzöge.

Viel weiter als bei den Bistümern ging der landesherrliche Integrationsprozeß bei den bayerischen Klöstern, die ohnehin fast gänzlich der Vogteigewalt der Herzöge unterstanden. Ludwig der Bayer hatte schließlich auch die bayerischen Reichsklöster durch großzügige Privilegien und Schutzgewährung mediatisiert. Die finanzielle und wirtschaftliche Bedeutung der Klostervogtei für die Herzöge war im 15. Jahrhundert beträchtlich. Tiefgreifender noch war die mehr und mehr praktizierte landesherrliche Klosterreform und Klostervisitation. Freilich: „die Visitationen sind hauptsächlich auf den besonders klosterreichen Münchener Landesteil beschränkt, wo gegenüber dem natürlichen Reichtum des Landshuter Gebiets und dem erheirateten Wohlstand der Ingolstädter die Deckung des Finanzbedarfs mit Hilfe der Klöster eine nicht unbedeutende Rolle spielt“ [26a]. Dabei ist nicht zu übersehen, daß die landesherrliche Klosterreformpolitik, die durch das Konzil von Basel gefährdet wurde, in Bayern durchaus fruchtbare religiöse Folgen im Bereich des Monastischen zeitigte.

Und schließlich war der landesherrliche Einfluß aller wittelsbachischen Territorialherren Altbayerns im Bereich der Niederkirchen und des Landklerus überaus vielfältig und effizient. Der Landesherr konnte die staatliche Oberaufsicht bei der Verwaltung des in Bayern oft beträchtlichen Kirchenstiftungsvermögens im späten 15. Jahrhundert durchsetzen und dem herzoglichen Landrichter zuweisen. Das Bewußtsein der Verantwortung der bayerischen Landesfürsten für das Seelenheil ihrer Untertanen kam aber in besonderem Maße in ihrem zunehmenden Eintreten für eine geordnete Pfarrseelsorge zum Ausdruck. Auch wenn der herzogliche Zugriff auf die Bistümer nicht ganz zum gewünschten Erfolg führte, so war doch im Kloster- und im Niederkirchenwesen die Integration so stark, daß man mit Recht von einem vorreformatorischen „Kirchenregiment“ in Bayern spricht.

VI.

Es war offensichtlich auch die Rivalität der einzelnen Teilherzöge, die den Ausbau der Residenzen erheblich vorantrieb, auch wenn Restformen der Reiseherrschaft in der ersten Hälfte des 15. Jahrhunderts durchaus noch sichtbar werden. Beide Formen müssen ja nicht unbedingt einen Gegensatz darstellen. Als älteste Residenz ist Landshut (genau: die Burg Landshut = Trausnitz über der Stadt) bezeugt; eine erste niederbayerische Hofordnung nennt 1293 drei für den Herzog verpflichtende Aufenthaltsorte: Landshut, Straubing, Burghausen [27]. Alle

[26a] *Rankl* 1971, 184.

[27] *Herzog*, Theo (Hg.): Landshuter Urkundenbuch I. Neustadt/Aisch 1959, nr. 157; vgl. Bosl 1974, 33 ff.

diese Orte haben auch im 15. Jahrhundert ein besonderes Gewicht: Landshut ist die niederbayerische Hauptresidenz, Straubing Nebenresidenz der Linie Straubing-Holland, dann der oberbayerischen Herzöge, Burghausen der Sitz der niederbayerischen Herzoginnen und der Prinzen. Während in Landshut die Grablege der Fürsten im Zisterzienserinnenkloster Seligenthal außerhalb der Stadt lag und blieb, haben die jüngeren Residenzen die Fürstengrablege in das Zentrum der Stadt gelegt: Münchens [28] Fürstengrablege wird seit Ludwig dem Bayern die Pfarrkirche Zu Unserer Lieben Frau, diejenige Straubings [29] die Karmelitenkirche des neuen „Hofklosters", ganz nahe beim Herzogsschloß gelegen, in Ingolstadt wird sie das neue Münster als Herrschaftskirche, das am westlichen Stadtrand liegt und mit dem Herzogsschloß im Osten die Stadt geradezu einrahmt [30].

Über die Bauentwicklung der eigentlichen Residenzanlagen sind wir bisher noch höchst unzureichend informiert. Die Trausnitz ob Landshut [31] war schon im 14. Jahrhundert ein erheblicher Komplex. Die reichen Herzöge dürften sie noch repräsentativ ausgestaltet haben. Abt Angelus Rumpler von Formbach nennt zu Beginn des 16. Jahrhunderts die Burg „eines Königssitzes würdig". Offensichtlich wurde aber die Distanz zur Stadt dem Herzog unangenehm – aus politischen und wohl auch aus privaten Gründen. Ludwig der Reiche ließ sich jedenfalls im herzoglichen Zeughaus in der Altstadt eine „Privatwohnung" einrichten. Sein Sohn Georg der Reiche bewohnte zeitweise das herzogliche Zollhaus in der Altstadt. An der Stelle dieses Zollhauses errichtete dann ab 1536 Herzog Ludwig X. seinen repräsentativen Renaissance-Stadtpalast, der als erster Palazzo nach italienischem Muster nördlich der Alpen gilt.

In München, das sich seit der zweiten Hälfte des 13. Jahrhunderts allmählich zur oberbayerischen Residenz entwickelte, war der Alte Hof Herzogs- und Behördensitz. Die 1383 der Stadt aufgezwungene herzogliche Neuveste außerhalb

[28] *Morsak,* Louis C.: Zur Rechts- und Sakralkultur bayerischer Pfalzkapellen und Hofkirchen. Freiburg/Schweiz 1984. – *Karnehm,* Christl: Die Münchner Frauenkirche – Erstausstattung und barocke Umgestaltung. München 1984.

[29] *Mondschein,* Johannes: Fürstenurkunden zur Geschichte der Stadt Straubing. In: Verhandlungen des Historischen Vereins für Niederbayern 25 (1888); 39 (1903) Nr. XXXI, XXXII, XXXVIII.

[30] Ingolstadt s. *Straub,* Theodor: Die Hausstiftung der Wittelsbacher in Ingolstadt. In: Sammelblatt des Historischen Vereins Ingolstadt 87 (1978) 20–144. – *Ders.*: Weltliche Hofmusik. In: Sammelblatt des Historischen Vereins Ingolstadt 93 (1984) 9–21. – *Hofmann,* Siegfried: Musik in der Herrschafts- und Residenzkirche zur Schönen Unserer Lieben Frau. In: ebenda 24–39. – *Ders.*: Die liturgischen Stiftungen Herzog Ludwigs des Gebarteten für die Kirche zur Schönen Unserer Lieben Frau in Ingolstadt. In: Sammelblatt des Historischen Vereins Ingolstadt 87 (1978) 145–266. – Stadtarchiv Ingolstadt (Hg.): Das Herzogtum Bayern-Ingolstadt. Katalog. Ingolstadt 1980, 117 ff.

[31] *Stahleder,* Erich: Die Burg Landshut, genannt Trausnitz, im Mittelalter. In: Glaser 1980, 240–252.

der Stadtmauern diente zunächst weder zu Repräsentationszwecken des Hofes noch zu Verwaltungszwecken. In Vergleich zu Landshut, Burghausen und Ingolstadt handelte es sich auch um eine bescheidene Anlage. Erst im späten 15. Jahrhundert wurde die Neuveste zu einem Repräsentationszentrum des Hofes, bevor die heutige Residenz entstand. Unter Herzog Albrecht IV. (1465–1508) durfte die neue Veste in den Ring der Stadtmauer eingebaut werden; noch zu seinen Lebzeiten erhob er sie zum neuen fürstlichen Residenzsitz, während der Alte Hof bis heute Behördensitz blieb [32].

Die stärkste Signalwirkung an den wittelsbachischen Höfen hatte wohl der Ausbau der neuen Residenz Ingolstadt durch Ludwig den Bärtigen (ca. 1368/1413–1447) am Anfang des 15. Jahrhunderts. Ludwig hatte Jahrzehnte seines Lebens an der Seite seiner Schwester Elisabeth-Isabeau, Königin von Frankreich, in und bei Paris verbracht als einer der Großen des schwachen französischen Königs. Stolz trug er den Titel „der Königin von Frankreich Bruder". Nach dem Tode des Vaters 1413 kehrte er nicht sofort nach Ingolstadt zurück; erst als Leiter der französischen Konzilsgesandtschaft kam er 1415 nach Deutschland. In seinem Teilherzogtum entwickelte er nun eine fieberhafte Aktivität. 1417/18 begann er mit dem Bau des Neuen Schlosses unmittelbar neben der alten Burg seines Vaters in Ingolstadt als repräsentative großzügige Residenz. Vollendet wurde es freilich erst 1488 unter seinen siegreichen Widersachern, den Landshuter Herzögen. 1425 erfolgte die Grundsteinlegung der großen fürstlichen Herrschaftskirche Ludwigs, der zweiten Stadtpfarrkirche zur „Schönen Unserer Lieben Frau". In dem nach französischem Muster geschaffenen Kirchenbau werden Herrschaftsrepräsentation, Herrschaftslegitimation und Herrschaftsgedächtnis in besonderer Weise präsent [33].

In München [34] hatte bereits Kaiser Ludwig der Bayer die alte Pfarrkirche Zu U. L. Frau zur oberbayerischen Fürstengrablege gemacht. Entsprechend hatte sich der neue Chorraum durch den Kult des Herrscheranniversariums zu einem Fürstenoratorium gewandelt. Beim Neubau der Frauenkirche seit 1468 konnten die Funktionen der Herrschaftskirche noch wesentlich erweitert werden. 1492 gestattete der Papst dem Herzog Albrecht die Errichtung eines Kollegiatstifts an der Frauenkirche. Albrecht IV. konnte kurz darauf die freisingischen Stifte Ilmmünster und Schliersee – wiederum mit Hilfe des Papstes – der Münchener Frauenkirche übertragen, der Protest Freisings war nutzlos. Die Kanoniker der beiden reichen Stifte übersiedelten daraufhin samt Stiftsbesitz und Reliquien zur Münchener Frauenkirche. Erster Propst des neuen Münchener Stifts wurde be-

[32] Vgl. die Münchener Hofordnung von ca. 1464 sowie die Münchener Regierungsordnung von 1466: *Ay* 19 Nr. 491, 492, S. 615 ff. – *Meitinger*, Otto: Die baugeschichtliche Entwicklung der Neuveste. In: Oberbayerisches Archiv 92 (1970) 9–290.

[33] *Straub* 1978. – *Hofmann* 1978.

[34] *Morsak* 1984.

zeichnenderweise der Kanzler Albrechts IV. Der Herzog ließ schließlich auch zum Zeichen wittelsbachischer Reputation vor dem Chor des „Frauendoms" ein prächtiges Hochgrab für Kaiser Ludwig von Bayern errichten. Am dahinter liegenden Kaiseraltar wurde die Kaiser-Ludwigs-Messe gelesen. Wie in Ingolstadt zeigen sich gerade in München neue Dimensionen kirchlichen Hofdienstes und prospektive Akte von Herrschaftserinnerung.

VII.

Angesichts der Konkurrenz in der wittelsbachischen Herzogssippe war freilich nicht nur der Ausbau der Herzogsresidenzen aus repräsentativen und verwaltungstechnischen Gründen wichtig. Wie allenthalben wurde auch in den bayerischen Territorien die Frage der Finanzierung der Herrschaft, der Repräsentation und vor allem der Kriege zu einem Zentralproblem. Der Sachverhalt dieser ökonomischen Zwänge muß aber noch längst nicht bedeuten, daß man das Problem auch ernsthaft zu beseitigen trachtete. Zunächst scheinen Territorien wie Ingolstadt, Straubing und München eher dilatorisch vorgegangen zu sein. Eine Ausnahme zeigt sich aber doch ganz deutlich, und zwar schon seit dem beginnenden 15. Jahrhundert. Dies ist Niederbayern (Bayern-Landshut).

Wir besitzen seit dem letzten Jahrzehnt zwei eingehende Untersuchungen zum Staatshaushalt Ober- und Niederbayerns von etwa 1450 bis 1516. Walter Ziegler[35] hat sich mit den regulären Kammereinkünften des Herzogtums Niederbayern von 1450 bis 1500 befaßt und die normalen Geld- und Getreideeinkünfte der Rentmeisterämter (Landshut, Burghausen, Ingolstadt/Neuburg, Wasserburg und Weiden) errechnet, zu denen Geld und Getreide aus den „Kästen" als Sammelstellen, ferner Zölle, Ungeld, Geleit, Stadt- und Marktsteuern, Vogteigelder sowie die Einnahmen der Landschreiber, Fisch-, Münz-, Küchen-, Jäger-, Salz- und Rentmeister gehörten. Die Erträgnisse aus den Regalien umfaßten 44,7 % des regulären Gesamteinkommens (ohne die außerordentlichen Steuern der Landstände). $^2/_3$ dieser Regalieneinkünfte fielen dabei auf die Zölle, bei denen die Salzzölle wiederum an erster Stelle standen. Ziegler stellt fest, daß Kastenämter und Zölle die Säulen der niederbayerischen Finanzen waren. Erstaunlich ist der Prozentsatz der Einnahmen aus dem fürstlichen Haus- und Kammergut: 52 %. Der sprichwörtliche Reichtum der Landshuter Herzöge Ludwig IX. und Georg floß also vorwiegend aus dem Domänenbesitz, nicht primär aus Zöllen und Bergwerken. Viel mehr als das ärmere Oberbayern basierte das niederbayerische Staatswesen so auf einer reichen Landwirtschaft. Die Herzöge waren hier auch die größten Grundherren mit 6800 Urbarsbauern, d. h. 14,5 % der gesamten bäuerlichen Güter. Hinzu kommt, daß die niederbayerischen Herzöge er-

[35] *Ziegler* 1981.

staunlich ökonomisch mit den Kastenerträgnissen arbeiteten und ein „Höchstmaß an Organisation, Rationalisierung und Konzentration der Verwaltung" erreichten.

Um 1500 ergibt sich für Ober- und Niederbayern zusammen ein Jahresnettoertrag von rund 100 000 Gulden (ohne landständische Steuern). Davon erbrachte Niederbayern $^{2}/_{3}$, Oberbayern nur $^{1}/_{3}$. Ziegler stellte einen Vergleich an und konnte Bayern-Landshut in die Spitzengruppe der finanzkräftigen deutschen Territorialstaaten (hinter Tirol) einordnen[36].

Glücklicherweise verfügen wir auch über eine neue Untersuchung zum Staatshaushalt Bayerns zur Zeit der Wiedervereinigung um 1505. Helmut Rankl[37] hat 1976 Herzog Albrechts IV. Taxation des (Brutto-)Einkommens der „Jungen Pfalz" (= Pfalz-Neuburg) im Jahre 1507 und den Vertrag zwischen den Herzögen Wilhelm IV. und Ludwig X. von 1514, welcher die Teilung der Bruttoeinkünfte und die Schulden des Herzogtums Bayern enthält, ediert und eingehend kommentiert. Bei den Staatseinnahmen kurz nach 1500 ergibt sich demnach für das Herzogtum Bayern und das neue Herzogtum Pfalz-Neuburg ein Anteil des Kammerguts von gut 50 %, an dem die Zölle mit 42 %, die grundherrschaftlichen Einnahmen („Pfennig- und Kastengült") mit 32 % beteiligt waren. Der umfangreiche Waldbesitz der Herzöge brachte nur einen relativ geringen Gewinn; eine recht untergeordnete Rolle spielten auch die Einnahmen aus der Leibherrschaft. Hohen Anteil an den Zolleinnahmen hatte das Salz. Bei den Staatsausgaben fällt vor allem die stattliche Ausgabenliste für die Hofhaltung auf.

Wir sehen also, daß sich vor allem Niederbayern im wesentlichen auf seine Kastenämter stützte; in Oberbayern scheint dies – wenn wir Rankl richtig interpretieren – auch nicht wesentlich anders gewesen zu sein. Nun hatte aber der aufkommende Territorialstaat in Mitteleuropa seine ökonomischen Chancen vor allem auf die Stadt gesetzt. Die bayerischen Territorien waren zwar nicht besonders städtereich, aber die Existenz von Städten und Märkten spielte auch für die Wirtschaft Bayerns eine zentrale Rolle[38]. Demnach möchte man vermuten, daß die Wittelsbacher in ihren Territorien auch im 15. Jahrhundert als besonders städtefördernd auftraten, um zu Geld zu kommen und die weiten wirtschaftlichen Verflechtungen der Städte und Fernhändler für ihre Sache nützen zu können. Hier scheint aber große Vorsicht am Platze zu sein.

Zwar lassen sich für den Landesausbau des neuen Fürstentums Ingolstadt durchaus ähnliche Beobachtungen machen wie bei den Territorien des 13. Jahr-

[36] Ebda., 257 f.

[37] *Rankl,* Helmut: Staatshaushalt, Stände und „Gemeiner Nutzen" in Bayern 1500–1516. München 1976.

[38] *Schremmer,* Eckart: Die Wirtschaft Bayerns vom hohen Mittelalter bis zum Beginn der Industrialisierung. Bergbau, Gewerbe, Handel. München 1970.

hunderts, auch wenn keine neuen Städte mehr gegründet wurden. Die Ingolstädter Herzöge Stephan III. und Ludwig der Bärtige betrieben in der Tat eine sehr aktive Städtepolitik, die sich zwar – wohl bewußt – nicht stadtrechtlich auswirkte, aber städtebaulich und vor allem fortifikatorisch. Die Städte für die allseits bedrängten Ingolstädter Herzöge waren also zum einen vor allem als Massenfestungen wichtig. Th. Straub konnte aber jüngst für das Beispiel Aichach zeigen, wie intensiv und sorgfältig der sonst so unstete Ludwig der Gebartete hier eine intensive Herrschafts- und Wirtschaftslandschaft mit dem Zentrum der Stadt Aichach ausbauen konnte, die keineswegs nur administrativ und fortifikatorisch bestimmt war [39].

Städtebau und Städtebefestigung sind für das 15. Jahrhundert ungenügend untersucht, so daß ein Vergleich der ober- und niederbayerischen Städte mit denen Bayern-Ingolstadts derzeit kaum möglich ist. Für die beiden Territorien läßt sich aber grundsätzlich schon sagen, daß es so etwas wie eine Städtepolitik seitens der Herzöge nicht gab. Ja es fällt auf, daß die Herzöge beider Territorien gerade in ihren Residenzstädten den offensichtlich schwierigsten innerterritorialen Konfliktstoff zu bewältigen hatten: „Revolutionäre" Zustände beherrschten München 1397–1403; die erste Tat Heinrichs des Reichen war die blutige Niederwerfung eines gefährlichen innerstädtischen Aufstandes in Landshut 1404.

Was man auf den ersten Blick als Förderung der Städte in Ober- wie in Niederbayern interpretieren könnte, ist in erster Linie eine Normierung und Verstärkung der „Polizeiaufsicht". Das ist freilich nicht unbedingt negativ zu sehen, weist aber doch auf das primär staatliche Interesse hin. Den komplizierten Wirtschafts- und Sozialkörper Stadt konnte – soweit es sich um die größeren Städte handelt – keiner der Herzöge konzeptionell in den Griff bekommen. Man war mehr auf die äußeren Vorteile aus. Am meisten Verständnis für die Belange einer wichtigen Handelsstadt zeigte wohl Albrecht IV., als er die Reichsstadt Regensburg 1486–1492 unterwarf und in Pflicht stand, die teilweise desolaten Verhältnisse der Stadt zu verändern [40]. W. Ziegler [41] betont mit Recht das Desinteresse der niederbayerischen Fürsten an ihren Städten: das klassische Instrument der Städtepolitik war in zweierlei Hinsicht fraglich geworden; die Städte brachten ihnen über die festgelegten Jahressteuern hinaus kaum Einnahmen. Dabei ist freilich noch nicht das Phänomen der Städte und Burgen als Fürstenfinanziers gesehen, das ohnehin für dieses Jahrhundert noch nicht untersucht ist. Gravierend ist sicherlich, daß die zunehmenden städtischen Mitsprachetendenzen dem Fürsten höchst unerwünscht waren und daß die vom dynastischen Prinzip her er-

[39] *Straub,* Theodor: Stadt und Amt zur Zeit der Ingolstädter Herzöge. In: Liebhart, Wilhelm/Wagner, Rudolf (Hg.): Aichach im Mittelalter. Aichach 1985, 159–208.

[40] *Hable,* Georg: Geschichte Regensburgs. Regensburg 1970. – *Ziegler,* Walter: Das späte Mittelalter und die Zeit der Reformation. In: *Kraus,* Andreas/*Pfeiffer,* Wolfgang (Hg.): Regensburg – Geschichte in Bilddokumenten. München 1979, 60–71, bes. 68 f.

[41] *Ziegler* 1981, 261 f.; vgl. Bosl 1974, 122 ff.

wünschten Bewußtseinsbindungen an die „angestammten Herrschaften“ angesichts der zum Teil recht instabilen politischen Lage der wittelsbachischen Territorien in der ersten Hälfte des Jahrhunderts durch die Konkurrenz des städtischen Selbstbewußtseins keine Stärkung sondern eher eine Schwächung erfuhren. Dazu kommt, daß für die städtische Wirtschaft Friedenssicherung und Sicherheit der Geleitsstraßen von zentraler Bedeutung waren, Sachverhalte, die durch die innerwittelsbachischen Kämpfe in Frage gestellt wurden. Eine Vernetzung von Interessengemeinsamkeiten war also zwischen Städten und Fürsten nur in bescheidenem Maße möglich. Als Kulisse für prächtige Hochzeiten und andere fürstliche Feste waren die Städte freilich für die Fürsten notwendig.

VIII.

Fassen wir die Ergebnisse der Untersuchung stichwortartig zusammen: Trotz der empfindlichen Rivalitäten der herrschenden wittelsbachischen Linien untereinander, die besonders in der ersten Hälfte des 15. Jahrhunderts zu gefährlichen Konflikten geführt hatten, konnten im wesentlichen alle Teilterritorien eine relativ gleichförmige Formierung und Intensivierung der territorialstaatlichen Herrschaft erreichen. Diese ist geprägt durch zunehmende „Einstaatung“ der Landstände, die als solche freilich noch erhebliches Gewicht hatten, durch Intensivierung und erstaunliche „Modernisierung“ des Kanzleiwesens, Ausbau der Territorialverwaltung – besonders auf der Ebene der Rentmeisterämter und auf der untersten Ebene, wo nach dem Abbau der Dorfgerichte neue „Behörden“ geschaffen wurden, offenbar nicht zuletzt deshalb, um eine Selbstverwaltung der bäuerlichen Untertanen zu verhindern. Sie ist ferner geprägt durch repräsentativen Ausbau der Residenzen und des Hofs in den Residenzstädten einerseits, andererseits durch eine zunehmende Verfeinerung der Einnahmensverwaltung – dies besonders im Territorium Niederbayern, dessen Fürsten Reichtum mit Sparsamkeit paarten. Zu diesem Prozeß ist schließlich ein ausgeprägtes und vielfach erfolgreiches vorreformatorisches landesherrliches „Kirchenregiment“ gegenüber Bischofskirchen und deren Hochstiften, Klöstern und Pfarreien zu rechnen.

Dafür, daß die staatliche Intensivierung in allen wittelsbachischen Territorien Bayerns in auffällig gleichförmigen Bahnen verlief, wird man sicherlich ältere strukturelle Grundlegungen verantwortlich machen dürfen, aber auch die Zwänge der Verwaltung, die im 15. Jahrhundert einen beachtlichen Stellenwert erhielt. Sonderwege einzelner wittelsbachischer Dynasten konnten diesen Prozeß nicht mehr grundlegend verändern.

Der Weg Bayerns zum Einheitsstaat vollzog sich aber erst im ersten Jahrzehnt des 16. Jahrhunderts, im Landshuter Erbfolgekrieg (1503/04). Auch diese Verschiebung gründete in dynastischen Umständen: Herzog Georg der Reiche von Niederbayern hatte keine legitimen männlichen Erben, und die Vereinigung von

Ober- und Niederbayern mußte vom Münchener Albrecht IV. gegen die pfälzischen Vettern erkämpft werden. Wie in der Vergangenheit spielte auch hier wieder der König eine entscheidende Rolle.

Maximilian, schließlich Schiedsrichter unter den Wittelsbachern, „verhinderte damit, Rechtswahrung und Interessen geschickt verbindend, nicht nur die Ausbildung einer Pfälzer Großmachtstellung im süddeutschen Raum, ... entriß nicht nur Bayern die Ämter Kufstein, Kitzbühl und Rattenberg, sondern er riegelte auch mit der Schaffung eines Fürstentums Pfalz-Neuburg das Ausgreifen der Wittelsbacher in den schwäbischen Raum ab [42].“

Erst das wiedervereinigte Bayern wuchs in der Folgezeit in die Führungsrolle des Gesamthauses der Wittelsbacher hinein. Bayern war neben dem Haus Habsburg der geschlossenste süddeutsche Territorialstaat geworden. Zudem vermochte Albrecht IV. noch kurz vor seinem Tod mit Hilfe der Stände ein Primogeniturgesetz zu erlassen, das künftig Teilungen verhinderte. Hier zog man in einem zentralen haus- wie „staatsrechtlichem“ Bereich Lehren aus der Vergangenheit. Auch wenn die Stände durch die hohen Staatsschulden infolge des Kriegs noch einmal für kurze Zeit eine mächtige Stellung einnehmen konnten, so haben sie doch auch in der bayerischen Primogeniturordnung 1506, in der Erklärten Landesfreiheit 1508, in der Vereinigung der Landschaft von Ober- und Niederbayern 1514 und in der Landesordnung von Bayern 1516 mitgewirkt, die verbindlichen Rahmenbedingungen für Verfassung und Gesetz des Landes bis zum Ende des alten Reiches zu schaffen.

Das so geschlossene Bayern konnte bald auch politisch-dynastisch ausgreifen und der Vorposten des konfessionellen Absolutismus werden. Grundgelegt wurde diese Entwicklung durch den „Innenausbau“ der bayerischen Territorien im 15. Jahrhundert.

[42] *Press,* Volker: Schwaben zwischen Bayern, Österreich und dem Reich 1486–1805. In: *Fried,* Pankraz (Hg.): Probleme der Integration Ostschwabens in den bayerischen Staat. Sigmaringen 1982, 17–78, hier 23. – Vgl. *Rankl* 1976, 2 ff.

Ludger Tewes

Ständische Mitsprache und Modernisierung in der kurkölnischen Zentralverwaltung während des 15. Jahrhunderts

I.

Die Grundlagen territorialer Existenz im Übergang vom Hoch- zum Spätmittelalter bilden nach einschlägigem Urteil Grundherrschaft, Gericht und Burg [1]. Im Verlauf des Spätmittelalters wurden weitere Stützen in die entstehende Landeshoheit [2] eingezogen. Sie bewirkten nicht nur eine Ausdifferenzierung und Vielförmigkeit der Herrschaftsinstrumente, sondern gaben zugleich auch Zeugnis von einem neuen Verständnis und Verhältnis im Regierungsverhalten, das sich stets einer straffen Rückbindung aller delegierter Rechte auf eine Person versicherte, nämlich die des Landesherrn. Zur Verwirklichung dieser Vorstellungen und eines solcherart definierten Anspruches bedurfte es zumindest zweierlei Rücksichtnahmen: eine Vielfalt von verteilten und delegierten Rechten sollte, kontrolliert über das ganze ‚Territorium', den Staat „in nascendo" [3] vernetzen, und das erforderte einen zuverlässigen Kreis von Mediatoren [4]. Mit der

[1] *Willoweit,* D.: Die Entwicklung und Verwaltung der spätmittelalterlichen Landesherrschaft. In: K. Jeserich/H. Pohl/G. v. Unruh (Hg.): Deutsche Verwaltungsgeschichte Bd. 1., Stuttgart 1983, 93. – *Ders.:* Allgemeine Merkmale der Verwaltungsorganisation in den Territorien. In: Ebda., 289 ff. – *Droege,* G.: Die Territorien am Mittel- und Niederrhein. In: Ebda., 690 ff.

[2] *Spangenberg,* H.: Landesherrliche Verwaltung, Feudalismus und Ständetum in den deutschen Territorien des 13. bis 15. Jahrhunderts. In: Historische Zeitschrift 103 (1909), 473 ff. – *Bader,* K. S.: Territorialbildung und Landeshoheit. In: Blätter für deutsche Landesgeschichte 90 (1953) 109 ff. – *Theuerkauf,* G.: Zur Typologie der spätmittelalterlichen Territorialverwaltung in Deutschland. In: Annali della Fondazione italiana per la storia amministrativa 2 (1965), 37 ff. – *Janssen,* W.: Zur Verwaltung des Kölner Erzstifts unter Erzbischof Walram von Jülich (1332–1349). In: Aus kölnischer und rheinischer Geschichte. Hg. v. H. Blum. 1969, 1 ff.

[3] *Janssen,* W.: Der deutsche Territorialstaat im 14. Jahrhundert. In: Der Staat 13, (1974), 415 ff.

[4] *Moraw,* P.: Die Entfaltung der deutschen Territorien im 14. und 15. Jahrhundert. In: Münchener Beiträge zur Mediävistik und Renaissance-Forschung 35, hg. v. G. Silagi, München 1984, 83.

damit verbundenen Intensivierung aller Bezüge zwischen dem Territorialherrn und seinem ‚Land' ging eine Welle von Innovationsschüben einher, die die Rechtssprechung verbesserte, die öffentliche Sicherheit im Landfrieden von der Reichsgewalt territorialisierte [5], die Herrschaft gleichmäßig im Land verteilte sowie über eine lokale Administration fühlbar machte und schließlich als überlieferte Zeugnisse der Vorgänge die schriftlichen Nachweise unerhört ansteigen ließ. Alles das, was die Beziehung zwischen Herr und Territorium stärken konnte, wurde in diesen Prozeß einbezogen, so auch der Kreis der Ritter, Knappen und Lehnsleute, insbesondere aber die Würdenträger des Klerus, nämlich gleichsam als personales Reservoir, verfügbar gegen finanzielle Entlohnung [6].

Im Rahmen dieser allgemeinen Entwicklung territorialer Verhältnisse im Reich werden auch die administrativen Zustände im rheinischen Erzstift Köln zu betrachten sein. Dies hat auf verschiedenen Ebenen und auch mit differenzierter Methode zu geschehen, weil die kölnische Verwaltung zumindest zwei unterschiedlichen Belangen diente, nämlich einmal der Lokalverwaltung und sodann der Zentraladministration. So deutlich sich dieser Tatbestand unterscheiden läßt, so different sind jeweils die Entstehungsursachen, der Nutzen aus der Sicht des Landesherrn und die Aufgaben für den lokalen oder zentralen Bereich. Allein die Beobachtung der Entwicklungslinien in der Zentrale veranschaulicht dann lange Zeit eine Kontinuität im Verwaltungsgebaren und hier deutet sich erst zur Mitte des 15. Jahrhunderts ein allmählicher Perspektivenwandel an.

Schon die zeitliche Überschau erbringt einige zusätzliche Erkenntnisse im Vergleich zwischen lokaler und zentraler Administration. Nach gesicherten Ergebnissen der Forschung war mit der ersten Hälfte des 14. Jahrhunderts ein System versachlichter und über das ganze Land verteilter Amtsverwaltung statt des Ministerialenwesens grundgelegt [7], wohingegen es die Erzbischöfe in der Zentrale für das gesamte 14. Jahrhundert bei einem Verwaltungsgebaren beließen, das klare Konturen vermissen ließ [8]. Dieser Mangel landesherrlicher Administration wurde allerdings dadurch ausgeglichen, daß die Erzbischöfe einen Re-

[5] *Tewes,* L.: Westfälische Landfrieden im 14. Jahrhundert. In: Blätter für deutsche Landesgeschichte 121 (1985), 169 ff.

[6] *Landwehr,* G.: Die Bedeutung der Reichs- und Territorialpfandschaften für den Aufbau des kurpfälzischen Territoriums. In: Mitteilungen des Historischen Vereins der Pfalz 66 (1968), 194 ff. – *Tewes,* L.: Zur Amts- und Pfandpolitik der Erzbischöfe von Köln im Rheinland und in Westfalen im 14. und 15. Jahrhundert. In: Westfälische Forschungen 35 (1985), 73 ff.

[7] *Tewes,* L.: Die Amts- und Pfandpolitik der Erzbischöfe von Köln im Spätmittelalter (1306–1463), Köln 1987.

[8] *Aubin,* H.: Das Reich und die Territorien. In: Geschichte des Rheinlandes von der ältesten Zeit bis zur Gegenwart, 2. Bd. Hg. v. d. Gesellschaft für Rheinische Geschichtskunde. Essen 1922, 1 ff., hier 25.

gierungsstil pflegten, der das „persönliche Regiment" in der Verwaltungsspitze vorsah [9] und auch sehr nachdrücklich erhalten wollte.

Das vornehmliche Interesse der kölnischen Städte, Ritter, Grafen und des Domkapitels nun freilich war ein ganz anderes, denn sie strebten nach Einfluß und Mitsprache im Erzstift. Das gipfelte in der Forderung nach einem ständigen, permanent zur Mitsprache berechtigten Ratsgremium, das der Zentralverwaltung vorgeschaltet sein sollte. Zugleich würde es damit direkten Einfluß auf alle Schwerpunkte der Landespolitik, insbesondere die Rechtssprechung und das Finanzverhalten, nehmen. Der Rat wollte in Entscheidungen über Krieg und Frieden, Bündnis und Abgrenzung gehört werden. Erste Ansätze zu einem nachdrücklichen Eintreten von ständischer Seite für diese neue Perspektive von Mitarbeit und Mitverantwortung deuteten sich bereits lange Zeit vor der Mitte des 15. Jahrhunderts an [10]. Sie gaben Zeugnis für ein steigendes Selbstbewußtsein und ein neues Selbstverständnis. Die Stände suchten nach einer klareren Perspektive ihrer eigenen Rolle in der Landesherrschaft und nach besseren Integrationsmechanismen. Ihre Anstrengungen intensivierten sich in einer Phase zwischen etwa 1436 und 1479, während einige neue Entwürfe und Modelle debattiert und auch ausprobiert wurden; dies sicher nicht zuletzt aufgrund besonders mißlicher wirtschaftlicher Verhältnisse im Erzstift Köln, welche die Machtposition des Landesherrn erschüttert hatten.

Die bisherige Forschung macht die Entwicklung an drei zeitlichen Schwerpunkten fest. Zum Jahr 1344 versprach Erzbischof Walram (1332–1349) dem Domkapitel angesichts einer beträchtlichen Geldanleihe Mitsprache in der Landesverwaltung. Nach 1436 gab Erzbischof Dietrich (1414–1463) bei seinen Räten ein Gutachten zur Verbesserung der Zentralverwaltung in Auftrag, und nach seinem Ableben schlossen sich die Stände 1463 zur Erblandesvereinigung zusammen, um ihre Anliegen nachdrücklicher gegenüber dem Landesherrn zu vertreten. Bei dieser punktuellen Betrachtung der Entwicklung, jeweils aus besonderem Anlaß, bleibt allerdings weitgehend unklar, wie sich über ausgedehnte Zeiträume das Verhältnis von Domkapitel, Ritterschaft und Städten zum Landesherrn gestaltete. Hier eröffnet sich noch ein weites Forschungsfeld.

Mit dem Ausgang des 15. Jahrhunderts aber endeten die Versuche einer Umschichtung und Neuverteilung von Mitarbeit im Landesregiment dadurch, daß der Landesherr seine Vorstellungen behaupten konnte. Um das Jahr 1500 gab es dann de facto in der Ratsfrage wieder eine klare Perspektive von Zentralverwaltung, der Rolle der Stände im Land und dem Integrationsstandort der einzelnen Gruppen.

9 *Penning*, W.-D.: Die weltlichen Zentralbehörden im Erzstift Köln von der ersten Hälfte des 15. Jahrhunderts bis zum Beginn des 17. Jahrhunderts. Bonn 1977, 17.

10 Ein frühes Beispiel *Tewes*, L.: Frühe Landfriedens- und Ständepolitik im Gebiet des späteren Vestes Recklinghausen zu Beginn des 14. Jahrhunderts. In: Vestische Zeitschrift 81 (1982), 5 ff.

II.

Erste Spuren und Konturen einer kölnischen zentralen Administration lassen sich bereits im 13. Jahrhundert ausmachen, wobei allerdings ein zusammenhängendes Bild nicht vor der ersten Hälfte des 14. Jahrhunderts gezeichnet werden kann. Dabei hat zunächst W. Janssen die grundlegenden Vorarbeiten geleistet [11], auf die sich in der Folge auch W.-D. Penning stützte [12]. So sind in der Regierungszeit des kölnischen Erzbischofs Walram von Jülich eine Kanzlei, ein Rat, ein Hofgericht [13] und eine Finanzverwaltung nachgewiesen [14]. Dies bedeutete nun in mancherlei Hinsicht einen Entwicklungsfortschritt, denn die ursprüngliche kölnische Hofverwaltung, organisiert durch Ministeriale, erfuhr eine Ausdifferenzierung auch auf die allgemeine Landesadministration unter Hinzuziehung etwa eines Marschalles für die Heerführung und eines Rentmeisters zur Grundlegung einer allgemeinen Finanzverwaltung. Als wichtigstes Gremium hatte sich bereits ab dem 13. Jahrhundert ein erzbischöflicher, fürstlicher oder persönlicher Rat der kölnischen Metropoliten herausgebildet.

Seine Mitglieder wurden ‚familiares' oder ‚secretarii', andere ‚Räte' oder ‚nuncii', selten allerdings ‚consiliarii' genannt, was nicht nur Aufschluß über Herkunft und Aufgabenbereich zuläßt, sondern auch deutlich macht, wie der Erzbischof den Charakter dieses Rates eingeschätzt sehen wollte [15]. Dabei geht aus zeitgenössischen Quellen hervor, daß der Erzbischof eine kleine Anzahl von vielleicht vier bis sechs Räten als Vertraute ansah und zusätzliche Personen, die der Umfang aller Geschäfte erforderte, für alltägliche Aufgaben hinzuzog. Damit war die Auswahl der kölnischen Räte in das völlige Belieben des erzbischöflichen Landesherrn gestellt. Der Rat oder das ‚consilium' trug somit als wichtigste Entscheidungshilfe für den Erzbischof innerhalb der Zentralverwaltung auch seine ganz persönliche Note.

Da die Erzbischöfe von Köln in den beiden Landesteilen von Rheinland und Westfalen [16] für alle orts- oder regionalbezogenen Aufgaben und Notwendigkeiten nie gleichermaßen präsent sein konnten, war die Delegierung von Herrschaftsrechten und Entscheidungsbefugnissen auf Lokalvertreter unabdingbar; dies bedarf keiner weiteren Diskussion. In der Zentrale aber sahen die Verhält-

[11] *Janssen* 1969, 15 f.

[12] *Penning* 1977, 15 f.

[13] Ebda., 19 f.

[14] *Droege,* G.: Die Ausbildung der mittelalterlichen territorialen Finanzverwaltung. In: Der deutsche Territorialstaat im 14. Jahrhundert, 1. Bd. Hg. v. H. Patze. Sigmaringen 1970, 325 ff.

[15] *Aubin,* H.: Ein Gutachten über die Verbesserung der kurkölnischen Zentralverwaltung von etwa 1440. In: Grundlagen und Perspektiven geschichtlicher Kulturraumforschung und Kulturmorphologie. Hg. v. F. Petri. Bonn 1965, 449. – *Janssen* 1969, 23.

[16] *Moraw* 1984, 101 spricht treffend von „Hauptland und Nebenland".

nisse anders aus. Hier beanspruchte der Erzbischof, soweit nur eben möglich, die alleinige Regierungsinitiative oder das persönliche Regiment. Ganz ohne Zweifel war der erzbischöfliche Rat das Gremium, wo die grundlegenden Entscheidungen getroffen wurden, wobei der Erzbischof noch lange und nachhaltig den Rahmen der Politik vorgab. Hingegen stellte der erzbischöfliche Rat aber in den vierziger Jahren des 14. Jahrhunderts noch keine paritätische durch die Landstände zu besetzende Versammlung dar, durch Recht oder Übereinkunft einzufordern. Daß der Rat etwa permanent verfügbar gewesen wäre, ist in der Tat auch nicht bekannt, und seine Kompetenzen begrenzten sich auf die Entscheidungsbereiche, welche die Erzbischöfe ihm zuwiesen. Gleichwohl war der Rat, in seiner tatsächlichen Bedeutung genommen, weit mehr als eine unverbindliche Einrichtung, sondern bei aller Austauschbarkeit seiner Mitglieder auch eine feste Institution [17].

Diese Aussage mag ein Beispiel verdeutlichen: Am 2. Januar 1349 urkundete Erzbischof Walram „... Sagen wir vort in eynre mynnen dat die selue Greue van der Marken wesen sal gesworen Rait des vurg. Ertzebusschof, ind sal synen Rait sweren, ...“ [18]. Einer der größten kölnischen Feinde, der westfälische Graf Engelbert III. von der Mark, wurde hier geschworener Rat des Erzbischofs. Dies ist ein deutlicher Hinweis auf die Institution des Rates, zugleich aber auch auf eine besondere Funktion. Nicht nur Freunde fanden hier als Ratgeber Platz, sondern auch Gegner wurden durch Einbeziehung zur Anerkennung der erzbischöflichen Autorität gezwungen, denn natürlich würde Erzbischof Walram nichts auf den ‚guten‘ Rat des märkischen Grafen geben [19].

Im einzelnen konstituierte sich der Rat zunächst durch einen Kreis von ‚secretarii‘, oft ausgewählt unter den ‚familiares episcopi‘, die somit auch zugleich die besonders Vertrauten des Erzbischofs waren [20]. Ohne Zweifel haben wir es bei dieser Gruppe mit den eigentlichen engeren Ratgebern der kölnischen Metropoliten zu tun. Hinzu zog der Erzbischof in der Regel dann weitere Verwaltungsfachleute und Officiati, ab dem Jahr 1344 insbesondere auch Mitglieder des Domkapitels, und schließlich in schwerwiegenden Fällen oder in besonders drängenden Angelegenheiten, welche das ganze ‚Land‘ nachhaltig betrafen, offenbar zusätzlich besondere Personen, die wohl jene Gruppe repräsentierten, welche als Ständevertreter später zu einem eigenen Selbstverständnis fanden, Mitsprache forderten und eben auch gerade über die Zentralverwaltung zu verwirklichen suchten [21].

[17] *Janssen* 1969, 22.

[18] *Seibertz*, J. S. (Hg.): Urkundenbuch zur Landes- und Rechtsgeschichte des Herzogthums Westfalen 2. Bd., 1843, Nr. 714, S. 375.

[19] *Janssen* 1969, 22 f.

[20] Die Erzbischöfe beriefen im allgemeinen „ihnen genehme Lehnsleute“. S. *Aubin* 1922, 26.

[21] *Janssen* 1969, 23.

Damit scheint ausreichend dargetan, warum der erzbischöfliche Rat das Kernstück der Zentralverwaltung wurde: von hier ging der größte Einfluß auf alle Ressorts der Verwaltung aus, zwar im 14. und 15. Jahrhundert prädominant vom Landesherrn bestimmt, doch wäre zugleich gerade da der Hebel anzusetzen, wenn ständische Kräfte mehr Einfluß anstrebten. Dies hatten insbesondere das Domkapitel, auch die Ritter, Grafen und Städte des Landes klar erkannt, denn der Rat wurde ein Prüfstein für ihr Selbstverständnis, für Ansätze zu Entwicklungsabsichten, Perspektivendiskussion im 15. Jahrhundert, zielgerichtet auf Umschichtungsprozesse im Bereich landesherrlicher Machtverteilung und Entscheidungsvollmacht.

III.

Während sich nun im Verlauf des 14. und weiterhin im 15. Jahrhundert ‚Verwaltung' zunehmend und planmäßig im lokalen Amtssystem [22] des kölnischen Rheinlandes und Westfalens ausbreitete, sind derartige Fortschritte in der Zentrale nicht zu beobachten, obwohl gerade die Vielfalt und Ausdifferenzierung aller Administration im Lande eine ebensolche der Verwaltungsspitze erfordert hätte. Diese Diskrepanz ist eigentlich nie gehörig gewürdigt worden und dies sicher zum guten Teil deshalb, weil der Blick der Forschung häufig den Landesherrn traf, wenn der Betrachter an Verwaltungsführung interessiert war. Allerdings hatten damals zwei kölnische Erzbischöfe und Metropoliten die Regierung geführt, welche in Hinsicht auf Kontinuität, persönliche Autorität, Durchsetzungsvermögen, Integrationsfähigkeit der führenden Schichten im Land, und nicht zu vergessen ihre ungewöhnlich lange Regierungszeit, einer weiteren Ausformung der zentralen Verwaltung und einer damit notwendig einhergehenden Einbeziehung zusätzlicher Administrationsträger als Räte aus dem niederen Adel und dem Klerus mit Erfolg entgegentraten. Die Erzbischöfe Friedrich (1370–1414) und Dietrich (1414–1463) führten mit fester Hand und eben auch weiterhin lange Zeit unumschränkt im wesentlichen mit einer zentralen Verwaltung, die dem vorgeführten Bild der ersten Hälfte des 14. Jahrhunderts entsprach.

Nicht vor Mitte der dreißiger Jahre des 15. Saekulums schien der Landesherr wegen der Zustände innerhalb der Verwaltungsspitze zu Reformansätzen bereit. Er gab bei seinen Räten, ‚vrunde' [23], ein Gutachten in Auftrag, da „die arbeit yme zo swaire werde" [24], das ihm Vorschläge zur Verbesserung der inzwischen umfangreicher gewordenen Administrationsbelange [25] unterbreiten sollte.

[22] *Penning* 1977, 27.
[23] Ebda., 28.
[24] *Aubin* 1965, 450.
[25] Ebda., 455.

Die damit erbetenen Neuorientierungen wurden zwischen 1436 und 1439 von elf Räten, fünf Geistlichen und sechs Rittern, schriftlich für Erzbischof Dietrich von Moers niedergelegt [26], allerdings, und dies sei zur besseren Einschätzung dieser Aktion gleich vorweg geschickt, erbrachte sie keine Änderung oder einen Fortschritt von Bedeutung. Vielmehr wird man das Ganze eher in dem Zusammenhang sehen müssen, daß Erzbischof Dietrich in den dreißiger Jahren bemüht war, insgesamt die Verwaltungsbelange in bescheidenem Maße zu ordnen, ähnlich wie es seine Entschuldungsmaßnahmen im Bereich der Lokalverwaltung belegen. Neuaufgegriffene Pläne zur Errichtung einer kurkölnischen Hegemonialstellung im westfälisch-niederrheinischen Gesamtraum machen im Ausbruch der Soester Fehde (1444) deutlich, wie eine derartige Politik in Konkurrenz zur Errichtung einer burgundisch beherrschten Interessensphäre geriet, die alle Mittel nach und nach band. Beides sind freilich nicht regional-, sondern zeittypische Erscheinungen. Angesichts solcher landesherrlicher Interessen zeigt sich wie in der Vergangenheit bereits, daß häufig eine Entwicklungskontinuität zu verfolgen ist, bei der die Erzbischöfe meist allerdings nur dann zu Änderungen in der Verwaltungsführung bereit waren, wenn sie durch Krisenzeiten und innenpolitischen Druck dazu gezwungen wurden, wie etwa 1344 durch das Domkapitel angesichts des westfälischen Krieges. Andererseits sind einfach dann keine Änderungen zu erwarten, wenn Phasen außenpolitischen intensiven Engagements alle Aufmerksamkeit ablenkten, wie in der Soester Fehde (1444–1449) und der Münsterischen Stiftsfehde (1450–1456) [27], wo zugleich die Landeskräfte dies nicht gegenüber dem Erzbischof ausnutzten. So nimmt es nicht wunder, daß bis zum Ende der Regierungszeit Erzbischof Dietrichs das lokale Verwaltungssystem völlig in Verpfändungen herunterkam und die Verwaltungsspitze weiterhin ohne durchgreifende Reformen blieb.

Das Gutachten selbst ist in sachkundigen Erörterungen besprochen worden [28] und bedarf keiner neuen Analyse, wohl aber einer Bewertung im Sinn unserer Untersuchung. Als die beiden Hauptübel und Reformabsichten stellte es einmal die Selbstherrlichkeit sowie weitgehende Unabhängigkeit des Landesherrn heraus, denn seine Kanzlei durfte nicht einmal selbständig Papier, Pergament oder Tinte einkaufen. Weiterhin beanspruchte der Erzbischof die alleinige Finanzführung [29]. In der „ordenantie vur dat huyß“, einem Teil des Gutachtens, wird allerdings nur zu deutlich, wie immer noch Hofwesen und Hofordnung in der Landesherrschaft dominierten, eine davon losgelöste zentrale Administration

[26] *Penning* 1977, 28. – *Aubin* 1965, 450. Nicht genau datierbar.

[27] *Tewes* 1985 (Landfrieden), 79. – *Heimann,* H.-D.: Zwischen Böhmen und Burgund. Zum Ost-West-Verhältnis innerhalb des Territorialsystems des Dt. Reiches im 15. Jahrhundert. Köln-Wien 1982, 6 ff., 111 ff., 153 ff.

[28] *Aubin* 1965, 449 ff. – *Penning* 1977, 27 ff.

[29] *Penning* 1977, 30 f.

aber kaum realisiert war [30]. So gerieten denn auch die meisten Verbesserungen eher zu Vorschlägen für die Abwicklung des Tagesgeschäftes, welche Materialbestellungen, Petitionen oder Anordnungen etwa der Landesherr oder auch allein ein Beauftragter bearbeiten sollte. Als wesentliches Fazit kann an dieser Stelle festgehalten werden, daß sich der fürstliche Rat weiterhin in der Anzahl der Personen und deren Auswahl nach dem Belieben des Landesherrn zusammensetzte, und der kölnische Metropolit eben auch zukünftig „geleerde vrunde" erwählte [31].

Die ‚außenpolitischen' Belange [32] überholten dann schnell die Reformabsichten und führten die lokale sowie die zentrale Verwaltung bis 1463 in eine echte und ausgreifende Krise, nämlich durch völlige Verschuldung, Verpfändung und tiefe Desorientierung. Erst danach griffen die einflußreichen kölnischen politischen Kräfte die drängenden Reformen auf und schufen bis etwa 1479 eine neue Perspektive, die dazu geeignet war, die Dinge nun besser zu lenken und vor allem ständische Belange intensiver einzubringen [33].

Nach dem Tod Erzbischof Dietrichs legten Domkapitel und Landstände nach dem 14. Februar 1463 zwei Entwürfe vor, die jetzt nachdrücklicher als im Gutachten der Räte Reformen der Zentralverwaltung forderten [34], insbesondere in den herausragenden Fragen zur Institutionalisierung eines permanent residierenden Rates [35] und der Verfügungsgewalt über die Finanzressourcen des Landes. Deutlicher als je zuvor treten hier Domkapitel und Stände als Verantwortung tragende Kräfte nach dem Tod des Landesherrn auf: das Domkapitel getreu der Tradition, die anderen Stände aber mit zunehmendem Selbstbewußtsein.

Dies kam nun noch besser zum Ausdruck, als sich am 26. März 1463 die Stände, nämlich Domkapitel, Grafen, Ritter und Städte, zur Erblandesvereinigung [36] zusammenfanden, freilich in einem Verständnis, das dem Domkapitel die vornehmste Rolle zubilligte. Ähnliche Bünde wurden auch eben in diesen Jahren 1451 in Berg, 1452 für Jülich, 1456 in Trier und 1496 in der Union von Jülich-Berg und Kleve-Mark geschlossen [37]. Die Stände in Köln bescheinig-

[30] Ebda., 28.

[31] *Aubin* 1965, 452, Anm. 15.

[32] *Moraw,* P.: Landesgeschichte und Reichsgeschichte im 14. Jahrhundert. In: Jahrbuch für westdeutsche Landesgeschichte 3 (1977), 183.

[33] *Aubin* 1965, 459.

[34] *Penning* 1977, 38. – Stadtarchiv Köln, Domstift 329.

[35] *Aubin* 1922, 28. Dazu dann die Wahlkapitulation des Erzbischofs Ruprecht aus dem Jahr 1463: Archiv für die Geschichte und Statistik des Vaterlandes, 1. Bd. Bonn 1785, 91.

[36] *Scotti,* J. J.: Sammlung der Gesetze und Verordnungen, welche in dem vormaligen Kurfürstentum Köln über Gegenstände der Landeshoheit, Verfassung, Verwaltung und Rechtspflege ergangen sind, 1. Abt. 1. Teil, Düsseldorf 1830, 1 ff.

[37] *Aubin* 1922, 29.

ten sich Mitsprache in der Administration und in der Landesherrschaft, was fürderhin jeder neue Erzbischof bestätigen sollte: „Dat wir (...) geynen zo komenden Hern des gestichts van Coelne (...) ontfangen (...) he en have zierst dieselve stucke und punten bevor bewilcht ...“ [38]. Hinzu kam die Forderung nach einem permanent residierenden Rat: „... dat eyn zokommende Here eynen stanthafftigen Rait machen sall.“ [39] Natürlich bedeutete die Erhebung dieser und weiterer Ansprüche in der Folgezeit noch lange nicht deren Durchsetzung, jedoch behaupteten sich die Stände als Bewilligungsinstanz für bestimmte Landessteuern. Aber gerade in diesem Punkt schufen die Landstände durch eine eigene Administration und Finanzwirtschaft eine zweite Kasse und legten damit den Grund für einen Dualismus, der alle Versuche zu einheitlicher Landesfinanzpolitik scheitern ließ.

Damit hatten sich nun in einer bis dahin einmaligen Weise für das Erzstift Köln die versammelten (Dom-)„Capitel(s), Edelmanne, Ritterschaft und Stede des Stichtz ...“ [40] nachdrücklich zu Wort gemeldet, sich mit einmütiger Stimme in die Verfassungswirklichkeit eingeschaltet. Dabei ist hier keineswegs nur das Gutachten von nach 1436 nachgebessert worden, sondern die Ansprüche sind grundsätzlicher Natur, wenn „.. van geistlichen und werentlichen personen ..“ beständig in einem Rat Mitsprache ausgeübt werden soll [41]. Diese Reklamation erscheint erst recht plausibel vor dem Hintergrund der zusammengebrochenen Finanzwirtschaft in den Lokalämtern. Die Landstände hatten den Vorteil der Faktenlage augenfällig auf ihrer Seite.

Aus der Sicht der Forschung ergibt sich freilich für die Erblandesvereinigung von 1463 noch ein ungelöstes Problem. Wir verfügen nämlich für landständische Bestrebungen im Erzstift insgesamt nur über spärliche Quellen, und es ist sehr die Frage, ob die besprochene Vereinigung spontaner Art war oder Überlegungen zu einer Zusammenfassung der Stände bereits länger bestanden, aber durch die besonders aufwendigen Kriege in Westfalen und die starke Herrscherpersönlichkeit Erzbischof Dietrichs neutralisiert wurden. Diese Frage stellt sich insbesondere für die Städte, die es unter den Erzbischöfen Friedrich und Dietrich immer wieder hinnehmen mußten, daß sie gegen Kapital verpfändet und zum Spielball der Amtspfandpolitik wurden. Sollte da nicht längst der Ruf nach Mitsprache laut geworden sein? Es wäre freilich nachzuprüfen, inwieweit sich nur einzelne Städte wegen der Verpfändung mit dem Erzbischof stritten oder ob Ansätze für Kooperation vorlagen.

[38] *Walter*, S. F.: Das alte Erzstift und die Reichsstadt Cöln. 1866, 389.
[39] Ebda., 391.
[40] Ebda., 388.
[41] Ebda., 391.

IV.

Die Tragweite der Erblandesvereinigung zeigt sich schließlich auch darin, daß es sechs Jahre dauerte, bis der neue Erzbischof Ruprecht von der Pfalz (1463–1480) zum Jahr 1469 angesichts der massiven Forderungen seiner Stände endlich einer Neuordnung der Zentralverwaltung zustimmte [42]. Freilich kam der Erzbischof dem Drängen seiner Ritter, Städte und Kleriker am 24. Mai 1469 wiederum nur in wenigen Punkten wirklich entgegen [43]. Der Beobachter wird dem Tatbestand erst dann völlig gerecht, wenn er die Vorgänge als ein gezieltes und hartnäckiges ständisches Drängen auffaßt, was auf eine hinhaltende Taktik stieß, worauf die Zeitspanne zwischen den ständischen Forderungen und der landesherrlichen Reaktion hinweist, und zugleich die dezidierte Absicht Ruprechts in Rechnung stellt, nicht mehr als notwendig nachzugeben. Dem neuen Erzbischof kam dabei der Umstand zu Hilfe, daß das kölnische Erzstift auch gegenüber seinem Bruder, Kurfürst und Pfalzgraf Friedrich dem Siegreichen (1451–1476), hoch verschuldet war und Ruprecht von der Pfalz in seiner verwandtschaftlichen Beziehung zugleich eine politische Stütze aufbauen konnte. So ist denn die besagte Neuordnung zugleich besiegelt durch den Erzbischof, den Pfalzgrafen und das Domkapitel, ein bemerkenswerter Akt, wenn man bedenkt, wie energisch und unter Einsatz aller Mittel das Kurerzbistum Köln noch unter Dietrich von Moers versucht hatte, im Rheinland eine besondere Stellung hervorzukehren und im Raum Westfalen eine Vorherrschaft zu begründen. Und der besondere Eindruck gilt auch auf der Reichsebene, denn der kölnische Rat von 1469 findet seinesgleichen sonst nur noch in Tirol und ab 1486 in Kleve. Erst im 16. Jahrhundert folgten die meisten anderen deutschen Landesfürstentümer dem kölnischen Vorbild [44].

Das inhaltlich wichtigste Ergebnis war so gesehen die Gewährung und Einsetzung von vier ständigen Räten: „.. das (..) vier unser Reete (..) in unsern hoeff an den enden, da wir den haben werden, degelich und stetz woenhafftig syn ..“ [45]. Dieser Fortschritt permanenter Vertretung aber wurde gleichwohl durch die Modalitäten und Durchführungsbestimmungen im selben Zug wieder nivelliert. Ursprünglich betrafen die Forderungen der Landstände nämlich acht Räte. Das vom Landesherrn jetzt aber gebilligte Gremium von vier Personen, schon unter Einschluß von Kanzler und Großhofmeister, die stets die Sache des Erzbischofs vertraten, beließ für die Stände nur zwei Ratssitze, also die Minderheit, wenn man bedenkt, daß auch der Landesherr seine Stimme und Meinung einbrachte. Zwar konnte nun der Rat in „wichtigen“ Entscheidungen erweitert

[42] *Penning* 1977, 47.
[43] Abdruck bei *Walter* 1866, 405 ff.
[44] *Aubin* 1922, 28.
[45] *Walter* 1866, 405 f.

werden, doch oblag es offensichtlich dem Landesherrn zu bestimmen, was denn wichtig wäre [46]. So durfte der ständige Rat zwar über das Hofgericht wachen, doch wurde ihm keinesfalls, wie 1463 gefordert, Mitsprache in Kriegserklärungen oder Friedensabschlüssen zugestanden; allein das Domkapitel und der Pfalzgraf durften hier Erzbischof Ruprecht raten. Dem Rat mit Sitz in Brühl wurde aufgegeben, dafür Sorge zu tragen, daß nichts ohne Konsens von Erzbischof, Pfalzgraf oder Domkapitel verpfändet würde. Weiterhin oblag es nun dem Rat, bestimmte Gefälle aus den Zöllen und den Ämtern einzuziehen, allerdings darf nicht der Eindruck entstehen, als hätte etwa der Erzbischof dem Rat erlaubt, die gesamten Landessteuern einzunehmen. Alle Zugeständnisse an Mitwirkung gestatteten lediglich ein Agieren weit unterhalb der Möglichkeit, wirklich Einfluß nehmen zu können.

Die vorgeführten wichtigsten Änderungen basierten auf folgender Konstellation. Der Erzbischof berief sich immer wieder auf die gewährte Hilfe, aber damit zugleich auch auf das Recht seines pfalzgräflichen Bruders, im Erzstift mitzuentscheiden. Bei dieser Sachlage waren die Erfolgsaussichten für die Stände von vornherein sehr begrenzt. Sie konnten eben nur bedingt auf die völlige finanzielle Verausgabung des Landes durch die Pfandpolitik des Erzbischofs Dietrich von Moers verweisen, weil hier bereits in Gestalt des Pfalzgrafen ein ‚Helfer' präsent war. In dessen Rolle hätten sich die Landstände eigentlich selbst gern gesehen. Zudem waren die sogenannten Stände eigentlich in sich gespalten; das Domkapitel besaß seit 1344 mehr Vorrechte, und Zeugnisse für eine breitere Solidarität mit den Städten und Rittern scheinen nicht vorzuliegen. Dennoch war immerhin der seit langem geforderte permanente Rat zugestanden, wenn auch in einer Verwirklichung, die weitere grundsätzliche Verbesserungen von vornherein als wünschenswert erscheinen ließ. Dazu kamen genau ausgeführte zusätzliche Bestimmungen für eine Ausdifferenzierung der Landesverwaltung. Das Ganze hätte da seine tatsächliche Bedeutung erlangt, wenn es zum Ausgangspunkt für weitere Entwicklungen geworden wäre.

Der Ereignisverlauf aber belegt nun das völlige Gegenteil. Erzbischof Ruprecht verstrickte sich zunehmend in Querelen mit den Ständen, weil er die von ihm selbst sanktionierte Erblandesvereinigung nicht beachtete. Das belegt am besten ein Schlichtungsvertrag des erzbischöflichen Bruders, des Kurfürsten Friedrich von der Pfalz, von 1472, der allerdings scheiterte [47]. So hatte beispielsweise Erzbischof Ruprecht entgegen der Rechtstradition die Stadt Neuß bedrängt und versucht, sie seinem Willen gefügig zu machen. Dann kam es zu dem ungeheuren und für ständisches Selbstbewußtsein so bezeichnenden Schritt, daß die Stände den Erzbischof für abgesetzt erklärten und einen Domherrn, Landgraf Hermann von Hessen, zum Verwalter der Landesherrschaft bestimmten. Papst

[46] *Penning* 1977, 48.
[47] Ebda., 54.

und Kaiser ordneten daraufhin an, den Zwist bis zu einer endgültigen Entscheidung ruhen zu lassen. Doch nun beging Erzbischof Ruprecht den Fehler, Herzog Karl von Burgund die Vogtei im Erzstift Köln anzubieten. Nach dem Sieg vom 8. September 1475 über die Burgunder blieb es dann interimistisch bei der von den Ständen geforderten Lösung: Der im Kampf vor Neuß so bewährte Landgraf und Kölner Domherr Hermann von Hessen wurde zunächst Stiftsverweser. Damit schienen die Stände sich durchgesetzt zu haben. Der Kaiser selbst bestimmte nun die Einsetzung eines kleinen Rates im Rahmen der Zentralverwaltung. Seine zwölf Mitglieder bestanden aus vier Domkapitularen, drei Grafen, einem Ritter, einem Prälaten, einem Städtevertreter, einem der Stadt Köln und einem des Kaisers. Dazu residierte in besonderen Fällen auch ein großer Rat: vier Angehörige des Domkapitels, vier Grafen, vier Ritter, zwei Prälaten, ein Jurist, ein Theologe, zwei Abgesandte der oberstiftischen Städte, zwei der niederstiftischen, zwei der Stadt Köln und einer des Kaisers, woraus sich insgesamt 23 Mitglieder der großen Ratsversammlung errechnen lassen. Diese so gestaltete Kontrollversammlung mußte den Interessen und Wünschen der Landstände deshalb mehr als entgegenkommen, weil hier die Forderungen des Jahres 1463 zum Teil noch übertroffen worden sind [48]. Das Ganze stellte somit endlich eine weitgehend differenzierte Vertretung zusammen, nämlich entsprechend den einflußreichen Landesgruppen, und eine Mitsprache, ja mithin auch Überwachung der Landespolitik, wurde erstmals in nicht zu übersehendem Ausmaß festgeschrieben. Der Kaiser forderte die permanente Einschaltung der beiden Räte. Das stete Feilschen und die landesinterne Kraftprobe zwischen Erzbischof, Pfalzgraf, Domkapitel, den Ständen mit Rittern und Städten wurden damit vorerst durch die Reichsgewalt bereinigt, dies aber eben in einem Augenblick, als der kölnische Landesherr völlig ausgeschaltet war. Hier entstand ein politischer Freiraum, eine Ausnahmesituation, denn Hermann von Hessen war bis zur päpstlichen Konfirmierung am 16. Mai 1479 nur Administrator im Erzstift [49].

Nach der Inthronisation Hermann von Hessens als Erzbischof von Köln freilich kamen wieder ausschließlich die landesinternen Kräfte zur Geltung, womit aber die kölnische Hofverwaltung und Zentraladministration weiterhin in ihren Kompetenzen miteinander verwoben blieben. Damit erhielt nun der ständige Rat in der Zentrale doch nur eine dienende Funktion. Erzbischof Hermann bestimmte, daß Anordnungen des Rates in Belangen der zentralen Verwaltung vor Bekanntmachung von ihm selbst zu bestätigen seien. Der kölnische Metropolit behielt sich vor, bestimmte Angelegenheiten an die Ratsperson seiner Wahl zu delegieren [50]. Bei dieser Herrschafts- und Verwaltungspraxis kam dem perma-

[48] Ebda., 55.
[49] *Scotti* 1830, 19.
[50] *Penning* 1977, 56 f.

nent residierenden Rat nur eine Statistenrolle zu [51]. Die Mitwirkung eines obersten Rates wird im Zetiverlauf in den zeitgenössischen Quellen, etwa den Kanzleiordnungen, rein terminologisch immer schlechter zu fassen. Wann und unter welchen näheren Umständen der zentrale Rat erloschen ist, dies zu klären bleibt ein Forschungsdesiderat [52].

V.

Die vorliegende Betrachtung sollte einmal am Beispiel kurkölnischer zentraler Verwaltungsentwicklung den Kräften nachgehen [53], welche an landesherrlichen Entscheidungsprozessen beteiligt waren. Als Parameter zur Verdeutlichung gegensätzlicher Bestrebungen zwischen dem Erzbischof und landständischen Gruppen galt dem zentralen und fürstlichen Rat als dem Entscheidungsträger innerhalb der Zentraladministration das besondere Augenmerk. Daß sich also im Erzstift Köln, sogar für Reichsverhältnisse ungewöhnlich früh und bemerkenswert allumfassend, die Stände und insbesondere das Domkapitel nach 1463 nachdrücklich in einem ständigen Rat zur Mitregentschaft zusammenfanden, zeigt wie kein anderes Beispiel ihre Perspektive von Landesherrschaft und veranschaulicht zugleich das zähe Ringen innerhalb der Reichsterritorien um die Verteilung von Macht und Mitsprache, auch Mitverantwortung.

Mit der Behandlung dieser Vorgänge aber ist zugleich auch zu vermerken, daß etwa die Rolle des Domkapitels und der „Reststände" im Verhältnis zueinander von der Forschung quellenmäßig überhaupt noch nicht erörtert wurde. Viele der ritterbürtigen Familien, so die Drachenfels, Landskron, Rennenberg, Gymnich, Hemberg, Sayn, Virneburg, Reifferscheid, Runkel, Wied und andere [54], die 1463 in der Erblandesvereinigung Mitsprache über den zentralen Rat forderten, hatten lange Zeit den Erzbischöfen als Amtleute oder Pfandamtmänner „treu" und vor allem gegen Entlohnung gedient [55]. Kurzum, der bisherige Forschungsstand zur Zentralverwaltung orientiert sich recht einseitig an Kanzleiordnungen und schriftlichen Übereinkünften und keineswegs an einer detaillierten Sondierung der Ständegruppen und ihren tatsächlichen Verhältnissen!

Aus der Sicht des Landesherrn bietet sich eine andere Perspektive. Mit dem Jahr 1344 und im Zuge eines Krieges in Westfalen gestattete der Erzbischof zum

[51] Ebda., 57.

[52] Ebda.

[53] *Willoweit* 1983 (Merkmale), 307 ff.

[54] *Tewes,* L.: ‚Versat ind Verpandt'. Kölnische lokale Verwaltungswirklichkeit im 14. und 15. Jahrhundert. In: Annalen des Historischen Vereins für den Niederrhein 189 (1986). – *Ders.*: Über längerfristige Amtmannschaften in der kölnischen Lokaladministration des Spätmittelalters am Rhein. In: Rheinische Vierteljahrsblätter 50 1986, 309 ff.

[55] *Walter* 1866, 387.

ersten Mal dem Domkapitel in Krisenzeiten eine besondere Mitverantwortung. Dabei blieb es dann bis in das 15. Jahrhundert, bis Dietrich von Moers nach 1436 seine Räte um Verbesserungsvorschläge anging, weil ihm selbst die Dinge rein organisatorisch über den Kopf zu wachsen schienen. Kein Gedanke also an eine Mitverantwortung und Mitregentschaft wichtiger Kreise des Landes. Die Perspektive aus der Sicht des Landesherrn, sein Integrationsverständnis und seine Vorstellungen von der Rolle der vornehmsten Landeskreise waren ebenso klar wie völlig intakt [56].

Bemerkenswert ist dann weiterhin in der Soester Fehde und der Münsterischen Stiftsfehde, daß die Stände und das Domkapitel augenscheinlich keine Initiative ergriffen, vor dem Hintergrund der sich abzeichnenden katastrophalen wirtschaftlichen Lage, Mitverantwortung an sich zu ziehen. Vielmehr wird erst ein innenpolitischer Handlungsspielraum sichtbar, als der mächtige Erzbischof gestorben ist und seinen Erben die Trümmer einer kostspieligen und ambitiösen Politik überläßt. Zwischen 1463 und 1479 insbesondere wird um die Perspektive gerungen, wie denn nun die Verantwortung und Mitbestimmung in der Landesherrschaft zu verteilen seien, wobei das ständische Selbstbewußtsein bemerkenswerte Erfolge erzielt und mit schriftlicher Konfirmierung umfassenden Einfluß auf einen ständigen Rat erhält. Freilich geschieht dies alles in einem besonderen innenpolitischen Freiraum, der die Reichsgewalt nach der Schlacht vor Neuß gegen Burgund auf der Seite der Stände sieht und dies noch zugleich vor der Tatsache, daß das Erzstift ohne Herrscher dasteht. Es handelt sich um einen Sonderfall, soweit es das konkrete Exempel angeht, dies ist ohne Zweifel zuzugestehen, denn nachdem Erzbischof Ruprecht als Metropolit in Köln abgesetzt war, ohne daß ein Nachfolger bereits konsekriert wurde, wirkte sich die Stärkung der partikularen Landeskräfte durch Kaiser Friedrich natürlich besonders nachhaltig aus, als er ihnen befahl, einen Rat einzurichten. Der neue Administrator Hermann von Hessen kann so seine Machtposition als Landesherr erst allmählich festigen.

Über das konkrete Beispiel aber hinaus belegen die Vorgänge ungewöhnlich deutlich, wie um ein Rollenverständnis der Landeskräfte gerungen wird, und welche Wertigkeit den einzelnen Autoritäten zukommt. Erst mit der Inthronisation Erzbischof Hermanns und der Wiederherstellung eines ursprünglichen landesherrlichen Kräftefeldes klären sich bis um 1500 die Perspektiven dahin, daß der Landesherr in der Frage nach einem ständigen Rat und ständischer Mitsprache wieder eindeutig und recht unumschränkt die Akzente setzt.

[56] *Droege* 1983, 704.

II. Regionen

Wim P. Blockmans

Stadt, Region und Staat: ein Dreiecksverhältnis - Der Kasus der Niederlande im 15. Jahrhundert

In den Niederlanden hat sich die Bildung eines Staates, der über die Ebene der dynastischen Territorialherrschaften hinausragt, erst relativ spät vollzogen, lange nach der Bildung des Reiches, Englands, Kastiliens oder Frankreichs. Diese Entwicklung liegt sicherlich in der peripheren Lage dieser Territorien begründet angesichts der Gebiete, denen sie in feudaler Hinsicht untergeordnet waren. Die Grenze zwischen Niederlothringen und Frankreich, die Schelde, durchquerte ja die südlichen Niederlande. Sie bildete nicht nur die Grenze zwischen dem späteren Herzogtum Brabant und der Grafschaft Flandern, sondern bewirkte für Flandern auch noch die Sonderstellung eines Gebietes, das dem Reich angehörte. Einmischungsversuche der Lehensoberherren hatten je länger je weniger Erfolg: 1288 gewann der Herzog von Brabant die Herrschaft über den Mittelmaasraum; die Besetzung der Grafschaft Flandern durch den König von Frankreich, Philipp den Schönen, mußte 1302 nach 5 Jahren aufgehoben werden.

Als die Personalunion von Philipp dem Kühnen 1384 die burgundischen Territorien mit Flandern und Artois verband und dabei eine geographische Kluft von hunderten von Kilometern überbrückte, entstand ein neuer einheitsfördernder Mechanismus. Dank der damaligen Schwächung des Reiches und des Krieges zwischen Frankreich und England gelang es den Herzögen von Burgund, die bis dahin unabhängigen Fürstentümer in den Niederlanden allmählich alle in ihre Gewalt zu bringen. Weitere wichtige Etappen in diesem Unifikationsprozeß waren: 1405, als ein jüngerer Zweig der Burgunderdynastie in den Herzogtümern Brabant und Limburg die Herrschaft an sich riß; 1430, als das Aussterben dieses Zweiges den Anschluß Brabants und Limburgs an das Gebilde Burgund-Flandern-Artois herbeiführte; 1427/1433, als Herzog Philipp von Burgund seine umstrittenen Ansprüche auf die Herrschaft in dem bereits im 13. Jahrhundert zusammengefügten Ländergebilde Holland-Seeland-Hennegau mit Waffengewalt durchsetzte, als er mit Bestechungsgeldern vom Papste die Scheidung der Ehe der Gräfin Jakoba von Bayern mit Humphrey of Gloucester veranlaßt hat und die unglückliche Gräfin schließlich zum Thronverzicht zu seinen Gunsten zwang. Die weniger wichtigen ländlichen Territorien Namur und Luxemburg wurden 1429 bzw. 1443 dem Herzogtum Burgund eingegliedert. Aussterbende Dynastien, Geld, Diplomatie und militärischer Druck haben dies bewirkt.

Die Territorien, die auf diese Weise einer Dynastie untergeordnet wurden, hatten bis dahin sehr unterschiedliche Entwicklungen durchgemacht und wiesen auch gegenseitig starke Unterschiede auf. Gewiß, es hatten sich schon früher Personalunionen gebildet, wie beispielsweise zwischen Brabant und Limburg, zwischen Holland, Seeland und Hennegau, und früher noch zwischen Flandern und Namur unter dem Haus Dampierre. Auf diesem Wege hatten sich bestimmte institutionelle und Verwaltungspraktiken gewissermaßen gemeinsam in diesen Unionen entwickelt [1]. Die geographische Diskontinuität und die Differenzen vor allem zwischen Holland und Hennegau standen jedoch einer wirklichen Verwaltungsintegration im Wege.

Außerdem gab es geographische und sozialökonomische Unterschiede je nach Region. Im großen und ganzen handelt es sich um den Unterschied zwischen den Küstengegenden einerseits, die auf die Seefahrt ausgerichtet waren, und demnach ein gewisses Maß an Kommerzialisierung und Urbanisierung aufwiesen, und den vorwiegend agrarisch bestimmten Gebieten andererseits, in denen die Feudalstrukturen vorherrschend blieben. Mit diesem Gegensatz hing eine stark unterschiedliche Bevölkerungsentwicklung zusammen. In Flandern, Brabant und Holland gab es die höchsten Einwohnerzahlen; diese Gebiete waren am dichtesten besiedelt und am stärksten urbanisiert. Gebiete wie Artois, Hennegau und Geldern schnitten dabei viel schlechter ab, während Namur, Luxemburg und Overijssel in dieser Hinsicht am wenigsten entwickelt waren [2].

Nachstehende Fragen erheben sich nun im Hinblick auf die Integrationspolitik:

- Was für besondere Wirkungen hatte die späte Unifizierung der Territorialherrschaften mit einer jahrhundertelangen Tradition der Unabhängigkeit?
- War die Integration je nach dem Urbanisierungsgrad eines Gebietes unterschiedlich?

Die Frage nach dem Zeitpunkt der Staatsbildung hat selbstverständlich nur einen relativen Wert: früh oder spät hinsichtlich der völligen Entwicklung des Gebietes, vor allem was das Maß an sozialer Differenzierung und institutioneller Spezialisierung anbetrifft. Die Entwicklung der Stadt ist in den Becken

[1] *Douxchamps-Lefèvre,* C.: Le Privilège de Marie de Bourgogne pour le Comté de Namur (mai 1477). In: W. P. Blockmans (Hg.), Le Privilège général et les privilèges régionaux de Marie de Bourgogne pour les Pays-Bas. 1477. (Standen en Landen LXXX) Kortrijk-Heule 1985, 236.

[2] *Blockmans,* W. P.: Die Niederlande vor und nach 1400: eine Gesellschaft in der Krise? In: F. Seibt/W. Eberhard (Hrg.), Europa 1400. Die Krise des Spätmittelalters. Stuttgart 1984, 117–132.

der Maas, der Schelde und der Leie bekanntlich schon früh in Gang gekommen. Sie koinzidierte ungefähr mit der Machtausdehnung der Territorialherrschaften, so daß bis ins 13. Jahrhundert eine Koalition von Landesherren und Städten gegen die Hegemonie des Lehensherrn bestehen konnte. In Flandern und Brabant freilich wuchsen die Städte zu Machtzentren, die ihrerseits zu einer Bedrohung der Position sowohl des Adels, als auch der Landesherren wurden. In Brabant konnten sich die Herzöge nur behaupten, indem sie den Städten und in geringerem Maße auch den Baronen und Prälaten weitgehende Zugeständnisse machten [3]. Auf diese Weise entwickelte sich in diesem Herzogtum eine staatsrechtliche Tradition, die auf berühmte „Blijde Incomste" (Joyeuse Entrée) hinauslief, wobei jeder Herzog bei seiner Huldigung seinen Untertanen eine Reihe von feierlichen Privilegien zugestand und damit auf die Desiderata reagierte, die die Stände ihm bei dieser Gelegenheit unterbreiteten. Die „Blijde Incomste", die die Herzogin Maria von Burgund 1477 verlieh, umfaßte 108 Artikel und gehörte damit zu den ausführlichsten Privilegien in einer langen Reihe, die sich bis 1792 fortsetzte [4].

In Flandern gewannen die Städte noch mehr Überlegenheit: Ihre Bevölkerung war noch wesentlich zahlreicher als in den Städten von Brabant, und die Grafen mußten Ende des 13. Jahrhunderts in ihrem Kampf gegen die Eingliederungsversuche der französischen Krone ihre Hilfe anrufen. Als sich während des 14. Jahrhunderts die Verhältnisse gewandelt hatten, die Grafen von Flandern wiederholt die Flucht ergreifen und von den Königen von Frankreich vor aufständischen Untertanen geschützt werden mußten, geht daraus eindeutig die Überlegenheit der Städte hervor. Auch als die Könige von Frankreich, Ludwig XI. und Karl VIII. von 1477 bis 1489 abermals versuchten, Artois und Flandern der königlichen Hausmacht einzuverleiben, erwies sich der Widerstand dieser exzentrischen Gebiete als zu stark [5].

Sowohl um 1300, als es zu einer völligen militärischen Eroberung und Besetzung der Grafschaft Flandern kam, wie auch nach 1477, als Franzosen nur

[3] *Van Uytven,* R.: Standenprivilegies en -beden in Brabant onder Jan I (1290–1293). In: Revue belge de Philologie et d'Histoire 44 (1966) 426–435. – *Ders.,* Vorst, adel en steden: een driehoeksverhouding in Brabant van de twaalfde tot de zestiende eeuw. In: Bijdragen tot de Geschiedenis 49 (1976) 93–122. – *Ders./Blockmans,* W.P.: Constitutions and their application in the Netherlands during the Middle Ages. In: Revue belge de Philologie et d'Histoire 47 (1969) 399–424. – *Avonds,* P.: Brabant tijdens de regering van hertog Jan III (1312–1356). De grote politieke krisissen. (Verhandelingen Kon. Academie voor Wetenschappen, Letteren en Schone Kunsten van België, 114) Brüssel 1984.

[4] *Van Uytven,* R.: De Blijde Inkomst van Maria van Bourgondië, 29 mei 1477, tekst en eigentijds commentaar. In: Blockmans 1985, 286–357.

[5] *Blockmans,* W. P.: La Position du Comté de Flandre dans le Royaume à la fin du XVe siècle. In: B. Chevalier/Ph. Contamine (Hrg.), La France de la Fin du XVe siècle. Renouveau et apogée. (Editions du CNRS) Paris 1985, 71–89.

in den Süden einfielen und die aufständische Bewegung unterstützten, scheiterten also die Versuche des mächtigen Königreiches, die peripheren Grafschaften im Norden einzugliedern. Diese Tatsache weist zwar unter anderem auf die Probleme eines großen Heeres hin, in weiter Entfernung von der Basis zu operieren; dieser Faktor kann jedoch nicht ausschlaggebend gewesen sein, da die französischen Heere in jener Periode sehr wohl Erfolge erzielen konnten, und zwar in Languedoc und Bretagne. Von großer Bedeutung muß der Widerstand im betreffenden Gebiet gewesen sein, nicht als bloße Intention – im Herzogtum Burgund war die Abkehr gegen den Anschluß an Frankreich 1477 und auch später noch sehr lebendig [6] – sondern auch in Form mobilisierter Machtmittel.

Falls es einleuchtet, daß die Flamen Frankreich nicht angehören wollten, war dies einer aufrichtigen Zuneigung zur burgundisch-habsburgischen Dynastie und ihrem Staatsgefüge zuzuschreiben? Auch letzteres kann nicht der Fall gewesen sein, da sie im Februar 1477 ihre Loyalitätserklärung gegenüber der jungen Herzogin Maria von Burgund und ihre Bereitschaft, den französischen Angriffen militärisch zu widerstehen, durch Privilegien ausgleichen ließen, die eigentlich eine große Einschränkung der Staatsmacht bedeuteten [7]. In der Zeit von 1483 bis 1492 kam es sogar zum offenen Bruch und zum bewaffneten Aufstand gegen Maximilian, den sie nicht als Regenten für seinen minderjährigen Sohn anerkennen wollten. Dabei spielten nicht nur Beschwerden gegen die Person, sondern vor allem auch eine gegensätzliche Staatsauffassung eine Rolle. Die großen Städte beanspruchten nämlich die Kontrolle über die kleineren und das Land und damit auch ein wirkliches Mitspracherecht bei der Landesverwaltung [8].

An die Treue der Flamen zu ihrer Dynastie waren also deutliche Bedingungen geknüpft. 1477 wurden diese in einem feierlichen Privileg mit 47 Artikeln festgelegt, von denen 41 von den drei größten Städten Gent, Brügge und Ypern und die übrigen sechs vom Klerus der Grafschaft formuliert wurden. Von einem politisch aktiven Adelsstand war damals nicht die Rede. Diese Bestimmungen wurden von den Untertanen als vertragliche Bedingungen betrachtet: wenn der Landesherr sie nicht respektierte, waren sie ihm gegenüber auch nicht zu irgendwelcher Dienstleistung oder Unterstützung verpflichtet. Dieses passive Widerstandsrecht wurde zum ersten Mal im Brabanter Charter von Kortenberg (1312) foumuliert und über die folgenden Fassungen der Brabanter „Blijde Incomste“ in das Privileg von 1477 aufgenommen, das allen nieder-

[6] *Cazaux,* Y.: Marie de Bourgogne. Paris 1967, 226–229.

[7] *Blockmans,* W. P.: Breuk of continuïteit? De Vlaamse privilegiën van 1477 in het licht van het staatsvormingsproces. In: Ders.: 1985, 97–123.

[8] *Ders.:* Autocratie ou polyarchie? La lutte pour le pouvoir politique en Flandre de 1482 à 1492, d'après des documents inédits. In: Bulletin de la Commission royale d'Histoire 140 (1974) 257–368.

ländischen Territorien gemeinsam verliehen wurde. Es wurde sogar zu einem individuellen Recht erweitert [9].

Die Verhältnisse im Jahre 1477 bieten übrigens eine recht gute Gelegenheit, um einen Einblick zu gewinnen in die Verhältnisse zwischen dem Staat, d. h. der burgundisch-habsburgischen Personalunion mit ihren zentralen Gremien, den Territorien und den dazu gehörenden Regionen, an deren Spitze eindeutig die selbstsüchtigen Hauptstädte operierten. In der Krise, die der militärischen Niederlage und dem Tod des Herzogs Karl des Kühnen vor Nancy folgte, und die König Ludwig XI. ausnutzte, um Burgund und die südlichen Niederlande anzugreifen, stellten die Generalstände zum erstenmal eine Beschwerdeliste auf, die die gesamten niederländischen Territorien umfaßte [10]. Der Einfluß der Vertreter von Brabant und Flandern muß dabei ausschlaggebend gewesen sein; die Holländer waren bei der Versammlung noch nicht zugegen [11]. Die meisten Territorien versuchten, abgesehen von diesem 20 Artikeln zählenden Privileg auch noch ihr eigenes Landesprivileg zu bekommen. Dies gelang Hennegau und Luxemburg nicht wegen interner Reibereien [12]. Artois war größtenteils von den Franzosen besetzt, aber sonst wurde ein solches Privileg anläßlich der Huldigung der Herzogin Maria von Burgund in jedem Territorium verliehen. Dabei fällt es auf, daß die Landesprivilegien viel ausführlicher als das allgemeine Privileg waren, insbesondere in Brabant, das eine alte konstitutionale Tradition besaß. Dessen Privileg enthielt die meisten Artikel über rein territoriale Angelegenheiten. Außerdem brachten die relativ zurückgebliebenen Grafschaften Seeland und Namur ebenfalls sehr gebietsspezifische Angelegenheiten zur Sprache. Wenn auch alles in allem noch 72 Prozent aller damals niedergeschriebenen und besiegelten Artikel sich auf einen gemeinsamen Themenkreis bezogen, so legten die Territorien doch Wert auf eine eigene Formulierung und Formalisierung. Die Brabanter trieben es so weit, daß sie von einem ihrer Sekretäre, der die regionalen und die typischen Brabanter Ausdrücke verwendete, eine eigene Fassung des allgemeinen Privilegs anfertigen ließen [13].

9 *Ders.:* Privilegie voor het graafschap Vlaanderen. In: Blockmans 1985, 126–144, bes. 143–144. – *Van Uytven,* R.: 1477 in Brabant. Ebenda, 281–284.

10 *Arnould,* M. A.: Les lendemains de Nancy dans les „Pays de par deça" (janvier-avril 1477). In: Blockmans 1985, 60–63.

11 *Blockmans,* 1985 Breuk, 114–116. – *Van Uytven,* 1985, 281. – *Jongkees,* A. G.: Het Groot Privilege van Holland en Zeeland (14 maart 1477). In: Blockmans 1985, 152–160.

12 *Petit,* R.: Le Luxembourg et le recul du pouvoir central après la mort de Charles le Téméraire. Ebenda, 384–400. – *Blockmans,* W. P.: La signification „constitutionelle" des privilèges de Marie de Bourgogne (1477). Ebenda, 498.

13 *Blockmans,* 1985 Signification, 504, 512–516.

Privilegien vom Jahre 1477

Territorium	Anzahl der Artikel	Gemeinsame Thematik (in Prozent)
Allgemein	20	100
Flandern	47	91
Holland	41	80
Seeland	19	32
Namur	29	76
Brabant	108	60
	264	72

Die thematische Aufteilung der als gemeinsam zu betrachtenden Angelegenheiten zeigt, daß diese sich sehr ausdrücklich gegen die verstärkte Einmischung des Zentralstaates richteten. Plädiert wurde für die Wahrung der Integrität der Territorien, den Respekt ihrer Privilegien, die Ausübung der Gerichtsbarkeit durch die eigenen Richter, die Verwendung einer eigenen Sprache, die verwaltungsmäßige und gerichtliche Dezentralisation und die Anerkennung der Befugnisse der Stände. Eine überdurchschnittliche Zahl der Artikel all dieser Privilegien (42 von 213 oder 18 %) war der Bekämpfung von Mißbräuchen wie die Verpachtung von Ämtern und der Korruption von staatlichen Beamten aller Ränge gewidmet. Es ist klar, daß die Vertreter der Untertanen, als sie das Sagen hatten, den Zentralstaat zwar nicht vernichten wollten, aber dessen Praxis stark mißtrauten, auf viele Mängel hinwiesen und deshalb die Angelegenheiten auf ihrer Ebene (der Territorien und Gemeinden) am liebsten selber erledigten. Während der relativ kurzen Existenz einigermaßen regelmäßig zusammentretender Generalstände seit 1464 hatten sich nur wenige gemeinsame politische Ziele entwickelt, geschweige denn eine gemeinsame Identität.

Diese Momentaufnahme, die übrigens ein konstantes Spannungsfeld zwischen Fürst und Untertanen widerspiegelt [14], führt uns wiederum auf unseren Ausgangspunkt zurück: Die Generalstände waren eine relativ neue Schöpfung auf Anregung des Herzogs [15], während die Grundbestandteile, aus denen sie sich zusammensetzten, die Stände der einzelnen Territorien, viel älter waren. In

[14] *Blockmans,* W. P.: De Volksvertegenwoordiging in Vlaanderen in de overgang van middeleeuwen naar nieuwe tijden (1384–1506). (Verhandelingen Kon. Academie voor Wetenschappen, Letteren en Schone Kunsten van België, 90) Brüssel 1978, 323–342. – *Arnould,* M. A.: Les Privilèges accordés au Hainaut par Charles le Téméraire en 1473. In: Liber Amicorum John Gilissen. Antwerpen 1983, 19–42.

[15] *Wellens,* R.: Les Etats Généraux des Pays-Bas des origines à la fin du règne de Philippe le Beau (1464–1506). (Standen en Landen LXIV) Heule 1974, 89–101.

Flandern datiert die erste Versammlung der Drei Stände von 1386, in Holland von 1427, in Namur von 1430. Jedesmal wurde sie auf Anregung des Herzogs von Burgund als neu angetretener Landesherr einberufen. In Hennegau und Brabant hingegen gingen die Ständeversammlungen schon aufs frühe 14. Jahrhundert zurück [16]. In den am meisten urbanisierten Territorien gab es viel früher bereits häufige Vertreterversammlungen der Städte. Die Initiative wurde hier ausschließlich von den Verwaltungen der wichtigsten Städte ergriffen, die miteinander vor allem die ökonomischen Angelegenheiten besprachen, wie die Konsolidierung des Fernhandels, u. a. durch eine Regelung der Handelskonflikte. Dabei wurden die Landesgrenzen ebensowenig berücksichtigt wie von den Händlern selbst.

Die von den Herzögen von Burgund veranlaßte Einführung neuer Typen von Vertretungen, in denen sie die für sie wichtigen Angelegenheiten wie dynastische Probleme, Landesverteidigung und Steuern zur Sprache brachten, vermochten es nicht, die bis dahin bestehenden repräsentativen Systeme, die ja aus einem spontanen Bedarf hervorgegangen waren, völlig zu verdrängen. Dennoch entwickelten sich die Vertretungen der Generalstände zum bestehenden Muster, wie sich aus nachstehender Tabelle ergibt [17].

Teilnehmer des dritten Standes der wichtigsten Territorien an den Generalständen (1464–1506):

	Anzahl der Städte	Landesbezirke	einmalige Angaben	Gesamtzahl der Delegationen
Flandern	47	14	4	612
Holland	25	–	12	134
Brabant	18	–	2	166
Hennegau	9	–	5	104

Die Entwicklung der Versammlungsfrequenz und Dauer der verschiedenen Vertretungsorgane ist uns nur für die Grafschaft Flandern bekannt. Die Durchschnittszahl der Versammlungstage verringerte sich von 300 im Jahre 1400 auf 225 um 1500. Dabei wurde ein starker Rückgang des informellen Versammlungskreises der Hauptstädte, wie auch eine steigende Aktivität der Stände und Generalstände festgestellt. Um 1500 beanspruchten sie im Schnitt 80 der 225 Versammlungstage pro Jahr. Gleichzeitig zu dieser strukturellen Verschiebung trat auch eine inhaltliche Verschiebung ein [18].

[16] *Blockmans,* W. P.: A typology of representative institutions in late medieval Europe. In: Journal of Medieval History, 4 (1978) 189–215.

[17] *Ebenda,* 187–188. – *Wellens* 1974, 334–343 und 421–525.

[18] *Blockmans* 1978, 194–207, 545.

Wichtigste Punkte auf der Tagesordnung der Vertretungsorgane in Flandern 1385/1506 (in % aller Themen):

	Steuern	Rüstung	Handel	Justiz
1385–1405	9	7	41	17
1405–1435	12	7	28	21
1436–1465	24	8	25	14
1466–1488	28	33	8	5
1492–1506	57	1	7	11

Aus obiger Tabelle geht hervor, daß sich der Aufmarsch des Zentralstaates schrittweise vollzog: Die vor allem von den städtischen Behörden angekurbelten Themen Handel und Justiz – es ging hier meist ebenfalls um geschäftliche Angelegenheiten – wurden von den Problemen des Staates (Steuern und Kriegführung) verdrängt, die in zunehmendem Maße auf Ständeversammlungen behandelt wurden, wobei die konservativeren Grundbesitzer für die Stärkung des Staates eintraten. Dieser Prozeß der Festigung des Staates wurde in Flandern dennoch stark gehemmt, indem die Städte und insbesondere die Hauptstädte über seit Jahrhunderten ausgebaute Machtstellungen verfügten. Dadurch gerieten sie wiederholt in Konflikt mit den Fürsten, die gerade dadurch versuchten, ihre Macht auszudehnen, daß sie alle Organe zwischen ihnen und ihren Untertanen beseitigten.

Es mag sein, daß die in Flandern festgestellte Tendenz nicht ohne weiteres für die anderen Territorien verallgemeinert werden kann, einfach weil die Urbanisierung dort später eintrat und länger anhielt. Vor allem in bezug auf Holland und Brabant kann man die Hypothese wagen, daß die nach 1500 andauernde Entwicklung der Städte zu einem verstärkten politischen Gewicht geführt hat, im Gegensatz also zur Entwicklung in Flandern. Die Rolle der Stände und insbesondere der Städte von Holland und Brabant während des Aufstands im späten 16. Jahrhundert lassen dieses in der Tat ahnen. Der jetzige Stand der Forschung ermöglicht vorerst noch keine genauere Beweisführung dazu.

Lenken wir die Aufmerksamkeit jetzt auf die staatlichen Einrichtungen selbst, auf die Gerichtsräte und auf die zentralen Rechnungskammern. Der Zentralgerichtsrat („Grand Conseil") ist bekanntlich um 1440 entstanden, wurde 1473 zum Parlament von Mecheln erhoben, das 1477 kraft des allgemeinen Privilegs wieder aufgehoben wurde, aber in Wirklichkeit mit beschränkten Befugnissen unter dem Namen „Grote Raad/Grand Conseil" weiterfunktionierte, der 1504 aufs neue formal gegründet wurde[19]. Wenn man das

[19] *Van Rompaey,* J.: De Grote Raad van de Hertogen van Boergondië en het Parlement van Mechelen. (Verhandelingen Kon. Academie voor Wetenschappen, Letteren en Schone Kunsten van België, 73) Brüssel 1973, 18–28.

Ausmaß der Gerichtsbarkeit dieses obersten Gerichtshofes dem der älteren territorialen Gerichtshöfe gegenüberstellt, ergibt sich, daß seine Tätigkeit viel beschränkter geblieben ist. Die Zahl der Urteile des Grand Conseil von Mecheln verdoppelte sich von 45 pro Jahr in 1470–1520 bis 97 in 1521–1535. Aus dem Vergleich mit der Rechtsprechung eines provinziellen Gerichtes, des Rates von Flandern, dessen Tätigkeit sich in dicken Folianten niederschlägt, ergibt sich jedoch eine beträchtlich stärkere Aktivität auf dieser Ebene, die auch bis zum Ende des Ancien Régime anhalten sollte. Jährlich produzierte dieser Rat sieben Urteilsregister mit hunderten Urteilen [20]. Dies dient auch dem Bestreben der Stände, die sich wohl mit der Tätigkeit dieser territorialen Gerichtshöfe zufrieden geben konnten, unter der Voraussetzung, daß diese aus im eigenen Territorium geborenen Ratsherren zusammengesetzt waren, dessen Sprache mächtig waren und keine Angelegenheiten behandelten, bevor die unteren Gerichte darüber entschieden hatten. Die Stände aller Territorien haben sich 1477 in 41 Artikeln der 5 damals verliehenen Privilegien ausdrücklich dem manifesten Streben nach Zentralisierung und Vereinheitlichung der Gerichtsbarkeit widersetzt, das in der Praxis übrigens so oft zu beobachten war [21]. Dieser Kompetenzkonflikt entspann sich sowohl zwischen dem Territorium und dem Staat wie auch zwischen lokalen und territorialen Gerichten. Vor allem die Hauptstädte haben sich der Befugniserweiterung der Gerichte, die dem Fürsten unterstanden, widersetzt; sie beanspruchten selbst, als Zentralgerichte in ihrem Bezirk den kleineren Städten und dem Land gegenüber aufzutreten [22]. Die Massivität der erhaltenen Gerichtsarchive auf lokaler Ebene zeigt, daß der Ruf nach einer Rechtsprechung durch die eigenen Richter sehr lebendig blieb; sie sollte möglichst eng mit den Betroffenen verbunden sein, am liebsten auf lokaler Ebene, wenn nötig auf regionaler oder territorialer Ebene, aber nicht höher.

Diese antizentralistische Einstellung zur Rechtsprechung spiegelt ein tiefwurzelndes Identitätsbewußtsein wider, das zuerst auf lokaler, danach auf territorialer Ebene lebendig war. Deshalb auch folgte auf das (kurze) allgemeine Privileg vom Jahre 1477 und die viel ausführlicheren Landcharters noch eine ganze Reihe von mindestens 23 Privilegien für alle Hauptstädte der Territorien und noch einige weitere Städtchen; in Holland waren das sogar Zehn Privilegien [23]. Dieser Lokalismus geht beispielsweise auch aus den von

[20] *De Smidt,* J. Th.: De Grote Raad van Mechelen: zijn rechtspraak, in: Belgisch Bulletin van de Internationale Unie der Magistraten 20 (1970) 23–35 und in: Miscellanea Consilii Magni. Amsterdam 1980, 45–62 bes. 53–54. – Vergleich dazu *Buntinx,* J.: Inventaris van het archief van de Raad van Vlaanderen. 9 Bde. Brüssel 1964–1979.

[21] *Blockmans,* 1985 Signification, 508–509.

[22] *Van Uytven,* R.: Imperialisme of zelfverdediging: de extrastedelijke rechtsmacht van Leuven, und *Godding,* Ph.: Impérialisme urbain ou auto-défense: le cas de Bruxelles (12 e–18 e siècles). In: Bijdragen tot de Geschiedenis 58 (1975) 7–72, 117–138. – *Blockmans* 1978, 112–116.

[23] *Jongkees* 1985, 183 und Anm. 107.

den Zünften getroffenen Maßnahmen hervor: Bürger der eigenen Stadt, Einwohner des Territoriums, Fremde; das waren dabei die Identitätskategorien im Jahre 1500 [24]. So läßt sich zugleich erklären, daß die meisten Aufstände lokal begrenzt waren: sie lagen in den Problemen einer Stadt begründet. Solidarität zwischen einzelnen Städten gab es kaum. Der große Genter Aufstand 1447/1453 wurde mit einer kräftigen finanziellen Unterstützung der Städte von Brabant und Holland niedergeschlagen, während die Städte von Flandern sich auf (übrigens vergebliche) Vermittlungsversuche beschränkten. Und überhaupt, als Brügge, Gent, Löwen, Brüssel und Holland zwischen 1484 und 1492 zum Teil gleichzeitig rebellierten, tat das jeder auf eigene Faust, aus eigenen Gründen; sie schlossen einen Separatfrieden, wenn es ihnen recht war, und hatten eine Höllenangst vor der Zulassung von Truppen einer verbündeten Stadt innerhalb ihrer Mauern [25]. Die Personalunion war eine Angelegenheit der Fürsten, die am besten nicht zu viele Institutionen auf dieser supraterritorialen Ebene ausbauen sollten. Der Staat wurde als fremd betrachtet.

Es stellte sich heraus, daß die Zentralisierung der Staatsfinanzen noch erheblich schwieriger als die der Justiz zu verwirklichen war. Herzog Karl der Kühne hatte 1473 nicht nur das Parlament von Mecheln, sondern auch eine Behörde ins Leben gerufen, die die Domäne, d. h. alle mit der Herrschaft zusammenhängenden Einnahmen in allen seinen Territorien verwalten sollte; darüber hinaus sollte eine weitere Behörde die „aides", die bewilligten Steuern für alle Territorien verwalten. Diese neuen Institutionen wurden wie das Parlament 1477 wieder aufgehoben. Es erwies sich jedoch als unmöglich, sie auf eine andere Weise erneut einzuführen, trotz einiger Versuche in diesem Sinne um etwa 1490. Die Staatsfinanzen im Jahre 1500 waren nach wie vor eine genauso nebelhafte Angelegenheit wie im vergangenen Jahrhundert. Es erwies sich einfach weder als möglich noch als wirksam, alle Einnahmen zu zentralisieren und umzuverteilen. Da die lokalen und regionalen Einnahme- und Ausgabestellen so zahlreich waren, erhielt der burgundisch-habsburgische Staat überhaupt keinen Einblick in die finanziellen Möglichkeiten und Verpflichtungen [26].

[24] *Sosson,* J. P.: Les Travaux publics de la ville de Bruges, XIVe–XVe siècles. (Pro Civitate, 48) Brüssel 1977, 136–140.

[25] *Vaughan,* R.: Philip the Good. London 1970, 322–328. – *Dickstein-Bernard,* C.: La gestion financière d'une capitale à ses débuts. Bruxelles 1334–1467. (Annales Société royale d'Archéologie de Bruxelles, 54) Brüssel 1977, 137–138. – *Blockmans* 1974, 289–304. – *Ders.* 1978, 342–376.

[26] *Strubbe,* E. I.: Staatsinrichting en krijgswezen, in: Algemene Geschiedenis der Nederlanden. Bd. 4. Utrecht 1952, 129–135. – *Arnould,* M. A.: Une estimation des revenus et des dépenses de Philippe le Bon en 1445. In: Recherches sur l'histoire des finances publiques en Belgique. Acta Historica Bruxellensia III. Brüssel 1974, 131–219. – *Ders.:* Les sources financières à l'époque moderne. In: Sources de l'histoire des institutions de la Belgique. Brüssel 1977, 279–317. – *Ders.:* Le premier budget du duc Charles de Bourgogne (1467–1468). In: Bulletin Commission royale d'Histoire, 40 (1984) 226–271. – *Blockmans* 1978, 387–388.

Soviel zu den Auswirkungen der späten Integration von Territorialherrschaften, die bereits eine eigene starke institutionelle Tradition entwickelt hatten. Wie behutsam die Herzöge von Burgund auch versucht hatten, einen Überbau zu schaffen, in den die regionalen Strukturen eingegliedert werden könnten, der Widerstand an der Basis blieb lebendig und nutzte jede Schwächung der Zentralgewalt aus – wie in der Zeit von 1477 bis 1518 – um den lokalen und territorialen Machtansprüchen wieder Nachdruck zu verleihen. Gerade die starke Beteiligung des burgundisch-habsburgischen Staatsgebildes an der internationalen Politik zwang die Zentralregierung wiederholt zu innerstaatlichen Zugeständnissen. Die Kriegslast löste immer wieder einen dringenden Geldbedarf aus, der nur gedeckt werden konnte, indem den Städten und Ständen die Zustimmung abgerungen wurde im Austausch für allgemeine, partikulare und sogar persönliche Vorteile [27].

Die zweite Frage, die sich zu Anfang dieser Betrachtung erhob, deutete auf einen eventuellen Unterschied zwischen mehr oder weniger urbanisierten Gebieten hin. Im späten 15. Jahrhundert und in den ersten Jahrzehnten des 16. Jahrhunderts ist der burgundisch-habsburgische Staat bei der Integration der peripheren, vor allem ländlichen Gebiete auf große Schwierigkeiten gestoßen. Ein typisches Beispiel dafür ist das Herzogtum Geldern. 1471/1473 wurde es von Karl dem Kühnen errungen, 1477 löste es sich wieder vom Staat, und trotz wiederholter Eroberungsversuche wurde es erst 1543 endgültig eingegliedert. Der Anschluß der nordöstlichen Gebiete ging mit großen Wandlungen in der Zeit von 1520 bis 1524 einher. Das 1443 eroberte Herzogtum Luxemburg geriet 1477 in eine chaotische Lage, da ein Teil des Adels sich weigerte, Maria von Burgund als Erbin anzuerkennen. Trotz der formellen Huldigung im Oktober 1480 hielt der Parteikampf an [28]. Das Fürstbistum Lüttich, das Karl der Kühne 1466/68 besiegte, erkämpfte sich 1477 die Autonomie gegen die Burgunder und konnte sie aufrechterhalten.

Die Art der Probleme, mit denen der Staat in den genannten Gebieten konfrontiert wurde, unterschied sich stark von denen, die in den urbanisierten Territorien aufkamen. In Geldern, Luxemburg und im Norden hatte sich kaum ein territorialer Zusammenhang entwickelt. Letztere Gebiete waren damals noch stark in zahllose kleine Herrschaften gespalten, die eine Machtbasis für rivalisierende adlige Clans bildeten. Von einer Verwaltungseinheit oder Zentralisierung war in Geldern Ende des 15. Jahrhunderts noch nicht die Rede: die Steuern wurden je nach Bezirk sehr unterschiedlich erhoben, und die Besteuerung unter-

[27] *Arnould* 1983. – *Maddens,* N.: De Beden in het Graafschap Vlaanderen tijdens de regering van Keizer Karel V (1515–1550). (Standen en Landen LXXII) Heule 1978, 365–411. – *Blockmans,* W. P.: Vlaanderen 1384–1482. In: Algemene Geschiedenis der Nederlanden, Bd. 4. Haarlem 1980, 207–223.

[28] Petit 1985, 384–400.

lag starken Schwankungen [29]. Es war schwieriger, über schwach integrierte, wenig zusammenhängende Territorien zu herrschen als über ein Territorium, in dem schon längst eine Hierarchie bestand. Aus dieser Sicht sind die Zentrifugaltendenzen dieser Gebiete dem burgundisch-habsburgischen Staat gegenüber verständlich; erstens konnte der Staat nur schwer in die wirren Gesellschaftsformen der zersplitterten Herrschaften vordringen, und zweitens stießen Versuche des Staates zu einer gewissen Vereinheitlichung der Verwaltung und der Justiz auf heftigen Widerstand eben bei diesen feudalen Machtbastionen. Gewissermaßen stand diese Integrationsproblematik in Analogie zu jener in den urbanisierten Territorien: Auch dort hemmten die etablierten Machtstrukturen die Penetration des Zentralstaates. Aber dennoch gab es grundlegende Unterschiede: die Strukturen waren erheblich stabiler, stärker differenziert und dichter. Die Anhäufung von Kapital, von Machtmitteln also, war dort viel beträchtlicher. Dies könnte bedeuten, daß der Widerstand dieser Mächte stärker und widerspenstiger als jener der luxemburgischen Grundherren war. Aber die internen Pazifikationsmechanismen einer urbanisierten Gesellschaft waren bereits soviel weiter entwickelt, daß ein einmal erreichter Konsens auch für stabiler gehalten werden könnte.

Die Tatsache, daß die Städte, wie in Flandern und Brabant, sich zugleich mit der Territorialherrschaft entwickelten, gab den Bürgern die Gelegenheit, ihre Umgebung nach eigenen Bedürfnissen einzurichten, bevor ein Staat ihnen auf allzu störende Weise seine eigenen Zwecke aufdrängen würde. Beispielsweise bauten die Bürger ein Marktsystem aus, das ihnen genügend Sicherheit, eine regelmäßige und ausreichende Anlieferung notwendiger Rohstoffe und Lebensmittel, Zugänglichkeit und Berechenbarkeit gewährleistete. Anfangs mußten alle diese Bedingungen von der dominanten Feudalordnung erzwungen werden. Im Laufe des 15. Jahrhunderts war dieses bürgerliches Modell aber eindeutig beherrschend geworden. Es hatte einen ausgesprochenen hierarchischen Charakter, der mit der Rangordnung der Städte selbst je nach Größe und funktionaler Differenzierung zusammenhing. Von wesentlicher Bedeutung dabei war die Funktion als internationaler Markt: Orte, die die Verbindung zwischen einem Fernhandelssystem und einem Hinterland von kleineren Produktions- und Marktzentren herstellten, nahmen in der Hierarchie eine beherrschende Position ein. Unter diesen internationalen Märkten gab es wieder eine Rangordnung entsprechend der Vielfalt und dem Volumen der Handelsbeziehungen. Bis etwa 1480 kam Brügge unverkennbar die Spitzenposition in den Niederlanden zu [30], von da an übernahm Antwerpen allmählich die Führung. Auf diese internationalen

[29] *Van Schaïk,* R. W. M.: Belasting, Bevolking en Bezit in Gelre en Zutphen (1350–1550). Arnhem 1987.

[30] *Prevenier,* W./*Blockmans,* W. P.: Die Burgundischen Niederlande. Berlin 1986, 82–84, 111–126.

Märkte war ein ausgedehntes Hinterland angewiesen für die Anlieferung von Rohstoffen und spezialisierten Waren und für den Absatz ihrer eigenen Produkte. Der internationale Handelskapitalismus war die Triebfeder dieses Systems: Italienische Kaufleute entwickelten ein Verlagssystem, bei dem die ganze Textilproduktion bestimmter Dörfer für den Export bestimmt war. Kaufleute der deutschen Hanse wandten ebenfalls eine derartige Unternehmensweise an. Das Zentrum all dieser Geschäfte war Brügge. Dort hatten die internationalen Banken und Handelsgesellschaften ja ihren Sitz. Für das Binnenland bestimmte das Funktionieren eines internationalen Marktes wesentlich die Art und das Volumen der Güterproduktion innerhalb eines Kreises, der weit über die Grenzen der Territorialherrschaft hinausging. Dessen geographische Ausstrahlung wurde durch den Lauf von Flüssen und Landwegen wie auch durch die Verteilung von Herstellungs- und Absatzgebieten bestimmt. Gleichzeitig wurden die Produktion von Roggen, Pelzen und Rohstoffen in den Gebieten am Baltischen Meer, die Wollproduktion in England und Kastilien und der Zuckeranbau auf Madeira durch die Wirkung von Metropolen wie Brügge, Antwerpen und Amsterdam neu orientiert. Städtische Netzwerke, wie die deutsche Hanse, organisierten einerseits Verflechtungen zwischen Stadt und Umland, andererseits bildeten sie einen „Archipel“, der über lange Handelsrouten durch eine auf einen integrierten Weltmarkt bezogene Arbeitsteilung verbunden wurde (die économie-monde, wie Fernand Braudel sie nannte). Diese städtischen Netzwerke waren größtenteils auf den Seehandel orientiert, weil die Massengüter auf diesem Wege befördert wurden. Die großen Metropolen waren ausnahmslos Seehäfen oder beherrschten diese (wie Brügge und Florenz). Aber auch die Landwege erfüllten eine wesentliche komplementäre Funktion, wie aus dem kontinentalen Hinterland der Brabanter Messen [31] und aus der großen Anzahl westfälischer Hansestädte hervorgeht.

Wie funktionierte ein derartiges Netzwerk? Im 15. Jahrhundert bestand es aus Vereinbarungen, die von den Stadtverwaltungen ausgehandelt und unter Umständen von Landesherren bekräftigt worden waren und die den ausländischen Händlern Rechtssicherheit, Freizügigkeit und Handlungsfreiheit gewährten. Diese Vereinbarung konnte die Niederlassung mit einem Konsulat ausstatten, wie es deren in Brügge 12 gab, abgesehen von dem der deutschen Hanse, besonders aus Italien und der Iberischen Halbinsel. Ein Konsulat war für die Rechtsprechung zwischen Landsleuten zuständig, während die Schöffen in Brügge auftraten, wenn Angehörige verschiedener Nationen miteinander in Konflikt gerierten. Es ist bemerkenswert, daß man die Bezeichnung Nation in Brügge auf Gruppen von Kaufleuten anwandte, die unterschiedlichen Staatsformen angehörten von einer Stadtrepublik wie Lucca, über eine Region wie Biskaya, ein

[31] *Ammann*, H.: Der Hessische Raum in der mittelalterlichen Wirtschaft. In: Hessisches Jahrbuch 8 (1958) Karte 9.

Territorium wie Katalonien (das auch für Mallorca und Navarra zuständig war) bis zum Deutschen Reich, dem nahezu alle Hansestädte angehörten.

Die Kommunikation innerhalb eines städtischen Netzwerkes wurde durch die Verwendung einer Einheitssprache gefördert. Beispielsweise wurde das Niederdeutsche an allen Küsten des Baltischen Meeres und der Nordsee verwendet; andererseits beherrschten die flämischen Händler und Makler gewiß auch das romanische Idiom, wodurch sie geläufig mit ihren mediterranen Partnern verkehren konnten. Innerhalb eines städtischen Netzwerkes gab es auch eine rege Handelskorrespondenz, wie aus den Datini-Archiven (um 1400) hervorgeht und wofür auch der deutsche Orden und sonstige preußische Handelsgesellschaften bekannt sind [32].

Eine Economie-monde, die der Kreislauf des Gerippes aus diesem städtischen Netzwerk war, funktionierte nach Regeln. Beispielsweise gab es das Beschlagnahmerecht auf Güter irgendeines Angehörigen einer Nation, der ein säumiger Schuldner angehörte. In den Handelsabkommen von Brügge kam in der Regel eine vor derartigen Repressalien schützende Klausel vor, wobei die städtischen Behörden vermittelten. Eine weitere essentielle Spielregel betraf den Wert der Währung; da der Fernhandel mit mehrseitigen Wechsel- und Kreditoperationen einherging, war es in bezug auf die Gewinnkalkulation von größter Bedeutung, daß die Währungskurse stabil oder jedenfalls berechenbar blieben. Stadtverwaltungen übten ständig Druck auf die Behörden aus, damit diese die Währung nicht für politische Zwecke manipulierten. Unter deren Einfluß nahmen auch die Generalstände diesen Standpunkt ein [33].

Wie verhielten sich nun derartige städtische Netzwerke zu der fortschreitenden Penetration einer sich stets ausdehnenden Staatsgewalt? Schematisierend könnte man den Kontrast als einen bürgerlichen seeorientierten Handelskapitalismus versus einen feudalen landorientierten Imperialismus umschreiben. Die Fürsten gingen darauf aus, Territorien zu akkumulieren, während die Händler eine Anhäufung von beweglichem Kapital, das folglich nicht standortgebunden war, anstrebten. Bezeichnend für den Kapitalismus ist die Suche nach den am meisten gewinnbringenden Kombinationen, wobei Effizienzvorsprünge ständig zu Mobilität führen. Bis zu einem gewissen Maße konnten bürgerlich-kapitalistische und monarchische Interessen sich gegenseitig unterstützen, und zwar solange keine der beiden Parteien die als wesentlich betrachteten Interessen der anderen Partei bedrohte. Die Bankiers verdienten Geld an den Fürsten, solange letztere deren Bankrott nicht auslösten oder deren Güter nicht beschlagnahmten.

[32] *De Roover,* R.: The Bruges Money Market around 1400. (Verhandelingen Kon. Academie voor Wetenschappen, Letteren en Schone Kunsten van België, 65) Brüssel 1968. – *Tits-Dieuaide,* M. J.: La Formation des prix céréaliers en Brabant et en Flandre au XVe siècle. Brüssel, 157–162.

[33] *Blockmans,* W. P.: La participation des sujets flamands à la politique monétaire des ducs de Bourgogne, in: Revue belge de Numismatique, 119 (1973) 103–134.

Die Fürsten bemerkten natürlich die Kapitalansammlung in den Städten, die ihnen steuerliche Möglichkeiten einbrachte. Wo liegt die Grenze? Es gelang den Bankiers offenbar ebensowenig wie den Fürsten, rechtzeitig die Schwelle zu entdecken, ab der ihre Zusammenarbeit zur Selbstvernichtung zuführte. Neben bekannten Beispielen aus dem 14. und dem 16. Jahrhundert ist Tomasso Portinari erwähnenswert, der als Gönner Herzog Karls des Kühnen die Niederlassung der Medici in Brügge völlig herunterbrachte [34].

Abgesehen von reinen ökonomischen Veränderungen, hat auch die Politik des burgundisch-habsburgischen Staates die Stellung Brügges als Handelsmetropole untergraben. Die Tendenz des Zentralstaates zur Förderung der exklusiven Zuständigkeit für diplomatische Beziehungen, Rechtsprechung, die Ausgabe von Münzen und sogar ökonomische Regulierung hat das von den Städten selbst ausgebaute System allmählich verdrängt, ohne überhaupt eine wirksamere Alternative zu bieten. Die andauernde Verstärkung allerhand steuerlicher Verpflichtungen wie Zölle, Münzrecht, öffentlicher Kredit und direkte Besteuerung reduzierten die Gewinnmarge, erhöhten die Lebenshaltungskosten und lösten eine Inflation aus, die die wirtschaftliche Blüte beeinträchtigte. Die wichtigste Dynamik hinter all diesen Mechanismen bildete die Kriegführung durch den Staat. Nahezu ausnahmslos haben sich die Stände gegen die Kriege gewandt, die die Fürsten fast immer aus reinen dynastischen Gründen führten. Die direkten Folgen der externen und internen Kriege – an denen der Staat immer beteiligt war – machten sich in den Jahren 1470–1492 in den Niederlanden deutlich bemerkbar: Seeräuberei, Handelssperre gegen Frankreich, Verdreifachung der direkten Steuern 1472–1494 gegenüber den Jahren 1456–1471, Geldentwertung, Preissteigerungen, Vertreibung der ausländischen Händler aus Brügge [35]. Dabei wurde offenbar eine Schwelle überschritten, und dadurch verschoben sich die Metropolfunktionen nach Antwerpen; das immer mobile Handelskapital suchte und fand hier günstige Verhältnisse, bis es ab 1570, als der Druck des Staates unzumutbar geworden war, hier ebenfalls vertrieben wurde.

Das Beispiel der Niederlande scheint darauf hinzuweisen, daß stark urbanisierte Gebiete leichter als feudale ländliche Gebiete in eine staatliche Ordnung einzugliedern sind. Sie sind aus ihrer eigenen – ursprünglich auf die Marktorganisation zurückgehenden – Verflechtung kohärenter und freilich auch reicher und deshalb verlockend für die auf Ausdehnung erpichten Monarchen. Das Verhältnis zwischen den Metropolen mit den von ihnen abhängigen Städten und

[34] *De Roover,* R.: Money, Banking and Credit in Mediaeval Bruges. Italian Merchant-Bankers, Lombards and Money-Changers. Cambridge Mass. 1948.

[35] *Brulez,* W.: Bruges and Antwerp in the 15th and 16th centuries. In: Acta Historiae Neerlandicae. Bd. 6. 1973. – *Blockmans,* W. P.: Verwirklichungen und neue Orientierungen in der Sozialgeschichte der Niederlande. In: W. Ehbrecht/H. Schilling (Hrg.) Niederlande und Nordwestdeutschland. (Städteforschung A 15) Köln–Wien 1983, 51–54. – *Ders.* 1978, 437.

dem ländlichen Umland bzw. dem Staat ist äußerst delikat. Der Staat ist auf eine Penetration des vorab von den Städten gebildeten Netzwerkes ausgerichtet und vernichtet es also; indem der Staat eine durch die feudal-dynastische Expansionssucht angekurbelte Kriegspolitik verfolgt, vernichtet er auf die Dauer selbst die Bedingungen des ökonomischen Wohlstandes; dadurch wird dessen finanzielle Grundlage und werden also die Möglichkeiten, um sich im Wettbewerb zwischen Staaten zu behaupten, eingeschränkt. Darin liegt die interne Bremse für die zügellose Expansionssucht der Monarchen. Es lohnt sich zu erforschen, ob diese Schlußfolgerung verallgemeinert werden darf [36].

[36] Theory and Society Sonderheft 1987: City Systems and State Formation.

Helmut G. Walther

Basel: Reichsbewußtsein und Reichsferne am Oberrhein in der 2. Hälfte des 15. Jahrhunderts

I.

Nicht immer wird man einem landfremden Intellektuellen einen schärferen Blick für das Besondere der von ihm erlebten lokalen Verhältnisse zubilligen. So auch im Falle Enea Silvio Piccolominis, obwohl dem gebürtigen Toskaner von seiner Herkunft her besonders gute Vergleichsmöglichkeiten mit den Stadtbasler Verhältnissen des 15. Jahrhunderts zur Verfügung standen, und der Humanist gleich zweimal, 1434 und 1438, brieflich ausführlich die Konzilsstadt am Oberrhein beschrieb [1].

Aber bekanntermaßen waren beide Beschreibungen keineswegs Selbstzweck, sondern dienten der Propaganda des Konzilsorts: zunächst 1434, als Enea schon im Dienste des Visconti-Bischofs von Novara stand, quasi als eine Rückenstärkung für Kardinal Cesarini in seinen Bemühungen um das Fortbestehen des Basler Konzils [2]; dann im Oktober 1438 ein Brief aus Basel selbst, ein raffiniertes Meisterstück Eneas, dem Mailänder Erzbischof Francesco Pizzolpasso zur Begutachtung zugeleitet: Brachte es Enea in ihm doch fertig, das Musterbeispiel allen humanistischen Städtelobs, Leonardo Brunis *Laudatio Florentinae urbis*, stilistisch so auszuschlachten, daß es nun die Konzilsstadt am Oberrhein zu Lasten der Metropole am Arno pries, wo Papst Eugen IV. inzwischen „sein" Konzil versammelt hatte [3]. Um so aufschlußreicher, wenn Enea dann von seiner Vorlage abweicht und ganz der eigenen Beobachtung vertraut. So im Falle der Schilderung der Verfassungsverhältnisse Basels: 1438 wiederholt der Sienese dabei nahezu wörtlich seine Formulierungen von vor vier Jahren. Er legt dabei Wert

[1] Concilium Basiliense (= CB) V. Basel 1904, 363–373, VIII. Basel 1936, 187–204.

[2] *Stieber*, Joachim W.: Pope Eugenius IV, the Council of Basel, and the Secular and Ecclesiastical Authorities in the Empire. Leiden 1978, 19 ff.

[3] *Widmer*, Berthe: Enea Sivios Lob der Stadt Basel und seine Vorlagen. In: Basler Zs. f. Geschichte u. Altertumskunde 58/59 (1959), 111–138. – *Voigt*, Klaus: Italienische Berichte aus dem spätmittelalterlichen Deutschland. Von Francesco Petrarca zu Andrea de'Franceschi (1333–1492). Stuttgart 1973, 100–110.

auf den Unterschied zu den italienischen Verhältnissen. Denn ganz anders als für die heimischen Stadtstaaten bedeute Freiheit für die Basler nicht völlige Unabhängigkeit, sondern durchaus eine Anerkennung des Kaisers als Herrn. Solche Bemerkungen enthielten 1438 selbstverständlich Seitenhiebe. Da damals in Florenz nach der Rückkehr Cosimos sich die Signorie der Medici fest zu etablieren begann, will Enea sich mit seinem sich in der zweiten Beschreibung anschließenden Tyrannenexkurs boshaft an der Konzilskonkurrenz Florenz rächen. Was bleibt schon vom Preis von Florenz als Hort republikanischer Freiheit, den Bruni gegenüber Salutati noch gesteigert hatte, wenn nun Tyrannenherrschaft, Vormacht der Plebs und ständige Herrschaftswechsel das politische Bild bestimmten. Basel mit seinem *regimen populare* bzw. einer *popularis gubernatio* verfüge über ein geradezu vorbildlich ausgewogenes Mischregierungssystem, so daß es (nach den Regeln der Aristotelischen Politik) gegen Umsturz gefeit sei [4].

Bezeugte Enea Silvio den Baslern konstant hohen Bürgersinn und pries die Uneigennützigkeit, mit der sie sich für öffentliche Aufgaben zur Verfügung stellten, so mußte sich wenige Jahre später die traditionelle politische Führungsschicht der Stadt der Achtburger und Ritter (Eneas *nobiles*) von den Zunftbürgern (*plebei*) vorwerfen lassen, ihre eigenen Interessen als österreichische Lehnsleute über die Stadtbasler Interessen gestellt zu haben. Unter den Beschuldigten war Henman Offenburg, einerseits Familiar der deutschen Könige seit 1413, andererseits langjähriger Basler Ratsherr, erfolgreicher Diplomat seiner Heimatstadt, nicht weniger erfolgreich freilich im privaten wirtschaftlichen Bereich und deshalb aufgestiegen vom zünftischen Apotheker zum patrizischen Achtburger und schließlich zum Ritter [5]. In einer zur persönlichen Rechtfertigung verfaßten Schrift legte der schon 65jährige Offenburg umständlich in allen Einzelheiten dar, welche Unkosten er stillschweigend aus eigener Tasche bei öffentlichen Aufträgen bezahlt habe und welche Vorteile doch seine Tätigkeit als königlicher Rat Sigmunds, Albrechts II. und Friedrichs III. seiner Heimatstadt gebracht habe [6].

Seine engen Beziehungen zu den Königen hätten sich besonders günstig für die Sicherung der rechtlichen Stellung Basels ausgewirkt: „Als dann ein yegklicher keyser oder kung in sinen registern laszt schriben alle die brief, so usz siner cantzlyg gangen, also ward uff ein zit in dem register funden die vogtyg ze Basel, das die nit me von dem rych stuende dann tusent guldin.“ [7] Offenburg bezieht sich dabei auf die Vorgänge von 1422, als die seit 1386 der Stadt selbst verpfändete Vogtei von Sigmund durch Weiterverpfändung fiskalisch genutzt werden sollte.

[4] CB V (1904), 371, CB VIII (1936), 201 f.

[5] *Gilomen-Schenkel,* Elsanne: Henman Offenburg (1379–1459), ein Basler Diplomat im Dienste der Stadt, des Konzils und des Reiches. Basel 1975.

[6] ed. *Bernoulli,* August, in: Basler Chroniken (= BChr.) V. Leipzig 1895, 201 ff. Zum Rechtfertigungscharakter in der Einleitung *Bernoulli,* 216 ff. – *Gilomen-Schenkel* 1975, 125 ff., 135 ff. (zum polit. Hintergrund der Schrift)

[7] BChr. V (1895), 229.

Offenburg wußte aber zu verhindern, daß sie in die Hände des Markgrafen Rudolf von Hachberg geriet. Die Basler, die somit die Vogtei und auch den Reichszoll gegen Aufgeld behalten konnten, mußten sich freilich in der dafür ausgestellten Urkunde Sigmunds als „unsere und des richs getruen" titulieren lassen [8]. Diese für eine „Reichsstadt" typische Formel genügte aber keineswegs dem Anspruch, den Basel seit 1387 gegenüber Wenzel durchgesetzt hatte, sich mit Regensburg als „frey stat" von „unsern und des richs steten" abzuheben [9].

Nach seiner Kaiserkrönung bestätigte Sigmund – wiederum nach Vermittlung durch Henman Offenburg – 1433 in drei Urkunden Basels Privilegien und sprach dabei ganz neutral von „der stat ze Basel" und den mannigfachen Diensten, die Bürgermeister, Rat und Bürger „uns und dem rich" erwiesen hätten [10].

Die unklare Verfassungssituation Basels wie aller „Freien Städte" bot in den letzten Jahren Stoff für Diskussionen. Wir wollen uns damit begnügen, jenes Bewußtsein zu erhellen, das die Basler so hartnäckig auf dem Status ihrer Gemeinde als „frey stat" bestehen ließ [11].

Kein Zweifel kann daran bestehen, daß der Oberrhein eigentlich eine königsferne Region war, daß sich auch Basel als Stadtgemeinde im allgemeinen königsfern verhielt, auch wenn wirtschaftlich potente Bürger ihrer Führungsschicht wie Henman Offenburg von sich aus enge Kontakte mit dem Königshof unterhielten. Zu den Hoftagen bzw. den königslosen Tagen des frühen 15. Jahrhunderts wurde Basel fast nie geladen. Aber die Stadt pflegte durch Boten zumindest regen Informationsaustausch mit den Städtegesandten auf solchen Tagen [12].

Auch als die zweite große international beschickte Kirchenversammlung des

[8] Urkundenbuch der Stadt Basel (= BUB) VI. Basel 1902, Nr. 153, 134 f.

[9] Deutsche Reichstagsakten. Ältere Reihe (= RTA) I (1868), Nr. 303, 548 f.: zusammen mit Regensburg „zwo frie stette". Anerkannt von Wenzel Nr. 302, 547 f.: „unsern lieben getrewen den steten Regensburg und Basel czwie frey stete" im Gegensatz zu „unsern und des heiligen Römischen reichs steten".

[10] BUB VI (1902), Nr. 321–323, hier 321.

[11] Kontrovers zur Terminologie und zum verfassungsgeschichtlichen Hintergrund der „Freistädte" *Möncke*, Gisela: Bischofsstadt und Reichsstadt. Ein Beitrag zur mittelalterlichen Stadtverfassung von Augsburg, Konstanz und Basel. Phil. Diss. Berlin 1971. – *Moraw*, Peter: Reichsstadt, Reich und Königtum im späten Mittelalter. In: Zeitschrift für historische Forschung, 6 (1979), 385–424. – *Isenmann*, Eberhard: Reichsstadt und Reich an der Wende vom späten Mittelalter zur frühen Neuzeit. In: Mittel und Wege früher Verfassungspolitik. Hg. v. Josef Engel. Stuttgart 1979, 9–223; *Heinig*, Paul-Joachim: Reichsstädte, Freie Städte und Königtum 1389–1450. Ein Beitrag zur deutschen Verfassungsgeschichte. Wiesbaden 1983, bes. 48 ff. – *Kramml*, Peter F.: Kaiser Friedrich III. und die Reichsstadt Konstanz (1440–1493). Sigmaringen 1985, 42 ff.

[12] *Schubert*, Ernst: König und Reich, Studien zur spätmittelalterlichen deutschen Verfassungsgeschichte, Göttingen 1979, 66 f. – *Moraw*, Peter: Organisation und Funktion von Verwaltung im ausgehenden Mittelalter (ca. 1350–1500). In: Deutsche Verwaltungsgeschichte I. Hg. v. K. G. A. Jeserich u. a. Stuttgart 1983, 21–68 hier 24 ff. – *Heinig* 1983, 174–192.

15. Jahrhunderts seit 1431 für beinahe zwei Jahrzehnte in den Mauern Basels tagte, bekam die Stadt nur selten Herrscherbesuch. Anders als in der Schisma-Situation im Falle von Konstanz sah Sigmund in Basel nur unmittelbar nach seiner Kaiserkrönung in Basel vorbei [13]. Friedrich III. besuchte Basel immerhin gleich auf dem Rückweg von seiner Aachener Königskrönung im November 1442. Der Besuch galt dabei mehr dem Konzilspapst Felix V. Basel identifizierte sich damals zunehmend mit dem Konzil, fungierte ja zeitweise auch als Kuriensitz Felix V. Doch brachte dies dann der Stadt nach der Abwendung Friedrichs III. vom Konzil 1447 erhebliche Schwierigkeiten mit dem König [14].

Zur Königsferne Basels kam als politisches Äquivalent die besondere Lage der Stadt: einerseits am nördlichen Rand der Eidgenossenschaft, dabei in unmittelbarer Nachbarschaft zu deren expansionistischen Städten Bern und Solothurn. Auf der anderen Seite der Stadt, die über kein geschlossenes Territorium, sondern nur über verstreute Grund- und Pfandherrschaften verfügte, die adlig dominierten vorderösterreichischen Besitzungen. Die traditionell engen Beziehungen zu den elsässischen Reichsstädten und zur Freistadt Straßburg ließen ebenso wie die Lehen und Pfandherrschaften der achtburgerlichen und ritterlichen Oberschicht in den österreichischen Vorlanden dem von ihnen majorisierten Stadtrat eine Politik der Neutralität und der ständigen Vermittlung als das geeignetste Mittel erscheinen, um Grundbesitz und Fernhandelsinteressen dieser Oberschicht zu schützen [15].

Die Verwicklungen und Folgen des Vorstoßes des französischen Dauphins mit einem Armagnaken-Heer 1444 zeigten deutlich, wie schwer es den Baslern nun um die Mitte des 15. Jahrhunderts wurde, ihre Selbständigkeit angesichts der so divergierenden Interessen ihrer Nachbarn zu behaupten. Die traditionelle Politik Basels, keine dauernden Bündnisse einzugehen, war nicht nur finanziell außerordentlich aufwendig, sondern erwies sich auch als zunehmend risikoreich [16].

[13] Zwar steht Basel mit 195 Aufenthaltstagen Sigmunds an vierter Stelle unter den Aufenthaltsorten (*Heinig* 1983, 198 mit A. 124), erhält diesen Rang aber nur durch den langen einmaligen Aufenthalt beim Konzil von Oktober 1433 bis Mai 1434, worunter allerdings auch ein Hoftag von Januar 1434 fällt.

[14] Erich *Meuthen:* Das Basler Konzil als Forschungsproblem der europäischen Geschichte. Opladen 1985. Zur Basler Sicht des Konzilsendes *Wackernagel,* Rudolf: Geschichte der Stadt Basel I. Basel 1907, 533 f. – *Gilomen-Schenkel* 1975, 137 f. – *Stieber* 1978, 311 ff.

[15] *Wackernagel* II/1. 1911, 4 ff., 51 ff. – *Meyer,* Friedrich: Die Beziehungen zwischen Basel und den Eidgenossen in der Darstellung der Historiographie des 15. und 16. Jahrhunderts. Basel 1951.

[16] *Wackernagel* I 1907, 549 ff. – *Grüneisen,* Henny: Die westlichen Reichsstände in der Auseinandersetzung zwischen dem Reich, Burgund und Frankreich bis 1473. In: Rheinische Vierteljahresblätter 26 (1961), 22–77 hier 25 ff. – *Maleczek,* Werner: Die diplomatischen Beziehungen zwischen Österreich und Frankreich in der Zeit von 1430 bis 1474. Diss. masch. Innsbruck 1968, 88 ff. – Zusammenfassend zuletzt *Peyer,* Hans Conrad: Die Entstehung der Eidgenossenschaft. In: Handbuch der Schweizergeschichte I.

Gegenüber den auf dem Hoftag in Nürnberg versammelten Städteboten hoben die Basler brieflich hervor, daß sie sich mit den Bernern und Solothurnern nur „von unser notdurfft wegen" verbunden hätten, wie dies „nach guoter gewonheit und herkommenheit" üblich sei. Es sei aber gleichzeitig geschehen „dem heiligen reich ze sterkung, uns und unsern vor unrechten gwallt ze beschirmen" [17].

Das war nicht einmal bloße Propaganda, wie die dann hartnäckig von den Baslern gegenüber den Lockungsversuchen des Dauphin durchgehaltene Position beweist. Andererseits machten die Basler auch kein Hehl daraus, daß sie den König selbst, wie sie ihm ziemlich unverblümt nach Nürnberg schrieben, für den Armagnakeneinfall verantwortlich hielten. Vorbildlich dagegen wieder die Haltung der Basler: Man habe dem Dauphin den für den französischen König geforderten Huldigungseid verweigert; „denn wir werent ein frige richstatt und hettint ie welten dem heilgen Römischen rich zuogehoeret." Nutzen der Stadt und Reichswohlfahrt sind nicht zu trennen. Der König wird darauf aufmerksam gemacht, daß der Einfall „nit allein unser halb zuo tytschen lande geschehen ist, dem ganzen Römschen rich zu schaden und zu undertruckung gemeiner tuschen landen." Die Basler griffen dabei geschickt die Argumentation auf, die in Nürnberg die Städteboten bei ihren Verhandlungen mit Friedrich III. verwendet hatten, als er den Reichskrieg gegen die Armagnaken verkünden mußte [18].

Auf dem Nürnberger Hoftag von 1444 war die Formel von König und Reich nicht mehr tautologisch zu verstehen [19]. Vielmehr ermöglichte die dualistische Auslegung dieser Formel es den Baslern, sich gerade als reichstreu zu präsentieren. Und das, obwohl sie zunächst in Nürnberg quasi auf der Anklagebank saßen, da sie sich im Alten Zürichkrieg mit den Gegnern Friedrichs III. verbündet hatten. Der Neologismus, sich als „Freie Reichsstadt" zu bezeichnen, leistete hier gute Dienste. Zugleich hoben sich die Basler damit positiv vom bloße österreichische Hausinteressen verfolgenden Friedrich III. ab, der zudem dem Verdacht ausgesetzt wurde, Reichsfeinde zuhilfe geholt zu haben. Umgekehrt sollten die Interessen Basels mit denen des Reichs identisch sein. Jedenfalls wollte man das den Hoftagsteilnehmern gern suggerieren, und die Verfassungssituation des

Zürich 1972, 163–238. – *Stein,* Norbert: Burgund und die Eidgenossenschaft zur Zeit Karls des Kühnen. Frankfurt/M. 1979, 7 ff.

[17] Brief des Bürgermeisters Hans Rot und des Basler Rats vom 3. Sept. 1444 in: Frankfurts Reichscorrespondenz 1376–1519, Hg. v. Johannes Janssen II. Freiburg 1872, Nr. 94, 66 ff.

[18] RTA 17, Nr. 128, 445 f. Brief Basels an Friedrich III. (1. Okt. 1444). Vgl. damit die Formulierung im Beschluß der Städteboten in Nürnberg, Mitte Sept.: „dem heilgen riche und diesen Teuetschen landen noch mehrer und groeßer scheden wachsen und entsteen würde". Ebda., Nr. 213, 439 f., und Friedrichs Brief an die Reichsstädte, Nr. 215 (25. Sept.).

[19] *Schubert* 1979, 254 ff. – *Moraw* 1979, 405 ff., 413 f. – dagegen *Möncke,* Gisela: Zur Problematik des Terminus „Freie Stadt" im 14. und 15. Jahrhundert. In: Bischofs- und Kathedralstädte des Mittelalters und der Frühen Neuzeit. Hg. v. Franz Petri. Köln–Wien 1976, 84–94.

Reichs um die Mitte des 15. Jahrhunderts erlaubte noch solches Argumentieren, obwohl es auf fürstlicher Seite bereits Zeugnisse von Gegenpositionen in beträchtlicher Anzahl gab [20].

II.

Gerade deshalb ist es so schwierig, städtisches Reichsbewußtsein situationsunabhängig inhaltlich zu fassen. Was war in Basel das „Reich", wenn man nicht gleichzeitig von Stadtbasler Interessen sprechen konnte?

Auch im friedlichen Jahrzehnt nach der Breisacher Richtung von Mai 1449 wuchs das Reichsbewußtsein in Basel nicht, zeigte auch keine inhaltliche Veränderung. Die kriegerischen Auseinandersetzungen mit Albrecht VI. von Österreich hatten innerstädtische Auswirkungen. Jedoch hatte die zeitweise Ausstoßung der „Stubenherren" aus dem Rat 1445, denen man ihren Status als Lehnsleute Österreichs oder des sundgauischen Adels von Seiten der Zünfte zum Vorwurf machte, keine wirkliche Neuverteilung der Macht zwischen „Hoher Stube" und Zünften erbracht, vielmehr eine zu den Kriegslasten hinzukommende wirtschaftliche Schwächung der Stadt. Sodann hatte Friedrich III. im August 1447 das Ende des Basler Rumpfkonzils eingeleitet. Die Basler hatten sich schließlich dem Urteil des königlichen Kammergerichts beugen müssen, so daß die verbleibenden Konzilsväter im Juni 1449 nach Lausanne abgezogen waren.

So tat der Ausgleich mit Vorderösterreich gut, um die desolaten städtischen Finanzen Basels konsolidieren zu können [21]. Neue Reputation und Prosperität sollte der Stadt eine Universität bringen, deren Gründungsprivileg man sich erst nach sorgfältiger Vorberatung in den städtischen Gremien und Anhörung einer eigens berufenen gutachterlichen Gründungskommission 1459 bei Papst Pius II., dem ehemaligen Basler Konzilsteilnehmer Enea Silvio Piccolomini, besorgte [22].

Einer der rührigsten Propagatoren der neuen Bildungsanstalt war in Basel der Kanonist Peter von Andlau, morganatischer Sproß einer alten elsäßischen Freiherrenfamilie, die traditionell Domherren in Basel stellte. Von seinem Onkel, dem Dompropst, gefördert, hatte Peter von Andlau den Weg der Wissenschaft eingeschlagen, war 1460 vom Basler Bischof zum ersten Vizekanzler der neuen Universität ernannt worden und erhielt dann noch im November des gleichen Jahres die Bestallung des Rates der Stadt für die *Lectura ordinaria* im Liber Sextus und den Clementinen. Kurze Zeit zuvor verfaßte Peter einen *Libellus de*

[20] *Isenmann* 1979, 11 ff.

[21] *Wackernagel* I 1907, 532 ff. (Konzil), 586 ff. (Breisacher Richtung). – *Gilomen-Schenkel* 1975, 129 ff., 137 ff. – *Harms*, Bernhard: Der Stadthaushalt Basels im ausgehenden Mittelalter, 3 Bde. Tübingen 1909–1913.

[22] Zusammenfassend *Bonjour,* Edgar: Die Universität Basel von den Anfängen bis zur Gegenwart 1460–1960. Basel ²1971, 21 ff. Künftig auch *Walther* wie Anm. 23.

Caesarea monarchia, gewidmet Kaiser Friedrich III., aber wohl mehr deshalb geschrieben, um die wissenschaftliche Qualifikation seines Autors für eine juristische Professur in Basel deutlich zu machen. Eine Gelegenheitsschrift also, und damit alles andere als ein Entwurf eines „ersten deutschen Reichsstaatsrechts", obwohl diese Charakteristik Paul Labands aus dem Jahr 1880 sich hartnäckig bis heute gehalten hat. Dabei macht gerade der „Sitz im Leben" dieses Werkes es für eine Analyse durchaus interessant [23].

Der *Libellus* des Peter von Andlau ist von daher am ehesten vergleichbar mit Enea Silvio Piccolominis *Epistola de ortu et auctoritate imperii Romani* von 1446 [24]. Dies um so mehr, als seit längerem bekannt ist, daß Peter von Andlau in Form und Anlage seines *Libellus* sehr stark von dessen *Epistola* angeregt wurde. Aber auch Eneas Werk war sehr von Abhängigkeiten geprägt, von Engelberts von Admont gleichnamigem Traktat und vor allem von Antonio Rosellis *De Monarchia,* also einem Werk von Enea Silvios Sieneser Rechtslehrer. Der Originalitätsgehalt des *Libellus* Peters von Andlau ist sogar noch geringer [25].

Gleich seiten- ja kapitelweise folgt Peter im Wortlaut oder leicht paraphrasierend der Chronik Martins von Troppau und dem Fürstentraktat des Aquinaten und Tolomeos von Lucca. Zudem schreibt er das *Memoriale de prerogativa Romani imperii* Alexanders von Roes aus und übernimmt mehrere Kapitel wörtlich aus dem Translationstraktat des Landulf Colonna. Fast wörtlich zitiert sind mehrere Kapitel der Goldenen Bulle Karls IV., der Krönungsordo des Guillelmus Durandus weitgehend ausgeschrieben und schließlich Felix Hemmerlins Quaternionendarstellung aus dessen *Liber de nobilitate* wörtlich übernommen. Immerhin setzt der Basler Autor einige Glanzlichter eigener Lesefrüchte aus Boccaccio und Poggio auf; auch viele Cicero-Zitate dürften aus eigener Lektüre stammen. Daß der *doctor decretorum* Peter von Andlau die ein-

[23] *Hürbin,* Joseph: Peter von Andlau, der Verfasser des ersten deutschen Reichsstaatsrechts. Straßburg 1897. – *Scheffels,* Günter: Peter von Andlau, Studien zur Reichs- und Kirchenreform im Spätmittelalter. Diss. masch. Berlin FU 1955. „Libellus de Caesarea monarchia". Hg. v. Joseph *Hürbin.* In: Zeitschrift für Rechtsgeschichte. Germ. Abt. 12 (1891), 34–103; 13 (1892), 163–119. Eingehende Analyse des *Libellus Walther,* Helmut G.: Gelehrtes Recht, Stadt und Reich in der politischen Theorie des Basler Kanonisten Peter von Andlau. In: Berichte der Kommission zur Erforschung der Kultur des Spätmittelalters der Göttinger Akademie der Wiss., Phil.-Hist. Kl. (im Druck). Die hier folgenden Ausführungen zu Peter von Andlau beruhen auf dieser Untersuchung.

[24] Text und deutsche Übersetzung *Kallen,* Gerhard: Aeneas Silvius Piccolomini als Publizist in der Epistola de ortu et auctoritate Imperii Romani. Stuttgart 1939.

[25] Zu den Vorlagen der beiden Traktate *Hürbin,* Joseph: Die Quellen des „Libellus de Cesarea monarchia". In: Zeitschrift für Rechtsgeschichte, German. Abt. 18 (1897), 1–106. – *Kallen* 1939, Einleitung 26 ff. – *Schmidinger,* Heinrich: Romana Regia Potestas. Staats- und Reichsdenken bei Engelbert von Admont und Enea Silvio Piccolomini. Basel 1978.

schlägigen kanonischen und römischen Rechtsquellen samt den zugehörigen Glossen und Kommentaren zu zitieren weiß, darf dagegen als nahezu selbstverständlich angesehen werden.

Bei einem solchen Befund erscheint es interessanter, wen Peter unter den damals bekannten und immer wieder zitierten Autoren von Traktaten zur Reichstheorie nicht benutzte. Es sind diejenigen wie Engelbert von Admont und Lupold von Bebenburg aus dem 14. Jahrhundert und Nikolaus von Kues mit seiner 1433 in Basel fertiggestellten *Concordantia catholica,* die eine kritische Haltung zur kurialen Reichsauffassung einnahmen [26]. Peter von Andlau schreibt dagegen seinen *Libellus* ganz unbefangen als Vertreter einer sehr papstfreundlichen Position. Für ihn ist das Reich universal und deswegen nicht aus den universalen Bezügen der *Ecclesia* zu lösen.

Das Besondere des Traktats des Basler Domkaplans liegt darin, wie er aufgrund dieser Ausgangsposition seine Vorlagen zu einem Reichsbild verarbeitet. Der Kaiser des *Libellus* wird in seinem theoretischen Rahmen ganz nach dem Modell des Herrschers in *De regimine principum* des Aquinaten gefaßt, in seiner historischen Konkretion dagegen von den Darstellungen Alexanders von Roes, Tolomeos von Lucca und Landulf Colonnas geprägt.

In diesem doppelten theoretischen und historischen Rahmen liegt ein gewichtiger Unterschied zum Argumentationsgang Enea Silvios in dessen *Epistola* begründet. Dort springt der Autor nach dem Bericht von der Transferierung der Kaiserherrschaft durch den *populus Romanus* auf Karl den Großen sofort in die Gegenwart Friedrichs III. und übergeht damit alle Auseinandersetzungen der dazwischenliegenden Jahrhunderte. Die Bemerkung, daß Friedrichs Herrschaft auf eine *legitima electio* zurückgehe, genügt stattdessen Enea als ausreichende Erklärung dafür, nun sofort auf die *suprema in temporalibus potestas* des Kaisers zu sprechen zu kommen [27].

Für Peter von Andlau gewinnt dagegen die kuriale Version der *translatio imperii* erst durch eine Verknüpfung mit der Kurfürstenfabel ihre besondere Bedeutung und zugleich ihre unverminderte Aktualität. Sie ist es auch, die aus den in 16 Kapiteln des 1. Buches des *Libellus* behandelten Grundlagen des Reiches und seiner Geschichte hinüberführt in die konkrete Gegenwart des Reiches, dessen Elemente in den 20 Kapiteln des 2. Buches abgehandelt werden [28].

Und noch in einem weiteren Punkt ist der Unterschied zu Enea Silvios *Epi-*

[26] *Walther,* Helmut G.: Imperiales Königtum, Konziliarismus und Volkssouveränität, Studien zu den Grenzen des mittelalterlichen Souveränitätsgedankens. München 1976, bes. 213 ff. Zu Lupold von Bebenburg *Barisch,* Gerhard: Lupold von Bebenburg. Zum Verhältnis von politischer Praxis, politischer Theorie und angewandter Politik. In: 113. Bericht des Historischen Vereins Bamberg (1977), 219–433 .

[27] *Kallen* 1939, 68.

[28] Libellus I, 13–14 *(translatio imperii);* II, 1 (Kurfürstenwahlrecht aufgrund der *translatio*), *Hürbin* 1891/92, 84–94, 163 ff.

stola hervorzuheben. In ihr ist allein der Kaiser mit seiner umfassenden Regierungsgewalt in den Mittelpunkt gerückt, obwohl der Titel nicht *De potestate imperatoris* oder wie bei Roselli *De monarchia* heißt, sondern von Ursprung und Autorität des Reiches zu handeln verspricht. Von Adel und Kurfürsten ist nur an einer Stelle ganz herablassend die Rede. Die Macht des Cäsars sei aber ohne die Fürsten ebenso groß wie mit diesen zusammen [29].

Wenn der Basler Jurist dagegen vom Reich spricht, meint er nicht nur den Kaiser, obwohl nun sein *Libellus* ausdrücklich verspricht, über die *caesarea monarchia* zu handeln. Reich und Kaiser sind nicht dasselbe, und sie sind es deshalb nicht, weil Peters Reichsbild historisch vermittelt ist. Er nimmt die Kurfürstenfabel ernst und sieht deshalb im Kollegium der sieben Kurfürsten eine Institution, die einen Teil des *status rectoris imperii* bildet, den Peter zum Untersuchungsgegenstand des 2. Buches seines *Libellus* macht [30]. So wie die Monarchie als Herrschaftsform allgemein und das römische Kaisertum im besonderen sich nur als Ergebnis der menschlichen Geschichte nach dem Sündenfall erklären lassen, so läßt sich das Reich auch nicht ohne den Adel erklären, der von Anfang an dessen Bestandteil ist und dessen ferne Ursprünge bei Römern und Trojanern wie dessen ungebrochene Geschichte bis in die deutsche Gegenwart Peter von Andlau ausführlich schildert [31].

Dieses ständige Zurückgreifen auf die Geschichte verbindet den Basler mit anderen spätmittelalterlichen deutschen Reichstheorien. Er setzt andere Akzente als Engelbert von Admont, einer der Vorlagen für Enea Silvios Abhandlung, andere als Lupold von Bebenburg in seinem Traktat über die Rechte des Regnums und des Imperiums. Er sieht auch nicht wie der Cusanus in der *Concordantia catholica* eine historische Idealzeit unter den Ottonen, die durch *reformacio* zurückgeholt werden sollte [32]. Man könnte im historischen Rückgriff sogar den entscheidenden Unterschied zum als Ausgangspunkt und Vorlage verwendeten Werk des Enea Silvio und zu dem wiederum von Enea Silvio als Vorlage verwendeten Traktat *De monarchia* seines Sieneser juristischen Lehrers Antonio Roselli sehen [33]. Beide Italiener sparen gerade die historische Vermitt-

[29] *Kallen* 1939, 90.

[30] Libellus II, 1, *Hürbin* 1892, 163.

[31] Libellus I, 10 (Sündenfall und *monarchia mundi* der Römer als Teil des göttlichen Heilsplans), I, 16 (Macht des Reiches auf *principes* und *proceres* gegründet), *Hürbin* 1891, 70–75, 100–103. Vorlage für das Kapitel I, 15, *Hürbin* 94–100, über den Ursprung des deutschen Adels ist das *Memoriale* Alexanders von Roes. Herbert *Grundmann* / Hermann *Heimpel* (Hg.): Schriften des Alexander von Roes. (MGH Staatsschriften I/1) Stuttgart 1958, 105–120.

[32] *Walther* 1976, 219–229, 255–260.

[33] Antonio *Roselli*, De monarchia seu tractatus de potestate imperatoris et papae. In: *Goldast*, Melchior: Monarchia S. Romani Imperii, I. Hannover 1611, 251–556. Danach nur der erste Teil mit italienischer Übersetzung bei *Perticone*, Giacomo: Antonio Roselli, Monarchia. Bologna 1944. Zum Autor *Verrna*, Pietro: Antonio Roselli e l'opera

lung zwischen dem aus der Antike abgeleiteten theoretischen Modell und der Gegenwart aus, begnügen sich mit einfacher Identitätssetzung. Enea Silvio geht wie schon Roselli vom in *leges* und *canones* faßbaren Zustand der Frühzeit zum zeitgenössischen Herrscher über [34].

Nicht nur bei Enea Silvio, der seine Vergangenheit als Jurist zumindest nach außen hin abqualifizierte, sondern bei den meisten gelehrten italienischen Juristen des 15. Jahrhunderts tritt der monarchische Gedanke, die Rolle des Kaisers als *deus in terris,* wieder in den Vordergrund [35]. Die Ergebnisse der differenzierten Souveränitätsdiskussion und der transpersonalen Herrschaftstheorie der Legisten des 13. und 14. Jahrhunderts wurden dabei zumeist vereinfacht. Gerade am Umgang mit den Lehren des Bartolus von Sassoferrato, den Roselli mit Vorliebe allegiert, zeigt sich dies [36]. Auch Peter von Andlau versäumt nicht, des öfteren die Meinung des berühmten Bartolus zu zitieren. Daß der Papst gegenüber dem Kaiser nicht nur über das Approbationsrecht verfügt, sondern notfalls ein subsidiäres Wahlrecht, auf alle Fälle aber ein Absetzungsrecht besitzt, ist dem Kanonisten aus der Lehrtradition, insbesondere den Novellen und der *Glossa ordinaria* des Johann Andreae wohl vertraut [37]. Johannes Andreae ist auch der Gewährsmann Peters von Andlau für die Existenz eines Kurfürstenkollegiums, also der Königswahl nach Korporationsrecht, wie sie sich um die Mitte des 15. Jahrhunderts als Reichsrecht nun auch praktisch weitgehend durchgesetzt hatte, nachdem sie bei der Absetzung Wenzels im August 1400 und dann bei der Wahl Sigmunds 1410 unter Verweis auf die Goldene Bulle Gegenstand systematischer Propaganda geworden war [38].

sua „Monarchia sive Tractatus de Potestate Imperatoris et Papae". Florenz 1927. – *Eckermann,* Karla: Studien zur Geschichte des monarchischen Gedankens im 15. Jahrhundert. Berlin 1933. – *Thomson,* John A. F.: Papalism and Conciliarism in Antonio Roselli's „Monarchia". In: Mediaeval Studies 37 (1975), 445–458. – *Meuthen,* Erich: Antonio Rosellis Gutachten für Heinrich Schlick im Freisinger Bistumsstreit (1444). In: Festschrift für Friedrich Kempf. Sigmaringen 1983, 461–472.

[34] *Roselli,* Monarchia V, 29, 30 – *Enea Silvio,* Epistola, *Kallen* 1939, 68.

[35] *Eckermann* 1933, passim. – *Andrae,* Friedrich: Das Kaisertum in der juristischen Staatslehre des 15. Jhs. Diss. masch. Göttingen 1951. – *Black,* Antony: Political Ideas in the later Conciliar Controversy 1430–1450. Cambridge 1970.

[36] *Walther* 1976, 176 ff. (zu Bartolus). – *Andrae* 1951, 15 ff. (Rezeption).

[37] *Peters,* Edward: The Shadow King. Rex inutilis in Medieval Law and Literature (751–1327). New Haven – London 1970. – *Fowler,* Linda: Innocent Uselessness in Civilian and Canonist Thought. In: Zeitschrift für Rechtsgeschichte, Kanon. Abt. 58 (1972), 107–165. – In Vorbereitung *Walther,* Helmut G.: Der untaugliche Herrscher. Zur theoretischen Dimension eines europäischen Verfassungsproblems im Spätmittelalter.

[38] *Schubert,* Ernst: Die Stellung der Kurfürsten in der spätmittelalterlichen Reichsverfassung. In: Jahrbuch für westdeutsche Landesgesch. 1 (1975), 97–128, hier 119 f. *Ders.:* Königswahl und Königtum im spätmittelalterlichen Reich. In: Zeitschrift für historische Forschung 4 (1977), 257–338, hier 285 ff. Zur Rolle Job Veners 1410 *Heimpel,* Hermann: Die Vener von Gmünd und Straßburg 1162–1447. Göttingen 1982, 637–690, 1117–1128. Zu seiner Rolle bei der Absetzung Wenzels 1400 demnächst *Walther,* wie

Die Goldene Bulle, nach deren Wortlaut Peter die Wahlhandlung detailliert beschreibt, dürfte dem Autor durch eine der vielen Miscellanhandschriften bekannt geworden sein, die auf dem Basler Konzil angefertigt wurden. Noch heute entspricht zumindest ein Exemplar in seinem Inhalt genau dem Vorlagenmaterial, das Peter von Andlau für seinen *Libellus* benutzte [39].

Die intensive Nutzung des Textes der Goldenen Bulle kann aber nicht darüber hinwegtäuschen, daß der Basler Kanonist kein Anhänger der kurfürstlichen Version der Theorie von Kaiser und Reich ist. Wichtiger erscheint ihm die Funktion des Adels, die er auch im 2. Buch des *Libellus* ausführlich erörtert. Schon im 16. Kapitel des 1. Buches übernahm er die Quaternionentheorie aus Felix Hemmerlins *Liber de nobilitate* fast wörtlich, um alle Glieder des Reichs darzustellen [40].

Andererseits sieht er im Reichstag, der sich unter Friedrich III. gerade zu entfalten beginnt, noch kein Element des *status rectoris imperii* oder gar des *status imperii.* Peter von Andlau begnügt sich deshalb mit der Beschreibung des ersten Nürnberger Hoftages nach der Königskrönung ganz nach dem Wortlaut der Goldenen Bulle [41].

Ein Gesamtbefund des *Libellus* ist also nicht ganz leicht zu erheben. Der gelehrte Verfasser, dessen Lebensbeziehungen ihn in engem Kontakt zur politischen Führungsschicht der „Freien Reichsstadt" Basel zeigen und der konsequent auf eine Karriere als Lehrer an der ganz von städtischen Interessen geprägten neuen Basler Universität hinarbeitete, weiß in seinem Reichstraktat fast nichts über die Rolle der Städte zu sagen. Alles, was sich über Städte in zwei Kapiteln des 1. Buchs ausgesagt findet, ist Zitat aus *De regimine principum* des Aquinaten. Als Element des Reichs tauchen dann Städte noch einmal als achte der Quaternionen auf. Für wichtiger erachtet aber der Verfasser eindeutig den Adel, wobei natürlich von Bedeutung ist, daß die eigene Familie der Andlaus unter dem *milites* der siebten Quaternio den ersten Rang einnahm [42]. Deshalb nennt Peter von Andlau bei der Behandlung des siebenfach gestuften Adels als Stütze der *terrena monarchia* ausdrücklich unter den *valvassores* bzw. *ministeriales* die *domini mei de Andelo* [43].

Aber dieses Schattendasein der Städte im in einer „Freien Reichsstadt" entstandenen *Libellus* ist durchaus verständlich. Einerseits ist Peters Reichsmodell

Anm. 37. *Heimpel,* Hermann: Eine unbekannte Schrift über die Kurfürsten auf dem Basler Konzil. In: Festschrift für Josef Fleckenstein. Sigmaringen 1984, 469–482.

[39] Vgl. das Handschriftenverzeichnis des Memoriale in der Edition der Schriften Alexanders von Roes, *Grundmann/Heimpel* 1958, 38 ff. hier 69 f., 71 zu den Hss. Basel, Universitätsbibliothek E. I. 4 und Paris, Bibl. nat. cod. lat. 4931 A (Colbert 751). (= Vorlagenmaterial für den *Libellus*).

[40] *Hürbin* 1897, 92 ff.

[41] Libellus II, 15, *Hürbin* 1892, 205–207.

[42] Libellus I, 8, 9; I, 16, *Hürbin* 1891, 65 ff., 102.

[43] Libellus II, 12, *Hürbin* 1892, 197.

aus Vorlagen des 14. Jahrhunderts kontaminiert, in denen die Städte natürlich noch keine Bedeutung besaßen. Anders sah es in den Reformschriften des frühen 15. Jahrhunderts , besonders aus dem Umkreis des Basler Konzils, aus. Aber jene Hochzeit der Reformen auf breiter Basis war in Theorie und Praxis nun unter Friedrich III. vorbei, wo die Fürsten und Kurfürsten den Ton angaben und die Reichsstädte und Freistädte sich in die Defensive gedrängt sahen. Bei Juristen und Publizisten war der monarchische Gedanke wieder auf dem Vormarsch [44].

Nun rezipierte Peter von Andlau aber nicht einfach Rosellis Monarchietraktat oder Enea Silvios propagandistische Umsetzung desselben in der *Epistola*. Das dort gezeichnete, allein auf den Kaiser konzentrierte Reichsbild war nicht dasjenige des Basler Kanonisten, der sich auch nicht von der neuen nachkonziliaren Methode des Papalismus anstecken ließ. Für ihn ist der deutsche Herrscher nicht der *deus in terris* oder *dominus mundi*, als den ihn Roselli und Enea Silvio zeichnen; er akzeptiert auch nicht das kurfürstliche Modell von Kaiser und Reich, wie es unter Ruprecht und Sigmund propagiert wurde. Indem Peter von Andlau die Goldene Bulle durch die Quaternionentheorie ergänzt, zeigt er, daß er weder ein tautologisches Verständnis der Formel von Kaiser und Reich, noch ein dualistisches nach dem Geschmack der Kurfürsten besitzt. Sein Reichsbewußtsein bezieht Kaiser, Kurfürsten und Stände mit ein, ohne diesen institutionelle Repräsentation gehen zu wollen. Aber sie gehören mit zum *status imperii*, der sich für den Oberrheiner anders als für Enea Silvio nicht auf eine Beschreibung des *status imperatoris i*n den Worten des Corpus iuris civilis beschränkt.

III.

Die Integration der Freien Städte und der Reichsstädte in die politische Ordnung des Reiches war ja alles andere als ein bloßes Problem der Theorie. Selbst mit der kurfürstlichen Reichsreform unter Maximilian wurde keine richtige Lösung erreicht. Der Weg Basels in die Eidgenossenschaft konnte für die übrigen Freistädte, geschweige denn für die Reichsstädte kaum allgemeines Vorbild sein. Aber es könnte sein, daß die Basler Entwicklung nicht weniger schlüssig ist als diejenige, die in die Städtekurie des frühneuzeitlichen Reichstages mündete [45].

[44] *Laufs*, Adolf: Reichsstädte und Reichsreform. In: Zeitschrift für Rechtsgeschichte, German. Abt. 84 (1967), 172–201. – *Koller*, Heinrich: Kaiserliche Politik und Reformpläne des 15. Jahrhunderts. In: Festschrift für Hermann Heimpel II. Göttingen 1972, 61–79. – *Ders.:* Die Aufgaben der Städte in der Reformatio Friderici (1442). In: Historisches Jahrbuch 100 (1980), 198–216. – *Isenmann* 1979, 13 ff.; *Angermeier*, Heinz: Die Reichsreform 1410–1555. München 1984, 126 ff.

[45] *Schubert* 1979, 226 ff. – *Isenmann* 1979, 89 ff. – *Angermeier* 1984, 145 ff.

Wider Willen wurde Basel 1461/62 in den Konflikt Friedrichs III. mit den Herzögen Ludwig von Bayern-Landshut, Albrecht VI. von Österreich und König Georg von Podiebrad von Böhmen verwickelt [46]. Der verfassungsrechtliche Status der Stadt war dabei nicht klarer als in der Armagnakenaffäre. Gegenüber dem Reichshilfe beanspruchenden Kaiser verwiesen die Basler auf ihre privilegierte Stellung „als eyn frye des heilgen riches stat". Das war auch die Position des Basler Rates 1460 bei der Gründung der Universität: Man benötige nicht wie die konkurrierende habsburgische Universitätsgründung in Freiburg im Breisgau zusätzlich zum Papstprivileg ein kaiserliches: „die stat Basel eyn frye rich stat und eynem romischen keyser nicht anders denn zu dem dienst siner keyserlichen kronunge uber underworffen noch buntlich ist".

Zwar blieb auch 1462 eine Entscheidung in der politischen Konfrontation zwischen Kaiser und Freistadt aus, da der Kammergerichtsprozeß über die geforderte Reichskriegshilfe nicht zustande kam. Doch Basel hatte auch für diesen Fall schon vorgesorgt. Eine Appellation an Papst und Konzil war bereits formuliert worden, um den Status „als eyne des heilgen römischen richs frye stat an und mit dem heilgen riche gewelten und so lange dz yemand furdencken mag" zu verteidigen [47].

Diese geplante Appellation verrät sehr viel über das Reichsverständnis in Basel. Sie war dem Rat ausdrücklich in einem von der neuen Universität eingeholten Gutachten empfohlen worden [48]. Schon die Universitätsgründungskommission hatte zwei Jahre zuvor dem Rat die Notwendigkeit eines zusätzlichen kaiserlichen Privilegs mit dem Argument ausgeredet: „denn bebstliche gewalt ... uber keyserlichen gewalt ist". Auf diesem Standpunkt stand 1460 auch Peter von Andlau in seinem *Libellus*. Peter war seit April 1460 Vizekanzler der Universität, seit November auch Ordinarius für Liber Sextus und Clementinen. Die Basler wollten als *frye des heilgen riches stat* diesem Heiligen Reich nur zugehören, wenn es in seinen heilsgeschichtlichen universalen Zügen fortbestand, nicht aber staatliche Züge annahm, so daß dem Herrscher nur noch Untertanen gegenüber standen. Jener universale, weil heilsgeschichtlich auf die gesamte Christenheit bezogene Charakter des Reichs hatte ja bewirkt, daß die Reichsreformtraktate des frühen 15. Jahrhunderts stets Reichs- und Kirchenreform miteinander verknüpft hatten [49].

[46] *Wackernagel* II/1 1911, 26 ff.

[47] Vorgänge 1461/62 ausführlich bei *Isenmann* 1979, 26 ff. Die Argumentation von 1460 erhalten in der Beschlußvorlage für den Großen Rat von ca. März 1460. Staatsarchiv Basel, Erz. X. 1. 2. Abdruck bei *Bonjour,* Edgar: Die Gründung der Universität Basel. In: *Ders.:* Die Schweiz und Europa I, Basel 1958, 391–417, hier 415. Druck des Appellationsentwurfes an den Papst von 1462 *Isenmann* 1979, 195–201.

[48] *Isenmann* 1979, 27 mit Anm. 68.

[49] *Schubert* 1979, 226 ff. – *Angermeier* 1984, 84–99. – *Moraw,* Peter: Von offener Verfassung zu gestalteter Verdichtung, Das Reich im späten Mittelalter 1250 bis 1490. Berlin 1985, 149 ff.

Wenn nun unter Friedrich III. sich dieser Bezugspunkt der Reichsreform änderte, auch die Städte immer weniger an ihr beteiligt wurden, war es kein Wunder, daß es den Baslern immer schwerer fiel, sich mit dem Reich zu identifizieren, zumal wenn das Reichsoberhaupt eine Politik betrieb, die die bisherige Identitätssetzung der wirtschaftlichen und territorialen Interessen der Stadt mit denjenigen des Reichs nicht mehr ermöglichte [50].

Der Burgunderkrieg stellte für Basel dann entscheidend die Weichen in Richtung Reichsentflechtung, auch wenn es fürs erste sogar so aussah, als sei nun Basel in eine Reichsnähe gerückt, die es bis dahin im 15. Jahrhundert noch nie gesucht hatte.

Bereits die Verpfändung des Elsaß durch Herzog Sigmund brachte Basel der Eidgenossenschaft wieder nahe, zu der die Stadt seit der Breisacher Richtung sorgfältig Distanz gewahrt hatte [51]. Das Paktieren Friedrichs III. mit Karl dem Kühnen leitete dann aber die endgültige Entfremdung vom Kaiser ein [52]. Der Basler Domkaplan und langjährige Universitätsnotar Johannes Knebel notierte 1473 ausführlich in sein Tagebuch, zu welchem Auftritt es in der Stadt kam, als Friedrich III. anläßlich seines Besuches einen Huldigungseid forderte. Entschieden beharrten die Ratsherren darauf, daß ihre Stadt nicht *de mero imperio Romano*, sondern *sub imperio Romano* und dabei dem Herrn Bischof von Basel untertan sei; deswegen leisteten die Basler auch diesem alljährlich das *iuramentum fidelitatis* [53].

Basel gab damit eine sorgfältig erwogene Antwort. Denn auf Betreiben Straßburgs hatten alle Freien Städte damals angesichts der bevorstehenden Rundreise des Kaisers sich darüber benachrichtigt, wie sie es mit einem Huldigungseid gegenüber dem Reichsoberhaupt hielten und zu halten gedachten.

Nicht jede Freistadt konnte damals oder später so geschickt wie die Basler

[50] Für die Zäsur unter Friedrich III., jedoch in unterschiedlicher Akzentsetzung: *Schubert 1979, 210 ff.* – *Isenmann* 1979, 14 f. und – mit Hervorhebung der Elemente der Verrechtlichung und des Fiskalismus – *ders.:* Reichsfinanzen und Reichssteuern im 15. Jahrhundert. In: Zeitschrift für historische Forschung 7 (1980), 1–76; 129–218, hier 38 ff., 137 ff. – *Moraw* 1985, 380 f., charakterisiert „Legitimität" als „Schlüsselwort dieser Generation". Ganz anders *Angermeier* 1984, 144, der für die Phase 1440–86 einen „Vorstoß der Stände zu einer neuen Reichsidee" konstatieren will.

[51] *Stein* 1979, 31 ff. – *Meier,* Max. A.: Der Friede von Waldshut und die Politik am Oberrhein bis zum Vertrage von St. Omer. In: Zeitschrift für Geschichte des Oberrheins 90 (1938), 321–384. – *Grüneisen,* Henny: Herzog Sigmund von Tirol, der Kaiser und die Ächtung der Eidgenossen 1469. In: Aus Reichtagen des 15. und 16. Jahrhunderts. Göttingen 1958, 154–212. – *Dies.:* 1961, 22–27.

[52] *Janeschitz-Kriegel,* Robert: Geschichte der ewigen Richtung von 1474. In: Zeitschrift für Geschichte des Oberrheins 105 (1957), 150–224; 409–455. – *Wackernagel* II/1 1911, 53 ff. – *Stein* 1979, 57 ff. – *Brauer-Gramm,* Hildburg: Der Landvogt Peter von Hagenbach, Die burgundische Herrschaft am Oberrhein 1469–1474. Göttingen 1957.

[53] BChr. 2 (1880), 9 f. Zum Vorgang *Wackernagel* II/1, 1911, 64. – *Janeschitz-Kriegel* 1957, 218. – *Brauer-Gramm* 1957, 238 ff.

dem Kaiser einen bischöflichen Stadtherrn entgegenhalten, von dem sie doch faktisch unabhängig war. Deshalb entwarfen die Freistädte Huldigungsformeln, die eine Gehorsamsleistung gegenüber dem Kaiser auf unmittelbare Reichsgesetze beschränkten [54].

Das Huldigungsbegehren Friedrichs III. hatte aber offenbar zur Folge, daß der Basler Rat in das große Rote Stadtbuch eine ausführliche Notiz über den Ursprung der Stadt und ihrer Freiheit eintragen ließ. Der Status Basels als *sacri Romani imperii civitas libera* rühre schon aus grauer Vorzeit her, wahrscheinlich aus der Zeit des Heros eponymos Basilius. Seither habe die Stadt sich mit einem kaiserlichen *privilegium libertatis* gegen Steuerforderungen und Belastungen durch das Reich schützen können [55].

Der in seinem *Libellus* doch so kaiserfreundliche Peter von Andlau sah im Verhalten Friedrichs III. 1473 Anlaß genug, in seiner Basler Vorlesung über den Liber Sextus eine aktuelle politische Bemerkung einzuflechten. Bei der Behandlung der Absetzungsdekretale für Friedrich II. *Ad apostolicae sedis* begnügte er sich nicht mit dem Referieren der Standardglosse des Johannes Andreae, sondern fügte hinzu „O si exquiretur a. 1473!“ [56].

Denn in Basel war man wohlinformiert, daß Friedrich damals auf dem Weg nach Trier war, um dort auf einem Hoftag endlich die burgundische Heirat Maximilians zu verbriefen, Karl dem Kühnen aber im Gegenzug zu einem Königreich aus seinen Reichslehen zu verhelfen.

In den Augen der Basler hatte sich der Kaiser damit völlig desavouiert. Wegen der burgundischen Gefahr hatte sich Basel am Neußer Reichskrieg beteiligt, ohne daß damit die prekäre Situation der Stadt am Oberrhein beseitigt gewesen wäre. Dennoch spendete Ende März 1476 Peter von Andlau dann seinem Freund Johannes Knebel brieflich Trost. Damals hatte Herzog Karl bereits seine erste schwere Niederlage bei Grandson gegen die Eidgenossen erlitten, was Peter als Hoffnungszeichen wertete. Zwar – so schreibt er – scheine dieses burgundische Nashorn (*rinoceros ille Burgundus*) die Zierde Deutschlands (*Theutonie decus*) und den mit dem Blut vieler Generationen erworbenen Ruhm des Römischen Reiches auslöschen zu wollen. Dies um so mehr, als diejenigen, die an erster Stelle den *salus imperii* verteidigen sollten, stattdessen persönliche Streitigkeiten austrügen. Aber nach dem Vorbild des Alten Testaments sei zu hoffen, daß auch dieser Tyrann gezähmt und der Zusammenbruch ganz Deutschlands (*ruina totius Alamanie*) aufgehalten werde. Schließlich habe er durch Gottes Hilfe durch die Hand der Eidgenossen bereits eine gewaltige Niederlage erlitten [57].

[54] *Isenmann* 1979, 20–24.
[55] BChr. 4 (1890), 150 f.
[56] Peter von Andlau, Conclusiones super Sexto decretalium (conclusio 28). Universitätsbibliothek Basel, C. II. 28, fo. 124 r. – *Scheffels* 1955, 31.
[57] BChr. 2 (1880), 383–385.

Auch jetzt ist also noch für den gelehrten Juristen das Reich Bezugspunkt und Maßstab politischen Handelns geblieben, das es zu bewahren und zu retten gilt. Aber es ist auffallend, wie bereitwillig er die Schweizer Eidgenossen als legitime neue politische Kraft für diesen Zweck akzeptiert und sich zugleich von den alten adligen Mächten distanziert, die er 1460 in seinem *Libellus* so ausführlich als tragende Säulen des *status imperii* beschrieben hatte.

Was bedeutete noch das Reich für die Basler im Zeitalter der Burgunderkriege? Es war auch weiterhin für die politische Führungsschicht der Stadt, der nun freilich immer weniger Ritterfamilien angehörten, weil diese traditionell ins Vorderösterreichische orientiert waren, ein wichtiger Bezugspunkt ihres politischen Handelns. Schließlich waren allein mit dem Reich die Stellung und die Ansprüche der freien Stadt Basel zu legitimieren. Unter Berufung auf das Reich verteidigte sich Basel und schloß seine Bündnisse.

Aber Reich meinte und blieb für die Basler die alte nichtstaatliche, in erster Linie heilsgeschichtlich universal ausgerichtete politische Ordnung. Es war nicht das Reich, das mittlerweile den Reformkonzeptionen der fürstlichen gelehrten Räte Gregor Heimburg, Johannes von Lysura, Peter Knorr und Martin Mair zugrunde lag, das bei den prozessualen Austragungen der zahlreichen „Bistumsfehden" des 15. Jahrhunderts sich in der staatsrechtlichen Terminologie des Corpus Juris civilis der gelehrten Juristen verbarg und das auch die Exekutionen der Reichsfiskalprokuratoren bestimmte[58]. Solche Vorstellungen wollte man in Basel nicht teilen, besonders deshalb nicht, wenn nun *commune bonum* und *gemeiner nutz* sich nicht mehr am Nutzen der Stadt bestimmen ließen, sondern als Legitimation für ständige finanzielle Leistungen Basels bei Reichskriegen dienten. Anders als 1461/62 konnte man sich ein Jahrzehnt später nun nicht mehr der geforderten Beihilfe zum Reichskrieg entziehen, da es nun gegen den gemeinsamen Feind der Christenheit, gegen die Türken gehen sollte. Der Matrikelanschlag war mit „gemeiner Notdurft der Christenheit" begründet worden. Das auf diese Weise fordernde Reich war auch dasjenige der Basler, die aber vorsichtshalber, um Weiterungen gleich abzublocken, ihre Beitragswilligkeit dahingehend einschränkten, sie seien „als cristglobige gotwilliglich

[58] *Weigel,* Helmut: Kaiser, Kurfürst und Jurist, Friedrich III., Erzbischof Jakob von Trier und Dr. Johannes von Lysura im Vorspiel zum Regensburger Reichstag von April 1454. In: Aus Reichstagen des 15. und 16. Jahrhunderts. Göttingen 1958, 80–115. – *Watanabe,* Morimichi: Imperial reform in the mid-fifteenth century, Gregor Heimburg and Martin Mair. In: The Journal of Medieval and Renaissance Studies 9 (1979), 209–230. – *Boockmann,* Hartmut: Zur Mentalität spätmittelalterlicher gelehrter Räte. In: Historische Zeitschrift 233 (1981), 295–316. – *Most,* Ingeborg: Schiedsgericht, Rechtlicheres Rechtgebot, Ordentliches Gericht, Kammergericht, Zur Technik fürstlicher Politik im 15. Jahrhundert. In: Aus Reichstagen des 15. und 16. Jahrhunderts. Göttingen 1958, 116–153. – *Battenberg,* Friedrich: Beiträge zur höchsten Gerichtsbarkeit im Reich im 15. Jahrhundert. Köln–Wien 1981. – *Isenmann* 1980, 62 ff. (strafrechtlicher Fiskalismus), 137 ff. (Steuerreformentwürfe der Räte), 198 ff. (Reichsmatrikeln).

und von keysers rechte wegen". Faktisch standen die Basler jedoch seit 1422 wie alle anderen Freistädte auch und nicht einmal abgehoben von den Reichsstädten in den Matrikellisten[59].

Was hat es unter solchen Umständen mit dem „positiven Reichsbewußtsein" der Basler auf sich, das die Forschung aus der Politik dieser Stadt für den Zeitraum zwischen 1473 und 1492 herauslesen zu können glaubte[60]?

Daß man 1492 in Basel die über 67 000 Pfund Silber bilanzierte, die man in den vergangenen 18 Jahren „für unsern Herrn den keyser und kunig" aufgewendet hatte und „von iren und des huses Osterrich wegen über ein stat von Basel gangen ist", verweist doch wohl gerade darauf, daß man abwog, ob das Reich solche Aufwendungen noch wert sei.

Bereits 1482 war das bisherige Basler Reichsbild in eine Krise geraten, als von dieser Stadt aus der dominikanische Erzbischof von Krajina, Andreas Jamometić, als angeblicher Kardinal und mit angeblicher Unterstützung des Kaiserhofs zu einem Universalkonzil aufrief. Es sollte das verweltlichte Papsttum reformieren und die durch eine konziliar geordnete Kirche neu geeinte Christenheit zum Kampf gegen die Türken führen[61]. Die durchaus fördernde Haltung des Basler Rats gegenüber diesem Konzilsunternehmen, erklärt sich sicherlich nicht mit einer starken Affinität der Basler zu einer universalen Kirchenreform, eher durch Reminiszensen an die Basler Konzilszeit. Damals war die Kirchenversammlung ein bedeutsamer Wirtschaftsfaktor der Stadt gewesen. Deshalb hatten die Basler 1459 auch gemeint, beim neuen Papst Pius II., dem ehemaligen Basler Konzilsteilnehmer Enea Silvio, als mögliche Gunsterweise für die wirtschaftlich bedrängte Stadt einen Jahrmarkt, eine Universität und die Wahl Basels als nächsten Konzilsort erbitten zu können[62]. Letzteres war natürlich eine vergebliche Hoffnung auf einen Papst, der wenige Monate später in der Bulle *Execrabilis* den *pestiferus virus* des Konziliarismus verdammte.

Peter von Andlau hatte im Juni 1448 die vom königlichen Kammergericht

[59] Zur Basler Haltung zu den Türkenkriegsanschlägen 1471/74 *Isenmann* 1979, 24 f. mit Anm. 57. – *Schubert* 1979, 282 ff. (Städte und *commune bonum*). – *Eberhard*, Winfried: „Gemeiner Nutzen" als oppositionelle Leitvorstellung im Spätmittelalter. In: Festschrift für Ludwig Hödl. Münster 1984, 195–214.

[60] *Wackernagel* II/1 1911, 123 ff., 140. – *Isenmann* 1979, 29 f., sah im Anschluß an dieses Urteil eine Basler Selbsteinschätzung dieser Spanne „als eine einheitliche und durch außerordentliche Leistungen für das Reich gekennzeichnete Ära".

[61] *Schlecht*, Joseph: Andrea Zamometić und der Basler Konzilsversuch vom Jahre 1482. Paderborn 1903. – *Stoecklin*, Alfred: Der Basler Konzilsversuch des Andrea Zamometić vom Jahre 1482. Basel 1938. – *Petersohn*, Jürgen: Ein Diplomat des Quattrocento, Angelo Geraldini (1442–1486). Tübingen 1985, 152–231 (hier auch zur richtigen Schreibweise *Jamometić*).

[62] Memoriale des Stadtschreibers Konrad Kienlin von Juni 1459. Staatsarchiv Basel, Erz. X.1 Nr. 28. Teilabdruck *Vischer*, Wilhelm: Geschichte der Universität Basel von der Gründung 1460 bis zur Reformation 1524. Basel 1860, 8 f. Anm. 12.

erzwungene Aufforderung von Bürgermeister und Rat Basels an die Konzilsteilnehmer, die Stadt zu verlassen, bezeugt [63]. In seinen Kanonistikvorlesungen an der Basler Universität wies er die Lehre von der generellen Superiorität des Konzils zurück, machte davon aber ausdrücklich in zwei Punkten eine Ausnahme: beim Fall des häretischen Papstes und bei der Reform der Kirche. Zwar akzeptierte er die Aufhebung der Konstanzer Konzilskonstitution *Frequens* durch *Execrabilis*, beklagte jedoch, daß dies aus Furcht der römischen Kurie vor Reformen geschehen sei [64].

Das Auftreten Jamometićs in Basel erlebte der im März 1480 verstorbene Peter von Andlau nicht mehr. Gegenüber der päpstlichen Kurie verteidigten die Basler ihre Unterstützung des Jamometić nun unter Berufung auf ihren Status als Freie Reichsstadt: Umgekehrt wie 1462 versuchten sie nun, Papst Sixtus IV. und seine Legaten gegen das weltliche Reichsoberhaupt auszuspielen [65]. Der ehrgeizige Legat Angelo Geraldini scheiterte mit seinen geistlichen Zwangsmaßnahmen, weil er die politische Struktur des Reiches falsch eingeschätzt hatte [66]. Für die Basler erwies es sich in der für sie durchaus prekären Situation, Objekt eines vom Papst verhängten Strafkreuzzugs werden zu sollen, als hilfreich, daß der Jamometić-Konflikt zur Grundauseinandersetzung von Sixtus IV. mit Friedrich III. wurde, wer die oberste Gerichtsbarkeit über kirchenrechtlich straffällig gewordene Reichsangehörige besitze [67]. Es gehört in diesen Zusammenhang, daß der Basler Rat seinen Gesandten am kaiserlichen Hof beauftragte, sich der Stellung der Stadt als Freie Reichsstadt „in des richs urbar“ zu versichern [68].

Gegen Burgund waren die Basler gezogen, weil Eigeninteresse mit Reichsinteresse identisch war. Sie hatten sich sogar zur Stellung einer ständigen Truppe für das Reichsheer entschlossen, waren der Niederen Vereinigung beigetreten, hatten Distanz zu Eidgenossenschaft und Schwäbischem Bund gehalten, weil sich das Problem der Vorderösterreichischen Nachbarschaft durchaus in ihrem Interesse durch das ständige Regiment seit 1488 gelöst zu haben schien.

[63] BUB VII (1890), Nr. 171, 309 ff., hier 314.

[64] Conclusiones super Sexto decretalium. Universitätsbibliothek Basel C. II. 28, fo. 120. – Abdruck bei *Hürbin* 1897, 79–83. Zur Reformschrift Peters von Andlau für den Weltklerus *Tractatus de canonica clericorum secularium vita Hürbin* 1897, 117–128, *Scheffels* 1955, 61 ff., 103–167 (Edition des Traktates).

[65] *Schlecht* 1903, 107 ff. mit Beleg LIII.

[66] So *Petersohn* 1985, 202 f.

[67] *Petersohn* 1985, 210.

[68] *Wackernagel* II/1 1911, Anmerkungen u. Belege 10. Danach *Isenmann* 1979, 27 f. mit Anm. 24, jedoch unzutreffend, daß die Basler sich über die Begründung ihres freistädtischen Charakters unklar gewesen seien. Diesen hatten sie ja nach der Huldigungsforderung Friedrichs III. von 1473 festgeschrieben. Der mit dem Blick ins Reichsurbar beauftragte Heinrich Zeigler war einer der Hauptdiplomaten Basels in der Jamometić-Affäre.

Auch die militärische Hilfe für Friedrich III. beim Unternehmen zur Befreiung Maximilians in Brügge 1488 erbrachte den Baslern den für die Regelung ihres Binnenverhältnisses zum Bischof so wichtigen Antwerpener Freiheitsbrief [69]. Dieses so günstig austarierte Gleichgewicht kam seit 1492 unter Maximilian ins Schwanken.

Wer von der Basler Beteiligung am Wormser Reformreichstag 1495 her urteilt, wundert sich, daß die Stadt dann bereits zwei Jahre nach dem Ende des Schwabenkriegs 1501 der Eidgenossenschaft beitrat. Für die Basler selbst gab es keinen Bruch in ihrer Politik [70]. Als um die Mitte des 16. Jahrhunderts wiederum ein Basler Stadtschreiber die Freiheit seiner Stadt historisch begründen wollte, sah er wie schon sein Vorgänger 1474/76 diese Freiheit als von alters her kontinuierlich gegeben. Der Eintritt in die Eidgenossenschaft habe die Politik der Basler nicht im Kern berührt; denn es sei „unwidersprechlich warheit", daß die Stadt „allein iren gemeinen nutz mit eid verpunden sei" [71].

Hier wurde keineswegs ein bedeutsamer politischer Wandel durch Kontinuitätssetzung verhüllt, wenn an die Stelle des Reichs nun als Legitimationsgrund politischen Handelns der „gemein nutz" gesetzt wurde. Stadtschreiber Heinrich Ryhiner notierte tatsächlich die unwidersprechliche Wahrheit Basler Politik. Auch in der ersten Hälfte des 15. Jahrhunderts war für Basel wie für die Reichsstädte das Reich mit der Wohlfahrt der eigenen Stadt identisch, nur wurde *commune bonum* von Stadt und Reich gleichgesetzt [72].

Was Basel aus der Reihe der anderen freien Städte und der Reichsstädte heraushob, was zu seiner Verbindung mit den Eidgenossen führte, war gerade das hartnäckige Festhalten am alten Reichsbewußtsein, das sich gegen alle Reformen zur Umgestaltung des *Sacrum Imperium* zu einer „Leistungsgemeinschaft" (E. Schubert) mit einer neuen politischen Ordnung der „Deutschen Nation" wehrte. Wie auch die Eidgenossen wollten die Basler damit keineswegs aus dem Reich ausscheiden, das auch weiterhin Legitimationsgrund der Stadt wie der Eidgenossenschaft als ganzer blieb [73]. In die neue ständische Ordnung,

[69] *Wackernagel* II/1 1911, 123 ff. – *Wiesflecker*, Hermann: Kaiser Maximilian I., I. München 1971, 207 ff. Antwerpener Privileg BUB IX (1901), Nr. 161, 58.

[70] Zu den Vorgängen *Wackernagel* II/I 1911, 157 ff. – *Sigrist*, Hans: Reichsreform und Schwabenkrieg. In: Schweizer Beiträge zur Allgemeinen Geschichte 5 (1947), 114–141. – *Ders.:* Zur Interpretation des Basler Friedens von 1499. In: Ebenda 7 (1949), 153–155. – *Schröcker*, Alfred: Unio atque concordia. Die Reichspolitik Bertholds von Henneberg, 1484–1504. Diss. Würzburg 1970. – *Wiesflecker* II 1975, 314–357. – *Angermeier* 1985, 150 ff.

[71] *Isenmann* 1979, 22 Anm. 48.

[72] *Heimpel*, Hermann: Nürnberg und das Reich im Mittelalter. In: Zeitschrift für bayerische Landesgeschichte 16 (1951/52), 231–264, hier 259.

[73] Grundlegend *Schubert* 1979, 294. Zur Reichstheorie der Eidgenossen *Mommsen*, Karl: Eidgenossen, Kaiser und Reich, Studien zur Stellung der Eidgenossenschaft innerhalb des heiligen römischen Reichs. Basel 1958, bes. S. 53 ff. Die besondere Position Ba-

in die seit Ende des 15. Jahrhunderts der Dualismus von König und Reich aufgelöst wurde, ließ sich Basel nicht integrieren, da es seine besondere Lage im Territorialgefüge politisch zu nutzen wußte. Die freie Stadt Straßburg, die bis dahin mit Basel stets in enger Verbundenheit politisch agiert hatte, konnte auf diesem Wege nicht folgen. Hier und im Umkreis der Stadt entstanden am Ende des 15. und im beginnenden 16. Jahrhundert eine Fülle von neuen Reichstheorien auf humanistischer Grundlage, wobei viele dieser elsässischen Humanisten an der Universität in Basel studiert, auch dort gelehrt hatten. Denn auch im reichsfernen Basel blühte zu Beginn des 16. Jahrhunderts durchaus der Humanismus, ohne daß dort die Städter noch länger den gemeinen Nutzen Basels mit dem des Reichs für identisch hielten [74].

sels verkennt *Möncke* 1971, 238 ff., wegen ihrer ablehnenden Haltung zur besonderen verfassungsrechtlichen Stellung der Freistädte.

[74] Zum Basler Humanismus, besonders der Rolle der Universität, *Ruegg,* August: Die beiden Blütezeiten des Basler Humanismus, Basel 1960. – *Bonjour* 1971, 94 ff. – *Kisch,* Guido: Die Anfänge der Juristischen Fakultät der Universität Basel 1459–1529. Basel 1962, 75 ff., *Overfield,* John H.: Humanism and Scholasticism in late medieval Germany, Princeton 1984. – Zum deutschen Humanismus allgemein der Forschungsbericht von *Meuthen,* Erich: Charakter und Tendenzen des deutschen Humanismus. In: Säkulare Aspekte der Reformationszeit. Hg. Heinz *Angermeier,* München–Wien 1983, 217–266, mit überreichen Literaturverweisen. Zu Straßburg und den elsässischen Humanisten Brady, *Thomas* A.: Ruling Class, Regime and Reformation at Strasbourg 1520–1555. Leiden 1978. Eine Darstellung humanistischer Reichstheorien aufgrund neuerer Detailuntersuchungen bleibt ein Desiderat. Vgl. *Mertens,* Dieter: Maximilian und das Elsaß. In: Herding, Otto/Stupperich, Robert (Hg.): Die Humanisten in ihrer politischen und sozialen Umwelt, Boppard 1976, 177–200.

Christa Köppel

Wirtschaftliche Reorganisation in einer geistlichen Grundherrschaft als Prozess regionaler Integration am Beispiel des Fraumünsters in Zürich (1418–1525)

I.

Regionale Beispiele in die Diskussion der gesellschaftlichen Entwicklung in Europa um 1500 einzubringen, bedingt, daß sowohl die Fragestellung als auch die Begrifflichkeit ermöglichen, in regionspezifischen Entwicklungen auch strukturelle Dispositionen und Zusammenhänge zu erkennen. Das hält das regionale Muster für den interregionalen und diachronen Vergleich offen. Ergebnisse solcher komparativer Studien ermöglichen Aussagen, mit denen fundiert auch epochale Wandlungen zu diskutieren sind [1]. Bei den folgenden Ausführungen wurde am Einzelfall diese Perspektive nachgesucht. Dabei wird von Ergebnissen einer Studie ausgegangen, die im Rahmen der Erforschung der spätmittelalterlichen ländlichen Gesellschaft der Ostschweiz die wirtschaftlichen und sozialen Entwicklungen in der Grundherrschaft des Fraumünsterstifts in Zürich zwischen 1418 und 1525 untersucht [2].

In der Diskussion des Wandels in Europa im 15. Jahrhundert wird vielfach von der Vorstellung einer zunehmenden Verdichtung und einer immer stärkeren und umfassenderen gesellschaftlichen Integration ausgegangen. Deshalb soll dieser Aspekt am konkreten Material des regionalen Beispiels reflektiert werden. Dabei steht die Frage im Zentrum, inwieweit auf dem Hintergrund der wirtschaftlichen, sozialen und politischen Entwicklungen in Zürich im Laufe des

[1] Prinzipielle methodologische und theoretische Überlegungen dazu bei *Bendix*, Reinhard: Die vergleichende Analyse historischer Wandlungen. In: Theorien des sozialen Wandels. Hg. v. *Zapf*, Wolfgang. Köln/Berlin 1969, 177–184.

[2] *Köppel*, Christa: Wirtschaftliche und soziale Lage und Entwicklung in der Zürcher Fraumünster Grundherrschaft im 15. Jahrhundert. Eine empirische Studie. Unveröffentlichtes Typoskript, Zürich 1982. Es wird darauf verzichtet, auf unediertes Quellenmaterial zu verweisen; eine ausführlichere Darstellung und Diskussion der hier in aller Kürze aufgezeigten Entwicklungen wird einer späteren Publikation vorbehalten.

15. Jahrhunderts den spezifischen Integrationsleistungen des Fraumünsters als geistlicher Grundherrschaft noch Bedeutung zukommt.

Die gewählte Fragestellung verlangt zwei Begriffsklärungen, die erweisen, warum nach den Integrationsleistungen des Fraumünsters als geistlicher Grundherrschaft gefragt wird.

Bei dem Begriff Grundherrschaft bleibt zu klären, wie sich die verwendete wissenschaftliche Begrifflichkeit zur historischen Realität und zur Perzeption des damaligen Menschen verhält bzw. verhalten soll. Die Auseinandersetzung um und mit Grundherrschaft hat in der mediaevistischen Theorie- und Begriffsbildung Tradition. So wird Grundherrschaft vielfältig thematisiert als rechtlich-herrschaftliche Institution (Dopsch), als Herrschafts- und Sozialverband im Sinne der „familia" (Brunner), als lokal begrenzte Patriarchal- und Patrimonialherrschaft (Weber) oder aber als tragende agrarverfassungsmäßige Organisation (Lütge)[3]. Die Konzeption, die den folgenden Überlegungen zu Grunde liegt, versteht Grundherrschaft als Struktur. In dieser Konzeption wird die Trennung der verschiedenen gesellschaftlichen Ebenen aufgehoben. In der Art und Weise, wie Grundherrschaft als Realität erscheint, sind alle Bereiche des Lebens – soziale, wirtschaftliche und kulturelle Bezüge, Herrschaft und Macht – eingeschlossen[4].

Eine weitere Bemerkung gilt dem Begriff der Integration, der Einschätzung der Dimension von Integrationsprozessen[5]. Integrationsprozesse, welcher Art auch immer, beinhalten eine psychisch-mentale Komponente, da sie letztlich von den gesellschaftlichen Subjekten in ihrem Handeln vollzogen, von Menschen gelebt werden. Von Integrationsleistungen zu reden, heißt, auch Integrationsbedürfnisse zu thematisieren, in ihrer individualisierten wie in ihrer objektivierten Form, in ihrer Historizität wie in ihrem Wandel. Dieses anthropologisierte und anthropologisierende Verständnis macht Integrationsprozesse zu einem Thema der Mentalitätsgeschichte. Allerdings liegt für die Aufgaben und Möglichkeiten mentalitätsgeschichtlicher Forschung innerhalb der Geschichts-

[3] Umfassende begriffsgeschichtliche Zusammenstellung bei *Schreiner,* Klaus: „Grundherrschaft". Entstehung und Bedeutungswandel eines geschichtswissenschaftlichen Ordnungs- und Erklärungsbegriffs. In: Die Grundherrschaft im späten Mittelalter. Hg. v. *Patze,* Hans. Bd. 1. Sigmaringen 1983, 11–74.

[4] Diese Konzeption lehnt sich der soziologischen Systemtheorie an. Als allgemeinen Einstieg *Luhmann,* Niklas: Soziale Systeme. Grundriß einer allgemeinen Theorie. Frankfurt a. M. 1984.

[5] Integrationsprozesse sind auf dem Hintergrund kontroverser entwicklungstheoretischer Vorstellungen zu thematisieren. Als ein Grundproblem sei auf die beiden analytischen Aspekte „System" und „Lebenswelt" hingewiesen, die zum Problem führen, Systemintegration und soziale Integration sowohl gegeneinander abzugrenzen als auch zueinander in Beziehung zu setzen. Darüber *Habermas,* Jürgen: Geschichte und Evolution. In: Zur Rekonstruktion des Historischen Materialismus. Frankfurt a. M. 1976, 200–259, hier 221 ff.

wissenschaft trotz zahlreicher Bemühungen um Definition und Theoriebildung bislang kein völlig akzeptiertes Konzept vor [6]. Ein umfassendes Verständnis von Integrationsprozessen formuliert somit einen Anspruch.

Die Frage nach der Integrationsleistung einer geistlichen Grundherrschaft kommt einem anthropologischen Verständnis historischer Prozesse insofern entgegen, als Integration ausgehend von einer Struktur diskutiert wird, die für eine Anzahl von Menschen ihren Lebensbereich mitorganisiert. Das geschieht in einem Ausmaß und in einer Art und Weise, die sich in der historischen Entwicklung verändern und die mithin das Integrationspotential der Struktur bestimmen. Dieses Integrationspotential soll für das Fraumünster im 15. Jahrhundert herausgearbeitet werden. Wenn in den folgenden Ausführungen wirtschaftliche, soziale und politisch-institutionelle Aspekte den größten Raum einnehmen, so spiegelt das die Forschungslage. Der Einbezug der kulturellen Ebene und der Mentalitäten ist deshalb nur reflexiv zu leisten.

II.

Der Verfasser der Geschichte der Abtei faßt, ganz im dramatischen Stil der Historiographie des 19. Jahrhunderts, die Situation des Fraumünsters in der Zeit zwischen 1336 und 1525 mit folgenden Worten zusammen: „Fünf Jahrhunderte waren an der Stiftung König Ludwigs des Deutschen vorübergegangen und hatten dieselbe in bedeutungsvoller Stellung, oft in Glanz, gesehen, als auch für sie das Los menschlicher Dinge sich zu erfüllen begann, Verfall und allmäliges Erlöschen an die Stelle der Blüthe und selbständigen Kraft früherer Jahre traten“ [7]. Dieses Urteil beruht vorwiegend auf der Einschätzung des Besitzstandes. Tatsächlich ist der bedeutende Besitzkomplex, dessen gebietsmäßige Schwerpunkte in Uri, am Zugersee, am Albis und auf der Zürcher Landschaft lagen und als der Kern der Herrschaft den Hof Zürich umfaßte, zusammenschrumpft, vor allem aufgrund erzwungener Ablösungen und Verkäufe [8]. Der Restbestand aber, der über das 15. Jahrhundert hinaus gehalten werden kann, bleibt in be-

[6] *Selling,* Volker: Mentalität und Mentalitätsgeschichte. In: Historische Zeitschrift 3 (1985) 555–598.

[7] *Wyss,* Georg v.: Geschichte der Abtei Zürich. Zürich 1851–58, hier 99.

[8] *Caro,* Georg: Zur Gütergeschichte des Fraumünsterstifts in Zürich. In: Anzeiger für Schweizerische Geschichte. Hg. v. der Allgemeinen Geschichtsforschenden Gesellschaft der Schweiz, NF 9 (1902) 13–19, rekonstruiert den Besitzstand für die Zeit zwischen der Gründung 853 bis zum Ende 10. Jh. Für die Zeit bis 1525 *Steinmann,* Judith: Die Benediktinerinnenabtei zum Fraumünster und ihr Verhältnis zur Stadt Zürich 853–1524. St. Ottilien 1980. – Übersicht über den Grundbesitz Ende 14. Jh. im Historischen Atlas der Schweiz. Hg. v. *Ammann,* Hektor/*Schib,* Karl. Aarau 1958, Blatt 16.

zug auf seine topographische Lage und seine institutionelle Eingliederung in die Herrschaft bemerkenswert. Bekanntlich liegt die Stadt Zürich am unteren Ende des Zürichsees, am Ausfluß der Limmat. Den See säumen östlich die Höhen des Pfannenstils, westlich die Albiskette. Die Orte nun, an denen das Fraumünster noch zinspflichtige Güter und Zehntrechte besitzt, liegen in unmittelbarer Stadtnähe sowie – in regelmäßiger Streulage – im Umland bis zu einer Entfernung von 15 km von der Stadt. Fraumünstergüter finden sich in etlichen Gemeinden an beiden Ufern des Sees [9]. Zudem ist eine Anzahl der bedeutenden Kehl- und Meierhöfe in der Hand des Fraumünsters geblieben, also Großhöfe und größere Hofkomplexe mit ausgeprägter Zentralitätsfunktion, die von der klassischen grundherrlichen Wirtschafts- und Herrschaftsorganisation, der Villikation, herzuleiten ist [10]. Bezogen auf das Herrschaftszentrum in der Stadt hat der verbliebene Grundbesitz sowohl nach versorgungstechnischen als auch verwaltungsmäßigen Gesichtspunkten eine ausgesprochen günstige Lage.

Aufgrund des Grundbesitzes unterhält das Fraumünster vielfältige Beziehungen zu seinen Bauern auf der Landschaft. Die Güterleihe vermittelt einen ökonomischen Austausch zwischen den Leihenehmern und der Fraumünsterherrschaft. Die Bauern erbringen Zins- und Zehntleistungen an Geld und Getreide. Letzteres wird von der Herrschaft größtenteils vermarktet. Je nach Ertragslage und Agrarkonjunktur fließt eine unterschiedliche Menge der Einnahmen in Form von Krediten, Vorschüssen oder Saatgut wieder auf die Güter zurück. Der Zehnt, den einzuziehen dem Fraumünster zukommt, wird am Ort selbst als Zehntpacht versteigert. Die Untersuchung zeigt, daß vor allem in Jahren mit guter Ernte für die bäuerlichen Pächter die Möglichkeit besteht, daraus Profit schlagen. Die Zehntpacht ist ein Beispiel dafür, wie sich auch im Rahmen der Herrschaftsorganisation für einzelne Bauern ökonomische Chancen ergeben.

Die Beziehungen beschränken sich aber keineswegs auf die Landschaft. Das Fraumünster ist auch in der Stadt verankert. Als Gründung nicht nur geistlichen Charakters bildete es einstmals die Ausstattung für die unverheirateten

[9] Durch die erleichterten Verkehrsverbindungen per Schiff werden die Orte am See bis zu 20 km Entfernung zum Nahbereich der Stadt gezählt. Vgl. *Irsigler,* Franz: Stadt und Umland in der Historischen Forschung. In: Bevölkerung – Wirtschaft und Gesellschaft. Stadt-Land-Beziehungen in Deutschland und Frankreich, 14.–19. Jh. Hg. v. *Bulst,* Neidhart/*Hoock,* Jochen/*Irsigler,* Franz. Trier 1983, 13–38.

[11] Die Bedeutung der Villikationsverfassung für die Organisation der landwirtschaftlichen Produktion im 15. Jh. ist nicht generell zu klären. Für das Fraumünster weisen Indizien darauf hin, daß die Kehl- und Meierhöfe sowohl intensivere Beziehungen zur Herrschaft unterhalten als auch in der dörflichen Wirtschaft spezifische Funktionen übernehmen. Vgl. *Gilomen,* Hans-Jörg: Die Grundherrschaft des Basler Cluniazenser Priorates St. Alban im Mittelalter. Basel 1977, zur spätmittelalterlichen Grundherrschaft 113–272.

Töchter Ludwig des Deutschen [11]. Noch im 15. Jahrhundert sind die Insassinnen durchwegs hochfreie Frauen. Die Äbtissin ist Reichsfürstin und, als Grundherrin des ehemaligen Hofes Zürich, die traditionelle Stadtherrin. Seit der Mitte des 13. Jahrhunderts aber wird sie vom städtischen Rat zunehmend aus dieser Position verdrängt [12]. So werden beispielsweise die Reichsregalien, Markt, Zoll und Münze, mit denen die Äbtissin 1218 von Friedrich II. belehnt wurde, im Laufe des 14. Jahrhunderts von der Zürcher Obrigkeit systematisch okkupiert [13]. Die Bindung des Fraumünsters an die Stadt hat aber nicht nur rechtlich-institutionellen Charakter. Für die Partizipation am städtischen Alltag mag der Einfluß der am linken Limmatufer gelegenen Fraumünsterabtei auf die Sozialtopographie Zürichs stehen [14]. Der Münsterhof, der Platz vor dem Fraumünster, ist der einzige repräsentative Platz in der spätmittelalterlichen Stadt. Im 13. Jahrhundert noch vorwiegend von Haus- und Hofdienern der Abtei bewohnt, läßt sich anhand der städtischen Steuerbücher nachweisen, daß sich die Sozialstruktur der Bewohner und Hausbesitzer am Münsterhof verändert [15]. Im 14. und 15. Jahrhundert bevorzugen vor allem Geschlechter aus der städtischen Führungsschicht diese repräsentative Wohnlage [16]. Hier, auf dem Fraumünsterhof und in der Stiftskirche, werden mit großem, meist szenischem Aufwand religiöse Feste gefeiert und Prozessionen veranstaltet [17]. Ausgehend von der eminent wichtigen Bedeutung des Kultisch-Religiösen für die Lebensbewältigung des mittelalterlichen Menschen [18] und angesichts der Möglichkeit des Fraumün-

[11] *Caro* 1902, 16. – *Wyss* 1851–58, 10 ff. – *Steinmann* 1980, 11 ff.

[12] *Wyss* 1851–58, 99 ff. – *Steinmann* 1980, 65 ff.

[13] *Wyss* 1851–58, 104. – Zum Münzregal der Abtei *Schwarz,* Dietrich H. W.: Münz- und Geldgeschichte Zürichs im Mittelalter. Aarau 1940, 26 ff., 32.

[14] *Meier,* Thomas/*Sablonier,* Roger: Städtische Baugeschichte und Stadtpolitik im 13. Jh. In: Der Münsterhof in Zürich. Bericht über die Stadtkernforschung 1977/78. Schweizerische Beiträge zur Kulturgeschichte und Archäologie des Mittelalters 9–10. Olten 1982. Bd. 1, 20–40. – Zur Illustration der Bedeutung für den Alltag in der Stadt sei auf die Rolle des Fraumünsters als städtischer Großhaushalt hingewiesen. *Ammann,* Hektor: Kloster in der städtischen Wirtschaft des ausgehenden Mittelalters. In: Festgabe für Otto Mittler. Aarau 1960, 102–133, bes. 105–109.

[15] *Meier/Sablonier* 1982, 27 f.

[16] Die Steuerbücher des XIV. und XV. Jhs. Hg. v. *Zeller-Werdmüller,* Hans/*Nabholz,* Hans, 3 Bde. Leipzig 1899–1906.

[17] Zur jährlichen Prozession vom Münsterhof auf den Lindenhof siehe Quellenanhang in *Wyss* 1851–58, 449 f. Zu Ablauf und Gestaltung verschiedener kirchlicher Feste in der Stadt, die mit beiden Zürcher Stiften Großmünster und Fraumünster in Zusammenhang stehen vgl.: Die Statutenbücher der Probstei St. Felix und Regula (Großmünster) zu Zürich. Hg. v. *Schwarz,* Dietrich, Zürich 1932. Dazu auch *Peyer,* Hans Conrad: Der Empfang des Königs im mittelalterlichen Zürich. In: *Peyer,* Hans Conrad: Könige, Stadt und Kapital. Aufsätze zur Wirtschafts- und Sozialgeschichte des Mittelalters. Hg. v. *Schmugge,* Ludwig/*Sablonier,* Roger/*Wanner,* Konrad. Zürich 1982, 3–68.

[18] Dazu z. B. *Guerreau,* Alain: Le féodalisme. Un horizon théorique. Paris 1980, 177 ff.; über die dominierende Rolle der Kirche und über deren überragenden Einfluß

sters, diesem Bedürfnis nachzukommen, steht seine diesbezügliche Zentralitätsfunktion außer Zweifel, und es ist anzunehmen, daß sich sein Kulturraum über die Stadt hinaus auf Teile der umliegenden Landschaft erstreckt [19].

Die Fraumünsterherrschaft als Struktur zu begreifen, bedeutet, ihre Funktionen auf den verschiedensten Ebenen und unterschiedlicher Reichweite ebenso zu beachten wie ihre Rechte und ihren territorialen Besitzstand. Es wäre folglich verfehlt, unter dem Eindruck des Verfalls des letzteren auf die allgemeine Situation zu schließen und so die Antwort auf die Frage nach dem Integrationspotential des Fraumünsters vorwegzunehmen. Es bleibt somit die Aufgabe, die Entwicklung der funktionalen Beziehungen zu untersuchen. Das soll in der Folge auf dem Hintergrund des allgemeinen politischen, wirtschaftlichen und sozialen Wandels auf der Zürcher Landschaft und in der Stadt geschehen.

Zwischen 1440 und 1444 wird dieses Gebiet, und damit auch die Fraumünstergüter, durch den Alten Zürichkrieg in Mitleidenschaft gezogen [20]. Die militärischen Auseinandersetzungen zwischen Zürich, Schwyz und Glarus stehen mit der Verteilung der Länder aus dem Erbe des letzten Grafen von Toggenburg in Zusammenhang [21]. Zürich bemüht sich um jenen Teil der toggenburgischen Länder, der ihm den Zugang zur Transversale Basel-Zürich-Walensee gewährleisten und somit den Weg über die Bündnerpässe nach Italien sichern würde [22]. Die territorialpolitischen Interessen Zürichs werden aber von seinen eid-

auf die Gestaltung sämtlicher Bereiche der feudalen Gesellschaft 201 ff. – Für die Bedeutung des Kultisch-Religiösen auch *Schmitt,* Jean-Claude: Religion, économie et société féodale. In: Compte-rendu des séances de la Société d'études du féodalisme 1, Typoskript, Paris 1976, 56–63. – *Godelier,* Maurice: Infrastructures, sociétés, histoire. In: Dialectique 21 (1977) 47–53.

[19] Laut Statutenbuch des Großmünsters werden religiöse Festivitäten gelegentlich von beiden großen Zürcher Stiften veranstaltet. So muß hier allenfalls angenommen werden, daß sich der religiöse Kulturraum aus der kultischen Kompetenz beider Stifte konstituiert. Vgl. *Ennen,* Edith: Stufen der Zentralität im kirchlich-organisatorischen und kultischen Bereich. Eine Fallskizze: Köln. In: Zentralität als Problem der mittelalterlichen Stadtgeschichtsforschung. Hg. v. *Meynen,* Emil. Köln-Wien 1978, 15–21. – Die Rolle der Stifte kann auch aufgrund der sozialen Herkunft der Insassen thematisiert werden. Dazu *Meier,* Andreas: Zürich und Rom. Ordentliche Kollatur und päpstliche Provisionen am Frau- und Großmünster 1316–1523. Tübingen 1986.

[20] *Sigg,* Otto: Spätmittelalterliche „Agrarkrise". Aspekte der Zürcher Geschichte im Spannungsfeld von Sempacher Krieg und Altem Zürichkrieg. In: Schweizerische Zeitschrift für Geschichte 31 (1981) 121–143.

[21] *Dändliker,* Karl: Geschichte der Stadt und des Kantons Zürich. Bd. 2. Zürich 1910, 58–143 „Die Krisis des alten Zürich Kriegs". *Morard,* Nicolas: Auf der Höhe der Macht (1394–1536). In: Geschichte der Schweiz und der Schweizer. Bd. 1. Basel 1982, 211–350, hier 266–291.

[22] *Raiser,* Elisabeth: Städtische Territorialpolitik im Mittelalter. Eine vergleichende Untersuchung ihrer verschiedenen Formen am Beispiel Lübecks und Zürichs. Lübeck/Zürich 1960. – *Largiadèr,* Anton: Die Anfänge des zürcherischen Stadtstaates. In: Festgabe Paul Schweizer. Zürich 1922, 1–92.

genössischen Bündnispartnern Schwyz und Glarus, die auf die gleichen Gebiete Anspruch geltend machen, durchkreuzt. Den Innerschweizern würden diese umstrittenen Territorien den Anschluß ins Mittelland und in die Ostschweiz garantieren. Der Konflikt kumuliert im Alten Zürichkrieg [23]. Während mehr als vier Jahren verwüsten eidgenössische Kriegs- und Plünderzüge das Land. Verschiedene Quellen, Zinsbücher geistlicher Grundherrschaften aber auch Urkunden und (Bilder-)Chroniken, berichten über das Ausmaß der Schäden: Die landwirtschaftliche Produktion bricht auf weite Strecken vollständig zusammen, Güter liegen wüst und viele der Bauern sind geflohen [24].

Die katastrophale Situation der landwirtschaftlichen Produktion auf der Zürcher Landschaft um 1444 findet in der Ökonomie des Fraumünsters ihre Verlängerung. Dank der ausgezeichneten Quellenlage – praktisch über das ganze 15. Jahrhundert hinweg liegen Rechnungsbücher in Serie vor [25] – kann gezeigt werden, daß der Einbruch auf das wert- und mengenmäßige Volumen der traditionellen grundherrlichen Einnahmen (Zins und Zehnt) voll durchschlägt.

Zwanzig Jahre nach dem Einbruch präsentiert sich eine veränderte Situation. In einer Aktennotiz wird erwähnt, daß sich die Lage der Abtei nach gänzlicher Verarmung durch den Krieg seit drei oder vier Jahren wieder gebessert habe [26]. Aus gewissermaßen objektivierter Sicht wird das durch die Auswertung der in den Rechnungsbüchern seriell überlieferten Wirtschaftsdaten bestätigt. Ab Mitte der 60er Jahre hat die Fraumünsterwirtschaft das durchschnittliche Volumen der Periode vor der Krise wieder erreicht, und es gelingt, dieses Niveau bis 1500 zu konsolidieren.

Was in den Quellen explizit als Verbesserung taxiert und in quantitativen Analysen als Rekonstruktion des Wirtschaftsvolumens identifiziert wird, erweist sich bei einer qualitativen Untersuchung als tiefgreifende Umstrukturierung, ja ausgeprägte Verlagerung des wirtschaftlichen Engagements. Das Material aus den Rechnungsbüchern erlaubt, den Weg aus der Krise nachzuzeichnen,

[23] *Berger,* Helmut: Der Alte Zürichkrieg im Rahmen der europäischen Politik. Zürich 1978.

[24] *Sigg* 1981, 122 f., 138 f., 141. – *Dändliker* 1910, 119 f. Die nahezu klassischen Phänomene einer Agrarkrise, demographischer Einbruch, Aufgabe von Gütern, hohe Mobilität der ländlichen Bevölkerung, die hier als Kriegsfolgen auftreten, dürfen aber nicht dazu verleiten, die agrarkonjunkturellen Bewegungen allein aus dieser Ursächlichkeit zu erklären. Durch die kriegsbedingte Zäsur wird nämlich die Existenz längerfristiger agrarkonjunktureller Entwicklungstrends keineswegs ausgeschlossen. – Vgl. *Rösener,* Werner: Krisen und Konjunkturen der Wirtschaft im spätmittelalterlichen Deutschland. In: Europa 1400. Hg. v. *Seibt,* Ferdinand/*Eberhard,* Winfried. Stuttgart 1984, 24–39.

[25] Die Rechnungsbücher sind als Einnahmen- oder Zinsbücher, Ausgabenprotokolle und Restanzenbände konzipiert und liegen für die Jahre 1418 bis 1524 seriell vor. Stadtarchiv Zürich III B 159–282.

[26] *Wyss* 1851–58, 444.

die konkreten Rekonstruktionsmaßnahmen wie auch deren längerfristige Konsequenzen für die soziale und wirtschaftliche Entwicklung auf der Landschaft zu skizzieren.

Unter dem Druck der krisenbedingten Verminderung der Einkünfte wird das wirtschaftliche Handeln ganz offensichtlich konsequenter reflektiert. Die Verknappung der Ressourcen führt dazu, in bezug auf das Engagement Präferenzen auszubilden und vor allem in der Investitionstätigkeit klare Akzente zu setzen. So reduziert das Fraumünster allmählich seine Verpflichtungen gegenüber den Bauern auf den verliehenen Gütern, auf denen Getreide angebaut wird. Die ehemals großzügige Bevorschussung und Unterstützung, je nachdem mit Geld oder Saatgut, unterbleibt [27]. Stattdessen werden auf wenigen Großhöfen Aufbauprojekte lanciert [28]. Es handelt sich dabei vorwiegend um Kehl- und Meierhöfe, die nach dem krisenhaften Einbruch in den 40er Jahren unbesetzt sind und deshalb zunächst vom Fraumünster in eigener Regie mit Lohnarbeitern bebaut werden. Das geschieht weniger des Ertrags wegen, als um der Verwahrlosung und Verwilderung von Äckern und Wiesen vorzubeugen. An einzelnen Beispielen kann gezeigt werden, wie diese Höfe unter günstigsten Bedingungen wie Zinserlasse, reduzierte oder gestaffelte Zahlungen und Geldvorschüsse wieder verliehen werden. Zeitlich konzentrieren sich diese Aufbauprojekte auf die Periode vom Ende der 40er bis zum Ende der 50er Jahre; nachher zieht sich das Fraumünster endgültig aus dieser Sphäre zurück.

Es ist nun interessant, die Situation auf diesen Höfen längerfristig zu verfolgen. Das bietet Gelegenheit, die prägnantesten Züge der demographischen, ökonomischen und sozialen Entwicklung auf der Zürcher Landschaft in der zweiten Hälfte des 15. und im beginnenden 16. Jahrhundert zu umreißen [29]. Ausgehend von diesen Großhöfen kommt eine eigentliche Arrondierungsbewegung in Gang. Dabei gelingt es den meisten Familien auf den gestützten Güten, ihre wirtschaftliche Basis auszubauen. Es stellt sich die Frage, warum diesen Bauern der Aufstieg gelingt. Sicher hat die grundherrliche Investition ihnen ermöglicht, unmittelbar nach der Krise, in einer Baisse der landwirtschaftlichen Produktion und einer Phase der bevölkerungsmäßigen Entspannung, zu expandieren [30]. Der Mehrzahl gelingt es, die in den Nachkriegsjahren erworbene Position zu festigen, und zwar über die Jahrhundertgrenze

[27] *Sigg* 1981, 132.

[28] *Köppel*, Christa: Wenn wegen Krieg, Brand, Reif, Hagel oder Seuche eine Mißernte käme ... Krise und Wiederaufbau im 15. Jahrhundert. In: *Sablonier*, Roger: Fällanden. Wirtschaft und soziales Leben eines Dorfes vor 1800. Zürich 1986, 31–40.

[29] *Sigg*, Otto: Bevölkerungs-, agrar- und sozialgeschichtliche Probleme des 16. Jahrhunderts am Beispiel der Zürcher Landschaft. In: Schweizerische Zeitschrift für Geschichte 24 (1974) 1–25.

[30] Zur Bevölkerungsentwicklung siehe *Schnyder*, Werner: Die Bevölkerung von Stadt und Landschaft Zürich vom 14. bis 17. Jh. Zürich 1925, hier 108.

hinaus, trotz des beschleunigten Bevölkerungswachstums und einer zunehmenden Verknappung des Bodens. Die Häufung von Nutzungsstreitigkeiten nach 1500 ist ein Indiz dafür, daß sich die Situation zuspitzt [31]. Im Laufe des 16. Jahrhunderts werden innerdörfliche Auseinandersetzungen um Zulassungskriterien vor allem zum Allmendbesitz virulent, und schließlich setzt sich in vielen Gemeinden eine vermögens- und besitzorientierte Zugangsselektion durch, die in den sogenannten Einzugsbriefen der jeweiligen Dörfer festgelegt wird [32]. Damit wird die wirtschaftliche und soziale Differenzierung in der ländlichen Bevölkerung, die auf dem Gebiet der Zürcher Landschaft seit der Mitte des 15. Jahrhundert faßbar ist und sich gegen 1500 hin beschleunigt, auf der kommunalen Ebene gewissermaßen institutionell verfestigt.

Während das Engagement des Fraumünsters auf den verliehenen Gütern, auf denen vorwiegend Getreide angebaut wird, nachläßt, verdichten sich die wirtschaftlichen Aktivitäten in anderen Bereichen und anderen Formen: Zwischen 1460 und 1465 parzelliert das Fraumünster seine bis anhin in Eigenbau betriebenen Rebberge am Zürichsee und gibt sie in Teilpacht aus. Die Pächter werden von Anfang an finanziell unterstützt. Darüber hinaus werden Investitionen zur Verbesserung der Transportmöglichkeiten (vorwiegend per Schiff) aber auch der Weinproduktion (Trottenbau) und der Lagerhaltung (Kellerausbau und Fässer) getätigt.

Die Neuakzentuierung der Wirtschaftstätigkeit lenkt nun auch die Geld- und Kapitalströme um. Der Geldfluß vom Fraumünster in Gebiete, in denen vorwiegend Getreide angebaut wird, versiegt weitgehend, während Zonen mit Weinbau, vor allem am Zürichsee, an Attraktivität gewinnen. Dieser Unterschied findet Resonanz in einem Prozeß der (Mikro-)Regionalisierung [33]. Sicher sind die Voraussetzungen für die ungleiche Entwicklung zum Beispiel in den unterschiedlichen ökologischen Bedingungen, die den Rebbau an den Uferhän-

[31] *Sigg* 1974, 8.

[32] So wird für den Einzug ins Dorf, der mit dem Recht auf die Nutzung der kommunalen Güter verbunden ist, eine Gebühr erhoben, die in etlichen Dörfern den Betrag von 100 Pfund überschreitet. Vielerorts wird der Zugang zum Allmendgut an einem minimalen Besitzstand, z. B. Haus und Hofstatt, gebunden. *Köppel,* Christa: Sie würden je länger je mehr übersetzt und beschwert ... Überbevölkerung, Nutzungskonflikte und dörfliche Abgrenzung im 16. und angehenden 17. Jahrhundert. In: *Sablonier* 1986, 41–48. Den Einfluß dieser Einzugspolitik auf die Verbreitung der Protoindustrialisierung diskutiert *Witschi,* Peter: Dörfliches Allmendgut, obrigkeitliche Einzugspolitik und ländliche Industrialisierung im Alten Zürich. In: Zürcher Taschenbuch 103 (1983) 89–110.

[33] Zum methodischen Konzept *Göttmann,* Frank/*Rabe,* Horst/*Sieglerschmidt,* Jörn: Regionale Transformation von Wirtschaft und Gesellschaft. Forschungen und Berichte zum wirtschaftlichen und sozialen Wandel am Bodensee vornehmlich in der frühen Neuzeit. In: Schriften des Vereins für Geschichte des Bodensees und seine Umgebung 102 (1984) 115–173, hier 115–123.

gen des Zürichsees seit jeher begünstigen, schon angelegt. Die Umorientierung der Fraumünsterwirtschaft mit dem verdichteten kapitalmäßigen Engagement in ganz bestimmte Zonen (Zürichsee) und in eine spezifische Produktionsform, den Rebbau in Teilpacht, trägt aber dazu bei, (mikro)regionale Unterschiede zu verfestigen [34].

Es bleibt zu klären, in welchem Maß dem Fraumünster eine ökonomische Führungsrolle zukommt. Anzunehmen ist, daß die intensivierten Investitionen in bestimmten Gebieten und der gezielte Ausbau einer Infrastruktur wie Lagerplätze und Transportmöglichkeiten auch vermehrt städtisches Kapital anziehen. Allerdings liegen zur Entwicklung des bürgerlichen Grund- und Rentenbesitzes in Zürich und seiner Landschaft im 15. Jahrhundert noch keine systematischen Untersuchungen vor.

Mit Vehemenz hingegen verfolgt die städtische Obrigkeit die Politik, die landwirtschaftliche und auch die gewerbliche Produktion auf dem Land auf die städtischen Versorgungsbedürfnisse und Renditevorstellungen hin zu organisieren [35]. Die Interessen der Stadt sollen per Mandat durchgesetzt werden, was zum Teil heftige Reaktionen auslöst. So lehnen sich 1441 die Bauern aus der Herrschaft Grüningen im stadtfernen Oberland gegen die Politik der zürcherischen Obrigkeit auf, die in diesem Gebiet den Rebbau und den Weinhandel verbieten will [36]. In den 80er Jahren, während der Regierungszeit von Bürgermeister Hans Waldmann, werden die sogenannten Rebenmandate immer öfters erlassen und inhaltlich erweitert [37]. Die Maßnahmen zielen nicht mehr nur darauf, den Rebbau regional zu strukturieren und auf stadtnahe Gebiete zu konzentrieren, sondern durch eine generelle und rigorose Mengenbeschränkung eine einigermaßen rentable Marktsituation zu halten. Aufgrund des heftigen bäuerlichen Widerstands, der bis zum bewaffneten Aufstand führt und schließlich 1489 Hans Waldmann, dem Hauptexponenten der stadtzürcherischen Wirtschafts- und Territorialpolitik, im wahrsten Sinn des Wortes den Kopf kostet, müssen die Verbote und Einschränkungen ganz oder teilweise zurückgenommen werden [38].

Als äußerst selbstbewußte und widerstandsstarke Partei bei den bäuerlichen

[34] Zum Einfluß der Betriebs- und Produktionsformen auf die Entwicklung der Landwirtschaft, insbesondere der Produktivität *Boserup*, Mogens: Agrarstruktur und take-off. In: Industrielle Revolution. Wirtschaftliche Aspekte. Hg. v. *Braun*, Rudolf. Köln 1972, 309–330.

[35] *Dändliker* 1910, 25. Zur Regierungstätigkeit des Zürcher Rates in der Zeit vor 1489 *Dietrich*, Christian: Die Stadt Zürich und ihre Landgemeinden während der Bauernunruhen von 1489 bis 1525. Frankfurt a. M. 1985, 21–31.

[36] *Strickler*, Gustav: Geschichte der Herrschaft Grüningen. Zürich 1908.

[37] *Dändliker* 1910, 150–234. *Dietrich* 1985, 33 ff.

[38] Der Konflikt zwischen Stadt und Land wurde mit Hilfe eines eidgenössischen Schiedsgerichts beigelegt. Der Kompromiß wurde in den sog. Waldmannschen Spruchbriefen festgelegt. Hg. v. Louis Forrer. Zürich 1927.

Aufbegehren profilieren sich die Seegemeinden [39]. Diese Gemeinden liegen im Gebiet, in dem der gewinnträchtige Rebbau überwiegt. Hier ziehen die bäuerlichen Produzenten aus dem intensivierten Austausch mit der Stadt ihren Vorteil. Und sie, die vom Prozeß der ökonomischen (Mikro-)Regionalisierung profitieren, vermögen sich gegen die kompromißlose Eingliederung in die städtische Wirtschafts- und Territorialpolitik zu wehren.

Das Beispiel der Zürcher Seegemeinden macht deutlich, daß man die Beziehung zwischen Stadt und Land als strukturelle Abhängigkeit bezeichnen muß [40]. Für diesen Zusammenhalt ist die Reproduktion des Gefälles, die Permanenz des ungleichen Tauschs, bei dem die Interessen der Stadt immer obenaus schwingen, konstitutiv. Aber auch in dieser Abhängigkeit ergeben sich unterschiedliche Entwicklungschancen sowohl für einzelne Kleinregionen als auch für einzelne Bauern oder bestimmte soziale Gruppen. Das zeigt sich in der Kluft zwischen den wirtschaftlich prosperierenden Seeregionen und dem Zürcher Ober- und Unterland. Letztere werden im Laufe des 16. und 17. Jahrhunderts von einer Dynamik der Verarmung und Verelendung erfaßt, die mit der Protoindustrialisierung in weiten Teilen dieser Gebiete in eine neue Entwicklung mündet [41]. Im Hinblick auf diese längerfristige Perspektive kann auch der Rekonstruktion der Fraumünsterwirtschaft erst die richtige Bedeutung zugemessen werden.

Die objektivierte Darstellung der wirtschaftlichen Reorganisation als Prozeß, der auch auf lange Frist die Entwicklung auf der Zürcher Landschaft mitprägt, darf aber nicht zum Fehlschluß führen, die Umstellung sei gradlinig oder reibungslos verlaufen. Die Suche nach geeigneten und Erfolg versprechenden Lösungen der Krisensituation führt nämlich zu drei Sanierungsversuchen. Die Maßnahmen, die ergriffen werden, lassen darauf schließen, daß ihnen unterschiedliche Einschätzungen der wirtschaftlichen Zusammenhänge und der Ursachen der Misere zu Grunde liegen.

Der erste Versuch dokumentiert das Bemühen, die Verluste in den Griff zu

[39] Zum Ablauf und zur Organisation des Aufstands, mithin zur „Konfliktkultur" der Zürcher Bauern *Dietrich* 1985, 35–38.

[40] Das theoretische Konzept der strukturellen Abhängigkeit thematisiert asymmetrische Interaktionsformen ausgehend vom Zentrum-Peripherie-Modell. Diese Beziehung ist nicht geschlossen dyadisch, sie schließt vielschichtige und komplexe Abhängigkeitsformen und -ketten keineswegs aus.

[41] Dazu allgemein *Kriedte*, Peter/*Medick*, Hans/*Schlumbohm*, Jürgen: Industrialisierung. Gewerbliche Warenproduktion auf dem Land in der Formationsperiode des Kapitalismus. Göttingen 1977, bes. 36–89. – Speziell zur Protoindustrialisierung im Zürcher Oberland *Braun*, Rudolf: Industrialisierung und Volksleben. Die Veränderung der Lebensformen in einem ländlichen Industriegebiet vor 1800 (Zürcher Oberland). Erlenbach 1960. – Für das Zürcher Unterland *Meier*, Thomas: Handwerk, Hauswerk, Heimarbeit. Nichtagrarische Tätigkeiten und Erwerbsformen in einem traditionellen Ackerbaugebiet des 18. Jahrhunderts. Zürich 1986.

bekommen. Die Einführung eines neuen Buchtyps, der Restanzenbücher, ist die Reaktion im verwaltungstechnischen Bereich. Darin werden ausstehende Posten systematisch auch nach ihrer Herkunft festgehalten. Der Erfolg dieser Bemühungen ist nicht ausgewiesen. Jedenfalls erachtet man zehn Jahre später, 1458, eine weitere Anstrengung für notwendig. Diese wird nicht vom Fraumünster selbst bzw. seinem Ammann, sondern von der Zürcher Regierung durchgeführt. Die städtischen Reorganisatoren kümmern sich ganz offensichtlich kaum um die Einnahmen, sie interessieren sich für die Ausgaben. Diese werden in der Folge entschieden strukturiert, das heißt, neu zusammengestellt und quasi klassifiziert. Der Betrag für den nach städtischem Dafürhalten zu aufwendigen Lebensstil der immerhin hochadeligen Stiftsfrauen wird gekürzt [42], die Investitionsausgaben nach Projekten zusammengestellt und separat aufgeführt. Ein dritter Eingriff schließlich erfolgt 1461. Man versucht nun, Aufwand und Ertrag in einer Art Bilanz zueinander in Beziehung zu setzen. Diese buchhalterische Novität kann als Indiz für die Auseinandersetzung mit neuen Effizienzvorstellungen gewertet werden. Zu einer offenen Auseinandersetzung zwischen der Äbtissin und dem Rat kommt es 1470. Der Ammann, der von der Stadt bestellt wird, ist im Fraumünster in keiner Weise genehm. Das Urteil schließlich bedeutet, daß sich die Abtei mit dem neuen Wirtschafter abzufinden hat [43].

Angesichts der städtischen Eingriffe in den Verlauf der wirtschaftlichen Rekonstruktion drängt es sich auf, die Situation der Fraumünsterherrschaft zu der zürcherischen Territorialpolitik in Beziehung zu setzen. Die kriegerischen Auseinandersetzungen mit den Innerschweizern und den Glarnern haben für Zürich mit einer militärischen und politischen Niederlage geendet. Eine gebietsmäßige Expansion ist unter diesen Umständen nicht mehr möglich. Die Intentionen der stadtzürcherischen Territorialpolitik konzentrieren sich deshalb auf die Konsolidierung der Herrschaft auf der Landschaft. Nach 1450 steht der Ausbau der Landschaftsverwaltung, in diesem Sinn die regionale Integration, im Zentrum der politischen Bemühungen [44]. So müssen adäquate Verwaltungs- und Kommunikationsstrukturen ausgebildet werden, um die Bevölkerung ehemals unterschiedlichster Herrschaftszugehörigkeit als „Staatsuntertanen" zu integrieren. Entsprechend wird eine Reihe von institutionellen Veränderungen durchgesetzt, auf die hier nicht im einzelnen eingegangen werden kann [45]. Als sprechendes Beispiel sei nur die Besteuerungsmodalität erwähnt: 1467 wird die Vermögenssteuer durch eine Personalsteuer ergänzt, die nun von allen Bewohnern der Zürcher Landschaft erhoben wird [46].

[42] *Wyss* 1851–58, 440 f.
[43] *Wyss* 1851–58, 107 f.
[44] Ausführlicher *Largiadèr,* 1922. – Ders.: Die Anfänge der zürcherischen Landschaftsverwaltung. Zürich 1932.
[45] *Largiadèr* 1932, 41 ff. – *Raiser* 1969, 128–135.
[46] *Raiser* 1969, 128 f.

Die Homogenisierungsbemühungen auf der rechtlich-institutionellen Ebene fallen in die Phase, in der sich sowohl die sozio-ökonomische Differenzierung in der Landbevölkerung beschleunigt als auch im Prozeß der ökonomischen (Mikro-)Regionalisierung Entwicklungsdisparitäten verstärken. Diese Abgrenzungsprozeße kollidieren mit den obrigkeitlichen Bemühungen einer homogenisierenden Erfassung der ländlichen Bevölkerung. Und es ist wiederum eine Seegemeinde, Wädenswil, die 1468 gegen die steuerliche Erfassung durch die Obrigkeit rebelliert [47].

Ein weiterer Anspruch an Strukturen stadtstaatlicher Territorialisierung ist ihre Zentralität, das heißt ihre Ausrichtung auf die Stadt hin. Lokale und überregionale, die Land-Stadt-Achse konkurrierende Beziehungen müssen untergeordnet werden. Dies durchzusetzen, stellt sich für Zürich als ausgesprochen schwierig dar angesichts von Gemeinden mit ausgeprägtem kommunalen Autonomiebewußtsein. Sie stellen sich, wie das Beispiel der Seedörfer zeigt, den Zentralisierungsbemühungen mit Vehemenz entgegen.

Vergleicht man nun die von der zürcherischen Territorialpolitik benötigten Leistungen mit den Funktionen, die das Fraumünster als Grundherrschaft erbringt, so zeigt sich eine auffallende Analogie: Die etablierten grundherrschaftlichen Verwaltungs-, Kommunikations- und Interaktionsstränge aus den Fraumünstergütern, die auf der Landschaft verstreut liegen, laufen im Herrschaftszentrum in der Stadt zusammen. Dem Fraumünster kommt somit in bezug auf das zürcherische Staatsgebiet eine gewisse Zentralitätsfunktion zu. Was die Homogenisierungsleistung betrifft, so machen grundleihemäßige Verbindlichkeiten keinen qualitativen Unterschied zwischen prosperierenden, mittelmäßigen oder schlechten Höfen. Außerdem sind Probleme mit den Gemeinden innerhalb der Grundherrschaft nicht mehr virulent, denn Ansprüche, welche die kommunalen Interessen der Bauern tangieren und zu Konflikten führen, sind seitens des Fraumünsters im 15. Jahrhundert längst aufgegeben. Es bleibt festzuhalten, daß das Fraumünster über seine funktionalen Eigenschaften als Grundherrschaft ein spezifisches Homogenisierungspotential aufweist, und zwar sowohl gegenüber regionalen Disparitäten als auch gegenüber individuellen, statusmäßigen Unterschieden zwischen einzelnen Bauern.

Um seine Zentralitätsfunktion umfassend zu beurteilen, muß nochmals auf die Rolle des Fraumünsters als kultisch-religiöses Zentrum hingewiesen werden. Für den mittelalterlichen Menschen ist die Bedeutung des Religiösen, des Traditionellen und der rituellen Inszenierung unbestritten. Über deren gesellschaftliche Funktion, beispielsweise für Vorgänge, welche, wie etwa der Prozeß der Territorialisierung, als politische verstanden werden, liegen nur vereinzelt Untersuchungen vor [48]. Im Fall des Fraumünsters wäre in diesem Zusammenhang

[47] *Dändliker* 1910, 155 f.

[48] Vgl. *v. Mueller,* Achatz Frhr. v., in diesem Band.

zu fragen, inwieweit sein Integrationspotential durch die Person der Äbtissin, als Grundherrin, Reichsfürstin und Vorsteherin des religiösen Zentrums, gewährleistet wird. Auf diese Frage ist hier keine Antwort zu erwarten. Sie weist vielmehr auf eine Forschungsperspektive hin, die verspricht, in einer Gesellschaft, in der sich zwischen personenorientierten feudalen Beziehungen und staatlich-institutionellen Strukturen gleichsam eine Protostaatlichkeit herausbildet, die Kohäsionskräfte und damit die Integrationsprozesse besser zu begreifen.

Diese Einschätzung läßt eine pointierte Interpretation des städtischen Eingriffs in die grundherrschaftliche Ökonomie zu. Die Obrigkeit nimmt – gewissermaßen im Schutze der „Herrschaftsaura" des Fraumünsters – Einfluß auf die Organisation der Wirtschaft auf dem Land. Diese Konstellation gewinnt an Brisanz, wenn man bedenkt, daß die wirtschaftspolitischen Maßnahmen, welche die Stadt mit ihren eigenen politischen Mitteln durchzusetzen versucht, auf heftigsten bäuerlichen Widerstand stoßen und entweder zurückgenommen oder relativiert werden müssen. Der Eingriff des Rates in die grundherrliche Wirtschaft kann nun ebensogut als Zugriff auf das Integrationspotential des Fraumünsters gesehen werden, welches sich aus seinen Funktionen als geistliche Grundherrschaft konstituiert. Diese Funktionen lassen sich für Ziele der städtischen Territorialpolitik instrumentalisieren. Der erst in Ausbildung begriffene Staatsapparat vermag den intensivierten Territorialisierungsanspruch nicht aufzufangen und die zur regionalen Integration unabdingbaren Leistungen noch nicht allein zu erbringen. Also stützt sich die Obrigkeit auf geistliche oder feudale Institutionen, um deren Integrationskraft und deren kulturell verankertes Potential an Legitimation, mithin deren Tradition, für den Prozeß der staatlichen Verfestigung zu vereinnahmen – eine Strategie, die als funktionale Säkularisierung bezeichnet werden kann.

Wann, unter welchen Umständen und wodurch diese Strategie abgelöst wird, bleibt künftig abzuklären. Offenbar gelingt es in Zürich dem Staat nach der Reformation, der Stadt-Land-Beziehung beizukommen und sich in bezug auf die regionale Integration auf die eigenen Kräfte zu verlassen. Der Übergang der kultisch-religiösen Kompetenz auf den Stadtstaat scheint einen entscheidenden Beitrag dazu geleistet zu haben. Ein Indiz dafür wäre jedenfalls die endgültige Säkularisierung des Fraumünsters, der nach 1525 nichts mehr im Wege steht.

III.

Abschließend bleibt auf den Anspruch zurückzukommen, das Zürcher Beispiel mit der Diskussion der gesellschaftlichen Entwicklung in Europa um 1500 in Beziehung zu setzen. Der hier aufgezeichnete Fall zeigt eine Situation, in welcher der Anspruch der regionalen, mithin territorialen Integration mit dynamisierten Prozessen der sozialen und wirtschaftlichen Differenzierung innerhalb der Bevölkerung sowie mit einer zunehmenden (Mikro-)Regionalisierung kollidiert. Die Strategie der politischen Elite, angesichts dieser Spannungen auf traditionelle, kulturell verbürgte Formen der Herrschaft zu rekurrieren, verspricht integrative und konfliktvermeidende Wirkung. Diese Tatsache verweist auf die Bedeutung und Integrationskraft des Traditionellen für den Prozeß der gesellschaftlichen Entwicklung, und zwar nicht nur traditioneller Werte und Normen, sondern auch tradierter Interaktionsformen [49]. Die mehr oder weniger stabilisierte Koexistenz von traditionalen und moderneren Strukturen, die Gleichzeitigkeit des Ungleichzeitigen, kann als partielle Modernisierung bezeichnet werden [50].

Um diese Konstellation zu begreifen, ist eine anthropologisierte Sichtweise von gesellschaftlichen Entwicklungsprozessen, die Berücksichtigung psychisch-mentaler Komponenten, eigentlich unabdingbar. Die Beschäftigung mit der Gleichzeitigkeit des Ungleichzeitigen gibt beispielsweise Aufschluß darüber, welche Ebenen der Gesellschaft gegenüber Wandlungen widerstandsfähiger sind; die Diskussion, warum und unter welchen Bedingungen aus der partiellen Modernisierung (keine) Spannungen entstehen, trägt dazu bei, die spezifischen Formen der Vergesellschaftung deutlicher zu erschließen.

Eine anthropologische Sichtweise ermöglicht also, nach der Art und Weise des Verlaufs gesellschaftlichen Wandels zu fragen. In diesem Zusammenhang gewinnen Phänomene wie das der Gleichzeitigkeit des Ungleichzeitigen ihre Bedeutung, und der Einbezug auch psychisch-mentaler Komponenten führt dazu, allzu zielgerichtete Vorstellungen des gesellschaftlichen Wandels, die sich oft hinter Konzepten wie beispielsweise dem der zunehmenden gesellschaftlichen Integration verbergen, kritisch zu überdenken.

[49] So meint Habermas beispielsweise, daß die Einführung neuer Formen der Sozialintegration auch ein Wissen moralisch-praktischer Art verlangt, ein Wissen, das seine Verkoppelung in Interaktionsstrukturen finden kann. *Habermas* 1976, 144–199, hier 160.

[50] Die Auseinandersetzung mit Formen und Bedingungen von Entwicklungsprozessen erfordert die kritische Reflexion des Begriffs „modern“, was an dieser Stelle nicht geleistet werden kann. In Zusammenhang mit der partiellen Modernisierung diskutiert dies *Rüschemeyer*, Dietrich: Partielle Modernisierung. In: *Zapf* 1969, 382–396.

Rolf Kießling

Die „Nachbarschaft" und die „Regionalisierung" der Politik: Städte, Klöster und Adel in Ostschwaben um 1500

In die ersten Jahrzehnte des 16. Jahrhunderts fällt eine ganze Reihe von Versuchen, auf den Höhepunkten von Versorgungskrisen – nach Memminger Quellen z. B. 1511, 1530/31, 1536, 1540, 1542/43, bezüglich Getreide, Vieh und Leinengarn – eine Übereinkunft der oberschwäbischen Reichsstädte „in unserer art" oder „gezirk" herbeizuführen, um den sog. Fürkauf auf dem Land zu unterbinden und den Marktzwang zu stärken [1]. Dabei wurde mehrfach damit argumentiert, ein Erfolg sei nur dann zu erreichen, wenn neben den Reichsstädten auch der Adel und die Prälaten der Nachbarschaft in entsprechende Abkommen einbezogen werden könnten, d. h. geschlossene gebietsübergreifende regionale Maßnahmen erzielt würden.

Die Notwendigkeit für derartige Versuche lag in der herrschaftlichen Struktur Ostschwabens [2]. Ihre Entwicklung [3] hatte seit dem Ende der Staufer eine Kleinräumigkeit ausgeprägt, die auch durch die Präsenz der Habsburger und Wittelsbacher und deren konkurrierende Versuche zur Zusammenfassung von Herr-

[1] Die folgenden Darlegungen stehen in engem Zusammenhang mit der Habilationsschrift des Vfs. *Kießling*, Rolf: Die Stadt und ihr Land – Umlandpolitik, Bürgerbesitz und Wirtschaftsgefüge in Ostschwaben vom 14. bis ins 16. Jahrhundert. Masch. Augsburg 1985 (im Druck). Die genannten Übereinkünfte hier 424–444, 462–469, 713–715.

[2] Dieser Raum zwischen Iller und Lech, den Alpen und dem Ries, also in etwa der heutige bayerische Regierungsbezirk Schwaben, ist sicher kein präzis historisch abgrenzbares Gebiet, eignet sich jedoch insofern für Untersuchungen des Raumgefüges, als er in der Entwicklung der Barchentindustrie eine führende Stellung einnahm, einem Sektor, der für die hier anvisierte Fragestellung eine zentrale Bedeutung gewann. Zum Problem der räumlichen Abgrenzung vgl. *Crämer*, Ulrich: Das Allgäu. Wesen und Werden eines Landschaftsbegriffs. Remagen 1954.

[3] Vgl. zur allgemeinen und herrschaftsgeschichtlichen Entwicklung *Layer*, Adolf: [Schwaben] Die territorialstaatliche Entwicklung bis um 1800. In: Spindler, Max (Hg.): Handbuch der Bayerischen Geschichte. Bd. 3, 2. München 1971, 949–1040, sowie die instruktive Einleitung von *Blickle*, Peter und Renate: Schwaben von 1268 bis 1803. München 1979, 27–157.

schaftsrechten in Richtung auf eine übergreifende Territorialpolitik nicht gebremst oder überwunden wurde. Eine teilweise erhebliche Städtedichte vorwiegend staufisch-welfischer Provenienz, selbständiger ritterschaftlicher Adel und dazu Klöster, die zum Teil bis zur Reichsunmittelbarkeit gelangten, aber nur wenige größere fürstliche Herrschaften kennzeichneten somit das Nebeneinander dieses Gebietes.

Trotzdem sind raumübergreifende Entwicklungslinien nicht zu übersehen. Aus der Sicht der Städte läßt sich zunächst eine deutliche Konsolidierung festhalten. Die Niederlage bei Döffingen 1388 schwächte zwar das reichspolitische Gewicht, löste aber keinen generellen Bedeutungsschwund aus, auch wenn das Gegenüber von Adels- und Städtebünden zunächst eine vielfältige Fehdetätigkeit nach sich zog und sich besonders in der Pfalbürgerfrage zuspitzte [4]. Diese Vorgänge fallen auch in eine Phase des wirtschaftlichen Aufstiegs, hervorgerufen durch den Boom der Barchentindustrie [5], der von Anfang an den gesamten Raum in einem sehr eng verflochtenen Produktions- und Aufkaufsnetz, getragen von den Kaufleutegesellschaften der großen Städte, verband. Augsburger Unternehmer bezogen bereits um 1400 Waren von Nördlingen bis Memmingen, in Nördlingen selbst trafen sie sich mit Verlegern aus Nürnberg, Lauingen, Ulm und Schwäbisch Gmünd [6].

Der schnelle Produktionsanstieg war jedoch nur mit Hilfe einer ausgedehnten Landweberei zu bewerkstelligen [7]. Vereinzelte Verlagsverträge mit Landwebern um 1400 und städtische Gewerbeordnungen bestätigen dies ebenso wie die Organisation erster Ableger der Hauptzentren in benachbarten Klein- und Mittelstädten wie Lauchheim 1408 oder Ansbach 1409. Einen entscheidenden Einbruch

[4] *Blezinger*, Harro: Der Schwäbische Städtebund in den Jahren 1438–1445. Stuttgart 1954. *Füchtner*, Jörg: Die Bündnisse der Bodenseestädte bis zum Jahre 1390. Göttingen 1970. *Mau*, Hermann: Die Rittergesellschaften mit St. Jörgenschild in Schwaben. Stuttgart 1941. *Obenaus*, Herbert: Recht und Verfassung der Gesellschaft mit St. Jörgenschild in Schwaben. Göttingen 1961.

[5] *Stromer*, Wolfgang v.: Die Gründung der Baumwollindustrie in Mitteleuropa. Stuttgart 1978. *Schremmer*, Eckart: [Schwaben] Handel und Gewerbe bis zum Beginn des Merkantilismus. In: Spindler, Max (Hg.) Handbuch der Bayerischen Geschichte. Bd. 3, 2. München 1971, 1073–1100.

[6] *Kießling*, Rolf: Augsburgs Wirtschaft im 14. und 15. Jahrhundert. In: Gottlieb, Gunther u. a. (Hg.): Geschichte der Stadt Augsburg von der Römerzeit bis zur Gegenwart. Stuttgart 1984, 171–181, hier 175 f.

[7] Gegenüber der älteren Forschung wie *Nübling*, Eduard: Ulms Baumwollweberei im Mittelalter. Leipzig 1890. *Westermann*, Ascan: Zur Geschichte der Memminger Weberzunft und ihrer Erzeugnisse im 15. und 16. Jahrhundert. In: Vierteljahresschrift für Sozial- und Wirtschaftsgeschichte 12 (1914), 385–403, 567–592, nun *Kießling*, Rolf: Stadt und Land im Textilgewerbe Ostschwabens vom 14. bis zur Mitte des 16. Jahrhunderts. In: Bulst, Neidhart/Hoock, Jochen/Irsigler, Franz (Hg.): Bevölkerung, Wirtschaft und Gesellschaft. Stadt-Land-Beziehungen in Deutschland und Frankreich, 14. bis 19. Jahrhundert. Trier 1983, 115–137. *Kießling* 1985, 192–202, 452–469, 689–700.

brachte erst die Mitte des 15. Jahrhunderts: Das Produktionsaufkommen sank in Augsburg nach ersten Schwankungen um 1413, 1420, 1431 und 1439 am Anfang der 50er Jahre rapide ab, in Nördlingen lag der Wendepunkt bereits 10 Jahre vorher. Daß es sich hier um ein Schlüsselgewerbe der städtischen Wirtschaft handelte, zeigt der massive Vermögensrückgang in Augsburg mit dem Tiefpunkt 1467[8]. Die Ursachen dafür können nur angedeutet werden: Die gestörte Baumwollzufuhr aus Venedig wurde in den 30er Jahren stärker spürbar, die Auswirkungen des Städtekrieges von 1449/50 und des Reichskrieges gegen Herzog Ludwig von Bayern-Landshut 1462/63, die weite Bereiche Mittelschwabens verheerten, müssen ebenfalls in Rechnung gestellt werden. Erst um 1525 erreichte der Produktionsausstoß in Augsburg wieder die Höhe der 1. Hälfte des 15. Jahrhunderts.

Diese wenigen Daten stecken bereits den Rahmen ab für die strukturellen Veränderungstendenzen, die im folgenden umrissen werden sollen.

Eine erste betrifft die Hierarchie der zentralen Orte und die Verschiebungen in den Stadt-Land-Beziehungen[9]. Die Krise setzte offenbar einen Differenzierungsprozeß in Gang, der sich auf mehreren Ebenen abspielte. Nach den Einbrüchen seit den 30er Jahren vermochte sich die Barchentherstellung Nördlingens nicht mehr zu erholen, das Produktionsaufkommen sank bis zur Bedeutungslosigkeit ab. Auch andere Städte wurden in ähnlicher Weise tangiert: Lauingen, das zunächst ebenfalls eine gewichtige Rolle auf diesem Wirtschaftssektor gespielt hatte, gab die Herstellung weitgehend auf, Memmingen und Ulm erlebten Bedeutungsminderungen. Dafür lassen sich Substitutionsvorgänge beobachten. Im gleichen Zeitraum, in dem die Erzeugung von Barchent in Nördlingen zurückging, stieg in reziproker Weise die des Loden an, Lauingen stellte demgegenüber sich weitgehend auf Golschen – eine grobe Leinwandsorte – um, der auch in Ulm und Memmingen stärker aufkam, während es Augsburg gelang, sich zur Barchentmetropole des gesamten Ostschwabens aufzuschwingen und sein Einzugsgebiet für Rohstoffe und Waren vom Allgäu bis ins Ries und vor die Tore Ulms auszudehnen.

Eine weitere Konsequenz lag in der Intensivierung der Stadt-Land-Beziehungen[10]. Hatte die städtische Schau als Ort der Qualitätsprüfung genormter Ware ohnehin die Sogwirkung auf die ländliche Produktion ausgeübt, so zielten die Bestrebungen der städtischen Weberzünfte vor allem in den Krisenzeiten auf ein Abdrängen der sog. Gäuweber hin, d. h. auf eine Rückverlagerung ihrer

[8] *Geffcken,* Peter: Soziale Schichtung in Augsburg 1396 bis 1521. Beitrag zu einer Strukturanalyse Augsburgs im Spätmittelalter. Diss. masch. München 1983, 220–228 mit Tabelle 3/1. Zum folgenden *Kießling* 1985, 690–692, 701–703.

[9] Vgl. dazu *Kießling,* Rolf: Das Umlandgefüge ostschwäbischer Städte vom 14. bis zur Mitte des 16. Jahrhunderts. In: Schulze, Hans-K. (Hg.): Städtisches Um- und Hinterland in vorindustrieller Zeit. Köln-Wien 1986, 33–60, hier 45–52. Ausführlicher *Kießling* 1985, 680–706.

[10] *Kießling* 1983, 116–119, 124–127.

Funktion zur Lieferung von Rohstoffen, also Flachs und Garn. Da der Bedarf damit aber nicht abgedeckt werden konnte, ergab sich als neue Lösung die Herstellung von Halbfertigwaren. Das Zwischenprodukt der sog. Wepfe – den nach den Normen der Fertigware gezettelten Kettfäden – setzte sich seit den 40er Jahren des 15. Jahrhunderts neben der traditionellen Garnherstellung zunächst für den Barchent durch und wurde später auch für andere Websorten übernommen. Anfang des 16. Jahrhunderts lassen sich ähnliche Erscheinungen im Holzgewerbe nachweisen: Holzdauben für Fässer, Wagenräder ohne Beschläge wurden aus dem Umland Memmingens, rohe Bettgestelle aus dem von Nördlingen angeliefert und von städtischen Handwerkern weiterverarbeitet [11]. Die allgemeine Abwehr des ländlichen Handwerks durch die städtischen Zünfte wurde somit teilweise kompensiert, das Land damit aber auch in eine verstärkte Abhängigkeit geführt. Größere Pfarrdörfer, Märkte und Kleinstädte erhielten in diesem Zusammenhang die Funktion von Sammelorten zugewiesen; als subzentrale Orte erscheinen sie somit auf die Oberzentren zuorientiert.

Mit dem erneuten Anwachsen der städtischen Gewerbeproduktion vor allem gegen Ende des 15. Jahrhunderts – die Bevölkerungsziffern waren ja im Laufe des 15. Jahrhunderts in den Städten nicht entscheidend abgesunken – mußte zudem das für die Rohstoffbeschaffung nötige Umland ausgedehnt werden. Parallel dazu tendierte spätestens seit der 2. Hälfte des 15. Jahrhunderts auch die Nahrungsmittelbeschaffung zu einer Ausweitung der für den Bedarf nötigen Zulieferungszonen [12]. Die Bannmeilenbestimmungen der Städte, erlassen zur Aufrechterhaltung des Punktmarktes und damit zur Eindämmung der informellen Verkaufspraktiken auf dem flachen Land, die sehr differenziert gehandhabt wurden und damit konkrete Raumbeziehungen spiegeln dürften, pendelten sich in unserem Gebiet um und nach 1500 bei Mittelstädten etwa bei 2–3 Meilen (ca. 15–22,5 km) ein, bei Augsburg als Großstadt bei 6–8 Meilen (ca. 45–60 km). Überträgt man diese Werte auf die Karte, so sind klare, zum Teil weitreichende Überschneidungen zu beobachten: Die Um- und Hinterlandgebiete der Städte erfaßten den gesamten ländlichen Raum und lassen konkurrierende Einflußzonen hervortreten.

Der Zugriff auf das Land verstärkte sich wohl nicht zuletzt deshalb, weil auch dort ein Wiederanstieg der Bevölkerung die vorhandenen Reserven reduzierte, gemessen an dem Auftauchen von Selden – Kleinbauernstellen, die sehr häufig auf einen handwerklichen Zuerwerb angewiesen waren – bereits seit dem ausgehenden 14. Jahrhundert in Einzelfällen, verstärkt seit dem 15. Jahrhundert [13],

[11] *Kießling* 1985, 229 f. (Nördlingen), 484 f. (Memmingen).

[12] *Kießling*, Rolf: Herrschaft – Markt – Landbesitz. Aspekte der Zentralität und der Stadt-Land-Beziehungen spätmittelalterlicher Städte an ostschwäbischen Beispielen. In: Meynen, Emil (Hg.): Zentralität als Problem der mittelalterlichen Stadtgeschichtsforschung. Köln–Wien 1979, 180–218, hier 193–205. *Kießling* 1985, 663–672.

[13] *Matzke*, Josef: Sölden und Lehen. In: Schwäbische Blätter 11 (1960), 99–114. *Grees*,

an der Wiederbesetzung ödgefallener Höfe seit Anfang [14] sowie neuen Rodungen im Allgäu seit der 2. Hälfte des 15. Jahrhunderts [15]. Man wird die Vermutung wagen dürfen, daß die einschneidenden Einbrüche des 14. Jahrhunderts bereits gegen Mitte des 15. Jahrhunderts wieder aufgefangen waren. Die kontinuierliche Verengung des Nahrungsspielraumes [16] seit der Versorgungskrise der Jahre 1491/92 – bezeichnenderweise werden entsprechende Marktgebote für Getreide in Augsburg und Nördlingen greifbar –, der ansteigende Anteil von Importrindern aus ostmitteleuropäischen Gebieten seit Ende des 15. Jahrhunderts (Augsburg 1493; Memmingen und Nördlingen Anfang des 16. Jahrhunderts) demonstrieren die Verschärfung der Gesamtsituation, nachdem bereits 1437 und um 1450 erste Engpässe aufgetreten waren.

Wie wirksam die Versorgungsmaßnahmen über das Instrument der Marktgebote tatsächlich waren, läßt sich nur schwer beantworten. Mit der Verdichtung der Quellenüberlieferung im ausgehenden 15. Jahrhundert häufen sich jedoch auch die konkreten Fälle, in denen Verstöße geahndet wurden. Das Problem für unser Gebiet lag freilich darin, daß seine Kleinräumigkeit eine herrschaftliche Zuordnung des Einflußraumes auf die jeweilige Stadt nur sehr bedingt zuließ.

Dabei waren die Ansatzpunkte für die herrschaftliche Durchdringung des städtischen Umlandes noch bis ins 15. Jahrhundert hinein vielfälig realisiert worden, wobei sich die eingesetzten Mittel zur Umlandsicherung gegenseitig ergänzt hatten [17]. Die Landfriedensbewegung mit der Möglichkeit, die Bauern der

Hermann: Das Seldnertum im östlichen Schwaben und sein Einfluß auf die Entwicklung der ländlichen Siedlungen. In: Festschrift für Huttenlochner. Bad Godesberg 1963, 104–150, hier 106–128. *Grees,* Hermann: Ländliche Unterschichten und ländliche Siedlung in Ostschwaben. Tübingen 1975, 84–105. *Fried,* Pankraz: Zur Geschichte der dörflichen Unterschichten in den ländlichen Siedlungen Bayerisch-Schwabens. In: Zeitschrift des Historischen Vereins für Schwaben 71 (1977), 109–129.

[14] *Liebhart,* Wilhelm: Die Reichsabtei St. Ulrich und Afra zu Augsburg. Studien zu Besitz und Herrschaft (1006–1803). München 1982, 109–117.

[15] *Layer,* Adolf: [Schwaben] Siedlung und Bevölkerung. In: Spindler, Max (Hg.): Handbuch der Bayerischen Geschichte. Bd. 3/2. München 1971, 1043–1058, hier 1045.

[16] Allgemein *Abel,* Wilhelm: Strukturen und Krisen der spätmittelalterlichen Wirtschaft. Stuttgart 1980, 118–120. *Ders.:* Agrarkrisen und Agrarkonjunktur in Mitteleuropa vom 13. bis 19. Jahrhundert. Hamburg–Berlin ^{3}1978, 104–151. *Rösener,* Werner: Krisen und Konjunkturen der Wirtschaft im spätmittelalterlichen Deutschland. In: *Seibt,* Ferdinand/Eberhard, Winfried (Hg.): Europa 1400. Stuttgart 1984, 24–39. *Blaich,* Fritz: Fleischpreise und Fleischversorgung in Oberdeutschland im 16. Jahrhundert. In: Fischer, Wolfram (Hg.): Beiträge zu Wirtschaftswachstum und Wirtschaftsstruktur im 16. und 19. Jahrhundert. Berlin 1971, 29–56. *Rundstedt,* Hans Georg von: Die Regelung des Getreidehandels in den Städten Südwestdeutschlands und der deutschen Schweiz im späteren Mittelalter und im Beginn der Neuzeit. Stuttgart 1930. Speziell zu den ostschwäbischen Städten *Kießling* 1979, 194–198 (Augsburg, Lauingen). 1985, 169–182 (Nördlingen), 423–444 (Memmingen).

[17] *Kießling* 1979, 185–192 (Augsburg und Lauingen). 1985, 32–79 (Nördlingen), 250–318 (Memmingen), 508–526 (Lauingen), 594–610 (Mindelheim), 654–663 (allgemein).

umliegenden Dörfer zum städtischen Aufgebot heranzuziehen, sowie die Privilegien der 2. Hälfte des 14. Jahrhunderts, schädliche Leute auch außerhalb des städtischen Gebiets zu fangen und dann abzuurteilen, schufen in konkreten Fällen aktualisierbare Sicherheiten. Die Kommunalisierung der Spitäler und die Pflegschaft über Stiftungen und Bettelordenskonvente erreichten als Form indirekter Herrschaftsausübung erhebliche Anteile des städtischen Umlandes. Der grundherrschaftliche Besitz einzelner Bürgerfamilien erlebte gerade in der 2. Hälfte des 14. Jahrhunderts einen steilen Aufstieg und verpflichtete damit ebenfalls ländliche Gebiete den städtischen Interessen. Die Einbürgerung von auswärtigen Klöstern, die vom Reich übertragene Schutz- und Schirmfunktion über den gesamten oder zumindest den in der jeweiligen Einflußzone einer Stadt liegenden Besitz gewährleistete ein lockeres Verhältnis der Anbindung und möglichen Interessenkoordinierung, zuweilen wie bei Ottobeuren und Rot um 1400 gegenüber Memmingen oder bei Auhausen a. d. Wörnitz gegenüber Dinkelsbühl eine vogteiähnliche Administration, wie sie auch Ulm gegenüber Ochsenhausen oder Elchingen ausübte. Die Instrumente der Pfalbürgerschaft, in Augsburg in der 2. Hälfte des 14. Jahrhunderts gut nachweisbar, und der Paktbürgerverträge mit auswärtigen Adeligen, die in Nördlingen in den 40er Jahren des 15. Jahrhunderts mit über 40 Fällen besonders ausgeprägt eingesetzt wurden, vermochten zusätzlich vorhandene Lücken zu füllen. Summiert man kartographisch diese verschiedenen Formen von Außenbeziehungen der Reichsstädte, so ergibt sich ein insgesamt nahezu flächendeckendes, wenn auch nur abgestuft wirksames Geflecht von Einwirkungsmöglichkeiten auf das stadtbezogene Land.

Freilich liefen eine ganze Reihe dieser Instrumentarien in der 2. Hälfte des 15. Jahrhunderts aus bzw. reduzierten sich. Das gilt vor allem für die Pfal- und Ausbürgerschaft, die nur noch in wenigen Fällen Adelige über das Wohnrecht in der Stadt zugesprochen bekamen; die Klosterpolitik erfuhr ebenfalls eine Abschwächung, da konkurrierende Territorialgewalten wie die Grafen von Oettingen im Nördlinger Raum, die Bischöfe von Augsburg gegenüber Ottobeuren in Vogteirechte eintraten – ganz parallel etwa zu den Grafen von Württemberg gegenüber der ähnlich gerichteten Esslinger Politik [18]. Selbst der bürgerliche Individualbesitz erfuhr eine sehr unterschiedliche Entwicklung [19]. Während er in Nördlingen schon seit Anfang des 15. Jahrhunderts stark abgebaut wurde und

Ders.: Stadt und Kloster. Zum Geflecht herrschaftlicher und wirtschaftlicher Beziehungen im Raum Memmingen im 15. und in der 1. Hälfte des 16. Jahrhunderts. In: Bátori, Ingrid (Hg.): Städtische Gesellschaft und Reformation. Stuttgart 1980, 155–190, hier 157–171.

[18] *Ramminger,* Anneliese: Schirm- und Schutzverhältnisse der Filderklöster in den Auseinandersetzungen zwischen Württemberg und der Reichsstadt Esslingen bis zur Reformation. In: Engel, Josef (Hg.): Mittel und Wege früher Verfassungspolitik. Stuttgart 1979, 282–319.

[19] *Kießling* 1985, 107–146 (Nördlingen), 327–401 (Memmingen).

seit der Mitte des 15. Jahrhunderts nur mehr eine untergeordnete Rolle spielte, bauten ihn führende Memminger Familien eher zu abgerundeten, arrondierten Kleinherrschaften aus; doch auch hier war ein Abbröckeln nicht zu übersehen. Erst an diesem Punkt trat seit den 80er bzw. 90er Jahren eine verstärkte ratspolitische Initiative ein: Besonders strittige grundherrschaftliche Komplexe oder Pfandbesitz wurden in eigene Regie übernommen und zumindest zeitweise gehalten – sieht man von Ulm ab, wo der Rat schon im ausgehenden 14. Jahrhundert aktiv in den Erwerb eingriff [20].

Deutlich begann sich also die umfassende und vielgestaltige städtische Umlandpolitik auf grundherrschaftlichen Besitz des Rates, der Bürger sowie der Spitäler und Stiftungen zu reduzieren. Doch läßt sich hier gleichzeitig eine Intensivierung des herrschaftlichen Zugriffs und eine Vereinheitlichungstendenz im Sinne einer Territorialpolitik feststellen. Der eine Weg lief über den Eingriff in die Dorfgerichte. Seit dem Ende des 15. Jahrhunderts zog beispielsweise der Memminger Rat schwierige Verfahren in spitalischen wie bürgerlichen Dorfgerichten an sich oder wies sie anderen Dorfgerichten zu; er trat zudem in verschiedenen Streitigkeiten zwischen Dorfherren und Bauern als Schiedsrichter auf und stellte andererseits die städtische Exekutivgewalt zur Verfügung; die Kartause Buxheim vor den Toren der Stadt wurde auf der Basis der Schirmherrschaft des Rates nicht anders behandelt. Ein kaiserliches Privileg von 1521 strebte schließlich den Instanzenzug von den Dorfgerichten an den Rat bzw. das Stadtgericht an und wurde auch praktiziert. Ganz ähnlich spielten sich die Vorgänge in Nördlingen ab; auch hier lief über die Entscheidung schwieriger Fälle und den Appellationszug von den Dorfgerichten an den Rat eine Vereinheitlichung, die zudem durch ein eigenes von Karl V. privilegiertes Bauerngericht 1521 für die „städtischen" Hintersassen – d. h. die des Rates, des Spitals, der Gotteshäuser und der Bürger – institutionalisiert wurde.

Die Ausübung der Gebotsgewalt formierte bei beiden Städten einen einheitlichen Verband ländlicher Untertanen, gleichgültig aus welchen Besitztiteln sie stammten, unterwarf sie der Steuer- und Wehrhoheit und erließ Verordnungen zur Aufrechterhaltung der öffentlichen Sicherheit bzw. Markt- und Gewerbevorschriften, wobei der Rat Pfleger als ausführende Organe einsetzte. Daß die Abrundung durch den Erwerb des Hochgerichts in Memmingen gelang, Nördlingen aber gegen die Grafschaft Oettingen in dieser Hinsicht keine Erfolgsaussichten hatte, lag an der unterschiedlichen herrschaftlichen Struktur des Umlandes [21].

[20] Zur Entwicklung des Ulmer Territoriums *Hohenstatt,* Otto: Die Entwicklung des Territoriums der Reichsstadt Ulm im 13. und 14. Jahrhundert. Stuttgart 1911. *Neusser,* Gerold: Das Territorium der Reichsstadt Ulm im 18. Jahrhundert. Ulm 1964, 26–49.

[21] Auf diesen Aspekt verweist beim Vergleich von Memmingen und Kempten auch *Blickle,* Peter: Zur Territorialpolitik der oberschwäbischen Reichsstädte. In: Maschke, Erich/Sydow, Jürgen (Hg.): Stadt und Umland. Stuttgart 1974, 54–71.

Wirtschaftsraum und Herrschaftsgebiet ließen sich freilich nur bedingt zur Deckung bringen. Gerade diese Diskrepanz verdient besondere Aufmerksamkeit. Einerseits erwies sich die Verdichtung zum städtischen Territorium als räumlich unvollkommen und von Zufälligkeiten der Besitzgeschichte bestimmt, andererseits zeigt sich seit der 2. Hälfte des 15. Jahrhunderts ein gewisser Konsolidierungsprozeß benachbarter Herrschaftsträger, des Adels wie der Klöster.

Ottobeuren z. B. hatte seine Schwächephase bereits gegen Mitte des 15. Jahrhunderts weitgehend überwunden und begann einen geschlossenen „Klosterstaat" aufzubauen [22]. Bereits um 1400 setzte der Rückkauf von Grundbesitz ein, der vorher Memminger Bürgern überlassen worden war, und in den 30er Jahren konnten mit einigen Dorfschaften räumliche Lücken aufgefüllt und Randgebiete erweitert sowie in den folgenden Jahrzehnten durch die Übernahme des Besitzes auswärtiger Grundherren annähernd geschlossen werden. Ganz ähnlich vollzog sich diese Entwicklung beim Prämonstratenserstift Rot a. d. Rot [23]. Die innere Ausgestaltung mit Hilfe von Dorfordnungen (Elchingen bereits 1497, Ottobeuren 1540) und der Einsetzung von Dorfrichtern durch die Herrschaft läuft parallel zu den reichsstädtischen Maßnahmen, wenn auch graduelle Unterschiede zu beachten sind. Am zielstrebigsten scheint das Fürststift Kempten mit seinen Landsatzungen seit 1519/20 die Ausweitung der Regelung polizeilicher Befugnisse vorangetrieben zu haben.

In der Herrschaft Mindelheim [24], seit 1394 nach längeren Auseinandersetzungen endgültig im Besitz der Adelsfamilie Teck, begann ebenfalls nach der Wende zum 15. Jahrhundert der gezielte Erwerb von Gütern aus der Hand auswärtiger Grundherren, zudem die Verdichtung mit Hilfe von Rodungen (Einöden), abgesichert durch die Privilegierung mit Hoheitsrechten seit Wenzel 1398 und abgeschlossen durch die Forst- und Wildbannverleihung von 1457. Den energischen Ausbau zur geschlossenen Herrschaft setzten auch die Besitznachfolger Ulrich und Hans von Frundsberg nach 1467 fort.

Mit einer gewissen zeitlichen Verzögerung und wohl auch nicht generell folgten reichsritterschaftliche Adelige [25], nachdem Zerfallstendenzen das Bild im ausgehenden 14. und beginnenden 15. Jahrhundert bestimmt hatten. Den Herren von Rechberg auf Kronburg [26] bei Memmingen gelang z. B. etwa 1480 bis 1550

[22] *Blickle,* Peter: Memmingen. München 1967, 61–154. Allgemein zu den Schwäbischen Reichsklöstern *Blickle* 1979, 50–69.

[23] *Nuber,* Winfried: Studien zur Besitz- und Rechtsgeschichte des Klosters Rot von seinen Anfängen bis 1618. Diss. masch. Tübingen 1960.

[24] *Vogel,* Rudolf: Mindelheim. München 1970, 68–129.

[25] Im Überblick *Blickle* 1979, 70–89. *Layer,* 1971, 1004–1030.

[26] *Andrian-Werburg,* Klaus v.: Kronburg, ein reichsritterschaftliches Territorium in Schwaben und seine Inhaber. Kempten 1969, 3–36. *Ders.:* Die Urbare der Herrschaft Kronburg 1529–1651. Kempten 1961. Zur Auswertung *Asmuss,* Burkhard: Die Einkünfte der Herrschaft Kronburg im frühen 16. Jahrhundert. In: Memminger Geschichtsblätter 1979, 88–121. *Blickle* 1967, 369–379; *Blickle* 1979, 74–77.

der Aufbau eines nach außen geschlossenen Kleinterritoriums von bemerkenswerter Stabilität. Der Erwerb von Höfen und Lehensrechten auswärtiger Herrschaften wurde ergänzt durch eine ausgedehnte Leibherrschaft und die Abrundung des Niedergerichts mit Hilfe des von Maximilian erworbenen Blutbannes 1515 und der Befreiung von fremden Gerichten durch Karl V. 1551. Inwieweit sich dieses Beispiel verallgemeinern läßt, ist noch nicht recht zu übersehen, doch könnten eventuell gezielte Versuche der Herrschaftsbildung bei den Rechberg von Illereichen, den Riedheim auf Angelberg und Irmatshofen/Wald, den Freiberg von Niederraunau, den Burggraf bzw. Schertlin von Burtenbach, den Stain von Jettingen und den Hürnheim in Kirchberg a. d. Mindel ähnlich einzuschätzen sein [27].

Wichtig erscheint in diesem Zusammenhang, daß das zentralörtliche System nicht nur im Zuge des Herrschaftsausbaus, sondern auch im wirtschaftlichen Sinne eine zusätzliche Verdichtung erfuhr. Die Gründung von Märkten [28] oder ihre Aktivierung als Indiz für einen intendierten wirtschaftlichen Ausbau läßt sich an einigen Beispielen recht gut verfolgen.

Das Stift Kempten umgab das reichsstädtische Zentrum seit der 2. Hälfte des 15. Jahrhunderts mit einem Kranz von subzentralen Orten [29]. 1485 erwirkte der Abt von Friedrich III. ein Privileg, in den Orten Legau, Buchenberg, Unterthingau und Martinszell je 2 Jahrmärkte abhalten zu dürfen und die Blutsgerichtsbarkeit zu vollziehen. Tangiert zeigte sich Memmingen [30] als Nachbar freilich erst knapp 100 Jahre später, als 1577 in Dietmannsried, auf halber Strecke zwischen Memmingen und Kempten gelegen, ein erneuter Vorstoß des Stiftes erfolgte. Während die Wiederbelebung des Ottobeurer Jahrmarktes 1498 durch die Abtei offenbar keine wesentlichen Einbußen des Memminger Marktes nach sich zog und auch entsprechende Versuche des Hochstifts Augsburg im Pflegamt Schönegg von 1507 an der Dominanz Memmingens scheiterten, mußte der Ausbau der Märkte Babenhausen und Kirchheim unter den Fuggern gegen Mitte des 16. Jahrhunderts vor allem für Getreideexporte nach Süden als Gefahr für den eigenen Markt gewertet werden. Vehementer verliefen die Auseinandersetzungen Nördlingens [31] mit der Grafschaft Oettingen, das seit der Mitte des 15. Jahrhunderts seinen Amtssitz Steinheim/Wallerstein nur wenige

[27] *Vogel* 1970, 149–155 (Kirchheim an der Mindel), 156–159 (Irmatshofen/Wald). *Wüst,* Wolfgang: Günzburg. München 1983, 111–116 (Burtenbach), 116–125 (Jettingen). *Hahn,* Joseph: Krumbach. München 1982, 91–98 (Nieder-Raunau). *Mang,* Anton/*Gaiser,* Horst: Die Herrschaft Illereichen und ihre Inhaber. In: Illereichen-Altenstadt. Beiträge zur Geschichte der Marktgemeinde. Weißenhorn 1965, 13–26.

[28] Vgl. *Spindler,* Max/*Diepolder,* Gertrud: Bayerischer Geschichtsatlas. München 1969, 22 f.

[29] *Blickle,* Peter: Kempten. München 1968, 116–121, vor allem aus herrschaftsgeschichtlicher Sicht.

[30] *Kießling* 1980, 182 f. 1985, 419–423.

[31] *Kießling* 1985, 164–169.

Kilometer nördlich der Stadt aufzuwerten gedachte und entsprechende Ordnungen erließ, die den eigenen Untertanen die Marktbeschickung Nördlingens verbot.

Die Konzeption einer territorialen Ordnung von Stadt und Land als Einheit ist an zwei Beispielen gut festzumachen, an der Adelsherrschaft Mindelheim und dem Wittelsbacher Teilterritorium an der oberen Donau um Lauingen, Gundelfingen und Höchstädt.

Die Kleinstadt Mindelheim [32] war als Zentrum der gleichnamigen Herrschaft zunächst relativ selbständig. Der Zugriff der Herrschaftsinhaber auf die Stadt verstärkte sich jedoch seit dem ausgehenden 15. Jahrhundert mit dem Ziel, sie ihrer begrenzten Autonomie zu berauben, dafür aber als funktionalen Mittelpunkt in die Gesamtkonzeption zu integrieren. Auch hier läßt sich das an der Gerichtsorganisation ablesen. War zunächst Anfang des 16. Jahrhunderts das Stadtgericht zum Oberhof für die herrschaftlichen Dorfgerichte geworden, das seinerseits im Hofgericht seine Appellationsinstanz fand, so steuerte Kaspar von Frundsberg in den 30er Jahren darauf hin, die gewachsenen Kompetenzen der Stadt zu beschneiden und sowohl Rat wie Gericht der Herrschaft zu unterstellen. Parallel dazu verlief der wirtschaftliche Ausbau: Nicht nur, daß die Marktverordnungen insgesamt zunehmend darauf zielten, eine Abgrenzung gegenüber auswärtigen, d. h. in fremden Herrschaften sitzenden Getreidehändlern, Webern und Garnhändlern, Schustern und Hafnern zu vollziehen. Auch die Förderung der Weberei – 1487 in einer Golschenordnung, um 1530 in der Einführung der Barchentweberei – suchte Stadt und Land als Einheit zu erfassen, wie die um 1490 gegründete gemeinsame Golschenhandelsgesellschaft zeigt. Daß das kein Sonderfall war, ergibt sich auch an Parallelen in der Herrschaft Weißenhorn, später auch der Fuggerherrschaften Babenhausen und Kirchheim [33].

Im schwäbischen Gebiet des Wittelsbacher Teilherzogtums an der Donau, seit 1505 Fürstentum Pfalz-Neuburg, vollzog sich der Prozeß etwas komplizierter [34]. Hier standen sich aus der Zeit staufischer Städtepolitik die Zentren Gundelfingen, Höchstädt und Lauingen auf engem Raum gegenüber. Die Weichen wurden so gestellt, daß Höchstädt zum herrschaftlichen Mittelpunkt erhoben wurde – Kastenamt, Landgericht bzw. Landvogtei mit Zuordnung der herrschaftlichen Niedergerichte – während Lauingen, wohl aufgrund seiner relativ ausgeprägten Autonomie, isoliert wurde, dafür aber seine wirtschaftliche Potenz entfalten konnte. Der Abschluß der Entwicklung zeichnete sich um die Mitte des 16. Jahr-

[32] *Vogel* 1970, 68–129. *Zoepfl,* Friedrich: Geschichte der Stadt Mindelheim in Schwaben. München 1948. Speziell zur Zentralität *Kießling* 1985, 590–650.

[33] *Kießling* 1985, 705 f., 717 f. Zu Weißenhorn auch *Wylicil,* Eduard: Die Weißenhorner Barchentschau. In: Zeitschrift des Historischen Vereins für Schwaben 60 (1954). *Pölnitz,* Götz Frhr. v.: Die Anfänge der Weißenhorner Barchentweberei unter Jacob Fugger dem Reichen. In: Festschrift H. Liermann. Erlangen 1964, 196–220.

[34] *Kießling* 1979, 188 f., 197, 204 f. Ausführlicher 1985, 503–589.

hunderts ab, als es Lauingen mit Hilfe des Landesherrn gelang, das gesamte Produktionsaufkommen an Leinengeweben im pfalz-neuburgischen Gebiet an der oberen Donau auf seine städtische Schau zu ziehen und damit seine städtischen Konkurrenten innerhalb des Territoriums, aber auch die auswärtigen, vor allem Ulm und Giengen, auszuschalten; es wehrte sich freilich bald darauf auch entschieden gegen Initiativen Pfalzgraf Wolfgangs, eine Weberordnung zu etablieren, die den Unterschied zwischen Stadt und Land durch Gebietszünfte einzuebnen versuchte.

Die zukunftsweisenden „modernen“ Ordnungsvorstellungen dieser beiden Beispiele, Stadt und Land als Einheit zu begreifen, konnten freilich insofern nur bedingt in Ostschwaben durchschlagen, als die jeweiligen Territorien schon in der räumlichen Ausdehnung viel zu wenig Spielraum ließen. Zudem wurden sie nur in einigen Aspekten bis zur Mitte des 16. Jahrhunderts tatsächlich realisiert, vielfältig aber auch erst projektiert bzw. anvisiert. Die älteren Reichsstädte waren damit zwar in der Lage, den Entwicklungsvorsprung zu halten, doch zeigen die Gegenmaßnahmen, daß sie mögliche Einschränkungen und damit ein Abbröckeln der Randbezirke ihrer Einzugsgebiete als bedrohlich empfanden, wenn die Zulieferung zum eigenen Zentrum damit beeinträchtigt war.

Führt man die bisher dargelegten Entwicklungsstränge zusammen, so ergeben sich deutliche Diskrepanzen. Der Ausweitung der wirtschaftlichen Einflußräume der großen und mittleren Städte mit ihrer Tendenz zur Überschneidung steht die Einschränkung ihrer Möglichkeiten zur herrschaftlichen Durchdringung dieses Raumes gegenüber, dazu die Konsolidierung von Adels- und Klosterherrschaften und ihre zumindest ansatzweisen Versuche, auch eigene Zentren aufzubauen; dies führte zu einem komplizierten Geflecht von räumlichen Beziehungen. Gegenseitige Abgrenzungen von Territorien wurden überlagert von großräumigen Markt- und Produktionsstrukturen vor allem in der Weberei, die den Nerv der Gesamtentwicklung bildete. Lösungsmodelle, um diese strukturellen Belastungen zu überwinden, lassen sich einige herausfiltern.

Ein erstes stellte die eingangs erwähnte wirtschaftliche Kooperation dar. Seit 1476 die Weberzünfte von 11 oberschwäbischen Städten, darunter auch Landstädten, erstmals einen geschlossenen Bezirk abgegrenzt hatten, innerhalb dessen der Aufkauf von Garn geregelt wurde, ergaben sich eine ganze Reihe von Versuchen, auf dieser Ebene zwischenstädtischer Verhandlungen und Abkommen regionale Übereinkünfte zu treffen [35]. Freilich offenbarten sich dabei auch die konkreten Schwierigkeiten. Die weiteren Weberbündnisse bis 1532/36 konnten nur mühsam die Sonderinteressen der Einzelstädte auffangen – deshalb kehrte man zwischenzeitlich zu eigenen Marktgeboten zurück. Zum anderen ergab sich

[35] Zum Garnbund von 1476 *Schulte,* Aloys: Geschichte der Großen Ravensburger Handelsgesellschaft 1380–1530. Stuttgart 1923, Bd. 1, 479 f.; Bd. 3, 482 f. Insgesamt *Westermann* 1914, 399–401. *Kießling* 1985, 462–469.

verstärkt die Frage, wie man die „Prälaten" und „Herren" einbeziehen könnte, um dadurch ihre Wirksamkeit zu erhöhen. Immerhin erwies sich dieses Modell zumindest zwischen den Reichsstädten als praktikabel, so daß es auf andere Marktbereiche ausstrahlte [36]: seit 1491 bis 1540 zur gemeinsamen Regelung des Getreidehandels, 1542/43 auch für den Viehhandel. Doch nur einmal, 1530/31 anläßlich der großen Teuerung, war die Einbeziehung der Territorien des Adels und der Klöster tatsächlich zu realisieren.

Was immerhin unterhalb dieser Ebene im Rahmen einzelstädtischer Maßnahmen konkretisiert wurde, war die Kooperation mit unmittelbar benachbarten Herrschaften auf der Basis des gegenseitigen Vorteils: die Optimierung der Marktbeschickung. Memmingen gab um 1513/23 wie „üblich" geeichte Getreidemaße an die benachbarten Adelsherrschaften Erolzheim und Marstetten aus, erließ allgemein die Zoll- und Meßgebühren für Gültgetreide, begünstigte 1509 den Viehauftrieb für die Herrschaft Kronburg – das sind nur einige Beispiele, die sich anhand anderer Städte verallgemeinern lassen [37].

Eine Verzahnung anderer Art spielte sich auf der Ebene der bürgerlichen Handelsgesellschaften ab. Während die Große Ravensburger Handelsgesellschaft insgesamt als wirtschaftliches Pendent zur engen politischen Zusammenarbeit der oberschwäbischen Reichsstädte erscheint [38], überschritten die einzelnen Handelshäuser durch ihre Aufkaufpraxis und teilweise vertragliche Absicherung ihrerseits die Grenzen reichsstädtischer Markt- und Produktionszentralität. Georg Besserer von Memmingen etwa schloß 1514 unter Beteiligung des Truchsessen von Waldburg einen Monopolvertrag mit der Stadt Wurzach, wonach das gesamte Produktionsaufkommen an Golschen aus der Herrschaft Waldburg übernommen werden sollte [39]. Auch die Mindelheimer Golschenhandelsgesellschaft [40] setzte seit den 90er Jahren ihre Waren zunächst über die Memminger Kaufleutegesellschaften der Funk, Schütz und Löhlin ab, die sie in den Südosthandel einschleusten, ehe Augsburger Firmen an ihre Stelle traten. Im Ries dominierten in der 1. Hälfte des 16. Jahrhunderts die Augsburger Firmen [41], zum Teil bereits unter Umgehung der Nördlinger Schau; sie beherrschten ohnehin den mittelschwäbischen Bereich bis vor die Tore Ulms und Memmingens, in dem sich die kleinen Adels- und Klosterherrschaften drängten.

[36] *Kießling* 1985, 424–434, 439–444.

[37] *Ders.:* 1985, 430, 440. 1980, 172–181. *Ders.* 1979, 194 (für Augsburg).

[38] *Schulte* 1923. 1, 16 ff. Zur politischen Zusammenarbeit *Blezinger* 1954, 3–7 und passim. *Eitel*, Peter: Die oberschwäbischen Reichsstädte im Zeitalter der Zunftherrschaft. Stuttgart 1970, 10–16. *Ders.*: Die oberschwäbischen Reichsstädte im ausgehenden Mittelalter. In: Ulm und Oberschwaben 39 (1970), 9–25.

[39] *Vochezer*, Josef: Geschichte des fürstlichen Hauses Waldburg in Schwaben. Bd. 2. Kempten 1890, 710. *Eirich*, Raimund: Memmingens Wirtschaft und Patriziat 1347–1551. Weißenhorn 1971, 213.

[40] *Kießling* 1983, 119–121, 129. Ausführlicher 1985, 639–644.

[41] *Ders.*: 1985, 700–706.

Läßt sich somit festhalten, daß die wirtschaftlichen Strukturbedingungen auf eine regionale Kooperation hinauslaufen mußten, so bedarf die sozialgeschichtliche Komponente noch einer kurzen Beleuchtung. Da ist zunächst an die bekannte Tatsache zu erinnern, daß die in unserem Raum vorherrschenden zünftischen Verfassungsordnungen in den Reichsstädten die zumindest latente Dominanz einer patrizischen bzw. kaufmännischen Oberschicht nicht verhindern konnten. Auf die Besetzung der städtischen Spitzenämter durch Mitglieder aus einem relativ engen Kreis besonders potenter Familien ist immer wieder verwiesen worden [42]. Für die Beschreibung dieser städtischen Oberschicht ist auch ihr ländlicher Grundbesitz heranzuziehen, vor allem dort, wo er sich stärker ausbilden und halten konnte, wie etwa in Augsburg, Ulm, Memmingen und Biberach [43]. Bei aller Differenzierung im einzelnen, als Grundzug schält sich gerade seit der 2. Hälfte des 15. Jahrhunderts eine Tendenz zur „sekundären Aristokratisierung" heraus. Mochte der Aufkauf von Gütern, Höfen, Zehnten. Dörfern, Niedergerichts- und Patronatsrechten etc., der seit der Mitte des 14. Jahrhunderts verstärkt einsetzte, zunächst relativ ziellos erscheinen und nur vom tatsächlich möglichen Zugriff auf zum Verkauf stehende Güter abhängig und zudem von einem starken Interesse an der Kapitalanlage bestimmt sein, je länger der Besitz in einer Familie gehalten wurde, desto ausgeprägter kristallisierte sich auch der Wille zur herrschaftlichen Arrondierung heraus. Mit ihr ging nicht nur ein Abbau fernhändlerischer Aktivitäten Hand in Hand, sondern auch die Bereitschaft, städtische Ämter zu übernehmen und über lange Zeiträume zu versehen – nicht selten aber auch das Hinauswachsen aus der städtischen Gesellschaft und die Übersiedlung auf mit Herrensitzen versehene Landgüter.

Die Sättelin von Memmingen beispielsweise, noch Mitte des 15. Jahrhunderts in der Schmiede- und Merzlerzunft, schieden seit Anfang des 16. Jahrhunderts als Inhaber der Herrschaft Eisenburg teilweise aus dem Bürgerverband aus, die Vöhlin folgten in den 20er Jahren mit dem Erwerb der Herrschaften Illertissen und Neuburg a. d. Kammel.

[42] Vgl. *Maschke*, Erich: Verfassung und soziale Kräfte in der deutschen Stadt des Spätmittelalters, vornehmlich in Oberdeutschland. In: Vierteljahresschrift für Sozial- und Wirtschaftsgeschichte 46 (1959), 289–349, 433–476; *Geiger*, Gottfried: Die Reichsstadt Ulm vor der Reformation. Ulm 1971, 17–37. *Eitel* 1970, 77–106. *Hauptmeyer*, Carl-Hans: Probleme des Patriziats oberdeutscher Städte vom 14. bis zum 16. Jahrhundert. In: Zeitschrift für bayerische Landesgeschichte 40 (1977), 39–58.

[43] *Kießling*, Rolf: Bürgerlicher Besitz auf dem Land – ein Schlüssel zu den Stadt-Land-Beziehungen im Spätmittelalter, aufgezeigt am Beispiel Augsburgs und anderer ostschwäbischer Städte. In: Fried, Pankraz (Hg.): Bayerisch-Schwäbische Landesgeschichte an der Universität Augsburg 1975–1977. Sigmaringen 1979, 121–140. Für einzelne Städte vgl. *Hohenstatt* 1911. *Eirich* 1971. *Schmitt*, Hubert: Das Patriziat der Reichsstadt Biberach und seine Grundbesitzpolitik bis zum Beginn des 16. Jahrhunderts. Diss. masch. Tübingen 1955. *Kießling* 1979, 206–215. *Ders.*: Augsburg zwischen Mittelalter und Neuzeit. In: Gottlieb 1984, 245 f. *Ders.*: 1985, 100–146 (Nördlingen), 327–401 (Memmingen), 527–556 (Lauingen), 611–624 (Mindelheim).

Die für die Fugger in der 1. Hälfte des 16. Jahrhunderts konstatierte Sonderexistenz zwischen Stadtbürgertum und Landadel [44] hatte vielfältige Parallelen und zeichnete sich bereits Jahrzehnte vorher bei anderen Familien und Städten gleichermaßen ab. Die Verbindung mit dem Niederadel der städtischen Nachbarschaft ist ebenfalls mehrfach zu belegen. Andererseits konnten auch entscheidende Führungspositionen in den Adelsherrschaften mit Familien besetzt sein, die ihrerseits enge Verflechtungen mit dem reichsstädtischen Bürgertum aufwiesen, wie etwa die Hofmeisterfamilie der Hainzel von Mindelheim. Die von den Reichsstädten seit langem geprägten netzartigen Verbindungen [45] dehnten sich also auch auf die Landstädte aus und stellten einen nicht zu unterschätzenden Integrationsfaktor dar.

In Memmingen [46] waren die acht wichtigsten Stellen – Bürgermeister, Ammann und sechs Geheime Räte – Anfang des 16. Jahrhunderts über lange Jahre von einigen wenigen Familien besetzt, die ein „gemischtes Tätigkeitsfeld" charakterisiert, die also Ämter, Grundbesitz und Fernhandel miteinander verbanden, somit sowohl Verbindungen zum Schwäbischen Bund wie zur Ravensburger Handelsgesellschaft hatten, dazu eigenen Landbesitz und damit offen für regionale Bezüge waren. Sie steuerten auch Memmingen in den Jahren 1516/17 in jene neue Phase der Territorialpolitik, in der der Rat selbst eingriff und obrigkeitliche Züge annahm. Ähnliches wurde für Ulm aufgezeigt, wo die „Gerontokratie der Wohlhabenden" ein besonders ausgeprägtes Herrschaftsverständnis in der Stadt und in ihrem Territorium an den Tag legte [47], aber auch in Augsburg [48], das in der Territorialpolitik nur begrenzte Erfolge aufzuweisen hatte, weil sein Umland schon weitgehend von Hochstift/Domkapitel und den alten Stiften der Stadt besetzt war.

Doch darf darüber nicht übersehen werden, daß die innerstädtische Situation vielfach labil blieb. Der Druck der zünftischen Handwerker mit ihrer Tendenz zu einer eher „konservativen" Abgrenzung von Stadt und Land setzte sich mehrfach durch, vor allem was die Abwehr des ländlichen Handwerks und der Konzentration der Produktion in der Stadt betraf, äußerte sich aber auch, wie das Beispiel Memmingen zeigt, im Widerstand gegen die finanziellen und politischen Belastungen, die sich aus einer formellen Territorialpolitik ergaben [49].

[44] *Mörke,* Olaf: Die Fugger im 16. Jahrhundert. Städtische Elite oder Sonderstruktur? In: Archiv für Reformationsgeschichte 74 (1983), 141–162.

[45] Beispielhaft zur Patriziatsforschung *Rieber,* Albrecht: Das Patriziat von Ulm, Augsburg, Ravensburg, Memmingen, Biberach. In: Rössler, Helmut (Hg.): Deutsches Patriziat 1430–1740. Limburg/Lahn 1968, 299–351. *Eirich* 1971, 90–97 und passim.

[46] *Eitel* 1970, 77–106. *Kießling* 1985, 728–735.

[47] *Naujoks,* Eberhart: Obrigkeitsgedanke, Zunftverfassung und Reformation. Studien zur Verfassungsgeschichte von Ulm, Esslingen und Schwäbisch Gmünd. Stuttgart 1958, 34. *Geiger* 1971, 34–37.

[48] *Kießling* 1984/2, 241–244, 247 f.

[49] *Kießling* 1985, 728–735; auch *Eitel* 1970, 96–101. *Kroemer,* Barbara: Die Einfüh-

Die Konsequenzen aus der Gesamtentwicklung lagen jedoch in der Betonung der lokalen bzw. regionalen Perspektive der Politik. In der 2. Hälfte des 14. Jahrhunderts entsprach der vielfältigen Umlandpolitik, die hier ihre stärkste Ausprägung erfuhr, noch das weitmaschige Netz des Schwäbischen Städtebundes, das auch nach 1388 sich zunächst nicht grundsätzlich veränderte bzw. neu formierte und von den Mittelstädten in Ober- und Niederschwaben getragen wurde [50], während sich die Großen, vor allem Augsburg und Nürnberg, nur sehr zögernd und nur teilweise anschlossen, ansonsten aber auf ihre Selbständigkeit bedacht und verhandlungsbereit blieben [51]. Eine wesentliche Begründung wird man dafür nicht nur in der größeren politischen Gefährdung der Klein- und Mittelstädte sehen dürfen, sondern auch in einem stärkeren Angewiesensein auf die Nachbarschaft.

Diese Nachbarschaft nahm im Laufe des 15. Jahrhunderts an Bedeutung zu, als die Verflechtung intensiver wurde. Was in der älteren Forschung als „negatives Reichsbewußtsein" [52] beklagt wird, erweist sich genauer gesehen und in positiver Charakterisierung als „Regionalisierung der Politik" einschließlich der Bereitschaft zum ständischen Ausgleich. Dies schlug sich bereits in der 1. Hälfte des 15. Jahrhunderts in einer städtischen Bündnispolitik nieder, die zu Recht als „Lokalisierung der Friedensgewalt" interpretiert wurde [53], doch wird man sie auch mit den Erfordernissen, „die die engen Wirtschaftsbeziehungen der Städte mit den sie umgebenden Räumen nach sich zogen", erklären können [54].

Das Beispiel Nördlingen ist dafür besonders interessant, weil gerade hier die Konkurrenz zwischen der Reichsstadt und der Grafschaft Oettingen hartnäckige

rung der Reformation in Memmingen. Über die Bedeutung ihrer sozialen, wirtschaftlichen und politischen Faktoren. In: Memminger Geschichtsblätter 1980, 1–226, hier 48–59. Hier findet sich allerdings eine etwas einseitige Bewertung der Vorgänge zugunsten der Kaufleute-Oberschicht.

[50] *Blezinger* 1954, 3–7, 21–33.

[51] *Schnith,* Karl: Reichsgewalt – Schwäbischer Bund – Augsburg. Zur politischen Konstellation im späten 14. Jahrhundert: In: Zeitschrift des Historischen Vereins für Schwaben 74 (1980), 104–119. *Ders.*: Die Reichsstadt Augsburg im Spätmittelalter (1368–1493). In: Gottlieb 1984, 153–165. *Heimpel,* Hermann: Nürnberg und das Reich des Mittelalters. In: Zeitschrift für bayerische Landesgeschichte 16 (1951/52), 231–264. *Kießling* 1985, 737–745.

[52] *Bader,* Karl Siegfried: Der deutsche Südwesten in seiner territorialstaatlichen Entwicklung. Sigmaringen ²1978, 57 f., 150. *Bock,* Ernst: Der Schwäbische Bund und seine Verfassungen 1488–1534. Breslau 1927, S. XII. Kritisch dazu *Isenmann,* Eberhard: Reichsstadt und Reich an der Wende vom späten Mittelalter zur frühen Neuzeit. In: Engel 1979, 9–223, hier 9–16. *Berthold,* Brigitte: Städte und Reichsreform in der 1. Hälfte des 15. Jahrhunderts. In: Töpfer, Bernhard (Hg.): Städte und Ständestaat. Berlin-Ost 1980, 59–111, hier 103 ff.

[53] *Angermeier,* Heinz: Königtum und Landfriede im deutschen Spätmittelalter. München 1966, 420.

[54] So *Berthold* 1980, 105; freilich wird dieser Aspekt von ihr nicht näher konkretisiert.

Auseinandersetzungen auslöste, aber auch eine Serie von Nachbarschaftsverträgen nach sich zog [55]. War zunächst zwischen 1390 und 1407 mit verschiedenen Abkommen zur ersten Konsolidierung der gegenseitigen Rechtssphären ein Zustand des Gleichgewichts hergestellt worden, der allerdings durch die Dynamik der oettingischen Territorialpolitik in Frage gestellt wurde und in der unruhigen Phase vor dem 2. Städtekrieg in einer Reihe von Fehdehandlungen kulminierte, so regelte 1452 ein 20jähriger Vertrag nicht nur die inhaltlich entstandenen neuen Konflikte, sondern setzte auch ein Verfahren zur Beilegung von Streitigkeiten fest, für die ein Schlichtungsausschuß vorgesehen war, besetzt mit je sechs befreundeten Städten bzw. Fürsten. Dieses Verfahren funktionierte immerhin in den nächsten Jahrzehnten soweit, als verschiedene Verhandlungen und Verträge zustande kamen, wenn auch der entscheidende Punkt, die Verzahnung von Stadt und Land nicht überwunden, das Klima nur mühsam durch Präzisierungen und Ergänzungen der bisher gefundenen Abgrenzungen beruhigt werden konnte. Um und nach der Jahrhundertwende spitzte sich allerdings das Konfliktfeld wieder zu, die sogenannten Lerchenkriege (1496, 1566, 1571) wegen des niederen Jagdrechts und die Viktualiensperren sowie langjährige Prozesse am Reichskammergericht wechselten mit neuen Nachbarschaftsverträgen ab. Die Begrenztheit des Mittels der Schiedsgerichtsverfahren und der Verrechtlichung der Beziehungen liegt auf der Hand, doch können auch gewisse Elemente der Ritualisierung der Gegensätze nicht übersehen lassen, daß die tatsächlichen Bindungen und personellen wie wirtschaftlichen Verflechtungen in diesem Fall auch das besonders gefährdete Nördlingen in seiner „Insellage" erhielten, ja sein wirtschaftliches Gewicht als regionales Zentrum trotzdem einen gewissen Aufstieg aufweisen konnte, obwohl die Bedeutung der Pfingstmesse zurückging [56].

Für Memmingen stellte sich das Problem aufgrund der „Gemengelage" anders [57]. Die Reichsstadt hatte verschiedene adelige und klösterliche Kleinherrschaften zu Nachbarn, die den Bewegungsspielraum nicht so massiv einschränkten, wenn auch die Notwendigkeit, auf die Mächtekonstellation in der Region mit differenzierten Reaktionen zu antworten, gleichfalls geboten war. In seiner Führungsrolle der „oberen" Reichsstädte, also jener Gruppe, die mit der oberschwäbischen Reichslandvogtei verbunden gewesen war, war Memmingen schon seit dem ausgehenden 14. Jahrhundert hinter Ulm und dessen weitreichenderen Beziehungen hervorgetreten. Entsprechende regionale Einungen bestimmten seither auch die Antwort auf die Fehdetätigkeit des Adels bis weit in die 2. Hälfte des 15. Jahrhunderts, wobei auch die Anbindung von benachbarten Adeligen

[55] Grundzüge unter herrschaftsgeschichtlicher Fragestellung bei *Kudorfer,* Dieter: Nördlingen. München 1974, 151–158; sowie *Kießling* 1985, 80–92.

[56] Gegenüber *Steinmeyer,* Heinrich: Die Entstehung und Entwicklung der Nördlinger Pfingstmesse im Spätmittelalter mit einem Ausblick ins 19. Jahrhundert. Nördlingen 1960, 145–150; mit neuen Ergebnissen *Kießling* 1985, 151–156, 233–239.

[57] Ausführlich *Kießling* 1985, 319–326.

durch Paktbürgerrecht und Söldnerverpflichtung ein gewisses Gegengewicht schuf. Zum anderen versuchte der Rat durch Bündnisse mit Sigmund von Tirol 1483 das gefährliche Vordringen der Wittelsbacher im ostschwäbischen Raum auszugleichen, mit dem man andererseits 1485 ein Abkommen schloß.

Schiedsrichterliche Verfahren zur Beilegung lokaler Auseinandersetzungen im Rahmen des Schwäbischen Bundes oder mit Hilfe kaiserlicher Kommissionen führten zudem sehr häufig die Nachbarn zueinander.

Der Schwäbische Bund [58] als institutionelle Klammer erscheint somit auf dem Hintergrund der Entwicklungsmomente als Schlußpunkt einer ohnehin auf die Regionalisierung zulaufenden Politik. Ohne den konkreten Anlaß einer Frontstellung gegen die wittelsbachischen Interessen in Schwaben negieren zu wollen, die Kooperationsmöglichkeiten der Beteiligten wurden auf diese Weise entschieden gestärkt [59]. Die Praxis „einer ausgeglichenen Austragsgerichtsbarkeit für alle Streitigkeiten untereinander“ [60] schien vor allem für die mittleren und kleineren Städte Sicherheit und Überlebensmöglichkeit zu bieten. Daß die Bundesrichter als „homogene Personengruppe“ [61] mit gleichzeitigen verwandtschaftlichen Bindungen integrierend wirkten, wobei die reichsstädtischen Vertreter aus dem grundbesitzenden Patriziat kamen, mußte diese Klammer noch verstärken. Das obrigkeitliche Selbstverständnis des städtischen Rates gegenüber der Bürgergemeinde im allgemeinen, den Zünften im besonderen, aber nicht zuletzt auch gegenüber den ländlichen Untertanen, tat ein übriges, um die Angleichung der Herrschaftsträger zu erleichtern [62].

Darüber hinaus konnte sich diese Begegnung auf eine Vielzahl informeller Kontakte stützen [63], in denen gerade der Begriff der „Nachbarschaft“ besonders häufig auftaucht und die Alltäglichkeit zu spiegeln vermag, sei es daß „aus guter Nachbarschaft“ zur Versorgung von Adeligen und Klöstern mit Baumaterial auch die eigenen städtischen Verordnungen suspendiert, sei es daß für die Aufnahme von Kranken das Spital geöffnet, sei es daß regelmäßig Geschenke ausgetauscht und gemeinsame Gastmähler abgehalten wurden. Diese Mechanismen der Kommunikation funktionierten selbst noch in der Zeit der Reformation, als die verschiedenen Bekenntnispositionen die Partner in unterschiedliche Lager verwiesen.

[58] Zur Gründung und Zielsetzung des Schwäbischen Bundes mit unterschiedlichen Akzentuierungen *Bock* 1927, 23 ff. *Hesslinger,* Helmo: Die Anfänge des Schwäbischen Bundes. Ulm 1970, 47–110. *Laufs,* Adolf: Der Schwäbische Kreis. Ahlen 1971, 74–106.

[59] Darauf verweist auch *Blickle,* Peter: Die Revolution von 1525 München ²1981, 138.

[60] *Angermeier* 1966, 435.

[61] *Frey,* Siegfried: Das Gericht des Schwäbischen Bundes und seine Richter 1488–1534. In: Engel 1979, 253.

[62] *Naujoks* 1958, 24–41.

[63] Vgl. mit zahlreichen Belegen *Kießling* 1985, 92–99 (Nördlingen), 319–326 (Memmingen).

Achatz Frhr. von Müller

Überregionale Identität und rituelle Integration im Florentiner Quattrocento

„Das Werden des italienischen Nationalgefühls" sei von drei für Italien schicksalhaften Mächten behindert worden: Rom, dem Papsttum und dem deutschen Kaisertum. So wenigstens ließ es vor bald einem halben Jahrhundert Walter Goetz in seiner immer noch lesenswerten gleichnamigen Betrachtung vernehmen [1]. Die stärkste Förderung hingegen habe die überregionale Identität Italiens von den Humanisten seit Petrarca erhalten, die entgegen allen faktischen Regionalisierungsbestrebungen tapfer nur auf die Macht der Feder gestützt die Idee einer „natio Italica" hochgehalten hätten. Wieviel „Zeitgeist" und wieviel standesgemäße Überschätzung von Professorengeist dieses Bild prägten, soll hier nicht untersucht werden. Zu fragen ist vielmehr, ob der Gegensatz von nationalen Ideologemen, universalistischer Utopie und regionalem Machtpragmatismus tatsächlich die Entwicklung der italienischen Renaissancegesellschaft so prägte, wie es insbesonders die deutsche Forschung immer wieder wollte [2], und vor allem dies: Welchen Charakter haben die Regionalisierungsprozesse des 15. Jahrhunderts in Italien? Was bedeuten sie für die Entfaltung dessen, was die Forschung sich in immer wieder neuen Anläufen seit Jacob Burckhardt müht, „Renaissance" zu nennen? Und schließlich: Welche Bedeutung gewinnen umgekehrt die überregionalen Identifizierungsmuster der Renaissancegesellschaften und ihrer humanistischen Protagonisten für eben diese Prozesse? Die wichtigste Stimme, die gegen Ende des 14. Jahrhunderts die durchaus dialektische Spannung zwischen überregionalen Identitätsmustern und regionalen Integrationsprozessen formuliert, ertönt aus Florenz. Es ist der Staatskanzler der Republik Coluccio Salutati, der seine Mitbürger auffordert, sich als Florentiner und Italiener zugleich zu fühlen: „Sum gente Italicus, patria Florentinus" [3].

[1] *Goetz,* Walter: Das Werden des italienischen Nationalgefühls. In: Ders.: Italien im Mittelalter. I. Leipzig 1942, 61–124.

[2] Vgl. *v. Martin,* Alfred: Soziologie der Renaissance. München ³1974. *Buck,* August: Zu Begriff und Problem der Renaissance. Darmstadt 1969. Dieser Sammelband gibt einen recht guten Überblick über die ältere Renaissanceforschung und die „deutsche Rolle" in ihr.

[3] Coluccio *Salutati:* Epistolario. A cura di Francesco Novati. II. Roma 1895, 254.

Schon v. Martin hatte allerdings darauf hingewiesen, daß in dieser Formel dem patria-Begriff höhere Bedeutung zukommt. Mit ihm sei nämlich zugleich die „libertas Romana" konnotiert, die für die „patria gloriosa et regia urbs", für Florenz, eine typologische Leitfunktion besitze [4]. Salutati selbst drückt die verpflichtende geschichtliche Beziehung zwischen Florenz und Rom mit hohem rhetorischen Aufwand und den verbindlichsten Legitimationsfiguren aus. Durch Natur- und Bürgerrecht nämlich sei man als Florentiner zugleich Römer und damit frei: „Quid enim est Florentinum esse nisi tam natura quam lege civem esse Romanum et per consequens liberum et non servum" [5]. Daß Florenz im Zuge des Konfliktes mit Mailand eben diesen als Entscheidung über Freiheit oder Tyrannis für ganz Italien propagierte, wurde in der neueren Forschung durchaus zur Genüge betont [6]; somit ging bereits vom patria-Begriff, wie ihn Coluccio in diesen Kämpfen formulierte, auch ein dynamischer Zug aus, der tendenziell auf ganz Italien zielte.

Dennoch war Salutati nicht Machiavelli. Sein Begriff von der Einheit Italiens blieb letztlich unpolitisch. „Natio Italica" und „gens Italica" [7] schienen ihm allein literarisch einlösbar. Als humanistische Abstraktionen leisteten sie durchaus ihre Dienste, konnten jedoch der „libertas Florentina" kaum Paroli bieten. Fast war ja im Gegenteil die Einheit Italiens zum Vorwand für den Expansionismus der mailändischen „Tyrannis" geworden [8]. Die berühmte „Invektive" Salutatis wenigstens schließt nicht ohne Spitzfindigkeit gerade vom Überleben der Partikularmacht Florenz auf die Rettung der „liberta Italiae": „Wer sieht nicht, daß dieses unser Volk die gemeinsame Sache der Freiheit Italiens verteidigt, daß, wenn das Florentiner Volk besiegt würde, die Freiheit nicht überleben könnte, ... sondern ganz Italien in hilflose Knechtschaft versänke" [9].

Wie man sieht, besitzt die dialektische Spannung von „Einheit" und „Freiheit" durchaus ihre eigene Geschichte. Aber diese bleibt als Geschichte literarischer Pamphlete eben doch auch „storia inutile". In diesem Sinne hatte die Forschung schon früh nach der ideologischen Verbindlichkeit humanistischer Rhetorik gefragt und damit stets sowohl „Wirkungsgeschichte" wie „soziale Repräsentativi-

[4] *v. Martin*, Alfred: Coluccio Salutati und das humanistische Lebensideal. Leipzig-Berlin 1916, 129 ff.

[5] Coluccio *Salutati*: Invectiva in Antoninum Luschum. Florenz 1826, 54.

[6] Vgl. *Baron*, Hans: The Crisis of the Early Italian Renaissance. Civic Humanism and Republican Liberty in an Age of Classicism and Tyranny. Princeton ²1966. Das Buch hat seit seinem ersten Erscheinen eine Flut von Debatten ausgelöst und auch viel Widerspruch gefunden. Zu diesem weiter unten. Zustimmend äußerten sich Eugenio Garin, August Buck, Denis Hay, um nur einige wichtige Vertreter der Forschung zu nennen.

[7] Die Begriffe sind häufig gebraucht, vgl. *v. Martin* 1916, 130 f.

[8] *Baron* 1966, 36, 140.

[9] *Salutati* 1826, 61.

tät" angesprochen [10]. Weder das humanistische Pathos Salutatis noch seine patriotische Dialektik konnten dabei in der gleichzeitigen politischen Alltagssprache der Florentiner Republik wiedergefunden werden. Selbst Salutatis eigene diplomatische Korrespondenz, die er als Kanzler in den „Missive" zusammenstellte, bewegte sich auf einer entschieden pragmatischeren Ebene. Erst später – so betonen die Ergebnisse einer systematischeren Lektüre der „Consulte e Pratiche" – haben rhetorische Aufwendigkeit und von humanistischen Identifikationsmustern durchsetzte Redefiguren auch die Debatten der „Räte" begleitet [11].

Ein Blick auf und in die ganz vom „Volgare"-Ton getragenen Popularnovellen Franco Sacchettis oder die „Kaufmannsnovellistik" Giovanni Sercambis wäre in der Lage, uns ganz andere Sprechweisen und Sozialmetaphern vor Augen zu führen. Gerade diese Novellistik zielte – wie schon Burckhardt betonte – in deutlicher von der neueren Forschung oft zu Unrecht verwischter Distanz gegenüber den Abstraktionen des humanistischen Pathos auf „Wirklichkeit". Von den Hörern dieser historischen Anekdoten erwartete man, daß sie sich selbst und ihre Nachbarn wieder erkannten – nicht die Brieffreunde Ciceros oder die Verschwörer um Catilina [12]. Die florentinischen Akteure in diesen „novelle" vermitteln ein gegenüber den pathetischen Identitätsmustern Sacchettis überaus widersprüchliches Bild von der Stadtgesellschaft, der sie angehören. Immer wieder zeigt sich hier, daß sie sich zu allererst als Mitglieder familiarer Verbände oder ständischer Gruppen fühlen, erst in zweiter Linie dann auch als Florentiner. Man ist also zunächst und vor allem „un cavaliere de' Bardi" oder „uno dei Bardi", um eines der vielen Beispiele bei Sacchetti zu bemühen [13], und selbst gegenüber dem Fremden erscheint man nur hin und wieder als „Fiorentino".

Insgesamt tritt uns hier an der Wende zum 15. Jahrhundert das gleiche Bild entgegen, das vor allem G. Brucker aus der Lektüre der „Consulte e Pratiche" entwickelt hat. Bei einer Ausweitung der Quellenbasis jedoch läßt es sich durchaus noch weiter differenzieren, vor allem mit Blick auf die eigentümliche, städtische Einheit vorspiegelnde „Bürgermaske", die sich die Florentiner Wirtschaftselite angelegt hatte, um der antiaristokratischen Verfassung der Stadt zu entsprechen. Hinter dieser Maske verfügte die Florentiner Gesellschaft weder

[10] Damit ist natürlich vor allem die kritische Reaktion auf Baron gemeint. Zu den wichtigsten Kritikern gehören Seidlmayer, Herde und *Brucker,* Gene: Humanism, Politics and the Social Order in Early Renaissance Florence. In: Bertelli, Rubinstein, Smyth (Hg.): Florence and Venice: Comparisons and Relations. I. Florenz 1979, 3–11.

[11] Das macht Brucker in o. a. Aufsatz deutlich. Es ist dies aber auch Ergebnis seines Buches: *Brucker,* Gene: The Civic World of Early Renaissance Florence. Princeton 1977, 248 ff.

[12] *Burckhardt,* Jacob: Die Kultur der Renaissance in Italien. Ein Versuch. Hrg. v. W. Kaegi. Berlin–Leipzig 1930, 261 f. – *Bec,* Christian: Les marchands écrivains. Affaires et humanisme à Florence 1375–1434. Paris 1967, 175 ff.

[13] Franco *Saccetti:* Novelle. II. Firenze (Napoli) 1724, 175 ff.

über einen zureichenden Begriff von Autonomie und Souveränität noch über ausreichende Integrationsmittel. Die Gruppen dieser Gesellschaft sammelten sich in korporativen Organisationen oder ständischen Familienbündnissen („amicizie") und bezogen von diesen ihre politische Dynamik. Ihre Rivalität untereinander verhinderte nicht nur die Demaskierung der Elite, sondern auch die Ausbildung eines tragenden kommunalen Selbstbewußtseins. Erst die Kämpfe mit dem Papsttum und vor allem mit den mailändischen Visconti gaben nach der internen sozialen und politischen Krise der Revolte des popolo minuto auch einen äußeren Anstoß zur allmählichen „Integration" der Gesellschaft. Es war – trotz aller berechtigten Kritik an den Studien H. Barons – die historische Rolle des Florentiner „Bürgerhumanismus", Leitmuster für diesen Prozeß zu formulieren.

Allerdings sollten hier sogleich die Grenzen dieses Prozesses angedeutet werden, ohne daß sie schon an dieser Stelle genau abzustecken wären. „Integration" im Sinne des klassischen Begriffsverständnisses von Smend setzt die Existenz des „Staates" voraus: „Der Staat ist nur, weil und insofern er sich dauernd integriert und aus dem einzelnen ausbaut" [14]. „Staat" aber war die Florentiner Kommune noch keineswegs; womit sich allenfalls Smends übertragbare Typenlehre anbietet, die die Integration durch Personen, durch kollektivierende Lebensformen und durch Symbole unterscheidet [15]. Die beiden letzten seien hier besonders ins Auge gefaßt. Aber zunächst geht es nicht um Formen, sondern um Funktionen dieses Prozesses. Hierfür scheint bei vormodernen Gesellschaften jener Ansatz weiterführender, der Stadtgesellschaften dieses Typs in einem dauernden Balanceakt zwischen Integration und Konflikt sieht [16]. „Integration" in diesen Gesellschaften zielt zu allererst auf Konfliktverhinderung. Gegenüber bestimmten Gruppen jedoch bedarf es mehr. So benötigen die Besitzer von informeller Macht – wirtschaftlicher, sozialer, religiöser – Teilhabe an formeller politischer Macht oder einen entsprechenden Ersatz der sie zufriedenstellt. Natürlich kann auch Machtersatz als eine Art Konfliktverhinderung angesehen werden, jedoch gewinnen die „Instrumente" dafür häufig genug eigene, die Gesamtgesellschaft transformierende Qualität. Zudem gehört es zur Konfliktverhinderung für vormoderne (nur für sie?) Gesellschaften, in Phasen konjunktureller oder struktureller Depression bestimmten Gruppen die Integration zu verweigern und sie zu marginalisieren [17]. Solange Teile der „Unterschicht" ohne eigene Organisation bleiben, schafft das ihnen inhärente „Marginalisierungs-

[14] *Smend,* Rudolf: Verfassung und Verwaltungsrecht. München–Leipzig 1928, 20.

[15] *Smend* 1928, 25, 32, 48.

[16] Vgl. *Kopitzsch,* Franklin – *Lorenzen-Schmidt,* Klaus-J.: Stadtpolitik zwischen Integration und Repression. In: Sozialwissenschaft 9 (1980) 6–11.

[17] Zur Marginalisierung von „Unehrlichen" zur Zeit der Krise vgl. *Graus,* František: Randgruppen der städtischen Gesellschaft im späten Mittelalter. In: Zeitschrift für historische Forschung 8 (1981) 385–437.

potential" offenbar günstige Voraussetzungen für weitere Integrationsschübe gegenüber anderen „konfliktträchtigeren" Gruppen.

In der durchaus komplexen Gesellschaft des florentinischen Quattrocento stufte sich der Integrationsprozeß entsprechend vielschichtig ab. Der entscheidende Impuls ging dabei von der oligarchischen „Demaskierung" der Elite aus. Der nun offen zur Schau gestellten Herrschaftsrolle galt es Anerkennung zu verschaffen. Die in Zünfte und Nachbarschaften, Familienverbände und Bruderschaften verteilte Bürger- und Einwohnerschaft der Stadt mußte enger als zuvor an die Kommune und die sie tragenden Gruppierungen gebunden werden. Das patria-Pathos der Florentiner Bürgerhumanisten um Salutati sollte hier seine durchaus konkrete Aufgabe haben.

Ein deutliches Zeichen des wachsenden Selbstbewußtseins der Kommune ist aus dem Jahr 1408 zu vernehmen. In den „Consulte" diskutieren die Florentiner über den Vorschlag, die beiden Päpste des Großen Schismas (Gregor XII., Benedict XIII.) nach Florenz zu laden, um dort den Kirchenstaat zu beenden. Einer der Fürsprecher ist Cristofano Spini, Nachkomme jener bedeutenden Magnatenfamilie, die in der ersten Fassung der „Ordinamenti di Giustizia" von politischer Betätigung in der Stadt ausgeschlossen worden war. Nach einem Jahrhundert vorsichtiger Zurückhaltung kommt Cristofano jetzt wieder zur Sache: „Niemals seit 1381 (Hinweis auf das Ciompi-Trauma) war unser Regiment so stabil wie heute, denn alle, die die Zugehörigkeit zu ihm verdienen, haben sie auch – und es gibt überhaupt nichts zu befürchten" [18].

Vor dem Hintergrund der bis dahin geübten ängstlichen Abschließung der Stadt gegenüber allen auswärtigen Mächten und Mächtigen erscheint die Fürsprache Spinis als Symptom eines tiefgreifenden Wandels. Vor zwei Päpsten auf einmal schreckten auch Gesellschaften mit sehr viel stabileren Traditionen zurück. Florenz befand sich damit auf einem Weg, der die Kommune endgültig aus dem „mittelalterlichen" Schatten der Universalmächte führen sollte. Von der Debatte des Jahres 1408 führte eine gerade Linie zu den Besuchen Martins V. und Eugens IV., der die Stadt zum Florentiner Konzil besuchte und schließlich zur Bewährungsprobe durch den Aufenthalt Kaiser Friedrichs III. (31. 1. bis zum 6. 2. 1452): ein Strom kontinuierlich wachsenden Selbstvertrauens. Voraussetzung für diese Entwicklung war die interne Herrschaftssicherung der urbanen Elite, die wiederum aus der Selbstdarstellung der Kommune auf den Empfängen und Festen für die hohen auswärtigen Besucher Prestigegewinn für sich selbst zog. Auf glänzende Weise schien sich hier die humanistische Panegyrik der Salutati nachfolgenden Kanzler der Republik in Wirklichkeit zu verwandeln [19].

Als nicht weniger bedeutsam erwies sich die Durchsetzung und Sicherung der

[18] *Brucker* 1977, 300.

[19] Zu den berühmten humanistischen Kanzlern vgl. nach wie vor *Baron* 1966, 357 ff.

florentinischer Herrschaft und Hegemonie in der Toskana. Wirtschaftliche Sicherung der Stadt, politisches Prestige und unmittelbarer Gewinn für die Elite und darüber hinaus nicht wenige Mitglieder des popolo boten genügend Anreiz, die florentinische Dominanz in Contado und Distretto gebührend herauszustreichen. Die integrative Bedeutung dieser „imperialen" Komponente ist gewiß nicht zu unterschätzen – wenigstens für die Gesellschaft der Stadt selbst. In welcher Weise die Herrschaft der Stadt über das Land der urbanen Gesellschaft immer neu vor Augen geführt wurde, ist noch zu zeigen. Ob und wie sich die Integrationsreferenz zwischen „Herrschern" und „Beherrschten" auch auf die ländliche Gesellschaft erstreckte, wird dabei noch nicht zu prüfen sein.

Die komplexe Struktur des Integrationsprozesses mit seinen unterschiedlichen „Ebenen" spiegelt sich am deutlichsten in jenen jährlich wiederkehrenden Ritualen, die die städtische Gesellschaft und ihr Appendices so vollständig wie möglich versammelten. Im allmählichen Wandel des Rituals erschien zudem nicht nur – für einen Augenblick wie in einem Spiegel reflektiert – die Veränderung kollektiver Mentalität, sondern die normative Funktion des Festes machte dieses selbst zu einem immaginativen Vehikel des Integrationsprozesses.

Das Hauptfest der Florentiner war der Tag ihres Stadtpatrons, Johannes des Täufers. „La festa S. Giovanni" in den Tagen um den 24. Juni versammelte nicht nur die Gesellschaft der Stadt, sondern auch ihre Untertanen in Contado und Distretto [20]. Unter den zum Fest auftretenden städtischen Korporationen – Zünfte, bewaffnete Nachbarschaften, Bruderschaften, Festgenossenschaften und Parte Guelfa – war die „Kommune" stets nur eine von vielen gewesen. Noch war die Zeit keineswegs vergessen, in der wie im Jahr 1300 die „Magnati" versucht hatten, die Vertreter der popolanen städtischen Korporationen anläßlich der von diesen angeführten Johannisprozession mit Waffengewalt aus dem Festzug zu drängen. Die Bürgervertreter – so sollen sie dabei gerufen haben – hätten sie um die ihnen in der Stadt zustehende Ehre gebracht [21]. Die Vertreter der Kommune, die Signoria, waren dabei keineswegs ausgenommen worden, wie denn die Kommune eben auch nicht als Gegenstand der Verehrung, sondern als einer von vielen Partizipienten am Ritual der festlichen Demonstration zu Gunsten des städtischen Patrons auftrat. Deutlich genug hatte sich das Fest allerdings nicht ohne Einwirkung der kommunalen Behörden seit Ende des 13. Jahrhunderts in eine

[20] Zum Problem des Renaissancefestes ist die kunstgeschichtliche Literatur reich. Vgl. zuletzt *Pinelli,* Antonio: Feste e trionfi: continuità e metamorfosi di un tema. In: Biblioteca di Storia dell'Arte, Memoria dell'Antica nell'Arte Italiana. II. Milano 1985, 281–350. Zur Festa S. Giovanni: *Guasti,* Cesare: Le Feste di S. Giovanni Battista in Firenze. Descritte in Prosa e in Rima dei Contemporanei. Florenz 1884. – *Gori,* Pietro: Le Feste Fiorentine attraverso i secoli. Le Feste per San Giovanni. Firenze 1926. Beides zugleich als Quellensammlung zu benützen. *Artusi,* L. – *Gabbrielli,* S.: Feste e Giochi a Firenze. Firenze 1976. Vor allem *Trexler,* Richard C.: Public Life in Renaissance Florence. New York 1980.

[21] *Compagni,* Dino: Cronica delle Cose Occorrenti ne'Tempi suoi. Milano 1965, 11.

Demonstration der Frömmigkeit und eine Selbstdarstellung der politisch und sozial hierarchisch geordneten Stadtgesellschaft aufgespalten. Der Prozession des Klerus und der Bruderschaften am 22. Juni folgten am 23. und 24. Juni die Wachstribute der gesamten Bürgerschaft – wenigstens soweit ihre Mitglieder männlich waren und das 15. Lebensjahr erreicht hatten – und der feierliche Opferzug der Kommune. Ihre singuläre Stellung hatte die Kommune bereits im Laufe des 14. Jahrhunderts dadurch ausgedrückt, daß sie den eigentlichen Festtag des Patrons sich selbst reservierte. Doch war sie auch hier keineswegs allein. Den Zug führten die „Capitani della Parte Guelfa" an, in ihrem Gefolge städtischer und auswärtiger Adel sowie Botschafter und Vertreter anderer Mächte und Herrschaften, aber auch solche unterworfener Städte und Burgen. Diesen folgten die von ihnen dem Heiligen dargebrachten „offerte", riesige oft hundert Pfund schwere Kerzen, die von Karren oder Trägern transportiert wurden, seit 1343 – auf Veranlassung des zeitweiligen „Signore" der Stadt, Walter von Brienne – zunehmend eingerahmt von Reitern, die im Namen der Florenz untertänigen Städte und Burgen dem Patron ihrer Herrenstadt den fälligen symbolischen Tribut in Form eines „palio" zukommen ließen [22]. Dahinter rollte, auf einem reich geschmückten, von zwei Ochsen gezogenen Karren das Kerzenopfer der Florentiner Münze, die alle anderen Opfergaben in den Schatten stellte – Symbol der „Akkumulationskraft" der Stadt [23]. Sie leitete zugleich über zur Prozession der Kommune, an deren Spitze ihre wichtigsten Präsentationsämter feierlich daherschritten. Es waren der Podestà – das einstige formelle Oberhaupt der Stadt – und der Gonfaloniere della Giustzia, seit 1306 offizieller Repräsentant der städtischen Herrschaft nach innen und außen. Erst dann folgten die Prioren, die gemeinsam mit dem Gonfaloniere die Signoria bildeten, und schließlich die Inhaber jener beiden Ämter, die traditionell den popolanen Charakter des Regiments ausgedrückt hatten: der Capitano del Popolo und der Esecutore degli Ordinamenti di Giustizia; beide Ämter waren im Laufe des 14. Jahrhunderts zu bloßen Symbolen des „Guelfismo" abgesunken. Dieser ganze Zug der Repräsentations- und Herrschaftsämter der Kommune, der zugleich diese selbst verkörperte, wurde seit seiner „Integration" in das städtische Ritual aufs prächtigste von Herolden und Musikanten eingerahmt. Es war also von Beginn an ein eindrucksvoller Auftritt, für dessen Entstehung die oben angeführte Attacke des Adels auf den Popolo einen wichtigen chronologischen Anhalt gibt. Dennoch erschien die „Prozession der Kommune" nicht als Höhe- und Schlußpunkt dieses Festzuges zu Ehren des Florentiner Stadtpatrons. Seine Climax fand er vielmehr in einer durchaus sinnreichen „Prozession der städtischen Tugenden". Potestas, Caritas und Magnanimitas der Florentiner Bürgerschaft erschienen hier nämlich vor den Augen des einheimischen und fremden Publikums, das man sich nicht

[22] Giovanni *Villani:* Cronica. Ed. Dragomanni. Florenz 1844/45, Lib. XI, 10.
[23] So treffend *Trexler* 1980, 261.

zahlreich genug vorstellen sollte, in Gestalt einer Art funktionalen Symbolik. Mit anderen Worten: noch waren es nicht jene antiker Bildersprache entsprungenen Allegorien, die die spätere Festszene bevölkern sollten, sondern unmittelbar eingängige „verdinglichte" Resultate der darzustellenden Tugenden: eine mit Goldmünzen beschlagene Kerze auf dem „Carro della Zecca" stand für „Macht durch Reichtum", ein Zug freigelassener Gefangener drückte für alle genügend sichtbar die „caritas" der Kommune aus, die sie zugleich in ihrer Darbietung an den Heiligen auch von diesem wieder für sich selbst reklamierte; florentinische „magnanimitas" schließlich konnte wohl kaum deutlicher werden als durch den kostbarsten und aufwendigsten „palio" der ganzen Prozession, der als „Palio di San Giovanni" zugleich den Ehrenpreis für ein Wettrennen darstellte, das am Schluß des Festes durch die ganze Stadt führte. In der Prozession des Trecento bildeten denn auch die Rennpferde, die „Barberi", die Schlußgruppe – aber auch sie trugen hier Kerzen zu Ehren des Heiligen [24].

Noch war die Kommune in dieser Prozession nur eine Gruppe von vielen, die dem Patron an seinem heiligen Festtag Verehrung und Opfer darboten. Nur mühsam und offensichtlich keineswegs ohne Widerstand hatte sie sich in das Ritual des von Klerus, Bruderschaften und Adel geprägten Festes integrieren können. Kontinuierlich nutzte sie jedoch das Festritual, um ihre eigene Bedeutung herauszustellen und im Bewußtsein der Öffentlichkeit der Stadt zu verankern. Der erste Schritt zu einer „Instrumentalisierung" des Festes als Präsentationsritual der Kommune war zweifellos die seit der Signorie Walters von Brienne zu beobachtende Praxis, die „Subiecti" der Stadt am Morgen des 24. Juni mit ihren Weihegeschenken für den Heiligen vor dem Stadtpalast auf der Piazza zu versammeln. Für einen Augenblick schien die Verehrung des Patrons hinter die Verehrung der Kommune zurückzutreten. Der großartige und eindrucksvolle Bericht Goro Datis von dieser Versammlung der „palii" und „ceri" vor dem Palazzo della Signoria läßt gar keinen Zweifel daran, daß bereits zu Beginn des 15. Jahrhunderts eben dieser Eindruck vorherrschte [25].

In der ersten Hälfte des 15. Jahrhunderts muß die Kommune einen weiteren Schritt zur Dominierung der „weltlichen" Prozession am 24. Juni getan haben. Matteo Palmieri berichtet sehr genau von der Johannisprozession des Jahres 1454 [26] und zeigt dabei, daß die Amtsinhaber der Kommune nun erst am Schluß des Zuges in Erscheinung traten. Wie in der älteren Prozessionsordnung machten Parte Guelfa und Adel wieder den Anfang, gefolgt von der Tributsprozession der „Subiecti", der Manifestation des Florentiner Reichtums durch den mit Goldmünzen bepflasterten „cero" der Zecca, an die sich wie früher die Demon-

[24] Der Zug wird zu Beginn des 15. Jhs. von Gregorio Dati vollständig beschrieben, Guasti 1884, 4 ff.

[25] Ebenda.

[26] Matteo *Palmieri*. In: Guasti 1884, 20 ff.

stration der „caritas“ anschloß, wie gewohnt in Gestalt der Freigelassenen. Unmittelbar darauf sah man die „Barberi“ samt ihren „Jockeys“ und schließlich den prachtvollen Palio di San Giovanni. Erst jetzt trat die eigentliche Prozession der Kommune in Erscheinung und schloß zugleich den Zug der „offerta“ für den Heiligen ab. – Deutlich hatte die Elite es verstanden, die Rolle der Kommune in der Prozession zu betonen. Sie war es, die nun den Höhepunkt des feierlichen Aufzugs darstellte, der zuvor noch durchaus „ungegliedert“ allein auf die Vorrangstellung der sozial dominanten Gruppierungen in und um die Parte Guelfa bedacht schien. Der Vorrang von Parte und Adel war auch jetzt nicht zu bestreiten – sie führten unangefochten den Zug an. Doch dahinter zeigte sich nun eine deutliche Umstrukturierung der Prozession, die anders als zuvor nun auf eine „Gesamtwirkung“ angelegt war. Der Opfergabe der Beherrschten folgten mit der Demonstration von Reichtum, Gnade, Tapferkeit und Großherzigkeit wesentliche Tugenden, die sich die Florentiner Bürgerschaft gern anheftete, als deren Garant aber vor aller Augen jetzt allein die Kommune erschien. Zwischen Parte Guelfa an der Spitze der Prozession und der Kommune an ihrem Ende bewegten sich wie in einer integrierenden Klammer die entscheidenden Identitätsmerkmale der Stadt: ihre Herrschaft, ihre Ökonomie, ihr Ethos.

Zu gleicher Zeit müssen auch Ausstattung der „kommunalen Prozession“ und interne Rangfolge festgelegt worden sein, wobei nicht nur der Eindruck höchster Pracht und Bedeutsamkeit angestrebt, sondern vor allem der Rang der „Signoria“ vor den älteren Ämtern betont wurde. In der ersten allein der „Prozession der Kommune“ gewidmeten Ordnung, die aus inneren, hier nicht zu erörternden Gründen kurz nach 1439 entstanden sein muß[27], wird bestimmt, daß nach einem Rang und Würde dieses Teils der Prozession unterstreichenden Aufmarsch von Herolden, Musikanten und Pagen die Reihe der kommunalen Ämter von Gonfaloniere della Giustizia anzuführen sei, der vom Proposto der Prioren – d. h. ihrem jeweiligen Debattenleiter – und dem Podestà begleitet werde. In den Reihen dahinter hätten die anderen Prioren zu folgen, reich gekleidet, paarweise der Prozession folgend. Es war der Gonfaloniere, der die „Prozession der Kommune“ nach dieser Ordnung anzuführen hatte. Deutlich erschien er vor der Florentiner Gesellschaft über die anderen Amtsträger herausgehoben – auch über den Podestà. Dies entsprach einer auch sonst in der ersten Hälfte des 15. Jahrhunderts zu beobachtenden Betonung der Signoria und ihres formellen Oberhauptes. Im aristokratisch beherrschten Gemeinwesen des Dugento war der Podestà die erhabene Ordnungsautorität der Stadt gewesen; im popolanen System der Zunftherrschaft und der des „popolo grasso“ hatte sich die Signoria neben die von auswärtigen Rittern besetzten Richter- und Repräsentationsämter des Capitano del Popolo und Podestà geschoben. In Palast und Loggia pflegten Signoria und Richter auf einer Höhe zu sitzen – als gleichrangig damit vor der

[27] Die Festordnung bei *Gori* 1926, 157 f.

Bürgerschaft gekennzeichnet. Im Jahr 1420 jedoch rückte die „suprema majestas" der Signoria über die Repräsentationsämter der Kommune. Den Richtern – Podestà, Capitano und Esecutore – wird ausdrücklich verboten, in der Loggia auf gleicher Höhe neben den Prioren zu erscheinen [28]. Die neue aristokratische Entrücktheit der Signoria drückt acht Jahre später Lorenzo Ridolfi in einer feierlichen Proklamation mit gegenüber kommunalen Ämtern bis dahin unerhörter Panegyrik aus: „So wie Gott angebetet werden soll, so sollt Ihr, Ihr Herren Priore, vor allen Bürgern verehrt werden. Und alle, die ihre Augen zu anderen erheben, beten falsche Götzen an und sollen verdammt sein" [29]. 1433 schließlich erhielt der Gonfaloniere den Titel „Pater Rei Publicae" – gerade ein Jahr bevor jener Mann aus dem venezianischen Exil nach Florenz zurückkehren sollte, dem die für ihre Unterwerfung dankbare Stadt den Titel „Pater patriae" verleihen sollte. Spätestens hier mußte die von Salutati in Bewegung gesetzte politische Panegyrik ihre Früchte tragen. Die Beispiele für die symbolische Aristokratisierung der Signoria lassen sich beliebig vermehren [30]. Zur Mitte des Quattrocento wenigstens standen diese formellen „Herrscher" von Florenz, die doch aber nur Repräsentanten der Bürgerschaft sein sollten, in allen rituellen und zeremoniellen Akten entrückt weit über ihr. Die Distanzierung zwischen „Herrschern" und „Beherrschten" entsprach jedoch der politischen Realität. Längst hatte die Elite die wichtigsten Positionen unter sich aufgeteilt – eine Elite, die zunehmend als „amicizia" der Medici-Familie definiert werden konnte.

Im Ritual der Johannisprozession hatte die Kommune im Verlauf des 14. Jahrhunderts eine bedeutsame Position erringen können. Wichtigstes Merkmal aber war es dabei gewesen, die eigene Integration in diese zuvor „gesellschaftlich" dominierte Szenerie nachzuweisen und zu behaupten. Seit den inneren und äußeren Krisen des späten 14. und frühen 15. Jahrhunderts begann die Kommune – zunehmend beherrscht von oligarchischen Faktionen – [31] die Prozession umzugruppieren und sie zum Ausdruck ihrer eigenen Dominanz zu machen. Dabei stellte sie sich als ordnende, die wichtigen Interessen, Leistungen und „Tugenden" des Florentiner „Systems" integrierende Potenz dar. Symbolisch führte sie diese Fähigkeiten Bürgerschaft und Stadtgesellschaft Jahr für Jahr vor Augen.

Daß „Integration" auch in der symbolischen Formulierung des Rituals zu allererst Unterordnung bedeutete und dabei die überregionalen Identitätsmuster der Humanisten eine bedeutsame Rolle spielten, wurde in der zweiten Jahrhunderthälfte rasch deutlich. Nicht weniger wichtig als die repräsentative Prozession

[28] *Brucker* 1977, 308.
[29] Ebenda.
[30] Ebenda und *Trexler* 1980, 257 ff.
[31] Vgl. *Kent,* Dale: The Rise of the Medici. Faction in Florence 1426–1434. Oxford 1978, 185 ff.

am Johannistag selbst war stets die Prozession am 22. Juni gewesen [32], die Kirchenfrömmigkeit und Volksfrömmigkeit vereinte. Klerus und Bruderschaften demonstrierten in ihren Prozessionen, daß das Fest des Täufers der städtischen Gesellschaft zuallererst als religiöses Ereignis wichtig war. Traditionell begleiteten die Bruderschaften ihre Prozessionen mit „edifici" – Schaugerüsten, auf denen großfigurige Szenen des Alten und Neuen Testaments, der Heilsgeschichte und Parusie dargestellt wurden. In seiner Festbeschreibung auf das Jahr 1454 liefert Matteo Palmieri ein eindrucksvolles Bild von 20 „edifici", die von den Bruderschaften auf Karren oder beweglichen Gerüsten durch die Stadt getragen wurden [33]. Hier sah man von der Schöpfungsgeschichte über den Auszug aus Ägypten, die Propheten, Geburt und Passion Christi bis zum jüngsten Gericht so ziemlich alles, was man an „sacra rappresentazione" erwarten konnte.

Die kunstvolle Aufwendigkeit dieser Prozessionsskulpturen wird noch Vasari besonders hervorgehoben [34]. Es verwundert daher gar nicht, daß schon Palmieri ihre außerordentliche Illusionskraft rühmt und dabei die schon in der Trecento-Novellistik beliebte Geschichte von „dummen Deutschen" erzählt, der auf den „Realismo" der Darstellungen hereinfällt und sich mit den „Häschern des Pilatus" auf einem der Gerüste herumzuschlagen sucht [35]. Das Schauspiel, das sich hier bot, war also durchaus ein „Renaissancekunstwerk" – und in diesem Sinne wollte gewiß auch Palmieri seine Geschichte verstanden wissen.

Wie kam es zu dieser seltsamen Verschmelzung von traditioneller Volksfrömmigkeit und „Renaissance"? Von Beginn an hatten die Medici auf einen gewissen „plebeischen" Gestus gesetzt. Gern ließ sich Cosimo als Freund des popolo minuto feiern, und immer wieder erzählen Anekdoten, Novellen und Chroniken Geschichten, in denen der „Pater patriae" seine Fähigkeit, mit den „kleinen Leuten" umzugehen, unter Beweis stellt [36]. Dieser Zug entsprach durchaus der berüchtigten „Volksfreundlichkeit" des Walter von Brienne und hatte vor allem den einen Sinn, die Herrschaftskonkurrenz in der politischen Elite zu begrenzen. Aber es war dieser politische Zug, den die Medici systematisch weiter ausbauten. Die Drohung der „plebeischen" Revolte, jener entscheidenden Krisenerfahrung des Trecento, wurde zu einer wichtigen Stütze ihres Regiments. Wer sie anrührte, spielte mit einem Feuer, das alle gern vermieden. Aber dies galt in gewissem Sinn auch für die „Volksfreunde" und ihren politischen Anhang selbst. Dieses Feuer konnte auch sie verschlingen; es galt daher, diese „gefährlichen" Gruppen so weit wie möglich in das bestehende System zu integrieren. Die rituelle Integration des popolo minuto war dafür ein wichtiger Schritt.

[32] Die Festzeit dehnte sich im Quattrocento aus. Daher muß man auf das einzelne Ritual achten, nicht auf temporale Strukturen.

[33] Matteo *Palmieri.* In: Guasti 1884, 22 f.

[34] *Vasari,* Giorgio: Leben der ausgezeichnetsten Maler etc. II. Stuttgart–Tübingen 1839, 156 ff. (Vita di Cecca).

[35] Matteo *Palmieri* wie Anm. 33.

[36] Vgl. Kent 1978, 106 ff.

Das Fest von 1454 basierte – wie Palmieri berichtet – auf einer neuen Festordnung. Die Prozession der Bruderschaften hatte einen eigenen, nur ihnen vorbehaltenen Tag zugewiesen bekommen, der die Bedeutung dieser popolanen Gemeinschaften allen sichtbar machte und ihr Selbstbewußtsein steigerte. Aber schon waren es gar nicht mehr nur religiöse Bruderschaften, sondern zunehmend Festgesellschaften – wenig später hießen sie „potenze" – vor allem des popolo minuto. Die Prozession von 1454 wurde angeführt von den „Kompanien des Tuchscherers Jacopo und des Schuhmachers Nofri mit etwa dreißig weiß gekleideten Kindern und Englein" [37]. Es waren die Prozessionen des popolo minuto, die den immaginativen, bilderreichsten Teil des Festes zu okkupieren begannen und damit „Medici-Politik" zum Ausdruck brachten. Es sollte vor allem Lorenzo dè Medici sein, der diese Politik rücksichtslos gegenüber den traditionellen Strukturen des Festes durchsetzte. Sie war eingebettet in ein ganzes Bündel von Maßnahmen, mit denen die demonstrative Aufwendigkeit von Lebensführung und Festpräsentation der großen Familien und potentiellen Herrschaftskonkurrenten zurückgedrängt und zugleich die rituellen Demonstrationen des popolo minuto auch zu anderen Anlässen gestützt wurden [38].

Aber selbstverständlich begann Lorenzo allmählich auch das ikonographische Programm der durch Medici-Geld zu „Renaissancekunstwerken" aufgestiegenen Schaubilder zu eigenen Gunsten umzugestalten. In einer Denkschrift der siebziger Jahre verlangte man im Medici-Kreis eine veränderte Prozession der Bilder. Von den 20 religiösen Motiven seien nur zehn zu erhalten, vier neue müßten hinzukommen. Alle vier zeigten nur ein Thema, allerdings in verschiedenen Variationen: den „Trionfo", Darstellungen der Triumphzüge Cäsars, des Pompeius, des Oktavianus und des Trajanus [39]. 1491 berichtet Tribaldo dè Rossi in seinen „Ricordanze", er habe einen solchen „trionfo dei trionfi" gesehen und zöge eine derartige „finzione naturale" allen „finzioni religiosi" bei weitem vor [40].

Hier hatten sich die Interessen Lorenzos überaus deutlich durchgesetzt. Jedermann in Florenz erkannte in den antiken Triumphen die Erhabenheit jener Familie wieder, die auch sonst mit Antikenreminiszenzen nicht sparte. Mit der Anspielung auf die antiken Herrscher rückte diese Familie selbst in die weltgeschichtlichen und überregionalen Herrschaftsbezüge, die mit diesen überall, wo man sie als Triumphierende zeigte [41], verbunden waren. Das Programm der Trionfi stammte aus der humanistischen Literatur, die seit Petrarca mit diesen Motiven spielte. Die überregionale Identität der natio Italiae" war von den

[37] Matteo *Palmieri* wie Anm. 33.
[38] Glänzend dargestellt von *Trexler* 1980, 367 ff.
[39] Alessandro *d'Ancona*: Origini del Teatro Italiano. I. Torino 1891, 186 f.
[40] Tribaldo de'*Rossi:* Ricordanze. Firenze 1787, 264.
[41] Vgl. *Pinelli* 1985.

Humanisten stets an die große römische Vergangenheit geknüpft worden. Sie war es, die auch in den Trionfi anklang. Im Festzug der „plebeischen" Festgenossenschaften und Bruderschaften auf Kosten und mit politischer Intention der Medici hatten diese aus den humanistischen Arsenalen stammenden überregionalen Identitätsmuster nur einen Sinn: den Anspruch der lokalen Herrschaftsfamilie darzustellen, in die überregionale „Familie der Fürsten" aufgenommen zu werden. Die Integration des „popolo minuto" in die rituelle florentinische Gesellschaft war dafür allerdings nur eine von vielen Voraussetzungen, die wie zuvor die rituelle Integration und schließlich Dominanz der Kommune das künftige „Theater der Macht" ahnen ließen.

Josef Válka

Die Stellung Mährens im Wandel des böhmischen Lehensstaates

Mähren ist in Mitteleuropa ein fester geographischer Begriff; es hat in der böhmischen und in der mitteleuropäischen Geschichte eine spezifische Stellung. Hier verlief im Mittelalter eine komplizierte politische Entwicklung, die durch die exponierte Lage des Landes am Kreuzweg der ethnischen Bewegungen, der Handelsstraßen und der Machtinteressen gegeben war. Nach dem Scheitern des Versuchs der mährischen Mojmiriden im 9. Jahrhundert, ein frühfeudales Reich zu errichten, wurde das Gebiet Mährens zum Objekt des Streites zwischen den frühfeudalen Staaten der böhmischen Přemysliden, der polnischen Piasten und der ungarischen Arpaden, aus dem die böhmischen Přemysliden siegreich hervorgingen. Seit den zwanziger Jahren des 11. Jahrhunderts wurde Mähren zum Bestandteil des böhmischen Staates und in seinem Rahmen später Teil der jagellonischen und der habsburgischen Monarchie [1].

Der territoriale Kern des mittelalterlichen böhmischen Staates war das verhältnismäßig große und verwaltungsmäßig geeinte Land Böhmen, an das im 11. bis 14. Jahrhundert weitere Länder angeschlossen wurden, überwiegend als Lehen des böhmischen Fürsten und Königs. Auf diese Art bildete sich allmählich das Staatsgebilde der „böhmischen Krone", dessen territoriale Entwicklung und Lehenskonstruktion um die Mitte des 14. Jahrhunderts Karl IV. abschloß [2]. Mähren wurde in den böhmischen Staat der Přemysliden und dann

[1] Neue Arbeiten zur Geschichte des mittelalterlichen Mähren: *Čerešňák,* Bedřich, et al: Přehled dějin Moravy [Übersicht der mährischen Geschichte], I. Teil: *Válka,* Josef: Od Velké Moravy do husitské revoluce [Vom Großmährischen Reich bis zur hussitischen Revolution], Brünn ²1983, Skriptum. – Die Geschichte Mährens ist regelmäßig in den Synthesen der böhmischen und der tschechoslowakischen Geschichte enthalten; zuletzt in: *Přehled* dějin Československa I/1, do roku 1526 [Übersicht der Geschichte der Tschechoslowakei, Teil I/1 bis zum Jahr 1526] Redaktion von *Purš,* J. und *Kropilák,* M. Prag 1980, mit Bibliographie. – *Handbuch* der Geschichte der böhmischen Länder. Hg. v. Karl *Bosl.* Stuttgart 1966. – *Výběrová bibliografie* nejnovější literatury [Ausgewählte Bibliographie der neuesten Literatur] in: Historiografie v Československu [Geschichtsschreibung in der Tschechoslowakei], 1970–1980, Prag 1980; 1980–1985, Prag 1985.

[2] *Seibt,* Ferdinand: Karl IV. Ein Kaiser in Europa 1346–1378. München 1978. – *Spěváček,* Jiří: Karl IV., Život a dílo [Karl IV., Leben und Werk] 1316–1378. Prag 1979.

der Luxemburger nicht als ein politisch einheitliches Land – ein Fürstentum – eingegliedert. In der Mitte des 11. Jahrhunderts teilte es sein erster Přemyslidenherrscher Břetislaw I. für die jüngeren Brüder des Prager Fürsten in drei fürstliche Lehen der Přemysliden auf (in die Gebiete um Olmütz, um Brünn und um Znaim); König Wratislaw II. erneuerte 1063 das mährische Bistum als ein weiteres direktes Lehen des böhmischen Herrschers. Die mährischen Fürstentümer sicherten zwar den Přemysliden die Herrschaft in Mähren; sie waren aber im 11. und 12. Jahrhundert auch Zentren der Unruhe und der Zwistigkeiten um den Prager Fürstenthron, den die mährischen Přemysliden nach dem Grundsatz der Nachfolge durch den jeweils Ältesten des Herrscherhauses für sich beanspruchten. Die Bemühungen um ihn lenkten die mährischen Přemysliden von einer zielbewußten „mährischen" Politik ab, die übrigens auch durch wiederholte Eingriffe der Prager Přemysliden gegen die Bestrebungen zu einer politischen Einigung Mährens verhindert wurde [3]. Daß ein geeintes Mähren eine Gefährdung der direkten Regierung des böhmischen Herrschers in diesem Land war, zeigten die letzten Jahrzehnte des 12. Jahrhunderts. In der Zeit der Krise des böhmischen Staates nämlich einte sich Mähren als Markgrafschaft und versuchte unter der Regierung des Znaimer Fürsten Konrad Otto II., sich von der Lehensabhängigkeit vom böhmischen Herrscher als direktes Reichslehen zu befreien, was am Hof Kaiser Heinrichs VI. begrüßt wurde [4]. Der böhmische Staat wurde dann durch König Přemysl Ottokar I. (1197–1230) aus der Krise geführt. Die mährischen Teilfürsten verschwanden zu dieser Zeit von der geschichtlichen Szene, und König Přemysl Ottokar I. übergab das geeinte Mähren als Markgrafschaft und Lehen des böhmischen Königs seinem Bruder Heinrich Wladislaw, der die mährische markgräfliche Linie der Přemysliden begründen sollte. Im Lauf des 13. Jahrhunderts starben jedoch die mährischen Markgrafen ohne Erben; Mähren kehrte immer wieder unter die direkte Regierung der böhmischen Könige und die Verwaltung ihrer Beamten in den früheren Teilgebieten zurück. Als selbständiges Lehen überdauerte auch das Olmützer Bistum, das während der Kolonisation im 13. Jahrhundert sein Vermögen um bedeutende nordmährische Besitztümer vergrößerte und ein System eigener Lehen im ganzen Lande schuf. König Přemysl Ottokar II. (1253–1278) trennte überdies das Troppauer Land von Mähren und schenkte es seinem un-

[3] *Fiala,* Zdeněk: Přemyslovské Čechy [Das Böhmen der Přemysliden]. Prag 1965. – *Nový,* Rostislav: Přemyslovský stát 11. a 12. století [Der Přemyslidenstaat des 11. und 12. Jahrhunderts]. Prag 1972. – *Krzemieńská,* Barbara: Břetislav I. Prag 1986.

[4] Diese vormals zwischen der tschechischen und der deutschen nationalen Geschichtsschreibung strittige Problematik ist zusammengefaßt in: *Kejř,* Jiří: O tzv. bezprostřední podřízenosti Moravy říši [Über die sogenannte direkte Unterstellung Mährens unter das Reich]. In: Sborník archivních prací 28 (1933) 233–291. – *Barborová,* Eva: Postavení Moravy v českém státě v době předhusitské [Die Stellung Mährens im böhmischen Staat in der vorhussitischen Zeit], 1182–1411. In: Sborník archivních prací 20 (1970) 309–363.

ehelichen Sohn Nikolaus, der hier die Dynastie der Troppauer Herzöge begründete. Auch das Troppauer Land wurde zum direkten Lehen des böhmischen Königs [5].

Die Aufteilung Mährens auf mehrere Fürstenlehen, das ständige Scheitern der Versuche um die Einigung des Landes im 11. und 12. Jahrhundert, das Aussterben der markgräflichen Linien im 13. Jahrhundert, das Fehlen eines Fürstenhofes und eines Zentrums, der andauernde starke Druck der Prager Herrscher und ihre direkte Regierung im Land, dies alles bewirkte, daß das mittelalterliche Mähren dauernd ein politisch zerstückeltes Land blieb und daß sich hier eine herrschende Adelsschicht mit einem entscheidenden Anteil von Böhmen aus der Gefolgschaft und den Beamten der Prager Přemysliden herausbildete. Mähren blieb zwar in der Sprache der Quellen immer ein fester Begriff, und seine Bewohner wurden als „Mährer" bezeichnet; die Tradition einer großmährischen Eigenstaatlichkeit wurde jedoch unterdrückt, und wir haben kein Zeugnis von einem „mährischen" Bewußtsein der herrschenden Schicht.

Auch in die Konstruktion der böhmischen Krone der Luxemburger war Mähren als markgräfliches, bischöfliches und Troppauer Lehen des böhmischen Königs einbezogen [6]. Nach dem Mißerfolg in Kärnten übergab Karl IV. die Markgrafenwürde seinem jüngeren Bruder Johann Heinrich (1349–1375); so entstand in Mähren eine Luxemburger Sekundogenitur, die zwei Generationen lang andauerte. Die böhmische und mährische Linie der Luxemburger waren durch feste gegenseitige Erbverträge verbunden. Karl IV. ordnete das mährische Landrecht und schuf die institutionellen Grundlagen des Landes unter der Herrschaft einer Nebenlinie seines Hauses. Dennoch scheiterte auch dieser letzte Versuch einer Fürstenherrschaft über ein geeintes Mähren in den Kämpfen der letzten Generation der Luxemburger, die schon eine ernste Krise der böhmischen Gesellschaft und des böhmischen Staates bedeuteten.

Seit dem frühen Mittelalter sind jedoch nicht nur die Dynastie und die Fürsten die alleinigen Träger böhmischer Staatlichkeit und politischer Gebilde im Rahmen des Lehensstaates, sondern auch die „führenden Männer" des Landes, die weltlichen und geistlichen Feudalen, die eine politische „Nation" bilden [7].

[5] Eine gute Übersicht über die territoriale und verwaltungsmäßige Entwicklung der Länder der böhmischen Krone bieten immer noch: *Kapras,* Jan: Právní dějiny zemí české koruny [Rechtsgeschichte der Länder der Böhmischen Krone]. 3 Bde. Prag 1913–1937. – *Vaněček,* Václav: Dějiny státu a práva v Československu do roku 1945 [Staats- und Rechtsgeschichte in der Tschechoslowakei bis zum Jahre 1945]. Prag 1945.

[6] *Válka,* Josef: Karlova integrace Moravy do českého státu [Karls Integration Mährens in den böhmischen Staat]. In: Jižní Morava 1980, S. 43–53.

[7] *Graus,* František: Die Nationenbildung der Westslawen im Mittelalter. Sigmaringen 1980. – *Merhautová,* Anežka/*Třeštík,* Dušan: Ideové proudy v českém umění 12. století [Ideenströmungen in der böhmischen Kunst des 12. Jahrhunderts]. Prag 1985. – *Třeštík,* Dušan: Proměny české společnosti v 13. století [Veränderungen der böhmischen Gesellschaft im 13. Jahrhundert]. In: Folia historica bohemica 1 (1979) 131–154.

In der zweiten Hälfte des 13. Jahrhunderts vereinen sich die führenden Männer in Böhmen zu einer „Gemeinde“, die als konstitutives politisches Band neben dem Staatsbewußtsein die „Sprache“ besitzt, durch die sie sich von den „Fremden“ unterscheidet, in den böhmischen Ländern besonders von den Deutschen. Am Ende des 13. und Anfang des 14. Jahrhunderts kämpfen die führenden böhmischen Männer – die „Landesgemeinde“ – siegreich gegen die Dynastie der Přemysliden, die in diesem Streit im Jahre 1306 erlischt, und mit den antretenden Luxemburgern. Die Herren und die bedeutenderen Prälaten etablieren sich als Mitherrscher, Berater und Beamte der regierenden Dynastie und verdrängen die Fremden. Den Kampf gegen die Fremden um die Macht im Staat führen in einigen Abschnitten böhmische und mährische Führer gemeinsam. Dennoch bilden sich in eben dieser Zeit – schon nach der Niederlage Přemysl Ottokars II. gegen Rudolf von Habsburg im Jahre 1278 und weiter gegen Ende des Jahrhunderts – zwei Landesgemeinden, eine böhmische und eine mährische, die „universitas nobilium terre Moravie“, letztere sogar unter der Führung eines Bischofs. Diese mährische Landesgemeinde empfängt dann von Johann von Luxemburg Privilegien, nach denen in Mähren Burgen und Ämter nur Mährern vergeben werden können (Moravo in Moravia). Die Gemeinde der Herren wird zur regierenden Schicht des Landes und formt im 15. Jahrhundert sein politisches Bewußtsein, das wir „Mährertum“ nennen.

Wir hielten es für erforderlich, der Analyse der politischen Strukturen des Landes Mähren und seiner Stellung im böhmischen Staat des 15. Jahrhunderts diese Einleitung vorauszuschicken. Damals wurde im Strudel der dramatischen Ereignisse der Krise der Dynastie der Luxemburger und der hussitischen Revolution erneut die Frage nach der Existenz eines böhmischen Staates, einer böhmischen Nation und nach neuen gegenseitigen Beziehungen zwischen den Ländern, die diesen Staat bildeten, gestellt. Wir sind der Meinung, daß das Wesen der Krise des Staates der „Böhmischen Krone“ in der Umwandlung der mittelalterlichen Lehensform des Staatsverbundes in eine ständische Form auf der Grundlage autonomer Länder besteht. Die Beziehung der Autonomie und der Freiheit des Landes zum Staat der böhmischen Krone kann die allgemeineren Probleme der Integration und Desintegration der Staaten Mitteleuropas an der Wende des 15. zum 16. Jahrhundert konkretisieren und illustrieren [8].

*

[8] Diese Studie stützt sich auf die Arbeit des Verf.: *Přehled* dějin Moravy II, Stavovská Morava 1440–1620 [Übersicht der Geschichte Mährens II, Das Mähren der Stände 1440–1620], die als Scriptum in Prag 1987 erscheinen wird, sowie auf eine Reihe weiter erwähnter Studien des Verf. Hier wird der Anmerkungsapparat auf die erforderliche Orientierung in der tschechischen Literatur beschränkt.

Mit dem Tod des Markgrafen Jobst stirbt 1411 die Linie der mährischen Luxemburger aus; gleichzeitig endet der Zustand, in dem der Markgrafenstuhl von Mähren durch einen speziellen fürstlichen Markgrafen besetzt war. Seither – mit Ausnahme der Jahre 1423 bis 1434 (Markgraf Albrecht von Habsburg) – ist stets der böhmische König mit Titel auch Markgraf von Mähren, und an der Spitze der Landesregierung steht ein Hauptmann, der bezeichnenderweise in manchen Quellen „Vizekönig" genannt wird. Im 15. und 16. Jahrhundert ist dieser Hauptmann eher ein Repräsentant der ständischen Landesgemeinde als der Herrschermacht des böhmischen Königs. Gleichzeitig mit dem Übergang Mährens unter die direkte Regierung des Königs der böhmischen Krone Wenzels IV. und unter die Verwaltung des Hauptmanns Lacek von Krawarn, der Hofmeister des Königs und der reichste Magnat in Mähren war, wurde 1412 zwischen König Wenzel, dem mährischen Adel und dem Bischof ein Landfrieden geschlossen [9].

Die Institution des Landfriedens taucht schon in der Zeit der Auseinandersetzungen der Luxemburger auf; sie ist der Ausdruck der Unfähigkeit der Macht des Herrschers, die grundlegende Aufgabe des Staates, den inneren Frieden, zu gewährleisten. Der Landfrieden ersetzt die Autorität des Herrschers und seine Organe durch eine kollektive Haftung der am Landfrieden Beteiligten für Sicherheit und Frieden; der König tritt hier nur als einer der am Landfrieden Beteiligten auf. In Mähren ist der Landfrieden des Jahres 1412 zudem ein Versuch, die Zeit der Briganten (der Wegelagerer) zu beenden, in der die mährischen Herren um ihre Burgen militärische Gruppen bildeten und durch sie einen Kleinkrieg im Dienst der Luxemburger oder einen Raubkrieg gegen die mährischen Städte führten [10]. Durch den Landfrieden, der harte Bestimmungen gegen Räuber und Friedensbrecher enthielt, sollte unter Führung des Hauptmanns und mit Unterstützung des gesamten Gemeinwesens im Lande der Frieden wiederhergestellt und die Grundlage einer Ordnung geschaffen werden, in der „das Recht" regiert.

Der Landfrieden sollte auch zu König Sigismunds Instrument gegen die hussitische Bewegung in Mähren werden. Fast der gesamte mährische Adel war, geführt vom Hauptmann Lacek von Krawarn, mit Protestschriften gegen die Einkerkerung und die Verbrennung von Jan Hus in die hussitische Bewegung eingetreten und hatte mit dem bömischen hussitischen Adel einen Abwehrbund gegen die Dekrete des Konzils von Konstanz geschlossen. Im Jahre 1421 zwang

[9] Der Landfrieden ist abgedruckt in: *Kniha Tovačovská* ... [Tobitschauer Buch ...]. Hg. v. Vinzenz *Brandl*. Brünn 1868, S. 25–28.

[10] Dieser Kleinkrieg ist detailliert in einer Reihe von Studien analysiert durch František Hoffmann; eine Zusammenfassung bei *Hoffmann*, František: K povaze drobné války, záští a násilných činů před husitskou revolucí [Zum Charakter des Kleinkriegs, des Hasses und der Gewalttätigkeiten vor der hussitischen Revolution]. In: Pocta akademiku Václavu Vojtíškovi k 70. narozeninám. Prag 1975, S. 55–75.

Sigismund die Mährer durch militärischen Druck, dem Hussitismus abzuschwören und einen antihussitischen Landfrieden zu schließen. Dieser Landfrieden scheiterte jedoch im Strudel der Hussitenkriege, in denen sich die Mehrheit des mährischen Adels den Hussiten anschloß, sich mit ihren böhmischen Verbänden zu gemeinsamen militärischen Aktionen verbündete und im Land die Hegemonie errang. Die Regierung Albrechts von Österreich, des Schwiegersohns von König Sigismund, dem der König 1423 die Regierung von Mähren übergeben hatte [11], beschränkte sich bald nur auf die großen königlichen Städte und einige Verbündete und wurde durch österreichische Garnisonen aufrechterhalten. Bis zum Jahre 1434 gelang es Albrecht nicht, Mähren zu beherrschen, die Autorität seiner Landesbeamten wieder herzustellen und einen neuen Landfrieden zu vereinbaren. Erst nach der Schlacht bei Lipany 1434 wurde der Landfrieden in Mähren erneuert, allerdings ohne die antihussitischen Artikel des Landfriedens von 1421, was den Weg zur Legalisierung des Hussitentums im Land ebnete [12].

Die hussitischen Kriege haben in Mähren einen besonderen Verlauf [13]. Die mährischen Hussiten hatten keine fest organisierten Verbände gebildet, wie sie in Böhmen die Grundform der politischen Organisation und des Kriegswesens darstellten, sondern die einzelnen hussitischen Hauptleute Mährens kämpften mit ihren Truppen an der Seite der böhmischen Verbände in einem lockeren Bündnis. Der Taboritenbund baute in Mähren aber ein Netz von Besatzungen und Festungen aus. In Mähren wurde nicht so zäh zwischen den hussitischen und den katholischen Mährern gerungen wie unter den Böhmen, und die „Landesgemeinde" überdauerte die Destruktion des Rechts und der Institutionen durch die Kommunikation des Adels über die Glaubensgrenzen hinweg. So konnte die Einheit des Landes durch den Landfrieden von 1434, und nach dem Tode Albrechts 1440 schon ohne einen Herrscher, erneuert werden. Die Wiederherstel-

[11] Immer noch wertvoll ist *Bretholz*, Berthold: Die Übergabe Mährens an Herzog Albrecht V. von Österreich im Jahre 1423. In: Beiträge zur Geschichte der Hussitenkriege in Mähren, Archiv für österr. Geschichte, Bd. LXXX/2. Sonderdruck Wien 1893.

[12] Mährische Landfriedensurkunden aus dem 15. Jahrhundert hg. v. *Kameníček*, František in: Archiv Český Bd. X, S. 241–253; XI, S. 282–405. Moderne Regesta der im Staatsarchiv in Brünn aufbewahrten Originale hg. v. *Švábenský*, Mojmír: Stavovské listiny [Ständische Urkunden] 1212–1847. In: Inventáře a katalogy fondů Státního archivu v Brně [Inventarverzeichnisse und Kataloge der Fonds des Staatlichen Archivs in Brünn], Nr. 22. Brünn 1965. – In den genannten Arbeiten sind die wichtigsten Materialien zur inneren Geschichte Mährens im 15. und zu Anfang des 16. Jahrhunderts veröffentlicht.

[13] *Hoffmann*, František: Morava před husitskou revolucí [Mähren vor der hussitischen Revolution]. In: Časopis moravského musea, Vědy společenské 49 (1984) 49–78 und 50 (1985) 103–146. – *Válka*, Josef: Morava a husitská revoluce [Mähren und die hussitische Revolution]. In: Moravský historický sborník. Brünn 1987. – *Šmahel*, František: La révolution hussite, une anomalie historique. Paris 1985.

lung der Einheit des Landes und der Ordnung war in Mähren auch darum möglich, weil hier die politisch-religiösen Unterschiede nicht so scharf ausgeprägt waren wie in Böhmen, wo die Glaubensgruppierungen (katholisch, Podiebrader Bekenntnis, taboritisches Bekenntnis) die Revolution überdauerten und erst im Jahre 1485 auf der Grundlage des Landrechts zu einer Koexistenz kamen [14]. Auch Kreis-Landfrieden, die ein Ausweg aus der Anarchie und dem Chaos waren, verschmolzen in Böhmen zumeist mit einer religiös-politischen Partei.

Das politische System im Mähren des 15. Jahrhunderts ist allerdings keine klassische Ständeordnung, sondern eher eine „Oligarchie des Herrenstandes" [15]. Etwa zwanzig Herrengeschlechter dominieren in Mähren politisch, wirtschaftlich und kulturell. In den Besitz dieser Geschlechter, von denen viele auf der Seite der Hussiten gekämpft hatten, kam seit dem letzten Drittel des 14. und während des 15. Jahrhunderts der Großteil des königlichen und markgräflichen sowie ein Teil des kirchlichen Besitzes [16]. Während des 15. Jahrhunderts konzentrierten sich die Güter des Herrenstands um die Burgen und die untertänigen Städte. Sie wurden zu Verwaltungs-, Produktions- und Markteinheiten, in deren Rahmen in der zweiten Hälfte des 15. Jahrhunderts die erste Phase der „wirtschaftlichen Revolution" begann, wie der mährische Historiker Fr. Hrubý die Umwandlung des Systems der Grundherrschaft in eine Gutswirtschaft benannte [17]. Um die Burgfestungen bildeten die Herren ein System von „Dienstmannen" aus dem niederen Adel, die die Grundlage der militärischen Abteilungen des Herrenstands bildeten. So kommt es im Mähren des 15. Jahrhunderts zu einem Prozeß der „Refeudalisierung" der politischen Beziehungen.

[14] *Eberhard*, Winfried: Konfessionsbildung und Stände in Böhmen 1478–1530. München-Wien 1981. – *Ders.*: Monarchie und Widerstand. Zur ständischen Oppositionsbildung im Herrschaftssystem Ferdinands I. in Böhmen. München 1985.

[15] Zu den Verwaltungsinstitutionen Mährens im 15. Jahrhundert *Tomaschek*, J. A.: Recht und Verfassung der Markgrafschaft Mähren im XV. Jahrhundert. Brünn 1863. – Für das 16. Jahrhundert vgl. die reichlich dokumentierte Arbeit von *Kameníček*, František: Zemské sněmy a sjezdy moravské [Mährische Landtage und Landesversammlungen]. 3 Bde. Brünn 1900–1905.

[16] Veränderungen der Besitzstände in Mähren und die wirtschaftlichen Verhältnisse der Feudaldominien sind dargestellt bei *Matějek*, František: Feudální velkostatek a poddaný na Moravě s přihlédnutím k přilehlému území Slezska a Polska ... [Der feudale Großgrundbesitz und der Untertan in Mähren, unter Berücksichtigung der angrenzenden Gebiete Schlesiens und Polens. Eine Studie über die Veränderungen in einem feudalen Großgrundbesitz in der zweiten Hälfte des 15. und in der ersten Hälfte des 16. Jahrhunderts]. Prag 1959.

[17] *Hrubý*, František: Z hospodářských převratů českých ve stol. XV. a XVI., se zvláštním zřetelem k Moravě [Zu den böhmischen wirtschaftlichen Umwälzungen im 15. und 16. Jahrhundert, mit besonderer Berücksichtigung Mährens]. In: Český časopis historický 30 (1924) 205–236.

Die Gruppe der Herrengeschlechter bemächtigte sich völlig der Landesinstitutionen. Nur Angehörige „alteingesessener Familien“ (die seit Menschengedenken oder zumindest seit drei Generationen ab ihrer Ernennung im Herrenstand sind) konnten an den Sitzungen des Landgerichts teilnehmen, in das jedes Geschlecht einen seiner Angehörigen delegierte, und die höchsten Landesämter bekleiden, wie die Hauptmannschaft, das Amt des Kämmerers, des Richters, des Schreibers und des Unterkämmerers. Bis zum Ende des 15. Jahrhunderts ließen diese Herren die Ritter, die in Böhmen nach der hussitischen Revolution Richterstellen und einige andere Ämter erworben hatten, nicht zur Mitregierung zu. Terminologisch äußert sich die Hegemonie des Herrenstands in den Bezeichnungen „Herrengericht“ (Landgericht) und „Herrenrecht“ (Landrecht). Die politische Souveränität der Herren ist in Mähren im 15. Jahrhundert auch dadurch gegeben, daß das Land-(Herren-)gericht gleichzeitig auch die Aufgabe eines Landtags wahrnimmt.

Die souveräne Stellung der Herren äußert sich nicht nur gegenüber den Rittern, sondern auch gegenüber der Kirche und den Städten. Auch in diesen Beziehungen zeigen sich die Folgen des spezifischen Verlaufs der hussitischen Revolution in Mähren. Der Adel hatte zwar um die Mitte des 15. Jahrhunderts die restlichen mährischen Städte in den Landfrieden einbezogen (zehn Städte in der Mitte, sechs Städte zu Ende des Jahrhunderts), er baute jedoch systematisch die Macht des Landrechts und der Institutionen des Landes gegenüber nichtadeligen Ständen aus, die mit einem eigenen Recht ausgestattet waren. Bezeichnend ist die Ausweitung des Landrechts auf Kosten des kanonischen Rechts und die Erweiterung der Kompetenz der Landesinstitutionen gegenüber kirchlichen Personen. Nicht nur in Streitigkeiten mit Kirchenangehörigen und Kirchenämtern wurden weltliche Personen aus der Zuständigkeit des Kirchenrechts gelöst, sondern auch im Eherecht; dies ermöglichte die Existenz von Mischehen zwischen Katholiken und Utraquisten. Den bedeutendsten Gewinn der Herren in ihren Beziehungen zur Kirche in Mähren stellte jedoch der Grundsatz dar, daß der Bischof von Olmütz nur aus den Angehörigen der heimischen Herrengeschlechter gewählt werden sollte [18]. Nur ein solcher Bischof würde dann einen bevorrechteten Sitz beim Landgericht und im Landtag einnehmen und uneingeschränkt am politischen Leben des Landes teilhaben können. So wird im Mähren des 15. Jahrhunderts der Bischof zu einer „ständischen Person“. Sowohl beim Landgericht als auch im Landtag sitzt er weder als Führer noch als Angehöriger des geistlichen Standes, sondern als wichtiges Mitglied der Kurie der Herren (der fürstliche Titel ist vergessen). So wird das

[18] *Válka,* Josef: Ctibor Tovačovský z Cimburka – O právě duchovním; K církevněpolitickým důsledkům... [Ctibor von Tobitschau auf Cimburg – Vom geistlichen Recht. Zu den kirchenrechtlichen Folgen der hussitischen Revolution in Mähren]. In: Z kralické tvrze XI (1984) 9–13.

Bistum von Olmütz voll in das System des Landes integriert. Um ihr Vermögen und ihre Stellung zu bewahren, mußten die Olmützer Bischöfe im 15. Jahrhundert mit dem „Land" verschmelzen, in dessen Leben sie im 15. und 16. Jahrhundert eine hervorragende Stelle einnahmen. Die Verschmelzung mit dem Land äußert sich auch darin, daß der weltliche Teil der Amtsgeschäfte der Olmützer Bischöfe in tschechischer Sprache geführt wurde. An den Landgerichten und Landtagen beteiligte sich mitunter auch der Herzog von Troppau; die Mährer beanspruchten die Souveränität des Landrechts im Troppauer Herzogtum. Die Verschmelzung des Olmützer Bistums mit „dem Land" war im 15. Jahrhundert eine der wichtigsten Voraussetzungen für die Koexistenz von Katholiken und Utraquisten, die durch das Landrecht garantiert war.

Ähnlich expandierte das Landrecht auch gegen die mährischen königlichen Städte. Von den vormals etwa dreißig königlichen und markgräflichen Städten Mährens kamen in der Mitte des 14. Jahrhunderts mehr als zwanzig unter die Verwaltung der Herrendominien. Zu Ende des 15. Jahrhunderts gab es in Mähren nur noch sechs königliche Städte, darunter nur vier wirklich bedeutende: Olmütz, Brünn, Iglau und Znaim [19]. Die Entfaltung des Systems der Gutswirtschaft zerstörte ihre mittelalterlichen Produktions- und Handelsmonopole. Die Paläste und Häuser des Adels innerhalb ihrer Stadtmauern befreiten sich vom Stadtrecht. Hingegen wurden Bürger der Stadt immer häufiger vor das Landgericht geladen. In Mähren entbrannte aber kein derart harter Wirtschaftskampf zwischen den Städten und dem Adel wie in Böhmen, wo zu Ende des 15. Jahrhunderts ein neuer „Bürgerkrieg" drohte. Streitigkeiten wegen der Rechtszuständigkeit des Land- und des Stadtrechts wurden durch einen Vertrag des Adels mit den Städten vom Jahre 1486 und eine Erklärung König Wladislaws im Jahre 1493 beseitigt. Diese Urkunden wurden in die Landesverfassung einbezogen. Im wesentlichen respektierten sie die Zuständigkeit des Stadtrechts für alle Häuser innerhalb der Mauern. Unter das Landrecht fielen nur diejenigen Vermögensangelegenheiten der Stadtbürger, die den „freien" Besitz betrafen. Die Untertanen lebten rechtlich unter dem Dominikalrecht und unter der dörflichen Selbstverwaltung. Das Landrecht regelte nur diejenigen Angelegenheiten der Untertanen, die die Umsiedlung zu einer anderen Grundherrschaft oder in eine Stadt betrafen [20].

[19] *Marek,* Jaroslav: Městská síť na Moravě v 15. a 16. století [Das Netz der Städte in Mähren im 15. und 16. Jahrhundert]. In: Časopis Matice moravské 90 (1971) 281–303. – *Ders.*: Společenská struktura moravských královských měst ... [Die gesellschaftliche Struktur der mährischen königlichen Städte im 15. und 16. Jahrhundert]. Prag 1965.

[20] Ein Vertrag aus dem Jahre 1492 und ältere Bestimmungen über Untertanen, übernommen aus dem „Tobitschauer Buch", abgedruckt bei *Čáda,* František: Zemské zřízení moravské z r. 1535 spolu s tiskem z r. 1562 nově vydaným [Die mährische Landesverfassung von 1535 zusammen mit dem 1562 neu edierten Druck]. Prag 1937.

Erst mit dem Ende des 15. und dem Anfang des 16. Jahrhunderts wird in Mähren die völlige politische Hegemonie des Herrenstandes durch Vollendung des ständischen Aufbaus der Institutionen beendet. Im Jahre 1492 wird die Anzahl der Sitze im Landgericht auf zwanzig beschränkt; vierzehn davon besetzen weiterhin die Herren, sechs die Ritter [21]. Das Landgericht, bisher territorial und institutionell auf zwei „Gerichtshöfe" – einen Olmützer und einen Brünner – geteilt, wird zu einem einzigen Organ, dessen Beamte für das ganze Land zuständig sind. Erst zu Anfang des 16. Jahrhunderts erlangen die Ritter auch einige Ämter im Land, wie Unterkämmerer, Hofrichter, Schreiber. Ihre militärische Dienstpflicht für die Herren wird allmählich eingeschränkt; sie sollen künftig militärisch nur dem König oder dem Land dienen. Gegen Ende des 15. Jahrhunderts wurde demnach in Mähren der Aufbau einer ständischen institutionellen Struktur „nach dem böhmischen Beispiel", wie bei Verhandlungen um die politischen Rechte der Ritter formuliert wurde, abgeschlossen. Das Verwaltungs-, Rechts- und Volkswirtschaftssystem des „Herrenstandes" in Mähren ist in einem Rechtshandbuch beschrieben, dessen Autor der humanistisch gebildete Utraquist und Landeshauptmann Ctibor von Tobitschau auf Cimburg ist [22]. Sein Buch erfüllte in Mähren die Funktion einer Landesverfassung. Ständische Organisationsordnungen wurden erst zu Beginn des 16. Jahrhunderts ausgearbeitet und von den Herrschern bestätigt, und die Landesordnung wurde erst 1535 im Druck herausgegeben [23].

*

Mit dem institutionellen ständischen Aufbau des Landes und dem regulären Funktionieren des politischen Lebens in Mähren (ein ähnlicher Prozeß lief in allen Ländern der Böhmischen Krone ab), kontrastiert die Erstarrung und der Stillstand in der Entwicklung des politisch-administrativen Mechanismus jenes Staatsgebildes, das im 15. Jahrhundert eine tiefgreifende Krise durchlebt [24]. In diesem Jahrhundert wechselte auf dem böhmischen Thron mehrmals die Dynastie; es kam zu Perioden eines Interregnums und einer Doppelherrschaft. Die radikalen Kräfte im Hussitismus problematisierten Regierung und Staat überhaupt [25]. Die staatsbildenden Elemente der Hussiten kehrten jedoch schon bald nach dem Tod Wenzels IV. im Jahre 1419 zum Prinzip der Monarchie zurück.

[21] *Archiv český* X, 306–311; dort auch der Abdruck weiterer Dokumente über die Wladislawschen Verwaltungsreformen.

[22] *Kniha Tovačovská* 1868.

[23] *Čáda* 1937.

[24] *Válka,* Josef: Stavovství a krize českého státu ve druhé polovině 15. století [Das Ständewesen und die Krise des böhmischen Staates in der zweiten Hälfte des 15. Jahrhunderts]. In: Folia historica bohemica 6 (1984) 65–98.

[25] *Kejř,* Jiří: Husité [Die Hussiten]. Prag 1984, S. 99–119.

Sie versuchten aber, Staat und Regierung auf neuen, mit den Zielen der Revolution übereinstimmenden Grundlagen aufzubauen. Für die Existenz des böhmischen Staates war wichtig, daß die böhmischen Hussiten und dann die böhmischen Stände an der Idee und der Existenz des Staates der Böhmischen Krone als Länderbund festhielten. Schon beim ersten Versuch, eine „hussitische“ Ständeregierung zu bilden, luden die Hussiten zu einem Landtag nach Čáslav (Tschaslau) im Jahre 1421 Vertreter aller Länder der Böhmischen Krone ein. Es sollte demnach ein „Kronlandtag“ sein, aus dem offensichtlich ein gemeinsames Regierungsorgan für die ganze Krone hervorgehen sollte [26]. Nach Tschaslau kamen jedoch nur Vertreter Mährens, die zwar die „Vier Artikel“ annahmen und zusagten, sie in Mähren als Landesgesetz durchzusetzen, jedoch ablehnten, Sigismund den Gehorsam zu verweigern, den sie ihm 1419 gelobt hatten. Auch weitere Versuche der Böhmen, während der hussitischen Revolution einen Landtag aller Länder der Böhmischen Krone einzuberufen, scheiterten an religiösen Differenzen. Schlesien und die Lausitz blieben katholisch; nur die mährischen Hussiten beteiligten sich an den Beratungen in Böhmen und an den hussitischen Landtagen.

So wie das Bemühen um eine Lösung der Religionsprobleme für die ganze Krone (Gesamtstaat) scheiterte – die Vier Artikel sollten gemäß den Basler Kompaktaten nur in Böhmen und in Mähren gelten –, scheiterten auch wiederholte Anstrengungen der böhmischen Stände, gemeinsame ständische Organe für die ganze Krone zu schaffen. Am aktuellsten waren diese Versuche bei den Wahlen der böhmischen Könige und ihrer Annahme, dem wichtigsten Akt im innenpolitischen Leben des Staates. Erstmals wurde die Frage der Wahl in vollem Umfang nach dem Tode Albrechts von Habsburg 1439 behandelt, dann beim Tode des Ladislaus Posthumus im Jahr 1457, nach dem Verzicht Georgs von Podiebrad auf die Vererbbarkeit des Throns in seinem Geschlecht gegen Ende der sechziger Jahre, und zuletzt nach dem Tode des Ludwig Jagiello im Jahre 1526 [27]. Auch wenn 1439–1440 die Einberufung einer Wahlversammlung der gesamten Krone erwogen wurde, führten schließlich die Wahl Albrechts von Bayern die Böhmen allein durch. Sie arbeiteten zwar einen einzigartigen Mechanismus der Wahl durch Vertreter der Stände im Konklave mit der Verpflichtung der Annahme der Wahl durch den Landtag aus, die Vertreter der Nebenländer wurden jedoch weder in den Wahlausschuß noch zu einer Wahlversammlung eingeladen [28]. Diese Situation wiederholte sich bei allen folgen-

[26] *Hlaváček*, Ivan: Husitské sněmy [Hussitische Landtage]. In: Sborník historický 4 (1956) 71–109.

[27] Diese Wahl analysiert *Janáček*, Josef: České dějiny. I/1: Doba předbělohorská 1526–1547 [Böhmische Geschichte. Buch I, Teil 1: Die Zeit vor dem Weißen Berg 1526 bis 1547]. Prag 1968.

[28] Die Beschreibung der Wahl in einem Brief des Oldřich z Rožmberka [Ulrich von Rosenberg] an das Konzil in Basel vom Jahresende 1440, abgedruckt in: Listář a listinář

den Wahlen und auch bei der formalen Annahme des Herrschers auf den böhmischen Thron. Wahl und Annahme wurden nur durch die Stände des Königreichs Böhmen (d. h. des Landes Böhmen) durchgeführt; sie gelobten dem neuen König nur in ihrem eigenen Namen und ließen sich ihre „Landes"privilegien bestätigen. Erst nach der Krönung unternimmt der neue Herrscher eine Rundreise durch die Länder der böhmischen Krone, wobei er in jedem Land gesondert die Gelöbnisse der Einwohner entgegennimmt und deren Landesprivilegien bestätigt. Diese Praxis, den Herrscher der böhmischen Krone nur durch böhmische Vertreter zu wählen, rief in den Nebenländern Proteste hervor und stärkte ihre Autonomie. Während des ganzen 15. Jahrhunderts kam es zu keinem ernsten Versuch, ein königliches oder ständisches Organ mit einem Anteil von Vertretern der Nebenländer und der Kompetenz für die ganze Krone zu bilden. Nicht nur das Symbol der Einheit des Staates, sondern zugleich ihr einziges reales Organ blieb der Herrscher und sein böhmischer Kanzler, der Urkunden und Mandate des Herrschers auch in die Nebenländer verschickte. Der königliche Rat – sofern er überhaupt existierte – beschränkte sich überwiegend auf Böhmen allein und griff in die Nebenländer der Krone fast nicht ein. Diese Strukturschwäche des böhmischen Staates widerspiegelte sich verständlicherweise nicht nur im Verfall seines politischen Gewichts, sondern auch im Bereich des politischen und Staatsbewußtseins.

Bei der Schwäche und den langen Zeiten der Absenz der königlichen Macht und bei der Nichtexistenz eines gemeinsamen Organs von Vertretern der Länder der böhmischen Krone wurden die böhmischen Stände und die Organe des Königreichs Böhmen zu Trägern des Staatsbewußtseins im Sinne der Krone. Dies war natürlich und entsprach der dominanten Stellung dieses Landes im Staat. Eine Metapher des parallelen politischen Denkens erfaßte diese Situation durch den Vergleich Böhmens mit dem „Kopf" des Staates – der Krone, während die Nebenländer als „Glieder" dieses Körpers galten, darin Mähren als „wichtigstes Glied". Mit dieser natürlichen ersten Rolle der Böhmen in der böhmischen Krone war in der Lehenszeit die Stellung des böhmischen Königs als Senior der fürstlichen Lehensleute der Nebenländer verbunden. Die vertikale Lehenskonstruktion des Staates war jedoch nicht auf einem Verband der Länder, sondern auf der persönlichen Bindung der Fürsten aufgebaut. Die Fürsten der Nebenländer betrachteten ihre dem böhmischen König untergeordnete Stellung im Rahmen der Lehensmentalität als natürlich, wobei sie die Grundlage des königlichen Rates bildeten. Im Lauf des 15. Jahrhunderts verfiel jedoch nicht nur das Prestige des Königs, sondern auch das der Fürsten in den Ländern (in Mähren gab es keine Markgrafen); an die Spitze des politischen Lebens im Staat und in den Ländern gelangten die Herren und die Stände, nicht nur in

Oldřicha z Rožmberka 1418–1462 [Briefe und Urkunden des Ulrich von Rosenberg 1418–1462]. Hg. v. *B. Rynešová*. Bd. II. Prag 1932, 77–86.

Böhmen, sondern auch in den Nebenländern. Die führenden Männer und die Institutionen der Nebenländer lehnten eine Lehensunterordnung unter die Böhmen ab. Das Ständewesen ersetzte vertikale politische Bindungen der Fürsten durch horizontale Bindungen der Ständegemeinschaften auf dem Prinzip der Gleichberechtigung; den Grundsatz der Unterordnung lehnten sie ab [29]. Die Stände der Nebenländer weigerten sich, „Vasallen" der böhmischen Stände oder der böhmischen Landesorgane zu werden. Hingegen begaben sich die Böhmen in die Rolle des „Seniors" der Nebenländer; aus dieser Position folgerten sie beispielsweise das Recht der Königswahl und verständlicherweise auch den ersten Rang in der Gesellschafts- und Landeshierarchie der Krone.

Die Mährer und Schlesier haben die Institution des einheitlichen böhmischen Staates weder abgelehnt noch haben sie sie ernstlich gefährdet. Sie lehnten jedoch seine vertikale „Lehens"struktur ab. Ihre Stellung als Lehensmänner der böhmischen Stände empfanden sie als gesellschaftlich erniedrigend. Sie verlangten nicht nur die Gleichheit der Personen im Rahmen der Stände, sondern auch die Gleichheit der Länder. Wenn die Krone als Staat erhalten bleiben sollte, mußte ein neues Modell der gegenseitigen Beziehungen der Länder gefunden werden, das auf einem horizontalen Prinzip der Gleichheit aufgebaut wäre. Die Suche nach diesem Modell beanspruchte in der böhmischen Geschichte zwei Jahrhunderte. Sie war von häufigen Differenzen der Nebenländer mit Böhmen begleitet, in denen Überreste der Lehensmentalität der Böhmen und einer konsequenten landständischen Auffassung in den Nebenländern aufeinander stießen. Diese Konflikte gipfelten besonders bei Wahlen der Herrscher und ihrer Annahme, wobei die Mährer versuchten, die Priorität der Böhmen dadurch zu unterlaufen, daß sie den Herrscher – den böhmischen König und Markgrafen von Mähren – noch vor der Wahl und der Krönung in Böhmen annahmen. Die Streitigkeiten spitzten sich auch zu, wenn die Vertreter der Nebenländer doch zusammenkamen und das Problem einer prestigegerechten Sitzordnung lösen mußten. Dann entlud sich der Zwist in radikalen Äußerungen mit der Drohung, aus dem Verbund der böhmischen Krone auszutreten, und äußerte sich auch in der Publizistik. Es ging hier nicht nur um die Überheblichkeit der Böhmen, die ihnen in den Nebenländern vorgeworfen wurde, sondern auch um die Schwierigkeiten bei der Suche nach einem neuen Modell der horizontalen Anordnung der staatlichen Struktur [30].

[29] *Polívka*, Miloslav: Některé aspekty vývoje stavovství v české společnosti předhusitské a husitské doby [Einige Aspekte der Entwicklung des Ständewesens in der böhmischen Gesellschaft der vorhussitischen und hussitischen Zeit]. In: Folia historica bohemica 6 (1984) 17–56. – *Pánek*, Jaroslav: Stavovství v předbělohorské době [Das Ständewesen in der Zeit vor dem Weißen Berg]. Ebenda 163–219. – *Eberhard* 1981 u. 1985.

[30] Über die Zuspitzung der Streitigkeiten zwischen Böhmen und Mährern und über die Ablehnung der Lehensabhängigkeit Mährens bei der Krönung des Ladislaus Posthumus siehe *Kniha Tovačovská* (Brandl 1868), S. 8–10.

In dieser Zeit verstärken sich in Mähren die Merkmale einer Staatlichkeit, und es bildet sich ein ausgeprägtes politisches Landesbewußtsein, das die Entwicklung einer böhmischen Staatlichkeit und Nationalität kompliziert [31].

Die mährischen Herren-, später die Ständegemeinde leitete im 15. Jahrhundert das innere Leben des Landes unabhängig von der böhmischen Gemeinde. Nach dem Ende der Zusammenarbeit zwischen den böhmischen und den mährischen Hussiten in der Revolutionszeit und unter der Regierung Georgs von Podiebrad verliefen die gegenseitigen politischen Beziehungen zwischen den Gemeinden, den Repräsentationen der Länder und den kirchlichen Institutionen. Zur Zeit der Doppelherrschaft des Wladislaw Jagiello, des sog. „Prager Königs", und des Matthias Corvinus (1469–1490) unterlag Mähren der ungarischen Kanzlei; auch nach Corvinus' Tode (1490) blieben die engen Beziehungen zwischen Mähren und dem Hof in Buda bestehen und gefährdeten die Integrität der böhmischen Krone. Matthias Corvinus führte als Herrscher von Mähren eine geschickte Religionspolitik, durch die er die Utraquisten gewann und der Herrenregierung des Landes eine sehr große Selbständigkeit gewährte, bis zur Möglichkeit, Verträge mit Drittländern abzuschließen. Gerade in seiner Regierungszeit konstituierte sich das Regierungssystem des Landes vollends; damals wurde das „Rechtsbuch von Tobitschau" („Tovačovská kniha") geschrieben. Der aus der Regierungszeit Georgs von Podiebrad stammende Versuch, Böhmen und Mähren durch eine besondere unauflösliche Bindung zu vereinigen – eine der ausgeprägtesten Konsequenzen der Zusammenarbeit der böhmischen und mährischen Hussiten – wurde vergessen und fand keine Aufnahme in die Landesverfassungen [32]. Die Mährer knüpften enge politische und gesellschaftliche Kontakte zu den Ungarn und den Österreichern, wie es auch der geographischen Lage des Landes entsprach; diese Kontakte äußerten sich in der außenpolitischen Orientierung der Mährer, die traditionell mehr der ungarischen und habsburgischen entsprach, während sich Böhmen an Sachsen, Bayern und Polen orientierte.

Dessen ungeachtet bohemisieren sich die regierende Schicht Mährens und sein öffentliches Leben kulturell und sprachlich gerade in diesem Zeitabschnitt einer beachtlichen Autonomie des Landes und einer Lockerung der Lehensbindungen

[31] Über das tschechische Nationalbewußtsein im 15. Jahrhundert: *Seibt,* Ferdinand: Hussitica. Zur Struktur einer Revolution. Köln–Graz 1965, S. 38–124. – *Šmahel,* František: Idea národa v husitských Čechách [Die Idee der Nation im hussitischen Böhmen], České Budějovice 1971. – *Kalivoda,* Robert: Revolution und Ideologie. Der Hussitismus. Köln–Wien 1976. – *Macek,* Josef: Národnostní otázka v husitském revolučním hnutí [Die nationale Frage in der hussitischen revolutionären Bewegung]. In: Československý časopis historický 3 (1955) 4–29. – Zum allgemeinen Überblick *Guénée,* Bernard: L'Occident aux XVIe et XVe siècles. Les Etats. Paris 1971. – *Handbuch* der europäischen Geschichte. Hg. v. Theodor *Schieder,* Bd. 3. Stuttgart 1971.

[32] Das Schreiben König Georgs von Podiebrad vom Jahre 1464 in *Archiv český* X, 274–275.

der Länder der Böhmischen Krone. Tschechisch ist nicht nur die Umgangs- und Literatursprache des Adels – während die großen Städte deutsch oder zweisprachig bleiben –, sondern in der zweiten Hälfte des 15. Jahrhunderts verdrängt die tschechische Sprache auch die lateinische aus der amtlichen Schriftlichkeit des Landrechts und der Landtafeln. Ab dem Jahre 1480 werden Eintragungen in die Landtafeln, die die Landbesitzrechte des Adels garantieren, nur in tschechischer Sprache vorgenommen; die tschechische Sprache erobert auch die Aufzeichnungen der feudalen Dominien und die politischen Amtsgeschäfte der Bischöfe. Wie durch Sprachanalysen nachgewiesen wurde, handelt es sich um das allgemein schriftsprachliche Tschechisch ohne mährische Dialektismen [33]. In zeitgenössischen Quellen wird diese Sprache unterschiedlich, als slawische, als tschechische oder als mährische Sprache bezeichnet. Die Tatsache, daß in Böhmen und in Mähren eine übereinstimmende Literatur- und Amtssprache gepflegt wird, entspricht der ethnischen und sprachlichen Verwandtschaft der slawischen Bevölkerung beider Länder, den verwandtschaftlichen Bindungen und gesellschaftlichen Kontakten der Herren- und Rittergeschlechter und der allgemeinen Expansion des Amtstschechisch in Südosteuropa, wo es zu einer Art Kultur- und Diplomatensprache wird [34].

Diese sprachliche Einheit hat im 15. Jahrhundert trotzdem nicht zu einem Bewußtsein einer nationalen Einheit der sprachlich tschechischen Böhmen mit den sprachlich tschechischen Mährern geführt. Der Prozeß einer Identifikation der Nation mit der Sprache, wie er in Böhmen zunächst beim Adel und in der Zeit der hussitischen Revolution auch im Bürgertum verlief, fand in Mähren nicht statt. Soweit uns bekannt ist, wurde Mähren von diesem wichtigen Prozeß der Ausbildung eines Nationalbewußtseins aufgrund der Identifikation mit der Sprache, bzw. mit dem hussitischen Glauben, nicht berührt. Wir haben jedenfalls keine Nachweise, daß dieser Prozeß in Mähren reflektiert worden wäre [35]. Im Gegenteil: Sowohl utraquistische als auch katholische Herren, die

[33] *Matějek*, František: Příspěvek k vývoji českomoravského nářečí [Ein Beitrag zur Entwicklung des böhmisch-mährischen Dialekts]. In: Listy filologické 89 (1966) 156–163. *Šlosar*, Dušan: Spisovný jazyk v dějinách české společnosti [Die Schriftsprache in der Geschichte der tschechischen Gesellschaft]. Prag 1982, Scriptum.

[34] *Macůrek*, Josef: K otázce české listiny a české kanceláře na dvoře uherském v 2. polovině 15. století ... [Zur Frage der böhmischen Urkunde und der böhmischen Kanzlei beim ungarischen Hof in der 2. Hälfte des 15. Jahrhunderts in den Jahren 1486–1490]. In: Historický časopis 6 (1958) 560–569. – *Macůrek*, Josef/*Rejnuš*, Miloš: K otázce spisovné češtiny v Polsku v 15. a počátkem 16. století [Frage des schriftsprachlichen Tschechisch im Polen des 15. und am Anfang des 16. Jahrhunderts]. In: Sborník historických prací IV (1961) 163–261.

[35] *Válka*, Josef: „Moravanství" v 15. století. Komplikace ve vývoji české nacionality [Das „Mährertum" im 15. Jahrhundert. Komplikationen in der Entwicklung einer tschechischen Nationalität]. In: Sborník prací Filozofické fakulty Brněnské university C 31 (1984) 145–154.

tschechisch sprachen und böhmischen Tschechen verwandtschaftlich verbunden waren, traten gegenüber den Böhmen als Mährer auf; als Mährer verteidigten sie die Interessen ihrer Heimat „Mähren" auch gegen Tschechen, wenn auch im Rahmen der böhmischen Krone. Das „Mährertum" der herrschenden Schicht hatte den Charakter einer politischen Ideologie und eines politischen Gefühls, und es berührte kaum die Stadtbevölkerung, die einen städtischen Lokalpatriotismus pflegte, und auch nicht die niederen Schichten der Bevölkerung des Landes. Für das 15. Jahrhundert ist charakteristisch, daß der mährische politische Patriotismus noch nicht mythologisiert und historisiert war. Eine Produktion von Landes-Chroniken fehlt völlig, und jener grundlegende Ausdruck des „Mährertums", das „Tobitschauer Buch", ist eine rechtspolitische Abhandlung. Zur Historisierung des Mährertums kam es erst am Ende des 16. Jahrhunderts und im 17. Jahrhundert, als man sich parallel zur böhmischen mit der mährischen Landesgeschichte befaßte und im humanistischen und barocken Umfeld ein Mythos der Abkunft der Mährer von den Markomannen und von den großmährischen Königen gepflegt wurde [36].

*

Die ausgeprägteste Persönlichkeit des politischen, wirtschaftlichen und kulturellen Lebens Mährens um das Jahr 1500 ist Wilhelm von Pernstein (Vilém z Pernštejna, † 1521). An seiner Aktivität und an seiner politischen Denkweise können die Probleme der politischen Staats- und Landesmentalität des Adels zur Zeit der Jahrhundertwende illustriert werden [37]. Wilhelm von Pernstein ragte durch seinen Besitz und seinen politischen Einfluß weit über die Landesgrenzen Mährens; dies ist der Grund dafür, daß er auch die Grenzen eines Landespatriotismus überschritt und in den Kategorien der Böhmischen Krone und der böhmischen Staatlichkeit dachte und handelte. Er stammte aus einem der ältesten mährischen Herrengeschlechter, das im 14. und 15. Jahrhundert regelmäßig Richterstühle und höchste Landesämter besetzte. Der hussitischen Revolution gab dieses Geschlecht zwei große Hauptleute, Bavor und Johann von Pernstein, den Vater Wilhelms. Aber erst Wilhelm von Pernstein erhob sein Geschlecht auf den Gipfel des Reichtums und der Macht. In den letzten Jahrzehnten des 15. Jahrhunderts baute Wilhelm den wohl größten Adelsgrundbesitz nicht nur innerhalb der böhmischen Krone, sondern in ganz Mitteleuropa

[36] *Paprocký,* Bartoloměj: Zrcadlo slavného markrabství moravského ... [Spiegel der ruhmreichen Markgrafschaft Mähren ...], Olmütz 1593. – *Pešina,* Tomáš J.: Mars moravicus ..., Pragae 1677.

[37] Die Schreiben des *Wilhelm von Pernstein* sind abgedruckt in: *Archiv český* I, II, XVI. – *Válka,* Josef: „Politická závět" Viléma z Pernštejna 1520–1521 [Das „politische Vermächtnis" des Wilhelm von Pernstein 1520–1521. Ein Beitrag zur Geschichte des böhmischen politischen Denkens in der Jagiellonenzeit]. In: Časopis Matice moravské 90 (1971), 63–82.

auf. Sein Herrschaftsgut bildete ein fast zusammenhängendes Gebiet von der Mitte Mährens bis nach Ostböhmen und griff nach Schlesien über. Er wurde als Initiator der Wirtschafts- und Handelsaktivitäten des Adels angesehen, als Vater der wirtschaftlichen Revolution. Er entwickelte auf seinen Gütern Produktionszweige wie den Bergbau oder die Teichwirtschaft und führte eine geordnete Verwaltung und eine schriftliche Evidenz der Einkünfte ein. Besonders trat er als Finanzmann hervor und erwarb ausgedehnte Ländereien für Darlehen, die er den Herrschern gewährte.

Der Landbesitz in Böhmen und in Mähren ermöglichte ihm die Teilnahme am politischen Leben beider Länder. Er versah in Mähren bedeutende Funktionen, war gleichzeitig Hofmeister der böhmischen Könige, zeitweise auch Marschall, stand demnach in Kronfunktionen. In seiner politischen Gesinnung war er ein konsequenter Monarchist; er warnte vor allzu großer Schwächung der königlichen Macht, vor dem völligen Ausverkauf des königlichen Besitzes, und verwies auf die Schweizer Verhältnisse als ein abschreckendes Beispiel. Er unterstützte die Kandidatur der Jagiellonen auf den ungarischen Thron und betrachtete ihre Wahl als sein Verdienst. Dabei stellte er sich entschieden gegen die Bestrebungen einiger Mährer, königliche Briefe „mit ungarischem Siegel", das heißt aus der ungarischen Kanzlei, anzunehmen. Mit dem ganzen Gewicht seiner Persönlichkeit setzte er sich für die völlige Wiederherstellung der Zugehörigkeit Mährens zur böhmischen Krone und zur böhmischen Kanzlei ein. Ein so konsequentes Staatsbewußtsein in bezug auf die Böhmische Krone ist in den Nebenländern sehr selten zu finden. Wilhelm von Pernstein stützte sich hierbei weder auf ein Sprachbewußtsein noch auf historisch-rechtliche Erwägungen. Es ist der Standpunkt eines Herren, der Vermögenswerte im gesamten Krongebiet besitzt, hohe Kronämter bekleidet und daher die Krone als seine Heimat ansieht. In Wilhelms Politik und in seiner Haltung gipfelten die Bindungen zwischen den beiden Hauptländern der böhmischen Krone, die durch die gemeinsamen Familientraditionen des böhmisch-mährischen Adels gegeben waren und zu einem gemeinsamen Zugehörigkeitsgefühl des Adels zur Krone führten. Auf diese Art bildete sich eine Möglichkeit heraus, eine neue politische Trägerschicht der „Krone" zu schaffen, die den Landespatriotismus und den Separatismus hätte überwinden können. Die gemeinsame „Zugehörigkeit" allein genügte jedoch nicht zur Schaffung eines festen Staats- und Kronbewußtseins. Das formierte sich immer in den Institutionen, aber die gemeinsamen Institutionen der böhmischen Krone des alten Typs durchlebten eine tiefgreifende Krise, und neue entstanden nicht. In dieser Situation zeichneten sich zwei Auswege ab, wie die Länder in einem festen Staatsverbund vereinigt werden könnten: ein Absolutismus des Herrschers, der die Landesautonomie durch die Bürokratisierung der Staatsverwaltung liquidiert, oder eine Konföderation der durch Stände repräsentierten Länder, zu der die antiabsolutistische Ständebewegung erst im Jahre 1619 kam.

Dennoch war eine gut funktionierende Verwaltung des Landes durch die Herren und die Stände im 15. Jahrhundert derjenige Faktor, welcher die Schwäche und die Zersetzung der zentralen Staatsmacht überwand und das politische Vakuum zwischen der mittelalterlichen Lehensmonarchie und neuzeitlichen Staatsformen überbrückte. Die Länder bewiesen eine bewundernswerte Fähigkeit, in Mitteleuropa die Voraussetzungen des gesellschaftlichen, wirtschaftlichen und kulturellen Lebens zu erhalten und eine durch den Verfall der traditionellen Staatsformen drohende Anarchie zu verhindern.

Übers. von Peter Löbl*

* Anmerkung des Übersetzers: Das tschechische Adjektiv „český" hat sowohl die Bedeutung „tschechisch" als auch „böhmisch". Für eine in deutschsprachigen Texten erforderliche Unterscheidung gibt es demnach im Tschechischen keinen sprachlich eindeutigen Hinweis. Das zwingt den Übersetzer zu einer Textinterpretation, denn die vom Autor beabsichtigte Aussage ist oft nicht eindeutig erkennbar. In der vorliegenden Arbeit wurde „český" im Zweifel mit „böhmisch" wiedergegeben.

III. Personenverbände

Neithard Bulst

Die französischen General- und Provinzialstände im 15. Jahrhundert. – Zum Problem nationaler Integration und Desintegration

Philippe de Commynes war einer der Befürworter der nach dem Tode Ludwigs XI. zum Jahresbeginn 1484 einberufenen Generalstände. In seinen ca. 1490 verfaßten Memoiren heißt es darüber: „L'on pouvoit estimer que ceste assemblée estoit dangereuse et disoient quelques ungs de petite condicion et de petite vertu et ont dit par plusieurs fois despuis, que c'est cryme de lèze majesté que de parler d'assembler Estatz et que c'est pour diminuer l'auctorité du roy" [1]. Dieses Eintreten für die Generalstände war bewirkt durch sein politisches Interesse an einer Stärkung der Position des Herzogs von Orléans und seiner Anhänger, das durch die Generalstände herbeigeführt werden sollte. Daß dieses Ergebnis ausblieb, war der geschickten Taktik der Beaujeu, Anne, der Tochter des verstorbenen Königs Ludwigs XI., und ihres Mannes Pierre de Beaujeu zu verdanken. Da es kein institutionalisiertes Verfahren zur Abhaltung von Generalständen gab, gelang es ihnen, einen Wahlmodus für die Delegierten der einzuberufenden Generalständeversammlung vorzuschlagen, der in doppelter Hinsicht ein Novum gegenüber dem in der Vergangenheit geübten Verfahren darstellte. Zum einen wurden zum ersten Mal in der Geschichte französischer Repräsentativversammlungen alle Delegierten gewählt. Zum anderen wurden durch die Festlegung der bailliages und sénéchaussées, also der königlichen Verwaltungseinheiten, und einiger weniger seigneurialer Herrschaftsräume neue Einheiten als Wahlkreise geschaffen. Sie sollten das bisher vorherrschende Vertretungsprinzip für dritten Stand und Klerus schwächen und stattdessen regionalen Systemen und dem an ihrer Spitze stehenden zentralen Verwaltungsapparat, den sie kontrollierenden königlichen Amtsträgern, den baillis und sénéchaux sowie ihren lieutenants, entscheidendes Gewicht verleihen. Die Generalstände von 1484 mit ihrem sehr starken Kontingent königlicher Amtsträger – mehr als zwei Drittel unter den 116 Delegierten des dritten Standes

[1] Philippe de Commynes: Mémoires. Hrg. v. Joseph Calmette. II. Paris 1965, 219; vgl. I (1964) XIII f.

und etwa 20 % beim Adel [2] – erwiesen sich als relativ loyal gegenüber dem König. Insgesamt waren sie wenig bereit, gewisse divergierende Tendenzen in den eigenen Reihen nachhaltig zu unterstützen und schon gar nicht über die kurze eigentliche Sitzungsdauer der Versammlung von zwei Monaten hinaus.

Sowohl solche an die Generalstände geknüpften Erwartungen als auch die von Commynes kritisierten Befürchtungen, wonach der Abhaltung von Generalständen mit dem Schutzargument entgegengetreten wurde, daß sie eine rechtswidrige Beeinträchtigung königlicher Macht darstellten, bestimmten wiederholt im 15. Jahrhundert das politische Tagesgeschehen. Entscheidende Bedeutung kam hierbei der Regierungszeit Karls VII. (1422–61) zu [3], dessen erste Hälfte eine fast periodisch zu nennende Häufigkeit von Generalständeversammlungen bzw. von Versammlungen von Teilen des Languedoïl kennzeichnet [4], während die zweite Hälfte, nach den Generalständen von 1439, durch den Verzicht des Königs auf zentrale und in zunehmendem Maße auch auf regionale Ständeversammlungen sich davon signifikant unterscheidet [5]. So kritisierte Commynes Karl VII. nicht ganz zu Unrecht, daß er der Erste gewesen sei, der erreicht habe, „seinem Land Steuern nach seiner Willkür ohne Bewilligung der Stände seines Reichs aufzuerlegen“ [6], wobei die gewählte Formulierung „des Etats de son royaume“ sowohl Generalstände- als auch Provinzialständeversammlungen einschließt.

Generalstände als Druckmittel in der politischen Auseinandersetzung hat es auch vor 1484 gegeben. Erwähnt seien nur die vergeblichen Forderungen der Opposition des Adels an den König, Generalstände zur Konfliktlösung einzuberufen. Noch unter Karl VII. scheiterten 1440 in der praguerie der Versuch des Dauphins und der hinter ihm stehenden Adligen, sich mit Hilfe von Generalständen gegen seinen Vater durchzusetzen, sowie ein weiterer Versuch aus dem Jahre 1442 [7]. In den ersten Jahren nach seinem Regierungsantritt war es

[2] *Bulst,* Neithard: Vers les états modernes: le tiers état aux États généraux de Tours en 1484. In: Représentation et vouloir politiques autour des États-Généraux de 1614. Hrg. v. Roger Chartier – Denis Richet. Paris 1982, 11–23, hier: 14.

[3] Die Biographie von *Vale,* Malcolm: Charles VII. London 1974, geht auf die Ständeversammlungen nur am Rande ein.

[4] Vgl. die Zusammenstellung von *Major,* James Russel: Representative Institutions in Renaissance France 1421–1559. Madison 1960, 151 f.

[5] *Major,* ebda. – Vgl. *Thomas,* Antoine: Les États Provinciaux de la France centrale sous Charles VII. I. Paris 1879, 183 ff. – *Ders.:* Les États Généraux sous Charles VII. In: Le Cabinet historique 24 (1878) 118–128, 155–170, 200–211. – *Vallet de Viriville,* Auguste: Mémoire sur les institutions de Charles VII. In: Bibliothèque de l'École des Chartes 33 (1872) 5–118, hier: 27 ff.

[6] Commynes, II. 289. – Vgl. *Töpfer,* Bernhard: Stände und staatliche Zentralisation in Frankreich und im Reich in der zweiten Hälfte des 15. Jahrhunderts. In: Jahrbuch für Geschichte des Feudalismus 1 (1977) 233–272, hier: 237.

[7] *Picot,* Georges: Histoire des États Généraux. Paris ^{2}1888, I. 328, Anm. 2. – Chro-

Ludwig XI. selbst, der 1465 während der ligue du bien public sich mit einer auf Abhaltung von Generalständen drängenden Adelsopposition auseinandersetzen mußte [8]. 1485 schließlich, ein Jahr nach den für ihn ungünstig verlaufenen Generalständen, versuchte der Herzog von Orléans, der spätere Ludwig XII., noch einmal vergeblich, eine Generalständeversammlung durch den König einberufen zu lassen. Zur Erreichung dieses Ziels hatte er vor allem auch auf die Hilfe durch die Städte gehofft und sie zu diesem Zweck in einer groß angelegten Briefaktion um Unterstützung gebeten [9]. Trotz seines Versprechens an die Versammlung von 1484, nach zwei Jahren erneut eine Generalständeversammlung einzuberufen [10], konnte sich der König dem politischen Druck des Herzogs von Orléans ebenso entziehen wie dem Versuch Maximilians, der ebenfalls zur Regulierung seiner Differenzen mit dem König 1486 eine Generalständeversammlung forderte. Auffällig hierbei ist, daß bei keinem dieser Versuche auf die Zweijahresfrist und die zugestandene Periodizität von Generalständen Bezug genommen wurde. Auch ihre Befürworter waren also, trotz ihrer Anstrengungen, Generalstände gegen den König zu mobilisieren, nicht bereit, das allein dem König vorbehaltene Einberufungsrecht anzutasten und somit den Generalständen eine vom Willen des Königs unabhängige, selbständige, dem König womöglich übergeordnete Machtposition zuzuerkennen. Allerdings erhoffte sich die jeweilige Opposition, darin durchaus dem Königtum vergleichbar, von Generalständen eine Unterstützung ihrer Position. Dabei muß allerdings offen bleiben, wie realistisch ihre Erwartungen waren, sich gegen den König mithilfe von Generalständen durchsetzen zu können. Doch fehlte es in der Vergangenheit nicht an Beispielen, daß Generalständeversammlungen, wie z. B. in den Jahren 1355–1358 oder 1413, auch gegen das Königtum Reformvorstellungen zu verwirklichen suchten [11].

Als unter Ludwig XII. 1506 eine Ständeversammlung abgehalten wurde, die allerdings aufgrund der limitierten Zahl der einberufenen Ständevertreter des

nique de Mathieu d'Escouchy. Hrg. v. G. du Fresne de Beaucourt, III: Pièces justificatives (Soc. de l'hist. de France). Paris 1864, 75.

[8] *Bulst,* Neithard: Louis XI et les États Généraux de 1468. In: La France de la fin du XVe siècle – Renouveau et apogée. Hrg. v. Bernard Chevalier – Philippe Contamine. Paris 1985, 91–104, hier: 95.

[9] *Bulst,* Neithard: Repräsentativversammlungen als Mittel der Zentralverwaltung in Frankreich (15. Jahrhundert). Mit vergleichendem Rückblick ins 11. Jahrhundert. In: Histoire comparée de l'administration (IVe–XVIIIe siécles). Hrg. v. Werner Paravicini – Karl Ferdinand Werner (Beihefte der Francia 9). Paris 1980, 254–263, hier: 258.

[10] Jean Masselin, Journal des États Généraux de France tenus à Tours en 1484 sous le règne de Charles VIII. Hrg. v. A. Bernier (Coll. de documents inédits). Paris 1835, 698, 712.

[11] Vgl. *Cazelles,* Raymond: Société politique, noblesse et couronne sous Jean le Bon et Charles V. Paris 1982, 195 ff. und *Coville,* Alfred: Les Cabochiens et l'ordonnance de 1413. Paris 1888.

Klerus, des Adels und des dritten Standes eher als Notabelnversammlung denn als Generalständeversammlung anzusehen ist, geschah dies ohne äußeren Druck, aus der Absicht heraus, nationale Zustimmung für eine konkrete Maßnahme zu erhalten [12]. Dies geschah in einem Moment, als auch die innenpolitische Situation für ihn keinerlei Bedrohung barg. Sein Rückzug vom Vertrag mit den Habsburgern, der die Heirat seiner Tochter Claude mit dem Habsburger Erben Karl vorsah, bedingte von außen kommende und von ihm nicht zu beseitigende Hindernisse, um ohne Gebiets- und Gesichtsverlust Vertragsbruch begehen zu können. Eine Ständeversammlung, die von sich aus dem König mit dem Anliegen entgegentrat, diese Heirat nicht zustande kommen zu lassen, und sich stattdessen für eine andere Verbindung einsetzte, die den Interessen Frankreichs förderlicher war, bot das geeignete Mittel, dieses Ziel zu erreichen. Nach außen sollte es jedoch so aussehen, als habe die Ständeversammlung sich unter Mißachtung des königlichen Einberufungsrechts gleichsam selbst konstituiert und den König gedrängt, der Verbindung Claudes mit Franz, dem Grafen von Angoulême, um der nationalen Einheit willen zuzustimmen. Ganz ähnlich, unter dem Gesichtspunkt der königlichen Interessenlage sind die Generalstände von 1468, die einzigen, die von Ludwig XI. einberufen wurden, zu beurteilen. Ihr Zweck, die Wiedereingliederung der reichsten Provinz Frankreichs, der Normandie, d. h. die Einziehung der an Ludwigs Bruder Karl vergebenen Apanage, zu legitimieren und zu sanktionieren, mußte wegen der damit verbundenen Steuererleichterungen besonders bei den Delegationen der einberufenen Städte auf breite Zustimmung stoßen [13]. Die unter Karl VII. von 1421–1439 fast jährlich einberufenen Generalständeversammlungen bzw. Versammlungen des Languedoïl, oder ihres westlichen oder östlichen Teils, waren Versammlungen, die vom König in erster Linie zur Finanzierung seines Krieges gegen die Engländer abgehalten wurden. Trotz ihres beinahe regelmäßigen Zusammentritts und trotz der eklatanten Notlage des Königs und der zeitweilig sogar offenkundigen Machtlosigkeit gab es keine Versuche, diese Situation in gemeinsamem Vorgehen der Stände zur Durchsetzung ständischer Rechte und institutioneller Veränderungen etwa im Hinblick auf eine unabhängig vom Willen des Königs periodisch sich konstituierende Institution auszunutzen. Ein in den Quellen schwer zu greifendes Desinteresse der Regionen an zentralen Ständeversammlungen mag neben der zusammenschließenden Wirkung, die die Bedrohung durch die Engländer ausgeübt haben mag, als Grund hierfür angesehen werden.

Die berühmte Unabhängigkeitserklärung der Ständeversammlung des Rouergue aus dem Jahre 1428: „noluerunt interesse nec intrare consilium generale regni Lingue Occitane et Lingue d'Oy, pro eo quod non consueverunt esse in

[12] *Major* 1960, 122 f.
[13] *Bulst* 1985, 99 f.

consiliis cum eis, sed patria Ruthenensis consuevit facere consilium per se"[14] ist in ihrer Dezidiertheit zwar singulär, kann jedoch durchaus als repräsentatives Argument auch für andere gelten und den oben geschilderten Tatbestand erklären helfen. Was die Stände des Rouergue wollten und schließlich unter Berufung auf ihre Privilegien auch durchsetzen konnten, sind individuelle Verhandlungen mit dem König und seinem Rat über ihren Anteil an Steuern und Subsidien.

Diese kurze Charakteristik der französischen Generalständeversammlungen des 15. Jahrhunderts[15] läßt die Generalstände zwar als Mittel zur Durchsetzung wichtiger Herrschaftsinteressen erscheinen. Eine integrative Bedeutung bei der Entstehung des französischen Staats ist in ihr nicht zu erkennen. Dies wirft die Frage nach dem Verständnis von Generalständeversammlungen in der politischen Theorie und nach ihrem Selbstverständnis auf. Das Fehlen eines solchen theoretischen im Mittelalter entwickelten Konzepts von Funktion und Kompetenz von Generalständen könnte die Schlußfolgerung nahelegen, daß Generalständen jegliche Bedeutung für die hier zu behandelnde Frage abzusprechen ist. Doch fehlt es nicht an Äußerungen aus dem politischen Tagesgeschehen, die die Generalstände als zentrale, besonders in Krisen nicht zu umgehende Institution aufzuwerten versuchen. Dazu gehören etwa die schon zitierten kritischen Äußerungen von Commynes. Unumgänglich erscheint die Einberufung von Generalständen in Fragen der Steuererhebung wie dies etwa ausdrücklich auch von Nicolas de Clamanges (ca. 1360–1425/40) betont wurde[16]. Ebenfalls von der Verpflichtung des Königs, in Steuerfragen den Rat der Stände einzuholen, ausgehend, machte der Erzbischof von Reims, Jean Juvénal des Ursins (1388–1473), Karl VII. den Vorwurf, die Stände zu umgehen und ihrer Mitsprache zu berauben. Wenn es um die „chose publique" und um die Verteidigung des Königreichs gehe, sei alleiniges Handeln des Königs zwar möglich, im Interesse des ganzen Landes aber nicht am Platze[17]. Um Vermittlung zwischen königlicher Prärogative und Eigenständigkeit der Generalstände bemühte sich auch der Kanzler Michel l'Hospital in seiner Eröffnungsrede der Generalstände von 1560 in Orléans. Seine positive Analyse der Generalstände, wonach ihre Abhaltung

[14] *Thomas,* Antoine: Le Midi et les États Généraux sous Charles VII. In: Annales du Midi 1 (1889) 289–315. 4 (1892) 1–24, hier: 8. – Vgl. *Ders.*: Les États Généraux sous Charles VII. In: Revue Historique 40 (1889) 55–88, hier: 66 f. – Vgl. *Lewis,* Peter: La France à la fin du Moyen Age. Paris 1977, 491.

[15] Die Generalstände von 1413 wurden aufgrund der besonderen Umstände, unter denen sie einberufen und abgehalten wurden, hier nicht eigens behandelt. Dazu zuletzt *Seibt,* Ferdinand: Cabochiens, Lollarden, Hussiten. Zur sogenannten Krise des Spätmittelalters im europäischen Vergleich. In: Francia 12 (1984) 209–221, hier: 212 ff.

[16] *Verlaque,* Raoul: Les États Généraux et le droit d'imposer. Thèse de droit. Paris 1943, 61.

[17] *Viollet,* Paul: Histoire des institutions politiques et administratives de la France. III. Paris 1903, 465 f. – *Vale* 1974, 82.

zu den vornehmsten Aufgaben des Königs gehöre, ist aber auch geprägt von der Einschätzung der Ständeversammlung als einer potentiell königliche Macht und Ansehen bedrohenden und daher für die Zentralgewalt des Königs gefährlichen, destabilisierenden und letztlich den Interessen des Staates zuwider laufenden desintegrierenden Institution. Um dieser Gefahr zu entgehen, wird von l'Hospital den Generalständen eine im wesentlichen passive Rolle zugewiesen, die darin besteht, Rat zu erteilen und dem König bei seiner Aufgabe, Gerechtigkeit herzustellen, zu unterstützen. Eine aktive Rolle erkennt er ihnen nicht zu [18].

Dieser Versuch des Kanzlers, von vornherein eventuellen Tendenzen zu einer vom König unabhängigen Politik der Generalstände entgegenzutreten, steht durchaus in der Tradition einer gewissen Furcht vor mächtigen Generalständen, wie sie ab dem Beginn des 16. Jahrhunderts in der politischen Theorie sichtbar wird, ohne daß bei den meisten Autoren das Problem der Generalstände explizit erörtert würde. Aber auch die gegenläufige Auffassung findet sich. So erkannte Jean Mair in einem Traktat von 1508 in Analogie zur Vorrangstellung eines Konzils über den Papst den Generalständen „in rebus arduis" durchaus eine dem König übergeordnete Position zu. Der in ihnen vertretene dem König übergeordnete „populus" legitimierte sie dazu [19].

Selbstäußerungen der Stände finden sich zumeist in Zusammenhang mit der Betonung ihrer Rechte in Steuerfragen [20]. So fordern 1442/43 die Stände des Languedoc unter Berufung auf ihre Privilegien und „selon raison escripte et droit naturel" vom König das Recht auf Einberufung. Der mit den bei Ständeversammlungen entstehenden hohen Kosten begründete ablehnende Bescheid des Königs war allerdings politisch nicht durchsetzbar und mußte umgehend revidiert werden [21]. Ähnlich argumentierten die Stände der Auvergne 1442 [22] sowie im Norden Frankreichs die Stadt St.-Omer im Hinblick auf eine Einberufung der Ständeversammlung des Artois [23]. Auch die Adelsopposition gegen

[18] *Griffiths,* Gordon: The State: Absolute or Limited? In: Transition and Revolution. Problems and Issues of European Renaissance and Reformation History. Hrg. v. Robert M. Kingdon. Minneapolis 1974, 13–51, hier: 28 f., 48 f. – *Ders.*: Representative Government in Western Europe in the Sixteenth Century. Oxford 1968, 146 ff.

[19] *Sciacca,* Enzo: Pensée politique et Institutions représentatives en France de 1498 à 1519. In: Album Elemér Malyus – Skékésfehérvár – Budapest 1972 (Études présentées à la Comm. internat. pour l'Hist. des Assemblées d'États 56), Brüssel 1976, 291–306, hier: 306. – Vgl. auch den Beitrag von Ph. Contamine in diesem Band.

[20] *Gilles,* Henri: Les États de Languedoc au XVe siècle. Toulouse 1965, 168.

[21] *Dognon,* P.: Quomodo tres status linguae occitanae ineunte quinto decimo saeculo inter se convenire assueverint. Thèse lettres. Toulouse 1896, 108 f. – *Ders.*: Les institutions politiques et administratives du pays de Languedoc du XIIIe siècle aux guerres de religion. Toulouse 1895, 247. – *Gilles* 1965, 55 f.

[22] *Thomas* 1879, I. 119.

[23] *Hirschauer,* Charles: Les États d'Artois de leurs origines à l'occupation française 1340–1640. I. Paris 1923, 204 u. Anm. 6.

den König berief sich auf das unter den früheren Königen respektierte Recht auf Mitbetimmung der Ständeversammlungen in Steuerfragen [24]. Die Beispiele ließen sich vermehren [25].

Die Beurteilung der Entwicklung der regionalen Ständeversammlungen und der Generalstände als Institutionen des Ancien Régime ist in der Literatur kontrovers. Unter institutionengeschichtlicher Fragestellung und mit Blick auf das nahegelegene England, wo mit dem Parlament ein fest institutionalisiertes periodisch tagendes Repräsentativorgan entstanden war [26], lag das Urteil vom Versagen bzw. vom Scheitern der französischen Generalstände nahe [27]. Anders Russel Major, der zwar auch ein Scheitern der Generalstände im 15. Jahrhundert konstatiert [28], aber gleichzeitig die These von einer ständigen Zunahme von „popular participation in government" [29] vertritt und ganz generell einen Anstieg der Beteiligung an Herrschaftsausübung bei den Ständeversammlungen zu erkennen glaubt, wofür er die Formulierung von der „popular, consultative nature of the Renaissance Monarchy" [30], also der Zeit von etwa 1420 bis 1560, geprägt hat. Die Basis dieses auf Beratung beruhenden Charakters der Monarchie waren nach Major die kontinuierlich an administrativer Bedeutung gewinnenden regionalen Repräsentativversammlungen, also vor allem die in der Forschung etwas unglücklich als Provinzialstände bezeichneten regionalen Ständeversammlungen [31]. Zusammen mit den dezentralen cours souveraines, den Parlamenten in Toulouse (1443), Grenoble (1453), Bordeaux (1462), Dijon

[24] Chronique de Mathieu d'Escouchy, III, 75. – *Viollet* 1903, 468.

[25] *Lewis* 1977, 510. – Vgl. *ders.*: The Failure of the French Medieval Estates. In: The Recovery of France in the Fifteenth Century. Hrg. v. P. S. Lewis. London 1971, 294–311, hier: 300 f.

[26] *Fawtier*, Robert: Parlement d'Angleterre et États Généraux de France au Moyen-Age. In: Comptes rendus des séances. Académie des Inscriptions et Belles Lettres 75 (1953), 275–284 (deutsche Übers. in: Die geschichtlichen Grundlagen der modernen Volksvertretung. Hrg. v. Heinz Rausch, I. Darmstadt 1980, 346–358). Vgl. *Guenée*, Bernard: Espace et État dans la France du Bas Moyen Age. In: Annales E. S. C. 23 (1968) 744–758 – hier zitiert nach *ders.*: Politique et histoire au moyen âge. Recueil d'articles. Paris 1981, 111–126, hier: 115.

[27] *Levis* 1977, 294 ff. u. *ders.*: Jean Juvenal des Ursins and the Common Literary Attitude Towards Tyranny in Fifteenth-Century France. In: Medium Aevum 34 (1965) 103–21, hier: 118 ff. – *Bulst*, Neithard: The Deputies at the French Estates General of 1468 and 1484: A Prosopographical Approach. In: Medieval Prosopography 5, 1 (1984) 65–79, hier: 73.

[28] *Major*, James Russel: Representative Government in Early Modern France. New Haven – London 1980, 160.

[29] Ebda., 1.

[30] *Major* 1960, V.

[31] *Dupont-Ferrier*, Gustave: De quelques problèmes historiques relatifs aux „États Provinciaux". In: Journal des Savants, 1928, 315–357. – *Dumont*, François: États „Généraux" et états „particuliers" dans les provinces françaises. In: Anciens pays et assemblées d'États 32 (1964) 27–41.

(1477), Rouen (1499), Aix (1501) und Rennes (1553), seien diese Provinzialstände sowie die anderen Repräsentativversammlungen auf den darunter liegenden Ebenen, vor allem der bailliages und sénéchaussées, ein Ausdruck der Schwäche der Zentralgewalt. Die inhärenten Dezentralisierungstendenzen werden aber gleichwohl positiv gewendet und als „creative energy that characterized that age" [32] interpretiert. Die Grenzen der Dezentralisierung bzw. der Mittel der grundsätzlich als schwach charakterisierten Zentralgewalt [33], dieser Dezentralisierung entgegenzuwirken und Desintegration zu verhindern, werden allerdings nicht klar, zumal er es als eines seiner zentralen Anliegen bezeichnet, nachzuweisen, daß „of greater significance was the growing ability of the people to use the estates as instruments of self-government" [34].

Trotz vieler zutreffender Einzelbeobachtungen, die Major gemacht hat, ist ihm kritisch entgegenzuhalten, daß sein Bezugssystem Königtum versus lokale bzw. regionale Repräsentativversammlungen zum einen fast völlig von den Trägern dieser Repräsentativversammlungen abstrahiert [35] und zum anderen wichtige strukturellen Merkmale des mittelalterlichen französischen Königtums weitgehend außer acht läßt bzw. zu gering bewertet [36].

Im 12. Jahrhundert, so hat Bernard Guenée zu Recht festgestellt, war der Franzose eingebunden in seine Stadt, seine châtellenie, seine Grafschaft und sein Herzogtum. Darüber hinaus wurde nicht viel wahrgenommen. Diejenigen, die von außen kamen, waren Fremde. Die Keimzelle der Verwaltung und des politischen und sozialen Lebens war die châtellenie [37]. Dies bedeutet allerdings nicht, daß in Frankreich in den folgenden Jahrhunderten starke desintegrative Tendenzen dem Königtum bei der Herausbildung eines zentralen Staates und der Schaffung einer Nation entgegenwirkten [38]. Das Beharren auf partikularen Interessen und Privilegien ist vielleicht häufig als Entgegnung auf andere tatsächliche oder befürchtete gegenläufige Interessen benachbarter Regionen zu sehen und kann nicht als grundsätzliche Opposition gegenüber dem Königtum oder als Ausnutzung einer angeblichen Schwäche des Königtums interpretiert

[32] *Major* 1980, 1.

[33] Ebda., 2 f.

[34] Ebda., 5.

[35] *Bulst* 1984, 66 ff.

[36] Vgl. *Guenée* 1981, 115 f. u. *ders.*: L'histoire de l'État en France à la fin du Moyen Age vue par les historiens français depuis cent ans. In: Revue Historique 232 (1964) 331–60, hier zitiert nach *ders.* 1981, 3–32, hier: 25. – *Major* 1980, 4 f. – Vgl. auch die Kritik von *Töpfer* 1974, 241 f.

[37] *Guenée,* Bernard: État et nation en France au Moyen Age. In: Revue Historique 237 (1967) 17–30, hier zitiert nach *ders.* 1981, 151–164, hier: 155 u. *ders.*: La géographie administrative de la France à la fin du Moyen âge: Élections et bailliages. In: Le Moyen Age 72 (1961) 293–323, hier zitiert nach *ders.* 1981, 41–71, hier: 41 ff.

[38] *Guenée* 1981, 163 f. – *Beaune,* Colette: Naissance de la nation France. Paris 1985, 349 f.

werden. Dies gilt ebenso für die Forderung der Stände des Languedoc unter Karl VII., nicht mit anderen Ständen außerhalb des eigenen Landes einberufen zu werden [39], wie für die sehr verschiedenartigen Realisierungen der königlichen Anordnungen zur Wahl der Delegierten zu den Generalständen von 1484. Weder hielt man sich an die vorgeschriebene Zahl der zu entsendenden Delegierten noch wurden, abgesehen von Ausnahmefällen, die vom König verfügten gemeinsamen Wahlen der Delegierten der drei Stände auch wirklich durchgeführt [40]. Meist scheiterten sie am unüberbrückbaren Ständegegensatz. Partikularismen und Versuche zur Durchsetzung von Sonderinteressen finden sich auf allen institutionellen Ebenen, auf denen Wahlen durchgeführt und doléances formuliert wurden [41], ohne daß im übrigen eindeutig behauptet werden könnte, daß dabei immer nach eigener subjektiver Einschätzung Verstöße gegen königliche Befehle begangen wurden. Denn selbst die Bekundung des königlichen Willens war keineswegs immer eindeutig. So war von vornherein nicht auszuschließen, daß durch Verhandlungen nicht auch Zugeständnisse zu Lasten Dritter erlangt werden konnten. Die in kurzen Abständen für verschiedene konkurrierende Empfänger ausgestellten und einander widersprechende Privilegien oder Ämterzuweisungen [42] waren keineswegs seltene Fehlgriffe einer solchen Regierungspraxis. Sie sind vielmehr zwar lästige, aber gleichsam konstitutive Folgen dieses dem Königtum nicht unbedingt als Schwäche anzulastenden weichen Umgangs mit in eigenem Namen oder im Auftrag von Gremien und Institutionen mit dem König und seinem Rat verhandelnden Personen.

Ein Vergleich der französischen regionalen Ständeversammlungen [43] sowie der Generalständeversammlungen des 15. Jahrhunderts läßt eine enorme Heterogenität untereinander in eigentlich allen Merkmalen erkennen. Doch wechseln auch die Verfahrensnormen innerhalb der Ständeversammlungen einzelner Provinzialstände. So finden sich etwa in der Auvergne gemeinsame und getrennte Versammlungen der Haute Auvergne und der Basse Auvergne. Die Zusammensetzung schwankt, da die Bereitschaft, der Einberufung Folge zu leisten, keineswegs immer gegeben ist [44].

Das Königtum scheint gar nicht den Versuch unternommen zu haben, in ir-

[39] *Lewis* 1977, 491.

[40] Belege bei *Bulst,* Neithard: Die französischen Generalstände von 1468 und 1484. Prosopographische Studien zu den Delegierten (Pariser Historische Studien). Bonn (in Vorbereitung).

[41] *Bulst* 1982, 14.

[42] *Dupont-Ferrier,* Gustave: Ignorances et distractions administratives en France aux XIVe siècles. In: Bibliothèque de l'École des Chartes 100 (1939), 145–156. – *Paravicini,* Werner: Administrateurs professionnels et princes dilettantes. In: Histoire comparée de l'administration. 1980, 168–181.

[43] *Major* 1980, 58 ff.

[44] *Rigaudière,* Albert: Saint-Flour. Ville d'Auvergne au bas Moyen Age. I. Paris 1982, 590, 592 f.

gendeiner Weise hier reglementierend oder vereinheitlichend einzuwirken. Barg doch dieses offene System letztlich auch für den jeweiligen Herrscher ein adäquates Mittel zu wirksamer Einflußnahme. Gerade das Fehlen von festen Verfahrensnormen bei Einberufung und Abhaltung von Generalständen ließ sich dazu benutzen, die Zusammensetzung von Generalständeversammlungen im Interesse des Königtums günstig zu beeinflussen. Doch bleibt trotz aller Unterschiedlichkeit ein gemeinsames Merkmal festzuhalten, nämlich das ausschließlich dem König vorbehaltene und nur fallweise und befristet an andere verliehene Recht des Königs, Ständeversammlungen einzuberufen [45]. Dieser entscheidende Kompetenzmangel der Provinzialstände sowie der Generalstände, sich selbst konstituieren zu können, zeugt eindeutig von der starken Position des Königs, allen Manifestationen regionaler Unabhängigkeit, die einen Machtverlust für die Zentralgewalt des Königs bedeuten konnten, wirksam entgegentreten zu können.

Ernstzunehmende Autonomietendenzen, die dem König dieses Recht streitig zu machen suchten, sind kaum bekannt. Genannt sei der Versuch der Stände des Languedoc aus dem Jahre 1430, das Recht zu usurpieren, sich, wann und wo sie wollten, selbst zu versammeln. Es blieb jedoch beim Versuch. Weder der König noch seine Amtsträger mußten einschreiten. Der Widerstand kam aus den eigenen Reihen der Stände. Partikularinteressen, in diesem Fall die der capitouls von Toulouse, die sich zu Fürsprechern des königlichen Rechts auf Einberufung aufwarten, verhinderten diesen Anlauf, den Ständen mehr Unabhängigkeit zu verleihen [46].

Ein Kriterium zur Messung der politischen Bedeutung von Provinzialständen im Rahmen des französischen Herrschaftssystems ist die Frage nach ihrer tatsächlichen Aktivität und nach ihren Kompetenzen. Äußeres Merkmal der Aktivität ist zweifellos die Sitzungsfrequenz, die allerdings auch kein unbedingt zuverlässiger Maßstab ist. Auch hier sind die Unterschiede beträchtlich. Sie reichen von den ab 1417 regelmäßig tagenden Ständeversammlungen des Dauphiné [47], den ab 1458 bis 1589 jährlich zusammentretenden Provinzialständen der Normandie [48] oder den ab 1444 jährlichen Ständeversammlungen des Languedoc [49] über die im Dreijahresturnus tagenden burgundischen Stände [50] bis

45 *Gilles* 1975, 31 f., 138 ff.

46 Ebda., 47.

47 *Dussert,* A.: Les États du Dauphiné aux XIVe et XVe siècles. Grenoble 1915, 300 ff. Vgl. *Töpfer* 1977, 239.

48 *Prentout,* Henri: Les États Provinciaux de Normandie. III. Preuves. Caen 1927, 5 ff. – *Ders.*: Les États provinciaux en France. In: Bull. of the internat. committee of of hist. science 1 (1929), 632–647, hier: 643.

49 *Gilles* 1965, 58 ff.

50 *Billioud,* Joseph: Les États de Bourgogne aux XIVe et XVe siècles. Dijon 1922. – Vgl. *Griffiths* 1974, 29 f.

hin zu den z. T. sehr unregelmäßigen und oft durch mehrjährige Pausen unterbrochenen Ständeversammlungen Zentralfrankreichs [51], des Périgord [52] oder des Poitou [53]. Regelmäßiger und letztlich dauerhafter sind aber eindeutig Versammlungen an der Peripherie Frankreichs, in der Normandie, im Artois [54], in Burgund, im Dauphiné, in der Provence, im Languedoc oder in der Bretagne im Vergleich zu den Ständeversammlungen der im inneren Frankreichs gelegenen Regionen, etwa des Maine, des Limousin, des Anjou oder des Poitou, die schon im Mittelalter verschwinden oder zur völligen Bedeutungslosigkeit herabsinken [55].

Analysen der politischen Bedeutung der Provinzialstände und ihrer konkreten Kompetenzen erbrachte für die verschiedenen jeweils untersuchten Ständeversammlungen meist relativ ähnliche Ergebnisse. Alle Autoren waren sich über die fehlende eigenständige politische Bedeutung der von ihnen untersuchten Provinzialständeversammlungen einig [56]. Doch heißt dies nach dem Verständnis der Autoren nicht, daß sie nicht auch wichtige, administrative Kompetenzen besessen hätten, was dann bei Major und anderen zur Grundlage für das Argument der Stärke der Stände gemacht wurde. Was allerdings unter „politisch" im Gegensatz zu „administrativ" dabei verstanden werden soll, wird eher vorausgesetzt, als daß es explizit gemacht würde. In gewisser Weise scheint mir diese Unterscheidung denn auch kaum stringent durchführbar und für die hier interessierende Zeit wenig sinnvoll zu sein. Eine der wesentlichen Kompetenzen der Generalstände war zweifellos ihr Mitspracherecht bei der Festlegung der Steuern [57]. Der Verlust an Einflußmöglichkeiten auf den König bis hin zum Verschwinden der Provinzialständeversammlungen Zentralfrankreichs überhaupt im 15. Jahrhundert vollzog sich parallel zum Verlust ihres Mitspracherechts bei der Steuerfestsetzung ab den 40er Jahren des 15. Jahrhunderts [58]. Die nach dem Modus

[51] *Thomas* 1879, I. 183 ff.

[52] *Cardenal,* L. de: Catalogue des assemblées des États de Périgord de 1378 à 1651. In: Bull. philologique et historique du comité des travaux hist. et scientifiques 1938–39 (1940) 243–266.

[53] *Tyrell,* Joseph M.: A History of the Estates of Poitou. The Hague-Paris 1968, 134 ff.

[54] *Hirschauer* 1923, II. 7 ff.

[55] *Mousnier,* Roland: La participation des gouvernés à l'activité des gouvernants dans la France du XVIIe et du XVIIIe siècle. In: Schweizer Beiträge zur Allgemeinen Geschichte 20 (1962/63) 201–229, hier: 207. – *Töpfer* 1977, 238 f. – *Lewis* 1977, 506 ff. – *Villers,* Robert: Le déclin des Assemblées d'États en Europe du XVIe au XVIIIe siècles. In: Hommage à Robert Besnier. Paris 1980, 279–298, hier: 288. – *Major* 1980, bes. 37 u. passim s. v. – *Thomas* 1879, I. 165 f.

[56] *Gilles* 1965, 279. – *Lewis* 1977, 508.

[57] *Gilles* 1965, 167.

[58] *Thomas* 1879, I. 164. – Vgl. *Dumont,* François: Les États français et les impôts. In: Études sur l'histoire des assemblées d'États, Vorwort von F. Dumont. Paris 1966, 211–222, hier: 215.

der Steuerfestsetzung getroffene Unterscheidung, nämlich der Steuerfestsetzung durch Ständeversammlungen in eigener Regie, in den sog. pays d'états bzw. durch königliche Amtsträger, die élus, in den pays d'élections, ist jedoch nur bedingt geeignet, generell als Einteilungs- und Bewertungsschema zu dienen, wonach die pays d'états als Regionen mit funktionierenden Provinzialständen den „gescheiterten" pays d'élections gegenübergestellt werden können, da auch in den pays d'états die Entscheidungskompetenzen in Steuerfragen den Ständen zunehmend verloren gingen.

Die Diskussionen über die Steuerwünsche des Königs boten den Ständen vielfältige Gelegenheiten, ihre Auffasungen zur Beseitigung von Mißständen gegenüber dem König zu artikulieren. Die auf den Provinzialständeversammlungen Zentralfrankreichs, in der Auvergne, im Limousin und in der Marche, angesprochenen Fragen betrafen die Landesverteidigung gegen die Engländer, das gravierende Problem der routiers oder auch öffentliche Aufgaben wie die Nutzung und den Ausbau von Schiffahrtswegen. Die wirtschaftlichen, administrativen und politischen Implikationen sind bei diesen Materien kaum voneinander zu trennen [59]. Am Beispiel der Ständeversammlungen des Languedoc läßt sich ein fortwährender Meinungsaustausch der Stände mit König und conseil anhand der übersandten doléances feststellen, deren Ausarbeitung zusammen mit dem Versuch ihrer Durchsetzung einen wesentlichen Teil der Aktivitäten dieser Provinzialstände ausmachen [60]. Ihr Inhalt ist ausgesprochen heterogen und kaum als unpolitisch einzustufen, sondern schließt alle wichtigen Fragen im Bereich von Wirtschaft, Politik, Verwaltung und Recht mit ein [61]. Ähnliches gilt für die Stände des 1477 an Frankreich gefallenen Burgund [62].

Fragen wir nun nach dem Verhältnis regionaler Ständeversammlungen zu der zentralen Institution der Generalstände, so zeigt sich, daß Generalstände nicht unerheblich durch die Existenz von Provinzialständen beeinflußt waren und insofern nicht nur um Erfolg gegenüber der Zentralgewalt des Königs bemüht sein mußten, sondern sich darüber hinaus auch mit dezentralen Tendenzen aus den eigenen Reihen auseinanderzusetzen hatten. Das Beispiel der Generalstände von 1484 mag dies verdeutlichen. So wurde diese Versammlung von den Ständen des Languedoc, Burgunds sowie des Dauphiné dazu benutzt, um außer den allgemeinen im cahier général zusammengefaßten doléances [63] auch noch jeweils spezifische Belange in Form von regional bezogenen doléances dem König vor-

[59] *Thomas* 1879, I. 138 ff. – Vgl. auch *Perroy,* Edouard: La fiscalité royale en Beaujolais aux XIVe et XVe siècles. In: *ders.*: Études d'histoire médiévale. Paris 1979, 87–129, hier: 116.

[60] *Gilles* 1965, 287.

[61] Ebda., 167 ff.

[62] *Billioud* 1922, 263 ff.

[63] Jean de Masselin, 1835, 661 ff.

zulegen [64]. Diese Versammlung erweist sich zudem als Ort hektischer Aktivitäten auch anderer Partikularinteressen, hinter denen z. T. gut organisierte, institutionell fest verankerte und personell durch Syndici und Prokuratoren vertretene Provinzialständeversammlungen stehen. Doch zeigt gerade diese Versammlung deutlich, daß es keineswegs solcher ständischer Institutionen bedarf, um lokale oder regionale Interessen gegenüber dem König wirksam zu vertreten. Eine genaue Analyse der Aktivitäten der verschiedenen Delegationen auf den Generalständen von 1484 zeigt vielmehr, daß praktisch alle Delegationen, z. T. von eigens zu diesem Zweck entsandten Sonderbeauftragten begleitet – die z. T. auch die offizielle Anerkennung als Delegierte erwerben konnten –, versuchten, mit König und Conseil über lokale oder regionale Probleme Verhandlungen zu führen [65].

Es liegt auf der Hand, daß diese Sonderaufträge, die z. T. die Delegierten auch selbst hatten übernehmen müssen, ihrem Auftreten auf den Generalständen selbst viel von ihrer Unabhängigkeit und Unvoreingenommenheit nehmen mußten. Wie sollten sie im Plenum glaubhaft dem König zur Durchsetzung der Forderung der Gesamtheit entgegentreten, wenn gleichzeitig ihre doléances, Bittschriften, Gesuche um Privilegienerneuerungen und ähnliches, deren Bestätigung und Erfüllung, wie etwa im Fall der Messen von Lyon [66], direkt die Interessen anderer Delegationen tangierten, dem Conseil zur Beratung vorlagen? Weniger systematisch und anders organisiert finden sich mithin auch dort, wo Ständeversammlungen zur Willensbildung nicht mehr zur Verfügung standen oder – und dies trifft in den meisten Fällen eher zu – wo sie bedeutungslos geworden sind, durchaus Mittel und Vorgehensweisen zur Durchsetzung partikularer Interessen, die den Regionen mit funktionierenden Ständeversammlungen durchaus vergleichbar sind.

Die Versammlung von 1484 kann auch als Beispiel dafür dienen, wie quer zum genannten Einteilungsschema in pays d'états und pays d'élections, in Regionen mit Provinzialständen und Regionen ohne Provinzialstände, andere Grenzlinien verlaufen, die die Allgemeingültigkeit dieser Einteilung obsolet erscheinen lassen. Gemeint sind die Vorgänge zur Festsetzung der aide und der Kosten für die Krönung Karls VIII. für 1484 und 1485. Die individuell mit einzelnen regionalen Delegationen von verschiedenen Mitgliedern des Conseil geführten Verhandlungen über den jeweiligen Anteil einzelner Steuerbezirke an der ins-

[64] *Caseneuve,* P. de: Le franc-alleu de la province de Languedoc establi et deffendu, 2 Teile. Toulouse 2. Aufl. 1645, bes. Teil 1, 29 ff., 138 ff., Teil 2, 43 ff. – Extraits des Monumens qui concernent la confirmation des privilèges du duché et du comté de Bourgogne, accordée aux députés des états de cette province pendant la tenue des états-généraux de 1483, s. l. n. d. (= BM Besançon 239823), 1 ff. – Statuta delphinalia, hoc est libertates, statuta et decreta. Grenoble 1623, 35 ff.

[65] Belege bei *Bulst* (wie Anm. 40).

[66] *Fédou,* René: Les hommes de loi lyonnais à la fin du Moyen Age. Lyon 1964, 360.

gesamt festgesetzten Summe macht die Gegensätze deutlich, die auch innerhalb regionaler Sektionen bestanden. So entbrannte z. B. in der Sektion Normandie ein heftiger Streit über den jeweiligen Anteil der Basse Normandie und der Haute Normandie, der mit äußerster Erbitterung ausgetragen wurde [67]. Die Härte der Auseinandersetzung, bei der das entsprechende Mitglied des königlichen Rats, der Bischof von Coutances, von seinen Gegnern bezichtigt wurde, seine Region zu bevorzugen, zeigt, – und dies ist keineswegs ein Einzelfall – daß trotz eines zweifellos vorhandenen Zusammengehörigkeitsgefühls in der Normandie die Gefahr einer Stärkung partikularer Sonderinteressen zu Lasten der Zentralgewalt, also Desintegrationstendenzen kaum zu befürchten waren.

Wie stark allerdings regionale Zusammengehörigkeiten noch bis in den Beratungsmechanismus auf Generalständen im ganzen 15. Jahrhundert durchschlagen, läßt sich ebenso an den Generalständen von 1413 zeigen, wo entsprechend der Zugehörigkeit zu den Kirchenprovinzen Reims, Rouen, Lyon, Sens und Bourges getrennt beraten wurde und Stadt und Universität Paris noch eine zusätzliche Sektion bildeten [68], wie an den Generalständen von 1484, wo ebenfalls nicht nach Ständezugehörigkeit beraten wurde, was ggfls. dazu geeignet gewesen wäre, zentralistische Bestrebungen innerhalb der Versammlung zu stärken. Stattdessen teilte man sich in sechs Sektionen auf. Paris, Burgund, Normandie, Aquitanien, Languedoc und Languedoïl und folgte damit unter gewissen Modifikationen dem Einteilungsprinzip der königlichen Finanzverwaltung in Generalitäten [69].

Ob jedoch regionale Solidaritäten mit einer an den Interessen des Königs und der sich formenden Gesamtnation orientierten Verhaltensweise vereinbar waren oder einander ausschlossen, hängt letztlich an den Personen, die diese Institutionen ausfüllten. In andauernder Wechselwirkung prägen sie die Institutionen und werden selbst von ihnen geprägt. Das Beispiel der Generalstände von 1484 mag dies verdeutlichen. Es wurde schon darauf hingewiesen, daß ein großer Teil unter den Delegierten 1484 königliche Amtsträger waren [70]. Ihrer bedienten sich die im Conseil tonangebenden Beaujeu, um ihren Willen durchzusetzen. Als gegen den Willen der Generalstände eine Gruppe von 16 Delegierten vom Conseil bestimmt wurde, um über die doléances zu beraten, charakterisierte Masselin die als Sprecher der Generalstände gewählten Delegierten so: „homines profecto, quorum aliqui subjecti et famulantes fuere, alii pusillanimes et contradicere non ausi, alii regii officiarii, cum quibus nobis certamen, alii alio modo affecti“ [71]. Die von Masselin mit so viel Erbitterung Charakteri-

[67] Jean Masselin, 1835, 518 ff.
[68] *Autrand,* Françoise: Charles VI. La folie du roi. Paris 1986, 478 f.
[69] Jean Masselin, 1835, 68 ff.
[70] S. Anm. 2.
[71] Jean Masselin, 1835, 300 ff.

sierten waren alles andere als wahre Interessenvertreter der Generalstände. Als besondere Gruppe hob er unter ihnen die königlichen Amtsträger hervor, denen er aufgrund ihrer besonderen Verpflichtungen und Beziehungen zum König und zu den Zentren der Macht, wegen ihrer Bestechlichkeit und Profitgier auch mit die Schuld am Scheitern der Reformansätze gab. Auch an anderen Stellen seines Journals sparte Masselin nicht mit Kritik an den königlichen Amtsträgern. So mißbilligte er auch ihre ständig anwachsende Zahl und die damit für die Steuerzahler verbundenen steigenden Belastungen [72].

Die Analyse der Generalständeversammlungen von 1468 und 1484 macht deutlich, daß die königlichen Amtsträger zunehmend an Einfluß in der Stadt und ebenso in den Angelegenheiten der Ständeversammlungen gewannen. Königliche Amtsträger als städtische oder ständische Beauftragte am Hof, beim König und den cours souveraines hatten vielfach bessere Aussichten, die ihnen übertragenen Aufgaben und Interessen durchzusetzen, da sie häufig über einen sehr viel besseren personellen Rückhalt durch ihre Zugehörigkeit zu überregionalen Interessengruppen verfügten, als dies bei reinen städtischen Funktionsträgern der Fall war. Diese Funktion der königlichen Amtsträger als Mittler zwischen Ständen und Städten einerseits und König und Zentralgewalt andererseits bedeutete jedoch auch in gewisser Weise eine Gefahr. Denn über die königlichen Amtsträger bot sich nunmehr dem König die Möglichkeit, seinerseits in verstärktem Maße Einfluß zu nehmen. Die Abhängigkeit der königlichen Amtsträger vom König ließ sie jedoch nicht zu willenlosen Werkzeugen in der Hand des Königs werden. Die Stellung der königlichen Amtsträger als intermediäre Führungsschicht zwischen der Zentralverwaltung und lokalen oder regionalen Zentren, seien es einzelne Städte oder Ständeversammlungen, ermöglichte ihnen nämlich auch eine gewisse Unabhängigkeit vom König. De jure auf den Generalständen Vertreter des gesamten dritten Standes, wenn sie de facto auch nur von einer kleinen Oberschicht gewählt worden waren, konnten die königlichen Amtsträger durchaus unter Berufung auf die ihnen von ihren Wählern übergebenen doléances versuchen, auch vom König unabhängige Positionen einzunehmen.

Aus dieser Doppelfunktion heraus läßt sich erklären, warum weitreichende Reformansätze der Generalstände von 1484, z. B. die Forderungen nach Periodizität, Offenlegung der königlichen Finanzen u. a. nicht verwirklicht werden konnten. Als königliche Amtsträger gerieten sie in Gefahr, durch die Kontrolle einer institutionalisierten zentralen Repräsentativversammlung in ihrem Wirken beeinträchtigt zu werden. Auf der anderen Seite waren sie geradezu prädestiniert, wirksame Interessenvertreter provinzialer Partikularinteressen zu werden [73], da ihre Position sie unabhängiger von städtischen Beziehungssyste-

[72] Ebda., 224.
[73] *Bulst* 1982, 15 ff.

men machte und ihnen dadurch mehr Glaubwürdigkeit bei der Wahrnehmung städtischer Aufgaben verlieh. Ihre Beziehungen zum König ließen zudem solche Missionen aussichtsreicher erscheinen [74].

Dieser Gegensatz zwischen Zentralismus und Regionalismus ist allerdings kein Gegensatz zwischen Integration und Desintegration. Ab der zweiten Hälfte des 15. Jahrhunderts, nach dem Ende des Hundertjährigen Krieges, ist die Position des Königs so gefestigt, daß er es sich sogar erlauben kann, Partikularinteressen, also Ständeversammlungen in den neu erworbenen Gebieten, etwa in Burgund, in der Provence oder im Dauphiné zu fördern, da keine desintegrativen Tendenzen zu befürchten sind. An der Errichtung der Regionalparlamente, was z. T. gegen den ausdrücklichen Willen der Provinzialstände geschah, ist dies z. B. sehr deutlich zu sehen [75]. Institutionelle Zentralisierung bei gleichzeitiger geographischer Dezentralisierung, wie Guenée es genannt hat [76], schließen einander nicht aus, sondern ergänzen und stärken sich gegenseitig [77]. Die Entfernung von Zentrum und Peripherie, die dadurch erschwerte Kommunikation und daraus möglicherweise resultierende negative Folgen waren leichter mit Hilfe der Ständeversammlungen, die das Königtum gleichwohl fest kontrollierte, zu überbrücken. In den näher gelegenen Gebieten waren solche Institutionen überflüssig, da sowohl dem König als auch allen Ständen unmittelbare und schnelle, auf die besonderen Bedürfnisse zugeschnittene Kommunikation möglich war [78]. Es ist also nicht ein schwaches Königtum, das Repräsentativversammlungen von Provinzialständen erträgt und sein Herrschaftssystem dem anpaßt, sondern ein starkes Königtum, das spätestens ab der zweiten Hälfte des 15. Jahrhunderts sich auch der Provinzialständeversammlungen als geographisch dezentraler Institutionen bediente. Diese Tendenzen zur Nutzung von Provinzialständeversammlungen im Interesse der Festigung der königlichen Macht verstärkten sich noch im 16. Jahrhundert [79].

Das eigentliche zentrale Repräsentativorgan, die Generalstände blieben jedoch gefürchtet. Selbst das starke französische Königtum der zweiten Hälfte des 15. Jahrhunderts griff nur in Ausnahmefällen zum Mittel der Einberufung von Generalständen. Offensichtlich verband sich mit ihnen der Gedanke an Unkontrollierbarkeit, Unbotmäßigkeit und Opposition. Wo es ging, wurden sie umgangen, wie z. B. bei den Ratifizierungen der Verträge von Arras (1482)

74 *Guenée* 1981, 123 f.

75 Ebda., 121.

76 Ebda., 125.

77 *Major* 1980, 3 betont demgegenüber die Bedeutung der dezentralen Verwaltung in weiten Teilen Frankreichs, deren wesentlichen Rückhalt er bei den Ständen sieht.

78 *Lewis*, Peter: The Centre, the Periphery, and the Problem of Power Distribution in Later Medieval France. In: *ders.*: Essays in Later Medieval French history. London 1985, 151–168, hier bes. 154 ff.

79 *Griffiths* 1974, 30 f.

oder von Etaples (1492), die statt den vertraglich vorgesehenen Generalständen Provinzialständen bzw. Versammlungen von bailliages und sénéchaussées vorgelegt wurden [80]. Auch sein Projekt der Vereinheitlichung der coutumes plante Ludwig XI., lediglich den bonnes villes und keiner allgemeinen Ständeversammlung zu unterbreiten [81].

Die geographisch dezentralen Institutionen wie Provinzialstände und Parlamente waren nach dem politischen Konzept des Königtums – der Gang der Geschichte hat dessen Richtigkeit bestätigt – geeignete Mittel zur Förderung des Integrationsprozesses der Nation. Desintegrativ wirkte sich partikulare Interessenvertretung über Provinzialstände nicht aus.

Wenn in einigen der hier genannten Gebiete an der Peripherie Frankreichs, die sich u. a. durch eigene institutionalisierte Repräsentativversammlungen auszeichneten, deren wichtigste Aufgabe es war, eine ständige Verbindung zum König herzustellen, heute Bewegungen mit desintegrierenden Tendenzen entstanden sind, so lassen sich die Anfänge davon vielleicht in dem schwindenden Entfaltungsspielraum sehen, den ein neues Konzept von Zentralismus in der sog. Blütezeit des Absolutismus für sie mit sich brachte.

80 *Bulst* 1980, 256 f.

81 *Gandilhon,* René: L'unification des coutumes sous Louis XI. In: Revue Historique 194 (1944) 317–323, hier: 321.

Winfried Eberhard

Interessengegensätze und Landesgemeinde: Die böhmischen Stände im nachrevolutionären Stabilisierungskonflikt

I.

Die spätmittelalterliche Krise in Kirche, Gesellschaft und Königtum kulminierte in den böhmischen Ländern in einer regelrechten Revolution, der ersten ausgeprägten in Europa [1]. Obwohl ihre Ergebnisse zweihundert Jahre ostmitteleuropäischer Geschichte prägten und in den Dreißigjährigen Krieg mündeten, werden sie in der europäischen Historiographie aus zwei Gründen meist vergessen oder unterschätzt. Erstens blieb sie zunächst auf Böhmen beschränkt und vermochte ihre universalen Ideale nicht zu exportieren; revolutionäre Gewalt wirkte vorerst mehr abschreckend als ansteckend. Zweitens verbreitete die Handbuchliteratur im allgemeinen die Vorstellung, die Revolutionsergebnisse seien auch innerhalb des Landes ganz minimal gewesen und hätten sich auf den Laienkelch beschränkt. Man geht dabei vom Wortlaut des Abkommens der Hussiten mit dem Konzil aus, von den sogenannten Basler Kompaktaten [2].

[1] Zur Krisensituation in Böhmen vor allem *Šmahel, František:* Krise und Revolution: Die Sozialfrage im vorhussitischen Böhmen. In: Europa 1400. Die Krise des Spätmittelalters. Hg. v. Ferdinand Seibt/Winfried Eberhard. Stuttgart 1984, 65–81. – *Graus,* František: Vom „Schwarzen Tod" zur Reformation. Der krisenhafte Charakter des Spätmittelalters. In: Revolte und Revolution in Europa. Hg. v. Peter Blickle. München 1975 (HZ Beih. 4). – Zur hussitischen Revolution als einführender Überblick am besten *Lambert,* Malcolm D.: Ketzerei im Mittelalter. Häresien von Bogumil bis Hus. München 1981 (engl. 1977), 395–477. – Die systematische Interpretation als Revolution bei *Seibt,* Ferdinand: Revolution in Europa. Ursprung und Wege innerer Gewalt. München 1984, 203–229.

[2] Über die Abwertung der Folgen der Revolution in der Historiographie *Eberhard,* Winfried: Konfessionsbildung und Stände in Böhmen 1478–1530. München 1981, 16–26, zu den Kompaktaten ebenda 41–46. – Zur Bedeutung und Weiterwirkung des Hussitismus *Kalivoda,* Robert: Husitství a jeho vyústění v době předbělohorské a pobělohorské [Der Hussitismus und seine Ausmündung in der Zeit vor und nach dem „Weißen Berg"]. In: Studia comeniana et historica 25 (Musaeum comenii hunnobrodense XIII) 1983, 3–44.

In Wirklichkeit hatte die Revolution die böhmische Gesellschaft – und zwar mehr als die mährische – und die böhmische Verfassung tiefgreifend umgestaltet [3]. Die Geistlichkeit hatte ihre Güter fast vollständig an Adel und Städte verloren und war als politischer Stand ausgeschaltet. Ebenso war der größte Teil des Königsgutes durch Besetzung und Verpfändung in die Hand des Adels gelangt. Revindikationsversuche ließen sich unter den folgenden kurzlebigen und schwachen Königsherrschaften nicht durchsetzen [4]. Die neuen Güter wurden ebenso wie die älteren zu freiem Grundbesitz, auf dem die starke Position des böhmischen Adels schon immer beruhte. Infolge seiner schwachen ökonomischen Grundlagen blieb daher der König angewiesen auf die finanziellen Hilfsbewilligungen und Landesaufgebote der Stände. Der Landtag, der in der Revolution das Land regiert hatte, blieb somit als politisches Führungsgremium erhalten. Er vereinigte nun – ohne Geistlichkeit – die drei Stände der Herren (Barone, Magnaten), der Ritter (Niederadel) und der Städte, die damit durch die Revolution nicht nur ihre ökonomische Potenz, sondern auch ihre politische Bedeutung gesteigert hatten. In Böhmen etablierte sich im 15. Jahrhundert wirklich eine ständestaatliche monarchia mixta, ein dualistisches System, in dem der König es nur mit Mühe zuwege brachte, nicht zum primus inter pares abzusinken [5].

[3] Zu den gesellschaftlichen Folgen der hussitischen Revolution im Überblick *Válka,* Josef: Česká společnost v 15.–18. století. Úvod do problematiky sociálních dějin pozdního feudalismu. I. Předbělohorská doba [Die böhmische Gesellschaft im 15.–18. Jahrhundert. Einführung in die Problematik der Sozialgeschichte des Spätfeudalismus. I. Die Zeit vor dem „Weißen Berg"]. Prag 1972, 5–13. – *Polívka,* Miloslav: Některé aspekty vývoje stavovství v české společnosti předhusitské a husitské doby [Einige Aspekte der Entwicklung des Ständewesens in der böhmischen Gesellschaft der vorhussitischen und hussitischen Zeit]. Folia Historica Bohemica 6 (1984) 17–47, mit dt. Resümee. – *Pánek,* Jaroslav: Proměny stavovství v Čechách a na Moravě v 15. a v první polovině 16. století [Wandlungen des Ständetums in Böhmen und Mähren im 15. und in der ersten Hälfte des 16. Jahrhunderts]. Folia Historica Bohemica 4 (1982) 179–210 (mit dt. Resümee) behandelt das Gewicht der einzelnen Stände sowie ihr Verhältnis untereinander und zum Herrscher. – Zum Verhältnis der böhmischen und mährischen Stände *Válka,* Josef: Stavovství a krize českého státu v druhé polovině 15. století [Das Ständewesen und die Krise des böhmischen Staates in der zweiten Hälfte des 15. Jahrhunderts]. Folia Historica Bohemica 6 (1984) 65–91, mit dt. Resümee. – Die verfassungsgeschichtlichen Veränderungen im Überblick behandelt *Peterka,* Otto: Rechtsgeschichte der böhmischen Länder in ihren Grundzügen dargestellt. 2 Tle. Reichenberg 1928, ND 1965. – Ein Vergleich der spätmittelalterlichen böhmischen Ständegesellschaft und ihren Institutionen mit den österreichischen bei *Eberhard,* Winfried: Monarchie und Widerstand. Zur ständischen Oppositionsbildung im Herrschaftssystem Ferdinands I. in Böhmen. München 1985, 45–69.

[4] Aber auch später (1464–1514) gelangten 16 % des Feudalbesitzes aus königlicher in adelige Hand. *Petráň,* Josef: Stavovské království a jeho kultura v Čechách (1471–1526) [Das Ständekönigtum und seine Kultur in Böhmen]. In: Pozdně gotické umění v Čechách. Prag 1978, 13–72, hier 34.

[5] Die strukturellen Ursachen der inneren Schwäche des nachhussitischen Königtums

Die besondere konfliktreiche Dynamik dieser Ständegesellschaft erwuchs nun jedoch nicht nur aus der gesteigerten Bedeutung der Stände, sondern vor allem aus dem labilen Gleichgewicht zwischen Stände- und Königsmacht und aus dem ungeklärten Kräfteverhältnis der Stände untereinander. Als dritter Faktor, der in dieser Dynamik eine wichtige gruppenformierende und -abgrenzende Rolle spielte, trat dazu die konfessionelle Spaltung des Landes in eine hussitische Mehrheit und eine katholische Minderheit.

Die innere Differenzierung der Stände [6] stand mit dieser konfessionellen Gesellschaftsgliederung in einem gewissen Zusammenhang. Der Hochadel nämlich, der bloßen Quantität nach zwar mehrheitlich hussitisch, war von den Katholiken bestimmt, da sie als die mächtigsten Herren die ausgedehntesten Grundherrschaften vor allem in Süd- und Westböhmen (Rosenberg, Rožmitál, Neuhaus, Pernstein, Berka und Dubá, Sternberg, Riesenberg, Schwamberg) besaßen [7]. Der weit zahlreichere Niederadel, der in der Revolution besonders gewonnen hatte, war zwar konfessionell ziemlich einheitlich hussitisch, aber sozial stark differenziert: Neben einer großen Zahl kleiner Landedelleute (zemané), die von ihren Herrendiensten lebten, hatten es einige Ritterfamilien zu größeren Herrschaften, politischen Landesämtern und zu herrengleicher Stellung gebracht (Kostka von Postupitz, Smiřický, Trčka von Lípa, Hrádek, Sudoměř, Kaplíř von Sulevic, Landstein, Litoborský von Chlum, Leskovec, Vřesovic).

und der Stärke des Adels behandelt *Skýbová,* Anna: Česká šlechta a jednání o povolení kompaktat r. 1525 [Der böhmische Adel und die Verhandlungen um die Bestätigung der Kompaktaten 1525]. In: Proměny feudální třídy v Čechách v pozdním feudalismu. Acta Universitatis Carolinae, Philosophica et historica 1. Prag 1976, 81–108 (mit dt. Resümee). – Als Überblick über die Epoche des starken böhmischen Ständestaates *Rhode,* Gotthold: Böhmen von Georg von Podiebrad bis zur Wahl und „Annahme" Ferdinands als König (1458–1526). In: Handbuch der europäischen Geschichte. Hg. v. Theodor Schieder. III. Stuttgart 1971, 1119–1134. – *Richter,* Karl: Die böhmischen Länder 1471–1740. In: Handbuch der Geschichte der böhmischen Länder. Hg. v. Karl Bosl. II. Stuttgart 1974, 97–412. – *Petráň* 1978. – Zu den ökonomischen Schwierigkeiten König Wladislaws *ebenda* 24 f. In der dynastischen und außenpolitischen Planung ergibt sich nach Petráň allerdings ein günstigeres Bild Wladislaws (19–22, 26 f. u. 29); daher weist er die These von der Schwäche dieses Königs zurück. – Über Vorgänge und Fakten dieser Epoche im einzelnen immer noch am genauesten in deutscher Sprache *Palacky,* Franz: Geschichte von Böhmen. V. Prag 1867.

[6] Zur Position der einzelnen Stände *Válka* 1972. – Petráň, Josef: Skladba pohusitské aristokracie [Die Zusammensetzung der nachhussitischen Aristokratie]. In: Proměny feudální třídy (wie Anm. 5), 9–80. – Ebenfalls zum Adel *Třeštík,* Dušan/*Polívka,* Miloslav: Nástin vývoje české šlechty do konce 15. století [Ein Abriß der Entwicklung des böhmischen Adels bis zum Ende des 15. Jahrhunderts]. In: Struktura feudální společnosti na území Československa a Polska do přelomu 15. a 16. století. Prag 1984, 99–133.

[7] Die Zusammensetzung der politisch führenden Aristokratie und ihre Veränderung nach 1479 analysiert *Petráň* 1976. *Ders.:* 1978, 29–50; eine Liste der Amtsinhaber und Landrichter ebenda 30–33; zu den ökonomisch führenden Familien ebenda 39–46, dazu die Grundbesitzkarte 48 f.

Sie waren fähig und bestrebt, mit den Herren um ihren politischen Anteil an der Macht zu konkurrieren. Die freien königlichen Städte (etwa 30), mit wenigen Ausnahmen hussitisch, wurden angeführt von den beiden Prager Städten, den Häuptern der ehemaligen hussitischen Städtebünde, der Alt- und der Neustadt Prag. In Prag ebenso wie in anderen Städten hatte sich ein Zunftpatriziat etabliert, dem sich auf der einen Seite über Adelsprädikate und Grundbesitz der Weg zum Ritterstand eröffnete und das auch politisch immer wieder die Anlehnung am Adel suchte. Auf der anderen Seite war es auch eine Schicht, die für Mobilität von unten offenstand. Über die Institution der Gemeindeältesten bekamen nämlich die Zunftbürger der Gemeinde entscheidenen Einfluß auf die Ratsbesetzung und selbst Zugang zum Rat. Die Stadtgemeinden blieben daher ein politisch und konfessionell besonders dynamisches Element der Ständegesellschaft [8]. Obwohl es den Städten nicht gelang, Zugang zu den Landesämtern und zum Landrecht zu bekommen, sie sich vielmehr mit dem Privileg ihres eigenen, städtischen Rechtskreises begnügten, hatten auch die Städte erheblich an politischer Bedeutung gewonnen: durch Güterzuwachs, durch ihre dritte Stimme im Landtag und durch Übernahme des königlichen Stadtrichteramtes.

Das Kräfteverhältnis der Stände stellt sich so als einigermaßen ausgeglichene Machtbalance dar [9], die jedoch immer wieder gefährdet war, da sie noch keine endgültige institutionelle Grundlage gefunden hatte und der Adel versuchte, die Gewichte zu seinen Gunsten zu verschieben.

[8] Zur politischen Bedeutungssteigerung der Städte infolge der Revolution *Kejř*, Jiří: Zur Entstehung des städtischen Standes im hussitischen Böhmen. In: Städte und Ständestaat. Hg. v. Bernhard Töpfer. Berlin 1980, 195–213. – *Eberhard* 1985, 49 f. – *Ders.:* 1981, 150–158 zur gesellschaftlichen Struktur Prags. – Zur Bedeutung des Stadtbürgertums für die Revolution und für ihre Stabilisierung mit bemerkenswerten theoretischen Überlegungen *Kalivoda*, Robert: Revolution und Ideologie. Der Hussitismus. Köln–Wien 1976, 211–230. – *Janáček*, Josef: Dějiny Prahy [Geschichte von Prag]. Prag 1964. – Zur Rolle der Zünfte *ders.:* Doba předbělohorská 1526–1547 [Die Zeit vor dem „Weißen Berg"] Prag 1968 (České dějiny I, 1), 144–148. Auch *Husa*, Václav: Tomáš Müntzer a Čechy [Thomas Müntzer und Böhmen] Prag 1957 (Rozpravy ČSAV, Jg. 67, Reihe SV, H. 11), 59 f. – *Hoffmann*, František: Struktura městského obyvatelstva v českých zemích do počátku 16. století [Die Struktur der städtischen Einwohnerschaft in den böhmischen Ländern bis Anfang des 16. Jahrhunderts]. In: Struktura feudální společnosti (wie Anm. 6), 320–342. – Den Aufstieg von Zunftbürgern zum politisch bestimmenden Patriziat zeigt *Šimek*, Eduard: Obyvatelstvo Kutné Hory v druhé polovině 15. století [Die Einwohnerschaft Kuttenbergs in der zweiten Hälfte des 15. Jahrhunderts]. In: Příspěvky k dějinám Kutné Hory 1 (1960) 71–86.

[9] So sieht es bemerkenswerterweise prinzipiell auch *Pánek* 1982, 185.

II.

Unter dem hussitischen König Georg von Podiebrad erwies sich zunächst jedoch nicht das ständische, sondern ein ganz anderes Gruppierungskriterium als die elementarste politische Integrationsgrundlage: die Konfession. In seinem politisch-diplomatischen Kampf um die internationale und nationale Anerkennung seines Königtums stellte er sich einerseits bewußt als König über „zweierlei Volk“ [10] dar, über Katholiken nämlich und Hussiten. Andererseits versuchte er damit aber die endgültige Stabilisierung der Revolutionsergebnisse zu erreichen, vor allem die Anerkennung eines gemäßigten Hussitismus, des sogenannten „Utraquismus“, unter Ausschaltung der radikaleren Gruppen, sowohl der restlichen Taboriten als auch ihrer Nachfolger, der pazifistischen Böhmischen Brüder [11]. Die immer virulente Legitimationsfrage seines Ketzerkönigtums sollte mit der Duldung einer zweikonfessionellen Gesellschaft durch die katholische Seite gelöst werden. Gegen die zuweilen offene, immer aber latente katholische Adelsopposition stützte sich Georg jedoch bei seiner Konsolidierungspolitik vorwiegend auf die hussitischen Städte und Ritter und auf die utraquistische Geistlichkeit mit deren Administrator Jan Rokycana an der Spitze. Der dadurch in seinen Mitregierungsansprüchen benachteiligte katholische Hochadel [12] schloß sich 1465 in einer oppositionellen Liga gegen Georg zusammen, nachdem Rom die Anerkennung des Utraquismus nicht nur verweigert, sondern die Kompaktaten des Basler Konzils sogar förmlich widerrufen hatte. Georg verfiel dem Kirchenbann und stand seit 1469 auch dem Gegenkönig, Matthias Corvinus von Ungarn, gegenüber. In dem folgenden Hussitenkrieg mit umfangreichen gegenseitigen Verwüstungen ging es nicht nur um die Krone, sondern um Sein oder Nichtsein der Revolutionsergebnisse, vor allem um die Existenz des Utraquismus als Kirche und als Ständepartei. Der Kampf setzte sich auch nach Georgs Tod 1471 unter seinem Nachfolger, dem Jagiellonen Wladislaw, fort [13].

Der endliche Friedensschluß zwischen Matthias und Wladislaw in Buda und Olmütz (1478/79) [14] brachte für die ständischen Verhältnisse Böhmens eine fol-

[10] Archiv český VIII, 324.

[11] Allgemein zur Regierung Georgs *Odložilík*, Otakar: The Hussite King. Bohemia in European Affairs 1448 to 1471. New Jersey 1965. – *Heymann*, Frederick G.: George of Bohemia, King of Heretics. Princeton 1965. – Besonders zu Georgs Verhältnis zur Kirche *Ders.:* Kirche und „Ketzerkönig“. In: Bohemia Sacra. Das Christentum in Böhmen 973–1973. Hg. v. Ferdinand Seibt. Düsseldorf 1974, 315–322. – Zur Stabilisierungsfunktion der Podiebrad-Epoche *Kalivoda* 1983, 21 f.; 1976, 223 f.

[12] Seine Beschwerden in Archiv český IV, 102–105. – *Jurok,* Jiří: Zápas o zemský soud – jedna z příčin vzniku zelenohorské jednoty roku 1465 [Der Kampf um das Landgericht – eine der Ursachen für die Entstehung des Grünberger Bundes 1465]. Husitský Tábor 6–7 (1983/84) 181–191 (mit dt. Resümee).

[13] Vgl. dazu Anm. 5. *Richter* 103 f. – *Rhode* 1123–1125. – *Petráň* 1978, 15–17.

[14] Der Text in Archiv český IV, 481–495; 496–504 die Landtage, die die Friedensordnung durchführten.

genschwere Wende. Die oppositionellen katholischen Barone wurden wieder in die Ständegemeinde aufgenommen und erhielten ihre Grundherrschaften zurück; damit bekam im Herrenstand die katholische Partei wieder ein deutliches Übergewicht. Da der König die bisherige Opposition seiner Herrschaft integrieren und Anlässe für neue Opposition vermeiden mußte – zumal seine Anerkennung durch Rom noch ausstand – betrieb Wladislaw eine bewußt antihussitische Religionspolitik. Überdies suchte der katholische Adel nun das obrigkeitliche Konfessionsprinzip durchzusetzen und begann, die utraquistischen Pfarrer durch katholische zu ersetzen [15]. Das widersprach dem Majestätsbrief König Sigmunds von 1436, der den Gemeinden ihren konfessionellen Status quo garantiert hatte.

Die Folge dieser politisch bedrängten Lage der utraquistischen Kirche und der utraquistischen Stände war – gleichsam in Fortsetzung des militärischen Kampfes – nun der politische Kampf um Anerkennung und wenigstens Gleichberechtigung [16]. Zur Abwehr formierten sich die utraquistischen Ritter und Städte – die Podiebrader Konstellation also – in regionalen und überregionalen, ständischen und überständischen Bündnissen. Ebenso gaben sie in dieser Zeit (1478) der utraquistischen Kirche eine feste Verfassung, an deren Spitze ein von den Ständen gewähltes Konsistorium einerseits und adelige Defensoren andererseits standen. Die utraquistische Kirche wurde hier endgültig zu einer ständischen Konfession [17].

Drei Gründe führten schließlich zum Ausgleich:

1. Der utraquistische Widerstand gegen die Rekatholisierungspolitik kulminierte 1483 in einem Prager Gemeindeaufstand gegen die konservativen Ratsherren und die königliche Politik [18]. Wladislaw vermochte ihn nicht niederzuschlagen und mußte die von der Gemeinde eingesetzte Stadtregierung ebenso anerkennen wie den entschiedenen antirömischen Utraquismus.

2. Innerhalb des katholischen Adels war eine neutrale, verständigungsfreundliche Gruppe nicht mehr bereit, die Religionsfrage als oberstes politisches Kriterium zu betrachten. Sie ordnete die Ketzerbekämpfung vielmehr bewußt und ausdrücklich dem weltlichen Gemeinwohl der Patria, der Sicherheit und Wohlfahrt des Landes unter [19]. Bereits während des Krieges zwischen der katholi-

[15] Eine Ausnahme bildete Wilhelm von Pernstein, der zwar auch aus der mährischen Anhängerschaft des Corvinus kam, aber eine tolerante Politik vertrat. *Petráň* 1978, 34.

[16] Dazu im einzelnen *Eberhard* 1981, 48–53.

[17] Zu diesem Begriff und seiner Bedeutung *ebenda* 112–115.

[18] *Ebenda* 53–55. – *Šmahel*, František: Epilog husitské revoluce. Pražské povstání 1483 [Ein Epilog der hussitischen Revolution. Der Prager Aufstand 1483]. In: Acta reformationem bohemicam illustrantia. Příspěvky k dějinám utrakvismu. Hg. v. Amedeo Molnár. Prag 1978, 45–127.

[19] Diese Einstellung war bereits 1468 programmatisch dargestellt worden von Johann von Rabstein. *Iohannis Rabensteinensis* Dialogus. Hg. v. Adolf Bachmann. Archiv für österreichische Geschichtsforschung 54 (1876) 351–402. Eine deutsche Übersetzung des

schen Liga und König Georg waren manche katholische Adelige neutral geblieben oder gar auf die Seite Georgs getreten [20]. Diese Gruppe vermochte sich nun offenbar durchzusetzen, nachdem sich erwiesen hatte, daß der Hussitismus weder militärisch noch politisch zu eliminieren war.

3. Vor allem waren nicht nur diese Adeligen, sondern auch die mächtigen militant-katholischen Grundherren nun in erster Linie an einer politischen Konsolidierung interessiert, an einem funktionierenden Ständestaat, um nun endlich auf der zentralen Ebene der Landesämter und des Landrechts ihre Macht zur Geltung bringen zu können [21]. Nicht umsonst hatte sich diese katholische Hochadelsgruppe 1479 schon gegen eine Ämterverpfändung durch den König und damit eine drohende Ämtererblichkeit unter den bisherigen Utraquisten mit Erfolg gewehrt [22]. Aus der Einsicht also, daß die zweikonfessionelle Ständegesellschaft nicht mehr auf ein einziges Bekenntnis zu reduzieren war, ebenso wie aus ständepolitischen Interessen heraus fand die gesamte Ständegemeinde daher 1485 zum Kuttenberger Religionsfrieden, der der Koexistenz zwischen Utraquisten und Katholiken eine landesgesetzliche Grundlage verlieh [23]. Seine Bedeutung lag zum einen in der Einschränkung des grundherrschaftlichen Patronatsrechts, da der konfessionelle Status quo der einzelnen Pfarrgemeinden auf Dauer festgeschrieben wurde. Damit setzte sich in Böhmen nicht die obrigkeitliche Konfessionsherrschaft durch, sondern das Gemeindeprinzip. Zum anderen ist die Bedeutung dieses Religionsfriedens in seiner individuellen Religionsfreiheit zu sehen, die auch Untertanen und Bürgern gewährt wurde. Der Einzelne unterstand nämlich nicht einmal einem Konfessionszwang seiner Ortsgemeinde.

Hauptinhalts bei *Palacky* IV/2, Beilage 10, 670–734. Eine neuere Ausgabe *Jan z Rabštejna:* Dialogus. Hg. v. Bohumil Ryba. Prag 1946, mit Literatur. – Zur Bedeutung dieser Schrift *Eberhard,* Winfried: Entstehungsbedingungen für öffentliche Toleranz am Beispiel des Kuttenberger Religionsfriedens von 1485. Communio Viatorum 29 (1986). – Zu der toleranten Adelsgruppe gehörte neben den Rabstein und Schwamberg zumal Wilhelm von Pernstein. *Válka,* Josef: „Politická závět" Viléma z Pernštejna (1520–1521). Příspěvek k dějinám českého politického myšlení v době jagelovské [Das „politische Vermächtnis" Wilhelms von Pernstein. Ein Beitrag zur Geschichte des böhmischen politischen Denkens in der Jagiellonenzeit]. Sborník matice moravské 90 (1971) 63–82, hier 80.

[20] *Heymann* 1974, 322.

[21] Das politische Interessenprogramm des Hochadels in Archiv český IV, 444–451 (1479 statt 1471!). Zum Streit um die Institutionen *Pánek* 1982, 188.

[22] Archiv český IV, 445.

[23] *Eberhard* 1986. – *Ders.:* 1981, 56–58. – *Seibt,* Ferdinand: Das Toleranzproblem im alten böhmischen Staat. Bohemia Jahrbuch 16 (1975) 39–50. – *Skýbová,* Anna: Politische Aspekte der Existenz zweier Konfessionen im Königreich Böhmen bis zum Anfang des 17. Jahrhunderts. In: Martin Luther, Leben-Werk-Wirkung. Hg. v. Günther Vogler u. a. Berlin 1983, 463–480. – *Kalivoda* 1983, 14 f. Die deutsche Version bei *Eberhard,* Winfried: Ständepolitik und Konfession. In: Bohemia Sacra (wie Anm. 11) 222–235, hier: 232.

Für eine langfristige, strukturelle Betrachtung stellt der Religionsfrieden den Abschluß der nachrevolutionären Konsolidierungspolitik dar, wie sie Georg von Podiebrad ohne Erfolg angestrebt hatte. Sein Ziel einer gesicherten und anerkannten weltlichen Herrschaft über das konfessionell getrennte, aber friedlich koexistierende „zweierlei Volk" kam nach dem zweiten Hussitenkrieg mit den Friedensschlüssen von 1478/79 und der folgenden Reintegration des katholischen Adels, schließlich vor allem mit dem Religionsfrieden von 1485 doch noch zur Realisierung. Die Interessen der gemeinsamen „Patria", wie sie schon Johann von Rabstein [24] formuliert hatte, überwanden die religiöse Spaltung, jedoch nicht zurück zur alten Glaubenseinheit, sondern auf einer neuen Ebene: zu neuer staatlicher Einheit unter Hintanstellung des bisherigen religiösen Dissenses. Das bisherige oberste, religiöse Kriterium für die Gesellschaft wurde dabei relativiert am Kriterium der Integration und des Gemeinwohls des rein weltlich verstandenen Landes, konkret: der ständischen Landesgemeinde [25].

III.

Infolge der erreichten Ruhe an der religionspolitischen Front änderte sich daher in der folgenden Phase auch das primäre Kriterium für die innere politische Gruppenformierung und Integration einerseits, der Abgrenzung andererseits. Als Maß der Integration und Abgrenzung, damit des Gruppenkonflikts, hatte die Religion die hussitische Revolution beherrscht. Danach hatten zwar die ständischen Gruppen versucht, ihre politischen Interessen in den Vordergrund zu rücken. Aber auch in der Podiebrad-Zeit und danach bis zum Religionsfrieden hatten doch die konfessionellen Gruppierungen die vorrangige Integrationsebene für die Politik der böhmischen Stände gebildet – trotz aller neutraler und vermittelnder Zwischenpositionen mancher Adeliger. Nun jedoch waren 1485 die Konfessionen endgültig konsolidiert, brauchten im wesentlichen keine Beeinträchtigungen voneinander zu befürchten und gaben damit auch nicht mehr die vorrangige Grundlage ab für Interessenformierung und -formulierung und für die Abgrenzung von Interessengruppen und ihre Konflikte. Nach der Stabilisierung der Konfessionen trat nun vielmehr das Interesse an der Konsolidierung der politischen und ökonomischen ständischen Rechte, der Ständeverfassung des Landes, in den Vordergrund.

[24] Vgl. Anm. 19.

[25] Zu dieser Bedingung für eine tolerante Lösung des Konflikts *Eberhard* 1986. – Bezeichnend war es hierfür auch, daß die katholische und zumal die utraquistische Kirche Böhmens ganz der Laienherrschaft ihrer jeweiligen Stände untergeordnet waren (vgl. auch Anm. 17). Bemerkenswert ist in dieser Hinsicht ebenso, daß der Religionsfrieden ganz ohne die Approbation kirchlicher Instanzen zustande gekommen war.

Mit dem Religionsausgleich wurde somit der Weg frei zum Ausbau der ständisch geprägten Landesordnung, zur Reaktivierung der Landesämter und des Landrechts und zur Formierung und Abgrenzung der Ständekorporationen. Dieser Prozeß umfaßte die folgenden fünfzehn Jahre [26]. Das oberste, vom Adel besetzte Gericht des Landes, das sogenannte Landrecht, hatte seit 1467 nicht mehr getagt. Seine Wiederbesetzung, die die Barone schon gleich 1479 gefordert hatten [27], war inzwischen jahrelang verhindert worden durch die Auseinandersetzung des Herren- und Ritterstandes um ihre Parität in den Beisitzerstellen – ebenfalls ein Motiv für die Bündnisse der utraquistischen Ritter vor dem Religionsfrieden. Nun ermöglichte der Ausgleich eine Entscheidung des Königs, die eine schon von Sigmund 1437 getroffene Lösung bestätigte: Von den 20 Richterstellen erhielten die Herren 12 und die Ritter 8 [28]. In der Aufteilung der obersten Landesämter, die damit eigentlich zusammenhingen, da diese Amtsträger auch im Landrecht saßen, konnten sich die Ritter weniger durchsetzen. Von etwa einem Dutzend oberster Landesämter erhielten sie nur zwei von den weniger bedeutenden zugesprochen [29]. Mit der ständischen Aufteilung von Landrecht und Landesämtern war auch die Macht im königlichen Rat fixiert, der aus diesem Kreis gebildet wurde [30].

Eine notwendige Folge dieser Aufteilungen zwischen den Adelsständen und der Konsolidierung der adelig bestimmten Landesregierung bildete schließlich die korporative Abgrenzung der Stände nach unten [31]. Die Herren führten praktisch 1497, definitiv dann 1501 Regelungen ein, die die Aufnahme von Rittern in ihren Stand ohne königlichen Einfluß festlegten. Wie in Mähren entschieden die Herren somit allein über die Kooptation in ihren Stand. Die aufgenommenen Familien rückten überdies erst in der dritten Generation in die Bänke des sogenannten „alten Herrenstandes" ein, der erst den Zugang zu den Ämtern ermöglichte [32]. In ähnlicher Form erschwerten die Ritter um dieselbe Zeit allmählich

[26] *Pánek* 1982, 188–191. – *Petráň* 1978, 28–33.

[27] Archiv český IV, 445.

[28] Der Text der Regelung *ebenda* 518–520. Zu den Auseinandersetzungen um sie *Markov*, J.: Spor pánů a rytířů o sedání v lavicích [Der Streit der Herren und Ritter um die Rangordnung im Landrecht]. In: Sborník prací k 50. narozeninám J. Kaprasa. Prag 1930, 98–103. – *Válka* 1972, 16, 44. – Zur Bedeutung dieser Auseinandersetzung bereits unter Georg von Podiebrad *Jurok* 1983/84.

[29] Oberstlandschreiber und Unterkämmerer (für die königlichen Städte); außerdem der Burggraf des Kreises Königgrätz und einer der beiden Karlsteiner Burggrafen; frei war vorerst noch die Besetzung des Oberstmünzmeisteramtes. – *Peterka* II, 43. – Dazu die Grafik zur Ämterstruktur bei *Petráň* 1978, 30 f. – Der Landtagsabschied zur Aufteilung der Landesämter von 1497 in Archiv český V, 467, mit Einzelbestimmungen (468 f.); zur Rangordnung der Landesbeamten und übrigen Beisitzer im Landrecht S. 474–476.

[30] *Petráň* 1978, 28.

[31] *Pánek* 1982, 189 u. 192. – *Peterka* II, 33 f. – *Petráň* 1978, 66.

[32] Archiv český IV, 445 f.

den Aufstieg wappenfähiger Bürger in den Adel. Auch hier trat nach einer königlichen Anordnung (1497) die Landtafelfähigkeit erst in der zweiten und eine Gleichstellung mit den alten Ritterfamilien in der dritten Generation ein. Die ständische Formierung war also voll im Gange, speziell im Adel.

Seit der Podiebrad-Zeit waren Ritter und Städte politisch eng verbunden gewesen gegen die mächtigen Herren, ja sie hatten sich noch 1479 in verschiedenen Sonderbündnissen zur Interessenverteidigung vereinigt. Seit deren Auflösung nach dem Religionsfrieden aber entwickelte sich im Zuge der erwähnten Konsolidierung der Landesverwaltung eine enge und dauerhafte Interessenkoalition der adeligen Stände [33]. Die Ritter waren zwar auf der Zentralebene unterrepräsentiert, auf der regionalen jedoch besaßen sie ein erhebliches Gewicht in der Organisation der Kreise [34]. Die zwischen Herren und Rittern paritätisch aufgeteilten Kreishauptleute (je einer pro Kreis), die die alten königlichen Landfriedensrichter (Poprawzen) abgelöst hatten, erhielten endgültig seit 1499 die Funktion der Friedenswahrung, der Organisation der Landesaufgebote und der Exekution der Landtagsbeschlüsse. Daneben aber entwickelten sich in dieser Zeit vor allem die Kreistage [35], wo den Rittern als zahlreichstem Stand naturgemäß ein starkes Gewicht zukam. Sie waren nicht nur für ihre Kommunikation und Organisation auf Kreisebene zuständig, sondern auch für die Vorbereitung und Exekution der Landtagsbeschlüsse und vor allem für die Wahl der Ritter-Vertreter zum Landtag. Die Kreistage erhielten so eine ausgeprägte repräsentative Funktion für den Niederadel, zumal für die vielen kleinen Landedelleute, die sich eine Landtagsteilnahme meist finanziell nicht leisten konnten.

In der Zentralverwaltung und im Landtag war jedoch das politische Übergewicht nicht nur des Herrenstandes als Gesamtheit fest zementiert; sondern innerhalb des Hochadels gelang es seit den achtziger Jahren in erster Linie den großen katholischen, neu integrierten Baronen, in die entscheidenden Machtpositionen der Landesämter und des Landrechts vorzudringen. Bei jedem Amtswechsel nämlich sieht man Wladislaw regelmäßig katholische Nachfolger ernennen [36]. Darin drückt sich sowohl die Rekatholisierungstendenz des Königs aus als auch

[33] Ein interessanter ökonomischer Aspekt der Bindung des Niederadels an den Hochadel geht aus deren Kreditbeziehungen hervor. Viele Niederadelige nämlich verkauften ihre kleinen Güter an Barone und verliehen diesen das dabei gewonnene Geld wieder auf Zins, so daß sie praktisch zu Rentiers des Hochadels wurden. *Tomas*, Jindřich: Některé problémy ekonomických a mocenských vztahů mezi stavy v českých zemích v 15. a 16. století [Einige Probleme der Wirtschafts- und Machtbeziehungen zwischen den Ständen in den böhmischen Ländern im 15. und 16. Jahrhundert]. Folia Historica Bohemica 6 (1984) 109–131 (mit dt. Resümee), hier 113, 118.

[34] *Peterka* II, 44. – *Rieger*, Bohuslav: Zřízení krajské v Čechách [Die Kreisverfassung in Böhmen]. Teil I: Historický vývoj do r. 1740 [Die historische Entwicklung bis 1740]. Prag 1894.

[35] *Peterka* II, 40. – *Rieger* 96–108.

[36] *Eberhard* 1981, 81 f.

die allmähliche faktische Durchsetzung des Kooptationsprinzips der Landesbeamten und der Landrechtsbeisitzer, die zusammen den Landesrat bildeten.

Der Adel hatte nicht nur die höchsten Landesämter und das höchste Gericht in seiner Hand, er kontrollierte nicht nur über die Landtafeln die Transaktionen des freien Grundbesitzes [37] und die Registrierung der Gesetze. Er ging nun auch daran, in eigener Regie die gesamte Landesordnung zu revidieren und zu kodifizieren, und brachte damit die Konsolidierung der ständischen Verfassung zum Höhepunkt. Schon 1487 hatte der Landtag beschlossen, die Sammlung, Revision und Ordnung der sogenannten Landesfreiheiten durchzuführen, und zwar unter Beteiligung aller Stände [38]. Zehn Jahre später wiederholte der Landtag diesen Beschluß – zur selben Zeit als die Adelsstände sich endgültig nach unten abgrenzten und die Landesämter unter sich aufteilten. 1499 schloß der Adel, dem Trend der Machtmonopolisierung folgend, schließlich die Städte von der Kodifizierung der Landesordnung aus und wählte dafür einen reinen Adelsausschuß, der die Endfassung 1500 zum Druck brachte. Während unter Karl IV. sich der Adel noch mit Erfolg gegen den königlichen Versuch einer Landrechtskodifizierung gewehrt hatte, war er in der nachrevolutionären Zeit der gewachsenen Ständemacht selbst daran interessiert. Die sogenannte „Wladislawische Landesordnung“ [39] fixierte nun denn auch die Macht der Stände; und zwar der adeligen ganz deutlich auf Kosten des Königs und der Städte.

Diese Rechtskodifikation führte daher das Unternehmen der ständestaatlichen Konsolidierung in den offenen Konflikt zwischen Adel und Städten, der schon länger schwelte [40]. Schon 1479 hatte der neu integrierte katholische Hochadel gefordert, den Städten die Landtagsfähigkeit zu entziehen und den Bürgern den Kauf freier Landesgüter – zum Nachteil der adeligen Güterexpansion – zu verbieten [41]. Diese hier schon deutliche ökonomische Konkurrenz verschärfte sich in

[37] Seit 1486 waren überdies Verpfändung und Verkauf an Ausländer von der Zustimmung des Landesrates abhängig. Archiv Český IV, 517 f. Das gab dem Hochadel die Möglichkeit, die Erteilung des Inkolats, den Eintritt in den böhmischen Adel, zu kontrollieren.

[38] Archiv Český IV, 521 f. Der Beschluß von 1497 Archiv Český V, 465.

[39] Der Text in Archiv Český V, 9–265. – Zu ihrer Bedeutung *Rhode* 1120, 1126 f.

[40] Zur Entwicklung dieses Konflikts *Eberhard* 1981, 74–80. – *Martinovský*, Ivan: Zápas o uznání Vladislavského zřízení zemského [Der Kampf um die Anerkennung der Wladislawschen Landesordnung]. In: Ústecký sborník historický 1983, 133–171. – – *Ders.:* Okolnosti vzniku vladislavského zřízení zemského [Die Umstände der Entstehung der Wladislawschen Landesordnung]. Ebenda 1979 (1981) 107–132. – *Pešek*, Jiří/*Zilynskyi*, Bohdan: Městský stav v boji se šlechtou na počátku 16. století [Der Städtestand im Kampf mit dem Adel am Anfang des 16. Jahrhunderts]. Folia Historica Bohemica 6 (1984) 137–155 (mit dt. Resümee) zu den Höhepunkten des Konflikts seit dem Beschluß der Landesordnung. – Zum wirtschaftlichen Hintergrund *Petráň* 1978, 64–68. – Die Schärfe des Konflikts zeigt sich auch an den erheblichen Rüstungsanstrengungen der Städte. *Tomas* 1984, 122–127.

[41] Archiv Český IV, 449 f.

den neunziger Jahren, als die Grundherren allmählich zur Eigenbewirtschaftung ihrer Güter übergingen. Der Adel forderte von den Städten die Rückgabe entlaufener Untertanen, die Vorladung von Bürgern vor das Landrecht – das bedeutete die Einschränkung des selbständigen bürgerlichen Gerichtsstandes –, er beanspruchte in Konkurrenz zu den Städten Marktrechte auch für die Grundherrschaften, ebenso Braurechte und den Bierhandel, den Zugang also zur gewinnträchtigen Veredelungsproduktion aus der Getreidenutzung.

Da die neue Landesordnung – vor allem im Bereich der Gerichtskompetenzen – die Städte benachteiligte, lehnten sie sie nun als „neues Recht" ab und bestritten ihre Gültigkeit. Als König Wladislaw, der seit 1490 vorwiegend in Ungarn residierte, sich 1502 wieder im Lande aufhielt, bestätigte er die Landesordnung endgültig, ohne die städtischen Beschwerden zu berücksichtigen. In seinem Schiedsspruch gestand er sogar den Städten die dritte Landtags-Kurie nur zu für die Fälle der Steuerbewilligung und der Kriegsbereitschaft außer Landes. Gegen die Bedrohung ihrer Rechte organisierten die 32 königlichen Städte ein Widerstandsbündnis [42] und verboten ihren Bürgern, Vorladungen vor das Landrecht auszusprechen oder zu befolgen. Dem antwortete ein Gegenbündnis des Adels. Der Konflikt hatte sich somit politisch klar formiert.

Für die Intensität dieser Formierung war es nun von erheblicher Konsequenz, daß im selben Jahr auch der Konfessionskonflikt wieder virulent wurde. Er entzündete sich an zwei Problemkreisen: an den Anerkennungsverhandlungen mit Rom und am Verhältnis zu den böhmischen Brüdergemeinden. König und konservative Utraquisten bemühten sich nämlich immer wieder um die römische Anerkennung des Utraquismus durch Approbation der Kompaktaten und vor allem um die Neueinsetzung eines Prager Erzbischofs, der für beide Kirchen zuständig sein sollte. Da diese Verhandlungen immer deutlicher zeigten, daß dieses Ziel nur unter Aufgabe der Selbständigkeit des Utraquismus zu erreichen war, distanzierten sich die entschiedenen Utraquisten davon, da es ihnen vor allem auf die Eigenständigkeit innerhalb des Landes und gegen Rom ankam [43]. Zugleich traten die Böhmischen Brüder, die offiziell als Ketzer betrachtet wurden, aus ihrer gesellschaftlichen Randstellung heraus und öffneten sich den Oberschichten und der städtischen Gesellschaft [44]. Katholiken und konservative Utra-

[42] Archiv Český VI, 269–271 der Text.

[43] *Eberhard* 1981, 80 f.

[44] Zu dieser für die konfessionelle Entwicklung Böhmens höchst bedeutsamen gesellschaftlichen Ausweitung der Brüdergemeinden durch Synodenbeschlüsse der neunziger Jahre *Brock*, Peter: The Political and Social Doctrines of the Unity of Czech Brethren in the Fifteenth and early Sexteenth Centuries. 's-Gravenhage 1957, 103–240. – *Müller*, Joseph Th.: Geschichte der Böhmischen Brüder. 3 Bde. Herrnhut 1922–1931, hier II, 233–268, 289–293. – *Molnár*, Amedeo: Luc de Prague devant la crise de l'Unité des années 1490. Communio Viatorum 4 (1961) 316–324. – *Ders.:* Die kleine und die große Partei der Brüderunität. Communio Viatorum 22 (1979) 239–248.

quisten suchten daher ihre Ausbreitung zu verhindern, während diejenigen Utraquisten, die zum Katholizismus auf immer größere Distanz gingen, ebenso wie die adeligen Protektoren der Brüdergemeinden den Brüdern mit Wohlwollen oder wenigsten Duldsamkeit gegenüberstanden.

Mit den politischen Gegensätzen verbanden sich diese konfessionellen vorwiegend deshalb, weil die mächtigsten Barone unter den Landesbeamten und Landrechtsbeisitzern die erbittertsten Städtefeinde und zugleich die entschiedensten Katholiken und Brüdergegner waren. In diesem Konfliktstadium erweist es sich recht deutlich, daß die Konfession als integrativer und abgrenzender Faktor 1485 keineswegs eliminiert und durch die ständische Formierung verdrängt war, sondern daß sie nur zeitweilig in den Hintergrund der Interessen getreten war, um sich schließlich mit den ständepolitischen Gruppierungen wieder zu verbinden und deren Abgrenzung zu verschärfen [45].

In Koinzidenz mit den politischen Bündnissen formierten sich daher seit 1502 auch konfessionelle Einungen: auf der einen Seite die katholischen Stände zur Abwehr der Brüdergemeinden, zum Schutz gegen Rivalen unter den Landesbeamten und im Interesse einer künftigen Königswahl – auf der anderen Seite die utraquistischen Stände, deren Kern die Städte bildeten, zu denen aber auch noch katholische Adelige traten, vor allem die Landesbeamten Johann von Schellenberg und Wilhelm von Pernstein [46], die konfessionell tolerant und den Städten gegenüber politisch kompromißbereit eingestellt waren.

Die Protagonisten der einen Seite erreichten 1508 eine erhebliche Machtsteigerung auf Kosten der Königsgewalt durch einen betont katholischen Ämterwechsel (an der Spitze des Landesrates als Oberstburggraf Zdeněk Lev von Rožmitál [47]) und durch eine Neuregelung der Landesverwaltung. Ein Landtag legte nämlich die Verwaltung der königlichen Einkünfte und die Ämterbesetzung ganz in die Hand der obersten Landesbeamten und vor allem des Oberstburggrafen. Das provozierte die Kritik der Städtepartei gegen diese nun sogenannte Institution der „Landesregenten" und steigerte den Widerstand. Gegen den Versuch der Regenten, das Prager Patriziat an sich zu binden, wehrten sich nämlich die Prager Gemeinden – das dynamischste Oppositionselement – ganz entschieden mit Schutzbündnissen; schließlich erhoben sie sich 1515 gegen die adelsfreundlichen Ratsherren und Patrizier, bestraften sie und wählten neue Räte, nachdem sie vom König das Privileg der freien Ratswahl erhalten hatten [48].

[45] Auch *Pešek/Zilynskyi* 1984, 141 u. 143 beobachten die Bedeutung des religiösen Elements, meinen jedoch, die Religionsfragen hätten den ständepolitischen Konflikt unterbrochen oder modifiziert. Sie erkennen also nicht wirklich die Verbindung von Ständepolitik und Konfession und ihre gegenseitige Konfliktintensivierung.

[46] Zu Wilhelm von Pernstein und Johann von Schellenberg *Petráň* 1978, 34–37, 39 u. 46 f.

[47] Die Bedeutung dieses „ungekrönten Königs" wird hervorgehoben *ebenda* 39 f.

[48] Zu dieser Konfliktphase *Eberhard* 1981, 93–98, 105–112.

Der Hof in Buda hatte nämlich inzwischen erkannt, wie abträglich das System der Landesregenten und deren ungenierte Nutzung des Königsguts für die finanzielle Basis und den politischen Handlungsspielraum des Königtums waren. Von einer Adelsgruppe unter Führung des schlesischen Herzogs Batholomäus von Münsterberg, mit der die böhmischen Städte ein fest organisiertes militärisch-politisches Bündnis geschlossen hatten, konnte König Wladislaw daher für die Interessen der Städte gewonnen werden. Diese Koalition zwischen König und Städten und die Entstehung einer überständischen Widerstandspartei gegen die katholischen Regenten nahm praktisch die alte royalistische Tradition der utraquistischen Stände aus der Podiebrad-Zeit wieder auf – während auf der anderen Seite der katholische Hochadel, wie schon damals, mehrheitlich eine extrem ständische Interessenpolitik verfolgte, um Land und Königtum seiner Kontrolle zu unterwerfen.

Der funktionierende Widerstand des Städtebündnisses erzwang schließlich – wie 1485 – den Ausgleich. Im sogenannten St. Wenzels-Vertrag [49] einigte man sich über die genauen Gerichtskompetenzen des Landrechts für Bürger, über entlaufene Untertanen, die Markt- und Bierhandelsrechte und vor allem über die Verwaltung der königlichen Einkünfte und Schulden durch ein drittelparitätisches Ständedirektorium. Der Vertrag bildete für die Landesordnung einen tragfähigen, dauerhaften Kompromiß. Für das Direktorium setzten die Utraquisten auch die konfessionelle Parität durch. Das weist darauf hin, daß mit den politischen Parteiungen immer auch die konfessionellen verbunden geblieben waren. Während die katholischen Regenten einen festen geschlossenen Block bildeten, wuchs gerade in den Jahren der politischen Kämpfe in den Prager Gemeinden ein linker, brüderfreundlicher Utraquismus im Gegensatz zu den romfreundlichen utraquistischen Konservativen. Dieser Linksutraquismus [50] griff zurück auf die taboritischen Traditionen der Revolutionszeit und vertrat ähnlich wie die Böhmischen Brüder einen strengen Biblizismus, einfache Gottesdienstformen, eine symbolistische Abendmahlslehre und die Trennung vom römischen Priesteramt.

Diese linksutraquistische Gruppe in den Prager Gemeinden wurde auch um 1520 wieder zum Integrationskern der ständischen Widerstandspartei, die mit den Regenten damals erneut in Konflikt geriet über die Frage der Verwaltung der königlichen Einkünfte und Schulden, schließlich über die Ansprüche auf das Erbe der Rosenberger, der größten böhmischen Grundherrschaft. Diesen Prager Linksutraquismus, der im Widerstand gegen die katholischen Regenten in enger

[49] Der Text in Codex Juris Bohemici IV/1, 91–103. – Zur Deutung *Malý*, Karel: Svatováclavská smlouva, třídní kompromis mezi šlechtou a městy z roku 1517 [Der St. Wenzels-Vertrag, ein Klassenkompromiß zwischen Adel und Städten aus dem J. 1517]. Acta Universitatis Carolinae. Philosophica I/2. Prag 1955, 195–222. – Den Klassencharakter des Konflikts lehnen aber *Pešek/Zilynskyi* 1984, 142 inzwischen ab.

[50] Zu diesem Begriff *Eberhard* 1981, 146; 1985, 36 f.

Verbindung stand mit deren adeligen Gegnern, gelang 1523 in der Stadt Prag ebenso wie im Land ein Regierungsumsturz [51]. Er brachte auf beiden Ebenen die Utraquisten und Protektoren der Böhmischen Brüder zur Macht. Sie konnten sich allerdings nur zwei Jahre halten, da die Kurie über den Hof in Buda nachdrücklich die Katholiken begünstigte – ein außenpolitischer Faktor, der inzwischen schon im Zusammenhang mit der Reformation zu sehen ist. Dennoch kann damit verdeutlicht werden, daß die Interessensolidarität der beiden gegnerischen Ständeparteien zwischen 1502 und 1526 sich um deren konfessionelle Kerne bildete – und zwar in zunehmendem Maße [52].

Der Ausgleich, der aus dieser Konfliktsituation herausführte, bestand schließlich in der gemeinsamen Königswahl, in der sich die Stände trotz ursprünglich heftigster Gegensätze und trotz einer zunächst beachtlichen bayerischen Konkurrenz relativ schnell auf Ferdinand von Habsburg einigten [53]. Zwei Motive waren dafür ausschlaggebend: Zum einen bedeutete der Druck der Kronschulden ein gravierendes Problem, an dessen Lösung die adeligen Gläubiger sehr interessiert waren. Vom Habsburger versprach man sich dafür am meisten. Zum anderen war gerade die bisherige Widerstandspartei – aufgrund ihrer langen schlechten Erfahrung mit der Regenten-Oligarchie – an einem funktionierenden Königtum interessiert, das Stände- und Königsmacht besser als bisher in der Balance zu halten versprach und eine Hilfe in Konfliktlösungen bieten konnte [54]. Für die Befürchtung, daß der Habsburger zum Ausbau einer autokratischen Monarchie schreiten könnte, für diese Befürchtung sprach vorerst noch wenig – angesichts der starken verfassungsmäßigen Position der Stände, die durchaus Anlaß zu der Vorstellung hatten, den König schon in den Griff zu bekommen oder wenigstens ihn sich zu verpflichten [55]. Die Habsburger brauchten für den Aufbau ihres Absolutismus dann ja auch ein volles Jahrhundert.

[51] *Eberhard* 1981, 123 f., 194–203.

[52] Gerade im letzten Jahr vor der Königswahl von 1526 spielten allerdings konfessionelle Argumente bei den Gegenparteien (abgesehen von der Stadt Prag) nicht mehr die Rolle wie zuvor. Die politischen Gruppierungen griffen nämlich in dieser Zeit über die Konfessionsgrenzen hinweg, da vor allem im Streit um das Rosenberger Erbe die bisherige Widerstandspartei gegen die Regenten sich der Führung südböhmischer katholischer Barone angeschlossen und die Unterstützung der habsburgischen Königin Maria von Ungarn erhalten hatte.

[53] Zur Königswahl am ausführlichsten *Gluth,* Oscar: Die Wahl Ferdinands I. zum König von Böhmen 1526. In: Mitteilungen des Vereins für die Geschichte der Deutschen in Böhmen 15 (1877) 198–230, 271–302. – *Janáček* 1968, 7–12. – *Dillon,* Kenneth J.: King and Estates in the Bohemian Lands 1526–1564. Brüssel 1976, 22–30. – *Eberhard* 1981, 203–207.

[54] Die Widerstandspartei stand freilich schon zuvor im Konnex mit Habsburg – durch ihre Protektorin Maria von Ungarn und infolge traditioneller ökonomischer Verbindungen ihrer südböhmischen Barone zu Österreich. – Erstaunlich war dagegen, daß die Regenten-Partei sich zum Nachgeben bereitfand und die bayrische Kandidatur fallen ließ.

[55] Die Stände unterschätzten damit die politische Potenz und das programmatische

Das Königtum hatte sich bis dahin in Böhmen nicht wieder zum Integrationsfaktor ausbilden können – und zwar infolge der finanziellen Schwäche des Krongutes [56], infolge der verfassungsmäßigen Machtsteigerung der Stände seit der Revolution und infolge des vorrangigen Interesses der Jagiellonen-Könige an Ungarn. Vielmehr waren es die Stände selbst, die aus eigener Kraft und Interessenmotivation zu integrativen Lösungen finden mußten.

IV.

Das Gesamtbild scheint indes vorwiegend vom Konflikt geprägt. Die Historiographie klebt daher der böhmischen Jagiellonen-Epoche häufig das Etikett der „Feudalanarchie" [57], des Chaos und des extremen ständischen Egoismus [58] auf. Ich halte dieses Urteil für verfehlt. Erstens nämlich zeigen die Auseinandersetzungen zwischen 1465 und 1526 eine klare Konfliktstruktur. Zweitens handelt es sich dabei um einen Stabilisierungskonflikt – Stabilisierung der Revolutionsergebnisse – nicht um Destabilisierung. Drittens finden in diesem Konflikt Gruppenintegrationen auf drei Ebenen statt: Zum einen formieren sich die drei politischen Stände in gegenseitiger Abgrenzung zur Sicherung ihrer politischen und ökonomischen Rechte; zum anderen gruppieren sich Ständeparteien auf konfessioneller Ebene mit gegensätzlichen politischen Interessen; schließlich und vor allem ist aber auch die Integrationskraft der Ständegemeinde als ganzer nicht zerstört, sondern wirkt immer wieder an entscheidenden Punkten für einen Konfliktausgleich.

So fanden die erbitterten Gegner des zweiten Hussitenkrieges nach dem Friedensschluß von 1478/79 wieder zu gemeinsamem politischem Handeln in einer

Zielbewußtsein des Habsburgers. Zu erklären ist dies letztlich aus ihrem Provinzialismus. Seit dem Friedensschluß von 1479 konzentrierten sie sich nämlich ganz auf die inneren Angelegenheiten des Landes und auf die Sicherung ihrer ständischen Freiheiten; die Außenpolitik mit ihren dynastischen Ambitionen überließen sie dem König. Dazu *Petráň* 1978, 29. – *Pánek* 1982, 192 f. u. 195. Daher ist auch die Königswahl von 1526 ganz aus den innerböhmischen Bedingungen zu erklären. Ohne rechte Kenntnis der internationalen dynastischen Politik standen sie dabei freilich gerade den Habsburgern gegenüber, deren politisch universalistische Zielvorstellungen und deren autokratisches Herrschaftsbewußtsein im Sinne der Verantwortung eines christlichen Herrschers sie offenbar unterschätzten.

[56] *Skýbová*, 1976, 82 f. – *Petráň* 1978, 24–26.

[57] So etwa nach der Tradition V. V. Tomeks immer noch *Dillon* 1976, 19–22, 33. – *Pánek* 1982, 194.

[58] So wurde die Ständepolitik ganz allgemein bewertet von *Hartung*, Fritz: Herrschaftsverträge und ständischer Dualismus in deutschen Territorien (1952). ND in: Die geschichtlichen Grundlagen der modernen Volksvertretung. Hg. v. Heinz Rausch. II. Darmstadt 1974, 28–46, hier 42–44.

Landesversammlung zusammen; nicht zu konfliktfreiem Handeln, aber doch ohne die alte Schärfe des Konflikts, ohne Gewalt. Durch den Abschluß des Religionsfriedens von 1485 einigten sich die beiden Ständeparteien auf einen tragfähigen Modus vivendi der Koexistenz der beiden getrennten Konfessionen und schufen damit eine erste derartige Konfliktlösung in Europa. Im St. Wenzelsvertrag von 1517 erreichten Adel und Städte nach langjähriger Konfrontation in ihren ökonomischen und politischen Interessengegensätzen einen Kompromiß, der zwar keinen endgültigen Ausgleich aller Gegensätze erbrachte – die Ständeparteien bekämpften sich schließlich bis 1526 –, der aber doch in den in Frage stehenden Bereichen von Markt und Gericht für die Zukunft offene Konflikte verhinderte. Mit der Königswahl von 1526 schließlich und der folgenden Integrationspolitik König Ferdinands I. wurden die bisherigen Ständegegensätze in wenigen Jahren tatsächlich beendet; die künftigen Auseinandersetzungen zwischen Herrscher und Ständen basierten auf ganz neuen Voraussetzungen.

Die Integrationsfähigkeit der böhmischen Ständegemeinde erzeugte freilich keine harmonischen Verhältnisse und keine ausbalancierte Mechanik eines dauerhaften Konfliktaustrags. Konsens und Integration mußten vielmehr immer wieder erkämpft werden, und die Konfliktlösung eines Gegensatzes wurde regelmäßig abgelöst durch Konflikte in neuen Gegensätzen. Diese Dialektik führte aber die Ständegemeinde – jeweils auf dem Höhepunkt der Konflikte, oder kurz danach – zu schöpferischen zukunftsträchtigen Lösungen. Ähnlich wie Konflikt und Konsens in dialektischen Gegensätzen zueinander standen und einander ablösten, so verhielten sich auch die genannten Integrationsebenen zueinander konkurrierend: Die Integration gegensätzlicher Ständeparteien, die die lange Dauer der Konflikte beherrschte, und die der Landesgemeinde, die dabei nicht verloren ging, aber in den Hintergrund trat und sich jeweils erst an den Scharnierpunkten der Entwicklung in der Konfliktlösung durchsetzte.

Allerdings wird bislang gerade für Böhmen – aber auch für andere Territorien – die integrative Leistung der Ständegemeinde allzu leicht verachtet, ja vergessen angesichts der unübersehbaren Konflikte. Erstaunlich ist allerdings weniger der Konflikt – im Gegenteil: Er ist eigentlich selbstverständlich, ja notwendig in der Struktur des Ständestaates – und zwar sowohl der Konflikt zwischen Ständen und Herrscher als auch der zwischen ständischen Gruppen. Erstaunlich ist vielmehr, daß trotz der Vehemenz der Konflikte gemeinsame Lösungen möglich blieben und auch regelmäßig gefunden wurden [59]. Drei Faktoren scheinen

[59] Ähnlich sieht Moraw den Gegensatz von kurfürstlichen Einzelinteressen und ihrer gemeinsamen ständischen Politik: „Am Ende verwundert dann weniger, daß es so oft zu Meinungsverschiedenheiten und Konflikten unter den Vieren kam, als daß man immer wieder so nahe zusammenrücken vermochte." *Moraw*, Peter: Die kurfürstliche Politik der Pfalzgrafschaft im Spätmittelalter, vornehmlich im späten 14. und im frühen 15. Jahrhundert. Jahrbuch für westdeutsche Landesgeschichte 9 (1983) 75–97, hier 76. –

mir dafür wichtig: 1. Der Konflikt selbst erzwingt gemeinsame Lösungen, da Extrempositionen durch den Widerstand der Gegenseite zur Resignation genötigt werden; seit 1478 schreckt jedenfalls der Adel auffallend zurück vor drohender Gewalt und innerem Krieg. Damit werden Konflikt und Integration wie erwähnt gleichsam zu dialektischen Größen. 2. Ein ausreichend gemeinsames Interesse der böhmischen Stände sucht das Land Böhmen und sein aus der Revolution gewachsenes ständisches System im Inneren und nach außen zu sichern vor Gefährdungen, wie man sie noch in den sechziger und siebziger Jahren erlebt hatte. Und 3. ist durch diese Kriege, durch die Revolution und durch ihre ständischen Ergebnisse ein beträchtliches Landesbewußtsein der Stände gewachsen; aus einer Schicksalsgemeinschaft und ihrer Selbsterfahrung also, die lange Zeit von außen bedroht war. Abgrenzung nach außen erweist sich so als konstitutiv für das integrative Wir-Gefühl der gesamten Ständegemeinde. Dieses Landesbewußtsein ist dadurch geprägt, daß die Ständegemeinde die Vorstellung hat – und auch so handelt – sie selbst repräsentiere das Land, ja die „Krone Böhmen", und zwar mit Führungsanspruch und in Konkurrenz gegenüber den Nebenländern. Damit werden der Staatsbegriff und die Wirklichkeit der „Corona Bohemiae", wie sie im 14. Jahrhundert vom Königtum vorgeprägt worden waren, von den

Wenn *Pánek* 1982, 185 feststellt, die Mehrheit des Adels habe gerade bei der Konsolidierung einer staatlichen Zentralgewalt die persönlichen Interessen den ständischen vorangestellt und diese wiederum denen des Landes und des Gesamtstaates (verhielten sich nicht auch die Städte nach diesen Prioritäten?), so ist dieses Urteil von der subjektiven Seite her zwar verständlich, übersieht jedoch die objektiven Leistungen der Landesgemeinde, wie sie durch den Konfliktprozeß hindurch errungen wurden. Überdies ist es ja geradezu als strukturelle Aufgabe der Stände zu betrachten, die Partikularinteressen dem Landesinteresse und dieses dem Zentralstaatsinteresse entgegenzuhalten, oder besser: sie jeweils dort als Funktion einzubringen. Vor allem vertrat ja die Zentralgewalt ebenso ihre dynastischen Eigeninteressen; sie verkörperte nicht einfach deshalb schon das Interesse und Gemeinwohl des Landes, weil sie sich als eine einzige (monarchisch) und zentrale darstellte. Das Landesinteresse erweist sich vielmehr erst als ein Ergebnis aus Partikular- und Gemeinwohl, so daß es sich erst im Kompromiß aus dem Konflikt realisierte. In seiner Konsenstheorie hatte diesen Sachverhalt bereits Nikolaus von Kues angesprochen: Opera omnia 14: Concordantia catholica. Hg. v. G. Kallen. Hamburg 1963, Nr. 378, 472: „Et hii tales consiliarii eorum, quos repraesentant, bonum publicum debent continue defensare" ... „per consensum universalia decreta oportet pro salute imperii tractare, ac etiam in eum finem, ut lex generalis non obsit parti imperii". – Die konfliktreiche Herausforderung zu Konsens und Kompromiß kann unter Umständen eine tragfähigere, weil integrative Grundlage für Staatsbildung abgeben als eine problemlose Entwicklung der monarchischen Interessen. In diesem Sinne scheint mir die vergleichende Bemerkung von *Moraw* 1983, S. 84 zum 14. Jahrhundert auch allgemein interessant, „daß Karl IV. in einem herausfordernden scharfen Wettbewerb mit den böhmischen Baronen stand, während die Pfälzer Adelswelt kaum je Probleme geschaffen hat" und darin eine der Ursachen zu suchen ist für die größeren Leistungen Karls beim Ausbau der Staatlichkeit.

böhmischen Ständen besetzt und beansprucht[60]. In der Konsequenz daraus werden die Stände denn auch in ihrem Aufstand von 1547 den Anspruch erheben, nicht der König, vielmehr sie selbst repräsentierten das Gemeinwohl des Landes[61].

Ständische Integration blieb freilich ambivalent zwischen Gruppenabgrenzung und Gesamtkonsens. Dennoch ist nicht zu übersehen, daß sie im Ergebnis zwischen 1478 und 1526 einen Stabilisierungsprozeß zugunsten eines ausgeprägten Ständestaates ermöglichte – eine Stabilisierung, die nicht von oben durch herrscherliche Gewalt, sondern durch Konflikt und Konsens ständischer Gruppen zustande gekommen war. Dieser im Grunde erfolgreiche Prozeß und sein Verfahren wurden letztlich vor allem von oben gestört – durch die ihnen fremde autokratische Tendenz, die nicht zur ständischen, sondern zur staatlichen Integration eines habsburgischen Gesamtstaatszentralismus drängte. Das habsburgische Herrschaftsprogramm eines autokratischen Königsstaates, mit dem sich dieses Ständesystem nach 1526 konfrontiert sah, vermochte im ständischen Integrationsverfahren von unten kein positives staatsbildendes Element, sondern nur ein prinzipielles Hindernis zu sehen. Integration von oben und Einbindung in das monarchische Herrschaftsprogramm traten daher der ständischen Tradition Böhmens entgegen und gerieten mit ihr in einen hundertjährigen Dauerkonflikt[62].

[60] Über das Verhältnis der Kronländer zueinander handelt im Überblick *Pánek*, Jaroslav: Das Ständewesen und die Gesellschaft in den Böhmischen Ländern in der Zeit vor der Schlacht auf dem Weißen Berg (1526–1620). In: Historica 25 (1985) 73–120, hier 89–91. – Dazu in diesem Band auch *Válka*. – Zum ständischen Anspruch auf den Staatsbegriff der böhmischen Krone schon seit der hussitischen Revolution *Seibt*, Ferdinand: Geistige Reformbewegungen zur Zeit des Konstanzer Konzils. In: Die Welt zur Zeit des Konstanzer Konzils. Konstanz-Stuttgart 1965, 31–46, hier 41. – *Werner*, Ernst: Die Hussiten im Lichte einer neuen Synthese. Zeitschrift für Geschichtswissenschaft 33 (1985) 984–998, hier 996.

[61] *Eberhard* 1985, 425, 435. – Zur hussitischen Tradition des Gemeinwohlbegriffs *Macek*, Josef: „Bonum commune" et la Réforme en Bohème. In: Histoire sociale, sensibilités collectives et mentalités. Mélanges Robert Mandrou. Paris 1985, 517–525.

[62] Zur Grundstruktur des ständestaatlichen Systems dieser Folgezeit *Pánek* 1985.

Gerhard Fouquet

Verwandtschaft, Freundschaft, Landsmannschaft, Patronage um 1500: Das Speyerer Domkapitel als Instrument politischer und sozialer Integration*

Professor Dr. Fritz Trautz zum 70. Geburtstag

I.

„Hanns von Flersheim hat mit Ottilia Krenchin seiner hausfrauen 3 söhn gezielt, so mit einander uferwachsen unnd in die 62 jar bruederlich, einig unnd freundtlich bey einannder biss in ir enddt in unvertheileter erbschafft gelebt. Der erst sohn, Friedrich genanndt, der ist in sein jungen tagen in Franckhreich gethan worden (...); darnach zu Pfaltzgrave Philipsen churfursten an hof khommen, ein mannlicher renner unnd stecher worden. Pfaltzgrave Philipp hat ine seinem eltisten sohn Pfaltzgrave Ludwigen zugeben, mit dem ist er wieder die Schweytzer gezogen(...). Der annder sohn, Philips genanndt, ist zur lehr unnd geistlichem stanndt gezogen unnd doctor worden, auch zimblich mit pfruenden versehen(...)". Er ist „dhombherr zu Wormbss worden, nachdem dhombherr zu Speyer, als sennger daselbst(...). Der 3.sohn, Bechtolff genanndt, der ist in seinen jungen tagen am ersten zu hertzog Philipsen Pfaltzgraven etc., so bischoff zu Freisingen worden, darnach zu könig Renaten, hertzog zu Lottringen an hoff gethan(...), darnach mit einer von Helmstatt verheurat, (und pfalzgräflicher) amptman zu Lauttern worden(...)" [1].

Die 1547 niedergeschriebenen Erinnerungen des Speyerer Bischofs Philipp v. Flersheim [2] vermitteln Praktiken sozialer Versorgung einer adligen Schicht im

* Für freundliche Hinweise und Kritik danke ich Herrn Prof. Dr. Ulf Dirlmeier, Siegen.

[1] *Waltz,* Otto: Die Flersheimer Chronik. Zur Geschichte des XV. und XVI. Jahrhunderts. Leipzig 1874, 103–106.

[2] Vgl. *Remling,* Franz-Xaver: Geschichte der Bischöfe zu Speyer. 2 Bde. Mainz 1852–1854. (ND Pirmasens 1975). Bd. 2, 267–327. – *Busch,* Konrad v./*Glasschröder,* Franz Xaver: Chorregel und jüngeres Seelbuch des alten Speierer Domkapitels. 2 Bde. Speyer 1923–1926. Bd. 1, 402. – *Stiefenhöfer,* Hermine: Philipp von Flersheim. Bischof von Speyer (1529–1552) und Gefürsteter Propst von Weißenburg (1546–1552). Speyer 1941. – *Duggan,* Lawrence G.: Bishop and Chapter. The Governance of the Bishopric of Speyer to 1552. New Brunswick 1978, 152–157.

Reich innerhalb der Kirche und über die Aneignung herrschaftlicher Funktionen in den Territorien [3]. Über die Innenperspektive der bei Worms ansässigen Familie v. Flersheim hinaus werden die für eine bestimmte Führungsschicht des Ritteradels am nördlichen Oberrhein und unteren Neckar [4] charakteristischen Strukturen politischer und sozialer Interaktion sichtbar. Sie können in folgenden Untersuchungszielen formuliert werden: Es soll die im Hinblick auf wirtschaftliche, aber auch politische Familieninteressen erfolgende Abschichtung von Zölibatären [5] und das Bemühen um deren Bepfründung vornehmlich an den benachbarten Domkirchen Speyer und Worms analysiert sowie die überaus starke und bis zum beginnenden 16. Jahrhundert weithin ungebrochene Anziehungskraft des kurpfälzischen Hofes in Heidelberg und seiner Zentral- und Lokalverwaltungsstellen, trotz häufiger territorialer Mehrfachbindungen des Adels und trotz gelegentlicher Dissonanzen mit dem Pfalzgrafen [6], aufgezeigt werden. Gegenstand dieser

[3] Grundsätzlich dazu *Moraw*, Peter/*Press*, Volker: Probleme der Sozial- und Verfassungsgeschichte des Heiligen Römischen Reiches im späten Mittelalter und in der frühen Neuzeit (13.–18. Jahrhundert). Zu einem Forschungsschwerpunkt. In: Zeitschrift für historische Forschung 2 (1975) 95–108, hier 105–107. – Mit Einzelbeispielen *Endres*, Rudolf: Die wirtschaftlichen Grundlagen des niederen Adels in der frühen Neuzeit. In: Jahrbuch für fränkische Landesforschung 36 (1976) 215–237. – *Sprandel*, Rolf: Die Ritterschaft und das Hochstift Würzburg im Spätmittelalter. In: ebd. 117–143. – *Fouquet*, Gerhard: Reichskirche und Adel. Ursachen und Mechanismen des Aufstiegs der Kraichgauer Niederadelsfamilie v. Helmstatt im Speyerer Domkapitel zu Beginn des 15. Jahrhunderts. In: Zeitschrift für die Geschichte des Oberrheins 129 (1981) 189–233. – *Holbach*, Rudolf: Stiftsgeistlichkeit im Spannungsfeld von Kirche und Welt. Studien zur Geschichte des Trierer Domkapitels und Domklerus im Spätmittelalter, 2 Tle. Trier 1982.

[4] Zur Definition des Begriffs Nieder- oder Ritteradel vgl. Herrschaft und Stand. Untersuchungen zur Sozialgeschichte im 13. Jahrhundert. Hg. v. J. *Fleckenstein*. Göttingen ²1979. – *Sablonier*, Roger: Adel im Wandel. Eine Untersuchung zur sozialen Situation des ostschweizerischen Adels um 1300. Göttingen 1979, S. 22 ff. – Ausgezeichnete Informationen über die Ministerialitätsproblematik u. den Ritteradel dieser Region bieten vor allem: *Kolb*, A. Gustav: Die Kraichgauer Ritterschaft unter der Regierung des Kurfürsten Philipp von der Pfalz. Stuttgart 1909. – *Langendörfer*, Friedhelm: Die Landschaden von Steinach. Zur Geschichte einer Familie des niederen Adels im Mittelalter und der frühen Neuzeit. Heppenheim 1971. – *Press*, Volker: Die Ritterschaft im Kraichgau zwischen Reich und Territorium 1500–1623. In: Zeitschrift für die Geschichte des Oberrheins 122 (1974) 35–98. – *Ulmschneider*, Helgard: Götz von Berlichingen: Ein adliges Leben der deutschen Renaissance. Sigmaringen 1974. – *Andermann*, Kurt: Studien zur Geschichte des pfälzischen Niederadels im späten Mittelalter. Speyer 1982. – Darüber hinaus noch bes.: *Sablonier*, Roger: Zur wirtschaftlichen Situation des Adels im Spätmittelalter. In: Adelige Sachkultur des Spätmittelalters. Wien 1982, 9–34.

[5] Zuletzt grundsätzlich zu der Frage nachgeborener, zölibatär oder als Militärs/Offiziere abgeschichteter Söhne des Adels *Reif*, Heinz: Westfälischer Adel 1770–1860. Vom Herrschaftsstand zur regionalen Elite. Göttingen 1979, 78 ff., 122 ff., 240 ff. u. 315 ff.

[6] Zum Phänomen der territorialen Mehrfachbindungen des sütwestdeutschen Adels

Studie ist darüber hinaus das patrimoniale, auf ausgeprägt informellen Konstellationen aufruhende Verhältnis des pfälzischen Kurfürsten zu diesen Adelsfamilien [7] und das mit dem Namen v. Helmstatt angedeutete enge Konnubium eines sich durch soziale Differenzierung am Heidelberger Hof und im Speyerer wie Wormser Domkapitel seit den 1380er Jahren herausbildenden ritterschaftlichen Personenverbandes [8].

Die Folie für diese sozialen Ausdrucksformen bildete das gleichfalls im letzten Drittel des 14. Jahrhunderts entstandene kurpfälzische Hegemonialsystem [9]. Es ist jüngst von P. Moraw als eines von 14 das spätmittelalterliche Reich regional differenzierenden politischen Bereiche vorgestellt worden [10]. Die ältere wie die

außer Anm. 4 *Lange-Kothe,* Ingrid: Zur Sozialgeschichte des fürstlichen Rates in Württemberg im 15. und 16. Jahrhundert. In: Vierteljahrschrift für Sozial- und Wirtschaftsgeschichte 34 (1941) 237–267. – *Krimm,* Konrad: Baden und Habsburg um die Mitte des 15. Jahrhunderts. Fürstlicher Dienst und Reichsgewalt im späten Mittelalter. Stuttgart 1976, 32 ff.

[7] Vgl. zu dieser Herrschaftsform: *Weber,* Max: Wirtschaft und Gesellschaft. Grundriß der verstehenden Soziologie. Studienausgabe. 5. rev. Aufl. bes. v. J. *Winckelmann.* Tübingen 1972. (ND Tübingen 1980) 580–624 u. 636 ff.

[8] Vgl. zu der Vorstellung von der zentralen Rolle der Herrschaft für die soziale Differenzierung im Ritteradel: *Sablonier* 1979, 254 ff. – Zum Konnubium: *Möller,* Walter: Stamm-Tafeln westdeutscher Adels-Geschlechter im Mittelalter. 3 Bde. u. 2 Bde. N. F. Darmstadt 1922–1951. – Zur Bedeutung der Familienverflechtungen des Adels für die Stabilität eines Territorialverbandes: *Krimm* 1976, 32 ff. – *Moraw,* Peter: Landesgeschichte und Reichsgeschichte im 14. Jahrhundert. In: Jahrbuch f. westdeutsche Landesgeschichte 3 (1977) 175–191, hier 180.

[9] Zur Kurpfalz immer noch grundlegend: *Häusser,* Ludwig: Geschichte der rheinischen Pfalz nach ihren politischen, kirchlichen und literarischen Verhältnissen. 2 Bde. Heidelberg [2]1856. (ND Pirmasens 1970). *Cohn,* Henry J.: The Government of the Rhine Palatinate in the Fifteenth Century. Oxford 1965. – *Schaab,* Meinrad: Grundlagen und Grundzüge der pfälzischen Territorialentwicklung 1156–1410. In: Alzeyer Kolloquium 1970. Wiesbaden 1974, 1–21. – Zur pfalzgräflichen Hegemonie: 1. über die Reichskirchen der Region: *Lossen,* Richard: Staat und Kirche in der Pfalz am Ausgang des Mittelalters. Münster 1907. – 2. (zeitweilig) über Württemberg und Baden: *Müller,* Ulrich: Die politischen Beziehungen zwischen der Kurpfalz und der Grafschaft Wirtemberg im 15. Jahrhundert. Tübingen 1970. – 3. über Reichsstädte wie Heilbronn, Speyer, Wimpfen und Worms: *Rolf,* Bernhard: Kurpfalz, Südwestdeutschland und das Reich 1449–1476. Die Politik des Pfalzgrafen und Kurfürsten Friedrich des Siegreichen. Diss. Masch. Heidelberg 1978, 9 ff. – 4. über Grafen und Herren wie Solms, Nassau, Hohenlohe, Wertheim, Löwenstein, Leiningen, Erbach. Sie sind häufig als „hofgesind" des Kurpfälzers auf Reichstagen anzutreffen: z. B. Deutsche Reichstagsakten unter Maximilian I. Bd. V: Reichstag von Worms 1495, bearb. v. H. *Angermeier* (= RTA. MR. V. 1. 2) Göttingen 1981, 1154 f. – Dazu auch *Press,* Volker: Die Grafen von Erbach und die Anfänge des reformierten Bekenntnisses in Deutschland. In: Aus Geschichte und ihren Hilfswissenschaften. Festschrift für Walter Heinemeyer. Marburg 1979, 653–685.

[10] *Moraw,* Peter: Die Entfaltung der deutschen Territorien im 14. und 15. Jahrhundert. In: Landesherrliche Kanzleien im Spätmittelalter. München 1984, 61–108, hier 96 f., 105 f.

neuere landes- und verfassungsgeschichtlich orientierte Forschung haben anhand des Verhältnisses Adel – Kurpfalz, anhand der Lehnspolitik und der Satellitenbildung die relative Offenheit des Systems im 15. Jahrhundert aufgezeigt [11]. Man hat ferner durch punktuelle Untersuchungen des Heidelberger Hofes im Spätmittelalter [12] und durch die Diskussion der nur rudimentären Ständeentwicklung [13] die politischen und rechtlichen Hemmnisse der gegenüber dem Adel nur teilweise gelungenen Umsetzung von informell-hegemonialer Stellung in Landesherrschaft bzw. späterhin in Landeshoheit [14] deutlich gemacht. Bisher nicht bzw. nur ansatzweise gesehen oder behandelt wurden dagegen die sich in Personenbeziehungen ausdrückenden sozialen Grundlagen dieses Systems. Dies erscheint um so notwendiger, als den personengeschichtlich faßbaren Interdependenzen zwischen der Kurpfalz und den benachbarten, vom regionalen Adel behaupteten Reichskirchen Speyer und Worms eine ganz besondere Bedeutung zukommt [15]. Denn obgleich die Beziehungen etwa zwischen der Pfalz und Speyer erst 1464 durch einen Erbschirmvertrag rechtlich zugunsten des Pfalzgrafen geregelt worden waren [16], bestanden quasi-herrschaftliche Bindungen über Personenzusammenhänge schon seit rund drei Generationen.

[11] *Spieß,* Karl-Heinz: Lehnsrecht, Lehnspolitik und Lehnsverwaltung der Pfalzgrafen bei Rhein im Spätmittelalter. Wiesbaden 1978. – *Ders.*: Das älteste Lehnsbuch der Pfalzgrafen bei Rhein vom Jahr 1401. Stuttgart 1981. – Zur Praxis des Schirmvertrages u. dem Verhältnis Adel-Kurpfalz: *Kolb* 1909, 6 ff. u. passim. – *Press* 1974, 38 ff.

[12] *Vogelsang,* Gretl: Kanzlei und Ratswesen der pfälzischen Kurfürsten um die Wende des 15. zum 16. Jahrhundert. Diss. Masch. Freiburg/Br. 1939. – *Steinmetz,* Max: Die Politik der Kurpfalz unter Ludwig V. (1508–44) Tl. 1. Diss. Masch. Freiburg/Br. 1940, 86 ff. – *Moraw,* Peter: Beamtentum und Rat König Ruprechts. In: Zeitschrift für die Geschichte des Oberrheins 116 (1968) 59–126. – *Ders.*: Kanzlei und Kanzleipersonal König Ruprechts. In: Archiv für Diplomatik 15 (1969) 428–521. – *Cohn* 1965, 152 f., 169 ff., 202 ff. – *Rolf* 1978, 152 ff. – *Brandenstein,* Christoph Frhr. von: Urkundenwesen und Kanzlei, Rat und Regierungssystem des Pfälzer Kurfürsten Ludwig III. (1410–1436). Göttingen 1983. – *Moraw,* Peter: Heidelberg: Universität, Hof und Stadt im ausgehenden Mittelalter. In: Studien zum städtischen Bildungswesen des späten Mittelalters und der frühen Neuzeit. Hg. v. B. *Moeller,* H. *Patze* u. K. *Stackmann.* Göttingen 1983, 524–552. – *Press,* Volker: Calvinismus und Territorialstaat. Regierung und Zentralbehörden der Kurpfalz 1559–1619. Stuttgart 1970.

[13] *Gothein,* Eberhard: Die Landstände der Kurpfalz. In: Zeitschrift für die Geschichte des Oberrheins 42 (1888) 1–76. – *Cohn* 1965, 189 ff. spricht zu Recht von „embryonic Estates".

[14] Zur spätmittelalterlichen Landesherrschaft als „Bündelungsmodell" von Rechten: *Moraw* 1984, 74 ff.

[15] Zu Speyer: *Fouquet* 1981. – Die Verhältnisse in Worms sind noch nicht aufgearbeitet. Hinzuweisen ist auf: *Schannat,* Johann Friedrich: Historia episcopatus Wormatiensis. Bd. 1. Frankfurt/M. 1734, 73–146 (Personenverzeichnis für Domkapitel und Kollegiatstifte).

[16] Zum Schirmvertrag mit dem Hochstift von 25. 6. 1464: *Remling,* Franz Xaver: Urkundenbuch der Bischöfe von Speier. Bd. 2. Mainz 1856 (ND Aalen 1970) Nr. 178. – Der Schirmvertrag mit dem Domkapitel datiert schon vom 11. 8. 1462. Ebd. Nr. 170.

Mit Hilfe der erprobten Personengeschichte, der kollektiven Biographie von Mikropopulationen [17], wird so am Beispiel des Speyerer Domkapitels ein für die Reichskirche des 15. und beginnenden 16. Jahrhunderts typischer adliger Personenverband mit seinen Untergruppen aufgezeigt und seine sich in Verwandtschaft, Freundschaft und Landsmannschaft erschöpfenden Rekrutierungsmechanismen [18] vorgestellt. Gleichzeitig werden die personengeschichtlich erfahrbaren Grundlagen, Bedingungen und Grenzen der kurpfälzischen Politik gegenüber der in Speyer wirkungsmächtigen ritterschaftlichen Klientel analysiert, deren Dorf- und Grundherrschaften das pfalzgräfliche Territorium zwar wie ein Sieb durchlöcherten, die aber nur über das lehnsrechtliche Band mit der Pfalzgrafschaft verknüpft war [19].

Selbstverständlich ist hier nur ein sehr begrenzter Einblick in eine breit angelegte Untersuchung über die durch den Heidelberger Hof und das Speyerer Domkapitel institutionell abgegrenzte Adelsgruppe möglich [20]. Die Beschränkung der Analyse des sozialen und politischen Zusammenhangs: Domherr – Familie – Personenverband – Territorium auf die Zeit von ca. 1480 bis 1520 bedeutet insofern nur eine arbeitstechnische Vereinfachung. Denn aus dem Exempel können durchaus repräsentativ die großen Leitlinien, die Kontinuitäten und Diskontinuitäten der integrativen Entwicklung jener ritteradligen Muttergruppe und ihrer verschiedenen Untergruppierungen [21] veranschaulicht werden.

[17] Personenforschung im Spätmittelalter. Vorträge der Sektion ..., gehalten am 5. 10. 1974 auf der 30. Versammlung deutscher Historiker in Braunschweig. In: Zeitschrift für historische Forschung 2 (1975) 1–58. – *Genet,* Jean-Philippe: Die kollektive Biographie von Mikropopulationen: Faktorenanalyse als Untersuchungsmethode. In: Quantitative Methoden in der Wirtschafts- und Sozialgeschichte der Vorneuzeit. Hg. v. F. Irsigler. Stuttgart 1978, 69–100. – Medieval Lives and the Historian. Studies in Medieval Prosopography. Kalamazoo 1986 mit zahlreichen Anwendungsbeispielen aus dem west-, mittel- und nordeuropäischen Raum. – Zur Erforschung kirchlicher Gruppen: *Holbach* 1982. – *Millet,* Hélène: Les chanoines du chapitre cathédral de Laon. 1272–1412. Rom 1982.

[18] Dazu vor allem: *Reinhard,* Wolfgang: Freunde und Kreaturen. „Verflechtung" als Konzept zur Erforschung historischer Führungsgruppen. Römische Oligarchie um 1600. München 1979, 35 ff.

[19] *Kolb* 1909, 3 ff. – *Spieß* 1978, 179 ff., 257 ff.

[20] *Fouquet,* Gerhard: Das Speyerer Domkapitel im späten Mittelalter (ca. 1350–1540). Adlige Freundschaft, fürstliche Patronage und päpstliche Klientel. 2 Bde. Mainz 1987 im Druck.

[21] Die „Gruppe" wird im folgenden als „soziale Gruppe" verstanden. Dieses relativ flexible Konzept definiert sich nach R. Sablonier als „soziale Einheit ..., die aufgrund gesellschaftlich relevanter Merkmale abgrenzbar und im Kern charakterisierbar ist, wesentliche Gemeinsamkeiten z. B. in den Verhaltensweisen aufweist und eine mehr oder minder ausgeprägte Kohäsion besitzt": *Sablonier* 1979, 143.

II.

In der Zeit zwischen 1480 und 1520 waren am Speyerer Domkapitel 87 Personen als Domherren installiert bzw. admittiert. Unter ihnen befanden sich vier Fürsten, drei Grafen/Herren, je fünf Kanoniker aus den Gruppierungen der gelehrten kurpfälzischen Räte und der Angehörigen der päpstlichen Kurie sowie vier juristische Ordinarien der Heidelberger Universität, die auf der 1398 der Rupertina inkorporierten Präbende saßen [22]. Diese insgesamt 21 Pfründner hatten mit Ausnahme des 1513 in einer konzertierten Aktion Maximilians I. und Kurfürst Ludwigs V. von der Pfalz zum Speyerer Bischofsstuhl gekommenen Pfalzgraf Georg [23] für das Innenleben des Stifts und für die Bedingungen seiner Verzahnung mit der Kurpfalz nur eine geringe Bedeutung. Aufgrund ihres außerordentlich niedrigen Integrationsgrades in der Speyerer Stiftsgesellschaft können diese Personen hier unberücksichtigt bleiben: Fürsten und Grafen nämlich betrachteten die Speyerer Kirche als eine Pfründoption mehr neben vielen anderen. Kuriale und gelehrte Räte wurden seit den 1440er Jahren in Speyer nicht mehr aufgenommen, die Universitätspfründner von der ritteradligen Kapitelsmehrheit bis 1547 systematisch aus dem Stift gedrängt [24].

Die mit 67 Domherren eindeutig größte Gruppierung im Kapitel rekrutierte sich aus dem Ritteradel. Die Erenberg, Gemmingen, Göler, Helmstatt und Rosenberg saßen im Kraichgau, Odenwald und am mittleren Neckar. Acht Familien wie die Dalberg, Flersheim und die Oberstein stammten aus dem pfälzisch-rheinhessischen Raum, elf Familien sogar, unter ihnen die Grumbach, Truchseß v. Pommersfelden und die Truchseß v. Wetzhausen, aus Franken. Relativ viele Kapitulare kamen noch aus der Wetterau, aus Schwaben, Baden und dem Mittelrhein. Das Elsaß und der Raum um Paderborn schließlich waren nur mit je einer Präbendierung in Speyer präsent [25]. Untersucht man Herkunftsgebiete und Familienstruktur genauer, dann fallen sofort zwei wichtige Tatbestände auf: Zum einen weist das Bild ritteradliger Partizipation am Kapitel bei aller Buntheit

[22] *Fouquet* 1987. Bd. 2 (Biogramme d. Domherren).

[23] *Ders.*: Kaiser, Kurpfalz, Stift: Die Speyerer Bischofswahl von 1513 und die Affäre Ziegler. In: Mitteilungen des Historischen Vereins der Pfalz 83 (1985) 193–271.

[24] Generell über die zu Beginn des 16. Jhts. schwierige Situation gräflicher Domherren auf den ritteradlig beherrschten Stiften und zur strukturell bedingten Distanzierung zwischen Ritterschaft und reichsständisch gewordenen Grafen: *Press,* Volker: Führungsgruppen in der deutschen Gesellschaft im Übergang zur Neuzeit um 1500. In: Deutsche Führungsgruppen in der Neuzeit. Eine Zwischenbilanz. Büdinger Vorträge 1978. Hg. v. H. H. *Hofmann*/G. *Franz*. Boppard 1980, 29–77, hier 40 f. – Zu den gelehrten Räten u. Universitätsangehörigen: *Moraw* 1969. – *Heimpel,* Hermann: Die Vener von Gmünd und Straßburg. 1162–1447. Studien und Texte zur Geschichte einer Familie sowie des gelehrten Beamtentums in der Zeit der abendländischen Kirchenspaltung und der Konzilien von Pisa, Konstanz und Basel. 3 Bde. Göttingen 1982.

[25] Zu den ritteradligen Domherren *Fouquet* 1987, Bd. 2.

schon eindeutig die in unmittelbarer Berührung mit dem Speyerer und kurpfälzischen Territorialverband links wie rechts des Rheins liegenden Hauptrekrutierungszonen auf: den Kraichgau mit 28 und Pfalz-Rheinhessen mit 12 Domherren [26]. In enger territorialer Korrespondenz stand noch der badische Raum mit zwei Kapitularen. Außerhalb dieser regionalen Herkunftsgebiete bildete Franken mit 13 Kanonikern noch eine bedeutsame Exklave der Rekrutierung. Diese Zahlenverhältnisse spiegeln mit Ausnahme der seit den 1470er Jahren verstärkt possedierten fränkischen Kapitulare im großen und ganzen die Relationen während des gesamten 15. Jahrhunderts wider [27]. Zum anderen deckten sich mit Ausnahme von Paderborn die angesprochenen Räume mit der späteren Kreiseinteilung der Reichsritterschaft. Fast alle der genannten Familien gehörten seit der Mitte des 16. Jahrhunderts zum sogenannten Reichsadel [28].

Der das Speyerer Stift um 1500 beherrschende Ritteradel war also – dies als erstes Ergebnis – ein rechtlich nicht von der fürstlichen Landesherrschaft vereinnahmter Verband, mit einem bedeutsamen Ausgreifen nach Franken zentriert auf den nördlichen Oberrhein und den unteren Neckar.

Diese rechtliche und raumbezogene Betrachtung sagt über die tatsächlichen sozialen Verhältnise im Kapitel des späten 15. und beginnenden 16. Jahrhunderts noch recht wenig aus. Es ist deshalb notwendig, den Blick auf die „großen" Familien und ihre Personalpolitik, auf die von Stimmführern überragten stiftischen Gruppen zu richten. Dazu seien typisierend einige Beispiele angeführt.

Die ritteradligen Speyerer Stiftsfamilien, die in Parallele zu ihrer gesamtgesellschaftlichen Anerkennung und Etablierung als Adelsstand seit dem zweiten Drittel des 14. Jahrhunderts durch das Instrument der Kooptation – in Speyer der „nominatio per turnum" – und den Wahlen zu den Ämtern [29] die Personalpolitik des Kapitels weitgehend bestimmten, behaupteten um 1500 nach wie vor

[26] *Schaab*, Meinrad: Territoriale Entwicklung der Hochstifte Speyer und Worms. In: Pfalzatlas. Karte 61 u. Textbd. 2. Speyer 1972, 760–780. – Zur geographischen Abgrenzung des Kraichgaus die Beschreibung des Reinhard v. Gemmingen um ca. 1630. In: *Stocker*, Carl Wilhelm Friedrich Ludwig: Familien-Chronik der Freiherrn von Gemmingen. Heilbronn 1895, 243 ff. – Zu Pfalz-Rheinhessen: Regionale Amts- und Verwaltungsstrukturen im rheinhessisch-pfälzischen Raum (14. bis 18. Jahrhundert). Hg. v. H. Gerlich u. a. Stuttgart 1984.

[27] *Fouquet* 1987. Bd. 1.

[28] Zur Reichsritterschaft im 16. Jahrhundert: *Press* 1974. – *Press*, Volker: Kaiser Karl V., König Ferdinand und die Entstehung der Reichsritterschaft. Wiesbaden 1976. – *Ders.*: Die Reichsritterschaft im Reich der frühen Neuzeit. In: Nassauische Annalen 87 (1976) 101–122. – Zur Partizipation der reichsritterschaftlichen Familien an der frühneuzeitlichen Reichskirche: *Hersche*, Peter: Die deutschen Domkapitel im 17. und 18. Jahrhundert. 3 Bde. Bern 1984.

[29] Zur Speyerer Aufnahmepraxis: *Fouquet* 1981, 197 ff. – Zu den Wahlen, die in Speyer „per viam scrutinii admixta via compromisii" erfolgten: *Krebs*, Manfred: Die Protokolle des Speyerer Domkapitels (1500–1531). 2 Bde. Stuttgart 1968–1969.

alle geistlichen Ämter, alle Führungsstellen der Speyerer Kirche[30]. Es wird dadurch schon hinreichend deutlich, daß die Institution Domkapitel nicht nur als reine Versorgungsanstalt, als das vielzitierte „adels spital" verstanden werden kann[31]. Das Kapitel hatte für den Ritteradel vielmehr und vor allem eine statusbezogene und politische Qualität. In dieser Einrichtung konnte nämlich zum einen mit den nachgeborenen Söhnen der mögliche Zugang zur Reichsfürstenwürde und damit eine hoch einzuschätzende Aufwertung des familiären Sozialprestiges erreicht werden. Zum anderen ermöglichten das Episkopat und die als Quasi-Stände fungierenden Kapitel der Reichskirche eine innerhalb des Reichsverbandes potentiell unabhängige Politik, die auch und gerade Standespolitik sein konnte[32]. Es lohnte sich also um die Macht an den Reichsstiften zu kämpfen.

Anhand der Quantität der Kanonikate und der Qualität der Amtspositionen schält sich unter den am Speyerer Stift vertretenen Adelsfamilien deutlich eine geringe Anzahl heraus, die als besonders einflußreich eingestuft werden kann. Absolute Spitzenstellungen hatten zweifellos die fünf Kraichgauer Familien: Helmstatt, Gemmingen, Rosenberg, Göler v. Ravensburg und die Erenberg inne. Aus Pfalz-Rheinhessen rückten die Dalberg und Philipp v. Flersheim, aus Franken Thomas Truchseß v. Wetzhausen und die Truchseß v. Pommersfelden, aus der Wetterau Georg v. Schwalbach zu den vordersten Plätzen im Stift auf[33].

Die Schichtung innerhalb des stiftischen Verbandes, die sich aus dieser kurzen Betrachtung ergibt, ist nicht zufällig. Die Besetzung von den Ämtern bis hin zum Episkopat, ja überhaupt der Eintritt ins Kapitel beruhte vielmehr auf sozialen Vorgängen. Diese Regelmechanismen sind vor dem Hintergrund moderner An-

[30] Zu den Ämterbesetzungen: *Fouquet* 1987, Bd. 2.

[31] *Barack*, Karl August: Zimmerische Chronik. 4 Bde. Freiburg/Tübingen ²1881–1882. Bd. 2, 640. Zu dieser schon durch die zeitgenössische publizistische Kritik der Humanisten geprägten Vorstellung sind für Speyer auch die satirischen Äußerungen des im Domkapitel nie präbendierten Jakob Wimpfeling wichtig: Die Domherren seien Knaben, die sich nicht einmal die Nase schneuzen könnten: *Singer*, Bruno: Die Fürstenspiegel in Deutschland im Zeitalter des Humanismus und der Reformation. München 1981, 239 f.

[32] Grundlegende Überlegungen zur Funktion zölibatärer Abschichtung für die sozioökonomische Situation einer Adelsfamilie und die allgemeine Standespolitik: *Andermann* 1982, 195 ff. – *Endres* 1976, 234 ff. – Die Entscheidung eines ritteradligen Bischofs in der Wahl zwischen Landesherr und Rittergenosse blieb dabei, wie etwa fränkische Beispiele zeigen, immer schwierig: *Press*, Volker: Wilhelm von Grumbach und die deutsche Adelskrise der 1560er Jahre. In: Blätter für deutsche Landesgeschichte 113 (1977) 396–431.

[33] *Fouquet* 1987, Bd. 2. – Zu den einzelnen Familien vgl. Anm. 2, 4 u. 8. – Zu der fränkischen Adelslandschaft allgemein: *Endres,* Rudolf: Adelige Lebensformen in Franken zur Zeit des Bauernkrieges. Würzburg 1974. – *Sprandel* 1976. – *Sprandel,* Rolf: Mittelalterliche Verfassungs- und Sozialgeschichte vom Blickpunkt einer Landschaft: Mainfranken. In: Zeitschrift für historische Forschung 7 (1980) 401–422.

staltsstaatlichkeit als Ämterpatronage, als Korruption diskreditiert [34]. In den alteuropäischen Gesellschaften waren Patronage und Nepotismus aber durchaus üblich und wurden auch, sofern man sie maßvoll anwandte, kaum als anstößig empfunden [35]. Sie ergaben sich aus dem ethischen Gebot, der „lex naturalis“ [36], für das eigene Haus zu sorgen, d. h. nicht nur für die Kernfamilie, sondern auch für die Verwandtschaft sowie für die durch das landsmannschaftliche Band zusammengehaltene Freundschaft [37].

[34] *Reinhard,* Wolfgang: Staatsmacht als Kreditproblem. Zur Struktur des frühneuzeitlichen Ämterhandels. In: Vierteljahrschrift für Sozial- und Wirtschaftsgeschichte 61 (1974) 289–319. – Ämterkäuflichkeit: Aspekte sozialer Mobilität im europäischen Vergleich (17. und 18. Jahrhundert). Hg. v. K. *Malettke.* Berlin 1980. – *Schuller,* Wolfgang: Probleme historischer Korruptionsforschung. In: Staat 16 (1977) 373–392.

[35] *Burkolter-Trachsel,* Verena: Strukturelle Bedingungen für das Entstehen und die Transformation von Patronage. In: Schweizer Zeitschrift für Soziologie 1 (1977) 3–30. – *Reinhard* 1979, 39 f. – *Schröcker,* Alfred: Die Patronage des Lothar Franz von Schönborn (1655–1729). Sozialgeschichtliche Studie zum Beziehungsnetz in der Germania Sacra. Wiesbaden 1981. *Reinhard,* Wolfgang: Nepotismus. Der Funktionswandel einer papstgeschichtlichen Konstanten. In: Zeitschrift für Kirchengeschichte 86 (1975) 145–185. – Kritik an der Besetzungspraxis wurde laut: 1. innerhalb des Personenverbandes bei mangelnder sozialer Ausbalancierung, d. h., wenn eine Familie die Chancen der anderen an den Pfründen der betreffenden Kirche partizipierenden Familien mittelfristig empfindlich minderte: Beispiele bei *Schreiner,* Klaus: Sozial- und standesgeschichtliche Untersuchungen zu Benediktinerkonventen im östlichen Schwarzwald. Stuttgart 1964, 135 f. (schon im 13. Jh.). – 2. innerhalb der zeitgenössischen Publizistik: Die Kritik ist hier eng verflochten mit der kirchlichen Reformbewegung des 15. Jahrhunderts. Sie entzündete sich insbesondere an der „pessima consuetudo“ der dominant adligen Kapitel, Stifte und Klöster, nur Personen „de nobilium aut militarium genere procreati“ zuzulassen. *Von der Hardt,* Hermann: Magnum et oecumenicum Constantiense Concilium. Bd. 1. Frankfurt/Leipzig 1700, 638 f. – Informative Übersicht über die Diskussion des Adelsprivilegs bei Johannes Gerson, Johannes Nider u. a.: *Schreiner* 1964, 92–112. – Zum polemischen Ursprung des Begriffs Nepotismus: *Reinhard,* Wolfgang: Art. Nepotismus. In: Handwörterbuch zur deutschen Rechtsgeschichte. Hg. v. A. *Erler* u. E. *Kaufmann.* Bd. 3. Berlin 1984, 947–951.

[36] König Rudolf von Habsburg hatte mit der als „lex naturalis“ apostrophierten Familienliebe 1282 die Übertragung Österreichs an seinen Sohn begründet: MGH. Constitutiones. Bd. 3. Hannover/Leipzig 1904–1906 (ND Hannover 1980) Nr. 339, S. 325. – *Schubert,* Ernst: König und Reich. Studien zur spätmittelalterlichen deutschen Verfassungsgeschichte. Göttingen 1979, 101.

[37] Zu den zeitgenössischen Hausvorstellungen: *Weber* 1972, 130 ff., 230 ff., 580 ff. – *Brunner,* Otto: Das „ganze Haus“ und die alteuropäische „Ökonomik“ (1958). In: Neue Wege der Verfassungs- und Sozialgeschichte. Göttingen ³1980, 103–127. – Der adlige Freundschaftsbegriff war zwar auch emotional besetzt, beinhaltete aber hauptsächlich die instrumentale Komponente von Freundschaft. Die Erwartung gegenseitiger Nützlichkeit der „guten frunde“, getragen von einem durch gemeinsame Standesgenossenschaft, Verwandtschaft und Landsmannschaft überhöhten „Solidaritätsethos“ und durch quasi-rituelle Formen wie Turniere, Saufgelage und Jagden stabilisiert, galt als selbstverständliches Verhaltensmuster: *Tenbruck,* Friedrich H.: Freundschaft. Ein Bei-

Ähnlich wie die päpstliche Kurie in zeitlicher Verschiebung immer wieder von bestimmten landsmannschaftlich verbundenen und verschwägerten Gruppen beherrscht wurde [38], bildeten die vielfach verwandten Kraichgauer Ritteradelsfamilien von der zweiten Hälfte des 14. bis zur Mitte des 16. Jahrhunderts den sozialgeschichtlich bedeutsamen Kern, die Führungsschicht des Speyerer Kapitels.

Das ehemalige Reichskirchen- und staufische Ministerialengeschlecht v. Helmstatt war die absolute Führungsfamilie im spätmittelalterlichen Speyerer Stift [39]. Sie drang mit pfalzgräflicher Unterstützung während der 1380er Jahre in das Kapitel ein und besetzte mit dem als Kanzler König Ruprechts I. bekannt gewordenen Raban v. Helmstatt 1396 den Speyerer Bischofsstuhl [40]. Der sich in ständiger Kooptation ergänzenden Nepotendynastie der Helmstatt gelang es, während des 15. Jahrhunderts noch zweimal das Episkopat zu erwerben und es insgesamt 86 Jahre zu besitzen [41]. Die Dompropstei, das angesehenste der Kapitelsämter, konnte ununterbrochen von 1408 bis 1488 behauptet werden und wurde dann an die verschwägerten v. Gemmingen abgegeben, die ihrerseits die Prälatur bis 1523 besetzt hielten [42]. Daneben gelang den Helmstatt noch der zeitweilige Zugriff nicht nur auf fast alle anderen geistlichen Offizien, sondern auch auf die laikalen Funktionsstellen des Speyerer Hochstifts [43]. Die Stellung des Bischofs innerhalb der Stiftsgesellschaft war in hohem Maße zentral. Das bedeutet exemplarisch: fast alle sozialen Verbindungen, die Ansprüche auf Partizipation liefen über ihn, wurden von ihm legitimiert, im Sinne des sozialen Ausgleichs mit Verwandtschaft und Freundschaft behandelt oder zur Patronage umgeformt. Die Präsenz der Helmstatt am bischöflichen Hof, in der Lokalverwaltung und im Kapitel war daher im Vergleich zu anderen Geschlechtern, die

trag zu einer Soziologie der persönlichen Beziehungen. In: Kölner Zeitschrift für Soziologie und Sozialpsychologie 16 (1964) 431–456. – Beispiele: Enea Silvio Piccolomini: Deutschland. Der Brieftraktat an Martin Mayer. Übers. v. A. *Schmidt*. Köln/Graz 1962, 38. – *Schröcker* 1981, 186.

38 *Esch*, Arnold: Das Papsttum unter der Herrschaft der Neapolitaner. Die führende Gruppe Neapolitaner Familien während des Schismas 1378–1415. In: Festschrift für Hermann *Heimpel* zum 70. Geb. Bd. 2. Göttingen 1972, 713–800.

39 *Fouquet* 1987, Bd. 2. Nr. 186–205.

40 *Moraw* 1969, 456 ff. – *Meuthen*, Erich: Das Trierer Schisma von 1430 auf dem Basler Konzil. Zur Lebensgeschichte des Nikolaus von Kues. Münster 1964.

41 Raban (1396–1438), Reinhard (1438–1456) u. Ludwig v. Helmstatt (1478–1504). *Fouquet* 1987, Bd. 2. Nr. 195, 198, 202.

42 Heinrich (1408–1424), Reinhard (1424–1438), Ulrich v. Helmstatt (1438–1488). *Fouquet* 1987, Bd. 2. Nr. 190, 202, 204. – Georg (1488–1511), Erpho v. Gemmingen-Michelfeld (1511–1523), ebd., Nr. 153 f.

43 Die hochstiftisch-speyerische Amtsorganisation im Spätmittelalter ist bislang nicht aufgearbeitet. Für die adligen Stellenbesetzungen Hinweise bei *Fouquet* 1981; 1987. – *Krebs*, Manfred: Die Dienerbücher des Bistums Speyer von 1464–1768. In: Zeitschrift für die Geschichte des Oberrheins 96 (1948) 55–195.

über keinen oder nur einen einzigen Bischof ihrer Couleur verfügten, außerordentlich hoch [44].

Die Spitzenstellung der Helmstatt in Speyer korrelierte mit besonderen sozialen Lagemerkmalen. Die Familie gehörte neben den Gemmingen, Hirschhorn, Landschad v. Steinach und Rosenberg, den Dalberg, Flersheim und Sickingen zu den Reichen der Region, die schon die Politik König Ruprechts I. alimentiert hatten [45]. Die Helmstatt gingen zudem ein intensives Konnubium mit den regionalen wie überregionalen Führungsfamilien des Ritteradels ein [46]. Ihre Stellung innerhalb der sozialen Verflechtung des Speyerer Stiftsadels kristallisierte sich dabei als zentral heraus [47]. Zahlreiche Adelsfamilien kamen nur durch direkte bzw. indirekte Verschwägerungen mit den Helmstatt zu Speyerer Domherrenstellen.

Die Familie v. Rosenberg ist eines der zahlreichen Beispiele für die Wirksamkeit einer Verwandtschaft mit den Helmstatt. Die im übrigen durch Verschwägerungen mit den Frundsberg über mittelbare Kontakte zum Hof Maximilians I. verfügenden Rosenberg verdankten nämlich ihre herausgehobene Position im Speyer des beginnenden 16. Jahrhunderts fast ausschließlich dem Helmstatt-Nepotismus [48]. Die Karriere des Philipp v. Rosenberg, die seit 1490 über die dem bischöflichen Besetzungsrecht unterliegenden Ämter des Generalvikars und des Domkantors führte und 1504 mit dem Episkopat gipfelte, kann als Prototyp für verwandtschaftliche Begünstigung beschrieben werden. Jede Stufe der Laufbahn wurde im Hinblick auf den sozialen Ausgleich innerhalb der führenden Adelsgruppe und die Akzeptanz der Spitzenfamilie durch den Onkel, durch Bischof Ludwig v. Helmstatt ermöglicht bzw. vorbereitet [49].

An den Führungsverband aus dem Kraichgau waren Untergruppen angelagert, die sich durch unterschiedliche, in ihrer Reichweite eindeutig abgestuften Formen sozialer Kommunikation mit den ersten Familien verbunden hatten.

Seit den 1490er Jahren konnte die zunächst recht bedeutungslose rheinhessische Untergruppe verstärkt in das Stift eindringen [50]. Erwähnt sei hier nur die durch die Faktoren „Verwandtschaft" und „Kurpfalz" geprägte Karriere des seit 1529

[44] *Fouquet* 1987, Bd. 1.

[45] Vgl. Anm. 4. *Fouquet* 1987, Bd. 2. Nr. 48–51, 142 f., 153–157, 212, 311 f., 349–352 mit den entsprechenden Nachweisen. Zur Gläubigerfunktion des Adels unter Kg. Ruprecht I.: *Landwehr*, Götz: Die Bedeutung der Reichs- und Territorialpfandschaften für den Aufbau des Kurpfälzischen Territoriums. In: Mitteilungen des historischen Vereins der Pfalz 66 (1968) 155–196, hier 186 ff.

[46] *Möller* 1922–51, Bd. 3. Tf. CXXX–CXXXIV.

[47] *Fouquet* 1981, 228 ff.

[48] *Fouquet* 1987, Bd. 2. Nr. 311 f. – Zur Verwandtschaft mit den Frundsberg: *Möller* 1922–51. Bd. 2. Tf. LXXV.

[49] *Fouquet* 1987, Bd. 2. Nr. 311. – Die Mutter Rosenbergs, Margarete v. Helmstatt, war eine Schwester Bischof Ludwigs. *Möller,* 1922–51. Bd. 3, Tf. CXXXIV.

[50] *Fouquet* 1987, Bd. 1.

in Speyer regierenden Bischofs Philipp v. Flersheim [51]. Das Merkmal „Verwandtschaft" war dabei sowohl für den erst zwischen 1460 und 1480 erfolgten, durch Amts- und Lehnsübertragungen charakterisierten Eintritt der Flersheim in den engeren Kreis des Speyerer Stiftsadels als auch für die Bepfründung Philipps v. Flersheim im Kapitel und die 1510 durch Bischof Philipp v. Rosenberg veranlaßte Übertragung der Domkantorei maßgeblich. Eine ganz entscheidende Bedeutung kam dabei den aktuellen und neuartigen Verschwägerungen der Flersheim mit den Helmstatt und Sickingen zu [52]. Diese Umstrukturierung und Ausweitung des ursprünglichen Konnubiumskreises korrelierte mit einer intensiveren Integration in das pfalzgräfliche Territorialsystem, mit einer ausgezeichneten Präsenz am Heidelberger Hof [53]. Ähnliche Vorgänge sind auch bei den Familien Dalberg, Kranich v. Kirchheim und Weingarten zu beobachten [54]. Ein neuer wirkungsmächtiger Personenverband konnte sich so in Speyer bilden, durch vielfältige Verwandtschaft und durch den kurpfälzischen Hof verzahnt mit dem alten stiftischen Geschlechter-Clan aus dem Kraichgau [55].

Unterhalb dieses um 1500 neu formierten führenden Verbandes rangierten die stiftischen Untergruppen in der Reihenfolge: Franken, Wetterau, Baden, Schwaben, Elsaß und Paderborn [56]. Sie sind hauptsächlich dadurch gekennzeichnet, daß die durch Verwandtschaft und Landsmannschaft eindeutig abgrenzbaren Gruppen nur sehr ausgedünnte Beziehungen zu Speyer und Pfalz besaßen [57]. Das Ka-

[51] Dazu und zum folgenden *Stiefenhöfer* 1941. – *Fouquet* 1987, Bd. 2, Nr. 143.

[52] *Möller* 1922–51. Bd. 3. Tf. CXXXIV. N. F. Bd. 1. Tf. XVII: Hedwig, die Schwester Philipps v. Flersheim, war mit Franz v. Sickingen verheiratet.

[53] Nachweise bei *Fouquet* 1986, Bd. 2. Nr. 142 f.

[54] Vgl. *Möller*, 1922–51. Bd. 2. Tf. LXVI. – *Andermann* 1982, Stammtf. v. Weingarten.

[55] *Fouquet*, Gerhard: Das Speyerer Domkapitel im späten Mittelalter (14.–16. Jahrhundert). Bildung und soziale Verflechtung. In: HiMoN-Sammelband S 2: *Dirlmeier*, Ulf/*Fouquet*, Gerhard: Lebensbedingungen im Mittelalter in Deutschland. Siegen 1985, 51–113, hier 79. – Zur grundsätzlichen regionalen Beschränkung ritteradliger Sozialbeziehungen bis zum beginnenden 16. Jahrhundert: *Langendörfer* 1971, 15 ff. – *Sablonier* 1979, 39 ff., 145 f., 167 ff. – *Andermann* 1982, 217 ff.

[56] *Fouquet* 1987, Bd. 2.

[57] Über die intensivsten Kontakte verfügten dabei noch die badischen und fränkischen Familien. Unter den Badenern ist vor allem die mit Helmstatt verschwägerte und am Heidelberger Hof während der zweiten Hälfte des 15. Jahrhunderts an prominenter Stelle vertretene Familie v. Bach zu nennen. *Fouquet* 1987, Bd. 2. Nr. 10. – Die Franken konnten vor allem punktuelle Verwandtschaftsbeziehungen in den Kraichgau für Speyerer Possedierungen nutzen. Die Rosenberg waren hier das Verbindungsglied: *Möller* 1922–51. Bd. 2. Tf. LXXV. – Bei der Angliederung von Geschlechtern aus dem Raum Paderborn, später auch aus dem Rheinland – sie werden die Personalpolitik des Kapitels im 17. und 18. Jahrhundert bestimmen – ist mit einem entscheidenden überregionalen Solidaritätsgefühl der Ritterschaften seit dem beginnenden 16. Jahrhundert zu rechnen. Interessante Beispiele bei *Ulmschneider* 1974, 64 f., 86.

pitel hielt etwa den Wetterauer Georg v. Schwalbach zunächst „fur einen frembden“ [58]. Die Untergruppen verfügten aber über eigene, mit unterschiedlicher Intensität beherrschte Stiftskirchenlandschaften. Die Besetzungen von Speyerer Kapitelstellen mit Mitgliedern dieser überregionalen Adelsverbände waren daher mit gelegentlichen Verschwägerungen untermischte Interferenzerscheinungen innerhalb der sich auch im Bündewesen manifestierenden Freundschaft des ritterschaftlichen Adels an Rhein, Main, Neckar und Donau. Denn auch die Kraichgauer und Rheinhessen „exportierten“ ihre Zölibatäre gelegentlich nach Mainz, Würzburg und Augsburg [59]. Diese jeweils typisch begrenzten, sich in ihren Außenbindungen aber zumindest punktuell überlappenden Binnenlandschaften der oberdeutschen Reichskirche entsprechen der gesamtgesellschaftlichen Formierung im Spätmittelalter: sie waren wirkungsmächtige Kleinverbände in schwächeren übergreifenden Konstellationen [60].

Insgesamt war das Innenverhältnis der Führungsgruppe und ihre Beziehungen zu den Untergruppen in Speyer durch die angedeuteten sozialen Regelmechanismen ausbalanciert. Ausgesprochene Krisen wie in Würzburg, wo um 1500 ein Überangebot an Pfründbewerbern einen rigiden Verdrängungswettbewerb unter den Adelsfamilien hervorrief, konnten nicht beobachtet werden [61].

III.

Die ausgeglichene krisenarme Situation innerhalb des regionalen Ritteradelsverbandes um 1500 beruhte nicht allein auf seiner Besetzungspraxis an der Speyerer Kirche. Wesentlich war auch und gerade die Art und Weise seiner Partizipation am kurpfälzischen Hof in Heidelberg. Es waren während des 15. Jahrhunderts im Grunde die gleichen Familien, die den pfälzischen Hof- und Funktionsadel bildeten und das Speyerer Stift besetzt hielten.

Das im folgenden kurz beschriebene Modell der Umsetzung fürstlicher Herrschaft mit Hilfe von tendenziell informellen, personengebundenen Konstellationen in Heidelberg wie in Speyer war eingebettet in ein Netz wirtschaftlicher, sozialer und politischer Interessen, an denen sowohl der Fürst als auch die Amts-

[58] *Krebs* 1968–69. Bd. 1. Nr. 3949.

[59] *Fouquet* 1986, Bd. 2. – Zum regionalen Bündewesen: *Press* 1974, 39 mit weiterführender Literatur.

[60] Zur kleinräumigen Organisation mittelalterlicher Gesellschaften: *Mitterauer,* Michael: Zur Struktur alteuropäischer Gesellschaftssysteme am Beispiel des mittelalterlichen Österreichs. In: *Ders.:* Grundtypen alteuropäischer Sozialformen. Haus und Gemeinde in vorindustriellen Gesellschaften. Stuttgart–Bad Cannstatt 1979, 13–34.

[61] *Press* 1980, 72 ff. – Auch der spätmittelalterliche Trierer Stiftsadel war grundsätzlich sozial wenig ausbalanciert, was gerade bei Bistumsbesetzungen zu erheblichen Konflikten führte: *Holbach* 1982, Bd. 1. 39 ff., 243 ff.

träger teilhatten [62]. Man hat speziell den ritteradligen Dienst mit dem einseitigen Blick auf den Herrn als Abhängigkeit, traditionell als Treue charakterisiert. Auch hat man vorschnell auf eine Domestikation des Adels geschlossen, auf einen Funktions- und Machtverlust, ohne sich die beschränkten Steuerungsmittel des Herrn, ohne sich die Prestigefunktion des adligen Dienstes bewußt zu machen [63]. Man hat das adlige Amt in Verbindung mit der säkularen Getreidepreisdepression gebracht, ohne sich klar zu machen, daß Teilnahme am Hof zunächst einen sowohl finanziell wie sozial geführten Verdrängungswettstreit unter den Bewerbern voraussetzte, in dem, wie es sich z. B. auch in Franken und in Brandenburg zeigt, nur die wirtschaftlich potenten Adelsfamilien bestehen konnten. Der seit dem endenden 14. Jahrhundert einsetzende Wandel vom adligen Reiterdienst im Krieg zum Reiterdienst im Amt beruhte im wesentlichen auf Veränderungsprozessen in der Rationalität des Regierens und eröffnete dem Funktionsadel den Weg zur Mitunternehmerschaft in den Territorien [64].

Der Schlüsselbegriff ist hier das „Amt". Die Forschungen der letzten Jahre haben gezeigt, daß sich das spätmittelalterliche Amtsverständnis von dem neu-zeitlichen transpersonalen Verwaltungsbegriff radikal unterscheidet [65]. Das mittelalterliche Amt basiert auf Personenzusammenhängen, definiert sich am besten „genetisch als Stellvertretung des Herrn" [66] und nicht einer abstrakten Anstalt.

Die in ihren reichsrechtlichen wie -politischen und dynastischen Elementen hier nicht näher zu untersuchende Vormachtstellung der Kurpfalz am Rhein beruhte territorial grundsätzlich auf der Hegemonie über Satellitenverbände und stützte sich auf älteren Herrschaftsformen wie Öffnungsrechten, Lehnsbeziehun-

[62] Zu diesem Verhältnis grundsätzlich: *Willoweit,* Dietmar: Die Entwicklung und Verwaltung der spätmittelalterlichen Landesherrschaft. In: Deutsche Verwaltungsgeschichte. Hg. v. K. G. A. *Jeserich*/H. *Pohl*/G.-Chr. *v. Unruh.* Bd. 1. Stuttgart 1983, 66–143, hier 90 ff.

[63] Die Vorstellung von einer sozial, politisch und wirtschaftlich generell depravierten Ritterschaft ist trotz kritischer neuerer Arbeiten immer noch weitgehend „Handbuchwissen". – Vgl. dazu vor allem *Andermann* 1982, 1 ff., 177 ff. mit kritischer Würdigung. – Darüber hinaus heranzuziehen: *Irsigler,* Franz: Adlige Wirtschaftsführung im Spätmittelalter. Erträge und Investitionen im Drachenfelser Ländchen 1458–63. In: Festschrift für Hermann *Kellenbenz.* Bd. 1. Stuttgart 1978, 455–468. – *Sablonier* 1982. Das in diesen Kontext gehörende Phänomen des „Raubrittertums" ist gleichfalls noch viel zu pauschal angegangen und gerade im Hinblick auf die politischen Implikationen nur bei den sog. „Raubunternehmern" Berlichingen, Grumbach und Sickingen untersucht worden. *Rösener,* Werner: Zur Problematik des spätmittelalterlichen Raubrittertums. In: Festschrift für Berent *Schwineköper.* Sigmaringen 1982, 469–488.

[64] Zu den Amtsstellen als Kriterien für den Sozialistatus einer Adelsfamilie: *Paravicini,* Werner: Soziale Schichtung und soziale Mobilität am Hof der Herzöge von Burgund. In: Francia 5 (1977) 127–182, hier 145 u. passim. – *Sprandel,* Rolf: Die territorialen Ämter des Fürstentums Würzburg im Spätmittelalter. In: Jahrbuch für fränkische Landesforschung 37 (1977) 45–64. – *Andermann* 1982, 187. – *Moraw* 1984, 82.

[65] Zum Forschungsstand: *Willoweit* 1983, 83 ff. – *Moraw* 1984, 83 ff.

[66] *Moraw* 1984, 82.

gen, militärischer Überlegenheit[67]. Um 1400 etwa standen 23 Grafen, 26 Herren sowie 389 Personen aus Ritteradel und städtischen Oberschichten (allerdings mit äußerst geringem Anteil) in lehnsrechtlichen Bindungen zur Pfalzgrafschaft[68].

Zu den Attributen „der Vormacht eines regionalen politischen Systems im Reich“ [69] gehörte auch die Vorherrschaft über die Hochstifte Speyer und Worms, die im 15. Jahrhundert auf politischer Ebene trotz ihrer reichsfürstlichen Fassade den Rang von Quasi-Landesbistümern einnahmen[70]. Die Entwicklung zur Mediatisierung kam jedoch nie über den Potentialis hinaus. Der Grund liegt an der gleichzeitigen Hegemonialstellung gegenüber dem alten königlichen und reichskirchlichen Gefolge aus dem Kraichgauer und rheinhessischen Ritteradel, der in seinem wie im übergeordneten pfälzischen Interesse seit den 1380er Jahren die geistlichen und weltlichen Spitzenpositionen der Speyerer und Wormser Stifte besetzt hatte und sich seinerseits auch aufgrund dieser Stellung allen Mediatisierungsversuchen seit dem späteren 15. Jahrhundert entziehen konnte[71].

Der Pfalzgrafschaft war es während der zweiten Hälfte des 14. Jahrhunderts gelungen, über eine geschickte Patronage, die die Positionen des sich herausbildenden Hofes wie die Pfründen der in der pfälzischen Einflußzone liegenden Stiftskirchen umfaßte, durch eine vorsichtige Lehns- und forcierte Reichspfandschaftspolitik in den Kraichgau und unter konkurrierendem Mainzer Druck in das Gebiet um Worms und Oppenheim vorzustoßen[72]. Die schubweise, kaum mit neuzeitlich-territorialen Machtstrategien zu vergleichende, ja von wechselseitigen Impulsen getragene pfälzische Vorgehensweise gegenüber den Adelsgeschlechtern dieser Region erschöpfte sich in den Formen patrimonialer Herrschaft[73]. Kurfürst Ludwig IV. z. B. ließ es sich nicht nehmen, den verwaisten Dieter Landschad v. Steinach 1441 selbst aus der Taufe zu heben, der Witwe 40 fl zu schenken und ihr aufzutragen, ihm einen ihrer Söhne „ahn sein hoff (zu) schickhen“ [74].

[67] Vgl. Anm. 9. – Zuletzt *Moraw*, Peter: Die kurfürstliche Politik der Pfalzgrafschaft im Spätmittelalter, vornehmlich im späten 14. und im frühen 15. Jahrhundert. In: Jahrbuch für westdeutsche Landesgeschichte 9 (1983) 75–97.

[71] *Fouquet* 1987, Bd. 1.

[69] *Moraw*, Peter: Fragen der deutschen Verfassungsgeschichte im späten Mittelalter. In: Zeitschrift für historische Forschung 4 (1977) 59–101, hier 81.

[70] *Moraw* 1984, 102 f. – *Press*, Volker: Das Hochstift Speyer im Reich des späten Mittelalters und der frühen Neuzeit – Portrait eines geistlichen Staates. In: Barock am Oberrhein. Hg. v. V. *Press*/E. *Reinhard*/H. *Schwarzmaier*. Karlsruhe 1985, 251–290.

[71] *Fouquet* 1987, Bd. 1.

[72] *Spieß* 1978, 179 ff. – *Rödel*, Volker: Die Oppenheimer Reichsburgmannschaft. In: Archiv für hessische Geschichte. N. F. 35 (1977) 9–48.

[73] *Fried*, Pankraz: „Modernstaatliche“ Entwicklungstendenzen im bayerischen Ständestaat des Spätmittelalters. Ein methodischer Versuch. In: Der deutsche Territorialstaat im 14. Jahrhundert. Hg. v. H. *Patze*. Bd. 2. Sigmaringen 1971, 301–341.

[74] „Verzeichnis Bleyckhartt Landtschaaden Von Stainach …“ (Blicker XIV.). In: *Langendörfer* 1971, 182–195, hier 188.

Die erste ganz entscheidende Probe bestand die sich in den Formen „quasi-königlicher Politik“ legitimierende Verbindung [75] in den Jahren zwischen 1400 und 1410, als mit König Ruprecht I. ein Wittelsbacher an der Spitze des Reiches stand [76]. Das politische System der Pfalzgrafschaft scheint sich in dieser Zeit stark verdichtet, ja eine gewisse Eigendynamik erfahren zu haben, die es über alle Krisenfälle bis zur zweiten Hälfte des 16. Jahrhunderts hinwegrettete. Neben das alte Element des Lehnswesens traten nämlich bei dem hohen Finanz- und Verwaltungsbedürfnis des Königs verstärkt modernere Beziehungen: Soldverträge, beamtenähnliche Stellungen, Gläubigerfunktionen. Dies verband die Kraichgauer Geschlechter neben einer Handvoll linksrheinischer Familien eng mit der Pfalz [77]. Die Funktionsbindungen am Hof und im Territorium hatten, ähnlich wie das beim Domkapitel beobachtet werden konnte, eine statusbildende, damit sozial differenzierende Kraft. Dies rief die Abschichtung einer ritteradligen Führungsgruppe, bestehend aus wenigen, nun sich engst verschwägernden Familien hervor. Die Anbindung an die Pfalz ließ zugleich ein auf das Haus Wittelsbach bezogenes „Wir-Gefühl“ entstehen, das die Kontinuität des pfälzischen Hofes über alle Regierungswechsel trug [78].

Die führenden Geschlechter des Kraichgauer Ritteradels, die Helmstatt, Hirschhorn, Landschad, Rosenberg und Sickingen, schließlich auch die Göler v. Ravensburg, die Venningen und Gemmingen bildeten zusammen mit den rheinhessischen Familien, den Dalberg, Flersheim, Knebel v. Katzenelnbogen und Oberstein den Kern des wittelsbachischen Rates. Aus ihnen und wenigen unterelsässischen Geschlechtern wie den Fleckenstein stammten die Großhofmeister, die Marschälle, die Hauptleute und die Amtsträger der Lokalverwaltung. Von den z. B. in der Regierungszeit des Pfälzer Kurfürsten Ludwig III. (1410 bis 1436) nachweisbaren 118 ritterschaftlichen Räten stellten die Helmstatt und Sickingen immerhin je sieben, die Venningen sogar acht und damit weit mehr als alle anderen Hoffamilien [79]. Im pfälzischen „Reißbuch anno 1504“ bildeten fast

[75] *Press* 1974, 42. – *Moraw* 1977, 187 ff.

[76] Vgl. zu Kg. Ruprecht I. mit zahlreichen Hinweisen auf Stellung und Funktion des Adels: *Gerlich*, Alois: Habsburg–Luxemburg–Wittelsbach im Kampf um die deutsche Königskrone. Studien zur Vorgeschichte des Königstums Ruprechts von der Pfalz. Wiesbaden 1960. – *Moraw* 1968; 1969.

[77] *Spieß* 1978, 245 f. mit dem Hinweis, daß es im 14. Jahrhundert noch keine vom Lehnswesen abgehobene pfälzische Beamtenorganisation gab.

[78] *Moraw* 1968; 1977, 180. – *Spieß* 1978, 246. – *Press* 1974, 38 ff. – Die Zentralität des Heidelberger Hofes und seine integrative Rolle für die Ritterschaft erweisen sich auch anhand der Stadthäuser des Adels in Heidelberg. Die Stadt- und Landkreise Heidelberg und Mannheim. Amtliche Kreisbeschreibung. Hg. v. d. Staatlichen Archivverwaltung Baden-Württemberg. Bd. 2. Karlsruhe 1968, 8–82, hier 29 ff. – *Langendörfer* 1971, 184, 186.

[79] Zur personellen Verwaltungsorganisation der Kurpfalz im 15. und beginnenden 16. Jh. neben den Arbeiten von P. *Moraw* noch *Brandenstein* 1983, 243 ff. – *Cohn* 1965,

durchweg Angehörige des Kraichgauer und rheinhessischen Ritteradels die militärische Führungsmannschaft [80].

An der Stabilität des bei aller pfälzischen Dominanz relativ weichen Hegemonialsystems änderten die Mediatisierungskampagnen unter Pfalzgraf Friedrich I. (1449–1476) und seinem Nachfolger Philipp (1476–1508) weniges [81]. Die Kurfürsten versuchten nämlich mit dem Instrument der Erbschirmverträge, die modern-staatliche Elemente wie den ausschließlichen Rechtszug zum pfälzischen Hofgericht enthielten, die Ritteradligen zu Landsassen zu machen. Beide Fürsten drangen damit jedoch nicht durch [82]. Die vernichtende pfälzische Niederlage im Landshuter Krieg 1503/05 gestaltete zumal das Verhältnis Kurpfalz – Ritterschaft wieder völlig offen [83].

Die wenigen Jahre zuvor durchaus spürbaren Ansätze zur Mediatisierung wären überinterpretiert, wollte man sie schon als erste Schritte zur „Landsässerei" des pfälzischen Adels einordnen. Die Ritterschaft ließ sich zwar 1489 auf die kaiserliche Beitrittsaufforderung zum Schwäbischen Bund vernehmen, daß man keinen anderen Landesfürsten als den Pfalzgrafen anerkenne, „under den wir on mittel gehorend" [84]. Tatsächlich waren dies aber nur taktische Lippenbekenntnisse zur Abwehr eines empfindlichen äußeren Eingriffs in das pfälzische System. Der Eintritt des Pfälzer Adels in den habsburgisch beeinflußten Bund wäre der Auflösung des politischen Verbandes der Kurpfalz gleichgekommen, hätte den auf dem territorialen Konsens mit dem Pfalzgrafen beruhenden adligen Kooptationsmechanismus am Heidelberger Hof, der den Adel zum

152 ff., 169 ff., 202 ff. – *Press* 1970. – *Rolf* 1978, 145 ff. – *Steinmetz* 1940, 66 ff. Vgl. stellvertretend für viele ritterschaftliche Karrieren: „Diess seindt dienst, die ich Friedrich von Flerssheim, ritter, der Pfaltz gethon habe" (ca. 1414–1456). In: *Waltz* 1874, 108–115.

80 *Weech,* Friedrich von: Das Reißbuch anno 1504. Die Vorbereitungen der Kurpfalz zum bairischen Erbfolgekrieg. In: Zeitschrift für die Geschichte des Oberrheins 26 (1874) 137–264, hier 156, 215, 218–232.

81 Zur Hegemonialpolitik Pfgf. Friedrichs I.: *Menzel,* Karl: Regesten zur Geschichte Friedrichs I. In: Quellen zur Geschichte Friedrich I. des Siegreichen Kurfürsten von der Pfalz. Hg. v. K. *Hofmann.* Bd. 1. München 1862. (ND Aalen 1969). 209–499, passim. – *Krieger,* Karl-Friedrich: Der Prozeß gegen Pfalzgraf Friedrich den Siegreichen auf dem Augsburger Reichstag vom Jahre 1474. In: Zeitschrift für historische Forschung 12 (1985) 256–286, hier 268 ff.

82 *Kolb* 1909, 6 ff. – *Press* 1974, 38 f. – Zum Hofgericht: *Press* 1970, 78 ff.

83 Vgl. zuletzt zu diesem „Wendepunkt der pfälzischen Geschichte": *Press,* Volker: Bayerns wittelsbachische Gegenspieler – Die Heidelberger Kurfürsten 1505–1685. In: Wittelsbach und Bayern. Bd. 2, 1: Um Glauben und Reich. Kurfürst Maximilian I. Hg. v. H. *Glaser.* München/Zürich 1980, 24–39, hier 24.

84 *Kolb* 1909, 49–78. – Zitat bei: *Günter,* Kaspar Friedrich von: Von dem Verhältnisse des Adels im Kraichgau gegen die Kurpfalz. In: Historia et Commentationes Academiae electorialis scientiarum et elegantiorum litterum Theodoro-Palatinae. Bd. 5. Mannheim 1783, 473–506, hier 488.

„Mitherrschaftsstand" hatte werden lassen, jegliche Grundlage entzogen. Das politische Taktieren von 1489 enthüllt sich schon dadurch, daß die Oberschicht des pfälzischen Ritteradels Anfang 1490 „ein bruderschaft und gesellschaft als brüder, vettern und schweger" schloß. Die Einung hatte als erklärtes Ziel, sich durch gegenseitige Austräge dem pfälzischen Hofgericht zu entziehen und damit den papiernen Floskeln nach außen nicht weitergehende Taten im Inneren folgen zu lassen [85].

So galt selbst nach der durch die Katastrophe des Franz v. Sickingen 1523 ausgelösten Erschütterung der Ritterschaft noch [86], was A. G. Kolb als charakteristisch für einen Kraichgauer Ritter des 15. Jahrhunderts formuliert hat: Als Knappe kam er an den Heidelberger Hof, stieg dann in einer Amtsstellung als Vogt oder Rat empor und beendete seine Karriere als Diener von Haus aus [87].

IV.

Als kurzes Fazit: Der Heidelberger Hof war für die Kraichgauer und rheinhessische Ritterschaft in hohem Maße Stätte politischer und sozialer Einflußnahme, ein hervorragender Platz für die Anknüpfung, Bewahrung und Intensivierung von Beziehungen, für die Demonstration von Reichtum und gesellschaftlichem Ansehen. Dies fand seinen zeitgemäßen Ausdruck in Eheberedungen unter den sich damit von den übrigen Adelsgenossen distanzierenden Hoffamilien, in Patronagebindungen und Nepotismus, in Heidelberger Stadthäusern des Adels und repräsentativem Aufwand. Der Hof in Heidelberg war somit bis ins 16. Jahrhundert das wichtigste Integrationszentrum dieses ritteradligen Personenverbandes. Das Verhältnis der gleichen Adelsfamilien zum Speyerer Stift

[85] Konstitution von 1490 gedruckt bei: *Günter* 1783, 503–506. – Zur korrespondierenden fränkischen Einungsbewegung: *Fellner,* Robert: Die fränkische Ritterschaft von 1494–1524. Berlin 1905, 79 ff.

[86] Zur Sickingen-Krise und zu der vorausgehenden Landauer Vereinigung des rheinischen Adels von 1522 immer noch: *Ulmann,* Heinrich: Franz von Sickingen. Leipzig 1872, 229–259.

[87] *Kolb* 1909, 11. – Im ganzen zeigte jedoch das politische System der Kurpfalz seit Beginn des 16. Jahrhunderts Anzeichen von Destabilität. Aus Rücksichtnahme auf die pfälzischen Ämter und die Tradition des Dienstes bedurfte es aber selbst nach dem korporativen Zusammenschluß des Kraichgauer Adels in den 1540er Jahren noch anderer „Störfälle" wie etwa der Konfessionskrise unter Pfalzgraf Friedrich III. (1559–1576) und der erneuten Mediatisierungskampagne unter Johann Casimir (1583–1592), um aus der territorialen Gleichgewichtsverschiebung einen Bruch entstehen zu lassen. *Press* 1970, 221 ff., 322 ff. – *Press* 1974, 45 ff., 52 ff., 60 ff. Generell zu den Folgen der Reformation für den Adel: *Press,* Volker: Soziale Folgen der Reformation in Deutschland. In: Schichtung und Entwicklung der Gesellschaft in Polen und Deutschland im 16. und 17. Jahrhundert. Hg. v. M. *Biskup*/K. *Zernack.* Wiesbaden 1983, 196–243, hier 207 ff.

erscheint in dieser Hinsicht und unter Berücksichtigung der politischen Gegebenheiten als „eine spezielle Variante“ zu ihrer Stellung zum pfälzischen Hof[88]. Diese Variante trug allerdings zweifellos ein Gutteil zur Behauptung der Unabhängigkeit der Adelsgruppe bei. Sie ermöglichte und garantierte die eigentümlichen Verhältnisse im pfalzgräflichen Territorialsystem bis zur konfessionellen und reichsrechtlichen Wende mit der Reformation und mit dem Entstehen der Reichsritterschaft.

[88] *Press*, Volker: Adel im Reich um 1600. In: Spezialforschung und „Gesamtgeschichte“. Beispiele und Methodenfragen zur Geschichte der frühen Neuzeit. Hg. v. G. *Klingenstein*/H. *Lutz*. München 1982, 15–47, hier 31.

Bob Scribner

Antiklerikalismus in Deutschland um 1500

Um 1500 findet man mehrere Spuren der fehlenden oder mangelnden Integration in der deutschen Gesellschaft. Wie ich meine, finden wir sogar mehr Spuren der Desintegration als umgekehrt Spuren einer weitgehenden sozialen Integration. Es wäre möglich, diese Behauptung durch viele Themenbeispiele zu bekräftigen: soziale Konflikte in städtischen und ländlichen Bereichen, Konflikte innerhalb einzelner Gemeinden, die desintegrative Auswirkung des Frühkapitalismus auf die bäuerliche Wirtschaft, die fortschreitende Ausdehnung der Leibeigenschaft im süddeutschen Raum u. a. m.[1]. Hier möchte ich mich nur mit dem Thema ‚Antiklerikalismus' begnügen. Damit behandle ich eine sehr bekannte und gut erforschte Erscheinung, die als eklatantes Beispiel der mangelnden Integration einer bestimmten Sozialgruppe im gesamtgesellschaftlichen Gefüge zu betrachten ist[2].

Es ist allgemein bekannt, welche Rolle der Pfaffenhaß bei der steigenden religiösen Unzufriedenheit der letzten zwei Generationen vor 1520 gespielt hatte. Aufforderungen zu verbaler und physischer Gewaltanwendung gegen geistliche Personen aller Art wie auch verschiedene Gewalttaten gegen sie laufen wie ein roter Faden durch diese Jahrzehnte, von der Reformatio Sigismundi über die Bundschuh-Bewegung zum Aufruf Ulrich von Huttens zu einem Pfaffenkrieg, um die gehaßten Kleriker auszurotten[3]. Die reformatorischen Bewegungen der 1520er Jahre waren sehr stark von Gewalttaten gegen die Kleriker geprägt und

[1] Zu diesen verschiedenen Konflikten, die fast als „krisenhafte Erscheinungen" auftraten vgl. *Blickle*, Peter: Die Revolution von 1525. München 1975, 76–88.

[2] Zum Thema Antiklerikalismus allgemein *Störmann*, A.: Die städtische Gravamina gegen den Klerus. 1916. – *Cohn, H. J.:* Anticlericalism in the German Peasants War 1525. In: Past & Present 83 (1979), 3–31. – *Goertz, H.-J.:* Aufstand gegen den Priester. Antiklerikalismus und reformatorische Bewegungen. In: Festschrift für Günther Franz zum 80. Geburtstag. Hg. v. Peter Blickle. Stuttgart 1982. 182–200. – *Packull*, Werner O.: The Image of the „Common Man" in the Early Pamphlets of the Reformation (1520–1525). In: Historical Reflections 12 (1985) 253–277.

[3] Zum Pfaffenhaß und die oft wiederholte Androhung, die Pfaffen totzuschlagen, besonders bei der Bewegung um Hans Boeheim, 1476, vgl. *Arnold*, Klaus: Niklashausen 1476. Baden-Baden 1980. 56, 101–102 mit Einzelnachweisen. – *Packull*, 1985, 257 sprich von „a popular underground culture with strong anti-clerical undertones existing well before the Reformation". – Angesichts der Androhung einer Pfaffenschlacht mahnte

der Pfaffenhaß wurde noch dadurch gesteigert, daß die altgläubigen Kleriker als Feinde des Evangeliums und als Werkzeuge des Antichrists verteufelt worden waren [4]. Im Bauernkrieg wurden die Klöster Hauptziel des Zornes der Aufständischen, was den vielen Pfaffenstürmen der evangelischen Bewegungen entsprach [5]. Für eine ganze Generation nach 1500, mindestens bis um 1535, läßt sich dennoch von sozialer Integration nicht sprechen.

Es ist eine Binsenweisheit, daß die Reformation die Geistlichen sozial und politisch integriert hatte. Demnach können wir vielleicht von einer verspäteten Integration sprechen, wenn nicht um 1500, dann um 1526 oder 1530. Das mag wohl zutreffen, wenn wir von einem bestimmten Verständnis der Reformation ausgehen. Sozialgeschichtlich gesehen ist aber auch dieses Urteil etwas vereinfachend. Ich bin hier skeptisch, denn wer in sozialgeschichtlichen Quellen des 16. Jahrhunderts intensiv liest, findet auch wieder klare Spuren mangelnder Integration. Meine Hauptthese hier lautet daher, daß diese fehlende Integration eng mit der Macht der Kleriker zusammenhängt; mit einer Macht, die nur unzulänglich im Laufe der Reformation umgewandelt wurde. Bisher hat die Literatur versucht, die Abneigung gegen die Geistlichkeit aus ihren Privilegien bzw. Mißbräuchen zu erklären [6]. Hier möchte ich etwas näher präzisieren und Antiklerikalismus als Reaktion gegen die Macht der Kleriker und als Versuch ihrer Beseitigung darstellen.

Die Macht der Kleriker fand ihren Ausdruck in mehreren Bereichen des alltäglichen Lebens und wurde überall als desintegrativ empfunden. Analytisch gesehen können wir sechs verschiedene Arten der Macht unterscheiden, die die Kleriker ausübten: politische, wirtschaftliche, rechtliche, soziale, sexuelle und sakrale. Über die ersten drei werde ich hier wenig ausführen, da sie schon so gut bekannt sind, daß sie sich von selbst verstehen [7]. Ich beschränke mich deshalb auf Bemerkungen zu ihrer sozialen, sexuellen und sakralen Macht.

In einer bekannten Schrift aus dem Jahr 1490 begründete Felix Fabri die soziale Macht der Geistlichen in seiner Heimatstadt Ulm mit ihrer Sonderstelle

M. Luther 1522: „es werde gelangen tzu auffrur und pfaffen, munich, bischoff, mit gantzem geistlichen standt erschlagen und voriagt werden mochten", *M. Luther*, Werke. Kritische Gesamtausgabe. Bd. 8. Weimar 1888, 676.

[4] *Scribner*, Bob: For the Sake of Simple Folk. Popular Propaganda for the German Reformation. Cambridge 1981, Kap. 3.

[5] *Cohn* 1983, 28–29. Zum Pfaffensturm, der während der Reformation in Erfurt erst 1521 ausbrach vgl. *Scribner*, Bob: Civic Unity and the Reformation in Erfurt. In: Past & Present 66 (1975) 40. Die frühreformatorische Bewegung überhaupt wurde in Erfurt von bitterem Antiklerikalismus getragen. Ebenda 39–43.

[6] Vgl. *Lortz*, Josef: Zur Problematik der kirchlichen Mißbräuche im Spätmittelalter. In: Trierer theologische Zeitschrift 58 (1949) 1–26, 212–227, 257–279, 347–357, der die Abneigung gegen die Kleriker aus Mißbrauch erklärt.

[7] Ausreichend diskutiert von *Cohn* 1979. – *Goertz* 1982. – Kurz kommentiert im Sinne von „Kirchenkritik" *Blickle*, Peter: Die Reformation im Reich. Stuttgart 1982, 24–32.

in der Gesellschaft [8]. Er schrieb: Als Vermittler zwischen Gott und Menschen stehen die Geistlichen nicht nur außerhalb, sondern auch über der menschlichen Gesellschaft. Sie gehören der Gemeinde nicht an, da sie zwischen Gott und Menschen stehen; sie sind nicht Bürger, sondern mehr als Bürger und stehen über ihnen [9]. Zwischen diesem theoretischen Anspruch und der sozialen Wirklichkeit lag eine unüberbrückbare Kluft. Nach allgemein landsläufiger Meinung des 15. und 16. Jahrhunderts waren die Geistlichen Heuchler [10]. Das eklatanteste Beispiel, wo diese Eigenschaft der Kleriker mit ihrer beanspruchten sozialen Würde zusammengebracht wurde, zeigt 1484 das Beispiel des Karmeliterpriors in Augsburg, über die Empfehlung zur Handhabe neuer Lehnverträge gegenüber den Bauern. Er erklärte, man könne die Bauern sehr leicht betrügen, indem man ihnen keine Kopie des Lehnvertrags vorlege; aber zur gleichen Zeit sollte man den Bauern zusichern, die Mönche, geistliche Personen, würden sie natürlich nicht betrügen [11].

Auf verschiedenen Ebenen sehen wir diese Kluft zwischen Anspruch und Wirklichkeit, vor allem im Bereich der Ausbildung. Kleriker gaben sich selbst als gebildete Leute aus und bedienten sich der gelehrten Sprache des Lateinischen, wurden aber fast sprichwörtlich mit Unwissenheit gleichgesetzt [12]. Wenn wir diese Diskrepanz zwischen beanspruchter sozialer Würde und sozialer Wirklichkeit betrachten, können wir sicherlich von einem „credibility gap" [Lücke in der Glaubwürdigkeit] sprechen. Dieses wurde noch bitterer angesichts der sozialen Folgen bei der Ausübung des geistlichen Banns, der sehr oft wegen trivialer Gründe verhängt wurde. In den schwersten Fällen kam er fast dem sozialen Tod gleich. Er bedeutete die Amputation eines Glieds von der Gemeinde, wie wir am Beispiel des Hans von Dieskau und seiner Mutter, die 1520 im Dorf Zscharnitz in albertinischem Sachsen in den Bann erklärt wurde, sehen. Der bischöfliche Offizial von Halle zitierte die ganze Gemeinde vor sich und forderte sie auf: „keyne gemeynschaft [mit den zweien] zu haben, weder mit essen, trinken, gehen, stehen, keufen noch vorkeufen, dorreychung wasser, feurs, salzs, noch anders dann allein in felen in recht zugelassen" [13].

[8] *Hassler,* K. D.: Bruder Felix Fabris Abhandlung von der Stadt Ulm. In: Ulm und Oberschwaben 13–15 (1908–9) 1–141.

[9] Ebenda 38.

[10] Vgl. dazu *Johann Agricola,* Die Sprichwörter-Sammlungen. Hg. v. Sander L. Gilman. Berlin 1971. Bd. 1, 238 „Huete dich vor lachenden Wirten und vor weynenden pfaffen. Es ist heucheley bei allen beiden."

[11] *Cohn* 1979, 26.

[12] Vgl. *Thomas Murner,* 1512. „Wir [Pfaffen] sindt die ersten undern gelerten/ Die bösen, valschen und verkerten". *Thomas Murner,* Narrenbeschwörung. Hg. v. M. Spanier. Berlin 1926, 120. Vgl. auch dazu Nr. 5: „Gelerte narren schinden". Ebenda 131–5.

[13] *Gess,* Felician (Hg.): Akten und Briefe zur Kirchenpolitik Herzog Georgs von Sachsen. 2 Bde. Leipzig 1905, 1917. Bd. 1, Nr. 178, S. 141. Das Zitat 142, Anm. 3 zu Nr. 180.

Als die altgläubigen Kleriker während der Reformation ständig gequält, belästigt und sozial ausgestoßen wurden, müssen wir die Gründe dafür nicht allzuweit weg von Beispielen solcher Art suchen.

Die sexuelle Macht der Kleriker sei auch kurz kommentiert. Hier können wir drei Aspekte unterscheiden. Erstens wurden die Kleriker augenscheinlich völlig anderen sexuellen Verhaltensnormen unterworfen als die Laien. Das zeigt sich ganz offenkundig am „Hurenzins“ der Diözese Konstanz, der für 2 Gulden den Konstanzer Klerikern ihre Konkubinen beließ, am „Wiegezins“ von 4 Gulden, den die Priester infolge einer Schwangerschaft ihrer Konkubinen bezahlten, und an noch einem dritten Zins, um Priesterbastarde zu legitimieren [14]. Der evangelische Polemiker Sebastian Meyer schätzte im Jahr 1522 die Anzahl der Priesterbastarde in der Diözese auf 1500 pro Jahr. Freilich muß vor einem allzu leichtgläubigen Umgang mit solchen polemischen Schriften gewarnt werden, denn in Konstanz hielten damals höchstens 17 000 geistige Personen. Wenn die Anzahl von 1500 Priesterbastarden pro Jahr stimmt, kommen wir zu der demographisch unmöglichen Zuwachsrate von 8,8 v. H. p. J.[15].

Zweitens konnten Priester während der Beicht sehr genau Einzelheiten verschiedener sexueller Delikte erforschen. Handbücher zur Beichtpraxis schrieben eine sehr eingehende und präzise Befragung über diese Sünden mit der Begründung vor, die Beichtkinder würden natürlich versuchen, solche Sünden allermeist zu verheimlichen. Beichtkinder sollten deshalb zu offenem Reden über fleischliche Sünden gebracht werden und insbesondere diejenigen, die für solche Sünden meist anfällig waren: die Jungen, die Einfältigen und die Frauen. Die Möglichkeit einer lasziven Befragung wurde durch die verschiedenen Stufen der sexuellen Sünden gesteigert, die der Beichtvater zu erfragen hatte. Die sechzehn Stufen reichten von unkeuschem Berühren oder Küssen, über verschiedene Zeiten, Umstände und Weisen des Geschlechtsverkehrs bis zu unkeuscher Freude daran, auch unter Ehepartnern. Dadurch erhielten Priester umfangreiche Möglichkeiten, bei der Beichte sexuelle Gier zu entwickeln, was die reformatorischen Polemiker in ihren Angriffen gegen die altgläubigen Kleriker gut ausnutzten. Sie beklagten, ehrbare Frauen würden auf diese Weise verführt, Jakob Strauss schrieb, einfache Leute würden dadurch Dinge gelernt, von denen sie vorher keine Ahnung gehabt hätten [16].

Der dritte Aspekt dieser sexuellen Macht betrifft die Rolle der Priester als Vermittler und Berater bei Ehesachen, ein in der bisherigen Literatur etwas vernachlässigter Aspekt. Diese Tätigkeit reichte von der priesterlichen Bereitschaft,

[14] *Vasella,* O.: Reform und Reformation in der Schweiz. Münster 1958, 28, 30.

[15] Meyers Zahlenangaben wurden weitergegeben bei *Ozment,* Steven: The Reformation in the Cities. New Haven 1975. 59, obwohl er schon auf S. 56 die Anzahl der Geistlichen angibt.

[16] Ebenda 52.

s.g. Winkelehen beizuwohnen und gutzuheißen, bis zur Beratung der Pfarrkinder in Eheangelegenheiten. Letzteres sei mit einem Beispiel aus der Diözese Naumburg aus dem Jahr 1520 belegt. Eine Frau wurde von ihrem Mann vor 13 Jahren im Stich gelassen, und sie hatte nach Beratung ihres Pfarrers einen anderen Mann geheiratet und mit diesem ein Kind gezeugt. Der bischöfliche Offizial aber erklärte die Ehe für ungültig und also auch implizit ihr Kind zum Bastard: Die Frau sollte ihren Mann verlassen und wurde im Falle der Verweigerung mit dem Bann bedroht [17].

Solche Fälle waren sicherlich eine Folge der komplizierten Bestimmungen des kanonischen Rechts über eine Eheschließung. Sie unterstreichen aber, wie stark solche klerikalen Befugnisse in den Alltag eingriffen. Martin Luther polemisierte dagegen in seiner Schrift über die „Babylonische Gefangenschaft der Kirche". Er selbst aber hatte wenig anzubieten, was die Schwierigkeiten solcher Leute hätte erleichtern können, wie aus seinem Rat im Fall männlicher Impotenz deutlich wird. In solchem Fall riet er, sollte die Frau einen Geliebten zu sich nehmen und ein Kind mit ihm zeugen, das Verhältnis geheimhalten und das Kind als das ihres Mannes ausgeben. Wenn ihr Mann diesem Plan nicht zustimmen wolle, sollte sie sich von ihm trennen und mit dem Geliebten in eine andere Gegend ziehen [18]. Solcher Rat hätte die beiden sicher ins Gefängnis gebracht, auch in späteren protestantischen Territorien! Die Reformation hat etwas dazu beigetragen, die damalige Verwirrung in Ehesachen aufzuhellen, indem die Ehe als weltliche Angelegenheit betrachtet wurde. Aber die Änderung fiel minimal aus, da die Kleriker auch hier wieder eine beratende, manchmal eine entscheidend Rolle hatten. Wie die neuesten Arbeiten von Thomas Safley und Lyndal Roper zeigen, blieb es immer noch unklar, was genau eine Ehe war. Und die neuen Eherichter haben sich lieber nach konservativen Richtlinien verhalten und sind bei dem kanonischen Recht geblieben, als diese heikle Frage weiter zu klären [19].

Ich komme nun zur sakralen Macht der Kleriker. Sie ist meines Erachtens der entscheidende Maßstab für alle Machtansprüche der Geistlichkeit und auch der Grund für alle Arten von Antiklerikalismus. Der Priester war nicht nur Vermittler zwischen Gott und Menschen. Er schuf auch Zugang zur sakralen Kraft, die das Wohl oder Weh des Einzelnen beeinflußte. Er verfügte über die Hauptmittel des Seelenheils, die Sakramente, aber auch über die übernatürliche Kraft, die eine gewisse Ordnung des alltäglichen Lebens ermöglichte. Hier meine ich die priesterliche Fähigkeit des Beschwörens und Segnens, die verschiedenen Ob-

[17] *Gess* 1, Nr. 161, 121–122.

[18] *M. Luther,* Werke. Kritische Gesamtausgabe. Bd. 6. Weimar 1888, 558.

[19] *Safley,* Thomas A.: Let no Man put Asunder. The control of Marriage in the German Southwest (1550–1600). Kirksville, Missouri 1984. – *Lyndal Roper,* „Going to Church and Street": Weddings in Reformation Augsburg. In: Past & Present 106 (1985) 62–101, besonders 100 f.

jekte zum menschlichen Gebrauch sicherstellte. Dies geschah durch die s.g. Sakramentalien, worauf sich die volkstümliche Magie, bzw. magische Praktiken der Laien stützten. Natürlich kontrollierte auch der Priester die höchste Quelle der sakralen Macht, die Eucharistie, durch seine Fähigkeit, die Worte der Konsekration auszusprechen und das Brot und den Wein zu wandeln. Daneben war er auch für eine ganze Reihe ritueller Aktionen zuständig, die Heil und Ordnung in der materiellen und sozialen Welt schufen [20].

Die Laien waren vor allem darüber höchst empört, daß Priester so oft die Ausübung ihrer priesterlichen Aufgaben verweigerten, besonders aber dann, wenn die Verweigerung mit der Unfähigkeit der Laien, die entsprechenden Gebühren zu bezahlen, begründet worden war. Während der Reformation wurden die Kleriker am schärfsten wegen ihrer Simonie angegriffen, die ihnen als allergrößte Schande vorgeworfen wurde. Übertroffen wurde dies aber noch von der Empörung über Fälle, in denen die Priester einen totalen Abzug aus einer Gemeinde vornahmen. Als Beispiel sei der Auszug der Priester aus Worms 1499 dargelegt. Der Wormser Stadtrat beschrieb diese mutwillige Freveltat und das unwürdige Benehmen der Kleriker so: „... mit uffwerfen Ir arme und unpriesterliche Jurzen und Schreyen, mit schimpflichen seyten spielen und anderen unordentlichen [Gesten] gingen [sie] uff wagen zu stat uffgefaren." Um die Beleidigung zu steigern, nahmen sie dabei mit „...heiligtum, cleynot, kirchen gezierde, kelch, monstrancien und ander beweglich habe zu den selben kirchen gehorig ... heimlich und heliglich aus der Stat hinweg gefuret ... und noch mehr die gemaleten taffeln von den wenden abgerissen, die Swengel und stenge von den glocken abgenomen ...".[21]

Letzteres war eine erstaunliche bilderstürmische Tat, die wir im gleichen Ausmaß nur während der Reformation finden. Noch 1519 war die Empörung über diese Tat sehr groß. Damals klagte der Stadtrat: „Die pfaffheit [haben] understanden gemeyne Statt und Burgerschafft, Mann und frawen, Jung und Alt, auch die nugepornen unschuldigen kyndern zu berauben der Cristliche Sacrament und zu [verderben?] an eren, an lybe, an gut und an selen, und das unser vorfaren und eltern umb gottes willen gebben und meynten viel gottes dinst gestifft haben" [22].

Daß solche Geistliche für sich eine besonders hohe Würde beansprucht hatten, wie Felix Fabri es beschrieb, muß den Wormsern besonders provozierend vorgekommen sein.

[20] Vgl. dazu *Scribner,* Bob: Cosmic Order and Daily Life: Sacred and Secular in Pre-Industrial German Society. In: Religion and Society in Early Modern Europe 1500–1800. Hg. v. Kaspar von Greyerz. London 1984, 17–31.

[21] Stadtarchiv Worms 1933: „Die dritte clage der Burgerschafft zu Worms an die pfaffheit daselbs". undatiert. ca. 1505.

[22] Stadtarchiv Worms 1947: „Wormser Beschwerde über die Geistlichkeit, 1519."

Der daraus erwachsene Pfaffenhaß fand seinen vollen Ausdruck während der Reformation. Wir müssen dabei aber beachten, daß die antiklerikale Tradition schon längst vor der Reformation geformt worden war. Das sieht man an Bischofsstädten wie Worms oder Würzburg, wo die Tradition des Pfaffensturms weit zurückreichte. In Würzburg gab es Pfaffenstürme 1265, 1297, 1354, 1374 und 1400, im Jahr 1432 wurde sogar die bischöfliche Burg zerstört und der Vogt aus der Stadt getrieben [23]. Im 15. Jahrhundert kam die kräftige Tradition der Reformliteratur dazu, in der zu lesen war, daß Gottes Zorn und Gericht über der Welt schwebten und die Kleriker daran schuld wären. Sie hätte die Kirche und das Volk Gottes in Stich gelassen und sie müßten reformiert werden, um ein Gottesurteil abzuwenden [24].

Reformationshistorikern ist heutzutage sehr bewußt, welche Krisenstimmung mit prophetischen und apokalyptischen Zügen aus dem späten 15. in die ersten Jahrzehnte des 16. Jahrhunderts eingemündet ist. In Verbindung mit der provozierenden Predigt der aufsteigenden evangelischen Bewegungen der 1520er Jahre schuf dies eine explosive Mischung. Bei solchen reformatorischen Predigten über die Kleriker sind drei Momente zu unterscheiden. Erstens, der Moment der *Offenbarung*, wie die Kleriker den Laien belogen, beschwindelt und betrogen hatten – und dies nicht nur im ökonomischen Bereich, sondern auch in Fragen des Seelenheils, und vor allem über die Auswirkung übernatürlicher Kraft in der Welt. Besonders schockierend bei dieser Art Offenbarung war, daß sie von den Klerikern selbst stammte, denn zum größten Teil kamen die reformatorischen Prediger aus den Reihen der vorreformatorischen Kleriker [25]. Es war ein Bekenntnis ihrer eigenen Schuld und ihres eigenen Versagens.

Wie störend diese Botschaft war, sehen wir aus der Predigt von Michael Reuter, der 1524 in Sommerfeld in der Niederlausitz auftrat. Er predigte u. a., daß niemand während der letzten 400 Jahre richtig getauft worden sei, daß zehn Todsünden in der Messe täglich begangen würden, daß die Messe Christus kreuzige und Gott martere, daß alle Bischöfe dreifach meineidig wären, und daß ein Esel genau so gut konsekrierte, wenn man ihn tonsurieren und seine Pfoten [sic!] weihen ließe [26].

Der zweite Moment betraf das Erscheinen der Geistlichen als die *Personifizierung und Konkretisierung* des kosmischen Kampfes zwischen Gott und dem Teufel, zwischen Christus und Antichrist. Die evangelischen Bewegungen haben

[23] *Trüdinger*, Karl: Stadt und Kirche im spätmittelalterlichen Würzburg. Stuttgart 1978, 24–27.

[24] Zu diesen Themen *Peuckert, W. E.:* Die große Wende. Das apokalyptische Zeitalter und Luther. Nachdruck Darmstadt 1976, 195–258 passim.

[25] Vgl. *Scribner*, Bob: Practice and Principle in the German Towns: Preachers and People. In: Reformation Principle and Practice. Essays in Honour of A. G. Dickens. Hg. v. Peter Newman Brooks. London 1980, 100.

[26] *Gess* 2, 97–98.

die eschatologische und apokalyptische Krisenstimmung der zwei Generationen vor 1520 aufgegriffen und präzisiert. Sie haben vor allem die Idee aufgegriffen, die Welt sei verkehrt und die Kleriker träfe dafür die Schuld. Reformatorische Propaganda stellte die verkehrte Welt als die Auswirkung der Macht des Teufels und des Antichrists dar, die im Papsttum und seinen Gliedern verkörpert wurde. Solche abstrakten Ideen wurden in Personen der Kleriker konkret. Den Antichrist könnte man demnach physisch anwesend auf den Straßen und Gassen in Gestalt von Priestern und Mönchen wahrnehmen. Ihre Tätigkeit war wirklich die aktuelle Tätigkeit des Antichrists, insbesondere ihr Götzendienst, die Messe, mit ihrer betrügerischen Wandlung [27]. Der dritte Moment lag nicht fern davon: alle sollten aktiv gegen diese Priester einschreiten. Alle Propagandaschriften und mehrere Predigten riefen *zu Aktionen* auf. Michael Reuter formulierte in seiner Predigt, was häufiger zu waren war: wenn die Priester von ihrer Gotteslästerung und Kreuzigung Christi in der Messe nicht abstehen wollten, sollten sie verprügelt werden [28]. Während der Reformation sind viele Leute diesem Rat gefolgt.

Diese drei Momente habe ich als desintegrierende Momente besonders betont. Es ist sicherlich wahr, daß die politische, rechtliche, wirtschaftliche, soziale und sexuelle Macht der Priester im Lauf der Reformation grundlegend in Frage gestellt und zum Teil aufgehoben wurde. Geistliche Privilegien und die rechtliche Sonderstellung der Kleriker wurden abgeschafft und die Priester sozial und wirtschaftlich integriert. Mit den treffenden Worten Bernd Moellers, sie wurden zu „Klerikern als Bürgern" gemacht [29]. Mit der Aufhebung der Ohrenbeichte stellten die Kleriker keine so große Gefahr mehr wie früher für ihre weibliche Pfarrmitglieder dar, und mit der Abschaffung des Zölibats waren die neuen Kleriker weniger anomal. Wie Miriam Chrisman in ihrer Studie des Straßburger Buchdrucks bis 1600 feststellte, haben die neuen Kleriker sich sehr wenig um die Ehefragen der Laien gekümmert [30]. Andererseits haben die neuen Kleriker auch manchmal kaum ein gutes Beispiel für sittliches Verhalten gegeben, wie mehrere Fälle in verschiedenen Supplikationen und Visitationsakten bezeugen. Hierzu ein paar Beispiele:

Mehrere solche Fälle tauchten bei der ersten Visitation in der Diözese Grimma in Sachsen 1529 auf. In Obernitzschka war die Ehefrau des Pfarrers davon gelaufen, der Pfarrer von Köhre hatte ein unzuchtiges Weib bei sich gehabt und dem Pfarrer von Nerchau wurde befohlen, sich bis Michaelis zu verehelichen. Am

[27] *Scribner* 1981, 185.

[28] *Gess* 2, 97.

[29] *Moeller,* Bernd: Kleriker als Bürger. In: Festschrift für Hermann Heimpel zum 70. Geburtstag. Göttingen 1972, 195–224.

[30] *Chrisman,* Miriam: Lay Culture, Learned Culture. Books and Social Change in Strasbourg (1480–1599). New Haven 1982, 285.

schlimmsten war es im Flecken Brandis, wo die drei Geistlichen in einem Jahr sieben verdächtige Weiber gehabt hatten [31].

Das war sicher eine Folge des nur halb-reformierten Zustands in der Diözese, obwohl die evangelische Bewegung schon seit sieben Jahren dort eingebürgert war. Aber auch bei einer strenger durchgeführten obrigkeitlichen Reformation kommen ähnliche Fälle vor. Johann Auberlin, Pfarrer zu Hainingen im württembergischen Amt Göppingen soll sich 1545 ganz ärgerlich gehalten haben. Seine Frau sei vor zwei Jahren weggelaufen und er „hab domals ain Junge dirn zu ime genommen unnd mit derselben ain gutte zeit offentlich gehuset, auch sie kinds geschwangert, vor und ee sie kinds genossen, sey sein weips wider kommen, die hab er wider angenommen und die jung dirn von ime gethan, widerumb mit seinem Eeweib gehuset, bis sie tods verschieden, nach demselben hat er gemelter dirn nach getracht, sie zur Ee genommen“ [32].

Auch hat die Abschaffung des Zölibats in einigen Fällen nur dazu geführt, daß die Priester nun die Sünde der Bigamie begehen konnte, wie es bei Jorg Schmidt, Priester zu Eningen im württembergischen Oberamt Böblingen vorkam, der 1536 zwei Frauen die Ehe versprochen haben sollte [33]. Die Praxis, die Priester bei der Einführung der Reformation zu zwingen, ihre ehemaligen Konkubinen zu ehelichen, schuf auch neue Verwirrungen. Hier nenne ich das Beispiel Johann Frischmanns, evangelischer Pfarrer von Azmannsdorf bei Erfurt, der seine Konkubine 1523 oder 1524 geheiratet hatte. Der Pfarrer in einem naheliegenden Dorf, Volkmar Hartmann, behauptete, auch er habe diese Frau geheiratet und der Frischmann habe sie ihm entführt. Wie es scheint, hatte die Dame als Konkubine mit Hartmann und Frischmann aufeinanderfolgend gelebt und die Sache dadurch kompliziert, daß sie zu Hartmann infolge seiner Anklage in Oktober 1524 zurückgekehrt war. Der Erfurter Rat mußte zunächst einschreiten, um den Fall in Ordnung zu bringen. Er befahl ihr, zu Frischmann zurückzugehen, obwohl Hartmann behauptete, er hätte sie schon im Jahr 1521 geheiratet [34].

Angesichts solcher Fälle sollen wir uns nicht wundern, wenn die soziale Würde der reformierten Kleriker ebensowenig wie die der alten Priester beachtet wurde. Ihre Frauen wurden keinesfalls als Vorbilder betrachtet, sondern auch in der Verachtung gegen ihre Männer einbezogen. Ich zitiere einige württembergische Beispiele. 1540 hatte Zeyr Stumpf von Grossheppach im Amt Schorndorf das Weib des Pfarrers in der Kirche während der Predigt öffentlich

[31] *Grossmann,* Karl: Die Visitations-Acten der Diözese Grimma aus den ersten Jahrhundert seit der Reformation. Leipzig 1873, 103, 113, 147, 155. Das war auch im protestantischen Brandenburg zu merken, vgl. *B. Fröhner,* Der evangelische Pfarrstand in der Mark Brandenburg 1540–1600. In: Wichmanns Jahrbuch für Kirchengeschichte im Bistum Berlin 19–20 (1965–66), 5–47, besonders 20–22.

[32] Hauptstaatsarchiv Stuttgart [HStASt] A347, Bü 6, Nr. 3.

[33] HStASt A44, U417.

[34] *Scribner* 1975, 44.

herausgefordert. Gleichzeitig hatte jemand dem Pfarrer einen Schmähbrief auf die Kanzel gelegt [35]. 1544 hatte Martin Eckehin, Bürger zu Neuffen, den Prädikanten und andere Pfaffen beschuldigt, „sy seien all kainnutz [36]. 1551 beklagten sich Rat und Gericht in Kemnat über die Frau eines Pfarrers, „sie praucht das maul gegen den leuthen“ [37]. 1554 hatte Hans Marquart der J. von Holzgerlingen „freventliche Reden“ gegen den Pfarrer geführt, und 1559 hatte Thomas Hertzog aus Gebenweiler im Dorf Haubersbronn den Pfarrer in der Kirche während der Vesper „ein schelmen und dieb gescholten“ [38]. Ihrerseits haben die neuen Geistlichen ihre Pfarrkinder nicht geschont, wenn auch manchmal nicht ohne Heuchelei. Hans Painlin, Pfarrer zu Ebertingen, hatte 1558 auf der Kanzel über Laster und insbesondere gegen den sog. Vorsitz (Spinnstuben) gepredigt, wo „allerhand laster getriben“ wurden. Als er selbst später auch einen Vorsitz im Haus gehabt hatte, stand Kaspar Füdler nach der nächsten Predigt auf und hieß vor der ganzen Gemeinde den Pfarrer, stillzustehen und fuhr ihn wegen dieser Angelegenheit schroff an [39]. 1539 beklagte die Gemeinde Siessen im Amt Göppingen über ihren Prädikanten: Er hätte einmal einem Kind die Taufe verweigert und dabei gesagt: „Wenn ich etwas zuschaffen hab, so lauffen mir die buren schelmen allwegen nach wie die hund“, und lief damit von der Kirche weg. Ein zweites Mal hätte er bei einer Taufe spöttisch gefragt: „ob es ain huren kind sei und warumb sy nit das kind an dem ort alda desselben vatter und mutter ainander geewet haben, tauffen lassen“. Er hätte sich auch geweigert, eine kranke Frau mit dem Abendmahl zu trösten, und dabei gesagt: „ist es nit des teufels werk, wenn ich am meisten zu schaffen [habe], das ich auch nachlauffen muss, hast du doch das nachtmal erst bei vier wochen empfangen“ [40]. Der Hauptunterschied zu den alten Klerikern lag in derartigen Fällen darin, daß die Visitatoren regelmäßig solche Kleriker zu disziplinieren versuchten. Es gelang jedoch nicht immer, alle Parteien zu befriedigen [41].

Hier komme ich zu einem prinzipiellen Punkt meiner Ausführungen. Die sakrale Macht der altgläubigen Priester beruhte auf der Spaltung der damaligen Wirklichkeit in einen sakralen und einen profanen Bereich, die jedoch sakramentalisch verbunden worden waren. Die katholischen Priester beanspruchten die Fähigkeit, die Kraft des Sakralen zu lenken und zu kanalisieren und die profane Welt dadurch in Ordnung zu bringen. Die Reformation hob diese sakramentalische Macht der Priester auf, da sie sie als „abergläubisch“ be-

[35] HStASt A44, U3922.
[36] HStASt A44, U3492.
[37] HStASt A525, Bü 15, fol. 4^v–5^r.
[38] HStASt A44, U440 (Hans Marquardt); U4109 (Thomas Hertzog).
[39] HStASt A44, U6397.
[40] HStASt A206, Bü 1981.
[41] Über die Unzulänglichkeit des Visitations-Verfahrens vgl. HStASt A38, Bü 8: Bedenken über die Visitation 1563.

trachtete, d. h. sie bedeutete einen gotteslästerlichen Versuch der Menschen, mit der Macht Gottes umzugehen. Nur Gott selbst oder sein schaffendes Wort konnte die Welt in dieser Weise ordnen. Dabei aber hatte der Protestantismus nur die sakramentalische Funktion der Priesterschaft verleugnet, nicht aber die radikale Spaltung der Wirklichkeit in zwei Bereiche. Übernatürliche Kräfte konnten immer noch in das menschliche Leben einbrechen und materielle und geistige Unordnung schaffen. Auch unter dem Protestantismus geschah dies durch dämonische und teuflische Mächte, die etwa durch Unwetter, dämonische Besessenheit oder Hexerei Unruhe unter den Menschen stifteten [42]. Die protestantische Lösung zu diesem Dilemma lautete, auf die Vorsehung Gottes und sein Wort zu vertrauen, vor allem wie dies in der Bibel zu finden war. Aber infolge der protestantischen Ablehnung einer unmittelbaren Bibelauslegung durch das Volk selbst fiel diese Aufgabe wieder der neuen Geistlichkeit zu, die als Diener des Gotteswortes versuchte, autoritativ mit der Spaltung der Wirklichkeit fertig zu werden.

Dies leitete zu einem neuen Klerikalismus über, und zwar in zwei Weisen. Erstens sollten die Diener des Wort Gottes die Bibel auslegen und durch ihre Anwendung dem Volk vorzeigen, wie man die Spaltung zwischen Sakralem und Profanem überwinden könnte. Zweitens traten die protestantischen Geistlichen mit ihrer Version des sakramentaischen Kosmos auf. Das war ein sehr stark moralisierter Kosmos: d. h. die moralischen Schwäche der Menschen hatte Unordnung in der Welt geschaffen, und die Menschen mußten dem Wort Gottes, d. h. den Dienern des Wortes gehorchen, um den Zorn Gottes und das Gottesgericht über der Welt abzuwenden. Diese Auffassung war sehr stark von der fortgesetzten prophetischen und apokalyptischen Stimmung im Protestantismus beeinflußt, die bis in das 19. Jahrhundert fortwirkte.

Wie haben die Laien darauf reagiert? Durch solchermaßen puritanische Hetzreden wurden sie mürrisch und widerspenstig; auch versuchte die weltliche Obrigkeit oft die Geistlichkeit von derartigen Strafpredigten abzuhalten. Aber es gab eine zweite traditionelle Möglichkeit für Laien, die mit diesem kosmischen Widerspruch fertig werden wollten. Traditionell haben die Kleriker immer sehr starke Konkurrenz von alternativen Praktikern der sakralen Macht gefunden; ich meine hier die Zauberer, die sog. weisen Leute, Beschwörer und Teufelsbanner, Wahrsager und „Arztaten“ (so in Württemberg). Die Tätigkeit solcher Leute ist im Herzogtum Württemberg in den 1520en Jahren offen-

[42] Vgl. die ständige Diskussion in Württemberg im Lauf des 16. Jahrhunderts über die Rolle übernatürlicher Kräfte bei Unwetter usw. *Midelfort,* H. C. Erik: Witch Hunting in Southwestern Germany 1562–1684. Stanford 1972, 36–56. Die Prediger haben solche Ereignisse immer konsequent als einen Ausdruck göttlicher Vorsehung ausgelegt. Die Pfarrkinder aber stellten immer wieder die Frage nach Teufelsmacht und Hexerei als Ursache.

kundig zu spuren, und sie existierten noch in den 1550en Jahren als ernsthafte Konkurrenz zu den protestantischen Klerikern. Z. B. klagten 1551 bei der Visitation im Amt Stuttgart fünf Pfarrer von Sielmingen, Bonlanden, Echterdingen, Waltersbuch und Degerloch über die Tätigkeit eines Zauberers in Holzgerlingen, drei andere Pfarrer über Zauberer zu Weil im Schönbuch, zu Kappeshausen umweit von Metzingen und zu Denkendorf, die alle grossen Zulauf hatten [43]. Bei der darauffolgenden Visitation in Amt Göppingen sollte besonders darauf geachtet werden, keine Warsager oder Zauberer zu tolieren [44]. Aber sofort bahnte sich eine neue Gefahr an: die Kleriker fingen nämlich an, solche Praktiken selbst anzuwenden. Die Visitatoren sollten einsehen, daß niemand von ihnen Arznei oder ähnliche Praktiken trieb. Das war auch ein Stück Kontinuität mit den altgläubigen Klerikern, denn ab und zu haben die Priester auch Zauberei getrieben, manchmal vor allem ihre Konkubinen [45].

Damit war die neue Geistlichkeit fast mit der gleichen Macht wie die alte ausgerüstet, auch wenn es entschiedende Unterschiede gab. Sie hatte eine neue sakrale Macht als Ausleger des Wort Gottes, neue politische Macht als Beamte der Landeskirche, neue soziale Macht als neue Würdenträger und auch eine neue Macht sogar im sexuellen Bereich, denn sie sollten sexuelle Abweichungen, z. B. den unehelichen Beischlaf, ahnden und strafen. Dies geschah vor allem bei den Jugendlichen, die bei ihre Suche nach Heiratspartnern in ihren volkstümlichem Praktiken unter strenge klerikale Aufsicht gestellt worden waren. Dahalb erklären sich die ständigen Klagen der Kleriker über Spinnstuben und Kirchweihen [46]. Hier herrschte auch eine effektive Konkurrenz von Zauberern und Wahrsagern, die bereit waren, Liebeszauber zu praktizieren [47]. Alle diese neue Machtbefügnisse schufen die Grundlage für einen neuen Antiklerikalismus in der 2. Hälfte des 16. Jhts.

Betrachten wir die Entwicklung, die ich hier grob skizziert habe, so läßt sich von drei Generationen des Antiklerikalismus sprechen. Die erste (1480–1520)

43 HStASt A 525, Bü 15.

44 HStASt A 38, Bü 8: 1556 Visitation im Amt Göppingen (Schlierbach, Reichenbach); 1562 Visitation, Anweisungen für die Visitatoren, fol. 2^v; 1564 Visitation.

45 Z. B. wurde eine Pfaffenmagd, Barbara Hultenschmid, von Husen in Zaberngau 1511 wegen Zauberei mit einigem von einem Osterstock genommenen Weihrauch angeklagt, HStASt A 44, U 707; und 1521 wurde eine Pfaffenkellnerin, Margaretha Stichs, in Urach wegen Versehrens eines Kindes und Hagelsiedens angeklagt, U 5984.

46 *Robisheaux*, Thomas: Peasants and Pastors: rural youth control and the Reformation in Hohenlohe (1540–1680). In: Social History 6 (1981) 281–300. – *Medick*, Hans: Village spinning bees: sexual culture and free time among rural youth in early modern Germany. In: Interest and Emotion. Essays on the Study of Family and Kinship. Hg. v. Hans Medick und David Warren Sabean. Cambridge 1984, 391–422.

47 Vgl. den Fall im Staatsarchiv Weimar, Reg. Ss, S. 843: „Bernhardt Warttemberger hatt eine Weybes person zeubern gelert, das ihr weggelaufener Man wider zu ihr kommen solte“ (1543).

war eine Generation der Krise, des drohenden Zusammenbruchs der Welt, wo man von einer verkehrten Welt sprach. Die zweite (1520–1550) war eine Zeit der Auflösung, die dem Zeitalter der Reformation entsprach. Die dritte (1550–1580) erscheint als eine Generation der Festigung einer neuen Identität und eines neuen Klerikalismus bzw. neuen Antiklerikalismus.

Demnach kann man für diesen Zeitabschnitt überhaupt nicht von Integration reden. Die Entwicklung in dieser Zeit war zu widersprüchlich, denn das gleiche Phänomen barg in sich integrierende und zugleich desintegrierende Aspekte. Hier meine ich folgendes: zur gleichen Zeit als die Laien von Pfaffenhaß erfüllt waren, blieben sie auch auf ihre Priester angewiesen, die als religiöse Spezialisten wußten, wie man sakrale Ordnung in der Welt wiederherstellte. Das war kaum anderes unter den protestantischen Klerikern, auch sie haben sich als unentbehrlich erwiesen. Nun haben die Laien in beiden Fällen eine Art Schadensbegrenzung in ihrem Umgang mit den Klerikern gesucht. Sie gingen dabei sehr pragmatisch vor. Wenn die Dienste des Priesters, bzw. Pfarrers unentbehrlich waren, gingen sie zu ihm. Wo es eine Alternative gab, wurden eben auch diese genutzt[48]. Hier gab es keine Integration, nur ein Miteinanderleben.

Zum Schluß erlaube ich mir die Narrenfreiheit, einige Bemerkungen zum Gesamtthema zu machen. Es kommt mir als sehr nützlich vor, die Frage nach Integration um 1500 heuristisch zu untersuchen, wie wir es hier getan haben. Wir haben sicher durch dieser Anregung sehr viel gelernt, und ich finde es nützlich, eine Tagung in dieser offenen Weise durchzuführen. Wir kommen dabei zu vielen wichtigen Ergebnissen und zu einem guten Verständnis der Zeit um 1500. Ich habe aber ein Unbehagen an dem Begriff „Integration", der mir letztlich mehr irreführend als allein überzeugend erscheint. Ich versuche mein Unbehagen näher zu präzisieren.

Erstens erscheint mir den Begriff zu stark ideologisiert. Hier meine ich nicht, daß eine Ideologisierung die Absicht der Veranstalter der Tagung gewesen ist; es ist mehr eine begriffsgeschichtliche Sache. Der Begriff ist zu stark mit der Bagage der strukturalistisch-funktionalistischen Theorie behaftet, vor allem wenn wir von Disfunktionalität und Funktionsfähigkeit sprechen. Er setzt als Annahme voraus, daß der normale Zustand einer Gesellschaft ein systematischer Aufbau von eineinander und aufeinander angewiesenen Elementen ist,

[48] Die Bereitschaft, Pfarrer und Zauberer als gleichwertige Alternativen zu betrachten, wird aus einem Fall deutlich. Einige Pfarrkinder beschwerten sich 1557 wegen der Verweigerung des Sakraments durch den Pfarrer zu Nischwitz im Amt Ronneberg. U. a. handelte es sich um Umgang mit Zauberei. Ein Mädchen hatte ein Haarband im Schnee verloren. Sein Mutter bat den Pfarrer, „solchs in der gemein kirch zu offenen und do Jemandts solches funden wurde ... solt im ein geschenck gericht werden". Zugleich aber ging sie zu einer Wahrsagerin, die „in das Wasser" schaute und mitteilte, wer das verlorene Haarband gefunden hatte. Staatsarchiv Weimar, Reg. Ll 623.

und alle nicht einzureihenden Elemente irgendwie pathologische Erscheinungen sind. Deshalb können wir konsequent von Trägern und Opfern des Integrationsprozess sprechen. Diese strukturalistisch-funktionalistische Theorie finde ich aber völlig unzulänglich für die Erfassung des geschichtlichen Prozeßverlaufs. Sie neigt zu statischen, nicht zu dynamischen Modellen. Ideologisch hat sie gerade den Versuch im Sinne, Konflikttheorien der Gesellschaft entgegenzuwirken, und deshalb Konfliktmomente und -prozesse, die desintegrierend erscheinen, als abweichende Phänomene auszuschließen [49]. Wie Eric Wolf neulich gezeigt hat, lag diese ideologische Tendenz der Entstehung der Sozialwissenschaften zugrunde. Die Begründer der Sozialwissenschaften, wie etwa Saint Simon, Comte, Lorenz Stein u. a. waren von dem Bild einer desintegrierenden Gesellschaftsordnung in 19. Jahrhundert erschrocken und schuf dagegen das Bild einer sich ständig reintegrierenden Gesellschaft [50]. Wenn wir den Begriff „Integration" anwenden, laufen wir Gefahr, diesem Denkbild verhaftet zu bleiben.

Zweitens finde ich den Begriff zu teleologisch ausgelegt. Um 1500 ließen sich bestimmte Erscheinungen dem Begriff „Integration" besser anpassen als andere; so z. B. alle Elemente, die im Zusammenhang mit dem Phänomen ‚moderner Staat' vorkommen. Meines Erachtens ist eben dies eine teleologische Perspektive: Wir wissen, daß es einen modernen Staat bzw. absolutistischen Staat geben mußte, und wir suchen nur seine Frühformen in der Zeit um 1500. Wir vernachlässigen aber dabei zu viele Momente der Kontingenz. Wie ich das sehe, ist die Entwicklung zum frühmodernen Staat oder absolutistischen Staat kein geradliniger Prozeß, sondern eine Geschichte von Fehlentwicklungen, Variationen und Mischformen.

Drittens finde ich den Begriff „Integration" analytisch zu schwach, um als Instrument einer weitgreifenden historischen Analyse zu dienen [51]. Sicherlich haben die Menschen immer eine Neigung gehabt, in ihrer Welt Ordnung zu schaffen. Das ist besonders in der Zeit um 1500 zu merken. Aber „Ordnung schaffen" bedeutet etwas anderes als Integration. Es gab sicher Prozesse der Integration, aber – wie ich das verstehe – kamen solche Prozesse niemals zu einem Stillstand. Sowie eine Integration von irgendwelchen Bestandteilen gelungen ist, fangen einige von diesen an, sich sofort wieder aufzulösen. Der Begriff „Integration" ist demnach nicht soweit ausgelegt, diese ganze Dynamik

[49] Zum Begriff „Integration": International Encyclopaedia of the Social Sciences. Hg. v. *David L. Sills.* New York 1968. VII., 372–86. – Staatslexikon Recht, Wirtschaft, Gesellschaft. Hg. v. der Görres-Gesellschaft. Freiburg i. Br. [6]1959. Bd. 4, 341 f.

[50] *Wolf*, Eric: Europe and the People without History, Berkeley Calif. 1982, 8.

[51] Vgl. die kritische Beurteilung: „Social integration is ... a concept that has so far borne little fruit", weil der Begriff zu breit und schwammig ist. International Encyclopaedia of the Social Sciences VII., 383.

zu erfassen. Der Begriff betrachtet dabei nur in eine, die integrierende Richtung, und zielt somit auf einen Endpunkt, wo diese Dynamik aufhört.

Wenn wir den Doppelbegriff ‚Integration und Desintegration' anwenden, ist freilich auch er nicht fähig, die Vielfalt der verschiedenen historischen Prozeße zu erfassen. Es gibt z. B. Prozeße die dialektisch verlaufen. (Hier bemerke ich ergänzend zu dem ideologischen Inhalt des Begriffs ‚Integration', daß er gewissermaßen als Antwort auf und Widerlegung den marxistischen Begriff ‚Dialektik' dient.) Es gibt Prozesse, die in Zyklen oder sogar asymptotisch verlaufen, Prozesse, die bloß von ungelösten Konflikten getragen sind; auch Prozeße, wo Bestandteile nebeneinander aber völlig getrennt von einander verlaufen, wie Züge, die in die gleiche Richtung auf parallel laufenden Bahnen fahren – eine relativistische Auffassung von Prozeßen. Und obwohl die Menschen immer das Bedürfnis fühlen, Ordnung zu schaffen, ist Ordnung nicht mit Integration identisch: sie kann eher Aneinanderreihen bedeuten, auch, daß Menschen sogar sich mit Widersprüchen zurechtfinden, so – wie ich meine –, die Menschen um 1500 mit dem Problem der gespaltenen Wirklichkeit zusammen – gelebt haben. Und wenn sie versuchten, die Widersprüche wegzuwischen, haben sie dies manchmal als ein Überwindungs- oder Transformationsprozeß gemacht.

Abschließend muß ich gestehen, daß es sehr nutzvoll ist, uns mit Integrationsprozeßen zu beschäftigen, denn das lockt zum Nachdenken über den Verlauf der Geschichte „um 1500" und vor allem über historische Prozesse insgesamt – ein riesiger Fortschritt weg von einer nur ereignisgebundenen Geschichtauffassung. – Und damit genug der Narrenfreiheit.

Knut Schulz

Gesellen- und Handwerkervereinigungen an der Wende vom 15. zum 16. Jahrhundert.*

I.

Integration und Abgrenzung, die leitenden Gesichtspunkte dieser Tagung, sind in der Tat zwei Stichworte, die wichtige Bereiche der Gesellenproblematik für den genannten Zeitraum zu charakterisieren vermögen. Denn gegen Ende des 15. Jahrhunderts gelangte ein diesbezüglicher Entwicklungsprozeß, der besonders am Mittel- und Oberrhein etwa einhundert Jahre früher eingesetzt hatte, im wesentlichen zum Abschluß. Gemeint ist die Entstehung einer eigenständigen Gesellenorganisation, die lange Zeit in einem spürbaren Spannungsverhältnis zu den städtischen Instanzen und vielfach auch zu den Zünften gestanden und eine Außenseiterrolle eingenommen hatte.

Seit dem letzten Drittel des 14. Jahrhunderts war besonders entlang der Rheinschiene von Koblenz/Mainz bis Konstanz am Bodensee eine Gesellenbewegung beachtlicher Stärke in Erscheinung getreten, die sich zwar regional untergliederte, aber durchaus weiträumige Beziehungen zueinander aufwies. Die

* Bei diesem Beitrag handelt es sich um Beobachtungen und Ergebnisse, die von mir bereits an anderer Stelle ausführlich dargelegt worden sind. *Schulz*, Knut: Handwerksgesellen u. Lohnarbeiter. Untersuchungen zur oberrheinischen und oberdeutschen Stadtgeschichte des 14. bis 17. Jahrhunderts. Sigmaringen 1985. – *Ders.*: Gesellentrinkstuben u. Gesellenherbergen im 14./15. und 16. Jahrhundert. In: Gastfreundschaft, Taverne und Gasthaus im Mittelalter. Hg. v. Conrad Peyer. München 1983, 221–242. – *Ders.*: Die Stellung der Gesellen in der spätmittelalterlichen Stadt. In: Haus und Familie in der spätmittelalterlichen Stadt. Hg. v. Alfred Haverkamp. Köln-Wien 1984, 304–326. – *Ders.:* Die Handwerksgesellen, in: Unterwegssein im Spätmittelalter. Hg. v. Peter Moraw. Zeitschrift für historische Forschung, Beiheft 1. Berlin 1985, 71–92. – Als neuere einschlägige Untersuchungen sind außerdem heranzuziehen: *Göttmann*, Frank: Handwerk und Bündnispolitik. Die Handwerkerbünde am Mittelrhein vom 14. bis zum 17. Jahrhundert. Wiesbaden 1977. – *Reininghaus*, Wilfried: Die Entstehung der Gesellengilden im Spätmittelalter. (= VSWG Beiheft 71), Wiesbaden 1981 und besonders *Wesoly*, Kurt: Lehrlinge und Handwerksgesellen am Mittelrhein. Ihre soziale Lage und ihre Organisation vom 14. bis ins 17. Jahrhundert. (= Studien zur Frankfurter Geschichte 18), Frankfurt a. M. 1985.

drei wesentlichen Regionen, nämlich die mittelrheinische bis oberhalb von Speyer, die oberrheinische bis oberhalb von Basel und schließlich die hochrheinisch-ostschweizerische bis über Konstanz hinaus, waren bei manchen Unterschieden in Einzelpunkten durch eine weitgehende Übereinstimmung in den zentralen Problemen der sich formierenden Gesellenvereinigungen gekennzeichnet [1]. Das betraf vor allem die Art des Zusammenschlusses, die Organisationsform, die Inanspruchnahme einer eigenen Gerichtsbarkeit, und zwar auch gegenüber den Zunftmeistern, sowie die Anwendung von Zwangsmitteln in Gestalt von Verrufs- und Boykottmaßnahmen. Charakteristisch und wesentlich für diese großen Gesellengruppen war ihre regionale Organisationsform, durch die es von vornherein verhindert wurde, in eine zu starke Einbindung in die Geschicke und Rechtsnormen einer einzelnen Stadt zu gelangen. Damit wurde das bei allen Konflikten selbstverständliche Grundprinzip der Identifikation mit der eigenen Stadt bis zu einem gewissen Umfang bewußt verletzt. Diese Großräumigkeit und das Infragestellen bestimmter Normen durch die Gesellen lassen auch die Reaktionen der Städte verständlich werden, die sehr rasch zu regionalen Städtetagen und Absprachen über ein gemeinsames Vorgehen gegen die ihnen besonders gefährlich erscheinenden Formen der Gesellenorganisation gelangten. Ja, man ging sogar noch einen Schritt weiter und entwarf und verabschiedete, besonders mit der Rheinischen Knechtsordnung von 1436, eine Vereinbarung, die für den gesamten Großraum Geltung haben und durch den Erlaß klarer Verbotsmaßnahmen die Gesellenbewegung wieder unter städtische Kontrolle bringen sollte [2]. Allerdings wurde damit nur ein zeitlich und räumlich begrenzter Erfolg erzielt, da in dieser Frage ein Schwanken zwischen generellen Verboten, begrenzten Aufsichts- und Kontrollmaßnahmen und weitgehendem Laufenlassen durch die städtische Obrigkeit charakteristisch war [3].

Auffallend im Vordergrund stand bei dieser Gesellenpolitik das Verbot der Gesellentrinkstuben, wenn hier auch gelegentlich ein stillschweigendes Tolerieren dieser Neuerung zu registrieren ist [4]. Seit 1390 (Konstanz) erfolgte eine

[1] Vgl. neben den zuvor genannten Arbeiten auch *Schanz*, Georg: Zur Geschichte der deutschen Gesellen-Verbände. Mit 55 bisher unveröffentlichten Documenten aus der Zeit des 14.–17. Jahrhunderts. Leipzig 1877. ND Glashütten 1973. *Lutz*, Albrecht: Jünglings- und Gesellenverbände im alten Zürich und im alten Winterthur. Phil. Diss. Zürich 1957. *Zimmermann*, Jean-Robert: Les compagnons de métiers à Straßbourg du début du XIVe siècle à la veille de la Réforme. Strasbourg 1971.

[2] Aargauer Urkunden III: Die Urkunden des Stadtarchivs Rheinfelden, Nr. 189, S. 71/73; mit falschem Datum auch bei Schanz 1877, Nr. 57 und UB Straßburg IV, 2, 158–160; Stadtrechte VI von 1322, Art. 455–469. – Zur Sache vgl. *Reininghaus*, W.: Die Straßburger „Knechteordnung" von 1436. In: Zeitschrift für die Geschichte des Oberrheins 87 (1978) 131–143. – *Schulz* 1985, 81–97. Handwerksgesellen . . ., Kap. II, 3: „Die rheinische Knechtsordnung".

[3] *Schulz* 1984.

[4] *Ders.* 1983.

lange Kette solcher Verbote; letztmalig wurden die Gesellentrinkstuben in dieser generellen und grundsätzlichen Form durch Beschlüsse oberrheinischer Herrschaftsträger im Jahre 1472 und des Straßburger Stadtrates 1473 untersagt [5]. Nach diesen nochmaligen Konflikten mit den Gesellen begann man in der Folgezeit eine andere Politik einzuschlagen, die stärker auf die Anerkennung der Gesellenorganisation und ihre Integration in die Stadt ausgerichtet war.

Warum gerade dieser Frage eine so hohe Bedeutung beigemessen wurde, wird leichter verständlich, wenn man einen Blick zurück auf die frühere Stadtentwicklung wirft und sich daran erinnert, daß im 13. und beginnenden 14. Jahrhundert allein den patrizischen Familien und Fraktionen die Bildung von Stubengesellschaften vorbehalten war und erst nach manchen innerstädtischen Konflikten seit etwa der Mitte des 14. Jahrhunderts auch die wichtigeren Zünfte Trinkstuben oder gar Zunfthäuser zu errichten vermochten. Es ist also gleichsam ein öffentliches Etablieren von bestimmten Gruppen in der Stadt mit diesem Vorgang verbunden gewesen, was man den Gesellen verständlicherweise lange Zeit nicht konzedieren wollte. Wenn sich also gegen Ende des 15. Jahrhunderts in den Städten unserer Großregion die erst geduldete und dann z. T. sogar geförderte Errichtung und Einrichtung von Gesellentrinkstuben zu beobachten ist, so dokumentiert sich darin ein bemerkenswerter Wandel der städtischen Politik, zweifellos im Sinne des Versuchs einer Integration. Neben und in Ergänzung zu den Gesellenbruderschaften, die in Verbindung mit ihrem Altar in einer Kirche gemeinsame Gottesdienste, Seelengedächtnisse und auch eine Büchse für die Unterstützung erkrankter Mitglieder unterhielten, denen deshalb auch die Anerkennung von städtischer Seite nicht versagt werden konnte, bestand nun in Gestalt der Gesellentrinkstube ein weiteres Element der Gesellenorganisation, das stärker in den öffentlich-politischen Bereich hineinragte.

Wenn der Straßburger Stadtrat im Jahre 1500 gebot, daß Knechte und Knaben an den Weihnachtsfeiertagen nicht mehr in die Stuben anderer Handwerkergruppen ziehen, sondern auf ihren eigenen Stuben feiern sollten [6], dann ist nicht nur die in dieser Frage veränderte Einstellung oder gar Kehrtwendung offenkundig, sondern es wird zugleich einer der dafür maßgeblichen Gründe erkennbar. Nachdem man die Hoffnung aufgegeben hatte, mit der Trinkstube auch die dahinterstehende Gesellenorganisation verbieten zu können, sah man von seiten des Stadtrates und der Zünfte in der Existenz von Gesellenstuben ein eher stabilisierendes Element, da damit eine bessere Überschaubarkeit und Kontrollierbarkeit gegeben war. Selbst der ältere Brauch der Gesellen, während der Weihnachtsfeiertage anderen Zunft- und Gesellenstuben einmal einen

[5] *Mone*, F. J.: *Zunftorganisation.* In: Zeitschrift für die Geschichte des Oberrhein 17 (1865), 56, 61. *Schanz* 1867, Nr. 21, 25. – Regesten der Markgrafen von Baden u. Hachberg 1050 bis 1511. Bearb. v. R. Fester, Nr. 10334, S. 315/17 (1472) und Archives Municipales de Strasbourg, R. 2, f. 83 v. (1473).

[6] Archives Municipales de Strasbourg, R 4 (1500).

Besuch abzustatten, wurde als eine Störung dieses geordneten Nebeneinanders, als Quelle möglicher Konflikte betrachtet und deshalb untersagt. Außerdem trugen die Stuben- und Gesellschaftsordnungen, die die Gesellen konzipiert hatten und nun auch bestätigt bekamen, zu einem durch die Gesellen selbst kontrollierten Verhalten bei [7].

In diesem Entwicklungszusammenhang tritt auch erstmals der begriffliche Wandel von der Trinkstube zur Herberge in Erscheinung, mit dem auch eine sachliche Veränderung einhergeht und zwar nicht nur im Sinne der sprachlichen Aufwertung bei Vermeidung des Begriffes des Trinkens. Bei größeren Gesellengruppen konnte die Herberge tatsächlich zu einem eigenen Haus mit Unterbringungsmöglichkeiten für Wandergesellen, evtl. auch einer eigenen Krankenstube und mit dem Herbergsvater und der Herbergsmutter an der Spitze ausgestaltet werden [8]. In anderen Fällen reichte dafür auch eine von den und für die Gesellen reservierte Stube bei einem Gastwirt aus, konnte sich aber auch auf einen Stammtisch beschränken.

Der Wandel der städtischen Politik in dieser Frage verweist vor allem darauf, daß den Versammlungsorten der Gesellen der Charakter des Illegalen genommen werden sollte und den Herbergen nun gleichsam eine offizielle Funktion zuerkannt wurde. Sie wurde zur ersten Anlauf- und Meldestelle für eintreffende Wandergesellen, in vielen Fällen, zumal bei den geschenkten Handwerken, erfolgte über sie, und zwar ausschließlich, die Arbeitsvermittlung [9]. Die Registrierung durch die Gesellen selbst und die förmliche Durchführung der Schenke mit der erneuten Verpflichtung auf die gemeinsamen Normen unterstrichen diesen Charakter.

Mit der amtlichen Anerkennung und Funktionszuweisung rückte die Herberge bzw. Trinkstube noch stärker in den Vordergrund des Geselleninteresses, als dies ohnehin schon der Fall war. Es gibt eine spürbare Verschiebung von der Bruderschaft zur Herberge und zum Spital, um den zweiten Bereich wenigstens mitzunennen [10].

Nachdem die Städte etwa 100 Jahre lang den Versuch unternommen hatten, durch Verbote und Zwangsmaßnahmen der selbstbewußten Gesellenbewegung Herr zu werden, hatten sie also nun einen Kurswechsel im Sinne von Integration durch Anerkennung vollzogen. Zwar erfolgte gleichsam als Höhepunkt und Schlußpunkt dieser Art von Aktivitäten der Gesellen noch 1495 als langwierigster und größter Gesellenstreik der der Colmarer und oberrheinischen

[7] Vgl. etwa die Stubenordnung der Freiburger Schuhmachergesellen von 1484 bei *Schanz* 1867, Nr. 75.

[8] Schulz 1985, 181 ff.

[9] Ebda. 129 ff.

[10] Ebda. Kap. III, 4. *Fröhlich,* Sigrid: Die soziale Sicherung bei Zünften und Gesellenverbänden. Darstellung, Analyse, Vergleich. (= Sozialpolit. Schriften 38), Berlin 1976.

Bäckergesellen[11]. Im übrigen verloren in der Folgezeit aber die großen Gesellengruppen, wie besonders die der Schuhmacher, Schneider und Bäcker, die bisher die Szene weitgehend bestimmt hatten, langsam ihren großräumigen Charakter und wurden, wenn auch durchaus als weiterhin eigenständiges Element, stärker in die städtische Gesellschaft eingebunden. Dabei handelte es sich allerdings nicht um radikale Veränderungen, sondern um gleitende Verschiebungen.

Gleichzeitig war auf „internationaler" Ebene ein wichtiger Wandel zu registrieren, denn die vorgenannten Gesellengruppen sind es in erster Linie gewesen, die das seit dem ausgehenden 14. Jahrhundert sehr eindrucksvolle Bild der Auslandswanderung deutscher Handwerkergruppen hauptsächlich geprägt haben. Es war einerseits die Weite des Hanseraums mit Stockholm, Bergen und London an der Spitze und andererseits Italien vorrangig mit Venedig, Florenz und Rom, wo gerade diese Gewerbegruppen häufig eine so starke Stellung erlangten, daß sie mit einem Sonderstatus und eigenen Einrichtungen ausgestattet, gleichsam als Sondergemeinden sich fest etabliert hatten[12]. Diese Auslandswanderung fand zwar seit der Wende vom 15. zum 16. Jahrhundert nicht ihr Ende, sie verlor jedoch – bedingt durch verschiedene Faktoren – merklich an Bedeutung[13].

II.

Parallel zu den zuvor skizzierten Veränderungen bei den großen Gesellengruppen vollzog sich jedoch ein Prozeß in entgegengesetzter Richtung, also der Desintegration und des räumlichen Ausgreifens; gemeint ist die Ausformung und Etablierung der sog. „geschenkten" Handwerke, die mit dem Anspruch auftraten, organisatorisch alle Gebiete deutscher Zunge zu umspannen. Wenn wir bei diesem bemerkenswerten Vorgang erst einmal nach den beteiligten Gesellengruppen fragen, so ist generell eine auffallende Verschiebung zu den kleineren und kleinsten Gewerben hin zu beobachten; immerhin kann man bei den Kürschnern eine Kontinuität vom 14./15. Jahrhundert her konstatieren, während das bei den früheren Konflikten vielfach noch als eine Einheit aufgetretene Schmiedegewerbe

[11] *Merklen,* P. A.: Les boulangers de Colmar 1495–1513 – Episode inédit de l'histoire des coalitions ouvrières en Alsace au Moyen Âge, Colmar/Mulhouse 1871. *Schanz* 1867, 78–92. Schulz 1985, 109–116.

[12] *Schulz* 1985 Unterwegssein, mit der einschlägigen Literatur.

[13] *Doren,* Alfred: Deutsche Handwerker u. Handwerkerbruderschaften im mittelalterlichen Italien. Berlin 1903. *Thrupp,* Sylvia L.: Aliens in and around London in the fifteenth century. In: Studies in London History presented to Philipps Edmund Jones. Ed. A. E. J. Hollaender/W. Kellaway. London 1969, 249–272. – *Helle,* Knut: Die Deutschen in Bergen während des Mittelalters. In: Hanse in Europa, Brücke zwischen den Märkten – 12.–17. Jahrhundert. – Köln 1973, 137–156, 421.

nun auch nach außen hin eine stärkere Differenzierung vornimmt. Da es vor allem die Gesellen des Schlosser-, Sporer-, Messerschmiede-, Plattner-, Gürtler- und Kannengießergewerbes, des Kürschner-, Weißgerber-, Pergamenter- und Papiergewerbes oder des Beutler-, Nestler- und Säcklergewerbes waren, die nun so großräumig organisiert als geschenkte Handwerke auftraten, dürfte hier ein eindeutiger Zusammenhang zwischen der stärkeren Spezialisierung und der Organisationsstruktur bestanden haben. Denn oft werden nur sehr wenige Vertreter mancher dieser Gewerbe in einer Stadt – häufig überhaupt nur in den großen Städten – anzutreffen gewesen sein, so daß sich die Gesellen im lokalen oder regionalen Maßstab gar nicht mehr effektiv zusammenschließen konnten, sondern mit einer gewissen Zwangsläufigkeit den großräumigen Zusammenhalt anstreben mußten. Dabei tritt naturgemäß eine starke Orientierung auf die Frankfurter Messen hin und eine Konzentration auf die großen Reichsstädte und Freistädte Oberdeutschlands hervor [14].

Mit der hohen Bedeutung der großen Messen und Jahrmärkte für diese Gewerbe, die damit kaum von der wachsenden Zahl lokaler und regionaler Gewerbeordnungen erfaßt wurden, und mit der ausgesprochen großräumigen Organisationsform dieser Gesellengruppen entzogen diese sich weitgehend den zunehmenden Reglementierungen und dem Zugriff der städtischen Obrigkeit bzw. den Ansätzen territorialstaatlicher Gewerbepolitik. So überrascht es auch nicht, daß als erste von den Reichsständen die Reichsstädte die geschenkten Handwerke als eine neuartige Bedrohung empfanden. Auf ihrer Versammlung zu Speyer 1510 faßten sie erstmals den Beschluß, den Kaiser aufzufordern, gegen diese Entwicklung auf Reichsebene entschlossen vorzugehen [15]. Das erste Ergebnis dieser zunehmenden Bemühungen stellten schließlich die einschlägigen Bestimmungen der 1530 auf dem Reichstag von Augsburg verabschiedeten und von Kaiser Karl V. in Kraft gesetzten „Ordnung und Reformation guter Policey im Heiligen Römischen Reich“, kurz „Reichspolizeiordnung“ genannt, dar [16]. Im XXXIX. Artikel mit der Überschrift „Von Handwercks-Söhnen, Gesellen, Knechten und Lehrknaben“ wird angesichts der vielfältigen Umtriebe dieser Gesellen ein energisches Verbot der Umschau und Arbeitsvermittlung durch die an dem jeweiligen Ort tätigen Gesellen für die neu eintreffenden Arbeitskollegen ausgesprochen. Außerdem wurden ebenso eindeutig die Vereinbarungen und Absprachen in der feierlichen Schenke sowie die Ausübung einer eigenen Gerichtsbarkeit untersagt, die sich auch auf die Meister, das ganze Gewerbe einer

[14] *Schulz* 1985, 129–162.

[15] *Mascher,* H. A.: Das deutsche Gewerbewesen von frühster Zeit bis auf die Gegenwart. Nach Geschichte, Recht Nationalökonomie und Statistik. Potsdam 1866, S. 313.

[16] *Proesler,* Hans: Das gesamtdeutsche Handwerk im Spiegel der Reichsgesetzgebung von 1530 bis 1806. (= Nürnberger Abh. zu den Wirtschafts- u. Sozialwiss. 5), Berlin 1954, Quellenanhang Nr. 1, S. 1–5. – Vgl. *Schoenlank,* Bruno: Sociale Kämpfe vor dreihundert Jahren. Leipzig 1894, Anhang Nr. IV, 188–190.

bestimmten Stadt oder gar einer größeren Region erstrecken konnte. Die im Lauf des 16. Jahrhunderts erneuerten und verschärften Beschlüsse und Abschiede der Reichstage in dieser Frage vermochten – von räumlichen und zeitlichen Teilerfolgen abgesehen – keine größere Wirkung gegenüber dieser Form der Gesellenorganisation zu erzielen. Der Grund für das eindrucksvolle Auftreten der geschenkten Handwerke lag in der Großräumigkeit und Gleichartigkeit der Organisation, der Mobilität der Gesellen und der damit verbundenen Flexibilität des Ausweichens in Konfliktfällen. Mit ihrem Anspruch, den gesamten deutschen Sprachraum organisatorisch zu erfassen, stellten sie – wohl auch bewußt – ein Gegengewicht zu den mit der Territorialisierung kleiner und enger werdenden Wirtschaftsräumen mit jeweils eigenen Gewerbeordnungen dar.

Diese betonte Großräumigkeit der Organisation, mit der für diese Gewerbe und ihre Gesellen auch das Bewußtsein einer besonderen Standesehre verbunden war, stand in einem gewissen Kontrast zu einer wachsenden Engherzigkeit und auch Fremdenfeindlichkeit. Kann man im Zunftwesen und im Bürgertum ganz allgemein die Zeit um 1500 als eine Wendemarke hinsichtlich der Wertmaßstäbe von Ehelichkeit, Ehrlichkeit und Redlichkeit jedenfalls im Süden Deutschlands betrachten, während der Norden in dieser Hinsicht schon früher einschränkende Bestimmungen erlassen hatte, so ist es geradezu als ein Charakteristikum der „geschenkten" Handwerke einzuschätzen, daß die Gesellen dieser Gewerbe weit über diesen allgemeinen Wandel hinausgingen und aus einem eigenwilligen Wert- und Selbstbewußtsein heraus geradezu die Vorreiter dieser neuen, auf Abgrenzung bedachten Entwicklung wurden [17]. In diesem Sachzusammenhang fügt sich auch die hier besonders früh und deutlich zu registrierende Welschenfeindlichkeit ein. Greifen wir die als geschenktes Handwerk stark hervortretenden Kannengießer heraus und ziehen zur Veranschaulichung drei konkrete Beispiele heran. So fragte 1519 Basel bei Straßburg als dem Zentrum des Kannengießergewerbes an, wie man sich angesichts der Tatsache verhalten solle, daß die Kannengießer Priestersöhne nicht zum Gewerbe zulassen wollten [18]. 1521 hatten die Straßburger Kannengießer einem Gesellen und Bürgersohn das Handwerk verboten, das er in Frankfurt erlernt hatte, weil sein Vater ein Korbmacher gewesen war. Die Intervention des Straßburger wie des Frankfurter Stadtrats sowie der Frankfurter Gesellen und der Hinweis darauf, daß der Vater dieses Gewerbe schon lange nicht mehr ausgeübt habe, bewirkten noch einmal die Anerkennung des Gesellen [19].

Für die im Westen und Südwesten des deutschen Reiches bald nach 1500 anzutreffende Abwehrhaltung und Abgrenzungspolitik gegenüber allem Welschen,

[17] *Wissell,* Rudolf: Des alten Handwerks Recht und Gewohnheit, 2. erw. u. bearb. Ausgabe. Hg. v. E. Schraepler. (= Einzelveröff. d. Hist. Komm. zu Berlin 7), Berlin 1971. Bd. 1, 145–273. Schulz 1985, 219 ff.

[18] Staatsarchiv Basel, Missiven A 25, f. 241.

[19] Archives municipales de Strasbourg, Série III, 12/10.

die sich seit 1530/40 auch in Zunftordnungen, Bürgerrechtsbestimmungen und Lohntarifen deutlich niederzuschlagen begann, sei ein wegen der Begründung besonders interessantes Beispiel von den Kannengießern aus Hagenau im Elsaß angeführt [20]. Dieses Gewerbe richtete an den Rat die dringende Bitte, die Aufnahme eines welschen Platten- und Kannengießers nicht zu erzwingen. Denn dadurch würde ihnen nicht nur „das Brot vom Maule abgeschnitten", sondern zugleich bewirkt, daß die Gesellen „von stund an uffston, unns nit me arbeiten und auch furthin kein gesell me zuziehen" und die Lehrlinge hier nicht mehr für redlich erachtet werden würden. Schließlich sei es auch eine bekannte Tatsache, daß „Walen" (Welsche) weder im Elsaß noch im Sundgau oder der Pfalz, dem Herzogtum Württemberg noch anderswo „nit arbeiten dürfen", da der Obrigkeit nicht verborgen geblieben sei, welchen Schaden diese dem Handwerk zufügten. Deshalb sei es „gepruch inn tutschenn lannden, wöllicher nit by eim redlichen meister unsers hantwergks lernt, das man den nit fürdert (= fördert)" und daß ein Welscher zu recht „in tutschenn lannden nit gefürdert (wird), dieweil kein Tutscher durch die Walen nit gefürdert wirt".

Während eine Zuwanderung im eigentlichen Sinn von fremden Handwerkern nach Deutschland bis zum Ende des 15. Jahrhunderts so gut wie gar nicht stattgefunden hatte, die Sprachgrenze in dieser Richtung also eine scharf gezogene Trennungslinie darstellte [21], trat spätestens seit den Jahren der Teuerung und der großen Hungersnot gegen Ende der zwanziger Jahre ein spürbarer Wandel ein, der sehr bald durch die ersten Gruppen von Refugianten aus Italien und Frankreich vermehrt und beschleunigt wurde, so daß man überspitzt formulieren könnte, daß die Aufnahme der vertriebenen Glaubensbrüder die Welschenfeindlichkeit erst richtig zum Erblühen gebracht habe [22]. Diese neuen Vorstellungen von Ehrlichkeit und Redlichkeit sowie die zunehmende Fremdenfeindlichkeit, wie sie gerade von einigen Gesellengruppen „geschenkter" Handwerke propagiert wurden, relativieren zwar bis zu einem gewissen Umfang das Bild von ihrer „Weltoffenheit", aber ihre hohe Mobilität und die Großräumigkeit ihrer Organisation, mit der sie sich dem auch auf gewerblicher Ebene verstärkenden Einfluß des Territorialstaats entziehen zu können hofften, lassen doch die „geschenkten" Handwerke in einem Gegensatz zum Trend der Zeit erscheinen.

Bei diesem zunehmenden Regionalismus handelte es sich nun nicht mehr um regionale Gliederungen, wie sie sich die großen Gesellengruppen besonders am Mittel- und Oberrhein seit dem Ende des 14. Jahrhunderts zur Behauptung ihrer Eigenständigkeit aufgebaut hatten und die in den Handwerkerbünden der ent-

[20] Archives municipales de Haguenau, HH 19/22.
[21] *Schulz* 1985, 265–296. – Wesoly 263–305.
[22] *Geering*, Traugott: Handel und Industrie der Stadt Basel. Zunftwesen und Wirtschaftsgeschichte bis zum Ende des 17. Jahrhunderts. Basel 1886, S. 440 ff.

sprechenden Zünfte ihre Parallele gefunden hatten[23]. Es handelte sich nun auch nicht mehr um die Kreise oder Gebietszünfte mancher Gewerbe, die insofern eine eigene Struktur aufwiesen, als sie sowohl auf den ländlichen Bereich wie auf die Städte hin orientiert waren, kleinere Städte, Marktflecken und Kirchweihfeste mit ihren Waren aufsuchten, wie etwa die Keßler- und Kupferschmiede, die Hafner (Töpfer), die Seiler, die Sattler, die Wagner oder die Ziegler[24]. Sie alle bildeten schon seit langem regional organisierte Gewerbe unter vielfach maßgeblicher Mitwirkung der Gesellen. Vielmehr handelte es sich jetzt um erste Bemühungen erstarkender Territorialstaaten, eine eigene Gewerbepolitik zu gestalten, wobei manche große Städte Süddeutschlands mit ihrem Umland z. T. schon früher eine ähnliche Politik betrieben haben.

Diese Vorgänge sind vergleichsweise gut bekannt und können deshalb hier sehr viel kürzer, in gewisser Weise nur in Andeutungen behandelt werden. Greifen wir eines der frühesten Beispiele heraus, das sich auch in unseren räumlichen Schwerpunktbereich, den Mittel- und Oberrhein, gut einordnet, nämlich das der Markgrafschaft Baden. Während das städtische Tuchgewerbe, speziell in Straßburg, aber auch sonst am Oberrhein, im Laufe des 15. Jahrhunderts in eine schwere Krise geriet, erfuhr die ländlich-kleinstädtische Tuchproduktion in Baden und Württemberg einen raschen Aufstieg. Eberhard Gothein, der „Altmeister“ und große Kenner dieser Materie, erblickte in den in Baden 1486 ergriffenen Maßnahmen „das erste Beispiel planvoller und andauernder Gewerbeförderung seitens der Landesregierungen“, als der von den Wollenwebern von Pforzheim und Ettlingen vorgelegte Entwurf nach einigen Beratungen als Landesgesetz verkündet wurde.[25] Dreierlei ist daran neu und bemerkenswert: 1. der Versuch, eines der wichtigsten Gewerbe in einer Landschaft einheitlich zu ordnen, 2. die organisatorische Gliederung ohne die Errichtung von Zünften, wohl aber von Bruderschaften unter gleichartiger Berücksichtigung von Stadt- und Dorfhandwerk, 3. die bewußte staatliche Gewerbeförderung, konkret bei der Herstellung nun auch von feinen Yperschen Tuchen. 1527 erfolgte eine wesentliche Ergänzung dieser Ordnung durch die Regelung der Organisation des Wollhandels in Baden, indem ein jährlicher Wollschlag, eine Preisfestsetzung von

[23] *Bücher,* Karl: Mittelalterliche Handwerksverbände. In: Zeitschrift für die gesamte Staatswissenschaft 77 (1922) 295–327. – Göttmann 1977.

[24] *Sittler,* Lucien: Les associations artisanales en Alsace au Moyen Âge et sous l'Ancien Régime. In: Révue d'Alsace 97 (1958) 36–80. – *Ders.:* Les corporations et l'organisation du travail à Colmar jusqu'au début du XVIIe siècle. In: Artisans et ouvriers d'Alsace. Strasbourg 1965, 47–77.

[25] *Gothein,* Eberhard: Wirtschaftsgeschichte des Schwarzwaldes und der angrenzenden Landschaften, Bd. 1. Straßburg 1892. Vgl auch *Schmoller,* Gustav: Die Straßburger Tucher- u. Weberzunft. Ein Beitrag zur Geschichte der deutschen Weberei und des deutschen Gewerberechts vom 13.–17. Jahrhundert. Urkunden und Darstellung. Straßburg 1879. – *Geering* 1886.

Ostern bis Johanni, mit einem Ausfuhrverbot gekoppelt, vorgenommen wurde. Damit ist Baden wiederum allen anderen Territorien deutlich vorangegangen; diesem Beispiel folgte bereits 1534 Hessen und 1536 Württemberg, letzteres mit z. T. wörtlicher Übernahme der badischen Vorlage. Aber auch die Stadt Freiburg im Breisgau und mit einiger Verzögerung schließlich auch Straßburg sind zur Förderung der eigenen Tuchproduktion auch unter Erfassung des Umlands übergegangen.

Nun ist einschränkend darauf hinzuweisen, daß das Tuchgewerbe immer schon eigenen Gesetzen folgte und insofern nicht als repräsentativ für die anderen Gewerbe angesehen werden kann. Nimmt man die schon in einem anderen Zusammenhang angeführten Kannengießer als ein neu aufkommendes Gewerbe hinzu, so lassen sich ebenfalls in der Markgrafschaft Baden Ansätze für eine territoriale Gewerbepolitik auch in dieser Richtung beobachten. Die vermutlich 1541 erlassene, auf ältere Vorstufen zurückgreifende „Kandtgiesser Ordnung" beschränkte sich jedoch auf die Absteckung der Rahmenbedingung, die Fixierung des Mischungsverhältnisses von Zinn und Blei, die Verwendung der Probezeichen und die Durchführung von Qualitätskontrollen [26], vermied also wohl bewußt ein weiteres Eingreifen in die Angelegenheiten dieses auf großräumige Zusammenhänge hin orientierten Gewerbes, so daß gegenüber den „geschenkten" Handwerken schon bei dem Erlaß entsprechender Ordnungen Zurückhaltung geübt wurde.

III.

Somit begegnet man also um 1500 auf der Gesellen- und Gewerbeebene verschiedenen Tendenzen langfristiger Entwicklungen. Die eine betrifft die gegen Ende des 15. Jahrhunderts erfolgende Integration der großen Gesellengruppen, besonders der Schuhmacher, Schneider, Bäcker sowie z. T. auch der Schmiede, die seit einhundert Jahren häufig in einem gespannten, z. T. konfliktreichen Verhältnis zu den Städten und Zünften ihrer Region gestanden hatten, und zwar durch die Anerkennung vor allem der Gesellenstube und -herberge mit den ganzen damit verbundenen Rechten und dem Selbstverständnis der Gesellenorganisation. Es ist in gewisser Weise verständlich und naheliegend, daß damit auch die alten Konfliktfälle nachließen und es um diese Gruppen ruhiger wurde. Sie rückten in der Folgezeit aus dem Zentrum des Geschehens heraus. Statt dessen traten nun die neuen Spezialgewerbe mit ihren weitreichenden Beziehungen und ihrem ausgeprägten Selbstbewußtsein in den Vordergrund, und zwar auf Reichsebene, was auch die entsprechende Reaktion durch Reichstage und Reichsstädtetage veranlaßte und erforderlich machte. Zwar verlor in dieser Zeit die Auslandswande-

[26] Generallandes-Archiv Karlsruhe, Baden-Generalia 74/10497.

rung deutscher Handwerksgesellen, zweifellos nicht zuletzt durch Veränderungen in den Gastländern bedingt, spürbar an Bedeutung, dafür erfuhr über die Weite des deutschen Sprachraums („alle Lande deutscher Zunge") durch die „geschenkten" Handwerke eine starke Betonung und auch eine faktische Relevanz.

Diese Großräumigkeit der Organisation geschah offenkundig auch in einem bewußten Gegensatz zu den sich verstärkenden Tendenzen einer territorialen und regionalen Gewerbepolitik, denen sich diese Gesellengruppen, übrigens durchaus nicht nur aus wirtschaftlichen Erwägungen, mit bemerkenswertem Erfolg zu entziehen bemüht waren. Daß gerade sie es waren, die so stark die zwar nicht gänzlich neuen, nun jedoch erst wirksam werdenden Vorstellungen von Ehelichkeit, Ehrlichkeit, Redlichkeit und außerdem von Fremdenfeindlichkeit propagierten, erscheint auf den ersten Blick schwer verständlich und befremdlich. Sie resultierten aber zu einem nicht unwesentlichen Teil gerade aus jenem Sonder- und Selbstbewußtsein, das ihnen ihr Zusammenhalt und ihre Eigenständigkeit vermittelten und das sie ihre Exklusivität betonen ließ.

Die Zeit um 1500 ist hinsichtlich der Differenzierung innerhalb der Gesellengruppen der verschiedenen Gewerbe, ihrer Wandergewohnheiten, ihrer Organisationsstruktur und ihres Selbstverständnisses durch beachtenswerte Wandlungen gekennzeichnet. Auf sie wurde in diesem Beitrag besonders abgehoben. Dabei wurde bewußt nicht von einem Einschnitt, sondern von Wandlungen, Veränderungen und Entwicklungen gesprochen, die allerdings deutliche Spuren hinterlassen haben. Eine Zäsur ist für den mittel- und oberrheinischen Bereich dagegen erst im letzten Drittel des 16. Jahrhunderts zu registrieren, als die zahlreichen restriktiven Bestimmungen erlassen wurden, die man fälschlicherweise vielfach schon für das Spätmittelalter in Anspruch nimmt.

IV. Christenheit

Hilde de Ridder-Symoens

Internationalismus versus Nationalismus an Universitäten um 1500 nach zumeist südniederländischen Quellen

1. Die Universität Löwen

Die Löwener Alma Mater im Herzogtum Brabant ist eines der letzten Studia aus der ersten Welle von Universitätsgründungen aus dem Ende des 14. und Anfang des 15. Jahrhunderts im Heiligen Römischen Reich Deutscher Nation [1].

Anfangs war auch diese Universität genau so wie die übrigen in den anderen deutschen Gebieten, eine lokale Hochschule zur Bildung der Intellektuellen in den Niederlanden [2]. Die östlichen Gebiete sowie Lüttich wählten hingegen hauptsächlich Köln als Studienort. Jeweilige kulturelle Orientierung sowie räumliche Entfernung spielten dabei selbstverständlich eine Hauptrolle.

Im 15. Jahrhundert zog Löwen oftmals Vorteil aus den politischen Schwierigkeiten in Frankreich und in Paris überhaupt. Als z. B. zwischen 1408 und 1437 wegen des Burgundischen Krieges und des englischen Einflusses für die Schotten der Aufenthalt in Paris zunehmend schwieriger wurde, zogen diese zunächst nach Köln und nach dem Jahre 1425 nach Löwen. Auch nachdem das Pariser Studium für sie wieder zugänglicher geworden war, blieben die Schotten Löwen treu [3]

[1] *Schubert,* Ernst: Motive und Probleme deutscher Universitätsgründungen des 15. Jahrhunderts. In: Beiträge zu Problemen deutscher Universitätsgründungen der frühen Neuzeit. Hg. v. P. Baumgart und N. Hammerstein. Nendeln/Liechtenstein 1978, 13–74.

[2] L'Université de Louvain 1425–1975. Louvain 1975, auch in Niederländischer Ausgabe. Für die weitere Bibliographie *Paquet,* Jacques: Bibliographie des universités de Belgique: Université de Louvain. In: Bibliographie internationale de l'histoire des universités. I, Genève 1973, 101–164, 225–229. – *Ders.*: Bibliografie der geschiedenis van de oude Universiteit Leuven (1425–1797). Publikaties in de jaren 1972–1976 uitgegeven, met toevoegingen voor de voorafgaande jaren. In: Bijdragen tot de Geschiedenis 62 (1979) 255–294.

[3] *Baxter,* J.: Scottish Students at Louvain University; In: Scottish Historical Review 25 (1928) 327–334. – *Ders.:* Scottish Students at Paris University. In: Scottish Notes and Queries, 3. ser., vol. 9 (1931) 94–95. – *Dunlop Cameron,* Annie I.: Scottish Students at Paris University 1466–1492. In: Juridical Review 48 (1936) 228–255. – *Dies.:* Scots abroad in the fifteenth century. London 1942.

(Tabelle 1). Als Ludwig XI. 1478 vierhundert flämische Studenten aus Paris vertrieb, wurde Löwen ihr Fluchtort [4].

Im Blick auf die Frequenz ausländischer Studenten fällt freilich ebenso auf, daß auch viele Franzosen die neue Alma Mater bevorzugten. Dafür sind die politischen Schwierigkeiten in ihrem Heimatland verantwortlich zu machen. Betrachtet man diese Zuwanderungen genauer, so zeichnen regionale Praeferenzen deutlich ab: ob die Studenten nun aus Frankreich oder aus dem Heiligen Römischen Reich stammen, sie kommen hauptsächlich aus den nahegelegenen Bistümern Amiens, Reims, Rouan, zeitweilig auch aus Paris, sowie aus Köln, Trier und Münster.

Schon bald fand der Humanismus Zugang in die Löwener Alma Mater, und zwar besonders in die Fakultät der Artes. Die Gründung des Collegium Trilingue (Latein, Griechisch, Hebräisch) im Jahre 1517 sowie die wiederholten Besuche von Erasmus von Rotterdam, hatten aus Löwen in der ersten Hälfte des 16. Jahrhunderts eine echte Heimstätte des Humanismus gemacht [5]. Auch in der Juristischen Fakultät wehte der neue Wind. Diese Neuerung schlägt sich gerade in der Immatrikulation von Ausländern nieder, wie aus der Tabelle 1 hervorgeht.

Dieser Trend bricht Mitte des 16. Jahrhunderts als die Brabanter Universität – auch durch die niederländischen Aufstand – ihre ehemalige Ausstrahlung nicht wieder findet. Die Anwesenheit ausländischer Studenten steht seitdem in engem Zusammenhang mit der katholischen Wiederaufbau.

Im Blick zurück kann für diese niederländische Universität um 1500 also keine Schrumpfung (Sklerose) oder gar eine Krise ausgemacht werden. Eine derartige Terminologie, die vielmals benutzt wird, um den Zustand der Universitäten am Ausgang des Mittelalters zu beschreiben, ergibt ein falsches Bild. Für Löwen ist nämlich gerade das Gegenteil zu behaupten: die ersten hundertfünfzig Jahre ihres Bestehens zeichnen sich eben – statistisch belegbar – durch Dynamik und Internationalisierung aus.

2. Peregrinatio Academica Neerlandica

Gründung und Betrieb einer eigenen blühenden Hochschule an Ort und Stelle sowie ein lebendiger Humanismus in Brabant hielten die Niederländer jedoch nicht davon ab, zur Erweiterung ihrer Bildung andere Studienorte außerhalb aufzusuchen.

[4] *Verger,* Jacques, Les universités au moyen âge. Paris 1973, 147.

[5] *De Vocht,* Henry: History of the Foundation and the Rise of the Collegium Trilingue Lovaniense 1517–1550. 4 vol. Louvain 1951–1953.

Derartige Wanderungen zu erforschen, macht es vorab notwendig, die Problematik der Quellen für derlei Forschung zu verdeutlichen. Schließlich sind, um ein möglicht exaktes Bild der quantitativen und qualitativen peregrinatio academica der Niederländer zu erlangen, verschiedene Forschungsmethoden anzuwenden. Selbstverständlich bleiben die Matrikeln, die Promotionslisten und ähnliche Quellen über Studenten zu bearbeiten. Dieses Material birgt aber Mängel. Wegen der Beschränkungen, die diesen Quellen anhaften, Verstümmelung von Personennamen, Latinisierung bzw. Hellenisierung der Namen, Fehlen von Geburtsortsnamen, sowie das Fehlen von Matrikellisten in zahlreichen Universitäten, besonders in Frankreich, muß die Überprüfung der Studentenlisten durch die prosopographische Methode vervollständigt werden. Aus einer bestimmten sozialen und professionellen Gruppe, von der wir genau wissen, daß viele Akademiker darunter sind, hat man möglichst viele Gegebenheiten über die geleisteten Universitätsstudien nachzuprüfen. So hat man zunächst den Namen in den Matrikeln mit dem in den Promotionslisten zu vergleichen. Auf diese Weise lassen sich Studenten selbst dann wiederfinden, wenn ihr Geburtsort fehlt oder der Student unter verballhorntem Namen eingetragen worden ist.

Besonders seit dem 16. Jahrhundert, bisweilen aber auch schon früher, liefern daneben auch nicht-universitäre Quellen präzise und zuverlässige Einzelheiten über Universitätsstudien. So vermerken z. B. die Eintrittslisten der Anwälte im Rat von Flandern, dem höchsten Gerichtsorgan der Grafschaft Flandern, öfters die Universität, an der der betreffende Beamte seine Promotion abgelegt hat. Oft findet sich hier auch das Datum der Promotion vermerkt. Ebenso mußten sich die Mediziner bei ihrem Eintritt ins *Collegium Medicum*, das im Laufe des 17. Jahrhunderts in vielen Städten gegründet wurde, ausweisen und belegen, an welcher Universität sie ihren akademischen Grad erworben hatten. Die *acta capitularia* der Stiftskirchen geben uns schließlich ausführliche Auskünfte über die Ausbildung von Kanonikern durch die *littera testimonialia*, den Genehmigungen, sich zum Studium außerhalb aufzuhalten.

Eine der wichtigsten Quellen für die Mittelalter sind jedoch die *rotuli nominandorum*, die jedes Jahr von den Universitäten nach Rom geschickt werden. Die päpstliche Suppliken erwähnen die Titulatur, die erlangten Grade oder die Universität, wo der von Residenzpflicht zurückgestellte *clericus* sich aufhält. Schließlich können *libri amicorum*, Testamente, Geleitworte zu literarischen bzw. wissenschaftlichen Werken nützliche Hinweise enthalten.

Eine solche Untersuchungsmethode ist selbstverständlich viel langweiliger und zeitraubender als das einfache Nachschauen in den Matrikeln. Ihr Vorteil liegt freilich in der Bereitstellung dezidierter Ergebnisse, die insbesondere bei Forschungen nach Kleinsteinzelheiten bestimmter Institutionen unabdingbar sind.

Vor der Gründung ihrer ersten heimatlichen Hochschule in Löwen (1425) waren Niederländer zum Zweck akademischer Bildung gezwungen, nach Frankreich, Italien oder Deutschland zu pilgern. Artes- oder Theologiestudenten bevorzugten meistens Paris und seltener südfranzösische Generalstudien. Nach Entstehen der Universitäten von Köln, Heidelberg und Rostock, zogen sie auch dorthin. Jura-Studenten wählten Orleans, Bologna oder Padua, und vereinzelt gibt es auch welche, die nach Südfrankreich ziehen. Die wenigen Medizinstudenten besuchten Paris, Montpellier oder einzelne italienische Städte. Trotz des guten Rufes der Universitäten von Oxford und Cambridge und trotz der engen ökonomischen Beziehungen zwischen Flandern und England, gibt es kaum niederländische Studenten, die über den Ärmelkanal gezogen sind [6].

Die Art des Studiums ändert sich völlig, nachdem die Löwener Universität etabliert war. Den Artes-Vorstudien folgt man fortan mehr im eigenen Lande, und die ärmeren Studenten finden die eigene Hochschule ausreichend. Studenten aus finanzstärkeren Sozialgruppen jedoch, meistens Angehörige des niedrigen Adels und des Stadtpatriziats sehen in einer Reise ins Ausland so etwas wie einen würdigen Abschluß ihres jeweiligen Fachstudiums, sei es Jura, Theologie oder Medizin. Derartiges Reisen entsprach einem geläufigen Trend [7].

Weil aber die Niederländer überhaupt immer Auslandsreisen bevorzugt haben, so nahm die Anzahl derer, die im Ausland studierten, mit Ende des 15. Jahrhunderts unter Einwirkung des Humanismus und ebenso dank des steigenden Wohlstands außerordentlich zu. Eine Übersicht über diese Wanderungen ergibt Tabelle 2.

Sie wurde anhand von Immatrikulations- und Promotionslisten sowie von anderen verfügbaren Universitätsquellen ausgearbeitet. Unter dem Begriff Südniederländer wurden die Angehörigen der Diözesen Arras, Tournai, Cambrai, Thérouanne und Lüttich zusammengefaßt. Das Bistum Trier, obgleich teilweise luxemburgisch, wurde in die Untersuchungen nicht einbezogen. Die Wahl der Universitäten selber wurde von den verfügbaren Quellen und der Anwesenheit von Niederländern dort abhängig gemacht.

Die Tabelle belegt jenen Trend auf den ersten Blick: um 1500 fällt eine erhebliche Zunahme von Niederländern im Ausland auf. Die Wahl ihrer Universität aber zeigt deutliche Unterschiede.

Besonders gut besucht wurde die Medizinfakultät von Montpellier und die Jura-Universität von Orleans. In Orleans wächst die Zuwanderung ständig an, was auch die zunehmende Bedeutung und die Wichtigkeit dieses Faches spiegelt [8].

[6] *Thielemans,* Marie Rose: Bourgogne et Angleterre: Relations politiques et économiques entre les Pays-Bas bourguignons et l'Angleterre 1435–1467. Bruxelles 1966.

[7] Für einen sehr allgemeinen Überblick der *Peregrinatio Academica* in Europa *De Ridder-Symoens,* Hilde: La migration académique des hommes et des idées en Europe, XIIIe–XVIIIe siècles. In: CRE-Information n. s. 62 (1983) 69–79.

[8] Für Montpellier *Dulieu,* Louis: La médecine à Montpellier. T. I.: Le Moyen Age. Avignon 1975. – *Gouron,* André: Deutsche Juristen an der Universität Montpellier im Mittelalter. In: Ruperto-Carola 20. Jg. 43/44 (1968) 43–46. – Für Orléans verfügt man heute über eine breite Literatur. Siehe untermehr: *Feenstra,* Robert: Influence de l'en-

Im übrigen sind diese beiden Universitäten zusammen mit Paris ganz allgemein gesehen die am meisten international orientierten Studia überhaupt im Mittelalter und in der Neuzeit. Die Niederländer folgen hier lediglich dem üblichen Trend. Weil für Bourges um die Zeit um 1500 keine Studentenlisten vorliegen, läßt sich über dieses Zentrum des Humanismus in der ersten Hälfte des 16. Jahrhunderts kaum Näheres sagen. Die Pariser Situation zu erklären, fällt nicht ganz so leicht; daher die eingeklammerten Ziffern. Sie haben lediglich Trendwert. Vorerst verfügen wir für diese Stadt nur über disparates und mangelhaftes Quellenmaterial, das außerdem allein für das 15. Jahrhundert herausgegeben ist [9]. Eigene Studien dazu für das 16. Jahrhundert konnten noch nicht ganz fertiggestellt werden. Daher stammen die Daten teilweise aus indirekten Quellen wie *rotuli* und päpstlichen Suppliken. Während des späteren Mittelalters ist Paris noch immer attraktiv für Kleriker, welche dort auch weiterhin artes aber hauptsächlich kanonisches Recht, Medizin oder Theologie studieren. Im 16. Jahrhundert bleibt Paris stets noch besuchenswert, sei es auch mehr als Kulturstätte denn als Universitätsstadt. Aus manchem Dokument tritt in der Tat hervor, daß man sich gern in der Stadt aufhält, hier sogar vereinzelten Vorlesungen beiwohnt, aber keinem vollständigen Studiencurriculum mehr folgt, geschweige denn einen akademischen Grad hier erwirbt.

Nach L. Brockliss [10] sind etwa 5 v. H. der *immatriculati* in der Pariser Artesfakultät Ausländer. Davon stammt ungefähr die Hälfte aus den Niederlanden. Proportional gesehen sind es meistens Flamen und Studenten aus dem Hennegau (den Bistümern Thérouanne und Tournai), die nach Paris ziehen. Mit dem letzten Viertel des 15. Jahrhunderts finden ebenfalls mehrere Studenten aus dem Bistum Utrecht den Weg an die Seine [11].

Auch in Italien gibt es bestimmte Universitäten, die ausgesprochen von Ausländern und so zwangsläufig von Niederländern bevorzugt werden. Während

seignement du droit romain sur les nations étrangères. In: Actes du Congrès sur l'ancienne Université d'Orléans. Orléans 1962, 43–62. – *Ders.*: De universiteit van Orleans in de Middeleeuwen. Centrum van Europese rechtswetenschap en kweekschool van Nederlandse juristen. In: Samenwinnige. Zwolle 1977, 11–32. Für die weitere Bibliographie *Guénée,* Simonne: Bibliographie de l'histoire des universités françaises des origines à la Révolution. Tome II. d'Aix-en-Provence à Valence et Académies protestantes. Paris 1978, 296–321.

[9] Für die Literatur *Guénée,* Simonne: Bibliographie de l'histoire des universités françaises des origines à la Révolution. Tome I, Généralités-Université de Paris. Paris 1981, 257–259: *nations;* 292–296: *étrangers.* – *Budinsky,* Alexandre: Die Universität Paris und die Fremden an derselben im Mittelalter. Berlin 1876, ND. Aalen 1970. – *Gabriel,* Astrik L.: Les étudiants étrangers à l'université de Paris au XVe siècle. In: Annales de l'Université de Paris 29 (1959) 377–400.

[10] *Brockliss,* Laurence: The University of Paris in the Sixteenth and Seventeenth Centuries. Diss. masch., University of Cambridge 1976, 243 a, 272.

[11] Diese Angaben gründen auf den Daten des Auctarium Chartularii Universitatis Parisiensis. 6 vol. Paris 1894–1964. *Guénée* 1981, 257.

des ganzen Mittelalters studieren junge Männer aus den Niederlanden jenseits den Alpen; sie ziehen meistens die Bologneser Rechtsuniversität vor. In der zweiten Hälfte des 16. Jahrhunderts jedoch übernimmt die Paduaner Medizinuniversität ihre Rolle [12]. Die Blütezeit des Studiums von Ferrara findet sich unter der Macht der Este-Dynastie, also von Mitte des 15. Jahrhunderts bis etwa 1520. Es ist die Zeit des stärksten Zustromes von Fremdstudenten, welche durch eine ausgesprochene ausländerfreundliche Politik, ausgehend vom Studium selbst, angezogen wurden. Der Zufluß nimmt Mitte des 16. Jahrhunderts wieder ab, da Ferrara in den zwanziger Jahren wegen der Pest geschlossen war [13]. Übrigens ist dieses italienische Studium immer mehr eine Promotionsuniversität als eine Studienuniversität gewesen. Dies alles zeigt nur, wie kompliziert es ist, Frequenzzahlen genau zu deuten. Eine tiefgehende Kenntnis der jeweiligen örtlichen Zustände ist dafür schon eine Hauptbedingung.

Deutsche Universitäten sind im Mittelalter bei den Niederländern nie besonders beliebt gewesen. Hier auszunehmen ist Heidelberg und Köln, wohin sehr viele Studenten aus Lüttich und auch aus Brabant zogen, hauptsächlich Kleriker. Als älteste Universitäten im westlichen Teil des Römischen Reiches wurden sie selbstverständlich Strebziel für Studenten vom östlichen Teil der Niederlanden. Die Bistümer Lüttich und Utrecht gehörten damals der Kirchenprovinz Köln an; ein Teil Gelderns mitsamt dem Land von Maas und Waal waren sogar dem Bistum Köln unterstellt. Es ist daher völlig normal, daß besonders die Kleriker sich zur Kirchenmetropole angezogen fühlten. Um 1500 kam immer noch 20 bis 30 v. H. vom Gesamtbestand der Studenten aus den Niederlanden. In absteigender Folge stammten sie aus Holland, Geldern, Brabant und Lüttich. Die übrigen südniederländischen Gebiete (Flandern, Luxemburg, Namur, der Hennegau und Tournai) waren nur spärlich vertreten. Heidelberg folgt so ziemlich demselben Gang; dort geht es im 15. Jahrhundert besonders um Artes-Studenten [14]. Im 15. Jahrhundert folgten die Studenten den Hansekaufleuten nach Rostock, weil der Seeweg günstige Verbindungsmöglichkeiten bot [15]. Um die Jahrhundertwende nimmt das Interesse an deutschen Studia bedeutend ab. Der Humanismus zieht die europäische Jugend nach Italien; und, in der 1. Hälfte

[12] Für die Literatur *De Ridder-Symoens*, Hilde: Deutsche Studenten an italienischen Rechtsfakultäten. Ein Bericht über unveröffentlichtes Quellen- und Archivmaterial. In: Ius commune 12 (1984) 287–315. Die niederländischen Studenten sind mit einbegriffen.

[13] *Pardi*, Giuseppe: Lo studio di Ferrara nei secoli XV e XVI con documenti inediti. Ferrara 1903. ND. Bologna 1972. – *Visconti*, A.: La storia dell'Università di Ferrara 1391–1950. Bologna 1950.

[14] Siehe die Tabellen bei *Keussen*, Hermann (Hg.): Die Matrikel der Universität Köln. 3 Bde., Bonn 1892–1919. ND. Düsseldorf 1979, hier I, 170*; III Ortsregister. – *Toepke*, Gustav (Hg.): Die Matrikel der Universität Heidelberg (1386–1662). 3 Bde. Heidelberg 1884–1916. ND. Nendeln/Liechtenstein 1976.

[15] *Hulshof*, A.: Rostock und die nördlichen Niederlanden vom 15. bis zum 17. Jahrhundert. In: Hänsische Geschichtsblätter 37 (1910) 531–553.

des 16. Jahrhunderts, ebenfalls nach Frankreich. Durch den zunehmenden Anteil von Laien unter den Studenten sowie durch den Ausbau öffentlicher Ämter nimmt das Interesse an kanonischen Recht und Theologie, die an vielen deutschen Universitäten die blühendsten Fakultäten gewesen waren, ständig ab. Zivilrecht und im 16. Jahrhundert ebenso das Medizinstudium üben fortan mehr Reiz aus [16]. Das erneuerte Interesse für mehrere deutsche Universitäten, wie zum Beispiel Basel und Heidelberg, hat mit der Reformation zu tun. Ganz früh hatten die Niederländer – und zwar ganz besonders diejenigen in den spanischen südlichen Niederlanden – Sympathie für die Reformation gehegt. Ursache dafür war das hohe Niveau der Schulbildung in diesen Gebieten Anfang des 16. Jahrhunderts und das frühe Vordringen des Humanismus in den Städten [17]. Seit jener Zeit stellen wir einen Zustrom von Niederländern an die deutschen und schweizerischen protestantischen theologischen Fakultäten wie zum Beispiel in Heidelberg, Wittenberg, Basel und Marburg fest und ab 1559 auch an die Genfer Hochschule. Mit dieser Entwicklung fällt der Höhepunkt der akademischen Wanderlust der niederländischen Studenten unstrittig in das 3. Viertel des 16. Jahrhunderts.

Das ständige Anwachsen der Studentenzahlen im Spätmittelalter sowie im 16. Jahrhundert, und zwar sowohl in absoluten Ziffern als proportional zur Bevölkerungsdichte, läßt sich auf zwei Faktoren, die natürlich miteinander interferieren, zurückführen.

Erste Ursache ist die außergewöhnliche Dynamik dieser Regionen, konkret des städtischen Bürgertums. Die anwachsende Verstädterung – etwa 30 v. H. für die Niederlande – und der hohe Lebensstandard – trotz der Krisen von 1416 bis 1439 und 1475–1490 – schaffen ein förderndes Klima, das psychologisch und finanziell zum Studieren anregt. Diese Dynamik ist ebenso sichtbar im Ausbau des Schulwesens, der Administration und des Gerichtswesens, welche eine Frage nach gebildeten Kräften fördern [18].

3. Beamtentum und Universitäten

Dieses Phänomen kann man am besten anhand von ein paar konkreten Beispielen vorzeigen.

[16] *Boehm,* Laetitia: Humanistische Bildungsbewegung und mittelalterliche Universitätsverfassung. Aspekte zur frühneuzeitlichen Reformgeschichte der deutschen Universitäten. In: The Universities in the Late Middle Ages. Hg. v. J. Ysewyn und J. Paquet. Louvain 1978, 315–346. – *Bücking,* J.: Reformversuche an den deutschen Universitäten in der frühen Neuzeit. In: Festgabe E. W. Zeeden. Münster 1976, 355–369.

[17] Eine gute Übersicht über das intellektuelle und kulturelle Niveau der flämischen Städte gibt *Decavele,* Johan: De dageraad van de reformatie in Vlaanderen (1520–1565). 2 T. Brussel 1975.

[18] *Prevenier,* Walter/*Blockmans,* Wim: Die Burgundische Niederlanden. Weinheim 1986.

3.1 *Kirche*

Selbstverständlich war an erster Stelle und am häufigsten in der Kirche die Frage nach Akademikern gestellt. Hierüber geben gerade die *acta capitularia* der Kapitelkirchen eindeutige Belege. Sie vermelden nämlich Studienatteste der besuchte Universitäten sowie die akademischen Titel von Nicht-Residierenden.

Zusätzlich verfügen wir für das 14. und 15. Jahrhundert über zwei Einzelforschungen über die akademische Bildung von Kanonikern. Für das mittelalterliche Stift Unserer-Lieben-Frau von Tournai sind einzig die *acta capitularia* von 1330 bis 1340 erhalten [19]. Für das Sankt-Donatianskapitel von Brügge hingegen liegt eine ununterbrochene Serie der betreffenden Quellen vor [20].

Um meinen Text nicht mit Zahlenmaterial zu erschweren, sei auf die Auswertung in Tabelle 3 verwiesen, wo die Anzahl der Akademiker sowie die von ihnen besuchten Universitäten ersichtlich werden. Die Zahl der Juristen übertrifft stets die Zahl der Theologen. Den Bildungshintergrund der Kanoniker vom Lütticher Sankt-Lambertskapitel habe ich archivalisch anhand vorliegender Biographien nachgeprüft [21]. Die Ergebnisse sind noch nicht veröffentlicht. In der 1. Hälfte des 15. Jahrhunderts hat mindestens ein Drittel der Kanoniker eine Universität besucht, und seit Mitte des Jahrhunderts steigt ihr Anteil auf bestimmt die Hälfte als derartige Bildung im übrigen auch nach neuen Regeln gefordert wurde. Zu ergänzen bleibt, daß die andere Hälfte der Stellen für Adlige reserviert gewesen ist. Aus den besuchten Universitäten geht hervor, daß es eine wesentlich andere Orientierung als von Brügge und Tournai gab. Köln schneidet allerdings besser ab. Die bedeutende Variation italienischer Studia ist den Ausländern, den vielen Italienern im Mittelalter, und periodisch auch den Deutschen, den deutschen Studia, zu verdanken.

Aus einer Einzelforschung über dieses Kapitel für die Jahre 1581 bis 1794 [22] tritt hervor daß Löwen in jenem Zeitabschnitt 77 v. H. von den 236 graduierten Kanonikern zu sich zog, Köln 17,4 v. H., Reims 12,7 v. H. und Orleans nur noch 6 v. H. Noch eine Menge anderer Universitäten wird erwähnt, für Zahlen von 1 bis zu 10 Studenten. Der einzige wesentliche Unterschied zur vergangenen Periode, ist das Zurückfallen von Orléans und der Aufschwung von Reims (gegründet 1548).

[19] *Pycke,* Jacques: Les chanoines de Tournai aux études, 1330–1340, In: Hg. 1978, 598–613.

[20] *De Keyser,* Rafaël: Chanoines séculiers et universités: le cas de Saint-Donatien de Bruges (1350–1450). In: Hg. 1978, 584–597.

[21] *De Theux,* J.: Le chapitre de Saint-Lambert, 4 T. Bruxelles 1871–1872.

[22] *Chapeau,* Olivier: La formation universitaire des chanoines gradués du chapitre cathédral de Saint-Lambert à Liège. In: Annuaire d'histoire liégeoise XX, nº 44 (1979) 79–114.

Ebenso ist der Bildungshintergrund der Kanoniker des Sankt-Donatianskapitel für die Jahre 1550 bis 1599, nachgeprüft worden[23]. Diese Untersuchung bestätigt die Zuverlässigkeit der Zahlenangaben. 80,4 v. H. der Kanoniker ist akademisch ausgebildet. Von 30 v. H. weiß man nicht wo sie studiert haben; 65 v. H. hat die Alma Mater zu Löwen besucht, 5 v. H. von den 86 Kanonikern studierten in Rom (5 Kan.), in Dole und Orleans (4 Kan.), in Paris und Padua (3 Kan.), und – 1 bis 2 wanderten – in noch andere Bildungsstätten in Italien und in Frankreich, weiter in Douai und Köln. Der internationale Charakter der Studia ist endgültig vorbei.

In der Prämonstratenserabtei von Tongerlo im Herzogtum Brabant hatte im 15. Jahrhundert bestimmt ein Drittel aller Kanoniker an einer Universität studiert, und im 16. Jahrhundert war es gewiß sogar die Hälfte[24]. Diese Zahl ist sehr beachtlich weil die Haupttätigkeit der Mönche sich auf die Seelsorge auf dem Lande und in den Kleinstädten beschränkte. Diese Tatsache kann auch die geringere Anzahl von Graduierten der höheren Fakultäten erklären (36 von 103 Akademikern), von denen auch wieder mehr Juristen (20) als Theologen erscheinen (14). Nach der Gründung der Löwener Universität spielt eigentlich nur noch Orleans eine Rolle als ausländisches Studium.

3.2 Zentral- und Provinzialverwaltung

Schon J. Gilissen hat in seiner grundlegenden Arbeit von 1939[25] auf das das Hineindringen der Juristen in die Verwaltungen der Grafschaft Flandern hingewiesen. Ende des 13. Jahrhunderts warb der Fürst hauptsächlich französische bzw. italienische Juristen an. Im Laufe des 14. Jahrhunderts jedoch gab es bereits in ausreichendem Maße einheimische Legisten, die sämtliche Verwaltungen in der Grafschaft inklusiv die kommunalen Ämter betreuen konnten. Bevorzugte Studia waren Paris und Orleans, *de facto* die zivilrechterliche Fakultät von Paris. Viel weniger besucht waren Bologna, Toulouse, Montpellier, Avignon und Angers.

Im 2. Viertel des 15. Jahrhunderts hatte schon 40 % der Ratsherren vom Brabanter Rat – einem Provinzialgerichtshof – einen Universitätstitel. Hundert Jahre später ist dies auf 100 % gestiegen. Außer der eigenen Löwener Universität sind die führenden Hochschulen Orleans und Bologna (Tabelle 4)[26].

[23] *Vandermeersch,* Peter: Een onderzoek naar de relatie stad-universiteit in de periode van het Late Humanisme. Bruggelingen te Leuven en aan buitenlandse studia. 2 Bde. Lizentiatsdiss. masch. Gent 1983, hier I, 210–229.

[24] *De Ridder-Symoens,* Hilde */Milis,* Ludo: Tongerlo en zijn studenten op het keerpunt van de Middeleeuwen en de Moderne Tijden. In: Ons Geestelijk Erf 44 (1970) 405–431; 45 (1971) 290–332.

[25] *Gilissen,* John: Les légistes en Flandre aux 13ᵉ et 14ᵉ siècles. In: Bulletin de la Commission des anciennes lois et ordonnances 15 (1939) 117–231.

[26] *De Ridder-Symoens,* Hilde: Milieu social, études universitaires et carrière des

Ein Territorialgerichtshof wie dieser aus Ukkel (bei Brüssel) hatte nebst seiner lokalen Kompetenz ebenso die Jurisdiktion über das gesamte Brüsseler Landsgebiet [27]. Demzufolge war er auch Oberhof für die Lokalgerichtshöfe. Gab es in der ersten Hälfte des 15. Jahrhunderts einen Juristen von 7 Schöffen, so war diese Zahl im 17. Jahrhundert auf 7 gestiegen. Diese Schöffen kumulieren stets das Schöffenamt mit der Schöffenwürde der Stadt Brüssel, wozu später noch die Rechtsanwaltschaft im Rate von Brabant hinzukommt. Dieses war nur möglich, weil sie eben akademisch gebildet waren.

Für weitere Daten über Anzahlen und Studienwahl siehe Tabellen 5 und 6.

Nur für wenige Städte ist der Anteilnahme akademisch gebildeter Personen in der Stadtverwaltung systematisch nachgeprüft worden. Festzustellen allerdings ist, daß die Zahl der Akademiker in den überprüften Schöffenbänken im Vergleich zu Beispielen aus deutschen Städten in der selben Zeit, wozu Arbeiten von K. Wriedt, R. Kiessling [28] und H. Kramm vorliegen, recht erheblich ist. Es handelt sich hier freilich um die Inhaber eines politischen bzw. eines richterlichen Amtes und keineswegs um Stadtschreiber, Stadtanwälte oder Syndici, Pensionäre wie in den Niederlanden. Dort waren jene seit dem Ende des 14. Jahrhunderts alle juristisch ausgebildet. Beim Betrachten der Ziffern für Löwen und Antwerpen [29] in den Tabellen 5 und 6 stellt sich deutlich heraus, daß Juristen in den Schöffenbänken jener Städte gar keine Seltenheit sind, schon gar nicht im 16. Jahrhundert.

Freilich sind die *Antwerpienses* im Vergleich zu den *Lovenienses* internationaler in der Wahl ihrer Universität orientiert, aber die Letzteren hatten ja ein geeignetes Studium zu Hause. Außerdem spielt der soziale Hintergrund ebenfalls eine wichtige Rolle bei der Wahl einer Universität. In Antwerpen gab es mehr Geld als in Löwen und die Zünfte waren in der Scheldestadt nicht in der Schöffenbank vertreten. Aber auch hier liegen die nationale Universität Löwen, gefolgt von Orleans, wieder an der Spitze.

conseillers au Conseil de Brabant (1430–1600). In: Liber Amicorum Jan Buntinx. Leuven 1981, 257–301.

[27] *De Ridder-Symoens,* Hilde: Ukkelse schepenen en universitaire studies in de 15e en de 16e eeuw. In: Bijdragen tot de Geschiedenis 59 (1976) 200–226.

[28] *Wriedt,* Klaus: Stadtrat-Bürgertum-Universität am Beispiel norddeutscher Hansestädte. In: Studien zum städtischen Bildungswesen des späten Mittelalters und der frühen Neuzeit. Hg. v. B. Moeller, H. Patze und K. Slackmann. Göttingen 1983, 499–523. – *Kiessling,* Rolf: Das gebildete Bürgertum und die kulturelle Zentralität Augsburgs im Spätmittelalter. *Ebenda* 553–585. – *Kramm,* Heinrich: Besitzschichten und Bildungsschichten der mitteldeutschen Städte im 16. Jahrhundert. In: Vierteljahrschrift für Sozial- und Wirtschaftsgeschichte 51 (1964) 434–491.

[29] *De Ridder-Symoens,* Hilde: De universitaire vorming van de Brabantse stadsmagistraat en stadsfunktionarissen – Leuven en Antwerpen 1430–1580. In: Varia Historica Brabantica 6–7 (1978) 21–126.

Es gibt jedoch auch Städte mit einem ganz anderen Befund, z. B. Courtrai in der Grafschaft Flandern. Hier sind in der 1. Hälfte des 15. Jahrhunderts bloß zwei *magistri* unter den Schöffen nachgewiesen und in der 2. Hälfte des gleichen Jahrhunderts lediglich fünf. Diese *magistri* hatten in Paris, Köln und Löwen studiert [30].

Eine weitergehende Einzelforschung nach der Art der Ausbildung der Schöffen in anderen niederländischen Städten muß noch geleistet werden, zumal für das 15. und 16. Jahrhundert.

Zusammenfassung

Um 1500 ist die niederländische Universität zu Löwen eine blühende Studienanstalt, die einen gewissen Ruf außerhalb der Landesgrenzen genießt, und schon ganz früh Zentrum eines markanten Humanismus wird. Die Gründung einer „nationalen" Universität hat jedoch viele Niederländer nicht davon zurückgehalten eine Bildungsreise zu unternehmen. Innerhalb der Wahl der bevorzugten Studia gibt es Verlagerungen in der Bedeutung einzelner Hochschulen. Der Westteil der Niederlande fühlt sich nach Paris und Frankreich überhaupt angezogen; die südlichen sowie die östlichen Gebiete hingegen mehr nach Köln und den übrigen deutschen Studia. Italien und Orleans sind die – ganz bevorzugten – Zentren für zielstrebige Juristen. Diese Bildungsanstalten üben ihre Anziehungskraft besonders im 16. sowie im 1. Viertel des 17. Jahrhunderts aus. Aber es wird nicht nur die niederländische Jugend in den Bann dieser Attraktion hereingezogen, sondern ganz im besonderen sind es die karrierebewußten Deutschen, die zu diesen Universitäten ziehen [31].

In der für derlei Untersuchungen nötigen Methode zeigt daneben die Forschung nach den Ausbildungszentren von Kanonikern, Ratsherren und Schöffen im 15. und 16. Jahrhundert, daß ein Exerpieren der Universitätsmatrikeln nicht genügt, um soziale Zusammenhänge und Internationalismus wie Regionalismus der Wanderungen von Studenten zu erkennen.

[30] *Bauwens,* Johan: Bijdrage tot de geschiedenis van de stadsinstellingen van Kortrijk tot 1494. Lizentiatsdiss. masch. Gent 1962, 200, 262.

[31] *Dotzauer,* Winfried: Deutsche und westeuropäischen Hochschul- und Handelsstädten, vornehmlich in Frankreich, bis zum Ende des alten Reiches. Nation, Bruderschaft, Landsmannschaft. In: Geschichtliche Landeskunde 5 (1969) 89–159. – *Ders.:* Deutsches Studium und deutsche Studenten an europäischen Hochschulen (Frankreich, Italien) und die nachfolgende Tätigkeit in Stadt, Kirche und Territorium in Deutschland. In: Stadt und Universität im Mittelalter und in frühen Neuzeit. Hg. v. E. Maschke und J. Sydow. Sigmaringen 1977, 112–141.

Tabelle 1. Ausländische Studenten an der Löwener Universität 1425–1569

	1426–1453	1453–1485	1486–1527	1527–1569
Total	6 302	12 060	22 721	25 822
Ausländer	336 (5,3 %)	463 (3,8 %)	932 (4,5 %)	2 157 (8,4 %)
Hl. Röm. Reich	77 (22,9 %)	127 (27,4 %)	344 (36,9 %)	914 (42,4 %)
Frankreich	178 (53 %)	144 (31,1 %)	185 (19,8 %)	150 (7 %)
Schottland	54 (16 %)	119 (25,7 %)	182 (19,5 %)	71 (3,3 %)
England	2	19 (4,1 %)	103 (11 %)	305 (14,1 %)
Irland	–	1	3	38 (1,8 %)
Skandinavien	10 (3 %)	3	34 (3,6 %)	38 (1,8 %)
Baltische Staaten	1	11 (2,4 %)	13 (1,4 %)	7
Ost-Europa	–	3	2	12
Italien	10 (3 %)	5	25 (2,7 %)	74 (3,4 %)
Spanien & Portugal	2	3	43 (4,6 %)	180 (8,3 %)
Griechenland	–	–	1	–

Aus: *E. Reusens / J. Wils / A. Schillings* (Hs.): *Matricule de l'Université de Louvain.* Vol. I–IV. Brüssel 1903–1966

Tabelle 2. Südniederländische Studenten an europäischen Universitäten

	15. Jh.		16. Jh.		17. Jh.		18. Jh.	
	1.H.	2.H.	1.H.	2.H.	1.H.	2.H.	1.H.	2.H.
(Paris [12. Jh.])	(218)	(215)	(59)	(41)				
Bologna (12. Jh.)	52	31	63	118	17	4	4	1
Padua (12. Jh.)	18	13	43	208	161	68	3	0
Oxford (12. Jh.)	0	0	0	7	11	0	0	0
Montpellier (12. Jh.) *			84	31				
Orléans (1306)	Q. f.	103	480	377	498	230	13	0
Perugia (1308)	Q. f.	Q. f.	Q. f.	33	49	23	1	0
Pisa (1343)	0	6	7	46	5	1	0	0
Siena (1357)	Q. f.	Q. f.	12	81	52	41	4	1
Pavia (1361)	23	21	9	57	2	1	0	0
Wien (1365)	12	5	15	38	29	37		
Heidelberg (1386)	350	38	26	202	21	Q. f.	16	13
Köln (1389)	1823	1808	1255					
Ferrara (1391)	13	60	18	19	Q. f.	Q. f.	Q. f.	Q. f.
Rostock (1429)	1	35	12	41	2	0	1	0
Dole (1422)	Q. f.	Q. f.	57	184	Q. f.	483	Q. f.	Q. f.
Freiburg i. Br (1457)	–	1	19	58	11	4	3	4
Basel (1459)	–	6	16	60				
Ingolstadt (1472)	–	4	6	105	88	42	22	2
Tübingen (1477)	–	2	2	24	7	4	1	1
Wittenberg (1502)	–	–	56	37	1	1	1	0
Marburg (1527)	–	–	16	20	10			
Genf (1559)	–	–	–	56	5	0	0	0
Straßburg (1567)	–	–	–	Q. f.	1	8	8	10
Helmstedt (1574)	–	–	–	18	3	0	0	0
Herborn (1584)	–	–	–	5	2	2	1	0
Duisburg (1652)	–	–	–	–	–	4	6	11

Q. f.: Quelle fehlt

* Nur Mediziner im 16. Jahrhundert

Tabelle 3.

Kapitel von Tournai Unsere Liebe Frau 1330–1340		Kapitel von Brügge Sankt-Donatian 1350–1450		Kapitel von Lüttich Sankt-Lambert 1400–1550		Prämonstratenserabtei von Tongerlo (Brabant) 1390–1560	
72 Kanoniker		282 Kanoniker		433 Kanoniker		ca. 200 Kanoniker	
55 Akademiker (76 %)		182 Akademiker (64,5 %)		189 Akademiker (43,6 %) *		103 Akademiker	
Besuchte Universitäten:		Besuchte Universitäten:		Besuchte Universitäten:		Besuchte Universitäten:	
Paris	25	Paris	77	Löwen	74	Löwen	76
Orleans	15	Löwen (seit 1426)	27	Orleans	44	Paris	12
Rom (Kurie)	5	Orleans	15	Köln	23	Köln	10
Bologna	5	Angers	8	Bologna	10	Orleans	7
Montpellier	5	Bologna	7	Paris	9	Heidelberg	4
		Köln	4	16 andere Universitäten	zwischen 1 u. 5 St.		
Aus: *J. Pycke* 1978, 598–613.		Aus: *R. de Keyser* 1978, 584–597.		Noch unveröffentlichte Untersuchung * Nur nachgeprüft für die Sudniederländische Kanoniker, d. h. 116		Aus: *H. de Ridder-Symoens/ L. Milis* 1970, 405–431; 1971, 290–332.	

Tabelle 4.

Etudes universitaires des conseillers

	Total des conseillers	Total des universitaires	%	Imm. répérées	Ment. comme juriste
1430–1449	15	6	40	5	5
1450–1474	13	9	69,2	6	7
1475–1499	16	11	68,7	9	10
1500–1524	27	17+1?	66,7	15	14
1525–1549	21	20	95	19	14
1550–1574	20	20	100	20	19
1575–1599	24	24	100	18	19
1430–1599	136	107+1?	79,4	93	88

Universités fréquentées

Il s'agit des dates d'immatriculation ou de promotion. On ne peut pas faire la somme des pourcentages partiels, car certains étudiants ont fréquenté plusieurs universités. La somme des pourcentages dépasserait ainsi cent.

	Avant 1425	1425–1449	1450–1474	1475–1499	1500–1524	1525–1549	1550–1574	1575–1599	Total	% sur 108 étudiants
– Louvain		10	10	11+1?	14+1?	23+2?	17		89	82,4
– Orléans			2	7	3	10	5		27	25
Paris	1		1				1		3	
Bourges						1			1	
Douai							1		1	
Poitiers							1		1	
France								1	1	
– Cologne	1		1						2	
Heidelberg	1								1	
Ingolstadt							1		1	
– Bologne					3	6	2		11	10,1
Sienne							2		2	
Pise							1		1	
Pérouse							1		1	
Padoue						1			1	
– Salamanque							1		1	
– Sans université (date de l'admission au Conseil)			3	2	2	1		6	13	12

Aus: *H. de Ridder-Symoens* 1981, 285, 286.

Tabelle 5. Vergleichende Tabelle der Akademiker in der regionale und städtische Verwaltung.

	Ukkel (7 Schöffen)	*Antwerpen* (12 bis 16 Sch.)		*Loewen* (7 Schöffen: 4 Patriziat 3 Zünfte) Patr.	Zünfte
1425–49	1 Ak. auf 7 ernannte Sch.	2		1	1
1450–74	4 (+1?) auf 15 S.	9		6	3
1475–99	3 (+1?) auf 13 S.	15		8	3
1500–24	8 (+1?) auf 16 S.	19		8	2
1525–49	2 auf 4 S.	37		7	3
1550–74	11 (+1?) auf 22 S.	34		15	3
1575–99	5 auf 5 S.	14	(bis 1580)	5	2

Totalsummen

	Ukkel		Antwerpen		Loewen		
Schöffen	82	100 %	337	100 %	217	100 %	
Akademiker	38	46 %	130	39 %	67	31 %	P. 50 Z. 17
Städt. Verwaltung	82	100 %	458	100 %	384	100 %	
Akademiker	38	46 %	196	43 %	162	42 %	

Aus: *H. de Ridder-Symoens* 1976, 200–226. – *Dies.:* 1978, 21–126.

Tabelle 6. Vergleichende Tabelle der besuchten Universitäten von den Schöffen aus Ukkel (U), Antwerpen (A) und Löwen (L).

	1425–49			1450–74			1475–99			1500–24			1525–49			1550–74			Totalsumme
	U	A	L	U	A	L	U	A	L	U	A	L	U	A	L	U	A	L	
Löwen		1	2	4	4	8	3	13	9	7	15	11	1	34	9	9	26	15	171
Orleans		1		1	2	3	1	2		1	3			7		3	6		30
Paris							1												1
Köln							1				1						1		3
Heidelberg						1													1
Padua											1						3	1	5
Bologna		1								2									3
Pisa																	2		2
Siena														1					1
Rom											1								1

Aus: *H. de Ridder-Simoens* 1976, 200–226. *Dies.:* 1978, 21–26.

Gert Melville

Troja: Die integrative Wiege europäischer Mächte im ausgehenden Mittelalter*

Auf den ersten Blick ist es doch erstaunlich, daß unsere spätmittelalterlichen Vorgänger in der Historikerzunft trotz allgemein fortgeschrittener Rationalität im politischen Denken noch allen Ernstes behaupten konnten, in Troja, im Heer Alexanders d. Gr., im Geschlecht eines Sohnes von Ninus oder ähnlichem lägen die jeweiligen Ursprünge von Völkern, Städten oder Adelshäusern [1]. Sogar die selbstbewußten Humanisten mit ihrem besonderen Stolz auf eine neue kritische Haltung gegenüber dem Überlieferungsbefund der vorangegangenen Jahrhunderte konnten offenkundig – teilweise mangels älterer Quellen – derartigen Behauptungen zumeist nichts Besseres entgegenstellen als eben andere Versionen, die nicht weniger weit hergeholt erscheinen [2]. So versieht z. B. Aventin zwar die „Bayerische Chronik" des Ulrich Fuetrer [3] mit Randglossen, deren spöttische

* Folgende Ausführungen verstehen sich als zunächst nur thesenhafter Aufriß eines noch tiefer zu fassenden Phänomens aus dem spätmittelalterlichen Bezugsfeld von politischer Realität und geschichtlicher Argumentation. Die zwangsläufige Knappheit mancher vorzutragender Aspekte erfordert, auf zwei parallel erscheinende Darlegungen zu verweisen, die vorläufig Ergänzungen bringen können; siehe *Melville* 1986 und *Melville,* Vorfahren 1987 (Anm. 18 u. 23).

[1] Einen breiter gespannten Überblick geben *Borchardt,* Frank: German Antiquity in Renaissance Myth. 1971. – *Graus,* Frantisek: Lebendige Vergangenheit. München 1975.

[2] Besonders im deutschen Raum mußte sich die Kritik der Humanisten an der geschichtlichen Überlieferung nachdrücklich entfalten, da man aufgrund eines gewachsenen Nationalgefühls nicht mehr fremde Herleitungen, sondern indigene Ursprünge annehmen wollte. *Joachimsen,* Paul: Geschichtsauffassung und Geschichtsschreibung in Deutschland unter dem Einfluß des Humanismus. 1910, 155 ff. – *Tiedemann,* Hans: Tacitus und das Nationalbewußtsein der deutschen Humanisten Ende des 15. und Anfang des 16. Jahrhunderts. 1913. – *Buschmann,* Richard: Das Bewußtwerden der Deutschen Geschichte bei den deutschen Humanisten. 1930. – *Paul,* Ulrich: Studien zur Geschichte des deutschen Nationalbewußtseins im Zeitalter des Humanismus und der Reformation. 1936. – *Borchardt* 1971, 98 ff., 302 ff. – Zum politischen Hintergrund *Schröcker,* Alfred: Die Deutsche Nation. 1974.

[3] *Ulrich Fuetrer:* Bayerische Chronik. Hrg. v. R. Spiller. In: Quellen und Erörterungen zur bayerischen und deutschen Geschichte. NF. 2, 2. 1909.

Aussagen wie „ist nit war"; „schreibt keine rechte history"; „lauter dicht ding" die angebliche Abstammung der Bayern von einem aus Armenien eingewanderten „Bawarus" ad absurdum führten. Andererseits äußerte er sich zur Herkunft der Bayern in seinem eigenen Werk auf ebenso fabulöse Weise, als er einen gewissen „Alman Ägle" als Ahnherrn angab, der wiederum in direkter Sukzession zu einem König „Tuischen" stand, welcher als vierter (!) Sohn Noes von diesem „all land und gegent von dem rhein piß auf den wasserfluß don" zugeteilt erhalten und dann „Großgermanien" begründet habe [4].

Dennoch sollte man solchen historischen Erklärungsversuchen, die sich im Anschluß an bereits antikem Brauch und in durchgängiger mittelalterlicher Tradition dann im 15. und beginnenden 16. Jahrhundert zu höchster Blüte entfalteten [5], nicht mit der Überheblichkeit eines um die tatsächlichen Gegebenheiten Wissenden begegnen, sondern zunächst einmal respektieren, daß sie insbesondere während des letztgenannten Zeitraumes von durchaus politisch erfahrenen und oftmals sogar juristisch gebildeten Personen im Dienste von herrschaftlich potenten Institutionen angefertigt worden sind [6]. Und man sollte ferner beachten, daß verstärkt in jener Zeit die Suche nach dem Ursprung einen Zugriff auf die Vergangenheit bedeutete, der in unverbrämter Pragmatik Belangen der Gegenwart dienen sollte. Als durchaus rational begründeter Reflex auf zeitgenössische Orientierungsbedürfnisse dürfte also ein derartiges Geschichtsinteresse nicht von vorneherein befremdlich wirken, – allenfalls die Methode, mit der es befriedigt wurde, da diese zwar unter Aufgriff von Überlieferungsstandards [7], jedoch in deren zumeist recht willkürlichen Ausformung letztlich nur fiktionale Darstellungen der Vergangenheit hervorbrachte. – Aber die Fiktionalität als solche sollte nicht sichtbar sein. Die Aussagen hatten vielmehr als wahr zu gelten und verwirklichten dann auch diesen Anspruch, indem sie mit unbestreitbarem Geschick Verhältnisse der Gegenwart in die Vorzeit zurückprojizierten, um

[4] *Aventin*/Johannes Turmair: Bayerische Chronik. Hrg. v. M. Lexer. I. 1883. – Vgl. *Strauss*, Gerhard: Historian in an Age of Crisis. The Life and Work of Johannes Aventinus (1477–1534). 1963.

[5] Eine Zusammenfassung bei *Borchardt* 1971, 177 ff., 248 ff.

[6] Dazu *Patze*, Hans: Adel und Stifterchronik. Frühformen territorialer Geschichtsschreibung im hochmittelalterlichen Reich. In: Blätter für deutsche Landesgeschichte 101 (1965). Beispielhaft auch *Lacaze*, Yves: Le rôle des traditions dans la genèse d'un sentiment national au XVe siècle. La Bourgogne de Philippe le Bon. In: Bibliothèque de l'Ecole des Chartes 129 (1971) 303–385.

[7] So geht die Entstehung der Sage von der trojanischen Herkunft der Franken auf das frühe Mittelalter, jener von der Gründung Triers durch einen Sohn Ninus auf das Hochmittelalter zurück, um nur zwei Beispiele zu nennen. Zu Trier *Thomas*, Heinz: Studien zur Trierer Geschichtsschreibung des 11. Jhs., insbesondere zu den Gesta Treverorum. 1968. – *Borchardt* 1971, 177 ff. – Doch diese frühen Fassungen bilden nur den Ausgangspunkt für eine Rezeption, die im ausgehenden Mittelalter zu neuen und wesentlich vielfältigeren funktionalen Zusammenhängen führten.

daraus wiederum die Legitimität zeitgenössischer Befindlichkeiten oder Ansprüche zu begründen. Aufgrund dieser eigentümlichen Rückkoppelung wurde der elementare Erfahrungshorizont der Leser nicht überschritten, sondern geradezu bestätigt, so daß die fingierte Vergangenheit in den Bereich des Möglichen trat und bei Nützlichkeit für zeitgenössische Argumente auch als tatsächlich geschehen angenommen werden konnte [8].

Gerade weil aber diese Ursprungsdarstellungen keine Rekonstruktion der historischen Wirklichkeit sind, sondern zielgerichtet Konstruktionen der Vergangenheit lieferten [9], weisen sie einen besonders hohen Quellenwert auf [10]. Sie legten als geschichtlichen Stoff die Vorwegnahme dessen vor, was als Grundbedingungen der eigenen Gegenwart angesehen wurde. In ihrem scheinbaren Spiel mit fabulösen Fiktionen liegt die durchaus ernsthaft und mit großem erzähltechnischen Aufwand betriebene Absicht, für zeitgenössische Verhältnisse durch deren vorgebliche Widerspiegelung in der Vergangenheit Erklärungsmodelle zu schaffen. Im Vordergrund stand dabei vor allem, den politischen Bestand von Gemeinschaften oder Institutionen gemäß den besonderen Erscheinungsformen ihres jeweiligen Ursprungs zu definieren und weiter alle davon Erfaßten mit Hilfe eines hiervon abgeleiteten spezifischen Geschichtsverlaufs bis zur Gegenwart unter eine gemeinsame Identität zu integrieren sowie zugleich von Anderen abzugrenzen, die sich wiederum auf ihre Weise geschichtlich zurückführten. Anhand einer derart vorgelegten Gewordenheit war es dann möglich, die Position eines eigenständigen Subjekts politischer Ansprüche und Rechte zu bestätigen und sie zudem in das Gefüge der sonst im Kräftespiel der Zeit mitwirkenden und mit analogen Herleitungen argumentierenden Mächte einzuordnen.

In dieser zunächst nur sehr formal skizzierten Struktur sind jene konstruierten Herkunftsableitungen ein hervorragender Indikator des Spannungsfeldes, das im ausgehenden Mittelalter zwischen einem politisch regional oder sogar „national" bestimmten Partikularismus und einem Universalismus bestand, der sich in einem europäischen „Staatensystem" neu zu bestimmen versuchte [11].

[8] Dazu ausführlich *Melville,* Gert: Kompilation, Fiktion und Diskurs. Aspekte zur heuristischen Methode der mittelalterlichen Geschichtsschreiber. In: Beiträge zur Historik. Bd. 5. 1987. – Vgl. auch *Rall,* Hans: Zeitgeschichtliche Züge im Vergangenheitsbild mittelalterlicher, namentlich mittellateinischer Schriftsteller. 1937.

[9] Auf das Phänomen der ‚erfundenen Vergangenheit' als ein allgemein verbreitetes Phänomen der mittelalterlichen Geschichtsschreibung geht ein *Schmale,* Franz-Josef: Funktion und Form mittelalterlicher Geschichtsschreibung. 1985, 62 ff.

[10] Dazu *Graus* 1975, 25: „So mancher Chronist formte mit seinen Fabeln und Legenden folgende Generationen nachhaltiger, als es blutige Schlachten und machtvolle Könige vermochten." Siehe zur höfischen Epik auch *Köhler,* Erich: Ideal und Wirklichkeit in der höfischen Epik. ^{2}1970, 5 f.

[11] Zum „Staatssystem" siehe *Kienast,* W.: Die Anfänge des europäischen Staatensystems im späten Mittelaler. In: Historische Zeitschrift 153 (1936) 229–271. – *Tellenbach,* Gerd: Die Grundlegung der späteren Weltstellung des Abendlandes. In: Saeculum-

Um die wichtigsten Elemente des einschlägigen Quellenbefundes einigermaßen anschaulich aufzeigen zu können, scheint mir die Beschränkung auf einen Stoffbereich gerechtfertigt zu sein, dem aufgrund einer nahezu generellen Anpassungsmöglichkeit an die verschiedensten politischen Gegebenheiten paradigmatische Bedeutung beigemessen wurde. Es handelt sich um jene Herkunftsversion, die z. B. noch Jakob Mennel, habsburgischer Hofhistoriograph des frühen 16. Jahrhunderts, ansprach [12], als er bemerkte, daß das „römische reich, deutsch und welsch frankreich, die kunig von burgundj, aquitania, austrasia, profanz, lotharingia und sunst noch vil ander kunigreich und herrschaften“ sich auf Abkömmlinge der *Trojaner* zurückführen ließen. Mennel bezog sich dabei auf eine literarische Tradition, die man bekanntlich zum ersten Mal um 660 in der „Historia Francorum“ des sog. Fredegar niedergelegt findet – sieht man von den bereits antiken Vorgaben um den Themenkreis des Äneas ab – und die etwa ab dem 12./13. Jahrhundert einen außerordentlichen Aufschwung hinsichtlich ihrer Verbreitungsdichte und Adaptionsvielfalt erfuhr.

Hier ist nicht erneute Gelegenheit zur Nacherzählung der einzelnen historiographischen Darlegungen [13]. Es muß bei dem Hinweis auf den Zug des Äneas nach Mittelitalien bleiben, auf dessen dortige Herrschaftsübernahme, aus der einmal das römische Reich hervorgehen sollte, – auf den Zug einer Flüchtlingsgruppe zu den meoditischen Sümpfen in Pannonien, ihrer Gründung der Stadt „Sicambria“ und Neubenennung als Franken und schließlich ihren Weitermarsch

Weltgeschichte. Bd. 5. 1970, 69–239, hier: 97 ff. – *Guenée,* Bernard: L'Occident aux XIVe et XVe siècles. Les Etats. 1971. – *Meuthen,* Erich: Das 15. Jahrhundert. 1980, 41 ff. – Zum entstehenden Nationalgefühl *Huizinga,* J.: Wachstum und Formen des nationalen Bewußtseins in Europa bis zum Ende des 19. Jahrhunderts. In: Ders.: Im Banne der Geschichte. 1943, 131–212. – *Guenée,* Bernard: Etat et nation en France au moyen âge. In: Revue historique 237 (1967) 17–30. – *Werner,* Karl-Friedrich: Les nations de le sentiment national dans l'Europe médiévale. In: Revue historique 244 (1970) 285–304. – *Schröcker* 1974. – *Ehlers,* Nation und Geschichte. Anmerkungen zu einem Versuch. In: Zeitschrift für historische Forschung 11 (1984) 205–218.

12 Zu diesem Autor siehe *Lothsky,* Alphons: Dr. Jakob Mennel. Ein Vorarlberger im Kreise Kaiser Maximilians I. In: Alemannia N. F. 2 (1936) 1–15. – und *ders.:* Apis Colonna. Fabeln und Theorien über die Abkunft der Habsburger. In: Mitteilungen des Instituts für österreichische Geschichtsforschung 55 (1944) 171–245. – Folgendes Zitat nach *Coreth,* A.: Dynastisch-politische Ideen Kaiser Maximilians. In: Mitteilungen des Österreichischen Staatsarchivs 2 (1949) 90.

13 Überblicke liefern *Eisenhut,* Werner: Spätantike Troja-Erzählungen – mit einem Ausblick auf die mittelalterliche Troja-Literatur. In: Mittellateinisches Jahrbuch 18 (1983) 1–28. – *Klippel,* Maria: Die Darstellung der fränkischen Trojanersage in Geschichtsschreibung und Dichtung vom Mittelalter bis zur Renaissance. 1936. – *Grau,* Anneliese: Der Gedanke der Herkunft in der deutschen Geschichtsschreibung des Mittelalters (Trojasage und Verwandtes) 1938. – *Bodmer,* Jean-Pierre: Die französische Historiographie des Spätmittelalters und die Franken. In: Archiv für Kulturgeschichte 45 (1963) 91–118. – *Graus* 1975, 81 ff.

nach Germanien und Gallien mit der Gründung von Lutetia/Paris, – oder auf die Flucht des Brutus, eines Neffen des Äneas, aus Latium, welche über einige Irrwege u. a. durch Gallien zu den nach ihm benannten „britischen" Inseln mit dortiger Herrschaftsbegründung führte. Damit sind die wichtigsten Stränge dieser Herleitung angesprochen. Ihr wesentlichstes Merkmal ist die Tatsache einer neuen Landnahme und Einrichtung von eigenständiger Herrschaft nach dem Fall von Troja, durchgeführt von Nachkommen der ehemaligen Führer trojanischer Macht. Ein weiterer Umblick würde ähnliche Verhältnisse z. B. auch für die Isländer, Dänen/Normannen, Hispanier oder Makedonen, aber auch für zahlreiche Städte wie etwa Xanten, Augsburg oder Venedig feststellen lassen [14].

Man macht es sich nun zu einfach, wenn man den Rückgriff auf Troja allein mit der Absicht erklären würde, mittels des hohen Alters und der unangefochtenen Qualität dieser Herkunft ein besonderes Ansehen reklamieren zu wollen, – wenngleich dies sicherlich für das frühmittelalterliche Einsetzen der fränkischen Überlieferung hinsichtlich einer vorzulegenden Gleichrangigkeit mit den Römern gegolten haben mochte und auch im weiteren Verlauf sowie in der Ausdehnung der Thematik auf andere politische Gemeinschaften stets als ein Grundelement bestehen blieb [15]. Ab dem Hochmittelalter erweiterte sich das Argumentationspotential der trojanischen Herkunft beträchtlich und erfuhr dann seinen Höhepunkt im 15. und beginnenden 16. Jahrhundert, als es z. B. propagandistisch in der Endphase des Hundertjährigen Krieges eingesetzt wurde, um Frankreich und England als Nationen voneinander abzugrenzen, oder als es mit immer stärker ausgefeilter Technik der Rechtfertigung von Herrschaftsansprüchen zahlreicher Dynastien diente [16]. Im folgenden kann es nun nicht um eine umfassende Bestandsaufnahme gehen – obschon dies angesichts noch breiten ungehobenen Materials eine lohnende Aufgabe wäre [17] –, sondern nur um zwei entscheidende Grundprinzipien:

[14] Vgl. *Heusler,* Andreas: Die gelehrte Urgeschichte im altisländischen Schrifttum. In: Abhandlungen d. kgl. preuss. Akad. d. Wiss., Phil.-Hist. Cl., Jg. 1908 (1908). III. Abh. – *Grau* 1938. – *Borchardt* 1971. Ein umfassender Überblick über alle Herleitungen von den Trojanern fehlt allerdings noch.

[15] Dazu dezidiert *Klippel* 1936, 2 ff., wenn auch in der analytischen Tiefe unbefriedigend. – *Homeyer,* Helene: Beobachtungen zum Weiterleben der trojanischen Abstammungs- und Gründungssagen im Mittelalter. In: Res publica litterarum 5, 2 (1982) 93–123.

[16] Vgl. *Bossuat,* A.: Les origines troyennes; leur rôle dans la littérature historique au XVe siècle. In: Annales de Normandie 8 (1958) 187–197. – *Lothsky* 1944. – *Coreth* 1949. – *Althoff,* Gerd: Studien zur Merowingersage. In: Mitteilungen des Instituts für österreichische Geschichtsforschung 87 (1979) 71–100.

[17] Dies zeigen exemplarisch etwa die Untersuchungen von *Bossuat* 1958 anhand breiter unedierter Überlieferung auf. Auch die Wechselwirkungen zwischen historiographischer und epischer Literatur trojanischer Thematik sind noch weitgehend ungeklärt. Ansätze dazu bei *Woledge,* B.: La légende de Troie et les débuts de la prose française. In: Melanges offerts à Mario Roques. Bd. II. 1953, 313–324. – *Cormeau,* Christoph: Quellenkom-

1. die Konstituierung eines universellen säkularen Geschichtsbereiches, der unberührt von der Heilsgeschichte zur Kohärenz einer umfassenden Völkergemeinschaft führte,
2. die Konstituierung von integrativ wirkenden Sondergeschichten partikularer Gemeinschaften.

Dabei ist davon auszugehen, daß im späten Mittelalter eine trojanische Herleitung vor allem jene neuen politischen Mächte aufgegriffen haben, die als transpersonale Gebilde eines Selbstverständnisses bedurften, das sie in einer historischen Kontinuität der Autonomie zeigen ließ. Gemeint sind damit die sog. „Nationalstaaten" – allen voran England und Frankreich – und die Dynastien, die Europa mit einem Netz von Herrschaften überzogen und dabei selbst wieder staatsbildend wirkten. In diesen Bereichen entstanden offiziöse Geschichtsdarstellungen, die entweder eine ununterbrochene Sukzession des jeweiligen Herrschertums als Institution oder eine fortlaufende Blutsweitergabe der Herrscherpersonen seit der Trojanerzeit entwarfen. Sie stellten die qualitätsvolle Abkunft folglich als Ausgangspunkt einer kontinuierlich selbständigen politischen Führung dar, die die entsprechende Institution und ihr dynastisches „Personal" im derzeitigen Bestand legitimieren sollte [18].

Auf dieser Grundlage wurde zu Konzepten gegriffen, die die herkömmlichen Paradigmen einer einheitlichen Geschichte sprengten und andere an ihre Stelle setzten. Damit ist der erste der beiden Gesichtspunkte angesprochen:

In aller Verkürzung gesagt, richteten sich jene legitimatorischen Bemühungen wesentlich gegen die Unterstellung, nur approbierter Ausfluß der im christlichen ordo verankerten Hegemonialmächte ecclesia und imperium zu sein. Sie erfolgten – dies muß hervorgehoben werden – trotz aller sonst üblichen naturrechtlichen Argumentationen oder Aufrufen eines unmittelbaren Gottesgnadentums der Herrscher, denn derartige Appelle hoben zwar auch die Autonomie der partikularen weltlichen Macht hervor, zielten jedoch stärker auf die zeitlos gültige Souveränität einer politischen Gemeinschaft schlechthin als auf die Begründung einer jeweils individuell gewonnenen Eigenständigkeit aus der Geschichte [19].

pendium oder Erzählkonzept? Eine Skizze zu Konrads von Würzburg „Trojanerkrieg". In: Festschrift Hans Fromm. 1979. 303–319. Ausdrücklich soll in diesem Zusammenhang auf das von Horst Brunner geleitete Teilprojekt „Konrads von Würzburg ‚Trojanerkrieg'" im Rahmen des SFB „Wissensorganisierende und wissensvermittelnde Literatur im Mittelalter" (Würzburg) hingewiesen werden. Vgl. auch *Schneider,* Karin: Der ‚Trojanische Krieg' im späten Mittelalter. Deutsche Trojaromane des 15. Jahrhunderts. (1968). – *Buchthal,* Hugo: Historia Troiana. Studies in the History of Medieval Secular Illustration (1971).

[18] Ausführlich dargelegt bei *Melville,* Gert: Vorfahren und Vorgänger. Spätmittelalterliche Genealogien als dynastische Legitimation zur Herrschaft. In: Die Familie als sozialer und historischer Verband. Hrg. v. P. J. Schuler (1987).

[19] Siehe dazu *Kern,* Fritz: Gottesgnadentum und Widerstandsrecht im früheren Mit-

Wie schlagkräftig mit einer solchen legitimierenden Geschichte umgegangen werden konnte, zeigte z. B. schon die Publizistik aus dem Umkreis des französischen Königs Philipp le Bel auf. Jean Quidort etwa wandte sich gegen die Suprematie-Forderungen Bonifaz' VIII. anhand der „Konstantinischen Schenkung" mit folgenden Worten: „Tertio apparet, quod ex dicta donatione nihil habet Papa super regem Franciae, dato etiam quod valuisset, et generalis de toto imperio fuisset; quia licet Gallici inueniantur tempore Octauiani Augusti imperio Romano fuisse subiecti, tamen Franci nunquam. Hoc enim legitur in diuersis historiis, quod post excidium duodecim millia Troianorum duce Antenore, a quo primo dicti sunt Antenoridae, ad partes Pannoniae iuxta Maeotidas paludes peruenerunt, vbi ciuitatem Sicambriam aedificauerunt, semper Imperio Romano infesti; ibique manserunt vsque ad tempora Valentiniani Imperatoris, a quo inde expulsi, pro eo quod tributa Romanis iuxta morem caeterarum gentium soluere recusauerunt; egressi autem inde cum suis ducibus Marcomiro, Symone et Genebaudo, venerunt et habitauerunt iuxta ripam Rheni in confinio Germaniae et Alemanie; quos cum multis praeliis idem Valentinianus postmodum deuincere non potuisset, proprio nomine eos Francos, id est feroces appellauit. Et ab illo tempore virtus Francorum in tantum excreuit, vt totam Germaniam et Galliam vsque ad iuga Pyrenaei, et vltra subiugarent; et Galliam habitantes, eamque Franciam nominantes, nullis Romanis, nec aliis quibuscunque fuerunt subiecti." [20] An anderer Stelle fragte er, mit welchem Recht der Papst ein Einsetzungsrecht gegenüber dem französischen Königtum beanspruche, da doch – und auch hier setzte der Autor stillschweigend den Rückverweis auf die trojanische Herkunft voraus – „prius fuerunt reges Franciae in Francia, quam Christiani" [21].

Aus derartigen Stellungnahmen spricht grundsätzlich ein „esprit laïque", wie ihn George de Lagarde in seinen gleichnamigen Büchern so anschaulich als eines der tragenden Elemente spätmittelalterlichen politischen Denkens vorgeführt hat. Hier formte er sich anläßlich der auszugrenzenden historischen Eigenständigkeit eines regional umreißbaren regnum in besonderer identitätsstiftender Weise aus, indem die universalen Mächte ecclesia und imperium in gleicher Weise zu historischen und damit sowohl zeitlich begrenzten wie auch handlungsräumlich umgehbaren Größen erklärt wurden, – ohne dabei deren in jener Epoche

telalter. Zur Entwicklungsgeschichte der Monarchie. Hrg. v. R. Buchner (1954). – *Brunner,* Otto: Vom Gottesgnadentum zum monarchischen Prinzip. Der Weg der europäischen Monarchie seit dem hohen Mittelalter. In: Das Königtum. Seine geistigen und rechtlichen Grundlagen (1956). – *Struve,* Tilman: Die Entwicklung der organologischen Staatsauffassung im Mittelalter. 1978.

[20] *Quidort:* Johannis de Parisiis tractatus de potestate regia et papali. In: M. Goldast, Monarchia S. Romani Imperii II. (1614). 108–147, hier 140 f.

[21] Quidort 1614, 120 f. – Zur Argumentationsmethode dieser Epoche vgl. *Miethke,* Jürgen: Parteistandpunkt und historisches Argument in der spätmittelalterlichen Publizistik. In: Theorie der Geschichte. Beiträge zur Historik. Bd. 1 (1977) 47–62.

ebenfalls noch vorgetragene Verankerung biblischer Provenienz berücksichtigt zu haben, welche durch den typologischen Bezug zum Alten Testament oder durch die Weltmonarchien-Folge auf das umgreifende opus restaurationis der Menschheit verwiesen hätte [22].

Hier war ein Zugriff auf Geschichte erfolgt, der letztendlich bei entsprechender historiographischer Weiterentwicklung die Fundamente des mit einem allumfassenden Integrationsanspruch auftretenden heilsgeschichtlichen Systems unterlaufen konnte. – Dabei mußte keineswegs in einen grundsätzlichen Widerspruch mit den üblichen Konzepten getreten werden, die sich leitthematisch an der Bibel sowie an der Sukzession des Kaisertum und/oder Papsttums orientierten. Diese hatten nämlich einen beträchtlichen Leerraum belassen, als sie bei den Söhnen Noes nur die Nachkommenschaft Sems als jene linea, die zu Christus führt, verfolgten und Geschehnisse aus paganen Bereichen allenfalls als incidentia aufnahmen [23]. Troja und seine Nachfolgereiche standen nicht in der Bibel, ließen sich jedoch in eben jenen Leerraum einfügen, sobald die Geschehensstränge ab Noe nicht mehr schwerpunktmäßig der historia sacra folgten, sondern über Japhet zu den Trojanern als deren angebliche Nachkommen weiterführten. Mit dieser einfachen Weichenstellung war dann aber die Möglichkeit gegeben, Weltgeschichte von den Anfängen an in einer veränderten Ordnung darzustellen, die tatsächlich ein Gefüge von rein säkular empfundenen Herrschaftsgebilden in den Vordergrund rückte.

Dieser Sachverhalt ist in einem umfangreichen Corpus von Weltchroniken greifbar, die namentlich in England und Frankreich während des 15. Jahrhunderts entstanden sind, von der Forschung allerdings noch kaum zur Kenntnis

[22] Vgl. zu diesem Komplex *Lagarde,* Georges de: La naissance de l'esprit laïque au déclin du moyen âge. Bd. 1, ³1956.
Dempf, Alois: Sacrum imperium. Geschichts- und Staatsphilosophie des Mittelalters und der politischen Renaissance. 1929. – *Goez,* Werner: Translatio Imperii. 1954. – *Kölmel,* Wilhelm: Typik und Antitypik. Zum Geschichtsbild der kirchenpolitischen Publizistik (11.–14. Jahrhundert). In: Festschrift für J. Spörl 1965, 277–302. – *Ders.:* Regimen christianum. Weg und Ergebnisse des Gewaltenverhältnisses und des Gewaltenverständnisses (8. bis 14. Jahrhundert). 1970. – *Stürner,* Wolfgang: Peccatum und potestas. Der Sündenfall und die Entstehung der herrscherlichen Gewalt im mittelalterlichen Staatsdenken. 1986.

[23] Zu diesen Thematisierungsprinzipien, wie sie in mittelalterlichen Standardwerken etwa des Petrus Comestor oder des Petrus Pictaviensis üblich waren, siehe ausführlich *Melville,* Gert: Geschichte in graphischer Gestalt. Beobachtungen zu einer spätmittelalterlichen Darstellungsweise. In: Geschichtsschreibung und Geschichtsbewußtsein im Spätmittelalter. Hrg. v. Hans Patze (Vorträge u. Forschungen XXXI). 1986, 57–154, 86 ff. Zur stofflichen Anordnung in der üblichen mittelalterlichen Weltchronistik vgl. *Brincken,* Anna-Dorothee v. den: Die lateinische Weltchronistik. In: Mensch und Weltgeschichte. Zur Geschichte der Universalgeschichtsschreibung. Hrg. v. Alexander Randa. 1969, 43–86. – *Melville,* Gert: Spätmittelalterliche Geschichtskompendien – eine Aufgabenstellung. In: Römische Historische Mitteilungen 22 (1980) 51–104.

genommen wurden [24]. Zur nötigen Veranschaulichung möchte ich auf zwei dieser Werke exemplarisch eingehen.

In den MSS franç. 694 und 695 der Bibliothèque Nationale (Paris) sowie im cod. Gall. 13 der Bayerischen Staatsbibliothek (München) [25] ist eine Chronik überliefert, die von einem anonymen Autor in französischer Sprache kurz nach der Regierungszeit von Charles le Bien († 1422) abgefaßt wurde. Programmatisch legt der Prolog den Inhalt mit folgenden Worten dar: „Cy ensuit la generation de Adam qui comprent iusques au deluge, et apres de deuise la generation de Noe et de ses trois filz. C'est assauoir la lignie de Sem qui tint la contree de Aise et de cestui yssi la lignie roial qui nostre seigneur porta, et la lignie de Cam tint la contree d'Aufrique, et deuise, quelles contrees ilz peuplerent et nommerent de leurs noms, et la lignie de Iaphet qui tint Europe et nommerent pluseurs contrees. Et de la lignie de cestui poursuit nostre matiere qui demonstre et enseigne par nom et par sournom, comment ceulx de Troie en uindrent et quelles contrees ilz peuplerent. Et apres que demonstré et enseigné, comme Troye fut destruité, et puis parlé, quelles terres tindrent ceulx qui eschaperent de Troie et quelles contrees ilz peuplerent, c'est assauoir comment ilz fonderent Romme et qui la depuis gouernee iusques en l'an mil III^{c}XXVIII. Item comme ilz fonderent le royaume de France et qui la depuis gouuerne iusques à present et toute la generation des roys de France et combien chascun a regné. Item comme le royaume de Engleterre fut fondé et premirement nommé l'ille de Albion et puis Bretaigne la grant et puis apres Engleterre, et quelz roys il y a eu et combien ilz ont regné iusque au roy Richart [i. e. Richard II., 1377–1399] à qui dieu pardonit, et si deuise combien chascune aage du monde a duré iusques à nostre seigneur Ihesucrit [26].

Mit einem außerordentlich signifikanten Gerüst von Kreisen und Linien, die zum einen Handlungsträger sowie Knotenpunkte des Geschehens, zum anderen sukzessionelle oder genealogische Verläufe unmittelbar vor Augen führen [27], geht die Chronik dann tatsächlich entsprechend dieser Ankündigung vor. Nach Noe ist Japhet in den thematischen wie auch graphischen Mittelpunkt gestellt [28] und nicht Sem, wie es bei heilsgeschichtlich ausgerichteten Werken – etwa noch am Ausgang des Mittelalters im darstellungstechnisch vergleichbar angelegten Fasciculus temporum des Werner Rolevinck [29] – üblich war. Zunächst wurde dann zwar nach vier Gliedern die Linie der Nachkommenschaft Japhets unter-

[24] Einige Hinweise bei *Melville* 1986, 101, Anm. 170. – *Bossuat* 1958.

[25] Siehe die genauere Beschreibung bei *Melville* 1986, 101 ff.

[26] Zitiert nach Edition bei *Melville* 1986, 153.

[27] Dieses Darstellungsprinzip in seinen verschiedenen thematischen Ausprägungen behandelt bei *Melville* 1986.

[28] Siehe Abb. 1.

[29] Siehe Abb. 2. Zur Rolevincks Chronik vgl. insbesondere bezüglich der hier angesprochenen Sachlage *Melville* 1986, 79 ff.

brochen, um Raum zu geben für die Geschichte der Ham'schen und Sem'schen Zweige, doch als wenig später die beiden letztgenannten schon beim Turmbau von Babel bzw. im Zeitalter Alexander d. Gr. nicht weiterverfolgt wurden, konnte die verlassene Thematik – die im Prolog ausdrücklich als „nostre matiere" angekündigt worden war – wieder aufgegriffen und von nun an in Ausschließlichkeit behandelt werden. Mit dem Rückverweis „Japhet qui est dit dessus engendra plusieurs enfans, le premier" ... ist die Geschehenslinie u. a. über Dardanus zunächst bis zum Trojanerkönig Priant und seinen Kindern gezogen. Darauf folgt die Behandlung von Trojas Untergang, – visuell gekennzeichnet durch einen überdimensioniert großen Kreis mit der Umschrift „Comme Troie la grant fut toute destruite par les Gregois." Von ihm zweigen zwei Bänder nach unten ab mit den Hinweisen „Ceste branche ua en la cite de Cycambre" und „Ceste branche demonstre comme Eneas se partit de Troye." [30]. Wenig später schert dann im Nachfahrenstrang des Äneas noch eine Linie aus mit der Beschriftung „Comme Bruit s'en ua fonder la cite de Londres". Damit sind die Ausgangspunkte des weiterhin darzulegenden Stoffes fixiert: Die Geschichte der Sicambrer setzt sich letztlich im französischen, die der Nachfolger des Bruit (Brutus) im britisch/englischen Königtum fort; die Sukzession nach Äneas mündet über die latinischen, dann römischen Könige, ferner die Konsuln und Imperatoren Roms in die Reihe der mittelalterlichen Kaiser ein.

Hier ist nicht Raum, auf den textlichen Inhalt einzugehen, der die Graphik erläuternd begleitet [31], doch bereits die aufgezeigte Stoffauswahl und -verteilung scheint aussagekräftig genug: Von den heilsgeschichtlichen Zuordnungsrastern blieb nichts übrig. Die biblische Geschichte wurde verkürzt an die Peripherie gedrängt, selbst Christus ist als sonst entscheidender Angelpunkt der Weltgeschichte übergangen worden. Weder die Weltmonarchien-Folge, noch die sex aetates wurden als Gliederungsetappen vorgelegt. Das Papsttum fehlt völlig; das Kaisertum stellt sich als Weiterentwicklung des regional begrenzten italisch/römischen Stranges dar. Stattdessen stehen ohne unterschiedliche Gewichtung und zurückgeführt auf einen gemeinsamen Ursprung drei, offensichtlich letzthin die Geschichte bestimmenden Mächte im Vordergrund: England, Frankreich und ein Römisches Reich, das zugeschnitten ist auf einen Herrschaftsbereich neben den anderen.

Das zweite hier heranzuziehende Beispiel strukturiert die Geschichte ähnlich, greift jedoch noch universeller aus. MS 522 der Bibliothèque Sainte-Geneviève (Paris) überliefert eine Weltchronik in Rollenform, die von Adam bis in die Zeit

[30] Siehe Abb. 3.

[31] Es muß hervorgehoben werden, daß im gesamten Spektrum der graphisch ausgestalteten Werke der Text nur eine das Schema erläuternde Funktion hat. Umso mehr sticht das System der Linienführung hervor, das die Kohärenzen des Geschehens aufzeigen will.

Ludwigs XI. von Frankreich (1461–1483) führt [32]. Wiederum wurden dort in einem Prolog detailliert die verschiedenen Themenbereiche angekündigt. Sie lassen sich stichwortartig auffächern in „la genealogie de la Bible" – „les trois fils de Noe" – „les Troyens" – und von letzteren abgeleitet „Rommanie, Lombardie, France, Angleterre, les roys et empereurs de Romme", – und zudem noch „les papes" [33].

„Par l'enseigne des branches des genealogies" baut sich auch dieses Werk in Form eines graphischen Netzes von Kreisen und Linien auf. Nach Noe verzweigen sich die Geschehensstränge in den Nachfahrenkomplex von Sem (linke Seite), Japhet (Mitte) und Cham (rechte Seite). Letzterer schließt bald nach Nemroth beim Turmbau von Babel ab, so daß dann die rechte Hälfte der Rolle ausschließlich von der Filiation Japhets eingenommen werden kann. Diese ist zunächst bis Priamus durchgezogen; dann folgt ein etwas größerer Kreis, in dem notiert ist: „Troye qui fut destruicte". In Verästelung sind von ihm vier weitere Kreise weggeführt mit den Inschriften: „Comment Eneas se mist en mer – Comment Priamus se mist en mer – Comment Turtus se mist en mer – Comment Helenus se mist en mer." Sie kennzeichnen also die Aufteilung der Nachfolge-Herrschaften Trojas [34], denen nun der weitaus größere Anteil am Gesamtwerk gewidmet ist. Dabei werden wieder jene Bereiche in den Vordergrund gestellt, die schon im zuvor behandelten Werk eine maßgebliche Rolle spielten: a) die sich Äneas anschließenden Sukzessionen bis hinauf zu den mittelalterlichen Kaisern, b) die sich von Brutus ableitende Herrschaftsfolge des britisch/englischen Königtums und c) die Linie der Sicambrier/Franken/Franzosen. – Hinzugetreten ist hier aber noch eine weiterreichende Fortsetzung sowie zugleich ein stärkerer Ausbau des Stranges von Sem, der durchgängig auf der linken Seite der Rolle loziert wurde. Unter vielfachen Verzweigungen zieht er sich über Abraham und Jesse, dann über David und Christus [35] bis zur Sukzession der Päpste hin, die mit Urban VI. gegen Ende des 14. Jahrhunderts enden.

[32] Die Rolle hat die Abmaße 1183 mal 68 cm. Die graphische Ausgestaltung der Linien und Kreise erfolgte einheitlich – jedoch das Strukturierungsprinzip außerordentlich stark visualisierend – in roter Farbe. Im Ms 523 (ebenfalls Bibl. Sainte-Geneviève) bereits aus dem 16. Jahrhundert liegt eine Prunkausführung dieser Chronik vor. Sie ist gleichermaßen in Rollenform (mit den bemerkenswerten Ausmaßen von 3270 mal 65 cm) aufgezeichnet und reich mit Illuminierungen ausgestattet. Ihr chronologischer Rahmen reicht bis 1516. Vgl. zu beiden Handschriften *Catalogue général des manuscrits des bibliothèques publices de France. Paris, Bibliothèque Sainte Geneviève* II. 1896. 270.

[33] Der vollständige Prolog ediert bei *Melville* 1986, 154; dort 104 ff., auch ausführlicher zu diesem Geschichtswerk.

[34] Dabei erfolgte unter *Eneas* die bekannte Landnahme in Italien, unter *Priamus'* Nachkommen jene von Sicambrien, unter *Turtus* eine in Thrakien und unter *Helenus* eine in Makedonien.

[35] Dabei steht weniger das Genealogische als vielmehr das Sukzessionelle im Vordergrund. Breite Ausgestaltung finden die Folgen der Hohenpriester, der Könige Israels und benachbarter Reiche (z. B. Syrien). Zu einschlägigen Vorlagen vgl. *Melville* 1986, 68 ff.

Die Menschheitsgeschichte der „filii“ Adams ist hier über zwei wesentliche Verteilungspunkte zur gegenwärtigen Befindlichkeit geführt worden. Der erste lag bei den Söhnen Noes und erbrachte zum einen in der Nachfolge Sems einen biblischen Strang, der – anders als im zuvor gezeigten Werk – in die Institution „Papsttum“ mündete, zum anderen in der Nachkommenschaft Japhets einen Verlauf europäisch zentrierter Geschichte, der sich zunächst mit seiner Hauptlinie bis Troja erstreckte. Dort erfolgte dann die zweite Aufteilung. Sie ergab – nun analog zum erstgenannten Werk – die geschichtliche Abfolge von drei sich neu konstituierten Machtbereichen: Britannien/England, Sicambria/Frankreich und dem italisch/römischen Reich.

Wohl gerade wegen ihrer lapidaren Einfachheit besitzt diese Anlage eine hohe Aussagekraft. Sie deckt in musterhafter Stringenz jenes Konzept auf, mit dem die historische Gewordenheit zeitgenössischer Verhältnisse unter Ablösung von heilsgeschichtlich fundierten Integrationsansprüchen erklärt werden sollte: England und Frankreich sind als regionale Mächte ausgeformt, denen auch das Römische Reich trotz seiner sonst unterstellten Universalität in analoger Einschätzung zugereiht wurde. Alle drei haben sich durch unterschiedliche Landnahmen voneinander abgegrenzt und weisen einen gesonderten Geschichtsverlauf seit ihrer Gründung auf. Dieses Nebeneinander von gleichwertigen Bereichen aber besitzt eine Gemeinsamkeit, die wiederum eine historisch bedingte Einheitlichkeit zugrundelegen läßt: die Herkunft aus Troja. Unter diesem Gesichtspunkt erweisen sich England, Frankreich und das Römische Reich als ein Filiationsverband, der die wichtigsten Gebiete Europas unter sich aufgeteilt hatte. – Gerade mit Troja aber besaß diese Filiation einen Ausgangspunkt, der mehr war als ein historisches Datum. Da er – wie schon hervorgehoben – jenseits der historia sacra in säkularer Provenienz verankert war, schuf er eine Legitimation politischer Existenz, die von heilsgeschichtlichen Antizipationen unberührt bleiben konnte und eine unanfechtbare Wertigkeit aus autogen gewonnener Größe bezog. Die – zumindest hier thematisierte [36] – Staatenwelt Europas stellte sich somit als ein autonomes Gefüge dar gegenüber etwaigen Suprematie-Ansprüchen des Papsttums, das hier bezeichnenderweise als ein Strang unter anderen aufgezeigt oder im zuerst vorgelegten Beispiel gänzlich weggelassen wurde, bzw. des Kaisertums, das selbst eingeordnet worden ist in das System der regionalen Mächte.

Die Auflösung alter Integrationen also zugunsten neuer unter dem Signum der trojanischen Herkunft gilt es festzuhalten, denn sie schwingt mit bei dem

Vergleichsmaterial zu derart biblizistisch orientierten Stofführungen bei *Ott*, Norbert H.: Typen der Weltchronikonographie. Bemerkungen zu Illustration, Anspruch und Gebrauchssituation volkssprachlicher Chronistik aus überlieferungsgeschichtlicher Sicht. In: Jahrbuch der Oswald-von-Wolkenstein-Gesellschaft 1 (1980/81), 29–55.

[36] Dabei sollte nicht übersehen werden, daß diese thematische Beschränkung allein auf das hier ausgewählte Quellenmaterial französischer Provenienz zurückzuführen ist. Grundsätzlich wären in das Spektrum alle sich auf Troja zurückführenden Gebilde einzubeziehen; vgl. oben S. 415 f. und Anm. 52.

zweiten angekündigten Aspekt, dem ich mich nun zuwenden möchte: der Konstituierung von integrativ wirkenden Sondergeschichten partikularer Gemeinschaften.

Oben wurden bereits Einsatzmöglichkeiten der trojanischen Herkunft für spezielle dynastische Belange erwähnt: Hohe Abstammung sollte vorderhand die Qualität des zum Herrschen berufenen Blutes signalisieren. So rühmte sich z. B. König Wenzel angesichts der Ahnengemälde seines Vaters einer Abkunft „de prosapia Trojanorum“ [37], so pochte Philipp der Gute von Burgund als angeblicher Trojaner-Abkömmling während des Basler Konzils auf fürstliche Sonderrechte [38] oder ließ Maximilian mit großem Aufwand seine Genealogie zu den trojanischen Urvätern zurückführen [39]. Dabei waren zumeist gemeinsamer aszendenter Treffpunkt aufgrund entsprechender Ansippungen die Merowinger als unterstellte Nachfahren der Sicambrer. – Mit derartigen Bestrebungen, den Ruhm des eigenen Geschlechtes zu heben, erfaßte man aber die wesentlich weiterreichende integrative Kraft der trojanischen Herleitung keineswegs. Die Problemstellung liegt tiefer.

Dynastien bedurften eines herrschaftlichen Substrates in Form von regna oder allgemeiner gesagt – von Ländern/Territorien, um sich überhaupt als historischer Verbund von Dauer auszuweisen [40]. Die Kontinuität der Herrschaftssukzession spielte eine ebenso große Rolle wie die Kontinuität des durch die Generationen hindurch weitergegebenen Blutes. Beide Bereiche mußten letztlich zur fortdauernden Kontamination gebracht werden, wenn zum einen die dynastischen Wünsche nach Erbfolge [41], zum anderen aber auch die Bestrebungen der ständi-

[37] Überliefert durch *Dynter:* Chronique des ducs de Brabant par Edmond de Dynter, 3 Bde. Hrg. v. P. F. X. de Ram. 1854–60.

[38] Siehe dazu *Toussaint,* J.: Les relations diplomatiques de Philippe le Bon avec le concile de Bâle (1431–1449). 1942. – *Heimpel,* Hermann: Eine unbekannte Schrift über die Kurfürsten auf dem Basler Konzil. In: Festschrift für J. Fleckenstein. 1984, 469–482. – *Melville,* Vorfahren 1987.

[39] Vgl. *Lothsky* 1944. – *Coreth* 1949. – *Müller,* Jan-Dirk: Gedechtnus. Literatur und Hofgesellschaft um Maximilian I. 1982.

[40] Vgl. *Schmid,* Karl: Geblüt, Herrschaft, Geschlechterbewußtsein. Grundfragen zum Verständnis des Adels im Mittelalter. Habil-Schr. masch. 1961, 92 ff. – *Moraw,* Peter: Von offener Verfassung zu gestalteter Verdichtung. Das Reich im späten Mittelalter, 1250–1490. 1985, 183 ff. – *Melville,* Vorfahren 1987.

[41] Grundlegend zu diesem Problem *Kantorowicz,* Ernst H.: The King's two Bodies. A Study in Mediaeval Political Theology. 1957, 273 ff. und 314 ff. Zu den Verhältnissen z. B. in Deutschland und Frankreich vgl. *Goez,* Werner: Der Leihezwang. Eine Untersuchung zur Geschichte des deutschen Lehensrechtes. 1962. – *Krieger,* Karl-Friedrich: Die Lehnshoheit der deutschen Könige im Spätmittelalter (ca. 1200–1437). 1979, 332 ff. – *Schramm,* Percy Ernst: Der König von Frankreich. Das Wesen der Monarchie vom 9. zum 16. Jahrhundert I. 1939, 230 ff. – *Giesey,* R. E.: The Juristic Basis of Dynastic Right to the French Throne. In: Transactions of the American Philosophical Society. New Series 51 (1961) part 5.

schen Vertreter des Landes oder der „Nation" nach einem eingeborenen Herrscher Wirklichkeit werden sollte [42].

Die Wirklichkeit sah bekanntlich zumeist anders aus. Auf einen verkürzten Nenner gebracht: Die Dynastien dehnten ihre Herrschaft vielfach auf Gebiete aus, in denen sie nie beheimatet waren und auf die sie nur durch recht weit ausgelegte Erbrechte Anspruch hatten; vice versa sahen sich die meisten Territorien häufigen Dynastiewechseln ausgesetzt, geteilt oder größeren Herrschaftsverbänden zugeschlagen [43]. Die burgundischen Länder sind jedes für sich ein signifikantes Beispiel [44]. Hinzu kommt, daß die überwiegende Zahl der politischen Einheiten selbst von Dynastien erst in jüngerer Zeit – etwa ab dem 12./13. Jahrhundert – geschaffen worden waren, und nur in den seltensten Fällen eine Kontinuität zurück zu den ehemals gewachsenen Stammeseinheiten bestand.

Vor diesem Hintergrund der Wechselhaftigkeit und Neuerung erst zeigt sich der Einsatz einer trojanischen Herleitung als sinnvoll, denn er stellte gerade durch seine integrative Funktion – wie sich zeigen wird – ein publizistisch wirksames Gegengewicht zu den umrissenen politischen Strukturen dar. Zur Veranschaulichung möge ein Beispiel genügen, das wiederum aus einem wesentlich größeren und noch weitgehend unbearbeiteten Quellenfundus genommen wurde [45].

Es handelt sich um eine im vatikanischen cod. Reg. lat. 947 überlieferte Chronik, die unter Benützung graphischer Linien eine strikte Blutsfolge von Adam bis zum Sohn Maximilians und Marias von Burgund – Philipp den Schönen als

[42] Vgl. beispielshaft zu einigen politischen Einheiten *Huizinga* 1943. – *Lacaze* 1971.– *Krynen*, Jacques: Idéal du prince et pouvoir royal en France à la fin du moyen âge (1380–1440). 1981, 241 ff. – *Moeglin*, Jean-Marie: Les ancêtres du prince. Propagande politique et naissance d'une histoire nationale en Bavière au moyen âge (1180–1500) 1985. Instruktive Beiträge zur Rolle der Stände in *Rausch*, H. (Hg.): Die geschichtlichen Grundlagen der modernen Volksvertretung. Die Entwicklung von den mittelalterlichen Korporationen zu den modernen Parlamenten. 2 Bde. 1974. – *Patze*, H. (Hrg.): Der deutsche Territorialstaat im 14. Jahrhundert. 2 Bde. 1970/71.

[43] Überblicke bei *Tellenbach* 1970, 69 ff. – *Meyer*, E.: Ursprung und Entwicklung des dynastischen Erbrechts auf den Staat und seine geschichtliche Wirkung, vor allem auf die politische Gestaltung Deutschlands. In: Sitz. Ber. d. preuss. Akad. d. Wiss., Philos.-Hist. Kl. Jg. 1928 (1928) 144–159.

[44] Siehe *Pirenne*, H.: The Formation and Constitution of the Burgundian State. In: American Historical Review 14 (1908/09) 477–502. – *Vaughan*, R.: Valois Burgundy. 1975. – *Armstrong*, C. A. J.: La politique matrimoniale des ducs de Bourgogne de la maison de Valois. In: Ders., England, France and Burgundy in the Fifteenth Century. 1983, 237–342.

[45] Auf das entsprechende Forschungsdesiderat wies schon hin *Genicot*, L.: Les Généalogies (= Typologie des sources du Moyen Age occidental, fasc. 15) 1975, 44; neuerdings bestätigt durch *Oexle*, O. G.: Memoria und Memoriabild. In: Memoria. Der geschichtliche Zeugniswert des liturgischen Gedenkens im Mittelalter. 1984, 412 f. Dies gilt insbesondere für das späte Mittelalter, zu dem nur vereinzelte Untersuchungen vorliegen – zu nennen ist z. B. *Moeglin* 1985 –, wichtige Autoren wie etwa Jacques de Guise oder Dynter aber bislang nahezu unbearbeitet blieben.

Herzog von Brabant (* 1478, † 1506) – durchzieht [46]. Mit raschen Schritten erreicht sie dabei Noe, gibt die Erdverteilung unter dessen Söhnen mit kurzen Seitensträngen an und verfolgt dann allein die Nachfahren Japhets über Dardanus weiter bis Priamus, den König von Troja. Der Fall dieser Stadt und die Zerstreuung seiner Bevölkerung unter verschiedenen Anführern wird als epochales Ereignis, nach dem sich fürderhin die Datierung bestimmt, und mit entsprechenden, jedoch bald wieder abgebrochenen Seitenlinien ausführlich dargelegt. Der weitere Fortgang des Geschehens ist bestimmt von jener Flüchtlingsgruppe, die unter ihrem Anführer Francion das sicambrisch-fränkische Reich in Pannonien gründeten. Nach einigen Generationen kommt es dort zu einem verhängnisvollen Thronstreit. Obgleich die Väter noch einträchtig eine Samtherrschaft ausübten, kerkerte ein gewisser Parides seinen Vetter Torgotus ein, um ihn seiner Erbfolge zu berauben. Es entsteht ein regelrechter Bürgerkrieg, der erst zum Abschluß kommt, als sich Torgotus unter Vermittlung des „consilium maiorum" bereiterklärt, mit seiner zahlreichen Anhängerschaft – „cum tredecim milibus virorum, praeter feminas et parvulos, quorum maior erat numerus", wie es genau heißt (f. 21^r) – unter Verzicht auf seine Erbrechte auszuwandern. Er zieht in den Raum zwischen Maas und Schelde und gründet dort mit seinem Volk – das zunächst nach seinem Sohn Tungris das „tungrische", später nach Einheirat eines Seitenverwandten Bracbon das „brabantische" genannt wird – ein neues Reich. Von da an datiert die Chronik nicht mehr nach dem Fall Trojas, sondern eben nach Beginn dieser Herrschaft. Der weitere Verlauf des Geschehens ist vom Ausbau des Landes bestimmt, der sich näherhin in Errichtung von Burgen und Residenzen, in gesetzgeberischer Tätigkeit, Städtegründungen und Friedenssicherungen äußert. Dabei wird kontinuierlich die genealogische Linie fortgezogen und unter Umschiffung mehrerer agnatischer Brüche – die die Geschlechterfolge der Karolinger, Reginare und burgundischen Valois einbrachte, als wären sie alle eines Stammes – zum zeitgenössischen Herrscher über die Brabanter (eben jenen Habsburger Philipp den Schönen) geführt.

Die tatsächliche Geschichte Brabants verlief in nahezu diametraler Weise [47]. Gleichsam als Musterbeispiel der zuvor aufgeführten politischen Strukturen war sie von beträchtlicher Kürze. Der Name „Brabant" ist erst seit 870 zunächst als Gau-Bezeichnung belegt, eine politische Einheit unter der Benennung „ducatus Brabantiae" erst im 12. Jahrhundert faßbar. Zudem wies die Vergangenheit einen mehrfachen Dynastiewechsel auf, dessen letzter hin zu den Habsburgern gerade kurz vor der Abfassungszeit der Chronik erfolgt war. Vor allem aber

[46] Eine ausführliche Charakterisierung dieses Werkes bei *Melville* 1986, 96 ff. – *Melville,* Vorfahren 1987.

[47] Vgl. den Überblick bei *Thomas,* H./*Avonds,* P./*Houtte,* J. A. van: Brabant. In: Lexikon des Mittelalters II. 1983. Sp. 528–534. Ausführliche Literaturverweise bei *Uyttebrouck,* A.: Le gouvernement du duché de Brabant au bas moyen âge (1355–1430). 2 Bde. 1975, II 557 ff.

kannte Brabant nie das Substrat einer speziellen ethnischen Einheit. – Demgegenüber baute das vorgestellte Geschichtswerk aus Versatzstücken vorangegangener Arbeiten, im Gesamtkonzept aber durchaus originell eine Kontinuität auf, die bis zu einem autogenen Ursprung in vorchristlicher Zeit zurückreichte [48].

Ein wesentliches Merkmal war dabei die Entstehung eines gesonderten Volkes, das sich unter der Führung einer Dynastie zusammenschloß und von da an unter der Sukzession eben dieser dann nie abgelösten Dynastie die gentile Trägerschaft eines eigenständigen Herrschaftsbereiches bildete. Volk und Herrscher waren somit seit der Flucht aus Troja und darauf noch einmal auf spezifizierter Weise seit der Auswanderung aus Sicambria in einer untrennbaren Einheit verbunden. Sie waren gemeinsam und ohne Unterbrechung ihren besonderen Weg durch die Geschichte gegangen. Dieser Weg aber stellte die integrative Basis für alle dar, die sich zu ihm als die Voraussetzung ihrer gegenwärtigen Befindlichkeit bekennen konnten, – konkret gesprochen: für die brabantischen Stände [49] wie gleichermaßen auch für den zeitgenössischen Vertreter der herrschenden Dynastie, der nicht mehr als ein fremder Habsburger, sondern nun selbst als Brabanter erschien [50].

Eine derartige Integration mußte aber zugleich Ausgrenzung, Absonderung von ebenfalls historisch gewonnenen Identitäten Anderer bedeuten. Das graphische Gerüst zeigte – wie schon erwähnt – die filiationsartige Auffächerung verschiedener Dynastien und ihrer Reiche vom Hauptstrang aus wegführend

[48] Der (anonyme) Autor konnte auf die reiche genealogische Literatur Brabants zurückgreifen, die mit der zweiten Hälfte des 13. Jahrhunderts einsetzte und insbesondere unter den Burgundern in der ersten Hälfte des 15. Jahrhunderts bereits einen Höhepunkt erfahren hatte. Vgl. dazu *Patze* 1965, 99 f. – *Mohr,* W.: Geschichte des Herzogtums Lothringen II. 1974, 160 ff. – *Nélis,* H.: La chronique d'Edmond de Dynter et la continuation des Brabantsche Yeesten. In: Bulletin de la Commission royale d'histoire de Belgique 76 (1907) 568–596. – *Lacaze* 1971. – *Melville,* Vorfahren 1987. Die originelle Leistung des hier angesprochenen Werkes aber bestand darin, die Merowinger nicht – wie sonst in der brabantischen Tradition üblich – in die Vorfahrenkette einbezogen, sondern angebliche agnatische Ahnen der Karolinger bis zur Zeit Caesars zurückverfolgt zu haben. Auf diese Weise wurde der autogene Ursprung der ‚brabantischen' Herrschaft noch stärker hervorgehoben. Ein annäherndes Vorbild bestand dabei nur im Werk von Jehan d'Enghien; siehe dazu *Borgnet,* J.: Le Livre des croniques de Brabant, par Jehan d'Enghien. In: Compte Rendu des Séances de la Comm. Roy. d'Histoire, 2me sér. 8 (1856) 355–387.

[49] Zu der politisch starken Stellung der Stände im Brabant des 15. Jahrhunderts siehe vor allem *Uyttebrouck* 1975, I., 427 ff.

[50] Zur politisch schwierigen Integration der Habsburger in den Niederlanden siehe *Petri,* F.: Die früheren Habsburger in der niederländischen Geschichte. In: Verslag van de algemene vergadering von het historisch genootschap. Vereenigd met bijdragen en mededelingen van het historisch genootschaap Groningen 22 (1958) 11–45. – *Ussel,* P. van: De regering van Maria von Bourgondie over de Nederlande. 2. Aufl. 1943. – Siehe Beiträge von *Chauciers,* J.-H. und *Blockmans,* W.-P. in diesem Band.

auf. Herausragende Verteilungspunkte waren zunächst die Generationen nach Noe, die in globaler Absteckung der Erde erste Völker- und Herrschaftsgründungen vornahmen, dann die Flucht aus Troja, die zu mehreren Landnahmen in Europa führten und schließlich die Geschehnisse im sicambrischen Reich, die die Abspaltung von den Franken hervorbrachten und einen eigenen Weg tungrisch/brabantischer Geschichte weitergehen ließen [51]. – Wenn auch die Seitenlinien, die graphisch zu all den anderen Völkern und Reichen wiesen, nur angedeutet und nicht weiterverfolgt wurden, so war doch der Rahmen umrissen, der den zentralen Geschehensstrang nach und nach aus allen sonstigen Bereichen der Welt- und dann europäischen Geschichte herausschälte und ihn damit dezidiert in einem autonomen Verlauf seit unvordenklicher Zeit zeigte.

Hier sollen die Darlegungen über den Quellenbefund abgebrochen werden, die sich auf eine knappe exemplarische Auswahl beschränken mußten und nur auf das Prinzipielle verweisen konnten [52]. Aufrißartig wurde versucht, den Einsatz einer trojanischen Herleitung als schlagkräftiges Instrument politischer Argumentation im ausgehenden Mittelalter vorzulegen. Die Ausgangsüberlegung war dabei, daß Herkunftsversionen dieser Art die Geschichte in besonderem Maße für gegenwärtige Ansprüche von Institutionen oder politischen Verbänden einsetzen ließen. Der Blick auf wesentliche Elemente der politischen Struktur jener Zeit machte dabei deutlich, daß weitgehend das Streben nach Legitimation einer jeweils autonomen Befindlichkeit vorherrschend war, welche man zudem im Kräftefeld von durchaus gleichartig agierenden Mächten verankern wollte. Dies verlangte ein Mittel, anhand dessen man die notwendige Abgegrenztheit von den übrigen Bereichen wie auch die Integration von allem Dazugehörigen nachweisen konnte.

Die Evozierung einer gegenüber älterer Traditionen beträchtlich ausgebauten Herleitung von Troja leistete dabei offensichtlich die erforderlichen Dienste. Zwei Einsatzmöglichkeiten zeigten sich: 1. Das Konzept einer kohärenten, weil auf einen gemeinsamen Ursprung zurückgeführten Völker- bzw. Staatengemeinschaft, die sich in Ganzheit als säkular verortete Erscheinung von heilsge-

[51] Ausdrücklich wird erwähnt (f. 35^{r}), daß die Brabanter angesichts der später in den niederrheinischen Raum vordringenden Sicambrer/Franken diese auf ihre alte Stammesgemeinschaft aufmerksam machten, worauf der Frankenkönig den brabantischen Fürsten „non vt consanguineum, sed vt fratrem" betrachtete.

[52] Weiterführend wäre etwa in diesem Zusammenhang noch eine genauere Untersuchung jener Ausgrenzung spezifisch deutscher und von den Traditionen des römischen Kaisertums unberührter Geschichte, die sich wie die Franzosen (als „francigeni" bezeichnet) auf Troja zurückführte, dennoch auf eine autonome Entfaltung pochte. Siehe dazu z. B. *Jacob Twinger*: Chronik des Jacob Twinger von Königshofen. Hrg. v. C. Hegel: Die Chroniken der deutschen Städte vom 14. bis ins 16. Jahrhundert. VIII, 1970/71, II 621 ff. oder *Trithemius:* De origine gentis Francorum compendium Joannis Trittenhemii abbatis. Hrg. v. M. Freher, Johannis Trithemii opera historica. 1601, 63–99, 63 ff.

schichtlich fundierten Integrationen ausklammerte und dafür ein System gegenseitiger Gleichwertigkeit setzte; 2. das Konzept der Sondergeschichte, die integrierende Identitäten aller davon Betroffenen schuf, weil sie den gemeinsamen Weg von einem Ursprung her aufzeigte.

Beide Möglichkeiten sind hier getrennt betrachtet worden. Doch beide – und das ist als entscheidend anzusehen – ergänzen sich. Gerade weil nämlich, wie gezeigt, die Sondergeschichte sich aus dem umfassenden Rahmen eines Völker- und Staatengefüge ausgrenzte, ließ sie sich im Grunde wiederum darin integriert verstehen ; – wie umgekehrt das Völker- und Staatengefüge als Filiation von Sondergeschichten gesehen werden wollte. Hierin nämlich lag der besondere pragmatische Wert der Troja-Herleitung, und hierin war diese ein tatsächlicher Spiegel politischen Verständnisses im ausgehenden Mittelalter: Da es den weltlichen Mächten Europas galt, einerseits ihre zugehörigen Elemente zu einer nach außen hin abgegrenzten Einheit zusammenzuschließen und dies andererseits nur gelingen konnte, wenn man sich selbst als Element im Gefüge anderer gleichwertiger Mächte verstand, die sich ihrerseits abgrenzten, dann ließ dies Modelle von absorbierenden Universalgewalten nicht mehr zu, sondern nur noch solche des im Grunde gleichartigen Nebeneinanders. „Troja" bot dazu mit seinem dispersiven Charakter, der zum einen die eigenständige, zum anderen die gemeinsame Gewordenheit aufzeigte, das geeignete Paradigma.

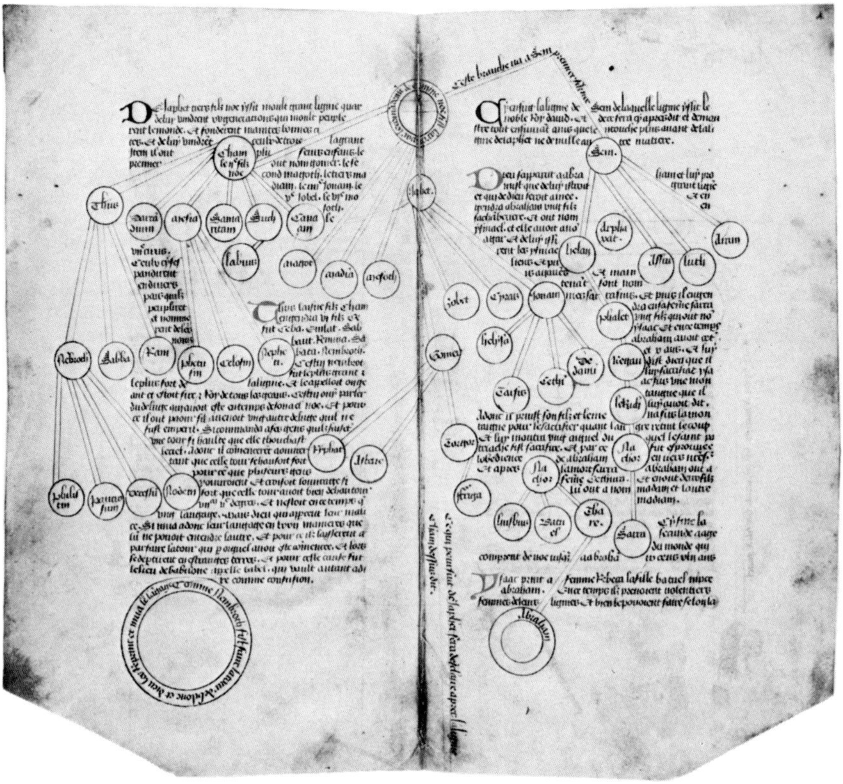

Abb. 1: Anonymus, Chronique (München, Bayer. Staatsbibl., cod. Gall. 13, f. 3v/4r)

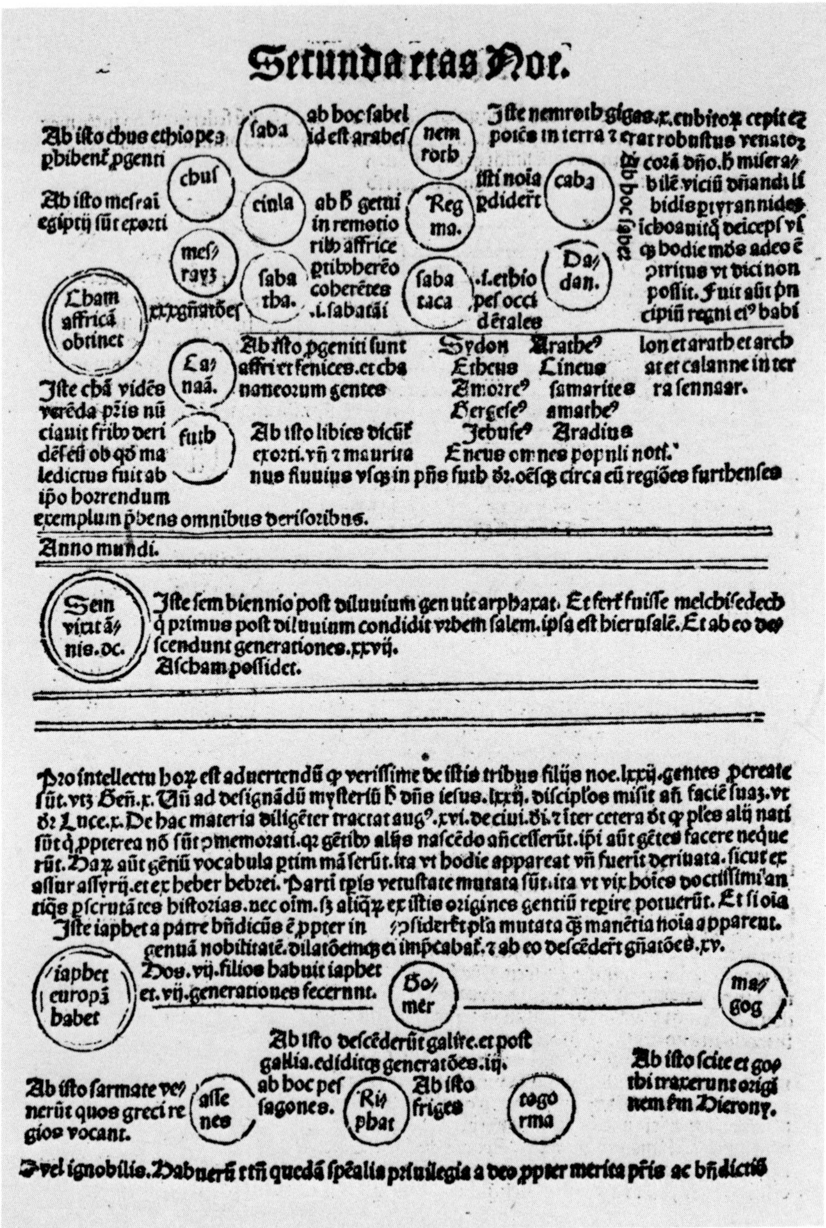

Abb. 2: Werner Rolewinck, Fasciculus temporum (München, Bayer. Staatsbibl., 2° Inc. s. a. 1029[c], f. III[v])

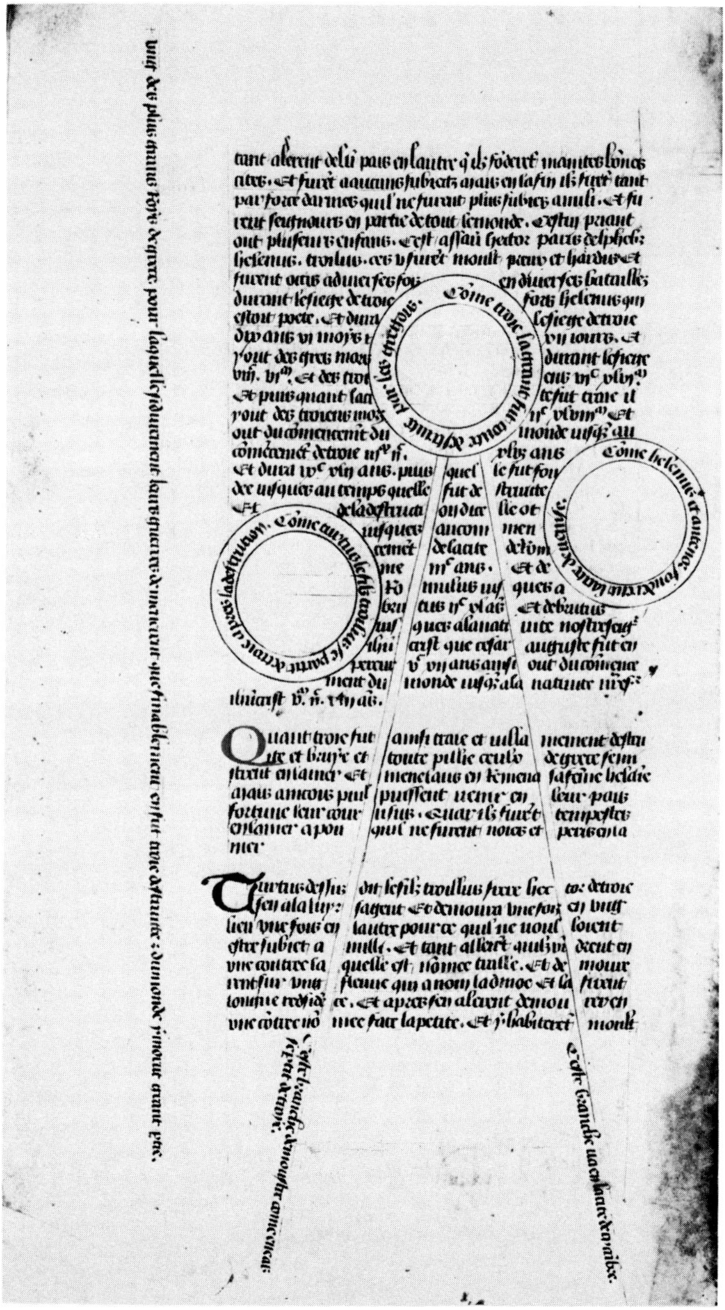

Abb. 3: Anonymus, Chronique (München, Bayer. Staatsbibl., cod. Gall. 13, f. 12v)

Krzysztof Baczkowski

Der jagiellonische Versuch einer ostmitteleuropäischen Großreichsbildung um 1500 und die türkische Bedrohung

Der ungeheure ostmitteleuropäische Raum ist um 1500 von den Brüdern aus der Jagiellonendynastie Wladislaw, Johann Albrecht und Alexander beherrscht worden. Ihr zusammenhängendes Herrschaftsgebiet, das vier Staaten (Polen, Litauen, Ungarn, Böhmen) mit ihren Lehnsgebieten und Nebenländern umfaßte, grenzte an drei Meere, die Ostsee, das Schwarze Meer und die Adria, und füllte restlos die Zone zwischen dem innerlich desintegrierten Heiligen Römischen Reich Deutscher Nation im Westen, dem nach Ausdehnung strebenden osmanischen Imperium im Süden und dem an der östlichen Peripherie des europäischen Kontinents liegenden und die ersten Kontakte mit den Abendland knüpfenden Moskowiter Reich in Osten.

Naheliegenderweise fragen viele Historiker nach den Prämissen der Entstehung dieses Staatenblocks, nach seiner Rolle, seinem Charakter, nach seinen Chancen zum Überdauern und seinen Zerfallsursachen. Zu den wichtigsten Problemen gehört die Frage: Hatten die selbstbewußte und konsequente Politik der Jagiellonendynastie oder irgendwelche von ihren Plänen und Absichten unabhängige Faktoren dazu geführt, daß Polen, Litauen, Ungarn und Böhmen eine Zeitlang unter der Regierung der Jagiellonen vereinigt waren, und welche Rolle spielte in dieser Vereinigung die dem ganzen Europa drohende türkische Gefahr? [1].

Die Antwort auf diese Fragen kann weder einfach noch eindeutig sein. Die Tendenz, mehr oder weniger dauerhafte Staatenvereinigungen zu schaffen, war im 14. und 15. Jahrhundert in Ostmitteleuropa, im Gegensatz zum 10.–13.

[1] Es fehlt an einer ausführlichen und komplexen Darstellung der Geschichte der Jagiellonischen Staaten um die Wende vom 15. zum 16. Jahrhundert. Für die polnische und litauische Geschichte sind noch die älteren Werke wertvoll geblieben wie z. B. *Papée* Fryderyk; Polska i Litwa na przełomie wieków średnich. Kraków 1903. – *Ders.:* Jan Olbracht. Kraków 1936. – *Ders.:* Aleksander Jagiellończyk. Kraków 1949. – In der böhmischen und ungarischen Historiographie ist dieser Zeitabschnitt in den veralteten Synthesen dargestellt von *Palacky,* Franz: Geschichte von Böhmen. Bd. 5/1. Prag 1865. – *Fessler,* Ignaz/*Klein* W.: Geschichte von Ungarn. Bd. 3. Leipzig 1874.

Jahrhundert oft realisierbar. Erwähnen wir nur die böhmisch-polnische Union von 1300–1306, die ungarisch-polnische Union 1370–1382 und die polnisch-litauische seit 1385, die luxemburgische Regierung in Böhmen und Ungarn bis 1437, die polnisch-ungarische Union 1440–1444, die habsburgische Vereinigung von Böhmen, Ungarn und Österreich bis 1457, endlich die Ausdehnung der Herrschaft der Jagiellonen auf Böhmen seit 1471 und auf Ungarn seit 1490. Dazu muß auch die gleichzeitige ökonomische Integration dieses Teiles Europas und eine zunehmende Ausprägung der sozialen und verfassungsrechtlichen Ähnlichkeiten unterstrichen werden. Dies alles erlaubt es, diesen Teil des Kontinents – trotz der religiösen Unterschiede (Katholizismus, Ortodoxie, Utraquismus) – als eine eigenartige Einheit zu betrachten, als eine Einheit, die von manchen Historikern als das „Jagiellonische Europa“ genannt worden ist? [2] Die politischen Integrationsprozesse – je nach Umständen und nach Zeit – müssen entweder als Resultat der dynastischen Ambitionen oder als Folge der bewußten Bestrebungen der „politischen Nationen“, d. h. der mitregierenden Stände (Magnaten und Prälaten), angesehen werden. Manchmal erschienen diese zwei Faktoren gleichzeitig. Die Integrationsbestrebungen der Stände von verschiedenen Ländern wurden selten durch die Absicht, über die benachbarten Nationen zu herrschen, verursacht; öfter trat die Not der Vereinigung, dem mächtigeren und expansionistischen Nachbarn gegenüber, in den Vordergrund. Dieser Faktor verursachte z. B. die Union zwischen Polen und Litauen im Jahre 1385, die durch den Deutschen Ritterorden in Preußen gefährdet waren. Die wachsende türkische Bedrohung in Ungarn veranlaßte die einheimische „politische Nation“, bei nördlichen und westlichen Nachbarn Hilfe zu suchen und ihren Herrschern die Heilige Stephanskrone anzubieten. Dieses Motiv erschien ohne Zweifel schon zu dem Zeitpunkt, als der ungarische Thron im Jahr 1438 Herzog Albrecht von Österreich angeboten wurde; eine entscheidende Rolle spielte es auch während der Berufung des polnischen Königs Wladislaw III. auf den ungarischen Thron, der den gemeinsamen Kampf gegen die Türken mit dem Heldentod in der Schlacht bei Varna (1444) büßte.

Nach dem Fall von Konstantinopel im Jahre 1453, der Eroberung von Serbien (1459) und Bosnien (1463), dem Sieg über die Albaner und Venedig (1463 bis 1479) und der Unterwerfung des Krim-Khanats (1475–1478) durch die Türken stand die osmanische Gefahr schon vor dem Tor des „Jagiellonischen Europa“. Die Donaufürsten (Moldau, Walachei) suchten Schutz bei den polnischen und ungarischen Herrschern, die Päpste forderten immer wieder zu einem Kreuzzug auf, der böhmische König Georg von Podiebrad verkündigte die Notwendigkeit, einen Bund der europäischen Herrscher zum Kampf gegen Tür-

[2] *Russocki*, Stanisław: Monarchie stanowe Środkowo-Wschodniej Europy XV–XVI wieku. In: Kwartalnik Historyczny 84 (1977) 73–92. – *Samsonowicz*, Henryk: Europa Jagiellońska – czy jednością gospodarczą. Ebd. 93–100.

ken zu schließen, der ungarische König lockte unter derselben Losung von der römischen Kurie und Venedig Geldhilfe heraus, in den deutschen Reichstagen diskutierte man wieder und wieder die türkische Frage. Nur Polen hat in dieser Frage eine erstaunliche Mäßigung eingehalten[3]. Hier wirkten ohne Zweifel das abschreckende Beispiel der Niederlage bei Varna und die beklagenswerten ökonomisch-finanziellen Folgen der vierjährigen Regierung Wladislaw III. in Ungarn.

Die Situation änderte sich, als die Türken 1484 die Schwarzmeerhäfen Kilia und Białogród (Akkerman) erobert hatten und in unmittelbaren territorialen Kontakt mit dem polnisch-litauischen Staat kamen. Dies bedeutete das Abschneiden dieses Staates vom Schwarzen Meer und die Erschütterung seines ökonomischen Gleichgewichts; das veranlaßte eine Wendung der polnischen Außenpolitik. Seitdem ist für sie die türkische Schwarzmeer-Frage als eines der wichtigen Probleme zu entscheiden[4].

Bei der Durchsetzung der dynastischen Politik der Jagiellonen im mittleren Donauraum und im Moldau-Becken (Böhmen) konnte dieses Problem nicht außer acht gelassen werden. Die konsequenten Bestrebungen dieses Königsgeschlechtes, die Throne in Prag und Ofen zu beherrschen, stützten sich auf die Prinzipien des dynastischen Legitimismus und ergaben sich aus Sukzessionsrechten, die dank der Ehe (1454) von Kasimir Jagiellończyk mit Elisabeth von Österreich – Nachfolgerin aus der albertinischen Linie der Habsburger, also dieser Linie, die früher in Böhmen und Ungarn geherrscht hatte – für die Dynastie erworben wurden. Reelle Resultate dieser Bestrebungen müssen aber als Resultante betrachtet werden, zwischen den Möglichkeiten der Dynastie einerseits, die ihre südliche Expansion nur mit Hilfe der polnischen adeligen Gesellschaft durchführen konnte, und der Stellung der „politischen Nationen" in Ungarn und Böhmen andererseits, die das Prinzip des Erbrechtes meistens ablehnten und das Prinzip des freien Wahlrechts förderten. Überdies hätten diese Bestrebungen nur in einer heftigen Auseinandersetzung zuerst mit Matthias Corvinus und dann nach 1490 mit den Habsburgern realisiert werden können. Es stellt sich die Frage, ob inmitten aller dieser Schwierigkeiten die Jagiellonen noch imstande waren, das türkische Problem im mitteleuropäischen Maßstab erfolgreich aufzuwerten.

In der ersten Hälfte des 20. Jahrhunderts wurde in der polnischen Historiographie viel von der sogenannten „Jagiellonischen Idee" gesprochen[5]. Unter

[3] *Stachoń*, Bolesław: Polityka Polski wobec Turcji i akcji antytureckiej w wieku XV do utraty Kilii i Białogrodu (1484). Lwów 1930 passim. – *Baczkowski*, Krzysztof: Turieckaja politika Kazimira Jagiełłowicza na Bałkanskom połuostrowie wo wtoroj połowinie XV wieka. In: Drżawnostno-politiczeski tradicii po Błgarskite zemi. Veliko Trnovo 1980, 107–116.

[4] *Górka*, Olgierd: Białogród i Kilia a wyprawa r. 1497. In: Sprawozdania z posiedzeń Towarzystwa Naukowego Warszawskiego, Wydz II, XXV. Warszawa 1933, 67 f.

[5] *Halecki*, Oskar: Idea Jagiellońska. In: Kwartalnik Historyczny 51 (1937) 486–510.

diesem Begriff verstand man ein gewisses, den Jagiellonen zugeschriebenes Programm und seine Anwendung in der Praxis. Ganz allgemein gesagt, würde es auf eine Verbreitung der Zivilisationsmission in Ostmitteleuropa, auf eine Verteidigung des Christentums vor Anstürmen der Heiden und Schismatiker, auf eine Einführung der toleranten Form der Regierung vieler Völker, auf eine Verwirklichung eines quasi-föderativen Verwaltungssystems zurückgeführt. Die neueste Historiographie weist die These von der „historischen Mission der Jagiellonen" als künstlich und idealistisch zurück. Sie weist mit Nachdruck auf die Aktivität der Jagiellonen als Folge tief eingewurzelter Pragmatik hin. Diese Pragmatik war besonders in den Beziehungen mit der Türkei bemerkbar. Solange Matthias Corvinus, der Gegner der Jagiellonen, lebte, war sogar die Ungarn bedrohende Türkei in einem gewissen Maße ein natürlicher Bundesgenosse Polens. Als 1489 Papst Innozenz VIII. von Kasimir Jagiellończyk verlangte, seine Botschafter zu einem antitürkischen Kongreß nach Rom zu schikken, antwortete der König: „Beatissime pater, equum est ut primum rebus propriis quisque consulat et opiteletur, quam ad alia se conferat" [6]. Die Situation änderte sich natürlich nach 1490, als der Jagiellone Wladislaw II. den ungarischen Thron bestieg. Der lokale türkisch-polnische Konflikt am Schwarzen Meer ist damals auf die ganze jagiellonisch-türkische Grenzzone erweitert worden.

Das Wesentliche an der dynastischen Konzeption von Kasimir Jagiellończyk und Elisabeth von Österreich war nicht sosehr eine Union vieler Länder unter dem einen Zepter, als vielmehr die Bemühungen der einzelnen von sechs ihrer Söhne, einzelne Throne zu gewinnen. Diesem Prinzip gemäß hat das Herrscherpaar nach der Stabilisierung des ältesten Wladislaw auf dem böhmischen Thron die jüngeren Kasimir und nachher Johann Albrecht in ihren Bemühungen um den ungarischen Thron gefördert. In dieser Angelegenheit ist es zu einem Zusammenstoß zwischen den dynastischen Bestrebungen der Jagiellonen und den Interessen der ungarischen „politischen Nation" gekommen. Die ungarischen Magnaten haben 1490 ebenfalls den ältesten Wladislaw zum König gewählt, weil sie in seiner Persönlichkeit für die Bewahrung und Erweiterung ihrer Privilegien die beste Garantie sahen. Es ist damals zu einem Kampf zwischen den Brüdern (Wladislaw und Johann Albrecht) gekommen. Als eine Niederlage des jüngeren Bruders abzusehen war, unterstützte der Vater – das übergeordnete dynastische Interesse vertretend – den ältesten und verteidigte auch seine Rechte auf den deutschen Reichstagen gegen die Ansprüche Maximilians I., der eine Periode einer heftigen Rivalität mit den Jagiellonen begann und 1491 ein Bündnis gegen sie mit dem Großfürsten von Moskau schloß [7].

[6] Archivio di Stato Venezia, Collezione Podocataro, Nr. 242, Busta VII, nr. 457.

[7] *Biskup*, Marian: Die polnische Diplomatie in der zweiten Hälfte des 15. und in den Anfängen des 16. Jahrhunderts. In: Jahrbücher für Geschichte Osteuropas 26 (1978) 168–173.

Die Interessen der Mitglieder des jagiellonischen Staatenblocks nach dem Jahr 1490 waren nicht identisch. Die Ursache lag nicht nur in ihrer territorialen Ausdehnung, sondern vielmehr in ihren inneren Verfassungsbesonderheiten, die durch eine dominierende Rolle der feudal-aristokratischen Gruppen gekennzeichnet waren. Władislaw gab z. B. restlos den Einflüssen der böhmisch-ungarischen Aristokratie nach. In dieser Situation koordinierte die Außenpolitik des jagiellonischen Staatenblocks Johann Albrecht, der nach dem Tode des Vaters Kasimir 1492 den polnischen Thron bestieg.

Unter den sechs Söhnen von Kasimir und Elisabeth glich nach Temperament und sogar Aussehen Johann Albrecht am meisten seinen habsburgischen Verwandten. Im Gegensatz zu seinen Brüdern war er energisch, ehrgeizig, kriegslustig und entwickelte weitreichende Pläne, in denen das Zurückdrängen des türkischen Ansturms auf Europa nicht den letzten Platz einnahm. Diese Pläne sind aber niemals öffentlich präzisiert worden, weil sie in der polnischen adeligen Gesellschaft weder Popularität noch Unterstützung fanden. Sie wurden nur in einem engen Kreis von Königsberatern gefördert, in dem die Hauptrolle der hervorragende italienische Auswanderer Philippo Buonacorsi (genannt Kallimach) spielte [8]. Die im Hofkreis lebhaften Hoffnungen auf einen Sieg gegen die Türken standen im Zusammenhang mit der zahlreichen Nachkommenschaft König Kasimirs und fanden auch in der damaligen Literatur ihren Ausdruck. Noch in den siebziger Jahren des 15. Jahrhunderts schrieb der Erzbischof und Dichter Gregor von Sanok:

> Diese famose und grenzenlos mächtige Generation
> Wird alle diese Länder wiedererobern,
> Die ehemals ihr heldenmutiger Onkel
> Mit seinem siegreichen Schwert über den Türken erobert hatte,
> Wie auch alle jene, die seit mehr als hundert Jahren
> Unter dem türkischen Joch stöhnen . . .
> Nach zahlreichen Schlachten mit den Türken,
> Nach zahlreichen Triumphen
> Wird er für die ganze Christenheit die Heiligen Orte wiedererobern [9].

Dieses ehrgeizige Programm konnte aber aufgrund der inneren Konflikte in den von Wladislaw regierten Staaten nicht durchgeführt werden. In Ungarn hat das Übergewicht der Magnaten die königliche Macht beträchtlich begrenzt. Die ungarische Aristokratie und der Adel gaben im Angesicht der Türken einer defensiven Taktik den Vorzug und versuchten den Status quo mit Hilfe eines mit den Türken von Zeit zu Zeit abgeschlossenen Waffenstillstands zu bewahren. Infolge der zu Lebzeiten Wladislaws mehrmals wiederholten Versuche

[8] *Garbacik,* Józef: Kallimach jako dyplomata i polityk, Kraków 1948, 132–133.

[9] *Nowak-Dłużewski,* Juliusz: Okolicznościowa poezja polityczna w Polsce. Średniowiecze, Warszawa 1963, 107.

Maximilians, in den Besitz von Böhmen und Ungarn zu gelangen, mußte die Jagiellonendynastie außerdem ihre Aufmerksamkeit mehr auf den Westen als auf den Süden konzentrieren.

Die Notwendigkeit, sich den Habsburgern entgegenzustellen, verstand Johann Albrecht sofort nach seiner Thronbesteigung im Jahre 1492. Schon am 5. Dezember 1492 schloß er mit dem Bruder Wladislaw ein enges Bündnis, in dem man sich gegenseitig zur Hilfe gegen die Türken und (in einem geheimen Artikel) gegen eigene ungehorsame und rebellische Untertanen verpflichtete [10]. Die Hauptaufgabe der Politik von Johann Albrecht war also, die Macht Wladislaws in Ungarn zu festigen und sich zusammen mit ihm den Türken und Habsburgern entgegenzustellen. Dieses Programm fand nicht immer Verständnis am Hofe Wladislaws. Die Ungarn führten 1492–1493 defensive Kämpfe mit den Türken (Niederlage bei Ubdina 9. September 1493) und bemühten sich dazu um Hilfe auf deutschen Reichstagen in Koblenz (September 1492) und Kolmar (Anfang 1493). Johann Albrecht stellte dagegen die Pläne der Zusammenarbeit mit den Habsburgern gegen die Türken zurück (das Projekt wurde auf dem Regensburger Reichstag im Juni 1493 präzisiert). Er sah nämlich in diesen Plänen eine verschleierte Form, die habsburgische Regierung sofort auf Ungarn auszudehnen. Sein Verdacht fand seine Rechtfertigung, als Maximilian im Juli 1493 eine Wechselkombination vorschlug: Er selbst nämlich hätte eine Gouverneurswürde in Ungarn bekommen sollen, Wladislaw dagegen ein illusorisches Amt seiner Stellvertretung im Deutschen Reich. Johann Albrecht kannte diesese Projekt zwar nicht, nichtsdestoweniger beurteilte er die politischen Ziele Maximilians richtig. Im Herbst 1493 forderte er von seinem Bruder, Großfürst Alexander von Litauen, er solle sich mit dem Großfürsten von Moskau versöhnen und dessen Tochter Helena zur Frau nehmen, um alle Kräfte der jagiellonischen Staaten den Expansionsansprüchen des römischen Königs entgegenzustellen, weil dieser eine große Koalition gegen die Jagiellonen vorbereite [11]. Dasselbe Ziel, Wladislaws Herrschaft nämlich gegenüber den Türken, Habsburgern und seinen eigenen Untertanen zu festigen, war der Hauptanlaß des Familienkongresses der Brüder aus dem Jagiellonengeschlecht in Leutschau im April–Mai 1494. Dieser Kongreß wurde zur Manifestation der politischen Solidarität der Jagiellonen und der Bruderschaft der polnischen und ungarischen Magnaten. Man erörterte dort die Frage der Versorgung für den jüngeren Bruder Sigismund, und man traf eine nicht näher bekannte Vereinbarung über eine gemeinsame antitürkische Aktion in der Zukunft [12]. Die jagiellonische

[10] *Dogiel,* Maciej (Ed.): Codex Diplomaticus Regni Poloniae et Magni Ducatus Lithuania, T. I. Vilnae 1758, 86.

[11] Archiwum Książąt Lubartowiczów Sanguszków w Sławucie, T. II, Lwów 1888, 247–249.

[12] *Finkel,* Ludwik: Zjazd Jagiellonów w Lewoczy w r. 1494. In: Kwartalnik Historyczny 28 (1914) 317–350.

dynastische Expansion repräsentierte vor allem Johann Albrecht. Im Jahre 1495 faßte er sogar die Möglichkeit der jagiellonischen Erbfolge in Österreich im Fall des Todes Maximilians ins Auge [13]. Mehr Aufmerksamkeit widmete er aber den Schwarzmeer-Problemen. Damals entstand ein Plan, das bisher zwischen polnischer, ungarischer und türkischer Oberhoheit schwankende Fürstentum Moldau endgültig zu unterwerfen, durch Übertragung des moldauischen Throns an den polnischen Prinzen Sigismund dessen Versorgung zu lösen und durch die Zurückforderung Kilias und Białogróds von der türkischen Macht die türkische Bedrohung von den polnischen Süd-Ost-Grenzen abzuweisen.

Beim Versuch, diese Pläne im Jahre 1497 zu verwirklichen, täuschte man sich über die jagiellonische Solidarität. Der mit Ungarn nicht in Übereinstimmung gebrachte Feldzug endete mit einer Niederlage, und in der Reihe der Gegner Polens sind dabei nicht nur Türken, Walacher, Moldauer und Tataren, sondern auch ungarische Magnaten hervorgetreten [14].

Die zunehmende türkische Bedrohung nicht nur für Polen, sondern auch für Ungarn hat in kurzer Zeit die Zusammenarbeit der jagiellonischen Staaten auf der internationalen Arena wiederhergestellt. Ihr Antagonismus den Habsburgern gegenüber ist dagegen augenblicklich stumpf geworden. Als Anstifter einer neuen Politik trat wieder Johann Albrecht auf, der auf die kleineren Vorteile zu verzichten wußte, um dafür die wichtigere Sache retten zu können: die jagiellonische Einheit in Europa. In den Verträgen von 1498 und 1499 [15] verzichtete Polen endgültig auf die Oberhoheit über Moldau, stellte gute Beziehungen mit Ungarn wieder her und begann eine Aktion in großem Maßstab, um die Hilfe des Deutschen Reiches gegen die Türken zu gewinnen. In den Jahren 1498–1500 erschienen die polnisch-ungarischen Botschafter oft auf den Reichstagen, z. B. in Freiburg/Br. und Augsburg. Aber sowohl von Maximilian, wie auch von den Reichständen hat man nur unbestimmte Hilfsversprechen gehört. Zu dieser Zeit führte die Unterstützung des Hochmeisters des Deutschen Ordens in Preußen, Friedrichs von Sachsen, der seit dem Jahre 1498 der polnischen Krone den Treueid absagte, durch den römischen König zu einer neueren Verschlechterung der Beziehungen zwischen Polen und den Habsburgern. Deshalb begann schon Ende 1499 eine neue Konzeption sich den Weg zu bahnen, die zu der Überwindung der politischen Isolation der Jagiellonen in Europa führen sollte und politische Vorteile den Türken wie den Habsburgern gegenüber

[13] Akty otnosjaszczijesia k istorii Zapadnoj Rosii, T. I (1340–1500). Sankt Peterburg 1846. Nr. 135, 136, S. 158 f.

[14] *Papée,* Fryderyk: Zagadnienie olbrachtowej wyprawy z r. 1497. In: Kwartalnik Historyczny 47 (1933) 21–22. – *Ders.:* Jan Olbracht 68–70. – *Górka:* Białogród 70. – *Spieralski,* Zdzisław: Po klęsce bukowińskiej 1497 r. Pierwsze najazdy Turków na Polskę. In: Studia i Materiały do Historii Wojskowości XI/1 (1963) 45–58.

[15] *Garbacik, J.* (Ed.): Materiały do dziejów dyplomacji polskiej z lat 1486–1516 (Kodeks Zagrzebski). Wrocław 1966, 49–54, 65–68, 81–89.

sichern konnte. Durch Vermittlung der venezianischen und päpstlichen Diplomatie knüpfte man Kontakte mit Frankreich an, eines bedrohlichen Gegners der Habsburger in Westeuropa. Die Verhandlungen wurden unter der damals in Europa gewöhnlich angewandten Losung geführt, eine antitürkische Liga zu schaffen. Dieses Ziel hatte aber nur für Venedig und das Papsttum eine wirkliche Bedeutung, u. a. im Zusammenhang mit dem für 1500 durch das Papsttum vorgesehenen Kreuzzug. Für die Jagiellonen wäre es wichtiger gewesen, Maximilian gegenüber eine politische Initiative zu zeigen, die für ihn eine Art diplomatischer Warnung sein konnte. Frankreich sah nämlich ohne Zweifel in diesen Verhandlungen einen Versuch, die Habsburger von Osten her in Schach zu halten.

Am 14. August 1500 wurde in Ofen ein formell gegen die Türken gerichtetes Bündnis zwischen Ludwig XII., Wladislaw und Johann Albrecht geschlossen. Dieses in der Geschichte erste französisch-jagiellonische Bündnis ist zum Zeugnis der Rolle des jagiellonischen Staatenblocks im europäischen Staatensystem geworden. Es bildete eine Antwort auf die Vereinbarungen Maximilians mit den östlichen Nachbarn Polens, besonders mit Moskau. Als seine unmittelbare Folge kann man auf die Ehe Wladislaw mit der französischen Prinzessin Anna de Candale hinweisen, die Maximilian die Möglichkeiten einer politischen Offensive von seiten der Jagiellonen klargemacht hatte. In der türkischen Frage blieb natürlich dieses Bündnis ohne Folgen. Sicher war es für seine Urheber von Anfang an vorauszusehen. Polen führte schon in den Jahren 1499–1500 Verhandlungen mit dem Sultan, und der Waffenstillstand mit ihm wurde endgültig 1501 geschlossen. Und als Ungarn einen Krieg mit der Türkei im Jahre 1501 begann, bekam es von Frankreich keine Hilfe [16].

Nachdem Johann Albrecht am 17. Juni 1501 gestorben war, fehlte es an einem Herrscher, der imstande gewesen wäre, die internationale Aktivität der Jagiellonen zu koordinieren. Alexander, sein Nachfolger auf dem polnischen Thron, widmete seine Aufmerksamkeit vor allem den Fragen im Osten, wo der Moskauer Staat eine Offensive gegen Litauen begonnen hatte und denen im Norden, wo der Deutsche Orden die polnische Oberhoheit abzuwerfen versuchte. Dazu kamen noch Auseinandersetzungen mit Ungarn, das den Moldauer Fürsten in seinen Grenzstreitigkeiten mit Polen unterstützte [17].

Vor allem aber behandelte man in Krakau und Ofen die Beziehungen mit den Habsburgern von unterschiedlichen Standpunkten, was die realen Möglichkeiten eines Zusammenwirkens beträchtlich schwächte. Der Preßburger Friede

[16] *Baczkowski,* Krzysztof: Działalność polsko-węgierskiej dyplomacji w Rzeszy Niemieckiej w latach 1498–1500 oraz sojusz Jagiellonów z Francją. In: Studia Historyczne 20 (1977) 517–540. – *Hirschberg,* Aleksander: Koalicja Francji z Jagiellonami z r. 1500. In: Przewodnik Naukowy i Literacki. Bd. 10, 1139–1146.

[17] *Papée:* 1949, 25–55.

von 1491, der den bewaffneten Streit um die ungarische Krone zwischen Wladislaw II. und Maximilian beendet hatte, übertrug nämlich das Erbfolgerecht – nach dem Tode Wladislaws und seiner legitimen männlichen Nachkommen – den österreichischen Habsburgern. Dieser Beschluß wurde zusätzlich mit der Bestätigung und Beschwörung durch die ungarische „politische Nation" befestigt. Kein Abkommen hat dagegen den Brüdern Wladislaws aus der polnischen Linie der Jagiellonen das Nachfolgerecht in Ungarn und Böhmen zugesichert. Daraus folgte, daß die Leiter der polnischen Politik zeitweilig ihr Desinteresse in der ungarischen Frage sowie in den ungarisch-türkischen Beziehungen gezeigt haben. Im Jahre 1503 schlossen die Ungarn einen siebenjährigen Waffenstillstand mit der Türkei, der auch Zutritt für andere Staaten, und zwar auch für Polen garantierte[18]. Deshalb wirkte die polnische Diplomatie in den Staaten Wladislaws nur sporadisch aktiver, und zwar fast ausschließlich in den Zeitabschnitten, in denen Maximilian seine Unterstützung für den Deutschen Orden aktivierte und die Beziehungen zu Moskau wieder anknüpfte. Der polnischen diplomatischen Aktivität auf diesem Gebiet fehlte es außerdem an Konsequenz. Man muß hinzufügen, daß das die Stellung Wladislaws selbst erschwerte, der mit der Zeit immer mehr prohabsburgisch gesinnt war.

Diese Stellung, die bei modernen Forschern Erstaunen erweckt hat – weil sie sie im Licht der nationalen Vorurteile des 19. und 20. Jahrhunderts und auch im Zusammenhang mit der antihabsburgischen Haltung des ungarischen Adels im 15./16. Jahrhundert betrachteten – ist im wesentlichen, unter Berücksichtigung des dynastischen Standpunkts, ganz verständlich. Bei Wladislaw ist das Prinzip der freien Wahl in Bezug auf die Throne, auf denen er saß, gewissermaßen „außer Bewußtsein" geblieben. Für ihn war nur das Geblütsrecht nach seiner Mutter Elisabeth von Österreich und die Erbfolge nach den zuvor in Böhmen und Ungarn regierenden albertinischen Habsburgern wichtig. Dieser Halb-Habsburger, der die Sprache seiner ungarischen Untertanen nicht kannte, sprach dagegen gut deutsch, war auf seine Verwandtschaft mit der Kaiserfamilie stolz und suchte bei ihr Unterstützung gegen seine rebellischen Magnaten. Wie könnte er also der anderen Linie der Habsburger das Nachfolgerecht streitig machen, dazu angesichts des zum Thron strebenden und ihm verhaßten Johann Zapolya?

Anders sah man diese Probleme aus der Krakauer Perspektive. Hier war sich die Dynastie auch ihrer Blutsverbindungen zu den Habsburgern bewußt: aber da sie mehr als hundert Jahre am Wawel eingewurzelt war, identifizierte sie ihre Ziele mit den staatlichen und nationalen Interessen in einem viel größeren Maß, als es Wladislaw in Böhmen und Ungarn tat. Deshalb wahrte die polnische Dynastie die staatlichen Interessen an der Ostsee und war auch geneigt,

[18] *Hurmuzaki,* Eudoxiu (Ed.): Documente privitóre la Istoria Românilor. Bd. II/1. Bucuresti 1891, 20–23.

von Zeit zu Zeit mit der ungarischen Nationaladelsgruppe, die sich am Anfang des 16. Jahrhunderts unter der Führung Johann Zapolyas formierte, zusammenzuarbeiten.

Diese Versuche waren aber – wie schon oben erwähnt wurde – von Fluktuationen der Politik Maximilians gegenüber Polen abhängig. Als am Anfang des 16. Jahrhunderts der Kaiser vorübergehend auf seine Kontakte mit Moskau verzichtete, intervenierte auch die polnische Diplomatie in Ungarn nicht, wo in den Jahren 1505–1506 die Nationalgruppe das habsburgische Nachfolgerecht zu beanstanden versuchte (Beschluß des Reichstages auf Rakősfeld, 12. Oktober 1505) und Maximilian mit bewaffneter Hand noch einmal die Anerkennung des Preßburger Vertrages von 1491 abpreßte (Vertrag von Wien, 19. Juli 1506) [19].

Die Thronbesteigung Sigismunds I. in Polen (1506) hat teilweise die Möglichkeit des politischen Zusammenwirkens Polens, Ungarns und Böhmens wiederhergestellt. Sigismund weilte vorher eine längere Zeit am Hof seines Bruders Wladislaw, übte auch das Amt seines Stellvertreters in Schlesien und Lausitz aus und hat sowohl einzelne böhmische und ungarische Magnaten als auch innere Probleme dieser Länder gut kennengelernt. Deshalb konnte er mit Erfolg die allgemeine jagiellonische Politik koordinieren [20]. Sigismund schätzte die türkische Bedrohung des „Jagiellonischen Europa“ richtig ein. Sofort nach der Thronbesteigung schloß er am 28. Mai 1507 in Ofen ein enges Bündnis mit Ungarn, das verschiedene Varianten der gegenseitigen Hilfe im Fall eines Angriffs des Sultans auf Ungarn, Polen und Moldau vorsah und die Möglichkeit von Separatfrieden mit der Türkei ausschloß [21].

Das Hauptziel der Süd-Politik Sigismunds war – ähnlich wie in der Tätigkeit Johann Albrechts – die Festigung Wladislaws auf dem böhmischen und ungarischen Thron. Dieses Ziel setzte die Versöhnung mit den ungarischen Magnaten voraus. Aus diesem Grunde heiratete Sigismund im Jahre 1512 die Schwester von Johann Zapolya, Barbara. In Wien empfand man diesen Akt als einen entschieden antihabsburgischen Zug, weil Johann Zapolya in seiner Hoffnung auf die Thronfolge um die Hand von Wladislaws Tochter Anna anhielt. Maximilian dagegen wollte durch die doppelte Verlobung seiner Enkel mit den Kindern Wladislaws (Ludwig und Anna), die – durch die Verträge von 1491 und 1506 bestätigte – habsburgische Thronanwartschaft noch stärker sichern. Deshalb hatte die Annäherung Sigismunds an die Zapolyafamilie eine steigende antipolnische Aktivität des Kaisers in Preußen zur Folge, die soweit ging, daß er in den Jahren 1513–1515 eine Koalition gegen Polen zustandezu-

[19] *Baczkowski,* Krzysztof: Zjazd wiedeński 1515 r. Warszawa 1975, 58–66.

[20] *Finkel,* L.: Elekcja Zygmunta I. Sprawy dynastii jagiellońskiej i unii polskolitewskiej. Kraków 1910, 18–20. – *Diveky,* Adorjan: Królewicz Zygmunt na dworze Władysława II, króla węgierskiego. In: Mediaevalia. Warszawa 1960, 355–374.

[21] *Dogiel:* Codex 104–117.

bringen versuchte (Deutscher Orden, Dänemark, Brandenburg, Sachsen, Moskau, Moldawien) [22].

In der Zeit, als die Beziehungen zwischen Polen und den Habsburgern gespannt waren, nahmen Böhmen und Ungarn eine neutrale Stellung ein. Die böhmischen und ungarischen Magnaten hatten kein Verständnis für polnische Interessen an der Ostsee. Trotzdem ist es der polnischen Diplomatie gelungen, Wladislaw zur Einnahme einer solidarischen Position gegenüber dem Bruder zu veranlassen. Er machte nämlich seine Zustimmung zu der Doppelverlobung – nach der Maximilian so eifrig strebte – von dessen Verzicht auf die antipolnische Politik im Norden und Osten abhängig. Der jagiellonische Druck war erfolgreich. Auf dem berühmten Wiener Kongreß im Jahre 1515 entzog der Kaiser für die Zeit seines Lebens dem Hochmeister und dem Moskauer Großfürsten seine Unterstützung und nahm dafür an der Verlobungsfeier seiner Enkel mit den Kindern Wladislaws teil [23]. Der Wiener Kongreß wurde zu einer Manifestation der jagiellonischen Einheit und zugleich ihrer Versöhnung mit den Habsburgern. Entgegen der Ansicht eines Teils der Historographie war er weder eine Niederlage Sigismunds noch ein Wendepunkt in der habsburgisch-jagiellonischen Rivalität. Mehr als diese Eheschließungen haben die 1463, 1491, 1506 abgeschlossenen Erbverträge, nämlich die habsburgischen Nachfolgerechte sichergestellt. Niemand konnte im Jahr 1515 das frühzeitige Aussterben des böhmisch-ungarischen Zweiges der Jagiellonen voraussehen. Wenn man also in Sigismunds Stellung in der Verlobungsfrage ein gewisses Zeichen der Nachgiebigkeit bemerken kann, so war das ohne Zweifel ein Resultat seiner Überzeugung, daß die Jagiellonen bei der Zersplitterung der politischen Interessen und der relativen ökonomischen Schwäche ihrer Staaten nicht imstande wären, in Zukunft allein die türkische Lawine erfolgreich abzuwehren. Die Kreuzzugspläne Maximilians waren allgemein bekannt. Mithin findet sich in der Literatur die Meinung, das Wiener Zusammentreffen von 1515 sei auch der erste große Türkenkongreß gewesen [24].

Aber die Jagiellonen wurden in ihren Hoffnungen, zusammen mit den Habsburgern gegen die Türken zu kämpfen getäuscht: Als der Jagiellone Ludwig II. in einen tödlichen Kampf mit Sulejman dem Prächtigen bei Mohacz 1526 eintrat, blieb die habsburgische Hilfe aus. Sein Tod bedeutete das Ende des „Jagiellonischen Europa". Das weitere Ringen mit den Türken mußten jetzt die Habsburger übernehmen.

[22] *Baczkowski* 1975, 122–128. – *Wiesflecker*, Hermann: Kaiser Maximilian I. Das Reich, Österreich und Europa an der Wende zur Neuzeit. Bd. 4. Wien 1981, 162–181.

[23] *Baczkowski* 1975, 202–239. – *Liske*, Ksawery: Kongres wiedeński w roku 1515. Studia z dziejów wieku XVI. Poznań 1867. – *Biskup*, Marian: Polska a Zakon Krzyżacki w Prusach w początkach XVI wieku. Olsztyn 1983, 456–466.

[24] *Wiesflecker* 1981, 193–195.

Die einige Jahrzehnte dauernde jagiellonische Regierung in Polen, Litauen, Böhmen und Ungarn erleichterte wesentlich eine Integration Mitteleuropas um die Wende des 15. Jahrhunderts. Das war vielleicht in den politischen Beziehungen weniger sichtbar. Aber auf ökonomischem verfassungsrechtlichem und kulturellem Gebiet kam der Austausch gegenseitiger Einflüsse deutlich zum Ausdruck. In allen diesen Ländern wurde eine Tendenz zur Begrenzung der Rechte der bäuerlichen und bürgerlichen Bevölkerung und zur Einführung des Gutsherrschafts- und Leibeigenschaftssystems bemerkbar. In den Beziehungen mit Westeuropa übten diese Länder eine ähnliche ökonomische Funktion aus: Sie exportierten Rohstoffe und Nahrungsmittel. Die Verfassungsmodelle drangen vor allem aus Ungarn nach Polen. Sie kamen besonders in einer allmählichen Begrenzung der Königsmacht durch feudal-aristokratische Elemente und in der Überbetonung ihrer Freiheiten durch breite Adelsgruppen zum Ausdruck. Der Austausch von Gedanken und Geisteswerten auf dem kulturellen Gebiet war besonders lebhaft. Die Krakauer Universität – nach dem Zerfall der Prager Universität in Ostmitteleuropa die einzige wirkliche Hochschule – zog damals an der Wende zum 16. Jahrhundert in der Zeit ihrer besten Entwicklung die Schüler aus allen jagiellonischen Staaten, besonders aber aus Ungarn an. Durch Ungarn andererseits drangen bis nach Polen die ersten Einflüsse des italienischen Humanismus vor; und die Werke der in Ungarn ansässigen Renaissancekünstler inspirierten die polnische Kunst am Anfang des 16. Jahrhunderts[25]. Außerdem begann – was vielleicht am wichtigsten war – im Bewußtsein der gebildeten Eliten Polens, Ungarns, Böhmens und Litauens, sich das Gefühl der Schicksalsgemeinschaft der Völker dieses Teils des Kontinents zu festigen. Dieses Bewußtsein überlebte den Zerfall des „Jagiellonischen Europa" und wurde zu einem der Faktoren, die das Überdauern in den späteren schweren Geschichtsperioden ermöglichte.

[25] *Baczkowski*, Krzysztof: Die Rolle der ökonomischen Faktoren in den politischen Beziehungen zwischen Jagiellonen und Habsburgern um die Wende vom 15. zum 16. Jahrhundert in Mitteleuropa. In: Wissenschaftliche Zeitschrift der Friedrich-Schiller-Universität Jena, Geschichte-Sprachwissenschaft 26 (1977) 355–376. – *Ders.:* Specyfika rozwoju Europy Środkowo-Wschodniej w latach 1386–1526. In: Studia Polono-Danubiana et Balcanica. Bd. 1. Kraków 1986, 25–48.

Volker Schmidtchen

Aspekte des Strukturwandels im europäischen Kriegswesen des späten Mittelalters und ihre Ursachen

Für den Militärhistoriker läßt sich die in vielen Bereichen durch krisenhafte Entwicklungen gekennzeichnete Übergangsepoche vom Mittelalter zur Neuzeit auf einen Zeitraum von annähernd 200 Jahren beschränken. Zwei wichtige militärische Ereignisse, die Schlacht bei Kortrijk im Jahre 1302 und die militärische Expedition König Karls VIII. von Frankreich nach Italien im Jahre 1494, bilden hierbei die zeitlichen Grenzmarken [1]. Eine eingehendere Betrachtung des Kriegswesens im 14. und 15. Jahrhundert führt zu dem Ergebnis, daß für den taktisch-operativen Bereich dieser Zeitraum vor allem durch die Entwicklung des Fußvolks zu einer schlachtenentscheidenden Waffengattung gekennzeichnet ist, womit der Verlust der vormals dominierenden Rolle des Berufskriegertums der adeligen Panzerreiter verbunden war. Nachdem diese „loricates" nahezu ein Jahrtausend lang die Schlachtfelder Europas beherrscht hatten, kam es innerhalb der hier betrachteten Epoche zu einer „Renaissance des Fußvolks", das im Rahmen eines politischen Konfliktes in zunehmendem Maße in eine die Landkriegführung beherrschende Rolle hineinwuchs.

Am Anfang dieser Entwicklung stand der 11. Juli 1302, als im Rahmen einer Rebellion mehrerer flandrischer Städte gegen die französische Krone ein ca. 13 000 Mann starkes Aufgebot flandrischer Bürger und Bauern einem französi-

[1] Diese Einschätzung findet sich übereinstimmend in der jüngeren Literatur: *Lot,* Ferdinand: L'art militaire et les armées au moyen age, en Europe et dans le Proche Orient. Paris 1946. – *Wanty,* Emile: La pensée militaire des origines à 1914. Bruxelles/Paris 1962. – *Contamine,* Philippe: Guerre, état et société à la fin du moyen âge: Etudes sur les armées des rois de France. Paris 1972. – *Ders.:* La guerre au moyen age. Paris 1980. – *Howard,* Michael: Der Krieg in der europäischen Geschichte. München 1981. Entsprechend in der deutschen, marxistisch ausgerichteten Geschichtsschreibung *Förster,* Gerhard u. a.: Kurzer Abriß der Militärgeschichte von den Anfängen der Geschichte des deutschen Volkes bis 1945. Berlin-Ost 1977. – *Schnitter,* Helmut: Volk und Landesdefension. Volksaufgebote, Defensionswerke, Landmilizen in den deutschen Territorien vom 15. bis zum 18. Jahrhundert. Berlin-Ost 1977. Ältere Autoren hatten noch das Ende der Burgunderkriege als Abschluß dieser Epoche angesehen: *Delbrück,* Hans: Geschichte der Kriegskunst im Rahmen der politischen Geschichte. Berlin 1920–23. *von Frauenholz,* Eugen: Das Heerwesen in der Zeit des freien Söldnertums. München 1936.

schen Ritterheer erstmalig im freien Felde eine vernichtende Niederlage beibrachte. Die damals eingeleitete Entwicklung setzte sich im Verlauf der folgenden beiden Jahrhunderte in den Kriegen der Eidgenossen [2], im Hundertjährigen Krieg, in dessen Verlauf in einigen Schlachten sogar die Ritter zu Fuß kämpften [3], in den Hussiten- und in den Burgunderkriegen fort. Der fast parallel dazu beobachtbare Niedergang des europäischen Rittertums in seiner militärischen, seiner wirtschaftlichen Bedeutung wie im gesellschaftlichen Bewußtsein kann als weiteres Indiz für den diese Epoche kennzeichnenden tiefgreifenden Wandel fast aller Verhältnisse gelten.

Das Jahr 1494 läßt sich in diesem Zusammenhang als ein vorläufiger Endpunkt der nachweisbaren strukturellen Umschichtungen im europäischen Kriegswesen betrachten [4]: Der fast zwei Jahre dauernde Feldzug König Karls VIII. von Frankreich nach Italien dokumentiert den Beginn einer neuen Epoche in der Kriegführung auf der Basis strukturell gewandelter Armeen und der verstärkten Nutzbarmachung neuartiger militärischer Technologie sowie daraus resultierender, sich fortschreitend ändernder taktischer Formen [5].

[2] Z. B. die Schlacht von Morgarten 1315, Laupen 1339, Sempach 1386, die Kriege mit Savoyen 1403–16, um Aargau 1415, mit Mailand 1422–26, der Zürichkrieg 1436–50, die Schlacht bei St. Jakob und der Krieg um Thurgau 1460.

[3] Wie bei Crécy 1346, Poitiers 1356, Azincourt 1415 oder bei Formigny 1450.

[4] *Richard* E./*Trevor* N. Dupuy: The Encyclopedia of Military History from 3000 B. C. to the Present. London/Sydney 1977, 400, „Historians generally agree that the Middle Ages ended with the close of this century. This was no abrupt change however, and was symbolized by the following, primarily military events: the fall of Constantinople, the end of the Hundred Years' War, the end of the Wars of the Roses and Charles VIII's invasion of Italy."

[5] Hier ist allerdings auf die Einschränkung Contamines hinzuweisen: „A la vérité, la date de 1494 ne marque pas de coupure notable, au moins dans la domaine institutionnel. Il faudrait sans doute descendre jusqu'aux guerres de religion pour découvrir un changement de grande ampleur, c'est-à-dire jusqu'au moment où, vers 1570, la secrétairerie d'état à la guerre se définit, où les premiers régiments d'infanterie permanents prennent corps, où les compagnies d'ordonnance n'ont plus, en temps de paix, qu'une existence fantomatique, ne forment plus qu'un cadre vide." Dennoch sieht auch er in 1494 eine Art Wendepunkt, denn er läßt exakt zu diesem Jahr seine Untersuchung enden und hat wohl auch weniger einen gravierenden Einschnitt 1494 im Auge, als vielmehr – auf Frankreich bezogen – die gemäß seiner Fragestellung zu diesem Zeitpunkt abgeschlossene Entwicklung. Er fährt im Kontext auch fort: „... la réforme décidée par Charles VII en 1445 avait exactement un demi-siècle d'existence lorsque commencèrent les guerres d'Italie. L'historien dispose dès lors d'une période suffisamment longue pour qu'il puisse dégager avec sûreté les caractères de l'armée nouvelle issue de la réforme. D'autre part, à partir de 1494, pendant une génération, la majeure partie des troupes du roi de France va devoir se battre à l'étranger, loin de ses bases: situation inédite, entraînant un certain nombre de problèmes inédits." (ders. Avant propos VIII). Mag es sich in der auf die französische Armee beschränkten Untersuchung beim Zug Karls VIII. auch lediglich um die aus der vorangegangenen und über diesen Zeitpunkt weiter hinausreichenden Entwicklung erwachsende praktische Umsetzung der Struktur-

Zum beobachtbaren Strukturwandel im europäischen Kriegswesen während des 14. und 15. Jahrhunderts haben eine Reihe sehr unterschiedlicher Faktoren beigetragen, die sich im hier vorgegebenen Rahmen nicht alle erschöpfend behandeln lassen. Zu den hauptsächlichen Elementen zählt dabei aber zweifellos der Bereich der für militärische Zwecke genutzten Technik. Dieser bildet stets eine wesentliche Grundlage für daran orientierte Formen von taktischem Verhalten der Truppen im Gefecht wie für strategische Zielsetzungen. Es kann grundsätzlich davon ausgegangen werden, daß die in einer bestimmten Epoche gebräuchlichen Waffen und militärischen Gerätschaften in der Regel zu den Spitzenleistungen der jeweils beherrschten Produktionstechnik zählen. Auf diesem Felde stattfindende innovatorische Prozesse zeitigen stets Konsequenzen für Taktik und strukturelle Gliederung der Streitkräfte. Eine Betrachtung der in den beiden Jahrhunderten genutzten Formen militärischer Technik unter Einschluß erkennbarer technischer Innovationen und ihrer Konsequenzen für die Praxis der Kriegführung läßt sich überblickhaft folgendermaßen zusammenfassen:

Bei der Körperpanzerung führte aufgrund der Kriegserfahrungen die Forderung nach stärkerem Schutz vom Haubert über den Spangenharnisch zur vollen Garnitur des geschobenen Plattenharnischs, bei dem als entscheidende Innovation gegenüber den ersten flachen Platten zur Verstärkung des Kettenhemdes eine Wölbung und eine Riffelung der Oberfläche im Brustbereich erfolgte. Beides diente sowohl der Ablenkung eines auftreffenden Geschosses oder des Stiches bzw. des Hiebes mit einer Handwaffe wie der verbesserten Absorption der Bewegungsenergie solcher Aktionen.

Der Entwicklungsgang bei den Helmformen reichte vom einfachen Spangenhelm über den schweren, auf den Schultern aufliegenden Topfhelm mit der besseren Schutz gewährenden, weil gewölbten Helmglocke, zur Beckenhaube mit Helmbrünne. Diese wiederum wurde zum voll geschlossenen und dem Harnisch angepaßten Visierhelm weiterentwickelt. Als Kopfschutz des Fußvolks erschienen in vielfältigen Ausformungen Eisenhut und Schaller. Der seit dem frühen Mittelalter bei der Reiterei wie beim Fußvolk geführte, nahezu mannshohe Schild wurde als Reiterschild in seinen Abmessungen parallel zur stetig weiter verbesserten Körperpanzerung immer kleiner. Für bestimmte, schwer bewaffnete Kontingente des Fußvolks und der Schützen kamen dagegen zunehmend die besonderen Schildformen der konvexen und in der Mitte nach außen gebauchten Pavese in Gebrauch.

Als waffentechnische Reaktion auf die verstärkte Körperpanzerung können Streitkolben, Streithammer und Morgenstern bezeichnet werden. Eine absolut

reformen handeln, im europäischen Rahmen gesehen markiert dieses Ereignis erstmals die aufgrund der neuartigen Struktur möglich gewordene, im taktischen wie im strategischen Bereich gewandelte Form der Kriegführung.

eigenständige Entwicklung des späten Mittelalters stellten die Stangenwaffen dar, mit denen sich das Fußvolk gegenüber den adeligen Panzerreitern im freien Felde erstmalig behaupten konnte. Die Halmbarte mit ihrer Kombinationsfunktion von Hieb und Stich, die auf besondere Verwendungszwecke abgestellten Formgebungen von Ahlspieß, Glefe, Kuse, Korseke und Partisane sowie schließlich der in seiner Abmessung mehr als 5 Meter erreichende Langspieß prägten aufgrund der von ihren Formen vorgegebenen Wirkungsmöglichkeiten den taktischen Einsatz der mit ihnen ausgerüsteten Krieger. Die Umwandlung bäuerlicher Gerätschaften zu bestimmten Waffen wie etwa Drischel und Kriegssense lassen sich allerdings nur als aus der Not geborene Sonderformen bezeichnen.

Bei den leichten Fernwaffen wie Bogen und Armbrust vollzogen sich im betrachteten Zeitraum technische Innovationen sowohl im Bereich der Formgebung wie der Handhabung. Der die Schlachtfelder des Hundertjährigen Krieges beherrschende englische Langbogen bezog seine überlegene Wirkung aus dem Zusammenspiel mehrerer Komponenten: die im Vergleich zu den zuvor verwendeten kleineren Bogenformen größere Dimensionierung, die Fertigkeit des ihn führenden, besonders geübten Schützen und der geschlossene taktische Einsatz. Die wesentlich ermüdungsfreier zu handhabende Armbrust, dem Langbogen allerdings hinsichtlich Reichweite und Schußfolge unterlegen, erfuhr durch die Verwendung eines stählernen Bogenteils als Ersatz für den bis zum Ende des 14. Jahrhunderts üblichen Komposit-Bogenarm aus Hornplatten, Sehnen und Holzteilen eine erhebliche qualitative Verbesserung. Diese ergab sich nicht nur aufgrund der gesteigerten Spannkraft des Stahlbogens, sondern auch durch dessen Witterungsunabhängigkeit. Die im Verlauf des 15. Jahrhunderts eingeführten mechanischen Spannhilfen in Form von Gelenkhebeln und Winden erleichterten die Bedienung der Armbrust noch zusätzlich, wobei der Gelenkhebel in Form des „Geißfußes“ überdies das Spannen der Armbrust auch zu Pferde ermöglichte und damit die Voraussetzung für die Aufstellung von Abteilungen berittener Schützen schuf.

Im Arsenal der schweren Fernwaffen blieben bis ins späte Mittelalter die „Springolfe“ und „Mangen“, Pfeil- und Wurfgeschütze auf der Basis des Torsionsprinzips und nach dem Vorbild der antiken Ballisten und Onager, weiterhin in Gebrauch. Neu war demgegenüber die aus China stammende Form der Ziehkraftblide nach dem Prinzip des zweiarmigen Hebels. Die erste technische Innovation dieser wirkungsvollsten Wurfmaschine des Mittelalters stellte gegen Ende des 13. Jahrhunderts die Ergänzung des Hebelprinzips durch die Ausnutzung der Schwerkraft in Form der Gegengewichtsblide dar. Zu Beginn des 15. Jahrhunderts gelang eine entscheidende technische Verbesserung durch die Verwendung einer in der Länge verstellbaren Schlinge für das Geschoß, die bei konstanten Abmessungen der Gesamtkonstruktion dennoch unterschiedliche Wurfweiten der Blide ermöglichte.

In die Epoche des späten Mittelalters fällt auch die wohl folgenreichste technische Entwicklung in der Geschichte des Kriegswesens: die Feuerwaffe. Sie geht auf eine in Europa bisher nicht genau lokalisierbare Entdeckung zu Beginn des 14. Jahrhunderts zurück, das „Schießen“, d. h. auf die Ausnutzung der chemischen Reaktion bei der Entzündung eines Gemischs aus Salpeter, Holzkohle und Schwefel zur Beschleunigung eines Geschosses. Die Entwicklung der Feuerwaffen in Gestalt von durch einen Mann zu bedienenden Handbüchsen oder als Geschütze der Artillerie vollzog sich in den europäischen Ländern in sehr unterschiedlicher Weise und zudem als ein ungleichmäßiger, durch innovatorische Sprünge gekennzeichneter Prozeß auf der Basis lediglich empirisch gewonnener Erfahrungen [6]. Um die militärische Effizienz dieser neuartigen Waffen für den Kriegseinsatz zu steigern, waren neben technologischem Wissen, handwerklichen Fertigkeiten zur Herstellung und hinreichender Verfügbarkeit der benötigten Rohstoffe vor allem der politische Wille und die finanziellen Mittel zur Beschaffung sowie ein personelles Reservoir von ausgebildeten Schützen bzw. Kanonieren und die Fähigkeit zur taktisch adäquaten Umsetzung dieser Möglichkeiten im Krieg erforderlich.

Die Vorbedingungen für die Erfüllung aller dieser Komponenten waren im späten Mittelalter jedoch nur in seltenen Fällen gegeben. Wo dies jedoch zutraf, dort führte es nahezu zwangsläufig zu Fortschritten in der Entwicklung. Als Beispiele hierfür können besonders im 15. Jahrhundert Frankreich, Burgund, der Staat des Deutschen Ordens und das Osmanenreich gelten. Das französische Königtum von Karl V. bis zu Karl VIII., der ehrgeizige, nach der Königskrone strebende Herzog Karl der Kühne von Burgund, die Deutschherren als „militärische Professionals“ und die auf stete Expansion ihres Reiches bedachten osmanischen Sultane lassen sich hinsichtlich ihrer jeweiligen politischen Intentionen und der dafür von ihnen geschaffenen militärischen Voraussetzungen vergleichen: Sie alle versuchten, ihre ambitionierten politischen Ziele mit Hilfe eines optimierten militärischen Instruments in Gestalt einer mit den modernsten Waffen der Zeit ausgerüsteten Armee durchzusetzen. Sie alle verfügten dabei sowohl über die finanziellen Möglichkeiten wie über eine entsprechende Machtfülle zur Realisierung dieser Bestrebungen.

In jedem der hier beispielhaft angeführten Fälle ist dies auf zwei parallelen Wegen gelungen: zum einen mit der Umstrukturierung der Heeresorganisation und zum anderen durch eine nur an pragmatischen Kriterien orientierte Nutzanwendung der zeitgenössischen militärischen Spitzentechnologie in Form der Feuerwaffen. Trotz vereinzelter Rückschläge wie der Niederlage des Deutschen Ordens bei Tannenberg im Jahre 1410 mit ihren politischen Folgen oder des

[6] *Schmidtchen,* Volker: Bombarden, Befestigungen, Büchsenmeister. Von den ersten Mauerbrechern des Spätmittelalters zur Belagerungsartillerie der Renaissance. Düsseldorf 1977.

letztlichen Scheiterns der ehrgeizigen Pläne Karls des Kühnen 1477 erwies sich längerfristig die gezielte Optimierung kriegstechnischer Potenzen in Verbindung mit davon beeinflußten Veränderungen der Heeresorganisation als erfolgreich. Der eingeschlagene Weg fand Nachahmer [7] und bestimmte im wesentlichen Maße die weitere Entwicklung des Kriegswesens in der frühen Neuzeit.

Auf der anderen Seite sollte nicht übersehen werden, daß zwar sowohl der endgültige Sieg des französischen Königtums über die Engländer im Hundertjährigen Krieg wie auch besonders die Eroberung von Konstantinopel durch Mehmed II. mit den daraus erwachsenden Konsequenzen für das weitere politische Schicksal Europas in wesentlichem Maße auf die erfolgreiche Nutzanwendung schwerer Feuerwaffen in Form von bei Belagerungen eingesetzten Geschützen zurückgingen, es sich dabei innerhalb der gesamten Entwicklung des spätmittelalterlichen Kriegswesens jedoch lediglich um erfolgreiche Einzelfälle handelte. Als ebenso singulär müssen die seit der Wende zum 15. Jahrhundert auch im deutschen Raum häufiger werdenden Einsätze von Feuerwaffen beim Kampf um feste Plätze bezeichnet werden. Dazu kam es überwiegend im Rahmen verschiedener Fehden von Reichsstädten und Landesherren [8]. Die gesamte Entwicklung wurde dadurch jedoch nicht wesentlich vorangetrieben. Für Handfeuerwaffen und Geschütze ist dies aufgrund weiterer technischer und organisatorischer Fortschritte [9], die schließlich Artillerie und Büchsenschützen als selbständige Waffengattungen der neuzeitlichen Heere zum Ergebnis hatten, erst im Verlauf des 16. Jahrhunderts nachweisbar. Ein entscheidender Einfluß der Feuerwaffenentwicklung auf die während des 14. und 15. Jahrhunderts beobachtbaren Veränderungen der Taktik und der Heeresstruktur im europäischen Kriegswesen läßt sich daher noch nicht konstatieren.

Der militärische Erfolg in der Schlacht hing von einer Reihe unterschiedlicher Faktoren ab. Hierzu zählten vor allem die Waffenausstattung der Truppen, die dadurch mitbedingte Schlachtordnung, die Ausnutzung des Geländes, die Moti-

[7] In diesem Zusammenhang sind vor allem die Reichsstädte zu nennen. *Rathgen,* Bernhard: Das Geschütz im Mittelalter. Berlin 1928. Ebenso Kaiser Maximilian I. mit seinen zielgerichteten Rüstungsbestrebungen. Schmidtchen 1977, 83–94, 172 ff.

[8] So z. B. 1. u. 2. Städtekrieg in Schwaben, Franken und am Rhein 1370–90; Helmstädter Fehde 1448; Soester Fehde 1444–1449; 3. Städtekrieg 1449–1450; Fehden des großen Städtebundes in Schwaben und Franken mit Fürsten und Adel 1429–59, Bamberger Fehde 1445; Münsterische Stiftsfehde 1450–57; Rothenburger Fehde 1455–60 etc.

[9] Grundsätzlich nur noch Bronzeguß der Geschütze, Verwendung von Eisenkugeln als Geschossen, Beweglichkeit der Geschütze auf Räderlafetten, Beschränkung der ehemaligen Vielfalt auf wenige, standardisierte Formen der Geschütztypen auf der Basis jeweils einheitlicher Kalibergrößen, Entwicklung der Artillerie zu einer eigenständigen Waffengattung, Fortschritte bei den ballistischen Kenntnissen, Stein- und Radschloß anstelle der Lunte bei den Handbüchsen, Reiterpistolen, Ausbildung des städtischen Schützenwesens. Zur Artillerie siehe in diesem Zusammenhang Schmidtchen 1977.

vation der einzelnen Krieger zum Kampf, der innere Zusammenhalt des Heeres und das taktische Geschick der jeweiligen militärischen Führer für den koordinierten Einsatz der verschiedenen Heeresteile, d. h. für den Kampf der verbundenen Waffen. Bis zum Ende des 13. Jahrhunderts hatten die Panzerreiter als Hauptwaffe jeden Heeres die Schlachtfelder beherrscht und die Entscheidung herbeigeführt. Wer mit den eigenen Berittenen die feindliche Reiterei im Felde zu werfen verstand, hatte in der Regel die Schlacht gewonnen. Aufgrund seiner Bewaffnung mit Schwert, Streitaxt oder kurzer Lanze konnte das Fußvolk den feindlichen Reitern nur wenig anhaben, allenfalls die mit Bogen oder Armbrust ausgerüsteten Schützen.

Ohnehin stand es mit der Motivation der Fußknechte in einem feudalen Aufgebot nicht immer zum besten. Sie waren gewöhnlich einfache Dienstmannen, zu den Waffen beorderte Bauern oder Söldner. Im Gegensatz zu ihren berittenen Kampfgenossen besaßen sie keine Möglichkeit, im Falle einer Niederlage der siegreichen feindlichen Reiterei durch die Flucht zu entkommen, und als vom Stand her nicht Ebenbürtige waren sie auch von der ritterlichen Tugend der Verschonung geschlagener Gegner, der „erbärmde", ausgeschlossen [10]. Auch wirtschaftlich galt der gemeine Mann als wertlos, konnte man doch nicht wie im Falle gefangener Ritter auf Lösegeld hoffen. Das Wissen um diese Mängel dürfte die Kampfmoral der Fußknechte nicht gerade gesteigert haben. Leider geben bis zu Beginn des 14. Jahrhunderts die Quellen keine Auskunft über taktisches Verhalten von Fußvolk in der Schlacht. Die Knechte hielten der feindlichen Reiterattake stand oder wurden zersprengt, sie setzten sich gegen die feindlichen Fußtruppen durch oder wurden von diesen geworfen.

Den Auftakt zu einem durchgreifenden Wandel der Rolle des Fußvolks in der Feldschlacht im Sinne taktischen Verhaltens bildete das anfangs bereits erwähnte, als „Sporenschlacht" in die Geschichte eingegangene Gefecht bei Kortrijk im Jahre 1302. König Philipp der Schöne von Frankreich hatte zur Niederwerfung einer flandrischen Rebellion ein ca. 10 500 Mann starkes Heer [11] unter dem als Feldherrn erfahrenen Grafen von Artois nach Flandern entsandt. Diese professionelle Armee setzte sich aus dem feudalen Aufgebot französischer Panzerreiter sowie zwei zu Fuß kämpfenden Söldnerverbänden, spanischen Leichtbewaffneten und italienischen Armbrustschützen, zusammen. Auf der Gegenseite standen

[10] *Rosenau,* Peter Udo: Wehrverfassung und Kriegsrecht in der mittelhochdeutschen Epik. Diss. Bonn 1959, 265.

[11] Dazu sehr detailliert die älteren Untersuchungen wie Frantz Funck-Brentano: Mémoire sur la bataille de Cortrai et les chroniqueurs qui en ont traité, pour servir à l'historiographie du règne de Philippe le Bel. In: Mémoires à l'Académie des Inscriptions et Belles-Lettres de l'Institut de France 10 (1893), S. 235–326; *Fris,* V.: De Slag bij Kortrijk. Gent 1902; *Wodsak,* Felix: Die Schlacht bei Kortryk, 11. Juli 1302. Diss. Berlin 1905.

die Bürgermilizen von 10 flandrischen Städten, ein Bauernaufgebot aus Ostflandern sowie insgesamt 10 adelige Herren aus der flandrischen Ritterschaft. Dieses „Volksaufgebot“ bestand in der Masse aus mit Helm, Harnisch und Schild gewappneten und mit Spießen, Schwertern, Streitäxten und Keulen bewaffneten Fußknechten sowie einigen kleineren Einheiten von Armbrustern [12]. Das weitaus größte Kontingent im insgesamt etwa 13 000 Mann starken Heer stellten die 10 000 Krieger der städtischen Milizen. Diese Bürgeraufgebote waren straff organisiert. Sie rekrutierten sich aus den städtischen Zünften und besaßen von dieser Eigenschaft als Erwerbsgenossen her bereits ein starkes Zusammengehörigkeitsgefühl. Hinzu kam noch die häufige zusätzliche Mitgliedschaft des einzelnen Bürgers in einer religiösen Bruderschaft. Im Kriegsfall bildeten Bruderschaften und Zünfte unter ihren eigenen Hauptleuten und Vorstehern die Kontingente des städtischen Aufgebots. Verbunden durch weltliche und geistliche Solidarität, durch eine gemeinschaftlich empfundene Bedrohung seitens fremder Gewalt und geprägt vom Vertrauen in die selbstgewählten Führer, deren Autorität als Vorsteher einer Zunft oder als Haupt einer Bruderschaft auch im friedlichen Alltag akzeptiert wurde, verfügten diese Bürgermilizen über einen starken inneren Zusammenhalt. Hinsichtlich seines militärischen Wertes stand dieser der vom Standesethos der Ritterschaft geforderten persönlichen Tapferkeit ebenso wenig nach wie der professionellen Routine der Söldner [13].

Eine Besonderheit kennzeichnete die Situation in Kortrijk und machte gerade diesen Platz zum Austragungsort der Schlachtentscheidung: Die stark befestigte Stadt selbst befand sich nämlich bereits in den Händen der aufständischen Flamen, während die erhöht im Nordosten der Stadt gelegene Burg noch von einer französischen Garnison gehalten wurde, zu deren Entsatz das französische Heer heranrückte. Die flandrischen Aufgebote stellten sich nun an einem Platz zur Schlacht auf, dessen topographische Merkmale einige Rückschlüsse auf die vorherrschenden taktischen Überlegungen und die Kampfmoral der Krieger erlauben. Sie wählten ein ostwärts der Stadt an diese direkt angrenzendes, inselartiges Terrain von 800 Metern Breite in der Erstreckung von West nach Ost und bis zu 900 Metern Tiefe in Nord-Süd-Richtung. Der Inselcharakter dieser Ebene kam dadurch zustande, daß sie auf ihrer Westseite vom hoch aufgestauten nassen Ostgraben der Stadt, im Norden vom Fluß Lys, an dem Kortrijk lag, im Osten durch den sumpfigen Grund des Baches Groeningen und auf der Südseite durch einen schmalen Verbindungskanal zwischen diesem Bach und dem Ostgraben der Stadt begrenzt wurde. Das operative Ziel des französischen Feldherrn lag im Entsatz der von eigenen Truppen gehaltenen Burg, noch bevor die Aufständischen sie erobern konnten. Für eine Belagerung der stark befestigten Stadt waren

[12] Die „Annales Gandenses“ sprechen von „optime armati“ (Monumenta Germaniae Historica. Scriptores rerum Germanicarum XVI).

[13] *Wodsak* 1905, 26 f.

seine Kräfte offensichtlich zu gering, und außerdem wußte er wohl nicht, wie lange die Burgbesatzung sich noch würde halten können. Somit blieb dem Grafen Artois lediglich der Weg über die bereits beschriebene Ebene, um unter Umgehung der Stadt den Zugang zur Burg direkt zu gewinnen.

Bei ihrer Beurteilung der Lage scheinen die Flamen zum gleichen Ergebnis gekommen zu sein, denn sie stellten sich eben hier zur Schlacht. Die Position besaß den Vorteil, daß sie wegen der auf allen Seiten ihre natürlichen Grenzen bildenden Wasserläufe und Sumpfniederungen weder in der Flanke, noch im Rücken umgangen werden konnte. Aufgrund dieser Lage blieb den französischen Truppen nur die Möglichkeit einer Annäherung aus östlicher und/oder südlicher Richtung.

Die überlegte Schlachtaufstellung der flandrischen Aufgebote an diesem Ort barg freilich nur die Alternative zwischen Sieg oder Tod. Im Bewußtsein dieser Lage hier gleichwohl die Schlacht anzubieten, setzte den Entschluß voraus, alles zu wagen, d. h. entweder zu siegen oder unterzugehen. Dieses „Alles oder Nichts"-Gefühl, diese Bedingungslosigkeit der Situation wird zusätzlich noch in dem vor der Schlacht ausgegebenen Befehl deutlich, niemandem Pardon zu geben und auch nicht eigenmächtig Beute zu machen, bis der Sieg erkämpft sei. Wer gegen diese Anordnung verstoße, solle des Todes sein und umgehend von seinen eigenen Kampfgenossen erschlagen werden [14].

Auf Befehl des Grafen Artois eröffneten seine Armbrustschützen die Schlacht. Nach ersten Verlusten durch den Beschuß zogen sich die flandrischen Kontingente in guter Ordnung von ihrer Ausgangsstellung an den sumpfigen Gräben weiter auf die Ebene zurück, um aus der Reichweite der italienischen Armbruster zu gelangen und andererseits das feindliche Fußvolk zum Nachstoßen über die Gräben zu veranlassen. Die italienischen und spanischen Söldner des französischen Heeres wären dabei zwangsläufig in aufgelöster Ordnung auf dem jenseitigen Ufer angekommen und hätten in diesem Moment leichter geworfen werden können. Der französische Feldherr erkannte aber diese Gefahr rechtzeitig, hielt sein Fußvolk zurück, setzte sich selbst an die Spitze seiner Reiterei und gab den Befehl zur Attacke. Als sich die Masse der französischen Ritter in der sumpfigen Grabenniederung befand, und aufgrund der schlechten Geländeverhältnisse der Angriff ins Stocken geriet, hielten die Flamen ihre Ausweichbewegung an und warfen sich in geschlossenem Anlauf auf den Feind. Die adeligen Panzerreiter wurden an und in den Gräben überrascht und konnten keine Gefechtsformation mehr herstellen. So artete der Kampf in ein Gemetzel an den fast wehrlosen, weil in ihrer Bewegungsmöglichkeit stark behinderten und außerdem an Zahl unterlegenen französischen Rittern aus. Weniger als der Hälfte gelang noch die Flucht. Unter den ohne Gnade Erschlagenen, die nach Ausweis der zeitge-

[14] So in der „Genealogia comitum Flandrensium", erwähnt bei Wodsak 1905, 87.

nössischen Quellen die „Blüte des Adels" darstellten [15], befand sich auch der französische Feldherr.

Die Schlacht bei Kortrijk läßt auf seiten der Flamen neben dem unbedingten und allen gemeinsamen Willen, am selbstgewählten Ort unter den vorgegebenen Bedingungen die Entscheidung zu suchen, ein hohes Maß an taktischem Verständnis erkennen: So erfolgte die Wahl des Schlachtortes offenkundig unter Berücksichtigung voraussehbarer feindlicher und geplanter eigener Aktionen. Der geschlossene taktische Rückzug, der dann in den konzentrierten Gegenstoß aller Kräfte umgesetzt wurde und die Schlacht entschied, muß als eine militärische Meisterleistung angesehen werden. Zu den Voraussetzungen für diesen ersten spektakulären Sieg einer ohne Ausnahme zu Fuß fechtenden Armee gegen die gefürchteten adeligen Berufskrieger zu Pferde im freien Felde zählten:

– der innere Zusammenhalt des Heeres, der seinen Ausdruck in einer Disziplin fand, welche erst die taktischen Manöver ermöglichte; – die Überzeugung aller, unabhängig von Stand und Herkunft, der gemeinsamen Gefahr zu begegnen und das Bewußtsein, das eigene Leben für eine gerechte Sache einzusetzen; – die im Gegensatz zum aus feudaler Reiterei und angeworbenen Söldnern bestehenden französischen Heer vorhandene landsmannschaftliche Geschlossenheit der flandrischen Streitmacht.

Unter diesen Gesichtspunkten stellte Kortrijk 1302 sicherlich noch einen Sonderfall dar, doch sollte der Eindruck dieses Sieges auf die Zeitgenossen nicht unterschätzt werden, weil der Nimbus der Unbesiegbarkeit feudaler Panzerreiterei zerstört war. Das Gegenbeispiel der Schlacht bei Cassel 1328 bietet eigentlich hierfür den besten Beleg. Damals scheiterte ein Aufstandsversuch flandrischer Bauern, die von einem französischen Ritterheer im freien Felde ohne sonderliche Mühe vernichtend geschlagen wurden. 1328 herrschten bei diesem Aufstand jedoch andere Vorbedingungen: Die lediglich von Bauern inszenierte Erhebung trug primär sozialen Charakter [16] und mußte im Gegensatz zu Kortrijk 1302 auf die Unterstützung des Adels und des städtischen Bürgertums verzichten. Es bleibt jedoch die Frage, ob die Bauern ohne das Wissen um den legendenhaft noch überhöhten Tag von Kortrijk den militärischen Widerstand überhaupt gewagt hätten.

Vergleichbar in ihrer Struktur aber kann die Schlacht am Engpaß von Morgarten am 15. November 1315 bezeichnet werden. Auch der Anlaß zur kriegerischen Auseinandersetzung war dem in Flandern sehr ähnlich: Das Haus Habsburg war bemüht, zwischen Alpen und Oberrhein zu einem geschlossenen Herrschaftsgebiet zu gelangen und dabei insbesondere den wirtschaftlich bedeutenden

[15] Chronicon majus AEGIDII LI MUISIS Redacta. In Scriptis Anno Domini MCCC Quadragesimo Septimo. In: J. J. de Smet (Hrsg.): Corpus Chronicorum Flandriae. Bruxelles 1841, 197.

[16] *Sproemberg*, Heinrich: Beiträge zur Belgisch-Niederländischen Geschichte. Berlin 1959, 55.

Paßweg über den St. Gotthard in seinen Besitz zu bringen. Diese Bestrebungen verletzten aber die verbrieften Freiheitsrechte der örtlichen Waldstätte. Deren Gegenwehr bestand in verschiedenen wechselseitigen Beistandsverträgen und politisch in ihrer Parteinahme für Ludwig den Bayern im Thronstreit der Häuser Wittelsbach und Habsburg seit 1314.

Ein Schwyzer Übergriff auf das Kloster Einsiedeln bot schließlich König Friedrich von Habsburg den erwünschten Anlaß zur militärischen Aktion gegen den Bund der Waldstätte. Herzog Leopold, der Bruder des Königs, rückte an der Spitze eines aus 2000 adeligen Panzerreitern und 7000 Mann Fußvolk bestehenden Heeres gegen diese Eidgenossen ins Feld [17]. Dem großen feudalen Aufgebot konnten die Waldstätte nur 1300 Mann entgegenstellen. Sie hatten allerdings mit einem solchen Angriff gerechnet und vorsorglich fast sämtliche Zugänge in ihre Gebiete durch behelfsmäßige Befestigungen versperrt, wobei lediglich der Paßweg über den Sattel zwischen dem Roßberg und dem Morgarten bewußt offengelassen worden war. Genau auf diesem Weg und damit durch den Engpaß wollte Herzog Leopold sein Heer zu einem entscheidenden Schlag gegen Schwyz führen. Sein Heer marschierte ohne Sicherung in langer Kolonne auf den Engpaß zu, wobei standesgemäß die 2000 Herren zählende feudale Reiterei die Spitze bildete. Schon aufgrund ihrer zahlenmäßigen Unterlegenheit in die Defensive gedrängt, hatten die Waldstätter ihre einzige Chance in einem groß angelegten Hinterhalt gesehen: An jenem Engpaß trafen die ersten Ritter des österreichischen Heeres in einem Hohlweg auf eine behelfsmäßige Sperre, die von einer kleinen Schar bäuerlicher Krieger todesmutig verteidigt wurde. In kurzer Zeit staute sich die gesamte Kolonne. Ein weiterer Trupp von Eidgenossen riegelte sodann das hintere Ende des Engpasses ab und trennte damit die Reiterei von den Kontingenten des Fußvolks. Von beiden Seiten des Hohlwegs fielen nun plötzlich die Eidgenossen über ihre nahezu wehrlosen Gegner her. Aus dem folgenden Gemetzel retteten sich nur der Herzog und wenige Ritter seines unmittelbaren Gefolges. Von den übrigen machten die Eidgenossen in einer Art von Blutrausch jeden nieder, dessen sie habhaft werden konnten [18].

Am Morgarten standen sich ein feudales Aufgebot und mit Hand- und Stangenwaffen ausgerüstete Bauernkrieger gegenüber. Von den letzteren konnten allerdings viele auf eine reiche Kriegserfahrung als Söldner in italienischen und burgundischen Diensten zurückblicken. Die große zahlenmäßige Überlegenheit des österreichischen Heeres veranlaßte die Eidgenossen zu einer taktisch sehr klugen Wahl des Ortes der militärischen Entscheidung, der aufgrund seiner topographischen Besonderheit ihnen das Gesetz des Handelns in die Hände legte.

[17] *Kurz*, Hans Rudolf: Schweizer Schlachten. Bern 1962, 10.

[18] Zu diesem immer wieder beobachtbaren Verhalten der Eidgenossen in den Schlachten siehe *Schaufelberger*, Walter: Zu einer Charakterologie des altschweizerischen Kriegertums. In: Schweizer Archiv für Volkskunde 56 (1960), H. 1/2, 55 f.

Ihr Überfall aus dem Hinterhalt hatte jedoch die strikte Disziplin aller an seiner Vorbereitung Beteiligten zur Voraussetzung. Dieser Personenkreis wurde nicht nur durch seine landsmannschaftliche Geschlossenheit geeint. Die rücksichtslose Verletzung ihrer verbrieften Rechte und der Versuch, sie mit Gewalt in habsburgische Botmäßigkeit zu zwingen, hatte zu einer emotionalen Haltung geführt, die sich von anfänglicher Empörung bis zum erbitterten und bedingungslosen Kampfeinsatz steigerte. Von daher wird auch die bewußt angestrebte und rücksichtslose physische Vernichtung des Feindes verständlich. Er sollte nicht nur zurückgeschlagen, sondern für alle Zeit an einer Wiederholung seines Unterdrückungsversuches gehindert werden. Die Schlacht am Engpaß von Morgarten stellt militärisch gesehen ein Musterbeispiel für aktiv geführte Verteidigung dar [19], in deren Verlauf das Ziel der Vernichtung des Gegners fast vollständig erreicht wurde.

Für Kortrijk wie Morgarten gilt, daß die nachweislich besonders geschickte Geländeausnutzung für den letztlichen Erfolg ebenso wichtig gewesen ist, wie die Disziplin der Truppen. In beiden Fällen kam der entscheidende Gegenschlag – hier aus geordnetem Zurückweichen, dort als koordinierte Aktion – aus der Defensive heraus und führte zum Erfolg.

Geschickte Geländeausnutzung, dazu aber eine herausragende Führungskunst des Feldherrn kennzeichneten den Verlauf einer der bedeutendsten Schlachten des Hundertjährigen Krieges: Am 26. August 1346 stellte der englische König Edward III. bei Crécy seine einem heranrückenden französischen Heer zahlenmäßig weit unterlegenen Truppen am Vorderhang eines Hügels in drei Treffen, leicht parallel zur Marschrichtung des Feindes auf. Seine rechte Flanke wurde durch den Wald von Crécy, den Ort selbst und einem Bach, die linke durch die Ortschaft Wadicourt gedeckt. Zur Verstärkung seiner Position, in der er sich mit nur 13 000 Kriegern dem ca. 40 000 Mann starken Feind stellen mußte, hatte er im Vorgelände Gräben ausheben und terrassenartige, für Pferde kaum zu bewältigende Hindernisse anlegen lassen. Zu seinen in den vordersten Linien postierten, mit dem gefürchteten englischen Langbogen ausgerüsteten Schützen stellte er die Kontingente seiner „men-at-arms“, des schwer bewaffneten Fußvolks. Außerdem befahl er seinen Rittern, vom Pferde abzusitzen und zu Fuß die Schlachtreihen zu verstärken. Er erreichte mit dieser Maßnahme zweierlei: Die Kampfmoral der „men-at-arms“ und der Bogenschützen wurde gestärkt, da diese nun wußten, daß die adeligen Herren mit ihnen gemeinsam siegen oder sterben würden, weil ihnen die Möglichkeit einer schnellen Flucht zu Pferde fehlte. Außerdem verhinderte Edward auf diese Weise eigenmächtige Attacken einzelner Herren aus persönlicher Ruhmsucht, die den Zusammenhalt des ganzen Heeres hätten gefährden können. Durch seine taktisch wie psychologisch gleichermaßen kluge Maßnahme erzwang er eine Diszi-

[19] *Kurz* 1962, 17.

plin, die schließlich den Erfolg sicherstellte, denn der Feind scheiterte gerade am Mangel dieser Tugend.

Sobald nämlich die französische Avantgarde der Engländer ansichtig wurde, eröffnete sie bereits aus der Marschordnung heraus die Schlacht, ohne das Eintreffen der Hauptmacht abzuwarten. Die erste Vorentscheidung fiel bereits aus waffentechnischen Gründen, als die vom Fußmarsch ermüdeten genuesischen Armbrustschützen des französischen Heeres in die tödlichen Pfeilsalven der in der Fernwirkung überlegenen Langbogner gerieten. Als sich aufgrund der großen Verluste die Söldner zur Flucht wandten, glaubte der die französische Vorhut führende Graf von Alençon an Verrat und befahl seinen adeligen Mitstreitern, diese eigenen Hilfstruppen niederzumachen. Die Genueser wehrten sich, und in das dabei entstehende Getümmel fuhren nach wie vor die todbringenden Pfeile der englischen Bogenschützen, wie auch immer weitere Abteilungen französischer Panzerreiter aus der Kolonne angaloppiert kamen und angriffen. Doch die meisten dieser verzweifelten Versuche blieben im Pfeilhagel der sehr genau schießenden Langbogner König Edwards liegen. Die wenigen, denen es gelang, bis in die englischen Reihen einzubrechen, fanden dort unter den Spießen und Schlachtäxten des englischen Fußvolks und der bei diesem abgesessenen kämpfenden Ritter den Tod [20]. Als die Bogenschützen ihren Pfeilvorrat verschossen hatten, griffen sie zum Schwert und fochten als leichtbewaffnetes Fußvolk weiter mit. Den immer wieder angreifenden französischen Rittern gelangen zwar kleinere Einbrüche in die englischen Linien, diese aber konnte König Edward durch den Einsatz der unter seinem persönlichen Befehl zurückgehaltenen Reserven ausgleichen. Die Schlacht wurde für das französische Heer zum Desaster. Die Herolde beider Seiten bilanzierten, daß auf französischer Seite außer König Johann dem Blinden von Böhmen weitere 11 Prinzen und Fürsten, 1600 Grafen, Barone, Bannerherren und Ritter, 4000 Edelknappen und 20 000 Mann gefallen waren.

Bei Crécy waren zwei sehr verschieden ausgerüstete, gegliederte und vor allem zahlenmäßig stark unterschiedliche feudale Heere aufeinandergetroffen, wobei die geschlossen als Fußvolk kämpfende Streitmacht Sieger blieb. Crécy bildet in der Militärgeschichte eines der wenigen Beispiele für eine erfolgreich bewältigte reine Defensivschlacht. Ein diszipliniertes, gut ausgebildetes und bewaffnetes Heer mit einem erfahrenen Feldherrn an seiner Spitze schlug eine numerisch wesentlich stärkere Armee. Diese jedoch war aus mehreren unterschiedlichen Kontingenten feudaler Aufgebote und Söldner zusammengestellt, undiszipliniert sowie technisch und taktisch unterlegen. Außerdem mangelte es ihr an einer einheitlichen Führung.

[20] Insgesamt sollen es 15 Angriffe gewesen sein. Hierzu ausführlich *Burne,* Alfred H.: The Crécy War. London 1955 und ders.: Crécy. In: History Today 3 (1955), 195–202; *Fuchs,* Theodor: Geschichte des europäischen Kriegswesens. Bd. 1, München 1972, 154.

Das Verhalten der wechselseitigen Befehlshaber macht die gravierenden Unterschiede bei der Führung des Gefechts besonders deutlich: Während der die französische Vorhut befehligende Bruder des Königs, der Graf von Alençon, um der vermeintlichen Ehre des Vorstreites willen auf eigene Faust die Schlacht eröffnete, und sich der hohe französische Adel an der Spitze der einzelnen Treffen immer wieder ungeachtet der hohen Verluste gegen die englischen Linien warf, zog sich Edward III. von Beginn an auf einen Platz an einer Windmühle zurück, von wo aus er das gesamte Schlachtfeld gut übersehen und durch taktische Maßnahmen in den Ablauf des Gefechts eingreifen konnte. Fern jeglichen ritterlichen Dünkels faßte er seine Entschlüsse emotionslos nach rein pragmatischen Kriterien. Völlig unbeeindruckt von der damals auch in englischen Adelskreisen heftig geführten Diskussion über die ethische Vertretbarkeit des Fernwaffeneinsatzes, nutzte er dieses ihm gebotene Mittel zum Erzielen militärischer Überlegenheit im von ihm meisterlich geführten Kampf der verbundenen Waffen.

In Verkennung der wirklichen Ursachen ihrer Niederlage von 1346 glaubten die Franzosen 10 Jahre später bei Poitiers, es müsse reichen, das englische Beispiel der abgesessenen kämpfenden Ritterschaft nachzuahmen. Sie hatten sich jedoch erneut geschlagen zu geben, denn diesmal operierten die Engländer unter der Führung des „Schwarzen Prinzen“, des Sohnes von König Edward III., mit einer Kombination aus Bogenschützen, schwerbewaffnetem Fußvolk und aufgesessen kämpfenden adeligen Panzerreitern. Fast 6 Jahrzehnte später, am 25. Oktober 1415, schließlich schlug der englische König Heinrich V. bei Azincourt [21] mit seinem Fußvolk aus Langbognern und Schwerbewaffneten erneut ein französisches Heer vernichtend. Worin mag der Erfolg einer Taktik gelegen haben, die offensichtlich vom Gegner nicht kopiert wurde, sich aber in drei entscheidenden Schlachten von Fußvolk gegen Reiterei im Verlauf von immerhin 70 Jahren bewährte?

Hier kamen sicherlich eine Reihe unterschiedlicher Komponenten zusammen: Zunächst der Langbogen, dann die geschickte taktische Kombination der durch diese Waffe gegebenen Möglichkeiten mit den „men-at-arms“ des schweren Fußvolks und den Rittern, das geschickte Ausnutzen des Geländes etc. Vor allem aber dürfte die Kampfmoral eine entscheidende Rolle gespielt haben. In den drei im vorigen erwähnten Schlachten des Hundertjährigen Krieges wirkten nämlich die einzelnen Kontingente des englischen Heeres vorbildlich und diszipliniert zusammen. Gerade hierfür erwies sich im Gegensatz zu den mitteleuropäischen feudalen Aufgeboten die gemeinsame Sprache als unbestreitbarer Vorteil. Hinzu kam das wechselseitige Vertrauen in die hohen militärischen Fertigkeiten der jeweils anderen Waffengattungen und das der Truppen in die Führungsqualitäten ihrer jeweiligen Feldherren. Diese Komponenten bildeten

[21] Zu dieser Schlacht ausführlich *Keegan,* John: Die Schlacht. München 1981, 89–134.

die Basis für eine Kampfmoral, die es den englischen Truppen ermöglichte, in einem fremden Land, auf sich allein gestellt, dem Feind an Zahl stets weit unterlegen, gleichwohl in allen Auseinandersetzungen die Oberhand zu behalten.

Während das 14. Jahrhundert noch als eine Art Übergangsphase in der Entwicklung der taktischen Formen für das Fußvolk gelten kann, so ging im 15. Jahrhundert die militärische Initiative endgültig auf die neue Waffengattung über, für deren große Schlachthaufen die Schützen und die Reiterei nur noch als Hilfstruppen dienten. Entscheidend für diese Entwicklung ist vor allem die Einführung der Stangenwaffen und die darauf beruhende Taktik großer geschlossener Haufen von Fußvolk gewesen. Die von den Fußknechten des 14. Jahrhunderts zunächst geführten Halmbarten, Spieße und Schlachtäxte waren zwar kürzer als die Lanzen der Panzerreiter, sie hatten aber in jedem Fall eine größere Reichweite als die Schwerter der Berittenen. Um diese Waffen des Fußvolks erfolgreich zum Einsatz bringen zu können, war es notwendig, die Panzerreiter an ihrer geschlossenen Attacke mit eingelegter Lanze zu hindern. Die Stoßlanze ließ sich nämlich nur aus der schnellen Vorwärtsbewegung von Roß und Reiter wirkungsvoll einsetzen. Wenn es gelang, die beiden zum Stehen zu bringen, so war diese Waffe praktisch wertlos. Hatte es zum Erreichen dieses Ziels im 14. Jahrhundert zunächst noch der geschickten Geländeausnutzung oder einer überlegenen Fernwaffe wie des Langbogens bedurft, so ermöglichte seit der Wende zum 15. Jahrhundert zunehmend der von der Masse eines großen und geschlossenen Haufens eingesetzte Langspieß das Herstellen der Überlegenheit des Fußvolks gegenüber der Reiterei auch im freien Felde. Die Taktik der großen Gevierthaufen wurde von den Eidgenossen entwickelt. Den Kern bildeten Halmbartenträger, den äußeren Rahmen mehrere Glieder geharnischter Spießer [22]. Mit dieser Anordnung erreichte man sowohl eine Deckung gegen feindliche Reiterangriffe wie auch hinreichende Stoßkraft beim eigenen Angriffe gegen feindliches Fußvolk. Wenn die äußeren Glieder ihre bis zu 5,4 m langen Spieße fällten, entstand eine Barriere, gegen die keine Reiterattacke einen Durchbruch zu erzielen vermochte, da die Pferde vor den Spießeisen scheuten. Die Formation des Haufens mußte allerdings eng geschlossen stehen.

Ein Operieren mit großen Schlachthaufen aus Spießern, Halbartieren und Schützen setzte ein erhebliches Maß an Disziplin und Kampfmoral voraus. Die Schweizer Eidgenossen besaßen beides in besonderem Maße. Hinzu trat eine effiziente Heeresorganisation, die es ermöglichte, notfalls innerhalb von drei Tagen ein Heer von 20 000 Mann aufzubieten. Eine Förderung der Motivation zum Kampf aufgrund der Einsicht aller Krieger in die Notwendigkeit der Ver-

[22] *Schaufelberger*, Walter: Das eidgenössische Wehrwesen im Spätmittelalter im Lichte moderner Militärgeschichtswissenschaft, In: CLXVI. Neujahrsblatt der Feuerwerker-Gesellschaft (Artillerie-Kollegium) in Zürich auf das Jahr 1975. Zürich 1974, 18.

teidigung eigener Unabhängigkeit gegenüber auswärtigen Einflüssen sollte zwar nicht ausgeschlossen, in ihrer Wirkung jedoch nicht überbewertet werden, denn die kriegerischen Qualitäten der Eidgenossen zeigten sich ebenso deutlich bei innerschweizerischen Zwistigkeiten oder bei den als Söldnern in auswärtige Dienste getretenen Kontingenten. Unstreitig hatte jedoch die in der Regel landsmannschaftliche Zusammensetzung der großen Haufen ihre positiven Auswirkungen auf die Kampforal. Männer aus dem gleichen Kanton fochten stets gemeinsam unter ihrem Banner, sei es bei bürgerkriegsähnlichen Konflikten oder bei der Abwehr auswärtiger Bedrohung. Ein regelmäßiges Exerzieren der zusammengerufenen eidgenössischen Aufgebote setzte die Krieger in die Lage, im geschlossenen Haufen in jeder Richtung auf freiem Gelände vorzurücken, ohne dabei die Formation öffnen zu müssen.

Zum Gefecht stellte man sich in drei Treffen auf. Eine solche Schlachtgliederung war ohne Verzögerung jederzeit direkt aus der Marschkolonne herzustellen. Auf entsprechende Signale hin konnten die einzelnen Haufen umgehend geschlossene Richtungswechsel vornehmen. Diese durch ständiges Üben perfektionierte Fähigkeit eröffnete in der Schlacht den Befehlshabern eine breite taktische Option. Der Feind wurde nach Möglichkeit im ersten geschlossenen Anlauf überrannt. Jeder einzelne Krieger im Haufen war sich der Notwendigkeit des strikten Zusammenhalts als Voraussetzung für den Erfolg im Angriff wie in der Defensive bewußt. Eigenmächtigkeiten des einzelnen wurden in den eidgenössischen Kriegsordnungen mit drakonischen Strafen bedroht. Wer z. B. ohne triftigen Grund, d. h. ausdrücklichen Befehl oder eigene Verwundung, in der Schlacht die Formation verließ, sollte auf der Stelle von den eigenen Genossen niedergestoßen werden.

Diese Bedingungslosigkeit auch sich selbst gegenüber erinnert an die Flamen bei Kortrijk, nur galt sie bei den Eidgenossen generell und war nicht lediglich auf eine besondere Situation bezogen. Sie machte die Schweizer zu überaus gefürchteten Gegnern, die ihren Feinden grundsätzlich kein Pardon gaben, wie ihre eigenen Kriegsordnungen festlegten, und auch selbst keinen erwarteten [23]. Hier lebte das schon bei der Entstehung der Eidgenossenschaft beobachtbare „Sieg oder Tod"-Prinzip fort, das insbesondere dem adeligen Berufskriegertum in Europa stets fremd geblieben ist.

Die geringe Achtung selbst gegenüber dem eigenen Leben wurde auch in der Bewaffnung deutlich. Stangenwaffen wie Langspieß oder Halmbarte mußten mit beiden Händen geführt werden und erforderten daher den Verzicht auf einen Schild als Schutzbewaffnung. Wegen der besseren Beweglichkeit legten

[23] Die wird besonders deutlich im „Sempacher Brief" von 1393, im Wortlaut wiedergegeben bei Egon von Frauenholz: Entwicklungsgeschichte des deutschen Heerwesens: Die Heere der Schweizer Eidgenossenschaft bis zur Mitte des 16. Jahrhunderts. München 1936, 121–123.

aber viele eidgenössische Fußknechte auch keinen Brustharnisch als Körperpanzer an. Der einzelne Langspieß war wertlos, ein nur damit ausgerüsteter einzelner Krieger im freien Felde so gut wie verloren. Erst der kollektive Einsatz, in dem ein Rechteck von 10 000 bis 12 000 Mann bildenden Gevierthaufen [24] machte den Langspieß zu einer schlachtentscheidenden Waffe des 15. und auch noch des 16. Jahrhunderts. Es mochte durchaus vorkommen, daß die Krieger in der Mitte eines Gewalthaufens eine Schlacht nur als Schiebende oder Geschobene erlebten. Man versuchte nämlich mit dem Haufen, bei möglichst engeschlossenen eigenen Flanken und dichter eigener Front die gegnerische Ordnung aufzubrechen. Die Spießer rangen dabei um den „Druck". Wenn der Feind nachgab, wenn sich seine Formation auflöste, kamen die Halbartiere zum Einsatz [25]. Für eine Schlacht wurden in der Regel zwei, wenn nicht sogar drei Haufen gebildet, denn erst die Mehrzahl erlaubte verschiedene taktische Optionen.

In den Burgunderkriegen bestanden die Schweizer Gevierthaufen ihre große Bewährungsprobe. Bei Grandson zerbrachen alle Angriffe der burgundischen Reiterei am Widerstand des großen Gewalthaufens. Selbst als die burgundische Artillerie sich auf ihn einschoß, blieben die eidgenössischen Spießer trotz vieler Verluste ruhig auf ihrem Platz stehen, um auf das Eintreffen der anderen Haufen auf dem Schlachtfeld zu warten. Dies veranlaßte Herzog Karl den Kühnen, mitten im Gefecht den leichtfertigen Versuch einer Umgruppierung der eigenen Kräfte vorzunehmen. Damit aber war die Schlacht bereits verloren, denn in dem Moment, als Karls Truppen mit der Ausführung seiner Befehle begannen, und sich die Artillerie mitten im Stellungswechsel befand, erschien der zweite Haufen der Eidgenossen auf dem Schlachtfeld und stürzte sich auf den Feind. Das nicht mehr in Schlachtordnung gebrachte burgundische Heer löste sich auf, und die Eidgenossen behaupteten das Feld. Auch bei Murten und bei Nancy, wo der ehrgeizige Herzog schließlich seinen unrühmlichen Tod fand, blieben die Eidgenossen mit ihren Haufen siegreich. In der Folge erwiesen sich die deutschen Landsknechte als gelehrigste Schüler der Väter dieser Taktik [26].

Auch im 15. Jahrhundert hatte die Ritterschaft trotz der unbestreitbaren Schlachterfolge der Spießerhaufen auf die Abteilungen des Fußvolks immer noch herabgeblickt. Während des 14. Jahrhunderts war vor allem die französische Ritterschaft aufgrund ihres Standesdünkels nicht bereit gewesen, die neuen

[24] *Kurz* 1962, 132.
[25] *Schaufelberger* 1974, 20.
[26] Siehe dazu im Detail: *Franz*, Günther: Vom Ursprung und Brauchtum der Landsknechte. In: Miög 61 (1953), 79–98 sowie nach wie vor brauchbar: *Schmidthenner*, Paul: Die Landsknechte. In: Karl Linnebach (Hrsg.): Deutsche Heeresgeschichte. Hamburg 1935, 59–84.

taktischen Formen zu akzeptieren, insbesondere sich den Ansätzen zu einem Kampf der verbundenen Waffen zu öffnen. Sie hatte dafür von Crécy bis Azincourt einen blutigen Preis bezahlt. Doch auch noch im 15. Jahrhundert verschlossen sich viele adelige Herren der längst offenkundigen Erkenntnis, daß innerhalb des Kriegswesens eine erhebliche Schwerpunktverlagerung eingetreten war. Als letzte Ausläufer ritterlichen Kriegertums waren 1444 in Frankreich durch König Karl VII. die Ordonnanzkompanien geschaffen worden. Den Anlaß dazu hatte eine für das Land unerträgliche Situation gegeben: Im Hundertjährigen Krieg kämpften auf beiden Seiten freie Söldnerkompanien, die zwischen den einzelnen Feldzügen plündernd und mordend zum Schrecken der Landbevölkerung wurden [27]. Zunächst hatte man versucht, diese Banden im Rahmen der Anwerbung für auswärtige Feldzüge wie in Spanien und sogar in Ungarn aus dem Lande zu schaffen. Eine Besserung der Lage trat jedoch erst gegen Ende des Hundertjährigen Krieges ein, als es Karl VII. im Jahr 1439 gelang, bei den Ständen eine „taille des gens de guerre", eine Kriegssteuer zum Unterhalt für dauerhaft in den Dienst des Königs genommene Truppen, durchzusetzen. Im Jahre 1444 erließ der König mehrere „ordonnances", mit denen er einen Teil der Söldnerbanden auf Dauer in den Dienst der Krone übernahm. Diese Truppen bildeten in der Folge das Instrument, mit dem es gelang, die restlichen marodierenden Söldnerkontingente gewaltsam aufzulösen [28].

Im Unterschied zu den bis dahin üblichen militärischen Organisationsformen auf der Basis feudaler Dienstpflicht oder des Soldvertrages schuf Karl VII. erstmalig die Strukturen für eine Art von stehendem Heer. Seine insgesamt 7200 Mann starken „compagnies d'ordonnances" aus Reiterei, Bogen- und Armbrustschützen sowie leichtbewaffnetem Fußvolk bildeten ein Heer aus „Berufssoldaten". Militärische Führer wie Mannschaft erhielten ihren Sold aus dem mittels der eingeführten Kriegssteuer aufgefüllten Staatsschatz. Alle Inhaber von Kommandofunktionen wurden vom König persönlich ernannt und in ihr Amt eingewiesen. Sie erhielten ein „officium", woraus sich der Begriff des „Offiziers", also des Amtsinhabers herleitet. In den vom König ausgewählten, strategisch günstig gelegenen Städten der Provinzen bezogen die Truppen ständige Quartier und blieben für größere Unternehmungen jederzeit verfügbar, da sie in ihren Garnisonen keine andere Aufgabe hatten, als im Rahmen kontinuierlicher Ausbildung ihre militärischen Fähigkeiten zu vervollkommnen. Ein königlicher Stab von Inspektoren besichtigte die Truppen in regelmäßigen Abständen.

Die Ordonnanzkompanien ersetzten nun keinesfalls das herkömmliche Sy-

[27] Contamine 1980, 301. Ausführlich an einem Fallbeispiel *Cauchies,* Jean-Marie: Les „Ecorcheurs" en Hainaut (1437–1445). In: Revue belge d'Histoire militaire 20 (1974) 317–337.

[28] Diese Entwicklung ausführlich bei Contamine 1972, 265–267, 278 ff.

stem der feudalen Aufgebote, denn im Falle einer größeren kriegerischen Auseinandersetzung wären diese wie üblich ebenfalls ins Feld gerufen worden. In den Ordonnanzkompanien als Kadertruppen der Krone dienten nicht nur französische Untertanen, sondern im Gesamtrahmen von etwa 15 % auch schottische, italienische und deutsche Kriegsleute. Für größere Unternehmungen wurden überdies nach wie vor Söldner angeworben. Doch die neuartige „armée permanente“ bildete als stets verfügbare und von äußeren Einflüssen ziemlich unabhängige Kerntruppe ein entscheidendes Element königlicher Zentralgewalt auch nach innen. Mit den Ordonnanzkompanien gelang es dem französischen König, im Unterschied zu früheren Zeiten, das Recht zur Kriegführung auf die „guerre du roi“ zu beschränken. Denn trotz ihrer teilweise „internationalen“ Zusammensetzung entwickelte sich auf der geregelten organisatorischen Basis ein gewisser Korpsgeist dieser Verbände der „gens d'armes“, innerhalb dessen sich viele Bestandteile der ehemaligen ritterlichen Ideale von absoluter Loyalität bis hin zu einem Gefühl des Auserwähltseins wiederfanden. Neben den feudalen Aufgeboten hatte es bereits fast das gesamte Mittelalter hindurch auch ein Soldrittertum in den meisten europäischen Ländern gegeben. So war die soldmäßige Verpflichtung für den Königsdienst an sich nichts Neues. Doch der nun auf Dauer angelegte Dienst schuf weiterreichene Motivationen. Auch als Angehöriger der Nobilität mußte man erst einmal durch den König zu den Ordonnanzkompanien berufen werden. Es gereichte schon bald dem französischen Adel zur Ehre, dort zu dienen.

Karl der Kühne von Burgund hatte im Jahre 1471 dieses Modell für sein eigenes Heer und sogar für seinen Hofstaat übernommen und es entsprechend seiner eigenen Vorstellungen noch weiter ausgestaltet. In seinen von 1468 bis 1474 erlassenen Heeresordonnanzen findet sich eine detaillierte Festlegung der Ränge, der Bewaffnung, der Uniformierung, Regelungen für die Versorgung, die Besoldung, die Gerichtsbarkeit und disziplinarische Maßnahmen. Der Burgunderherzog stellte zwölf solcher Kompanien mit einer Stärke von jeweils 1000 Mann auf. Auch in Burgund bildeten diese Truppen jedoch nur den Kader einer Armee, die erst durch angeworbene Söldner auf ihre endgültige Bedarfsstärke gebracht werden mußte. Gerade am burgundischen Hof wurden ritterliche Traditionen besonders gepflegt. Allerdings blieben die mit großem organisatorischen Aufwand und der vom Herzog bevorzugten Prunkentfaltung aufgestellten Ordonnanzkompanien, in denen sich der edle Geist des Rittertums erhalten und weiter entfalten sollte, den Nachweis ihrer militärischen Leistungsfähigkeit in den entscheidenden Schlachten gegen die Eidgenossen schuldig.

Beim Kampf um das burgundische Erbe stützte sich der Schwiegersohn Karls des Kühnen, der junge Erzherzog Maximilian von Österreich, gegen König Ludwig XI. von Frankreich auf die selbstbewußten Bürgermilizen seiner flandrischen Städte, die von ihm übernommenen, aber nach Waffengattungen neu eingeteilten Reste der Ordonnanzkompanien und deutsche Söldner zu Fuß, die bereits zusammen mit Eidgenossen im Verband gekämpft hatten und über einschlägige Erfahrungen verfügten. Er machte das Fußvolk zu seiner Hauptwaffengattung, worin er von seinem Feldherrn, dem Grafen Romont, entscheidend beraten wurde. Dieser aus der Gegend des Neuenburger Sees westlich von Bern stammende, erfahrene Kriegsmann war mit dem eidgenössischen Kriegswesen gut vertraut. Er stellte auch in der Schlacht bei Guinegate am 7. August 1479 das flämische Fußvolk und die deutschen Söldner in der eidgenössischen Form der Gevierthaufen auf. Der junge Habsburger focht mit dem Langspieß in der Hand die Schlacht im ersten Glied bis zum Sieg über das französische Heer Ludwigs XI., das in der mittlerweile überholten Gliederung der Ordonnanzkompanien aufmarschiert war, durch.

Maximilians persönlicher Einsatz hatte mehr als nur eine symbolische Bedeutung. Durch das Erfolgserlebnis bei Guinegate wurde er in seiner Wertschätzung des Fußvolks als entscheidender Waffengattung nur noch bestärkt. In der Folge baute er aus seinen deutschen Söldnern eine Truppe eigener Prägung auf, die Landsknechte. Die übliche pejorative Herabsetzung des Fußvolks durch die Ritterschaft auch noch gegen Ende des 15. Jahrhunderts stand im Gegensatz zu den von ihm errungenen Erfolgen, die ein entsprechendes Selbstverständnis zur Folge hatten. Die Fußknechte waren stolz auf ihre Siege und verachteten ihrerseits die dünkelhafte Art der ritterlichen Herren, für die sie keinerlei Berechtigung mehr zu erkennen vermochten. Die Taktik der Spießerhaufen repräsentierte eine andere Art von Kriegführung, die in der inneren Einstellung zum Feind und in der angewandten Methode zu seiner Unterwerfung den militärischen Vorstellungen des Rittertums völlig widersprach: Nicht individuelle Tapferkeit zur Steigerung der persönlichen Ehre war gefragt, sondern die Bereitschaft, sich der Masse der Kampfgenossen einzufügen und dem gemeinschaftlichen taktischen Vorgehen unterzuordnen. Als ein sehr pragmatisches Ziel des militärischen Einsatzes galt nicht der den eigenen Ruhm vergrößernde Sieg nach geflissentlicher Beachtung ungeschriebener Regeln, sondern die erbarmungslose physische Vernichtung des Feindes. Vor diesem Wandel hatten der deutsche, französische und österreichische Adel die Augen verschlossen. Es wäre wohl auch einer Selbstaufgabe gleichgekommen, die derart veränderten Bedingtheiten zu akzeptieren. Die deutlichen und in der Regel durch hohen Blutzoll gekennzeichneten Niederlagen feudaler Aufgebote während des 14. und 15. Jahrhunderts wurden auf seiten der Betroffenen immer wieder auf unglückliche Zufälle oder Verrat zurückgeführt. Andererseits gab jeder weitere militärische Erfolg bürgerlicher oder bäuerlicher Aufgebote über die Repräsentanten des bisherigen adeligen Berufskriegertums dem „gemeinen Mann“ Grund zur Schadenfreude [29]. In der Phase der Städte-Fürstenkriege zur Mitte des 15. Jahrhunderts

[29] Diese wurde besonders deutlich in Berichten und Gedichten oder Liedern über das

kam es zu einer den geographischen Raum der Ereignisse überschreitenden „städtischen Solidarität“ [30], in der regionaler Handelsboykott und intensiviertes Nachrichtenwesen zwischen den Bürgerstädten kampfentscheidend werden konnten. Häufig blieb die Parteinahme freilich auch auf Sympathiebekundungen mit den nichtadeligen Siegern beschränkt.

Im 15. Jahrhundert herrschte besonders innerhalb der deutschen Ritterschaft der Eindruck vor, mit schwerwiegenden neuen Entwicklungen konfrontiert zu werden, deren Ergebnisse nicht einschätzbar schienen, und für die daraus möglicherweise erwachsenden Probleme man keine Lösungen glaubte anbieten zu können. Auf den Reichstagen wurde über die Notwendigkeit einer Reform des Heerwesens diskutiert [31], doch es kam zu keinerlei praktischen Maßnahmen. Beim Adel herrschte allenthalben Ratlosigkeit vor. Er vermochte nicht einzusehen, daß seine Vorstellungen zur Kampfesweise und seine Auffassung vom Fußknecht als zweitklassigem Krieger schlichtweg überholt waren, und daß sein Selbstverständnis, dem einzig für den Kriegsdienst vorgesehenen Stand anzugehören, in der Konfrontation mit der Wirklichkeit der Zeit nur als töricht bezeichnet werden konnte. Die Kampfweise des Fußvolks galt nach wie vor als nicht standesgemäß. In besonderen Situationen waren auch in den vorherigen Jahrhunderten immer wieder einmal Ritter zu Fuß ins Gefecht gegangen, dabei aber stets mit ihren eigenen Waffen und unter Berücksichtigung der quasizeremoniellen Kampfesregeln bei der Konfrontation mit dem ebenbürtigen Gegner. Es gab zwar auch unter deutschen Söldnerkontingenten im 15. Jahrhundert einzelne adelige Herren, doch deren Einfluß war zu gering, als daß es generell zu einer neuen Bewertung des Kriegsdienstes als Fußknecht hätte kommen können [32].

Die wechselseitig empfundene große innere Distanz zwischen Ritter und Fußknecht konnte nur von einer hochrangigen und unstreitig ritterliche Attribute aufweisenden Persönlichkeit beseitigt werden. Genau dies war die Aufgabe, die sich Erzherzog Maximilian stellte, als er im Jahre 1485 vor Oudenarde wieder

jeweilige Ereignis. Zu Schweizer Beispielen *Sulzer*, Peter: Die Burgunderkriege in der schweizerischen Geschichtsschreibung von Johannes von Müller bis Emanuel von Rott. Zürich 1945.

[30] Wie beispielsweise bei der Soester Fehde: *Hansen*, Joseph (Hg.): Westfalen und Rheinland im 15. Jahrhundert. I.: Die Soester Fehde. Leipzig 1888. *Heimann*, Heinz-Dieter: Zwischen Böhmen und Burgund. Zum Ost-West-Verhältnis innerhalb des Territorialsystems des Deutschen Reiches im 15. Jahrhundert. Köln-Wien 1982, 239 ff.

[31] *Wohlfeil*, Rainer: Adel und neues Heerwesen. In: Hellmuth Rössler (Hg.): Deutscher Adel 1450–1555. Darmstadt 1965, 212.

[32] In der Schweiz waren solche Probleme unbekannt, da die Landadeligen wie die Patrizier der Städte in aller Regel als Hauptleute in den Gevierthaufen mitkämpften. Wohlfeil 1965, 213. Zum folgenden *ders.*: Ritter-Söldner-Offizier. Versuch eines Vergleiches. In Festschrift für Johannes Bärmann I. Wiesbaden 1966, 45–70.

einmal selbst den Langspieß schulterte und sein Gefolge aufforderte, es ihm gleichzutun. Nach seiner Auffassung hatte es auch für den Adel eine Ehre zu sein, beim die Schlacht entscheidenden Fußvolk und nicht länger im Rahmen der zur Hilftruppe verkümmerten Reiterei Dienst zu tun. Die Landsknechte als von ihm ins Leben gerufene und geförderte Institution sollten vom üblen Ruch des zweitklassigen Söldnertums befreit werden. Maximilians „Orden der frummen Landsknecht" entwickelte sehr bald ein eigenständiges, von kriegerischem Zunft- und Korpsgeist geprägtes Bewußtsein, das nicht unwesentlich von den zahlreichen Rittern herrührte, die auf Anregung des jungen Habsburgers hin als „Doppelsöldner" in die Landsknechtsfähnlein eingetreten waren. Großer Erfolg ist gleichwohl diesen Bestrebungen des sowohl als „letzter Ritter" wie als „Vater der Landsknechte" in die Geschichte eingegangenen späteren Kaisers nicht vergönnt gewesen. Der Weg vom Landknechtshauptmann zum adeligen Infanterieoffizier blieb noch lang; die Voraussetzungen für diese Entwicklung wurden jedoch im späten Mittelalter geschaffen.

Zusammenfassend läßt sich feststellen, daß der im Verlauf des 14. und 15. Jahrhunderts vollzogene Wandel in der Taktik durch die Ablösung der vormals dominierenden ritterlichen Panzerreiter seitens der großen geschlossenen Haufen des Fußvolks gekennzeichnet war. Die technische Ausstattung mit Stangenwaffen, der zunehmend stärkere Einsatz von Schützen, die Ausnutzung der Geländeformation, die besondere Motivation zum Kampf, die innere Disziplin der Aufgebote und das Geschick der militärischen Befehlshaber für die koordinierte Führung des Gefechts der verbundenen Waffen bildeten die hauptsächlichen Komponenten der neuartigen taktischen Form. Die Schlachtentscheidung lag bei den Spießerhaufen, während der Reiterei nur noch eine Unterstützungsfunktion zukam. Der Erfolg im Felde wurde im simplen direkten Stoß auf den Feind gesucht, und wem es dabei gelang, die gegnerische Formation aufzubrechen, behauptete den Platz. Von daher ergab sich die besondere, in allen Kriegsordnungen der Zeit niedergelegte Wertschätzung der Disziplin als Voraussetzung für erfolgversprechende kriegerische Aktionen. In den während des 15. Jahrhunderts besonders aufgrund ihrer Zusammensetzung aus freien Söldnerkontingenten, Ordonnanzkompanien und auch noch Teilen feudaler Aufgebote sehr uneinheitlichen Heere mußte dem disziplinierten inneren Zusammenhalt durch die Kodifizierung detaillierter Verhaltensmaßregeln im Rahmen der Kriegsordnungen besondere Beachtung geschenkt werden. Dies spiegelt sich in dem eigenständigen literarischen Genre der Kriegsbücher wider, in denen von erfahrenen Kriegsleuten das militärische Wissen der Zeit zusammengefaßt wurde. Theoretische Überlegungen zur militärischen Rechtsordnung, zur Ämterhierarchie im Heere, zur alltäglichen militärischen Praxis im Lager, auf dem Marsch und im Gefecht wurden auf der Basis der eigenen Erfahrung, unabhängig von der zuvor üblichen Tradition einer Orientierung an der kriegswissenschaftlichen Überlieferung erstellt. Die beiden bedeutendsten Werke dieser Art stammen aus der Zeit der Wende vom 15. zum 16. Jahrhundert und sind durch Philipp von Seldeneck und Herzog Philipp von Cleve verfaßt worden. Beide Werke erreichten den Rang von Lehrschriften, aber lediglich Herzog Philipps „Buch vom Krieg zu Lande und zur See“ fand in der Folge Eingang in weitere bedeutende kriegswissenschaftliche Abhandlungen des 16. Jahrhunderts [33].

[33] Zu Seldeneck *Neubauer,* Kurt: Das Kriegsbuch des Philipp von Seldeneck vom Ausgang des 15. Jahrhunderts. Heidelberg 1963. Zum Herzog von Cleve *Renner,* Peter: Das Kriegsbuch Herzog Philipps von Cleve. Heidelberg 1960. *Schmidtchen,* Volker: Das Kriegsbuch des Herzogs Philipp von Cleve. Eine Lehrschrift zur Theorie und Praxis des Kriegswesens im Übergang vom Mittelalter zur Neuzeit unter Einschluß des Krieges um Festungen und seiner Methoden. In: *Ders.* (Hg.): Festung, Garnison, Bevölkerung – Historsiche Aspekte der Festungsforschung. Wesel 1982, 9–30. *Ders.:* Technik, Taktik und Theorie im Kriegswesen des späten Mittelalters. Weinheim 1987 mit ausführlicher Würdigung beider Autoren.

Klaus Schreiner

Volkssprache als Element gesellschaftlicher Integration und Ursache sozialer Konflikte

Formen und Funktionen volkssprachlicher Wissensverbreitung um 1500

I.

Sprache ermöglicht Verständigung; geschriebene und gesprochene Sätze vermitteln Werte und Wissen. Die sozialen Wirkungen sprachlicher Äußerungen sind ambivalent: Sprache knüpft zwischen Rang- und Standesgleichen Netze gegenseitigen Einvernehmens; zwischen Bewohnern einer Landschaft und Angehörigen einer Nation begründet sie Gefühle der Zusammengehörigkeit. Als Mittel individueller und kollektiver Identitätsbildung grenzt Sprache ab – den Gelehrten vom Ungelehrten, den Ober- vom Niederdeutschen, Deutsche von Italienern und Franzosen. Der Wille, sich gegen die Erwartungen anderer durchzusetzen, macht Sprache zu einem Werkzeug des Konflikts. Konflikte entstehen, wenn Informationen Widerspruch wecken und auf Ablehnung stoßen.

Die Reichweite sprachlich vermittelter Integration erklärte sich in der Welt des Mittelalters zum einen aus den Interessen gesellschaftlicher Gruppen und Stände, zum anderen aus der Existenz geschichtlich gewordener Sprachlandschaften und Nationen. Die Kenntnis des Latein ebnete den Weg zu kirchlichen Weihen und Pfründen; dem Gebrauch lateinisch überlieferter Wissensbestände verdankten Advokaten, Räte und Schreiber wie auch akademisch gebildete Ärzte und neulateinisch dichtende Humanisten ihr materielles Auskommen. Die Übersetzung lateinischen Heils-, Herrschafts- und Berufswissens in die Volkssprache gefährdete überkommene Standes- und Berufsrollen. Lateinische Sprachkenntnisse waren nicht nur ein Zeichen höherer Bildung, sie erwiesen sich auch als Mittel sozialer Abgrenzung und ständischer Selbstbehauptung.

Wenn sich spätmittelalterliche Zeitgenossen über den sozialen Bezug von Wissen, Bildung und Sprache Gedanken machten, fragten sie nicht, ob und inwieweit soziale Schichtgrenzen als Differenzen geistiger Fähigkeiten und Fertigkeiten zu deuten seien. Sie wollten wissen, welche Bedeutung dem Lateinischen für die Sicherheit der Rechtsordnung, für die politische Kultur und die Wahrheit der kirchlichen Lehre, für die sittliche Bildung, das geistliche Heil und das körperliche Wohlbefinden des Einzelnen zukomme. Konsens über die religiöse, kulturelle und gesellschaftliche Bedeutung des Lateins kam nicht zustande. Unterschiedlichen Interessenlagen begünstigten und bewirkten unterschiedliche Antworten.

II.

Der „Oberrheinische Revolutionär" schimpfte gegen die „schedlich sproch Latin", die dem gemeinen Mann die deutsche Messe, die deutsche Bibel und das alte deutsche Recht vorenthalte [1]. Jakob Wimpfeling (1450–1528) wetterte gegen geistig verstockte und verblendete Leute aus dem Volk (populares), welche lateinisch überlieferte Wissenschaften, Geschichten und Gesetze nicht weniger verachten als der Teufel die Zeichen des heiligen Kreuzes [2].

Die Auffassungen über die gesellschaftliche Nützlichkeit lateinischer Sprachkenntnisse und lateinisch geschriebener Bücher gingen weit auseinander. Humanistische Bildungsaristokraten des späten Mittelalters und der beginnenden Neuzeit konnten die Volkssprache nur als „eine verderbte Form des Lateinischen" wahrnehmen [3], das seit der Völkerwanderung einem unaufhaltsamen Zerfall ausgesetzt gewesen sei. Das klassische Latein bildete ihrer Auffassung nach den Inbegriff von Gesittung und Zivilisation. Lateinisch überliefertes Wissen erinnerte an die welthistorische Kulturmission des alten Roms. Volkssprache ließ an „corruptio", an Dekadenz, an Niedergang und entschwundene Größe denken [4].

Geschichtlicher Ursprung und gesellschaftlicher Nutzwert lateinischer Bildungstradition machten es einem „litteratus" zur Pflicht, die „popularen" Verächter des Lateins in die Schranken zu weisen. Derartige Banausen, schrieb Wimpfeling, würden besser daran tun, über Ziegenfelle und Schweinehäute

[1] Annelore *Franke* und Gerhard *Zschäbitz* (Hg.): Das Buch der Hundert Kapitel und der Vierzig Statuten des sogenannten Oberrheinischen Revolutionärs. Berlin 1967, 247 f.; vgl. auch 506.

[2] So Wimpfeling in seiner 1501 erschienenen „Germania". Vgl. *von Borries,* Emil: Wimpfeling und Murner im Kampf um die ältere Geschichte des Elsasses. Ein Beitrag zur Charakteristik des deutschen Frühhumanismus. Heidelberg 1926, 122: „Mirum est et revera miserandum quosdam populares adeo excaecatos esse, ut, quas ipsi ignorant, omnes ingenuas artes, scientias, historias, leges latine scriptas non minus quam Daemon insignia benedictae crucis damnent ...".

[3] *Klein,* Hans Wilhelm: Latein und Volgare in Italien. Ein Beitrag zur Geschichte der italienischen Nationalsprache. München 1957, 55.

[4] Ebda. 50–60. Vgl. dazu auch neuerdings *Tavoni,* Mirko: Sulla difesa del latino nel Cinquecento. In: Renaissance Studies in Honor of Craig Hugh Smyth, ed. Andrew Morrogh u. a., Bd. 1. Florence 1985, 493–505. Zum weiteren Fortgang der Diskussion vgl. *Kühlmann,* Wilhelm: Apologie und Kritik des Lateins im Schrifttum des deutschen Späthumanismus. In: Daphnis 9 (1980), S. 33–63.

nachzudenken, als über die „edelsten Bücher und kostbarsten Urkunden“, auf denen das „Heil“ (salus) des städtischen Gemeinwesens beruhe, abschätzige und unsachgemäße Urteile zu fällen. Nachdrücklich schärfte er Straßburgs Bürgern ein, ihre begabten Söhne doch Latein, die „alleredelste Sprache“ (nobilissima lingua), lernen zu lassen. Die Kenntnis des Latein befähigte sie, mit auswärtigen Bischöfen und Kardinälen, ja selbst mit dem Papst Gespräche zu führen und Gedanken auszutauschen; wer Latein gelernt habe, könne die Hl. Schrift lesen und lateinisch beichten [5]. Aus lateinischen Büchern könnten sie überdies erfahren, was sowohl der Sittlichkeit und Bildung ihrer Person als auch dem gemeinen Besten notwendig und nützlich sei: „Wißheit / Gerehtikeit / Lieb zu Gottsdiensten / Fürsiehkeit / ein sellig Regiment eins gemeynen Nutzs / die redlichen Keiserliche Gesatzde / Historien vnd Geschihte der altten / gut Sitten / die schinbaren Tugenden / die vrsachen des Natürlichen ding / die mäßigung vnd Gebürlichkeit der scharffchnidenden geschribenen Rehten / die Ritterlichen kunst vnd bereitschafft zu kriegen“ [6]. Söhne, die sich in ihrer Jugend dem Latein widmeten, seien als erwachsene Männer in der Lage, auf Reichsversammlungen den Reden auswärtiger Gesandter zu folgen; als lateinkundige Bürger würden sie verstehen, was in ihren eigenen Rechtsstreitigkeiten lateinisch sprechende Richter äußern; sie könnten überprüfen, ob ihre Grabinschriften fehlerfrei seien; sie könnten die Umschriften lateinischer Münzen entziffern; sie wüßten auch, daß die „Klöster St. Johann und St. Nikolaus in undis“ nichts mit Hunden zu tun haben, sondern „zwischen den Wassern“ gelegen seien. Latein erschloß die kulturelle Umwelt, ermöglichte Kommunikation und vermittelte handlungsorientierende politische Wertbegriffe.

Vernünftig denkende Bürger mußten vom persönlichen und politischen Nutzwert des Latein überzeugt sein. Einwände von Zeitgenossen nahm Wimpfeling nicht zur Kenntnis; kritische Traditionen, die das humanistische Glaubensbekenntnis in Frage stellten, blendete er aus.

Die Tatsache, daß seit der 2. Hälfte des 13. Jahrhunderts Landfriedensordnungen und Hofgerichtsurkunden fast ausnahmslos in deutscher Sprache abge-

[5] So in seinen Erwägungen über die „Utilitas latinae linguae“. Vgl. *Borries* 1926, 124. – Lateinkundige Bürger, die Wimpfelings Rat beherzigten und lateinisch beichteten, machten allerdings nicht immer die besten Erfahrungen. Über seinen untauglichen Versuch, lateinisch zu beichten, berichtet der Kölner Bürger Hermann Weinsberg zum 30. März 1584 folgendes: „Ich plach vormail zu latin zu bichten, aber es straifte mich eins ein monich, wolt haben, ich sult uff deutzsch bichten, do gewan ich mich ins deutzsche. Ich hilt ordnong nach der gemeiner beicht, was ich darunden fant, darin ich uberstretten, das bekant ich dem herrn und wart absolviert. Ich gab dem bichzfatter gemeintlich 6 alb. jedermail.“ Das Buch Weinsberg. Kölner Denkwürdigkeiten aus dem 16. Jahrhundert, bearb. von Friedrich Lau. Bd. 3. Bonn 1897, 235.

[6] *Borries* 1926, 125. – Die Übersetzung geht auf Wimpfeling selbst zurück. Er hat sie jedoch nie veröffentlicht. Im Jahre 1648 hat sie Johann Michael Moscherosch „genau nach der alten Handschrift zum Abdruck gebracht“. Ebda. 88.

faßt wurden, hatte den Kärntner Zisterzienserabt Johann von Victring († um 1345) zu der Überzeugung gelangen lassen, König Rudolf von Habsburg habe die Verwendung des Deutschen als Urkundensprache deshalb eingeführt, weil das schwierige Latein Irrtümer verursache und Laien täusche [7]. Der Augsburger Benediktiner Sigismund Meisterlin rühmte den angeblich auf Initiative König Rudolfs vorgenommenen Sprachwechsel als gedenkwürdiges nationales Ereignis. Aus dem „kaiserlichen edict", schrieb er 1486, als er seine „Nürnberger Chronik" ins Deutsche übersetzte, sei der „teutschen nation" ein „unaußsprechenlich großer nutz" erwachsen. Aufgrund der Abschaffung des Urkundenlateins sei den Welschen „ein großer hinderschlag" versetzt worden; deutsch geschriebene Urkunden hätten nämlich den Welschen die Möglichkeit genommen, die Deutschen durch eine fremde Sprache hinters Licht zu führen [8].

Meisterlin war kein Einzelgänger. Patriotisch denkende Literaten versicherten: Wer seine Muttersprache als Schrift- und Literatursprache gebrauche, diene dem „gemeinen nutzen" und bilde eine „zierd dem vaterland". Die Konservierung des klassischen Lateins, schrieb Leon Battista Alberti in seinen zwischen 1433 und 1440 abgefaßten Büchern „Della Famiglia", sei unhistorisch. Die klassischen Schriftsteller hätten in einer Weise geschrieben, daß sie von allen Mitbürgern verstanden werden konnten. Rücksicht auf das Gemeininteresse gebiete es, durch eine verstehbare Sprache „vielen nützlich zu sein", nicht durch das altehrwürdige Latein „wenigen zu gefallen" [9]. Allgemeinverständlichkeit im Interesse des Gemeinwohls, nicht Beschränkung der Verstehbarkeit zum Vorteil eines Standes, wurde zum entscheidenden Legitimationskriterium muttersprachlichen Sprachgebrauchs.

Reformtheologen des 15. Jahrhunderts, die mit Hilfe der Volkssprache das Liturgie- und Bibelverständnis der Laien vertiefen wollten, machten Latinität nicht mehr zu einer Bestandsgarantie kirchlicher Rechtgläubigkeit. Sie erinnerten an das Beispiel Jesu, der, indem er selbst in seiner Muttersprache predigte, den Gebrauch der Volkssprache in Theologie und Frömmigkeit geheiligt habe [10].

[7] Vgl. *Grundmann,* Herbert: Wahlkönigtum, Territorialpolitik und Ostbewegung im 13. und 14. Jahrhundert (1198–1378). In: Gebhardt: Handbuch der Deutschen Geschichte, 9. Aufl., hg. von Herbert Grundmann. Bd. 1. Stuttgart 1970, 490, Anm. 4.

[8] Sigmund Meisterlin: Chronik der Reichsstadt Nürnberg 1488. In: Die Chroniken der fränkischen Städte. Nürnberg = Chroniken der deutschen Städte vom 14. bis 16. Jahrhundert 3. Göttingen 1961, 108. – Zum Gebrauch des Deutschen als Urkunden- und Kanzleisprache im späten Mittelalter vgl. neuerdings *Hoffmann,* Walter: Deutsch und Latein im spätmittelalterlichen Köln. Zur äußeren Sprachgeschichte des Kölner Geschäftsschrifttums im 14. Jahrhundert. In: Rheinische Vierteljahrsblätter 44 (1980) 117–147.

[9] Leon Battista Alberti: Vom Hauswesen (Della famiglia), übers. von Werner Kraus, eingel. von Fritz Schalk. Zürich 1962, 198.

[10] *Schreiner,* Klaus: Laienbildung als Herausforderung für Kirche und Gesellschaft. Religiöse Vorbehalte und soziale Widerstände gegen die Verbreitung von Wissen im

Glaube, argumentierten sie, habe nichts mit blinder Vertrauensseligkeit zu tun, sondern verlange nach Verstehen und Einsicht. Der Papst möge deshalb die Quelle des Unverständnisses, die „miseria latinitatis“, beseitigen [11].

Diese Forderung stand im Widerspruch zur herrschenden Lehre. Die Frage nach dem Ursprung der Volkssprache, des „sermo patrius“, pflegten mittelalterliche Theologen mit dem Hinweis auf die babylonische Sprachverwirrung zu beantworten. „Sprachverschiedenheit“ (diversitas linguarum), welche die Menschen gegenseitig entfremdet, sei eine Folgelast sündiger Hybris. Die *eine*, völker- und menschheitsverbindende paradiesische Ursprache sei durch den Turmbau von Babel zerstört worden [12]. Wenn hingegen erneuerungswillige Kleriker und Laien an das Beispiel Jesu und seiner Apostel erinnerten, die in ihrer Muttersprache Gottes Heilsbotschaft verkündeten, taten sie das in der Absicht, im Namen der christlichen Heilsgeschichte den kirchlichen Gebrauch der Muttersprache zu rechtfertigen.

Aus dieser Grundüberzeugung zogen spätmittelalterliche Bibelübersetzer praktische Konsequenzen. Sie versicherten, „dy deutsche schrift“ sei den Menschen zu ihrer Seligkeit überaus „nůczlich vnd tůglich“ [13]. Sie äußerten den Wunsch, daß in jedem Haus „das heilig ewangelium“ greifbar und vorhanden sei, damit es der Hausvorsteher seinen Kindern und seinem Gesinde vorlesen und erklären könne. Stephan von Landskron, von 1458 bis 1472 Propst des regulierten Chorherrenstifts der Augustiner zu St. Dorothea in Wien, empfahl: Laien sollten Gottes Wort „mit allem fleyß“ hören, aber auch, sofern sie dazu in der Lage seien, „selber lesen“ oder sich von einem anderen „vorlesen“ lassen. Um den Sinn der Hl. Schrift jedoch richtig erfassen zu können, sollten laikale Bibelleser diejenigen fragen, „die pass gelert sein oder mer verstend“ [14].

Der Verfasser einer Vorrede zu einem deutschsprachlichen Kölner Bibelfrühdruck (um 1480) gab seiner Hoffnung Ausdruck, daß „alle mynschen gheleert vnde vngelert, geystlyck vnde werltlyck“ beim Lesen des göttlichen Weisheitsbuches „heyl vnde troest“ finden werden [15]. Wer lesen könne, versicherte der Herausgeber eines Lübecker Plenars (1492), dem stehe nunmehr die Möglichkeit

späten Mittelalter und in der Reformation. In: Zeitschrift für historische Forschung 11 (1984) 257–354, hier 287–304.

[11] So italienische Camaldulensermönche an Papst Leo X. im Jahre 1513. Vgl. *Adam*, Adolf: Das Problem der Landessprache in der römischen Messliturgie. In: Festschrift für Bischof Dr. Albert Stohr. Hg. v. Ludwig Lenhart, Bd. 1. Mainz 1960, 417.

[12] *Borst*, Arno: Der Turmbau von Babel. Geschichte der Meinungen über Ursprung und Vielfalt der Sprachen und Völker. Bd. 3, 1. Stuttgart 1960.

[13] *Schreiner* 1984, 295.

[14] *Weidenhiller*, Egino: Untersuchungen zur deutschsprachigen katechetischen Literatur des späten Mittelalters. Nach den Handschriften der Bayerischen Staatsbibliothek. München 1965, 181.

[15] *Schreiner* 1984, 297 f.

offen, sich „vmme eyn ghans rynge ghelt“ Bücher zu kaufen, aus denen er den „willen godes vth lesen“ kann. Wer des Lesens nicht mächtig sei, solle gleichfalls „myt ringem gelde“ fromme Bücher kaufen und sich an Sonntagen daraus vorlesen lassen [16].

Laien, die von dieser Möglichkeit Gebrauch machten und das Lesen volkssprachlicher religiöser und biblischer Schriften als Christenpflicht empfanden, unterlagen nicht mehr der unmittelbaren Aufsicht des Klerus. Was im späten Mittelalter in Fragen des Glaubens deutsch gesagt, geschrieben und gelesen wurde, verlor den Charakter standesspezifischen Sonderwissens und verwandelte sich in literarisches Allgemeingut, dessen Aneignung – im gesellschaftlichen und kirchlichen Kontext des späten Mittelalters und der frühen Neuzeit betrachtet – den „Mündigkeitsprozeß der deutschsprachigen Welt“ förderte und vorantrieb [17].

In der 1499 erschienenen „Kölnischen Chronik“ (Koehlhoffsche Chronik) wurde die Buchdruckerei als eine Gabe Gottes gepriesen, die der göttliche Herr der Christenheit geschenkt habe, damit jeder Mensch die Bibel und den „Weg zur Seligkeit“ selbst lesen oder sich vorlesen lassen könne („dat ein jeder minsch mach den wech der selicheit selfs lesen of hoeren lesen“) [18]. In der Flugschriftenliteratur verteidigten Bauern das Recht auf selbständige Bibellektüre. Sie wehrten sich gegen den ihnen von katholischen Predigern gemachten Vorwurf, wonach privates Bibellesen eine „verführung vyler menschen“ darstelle, weil „arme leute“ angeblich nicht fähig seien, die heiligen Texte richtig zu „verston“ [19].

Die Übersetzter lateinischer Rechtstexte gaben berufspraktische, soziale und religiöse Gründe an, um ihr traditionswidriges Tun zu rechtfertigen. Sie wollten „deutsche Layen“ in Stand setzen, ihrer Aufgabe, die sie auf unteren Ebenen der Rechtspflege als weltliche Richter, Beisitzer, Urteilssprecher, Ratgeber, Schreiber, Kläger und Zeugen wahrzunehmen hatten, besser gerecht zu werden. Der ruhelose Franziskanermönch Thomas Murner (1475–1537) ging noch einen Schritt weiter. Als er in Basel eine juristische Professur wahrnahm (1518/19), benutzte er in seiner Institutionen-Vorlesung als einer der ersten die deutsche Sprache. Es sei ein Erfordernis erfolgreicher Lehrtätigkeit, argumentierte er, „so zu sprechen, daß es jeder verstehen könne; nicht aber solle vor den Zuhörern ein Nebel-

[16] *Kämpfer*, Winfried: Studien zu den gedruckten mittelniederdeutschen Plenarien. Ein Beitrag zur Entstehungsgeschichte spätmittelalterlicher Erbauungsliteratur. Münster-Köln 1954, 240.

[17] *Ruh*, Kurt: Bonaventura deutsch. Ein Beitrag zur deutschen Franziskanermystik und -scholastik. Bern 1956, 25.

[18] Die Chroniken der niederrheinischen Städte. Cöln, Bd. 3: Koelhoffsche Chronik 1499. Die Chroniken der deutschen Städte vom 14. bis ins 16. Jahrhundert, 14. Göttingen 1968², 792.

[19] *Schreiner* 1984, 311 f.

schleier und verdunkelndes Blendwerk ausgebreitet werden“ [20]. Die von ihm gefertigten Übersetzungen klassischer Rechtsschriften betrachtete er als „eyn gut und löblich werck“, zu dem ihn Gott „uß wercken der barmherzigkeyt“ berufen und befähigt habe [21]. Seine 1519 veröffentlichten „Instituten ein warer ursprung und fundament des Keyserlichen rechtens“, eine Übersetzung der justinianischen Institutionen, wollte er „mengklichen und iederman als ein götlichs almusen“ zur Kenntnis bringen [22]. Im Vorwort zu seinen „Keyserlichen statrechten“, einem Jus civile für den Gebrauch seiner Vaterstadt Straßburg, nannte er für die deutschsprachliche Abfassung des Werkes folgende Motive: Es habe ihm lange Zeit „hohen verdruß“ bereitet, daß Bürgermeister und Räte freier Reichsstädte aus Unkenntnis des Latein „die keiserlichen recht / danach sie sich regieren sollen und urteil sprechen / von den latinischen doctores haben müssen betlen“. Dieser ehrenrührige Zustand habe städtische Bürgermeister lange Zeit so beunruhigt und verwirrt, „das es einen ieden liebhaber deren rechten billich erbarmpt het“. Auch seinen Vater habe er oftmals klagen hören, „wie die baretlißleut ... die armen leut rechtbloß umbgetriben haben / das ich so hoch zu hertzen gefasset hab und vermeint wie es vor got ein hohes almüsen wer / den armen des rechten begirigen zehilff zukumen mit vertütschten rechten“ [23].

Die Verfasser deutschsprachlicher Arzneibücher sprengten auf ihre Weise die starren Grenzlinien zwischen Schulwissenschaft und Öffentlichkeit. Ärzte, die mit Hilfe von Übersetzungen lateingebundenes Fachwissen unstudierten Laien zugänglich und verfügbar machten, wollten den Kenntnisstand von Wundärzten und Hebammen verbessern und nicht zuletzt den „gemeinen Mann“ befähigen, im Notfall sein eigener Arzt und Apotheker zu sein. Die seit dem ausgehenden 15. Jahrhundert in der Muttersprache veröffentlichten heilkundlichen Schriften hat man deshalb nicht zu Unrecht als „Vor- und Frühformen medizinischer Aufklärungswerke“ bezeichnet; das vor allem deshalb, weil sie „vom ärztlichen Streben ihrer Urheber“ geprägt waren, „durch Unwissenheit verursachtes Elend auf dem Gebiet laikaler Krankenversorgung zu lindern und mit Hilfe des gedruckten Buches Menschen beizustehen, denen wirtschaftliche und/oder geographische Gründe den Gang zum Schulmediziner und Apotheker verwehrten“ [24]. Ein 1497 in Memmingen erschienenes „Büchlein der Arznei“ wollte dem „gemein Mensch“, der im Krankheitsfall aufgrund seiner Armut oder wegen der Weite

[20] *Burmeister,* Karl Heinz: Das Studium der Rechte im Zeitalter des Humanismus im deutschen Rechtsbereich. Wiesbaden 1974, 186.

[21] *Erler,* Adalbert: Thomas Murner als Jurist. Frankfurt a. M. 1956, 36.

[22] Ebda. 48.

[23] Ebda. 47 f.

[24] *Telle,* Joachim: Arzneikunst und der „gemeine Mann“. Zum deutsch-lateinischen Sprachenstreit in der frühneuzeitlichen Medizin. In: Pharmazie und der gemeine Mann. Hausarznei und Apotheke in deutschen Schriften der frühen Neuzeit. Wolfenbüttel 1982, 44.

des Weges keinen Meister der Arznei zu Hilfe rufen kann, Möglichkeiten der „Zuflucht", der selbständigen Hilfe geben [25]. 1529 erschien in Wittenberg ein Rezeptbüchlein mit dem Titel „Apothek für den gemeinen Mann, der die Ärzte zu Versuchen am Gut nicht vermögens oder sonst in der Not allwege nicht erreichen kann". Bei Ulrich Morhart in Tübingen wurde 1564 eine „vielbewährte Arznei für den grausamen Bresten der jetzt schwebenden Pestilenz" gedruckt mit dem Hinweis, „Männiglich und sonderlich aber dem armen und unverständigen gemeinen Volk im Fürstentum Württemberg zu Nutz und Trost" [26].

Der berühmte Paracelsus (1493–1541), ein Nachfahre aus der altwürttembergischen Familie der Bombaste von Hohenheim, hielt seine medizinischen Vorlesungen in Basel erklärtermaßen deshalb in der Muttersprache, „daß die arzney in erkantnus des gemain man komme" [27]. Paracelsus war ein Außenseiter, der aus sozialen Rücksichten mit den Sprach- und Berufsgepflogenheiten seiner Zunft brach. Laien sollten seiner Auffassung nach in der Lage sein, den eigenen Garten der Gesundheit (hortus sanitatis), den die Natur einem jeden zu eigen gebe, selber zu bestellen. In der Wissenschaft und Schriftstellerei des Paracelsus verbanden sich gesellschaftliche und sprachliche Impulse. Indem er Deutsch lehrte und schrieb, trug er maßgeblich dazu bei, daß sich die Sprache der Medizin und der Naturwissenschaften langfristig aus ihrer Abhängigkeit von der latinisierten Gelehrtenkultur befreite. Es war Paracelsus, der die deutsche Sprache für die Medizin, die Pharmazie und Alchemie eigentlich erst ausdrucksfähig machte.

Im Gebrauch der Volkssprache drückte sich ein neues Wissenschafts- und Berufsverständnis aus. Hierarchische Denkmuster verpflichteten zum Schutz des Berufswissens, zur Wahrung des Standes, zum Gebrauch des Lateins. In der Wahl der Sprache gab ein Autor zu erkennen, wen er als Leser seiner Schriften im Auge hatte. Gelehrte, die davon überzeugt waren, daß ihr Fachwissen am besten das Eigentum derer bleiben solle, die es zunächst angehe, schrieben Latein. Wer Wissen nicht für ein Standesprivileg hielt, das durch den Gebrauch des Lateins zu schützen war, bediente sich der Volkssprache. Die Volkssprache sprengte die ständische Exklusivität überlieferter Wissensbestände und gab vielen die

[25] *Schenda,* Rudolf: Volksmedizin – Was ist das heute? In: Zeitschrift für Volkskunde 69 (1973), 193.

[26] *Ders.:* Der ‚gemeine Mann' und sein medikales Verhalten im 16. und 17. Jahrhundert. In: Pharmazie und der gemeine Mann. Hausarznei und Apotheke in deutschen Schriften der frühen Neuzeit. Wolfenbüttel 1982, 10. – Johannes Dryander, Professor der Medizin in Marburg, schrieb im Vorwort seines 1542 in deutscher Sprache veröffentlichten „Arznei-Spiegels": „Dieses Buch an den Tag zu bringen, günstiger Leser, ist keiner anderen Ursache halben geschehen, dann dem gemeinen armen Mann zu dienen, Trost und Hilfe der Arznei in Nöthen mitzuteilen." *Hartmann,* Fritz: Hausvater und Hausmutter als Hausarzt in der Frühen Neuzeit. Hausgewalt und Gesundheitsfürsorge. In: Gedenkschrift für Joachim Leuschner. Hg. vom Historischen Seminar der Universität Hannover. Göttingen 1983, 151–175, hier 163.

[27] *Schreiner* 1984, 279.

Möglichkeit, in Fragen des Heils, des Rechts und des Berufs selbständiger zu entscheiden und sachgemäßer zu handeln.

Für das gelungene Bemühen, die Volkssprache auch in der Behandlung gelehrter Gegenstände dem Latein ebenbürtig zu machen, ist Galilei ein glänzendes Beispiel. Seine physikalischen und astronomischen Entdeckungen veröffentlichte er nicht wie Kopernikus in Latein, sondern in italienischer Sprache. Unter den kirchlichen Anklagepunkten befand sich deshalb auch der, „daß Galilei nicht wie Kopernikus die Resultate seiner Forschungen nur den Fachgenossen, der Gelehrtenzunft vorgelegt habe", sondern vielmehr „als ein echter Zunftbrecher die Gelehrtensprache aufgegeben und in der Sprache des Volkes Unruhe unter die Menschen gebracht, Propaganda getrieben habe" [28].

Was die Kirche als Vorstoß gegen die Tradition und die kirchliche Rechtgläubigkeit brandmarkte, war für Galilei wissenschaftliches, patriotisches und soziales Bedürfnis. Galilei machte geltend, „daß er die neue Physik besser und exakter in seiner lebenden Muttersprache vortragen könne als in dem toten Latein, wo viele Worte für die neuen physikalischen Einsichten eben fehlten". Entscheidend war für Galilei auch die Überzeugung, daß die von ihm entdeckten Naturgesetze „von enormer Bedeutung für die Praxis, die Technik waren, daß also die jungen Leute in Gewerbe, Handel und Schiffahrt diese seine Bücher sich aneignen mußten, wobei man ihnen nicht zumuten konnte, deshalb Latein zu lernen" [29].

Dem ist erläuternd hinzuzufügen: Die in Italien gelungene Synthese von volkssprachlicher und lateinischer Tradition machte das italienische „volgare" zu einem vielgebrauchten legitimen sprachlichen Ausdrucksmittel der Gelehrtenzunft. Volkssprache als Gelehrtensprache gab es nördlich der Alpen nur in der Utopie. In der idealen Zukunftsgesellschaft des Thomas Morus sollten gelehrte Studien „ausschließlich in der Muttersprache betrieben" werden [30].

III.

Der Gebrauch der Volkssprache als Literatur- und Schriftsprache stand im Zusammenhang mit veränderten geistigen und gesellschaftlichen Bedürfnissen. Die Gleichsetzung von „laicus" und „illiteratus" ging im späten Mittelalter nicht mehr auf. Aus der Masse der literaturlosen, „einfältigen" und „groben" Laien hatte sich eine Gruppe von „klugen" und „subtilen" Laien herausgebildet [31], die

[28] *Schnabel*, Franz: Die Verbreitung des Wissens. In: Hochland 51 (1958/59), 318.

[29] Ebda. 319.

[30] *Buck*, August: Die Funktion des Wissens in drei Utopien der Renaissance. In: Festschrift für Otto Herding zum 65. Geburtstag. Hg. v. Kaspar Elm u. a., Stuttgart 1977, 361–371, hier 364.

[31] Zur Unterscheidung zwischen „subtilen leyen" und „groben leyen" durch Job Vener in seiner 1421 geschriebenen „Exhortacio quedam contra Hussitas" vgl. *Heimpel*, Her-

über keine oder nur geringfügige Lateinkenntnisse verfügten, jedoch ihrer Muttersprache in einer Weise mächtig waren, daß sie deutsche Texte lesen, verstehen und schreiben konnten.

Die Zeugnisse sind Legion, in denen die Autoren volkssprachlicher Schriften versichern, für die „illiterati" und „idiotae" schreiben zu wollen, denen, wie Dante in seinem „Convivio" bedauerte, „die Sonne des Lateins nicht leuchtet" [32].

Als Adressaten ihrer Schriften nennen italienische Autoren „vulgari studenti", „la commune gente" oder – die allgemein gehaltenen Wendungen differenzierend – „Frauen, Geschäftsleute, Künstler und Handwerker" [33]. Deutschsprachige Autoren haben als Leser den „gemeinen man" im Auge, das „gemaine volkch" oder den „communis populus"; sie schreiben für einfältige Laien, „die das latin nit verstan[d]en grüntlich und doch lesen können teutsch", desgleichen für Handwerksmeister, die, wie es in einem spätmittelalterlichen Feuerwerksbuch heißt, schreiben und lesen können müssen, wenn sie all das im „sinn" behalten wollen, was zu ihrer „kunst" (ars) gehört [34]. Als Leser volkssprachlicher Fachprosa ist überdies an unstudierte Laienrichter und nichtakademische Chirurgen zu denken, außerdem an Räte in fürstlichen Kanzleien, die „des Latein nit verston" [35]. Das Lesepublikum deutschsprachlicher Theologie, deutschsprachlicher Bibeln und katechetischer Schriften war vielfältig: es zählten dazu „simplices sacerdotes", die keine Universitätsausbildung genossen oder unzureichend Latein konnten, Laienbrüder in Männerklöstern sowie Nonnen in Frauenklöstern, in denen „ain

mann: Die Vener von Gmünd und Straßburg 1162–1447. Studien und Texte zur Geschichte einer Familie sowie des gelehrten Beamtentums in der Zeit der abendländischen Kirchenspaltung und der Konzilien von Pisa, Konstanz und Basel, Bd. 3. Göttingen 1982, 1345. – Zum Begriff des „Laien" im späten Mittelalter vgl. *Steer,* Georg: Zum Begriff ‚Laie' in deutscher Dichtung und Prosa des Mittelalters. In: Literatur und Laienbildung im Spätmittelalter und in der Reformationszeit. Hg. v. Ludger Grenzmann – Karl Stackmann. Stuttgart 1984, 764–768. – *Schreiner* 1984, 258 Anm. 1.

[32] *Klein* 1957, 35.

[33] *Kristeller,* Paul Oskar: Der Gelehrte und sein Publikum im späten Mittelalter und in der Renaissance. In: Festschrift für Walther Bulst. Hrg. v. Hans Robert Jauss u. a. Heidelberg 1960, 224.

[34] *Giesecke, Michael:* ‚Volkssprache' und ‚Verschriftlichung des Lebens' im Spätmittelalter – am Beispiel der Genese der gedruckten Fachprosa in Deutschland. In: Hans Ulrich Gumbrecht (Hg.): Literatur in der Gesellschaft des Spätmittelalters. Heidelberg 1980, 39–70, hier 58. Vgl. auch *ders.:* Schriftsprache als Entwicklungsfaktor in Sprach- und Begriffsgeschichte, Zusammenhänge zwischen kommunikativen und kognitiven geschichtlichen Veränderungen. In: Historische Semantik und Begriffsgeschichte. Hg. v. Reinhart Koselleck. Stuttgart 1979, 262–302.

[35] So der Straßburger Reformator Wolfgang Capito in einer 1553 veröffentlichten Übersetzung der von Erasmus im nämlichen Jahr zum Druck gebrachten Friedensschrift „Liber de sarcienda ecclesiae concordiae deque sedandis opinionum dissidiis, cum aliis nonnullis lectu dignis". *Holeczek,* Heinz: Erasmus Deutsch, Bd. 1. Stuttgart-Bad Cannstatt 1983, 264.

recht geordnettes closter leben" herrschte [36], desgleichen lesekundige „Weltleute, sowohl aus dem Adel wie aus dem Bürgertum" [37].

Neue Kommunikationsmittel und veränderte Kommunikationssituationen förderten und beschleunigten den Literarisierungsprozeß, der – je nach Standort und Interesse – als sozial integrativ oder als sozial destabilisierend wahrgenommen und beurteilt wurde. Der berühmte Konstanzer Konzilstheologe und Pariser Universitätskanzler Johannes Gerson (1363–1429), den man wegen seiner literarischen und theologischen Produktivität als „Kirchenvater der geistlichen Schriftsteller des 15. Jahrhunderts" (B. Moeller) bezeichnet hat, scheint als erster die Idee gehabt zu haben, in Kirchen Tafeln mit Grundtexten christlicher Laienbildung aufhängen zu lassen. In der Vorrede zu seinem „Opus tripartitum", von dem die Fraterherren in Marienthal im Rheingau zwischen 1468 und 1474 eine rheinfränkische Übersetzung druckten, entwickelte er diesen Vorschlag. Gerson empfahl, die in seinem Buch enthaltene Lehre auf Tafeln aufzuschreiben, damit diese in „öffentlichen Einrichtungen" (in locis communibus), in Pfarrkirchen, Schulen, Hospitälern und Klöstern angebracht werden können [38].

Vermutlich waren es Gersons didaktische Überlegungen, an die Nikolaus von Kues anknüpfte, als er auf seiner Legationsreise durch Deutschland im Jahre 1451 anregte, in den Kirchen von Hildesheim Katechismus-Tafeln zur religiösen Unterweisung des einfachen Volkes aufhängen zu lassen. Eine davon hat sich erhalten [39]. Am Anfang der Tafel steht das „Vaterunser", dann folgten das „Ave Maria", das „Apostolische Glaubensbekenntnis" und abschließend die „Zehn Gebote". Im deutschen Sprachgebiet war Cusanus vermutlich der erste, der solche Tafeln zu einem Mittel religiöser Laienbildung machte.

Der Straßburger Münsterprediger Johannes Geiler von Kaysersberg (1445–1510) wollte die Katechismus-Tafel in den Dienst der Sterbehilfe gestellt wissen. In seiner 1497 angefertigten Übersetzung von Gersons „Ars moriendi" kritisierte er die Art und Weise, wie in Spitälern gemeinhin Arme und Kranke zu einem unchristlichen Tod verurteilt seien. Er schreibt: „Item es sterben viel das merenteil, das niemans by ynen stot, als ich gehört und selbs gesehen hab, sie niemans ermant noch den glouben furspricht und also blyben todt liegen das niemand darumb weisset. Ist unkristlich; es solt ein tafel da hangen, daran ge-

[36] *Kraume,* Herbert: Die Gerson-Übersetzungen Geilers von Kaysersberg. Studien zur deutschsprachigen Gerson-Rezeption. München 1980, 131.

[37] *Weidenhiller* 1965, 204.

[38] *Rieckenberg,* Hans Jürgen: Die Katechismus-Tafel des Nikolaus von Kues in der Lamberti-Kirche zu Hildesheim. In: Deutsches Archiv 39 (1983), 555–581, hier 569. Dazu auch *Boockmann,* Hartmut: Über Schrifttafeln in spätmittelalterlichen deutschen Kirchen. In: Deutsches Archiv 40 (1984), 210–221.

[39] Abgebildet und beschrieben ist diese in: Stadt im Wandel. Kunst und Kultur des Bürgertums in Norddeutschland 1150–1650. Hrg. v. Cord Meckseper, Bd. 1. Stuttgart-Bad Cannstadt 1985, 603 f.

schriben stand des christen gloub, und stuck wie man sich halten solt by einem sterbenden mönschen, gebet und ermanung, die im ouch getruwelech sollen fürgehalten werden und gelesen" [40]. Christlich sterben, wie es sich Geiler vorstellte, bedurfte des vorlesenden und vorbetenden Helfers. Jeder Christ, mahnte er, solle sich einen getreuen, gottesfürchtigen Menschen auswählen, der ihm in seiner „sterbenden not" behilflich sei „mit ermanungen, mit vorlesen, mit vorbetten" [41].

Auch Luthers Katechismus-Hauptstücke sind, ehe sie Ende der zwanziger Jahre des 16. Jahrhunderts zu einem Buch, dem „Großen Katechismus", zusammengefaßt wurden, „als Tafeldrucke für den Plakatanschlag an Kirchen- und anderen Wänden verbreitet" worden [42]. Luthers „Kleiner Katechismus" bildete die buchförmige Zusammenfassung von insgesamt acht gedruckten Katechismus-Tafeln, die, mit Holzschnitten versehen, „aufs kürzeste und in verständlicher Form den Katechismus Luthers für die Kinder und die Familie [d. h. das Gesinde] umfassen" [43]. Zum Preis von einem Groschen konnte eine Tafel gekauft werden. Der Absatz muß bestens floriert haben. Im Januar 1529 waren die ersten Tafeldrucke des „Kleinen Katechismus" erschienen. Mitte Februar waren sie vergriffen, im März lag ein Neudruck vor.

Geschriebene und gedruckte Tafeln sollten die religiöse Bildung der Laien erweitern und vertiefen. Was jedoch die Reichweite und Intensität religiöser Kommunikation im Verlauf des 15. Jahrhunderts ungleich wirksamer und folgenreicher veränderte, war die massenhafte Produktion von Büchern und Flugschriften mit Hilfe des Buchdrucks. Der Verfasser der „Koelhoffschen Chronik" erwähnt standesbewußte Gelehrte, die der Auffassung sind, die drucktechnische „vermennichfeldigunge der boicher si schedelich" [44]. Johannes Geiler von Kaysersberg hielt es für „ein böß ding, daß man die Bibel zu tütsch druckt" und so Bürgern und Bauern die Möglichkeit gibt, die „hailge Schrift" selber zu lesen und auszulegen. Es sei gefährlich, Kindern das Messer in die Hand zu geben, um sich selber das Brot zu schneiden [45].

[40] *Kraume* 1980, 102 f.

[41] Ebda. 102.

[42] *Weismann*, Christoph: Eine kleine Biblia. Die Katechismen von Luther und Brenz. Einführung und Texte. Stuttgart 1985, 22.

[43] So der Wittenberger Diakon Georg Röver (1492–1557), Luthers Freund. Ebda. 26.

[44] Koelhoffsche Chronik 794.

[45] Zitiert nach *Jannsen*, Johannes: Die allgemeinen Zustände des deutschen Volkes beim Ausgang des Mittelalters. Bd. 1. Freiburg i. Br. 1880^6, 609 f. Geiler fürchtete, daß Laien, welche die Bibel lesen, sich der Lehrautorität der Kirche entziehen. Dieser Befürchtung gab er öffentlich Ausdruck, als er in einer Predigt des Jahres 1515 an Laien erinnerte, welche angeblich behaupten: „Wir hant ietz die Heilige Gschrift selbs in Handen und können selbs wissen und ußlegen, was zur Seligkeit not, und bedorffent nit dazu Kirche und Papst". – Die Verfasser erbaulicher Schriften und die Übersetzter biblischer Bücher wiesen derartige Verdächtigungen zurück. Sie betonten nachdrücklich,

Der Kölner Kartäuser Werner Rolevinck (1425–1502) rühmte die technische „Vervielfältigung der Bücher“ (multiplicatio librorum) als Gottesgeschenk, das es ermöglicht habe, „schneller“ (citius) als mit Hilfe von Handschriften „sehr vielen Menschen“ (plurimi homines) religiöses Wissen mitzuteilen [46]. Der Mönch aus der Kölner Kartause registrierte scharfsinnig, in welcher Weise die Erfindung des Buchdrucks die zeitgenössische Bildungs- und Kommunikationssituation verändert hatte: das gedruckte Buch beschleunigte die Weitergabe von

daß das Lesen frommer Bücher Predigt und Gottesdienst nicht überflüssig machen. Es sei der Teufel, der denen, die Gottes Wort nicht hören wollen, einflüstere: „gee nit in die predig, kauff ein bůch und lyß selber“. Ein „frummer mensch“ gehe, selbst wenn er Bücher sein eigen nenne, in die Kirche, um dort das „wort gottes“ zu hören. – Der Verfasser eines deutschsprachlichen Plenars (1514) mahnte: „Ob schon du hast bůcher in deinem hauß, die ewangelia oder ander geistliche bůcher, darumb solt du nit verseumen das wort gottes, wann du bist es schuldig zů hoͤren bey deiner selen heyl. Die teutschen bůcher seind dar zů gůt, das du an den gebannen tagen solt underwegen lassen unnütz geschwetz und wort und nachreden. Das du dar inn lesest und deine kinder dar zů gewenest, das sy an den feyrtagen ir zeyt dar mit vertreyben und dar inn lesen. Und das sy dester baß lernen, was ein war christen leben sey. Und nit darumb das du die bůcher hast, woͤllest versaumen die predigen, sunder du solt gehorsam sein der christenlichen kirchen, die es hat auffgesetzt“. Gute Bücher dienen der sittlichen Unterweisung und geistlichen Vertiefung. Sie sind kein Ersatz für die Predigt: „hast du gůtte bůcher, lyß sy an dem sontag nach der predig, nach dem nachtessen und underweyß dein gesind und sag inen was dar inn stand, und laß underwegen nachreden und unnütze wort: dar an hat gott einen wolgefallen. Du solt aber darumb nit verschmohen dem priester seine ler. Es ist auch vast recht sich ůben in andechtigen bůchern und solt kein mensch sein, es solt haben das heilig ewangelium bey im in seinem hauß so er es lesen koͤnde auff das er seine underthanen dar auß koͤnde regieren zů der vorcht gottes“. *Pietsch,* Paul: Ewangely und Epistel Teutsch. Die gedruckten hochdeutschen Perikopenbücher (Plenarien) 1473–1523. Göttingen 1927, 233 f. – Von Interesse an Geilers Polemik gegen deutsche Bibelübersetzungen ist auch dies: In der Ablehnung deutschsprachlicher Fachliteratur gab es fächerübergreifende Metaphern. Um darzutun, daß ungeweihten und theologisch ungebildeten Laien das Lesen der Bibel nicht zukomme, sprach Geiler vom Messer, das man Kindern nicht in die Hand geben solle. „Der Haupteinwand wider deutsche Arzneibücher lautete, sie seien die Quelle allen medizinischen Pfuschertums und reichten Kindern daas Messer.“ *Telle* 1982, 44. Auch die biblische Metapher von den Perlen, die man nicht den Säuen vorwerfen solle, ist sowohl von medizinischen als auch von theologischen Apologeten lateinischer Wissens- und Bildungssprachlichkeit verwendet worden. Vgl. S. 486 f. – Zu den alleredelsten Perlen des Rechts, welche die Übersetzer juristischer Fachprosa den Schweinen zum Fraß geben, vgl. S. 486.

[46] Dazu *Widmann,* Hans: Gutenberg im Urteil der Nachwelt. In: Der gegenwärtige Stand der Gutenberg-Forschung. Hrg. v. Hans Widmann. Stuttgart 1972, 253. – Von der „librorum multiplicatio“ ist in einem Verlagsprospekt Peter Schöffers von 1472 die Rede. – In der Einleitung zu seiner 1470 in Köln gedruckten Schrift „Sermo de praesentatione beatae Mariae virginis“ schreibt Werner Rolevinck wörtlich: „et quia nulla alia via cicius et facilius potuit plurimis personis communicari, procuravi solicite eundem [sermonem] per artem impressoriam librorum ad magnam numerositatem multiplicari in civitate coloniensi per discretum virum Arnoldum terhoernen“ (f. 1^{v}). Fol 1^{r} begegnet auch das Substantiv „multiplicatio“.

Wissen; es dehnte die Reichweite geistig-religiöser Kommunikationsvorgänge erheblich aus und trug so dazu bei, standesgebundene Wissensbestände Lesern aus breiteren Gesellschaftsschichten zugänglich zu machen. Dank des Buchdrucks, schrieb Conradus Celtis (1459–1508), sei nichts mehr in der Welt verborgen [47]. Gedruckte Bücher bauten „arcana" ab und begründeten ein höheres Maß an Öffentlichkeit; sie machten Wissen zugänglich und verfügbar, das bislang nur handschriftlich oder mündlich überliefert worden war.

Gedruckte Bücher trugen überdies dazu bei, kirchliches Glaubens- und Gebetsgut zu standardisieren. Luther hielt es für einen großen Vorzug, daß sich Prediger und Katecheten, wenn sie die Jugend im Glauben unterrichten, in Gestalt gedruckter Katechismen an eine „ewige Form und Weise" halten können. Würde man nämlich dem „jungen und einfältigen Volk" die Zehn Gebote, den Glauben und das Vaterunser heute so und übers Jahr anders lehren, gerate es leicht in Verwirrung. Bei der Verwendung feststehender Glaubens- und Gebetsformeln könne auch nicht der Eindruck entstehen, daß der Prediger von sich aus dogmatisch grundlegende Glaubens- und Gebetsformeln verändern und „besern" wolle [48]. Das gedruckte Verbreitungsmedium Buch ermöglichte außerdem die massenhafte Herstellung von Einblattdrucken und Flugschriften, die für Zwecke der Meinungsbildung und Agitation eingesetzt werden konnten.

Der Buchdruck, der das Buch zur käuflichen Massenware machte, wirkte nicht nur bewußtseinsbildend und handlungsmotivierend, sondern förderte überdies die Entstehung und Pflege neuer Kommunikationssituationen. Das Vorlesen religiöser Texte, das in der klösterlichen „collatio" und „lectio mensae" ihren ursprünglichen Ort hatte, wurde im späten Mittelalter zu einer unter Laien vielfach praktizierten Form geistiger Mitteilung. Wer gut beichten wolle, empfahl ein spätmittelalterlicher Katechismustraktat, möge sich in „die czehen gepot und die suben todsundt mit ayner auslegung oder ein peichtpuchel" vertiefen. Könne „er aber nicht lesen noch schreiben", möge er einen Priester zu Rate

[47] *Müller,* Jan-Dirk: Poet, Prophet, Politiker: Sebastian Brant als Publizist und die Rolle der laikalen Intelligenz um 1500. In: Zeitschrift für Literaturwissenschaft und Linguistik 37 (1980), 107.

[48] *Weismann* 1985, 95. – So zu argumentieren hatte Tradition. Auch die Zisterzienser bedienten sich des Buchdrucks, um die Ausbildung verschiedener liturgischer Traditionen zu verhindern und dem „Ideal der Einheitlichkeit der gregorianischen Melodien in allen Klöstern des Ordens" wirksam zu entsprechen. Auf dem zisterziensischen Generalkapitel des Jahres 1487 „wurde der Abt von Bongart beauftragt, die Ausgabe gedruckter liturgischer Bücher vorzubereiten. Diese Ausgaben sollten von Fachleuten überprüft und korrigiert werden, damit die Originalität der zisterziensischen Choralüberlieferung gewahrt bliebe. 1515 erteilte das Generalkapitel einen weiteren diesbezüglichen Befehl an Matinus de Cangeyo von Clairvaux, das Graduale, Antiphonale, Epistolare, Evangeliar, Ordinarium und den Liber Usuum zur Drucklegung vorzubereiten". *Mitterschifftthaler,* Klaus: Die liturgische Musikpraxis nach der Gesetzgebung des Zisterzienserordens. In: Stud Mitt OSB 89 (1978), 502.

ziehen und sich von einem andern vorlesen lassen „von den suben todsunden und von den zehen poten gots, wie man da pey sunden mag“ [49]. Stephan von Landskron legte den Lesern seiner „Himmelsstraße“ nahe, daß sie „das puechel ... andern leichen zu lese oder zu abschreiben“ [50]. Der Hildesheimer Fraterherr Peter Dieburg (um 1420–1494) berichtet von einem seiner Mitbrüder, der, wenn er von Bürgern eingeladen wurde, diesen bei Tisch aus seinen „libelli teutonicales“ vorlas [51]. Geiler von Kaysersberg hielt es für einen Akt christlicher Nächstenliebe, Sterbenden vorzulesen – eine Verhaltensform, die in Darstellungen des Marientodes, auf denen lesende Apostel das Bett der sterbenden Gottesmagd umlagern, ihre vorbildhafte bildliche Ausprägung erfuhr.

Dietrich Kolde (um 1435–1515), Franziskanermönch in Münster, schrieb nach 1476 einen „Christenspiegel“, in dem er allen guten Christenmenschen einschärfte, sie sollten diese Schrift „vor eyn hantbochelein“ ständig bei sich tragen, in ihr lesen und auch anderen Menschen, die nicht lesen können, daraus vorlesen. Gelegenheit zum Vorlesen würde sich insbesondere an Sonn- und Feiertagen ergeben, an denen die Leute untätig „auf der Straße“ sitzen. Eltern sollten ihren Kindern das Lesen beibringen, um auch diese zu befähigen, im „Christenspiegel“ einen Spiegel ihres Lebens zu finden. Reiche Leute würden zur Seligkeit der „armen lude“ beitragen, wenn sie diesen einen „Christenspiegel“ zum Geschenk machen [52]. Koldes Ratschläge entsprachen allgemeineren Bedürfnissen und Erwartungen. Das Verlangen nach volkssprachlichen religiösen Lesestoffen muß groß gewesen sein. Der 1480 in Köln zum ersten Mal gedruckte „Christenspiegel“ Koldes erlebte bis zum Jahre 1550 nicht weniger als 37 Auflagen.

Unkonventionell ist Koldes Hinweis, selbst die Straße zu einem Ort religiöser Belehrung zu machen. In diesem Punkt setzten Reformation und Bauernkrieg fort, was bereits im Zeichen altkirchlicher religiöser Erneuerung praktiziert worden war. Die Frühschriften Luthers wurden auf dem Nürnberger Markt öffentlich verlesen. Aufständische Bauern, die des Lesens nicht kundig waren, haben sich die „Zwölf Artikel der oberschwäbischen Bauern“ vorlesen lassen. Als der Heilbronner Bauernführer Jäcklein Rohrbach gefragt wurde, ob er der Bauern Artikel besitze, soll er geantwortet haben: „ja, ich habs im bu-

49 *Weidenhiller* 1965, 181 f.

50 Ebda. 187.

51 Annalen und Akten der Brüder des gemeinsamen Lebens im Lüchtenhofe zu Hildesheim. Hrg. v. Richard Doebner. Hannover-Leipzig 1903, 2.

52 *Dresse*, Clemens (Hg.): Der Christenspiegel des Dietrich Kolde von Münster. Werl (Westf.) 1954, 32–34. – Zur Biographie und zum literarischen Werk Koldes vgl. Albert *Groeteken:* Der älteste gedruckte deutsche Katechismus und die niederdeutschen Volksbücher des seligen Dietrich Kolde von Münster. In: Franziskanische Studien 37 (1955), 53–74; 189–217; 388–410. – *De Troeyer,* Benjamin: Dietrich von Münster (um 1435–1515). In: Franziskanische Studien 65 (1983), 156–204.

ßen, ich will dichs lesen lassen, Sagt er: ich kans nit lesen“ [53]. Wo sich aufständische Bauern zusammenrotteten, war es gleichfalls erforderlich, die Zwölf Artikel vorzulesen. Einer der Beteiligten bekannte: „Mathis Guther hab den pauwern zu Beckingen [Heilbronn-Böckingen] am weg, do sie all bey ainander gewest, die druckten artickel furgeleßen“ [54].

Zu den kommunikativen Neuerungen des späten 15. Jahrhunderts zählt überdies die Intensivierung einer buchorientierten Stiftungsfrömmigkeit. Volkssprachliche Katechismustrakte des ausgehenden 15. Jahrhunderts empfahlen als geistliche Almosen neben Meß- und Armenstiftungen insbesondere Bücherstiftungen, wobei Meß-, Predigt-, Gesang- und Gebetbücher sowie Katechismustafeln namentlich Erwähnung finden. Zur Stiftung und Pflege vorgeschlagen wurden außerdem neue Kommunikationsformen. Wer zum Heile seiner Seele und zur Ehre Gottes etwas tun wolle, möge „zwölf gemeine Töchter“ bepfründen und das mit der Verpflichtung, daß sie „den psalter offenlich teutsch lesen“. „Item“, so heißt es in der nämlichen Schrift außerdem, „laß anschmiden ein deutsche wibel [sic.], psalter oder petbuch, das die menschen dar ynn lesen und sich pessern“ [55].

IV.

Die handschriftliche und drucktechnische Verbreitung volkssprachlicher Gebrauchs- und Erbauungsliteratur sprengte die Grenzen überkommener Standesbildung; sie gab breiteren Leserschichten die Möglichkeit, sich an literarisch vermittelten Kommunikationsprozessen zu beteiligen.

Verstärkte und erweiterte Kommunikation verursachte sowohl integrierende als auch konfliktstiftende Wirkungen. Das in der Volkssprache gedruckte Buch gefährdete die Statussicherheit der Gelehrtenzunft, für welche der ausschließliche Gebrauch des Lateins ein konstitutives Standesmerkmal bildete; Flugschriften, die in der Volkssprache abgefaßt und gedruckt waren, dienten als Agitations- und Propagandamittel in religiösen Konflikten. Andererseits förderte volkssprachliche Kommunikation den Zusammenhalt jener konkreten sozialen Lebensordnungen, aus denen sich im späten Mittelalter und in der beginnenden Neuzeit umfassendere, gruppen- und schichtenübergreifende Sozialsysteme aufbauen.

Der religiösen Sozialisation einer Familie kam es zugute, wenn ein Hausvater nicht nur nachprüfte, ob seine Kinder, Knechte und Mägde die Predigt

[53] *Vogler,* Günter: Der revolutionäre Gehalt und die räumliche Verbreitung der oberschwäbischen Zwölf Artikel. In: Revolte und Revolution in Europa. Hrg. v. Peter Blickle. Historische Zeitschrift – Beiheft 4 (1975), 226.

[54] Ebda. noch weitere Beispiele.

[55] *Weidenhiller* 1965, 96 f.

verstanden hatten, ob sie das Glaubensbekenntnis, das Paternoster und das Ave Maria auswendig konnten, sondern auch aus der Bibel vorlas, um, wie der Augustinerchorherr Stephan Landskron 1465 in Erinnerung brachte, „fröhlich in Gott mit seinem Völklein" zu sein [56].

Im Blick auf diese Praxis konnten dann in den 30er und 40er Jahren des 16. Jahrhunderts lutherische Theologen und lutherisch gewordene Landesherren rühmend hervorheben, daß sich in der finsteren Zeit des Papsttums „die Eltern und sonderlich die lieben Mütter" als „die vornehmsten Hauspfarrer und Bischöfe" bewährt hätten, die durch ihre „Hauskirche" und ihren „Hauskatechismus" – ungeachtet „aller theologischen Irrungen und Wirrungen" – die wesentlichen Stücke des Glaubens an ihre Kinder und an ihr Gesinde weitergaben [57].

Dem religiösen und sozialen Wertkonsens fürstlicher und bürgerlicher Familien kam es zustatten, wenn – dem Beispiel der klösterlichen „lectio mensae" folgend – bei Tisch vorgelesen und gebetet wurde. Tischlesung in der „lingua vernacula" zählte zu den gängigen Forderungen spätmittelalterlicher Fürstenspiegel. Brüder vom gemeinsamen Leben haben in stadtbürgerlichen Familien beim Mittagstisch volkssprachliche Erbauungsliteratur vorgelesen.

Mönchsgemeinschaften, die sich entschlossen, lateinische Erbauungsschriften sowie Regeln und Statuten in die Volks- und Muttersprache zu übersetzen, gaben unstudierten Laienbrüdern und Klosterfrauen Anteil am lateinisch überlieferten Heils- und Ordnungswissen. Orden, die – wie die Kartäuser – für ihre Laienbrüder eigene Laienbibliotheken einrichteten, bauten innerklösterliche Wissensgrenzen ab, die dem von der Regel gebotenen Gemeinschaftsideal hinderlich im Weg standen.

Auf der Ebene der Pfarrei zeitigten theologische Übersetzungsliteratur und volkssprachliches Erbauungsschrifttum gleichfalls integrationsstiftende Wirkungen. Deutschsprachliche Theologie sollte „ainvaltig pfaffen" befähigen, „vil guoter predigt" zu machen. Als Mittel der Kirchenreform schlug Johannes Gerson einen „tractatulus super punctis principalibus nostrae religionis" vor, der „pro instructione populorum" und „ad instructionem simplicium" hilf- und segensreich sein könne [58]. Gersons Gedanke, das Lesen katechetischer Texte zu einem Mittel der Seelsorge zu machen, griff Johannes Geiler von Kaysersberg beherzt auf. In kleinen, billigen Broschüren brachte er eigene Predigten sowie Übersetzungen von katechetischen Traktaten Gersons zum Druck, um das „gemain volk" (communis populus), die lateinunkundige, aber lesefähige städtische Bürgerschaft Straßburgs zur Lektüre religiöser Stoffe einzuladen und zu motivie-

[56] Ebda. 184.

[57] *Weismann* 1985, 18.

[58] So in einem Brief an Pierre d'Ailly vom 1. April 1400. Jean *Gerson:* Oeuvres complètes. Ed. par Glorieux. Paris 1960, 28.

ren[59]. Die von Geiler zum Druck gebrachte Erbauungsliteratur integrierte in den kirchlichen Verkündigungszusammenhang. Selbständige Bibellektüre „emanzipierte" zwar nicht von Kirche, Kult und Gottesdienst, wohl aber machte sie unabhängiger von der mündlichen Heilsvermittlung der Kirche, weswegen auch Gerson und Geiler volkssprachliche Bibelübersetzungen und selbständiges Bibellesen der Laien rundweg ablehnten.

Städte, die per Ratsdekret das Latein als Urkunden- und Kanzleisprache abschafften, wollten Verwaltungsvorgänge durchsichtiger machen und insbesondere in Gerichtsverfahren den Widerspruch zwischen lateinischem Beweismittel und deutscher Prozeßsprache beseitigen. Die Ablösung des Lateinischen durch die Volkssprache im städtischen Gerichts- und Verwaltungswesen bedeutete einen Zugewinn an Öffentlichkeit, die als Instanz der Rechtssicherheit, Kontrolle und Legitimation zunehmend wichtiger wurde. Stadtschulen, die seit Anfang des 15. Jahrhunderts „ad scribendum et legendum in teutonico" eingerichtet wurden, sollten dazu beitragen, in Recht und Verwaltung, in Handel und Handwerk die deutsche Sprache zu einem verläßlichen Kommunikationsmittel zu machen.

Volkssprachliche Fachprosa, die handwerkliche Kenntnisse und Erfahrungen verschriftlichte, machte Werkstattwissen für die lesefähigen Mitglieder einer Zunft abruf- und verfügbar. Technologisches Wissen, das als existenzbegründend und existenzerhaltend angesehen wurde, unterlag der Pflicht der Geheimhaltung. Allgemeine Zugänglichkeit zu beruflichem Fachwissen fand ihre Grenze am eigenen Lebensinteresse.

Ehe es in Deutschland eine „gemeine" Schrift- und Verkehrssprache gab, folgten volkssprachliche Übersetzungen regionalen Sprachgewohnheiten. Regionenübergreifende Kommunikation bedurfte der Übersetzung. Deutschland, sagte Luther in einer Tischrede, habe „mancherley Dialectos", weswegen sich „die Leute in dreißig Meilen Weges einander nicht wol können verstehen"[60]. Die Österreicher und Bayern würden die Thüringer und Sachsen im besonderen, die „Niederländer" im allgemeinen nicht verstehen. Volkssprachliche Bibelfrühdrucke, wie sie im ausgehenden 15. und beginnenden 16. Jahrhundert in Köln und Lübeck hergestellt wurden, vermittelten in niederdeutscher Sprache niederdeutschen Lesern sowohl religiöses Wissen als auch landschaftsgebundene Zugehörigkeitsgefühle. In Oberdeutschland wären die in Köln und Lübeck gedruckten Bibeln auf erhebliche Verständnisschwierigkeiten gestoßen. Regionale Sprachgrenzen bildeten Grenzen für die Verbreitung religiösen Wissens. Sowohl „Die Zwölf Artikel der oberschwäbischen Bauern" als auch der in hochdeutscher Sprache abgefaßte „Kleine Katechismus" Luthers mußten für die

[59] Geilers diesbezügliche Aktivitäten werden von *Kraume* 1980 eingehend untersucht.
[60] Martin Luther – Werkausgabe: Tischreden Bd. 5, 512.

ländliche Bevölkerung des mittel- und norddeutschen Raumes ins Niederdeutsche „übersetzt“ werden.

Geistiger Austausch zwischen einzelnen Nationen erfolgte nicht durch Übersetzungen von einer Nationalsprache in die andere; volkssprachliche Texte wurden vielmehr auf dem Umweg über das Latein den Lesern anderer Nationen zur Kenntnis gebracht. Heinrich Seuse übersetzte sein ursprünglich deutsch abgefaßtes „Büchlein der ewigen Weisheit“ unter dem Titel „Horologium sapientiae“ selbst ins Lateinische. Aus dem Latein ist es dann ins Französische, Niederländische, Italienische und Englische übertragen worden [61].

Ein aufschlußreiches Beispiel für die Vermittlung volkssprachlicher Literatur durch das Medium des Lateins bilden auch die Gerson-Übersetzungen Geilers von Keysersberg. Als Geiler, die wohlklingende und lauttönende „Posaune der Straßburger Kirche“, 1492 Gersons Traktat „De exercitiis discretis devotorum simplicium“ für Freiburger Reuerinnen ins Deutsche übersetzte, bemerkte er einleitend: Gerson habe „ettlich tractatt gemacht in frantzösichem welsch fast nütz denen, die das latin nit verstand“ [62]. Die von Johannes Gerson, dem Doktor der Heiligen Schrift und Kanzler der Hohen Schule zu Paris, französisch abgefaßten Erbauungsschriften seien „durch Ettlich in latin brocht“ worden;

[61] *Künzle*, Pius: Heinrich Seuses Horologium Sapientiae. Freiburg (Schweiz) 1977, 66, Anm. 1: Seuse hatte sein Werk „ursprünglich in deutscher Sprache herausgegeben und erst später sich zu einer lateinischen Ausgabe entschlossen“. Vgl. auch ebda. 29; 42–50; 250–276. – Volkssprachliche Texte mußten offenkundig ins Latein übersetzt werden, um sie für „litterati“ lesenswert und attraktiv zu machen. Bei Seuse dürfte überdies „der Wunsch mitgewirkt haben, das Werk möge über die Grenzen des eigenen Sprachraumes hinaus Segen stiften“. Ebda. 54. – Gleich Heinrich Seuse hatte auch jener Dominikanertheologe Berthold, der von 1296 bis 1303 als Prior des Freiburger Dominikanerklosters bezeugt ist, sein „andächtig Zeitglöcklein des Lebens und Leidens Christi nach den 24 Stunden ausgeteilt“ auf Bitten eines frommen Ritters in „theutunica lingua“ verfaßt. Weil aber, fährt Berthold fort, „fromme und auch sehr viele andere in deutscher Sprache geschriebene Schriften“ (devota et quam plura alia theutunica lingua scripta) von den „litterati homines“ nicht zur Kenntnis genommen werden, habe er die Schrift ins Lateinische übersetzt – allerdings ohne jedweden rhetorischen Schmuck, damit der „ornatus verborum“ den Leser nicht völlig in Beschlag nehme und „devotio“ bei ihm nicht aufkommen lasse. Ebda. 66, Anm. 1. – Zum Problem der „Übersetzungen aus zweiter Hand“ in der frühen Neuzeit vgl. *von Stackelberg*, Jürgen: Literarische Rezeptionsformen. Übersetzung, Supplement, Parodie. Frankfurt a. M. 1972, 105–117, hier insbesondere 105 f.: „Der Renaissancehumanismus löste die Welle der ‚Zweitübersetzungen‘ aus dem Lateinischen aus“, in das Texte der neueren Landessprachen übertragen worden waren, um sie Gelehrten anderer Länder zugänglich zu machen. Sowohl schöngeistige Literatur als auch politische und satirische Schriften „wurden nicht selten zuerst einmal aus den neueren Landessprachen ins Lateinische übersetzt, um auf diese Weise mehr Leser zu finden“. In schwierigem Latein geschriebene politische und satirische Texte „mochten überdies weniger gefährlich erscheinen und den Fängen staatlicher Zensuren leichter entgehen“.

[62] *Kraume* 1980, 118.

er selbst habe Gersons Schrift „De exercitiis discretis devotorum simplicium" unter dem Titel „Die guldene regel geistlicher menschen" von „latin zů tütschen brocht". Dem fügte Geiler hinzu: unbeschadet der Übersetzung des Textes „von welsch in latin" und „von latin ins tůtsche" hätten alle Worte ihre „eigenschafft" behalten; ihr „sinn" sei bei der Übersetzung von einer Sprache in die andere nicht verrückt worden. Außerdem habe er den Text mitt titlen vnd růberücken" versehen, um durch die „Aufgliederung des Textes in überschaubare Einheiten" praktische Lesehilfen zu geben [63].

V.

Angesichts der drucktechnischen Verbreitung volkssprachlicher Wissensbestände vertraten gelehrte Theologen, Juristen und Mediziner die Auffassung, daß die unkontrollierte Weitergabe von Heils-, Bildungs- und Berufswissen nachteilige Folgen für Kirche und Gesellschaft zeitige. Aus der Sorge für das geistliche und weltliche Wohl der Allgemeinheit leiteten sie die Pflicht ab, durch geeignete Zensurmaßnahmen die Verbreitung jener Wissensbestände zu verhindern, von denen anzunehmen und zu erwarten war, daß sie die Wertprämissen der kulturellen und sozialen Ordnung in Frage stellten. Kräfte der Reform und Kräfte des Beharrens durchkreuzten sich.

Allgemeine Zugänglichkeit zu rechtlichem Ordnungs- und biblischem Heilswissen, argwöhnte Sebastian Brant (1457–1521), Rechtsprofessor, Poet und Stadtschreiber, gefährde die Mitsprache und Kompetenz der „docti" in öffentlichen Belangen. Volkssprachliche Übersetzungsliteratur, deren Verbreitung den kommerziellen Interessen der Drucker folge und der Kontrolle der Gelehrten entzogen bleibe, habe zur Folge, daß sich jeder auf seine „eygne kunst" verlasse, die Gelehrten nicht mehr um Rat frage und es ablehne, „das man jn lere" [64]. Was Brant beargwöhnt und beklagt, ist die Umkehr der herkömmlichen Kommunikationsstruktur, die in der Formel „populus est docendus, non sequendus" ihren sprachlichen Ausdruck gefunden hatte. Ungeschütztes, allgemein zugängliches und verfügbares Wissen, prophezeite Brant, bringe den Gelehrtenstand um seine gesellschaftliche Geltung; in die Volkssprache übersetztes lateinisches Wissens- und Bildungsgut nehme der „kunst" (ars), der „ler" (doctrina) und „gschrifft" (sacra scriptura) ihre „ere" (honor) [65].

Das Recht sei nicht „auf Bäumen gewachsen" und bedürfe, weil es keine naturwüchsige Angelegenheit sei, des gelehrten Interpreten. Den Laien die Bibel in die Hand zu geben und sie der Auslegungskompetenz der Theologen zu ent-

[63] Ebda. 119.
[64] *Müller* 1980, 120.
[65] Ebda. 119.

ziehen, führe zur „verachtung der gschrifft". Das Beispiel des Pfeifers von Niklashausen, eines gemeingefährlichen Sektierers und Sozialrevolutionärs, zeige eindringlich, welchen Schaden unkontrollierte laikale Bibellektüre verursache [66].

Frühneuzeitliche Rechtslehrer bangten um die Stabilität der allgemeinen Rechtsordnung, wenn breiteren Gesellschaftsschichten Gelegenheit gegeben werde, sich mit Hilfe von Übersetzungen juristisches Fachwissen anzueignen. Die Auslegung und Anwendung des Rechts sollte ausschließlich dem studierten Fachjuristen vorbehalten bleiben. Der Freiburger Stadtsyndikus und Rechtslehrer Ulrich Zasius (1461–1535) sprach sich zwar für die öffentliche Behandlung von Rechtsgrundsätzen und Rechtsmaterialien aus. Dennoch hielt er es für richtig, daß die angestrebte „Öffentlichkeit" dort ihre Grenze finde, wo die Unkenntnis des Lateins anfange. Juristische Übersetzungsliteratur hielt er für ein gesellschaftliches Übel, weil die Schärfe und rechtsgestaltende Kraft lateinischer Begriffe durch volkssprachliche Aequivalente nicht zu erreichen sei. „Was ich hier schreibe", vermerkte Zasius in seinem lateinischen Hauptwerk „Lucubrationes", wolle der Adel gewiß nicht gern hören, „aber mit Verlaub zu sagen: Das, woran alle Bürger teilhaben, muß auch öffentlich erörtert werden. Es ziemt sich deshalb nicht, die Kenntnis des Rechts und seiner Anwendung geheim zu halten oder künstlich zu erschweren ... andererseits ist die Rechtskunde und Staatswissenschaft aber auch keine Sache für jedermann. Wir erachten daher jene für strafwürdig, welche die Rechtswissenschaft geschwind unter die Leute bringen wollen, kaum daß sie ihre Vorhalle betreten und einige Worte ihrer Sprache gelernt haben. Durch lückenhafte und mißverständliche Übersetzungen in die jeweilige Landessprache oder mit allerlei Spielereien glauben manche dieser Übereifrigen, die Erkenntnis des Rechts verbreiten zu können" [67].

Zasius fürchtete, daß durch die Tätigkeit von un- und halbgelehrten Laienrichtern, Advokaten und Prokuratoren, die weder akademische Studien betrieben hatten noch des Lateins mächtig waren, Rechtspflege und Rechtsordnung Schaden nehmen. Zasius polemisierte nicht im luftleeren Raum. Seine spöttischen Bemerkungen gegen „Leute in der Kapuze oder Narrenkappe", die mit ihren Übersetzungen das Recht gemein machen wollen, richteten sich gegen den rechtsgelehrten Franziskaner Thomas Murner, der sich zur Aufgabe gemacht

[66] Zum Leben, Wirken und Sterben des Predigers und Pfeifers von Niklashausen vgl. *Arnold,* Klaus: Niklashausen 1476. Quellen und Untersuchungen zur sozialreligiösen Bewegung des Hans Behem und zur Agrarstruktur eines spätmittelalterlichen Dorfes. Baden-Baden 1980.

[67] Zitiert nach der Übersetzung von *Hölscher,* Lucian: Öffentlichkeit und Geheimnis. Eine begriffsgeschichtliche Untersuchung zur Entstehung der Öffentlichkeit in der frühen Neuzeit. Stuttgart 1979, 67 f.

hatte, durch Übertragungen römischer Rechtsquellen die schrift- und sprachlosen „armen christen“ über Recht und Unrecht aufzuklären.

Zasius kritisierte die Verdeutschung klassischer Rechtsbücher als eine „popularis actio“ [68], die das Ansehen der juristischen Gelehrtenzunft in Gefahr bringe. Die Basler Fakultät sei deshalb schlecht beraten, wenn sie Murner, einen „Schmutzfink, der das Heilige Römische Recht mit der Kappe seiner Narrheit entweiht“ habe [69], zum Doktor der Rechte promoviere. „Es wäre schädlich“, schrieb Zasius an die Basler Juristen-Fakultät, „und ließe sich niemals wiedergutmachen, wenn der ungewachsene Mensch mit seiner Narrenkappe als Doktor des Rechts die hl. Gesetze und die gepriesenen kanonischen Vorschriften schänden dürfte, er, der von beiden Rechten soviel versteht, wie der Blinde von den Farben“ [70]. Die Warn- und Weherufe des Freiburger Professors konnten jedoch nicht verhindern, daß Murner 1519 an der Universität Basel das juristische Doktorat erwarb.

Murner hatte, als er mit seiner Übersetzungstätigkeit begann und die übersetzten Rechtstexte zum Druck brachte, mit solchen Anschuldigungen gerechnet. Viele, schrieb er in der Einleitung zu den 1518 veröffentlichten „Juris tituli“, würden ihn tadeln, daß er die alleredelsten Perlen des Rechts Schweinen zum Fraß vorgeworfen und Geheimnisse, die nicht in die Öffentlichkeit gehören, preisgegeben habe [71]. Murner, der sich als Übersetzer „kühn einer humanistisch exklusiven Zeitströmung“ entgegenstellte [72], dachte in anderen Kategorien. Er wollte dem „armen man“ eine „lere“ geben, mit der er sich „in allen hendlen alle tag“ selber helfen konnte [73].

Nicht weniger zimperlich trugen die Mediziner ihre Sprachkonflikte aus, hinter denen sich – wie bei den Juristen auch – handfeste Interessengegensätze verbargen. Als Lorenz Fries, Stadtarzt in Colmar, zu Anfang des 16. Jahrhunderts in deutscher Sprache einen „Spiegel der arztney“ herausbrachte, weckte das bei seinen Standesgenossen mancherlei „gemürmel und uffrůr“. Er sei, berichtet Fries über das Echo seiner Publikation, von den gelehrten Ärzten deshalb „seer verhasset und verfolgt“ worden, weil er die Kunst der Medizin „Teutscher zungen eröffnet hab“ [74]. Die „hochgelehrten Medici“ hielten hartnäckig an der lateinischen Wissenschaftssprache fest, weil sie ihre Kunst den Ungelehrten nicht „gemein machen und also gleich den Sewen die Perlen vor-

[68] *Erler* 1956, 22.
[69] Ebda. 96.
[70] Ebda. 22.
[71] Ebda.
[72] Ebda. 23.
[73] Ebda. 37.
[74] Vgl. *Telle,* Joachim: Wissenschaft und Öffentlichkeit im Spiegel der deutschen Arzneibuchliteratur. Zum deutsch-lateinischen Sprachenstreit in der Medizin des 16. und 17. Jahrhunderts. In: Medizin-historisches Journal 14 (1979), 34; 45 Anm. 9 u. 10.

werffen“ wollten [75]. Autoren deutschsprachlicher Arzneibücher führten das von der akademischen Fachmedizin verteidigte Sprach- und Wissenschaftsmonopol auf die „unverantwortliche Mißgunst“ von „geldgeizigen Ärzten“ zurück, die um ihre standesgemäßen Einkünfte bangten [76]. Lorenz Fries ging in seinen Mutmaßungen noch einen Schritt weiter. Er unterstellte seinen gelehrten Widersachern, sie würden befürchten, daß deutsche Arzneibücher ihre „Unwisenheit“ oder „vielleicht ihren beschiß“ an den Tag bringen [77]. Die lateinische Fachsprache, an der die „Experten“ um jeden Preis festzuhalten gedachten, schützte vor Kritik, verbürgte ständische Ehre und standesgemäßes Einkommen.

Der Sprachenstreit ist symptomatisch für konkurrenz- und konfliktstiftende Folgewirkungen zunehmender Professionalisierung. Studierte Doktoren, die das medizinische Handwerk wie Operieren und Sezieren ablehnten, verteidigten das Latein als einzig maßgebliche medizinische Wissenschaftssprache. Chirurgen, Wundärzte und Barbiere, die, akademisch ungebildet und deshalb des Lateins nicht mächtig, Medizin als gelerntes Handwerk betrieben, kämpften für muttersprachliche Übersetzungen der medizinischen Fachliteratur. Der berühmte französische Arzt Paré (1509–1590), viel gefeiert als „Begründer der modernen Chirurgie“, ist für diese Kontroverse ein aufschlußreiches Beispiel. Paré verstand sich als „höherer Handwerker“, der nicht ohne Selbstbewußtsein hervorkehrte, kein Latein gelernt zu haben, weswegen er seine medizinischen Schriften in französischer Sprache abfaßte – zum Nutzen der Allgemeinheit, zum Vorteil der Patienten und nicht zuletzt zur Ehre Gottes. Als ihm vorgehalten wurde, daß er mit seinen Veröffentlichungen Fachwissen preisgebe und auf diese Weise jedermann zur chirurgischen Praxis befähige, gab er zur Antwort: Er wolle, „die Gaben, die ihm von Gott gegeben wurden, freimütig an jedermann weitergeben“; er wünsche, „daß es da keinen geben möge, der durch meine Schriften nicht viel fähiger werden möge, als ich es bin“; ihm liege nicht daran, zu denen zu gehören, „die aus der Kunst eine Kabbala machen“ [78].

Der zwischen Gelehrten des Fachs und Anwälten des Volkes ausgetragene Sprachenstreit entwickelte seine eigene Topik. Auch spätmittelalterliche Theologen waren der Überzeugung, daß derjenige, der Laien die in die Volkssprache übersetzte Bibel aushändige, Perlen vor die Säue werfe [79]. Den Psalter zu lesen, war theologisch unproblematisch; zur Lektüre nachdrücklich empfohlen wurden katechetische Lehr- und Erbauungsschriften. Zu diesen zählten insbesondere

[75] Ebda. 41 f.

[76] Ebda. 42 f.

[77] So Lorenz Fries in der Vorrede zu seinem 1532 in Straßburg erschienenen „Spiegel der artzney“. Vgl. *Telle* 1979, 34; 45 Anm. 9 u. 10.

[78] *Zilsel*, Edgar: Die sozialen Ursprünge der neuzeitlichen Wissenschaft. Hrg. und übers. v. Wolfgang Krohn. Frankfurt a. M. 1976, 143 f.

[79] *Schreiner* 1984, S. 291 und Anm. 122, 315.

Vaterunser-Auslegungen, Gewissensspiegel, Dekalogerklärungen und Sterbekünste, desgleichen deutschsprachliche Plenarien, die den Meßkanon sowie die Evangelien und Episteln der Sonntage enthielten. Daß Laien zur Bibel griffen, um selbständig darin zu lesen, widersprach den Aufbau- und Kommunikationsprinzipien einer hierarchisch verfaßten Kirche. Die seitherige Praxis, kirchliches Selbstverständnis und theologische Lehre reklamierten die Bibel als Buch des Klerus und gaben Laien keine Chance, sich als Individuen mit eigenen religiösen Interessen und Bedürfnissen in die Bibel zu vertiefen.

Der Laie sollte in Fragen des Glaubens gehorsam zuhören, nicht selber nachdenken und selbständig urteilen [80]. Volkssprachliche Bibellektüre der Laien, so wurde mit gleichbleibender Hartnäckigkeit von seiten der Amtskirche geltend gemacht, gefährde die Einheitlichkeit des kirchlichen Lehrgebäudes. Nur der Kleriker, der aufgrund seines Studiums den vierfachen Sinn der biblischen Texte ermitteln konnte, sollte befugt sein, die Hl. Schrift zu lesen und auszulegen. Die Bibel rede ihre Leser nämlich nicht mit „offenen Wörtern" an, sondern bediene sich einer verhüllten, geheimnisvollen Sprache, die ungebildete Leute nicht zu entschlüsseln vermögen. Folgerichtig warfen katholische Kontroverstheologen des 16. Jahrhunderts den lutheranischen „Newchristen" vor, daß ihre fahrlässige Behauptung, wonach die „haylig Geschrifft" klar sei, nunmehr selbst „alte Weiber", ungelehrte Weber, Stadtschreiber und Zunftmeister veranlassen würde, zur Bibel zu greifen [81].

Volkssprachliches Bibellesen drohte die Lehrautorität von Kirche und Klerus zu erschüttern. Die volkssprachliche Verbreitung lateinisch überlieferten Fachwissens widersprach dem Ideal einer in Ständen gegliederten Gesellschaft. Angesichts dieser Situation rief der Mainzer Erzbischof Berthold von Henneberg 1485 nach dem Zensor. Aus Professoren der Universitäten Mainz und Erfurt bildete Erzbischof Berthold ein Gremium, dem er die Aufgabe zudachte, die gesamte Übersetzungsliteratur im Namen der Wissenschaft und im Interesse

[80] Nach den Bestimmungen des kanonischen Rechts kam es Laien nicht zu, über „negotia ecclesiastica seu spiritualia" Entscheidungen zu treffen; verboten war es Laien außerdem, öffentlich oder privat „über den Glauben" (de fide) zu disputieren. *Nörr*, Knut Wolfgang: Kirche und Konzil bei Nicolaus de Tudeschis (Panormitanus). Köln–Graz 1964, 67, 163. – Die kirchlichen Rechtssätze, die spätmittelalterliche Kanonisten lateinisch formulierten, wurden von der Kanzel oder mit Hilfe deutschsprachlicher katechetischer Literatur unter die Leute gebracht. „Also schol chein cristen mensche", schrieb Martin von Amberg in seinem 1478 niedergeschriebenen „Gewissenspiegel", „disputirn von den stucken seines gelawbens, er sey denn gar wol gelert". *Weidenhiller* 1965, 18. – Ein „Confessionale" aus dem späten 14. Jahrhundert rügte alle diejenigen, „die von der gothait alczu vil törlich erfaren wellen und von der heyligen dreyvaltícheit". Ebda. 117.

[81] *Schreiner* 1984, 313.

der Kirche vor ihrer Drucklegung zu überprüfen [82]. Jedes Buch, das aus einer fremden Sprache ins Deutsche übersetzt worden war, sollte, gleichgültig ob es Fragen der Jurisprudenz oder der Theologie behandelte, nicht eher gedruckt werden, als bis es durch besagtes Gremium geprüft war. Die Begründung dieser Maßnahme durch den Mainzer Erzbischof beleuchtet in aller Schärfe die gegensätzlichen Wertmaßstäbe, an denen sich die Geister schieden. Auf der einen Seite standen die Apologeten der lateinischen Liturgie- und Kirchensprache, auf der anderen die Verfechter einer muttersprachlichen Erschließung des in Latein überlieferten Heils-, Bildungs- und Berufswissens. Beide Parteien konnten Gründe ins Feld führen, die des Nachdenkens wert waren. Für den rückblickenden Betrachter von heute stellt sich nur die Frage, welche Argumente den Herausforderungen der Zeit angemessen waren und welche nicht.

Die deutsche Sprache, betonte der Mainzer Erzbischof, verfüge nicht über die begriffliche Prägnanz des Lateinischen oder Griechischen. Jede volkssprachliche Übersetzung verfälsche deshalb die überlieferten Wahrheiten, von denen der Bestand der kirchlichen und weltlichen Ordnung abhänge. Weder der Sinn der Bibel, noch die Bedeutung einer Rechtsnorm sei „privater" Lektüre zugänglich. Ihr Sinn erschließe sich im gelehrten Disput von Fachleuten. Der wahre Sinngehalt einer biblischen Textstelle sei das Resultat eines Diskussionsprozesses zwischen fachgelehrten Theologen, die gehalten seien, im Horizont der überkommenen Lehrtradition die Bibel auszulegen.

Der Erzbischof von Mainz übersah allerdings, daß bibelhungrige Laien nicht wissenschaftliche Exegese treiben, sondern einfach lesen wollten. Ein ursprüngliches Verlangen nach religiöser Vertiefung definierte der Erzbischof als hochbrisantes kirchliches Ordnungsproblem. Unangemessen waren nicht seine Argumente, wohl aber die Kategorien, mit denen er die religiöse Unruhe der Laien wahrnahm, beurteilte und im Rückgriff auf bewährte traditionelle Denkmuster zu drosseln suchte. Im Blickfeld kirchlicher Amtsträger, Kanonisten und Theologen brachten bibellesende Laien nicht neue religiöse Bedürfnisse zum Ausdruck, sondern warfen innerkirchliche Ordnungsprobleme auf, die mit herkömmlichen Ordnungsvorstellungen gelöst wurden.

Unstreitig hatte es mit aufbrechenden Individualisierungsansprüchen zu tun, wenn sich Laien mit Hilfe religiöser Texte und biblischer Schriften selbsttätig Glaubenswissen anzueignen suchten. In der persönlichen Lektüre von religiösen Büchern, die nicht dem Individuum, sondern der Öffentlichkeit der Kirche gehörten, witterte der Mainzer Erzbischof eine Gefährdung des objektiven Kirchentums. Das zeigt auch sein ausdrückliches Verbot deutschsprachlicher Meßerklärungen, die, wie er sagte, „zum Schaden und zur Schande der Religion in

[82] Das am 22. März 1485 erlassene Zensuredikt des Mainzer Erzbischofs ist abgedruckt in: Quellen zur Geschichte des Papsttums und des Römischen Katholizismus, bearb. von Kurt Aland. Bd. 1, Tübingen 1967[6], 493 f.

die Hände des Volkes gelangen". Der Bischof wußte, wovon er redete. Zu Anfang der 80er Jahre war eine deutschsprachliche Meßerklärung gedruckt worden, in der selbst die Wandlungsworte, das Kernstück des Meßkanons, ins Deutsche übersetzt worden waren [83]. Das zu tun, bedeutete eine Erweiterung der kirchlichen Öffentlichkeit, widersprach jedoch einer geheiligten Tradition. Diese gebot, den Kanon der Messe und insbesondere jene heiligen Worte, mit denen der Priester die Verwandlung von Brot und Wein vollzog, vor den Laien zu verheimlichen. Nur geweihten Klerikern, so wurde gesagt, nicht weltlich lebenden Laien, komme es kraft ihres Amtes zu, die Konsekrationsworte zu kennen [84]. Es war Pflicht des Meßpriesters, die Wandlungsworte leise zu sprechen, um sie vor den Laien zu verbergen. Beschränkte Öffentlichkeit schützte vor Mißbrauch. Auf dem Hintergrund einer solchen Praxis hat dann Martin Luther die Geheimhaltung und stille Rezitation der Wandlungsworte als Werk des Teufels gebrandmarkt, der dem gläubigen Volk das Herzstück der Messe gestohlen habe [85].

VI.

Volkssprachliche Wissensverbreitung im späten Mittelalter und in der beginnenden Neuzeit ist ein vielschichtiger Vorgang. Der Streit um die Legitimität volkssprachlicher Kommunikation verweist auf Sozialkonflikte, die sich im Bereich von Sprache und Bildung zu der Alternative zuspitzten, ob die volks-

[83] *Franz,* Adolph: Die Messe im deutschen Mittelalter. Beiträge zur Geschichte der Liturgie und des religiösen Volkslebens. Freiburg i. Br. 1902, 632 f. – Zur Sitte der lateinischen Kirche, die heiligen Worte des Kanons still zu beten, um sie gegen Geringschätzung, Verunehrung und Mißbrauch zu schützen vgl. ebda. 618 ff.

[84] In der zweiten, im Jahre 1484 in Augsburg gedruckten Auflage wurden die ins Deutsche übersetzten Konsekrationsworte mit folgender Begründung weggelassen: „Item die wort und formm der wandlung – sein nit gesetzet. Im lateinischen noch in dem teutschen Text und das darumb Das solichs mit nichten dem leyen gepůrt – sich do mit zw bekůmmernn sunder der priesterschaft die von got dar zw geordinirt und geweicht sein", Ebda. 633. Zur „Pflicht der Geheimhaltung des Mysteriums vor der breiten Öffentlichkeit" in der Kirche des hohen Mittelalters vgl. auch *Adam* 1960, 417. – Jodokus Clichtoveus (um 1472–1543), scholastischer Theologe, Domherr und Prediger in Paris, der unter dem Titel „Elucidatorium" eine Meßerklärung verfaßt und zum Druck gebracht hatte, beschwor „alle, die nicht Priester sind, das Buch nicht zu lesen, weil Laien die Kenntnis der darin enthaltenen Belehrungen und Mitteilungen nicht zustehe. Das begründet er mit der Vorschrift, daß die Worte des Kanons leise gebetet werden müssen. Wenn man ihm entgegenhalte, warum er denn den Kanon dann drucken lasse, so erwidere er, daß dieser Teil des Buches nur für Priester bestimmt sei; denn den Laien sei es ebensowenig gestattet, den Kanon und die Konsektrationsworte zu lesen, wie es ihnen erlaubt sei, die heiligen Gefäße, den Kelch u. a. zu berühren". *Franz* 1902, 634.

[85] Ebda. 634 f.

sprachliche Popularisierung von Wissen oder dessen standesgebundene Weitergabe den geistigen und sozialen Bedürfnissen einer Gesellschaft am besten gerecht werde. Zu bedenken ist auch dies: In dieser Kontroverse ging es nicht nur um gesellschaftliche Verteilung von Wissen und deren Rechtmäßigkeit; der Streit um die richtige Sprache in Kirche, Recht und Wissenschaft betraf auch die Anerkennung, Durchsetzung und Erfüllung subjektiver Bedürfnisse. Gesteigertes Leseverlangen gab sich als Ausdrucksform wachsender Subjektivität zu erkennen. Wer selber in der Bibel las, wollte sich nicht nur von anderen belehren lassen, sondern beanspruchte in Fragen des Heils ein höheres Maß an Selbstverantwortung.

Wer biblische Bücher übersetzte, war darauf bedacht, aus der Bibel ein – wie Hegel sagte – „Grundbuch zur Belehrung des Volkes" zu machen, ein „Volksbuch", das es Laien ermöglicht, ihr höchstes Interesse vor Gott in einer Sprache zum Ausdruck zu bringen, die sie auch verstehen [86]. Volkssprachige Autoren des 15. und 16. Jahrhunderts vertraten die Auffassung, daß die Verbreitung volkssprachlicher Schriften dem „gemeinen nutz" zugute komme: Religiöse Erbauungsschriften machten frommer; volkssprachliche Urkunden brachten den „ganczen sinn" des Rechts zum Ausdruck und zum Bewußtsein; deutschsprachige Schulausbildung ließ angeblich Männer heranwachsen, die „tom regimente" taugen und vom „rechten grunde des Handelns" Bescheid wissen.

Lesekultur, Bücherliebe und Wissenserwerb galten als unabdingbare Voraussetzungen menschlichen Zusammenlebens; Bildung garantierte „Freundschaft und Eintracht der Bürger" (amicitia et concordia civium), von denen die

[86] Zum Sprecher überkommener und neu durchdachter Vorbehalte machte sich Novalis in seiner Schrift „Die Christenheit oder Europa" (1799). Er fürchtete, daß eine kanonisierte Bibelübersetzung zur Buchstabenfrömmigkeit verleite und den Heiligen Geist an seinem freien, lebendigen Wirken hindere. Novalis schrieb: „Indeß liegt dem Protestantismus bei weitem nicht bloß jener reine Begriff zum Grunde, sondern Luther behandelte das Christenthum überhaupt willkührlich, verkannte seinen Geist, und führte einen andern Buchstaben und eine andere Religion ein, nemlich die heilige Allgemeingültigkeit der Bibel, und damit wurde leider eine andere höchst fremde irdische Wissenschaft in die Religionsangelegenheit gemischt – die Philologie – deren auszehrender Einfluß von da an unverkennbar wird. Er wurde selbst aus dunkelm Gefühl dieses Fehlgriffs bei einem großen Theil der Protestanten zum Rang eines Evangelisten erhoben und seine Uebersetzung canonisirt. Dem religiösen Sinn war diese Wahl höchst verderblich, da nichts seine Irritabilität so vernichtet, wie der Buchstabe. Im ehemaligen Zustande hatte dieser bei dem großen Umfange der Geschmeidigkeit und dem reichhaltigen Stoff des katholischen Glaubens, so wie der Esoterisirung der Bibel und der heiligen Gewalt der Concilien und des geistlichen Oberhaupts, nie so schädlich werden können; jetzt aber wurden diese Gegenmittel vernichtet, die absolute Popularität der Bibel behauptet, und nun drückte der dürftige Inhalt, der rohe abstracte Entwurf der Religion in diesen Büchern desto merklicher, und erschwerte dem heiligen Geiste die freie Belebung, Eindringung und Offenbarung unendlich." Novalis-Schriften. Bd. 3: Das philosophische Werk II. Hrg. v. Richard Samuel. Stuttgart 1968, 512.

Handlungsfähigkeit eines Gemeinwesens abhingen. Glückselig gepriesen wurde jenes Gemeinwesen, in welchem die Träger der Obrigkeit „gelerte Leute“ sind. Ein ungebildeter König, Fürst und Edelmann wurde als „gekrönter Esel“ (asinus coronatus) verhöhnt, als „hübsches Tier“ (bella bestia) bezeichnet oder als „sprach- und gedankenloser Bildstock“ (statua) an den Pranger gestellt. Kenntnis der Literatur bewähre sich als Kraft zum Guten. Lektüre verwandle die Gesittung, das Denken und Handeln der Menschen. Lesen lehre Menschenfreundlichkeit (humanitas): es mache aus dem „ferox“, dem ungezügelten Wilden, einen gelassenen und umgänglichen Mitbürger. Leute, die sich dem Lesen, dem Erwerb von Wissen und Bildung hingeben, würden, wie mit unerschütterlichem Vertrauen in die Kraft der Sprache gesagt wurde, „ganz frontlich, gesprech[ig] und gůtig werden“ [87].

[87] *Singer*, Bruno: Die Fürstenspiegel in Deutschland im Zeitalter des Humanismus und der Reformation. München 1981, 38. – Zur Wirkung von guter und schlechter Lektüre vgl. auch Erasmus von Rotterdam: Fürstenerziehung. Institutio Principis Christiani. Die Erziehung eines christlichen Fürsten. Einführung, Übersetzung und Bearbeitung von Anton J. Gaile, Paderborn 1968, 134–141. – Für kritische Lektüre des Manuskripts und sachlich weiterführende Hinweise bin ich Frau Ulrike Renz, Herrn Ulrich Meier und Herrn Gerd Schwerhoff zu Dank verpflichtet.

Harry Kühnel

Integrative Aspekte der Pilgerfahrten

Das Zusammenströmen von Pilgermassen an den großen Wallfahrtszentren des Abendlandes, nicht minder auch an kleineren, gleichsam über Nacht in Mode gekommenen Gnadenorten läßt deutlich werden, in welchem Maße die spätmittelalterliche Welt mobil gewesen ist. Eine Pilgerfahrt war, zumindest für die unteren und mittleren sozialen Schichten oftmals der einzige und wichtigste Anlaß, eine oft weite Reise anzutreten und fremde Länder und Menschen kennenzulernen [1]. Die allegorische Gleichsetzung des Lebens mit einer Pilgerfahrt, wie sie sich in der Hl. Schrift oder in populären Predigten des Johannes Geiler von Kaisersberg am Ende des 15. Jahrhunderts finden, mag vielfach der letzte Anstoß zu einem solchen oftmals lebensgefährlichen Unternehmen gewesen sein [2]. Derartige Erscheinungen erklären aber keineswegs die Ursachen dieses Phänomens und seiner massenhaften Verbreitung gerade im 15. Jahrhundert. Die in den zeitgenössischen Quellen erwähnten Pilgerströme erscheinen zuweilen kaum glaubhaft, stehen aber häufig in ganz unverdächtigen Überlieferungszusammenhängen.

Bei den Fernpilgerfahrten, den peregrinationes maiores, nach Rom, Jerusalem und Santiago liegen beispielsweise über die Zahl der Rompilger genauere Angaben vor. Im Jubeljahr 1450 hielten sich angeblich pro Tag 40 000 Menschen in der Ewigen Stadt auf, allein aus Danzig pilgerten 2000 Einwohner – also ein Zehntel der Gesamtbevölkerung – dorthin. Erhard von Appenwiler berichtet, daß im selben Jahr täglich bei 1000 Pilger, Männer, Frauen und Kinder, auf ihrem Wege von oder nach Rom durch die Stadt Basel kamen. Diese Nachricht wird durch den Bericht des Heinrich von Beinheim bestätigt, wonach zu Ostern 1450 eine riesige Pilgerschar von Zürich herab nach Basel zog, und zwar pro Tag 12 und mehr Pilgerschiffe mit ca. 80 Personen an Bord, d. h. an

[1] *Köster,* Kurt: Pilgerzeichen und Pilgermuscheln von mittelalterlichen Santiagostraßen. Schleswiger Funde und Gesamtüberlieferung. Ausgrabungen in Schleswig. Berichte und Studien 2. Neumünster 1983, 14 f.

[2] *Sommerfeld,* Martin: Die Reisebeschreibungen der deutschen Jerusalempilger im ausgehenden Mittelalter. In: Deutsche Vierteljahrsschrift für Literaturwissenschaft und Geistesgeschichte 2 (1924) 820.

die tausend Pilger. Genaue Zahlen englischer Santiagopilger lassen sich aus den erhaltenen sechs Patent Rolls für die dreizehn Heiligen Jahre des 15. Jahrhunderts angeben. Eine Hochrechnung ergibt ca. 17 800 Pilger für die Heiligen Jahre [3].

Ähnlich verhält es sich bei den überregionalen Wallfahrten, etwa nach Aachen, Einsiedeln und Wilsnack. Eine jährliche Besucherzahl von etwa 100 000 Pilgern wird für Wilsnack angenommen, wobei sich der erstaunliche Zulauf auf die wenigen Monate der wärmeren Jahreszeit zusammendrängte [4]. In Einsiedeln wurden in vierzehn Tagen im Jahre 1466 130 000 Pilgerzeichen verkauft [5], wobei nicht alle Pilger ein Zeichen erworben haben. Einer chronikalischen Notiz zufolge sollen 1496 an den Stadttoren von Aachen an einem einzigen Tag bis zu 42 000 Pilger gezählt worden sein [6]. Eine solche Nachricht gewinnt an Wahrscheinlichkeit, wenn man vernimmt, daß eine der großen Pilgergruppen, nämlich die Ungarn – zu denen auch Polen, Böhmen und Slowenen gezählt wurden – jeweils bis zu 2000 und mehr Personen zählte [7]. Diese im großen Umfang erst seit dem 14. Jahrhundert einsetzenden „Ungarnfahrten" bezeugen die enge Verflechtung wirtschafts- und siedlungsgeschichtlicher Beziehungen und Vorgänge mit der Wallfahrt [8], reichen doch Aachens Handelsbeziehungen nach dem Südosten bis in die Stauferzeit zurück.

Selbst für lokale Pilgerfahrten zu nahegelegenen Gnaden-Orten werden oft erstaunliche Bezucherzahlen vermerkt. Bei der Zeigung der Andechser Reliquien 1392 in München wurden die zuströmenden Pilger auf ebenso einfache wie verflüffende Weise gezählt, „indem man für jeden die Stadttore passierenden Fremden eine Erbse in einen Topf warf" [9]. 1463, einem Pestjahr, pilgerten 5000 Gläubige aus München zum Berg Andechs und nach Freising, um Hilfe zu erflehen [10].

Am Ende des 15. Jahrhunderts überzog ein dichtes Netzwerk von Pilgerstätten den mitteleuropäischen Raum. Im Bistum Freising waren es beispielsweise

[3] *Schmugge*, Ludwig: Die Pilger. In: Unterwegssein im Mittelalter. Hrg. P. Moraw: Zeitschrift für historische Forschung, Beiheft 1. Berlin 1985, 26. *Schimmelpfennig*, Bernhard, Die Anfänge des Heiligen Jahres von Santiago de Compostela im Mittelalter. In: Journal of Medieval History 4 (1978) 292 f.

[4] *Köster* 1983, 15.

[5] *Ringholz*, Odilo: Wallfahrtsgeschichte Unserer Lieben Frau von Einsiedeln. Freiburg/Br. 1896, 81.

[6] *Schiffers*, Heinrich: Kulturgeschichte der Aachener Heiligtumsfahrt. Köln 1930, 200. – *Köster*, Kurt: Pilgerzeichen – Studien. In: Festgabe für Carl Wehmer. 1963, 78.

[7] Katalog Wallfahrten am Niederrhein. Düsseldorf 1982, 23.

[8] *Ennen*, Edith: Stadt und Wallfahrt in Frankreich, Belgien, den Niederlanden und Deutschland. In: Festschrift für Matthias Zender. Bd. 2. Bonn 1972, 1064 f.

[9] *Köster*, Kurt: Mittelalterliche Pilgerzeichen und Wallfahrtsdevotionalien. In: Katalog Rhein und Maas, Kunst und Kultur 800–1400. Köln 1972, 147.

[10] *Staber*, Joseph: Volksfrömmigkeit und Wallfahrtswesen des Spätmittelalters im Bistum Freising. Höhenkirchen–München 1955, 44.

sechzehn Gnadenstätten [11], in der Grafschaft Tirol ein Dutzend Wallfahrtsorte. Sie alle wurden von einer Vielzahl von Menschen aufgesucht, die aus Unsicherheit und Angst Schwierigkeiten bei der Existenzbewältigung und der Suche nach Orientierung hatten [12]. Bei dem Bemühen nach einer neuen geistigen Identität brachten die Pilger die innere Bereitschaft auf, Mühsal und Opfer auf sich zu nehmen, finanzielle Einbußen zu erleiden, ja selbst ihr Leben zu riskieren. Der Hildesheimer Dechant Johann Oldecop hat diese Situation 1517 sinngemäß in die Worte gefaßt: „Und es ist eine sonderliche und große Demut für einen Christen, der sich vom Seinigen für eine Zeitlang enthält und in fremdes Land zieht, Hunger leidet, Kummer, Hitze und Kälte, der übel empfangen wird in der Herberge, viel schlechter noch mit Speise und Trank und Nachtlager bedient ist" [13]. Die physische und psychische Bewältigung aller Unbill und Gefahren durch Heilsuche in der Wallfahrt hat ohne Zweifel das christliche Gemeinschaftsbewußtsein gestärkt. Die Belagerung von Neuss durch Karl von Burgund 1475 und die wunderbare Errettung der Stadt durch die Fürbitte des Heiligen Quirinus hatte zu einer Meinungsbildung beigetragen, die dessen Verehrung – wenn auch kurzfristig – und den Zuspruch wesentlich förderte. Die Quirinus-Pilgerzeichen sind in erster Linie im Umkreis von Neuss an Rhein und Maas nachzuweisen, die damit das unmittelbare Einzugsgebiet verdeutlichen. Dieses stellt aber gleichzeitig jenen sozialen Raum dar, in dessen Bereich regionale Identität und Integration geschaffen werden konnte [14]. Das Auftreten von Neusser Pilgerzeichen in Ungarn, Siebenbürgen, im Hanseraum und in Skandinavien erklärt sich damit, daß die Waller von Aachen und Köln oftmals „Anschlußwallfahrten", darunter auch nach Neuss, unternommen haben.

Ähnliches findet sich für andere Regionen. Die um 1490 einsetzende Wallfahrt zum Marienbild von Altötting hatte aufgrund der Mirakelbücher von 1492 ein Einzugsgebiet, das von Altbayern über Ober- und Niederösterreich, Wien, Steiermark und Kärnten reichte. Innerhalb von zwei Jahren erweiterte sich der Integrationsraum auf Franken, Böhmen sowie Nord- und Südtirol [15]. Die Hilfesuchenden hatten hier einen neuen Bezugspunkt für die Bewältigung

[11] *Staber* 1955, 38 ff., 45 ff., 50 ff.

[12] *Eberhard*, Winfried: Die Krise des Spätmittelalters: Versuch einer Zusammenfassung. In: Europa 1400. Die Krise des Spätmittelalters. Hg. v. Ferdinand Seibt und Winfried Eberhard. Stuttgart 1984, 303–320, hier 319.

[13] *Kühnel*, Harry: Frömmigkeit ohne Grenzen? In: Harry Kühnel (Hg.) Alltag im Spätmittelalter. Graz ³1986, 99.

[14] Katalog Wallfahrten am Niederrhein, Nr. 347. *Schmugge* 1985, 29. *Köster*, Kurt: Neusser Pilgerzeichen und Wallfahrtsmedaillen. In: Neusser Jahrbuch für Kunst, Kulturgeschichte und Heimatkunde 1 (1956) 17.

[15] Katalog Wallfahrt kennt keine Grenzen. München 1984, Nr. 361–363. – *Bauer*, Robert: Das Büchlein der Zuflucht zu Maria. In: Ostbairische Grenzmarken. Passau 1964/65, 234. *Ders.*, Das älteste gedruckte Mirakelbüchlein von Altötting. In: Ostbairische Grenzmarken. Passau 1961, 150.

ihres Daseins und Befreiung aus ihren Nöten gefunden, wobei Kommunikation und Information ein wesentliches Instrumentarium hierfür bildeten. Zwischen den einzelnen Wallfahrtsstätten bestand offenbar auch eine gewisse Rivalität. Eines der drei Altöttinger Mirakelbüchlein, bei Hans Schobser 1494 in Augsburg gedruckt, besitzt ausgesprochenen Propagandacharakter. In vier Mirakeln wird berichtet, „wie gefährlich es ist, eine versprochene Wallfahrt nach Altötting nicht durchzuführen oder jemanden an einer solchen zu hindern“ [16]. Neben der Überzeugung in die Wirksamkeit der Altöttinger Madonna spricht zugleich daraus die Befürchtung, die Gläubigen könnten an einem anderen Gnadenort Heil suchen.

Die alle sieben Jahre stattfindende „Aachenfahrt“ zielte, wie die 1958 von Johannes Grüger gezeichnete und auf den Forschungen von W. Mummenhoff basierende Übersichtskarte der Aachenfahrten veranschaulicht, auf eine großräumige Integration ab. Die Herkunft der Pilger reicht im Norden von Dänemark und Schweden, im Osten von Königsberg bis Krakau, im Süden von Marburg und Villach bis nach Basel und im Westen von Straßburg, Nancy bis zu den flandrischen und niederländischen Städten [17]. Dieses Einzugsgebiet steht in engem Konnex mit der Ausbreitung des Handels. Kölnische Kaufleute hatten die Pilgerwege für die Ungarn, Böhmen, Skandinavier und Balten erschlossen, die sich auf Heiltumsfahrt nach Aachen und Köln begaben [18]. Bemerkenswert ist in diesem Zusammenhang die Stiftung der Ungarischen Kapelle am Aachener Dom durch Ludwig I. von Ungarn, die des Slawonieraltares für die zahlreichen Pilger aus Marburg, Laibach und Krainburg, aber auch des Tafelbildes mit der Darstellung der Schutzmantelmadonna, die vermutlich 1473 während eines Aufenthalts Karl der Kühne von Burgund dem Aachener Domschatz überlassen hat [19].

Die Opfergaben, die z. B. von den Pilgern in Aachen oder bei der „Schönen Maria“ zu Regensburg häufig spontan gespendet worden sind, intensivierten die Bindung zu den Integrationszentren, weil die durch Ängste und Unsicherheit aufgewühlten Menschen bei Gewährung eines Ablasses die zu erwartenden Strafen nachgelassen erhielten und damit auch die seelischen Spannungen abnahmen [20]. Signifikant hiefür ist die mehr als kritische Situation der Stadt Regensburg im ausgehenden 15. und beginnenden 16. Jahrhundert. Die Verschuldung und die Not der Kommune und einzelner Bürger erzeugten Unzufrieden-

[16] Katalog Wallfahrt kennt keine Grenzen, Nr. 362.

[17] Katalog Rhein und Maas, 145, VIII m.

[18] Katlog Wallfahrten am Niederrhein, Nr. 177.

[19] Katalog Rhein und Maas, 143. – Katalog Wallfahrten am Niederrhein, Nr. 20, Abb. 2.

[20] Katalog Rhein und Maas, S. 143. *Schiffers* 1930, 112 f. *Stahl,* G.: Die Wallfahrt zur Schönen Maria in Regensburg. In: Beiträge zur Geschichte des Bistums Regensburg. 2 (1968) 74 ff., 87 ff.

heit und Mißtrauen und erhöhte eine emotionale Gereiztheit. Auf bloße Verdachtsmomente kam es zu Folterungen und Hinrichtungen und alle Anzeichen deuteten auf einen Zerfall der bürgerlichen Ordnung hin. Maximilian I. griff 1514 radikal ein und ließ sechs Rädelsführer, darunter den berühmten Dombaumeister Wolfgang Roritzer, hinrichten. Mit diesem Schritt wurde zwar vorerst die Ruhe wiederhergestellt, keinesfalls aber konnten auf diese Weise die tatsächlichen Ursachen dieser revolutionären Bewegung behoben werden. Es nimmt daher nicht wunder, daß die Vertreibung der Juden – denen man pauschal die Schuld an der desolaten finanziellen Situation gegeben hatte – und die Schaffung eines Wallfahrtskultes zur „Schönen Maria" eine wahre Hysterie auslöste. Selbst Domprediger Balthasar Huebmaier, der „geistige Vater" dieses Wallfahrtskultes wandte sich wegen des Massenansturmes und der Exzesse der Wallfahrer ratlos an den Ulmer Stadtarzt Wolfgang Rychard, der ihm das Verhalten der Pilger als Ausbrüche eines krankhaften Nervenreizes erklärte [21]. Die Wallfahrtsstätte übernahm hier eine „Ventilfunktion" für aufgestaute Probleme der Regensburger Bürger und der Bewohner des wirtschaftlichen Einzugsgebietes. Dies erklärt einerseits die überreizte Emotionalität – diese ekstatische Erregung der Pilger vor der Marienkapelle wird auf dem Holzschnitt von Michael Ostendorfer, um 1519, drastisch vor Augen geführt [22] –, andererseits aber auch das jähe Ende der Wallfahrt.

Nicht in jedem Fall mußte eine Pilgerstätte christliches Gemeinsamkeitsbewußtsein und geistige Identität hervorrufen. Seit der zweiten Hälfte des 14. Jahrhunderts haben etwa 40 Städte und dazu mindestens 52 Gerichte und Obrigkeiten aus Belgien, den Niederlanden sowie den angrenzenden Gebieten Nordfrankreichs und Westdeutschlands Verurteilungen zu Pilgerfahrten nach Rocamadour verhängt, und zwar wegen unterschiedlichster Delikte, von Kapitalverbrechen bis zu harmlosen Vergehen. War Rocamadour im 12. und 13. Jahrhundert ein bevorzugtes Pilgerziel der oberen Schichten gewesen, erfuhr der Gnadenort im Spätmittelalter eine deutliche Abwertung, weil dorthin nur Bettelvolk, Diebe und Verräter unterwegs waren, Menschen von zweifelhaften Sitten und wenig vertrauenswürdigem Umgang. Die herkömmliche Bezeichnung amadour für die Rocamadour-Pilger wurde am Ende des Mittelalters gleichsam zu einem Schimpfwort. Diese Begriffsgeschichte macht den ständig wachsenden Anteil gesellschaftlicher Randgruppen unter den an dieser Gnadenstätte zusammenströmenden Pilgern deutlich [23]. Er belegt zugleich einen

[21] *Hubel,* Achim: „Die Schöne Maria" von Regensburg. Wallfahrten – Gnadenbilder – Ikonographie. In: 850 Jahre Kollegiatstift zu den Heiligen Johannes Baptist und Johannes Evangelist in Regensburg (1127–1977). München 1977, 200, 204.

[22] *Kagerer, Josef:* Die schicksalsreiche Geschichte des Bildes „Die Schöne Maria" von Albrecht Altdorfer in der Stiftskirche St. Johann in Regensburg. In: Verhandlungen des historischen Vereins für Oberpfalz in Regensburg 93 (1952) 99 f.

[23] *Köster* 1983, 47 f.

Umstand, der zum Wallfahrtsgedanken im Widerstreit stand; eine desintegrative Wirkung stellte sich so gesehen auch ein.

Die peregrini delegati, die Pilgerreisen nur als Beauftragte oder Stellvertreter unternahmen, die also in erster Linie „Pilger im gewerbsmäßigen Zuschnitt“ (Georg Schreiber) geblieben sind, haben neben den zahlreichen Strafpilgern und den bettelnden Pilgern oder pilgernden Bettlern auch die Santiago-Wallfahrt in zweifelhaften Ruf gebracht. Diese falschen Pilger machten doch die Landstraßen West- und Mitteleuropas unsicher und stellten die Städte, vor allem Compostela, vor wachsende Probleme. Es erscheint daher durchaus verständlich, daß der Pilgerweg nach Compostela durch die spanischen Könige auf eine 4 Meilen breite Zone entlang dem alten camino francés eingeengt worden ist, also einem Korridor gleich organisiert wurde. Wer außerhalb dieser Zone angetroffen wurde, ging der notwendigen wie schützenden Privilegien der Pilger verlustig [24]. Im Widerstreit zu den integrativen Aspekten der Pilgerfahrten stand zuweilen auch das Verhalten der Bewohner von Compostela selbst. Sie verspotteten teils die religiöse Gepflogenheit der Deutschen, die Silberkrone des hl. Jacobus im Sinne einer Berührungsreliquie sich auf das Haupt zu setzen [25].

Nach einer „Rotwelsch Grammatic“ aus der ersten Hälfte des 16. Jahrhunderts scheinen viele Bettler „muscheln und ander Zeichen“ an die Hüte gesteckt zu haben, um den Eindruck zu erwecken, sie seien an den Gnadenorten gewesen „wie wol sie doch nie dar kummen, und betriegen die leut damit“ [26]. Hiebei muß die Frage aufgeworfen werden, ob die Pilgerzeichen ihren Trägern nicht allein einen gewissen Schutz und Privilegien auf der Wallfahrt geboten haben, ob diese nicht nur wie Stellvertreter-Reliquien geachtet wurden und man sich ihrer auch für manche abergläubische und volksmedizinische Praktiken bediente, sondern daß diese Zeichen, vielleicht unbewußt, ebenso das Gefühl vermittelten, Mitglied der christlichen Gemeinschaft zu sein, geprägt von Not, Leiden und Hoffnung. Im 15. Jahrhundert begannen gesellschaftliche Zusammenschlüsse immer mehr an Bedeutung zu gewinnen und man kann sich des Eindrucks nicht erwehren, „als sei die Organisierung der Gesellschaft zu Gemeinschaften ... nicht an Phasen des Entwicklungsstillstandes und des Friedens gebunden, sondern an Zeiten des Wandels und der Krisen“ [27].

[24] *Schmugge*, Ludwig: „Pilgerfahrt macht frei“ – Eine These zur Bedeutung des mittelalterlichen Pilgerwesens. In: Römische Quartalschrift für christliche Altertumskunde und für Kirchengeschichte 74 (1979) 28.

[25] *Groote*, E. van: Die Pilgerfahrt des Ritters Arnold von Harff. Cöln 1860. 233.

[26] *Mieck, Ilja:* Zur Wallfahrt nach Santiago de Compostela zwischen 1400 und 1650. Resonanz, Strukturwandel und Krise. In: Spanische Forschungen der Görres-Gesellschaft 29/1 (1978) 507, 509, 516.

[27] *Muchembled*, Robert: Kultur des Volks – Kultur der Eliten. Stuttgart ^{2}1984, 114.

[28] *Schmugge*, Ludwig: Unterwegssein im Spätmittelalter – Die Pilger. Migrationstagung vom 3. bis 5. Oktober 1985 in Salzburg (im Druck). – *Zrenner*, Claudia: Die

Die über Fernwallfahrten, beispielsweise nach Jerusalem, verfaßten Berichte massieren sich in der Zeit zwischen 1450 und 1500. Gleichsam am Höhepunkt der Krise sind hier allein 240 Reiseberichte von insgesamt 571 solcher von 1300 bis 1550 überlieferten Quellen zu verzeichnen [28]. Immer wieder finden sich darin Reflexionen und Handlungen dargestellt, die ein christliches Wir-Gefühl in verschiedenen Ausformungen erkennen lassen. Felix Fabri weiß um die Andersartigkeit der Mohammedaner, wenn er schreibt: „Die Orientalen sind Menschen anderer Art als wir, sie haben andere Neigungen, eine andere Denkungsweise, andere Begriffe, sie sind ... von einem anderen Klima beeinflußt". Demgegenüber war er von der „furchterregenden Größe und der tiefmenschlichen Innigkeit des christlichen Glaubens" überzeugt. Im Tal Josaphat ermutigte Fabri und die übrigen Pilger einen sarazenischen Pförtner, der bereit war, sie kostenlos die unterirdische Mariengrabkirche besuchen zu lassen, durch ein Trinkgeld, „weiterhin christliche Pilger einzulassen" [29]. Diese Identität kommt auch beim Franziskanerbruder Koster Bernd 1463 zum Durchbruch, wenn er die Mohammedaner als ein „wunderliches Volk" hinstellt, die teilweise etwas von den Juden, teilweise etwas von uns haben [30]. Der Mailänder Santo Brasca, der im gehobenen Dienst der Herzöge von Mailand stand, schildert die Empfindungen der termingehetzten, hitzegepeinigten und von Moslems schikanierten Pilger bei der Rückkehr auf die Galeere und beim Empfang unter Christenmenschen mit den Worten: „... als wollten sie Seelen aus der Hand von Teufeln holen, was ja auch durchaus stimmte ...". Die Erregung und Betroffenheit über die 1480 durch drei Monate belagerte und stark beschädigte Stadt Rhodos reißt ihn zu wenig schmeichelhaften Äußerungen über die Türken hin. „Bewegend schöne Worte spontaner Zuneigung und Ergriffenheit über die Begegnung mit den tapferen Einwohnern der geschundenen Stadt" hingegen bekunden einmal mehr das Gefühl christlicher Identität und eines starken Zusammengehörigkeitsgefühls [31]. Während aus dem illustrierten Reisebericht des Ritters Konrad von Grünenberg aus dem Jahre 1486 bei Beschreibung der Mohammedaner und der nichtkatholischen Christen Vorurteilslosigkeit und Toleranz spricht, diente der Reisebericht des Bernhard von Breitenbach 1483 als Kampfschrift gegen die Heiden und Sektierer, wobei er den Propheten Mohammed als „eyn erst geborner sun sathane" abstempelt und die Glaubensregeln und Bräuche der katholischen Kirche als absoluten Maßstab hinstellt. Ähnlich

Berichte der europäischen Jerusalempilger (1475–1500). Ein literarischer Vergleich im historischen Kontext. Frankfurt/Main–Basel 1981, 147.

29 *Prescott*, H. F. M.: Felix Fabris Reise nach Jerusalem. Freiburg 1960, 208, 191, 143.

30 *Lahrkamp*, Helmut: Mittelalterliche Jerusalemfahrten und Orientreisen westfälischer Pilger und Kreuzritter. In: Westfälische Zeitschrift 106 (1956) 332.

31 *Esch*, Arnold: Gemeinsames Erlebnis – Individueller Bericht. Vier Parallelberichte aus einer Reisegruppe von Jerusalempilgern 1480. In: Zeitschrift für historische Forschung 11 (1984) 409 ff.

negativ urteilte das Mitglied des Franziskanerordens, Paul Walther 1481, der alle heidnischen Völker und nichtorthodoxen Christen verurteilt [32].

Die Pilgerfahrten ließen oftmals die nationalen Gegensätze nachdrücklich zutage treten, die einem Integrationsprozeß zuwider liefen. Felix Fabri berichtet bei seiner ersten Jerusalemreise vom Haß der Deutschen gegen die Italiener, der „in der Natur verwurzelt" sei. Nicht minder stark ist seine Abneigung gegen die streitsüchtigen und heißblütigen Franzosen an Bord des Schiffes [33]. Demgegenüber kommen landsmannschaftliche Bindung in vielen Berichten über die Pilgerfahrten zum Ausdruck. Der Mailänder Brasca registriert freudig jede Begegnung mit Lombarden, und der Franzose Barbatre bringt gerne Nachrichten von seinen Landsleuten [34]. Das eben scheint typisch zu sein, nationale, ja regionale Identitäten liegen im Widerstreit mit solcher christlicher Universalität, teils ergänzend, teils auch rivalisierend. Bei diesen widerstrebenden Tendenzen fehlt es auch nicht an kritischen Äußerungen gegenüber Pilgerfahrten an sich. Bereits der Minorit Berthold von Regensburg (* 1272) sprach sich z. B. aus moralischen Überlegungen gegen Frauen als Teilnehmer von Pilgerreisen aus, weil sie mehr Sünden als Ablaß und Buße nach Hause brächten. Der Verfasser der „Imitatio Christi" hatte schon allgemein festgestellt „... qui multum peregrinantur, raro sanctificantur". Im 15. Jahrhundert war es Nikolaus von Cues, der energisch, aber erfolglos gegen die Verehrung der falschen Wilsnacker Wunderhostien einschritt, weil sie in großem Umfang zu abergläubischen Praktiken Verwendung fanden. Zuvor hatte schon Erzbischof Zbynek von Prag durch eine Kommission das Wunderblut von Wilsnack untersuchen und für Betrug erklären lassen [35].

Das christliche Wir-Gefühl trat in Augenblicken der Gefahr, bei der gemeinschaftlich empfundenen Bedrohung etwa durch die Türken besonders nachhaltig zutage. Als 130 Pilger – darunter Niederländer, Franzosen und Spanier – ferner Otto Heinrich, Pfalzgraf bei Rhein 1521 auf der Rückreise aus dem Heiligen Land bei Rhodos von türkischen Schiffen angegriffen zu werden drohten, schickte der Großmeister des Ritterordens ein Schiff, um den Pfalzgrafen nach Rhodos oder auf ein größeres Schiff bringen zu lassen. Otto Heinrich lehnte dankend ab, „dieweil Ich in diesser Bilgere Nave bey anderen Bilgeren begriffen war, so wolt Ich auch do in beleiben unndt sich aldo ob gott will finden lassen ..." [36]. Der heftige Kampf, der um das Pilgerschiff bei Modon 1497

[32] *Zrenner* 1981, 86, 52, 61 f.; 39, 68. Bernhard von Breydenbach, Die Reise ins Heilige Land. Ein Reisebericht aus dem Jahre 1483. Übertragung und Nachwort von *Geck*, Elisabeth. 1961, 24.
[33] *Prescott* 1960, 88, 101.
[34] *Esch* 1984, 411.
[35] *Kühnel* 1986, 96, 99.
[36] *Röhricht,* Reinhold/*Meisner,* Heinrich: Deutsche Pilgerreisen nach dem Heiligen Land. Berlin 1880, 389.

entbrannt war und bei dem sich Herzog Bogislaus X. vom Pommern mit einem Bratspieß verteidigen mußte, fand in Italien und Deutschland große Beachtung. Ludwig Tschudi aus Glarus hat noch 1519 auf seiner Pilgerfahrt von diesem mörderischen Kampf erzählen gehört [37].

In der zweiten Hälfte des 15. Jahrhunderts sind deutlich vermehrt Pilger nicht nur aus religiösen, sondern ebensosehr aus gesellschaftlichem Prestigedenken an die Gnadenstätten gezog. Vor allem die Ritterbürtigen weltlichen Standes unternahmen eine „Reise nach der Ritterschaft", um die Würde eines Ritters vom Heiligen Grab zu erlangen. Der Ritterschlag bedeutete bis zur Mitte des 15. Jahrhunderts die Aufnahme in den Ritterstand unter Verleihung aller Standesrechte, gleichzeitig aber auch die Aufnahme in die militia Christi, d. h. der Ritter wurde verpflichtet, für den christlichen Glauben das Leben einzusetzen und die Heilige Kirche mit ihren Dienern, gleichsam als Ersatz für die Kreuzzüge, vor allen Gefahren zu schützen [38]. Ein solcher Titel konnte dem Träger für gehobene Dienste in der Finanz- und Heeresverwaltung oder in einer diplomatischen Funktion zum Vorteil gereichen. Nach 1500 erfolgte eine Öffnung dieses Ordens. Es kam zur Zulassung auch von Bürgerlichen aufgrund besonderer Verdienste und moralischer Qualitäten. In der Zeit der Umstrukturierung versuchten sich neue gesellschaftliche Gruppen für Herrschaftsdienste zu qualifizieren und hiezu gehörte auch der Ehrentitel eines Ritters vom hl. Grab. Als Paradigma sei auf die „Reise nach der Ritterschaft" des Jörg von Ehingen 1454 verwiesen [39]. Das mit einer solchen Reise verbundene Sozialprestige wird am Beispiel der beiden bernischen Gegenspieler Adrian von Bubenberg und Niklaus von Diesbach deutlich. Adrian von Bubenberg stammte aus einem alten Adelsgeschlecht Berns und wurde vor seiner Reise 1466 in allen Dokumenten „Junker Adrian" genannt, nach seiner Rückkehr jedoch als „Ritter" betitelt. Sein Gegenspieler Diesbach war bürgerlicher Herkunft, ein erfolgreicher Kaufmann, der seine Pilgerschaft dazu benützte, um die Ritterschaft zu erwerben, und zwar vom Sinaï. Damit stand ihm das Recht zu, im Wappen ein ganzes Rad zu führen, während jene Pilger, die auf Zypern bei Famagusta die Kirche der hl. Katharina besuchten, ein halbes Rad in ihr Wappen aufnehmen durften. Diesbach erwähnt auf seinem Grabstein im Berner Münster mit Stolz diese seine Ritterschaft [40].

[37] *Röhricht,* Reinhold: Deutsche Pilgerreisen nach dem Heiligen Lande. Innsbruck 1900. ND München 1967. 192 f. – Luzerner und Innerschweizer Pilgerreisen zum Heiligen Grab in Jerusalem vom 15. bis 17. Jahrhundert. Hg. v. Josef Schmid, 1957: Reisebericht des Hans Schurpff, Bürger von Luzern. S. 8 ff.

[38] *Zrenner* 1981, 131 ff. – *Lahrkamp* 1956, 335.

[39] *Welten,* Peter: Reisen nach der Ritterschaft. Jerusalempilger in der 2. Hälfte des 15. Jahrhunderts. In: Zeitschrift des deutschen Palästinavereins 93 (1977) 287 ff.

[40] Peter Füesslis Jerusalemfahrt 1523 und Brief über den Fall von Rhodos 1522. Hg. v. *Offer,* Leza M. Zürich 1982, 108, Anm. 2. *Welten* 1977, 292.

Weit mehr als die Reisen nach der Ritterschaft haben Empfänge, Feste und sogar Schauspiele als Teil der Reisekultur zumeist fürstlicher Pilger zu einer christlichen Identität geführt. Es handelt sich dabei um inszenierte Repräsentationspolitik größeren Stils, wobei die jeweilige Veranstaltung zum Vermittler der Ideologie des respublica christiana, zum Symbol der Einmütigkeit geriet[41]. So zogen bei der Rückkehr des Leo von Rozmital von seiner Pilger- und Ritterreise (1465–1467) ihm bis weit außerhalb von Prag in Prozessionen die Studenten, die Priesterschaft mit den Heiltümern, ferner Edelleute, hundert Trompeter und „auch vil gemeins volk“ [42] entgegen. Der 1468 aus Jerusalem heimkehrende Graf Eberhard von Württemberg erfuhr in Urach spontan von seinen Untertanen Ehrenbezeugungen und empfing als Zeichen der Identifizierung wertvollste Geschenke (mehrere Hengste, einen Sattel mit vergoldeten Spangen, Silberbecher, Scheuer, Schalen etc.)[43]. Grundsätzlich könnte man von punktuellen, singulären Integrationsversuchen sprechen, deren Nachwirkung vom Glanz einer solchen Veranstaltung und deren mündlichen Tradieren abhängig gewesen sein wird. Als Hans Tucher und Sebolt Rieter 1479 von ihrer Wallfahrt nach Jerusalem – wo sie von Herzog Balthasar von Mecklenburg zum Ritter des hl. Grabes geschlagen worden waren – zurückkehrten, wurde ihnen in Nürnberg ein großer Empfang zuteil, an dem sich Bürgermeister, Rat, Geistlichkeit und Volk beteiligten, also unter Partizipation aller sozialen Schichten. In der Tucher'schen Fortsetzung der Jahrbücher heißt es: „... und luffen vil hier auß entgegen pis an den walt zu fuß und lof das volck zu, als ob ein fürst ein rit, vom tor pis über den Markt herauf, das iederman sie sehen wolt von sölicher rais wider zu komen, das seltzam hie was“ [44]. Bernhard von Breitenbach weiß zu berichten, daß bei der Rückkehr nach Venedig alle Glocken läuteten und die Venetianer in Barken entgegenfuhren[45], um die Pilger willkommen zu heißen. Die Pilger- und Ritterreise des Landgrafen Wilhelm d. Ä. von Hessen 1491, aufgezeichnet von Dietrich von Schachten, führte auf dem Rückweg über Rom, Venedig und Innsbruck. Papst Innozenz VIII. schenkte dem Landgrafen ein kostbares Schwert, um „darmitt zu beschiermen die heilige Christliche Kierche undt arme leutte mit der gerechtigkeitt“. Diese Auszeichnung löste bei den Gesandten von Frankreich und Schottland großen Verdruß aus – nationale Eifersüchteleien – um so mehr, als Wilhelm d. Ä. auf seinem Ritt zur Herberge von fünf Bischöfen, dem Markgrafen von Baden und „gross volck von Bielgernn“

41 *Dülmen*, Richard van/*Schindler*, Norbert (Hg.), Volkskultur. Zur Wiederentdekkung des vergessenen Alltags. Frankfurt/Main 1984, 170 f.

42 Bibliothek des Literarischen Vereins Bd. 7. Leipzig 1844, XI, 195.

43 *Röhricht/Meisner* 1880, 486 – *Röhricht* 1900, 138 f.

44 Die Chroniken der deutschen Städte Bd. 11 = Nürnberg Bd. 5, ²1961, 472 f. – *Kamann*, J.: Pilgerfahrten Nürnberger Bürger nach Jerusalem. In: Mitteilungen des Vereins für Geschichte der Stadt Nürnberg 2 (1880) 110 f.

45 *Gieck* 1961, 41.

begleitet wurde. In Venedig, wo sich der Landgraf vier Wochen aufhielt, sprach der Doge eine Einladung in den Palast aus und ließ grünen Ingwer, Zucker u. a. als kostbare Geschenke überreichen; gleichzeitig nahm der Gast an einer Ratssitzung teil. Eine weitere Ehrung erfuhr Wilhelm in der Nähe von Innsbruck, waren ihm doch Herzog Hans von Sachsen, Herzog Erich von Braunschweig und sein Bruder Landgraf Wilhelm d. J. von Hessen, die sich allesamt in Innsbruck zu einem Turnier-Stechen aufhielten, entgegen geritten, um ihn feierlich einzuholen. Maximilian I. lud ihn zu sich und hatte mit dem Gast „viel gutter Kurtzweile" [46].

Gleichsam als Prototyp der Manifestation von Einigkeit und Identität darf die Vielzahl der Festakte apostrophiert werden, die nach der Rückkehr des Herzogs Bogislaus X. von Pommern 1497 abgehalten wurden. Der im Kampf mit den Türken siegreiche Herzog wurde zunächst in Venedig mit großen Ehren empfangen und die Seeschlacht in einem Schauspiel nachvollzogen. Solche Szenen sind als spektakulär-publizistische Vorgangsweisen, als vermutlich in Auftrag gegebene Demonstration christlicher Einheit zu denken, um ein christliches Wir-Gefühl auszulösen. Gleichzeitig werden Empfang und Schauspiel als ein politisches Instrumentarium eingesetzt: die Türken hatten den Frieden gebrochen und handfeste wirtschaftliche Interessen standen auf dem Spiel, weil die Venetianer erhebliche Gewinne aus den Pilgerfahrten zogen. Spontaneität dürfte danach die Szenarien am allerwenigsten veranlaßt haben. Wenig später wurde Herzog Bogislaus von Papst Alexander VI. empfangen, der ihn mit der Verleihung eines Herzogshutes und einem goldenen Schwert ehrte. Bei der Heimreise über Siena nach Florenz zogen ihm die deutschten Studenten in Bologna entgegen, nicht minder feierlich war der Empfang in Stettin. Maximilian I. ließ Bogislaus ein golddurchwirktes Gewand übersenden [47]. Bogislaus, allseits als Symbol eines christlichen Selbstbewußtseins gefeiert, gab sodann den Auftrag zu einem Tafelbild, auf dem dieser Kampf mit den Türken dargestellt war. Damit wurde sowohl sein Ansehen gehoben als auch die Person des Stifters als Sinnbild abendländischen Christentums verewigt. Die spätmittelalterliche Kunst, vor allem die Tafelmalerei hatte ohnedies die Funktion eines Informationsträgers [48] und solcherart ging selbst von einem Einzelkunstwerk eine gewisse integrative Wirkung aus, sollte sich doch der mittelalterliche Betrachter meditativ in das Bildthema versenken [49]. Neben der bildlichen Darstellung auf Tafelbildern als optisch-publizistisches Mittel, wurde auch mit Zeichen, Sprache und Schrift eine Wirkung in der Öffentlichkeit erzielt. Arnold Rabbow hat auf

[46] *Röhricht/Meisner* 1880, 233, 239, 242 f. / Röhricht 1900, 170 f.

[47] *Röhricht* 1900, 191 ff.

[48] *Vavra:* Elisabeth: Kunst und ihre Auftraggeber. In: Kühnel 1986, 301 ff.

[49] Diess.: Kunstwerke als Quellenmaterial der Sachkulturforschung. In: Europäische Sachkultur des Mittelalters. Wien 1980, 202 f.

die „Heraldik als publizistische Erscheinung“ aufmerksam gemacht; Wappen manifestieren zuweilen Programme wie die Aufnahme des fünffachen Jerusalemkreuzes in die Wappen französischer und belgischer adeliger Pilger. Graf Eberhard von Württemberg hat 1468 nach vollbrachter Reise ins Heilige Land zwei Zedern in sein Wappen aufgenommen [50]. Der Nürnberger Sebald Rieter erwähnt den Brauch, daß im Chor der Kathedrale von Santiago de Compostela die auf Pergament gemalten Wappen aufgehängt wurden „als die erbarn pilgram pflegen zu thon“ [51]. Dies war nicht allein ein Anliegen des Prestiges, sondern auch ein Signal an die übrigen, nachkommenden Pilger, Teil einer großen christlichen Gemeinschaft zu sein. Durch ihre Anbringung in exponierter Lage waren sie fakultativ für jedermann sichtbar und können „als symbol-publizistische Mittel gelten“ [52]. Eine ähnliche Funktion erfüllten Embleme und Inschriften auf Grabsteinen, wenngleich die Breitenwirkung hier wesentlich geringer war. Der Westfale Balthasar von Spiegel ließ auf seinem Grabstein († 1440) in Hardehausen vermerken, daß er an einer Pilgerfahrt ins Heilige Land beteiligt gewesen ist [53]. Die Grabinschrift des Herzogs Ulrich II. von Mecklenburg-Stargard spricht gleichfalls von einer Pilgerfahrt zum Heiligen Grab in Jerusalem [54]. Ritter Arnold von Harff hingegen ließ auf seinem Grabstein zu Lövenich stolz die Embleme aller drei von ihm besuchten Pilgerorte meißeln [55]. Peter Faßbender von Molsberg, Bürger zu Koblenz hat in den von ihm nach seiner Pilgerfahrt 1492/93 ausgestellten Urkunden die Bezeichnung „pylgryn des heilgen grabs zu Jerusalem“ geführt [56].

Das Wort als publizistisches Mittel tritt immer wieder in den Vordergrund. Der Verfasser des dichterisch ausgeschmückten Pilgerberichts des Philipp Graf zu Katzenellenbogen (1433) dachte an ein Vorlesen in Bad Ems [57] und Felix Fabri hat sein „Evagatorium“ für den mündlichen Vortrag verfaßt, wobei Hausfrauen, Kinder, Diener, Knechte und Mägde als Zielgruppe angesprochen werden sollten [58]. Bei einem festlichen Empfang, den Herzog Heinrich von

50 *Röhricht* 1900, 36 Anm. 2, 137.

51 *Häbler,* Konrad: Das Wallfahrtsbuch des Hermannus Künig von Vach. 1899, 43, 49, 73. – *Welten* 1977, 291 – *Mieck* 1978, 50.

52 *Benzinger,* Josef: Zum Wesen und zu den Formen von Kommunikation und Publizistik im Mittelalter. In: Publizistik 15 (1970) 308.

53 *Lahrkamp* 1956, 331.

54 *Röhricht/Meisner* 1880, 487 f.

55 *Schmugge* 1979, 27. Katalog Wallfahrten am Niederrhein, Nr. 177.

56 *Laufner,* Richard: Ein Mensch in seiner Gegenwart. Der Wallfahrtsbericht Peter Faßbenders von Molsberg, Bürger zu Koblenz, Zum hl. Grab in Jerusalem 1492/93. In: Festschrift für Hermann Heimpel, Bd. 2. Göttingen 1972, 251.

57 Das Heilige Land in Augenzeugenberichten. Hg. v. *Gradenwitz,* Peter. München 1984, 14.

58 *Zrenner* 1981, 48 f.

Sachsen gab, begann er in Erinnerungen an seine 1498 vollbrachte Pilgerreise zu schwelgen und von Jerusalem zu erzählen [59].

Sinnbild christlicher Identität war im starken Maße die bildende Kunst, und im besonderen die Architektur. So nimmt es nicht wunder, daß der Nürnberger Georg Tetzel 1459 auf der Insel Schütt eine dem hl. Grab in Jerusalem nachgebildete Kapelle errichten ließ [60]. Eine solche Kopie hat die zu rezipierende Form nie total erfaßt, sondern nur die wichtigsten, auf den Inhalt hinweisenden Züge, soweit dies für Assoziationen zur Bedeutung des Originals notwendig war [61]. Der Bürgermeister von Görlitz, Georg Emmerich, nahm auf seine Pilgerreise 1465 einen Architekten mit, um die Maße und das Aussehen der Kapelle des Heiligen Grabes in Jerusalem festzuhalten; nach der Rückkehr ließ er die Kapelle nachbauen [62]. Auch in Weilburg (Reg.-Bez. Wiesbaden) wurde 1505 eine Heiliggrabkapelle nachgeahmt [63], womit in jedem Fall eine publizistische Wirkung gegeben war. Graf Johann V. von Nassau-Dillenberg, der 1484/85 eine Pilgerfahrt nach dem hl. Land unternommen hatte, ließ nach seiner glücklichen Rückkehr in der Stadt Siegen das Barfüßerkloster erbauen, offenbar als Einlösung eines den Ordensbrüdern in Palästina gegebenen Versprechens [64].

Wesentlich für das Verständnis des Systems der Pilger-Information war die mündliche Mitteilung. Die Reiseberichte und -führer für Pilger spielten bis zum Ende des 15. Jahrhunderts als Druckwerke eher eine geringe Rolle [65]. Immerhin, auch sie waren vielfach zum Vorlesen konzipiert worden. Eine analoge Wirkung ging von den Predigten aus wie etwa bei den Pilgerpredigten des Johannes Geiler von Kaisersberg in Augsburg. In 25 Punkten hat der angesehene und mit derb-drastischen Mitteln agierende Prediger einen hohen Erwartungshorizont aufgebaut, um auf die Bewältigung der weiten Strecken und die damit verbundenen Strapazen psychisch vorzubereiten. Demgemäß emotionell waren die Gemütsbewegungen beim Anblick der Stadt Jerusalem oder der Heiligtümer in Aachen: Weinen, Stöhnen, Wehklagen wie Felix Fabri berichtet [66], der Kniefall und das Singen „Te deum laudamus“ [67], während Philipp von Vig-

59 *Gradenwitz* 1984, 250 f.

60 *Kamann* 1880, 82, 83 f.

61 *Bandmann*, Günter: Mittelalterliche Architektur als Bedeutungsträger. [5]1978, 48 f.

62 *Röhricht/Meisner* 1880, 485.

63 *Bandmann* 1978, 48 f.

64 *Becker*, Emil: Die Pilgerfahrt des Grafen Johann V. von Nassau-Dillenburg nach dem heiligen Lande 1484/85. In: Hessisches Jahrbuch für Landesgeschichte 2 (1952) 76 f.

65 *Mieck* 1978, 511 – *Harbsmeier,* M., Reisebeschreibungen als mentalitätsgeschichtliche Quellen. In: Reiseberichte als Quelle europäischer Kulturgeschichte. Wolfenbütteler Forschungen 21 (1982) 10. – *Heimann*, Heinz-Dieter: Küche, Kinder, Kirche in der Überwindung der Krise des Spätmittelalters. In: Haus und Familie in der spätmittelalterlichen Stadt. Hg. v. A. Haverkamp. Köln–Wien 1984, 338–358, hier 341.

66 *Prescott 1960, 127 f. Zrenner* 1981, 45, 49 f. *Prescott* 1960, 127.

67 *Röhricht/Meisner* 1880, 256.

neulles 1510 seinen ihn tief berührenden Eindruck in Aachen mit den Worten wiedergibt: „... und es ist niemand da, dem nicht die Haare zu Berge stehen und Tränen in die Augen treten“ [68]. Es fehlte aber auch nicht an Skepsis, wenn manche Pilger nur ein spöttisches Lächeln an den Tag legten und Ritter Jorg von Ehingen über Santiago einzig vermerkt, daß er dort Pferde verkauft habe [69].

Die Grundfigur der spätmittelalterlichen Lebensform, das Gespräch, hat bei der Heilssuche auf Pilgerfahrten nicht unwesentlich zur Krisenbewältigung beigetragen. Das Reisetagebuch des Sebald Örtel von 1521/22 legt hiefür beredtes Zeugnis ab. Als Sebald nach einer Santiagofahrt am 17. Jänner 1522 in Lyon mit seinem Bruder Florentius und Max von Nürnberg an der Tür zur Herberge zusammentrafen, begehrten sie „als (alles) zu wissen“ [70].

[68] *Teichmann,* E.: Zur Heiligtumsfahrt des Philipp von Vigneulles. In: Zeitschrift des Aachener Geschichtsverein 22 (1900), 128.
[69] *Welten* 1977, 291.
[70] *Hampe,* Theodor: Deutsche Pilgerfahrten nach Santiago de Compostella und das Reisetagebuch des Sebald Örtel (1521–22). In: Mitteilungen aus dem Germanischen Nationalmuseum 1896, 78.

Dieter Harmening

„aufsecz“ und „zuosatz“: Der Fall der Hexen

Ulrich von Pottenstein, Pfarrer dort und Domkapitular von St. Stephan in Wien, erklärte um 1400 den „frumen und verstanden layen“ die Zehn Gebote [1]. Unter dem ersten Gebot – „Du wirdest nicht anpiten fromde gotter“ [2] – behandelt er verschiedene Formen der Superstition und erläutert das Urteil der theologischen Lehrer dazu und die Rechtssätze der Kanonisten. Er führt Beispiele an. Aber die meisten stammen aus der gelehrten Literatur, die, fast von den Anfängen des Christentums in Europa an, überall konsultiert wird, wo es darum geht, ‚Aberglauben‘ und Heidentum, auch direkt vor der Tür, zu rügen: „quae . . . sanctorum patrum cohibent instituta“ [3].

Daß sich aber der je zeitgenössische ‚Aberglaube‘, mit dem man es zu tun haben will, von dem unterscheidet, was die Bibel und die Väter als Heidentum und Superstition kanonisiert haben, scheint erst in spätmittelalterlicher Zeit bemerkt zu werden. Und so führt Ulrich von Pottenstein einen Fall aus eigener Erfahrung an:

> „Da must du noch aines horen von ainer czauberinn die was czu meinen czeiten *aus* [= dacz] Newnkirchen, pey der Newnstat. Da was ain gelewffe czu als czu ainem hailtum vnd gelawbten mechtig lewt an si, die nicht wol czu nennen sint. Zu der cham ainer meiner pharrmanne. Dem was merkleiche flust geschehen. Er gab ir sein hab. Si versprach im sein hab wider zu pringen vnd gab im ainen brief. Nach dem scholde er sich richten. [. . .] Da er haym chom, da liezz er im den brief lesen, da ward in sein gewissen leren, wie daz ain gespötte wer, vnd wolde dem brieff nicht nach chomen. Der chom an mich vnd lawtet also: Tür ich wende dich, deup ich pinde dich mit dem wort, daz got selber gesprochen hat, daz alle tür sein verslossen vnd verspart alle törr; daz die sein verslossen vnd verslagen sam da got verslagen wart, da er an daz heilig chrewcze trat. Des helfen mir die heiligen funf wunden, daz du seist, deup, zugepunden. Des helffe mir

[1] *Baptist-Hlawatsch*, Gabriele: Das katechetische Werk Ulrichs von Pottenstein. Sprachliche und rezeptionsgeschichtliche Untersuchungen (Texte und Textgeschichte. Würzburger Forschungen 4). Tübingen 1980.

[2] Kalocsa, Föszékesegyházi Könvytár (Kathedralbibliothek) Ms. 629 (Ms. 26), v. J. 1416 (= K 2), cap. xliij g; alle Zitate nach dieser Handschrift und dem das Gesamtwerk umfassenden Werkkapiteln Ulrichs.

[3] Konzil von Toledo. a. 681, c. 11, ed. Mansi 11, 1037 sq.

der hellig christ, der zu Bethlehem geporn ist. Vnd spriche danne fünf Pater noster. Dar nach spynne ain weib fünff väden. Der schol si nicht netzen. Vnd tu daz auf dem drischschufel [= Türschwelle], vber das der deup getreten ist vnd vnder der tür, dar durch der deup gegangen ist, vnd cher die fuezze in den gemach, aus dem er die deuff getragen hat. Vnd mache aus den fünf väden ain tacht vnd ain liecht. Vnd messe daz von dem ellpogen in die hant hincz an den vngenanten vinger vncz an daz voder gelid. Vnd mach dar aus fünf liecht vnd prenne alle tag aines vnd sprech von ersten ainen gelauben vnd dar nach Pater noster als vil si der gesprechen mag die weil das liecht prinnet. Vnd wenn aines verprinnet so spreche dar nach: Lieber sand Christoff nu gewer durch deiner heiligen hoffenung er, daz mir daz mensch geoffent werd, in aller der geper als es in mittem tag mit gurtel vmbuangen wer. Got gruezz dich tod! Ich pitt dich, daz du mir leichest deiner dekche, daz ich den deub seinen adem vnd sein czungen erstekche. Als wenig ich wais, ob du seist weib oder man, als wenig schol der deup meiner hab werden an. Des helffe mir der pan, den got vber di toten hat getan. Vnd spreche dann drey Pater noster vnd drew Aue maria vnd gebe die in ein. Vnd neme dar nach der erden vnder der tür, dar durich der deup ist augangen, vnd schute die in den türangel vnd cher die tür drey stund vmbe vnd sprech die ersten wort: Tür ich wende dich, deup ich pinde dich mit dem wort etc. Vnd wenn das geschehen ist, so mag der deup nichtes dauon pringen" [4].

Später führen solche Texte und ihr Gebrauch zum Hexenprozeß. Dann ist es aber ohnehin nicht mehr möglich, sich über Segensprechen, Zauber und Wahrsagen öffentlich zu unterhalten.

Ein anderer Text, aus dem 16. Jahrhundert über Verhältnisse im Kanton Luzern:

„Es sind jn vergangnen jaren noch by minen zytten diser landen vnd an der nachpurschafft allte wyber, ouch bisswylen manspersonen, deren ettliche jch bekennt vnd jren processen, vergichten vnd lybvrtheil bygewont, funden worden (glychwol Gott lob nit so gmein alls ettwan jn andern prouintzen), die sich nit allein der gmeinen zoubery sonder ouch noch vmb so vil wytter, die seelen der abgestorbnen vnd die geister zuo beschwören vnd andrer seltzamer künsten die wellt zu verblenden und sy vmb dz gellt zuo betriegen vndernommen; kontend ouch solche bossheit vnder einem schyn einer falschen frombkeit, andacht, demuott vnd gottsforcht, ouch vndermischung christlicher guotter vnd heiliger wercken vnd gottdiensts, die sy denjenigen, die sy berüefft oder angestellt, jn jren anligen jnen ze helffen für lütt vnd vych, geleert vnd bruchen heissen, alls messen läsen, allmuosen geben, fasten, betten, opfern, wallfarten, gwychte vnd gesegnete sachen, palmen, kertzen, saltz, wasser vnd derglychen jn massen, das sy von dem

[4] Cap. xliij x.

pöffel vnd den lychtglöubigen, fürnemlich aber von den wybspersonen, für die allerfrömbsten ja heiligen lütt gehallten wurden. Ja es hatt der tüffel ouch syn lust vnd kurzwyl so fyn angericht vnd ein söllche geheime guotte verstendtnuss mitt jnen, das wo man solchen lütten vebel redt, sy beschallt oder schmähet, er jnen ze lieb vnd ze rach oder straff denjenigen ein gebolster vnd rumpleten jn jren hüsern macht davon sy kein ruow hetten, oder sonsten jnen oder jrem vych andern schaden zuofüeget, oder jnen seltzame thier jn jre hüser vnd gehallt, da nie derglychen gesehn worden, oder ouch wider söllcher thieren natur vnd gattung jst, ze wonen, gegougklett, die sich gar zuo heimsch machen vnd nitt vertryben lassen wöllen, bis dz es der zouberperson gefellig gsin. Eine derglychen zouberin, hab jch Anno 1560 hie gesehen verbrennen [...]"[5].

Zwei Berichte über zauberische Personen, in Zügen vergleichbar, aber in den Folgen für die Betroffenen, sehr unterschieden: der einen bleibt offensichtlich ihr Zaubergeschäft erhalten, den anderen wird der Prozeß gemacht, der mit Hinrichtung und Verbrennung der „Hexe", wie jetzt solche Frauen häufiger genannt werden, enden kann.

Der Name „Hexe" wird erst verhältnismäßig spät gebräuchlich, in manchen Gegenden hat er sich überhaupt nicht durchgesetzt. Österreichische deutschsprachige Quellen reden in diesen Fällen etwa von „Unholdin" oder „Zauberer/„Zauberin"[6], preußische von „Weidlerin"[7]. Mit „hagazussa" („Zaunreiterin") verwandt, das schon im Althochdeutschen vorkommt, kann es seit dem 13. Jahrhundert häufiger im süddeutsch-alemannischen Raum belegt werden und scheint von hier aus in seiner neuer Bedeutung ausgegangen zu sein, die er in der jetzt beginnenden Zeit der „Hexen"verfolgung gewonnen hat. Ältere Bezeichnungen, ohne daß sie in späterer Literatur ganz verloren gehen mußten, sind: venenata, saga, herbaria, lamia, incantatrix, pythonissa, tempestaria, malefica etc. Claude Lecouteux hat sie und eine Vielzahl paralleler volkssprachlicher Bezeichnungen gerade hinsichtlich des inquisitorischen Hexenbegriffs untersucht[8].

[5] Renward Cysat, Collectanea chronica und denkwürdige Sachen pro chronica Lucernensi et Helvetiae. Bearb. v. Josef Schmid (Quellen und Forschungen zur Kulturgeschichte von Luzern und der Innenschweiz. 4) 1–2. Luzern 1969, 594. – *Zehnder*, Leo: Volkskundliches in der älteren schweizerischen Chronistik. Basel 1976, 520.

[6] *Dienst*, Heide: Magische Vorstellungen und Hexenverfolgungen in den österreichischen Ländern (15. bis 18. Jahrhundert). In: Erich Zöllner (Hg.): Wellen der Verfolgung in der österreichischen Geschichte (Schriften des Institutes für Österreichkunde 48). Wien 1986, 77.

[7] *Wunder*, Heide: Hexenprozesse im Herzogtum Preußen während des 16. Jahrhunderts. In: Christian Degn, Hartmut Lehmann, Dagmar Unverhau (Hgg.): Hexenprozesse. Deutsche und skandinavische Beiträge (Studien zur Volkskunde und Kulturgeschichte Schleswig-Holsteins 12). Neumünster 1983, 179.

[8] *Lecouteux*, Claude: Hagazussa – Striga – Hexe. The origins of these terms an con-

Allerdings, mit diesen Bezeichnungen ist noch die Vorstellung ganz spezifischer zauberischer Tätigkeiten verbunden: Wettermachen, Tierverwandlung, Kräutersammeln, Giftmischen, Bereiten von Zaubertränken, Vampirismus, Kanibalismus u. a. Zur Ausbildung des Sammelbegriffs „Hexerei" kommt es erst in spätmittelalterlicher Zeit. Dieser, näherhin christliche Hexenbegriff, unterscheidet sich von älteren Allerweltbegriffen von zauberischen Personen durch die Zusammenfassung der verschiedenen Zaubereimerkmale und anderer Superstitionen mit Lehren christlicher Dämonologie und Straftatbeständen der Ketzerinquisition in einen gemeinsamen Begriff der Hexerei [9].

Aufbauend auf spätantike und neuplatonische Dämonologie entwickelte Augustinus († 430) eine Lehre über die Wirksamkeit paganer und superstitioser Manipulationen durch Mitwirkung der Dämonen. Dieser Lehre zufolge bilden alle abergläubischen Mittel, Worte und Gebärden, ganz wie die Formen des heidnischen Kultes, ein der Sprache unter Menschen vergleichbares Zeichensystem zur Verständigung mit den Dämonen. Voraussetzung der Verständigung zwischen Mensch und Dämon ist nach Augustinus [10] ein ursprünglicher Vertrag über die Bedeutung abergläubischer Zeichen. Im 13. Jahrhundert wird dann die Lehre von der Möglichkeit solcher Verträge in den Sentenzenkommentaren behandelt [11] und insbesondere der Apostasie bewirkende Charakter des Dämonenpaktes hervorgehoben. Thomas von Aquin († 1274) greift die augustinische Paktlehre auf und macht sie zur systematischen Grundlage einer Aberglaubenstheorie [12]. Dabei erweitert Thomas die augustinische Lehre durch die Unterscheidung ausdrücklicher und stillschweigender Verträge mit den Dämonen, wodurch für jede abergläubische Handlung das Faktum eines Dämonenpaktes theoretisch begründet worden ist.

Praktische Bedeutung erlangte die augustinisch-thomasische Pakttheorie im Gefolge der Ketzerinquisition durch die dieser Theorie entsprechend konsequente Ausweitung des Häresiebegriffs auf den Bereich der Zauberei. Sie gründet in einer älteren Tradition und hat sich im Abendland in verschiedenen Schüben ausgebildet. Ich darf die Entwicklung kurz skizzieren. Sie folgt im wesentlichen der Darstellung Joseph Hansens [13]. In der Zeit von 400–1230 ist der

cepts. In: Etudes germaniques 38, 2 (1983) 161–178. – *Ders.*: Hagazussa – Striga – Hexe. In: Hessische Blätter für Volks- und Kulturforschung NF 18 (1985) 57–70.

[9] Nach meinem zusammenfassenden Artikel „Hexe" in: Meyers Enzyklopädisches Lexikon. Bd. 11. Mannheim, Wien, Zürich, 825 f.

[10] De doctrina christiana II; dazu *Harmening*, Dieter: Superstitio. Überlieferungs- und theoriegeschichtliche Untersuchungen zur kirchlich-theologischen Aberglaubensliteratur des Mittelalters. Berlin 1979, 303 ff.

[11] Albertus Magnus, Thomas von Aquin, Bonaventura zu Petrus Lombardus, 2 Sent. dist. 7.

[12] Summa theologiae, II. II. 92–96. – Harmening 1979, 308 ff.

[13] *Hansen,* Joseph: Zauberwahn, Inquisition und Hexenprozeß im Mittelalter und die Entstehung der großen Hexenverfolgung. München 1900. ND Aalen 1964. – *Ders.*:

Glaube an die Realität von Hexerei noch nicht allgemein. Der „Canon episcopi" (um 900) und Regino von Prüm († 915) bestreiten noch die Existenz von Hexen, Burchard von Worms († 1025) noch die Möglichkeit von Dämonenbuhlschaft, Hexenflug und Tierverwandlung. Gegen Zauberei wurde während dieser Zeit nur von seiten der römischen und karolingischen Kirchen, später auch von der kirchlichen Partikulargesetzgebung vorgegangen. Erst im 13. Jahrhundert setzt sich der Glaube an die Realität der Dämonenwelt infolge der Tätigkeit der päpstlichen Ketzergerichte allgemein durch. Zauberei wird jetzt dem Begriff der Ketzerei subsumiert und weltliche Bestrafung für sie verlangt. Der kirchlichen Forderung kommt als erstes weltliches Rechtsbuch der Sachsenspiegel (wohl 1221/24) nach. Die Zeit von 1230 bis 1430 ist bestimmt durch die wissenschaftliche Festlegung des Dämonen- und Zauberglaubens durch die Scholastik. Aus dem allgemeinen Begriff der Zauberei wurde unter Anwendung der augustinischen Pakttheorie und der Behauptung von Teufelsbuhlschaft ein besonderer Verbrechensbegriff, die Hexerei („maleficium") entwickelt. Da das Teufelsbündnis Abfall vom christlichen Glauben impliziert, wurde Hexerei zu einem häretischen Tatbestand, mit dem sich die Ketzerinquisition zu befassen hatte. Der vom Sachsenspiegel auf Zauberei erkannte Feuertod fand schließlich auch auf hexische Ketzerei Anwendung und setzte sich als Strafform in der späteren Gesetzgebung durch. In die Mitte des 15. Jahrhunderts fällt der eigentliche Beginn der großangelegten und systematischen Hexenverfolgung. Das Vorgehen gegen Hexen wurde durch die Bulle „Summis desiderantes affectibus" (1484) Innozenz' VIII. eingeleitet. Darin bestätigt der Papst den Dominikanern Heinrich Institoris und Jakob Sprenger ihre örtliche und sachliche Kompetenz zur Verfolgung von Hexen und Zauberern. Abschluß der Hexereitheorie bildet der von Institoris und Sprenger verfaßte Hexenhammer („Malleus maleficarum", 1486). Als kasuistischer Kommentar zur päpstlichen Hexenbulle faßt er die verschiedenen Stücke des Hexenglaubens und der Zaubereidelikte zusammen und gibt dem weltlichen Strafrichter, der später die Hexenprozesse führen sollte, das für die Gerichtspraxis maßgebliche Handbuch.

Soweit die Begriffs- und frühe Verfolgungsgeschichte. Sie vermag allerdings nicht zu erklären, worin das historische Bedürfnis bestand, längst verfügbare Elemente des Begriffs zu der theologischen Kunstfigur „Hexe" zusammenzufügen und inquisitionsrelevant zu machen. Was 1484 Innocenz VIII. in seiner Hexenbulle anführte, hätte längst so formuliert werden können: Denn die Zauberzwecke und Zauberformen des 15. Jahrhunderts unterscheiden sich nicht wesentlich von älteren Praktiken; jedenfalls nicht formal und die dämonologische Fundierung war schon von Augustinus geleistet.

Quellen und Untersuchungen zur Geschichte der Hexenverfolgung im Mittelalter. Bonn 1901. ND Hildesheim 1963.

Gunnar Heinsohn und Otto Steiger [14] haben jüngst die Öffentlichkeit mit einer Erklärung der Gründe zur Hexenverfolgung überrascht: In den „Hexen" seien in Wahrheit die „weisen Frauen" verfolgt, Heilkundige und Hebammen, die ihr ärztliches Überlieferungswissen zum Zwecke von Empfängnisverhütung, Abtreibung, Geburtenkontrolle praktiziert hätten. Das habe aber gegen die Interessen der Obrigkeit gestanden, die nach den Menschenverlusten infolge der Pest in der Mitte des 14. Jahrhunderts ganz auf vermehrte „Menschenproduktion" gesetzt habe. Die Vernichtung der Hebammen sei nur Konsequenz des Staates und die Absicht darauf verberge sich als „politische Rationalität hinter den Massakern" der Hexenverfolgung. Denn die „sei ausdrücklich in bevölkerungspolitischer Absicht zur Unterbindung der Geburtenkontrolle von Kirche und Staat ins Werk gesetzt". Literarische „Dokumente zur Anleitung der Verfolgung" seien der „Hexenhammer" der Dominikaner Heinrich Institoris und Jakob Sprenger sowie Jean Bodins „Daemonomania" [15].

Allein, die Lektüre der beiden Hexenbücher könnte schnell erweisen, daß innerhalb der Erörterung Aussagen über Hexen als Hebammen nur einen Teil des Gesamtbildes „Hexe" betreffen, wie sie das Spätmittelalter kennt. Die schlichte Formel: Hexerei = Geburtenkontrolle bzw. Hexenverfolgung = Hebammenausrottung dürfte es schwer haben, gegen die differenzierten Forschungsansätze und -ergebnisse zu bestehen, wie sie gerade die gegenwärtige Hexenforschung erarbeitet hat. Hartmut Lehmann [16] konnte allein sechs verschiedene methodische Zugänge zum historischen Problem sortieren. Neue sind hinzugekommen [17]: Hexenverdächtigungen und -prozesse werden erforscht in Verbindung mit Analysen dörflicher oder umgreifender sozialer Konflikte, im Zusammenhang mit zunehmender Verrechtlichung der sozialen Verhältnisse, als Mittel sozialer Disziplinierung, als Formen eines „Kulturimperialismus" auf dem flachen Land und

[14] *Heinsohn,* Gunnar/*Steiger,* Otto: Die Vernichtung der weisen Frauen. – Hexenverfolgung – Menschenproduktion – Kinderwelten – Bevölkerungswissenschaft. Herbstein 1985. – Cf. die kompetente Kritik von Gerd Schwerhoff: Geschichtsdidaktik 11 (1986) H. 1, 95–97.

[15] Johannis Bodinus, De Magorum Daemonomania [...]. Paris 1580; dt. Johann Fischart 1581.

[16] *Lehmann,* Hartmut: Hexenprozesse in Norddeutschland und Skandinavien im 16., 17. und 18. Jahrhundert. Bemerkungen zum Forschungsstand. In: Degn, 1983, 10 f.

[17] *Sönke,* Lorenz, Dieter R. *Bauer* (Hgg.): Hexenverfolgung. Neuere Forschungen zu südwestdeutschen Hexenprozessen. (Quellen und Forschungen zur Europäischen Ethnologie) Würzburg (im Druck). Wichtig für die Zeit um 1500 sind darin die Beiträge von *Lecouteux,* Claude: Hexe und Hexerei als Sammelbegriff. – *Midelfort,* H. C. Erik: Alte Fragen und neue Methoden in der Geschichte des Hexenwahns. – *Blauert,* Andreas: Frühe Hexenverfolgungen. Schweizerische Ketzer-, Zauber- und Hexenprozesse des 15. Jahrhunderts. – Weiterhin: *Behringer,* Wolfgang: Hexenverfolgung in Bayern. Volksmagie, Glaubenseifer und Staatsraison in der frühen Neuzeit. München (im Druck).

Kriminalisierung populärer Glaubenspraktiken, im Zusammenhang mit politischen Tendenzen des sich bildenden Territorialstaates, mit den konfessionellen Auseinandersetzungen, mit ökonomischen Katastrophen infolge von Schlechtwetter- oder konjunkturellen Niedergangsjahren.

Dennoch; insgesamt handelt es sich jeweils um funktionalistische Zugänge, die die Möglichkeit einer Instrumentalisierung des Hexenbegriffes voraussetzen. Tragen können sie erst, wenn erklärt ist, wie sich der breite soziale Konsens begründet, ohne dessen Stütze von ‚oben' bis ‚unten' Zauberei nicht so erfolgreich hätte kriminalisiert werden können.

Vielleicht können hier einige Beobachtungen zur religiösen Bildungsgeschichte des späten Mittelalters weiterhelfen.

Was Ulrich von Pottenstein eingangs von einer „czauberinn" berichtete, hat mit kontrazeptionellen und abortiven Manipulationen nichts zu tun, ist schlichter Diebszauber: Jemandem war etwas gestohlen worden und die Zauberin versprach es wiederzubeschaffen. Was da alles von solchen Frauen bearbeitet werden konnte, mag man den Zusammenstellungen bei Adolph Franz entnehmen [18]. Eigentlich betrieben die Zauberinnen, partiell, das gleiche Geschäft wie die kirchliche Liturgie. Die Themen sind die gleichen: Benediktionen oder Besegnungen gegen Fieber, Augenleiden, fallende Sucht u. a. Allerdings war das Angebot der „czauberinn" oder des „lâchenaere" reichhaltiger; zudem gab es das nicht umsonst: Segen und Mittel gegen Podagra, Gicht und Kopfschmerzen, Magen-, Darm- und Lungenbluten, Blutfluß, Blattern und Geschwüre, Schwindsucht, Nasenbluten, Frauenleiden: „Der got, der wein, vnd wazzer beschůff der gesegen dich wunde vnd hail dich von grunde, vncz oben aus [...]" [19].

Im Grunde unterhielten sie einen Konkurrenzbetrieb zur römischen Liturgie. Daß zu den berühmtesten unter ihnen „ain gelewffe" ging wie „czu ainem hailtum", konnte zu seiner Zeit wohl nicht mehr nur einen Wiener Domkapitular empören. Zieht man ältere normative Kirchenliteratur zum Thema heran, so bemerkt man jetzt aber auch einen neuen Ton. Wo früher Superstitionen und pagane Überlieferungen liturgisch zu integrieren gesucht worden sind, wird jetzt vom wahren Gehalt das Paraliturgische ausgesondert.

Der neue Ton, die pastorale Sorge, wird vor den älteren Zeugnissen besonders deutlich. Unübertroffen die Eleganz, mit der Gregor d. Gr. seinen Vorschlag formulierte, einen Tempel in eine Kirche zu verwandeln: „[...] sed ipsa, quae in eis sunt, idola destruantur. Aqua benedicta fiat, in eisdem fanis aspergatur, altaria construantur, reliquiae ponantur" [20]. Die Kirche hat ein ganzes Arsenal von Superstitionssurrogaten angeboten, ist, was das wichtigste war, geistliche Heil- und Krankenanstalt geworden:

[18] Die kirchlichen Benediktionen im Mittelalter. Bd. 1–2. Freiburg i. Br. 1909.

[19] *Dürnwirth,* R.: Wundsegen aus St. Paul in Kärnten, um 1400. In: Zeitschrift für deutsches Altertum 30 (1886) 88.

[20] Epistola ad Mellitum Abbatem, ed. MG Ep. II 331.

„Praeterea quotiens aliqua infirmitas supervenerit, non quaeratur praecantatores, non divini, non sortilogi, no caragi, nec per fontes aut arbores vel bivios diabolica filacteria exerceantur; sed qui aegrotat, in sola Dei misericordia confidat et eucaristiam corporis ac sanguinis Christi cum fide et devotione accipiat oleumque benedictum fideliter ab ecclesia petat, unde corpus suum in nomine Christi ungeat, et secundum apostolum oratio fidei salvabit infirmum et allevabit eum Dominus; et non solum corporis, sed etiam animae sanitatem recipiet, conplebiturque in ille quod Dominus in euangelio promisit, dicens: Omnia enim quaecumque petieritis in oratione credentes accipietis."

So die „Musterpredigt" in der „Vita Eligii" [21].

Ganz anders Ulrich von Pottenstein, unmittelbar im Anschluß an die genannte Stelle. Er muß nicht mehr Liturgisches als Zauberersatz anbieten (Martin von Braga († 580) konnte so etwas noch „incantatio sancta" nennen [22]), sondern setzt sich mit dem „vnsynnigen synn" der „czaubernusse" auseinander, treibt Ideologiekritik: Denn „wer daz war, so wer die gancze kirch in irresal" [23].

„da pey mugen die frumen Christen merkchen vnd versten wie gar des tewfels mit haut vnd mit har sint, die solicher czawbernusse phlegen vnd die mit sampt, die an sie gelauben. Ist daz auch nicht ain vnsynniger synn, daß die posen weib gelauben, wenn si ainen toten ain ain ebenlenge prennen, so sey er ledig von aller pen, recht als ob si got noten wellen, parmherczichait ze tun. Und wer daz war, so wer die gancze kirch in irresal, die als lange vnd si stet vnd weret vmb die geleubigen toten pitet" [24].

Um die ‚theologische Stimmung' gegenüber der älteren Superstitionenkritik hervorzuheben, sei die Begrifflichkeit im Umkreis der Stelle angeführt: Es sind „pos weib" und „alte tewflin", die mit ihren „vngeordent peten" „pose wichtum", „gaukchley" und „lugen" betreiben; sie stecken in „vngelauben" und „irresal".

Und das ist keine Einzelstimme zu der Zeit und im 15. Jahrhundert. Gerade zum Thema Unglauben und Superstition äußern sich fast alle Zeugnisse einer, hier nun wahrhaft, „explodierenden" katechetischen Literaturproduktion [25]. Und

[21] Musterpredigt der „Vita Eligii", ed. MG Script. rer. Merow. IV 707.

[22] De correctione rusticorum, ed. C. W. Barlow, Martini episcopi Bracarensis opera omnia. New Haven 1950, c. 16.

[23] Cap. xliij s.

[24] Ebenda.

[25] *Harmening,* Dieter: Katechismusliteratur. Grundlagen religiöser Laienbildung im Spätmittelalter. In: Norbert Richard Wolf (Hg.): Wissensorganisierende und wissensvermittelnde Literatur im Mittelalter. Perspektiven ihrer Erforschung (Wissensliteratur im Mittelalter 1). Wiesbaden (im Druck). – *Ders.*: Spätmittelalterliche Aberglaubenskritik in Dekalog- und Beichtliteratur. In: Peter Dinzelbacher/Dieter R. Bauer (Hgg.): Volksreligion im hohen und späten Mittelalter (Quellen und Forschungen aus dem Gebiet der Geschichte, NF). Paderborn (im Druck).

dabei wird deutsch geschrieben, kein Latein mehr, und auch kein „aygen dewtsch", kein gelehrtes Latein auf deutsch, sondern, wie man es jeweils spricht und versteht, Umgangssprache: „nach des lanndes gewonhait" [26].

Jetzt werden katechetische Texte verfaßt, ausdrücklich „den aynveltigen layen zu underweysung" [27]. Und wie während der großen Seuche die Fakultäten zur medizinischen Information eines jeden beigetragen hätten, so scheint jetzt gleiches auf religiösem Gebiet notwendig: „Es dürfte wohl gut sein, daß ebenso, wie ehedem zu Pestzeiten die medizinische Fakultät ein Traktätlein (tractatulus) zur Belehrung der Einzelnen entworfen, von der theologischen Fakultät oder in ihrem Auftrag ein Werklein über die Hauptpunkte unserer Religion und besonders über die Gebote zum Unterricht der Einfältigen (simplices) verfertigt würde" [28].

Die Notwendigkeit breiter und intensiver Laienkatechese, Unterweisung der „tütschen oder der layen" [29] (!), die Vielfalt und der Umfang zugehöriger Literatur und Bildkunst als „litteratura illiterato" [30] und katechetische Dauerunterweisung, die formulierten Ansprüche religiöser Wissensvermittlung verweisen darauf, daß sich Christentum auf breiter Basis erst jetzt etabliert:

Grundlagenliteratur für die Predigtvorbereitung und den Beichtunterricht über das Vaterunser, Avemaria, Credo und die Zehn Gebote, Sündenkategorien und Sündenlisten mit uns längst wieder unbekannten Inhalten skizzieren ein nichtklerikales Christentum; Kommentare dazu erklären „fremde Sünden" im Befehlen, Raten, Erlauben, Loben, Beschützen, Teilnehmen, Verschweigen, Nicht-Widerstehen, Nicht-Offenbaren; „himmelschreiende Sünden" durch Vergießen unschuldigen Blutes, Bedrückung der Armen, der Witwen und Waisen, Vorenthalten des verdienten Lohnes, Wucher, Entehrung der Jungfrauen; Sünden gegen den Hl. Geist durch Leugnen der erkannten Wahrheit, Mißgönnen der Gnade Gottes, Sündigen auf Gottes Barmherzigkeit, Verstockung in der Sünde, Wohlgefallen an der Sünde, Verzweiflung etc. Dem werden gegenüber gestellt Gnaden, Tugenden, gute Werke, Seligkeiten, Barmherzigkeitswerke, Früchte des

[26] Cf. die Nachweise bei Baptist-Hlawatsch 1980, 9.

[27] SB München Cgm 458.

[28] Johannes Gerson, Epistola de reformatione theologiae, ed. P. Glorieux, J. G. Oevres complètes. Paris u. a. 1960, 28: „Item forte expediret sicut olim tempore quarumdam pestilentiarum facultas medicorum composuit tractatulum ad informandum singulos, ita fieret per facultatem vel de mandato ejus aliquis tractatulus super punctis principalibus nostrae religionis, et specialiter de praeceptis, ad instructionem simplicium, quibus nullus sermo aut raro fit, aut male fit." Übers. *Bahlmann*, Paul: Deutschlands katholische Katechismen bis zum Ende des 16. Jahrhunderts. Münster 1884, 5.

[29] „Spigel menschlicher behaltnüsse" (Speculum humanae salvationis), Zürich Ms. C. 38.

[30] *Harmening*, Dieter: Bildkatechese. In: Lexikon des Mittelalters. Bd. 2. München, Zürich 1983, 153.

Heiligen Geistes etc. Zusammengestellt und in wechselndem Verbund mit verwandten und erbaulichen Texten: Meßerklärungen, Sterbebüchlein, Gebeten, geistlichen Liedern, Sprichwörtern, Ermahnungen, Legenden und Exempeln und alles in ständig neuer Formierung, gelegentlich in Verbindung mit Kalendern für Aderlaßtermine und medizinischen Empfehlungen: alles wissenswert und wichtig und nicht von ‚oben' bloß weitergereicht und aufgedrängt, sondern von ‚unten' verlangt; aber auch ständig überprüft: im Beichtgespräch werden die persönlichen Umstände erfragt und berücksichtigt, die Beachtung sozialer Bedingtheiten des Bösen und der gesellschaftlichen Möglichkeiten zur Sünde eingeschärft, spezielle Fragen gefordert für Verehelichte und Richter, für Advokaten, Prokuratoren und Notare, Magister und Doktoren, Schüler und Ärzte, Apotheker und Kaufleute, Pferdeverleiher und Schauspieler, Musiker und Handwerksgesellen, Bauern, Geistliche, Domherren, Nonnen u. a. [31]

Dieser Vorgang christlicher Bildung und Selbstdefinition wird aber zugleich auch faßbar als ein Vorgang der Fremddefinition. Über „Keczer" („heretici") verspricht Ulrich von Pottenstein in seinem Register zur ‚Katechismus-Summe' allein an 37 Stellen zu einer entsprechenden Anzahl Fragen Auskunft, hinzu kommen 22 Hinweise zum Stichwort „irrsal" („error"), und Antworten darauf „wer ain checzer sey", „was ainen checzer mach", „von wannen die ainen aneuank haben", „wie man dy keczer wider zu dem glawben chern" soll, „ob sich ein keczer bechert", „wie man einen keczer peczern vnd püczen sol", „wie sie zu peynigen sind" und wie „die checzer aus(zu)rewten" sind [32].

Zweifellos als verwandte Erscheinung werden die Zauberer und Zauberinnen angesehen. Da, was sie betreiben, „alles wider den gelauben" ist, macht schon Ulrich Vorschläge, „wie man die eruorschen schülle vnd auch verwerffen". Wieder werden Fragen dazu in spätscholastischer Weise besprochen und entschieden: „Luppeln oder czawbern [beides: „jncantacio"] mit anrueffen der teufel, ob das pilleich sey", „wer die erfunden hab" etc. [33]. Was er dann auflistet [34], stammt nahezu vollständig aus der einschlägigen theologischen Paganien- und Superstitionsliteratur [35]. Es sollen wenigstens Stichwörter hierzu geliefert werden:

> „Von den, die die tewfel anrueffen, antweder offenleich oder haymleich" („warsager", „trewmler", „lassler", „weswerer", „czaubrer", „lupler", „swarcze chunster") nennt er Vorstellungen, Mittel und Requisiten ihrer Hantierungen: „mit fewr, mit wasser, mit lufft, mit tyren, mit staynen – nemen die vogel fur sich – gelauben an niesen – schawen die hend an –

[31] Antoninus von Florenz, Confessionale, 1473. Siehe *Geffcken*, Johannes: Der Bildercatechismus des fünfzehnten Jahrhunderts und die catechetischen Hauptstücke dieser Zeit bis auf Luther. Leipzig 1855, 28.

[32] *Baptist-Hlawatsch* 1980, 251–253.

[33] Ebenda 255 f.

[34] Cap. xliij g ff.

[35] Die Stichworte des Inhaltsverzeichnisses und Registers bei *Harmening* 1979.

machen czedel mit oder an schrift – tragen czedel an dem hals – tragen swertbrief – cziehen die helm – werffen in die puecher – werffen mit würffeln – gelauben an den anegankch vnd hantgifft – ob sie strauchen – czawberpuecher – altar ansehen – vogel geschray vermerken – pant – karacter – wenn sich ain gelid vast ruret – die täg der gepurt wehalden – planeter – mathematici – eren die element, den monden oder den lauf der stern – czaichen (beachten) von aines haws wegen, von der sot wegen oder von der pawm wegen oder czu heyrat greiffen – in dem graben der wurczen – liecht prennen zu iren hochczeiten – (im) wurchen der leinbat – machen die plech – los der heiligen väter“ u. a.

Diese und andere Superstitionstopoi gehen weithin auf Augustinus, Isidor von Sevilla, Thomas von Aquin und das Decretum Gratiani zurück. Vor allem die Sammlungen des Dekrets haben unser Bild vom ‚Aberglauben‘ eingefärbt; aber auch schon das des Mittelalters selbst. Daß sich mit dem späteren Hexenbegriff die Flugvorstellung verbinden konnte, wird wohl allein daran gelegen haben, daß Gratian den wohl karolingischen Text darüber im Umkreis seiner Aberglaubens- und Zauberlisten überliefert [36] und dieser, dem Vorbild entsprechend, in andere Listen des Spätmittelalters eingegangen ist. Auch er hat katechetisches Vorwissen bis weit in die Neuzeit transportiert und aus solchen, insgesamt außerordentlich heterogenen Bemerkungen, ist schließlich der kumulative Hexenbegriff komponiert worden. Hier die Übersetzung Ulrichs:

„Die bischöff vnd ir vndertanen schüllen mit ganczem fleizz arbaiten, daz si die schedeleichen chunst, die von dem tewfel erfunden ist, losseln vnd warsagen, aus iren pharren gancz ausrewten. Vnd vinden si man oder weib, die den lastern nachuolgen, die schüllen sie aus iren pharren mit schemleichen lastern treiben. Wann der czwelfpot [= Apostel] spricht: Ainen keczer vermeid nach der ersten vnd andern straffe. Wisse, wer ain solicher ist, daz er ain vercherter ist. Si sint vercheret vnd werden von dem tewfel gehalten, die iren scheppher verlassen vnd von dem tewfel hilffe suechen. Darumb schol die heilig kiriche von ainem solichen scheln vnd seuchen gerayniget werden. Auch ist daz nicht ze verlassen, daz ettliche weyber sich czu dem tewfel cheren, die verlaitet werden mit tewflischem wetriegen vnd trag. Die gelauben vnd sprechen, si reyten (pey der) mit der hayden göttinn, die da haisset Dyana, oder mit dem weybe, die da haysset Herodiana, mit ainer grossen meng der weyber auff tyren vnd wie si palde in der still der nacht ainen weyten vnd langen weg vber reyten vnd irem gepot gehorsam sein als irer frawen vnd wie si alle nacht zu irem dienst geuordert werden. Vnd wolde got, daz die alein in irem vngelauben vergangen werden vnd daz si der andern nicht vil iren vngelauben gezogen hetten, der der ewig

[36] II. Pars causa 26. quaest. 5. c. 12: Canon episcopi, ed. E. Friedberg, CIC.

tod ist. Wann ain vnsägleiche menig, die des valschen wenens wetrogen sint, die gelauben, ez sey war, vnd in dem gelauben velen si vnd gen irre von dem rechten gelauben vnd verwikcheln sich in dem irresal der haiden, wenn si wenen, ez sey etwaz der gothait ausser ainem got"[37].

Soweit einige Stichworte und Autoren sowie das Beispiel einer wichtigen Quelle über „Hexen", schon um 1400 der gebildeten Lektüre auf deutsch bereitgelegt. Weitesthin Nachrichten, die nicht aus Autopsie, sondern literarischer Überlieferung stammen. Immer wieder abgeschrieben und weitergereicht und vom Katecheten dem Christen vielerorts und lange Zeit hindurch zur Besserung berichtet, haben es solche Informationen zum Elementarbestand abendländischen Wissens über Supestitionen gebracht, von denen heute noch Ethnologen und Sozialgeschichtler zehren wollen. Wie es sich mit der „magischen Volkskultur", abseits dieser Gelehrten- und Pastoralliteratur verhalten hat, ist für das Mittelalter keineswegs so deutlich, daß sich daraus auf eine „außergewöhnliche Festigkeit jenes Potentials von Ideen, Vorstellungen und Verhaltensformen" schließen läßt, „die der christlichen Lehre fremd waren und die die Kirche im Verlauf des gesamten Mittelalters niemals gänzlich unter Kontrolle bringen konnte". Und: „Die Einblicke in eine Welt ritueller Handlungen, Bräuche und Beschwörungen zeigen die direkten Vorläufer jener volkstümlichen Zauberwelt der Frühen Neuzeit, deren Bedeutung in der letzten Zeit vor allem von Thomas und Muchembled so stark betont worden ist"[38]. Sie leiten so auf das Einfachste wieder bis auf die alten Germanen zurück. Offensichtlich ist wirklich nichts zu machen gegen solche Allgemeinplätze der „außergewöhnlichen Festigkeit", der unerschütterlichen Beharrlichkeit, der unterschichtlichen Konstanz, hier im Zauberwesen und bei den Hexen"[39]

Auch für Aberglaubensliteratur gelten die Regeln der Quellenkritik: Sie kann die Superstitionen weithin als traditionell impliziten Bestandteil der Kritik selbst erweisen, als mitgeschleppte Pappkameraden im Troß enttarnen. Davon abgesehen geht es auch garnicht um (germanisches) Heidentum. Es geht um etwas anderes.

Die von Gratian und Ulrich überlieferte Stelle, vermutlich aus einem Kapitular, etwa um 900, steht als locus classicus für Hexenflüge noch eher nur additiv und unverbunden neben den genannten Dingen. Und obgleich schon dieser

[37] Cap. xliij k.

[38] *Behringer,* Hexenverfolgung (im Druck). *Thomas,* Keith: Religion and the Decline of Magic. Studies in Popular Beliefs in Sixteenth- and Seventeenth Century England. London 1971. – *Muchembled,* Robert: Kultur des Volks – Kultur der Eliten. Die Geschichte einer erfolgreichen Verdrängung. Stuttgart 1982.

[39] Eine Überzeugung, die allerdings auch Heinrich Himmler besaß und deshalb im Reichssicherheitshauptamt ein Hexen-Sonderkommando unterhielt, um von den gesammelten Archivmaterialien aus Hexenprozessen und den mutmaßlichen „Resten altgermanischen Volksglaubens" aus „antichristliche Propaganda" treiben zu können. Eine Publikation über „Himmlers Hexenkartei" wird mit Sönke Lorenz vorbereitet.

Text von „keczern“ (nach Paulus, Tit. 3, 10) spricht, spielt die Stelle in seiner Argumentation hinsichtlich des Ketzereivorwurfes gegenüber Zauberern keine Rolle. Die Brücke zwischen Zauberern und Ketzern baut er auf andere Weise. Mir scheint die Argumentation, mit der das gelingt, außerordentlich aufschlußreich zu sein. Zum einen macht sie den Vorgang der Identifizierung von Zauberei und Ketzerei deutlich. Dieser Vorgang selbst aber, zum anderen, erweist sich als Vorgang, der parallel zur religiösen Bildungsgeschichte der Zeit beschrieben werden kann.

Die Erörterung des ersten Gebotes beginnt Ulrich von Pottenstein mit grundsätzlichen Erwägungen über Gläubige, Ungläubige, Juden, Sarazenen und getaufte Christen. Denn auch die „getaufften menschen“ könnten „wider das gepot tun.“ Es gäbe vier Arten davon: die „chrankch gelaubigen“ – „die des gelauben seumig sint“ – die „sich erheben vnd [...] den gelauben [...] durchgrupeln“ – aber „die ersten sint wetrieger als die keczer, die mit iren valschen raten vnd leren die slechten vnd ainueltigen christen wetriegen vnd verlaiten [...] vnd auch luppler vnd zawbrer vnd lozler“ etc. [40]

Um die Frage zu klären, weshalb das Tun der „lazler“ (sortilegi) in den Umkreis der Ketzerei gehöre, führt Ulrich aus: Allen „czawber puechern“ liege die Absicht zugrunde, daß man „aptgöter mache vnd die ere als got oder gelübd mit den tewfeln halde.“ Dasselbe gelte für „die, die altar ansehen oder der vogel geschrey vermerkchen. Auch alle pant vnd erczney vnd weswern vnd czaichen, die man karacter nennet, geen in die *aufsetz.*“ Ein merkwürdiges Wort. Kurz darauf gebraucht er es erneut: „Auch gehören in die *tewfelischen aufsecz*, die die tag der gepurd wehalden [...] das ist ein Irresal des vngelaubens“ [41].

An anderer Stelle spricht er von „den *iudischen aufseczen*“. Er zitiert hier und übersetzt eine Passage des „Decretum Gratiani“: „wer wasagen vnd wesweren [...] vnd den iudischen aufseczen vnd veyrtagen anhanget, gepieten wir, daz er von der gemeinschaft der kirichen getailet werd“ [42]. Mit „iudischen aufseczen“ gibt Ulrich die *„iudaici superstiones“* wieder, an denen festzuhalten schon die ältere Literatur über den apostolischen Judaismus-Streit dem Christen verbietet. Es ist aber auch die in diesem Zusammenhang entwickelte ‚Etymologie‘ des Wortes, die nun in der Übersetzung *„auf-secz“* = *„super-stitio“* in ihrer Verbindlichkeit für die Beurteilung der neuen Vorgänge, die im Spätmittelalter sichtbar werden, erkannt und entsprechend angewandt wird.

In seinem „Diuersarum hereseon liber“ referiert Filastrius von Brescia (4. Jh.) die Beschlüsse des „Apostelkonzils“ über den „Judaismus“: „non debere iam homines Judaismo, id est circumcisionis aliisque talibus superstitionis uanae

[40] Cap. xliij g.
[41] Ebenda h.
[42] Ebenda k.

parere carnalibus, qui de gentibus uenientes credebant in Christum" [43]. Das Verbot der „iudaicae superstitiones" ist von der einschlägigen Verordnungsliteratur, wie es Art aller normativen Literatur ist, immer weiter tradiert worden, obgleich die Sachverhalte, um die es ging, längst nicht mehr aktuell waren. Und deshalb rückte es schließlich auch in einen anderen, passenden Umkreis, erstmals faßbar in einer etwa gleichzeitigen Kirchenrechtssammlung: „Auguriis uel incantationibus seruientem a conuentu ecclesiae separandum; similiter et iudaicis superstitionibus uel feriis inhaerentem" [44]. Offensichtlich knüpft Ulrich mit seiner Bewertung der paraliturgischen Gebräuche hier an. Auch Isidor, sein häufig befragter Gewährsmann, erklärt dahingehend: „Superstitio dicta eo quod sit superflua aut superinstituta observatio" [45].

„Aufsecz" oder „zuosacz", wie es später auch heißen kann, sind also „superstitiones". Auch eine Münchner Handschrift von 1459 über „Die zehen gepote gots" macht diese Feststellung: „ettleich sprechn das: Do er [= Christus] auf erdreich ging der vant drey würm. Der ain was rot, der ander swarcz vnd der dryt weys. Vnd das gepet jnn dem die drey würm wegriffen sein, das sprechen sy an für die würm vnd für den zantwe. Vnd man spricht etleich Pater noster darzue. Vnd [...] so macht es der *aufsatz* [...] vnd der *zuesatz* ist vnerczelleich vil" [46].

Fast könnte in dieser Begrifflichkeit und den zugehörigen Aufzählungen geradezu ein mechanistisches Aussortieren des zum Christentum Ungehörigen benannt sein. Die „*teufelischen* aufsecz" bei Ulrich verweisen jedoch schon auf theologische Überlegungen dazu, welchen Anteil der Satan daran nimmt.

Klar ausgesprochen, jetzt auch im inquisitionsrelevanten Sinn, ist dies dann in den „Collectanea chronica" des Luzerner Stadtschreibers Renward Cysat im Anschluß an die schon zitierte Stelle.

> „Eine derglychen zouberin, hab jch Anno 1560 hie gesehen verbrennen, wöllche guotte, fromme, einfelltige wybspersonen pflegte, an ein einödig (Ort) vssert der statt ze füeren, da sy jre verfluochte, armselige gemeinschafft vnd vermischung mitt dem tüffel ettwan gehept; allda sy denselbigen ettwas fuosstritten gezeigt, da derselbig jr buol, der sathan, gestanden; vnd sy beredt, dieselbigen ze küssen, mitt vnderricht, wie es vnsers Herren Christj fuosstritt wären, der jro vnderwylen alda jn jrer andacht zuo erschynen pflegte, Sind ouch die guotten lütt so wytt kommen, das sy angehept zuosamen ze stüwren, ein cappell dahin ze buwen, wie dann sathan diss alles also angstifft; aber der betrug offnet sich bald, damit mann dann sölche syne verglübdte lüt berüeffen jr hillff anrüeffen vnd dann glouben vff sy setzen muosste, wöllches dann ouch allso ervolgt. Es behiellt

[43] Ed. CSEL 38, 20.

[44] Statuta ecclesiae antiqua (in heutiger Form aus der Zeit um 475, Gallien), c. 83; ed. CCSL 148, 179.

[45] Etymologiae VIII 3, 6.

[46] SB München cgm 632, 6^{r-v}.

ouch dise lütt by solcher hochachtung by dem pöffel, das sy so guotte heilige ding vnd werck thuon hiessent vnd lartend, das aber alles lutter betrug, list vnd strick dess tüffels, deren er sich die menschen zuo betriegen vnd zum falle bringen gebrucht. Dann er solche ding gar wol lyden mag, nun das man sich vertieffe vnd anbysse, obschon derglychen ding jrem wäsen vnd der rechten ordentlichen substantz nach jme vff das höchst wirdig vnd verhasst. Er heisst aber allwegen ein *zuosatz darzuo thuon*, damitt es ein missbruch gebe vnd nit jn der rechten meinung verricht werde, alls zum Exempel messlesen zuo sonderbarer stund vnd zyt, jn sonderbarer zal vnd ceremonien, opfern vngrad oder vnglyche stuck gellts, allmuosen geben, dz brot nit kallt, die schuoch vnd kleidung schon einmal angetragen, walfarten on reden gan, zuo vngrader stund antretten, nur halbe spyss essen, nit zuo gast essen, zuo vngrader stund wider heim kommen. Allso ouch jm fasten, betten vnd andrem vil selltzams vnd wunderbarlichs vssert dem rechten gebruch neben andern lächerigen dingen meer, so sy darunder vermischt, wie jchs dann selbs alles vss jren eignen mundtlichen bekantnussen ghört vnd amptshalber verzeichnen sollen. Söllchen list vnd betrug vermerckt der pöffel nit, hallt es alles für guot vnd heilig vnd sonderlich wann man hört, das sy jn den beschwörungen vnd versegnungen der menschen vnd vychs so schöne namen vnd wörter von Gott vnd synen heiligen ynfuerent“ [47].

Das von Ulrich belegte ältere Bild der „czauberin“, die Paraliturgisches betreibt indem sie etwas hinzufügt, was nicht zur orthodoxen Liturgie und den gewährten Sakramentalien gehört, ist jetzt um wichtige Züge bereichert. Sie bestimmen das nachmittelalterliche Hexenklischee der Verfolgungszeit: Die Absicht des Teufels auf seine Verehrung – das Zusammenkommen der Zauberinnen „an ein einödig“, wo der Sabbat stattfinden kann – und die Vorstellung hexischer „vermischung“ mit dem Teufel.

Aber diese Züge stehen nicht am Anfang der spätmittelalterlichen Zauberkritik. Sie begründen nicht die Entwicklung. Die Ausbildung des inquisitionsrelevanten Zauberbegriffs ist vielmehr implizite Folge der Selbstvergewisserung des Christentums auf breiter sozialer Basis, das, indem es sich selbst definiert, seine Grenzen markiert.

Daß dieser Prozeß der „Ausgrenzung“ sich als eine Vergewisserung der ‚Basis‘ beschreiben läßt, macht nicht nur die Vielfalt der den Bedürfnissen dort angepaßten Katechismusliteratur des 15. Jahrhunderts deutlich, sondern vor allem auch deren Inhalt. Er geht nicht auf theologisch-gelehrte Spekulation und Schriftexegese, wie bei den Ketzern zuvor, die schon definiert waren, sondern auf die Legitimität der sakramentalen Praxis, an der naturgemäß die Welt des Alltäglichen ihr eigenes religiöses Interesse besitzt. Oder: Indem „aufsecze“ und „zuesetze“ als Unglauben, „Irrsal“ und Ketzerei markiert wurden, wurde das

[47] Cysat, Collectanea 520 f.

orthodoxe Heilsangebot monopolisiert: „Die die chinder oder die chrankchen wesweren vnd ansprechen, da mag man sprechen, teten das andechtig vnd früm lewt [...] daz wer zu leiden [...]. Nu schol man der dinge chainez tun, wann sie geschehen selten leuterlich vnd slechtleich. Wann man seczet in vil luppley zu“ [48].

Die „Hexe“ war längst Ketzer, bevor man ihr die entsprechenden Attribute zustellte sich als verständliche Hinweise der theologischen Verdächtigung: Teufelbuhlschaft, -pakt und -kult. Sie war Ketzer, auf soziale Breitenwirkung formuliert, im Bereich des praktischen Christentums, nachdem die exegetisch-theologische Ketzerei schon bewältigt schien, gewissermaßen den Ketzerbrief einer umfassenden Lehre nach ‚unten‘ komplettierend. Und daß auf dieser Ebene, in christlicher Nachbarschaft, im Dorf und auf gleicher Straße, jetzt Ketzer etabliert werden konnten, war aber möglich allein, weil alle, ‚oben‘ und ‚unten‘, sich über ihr Christentum verständigt hatten, den Umfang ihres Glaubens kannten, wußten, wieweit er reichte, aber auch, wo er aufhörte.

[48] Cap. xliij t.

Zusammenfassung

Heinz-Dieter Heimann

Europa 1500: „Ordnung schaffen“ und „Sich-Einordnenlassen“ als Koordinaten eines Strukturprofils

I.

In der modernen europäischen Geschichtsforschung besteht weithin Konsens, in Hauptsektoren der historischen Entwicklung eine Epochenschwelle zwischen Mittelalter und Neuzeit um die Mitte des 15. Jahrhunderts anzusetzen. Darüber handeln die Beiträge zu diesem Sammelband explizit auch am allerwenigsten; die Epochenproblematik bildete nicht einmal einen Diskussionsgegenstand der lebhaften Tagungsdebatten.

Das Thema dieses Sammelbandes stellte sich in der Nachfrage nach den Inhalten des Strukturwandels in der historischen Entwicklung „um 1500“ aus einem europäischen Vergleich. Vorgeprägt war diese Thematik durch Ergebnisse einer vorausgegangenen, historiographisch angelegten Forschungsanalyse zur Einschätzung der spätmittelalterlichen Krise in „Europa um 1400“ [1]. Dort war ein besonders differenziertes Bild von Krisenerscheinungen in den Forschungsschwerpunkten einzelner Länder wie auch der einzelnen Sektoren Gesellschaft – Wirtschaft – geistiges Leben zutage getreten. Krisenerscheinungen, und am allerwenigsten „eine“ Krise im späten mittelalterlichen Europa waren natürlich nicht im Sinn älterer Fragestellungen monokausal begründet und ihr Erscheinungsbild stellte sich auch nicht flächendeckend dar. Das Profil dieser Krise bestimmte sich in erster Linie aus Ungleichzeitigkeit und Mannigfaltigkeit, gekennzeichnet aus Destabilität und Disfunktionalität bei gleichzeitig innovativer Dynamik. Ihr Niederschlag in der Mentalität, die „Krise in den Köpfen der Leute“, erwies sich als zentral [2]. Der Situationsbefund, wie er in „Europa 1400“ kenntlich geworden war, führte zur anknüpfenden Fragestellung nach

[1] Europa 1400: Die Krise des Spätmittelalters. Hg. von Seibt, Ferdinand – Eberhard, Winfried. Stuttgart 1984.

[2] Eberhard, Winfried: Die Krise des Spätmittelalters: Versuch einer Zusammenfassung. In: Ebenda 303–319, hier: 318 f.

möglichen Prozessen von Neu-Integration aus der Krise heraus im Verlauf der Formierung gesellschaftlicher und herrschaftlicher Ordnung in Europa um 1500. Demnach knüpfen die einzelnen Autoren auch je nach Bedarf an Situationen im 14. Jahrhundert und teils sogar früher an, greifen also Vorgaben auf und machen mit den Krisenerscheinungen nochmals die Unterschiedlichkeit in Ausgangspositionen und Entwicklungsverläufen an Einzelthemen kenntlich, so daß sich der Sammelband in seiner Thematik nicht auf Europa am Ende des 15. Jahrhunderts begrenzt und ebenso wenig ein Bild der Zustände von „Europa 1400" zu „Europa 1500" im simplen wie unbegründeten Maßstab eines Säkularschrittes darstellt. Als vorstrukturierte und kohärente Entwicklungsfelder bilden die Sektionen „Staat" – „Regionen" – „Personenverbände" – „Christenheit" gleichsam ein Erkundungsraster. Demnach finden sich innerhalb der vier Sektionen jeweils die Themen sachlich und räumlich stark gegliedert .Sie erkunden für sich die Integrationsthese ohne flächendeckende Vollständigkeit. Somit zeigen sich freilich auch Eigentümlichkeiten der Disposition, so der Mangel eines Beitrages mit einem Thema aus dem Bereich der englischen Geschichte oder aus dem europäischen Norden oder auch nur dem norddeutschen Raum. Die einzelnen Beiträge – methodisch recht unterschiedlich angelegt, was auch kennzeichnend ist – diskutieren „Integration" als einen Faktor im historischen Prozeß; der „Widerspruch" wird für die Analyse genauso zentral. Damit bietet der Vergleich mehr als nur eine Bündelung von Gleichförmigkeiten. Um hier Wegweisungen zu geben, folgt diese Zusammenfassung der Gliederung der Beiträge nach Sektionen. Sie kann kein Ersatz für die Lektüre der einzelnen sachlichen Erörterung sein, da sie – übergreifend – den Strukturwandel im Trend zu kennzeichnen sucht.

II.

Auf die Situation dynastischer Herrschaftsschwäche folgend beobachtet *J.-M. Cauchies* eine „doppelte Integration" zur Zeit Philipps des Schönen in den burgundischen Niederlanden. Eine Integrationsbewegung galt den niederländisch-teilnationalen Kräften, eine andere zielte auf die Einbindung eben der burgundischen Erbländer in das europäisch-dynastische System des Hauses Habsburg. Grundlegend für Philipps Herrschaftsbegründung war seine Anerkennung in den Niederlanden als Erbprinz der letzten Herzogin von Burgund, also die Anerkennung nach den Regeln des dynastischen Legitimismus. Da die Metropolstädte noch durch Maximilian I. militärisch bezwungen worden waren (Kadzand 1492) und mit Frankreich bald ein Friede gefunden worden war (Senlis 1493), erleichterte diese innen- und außenpolitische Situation die Gestaltung einer ausgesprochen niederländischen Interessenpolitik. Sie gründete sich auf zweierlei: den Erhalt der föderativen Struktur der Niederlande und der gleichzeitigen Errichtung zentraler Institutionen für die Ländergesamtheit. Nach verfassungsrechtlichen Kriterien zerfielen die Niederlande in französische Kronlehen (Artois, Flandern) und Reichslehen. Eine einheitliche Bezeichnung für das Land wurde in der Zeit nicht entwickelt, so daß die fürstlichen Titel das eigentliche Herrschaftsgebiet beschreiben. Es gibt nicht ein Land, sondern Länder, vereinigt in Personalunion und ohne Gesamttitel. Die Integration der Lande und Bewohner in ein kohärentes, allgemein funktionierendes politisches System gelang, da die Verwaltung und eine mehr auf die gesamten Lande integrativ ausgerichtete Gesetzespraxis als mächtigste Integrationsfaktoren wirkten. Über drei Ebenen verlief dieser Integrationsprozeß: Über den „Hof- und Regentenrat", das eigentliche politische und finanzielle Zentralorgan als ein Erbe der Herzöge von Burgund, und den „geheimen Rat", der seit 1506 zum eigentlichen Machtträger in den Niederlanden wurde, über die Organisation des Gerichtswesens, mit dem „Grand Conseil de Malines" als autonomen Gerichtsrat sowie über Repräsentativversammlungen. Die Generalstände, die breits seit spätestens 1464 zusammenkamen, wurden von den Fürsten als ein „Pfeiler ihrer zentralen Integration" gefördert und als „Vermittlungsebene" zwischen Fürsten und Provinzialständen benützt. Solchermaßen ist der Integrationsprozeß in einem politischen Konsens zwischen Erzherzog und Ständen zur Sicherung des Landes begründet.

Aus der Gesetzespraxis läßt sich als weiteres Integrationselement der Herrschaftsstil erkennen, bei dem ein auf Mäßigung und Ausgleich bedachter Dynast inneren Frieden, soziale, ökonomische und vor allem rechtliche Sicherheit nachweislich verfolgte.

Die „Außenpolitik" folgte diesem niederländischen Anliegen: Distanz zum habsburgischen Gesamthaus, Einbindung heimischer Kräfte in die Landesherrschaft anstelle deutscher Dynastensöhne. Die Ehe Philipps mit Johanna von Spanien setzte der gegen Frankreich und Deutschland gleichermaßen verfolgten „Neutralitätspolitik" ein Ende und führte dann auch zur Verlagerung der politischen Aktivitäten nach außerhalb, ohne daß damit aber ein scharfer Bruch gegenüber niederländischen Interessen gesetzt wurde. Zumal der niederländische Hochadel hat diese Politik wohlwollend begleitet, da aus dem Zugewinn von Spanien und von Geldern ihm Prestige und Machtvorteile zuwuchsen. Der Adel scheint dieser Integration in einem größeren Länderkomplex mehr begrüßt zu haben, als man bislang vermutete. Freilich wurden hier Adel wie auch Klerus, weniger als Stand, sondern zuerst als individuelle Vertreter an den Fürstenhof gebunden. Der Fürstendienst trug hier am meisten zur sozialen Integration bei.

Philipp vollendete in der Politik des Zentralismus zwar die Herrschaftspraxis der Burgunderherzöge. Der größte Unterschied aber zeigt sich in der völlig abgeschwächten Stellung des „Kanzlers", und einer größeren Spezialisierung der Verwaltungsressorts.

Reibungsflächen stellten sich in dieser Zeit vorzugsweise im Binnenverhältnis zwischen Zentralebene und politischen Bedürfnissen der Provinzialebene ein.

Diese Situation verweist auf die – ungebrochene – Kraft der Städte, der Metropolen und Landstädte, auf die gefestigte Prädisposition der Teilterritorien gegenüber der Politik eines Zentralstaates, auch wenn im Land das Wollen zu einer Teilnation durchaus gegeben war.

Die Situation der französischen Krone stellt sich nach *Ph. Contamine* in der zweiten Hälfte des 15. Jahrhunderts vor allem durch Rückgewinn großer Kronlehen ganz entschieden gefestigter dar. Das politische Konzept, das zusehens deutlicher praktiziert wurde, lautete: ein König, ein Gesetz, ein Glaube. Die Monarchie an sich war nicht infrage gestellt und schon gar nicht gefährdet. Eine Intensivierung der Herrschaft erscheint als funktionale Reform im Steuerwesen, Heereswesen, Gerichtswesen. In der politischen Literatur spiegelt sich diese Situation in der Diskussion um den klassischen Gegensatz von „absoluter Macht" und „geregelter Macht". Die im diskutierten Königsspiegel ohne lange theoretische Erörterung aufgestellte Kritik gilt schwerpunktmäßig dem Klerus und zielt auf eine Kirchen- und Justizreform zum Abbau verbreiteter Korruption. Die Initiative zu den Reformen soll dabei ausdrücklich beim Herrscher liegen. Integration hat demzufolge von oben, von der Zentrale aus vonstatten zu gehen. Dazu benötigt der Monarch Entscheidungsfreiheit in der gesamten politischen Sphäre. Der Monarch steht unbeeinflußt im Mittelpunkt staatlichen Geschehens, weshalb in dem Königsspiegel die Forderung erhoben ist, vor allem eine gemeinsame Beratung aller Stände zu verhindern, um die eigene Machtstellung vorteilhaft zu behaupten. Das Vorbild der Konzilversammlung mit seiner Tendenz der Einschränkung der Herrschergewalt wird deshalb als Fehlentwicklung abgelehnt.

Das Staatsprinzip gründet sich insoweit nicht auf Liebe des Herrschers zu seinen Untertanen. Der Monarch bedarf zur Herrschaft schlicht eines funktionierenden Apparates, und um dieses sicher zu stellen, sollen Reformen durch den König und für die Monarchie geleistet werden, weil so Einheit gesichert wird.

Deutlicher als es im Titel des Beitrages abzulesen ist, arbeitet *L. Vones* die Situation der Königsherrschaften auf der iberischen Halbinsel im Vergleich zur französischen Monarchie heraus. Als Parameter dient ihm einmal nicht die Intensivierung und Reform der Administration im allgemeinen, sondern die königliche Münz-Geldwertpolitik als geradezu staatswirtschaftliches Instrument zur Errichtung eines monarchischen Zentralismus auf Kosten ständischer Mitsprache.

In Kastilien, wo frühzeitig ein maurisches Finanzsystem Eingang fand, wurde bereits in der ersten Hälfte des 14. Jahrhunderts durch Alfons XI. das bis dahin etablierte königliche Steuerinstitut (moneda/moneda forera) als „lebensnotwendig" für die Monarchie erkannt und als inneres Strukturprinzip für die Ansprüche der Monarchie ausgebaut. In der Situation der Adelsaufstände in der zweiten Hälfte des 15. Jahrhunderts gelang der Krone mit den hier gegebenen steuerpolitischen Mitteln eine Entmachtung des Adels, dem als Kompensation des Verlustes adeliger Einflußnahme allein noch die persönliche Anwesenheit am Königshof und damit die Übernahme von Königsdiensten offen blieb.

Als gerades Gegenspiel erscheint die Entwicklung in Aragón, weil hier die Krone zumal Städte und Ständevertreter nicht zu paralysieren vermochte. Nach der Thronbesteigung der Trastámaradynastie und Bürgerkriegen behalten in Aragón auch nach der Bildung der kastilisch-aragónesischen Konföderation die Diputaciones del General ihre althergebrachten Rechte. Aber auch hier geriet schließlich die Möglichkeit königlicher Finanzreform zum Schlüssel, um unter Ferdinand I. ein Angleichen der finanzpolitischen Normen wie bislang in Kastilien zu erreichen und damit den Ständen ihre finanzielle Grundlage weitgehend zu nehmen.

Im Vergleich zwischen Frankreich und Spanien zeigt sich in der Herrschaftspraxis und im Umgang mit der Ständemacht eine erstaunliche Parallele. Hier wie dort erscheinen Generalstände vornehmlich instrumentalisiert als ein Herrschaftsmittel der Politik der Krone. Gerade weil der Vergleich mit Aragón diesen Befund unterstreicht, kommt den hier greifbaren verfassungsrechtlichen Entwicklungen seit dem 13. Jahrhundert zur Grundlegung dynastisch-monarchischer Herrschaft größte Bedeutung zu. Weniger durch „neue" Mittel und Instanzen wurde Zentralisierung erreicht, sondern durch eine konsequente Sicherung und pragmatische Handhabe zentraler Herrschaftsrechte.

Die Ausbildung eines Territoriums „Kirchenstaat" weist nach *B. Schimmelpfennig* in der monarchischen Stellung des Papsttums die deutlichste Gleichförmigkeit mit Integrationsprozessen anderer Länder aus, und unterscheidet sich doch von diesen eben als strikte Wahlmonarchie. Ein weiterer Unterschied ergibt sich aus der Problematik der Durchsetzung eines zentralherrschaftlich verfaßten Territoriums und der Stellung des Papstes als Oberhaupt der Gesamtkirche. Der Prozeß territorialer Zentralisierung und Expansion in der Phase nach dem Konziliarismus reduzierte die Interdependenz von Territorialherrschaft und den Erfordernissen der Gesamtkirche deutlich. Er führte zur Aufrichtung eines Gegensatzes, womit die Papst-Kirche zumal in Widerspruchsituationen besonderer Art gebracht wurde. Auf der anderen Seite nützte eine territorialstaatliche Formierung dem Papsttum, um sich politischen Handlungsraum für die Libertas ecclesiae zu erhalten. Während man in Deutschland die Reform des Reiches durchaus noch im universalen Rahmen diskutierte, gab das Papsttum die Bemühungen um eine universalkirchliche Reform preis und verlegte sich auf eine Festschreibung des Status quo, zumal der Sicherung seiner ökonomischen Grundlagen. Dazu gehörte die Durchsetzung eines Abgabezinses der zahlreichen Signorien an der Adria, die damit den Papst als ihren Oberherren anerkannten, oder die Verwaltung des Patrimonium Petri durch stellvertretende Gubernatoren. Spiegelt diese Situation die strukturelle Herrschaftsgliederung in terrae mediatae und immediatae noch, so gelang es durch Ausweitung der Konstitutionen unter Sixtus IV. eine zwar „rudimentäre", aber doch einheitliche Verfassung durchzusetzen.

Die Verwaltungstechniken und politischen Mittel der Staatswerdung waren eher traditionell, jedoch mit wichtigen Veränderungen: Der Krieg blieb Mittel päpstlicher Politik mit modernen Kampftechniken (Artillerie, stehendes Heer). In der Verwaltung wurde der Nepotismus, der weder neu war, noch sich allein auf leibliche Verwandte beschränkte, aber das Entstehen von Papstdynastien eigentlich erst ermöglichte, zu einem äußerst wichtigen sozialen Instrument päpstlicher Herrschaftsbildung. Dieser und ein offizieller kurialer Ämterhandel waren daneben, angesichts der Wahlmonarchie, dem Papst vorrangig geeignete Mittel, sich Kapital zu erschließen und, zum Beispiel durch Reservierung von Herrschaftsgebieten für Nepoten, seine Interessenpolitik abzusichern. Zu einer systematischen Trennung von „Kirchenstaat" und Universalkirche kam es dabei nicht.

Äußeres Zeichen gesteigerten Herrschaftsanspruches wurde eine systematische Gestaltung der Stadt Rom als Residenz durch eine Verschmelzung von Vatikanausbau und Beendigung städtischer Autonomie, was insbesondere Sixtus IV. und Julius II. forcierten. Seit 1500 erscheint Rom als Metropole und der päpstliche Hof als der eigentliche Herrschaftsmittelpunkt für das Territorium wie die Universalkirche. Rom, Ziel zunehmender Pilgerfahrten (heilige Jahre), gewann so integrative Effekte für die Gesamtkirche und setzte zugleich desintegrative Kräfte frei. Die Kosten und sozialen Konsequenzen derartiger Politik waren beträchtlich. Bis zum Jahrhundertwechsel kamen etwa ebensoviel Einnahmen aus dem „Kirchenstaat" wie aus der Gesamtkirche. Im 16. Jahrhundert stiegen die Einnahmen aus dem „Kirchenstaat" an und diese dienten jetzt der gesamtkirchlich-internationalen Politik. Ermöglicht wurde dies durch umfangreiche Monopolpolitik (Alaun) aber auch durch agrarwirtschaftliche Reformen und bäuerliche Ansiedlungsprogramme im Stadt-Umland. Daraus wiederum resultierten jene Konflikte, Widerstände, die Barone und Kommunen wiederholt gegen die Zentralmacht führten. Zu solchermaßen politisch motivierten Widerständen kamen solche aus sozialen Gründen. Insbesondere auf ländlich-kommunaler Ebene zeigt sich – vermehrt oft durch rivalisierende Potentaten – im „banditismo" eine Folge dauerhaft nicht gelöster herrschaftlicher und sozialer Integration.

H. Koller eröffnet eine Reihe von Beiträgen zur Situation des Heiligen Römischen Reiches als Ganzes und der Territorialstaatenentwicklung innerhalb Deutschlands. Als Brückenglied kann dabei der Beitrag von *E. Isenmann* verstanden werden, der auf die Reichsreformdiskussion eingeht. Hier zeigt sich die Problematik der Integration nach reichspolitischen und territorialpolitischen Dimensionen. In der Praxis herrschaftlicher Verstetigung und Verrechtlichung finden sich dabei bereits genannte Sachverhalte spezifisch geprägt wieder.

Nach *K. Koller* zeichnet die Regentschaft Kaiser Friedrichs III. eine bislang noch nicht vollends eingeschätzte Modernisierung infolge massenweise greifbaren Schriftgutes aus. Seit Kaiser Sigmund bestand das politische Ziel darin, das Ansehen des Königs zurückzugewinnen, es zu steigern. Dies gelang insbesondere Friedrich III. vorrangig über eine Verwaltungsreform, durch die Reformatio Friderici (1442), eine Gerichtsreform, die insbesondere eine schriftliche Prozeßführung vorschrieb. Damit wurde auch die zunehmende Bedeutung gelehrter Räte, Anwälte, für die durch Kommissare geführten Prozesse abgestützt. Dieser Impuls und die Einführung der Kammergerichtsbücher (1470) sowie eine ausgeweitete Bestätigung und erweiterte Neuvorgabe von Privilegien, teils bedingt durch die neuen Konkordatsregelungen, steigerte das herrschaftsbezogene Schriftgut auf ca. fünfzigtausend Stück zur Zeit Friedrichs. Dieser „neue Stil" weist Herrschaftsintensivierung und Zentralisierung als Prozeß der Mehrung von „Legitimität" auf unterschiedlichen Ebenen der Politik aus. Dies führte aber nicht schon zu einer allgemeinen Modernisierung, da eine Reform der Reichsfinanzen und Finanzverwaltung unterblieb und die traditionelle Verpfändungspraxis sogar erhalten blieb, wenngleich Friedrich ihr den Makel zu nehmen wußte. Ein verbessertes Gerichtswesen, eine Konsolidierung der Verwaltung führten zusammen zu einer Verdichtung der Regierungspraxis und bewirkten so eine Verfestigung der Herrschaft, die als monarchische Staatsgewalt zusehens in Erscheinung trat.

Auf dem Weg der Institutionalisierung der Reichsreform am Ausgang des 15. Jahrhunderts diskutiert *E. Isenmann* den politischen Prozeß konträr verfochtener Konzeptionen und stellt als Grundtrend eine kennzeichnende Auswechslung des Begriffes Reform durch „Ordnung", „Regiment" heraus. Forderungen nach funktionalen Reformen (Gerichtswesen nach dem Vorbild des Pariser Parlaments, Hauptstadt) charakterisieren sich durch Errichtung und Stetigkeit zentraler Institutionen und zielen nach den Vorstellungen der kurfürstlichen Reformpläne auf die „Aufrückung" des Reiches in seiner imperialen Stellung (Italienpolitik, Türkenkrieg), begründet jetzt auf der deutschen Nation. Kurfürstliche Autorität und königliche Gewalt sollten dazu in einem neuen, zentralen Reichsrat verbunden werden.

In Kontrast zu jener juristischen Staatslehre, die eben eine solche Einheitlichkeit in der Regierungsgewalt ausschloß, stand das Ordnungsmodell, in dem der „unus princeps" (monarcha) die uneingeschränkte Machtfülle innehatte. Die Kurfürsten gingen in der Theorie dagegen von der Pluralität der Herrschergewalten im Reich aus, was in der Praxis bedeutete, daß Reichsstände wie auch der König durch die Erfordernisse des gemeinen Nutzens für das Reich in die Pflicht genommen waren. Die utilitas publica wurde hier zum wichtigen Integrationsmodell, die res publica zur Summe des gemeinen Nutzen, was innergesellschaftlichen Frieden, materiellen Gewinn und Seelenheil bewirken sollte. Ein derartig verfassungsrechtlich abgeleiteter Begriff des gemeinen Nutzens erwies sich im politischen Raum als nicht (mehr) wirklich integrativ. Eine derart optimistische Grundhaltung wie sie in den Kurfürstenvorschlägen erscheint, scheiterte einmal verfassungspolitisch an der ablehnenden Haltung Friedrichs III., dessen Regierungsstil vom Verständnis eben eines Monarchen geprägt war, dessen Fiskal auf juristischer Ebene als den integrativen Begriff das Reichseigentum entwickelte und der durch Delegation (Schriftlichkeit) „scheinbar modern“ Herrschaft ausübte. Die Reformpläne scheiterten konzeptionell an dynastisch begründeten Kooperationen und Interessenssphären, sodann an machtpolitischen Strukturen in der Ausprägung. Dabei trat innerhalb des Territorialsystems der Machtverlust zumal der geistlichen Kurfürsten im Verlauf der verstärkt betriebenen Oligarchisierung der Reichsherrschaft zutage, deren Realisation aber wiederum an dynastischen Antagonismen scheiterte.

In Deutschland wurden Möglichkeiten primär monarchischer Herrschaftskonsolidierung und einer monarchischen Integration des Reichs nicht durchgesetzt, wenngleich das Kaisertum gesteigertes Ansehen erfuhr. Die imperiale Idee, ehedem defensiv integrativ, erfuhr ausweislich der Italienpolitik Maximilians I. eine Erweitung und damit eine Wende im Sinne äußerer – offensiver – Machtentfaltung. Die Formel „Reich und Haus Österreich“ führte eine Reichsidee nur als ideologischen Anspruch mit. Diese Situation begründete die Möglichkeiten eines politischen Widerspruchs zumal der Stände, die nun königliche Politik „freier“ beurteilen, als Anwälte des Reiches argumentieren konnten.

Wie die kurfürstlichen Reichsreformkonzepte und Fürstenbundprojekte bereits verdeutlichen, verlief die machtpolitische Entfaltung und Intensivierung der einzelnen Landesherrschaften im Reich ungleich und zeitigte eine politische Binnenstruktur nach interessenpolitischen, dynastischen Komplexen mit starken Abstufungen. Im Inneren der Landesherrschaften vollzog sich asynchron – aber beschleunigt – ein Ausbau der Administration, des Steuerwesens, der Rechtshoheit. Grundlegend kommt das dynastische Element hinzu, dessen Bedeutung für eine territorialstaatliche Integration im Vergleich der beiden Herzogtümer Württemberg und Bayern besonders sichtbar zutagetritt. Der Mangel einer frühzeitigen Ausbildung einer alle Familienmitglieder bindenden Herrschaftsordnung begründete entscheidende Entwicklungsverschiebungen, die an Landesteilungen, Erbfolgen und variierenden Herrschaftsformen abzulesen sind.

W. Rösener befragt vor dem Hintergrund die These von der stringenten Entwicklung des Territorialstaates aus den krisenhaften Zuständen im 14. Jahrhundert und läßt diese für sein Untersuchungsgebiet mit Blick auf die bäuerlichen Unruhen des Armen Konrad (1504) nur bedingt gelten. Die Grafen von Württemberg legten ihren Aufstieg im zweiten Drittel des 14. Jahrhunderts: Sieg über den Städtebund, Verhinderung der Entfaltung der Ritterbünde, infolge dessen der niedere Adel fast keine Möglichkeit eigenständiger Herrschaftsausübung mehr behielt, Bindung der bäuerlichen Bevölkerung an die Herrschaft (Masseneide). Die Dynastie erhob 1361 in einem Hausgesetz/Vertrag die Unteilbarkeit des Landes mit kaiserlicher Privilegierung zur Norm.

Anders die bayerischen Wittelsbacher, die *W. Störmer* untersucht. Kaiser Ludwig hatte keine definitive Verordnung durchgesetzt, ein nachfolgendes brüderliches Gemeinschaftsregiment scheiterte, und diverse Landesteilungen splitteten künftig die Gesamtheit des Hauses. Die Desintegration verlief hier mehrfach in Phasen innerdynastischer Konflikte.

Die eigentliche Formationsphase des Fürstentums ist in Württemberg nach einer Teilung von 1442 durch dynastische Bestrebungen (Vertrag von Urach 1473, Vertrag von Münsingen 1484) und im Konsens um das politische Ziel der Wiederrichtung der Landeseinheit mit den Landständen zusammen konfliktfrei erreicht worden. Die landesinterne Herrschaftsintensivierung unterscheidet sich in ihrer Entwicklung der Verwaltung von der anderswo durch den sehr hohen Anteil landesherrlicher Patronatsrechte (Kirchenregiment) und die Stärkung des Stadtbürgertums (Ehrbarkeit) in den Ämtern gegenüber den Dörfern. Die oft hohe Verschuldung der Herrschaft, teils bedingt in der Bewegung zur Landeseinheit, wurde ein Grundproblem des Landes. Die Defizite des weithin auf Kosten der breiten Bevölkerung erreichten staatlichen Ausbaus lösten in der Situation dynastischer Herrschaftsschwäche Widerstandsbewegungen aus. Gegen neuerliche Besteuerungen aufgrund unverminderter Verschuldungssituation, gegen die neuen Räte in der fürstlichen Residenz zu Stuttgart, gegen das errichtete Zentral- und Vertretungssystem opponierten zuvörderst jene Bauern, die innerhalb dieses staatlichen Verfassungsmodells keinerlei Mitsprache in Vertretungsorganen und so auch keinerlei Einfluß auf die Landschaft nehmen konnten. Die in die Bewegung des „armen Konrad" (1514) mündenden bäuerlichen Proteste gefährdeten letztlich diesen im 15. Jahrhundert organisierten Territorialstaat nicht mehr, aber der Widerspruch rührte her aus jener administrativ-integrativen Herrschaftsstruktur, die als typische Eigenheit dieses Territorialstaates gilt: dem Aufbau bevorzugter Amtsstädte und der Vormacht der Ehrbarkeit über die Dörfer. Der Widerspruch, Widerstand, erweist sich als Folge einer „Fehlentwicklung" staatlich-zentralherrschaftlicher Integration und belegt zugleich, daß Stabilisierung und Konsolidierung auch neue Krisen befördern.

Im bayerisch-wittelsbachischen Vergleichsbeispiel (*W. Störmer*) verlief die Zentralisierung auf ganz vergleichbaren Feldern, finden sich die gleichen Techniken intensivierten Zugriffs der Herrschaft auf Land und Bevölkerung. Ein besonderer Unterschied liegt in der Bedeutung des landesherrlichen Kirchenregiments. Die Bistümer konnten zwar de jure nicht mediatisiert werden, de facto aber wurde dies immer wieder erstrebt. Der Landesklerus und die zahlreichen Klosterherrschaften wie auch das zahlreiche Kirchenstiftervermögen wurden von der Herrschaft effizient erfaßt. Die offenkundigsten Unterschiede liegen in der territorialen Struktur, in der Existenz der Teilherzogtümer, und in einer gänzlich anderen Erfassung der bäuerlichen Bevölkerung in den Dörfern für die Herrschaft. Die mangelhafte territoriale Einheit ist im Vergleich zu anderen dynastischen Staatsbildungen der Zeit nicht untypisch, und es läßt sich „außenpolitisches" Engagement zumal einer Königsdynastie wie der Wittelsbacher gerade in dieser politischen Umstrukturierungsphase nicht allein an territorialen Strukturen bemessen. Landesteilungen mit der Folge kleinräumiger Herrschaften haben einen weit effektiveren Herrschaftsausbau ermöglicht und dürfen also nicht ausschließlich als Parameter territorialstaatlicher Entwicklung dienen, zumal nicht in der Gegenüberstellung der Situation des 14. zum 15. Jahrhundert. Die Situation von Teilherzogtümern führte zu vielgliedrigen, vor allem finanzwirtschaftlichen Organisationsstrukturen (Rentmeisterämtern), ausgerichtet auf die Domäneneinkünfte und eine Rationalisierung der Verwaltung. Auf der dörflichen Ebene schlug sich dieser kleinräumige Zentralisierungsprozeß vor allem in der landesherrlichen Gerichtsorganisation nieder. Es entstanden Hebebezirke als kleinste Verwaltungseinheiten, wodurch die Fortbildung dörflicher Gemeinde- und bäuerlicher Mitspracheorgane gebremst wurde. Daß hier im Vergleich zu Württemberg der bäuerliche Widerstand, zumal dann im Bauernkrieg 1525 weitgehend unterblieb, lag an den ungleich intensiver formierten herrschaftlichen Ordnungen, die auch die Entstehung eines Kommunikationssystems auf dieser Ebene unterbanden. Die Städte wurden durch die dynastischen Territorialkriege in ihrer wirtschaftlichen Entfaltung dabei häufig bedrängt; auch Förderung erhielten sie weniger, wenngleich sie als Residenzen geschätzt wurden. Auf der Grundlage unveränderter struktureller Unterschiede zwischen Oberbayern und Niederbayern (Städtedichte/Adelsherrschaft) erfuhren die Teilherzogtümer eine relativ gleichförmige Formierung und Intensivierung territorialstaatlicher Herrschaft. Das gilt auch für die bereits Anfang des 14. Jahrhunderts aus innerdynastischen Konflikten resultierende landständische Bewegung, die zunächst in allen Teilen zu Trägern des Landesbewußtseins wurde, eine duale Steuerverwaltung begründete, freilich das Einberufungsrecht nicht erhielt, so daß insbesondere seit der Mitte des 15. Jahrhunderts eine „Einstaatung" der Landstände durch die Landesherrschaft erfolgte, deren Höhepunkt freilich erst in der Mitte des 16. Jahrhunderts lag.

Insgesamt verlief der innerterritoriale-administrative Stabilisierungsprozeß für die Herrschaft ähnlich wie in anderen Territorien, aber diese Intensivierung ging gleichwohl der dynastisch-herrschaftlichen Gesamtstaatsbildung voraus. Erst nachdem Anfang des 16. Jahrhunderts diese beiden politischen Sektoren der Hausherrschaftsordnung (Primogenitur, Apanage, Unteilbarkeit) und der Verwaltungszentralismus übereingebracht waren, begründete dies den modernen Staat.

Im Blick auf ein geistliches Territorium stellt *L. Tewes* weniger strukturelle Probleme dieser in Nord- und Nordwestdeutschland zumal flächenmäßig großen, wie „königsfernen" Herrschaftsgebiete um 1500 heraus, sondern beobachtet den Rhythmus von landesherrlicher Zentralverwaltungsintensivierung (Modernisierung) und landständischer Mitsprache zu Ende des 15. Jahrhunderts hin, nachdem unter Erzbischof Dietrich II. von Köln die Landesherrschaft in Rheinland und Westfalen in einem Konkurrenzkampf gegen die Vormachtentfaltung Burgunds durch hohe Verschuldungen und Verpfändungen weithin handlungsunfähig geworden war. Ständische Landesvertretung, im 14. Jahrhundert bereits ansatzweise ausgebildet, und eine allenthalben diskutierte Verwaltungsreform gehen danach in Kurköln mit der Errichtung der sogenannten Erblandesvereinigung von 1463 und der Aufrechterhaltung der Integrität des Landes einher. Mit diesem ständischen Reformwerk (Parallelen finden sich im Hzgt. Berg, Jülich 1451, 1452; im Ebt. Trier 1456) formierte sich in der Institutionalisierung jetzt eines permanenten Rates als zentraler Verwaltungsspitze und Finanzkontrollmacht sowie in der Handhabe der Erblandesvereinigung als Wahlkapitulation die Potenz der Stände, voran des Domkapitels mit den „Restständen“. Das führte auch zu einem finanzwirtschaftlichen Dualismus, mit dem es künftig keine einheitliche Landesfinanzpolitik mehr gab. Dieser Entwicklungsvorsprung landständischer Mitsprache (einen Zentralrat gab es derzeit in Tirol, in Kleve ab 1486) erweist sich als Sonderfall. Die Aufnahme von Pfalzgraf Ruprecht als Erzbischof, dessen durch die Erblandsvereinigung zunächst eingegrenzte Stellung durch die Einflußnahme von Kurfürst Friedrich dem Siegreichen von der Pfalz auf die kölnische Politik zum Nachteil des Rates ausgebaut werden konnte, mündete in den Neusser Krieg und schließlich durch Eingriffe der Reichsgewalt zu einem kaiserlich regulierten Landesvertretungsmodus. Die Stände gewannen – zum wiederholten Male – politisches Handlungsvermögen, weil die Landesherrschaft ausgestaltet war. Erst nachdem der Administrator Hermann von Hessen konfirmiert war (1479), verschob sich diese Struktur wieder zugunsten der Landesherrschaft, und um 1500 bestimmte der Landesherr in der kurkölnischen Politik wieder uneingeschränkt vom Rat und ständischer Mitsprache Initiative und Perspektive. Aus administrativer Stabilisierung und territorialer Integrität folgte ein dynastisch bestimmter persönlicher Regierungsstil, indem sich weltliche und geistliche Fürsten kaum mehr unterschieden.

III. Regionen

Die Beispiele aus der Sektion „Regionen“ geben Einblick in Genese und Verfassung räumlicher Verflechtungen. Eine Hauptbedeutung kommt hier den Stadt-Umland-Beziehungen zu, wo Verschiebungen in der Agrar-, Gewerbe- und Handelsstruktur teils komplementär, teils konkurrierend zu herrschaftsintensivierenden Eingriffen in den Raum wirken, also regionale Identitäten und flächenstaatliche Integration nebeneinander treten. Eine inhaltliche Diskussion über den Begriff „Region“ im späten Mittelalter, unter dem hier historische Landschaften, Stadt-Land-Beziehungen und Teilterritorien zusammengefaßt wurden, unterblieb im einzelnen. Eine moderne Terminologie spiegelt damit auf ihre Weise, was im zeitgenössischen Quellengut ebenfalls vieldeutig als „patria“ bezeichnet wurde: räumliche Einheit und Identität.

Die „schubweise“ Ausgestaltung des Zentralstaates durch Gesetze und zentrale Institutionen in den Niederlanden beobachtet aus dem Blickwinkel der Regionen *W. Blockmans*. Danach ist die Bereitschaft in den Teilterritorien und Metropolen zur Integration in einen Zentralstaat stark minimalisiert, zumindest für die Zeit vor der Herrschaft Philipps und auch danach. Die Herrschaftskrise seit 1477 im Blick zeigt *W. Blockmans*, daß ausweislich er Auflehnung gegen eine Inkorporation nach Frankreich und gegen die Herrschaftspläne Maximilians I. die Städte Flanderns, bedingt auch Brabants eine eigene, entgegenstehende Staatsauffassung aus der Tradition ihrer Privilegien behaupteten und zu halten bestrebt waren. Ihre Elemente hießen: Integrität der Territorien, eigene Gerichte, eigene Sprache und Ständeversammlung sowie dezentrale Verwaltung. Der Zentralstaat, der sich in einem Zentralgericht und einer zentralen Rechnungskammer ausbildete, fand in den Provinzialständen, die teils im 14. Jahrhundert bereits wirksam waren, Widerspruch, da sich die Stände insbesondere einer Vereinheitlichung der Gerichtsbarkeit widersetzten. Gerade in den Provinzialgerichten festigte sich eine antizentralistische Einstellung, aufgerichtet durch die dem Territorium entstammenden Richter, die Pflege der Landessprache und durch Zugeständnisse der Zentralregierung an innerstaatliche Differenzierung infolge verlangter Beteiligung an der internationalen Politik der Herrschaft. Der Prozeß staatlicher Unifikation verlief auf dieser Grundlage schubweise und unterschiedlich und wurde allgemein gehemmt durch die vorgegebenen ökonomischen, politischen und sozialen Strukturen in den Regionen. Ländliche Regionen (Geldern, Luxemburg), wo infolge der Adelsrivalitäten eine geringere politische Konzentration vorgegeben war, gliederten sich schwieriger in den Gesamtstaat ein als städtisch verdichtete Gebiete. Städte waren als „Netzwerke" (Einheitssprache, regulierter Umgang im Wirtschaftsverkehr) organisiert und auch bereits in eine Rangordnung gebracht. Diese Systeme brach der Staat durch seine Regeln (Diplomatie, Münze, Rechtsordnung) und untergrub insbesondere durch Forderungen der Kriegspolitik die wirtschaftliche Situation der Städte, wodurch – augenscheinlich – die Expansionspotenz des Staates wiederum gebremst wurde. Zumal die Städte fanden bei aller Abwehrbereitschaft gegen den Zentralstaat in der zweiten Hälfte des 15. Jahrhunderts aber zu keinem koordinierten Widerstand. Dieser blieb immer ein Einzelunternehmen zur Sicherung eigener städtischer Rechte. Dem politischen Machtverlust der flandischen Städte schließlich stand nach 1500 das verstärkte politische Gewicht der Städte in Brabant und Holland gegenüber. Dieses städtische Element wirkte in den Aufständen des 16. Jahrhunderts weiter.

Wie sehr dieser Prozeß regionaler Identitätsbildung mit politischer Stabilisierung durch Veränderungen auf der Ebene des Reiches bedingt wurde, belegt nach den Ausführungen *H. G. Walthers* der Weg Basels zur Mitgliedschaft in der schweizerischen Eidgenossenschaft, der in seiner „Schlüssigkeit" als ein Exempel neuer Identitätsfindung aus politischer Desintegration erscheint. Basel, königsfern und in Randlage vollzog als freie Stadt aus seiner (unklaren) Verfassungssituation die „Reichsentflechtung“, weil dieses Reich eben in seinem (traditionellen) heilsgeschichtlich universalen Rahmen nicht mehr fortbestand. In dieser Stadt waren anbetracht des an der Baseler Universität entwickelten „Reichsbildes“ des Peter v. Andlau die Änderungen im politischen Bezugsgefüge des Reichsreformkurses in der zweiten Hälfte des 15. Jahrhunderts nicht mit vollzogen worden. Basel nahm dann die Separation aus dem Reich (1501) vor, als infolge der Burgunderkriege eine Differenz um die Gehorsamsleistung der Stadt gegenüber dem Kaiser wuchs und sich ihre finanziellen Leistungen für das Gemeinwohl des Reiches nicht mehr am Nutzen der Stadt bestimmen ließen. Basel wie auch die Eidgenossenschaft insgesamt wollten letztlich aus dem Reich alter Prägung nicht ausscheren. Eben dieses Reich diente doch als Legitimationsgrund der politischen Separation. In seiner Bindung an die nachbarschaftliche und neu sich formierende Region der Eidgenossenschaft erscheint Basel als „Opfer“ staatlicher Neuformierung des Reiches.

Welch beträchtliches Integrationspotential spezifisch eine geistliche Grundherrschaft für die Entfaltung städtischer Territorialpolitik aufweisen konnte, beweist *Ch. Köppel* in der Darlegung der ökonomischen Reorganisation und Umstrukturierung der Grundherrschaft des Fraumünsterstifts in Zürich nach der Krise des Züricher Stadtkrieges. Erkennbar rational/ökonomisches Handeln reflektierend führen Kapitalinvestitionen, Anbau von Spezialkulturen (Wein) und Umstellungen auf Teilpachtbasis zu einer sozialen Differenzierung innerhalb der dörflichen Bevölkerung und zur „Mikroregionalisierung“ nach Produktionsgütern (prosporierender Rebbau in den Seegemeinden, Getreideanbau im Hinterland). Parallel drängte die Stadt zur Konsolidierung ihrer Herrschaft auf das Land und suchte regionale Identität zu begründen, so daß einerseits soziale Abgrenzungsprozesse und obrigkeitliche Homogenisierungsbestrebungen andererseits vor Ort kollidieren und insbesondere die Bauern der prosperierenden Seegemeinden gegen die städtischen Zentralisierungsbemühungen protestierten. Derartige Spannungen konnten bei der Analogie von Grundherrschaftsführung und städtischer Territorialpolitik aufgefangen werden, weil in den stadtherrschaftlich-staatlichen Integrationsprozessen die durch das Stift und seinen Kulturraum erhaltenen integrativen Kräfte (Normen) mitgenutzt werden konnten. Dieses Beispiel zeigt die tragende Bedeutung der kulturellen Sphäre für die Ausbildung von Identitäten und zugleich von staatlichen Einheiten. Das hier grundlinienhaft entwickelte Bedingungsgefüge von Staat, Kultur und Kirche, das mit den Auswirkungen der Reformation erst den Staat vollends in die Vorderhand brachte, zeigt auch, wie traditionelle Strukturen ebenso wirksam für staatliche Herrschaftsintensivierung zu nützen waren wie moderne.

Ebenfalls aus der Sicht der Stadt beobachtet *R. Kießling* eine Regionalisierung in Gewerbe- und Handelsstrukturen Schwabens und bringt diesen Prozeß deutlich in Relation zu landesherrschaftlichen Integrationsbemühungen in einem herrschaftlich vielfältig (selbständiger Ritteradel, Klöster) gegliederten Raum.

Die hier zahlreichen Städte erfuhren unbeschadet der politischen Niederlage im Städtekrieg von 1388 erst gegen Mitte des 15. Jahrhunderts einen wirtschaftlichen Niedergang, worin ein Differenzierungsprozeß in Gang gebracht wurde, der die Hierarchie zentraler Orte (Augsburg) mit verstärkter herrschaftlicher Gebotsgewalt, Umlandpolitik, Marktregulierung und gewerblicher Spezialisierung (Loden) an einzelnen Orten bewirkte und dabei insgesamt das bestehende räumliche Beziehungsgeflecht intensivierte. Parallel dazu überwanden auch Klöster und Ritterherrschaften ihre Wirtschaftskrise durch Intensivierungen im Agrarbereich (Wiederansiedlung, Rodung, Leibherrschaft), wobei dem Abbau kommunaler Autonomie das (moderne) Ordnungsmodell der Einheit von Stadt und Land zugrundelag. Dieser Trend zu einer einheitlich herrschaftlichen Zentralisierung des gesamten Raumes in einem Territorium unterblieb oder schlug hier nicht vollends durch. Die Überschneidung von Territorialgrenzen mit großräumigen Markt- und Produktionsstrukturen, die insbesondere die Reichsstädte zur Absicherung ihrer Versorgung und Produktion von Halbfertigwaren (Textil, Holz) ausbildeten, ließ einen Zwang zu regionaler Wirtschaftkooperation wachsen. Derartige Strukturbildungen korrespondierten mit einer teilweisen Angleichung der patrizischen Oberschichten der Städte, die neben Verflechtungen im Fernhandel und infolge ihrer Umsiedlung auf das Land, Rentnerdasein, eine Aristokratisierung über den Niederadel vornahmen. Die Geschichte der Fugger ist soweit keine Ausnahme, sondern nur ein Fall einer Sonderexistenz zwischen Stadtbürgertum und Landadel. Innerstädtisch blieb die Situation insgesamt labil. Und Widerstand gegen die städtische Territorialpolitik ereignete sich unter anderem in Memmingen aus denselben Gründen wie in Zürich: Ablehnung obrigkeitlicher Steuerforderungen.

Städte und Herrschaften zeichnete in ihrer Regionalbindung entschieden kein negatives Reichsbewußtsein aus, ihr Weg wurde nicht durch das Beispiel Basels bestimmt; die geographische Lage war hier wohl mitentscheidend. Wirtschaftliche Verflechtungen und nachbarliche Kooperation regionalisierten vielmehr aus gesteigerter Verflechtung und Kommunikation auch die politische Handlungsperspektive, so daß dieser Raum im Schwäbischen Bund und seinen Rechtsorganen (Bundesschiedsrichter) eine opportune institutionelle und informelle Klammer regionaler Identität schließlich auch im Konsens mit übergeordneten wie angrenzenden Herrschaftsträgern fand. Die Absicherung regionaler landschaftlicher Strukturen durch rechtlich begründete Institutionen zeigt insoweit deutliche Parallelen zur Regionenbildung und Sicherung in den Niederlanden.

Für die Gesamtheit der italienischen Halbinsel erbrachte der expansionistische, zentralistische „Kirchenstaat“ kein Identifikationsmodell, auch wenn die norditalienische Bevölkerung merklich nach Rom einwanderte, Rom als Metropole bestach und als Zentrum internationaler Pilgerströme anwuchs. Nach *A. v. Müller* florierte in der politischen Ordnung und Gedankenwelt zumal der oberitalienischen Kommunen (Mailand, Venedig, Florenz, Genua, Siena) eine nationale Ideologie (Libertas Italiae, Gens Italia, Patria), die durch eine Spannung von Einheit und Freiheit gekennzeichnet erscheint. Als dynamische Zentren eines allgemeinen Regionalisierungsprozesses erweisen sich jetzt im Unterschied zu Mailand, dessen Expansion nurmehr ökonomisch integrierend wirkte, Florenz und Venedig, die ihre politische Autonomie und Herrschaft über das Umland bereits im 14. Jahrhundert dauerhaft begründet hatten. Herrschaftsintensivierung schritt hier politisch-kulturell voran und ließ die städtische Führungsschicht dominieren, die ihre Politik danach ausrichtete, das Trauma der Ciompi-Herrschaft abzuwehren. Die Hierarchie der Stadt über das Umland spiegelt sich in der veränderten Gestaltung der verschiedenartigen Stadtprozessionen und Stadtfeste, die im rituellen Ausweis eines einheitlichen Kulturraumes von Stadt und Landgebiet herrschaftlich-integrative Funktionen erfüllten und dabei ihren ursprünglichen Charakter von teils Tribut- und Geschlechterprozessionen verloren. Das Zeremoniell bot Gelegenheit, die desintegrative Wirkung der Korporationen aufzuheben und ein Wir-Gefühl in der Faszination der Region an der Stadt in der kommunikativ-visuellen Umsetzung von stadt-, heilsgeschichtlichen Themen und schließlich antik-humanistischen Triumphzügen zur Zeit der Medici zu vermitteln. Dabei erwiesen sich auch die überregionalen (nationalen) Identitätsmuster wie „Freiheit", „Republik", „Humanismus" tatsächlich als Verstärker des regionalen Integrationsprozesses, wo – wie in Venedig – Freiheit als Programm der Einheit vertreten wurde.

Eine andere, aber nicht weniger festigende Qualität zeichnet den mährischen Regionalismus im Verband böhmischer Großherrschaft aus.

Bei *J. Valka* steht im Mittelpunkt die staatsrechtliche Zuordnung Mährens zu Böhmen und der Umbau des vormaligen Lehnsverbandes zu einer ständischen Konföderation nach der Zeit der hussitischen Revolution. Anders als in Böhmen wurden in Mähren die Barone und nicht die Städte zum dominierenden Faktor. Sie lehnen eine Lehnsuntertänigkeit unter die böhmischen Stände erfolgreich ab, akzeptieren freilich die Einheit eines Gesamtstaates unter der Krone Böhmens. So wird eine ehedem vertikale Bindung jetzt durch eine horizontale Bindung ersetzt, indem bei einem bis gegen Ende des 15. Jahrhunderts währenden Abschließungsprozeß die mährischen Stände ihren eigenen Landtag und Landeseinheit trotz Glaubensspaltung behaupten. Der auch wirtschaftlich prägenden Nachbarschaft und phasenweisen Einbindung Mährens in größere Herrschaftskomplexe der Könige von Ungarn und der Herzöge von Österreich mit Erscheinungen von Doppelherrschaften und Interregna steht eine fortschreitende „Bohemisierung" gegenüber, die zusammen dem traditionellen Landesbewußtsein in Mähren keinen Abbruch taten.

IV. Personenverbände

Das Verhältnis von Gesellschaft und institutionalisiertem Staat, der verschiedenen kollegialen Repräsentationsformen zu einem monarchischen Zentralismus wurde in der Sektion „Staaten" bereits formuliert, freilich aus der Sicht der Zentrale. Daß die in der politisch-theoretischen Literatur gerade Frankreichs postulierte Gefährlichkeit der Einberufung der Generalstände für das Königtum keine Desintegration der Stände gegenüber dem Gesamtstaat bedeuten mußte, zeigt *N. Bulst* an der gleichsam „königsnahen" Praxis der Versammlung der Provinzial- und Generalstände in der zweiten Hälfte des 15. Jahrhunderts. Wie die Stände eher nur einen anderen Weg der Integration in einer geradeso tragfähigen Alternative nationalen Interessenausgleichs gegenüber dem Modell des monarchischen Zentralismus verfolgten, belegt *W. Eberhard* im Nachweis konsensstiftender „Stabilisierungskonflikte" zwischen gesellschaftlichen Gruppen in Böhmen. Ein Terminus, der in seiner bipolaren Qualität die Strukturprobleme der Zeit um 1500 treffend charakterisiert.

In Frankreich *(N. Bulst)* war die Situation dadurch geprägt, daß das Königtum das ausschließliche Recht zur Einberufung der General- und auch der Provinzialstände behauptete. Die statistisch nachweisbar ansteigende Frequenz der Generalständeversammlung in der Zeit zwischen 1420 und 1560 beruht dann auch weniger auf einer Schwäche des Königtums, weil die Mehrheit der Delegierten dieser Versammlungen als königliche Amtsträger handelten. Da das Königtum zudem das Versammlungs- und Einberufungsrecht beider Ständeversammlungen beinahe widerspruchslos behauptete, gerieten diese Vertretungen zu einer Durchsetzungsebene herrschaftlicher Interessenpolitik und gewährleisteten eine technisch-kommunikative Zusammenarbeit zwischen beiden Seiten. Das so gestärkte Königtum griff auf die Generalstände vorzugsweise zur Sicherung von Gemeinschaftsaufgaben (Friedenssicherung) zurück. Hier wie auf der Ebene der Provinzialstände, die in der Verwaltung, insbesondere bei der Steuererhebung, über Mitspracherechte verfügten und sich auffälligerweise in den Randprovinzen im Unterschied zum Zentralland erhielten, führte ein Festhalten an partikularen Interessen so bestenfalls zu einer gesteigerten Konkurrenz, doch wuchs diese nicht zu einem Widerstand gegen die Monarchie aus. Vielmehr verstand es das Königtum als eine Art übergeordneter Schiedsrichter zwischen den ethnisch, ökonomisch, kulturell begründeten Partikularerscheinungen der Regionen ausgleichend zu wirken und ein funktionales Zusammenwirken zwischen Königtum und Ständen zu steuern.

In Böhmen *(W. Eberhard)* führte das seit den Baseler Kompaktaten währende Ringen um Absicherung der Gewinne der hussitischen Revolution (Entmachtung der Geistlichkeit, ökonomische Gewinne für Adel und Städte) zu einer innergesellschaftlich labilen und noch nicht institutionell verfestigten Machtbalance. Nicht die jeweiligen Ständekorporationen, sondern die Konfession erwies sich hier als eine der „elementarsten“ politischen Integrationsgrundlagen. Der Kuttenberger Religionsfrieden von 1485 (Anerkennung individueller Religionsfreiheit, gemeind- statt obrigkeitliches Konfessionsprinzip) relativierte im Ausgleich zwischen Katholiken und Utraquisten das bisherge oberste Kriterium der Gesellschaft und stellte die Integrität des Landes, die Einheit, das Gemeinwohl des Landes, der Landesgemeinde obenan. Die Konflikte, die danach um institutionelle Absicherung (Rekatholisierungsprozeß durch Teile des Adels, Ausbildung der Brüdergemeinden) einsetzten und von der Forschung plakativ als „Chaos“ umschrieben sind, erweisen sich dadurch als Stabilisierungsprozeß, daß eine Gruppenintegration auf der Ebene von Wirtschaftsinteressen, Konfession und der Stände politisch einsetzte, wobei die Landesgemeinde immer wieder Konsens und Integration erkämpfen mußte und ein solches Prozeßergebnis zwangsläufig neue Widerstände initiierte. Derartige Konfliktprozesse werden als notwendig in der Struktur des Ständestaates angesehen. Sie erweisen sich als konstitutiv für ein integrierendes Wir-Gefühl, das zugleich aus einer politisch bedingten Abwehr und Verteidigungshaltung mit getragen war. Das Königtum als solches bildete in Böhmen zu dieser Zeit keine Potenz staatlich-nationaler Integration. In diesem „von unten“ getragenen Integrationsmodell der Landesgemeinde ist letztlich begründet, daß zwar im Konsens der Stände Ferdinand von Habsburg (1526) zum König gewählt wurde, diese aber zugleich den habsburgisch-autokratischen Königsstaat als Gegenmodell einer Integration „von oben“ in Aufständen wiederholt ablehnten.

Die mehrfach bereits genannte Mediatisierung von Klöstern und Bistümern als ein probates Mittel landesherrlicher Interessenentfaltung betrachtet *G. Fouquet* aus der Perspektive familiärer Adelsverbände. Er macht deutlich, daß der Weg des Ritteradels am Stift Speyer seit dem ausgehenden 14. Jahrhundert nicht in Machtverlust und Domestikation verlief, sondern sich hier eine regionale Adelsgruppe nach Binnendifferenzierung und Interessenbalance als sozial abgestufter Führungsverband gegenüber der Landesherrschaft behaupten konnte. Um 1500 stellte sich hier – im Gegensatz z. B. zu Trier oder Würzburg, wo es aus einem Überangebot von Pfründenbewerbern zu destabilen Innenverhältnissen kam – so eine krisenarme Situation dar, da die Praxis der Besetzung der Stiftsstellen abgestützt war durch entsprechende Partizipation des Adels am Heidelberger Hof. Der kurfürstliche Hof wurde seit 1400 zum wichtigsten Integrationszentrum des ritterlichen Personenverbandes. Dies und finanzielle Bindungen zwischen Adel und Landesherrschaft begründeten auch in politisch schwierigen Zeiten ein wirksames pfälzisch-wittelsbachisches Wir-Gefühl, mit dem dieser Adel zum „Mitherrschaftsstand“ wurde. Findet sich in dem Integrationspotential des Fürstenhofes gleichsam eine europaweite Struktur und lassen sich auch soziale Techniken (Nepotismus, Patronage, Konnubium) der Zugangsicherung für den Adel zu neuen Funktionen erkennen, so wird hier noch in der abgesicherten Verbindung von Hof und Stift eine ältere soziale Versorgungspraxis für den Adel innerhalb von Staat und Kirche greifbar. Solchermaßen stehen traditionelle Strukturen und Modernisierung nebeneinander. Erst die „Konfessionskrise" des 16. Jahrhunderts gefährdete dieses Integrationsmuster. Als „Opfer" dieser Art Integration finden sich ejne, die nicht als Klientel in diese Adelsclique Aufnahme fanden, die den Gesetzen ihres sozialen Mobilitätsmodells nicht entsprachen, z. B. die gelehrten Räte bürgerlicher Herkunft.

Wie *K. Schulze* darlegt, kam es für die Handwerksgesellen ausgangs des 15. Jahrhunderts, nachdem sie in einem konfliktreichen Beziehungsgefüge zwischen Stadt und Zunftorganisation gestanden hatten, mit der Bildung und Anerkennung eigenständiger Gesellenverbände zu einem markanten Wandel, mit dem die Integration großer Gesellengruppen (Bäcker, Schneider) die vorhergegangene Praxis kommunaler Verbote und Zwangsaufsichten ablöste und diese Gruppen ihre bis dahin typische regionale Organisationsstruktur (stadtfern!) veränderten. Was als soziale und ökonomische Integration der Gesellen in den städtischen Sozial- und Gewerberaum erscheint (Anerkennung von Trinkstuben, Altarstiftungen) erwies sich als Element sozialer Kontrolle und schuf ein abgegrenzt reguliertes Nebeneinander (Herberge wird Arbeitsvermittlungs- und Registrierungsstelle). Demgegenüber lassen die in einem parallelen Trend entstandenen sogenannten „geschenkten Handwerke", zumeist kleinerer (Spezial-) Gewerbe (Kürschner, metallverarbeitende Gewerbe) mit Anbindung an Reichs- und Messestädte eine konkurrierende Integration erkennen, da sie beanspruchten, organisatorisch alle Gebiete deutscher Zunge zu umspannen. Bewußt gegen Tendenzen städtischer Obrigkeits- und territorialstaatlicher Gewerbepolitik, die gerade in der Markgrafschaft Baden 1486 in einem Landesgesetz erstmals formuliert wurde (einheitliche Gewerbeordnung, Zunftorganisation über Stadt- und Dorfhandwerk, staatliche Gewerbe- und Handelsförderung), behaupteten sie eine sprachraumgebundene Organisation, die begleitet und geprägt besonders bei den Handwerken in Südwestdeutschland aus einem starken Selbstbewußtsein nationaler Abgrenzung (Welschenfeindlichkeit) und moralischer Besserung (Ehrlichkeit, Redlichkeit, Ehelichkeit) wuchs. Die Stärkung der nationalen Identität, die Ausweitung der „deutschen Zunge", förderte sprachnationale Abgrenzungstendenzen und wurde dabei verstärkt durch eine aus anderen Ursachen begründete Rückwanderung deutscher Handwerker aus Italien und Frankreich. Die Weltoffenheit des mittelalterlichen Handwerks wurde solchermaßen deutlich realitiviert. Die erkennbar gegenläufigen Integrationsprozesse zeigen insgesamt Wandlungen an, nicht Einschnitte, die am Oberrhein erst gegen Ende des 16. Jahrhunderts wirklich zu spüren sind. Nationale Organisationsformen und die um 1500 typische Territorialpolitik bürgerlicher wie adelig-fürstlicher Provinienz mit entsprechender Gewerbepolitik (vgl. Rösener, Kießling, von Müller, Blockmans) lassen konkurrierende Muster der Stabilisierung in Gesellschaft und Staatsaufbau erkennen, wobei freilich der Zentralstaat die Oberhand zu gewinnen suchte (vgl. Reichspolizeiordnung 1530). Beide Integrationsprozesse waren durch wirtschaftliche Momente bestimmt.

R. W. Scribner grenzt Integrations- und Widerspruchsprozesse erklärtermaßen deutlich ab und führt an gesellschaftlichen Erscheinungen von Antiklerikalismus in der Zeitspanne zwischen 1480 und 1580 Strukturen nicht vollendeter sozialer Integration von Priestern und Pfarrern aus. Antiklerikalismus wird als gesellschaftliche Reaktion auf die dargelegte soziale, sexuelle und sakrale Macht der Kleriker verstanden, die auch der protestantische Pfarrer ebenso erhielt und ausübte wie ehedem der katholische Priester, so daß drei Phasen in der Erscheinung des Antiklerikalismus erkennbar werden: 1480–1520: Generation der Krise, verkehrte Welt; 1520–1550: Auflösung und Reformation; 1550 bis 1580: Festigung eines neuen Klerikalismus. Die Reformation hatte die Machtmittel der Kleriker (Sakramente, Benediktionen) nur zum Teil aufgehoben. Eine vollständige Integration in den Gesellschaftskörper unterblieb, mußte unterbleiben, weil die Spaltung der Wirklichkeit in einen sakralen und profanen Bereich, die die Macht der Kleriker eigentlich begründete, seit dem Mittelalter unverändert bestehen blieb und die offenkundige „Glaubwürdigkeitslücke" zwischen dem Anspruch geistlicher Personen und ihrem Sozialverhalten im Alltag schließlich in einem pragmatischen Umgang der Laien mit dem Kleriker und ebenso den Magiern überbrückt wurde. Solchermaßen wurde in den verschiedenen Zeugnissen von Antiklerikalismus keine Verzögerung im Vollzug reformatorischen Integrationsimpulse gesehen, sondern eine Parallelität von Pfaffenhaß und Angewiesensein auf Priester/Pfarrer als „Weltordner" verdeutlicht, die eben keine Integration zuließ, sondern nur zu einem Miteinanderleben in einem ständigen Reibungsverhältnis führte. Der Wille zur Reform ist dennoch um 1500 trotz Pfaffenhaß unverkennbar und er führte schließlich auch zu verstärkter Integration, aber diese blieb eben nicht ohne Widersprüche.

V. Christenheit

Die Universität Löwen (gegründet 1425) im Blick widerlegt *H. de Ridder-Symoens* die allgemeine These einer Krise der Universität um 1500. Die Blüte Löwens gerade zu dieser Zeit wird begründet mit ihrer frühzeitigen Öffnung für den Humanismus, der in dieser Universität ein Zentrum erhielt (Erasmus von Rotterdam) und somit auch außerhalb der südlichen Niederlande Anerkennung fand. Die Existenz einer gleichsam „nationalen" Universität hielt die Niederländer freilich nicht von ausländischen Studienaufenthalten ab. In Ausschöpfung umfangreicher Quellen – nicht nur der Universitätsmatrikel – läßt sich ein regional gegliedertes wie international nach Fachdisziplinen unterschiedenes Wanderungsverhalten der niederländischen Studenten erkennen, wobei sich in den südlichen Regionen aufgrund größerer Städtedichte und wohl besserer Vermögenssituation um 1500 eine größere Dynamik zeigt. Nach der Gründung Löwens wurden die Artes-Studia in der Regel innerhalb des Landes abgeschlossen, hingegen machten mehrheitlich nurmehr noch die sozial schwächer gestellten Studenten auch hier ihren Abschluß. Studenten aus finanziell besser gestellten Sozialgruppen zogen zumal verstärkt um 1500 einem allgemeinen Trend folgend eine akademische Reise vor und frequentierten jetzt Orléans (Jura) und Montpellier (Medizin) stärker als zuvor. Bei unverändert hoher Frequenz blieb Paris als Studienort attraktiv; jedoch wurde die Verweildauer kürzer, also der Aufenthalt mehr ein touristischer Kulturbesuch denn ein Studienaufenthalt. In Italien lag zunächst Bologna in der Frequenz vorn, schließlich stellte sich Ferrara in der Zeit der Este-Dynastie besonders ausländerfreundlich dar und wurde dabei mehr und mehr als reine Promotionsuniversität besucht. Die Studenten der südlichen und östlichen Niederlande bevorzugten mehr als jene aus den westlichen Niederlanden Universitäten im Reichsgebiet, so der Universität Köln, aber auch Rostock, das auf dem Seeweg besucht wurde. Ausgesprochene Vorliebe erfuhr aber jetzt die Universität Heidelberg (Kleriker, Artes-Studien), die auch nach der Reformation (neben jetzt Basel, Genf, Marburg und Wittenberg) starken Zustrom erhielt. In der Gesamtphase zeigt sich um 1500 ein vermehrter Anteil von Laien unter den Studenten und zum anderen eine merkliche Steigerung der Wanderungsbereitschaft der europäischen Jugend nach Frankreich und nach Italien. Solcher Internationalismus erweist sich als abhängig von bestimmten Fachpräferenzen an einzelnen Hochschulorten und dort ansässigen gelehrten Persönlichkeiten. Erst im 17. Jahrhundert gerät solches Reisen dann verstärkt zur Kavalierstour.

Bildungsintensivierung schlägt sich nicht nur im Wanderungs- und Ausbildungsverhalten, sondern entsprechend auch in sozialer Mobilität von Akademikern nieder. Teils bedingt durch neue Regeln (Stiftsstatuten) sind in der zweiten Hälfte des 15. Jahrhunderts nach lokalen Quellen bis zu fünfzig v. H. der Kanoniker universitätsgebildet; die Kirche stellte die höchste Nachfrage nach Akademikern, vor allem nach Juristen. Daneben drangen über das 16. Jahrhundert ansteigend Akademiker in die Zentral-, Regional- und Lokalverwaltung und ins Gerichtswesen vor. Professionalisierung führte zur Entstehung von Funktionseliten, die sich in der Kummulation von Ämtern (Schöffen etc.) auch durch entsprechende soziale Bindungen etablierten und in ihrer Mentalität dabei den Zentralismus abstützten. Intensivierter internationaler Kommunikation stand solchermaßen soziale Abgrenzung und Elitenbildung gegenüber.

Zu einem politisch-diplomatisch wie militärisch gleichermaßen zentralen Konflikt geriet in der zweiten Hälfte des 15. Jahrhunderts die Bedrohung der Staatenwelt Mitteleuropas durch die Expansion des osmanischen Reiches. In der Kirchenpolitik, der Reichsreformdiskussion wie auch der deutsch-französischen Rivalität spiegelt sich diese Bedrohung gleichermaßen. Die Großherrschaftsbildung der Dynastie der Jagiellonen in Polen/Litauen/Böhmen/Ungarn ist von diesem Ereignisfeld nach den Darlegungen von *K. Baczkowski* in besonderer Weise betroffen gewesen. Hier wirkte diese Bedrohung von außen weniger auf die einzelnen nationalen innerherrschaftlichen Strukturen, sondern sie beförderte in erster Linie die Integration dieses Dynastieverbandes in das international-europäische Mächtesystem. Die Aufrichtung und Integration zu einem Reich dieses sowohl mehrkonfessionellen wie auch von unterschiedlichen Verfassungsstrukturen (Böhmen, Ungarn Wahlmonarchien) gekennzeichneten Herrschaftsverbandes gründete zuerst in dynastischen Ambitionen und nur teils in kongruenten Bestrebungen der politischen Nationen (Stände). Die „Außenpolitik" der jagiellonischen Dynastien bestimmte sich phasenweise nach der Aktualität der osmanischen Expansion und – aus polnischer Sicht – aus der Thronpolitik für Böhmen und Ungarn. Das politische Konzept einer expansiven „Reichsbildung" hieß nicht Aufrichtung einer Union unter einem Zepter, vielmehr bezweckte die Politik eine Herrschaftsaddition als Versorgungsbasis der Mitglieder der Dynastie. Diesem Ziel und innerdynastischer Abstimmung dienten bis kurz vor die Jahrhundertwende die sogenannte Familienkongresse (1494–1497), die eine kooperierende Abwehr zuerst gegen die Expansionspläne der habsburgischen Monarchen und dann erst der Türken verfolgten. Dabei gelang König Johann Albrecht von Polen die Eröffnung einer aktiven Bündnispolitik mit Frankreich (bishin zu familiärer Verfestigung). Das Muster französisch-habsbugischer Rivalität prägte sich ausgreifend hier fort. Auf dem (ersten) Wiener Kongreß von 1515 unter Sigmund von Polen manifestierte sich abermals eine jagiellonische Brudersolidarität gegenüber habsburgischen Expansionsplänen und zugleich fand man doch einen Weg der Versöhnung mit den Habsburgern. Das Aussterben der jagiellonischen Dynastie 1526 und der Erbantritt der Habsburger aufgrund älterer Verträge, machte die Türkenabwehr mehr denn je jetzt zu einer habsburgischen Aufgabe, deren Einlösung wiederum die politische Diskussion im Reich und das Verhältnis zwischen König und Ständen bestimmte. Daß der jagiellonische Staatenblock aufs Ganze gesehen schwerlich zu einer gänzlich identischen Interessenpolitik fand, gründete zuerst auf inneren Verfassungsbesonderheiten der Teile, insbesondere der Rolle der aristokratischen Gruppen. Gleichwohl fand innerhalb des Blocks auf unterschiedlichen Ebenen ein Austausch, auch Integration statt: internationaler Ochsenhandel, Tendenz der Begrenzung bäuerlicher und stadtbürgerlicher Rechte, Ausbau des Gutsherrschaftssystems, Übertragung des ungarischen Verfassungsmodells mit Folgen einer Stabilisierung der „Adelsfreiheit" in Polen, die Ausbildung Krakaus und seiner Universität zum kulturellen Zentrum und zum Vermittlungsort der Gedanken von Humanismus und Renaissance. Auf diese Weise festigte sich ein völkerschaftliches Gemeinschaftsbewußtsein und Wir-Gefühl, das die politische Epoche des jagiellonischen Europa überdauerte.

Vor dem Hintergrund grundlegender gesellschaftlicher Veränderungen des 14. Jahrhunderts (Krise des Adels) werden militärtechnische und taktische Veränderungen als Instrumente der Konsolidierung von *V. Schmidtchen* vorgeführt. In der Analyse verschiedener Schlachtenverläufe des 14. und 15. Jahrhunderts zeigt sich die Ausbildung der Gevierthaufen als eigentliche Neuerung, womit die militärische Initiative nicht mehr bei den Bogenschützen und Rittern lag, sondern bei dem überlegenen Fußvolk. Diese „Renaissance des Fußvolks" führte zur Ausbildung eines gänzlich neuen Kampfprinzips des „Alles oder Nichts" anstelle der Schonung des ritteradeligen Gegners, der exerzierten Disziplin, der Leistung im Kollektiv anstelle individueller Tapferkeit und Ehre. Zum grundlegenden Integrationselement dieser neuen kampftechnischen Verhaltensweise gehörte die landsmannschaftliche Zusammensetzung der Haufen, die gemeinsame Sprache, das Vertrauen in die militärische Führung. Neben und gegen den Gevierthaufen verlief die Entwicklung zum stehenden Heere, so wie es die Herzöge von Burgund und Könige von Frankreich durch Ordonnanzen und Kriegssteuererhebung mit der Konsequenz eines auf sie beschränkten Rechts der Kriegsführung begründeten. Die Struktur der Heere war um 1500 in Europa noch sehr uneinheitlich, und ebenso uneinheitlich verlief die Rezeption der neuen taktischen und technischen Wandlungen. Der Adel in Deutschland verschloß geradezu die Augen vor dieser Entwicklung. Maximilian I. schuf mit dem „Orden der frommen Landsknechte" ein Forum, um dem Adel die Distanz zu nehmen. Was sich im 15. Jahrhundert auf militärtechnischem und strategischem Gebiet veränderte, wurde im 16. Jahrhundert erst durch die verstärkte Nutzbarmachung zumal der Artillerie, die bis dahin eher nur spektakulär zum Einsatz gelangt war (Frankreich, Papsttum), in einer neuen Taktik und Epoche der Militärgeschichte weitergeführt. In diesem Strukturwandel erwies sich das Militärwesen in verschiedener Weise als ökonomisch intensivierend wie organisatorisch integrativ, insoweit die Aufrichtung (sprach-) nationaler landsmannschaftlicher Abgrenzungsmomente die Ausbildung der Feudalmonarchie zu monarchisch-zentralisierten Staaten stützte. Dabei bot dieser Wandel zugleich neue soziale Integrations- und Mobilitätsmuster: Offizierskarrieren, technische Eliten (Büchsenmeister). In bezeichnender Weise findet sich eine Wertschätzung des Militärwesens in der theoretisch-politischen Literatur der Zeit wieder (vgl. Ph. Contamine). Derartige Veränderungen forcierten zugleich einen ethisch-moralischen Normenwandel in der Gesellschaft und steigerten Aufgliederung und Rivalität innerhalb des zunehmend expansionistisch agierenden europäischen Mächtesystems. Die Einheit blieb nurmehr noch als Ideal im traditionalen Bild des Rittertums erhalten oder wurde als dynastische Denkkategorie aus mythisch-antiker Abstammung der Herrschergeschlechter literarisch idealisiert, was *G. Melville* darlegt, oder als politischer Stil des Herrschaftsanspruchs ritualisiert (vgl. A. v. Müller).

Nach *K. Schreiner* gestaltete sich durch allgemeine Verrechtlichung, formalisierter Verwaltungspraxis, intensiviertem Bildungsgeschehen, zunehmender Alphabetisierung und Lesebreitschaft in Schrift und ikonographischen Medien die Kommunikationssituation im 15. Jahrhundert allgemein dichter. Dabei trat eine widersprüchliche Situation zwischen volkssprachlicher Literatur und dem Latein als europäischer Bildungssprache aus unterschiedlichen Gründen zutage. Zunächst erfuhr Volkssprachlichkeit im Zuge von kirchenreformerischen Impulsen am Beginn des 15. Jahrhunderts einen Aufschwung und brach entscheidend mit der Tradition sozial abgegrenzter Öffentlichkeiten. Volkssprache wurde ein Mittel bewußter Volksbildung (vgl. Schulze, Blockmans) und politischer Information (vgl. Koller, Schmidtchen) und Zeitkritik (vgl. Scribner) und trug zugleich Abgrenzungseffekte nach außen. Im Zuge der Individualisierung der Gesellschaft wurden Sprache und Bildung zum Konfliktfall, als zumal Theologen die sacra scriptura oder Akademiker ihr Berufswissen gefährdet sahen und eine – nicht überall geteilte – Zensur- und Lesekontrolle einsetzte. Überregionale, volkssprachliche Kommunikation bleibt beschwerlich, wenn nicht, wie in Italien, eine Synthese von Volkssprache und Latein eintrat. Ausweitung erfuhren eigentlich die alten Sprachen im Zuge der Ausbreitung des international wirkenden Humanismus, wo derartige akademische Sprachpraxis und Literaturvorliebe einerseits eine internationale Kommunikation ermöglichte und förderte, aber mit der Bildung einer neuen Öffentlichkeit andererseits zur Ausprägung eines elitären Bildungsbewußtseins und sozialer Abgrenzung dieser Eliten führte. Die Intensivierung der Kommunikation in Sprache und Literatur erweiterte den kulturellen und auch politischen Aktionsraum, stützte einerseits Identitätsbildungen ab, aber andererseits ebenso soziale und ordnungspolitische Antagonismen.

Zu Zeiten gesteigerter individueller Frömmigkeit, gesteigerter nationaler Gegensätze und Bedrohung erfuhr das Pilgerwesen eine merkliche Ausdehnung und Differenzierung in einem: ein Netzwerk aus sich überlagerndem unterschiedlich motiviertem und organisiertem Fern-, Regional- und Lokalpilgertum entstand, wie *H. Kühnel* ausführt. In diesem Massenstrom ist für die zweite Hälfte des 15. Jahrhunderts zunächst das Entstehen und Aufblühen neuer Pilgerorte mit regionalem Einzug und teils lokaler Bedeutung mit der Ausprägung eines entsprechenden Identitätsgefühls typisch. Andererseits stützten wiederum Handelsbeziehungen auch die Anziehungskraft ferner gelegener Heiltumsstätten, wie es für Aachen besonders auffällig ist. International nahm vor allem der Adel, aber auch das Bürgertum, die Pilgerfahrt zu den heiligen Stätten in Jerusalem auf. Verschiedenartige integrative Elemente werden hier sichtbar. Die Ritterschaft vom Heiligen Grab funktionierte als ein soziales Aufstiegselement. Die zunehmenden adelig-fürstlichen Reisen wurden zwar zusehends als Prestigeunternehmen geschäftsmäßig gestaltet, doch erwiesen sich gerade die Repräsentationsfeste dieser Pilgergruppe als Symbole eines die sprachnationalen und ethnischen Unterschiede übergreifenden christlichen Wir-Gefühls der respublica christiana. Derartige Erlebnisse sind einerseits geprägt gewesen von dem Gefahrenelement der Bedrohung durch die Türken, führten andererseits aber auch zu einer offenen Haltung gegenüber fremden Völkern und zur Forderung nach einem toleranten Umgang. Christliches Wir-Gefühl äußerte sich vielfältig in Formen „optisch-publizistischer Öffentlichkeitsmittel“ (Wappen, Altartafeln, Reiseliteratur, Architektur). Kunst stiftete vermehrt christliche Identität. Solchen Identitätsbegründungen standen Praktiken gegenüber, in denen das Pilgerwesen degenerierte. Zuvörderst galt dies für die Folgen der als Richterspruch auferlegten Pilgerfahrten, wo es zu Ersatzbeauftragungen kam. Darüber hinaus, vor allem in den Niederlanden, kam es zu sozialer Abschichtung im Ansehen der Pilgerstätten, wie auch ein Mißbrauch der Pilgerzeichen in der Situation zunehmender Armut (Bettlerwesen), also aus sozialen Umständen um sich griff, oder diese zu teils sekundären Funktionen in der Volksmedizin oder zu abergläubische Praktiken benützt wurden. Während die Papstkirche in Rom durch heilige Jahre den Pilgerstrom zu ihren Gunsten zu leiten suchte (vgl. *B. Schimmelpfennig)* und Theologen um die Wundergläubigkeit intellektuelle stritten, erfüllte das Pilgerwesen nach Beleg lokaler Ereignisse um Wallfahrten (Regensburg, Würzburg) und individueller Gefühlserregungen verschiedenartige Ventilfunktionen für „aufgestaute“ soziale und politische wie auch seelische Spannungen. Die Suche nach Bezugspunkten zur Bewältigung des Dasein, der Not und Angst, wirkte als eine Triebfeder auf das Pilgerwesen, wobei das soziale und mentale Verhalten einer Identitätssuche im christlichen Wir-Gefühl als typisches Zeichen eines Wandels und auch einer neuen Krise verstanden wird.

Als Ausfluß christlichen Wirgefühls und mehr noch als Folge der intensivierten und laienbezogenen religiösen Bildungsbewegung (Katechismusliteratur, Beichtspiegel) erklärt *D. Harmening* jenen breiten sozialen Konsens, der im 15. Jahrhundert „Hexen“verfolgung möglich werden ließ. Nicht aus geschlechts- und berufsspezifischen Herleitungen, sondern als implizite Folge der Selbstvergewisserung über Inhalte des christlichen Glaubens und der Behauptung der Kirche als orthodoxe Heilsvermittlerin schritt eine Ausgrenzung der vormals hingenommenen Konkurrenz der Praktiken der Zauberinnen in einer veränderten theologischen Stimmung voran.

Für die Genese des dann für die inquisitorische Verfolgung bedeutsamen Zaubereibegriffs wird die Rezeption von Superstitionstopoi aus dem Früh- und Hochmittelalter heraus und eben die Übersetzung „super-stitio“ = „auf-secz“ dargelegt, nach der das Hexenbild des 15. Jahrhunderts aus historischen, heterogenen Elementen zusammengesetzt erscheint.

VI.

Übereinstimmungen in der Beurteilung über den Verlauf von Integrationsprozessen ergeben sich am deutlichsten im Bereich „Staaten“. So „den“ Staat als Gewinner der Krise auszuweisen, überrascht weniger, da doch bereits in der Analyse der spätmittelalterlichen Krise sich dieses „Ergebnis“ im Trend „mit unterschiedlichem Akzent" abzeichnete. Soweit Materialien und Faktoren behandelt werden, die mit „Staat" in Verbindung gebracht werden, ergibt sich das Bild von einem kompakten, ja stringenten und zugleich vielgestaltigen Prozeß der Integration zu flächenstaatlichen Einheiten. Diese räumliche Kategorie ist die eigentlich grundlegend neue. Als hauptsächliche Träger dieser Art Integration erweisen sich Monarchen, Päpste, Könige bzw. Landesfürsten. Die Integrationsleistung aber beschränkt sich nicht auf diese traditionellen Herrschaftsträger. Die Landstände gestalten jenen Prozeß eigenständig, bis konkurrierend mit. Der Trend zur Integration im Umschlag von der Reformdiskussion zu aktiver Veränderung durch Reform geht als allgemeine Absicht und Bereitschaft, „Ordnung zu schaffen", in der zweiten Hälfte des 15. Jahrhunderts tiefer, prägt Kleinstherrschaften wie auch bürgerlich-städtische Umlandherrschaft, schlägt sich in veränderten politischen, sozialen Normen wie auch Moralvorstellungen und Mentalitäten überall nieder. Das Integrationspotential und damit auch das Bedürfnis nach Integration stellt sich von Land zu Land verschieden dar. Der Prozeßverlauf erweist sich als abhängig von politischen, ökonomischen und sozialen Strukturen der einzelnen Herrschaftsteile, von vorgegebenen Identitäten aus traditionellen regionalen und überregionalen Bindungen. Wandel ist unverkennbar; dabei aber verlaufen institutionell-zentralisierende, territoriale Integration und soziale Integration nicht synchron. Das Verhältnis „Staat" – „Untertanen" bleibt bei wechselnden Ursachen daher konfliktträchtig. Integrationsprozesse kommen mitten in Europa um 1500 nicht zum Stillstand: Der Weg aus der Krise schloß Widersprüche auf und implizierte neue Krisen; er zeigt selbst in den nur exemplarischen Aussagen keine „Krisenperiode" mit einer inneren Verquickung der Krisenerscheinungen in Europa „um 1400" und den Krisenerscheinungen des weiteren 16. Jahrhunderts [3].

Hingegen zeigt sich, daß die aus den Krisenphänomenen heraus wirkenden Denkströmungen und Handlungsweisen das soziale, kulturelle und herrschaftlich-staatliche Ordnungsgefüge „um 1500" in eine vielgestaltige aber ebenso veränderte Wertigkeit der Wechselwirkung zwischen Integrationsleistung und Widerspruchsbereitschaft versetzen.

Wo liegen dann die Eigentümlichkeiten der Entwicklung, welcher Trend zeichnet sich ab? Die deutliche Veränderung zeigt sich im Blick auf die Landkarte, wo großflächige Farbeinheiten den grundlegenden Weg der Herrschaftsbildung weisen: die integrative Kraft der Dynastien. Die dynastische Legitimation – nicht ausnahmslos, aber im Trend – und das fürstliche Hausinteresse erweisen sich als die allgemeineren Mittel, größere Räume bei einer Herrschaft zu binden und

[3] Vgl. hierzu *Töpfer*, Bernhard u. Autorenkollektiv: Allgemeine Geschichte des Mittelalters. Berlin-Ost 1985, 445 f., die späteres Mittelalter und frühes 16. Jahrhundert nicht mit der Phase „Frühbürgerliche Revolution" verbinden, hingegen für den Übergang in der Mitte des 15. Jahrhunderts die „neue, zentralisierte Staatsform" ausweisen.

auf dieser Basis politische Kontinuität und Stabilität eines Landes zu begründen. Dazu gehörte der Krieg als Mittel der Sicherung eines nationalen Königtums, wie in Frankreich und Spanien, oder zur Beschneidung territorialer Separationsbestrebungen (Hzgt. Bretagne, Burgund), oder überhaupt traditionell autonomer Kräfte (Landadel, Städte) mit dem Ergebnis einer letztlich verstärkten Identifikation der Herrschaft mit dem Land. Da die Territorialstruktur der Herrschaft oftmals erst additiv gebildet ist (Kastilien – Aragón; Burgund-Österreich-Spanien; bayerische Teilherzogtümer) und das Regiment sich auf Personalunion gründet, stellt sich Landeseinheit als das operative politische Ziel in eigener Weise. „Hausideologie" und „Landesinteresse" verhalten sich teils kongruent (Frankreich, Württemberg), teils konkurrierend (Böhmen; Aragón).

Die andere Seite dieser Art Integration heißt Expansion. Integrationsprozesse, jeweils auf innere Herrschaftsstabilisierung gerichtet, verstärken zwangsläufig nach außen Abgrenzungseffekte, politisch, ökonomisch, ethnisch, kulturell. Herrschaftsintensivierung schafft so Distanzen zu Nachbarherrschaften, befördert räumlich-staatliche Gemeinschaftsbildung, stabilisiert Fremdenablehnung, prägt nationale Bestimmtheit (wohl noch nicht Nationalismus) und ruft solchermaßen rivalisierende Mächtekonflikte von neuer Dimension hervor. Kriege, interne wie externe, werden ein Mittel der Integration und zugleich der Abgrenzung. Sie verursachen dabei tiefgreifende gesellschaftliche Veränderungen. Das berittene Berufskriegertum wird verdrängt, Bürger und Bauern, das Fußvolk (Gevierthaufen) entscheidet mit neuem Bewußtsein die Schlachten zusehends – für wie gegen das Fürstentum. Die Situation der Verteidigung des eigenen Landes erzeugt Landesbewußtsein und eine neue Kampfmoral: die Vernichtung des Gegners. Neue Normen greifen Platz. Korpsgeist und Patriotismus ersetzen ritterlichen Edelmut und bezeugen eine Spur deutlicherer Brutalisierung. Strukturelle Veränderungen verursachen Kriege sodann durch technische und finanzielle Erfordernisse: Geldpolitik, Steuerforderungen, ökonomisch-technische Innovationen, Berufs- und Gewerbespezialisierungen. Die politisch-kriegerischen Möglichkeiten werden von Kapitalverfügungen abhängig. Fürstenhof und Bankhaus gehen vermehrt Interessenkoalitionen ein. Der Adel sieht in Expansionsgewinnen soziale Prestigeobjekte (Niederlande) und rückt – nach teils starkem Widerstand – in neue Funktionen in Ableitung dynastisch-staatlicher Dienste ein. Steuerforderungen, zumal wiederholte und die Praxis, Untertannenschaft per Erlaß zu bilden, zeigen im Land aber zugleich auch, wo die Grenzen liegen: Soziale Proteste gegen obrigkeitliche Steuererhebungen wachsen mit (Frankreich, Niederlande, Württemberg, Bayern). Soziale Widersprüche mehren sich.

Die Ausprägung einer zentralisierten, flächenstaatlichen Einheit erfolgt jeweils nach dem Herrschaftszustand durch Reformen, Institutionsbegründung und Rechtsmittel. Als das grundlegende Einstiegsinstrumentarium, mit dem in allen Vergleichsbereichen eine neue Qualität zentral bestimmter Herrschaftsorganisation mit spürbarer Effizienz bewerkstelligt wurde, erweist sich die Reform des

Gerichtswesens. Sie erfolgte auch aufgrund einer entsprechenden Erwartungshaltung in der Bevölkerung nach sozialem Frieden, wirtschaftlichem Erwerb und Sicherheit nach Phasen verschiedenster Krisen. Übereinstimmend ziehen die verschiedenen Schübe zur Neuorganisation des Gerichtswesens, zumal in Deutschland, eine vermehrte und spezifizierte Gerichts- und auch Kanzleischriftlichkeit nach sich. Von daher wird der Grad der Verschriftlichung und Schriftlichkeit zum Parameter der Modernisierung und Zentralisierung. Dabei erfolgt eine Modernisierung aber nicht uniform und auch nicht gleichzeitig in allen einzelnen Verwaltungssparten. Typisch erscheint, daß eigens neue Institutionen (Hof von Mecheln) sukzessive für die Erfordernisse der Zentrale errichtet werden und vermehrt für die Zentrale funktionieren (Pariser Parlament), ohne daß traditionelle dezentrale Einheiten schon aufgehoben werden. Das Beispiel der Niederlande belegt, wie das Wirken zentraler Institutionen zwar intensiviert, in einer Balancebewegung aber zugleich die Sicherung regionaler Identitäten gefestigt werden kann. Getragen ist eine derartige zentralisierende institutionelle Integration durch die neue Funktionselite: Juristen, allmählich mehr Laien als Kleriker, zudem aus dem Lande selbst stammend, die mit ihrem Selbstverständnis das Handeln der Zentrale nochmals verstärken. Die Praxis der Verwaltung wird darauf ausgerichtet, die Einheit des Landes organisatorisch durch Aufrichtung einheitsstiftender Rahmenbedingungen (Zölle, Steuern, Gewerbeförderung durch s. g. Landesordnungen) zu stützen und somit die Herrschaft zu stärken.

Das gerade Gegenstück zu den Niederländern zeigt sich in Frankreich. Hier erhält sich zwar eine Provinzstruktur im Unterbau der Nation, jedoch hatte die Monarchie es verstanden, aus regionalen Rivalitäten vermehrt den Vorteil der Zentrale durchzusetzen und das Ansehen der Monarchie über alles zu erhöhen. Neben dem Gerichtswesen (Rechtseinheitlichkeit) kommt dem Steuersystem grundlegende Bedeutung zu. In Frankreich und Spanien, wo die Monarchie an sich wie nirgend sonst gefestigt war, hat gerade das funktionierende Steuersystem intensivierend auf den zentralen Staat gewirkt. Daran gemessen, entwickelt sich in diesen Ländern auch ein ‚neuer' Staatsbegriff früher als in Deutschland.

Die Bürokratie findet in der Nähe des Herrschers, nahe seiner Residenz in der Hauptstadt, vornehmlich ihren Sitz. In Deutschland ist jetzt auch die Zeit mittelalterlicher Reisekönigsherrschaft vorbei, die Schriftlichkeit ersetzt merklich die personale Präsenz. Derartige Zentralen werden architektonisch herrschaftlich ausgebaut und sollen visuell Identitätsstiftung für den neuen Staat leisten. Die Hauptstadtbildung ist insgesamt weniger ein nationales Ereignis als vielmehr abhängig von dynastisch-familiären Umständen; wo eine dynastische Kontinuität fehlt, sinken selbst Residenzen reicher Fürsten zu nurmehr Provinzialverwaltungsstellen ab. Während Rom, anknüpfend an antike Traditionen, seinen Hauptstadtcharakter für die Universalkirche und das Papsttum verstärkt, wird in Mecheln gleichsam an neutraler Stelle ein funktionaler Mittelpunkt neu geschaffen. Mit der Forderung nach einer Hauptstadt in Deutschland als Teil eines kurfürstlichen Reformprogramms soll schließlich nur parallelisiert werden, was auf der Ebene der Territorialstaaten bereits vorgebildet war.

Ein weiterer Integrationsprozeß, in dem ebenfalls ein Anliegen der Reformdiskussion des frühen 15. Jahrhunderts praktische Bedeutung für die Herrschaftsintensivierung annahm, zeigt sich im Verhältnis Staat-Kirche/Konfession. Herrschaft beginnt sich von einer religiös-sakralen Legitimation zu lösen und nimmt im gleichen Zug doch verstärkten Zugriff auf kirchliche Institutionen, Dienste und Vermögenswerte (Landeskirchenregiment) aus einem Anspruch alleiniger Fürsorge/Wohlfahrt um das Gemeinwohl des Landes. Reformeifer paart sich hier nicht selten mit Herrschaftsdenken. Die Beziehung zur Universalkirche findet sich zur Stärkung der staatlichen Sphäre weithin auf Staatsgesetze gegründet (Pragmatische Sanktion von Bourges, Konkordate, bzw. Religionsfrieden).

Bei diesem allgemeinen Trend gestaltet sich aber das Verhältnis zwischen Kirche und Staat, Religion und Landesbewußtsein recht unterschiedlich. Eine Bindung des Landesklerus und der Kirchen an die Interessen eines Landes konnte wechselseitige Verpflichtungen freisetzen: In den Ländern der „Katholischen Könige“ (Spanien) ermöglichte dies ein Vordringen der Inquisition. Verfolgung ethnischer und religiöser Minderheiten zeigt zugleich an, welche Bedeutung der Konfession für die Begründung nationaler Einheit zukam. Gleiches und doch anderes findet sich in Böhmen. Hier, wo die Kirche in der hussitischen Revolution weitgehend ihre Vermögenswerte an den Adel und die Städte verloren hatte, unterlag nämlich die Konfession dem Gemeindeprinzip. Danach intensivierte die Frage der Konfession, des konfessionellen Nebeneinanders, die Bildung und Sicherung von Landesbewußtsein und Landeseinheit. Landeseinheit fand sich hier wie dort, und gesellschaftliche Konflikte um die Frage der Konfession blieben in Böhmen wie Spanien nicht aus. Nur das gänzlich anders geartete Verhältnis begründete in Böhmen auch Toleranz innerhalb der Gesellschaft.

Schließlich enthielt mit der Konfession der Kult, der Ritus der Kirche (Prozession, Nationalheilige) ein Potential für intensivierte staatliche Integration. Offenbar brachten derartige Identitätsstiftungen auch eine emotionale Bindewirkung an zentralisierte Herrschaft. Landesbewußtsein und christlich bestimmtes Gemeinschaftsgefühl erscheinen als Segmente einer Ideologie, die in ihrer Integrationsforderung zugleich neue Ausgrenzungen, Marginalisierungen hervorruft: Verfolgung ethnischer Minderheiten, der Juden, der Hexen, der „Zigeuner“.

Als lebendiger Kern der genannten Elemente staatlicher Intensivierung erweist sich der Fürst. Zum Fürsten tritt sein Hof, sozialer und kultureller Mittelpunkt des Landes, er bietet Prestige und neue Funktionen im Fürsten-/Staatsdienst, vermittelt gerade dem Adel die Möglichkeit neuer sozialer Integration. Die Entwicklung von Zentralisierung und Intensivierung der Herrschaft hängt deutlich ab von der spezifischen sozialen, politischen und ökonomischen Situation eines Landes bzw. der Landesteile. Dazu tritt die Persönlichkeit des Herrschers und sein politisches Wollen. Beide zusammen prägen den Stabilisierungsprozeß vor und bedingen damit Varianten in der Genese des Staates.

Weithin unklar ist dabei, worher im einzelnen die Impulse einer „Intensivierung“ oder „Modernisierung“ geschöpft wurden. Als eine Quelle erweist sich vornehmlich die städtische Verwaltungspraxis. Teils wirkten bestehende nationale Institute (Pariser Parlament) als Vorbild, teils wurden Praktiken der kurialen Verwaltung und auch der päpstlichen Stellenbesetzung (Ämterkauf) übernommen. Insoweit deutet sich eine Angleichung an. Daneben beweist das spanische und auch das französische Beispiel der Politik der Geldwirtschaft, wie traditionelle Herrschaftsrechte durch konsequente Sicherung bei der Zentrale ein probates Mittel der Entmachtung des Adels und der Stände und zum Kernstück (frühabsolutistischer) Staatspolitik wurden. In Deutschland zeigt sich ein anderer Traditionalismus: Die Aktivierung und Ausnutzung der spezifischen Möglichkeiten des Lehnrechtes zur Bindung der Landesinsassen an den Herrscher. Der Weg zum geschlossenen Staatsterritorium unter einer zentralen fürstlichen Gewalt verläuft ‚noch‘ nicht ausschließlich über die Anwendung des römischen Rechts. Überhaupt scheinen Rechtstraditionen stärker im 14. Jahrhundert als im 15. Jahrhundert im Wandel zu sein.

Bei solcher Mehrförmigkeit in den Elementen der Staatlichkeit bleibt auch unklar, inwieweit der Prozeß der Herrschaftsintensivierung und Zentralisierung als Ergebnis konsequenter und vor allem langfristiger „Staatsplanung“ betrieben wurde, welchen Anteil hieran politisch-praktische Erfahrung und politische Theorie hatten. Ansätze eines Konzepts zeigen sich für die französische Monarchie seit dem 14. Jahrhundert vermehrt; in Deutschland steckt im System des Hausmachtkönigtums seit Karl IV. ein neues Konzept, gleichwohl gekennzeichnet stets vom Dualismus von Territorialität und Reich. Damit zeigt sich gerade hierin eine Übergangssituation, denn in der Staatslehre der Juristen wird bereits der unus princeps (monarcha) mit einer absoluta potestas ausgestattet. In der Praxis regiert jetzt selbst der Kaiser wie ein Monarch und unterscheidet sich insoweit nicht vom Herrschaftsanspruch der nationalen Könige. In der politischen Philosophie findet sich das Ideal einer Liebe des Herrschers zu seinen Untertanen zusehends ersetzt durch einen aktiv handelnden, mächtigen Herrscher: Der Ruhm ist ein neuer Leitbegriff. Der Monarch hat Sicherheit zu schaffen, und er begründet auf diesem Wege die Distanz zu seinen Untertanen, um Gewaltautonomie für sich zu verfestigen. Die dynastische Persönlichkeit des Herrschers, ihr politisches Ideal und die ihr verfügbaren Instrumente und Ressourcen des Landes bestimmen den Stil politischer Herrschaftspraxis. Dies gilt für die Könige ebenso wie für die Territorialfürsten. Der Entwicklungsunterschied in der Struktur der Verfassung der westeuropäischen Königreiche und des Reiches, ein Merkmal gerade mittelalterlicher Staatlichkeit, erfährt eine Angleichung, die Zentralisierung unterscheidet sich nur mehr noch in der Dimension des Raumes. Überall erweist sich diese Zentralisierung und Staatsbildung vorrangig als ein Politikum der Dynastien. Die Konsolidierung der fürstlichen Hausherrschaften schuf jenen politischen Bezugsrahmen, der prägend auf ein gemeinsames Landesbewußtsein, ein Nationenbewußtsein wirkte. Dieser Konnex von Herrschaft und Land bildete – langfristig – neue Identitäten erst auf die Zukunft aus. So wird denn auch aus der Perspektive der unterschiedlichen Sacherörterung übereinstimmend als Ergebnis zentralisierender Integration der „frühmoderne Staat", der „frühabsolutistische Staat", der „Territorialstaat" angeführt. Trotz vieler Übereinstimmungen im Grundtrend zur Ordnung in staatliche Einheit, bleiben bemerkenswerte Unterschiede in der Formation, die eine Geradlinigkeit im staatlichen Integrationsprozeß gerade verneinen lassen. Was als „Vor"-„Früh"-Stadium frühmoderner Staatsbildung erscheint, deutet sich daher eher als Beitrag zu einer Realtypologie dynastisch zentralisierender Herrschaftsintensivierung, wonach um 1500 der dynastische Herrschaftsstaat dominiert [4]. Damit ist aber die Palette frühmoderner Staatlichkeit noch nicht ausgeschöpft.

Die Stände erweisen sich als ein eigenes Element der Integration und Stabilisierung. Die das Land konstituierenden Stände tragen erheblich an der Aufrichtung gerade einer Landeseinheit bei (Böhmen, Bayern, Württemberg usw.) Sie vornehmlich wachsen in den nicht wenigen Situationen dynastischer Herrschaftsschwäche (Erbgang, Landesteilung, finanzielle Erschöpfung) zu aktiven Trägern eines Landesbewußtseins und zu Verfechtern der Rechte des Landes (Niederlande, Kurköln, Bayern, Böhmen). Innerhalb der Territorien ist diese Bewegung besonders deutlich. Unterhalb der oft nur in Personalunion vereinten Länder einer Dynastie erhält sich auf diesem Wege abgestuft eine eigene Landesidentität. Das Verhältnis zwischen den Ständen und der Herrschaft ist freilich nicht konfliktfrei. Oppositionsbildungen entstehen aus der Sicherung der Integrität des Landes, des gemeinen Nutzens für das Land bzw. die Landesgemeinde. Stände können auch als vornehmliches Herrschaftsinstrument des Königs eingesetzt werden (Generalstände in Frankreich, Niederlande, Kastilien). Wo sie, gegründet auf Rechten älterer Tradition oder politischer Identität zu Konkurrenten der Herrschaft werden (vornehmlich Böhmen, Ungarn, Aragón), behindern oder verhindern sie nicht eine Zentralisierung und Integration generell, sondern gelangen vielmehr zur Aufrichtung und gegebenenfalls Sicherung eines konkurrierenden Modells. Dies zeigt sich besonders in Böhmen, einem „Paradefeld" der europäischen Ständebewegung, wo Zentralisierung, Integration und Landesgemeindebildung nicht von der Herrschaftszentrale her erfolgte, sondern von unten, aus dem Land. Die Gegenüberstellung der Situation der Stände in Frankreich zur

[4] *Kunisch,* Johannes (Hrg.): Der dynastische Fürstenstaat. Berlin 1982 unterstreicht die Bedeutung der dynastierechtlichen Entwicklung, auch wenn die Beiträge nur ansatzweise auf die spätmittelalterliche Grundlegung eingehen.

integrativen Leistung der Stände in Böhmen zeigt hier Entwicklungsalternativen zum monarchisch-zentralisierenden Integrationsmodell.

Die Beseitigung, die „Einstaatung“ (Herzogtum Bayern), die politische und soziale Entmachtung der Stände durch den Landesherrn (Kurköln), den Monarchen (Böhmen) bzw. ihre Behauptung (Bürgertum in den Niederlanden, Adel in Polen, Ungarn) bildet nach 1500 dann das Fundament der europäischen Verfassungsformen des modernen Staates. Danach beurteilt ergeben sich um 1500 deutlich Varianten im Integrations- bzw. Herrschaftsmodell „Staat“, und hierin wiederum rückläufige Entwicklungen und Gegenbewegungen. Der Weg über die Zentralisierung zur Formierung der Elemente der Staatlichkeit zu einem Staat weist Fehlentwicklungen auf und weckt neue Antagonismen, die etwa in den Bauernunruhen (Südwestdeutschland, Schweiz, Ungarn, banditismo in Italien) organisierten Widerstand provozierten, ja erst begründeten. Diese scheinen strukturell bedingt wie auch jene (neuen) kriegerischen Auseinandersetzungen (Territorialkriege, internationale Expansionsrivalität). Staatliche Intensivierung und dynastische Integration führen um 1500 zu keinem Zustand dauerhafter sozialer oder politischer „Beruhigung“, weder innergesellschaftlich noch innerhalb des europäischen Mächtesystems.

Um dieses Bild zu verschärfen, hilft der Blick auf die Regionen. Die bisherige deutliche Absetzung der Politik von Ökonomie und gesellschaftlichen Veränderungen ist der Sache nach unrealistisch, aber ein Gebot strukturierter Analyse. Mithin treten gerade hier auch politische Kräfte in Erscheinung, zeigt sich eine intensivierte Verschränkung von Raum und Herrschaft. Der staatlich-landesherrlichen Gewalt tritt dabei die bürgerlich-städtische Wirtschaftskraft gegenüber. Die Entwicklungsmöglichkeiten in einzelnen Landschaften, Regionen, hängen grundsätzlich ab von geographisch-topographischen Vorgaben (Küstenräume: Flandern, Oberitalien; Gebirgszonen: schweizerische Eidgenossenschaft), dem Erschließungs- und Integrationsgrad durch Verkehrs- und Handelsstraßen, Paßzugängen, den natürlichen ökonomischen Ressourcen (Landwirtschaft, Erze, Silber, Kupfer, Tuche), der demographischen und urbanen Dichte, der politischen Herrschaftsstruktur im Inneren wie von der Lage innerhalb des politischen Großverbands. Im Trend behalten und behaupten Landschaften, Regionen, Provinzen ihre Identität bis in den politischen, ja verfassungsrechtlichen Raum hinein. Sie erfahren aber dennoch eine qualifizierte Strukturveränderung in erster Linie aus ökonomischen Prozessen. Die in den einzelnen Landschaften selbst wirkenden Kräfte stehen dem Vordringen neuer, staatlich-herrschaftlich definierter Einheit (Territorium) und danach ausgelegter Gewerbe-, Handels- und Wirtschaftsorganisation und vor allem Förderung gegenüber. Als das eigentliche Aktionsfeld erweist sich der ländliche Raum, die ländliche Bevölkerung und ihre soziale und rechtliche Verfassung. Dies gilt für ausgeprägte Städtelandschaften (Oberitalien, Flandern, Süddeutschland) ebenso wie für intensivierte Territorialstaaten.

Städte geraten dabei gleichsam in eine Zwitterstellung oder Schwellensituation: Einmal zeichnet sich eine politische Entmachtung der Handelsmetropolen durch das Landesfürstentum und die Entwicklung neuer Zentren als Landes-, Haupt- und Residenzstädte ab. Oder durch gezielte Förderung erfahren gerade Kleinstädte als Amtsstädte und mittlere Wirtschaftszentren (Württemberg, Adriastädte) neuen Aufschwung. Das Handeln der Territorialherren ist darauf gerichtet, Autonomien zu beseitigen und vor allem städtische Wirtschafts- und Steuerkraft für die Belange des Territorialstaates zu gewinnen. Der zentralisierte, der Fürstenstaat, schafft politische Reformen und Ordnungen, Bedingungen, um allgemeine Sicherheit zu bewerkstelligen und damit wirtschaftliche Prosperität im Land zu gewährleisten. Diese Kohärenz von Stadt und Staat wird aber von dem Landesherrn selbst wiederum gefährdet, gestört, durch innerdynastische Opposition, dynastische Kriege, interne wie externe. Dadurch werden Entwicklungsverschiebungen verursacht.

Der Vergleich der wirtschaftlichen Situation der Städte in den bayerischen Teilherzogtümern gegenüber den schwäbischen Städten macht diese Problematik exemplarisch deutlich. Ähnliches deutet sich für die Niederlande an. Derartige Konsequenzen aus Integrationsprozessen lassen nicht übersehen, daß urbane Gebiete (Niederlande), sich allgemein leichter als agrarische Gebiete in territoriale Strukturen einfügen. Der Territorialstaat beginnt hier gleichsam mit einer Addition bereits kohärenter Einheiten. Andererseits behaupten zumal Metropolstädte ihr eigenes System von Herrschaft und Ökonomie in ihrer Umgebung und lassen eine großherrschaftlich-staatliche Integration nicht zu, womit aus wirtschaftlicher Expansion gepaart mit städtisch dominierter Identitätsverschränkung von Kommune und Umland Räume mit reduzierter flächenstaatlicher Dimension bestehen bleiben (Südwestdeutschland). Intensivierung verläuft also auch hier in Bahnen der Stabilisierung von „Staatlichkeit".

Das operative Ziel, der politische Trend zur Herrschaftsintensivierung, findet sich mithin bei Bürgern und Fürsten: Jene begründen eben nur einen städtischen Territorialstaat, erleben aber unter Umständen ebenfalls eine dynastisch geprägte Herrschaftsverfestigung wie die oberitalienischen Republiken. Die Stabilität dieser neuen Einheiten hängt von der ökonomischen Struktur und von ihrem Umfang ab. Einheiten mit prosperierenden Gewerbe und zentraler Marktlage (Zürich, Nürnberg) behaupten sich eher als solche Städte mit traditionell agrarwirtschaftlicher Struktur und Distanz von den internationalen Handelswegen. Konflikte zwischen Städte und Fürsten mehren sich zur Mitte des 15. Jahrhunderts, sie sind aber weniger Ausdruck genereller Feindschaft als Ausfluß konkurrierender Herrschaftsintensivierung. Territoriale Intensivierung und Stabilisierung bedeutet in beiden Fällen eine gesteigerte Einflußnahme auf ländliche Räume und die traditionelle Erfassung der ländlichen Bevölkerung. Der Weg zur Expansion städtischer Herrschaft über das Umland führt über Nachbarschaftskriege (Oberitalien), über grundherrschaftliche Reorganisation (Zürich) wie über gesteigerte Marktverflechtung und veränderte Arbeitsorganisation als Folge letztlich gewerblicher wie agrarischer Massenproduktion für einen zusehends international verdichteten Handel (Ochsenhandel, Metallgewerbe, Getreideexporte, Kapitalverkehr). Die nach Kapitalertragsberechnungen durchgeführten Investitionen führen zur Intensivierung und Spezialisierung mit der Folge einer neuen funktional bestimmten Differenzierung des Wirtschaftsraumes nach Produktionsarten (Metall, Barchent, Loden) und Anbaugut (Wein, Alaun, Getreide) was Gewerberegionen mit gleichsam protoindustrieller Struktur entstehen läßt. Auf diese Weise werden Nahrungsmittel und gewerbliche Güter für eine zunehmende Bevölkerung bereitgestellt. Direkte, gezielte Wirtschaftsförderungsprogramme zugunsten der Agrarwirtschaft im städtischen Umland (Kirchenstaat, Schwaben) finden sich ebenso wie herrschaftlich organisierte Rahmenbedingungen als Zollpolitik oder Gewerbeaufsicht für das neugebildete Territorium (Baden, Niederlande). Die Integration ländlicher Räume in höher zentralisierte Einheiten verläuft aber allgemein schwerfälliger (Geldern, Westfalen) und bedeutet nicht die Preisgabe spezifischer Identität. Stärker als geschlossene ländliche Regionen (Mähren) erfahren Küstenregionen (Oberitalien, Spanien, Nordwesteuropa) – dann forciert durch die einsetzende Überseeexpansion – eine besondere Prosperität. Danach zeichnen sich Veränderungen innerhalb von Binnenräumen durch die Anziehungskraft kommunaler Zentren aus: Sei es als Fürstenhof, als Mittelpunkt für Gewerbe und Kapital, oder als Sammelort kultureller Institutionen.

Soweit zu sehen ist, greift zentralisierende Herrschaftsintensivierung stark in die Regionen hinein. Aber traditionelle Raumbeziehungen sind damit nicht verloren. Sie bleiben virulent, sie erfahren sogar neuerliche Stabilisierung und rechtliche Ausformung (Niederlande, Oberitalien). Sie sind in ihrer Konsistenz weniger planungsbelastet und offen für ökonomische, politische und kulturelle Strömungen. Integration in zentralisierte Einheiten erfährt solchermaßen eine offene Grenze, wie auch eben Herrschaftspolitik selbst trotz aller Territorialität zur Ausbildung überterritorialer Einheiten drängt. Auf einen Blick: die „Liga Italica“ als lockerer politischer Staatenbund organisiert staatliche Mächtebalance in „nationalem Rahmen“. In Deutschland erweist sich das Reich als mehr als nur eine Summe von einzelnen Territorialstaaten; die territorialpolitische Struktur ist vielmehr überlagert durch ein System dynastisch und verfassungsrechtlich (Erbverbrüderung) begründeter überterritorialer Beziehungen (Interterritorialität; Klientel-Satellitenbildung um Kurfürstenhäuser [5], was man als dynastischen Regionalismus erfassen kann. Aus der Vitalität derartiger Netzwerke wurde die

[5] *Gerlich,* Alois: Geschichtliche Landeskunde des Mittelalters: Genese und Probleme. Darmstadt 1986, 303 ff., 316 ff., mit weiterer Literatur zu entsprechenden Einzelthemen. *Moraw,* Peter: Offene Verfassung und Verdichtung, Das Reich im späten Mittelalter. Berlin 1985, hebt derartige Kohärenzen als geradezu typisch hervor.

verfassungsrechtliche und politische Diskussion der Reichsreform bis zum Schluß geprägt [6]. Daneben gelten und wirken Sprachregionen und traditionelle Rechtskreise (Landfriedensräume), überterritoriale Wirtschaftsvereinbarungen (Münze, Währung), gruppenspezifische Bündnisse (Gesellenverbände, Ritterorden) und kirchliche und kulturelle Vereinigungen (Gebetsverbrüderungen; Rosenkranz-Bruderschaft), nebeneinander. Sie in ihrer jeweiligen Wechselwirkung untereinander bestimmen das gesamte Binnengefüge staatlicher Einheit. Ihr Integrationspotential ist kaum bestritten, ihre Integrationswirkung aber kaum erforscht. Aus der Sache selbst wird nur deutlich, daß das bündische Element sich als ein aktives und gestaltungsfähiges Integrationsmittel erweist und auch im Trend herrschaftlicher Stabilisierung und auch im Trend institutioneller Verfestigung und Ordnung liegt (Schwäbischer Bund, schweizerische Eidgenossenschaft, Hanse bedingt).

Neben den Stabilisierungsprozessen auf staatlich-politischer und regionaler Ebene zeichnet sich eine Formierung im internationalen und kulturellen Bereich ab, die ebenfalls von konkurrierenden Wirkungen geprägt ist, Integrationsprozesse und soziale Differenzierung nebeneinander ausweist. Allgemein wirkt eine Polarisierung der Kultur und Öffentlichkeit in der Gesellschaft. „Hochkultur“ und „Volkskultur“ treten deutlich auseinander. International wie überregional festigt sich von neuem eine adlig geprägte Kultur mit spezifischen Stil- und Umgangsformen und Normen. Der Hofstil wirkt internationalisierend, und allenthalben wird das mittelalterliche Ritterideal jetzt von einem antik-humanistischen Heldenbild überlagert. In der Suche nach Stilisierung von Ruhm und Ehre für die Herrschaftsdynastien gehen dabei Geschichte und Mythologie eine Verbindung ein. Die Suche nach der Ancienneität einzelner Geschlechter fördert ein gemeinsames antik-herrschaftliches Gruppenbild, dient aber zugleich der dynastisch-nationalen Abgrenzung wie damit historisch kultureller Legitimation der Herrschaft. Identitätsbildung großdynastischer Gemeinschaft stabilisiert somit auch dynastisch-nationale Differenzierung.

Ein ähnlicher Effekt zeigt sich in der neuen Aktualität des Gebrauchs der lateinischen Sprache und der „Volkssprachen“. Letztere ist zunächst ein Medium lokaler, regionaler Identitätssicherung. Volkssprache erfährt jedoch einen Bedeutungsanstieg aus kirchlichen Reformimpulsen und führt so zu einem neuen, nicht mehr sozial begrenzten Verständnis von Öffentlichkeit. Daneben bewirken u. a. die Landesordnungen in den „Volkssprachen“ den Drang zu einer einheitlichen Sprachverständigung. Überregionale Kommunikation bleibt dabei beschwerlich. Deshalb weitet sich der Gebrauch des Lateinischen, zumal als europäische Literatur- und Bildungssprache aus. Die verstärkte Handhabe der alten Sprachen dient dem internationalen Austausch universitärer und außeruniversitärer humanistischer Gelehrter am meisten. Die Rezeption dieser akademischen

[6] *Lauf*, Adolf: Der schwäbische Kreis. Aalen 1971, macht dies einleitend gut sichtbar.

Sprachen stabilisiert ein beruflich-intellektuelles Bewußtsein und begründet so zugleich Abgrenzungen. Zu Mittelpunkten geraten dabei neue Institutionen (Akademien) wie eben auch Universitäten, die, wenngleich territorial eingebunden, zu Zentren einer verstärkten Internationalisierung unter den Intellektuellen werden, soweit die Studentenwanderungen der Anziehungskraft berühmter Fachgelehrter folgen. Internationaler Austausch und übernationale Identität stehen einer Abgrenzung als soziale Elite gegenüber.

Geschichtsliteratur und Staatsrechtslehren des 15. Jahrhunderts betonen zunehmend die politischen Einheiten der (National-) Monarchien, verknüpfen dies mit einem Bewußtsein der Sprachgemeinschaft und begründen damit vielfach „Volksbilder". Rechtliche, ethnische und emotionale Elemente werden hier gebündelt und schaffen – nur schwer überwindbar – Einheitsvorstellungen, zumeist durch Abgrenzung. Die Eintracht innerhalb der Nation ist abhängig von der Übertragung von Pflichten der Teileinheiten (patria = Stadt, Land) auf den Gesamtverband. Wo dies nicht gelingt, kann Seperation (Basel) und Integration in einen neuen Zentralverband die Folge sein. Der Prozeß ist gleichwohl abhängig von der Anerkennung einer Pflicht gegenüber dieser höheren Einheit (Nation, Landesgemeinde), um deren „bonum commune" zu sichern, alle Gemeinschaftsglieder zu Eintracht aufgefordert sind. Die Verteidigung der Christenheit gegen die Expansion des osmanischen Reiches wird als eine europäisch-christliche Gemeinschaftsaufgabe akzeptiert und als Negotium politicum der Respublica Christiana behandelt. Das verbreitete Gefühl einer Bedrohung durch die Expansion der Osmanen wirkt stabilisierend auf ein christliches Wir-Gefühl, das sich in ähnlicher Weise in den zunehmenden Pilgerfahrten aufgrund von Fremdheitserlebnissen wie im emotionalen Miterleben christlicher Religiosität in einer Völkergemeinschaft manifestiert. Neben die Forderung zum Krieg tritt aus diesem Erlebnis die Forderung nach mehr Toleranz zwischen den Völkern und Kulturen. Die tatsächliche Bereitschaft zur Führung des Krieges gegen das osmanische Reich unterlag aber deutlich konkurrierenden nationalen Interessen und vor allen dynastischen Konstellationen; oft wurde auch nur die Politik der Möglichkeit einer Kriegführung gepflegt, um Eigeninteressen zu sichern, so daß die Verquickung von hausmachtpolitischen Expansionsbestrebungen und christlichem Erfordernis in der Politik Gegenbewegungen freisetzte. Die Bereitschaft, sich der christlichen Gemeinschaft zugehörig zu zeigen, erfuhr auf internationaler Ebene wie auf regionaler Ebene eine Steigerung. Sie fand zu Formen ritualisierter Repräsentationskultur und Kommunikation, womit sozial abgestuft ein christliches Zusammengehörigkeitsgefühl demonstriert und über das weite Netz von Pilger- und Wallfahrtsstätten zugleich lokal und regional stabilisiert wurde.

Faßt man soweit die verzeichneten Integrationsprozesse zusammen, so lassen sie übereinstimmend einen Grundtrend „Ordnung zu schaffen" als charakteristisch zumal für die Zeit der zweiten Hälfte des 15. Jahrhunderts erkennen. Das Ergebnis zeigt aber keine Uniformität. Die erkennbare Bildung von „Einheiten", räumlich, rechtlich, politisch, sozial, ökonomisch, führt zur Stabilisierung unterschiedlicher Identitäten, gesellschaftlicher Differenzierungen und Gegenläufigkeiten, indem die Widerspruchsprozesse nicht aufgehoben, sondern vielmehr zum Element der Gestaltung gehören und so weiterwirken in der Ausbildung der Beziehung zwischen Staat und Gesellschaft. Das Grundproblem, das die sich hier abzeichnenden Integrationsprozesse klar erkennen lassen, ist die reiche Spannung zwischen „Ordnung schaffen" und „Sich-Einordnenlassen", also zwischen systemgefaßter Integration und sozialer Integration. Wie immer sich die Verhältnisse nach den einzelnen sozialen, politischen und ökonomischen Strukturen der Länder entwickelten, immer blieben soziale Abgrenzungen nach außen wie innere Differenzierungen, strukturierte sich der Anteil an der Herrschaft, womit die politisch gestaltbaren Spielräume sich ständig veränderten und auch vielförmig blieben.

Problematisch bleibt das Verhältnis zwischen Stadtbürgertum und Fürstentum, weniger in wirtschaftlicher Hinsicht als vielmehr im Fall der Beseitigung von Rechtsprivilegien zugunsten des staatlichen Gewaltmonopols. Der Wandel mittelalterlicher Stadtwirtschaft deutet sich massiv an und das „Land" wird für den ökonomischen Wachstumsprozeß entscheidend, wo das höhere Stadtbürgertum zugleich soziale und ökonomische Veränderung durch Landerwerb und politische Abhängigkeiten zwischen Stadt und Umland bewirkte. Trafen derartige Vorgänge den einzelnen Bauern wie die bäuerliche Bevölkerung insgesamt, so führte die ökonomische Entwicklung auch zu weiterhin spannungsreichen sozialen Differenzierungen in den Städten (Unternehmerkaufleute, Aristokratisierung).

Die soziale Integration des landsässigen Adels war durch die Bindung an den Fürstenhof und durch die Zuführung in neue Funktionseliten (Verwaltung, Heer, Diplomatie, Bildungswesen) nicht abgeschlossen. In Deutschland konnte der Adel regional dort eine potente politische Einflußstellung behaupten, wo es ihm daneben gelang, zum Beispiel Zugänge zu den Domkapiteln für sich zu reservieren. Adel insgesamt erscheint in einem geschwächten Sicherungsverhalten. Anstelle politischer Macht, soweit nicht eingebunden in Ständebewegung und hier wirksam, nimmt bei gleichzeitig ansteigender kultureller Leitfunktion ab. Herrschaftsintensivierung bietet dem Adel einen Rahmen auch sozialer Integration, aber seine Domestizierung steht erst am Anfang.

Von der bürgerlichen, adelig-grundherrlichen und staatlich-territorialen Intensivierung war vornehmlich die bäuerliche Bevölkerung betroffen. Wirtschaftsverfassung, Änderung der Agrarproduktion, neue Pachtsysteme schufen sichere Chancen zu sozialem Aufstieg und bewirkten zugleich Sozialdifferenzierung innerhalb der bäuerlichen Bevölkerung. Derselbe Intensivierungsprozeß bedingte soziale Abhängigkeiten und führte auch zur Verschlechterung der bäuerlichen Eigentums- und Rechtssituationen (Leibeigenwesen, Refeudalisierung). Während in Frankreich in der zweiten Hälfte des 15. Jahrhunderts keine Bauernaufstände zu registrieren sind, setzte in Deutschland in der zweiten Hälfte des 15. Jahrhunderts eine neue Aufstandsbewegung ein. Die Teilhabe an der Herrschaft entwickelte sich unterschiedlich, die Gemeindebildung und ihre Erfassung bzw. Unterordnung in die staatlich zentralisierte Verwaltung der Untertanen bestimmte das Verhalten der bäuerlichen Bevölkerung gegenüber der Herrschaft. Als eine Reaktion auf den „spürbarer" werdenden Herrschaftsstaat, zumal bei Forderung obrigkeitlicher Steuer, formierte sich Widerstand (Schweiz, Württemberg, Bayern). In Italien findet sich im banditismo eine bedingt vergleichbare Situation. Die Aufstandsbewegung des „armen Konrad" zeigt, daß neben existenzieller Not das Aufstandsmotiv ursächlich mit der zugunsten des Bürgertums verhinderten bäuerlichen Selbstvertretung im zentralisierten Staat verbunden gewesen ist. Danach geurteilt, läßt der „moderne" Territorialstaat hier geradezu eine Fehlentwicklung erkennen. Die Konflikte zwischen Herrschaft und Bauern im Streit um das „alte Recht" wachsen aus politischen und sozialen Motiven noch; der Weg in den Bauernkrieg Südwestdeutschlands weist auch das Fehlen von Integrationsqualität aus.

Ein anderes Indiz mangelnder Integration zeigt sich im Mißbrauch des Pilgerwesens durch die zunehmende Zahl der Bettler, in dem innerkirchlich nicht unumstrittenen theologisch-kirchenrechtlich formulierten Hexenwahn bis zur Hexen-Teufelsverfolgung und ebenso in dem hiervon zu unterscheidenden volkstümlichen „Hexenglauben".

Der Kirche, die als Ort der Gnadensicherung und Sinnstiftung anerkannt und gesucht wurde, stand der kritische Zustand kirchlicher Amtsorganisation und ihrer Inhaber vom Papst bis zum Landvikar gegenüber. Mangelnde Integration zeigt sich insbesondere für die Kleriker in Deutschland, die hier einem ausgeprägten Antiklerikalismus über die Zeit der Krise ausgesetzt blieben, weil auch durch die Reformation die Grundlagen ihrer völligen sozialen Integration nicht geschaffen wurden und eine gefestigte Distanz zwischen Laien und ihrer Kultur erhalten blieb.

Derartige Widersprüche gehören mithin zu den Integrationsprozessen in der zweiten Hälfte des 15. Jahrhunderts und damit zum Prozeß der Herrschaftszentralisierung und Formierung des zentralisierenden Staates hinzu. Die hier aufgegriffenen Integrationsprozesse kommen in Europa um 1500 auch nicht zu einem Endpunkt. Sie verlaufen vielmehr konkurrierend nebeneinander. Die Spannung zwischen „Ordnung schaffen" und „Sich Einordnenlassen" führt einerseits zur Praxis individuellen „Sich Zurechtfindens", andererseits laufen Widersprüche und Widerstände verstärkt an, deren Lösung dann in einen reformatorisch-revolutionären Prozeß einmündet. Hier zeigen sich aber zugleich Wirkungen der in Europa nach den Krisenerscheinungen unterschiedlich ausgeprägten, verfestigten Situation der Sozialordnung und Herrschaftsorganisation. Während in Frankreich (und auch in England) sich die Staatsstruktur soweit als gefestigt erweist, daß dort die Ereignisse der Reformation die „Staatsgemeinschaft" kaum oder nur wenig gefährden, brechen in Deutschland (1517/1525), Ungarn (1514), Böhmen (1547) oder in den Niederlanden (1572) Aufstände und Revolutionen aus [7].

Der gemeinsame Versuch, die Situation infolge der „Krise des Spätmittelalters" in einem exemplarischen Vergleich zu erkunden, liefert demnach auch kein Epochenbild „des" 15. Jahrhundert in erschöpfender Totalität. Die ausgeführten Themen, Sektionen wie auch die vorausgegangenen Tagungsdebatten laufen auf eine „Befundlage" in Europa um 1500 hinaus, die keinen Epochenschnitt definiert, auch keine lineare Verschränkung oder gar ursächliche Verknüpfung der „Krise des Spätmittelalters" mit den nachfolgenden krisenhaften Ereignissen im 16. Jahrhundert in Deutschland und Europa ergibt, vielmehr eine charakteristische „Zwischenlage" jener Zeitphase veränderter, neuer Wertigkeit innerhalb des herrschaftlichen und sozialen Ordnungsgefüges vor Augen führt, die sich von Land zu Land, von Region zu Landschaft, je nach der Disposition von Integration und Widerspruch als graduell unterschiedlich erweist und in ihrer Eigentümlichkeit über die Koordinaten „Ordnung schaffen" und „Sich Einordnenlassen" ihr charakteristisches Strukturprofil erkennen läßt. Der unverkennbare Wandel zu gesteigerter Kohärenz, Identitätsbildung, Differenzierung und Abgrenzung bei intensivierter Zentralisierung und Ordnung weist für diese Formierungsphase ein eigenes Profil aus, das ihr allzu oft in der Etikettierung als nur „vorreformatorisch" oder eben „frühmodern" vorenthalten erscheint.

[7] Diese und andere mittelalterlich-„frühe" Revolutionen analysiert und verbindet aus der Entwicklung der spätmittelalterlichen europäischen Gesellschafts- und Kulturgeschichte *Seibt,* Ferdinand: Revolution in Europa. München 1984.

Sachregister

Abendland 433, 513
Aberglauben 510, 520
Abgrenzung 197, 337, 383, 468, 543, 560
– soziale 545, 548
siehe auch Absonderung, Ausgrenzung, Differenzierung, Integration
Absolutismus 85, 95, 194, 329, 344
Absonderung 430
Abwanderung 158
siehe auch Landflucht
Adel 20, 46, 50, 65, 71, 72, 74, 75, 156, 157, 166, 180–183, 213, 221, 232, 235, 237, 262, 263, 269, 273, 277, 285–287, 296, 297, 299, 300, 306–308, 314, 316, 331, 333, 335, 337–341, 437, 441, 454, 458, 463–466, 478, 488, 528, 541–543, 546–548, 551, 553–555, 561
– Adelsbünde 180
– Adelsoligarchien 80
– Adelsopposition 82, 315, 318, 334
– Adelsschicht 68, 294
– Adelsstand 214
– Adlige 37, 105, 267, 278, 336, 337, 340, 342, 404
– dienender 71
– hoher 60, 71, 72, 332, 334, 339, 343, 528
– niederer 16, 275, 298, 331, 332, 339, 400, 533, 539
– oppositioneller 70
– Aristokratisierung 539
– Hocharistokratie 48
siehe auch Ritter, Magnat
Agrarwirtschaft 558
– Agrarkrise 159
– Agrarpolitik 93
siehe auch Wirtschaft
Akademiker 404, 406, 545
siehe auch Bildungswesen, Universität
Alltag 372, 544
Amt 37, 45, 90, 103, 124, 125, 163, 166, 170, 186, 205, 274, 275, 285, 287, 288, 299, 301, 338, 356, 359, 362, 376, 377, 379, 405, 438, 442, 462, 493, 534, 545
– Ämtererblichkeit 336
– Ämterhandel 90, 531
– Ämterkäuflichkeit 59, 62, 79, 80
– Ämterverkauf 90
– Ämterverpachtung 216
– Amtsverständnis 362
siehe auch Institution, Verwaltung
Anarchie 309
Arbeitsteilung 223
Arbeitsvermittlung 386
Armer Konrad 17, 168, 173, 533, 534, 562
Aufklärung 15
Aufschwung 14, 43, 131, 404, 418, 548, 557
– demographischer 53
siehe auch Depression, Krise, Wirtschaft
Aufstand 29, 30, 58, 71, 177, 192, 214, 218, 220, 256, 348, 398, 537, 542, 563
– Adelsaufstände 529
– Aufruhr 185
– Aufstandsbewegung 17
– Aufständische 369, 452
– Bauernaufstand 11, 173, 561
– Rebellion 173, 445, 451
– Revolten 11, 50, 51
– Städteaufstand 11
siehe auch Revolution
Ausgrenzung 430, 524, 549, 553
siehe auch Abgrenzung, Absonderung, Differenzierung, Integration
Ausschüsse 38, 59
Außenpolitik 41–43, 50, 179, 435, 437, 528, 546
– Außenbeziehungen 267
– auswärtige Politik 54
siehe auch Diplomatie
Autonomie 91, 92, 167, 221, 271, 282, 295, 303, 305, 420, 531, 539, 540
– innere 87
– ständische 82
– Landesautonomie 308

Bann 372
– geistlicher 370
– Acht 98, 102, 104
– Interdikt 87

– Kirchenbann 97
– Reichsacht 97, 99, 153
Bankiers 224, 225
Basler Kompaktaten 18, 302, 330, 334, 341, 541
Bauern 12, 93, 173, 184, 185, 250, 253, 254, 256, 257, 259, 266, 268, 370, 445, 451, 454, 473, 479, 482, 483, 485, 519, 534, 538, 551, 561, 562
– aufständische 482
Bauernkrieg 185, 369, 482, 535, 562
Bildungswesen 561
– Bildungspolitik 171
siehe auch Schulwesen, Universität
Bruderschaft 18, 283–286, 289–291, 452, 559
Bündnis 124, 146, 155, 161, 173, 197, 230, 242, 278, 335, 338, 343, 436, 438, 440, 442, 559
– Allianz 141, 147
– Bündnispolitik 88
siehe auch Außenpolitik, Diplomatie, Koalition, Konföderation
Bürger 220, 222, 229, 268, 288, 300, 336, 339, 340, 341, 343, 370, 375, 377, 445, 452, 470, 479, 482, 488, 494, 499, 500, 507, 551, 557
– Bürgerschaft 285, 287, 288
– Bürgertum 150, 275, 306, 389, 403, 454, 478, 548, 562
– Pfahlbürger 154, 263, 267
siehe auch Rat, Stadt
Bürgerkrieg 81, 300, 429, 530
siehe auch Krieg
Burg 167, 189, 192, 195, 285, 295, 296, 298, 374, 429, 452, 453

Christenheit 16, 18, 19, 22, 30, 116, 122, 124, 127, 128, 132, 239, 242, 243, 395, 437, 473, 527, 544, 560
– Christentum 436, 506, 510, 518, 523, 524
siehe auch Kirche, Universalismus

Demographie 13
– Bevölkerungsverluste 157, 159
– Bevölkerungswachstum 255
Depression 13, 15
Differenzierung 274, 388, 393, 537, 558, 559, 561, 563
– soziale 212, 538, 559
Diplomatie 15, 18, 113, 212, 440, 441, 442, 443, 537, 561
Disfunktionalität 12, 13
Disperspektivität 12, 13
Domänen 150, 220
– königliche 55
Domkapitel 349, 351, 353, 356, 364
Dorf 163, 167, 168, 173, 223, 255, 267, 274, 376, 377, 525, 534
Dynastie 19–21, 44, 69, 164, 193, 212, 214, 294, 295, 301, 419, 420, 427, 428, 430, 435, 441, 545, 546, 550, 555
– Papstdynastien 89

Enteignung 93
Entfremdung 15
Erbfolge 163
– Primogenitur 164
– Primogeniturordnung 194
Exkommunikation 87
Expansion 152, 160, 258, 306, 435, 439, 449, 530, 540, 545, 546, 551, 557, 560
– Arrondierung 139
– Eroberung 213, 450

Fehden 122, 130, 134, 138, 140, 156, 263
– Fehdeverbot 131, 134, 135, 139
siehe auch Frieden, Krieg
Feudalordnung 222
– Feudalanarchie 345
– Feudalstrukturen 212
– Refeudalisierung 298, 561
siehe auch Huldigung, Lehen
Finanzwesen 101, 107, 108, 113, 169
– Finanzen 38, 57, 61, 76, 81, 87, 89, 90, 113, 141, 232
– Finanzhoheit 69, 72
– Finanzpolitik 67
– Finanzreform 530
– Finanzsystem 62, 64, 67, 68, 73, 75, 81
– Finanzverwaltung 63, 68, 69, 75–80, 82, 83, 108, 150, 179, 182, 198, 532
– Geldabwertung 72
– Geldentwertung 225
– Geldpolitik 64, 551
– Geldwertpolitik 73, 83
– Geldwertveränderung 71, 78, 82
– Geldwertverschlechterung 70
– Geldwirtschaft 63, 101
– Münzen 43, 66, 225, 251, 285, 537, 559
– Münzhoheit 64, 82

– Münzpolitik 62, 63, 69, 77
– Münzrecht 66, 225
– Münzreform 141
– Münzregal 78
– Münzsteuer 66
– Münzsystem 65
– Münzverschlechterung 81
– Münzwesen 72
siehe auch Schulden, Steuerwesen, Wirtschaft
Frauen 477, 496, 512, 515, 516
siehe auch Hexen, Konkubinen, Mägde
Freiheit 54, 130, 137, 228, 241, 245, 280, 295, 540
– der Kirche 86
– der Städte 124
Fremde 220, 295, 320
– Ausländer 30
– Welschen 389, 390, 471
– Welschenfeindlichkeit 389, 390, 543
– Fremdenfeindlichkeit 393
Frieden 30, 32, 40, 45, 58, 120, 125, 134, 136, 140, 144, 147, 148, 197, 296, 440, 506, 532, 552
– gemeiner Frieden 139
– Friedenspolitik 47, 49, 51
– Landfrieden 99, 124, 125, 142, 144–146, 148, 155, 196, 296–299
– gemeiner Landfrieden 148
– Landfriedensbruch 135, 139
– Landfriedensbewegung 266
– Landfriedensbündnis 125
– Landfriedensbund 145
– Unfrieden 130, 142
Frühkapitalismus 368
Fürst 12, 14, 19, 27, 28, 31, 33–35, 37, 42, 44, 45, 49, 50, 86, 112, 117, 119, 125, 134, 137, 138, 140–147, 149, 150, 160, 164, 172, 178, 179, 188, 193, 216, 218–220, 224, 225, 235, 238, 277, 291, 292, 303, 304, 354, 361, 405, 440, 457, 495, 528, 536, 553, 557
– Fürstenbundprojekt 143, 149, 533

Gegenreformation 18
Gemeinden 169, 216, 229, 250, 255, 257, 259, 295, 305, 333, 335, 342, 343, 368, 370, 373, 377
– Bürgergemeinde 278
– Dorfgemeinde 167, 184
– Gemeindeaufstand 335
– Kommune 19, 87, 88, 91–94, 132, 283–288, 291, 499, 531, 539, 557
– Landesgemeinde 16, 295–297, 330, 542, 555, 560
– ständische Landesgemeinde 337
– Landgemeinde 50
– Ortsgemeinde 336
– Stadtgemeinde 229, 333
– Ständegemeinde 16, 305, 335, 336, 345–347
Gemeiner Mann 17, 451, 464, 469, 474, 475, 477
– kleine Leute 58
Gemeiner Nutzen 19, 120, 121, 123–128, 132, 242, 245, 246, 470, 471, 494, 532, 555
– Nutzen der Allgemeinheit 490
– Gemeines Bestes 122, 470
– Gemeinwohl 335, 337, 348, 471, 538, 542, 553
– Wohl der Allgemeinheit 163, 487
– Wohlfahrt 335
– öffentliche 53, 55
Gerichtswesen 108, 113, 403, 529, 532, 545, 552
– Reform des Gerichtswesens 99
– Gericht 119, 195, 219, 289
– Gerichtsbarkeit 86, 87, 216, 219, 384, 463, 537
– Gerichtsreform 104, 141, 532
– Justiz 38, 39, 56, 59, 61, 218, 220, 222
– Reform der Justiz 56, 59, 529
siehe auch Gesetzgebung, Landrecht, Rechtsprechung, Richter
Gesellen 385, 386, 388–391, 543
– Gesellenorganisation 383–385, 389, 392
– Gesellenvereinigung 383, 384
siehe auch Handwerker, Zunftwesen
Gesellschaft 11, 16, 53, 150, 170, 260, 261, 282, 284, 287, 289, 330, 334, 337, 341, 368, 370, 380, 381, 387, 487, 491, 494, 501, 541, 542, 543, 547, 548, 553, 559, 561
– gesellschaftliche Bewegung 23
– gesellschaftliche Mobilität 13
– krisenhafte Gesellschaft 14
– urbanisierte Gesellschaft 222
siehe auch Stände
Gesetzgebung 41, 43
– Jurisdiktion 147, 406
siehe auch Gerichtswesen, Landrecht,

Rechtsprechung, Richter
Gleichgewicht 85, 245, 332, 435
Grundherrschaft 94, 158, 195, 230, 247–249, 253, 259, 260, 298, 300, 332, 335, 341, 343, 353, 538
– Grundbesitzer 218
– Grundherren 88, 93, 158, 190, 222, 269, 336, 341

Häresie
– Häresieprozeß 21
– Ketzerei 514, 522
– Ketzer 519, 522, 524, 525
Handel 65, 130, 131, 218, 476, 485, 499, 558
– Fernhandel 217, 224, 230, 275, 539
– Händler 217, 223–225
– Kaufleute 223
siehe auch Wirtschaft
Handelskapitalismus 223, 224
– Handelskapital 225
Handwerker 12, 92, 265, 275, 390, 477, 490
– Handwerkervereinigungen 383
siehe auch Gesellen, Zunftwesen
Hanse 223, 387, 402, 498
Heereswesen 529
– Armee 57, 59, 446, 449, 451, 454, 457, 463
– Artillerie 89, 449, 450, 461, 531, 547
– Heer 61, 214, 415, 450–459, 461–464, 466, 547, 561
– stehendes Heer 54, 89, 531, 547
– Militär 57
– Söldner 451, 452, 453, 454, 455, 457, 460, 463, 464
– Soldaten 58, 59
siehe auch Krieg, Ritter
Heidentum 510
Herrschaftssicherung 82, 89
siehe auch Macht
Hexen 510, 512, 514, 515, 521, 525, 549, 553
– Hexenprozesse 22, 511
– Hexerei 513, 514
Hochmittelalter 419
Hof 61, 72, 96, 108, 133, 163, 193, 249, 251, 254, 259, 274, 327, 350–353, 361, 362, 364, 366, 367, 442, 463, 542, 543, 553
– Höflinge 57
siehe auch Ratgeber
Huldigung 35, 36, 47, 213, 215, 221, 231, 240, 241
Humanismus 119, 246, 398, 400–403, 407, 444, 540, 544, 546, 548
– Humanisten 19, 86, 92, 113, 227, 246, 279, 288, 291, 415, 468
Hungersnot 53, 390
Hussitentum 297
– Hussiten 20, 23, 297, 298, 301, 302, 305, 330, 334
– Hussitenkrieg 101, 178, 297, 334, 337, 345, 446
– hussitische Bewegung 296
– Hussitismus 113, 297, 301, 334, 336

Ideologie 307, 540, 553
– Herrschaftsideologie 80
– Reichsideologie 119
Immunität 183
Imperialismus 224
Industrialisierung 15
– Protoindustrialisierung 257
Inflation 225
– Preissteigerung 225
– Teuerung 390
siehe auch Finanzwesen, Wirtschaft
Institution 36, 38, 44, 49, 82, 119, 131, 184, 199, 220, 235, 248, 260, 296, 297, 299, 301, 304, 305, 308, 316–319, 326, 328, 329, 333, 342, 356, 416, 417, 420, 426, 431, 466, 474, 539, 552, 553, 558, 560
– allgemeine 37
– nationale 39
– provinziale 39
– ständische 325
– zentrale 37, 39, 324, 528, 532, 552
– Institutionalisierung 82, 83, 202
– institutionelle Opposition 40
siehe auch Amt, Verwaltung, Zentralverwaltung
Integration 9, 14, 18, 23, 28, 43, 48, 49, 50, 148, 149, 150, 163, 164, 172, 187, 212, 221, 247, 248, 249, 258, 260, 261, 279, 282, 285, 288, 291, 295, 328, 337, 346, 347, 348, 349, 368, 369, 380, 381, 382, 383, 385, 386, 392, 426, 430, 431, 432, 434, 444, 468, 498, 499, 527, 528, 531, 533, 534, 536, 537, 541, 542, 543,

544, 546, 550, 551, 553, 555, 556, 557, 558, 561, 562, 563
– Desintegration 16, 159, 295, 313, 320, 328, 368, 382, 387, 534, 537, 541
– Gruppenintegration 345
– innere 49
– nationale 313
– soziale 368, 369, 544, 561
– Integrationsbestrebungen 434
– Integrationsbewegung 527
– Integrationsfähigkeit 200, 346
– Integrationsfaktor 275, 345
– Integrationskraft 251, 345
– Integrationsleistungen 248, 249, 550
– Integrationsmechanismen 197
– Integrationsmittel 282
– Integrationsmodell 121, 532, 542, 556
– Integrationsmuster 543
– Integrationspolitik 212
– Integrationspotential 249, 260, 538, 542, 550, 559
– Integrationsprinzip, dynastisches 21
– Integrationsprinzip, ständisches 21
– Integrationsproblematik 222
– Integrationsprobleme 115
– Integrationsprozeß 16, 27, 28, 187, 248, 249, 260, 279, 284, 329, 381, 434, 503, 528, 530, 538, 540, 543, 544, 549, 551, 553, 555, 557, 561, 562
– Integrationsstandort 197
– Integrationsverständnis 208
– Integrationszentrum 366, 499, 542
– staatliche Integration 21
– Reintegration 337
siehe auch Abgrenzung, Absonderung, Ausgrenzung, Differenzierung
Intellektuelle 397, 560
siehe auch Akademiker, Studenten
Investiturstreit 91

Juden 502, 522, 553

Kaisertum 119, 176, 235, 279, 422, 424, 426, 533
siehe auch Reich
Kinder 479, 482–484, 496
Kirche 12, 54, 59, 118, 125, 132, 171, 185, 299, 330, 334, 335, 341, 354, 361, 372, 376, 377, 385, 404, 476, 484, 487, 491, 492, 494, 502, 514–516, 521, 538, 543, 549, 553
– Gesamtkirche 530
– Kirchenpolitik 115, 171
– Kirchenreform 56, 59, 239, 241, 244, 484, 529
– Universalkirche 86, 88, 89, 531, 552
siehe auch Christenheit, Domkapitel, Klerus, Klöster, Konfession, Papsttum, Prälaten, Reformation, Religion, Wallfahrt
Kleinstaaterei 22
Klerus 50, 86, 171, 196, 214, 285, 286, 289, 313, 316, 473, 491, 528, 529
– Antiklerikanismus 368, 369, 372, 379, 380, 544, 562
– Geistliche 57, 59, 168, 171, 201, 369, 370, 373, 374, 377, 378, 519
– Klerikalismus 378, 380, 544
– Kleriker 368–377, 379, 380, 401, 402, 491, 493, 544, 545, 552, 562
Klöster 106, 165, 171, 186, 187, 193, 262, 263, 267, 269, 273, 278, 369, 470, 478, 538, 539, 542
siehe auch Prälaten
Koalition 213, 343, 438, 442
Konfession 22, 334, 337, 342, 346, 542, 553
– Konfessionalismus 23
– Protestantismus 378
siehe auch Religion
Konföderation 81, 308, 530, 540
Konkubine 371, 376, 379
Konsolidierung 14, 20, 69, 112, 114, 139, 148–150, 166, 172, 175, 217, 258, 263, 272, 277, 336–340, 532, 534, 538, 555
– Konsolidierungsprobleme 115
– Konsolidierungspolitik 334, 337
siehe auch Stabilisierung
Kontinuität 41, 135, 196, 200, 353, 364, 379, 387, 420, 428, 551, 552
– dynastische 34, 51, 151
– Diskontinuität 212, 353
Konzil 18, 60, 86, 97, 186, 187, 227, 230, 237, 238, 243, 244, 296, 318, 330, 334, 427
– konziliare Bewegung 15
– konziliare Idee 18
– Konziliarismus 530
Korruption 529
– Bestechlichkeit 327
Krieg 21, 29, 42, 45, 53, 58, 89, 134, 138, 146, 148, 155, 170, 177–179, 190, 194,

197, 201, 203, 207, 211, 225, 253, 297, 316, 335, 347, 365, 397, 440, 446, 449, 531, 536, 551, 557, 560
– feudaler 55
– Kleinkrieg 296
– Kriegführung 218, 225, 446
– Kriegspolitik 88, 226
– Kriegsvolk 147
– Kriegswesen 297, 445, 446, 447, 449, 450, 462
Krise 9, 12, 14–16, 23, 53, 85, 165, 172, 179, 202, 243, 253, 264, 282, 288, 293, 295, 301, 308, 317, 330, 380, 398, 403, 526, 534, 544, 546, 549, 550, 562, 563
– gesellschaftliche 11
– Herrschaftskrise 62, 70
– Krisenbewältigung 509
– Krisenerfahrung 289
– Krisenerscheinung 14, 151, 526, 550, 562
– Krisenfaktoren 172
– Krisenmentalität 14
– Krisenmomente 151, 154, 157
– Krisenphänomene 172, 550
– Krisensituation 257
– Krisenstimmung 159, 374
– Krisensymptome 159
– Krisenzeit 201, 264
– spätmittelalterliche 16
– Misere 119, 257
– Mißstände 130
siehe auch Aufschwung
Kunst 15, 444, 489, 506, 508, 549
Kurfürsten 111, 115, 119, 125–127, 131–135, 143, 147, 149, 181, 204, 205, 234–236, 238, 363, 365, 532, 533
Land 21, 33, 34, 40, 43, 45, 46, 49, 50, 53, 57, 59, 60, 76, 77, 79, 150, 159, 162, 164, 166, 168–173, 179, 194, 196, 199, 200, 202, 205, 208, 214, 219, 252, 253, 256, 257, 265, 271, 272, 277, 284, 292–301, 303–306, 308, 309, 314, 317, 330, 335, 337, 341, 344, 347, 405, 427–429, 434, 437, 442, 444, 449, 462, 526, 528, 530, 533, 534, 542, 545, 551, 552, 553, 555, 561, 563
siehe auch Region, Provinz, Territorium
– Wohl des Landes 173
Landesausbau 191
– Bonifizierung 88, 94
– Kolonisation 293
– Urbarmachung 93
Landesherrschaft 95, 159, 167, 169, 171, 181, 197, 201, 203, 205, 207, 208, 352, 528, 533, 535, 536, 542
– Landesherren 155–158, 161, 171, 172, 184, 187, 195–197, 200–202, 204–208, 213, 214, 217, 223, 450, 484, 557
– Landeshoheit 22, 186, 195
siehe auch Territorialherren, Territorialherrschaft
Landflucht 157, 158
Landrecht 20, 78, 79, 294, 298–300, 306, 333, 336, 338, 341, 343
Legitimismus 51
Lehen 35, 36, 47, 53, 55, 100, 106, 120, 139, 163, 293, 294
– Lehnrecht 139
– Lehnseid 46
– Lehnsherr 213
– Lehnsrecht 270
– Lehnsstaat 292
– Lehnsverhältnis 120
– Lehnverträge 370
– Lehnswesen 100
siehe auch Feudalordnung
Leibeigenschaft 368
Literatur 15, 57, 369, 371, 443, 486, 495, 510, 512, 518, 523, 529, 541, 547, 548
Lösegeld 161, 451
Lokalismus 219
Macht 54, 137, 147, 174, 180, 184, 207, 222, 235, 242, 248, 279, 285, 286, 295, 303, 307, 308, 314, 327, 333, 336, 338, 340, 356, 369, 371–373, 375, 377–379, 415, 417, 419–421, 424, 426, 432, 437, 439, 529
– Großmächte 85
– Hegemonie 50, 213, 284, 297, 299, 301, 362
– Hegemonialmächte 420
siehe auch Zentralmacht
Mägde 483
Magnat 296, 331, 434, 436–439, 441–443
Mediatisierung 129, 185, 365, 542
Mentalität 113, 249, 284, 526, 545, 550
Mittelstand 10
Mobilität 224, 389, 390, 545
Modernisierung 99–102, 107, 113, 114, 193, 195, 531, 532, 552, 554

– Innovation 448
– partielle Modernisierung 261
Mohammedaner 502
Monarchie 12, 14, 18, 20, 22, 53–57, 60, 67, 235, 292, 301, 319, 344, 529, 552, 554, 560
– Königtum 65, 67, 71–74, 77, 79, 82, 83, 176, 320–322, 328–330, 334, 343–345, 347, 421, 424, 425, 449, 450, 541, 542, 551
– Gegenkönigtum 124
– Königswahl 124, 126, 236, 304, 342, 344, 346
– Monarch 17, 21, 54, 80, 102, 136, 137, 225, 226, 532, 550, 554, 556
– Nationalmonarchie 16
– Wahlmonarchen 89
– Wahlmonarchie 530, 531

Nation 21, 92, 117, 118, 119, 127, 129, 130, 131, 136, 146, 147, 223, 224, 249, 280, 290, 294, 295, 306, 320, 329, 419, 428, 434, 435, 436, 441, 468, 486, 532, 546, 560
– Gesamtnation 326
– Internationalismus 397, 407, 545
– Internationalisierung 398, 560
– Nationalbewußtsein 19, 21, 306
– nationale Interessen 44
– Nationalgefühl 44, 279
– Nationalismus 397, 551
– Nationalität 305
– Nationalkirchen 122
– Nationalsprache 20
– Nationalstaaten 122, 420
– Nationsbegriff 117
– Teilnationen 44, 529
Nepotismus 89, 94, 357, 359, 366, 531, 542
Neutralität 44, 230

Oberrheinischer Revolutionär 17, 469
Obrigkeit 18, 126, 138, 139, 140, 142, 251, 256, 259, 260, 378, 384, 388, 390, 495, 515
Öffentlichkeit 115, 492, 493, 515, 548, 559
– öffentliche Meinung 54
Oligarchien 298
– städtische Oligarchien 88
– Oligarchisierung 143, 149, 533
– Patriziatsoligarchien 80
Opposition 119, 152, 314, 315, 320, 328, 335, 557
siehe auch Widerstand
Orden 18, 89

Paktismus 80
Papsttum 84, 86, 89, 92, 93, 243, 279, 282, 375, 422, 424, 426, 440, 484, 530, 547, 552
Parlament 54, 56, 84, 133, 218, 319
– de Malines 38, 220
– Pariser 36, 532, 552, 554
siehe auch Stände
Parteien 59, 109, 110, 224, 298, 335, 377, 492
Partikularismus 417
Peripherie 328, 329, 433
Persönlichkeit 50, 545, 554
Personalunion 33, 49, 65, 176, 211, 212, 215, 220, 528, 551, 555
Personenverband 16, 17, 21, 351, 353, 360, 366, 542
Pest 9, 158
– Pestepidemien 159
– Pestkatastrophen 157
– Pestwellen 15
– Pestzeiten 518
Pfründen 171, 468
Prälaten 144, 162, 165, 180, 206, 213, 262, 273, 295, 434
siehe auch Klöster
Privilegien 32, 44, 54, 78, 84, 86, 100, 106, 109, 112, 187, 213, 214, 215, 216, 218, 219, 229, 232, 239, 241, 267, 268, 295, 317, 318, 320, 321, 333, 342, 369, 375, 436, 501, 532, 537
Propaganda 227, 231, 375, 476
Provinz 41, 84, 316, 462, 556
siehe auch Land, Region, Staat, Territorium

Rat 31, 37, 39, 50, 59, 84, 118, 135, 143, 165, 167, 173, 180, 197–204, 206–208, 219, 228, 229, 232, 239–242, 244, 251, 258, 260, 268, 275, 278, 281, 303, 317, 318, 321, 338, 342, 354, 364, 366, 376, 377, 399, 406, 468, 474, 477, 505, 532, 536
Ratgeber 33, 37, 45, 48, 50, 64, 148, 199, 473

siehe auch Hof
Rechtsprechung 38, 41, 225
siehe auch Gerichtswesen, Landrecht, Richter
Reform 37, 59, 72, 80, 88, 101, 110, 115, 117, 119, 132, 133, 142, 164, 186, 201, 202, 244, 487, 529, 531, 532, 544, 550, 551, 557
siehe auch Tradition, Innovation, Modernisierung
– institutionelle 134
– militärische 60
– Reformbewegung 149
– Reformforderungen 64
– Reforminitiative 130
– Reformordonnanz 71
– Reformpartei 135
– Reformpolitik 18, 21
– Reformvorschlag 134
Reformatio Sigismundi 368
Reformation 20, 260, 278, 344, 367, 369, 371–377, 380, 403, 482, 538, 544, 545, 562
Refugianten 390
Regal 82, 84, 100, 106, 150, 190
Region 9, 21, 27, 50, 211, 215, 223, 229, 277, 316, 323–326, 363, 384, 389, 392, 403, 498, 527, 540, 541, 544, 556, 558, 563
– regionale Körperschaften 49
– Regionalisierung 262, 538
– Regionalismus 21, 328, 390, 407, 540, 558
siehe auch Land, Provinz, Staat, Territorium
Reich
– Reichsauffassung 234
– Reichsbild 234, 238, 243, 538
– Reichsbewußtsein 227, 232, 238, 243, 245, 276, 539
– Reichsferne 227
– Reichsfrieden 134, 135, 141, 144–148
– Reichsidee 128, 129, 533
– Reichskrieg 144, 153, 155, 231, 241, 242, 264
– Reichslehen 139, 293, 528
– Reichsreform 116, 134, 238–240, 530, 532
– Reichssteuern 133, 141, 148
– Reichstheorien 235
– Reichsverfassung 149
– Reichsverständnis 239
– Reichsvorstellung 119
– Reichswohlfahrt 231
Reichtum 54, 193, 286, 287, 307, 366
Rekuperationen 87
Religion 337, 492, 553
– religiöse Orientierung 13
– Theologen 206, 404, 405, 472, 484, 487, 492, 548, 549
siehe auch Kirche, Konfession
Renaissance 279, 546
Repräsentation 190
Republik 86, 281, 283, 540, 557
– Stadtrepublik 223
Residenz 133, 170, 187–189, 193, 429, 531, 535, 552
Revolution 11, 17, 298, 308, 330–332, 345, 347, 563
– agrarische 10
– hussitische 17, 20, 295, 299, 302, 306, 307, 337, 540, 541, 553
siehe auch Aufstand
Richter 59, 138, 216, 219, 287, 288, 299, 470, 473, 537
– Juristen 37, 88, 138, 171, 206, 235, 238, 242, 404–407, 487, 489, 545, 552, 554
siehe auch Gerichtswesen, Landrecht, Rechtsprechung
Ritter 137, 156, 196, 197, 200–202, 204–206, 228, 287, 299, 301, 331, 334, 335, 338, 339, 366, 446, 451, 453, 455–457, 465, 466, 504, 505, 509, 547
– Ministerialen 183, 198
– Ritterbund 17, 144, 156, 160, 533
– Rittertum 446, 463, 464, 547
siehe auch Adel, Heereswesen

Säkularisierung 260
Schisma 11, 85, 88, 136, 230, 283
Scholastik 514
Schriftlichkeit 98, 104, 109, 552
siehe auch Urkundenwesen
Schulden 102, 108, 173
– Kredit 250
– Kreditbedürfnis 62
– öffentliche Schulden 69
– Schuldenlast 173
– Verschuldung 161, 170–172, 202
Schulwesen 403
Seefahrt 212
Seeräuberei 225

Separatismus 308
Simonie 373
Souveränität 22, 35, 53, 282, 299, 300, 420
– Unabhängigkeit 36, 38, 91, 212, 228, 322, 325, 327, 460
siehe auch Autonomie
Spätmittelalter 9, 12, 14, 62, 74, 82, 150, 151, 153, 160, 167, 168, 172, 195, 352, 361, 393, 403, 445, 448, 449, 466, 469, 473, 481, 493, 500, 515, 520, 522, 536
Staat 16, 21, 29, 33–35, 37, 41–44 47, 49, 50, 61–63, 79, 122, 173, 174, 195, 211, 215, 218–221, 225, 226, 282, 292–296, 302, 304, 317, 318, 320, 433, 435, 437–439, 441, 443, 444, 515, 527, 537, 538, 541, 543, 547, 549, 550, 552–554, 557, 561, 562
– absoluter 73
– Einheitsstaat 49
– frühabsolutistischer Staat 83, 555
– frühmoderner Staat 94, 555
– moderner Staat 28, 85, 381
– Staatsauffassung 214
– Staatsbegriff 347
– Staatsbewußtsein 22
– Staatsfinanzen 161, 220
– Staatshaushalt 170
– Staatsschulden 194
– Staatswesen 68, 190
– Zentralstaat 212, 218, 222, 225, 529, 536, 537, 543
Stabilisierung 64, 72, 334, 345, 348, 436, 534, 536, 537, 542, 546, 555, 557, 558
– Destabilisierung 345
– Destabilität 526
– Stabilität 37, 172, 270, 337, 488, 551, 557
Stadt 12, 20, 29, 40, 50, 60, 68, 74, 76, 78, 90–92, 111, 113, 114, 119, 125, 134, 137, 139, 141, 142, 144–146, 154–158, 163, 166, 167, 168, 180, 188, 191–193, 197, 200, 202, 204, 206, 211, 213, 214, 217, 220, 221, 225, 229, 230, 232, 237–240, 242–244, 246, 250–252, 256–260, 262–264, 266, 268, 271–273, 276–278, 281, 283–285, 288, 289, 296–300, 306, 315, 316, 320, 326, 327, 331, 333, 334, 339, 340–345, 374, 385, 386, 388, 389, 391, 392, 399–401, 403, 406, 407, 415, 418, 419, 429, 445, 452, 453, 462, 463, 485, 496, 498, 501, 502, 508, 529, 530, 535, 537, 539–542, 551, 553, 557, 561
– freie 123, 229, 238–241, 243, 246, 388
– Hauptstadt 33, 215, 217, 219, 532, 552
– Metropole 94, 223, 227, 529, 531, 537, 539
– Reichsstadt 111, 113, 123, 124, 139, 141, 142, 145, 146, 149, 154, 155, 158, 159, 172, 178, 192, 229, 230, 238, 262, 267, 272–277, 388, 474, 539
– Residenzstadt 19, 91, 94, 179, 192, 193
– Stadt-Land-Beziehungen 260, 264, 536
– Stadt-Land-Gegensatz 172
– Städtebund 17, 124, 154–156, 263, 276, 333, 533
siehe auch Urbanisierung
Stände 19, 56, 63–65, 76–78, 82, 83, 119, 120, 123, 130, 131, 134, 137–139, 144, 146–148, 162, 180, 194, 197, 202–208, 213, 216–219, 221, 225, 238, 299, 302–304, 309, 314, 317, 318, 321–324, 327, 330, 332, 337–340, 342–348, 430, 434, 462, 468, 491, 528–530, 533, 536, 537, 540–542, 546, 554–556
– dritter Stand 313, 316, 327
– Generalstände 29, 30, 35, 36, 39, 40, 45, 46, 49, 83, 215–217, 224, 313–319, 321–324, 326–329, 528, 530, 541, 555
– Landstände 78, 79, 161, 163–166, 173, 176, 178–181, 183, 190, 193, 199, 202–206, 534, 535, 550
– Provinzialstände 313, 319, 321, 322, 323, 324, 325, 328, 329, 528, 537, 541
– Reichsstände 117, 123–125, 127–130, 142, 146, 147, 388, 439, 450, 532
– Ritterschaft 144, 162, 165, 166, 180, 197, 203, 365, 366, 452, 461, 464, 465, 504, 505
– Ritterstand 333
– Ständegesellschaft 332, 333, 336
– Ständestaat 336, 348
– Ständeverfassung 337
– Ständeversammlungen 39, 44, 49, 56, 60
– ständische Forderungen 64
– ständische Opposition 12
– siehe auch Prälaten
Stagnation 13
Steuerwesen 529, 533
– Besteuerung 86, 172, 173, 187, 221, 225, 534

– Landessteuern 203, 205
– Steuerhoheit 72
– Steuern 42, 56, 66, 67, 73, 74, 76, 79, 142, 169, 170, 173, 190, 217, 218, 220, 221, 225, 314, 317, 323, 562
– Steuerzahler 327
Studenten 398–403, 407, 505, 506, 544, 545
Subsidien 317

Territorium 33–36, 43, 51, 54, 94, 139, 142, 145, 151, 153, 154, 159, 160, 163, 166, 167, 169, 171, 174, 175, 177–179, 183, 185, 187, 190–196, 211, 212, 215–220, 222, 224, 230, 253, 269, 272, 273, 275, 346, 350, 353, 362, 364, 372, 392, 427, 428, 530, 535, 537, 539, 555, 556
– territoriale Zersplitterung 151
– Territorialherr 155, 557
– Territorialisierung 389
– Territorialität 139, 554, 558
– Territorialpolitik 258–260, 262, 268, 275, 277, 539, 543
– Territorialstaat 150, 151, 160, 163, 166, 168, 169, 172, 175, 185, 191, 194, 390, 391, 516, 533, 534, 553
– Territorismus 172
siehe auch Land, Provinz, Staat
Tradition 49, 54, 103, 202, 212, 213, 221, 248, 283, 294, 318, 343, 348, 374, 416, 431, 463, 466, 470, 476, 493, 513, 537, 552
siehe auch Modernisierung, Innovation, Reform
Türken 18, 140, 148, 243, 434, 437–440, 443, 503, 505, 546, 548
– Türkenangst 19
– Türkenkalender 19
– Türkenkreuzzug 88, 146
– Türkenkrieg 90, 102, 116, 117, 121–123, 140, 532
– Türkenkongreß 115, 443
– türkische Bedrohung 434

Unifizierung 212, 537
Universalismus 48, 417
– dynastischer Universalismus 48
– Universalität 426
– christliche Universalität 18, 503
Universität 180, 232, 237, 239, 243, 244, 246, 326, 354, 397–407, 444, 489, 491, 538, 544–546, 560
– Landesuniversität 171
Unterdrückung 95
Unternehmer 92, 263
– Pachtunternehmer 93
Unterordnung 288
Untertan 31, 32, 40, 44, 46, 47, 49, 55–57, 59, 60, 87, 100, 106, 112, 130, 168, 187, 193, 213, 214, 216, 218, 239, 268, 271, 278, 284, 300, 336, 341, 343, 438, 441, 463, 505, 529, 550, 554
Urbanisierung 212, 218
– Verstädterung 403
– Urbanistik 92
siehe auch Stadt
Urkundenwesen 99
Utopie 279, 476

Vassallen 35
Verfassung 95, 331, 340, 536, 554, 556
– Konstitution 84, 94, 147, 427
– Konstitutionalismus 83
– Landesverfassung 300, 301, 305
siehe auch Gemeinde, Kaisertum, Monarchie, Republik
Verhandlungen 115, 160, 317, 321, 325
– Delegation 325
– Delegierte 313, 321, 325, 326, 541
Verlagssystem 223
Verteidigung 317, 456
siehe auch Heerwesen, Krieg
Vertrag 31, 35, 45, 46, 52, 70, 86, 129, 143, 146, 158–160, 162, 163, 165, 174, 191, 305, 316, 442
Verwaltung 87, 114, 167, 183, 200, 202, 206, 222, 293, 308, 309, 320, 324, 343, 405, 528, 531, 532, 534, 537, 552, 561
– Administration 140, 196, 198, 200, 201, 203, 267, 403, 529, 533
– Administrative 21
– Beamte 56, 61, 163, 168, 182, 183, 216, 293, 294, 301
– Beamtentum 403
– Behörde 91, 110, 111, 133, 180, 193, 220, 224, 284
– städtische 218
– Gemeindebehörde 29
– Landesverwaltung 205, 214, 339, 342
– Zentralbehörde 29
– Bürokratie 99, 102, 107, 552

– Bürokratisierung 308
– Verwaltungsreform 114, 532
– Verwaltungsintegration 212
siehe auch Amt, Institution, Zentralverwaltung
Volkssprache 468, 469, 471, 472, 475, 476, 487, 548, 559

Wallfahrt 497–501, 505, 549
– Pilger 497, 498, 499, 501, 502, 503, 504, 505, 507, 508, 509
– Pilgerfahrt 486, 548
Weltmarkt 223
Widerstand 67, 81, 87, 93, 95, 119, 132, 142, 143, 156, 173, 213, 214, 221, 222, 256, 278, 286, 322, 335, 342, 343, 347, 454, 461, 531, 534, 537, 539, 541, 542, 551, 556, 562
– bäuerlicher 260, 535
– der Städte 32
– ständischer 23
– Widerstandsrecht 80, 173, 214
siehe auch Opposition
Wirtschaft 11, 13, 15, 64, 65, 81, 150, 170, 191, 193, 264, 324, 526
– bäuerliche 368
– Investitionen 256
– Kapital 222, 224, 256, 558
– Kommerzialisierung 212
– Ökonomie 41, 287, 556
– wirtschaftliche Integration 21
– Wirtschaftspolitik 113, 257
siehe auch Agrarwirtschaft, Finanzwesen, Handel, Inflation, Schulden, Unternehmer, Verlagssystem
Wissenschaft 15, 96, 232, 469, 475, 491, 494
siehe auch Akademiker, Bildungswesen, Studenten, Universität
Wüstungen 159

Zehnt 250, 274
Zentralismus 106, 328, 329, 528, 529, 541, 545
– Dezentralisation 79, 216, 320, 328
– Zentralisierung 41, 49, 75, 173, 219, 221, 328, 530, 532, 534, 539, 552–556, 563
Zentralmacht 531
– Zentralgewalt 221, 318, 320, 322, 324, 326, 327, 463
siehe auch Macht
Zentralverwaltung 168, 195, 197–200, 202, 204, 206, 207, 220, 327, 339, 545
– Zentraladministration 196, 206, 207
siehe auch Verwaltung
Zunftwesen 389
– Zünfte 220, 232, 265, 278, 283, 284, 383, 385, 391, 392, 406, 452, 475, 485
siehe auch Gesellen, Handwerker

Register erstellt von Alexander Ganse